CÁLCULO

volume **1**

CÁLCULO

volume 1

12ª edição

GEORGE B. THOMAS
MAURICE D. WEIR
NAVAL POSTGRADUATE SCHOOL

JOEL HASS
UNIVERSITY OF CALIFORNIA, DAVIS

TRADUÇÃO
KLEBER ROBERTO PEDROSO
REGINA CÉLIA SIMILLE DE MACEDO

REVISÃO TÉCNICA
CLAUDIO HIROFUME ASANO
INSTITUTO DE MATEMÁTICA E ESTATÍSTICA DA UNIVERSIDADE DE SÃO PAULO

Pearson

abdr
Respeite o direito autoral

©2013 by Pearson Education do Brasil
©2010, 2006, 2001 by Pearson Education, Inc.
Tradução autorizada a partir da edição em inglês, Thomas' Calculus
Early Transcendentals, 12. ed., publicada pela Pearson Education, Inc., sob o selo Addison-Wesley

Todos os direitos reservados. Nenhuma parte desta publicação poderá ser reproduzida ou transmitida de qualquer modo ou por qualquer outro meio, eletrônico ou mecânico, incluindo fotocópia, gravação ou qualquer outro tipo de sistema de armazenamento e transmissão de informação, sem prévia autorização por escrito da Pearson Education do Brasil.

DIRETOR EDITORIAL E DE CONTEÚDO	Roger Trimer
GERENTE GERAL DE PROJETOS EDITORIAIS	Sabrina Cairo
GERENTE EDITORIAL	Kelly Tavares
GERENTE DA CENTRAL DE CONTEÚDOS	Thaïs Falcão
SUPERVISORA DE PRODUÇÃO EDITORIAL	Silvana Afonso
SUPERVISOR DE ARTE E PRODUÇÃO GRÁFICA	Sidnei Moura
COORDENADOR DE PRODUÇÃO EDITORIAL	Sérgio Nascimento
EDITOR DE AQUISIÇÕES	Vinícius Souza
EDITORAS DE TEXTO	Cibele Cesario e Ana Antonio
EDITOR ASSISTENTE	Luiz Salla
TRADUÇÃO	Kleber Roberto Pedroso e Regina Célia Simille de Macedo
PREPARAÇÃO	Beatriz Garcia
REVISÃO	Carmen Simões, Norma Gusukuma, Maria Cecília Madarás, Juliana Rochetto e Raura Ikeda
ÍNDICE REMISSIVO	Luiz Salla
CAPA	Solange Rennó
DIAGRAMAÇÃO	Globaltec Editorial & Marketing

Dados Internacionais de Catalogação na Publicação (CIP)
(Câmara Brasileira do Livro, SP, Brasil)

Cálculo, volume 1 / George B. Thomas... [et al.]; tradução Kleber Pedroso e Regina Simille de Macedo; revisão técnica Claudio Hirofume Asano. –12. ed. – São Paulo: Pearson Education do Brasil, 2012.

Outros autores: Maurice D. Weir, Joel Hass

Título original: Calculus.
ISBN 978-85-8143-086-7

1. Cálculo I. Thomas, George B. II. Weir, Maurice D. III. Hass, Joel.

12-11306   CDD-515

Índice para catálogo sistemático:
1. Cálculo : Matemática 515

Direitos exclusivos cedidos à
Pearson Education do Brasil Ltda.,
uma empresa do grupo Pearson Education
Avenida Santa Marina, 1193
CEP 05036-001 - São Paulo - SP - Brasil
Fone: 19 3743-2155
pearsonuniversidades@pearson.com

Distribuição
Grupo A Educação
www.grupoa.com.br
Fone: 0800 703 3444

SUMÁRIO

Prefácio vii

1 FUNÇÕES 1
1.1 Funções e seus gráficos 1
1.2 Combinando funções; transladando e mudando
    a escala dos gráficos 13
1.3 Funções trigonométricas 21
1.4 Elaboração de gráficos usando calculadoras e computadores 28
1.5 Funções exponenciais 32
1.6 Funções inversas e logaritmos 37
    QUESTÕES PARA GUIAR SUA REVISÃO 49
    EXERCÍCIOS PRÁTICOS 49
    EXERCÍCIOS ADICIONAIS E AVANÇADOS 51

2 LIMITES E CONTINUIDADE 54
2.1 Taxas de variação e tangentes das curvas 54
2.2 Limite de uma função e leis do limite 61
2.3 Definição precisa de limite 72
2.4 Limites laterais 81
2.5 Continuidade 87
2.6 Limites que envolvem infinidade; assíntotas de gráficos 98
    QUESTÕES PARA GUIAR SUA REVISÃO 111
    EXERCÍCIOS PRÁTICOS 112
    EXERCÍCIOS ADICIONAIS E AVANÇADOS 113

3 DERIVAÇÃO 117
3.1 Tangentes e derivadas em um ponto 117
3.2 A derivada como função 121
3.3 Regras de derivação 129
3.4 Derivada como taxa de variação 140
3.5 Derivadas de funções trigonométricas 150
3.6 Regra da cadeia 156
3.7 Derivação implícita 164
3.8 Derivadas de funções inversas e logaritmos 169
3.9 Funções trigonométricas inversas 178
3.10 Taxas relacionadas 184
3.11 Linearização e diferenciais 193
    QUESTÕES PARA GUIAR SUA REVISÃO 203
    EXERCÍCIOS PRÁTICOS 204
    EXERCÍCIOS ADICIONAIS E AVANÇADOS 209

4 APLICAÇÕES DAS DERIVADAS 212
4.1 Valores extremos de funções 212
4.2 Teorema do valor médio 219
4.3 Funções monotônicas e o teste da primeira derivada 227
4.4 Concavidade e esboço de curvas 232
4.5 Formas indeterminadas e regra de l'Hôpital 243
4.6 Otimização aplicada 251
4.7 Método de Newton 262
4.8 Primitivas 267
    QUESTÕES PARA GUIAR SUA REVISÃO 277
    EXERCÍCIOS PRÁTICOS 277
    EXERCÍCIOS ADICIONAIS E AVANÇADOS 281

5 Integração 285
5.1 Área e estimativa com somas finitas 285
5.2 Notação sigma e limites de somas finitas 295
5.3 A integral definida 301
5.4 Teorema fundamental do cálculo 313
5.5 Integrais indefinidas e regra da substituição 324
5.6 Substituição e área entre curvas 332
QUESTÕES PARA GUIAR SUA REVISÃO 342
EXERCÍCIOS PRÁTICOS 342
EXERCÍCIOS ADICIONAIS E AVANÇADOS 346

6 Aplicações das integrais definidas 351
6.1 Volumes por seções transversais 351
6.2 Volumes por cascas cilíndricas 362
6.3 Comprimento de arco 370
6.4 Áreas de superfícies de revolução 376
6.5 Trabalho e forças de fluidos 381
6.6 Momentos e centros de massa 390
QUESTÕES PARA GUIAR SUA REVISÃO 401
EXERCÍCIOS PRÁTICOS 401
EXERCÍCIOS ADICIONAIS E AVANÇADOS 403

7 Funções transcendentes e integrais 405
7.1 Logaritmo definido como uma integral 405
7.2 Variação exponencial e equações diferenciais separáveis ... 415
7.3 Funções hiperbólicas 424
7.4 Taxas relativas de crescimento 432
QUESTÕES PARA GUIAR SUA REVISÃO 438
EXERCÍCIOS PRÁTICOS 438
EXERCÍCIOS ADICIONAIS E AVANÇADOS 439

8 Técnicas de integração 441
8.1 Integração por partes 442
8.2 Integrais trigonométricas 450
8.3 Substituições trigonométricas 455
8.4 Integração de funções racionais por frações parciais 459
8.5 Tabelas de integrais e sistemas de álgebra computacional ... 469
8.6 Integração numérica 474
8.7 Integrais impróprias 484
QUESTÕES PARA GUIAR SUA REVISÃO 495
EXERCÍCIOS PRÁTICOS 495
EXERCÍCIOS ADICIONAIS E AVANÇADOS 497

9 Equações diferenciais de primeira ordem 502
9.1 Soluções, campos de direção e método de Euler 502
9.2 Equações lineares de primeira ordem 510
9.3 Aplicações 516
9.4 Soluções gráficas de equações autônomas 522
9.5 Sistemas de equações e planos de fase 529
QUESTÕES PARA GUIAR SUA REVISÃO 535
EXERCÍCIOS PRÁTICOS 535
EXERCÍCIOS ADICIONAIS E AVANÇADOS 536

Apêndices 539
Respostas selecionadas 579
Índice remissivo 619
Breve tabela de integrais 629

Prefácio

Com o propósito de atender às necessidades atuais de alunos e professores, revisamos cuidadosamente esta edição de *Cálculo*. O resultado é um livro com uma variedade maior de exemplos, mais exercícios de nível médio, mais figuras e melhor fluxo conceitual, bem como mais clareza e precisão. Como nas edições anteriores, esta nova edição apresenta uma introdução moderna ao cálculo que apoia a compreensão conceitual e mantém os elementos essenciais de um curso tradicional.

Nesta décima segunda edição, apresentamos as funções transcendentes básicas no Capítulo 1. Após revisar as funções trigonométricas básicas, apresentamos a família de funções exponenciais, utilizando abordagem algébrica e gráfica, com a exponencial natural descrita como membro específico dessa família. Os logaritmos foram então definidos como funções inversas das exponenciais, e as funções trigonométricas inversas também foram discutidas. Essas funções foram plenamente incorporadas ao nosso desenvolvimento de limites, derivadas e integrais nos cinco capítulos seguintes do livro, incluindo exemplos e exercícios. Essa abordagem oferece aos alunos a oportunidade de trabalhar o quanto antes com funções exponenciais e logarítmicas juntamente com funções polinomiais, racionais e algébricas e funções trigonométricas, à medida que conceitos, operações e aplicações do cálculo de variáveis únicas são aprendidos. Mais adiante, no Capítulo 7, revisitamos a definição de funções transcendentes, agora com uma apresentação mais acurada. Definimos a função logaritmo natural como uma integral que tem exponencial natural como sua inversa.

Muitos de nossos alunos estiveram em contato com a terminologia e com os aspectos computacionais do cálculo durante o ensino médio. Apesar dessa familiaridade, a destreza do estudante em álgebra e trigonometria muitas vezes o impede de ser bem-sucedido na sequência de cálculo na faculdade. Nesta edição, procuramos equilibrar a experiência prévia dos alunos em cálculo com o desenvolvimento da habilidade algébrica que ainda pode ser necessária, sem prejudicar ou arruinar a autoconfiança de cada um. Tomamos o cuidado de fornecer material de revisão suficiente, acrescido de soluções completas e exercícios que oferecessem suporte ao entendimento completo de alunos de todos os níveis.

Incentivamos os alunos a raciocinar, em vez de memorizar fórmulas, e a generalizar conceitos à medida que eles são apresentados. Esperamos que, depois de aprenderem cálculo, eles se sintam confiantes em resolver problemas e em sua habilidade de raciocínio. A recompensa é o domínio de um belo assunto, com aplicações práticas no mundo real, mas o verdadeiro presente são as capacidades de pensar e generalizar. Esperamos que este livro forneça apoio e incentivo a ambas.

Inovações da décima segunda edição

CONTEÚDO Ao preparar esta edição, mantivemos a estrutura básica do conteúdo da décima primeira edição. Levamos em conta as solicitações dos leitores atuais e dos revisores em adiar a introdução de equações paramétricas até que as coordenadas polares fossem apresentadas. Efetuamos várias revisões na maioria dos capítulos, detalhadas a seguir:

- **Funções**   Resumimos o Capítulo 1, Volume 1, para que ele tivesse como foco a revisão dos conceitos de função e a apresentação das funções transcendentes. Nos Apêndices 1 a 3, apresentamos os pré-requisitos materiais que abrangem números reais, intervalos, incrementos, retas, distâncias, círculos e parábolas.
- **Limites**   Para melhorar o fluxo do capítulo, combinamos as ideias de limites que envolvem infinitude e as associações das assíntotas com gráficos de funções, dispondo-os juntos na seção final do Capítulo 3, Volume 1.
- **Derivadas**   Ao usar taxas de variação e tangentes às curvas como motivação ao estudo do conceito de limite, fundimos o conceito de derivada em um único capítulo. Reorganizamos e aumentamos o número de exemplos relacionados a taxas e acrescentamos outros exemplos e exercícios sobre gráficos de funções racionais. A regra de L'Hôpital é apresentada como uma seção de aplicação, coerente com a abrangência anterior sobre funções transcendentes.
- **Primitivas e integração**   Mantivemos a organização da décima primeira edição ao colocarmos as primitivas como o tópico final do Capítulo 4, Volume 1, passando pelas aplicações de derivadas. Nosso foco é a "recuperação de uma função a partir de sua derivada" como solução para o tipo mais simples de equação diferencial de primeira ordem. Um tema novo que compõe a essência do Capítulo 5, Volume 1, são as integrais como "somas dos limites de Riemann", motivado a princípio pelo problema de determinar as áreas de regiões gerais com limites curvos. Após o desenvolvimento cuidadoso do conceito de integral, voltamos nossa atenção ao cálculo dela e à sua ligação com as primitivas provenientes do teorema fundamental do cálculo. Assim, as aplicações seguintes definem as várias ideias geométricas de área, volume, comprimento de caminhos e centroides como limites das somas de Riemann que geram integrais definidas que podem ser calculadas por meio da determinação da primitiva do integrando. Mais adiante, retornamos ao assunto de como solucionar equações diferenciais de primeira ordem mais complexas.
- **Equações diferenciais**   Algumas universidades preferem que esse assunto seja tratado em um curso à parte. Embora tenhamos abrangido soluções para equações diferenciais separáveis no Capítulo 7, Volume 1, ao tratarmos as aplicações de crescimento e decaimento exponencial de funções integrais e transcendentes, a maior parte de nosso material foi organizada em dois capítulos (passíveis de serem omitidos na sequência de cálculo). No Capítulo 9, Volume 1, introduzimos as equações diferenciais de primeira ordem, incluindo uma nova seção sobre sistemas e planos de fase com aplicações relativas aos modelos caçador competitivo e predador-presa.
- **Séries**   Quanto à sequência e séries, mantivemos a mesma estrutura organizacional e o mesmo conteúdo da décima primeira edição. Adicionamos novas figuras e exercícios às várias seções, e, para tornar o material mais acessível aos alunos, revisamos algumas das provas relacionadas à convergência de séries de potência. Uma das solicitações de um de nossos leitores, "qualquer tentativa de tornar esse material mais fácil de ser compreendido por nossos alunos será bem recebido por nosso corpo docente", guiou nosso pensamento nas revisões do Capítulo 10, Volume 2.
- **Equações paramétricas**   Vários leitores solicitaram que passássemos esse tópico para o Capítulo 11, Volume 2, em que incluímos também coordenadas polares e seções cônicas. Fizemos isso ao perceber que muitos departamentos escolhem abordar esses tópicos no início de Cálculo III, ao se prepararem para o assunto vetores e cálculo com multivariáveis.
- **Funções vetoriais**   Simplificamos os assuntos do Capítulo 13, Volume 2, para enfatizar as ideias conceituais que apoiam o material posterior sobre derivadas parciais, vetores gradientes e integrais de linha. Condensamos as discussões do plano de Frenet e as três leis do movimento planetário de Kepler.
- **Cálculo com multivariável**   Nos capítulos que tratam desse assunto, reforçamos ainda mais o projeto gráfico e adicionamos figuras novas, exemplos e exercícios. Reorganizamos o material de abertura em integrais duplas, e com-

binamos as aplicações de integrais duplas e triplas para massas e momentos em uma única seção, abrangendo casos bidimensionais e tridimensionais. Essa reorganização permitiu um melhor fluxo dos conceitos básicos da matemática, em conjunto com suas propriedades e aspectos computacionais. Assim como na décima primeira edição, continuamos a fazer a conexão da ideia de multivariáveis com a ideia análoga de variáveis únicas abordada no início do livro.

- **Campos vetoriais** Devotamos um esforço considerável para aumentar a clareza e a precisão matemática no tratamento de cálculo vetorial integral, incluindo muitos exemplos adicionais, figuras e exercícios. Os teoremas e os resultados importantes são apresentados de forma mais clara e completa, juntamente com explicações avançadas de suas hipóteses e consequências matemáticas. Agora, a área da superfície está organizada em uma única seção, e as superfícies definidas implícita ou explicitamente são tratadas como casos especiais de uma representação paramétrica mais geral. Em uma seção separada, são apresentadas as integrais de superfície e suas aplicações. O teorema de Stokes e o teorema da divergência continuam sendo apresentados como generalizações do teorema de Green para três dimensões.

EXERCÍCIOS E EXEMPLOS Sabemos que exercícios e exemplos são componentes críticos para a aprendizagem de cálculo. Devido a essa importância, atualizamos, melhoramos e aumentamos o número de exercícios em quase todas as seções do livro. Nesta edição, há mais de 700 exercícios novos. Como nas edições anteriores, continuamos a organizar e agrupar os exercícios por temas, progredindo de problemas computacionais para problemas aplicados e teóricos. Os exercícios que requerem a utilização de sistemas de software de computador (como o *Maple*® ou *Mathematica*®) foram colocados ao final de cada seção de exercícios, sob o título **"Uso do computador"**. A maioria dos exercícios aplicados têm um subtítulo para indicar o tipo de aplicação ao qual o problema se refere.

Muitas seções incluem novos exemplos para esclarecer ou aprofundar o significado do tema que está sendo discutido e para ajudar os alunos a compreender suas consequências matemáticas ou aplicações em ciência e engenharia. Ao mesmo tempo, foram excluídos os exemplos que repetiam o material já apresentado.

PROJETO GRÁFICO Percebendo sua importância na aprendizagem do cálculo, continuamos a aprimorar as figuras atuais nesta nova edição, e criamos um número significativo de novas figuras. Verificamos também as legendas, prestando muita atenção à clareza e à precisão em frases curtas.

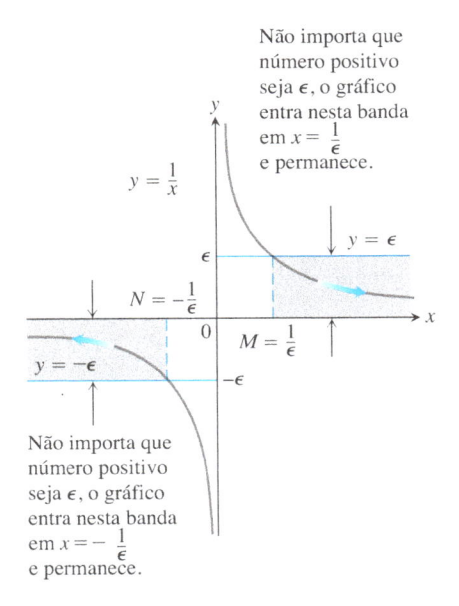

FIGURA 2.50 Geometria por trás do argumento no Exemplo 1.

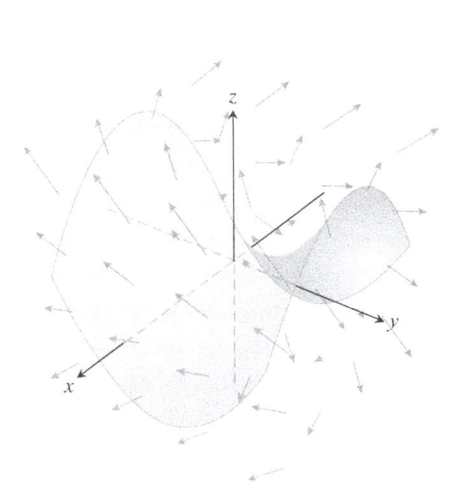

FIGURA 16.9 Superfície em um espaço ocupado por um fluido móvel.

Características preservadas

RIGOR O nível de rigor é consistente com o de edições anteriores. Continuamos a distinguir entre as discussões formais e informais e apontar suas diferenças. Entendemos que a adesão a uma abordagem mais intuitiva e menos formal ajuda os alunos a compreender um conceito novo ou difícil para que possam, então, apreciar a precisão matemática e seus resultados de forma completa. Tivemos cuidado ao definir ideias e demonstrar os teoremas de forma adequada aos alunos de cálculo, mencionando que questões mais profundas ou sutis devem ser estudadas em um curso mais avançado. A organização e a distinção entre as discussões formais e informais oferecem ao professor um grau de flexibilidade em quantidade e profundidade na abrangência dos diversos tópicos. Por exemplo, enquanto não provamos o teorema do valor intermediário ou o teorema do valor extremo para funções contínuas no intervalo entre $a \leq x \leq b$, explicamos esses teoremas de forma precisa, ilustrando seus significados em inúmeros exemplos e utilizando cada um deles para provar outros resultados importantes. Além disso, para os professores que desejam uma abordagem ainda mais profunda, discutimos no Apêndice 6 a dependência da validade desses teoremas em relação à completude dos números reais.

EXERCÍCIOS ESCRITOS O objetivo dos exercícios escritos encontrados ao longo do texto é estimular os alunos a explorar e explicar uma variedade de conceitos de cálculo e aplicações. Além disso, ao final de cada capítulo há uma lista de perguntas que ajudam os alunos a analisar e resumir o que aprenderam.

REVISÕES E PROJETOS NO FINAL DE CAPÍTULO Além dos exercícios ao final de cada seção, cada capítulo é encerrado com questões de revisão, exercícios práticos que abrangem todo o capítulo e uma série de exercícios adicionais e avançados que servem para incluir problemas mais desafiadores e abrangentes. A maioria dos capítulos também inclui descrições de diversos **projetos de aplicações de tecnologia** que podem ser trabalhados individualmente ou em grupos durante um longo período de tempo. Esses projetos requerem o uso de um computador que execute *Mathematica* ou *Maple*.

REDAÇÃO E APLICAÇÕES Como sempre, este livro continua fácil de ser lido, coloquial e matematicamente rico. Cada tópico novo é motivado por exemplos claros e de fácil compreensão, e são reforçados por sua aplicação a problemas do mundo real de interesse imediato para os alunos. O que distingue este livro é a aplicação do cálculo em ciência e engenharia. Os problemas aplicados foram atualizados, melhorados e estendidos continuamente ao longo das últimas edições.

TECNOLOGIA Em um curso que utilize texto, a tecnologia pode ser incorporada de acordo com a vontade do professor. Cada seção contém exercícios que requerem o uso de tecnologia; eles estão marcados com um **T** se forem adequados ao uso de calculadora ou de computador, ou estão na seção "Uso do computador" se exigirem um sistema de álgebra computacional (SAC, tal como *Maple* ou *Mathematica*).

Material de apoio do livro

No site www.grupoa.com.br professores e alunos podem acessar os seguintes materiais adicionais:

Para professores:

- Apresentações em PowerPoint.
- Manual de soluções (em inglês).
- Resolução dos exercícios avançados.

Para estudantes:

- Exercícios de múltipla escolha.
- Biografias e ensaios históricos.

- Capítulo adicional, exclusivamente on-line, sobre equações diferenciais de segunda ordem.
- Exercícios avançados.

Agradecimentos

Agradecemos às pessoas que fizeram inúmeras contribuições valiosas a esta edição em suas muitas etapas de desenvolvimento:

Revisores técnicos

Blaise DeSesa
Paul Lorczak
Kathleen Pellissier
Lauri Semarne
Sarah Streett
Holly Zullo

Revisores da décima segunda edição

Meighan Dillon, Southern Polytechnic State University
Anne Dougherty, University of Colorado
Said Fariabi, San Antonio College
Klaus Fischer, George Mason University
Tim Flood, Pittsburg State University
Rick Ford, California State University – Chico
Robert Gardner, East Tennessee State University
Christopher Heil, Georgia Institute of Technology
Joshua Brandon Holden, Rose-Hulman Institute of Technology
Alexander Hulpke, Colorado State University
Jacqueline Jensen, Sam Houston State University
Jennifer M. Johnson, Princeton University
Hideaki Kaneko, Old Dominion University
Przemo Kranz, University of Mississippi
Xin Li, University of Central Florida
Maura Mast, University of Massachusetts – Boston
Val Mohanakumar, Hillsborough Community College – Dale Mabry Campus
Aaron Montgomery, Central Washington University
Christopher M. Pavone, California State University at Chico
Cynthia Piez, University of Idaho
Brooke Quinlan, Hillsborough Community College – Dale Mabry Campus
Rebecca A. Segal, Virginia Commonwealth University
Andrew V. Sills, Georgia Southern University
Alex Smith, University of Wisconsin – Eau Claire
Mark A. Smith, Miami University
Donald Solomon, University of Wisconsin – Milwaukee
John Sullivan, Black Hawk College
Maria Terrell, Cornell University
Blake Thornton, Washington University in St. Louis
David Walnut, George Mason University
Adrian Wilson, University of Montevallo
Bobby Winters, Pittsburg State University
Dennis Wortman, University of Massachusetts – Boston

Agradecimentos dos editores brasileiros

Agradecemos às professoras Helena Maria Ávila de Castro e Sônia Regina Leite Garcia, pelos exercícios avançados contidos na Sala Virtual; ao professor Marivaldo Pereira Matos, pelo apêndice sobre sistemas bidimensionais com coeficientes constantes, também contido na Sala Virtual; e ao professor Claudio Hirofume Asano, pelas suas ricas contribuições, sábias observações e explicações.

1
FUNÇÕES

VISÃO GERAL As funções são fundamentais para o estudo do cálculo. Neste capítulo, revisaremos o que são funções e como elas são representadas por meio de gráficos, como são combinadas e transformadas e as maneiras como podem ser classificadas. Revisaremos as funções trigonométricas e estudaremos as distorções que podem ocorrer ao utilizarmos calculadoras e computadores para fazer o gráfico de uma função. Também abordaremos funções inversas, exponenciais e logarítmicas. O sistema de números reais, as coordenadas cartesianas, as retas, as parábolas e os círculos serão revisados nos apêndices.

1.1 Funções e seus gráficos

Funções são ferramentas que descrevem o mundo real em termos matemáticos. Uma função pode ser representada por uma equação, um gráfico, uma tabela numérica ou uma descrição verbal; utilizaremos essas quatro representações ao longo deste livro. Esta seção revisará essas ideias sobre as funções.

Funções; domínio e imagem

A temperatura em que a água ferve depende da altitude acima do nível do mar (o ponto de ebulição cai à medida que você sobe). Os juros pagos sobre um investimento em dinheiro dependem do período de tempo em que o investimento é mantido. A área de um círculo depende do raio do círculo. A distância que um objeto viaja a uma velocidade constante ao longo de um trajeto linear depende do tempo transcorrido.

Em cada caso, o valor de uma quantidade variável, digamos y, depende do valor de outra quantidade variável, a qual poderíamos denominar x. Dizemos que "y é uma função de x", e a escrevemos de modo simbólico, como

$$y = f(x) \quad \text{("y é igual a f de x")}.$$

Nessa notação, o símbolo f representa a função, a letra x é a **variável independente** que representa o valor de entrada de f, e y é a **variável dependente** ou valor de saída de f em x.

> **DEFINIÇÃO** Uma **função** f de um conjunto D para um conjunto Y é uma regra que associa um *único* elemento $f(x) \in Y$ a cada elemento $x \in D$.

O conjunto D de todos os valores de entrada possíveis é chamado de **domínio** da função. O conjunto de todos os valores de $f(x)$ conforme x varia ao longo de D é chamado de **imagem** de uma função. A imagem pode não incluir todos os elementos do conjunto Y. O domínio e a imagem de uma função podem ser quaisquer conjuntos de objetos, mas, em cálculo, eles são, frequentemente, conjuntos de números reais interpretados como pontos de uma reta coordenada. (Nos Capítulos 13 ao 16, encontraremos funções para as quais os elementos dos conjuntos são pontos no plano coordenado ou no espaço.)

Uma função é dada, frequentemente, por uma fórmula que descreve como calcular o valor de saída a partir da variável de entrada. Por exemplo, a equação $A = \pi r^2$ é uma regra que calcula a área A de um círculo a partir de seu raio r (então, r, interpretado como um comprimento, só pode ser positivo nessa fórmula). Quando definimos uma função $y = f(x)$ com uma fórmula e o domínio não é explicitamente declarado ou restringido pelo contexto, presume-se que o domínio seja o maior conjunto de valores x reais para o qual a fórmula fornece valores reais de y, o assim chamado **domínio natural**. Se quisermos restringir o domínio de alguma maneira, precisamos ser específicos. O domínio de $y = x^2$ corresponde a todo o conjunto de números reais. Para restringir o domínio da função para, digamos, valores positivos de x, escreveríamos "$y = x^2, x > 0$".

Alterar o domínio ao qual aplicamos uma fórmula geralmente altera, também, a imagem. A imagem de $y = x^2$ é $[0, \infty)$. A imagem de $y = x^2, x \geq 2$, é o conjunto de todos os números obtidos ao se elevar ao quadrado de um número maior ou igual a 2. Na notação do conjunto (veja o Apêndice 1), a imagem é $\{x^2 | x \geq 2\}$ ou $\{y | y \geq 4\}$ ou $[4, \infty)$.

Quando a imagem de uma função é um conjunto de números reais, diz-se que a função é a **valores reais**. Os domínios e as imagens de muitas funções a valores reais de uma variável real são intervalos ou combinações de intervalos. Os intervalos podem ser abertos, fechados ou semiabertos, e podem ser finitos ou infinitos. Nem sempre é fácil encontrar a imagem de uma função.

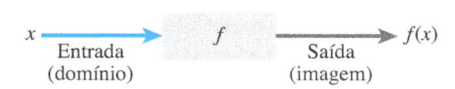

Uma função f é como uma máquina que produz um valor de saída $f(x)$ em sua imagem sempre que inserimos um valor de entrada x a partir de seu domínio (Figura 1.1). As teclas de função em uma calculadora fornecem um exemplo de uma função como uma máquina. Por exemplo, a tecla $\sqrt{x}$ em uma calculadora fornece um valor de saída (a raiz quadrada) sempre que você insere um número x não negativo e pressiona a tecla $\sqrt{x}$.

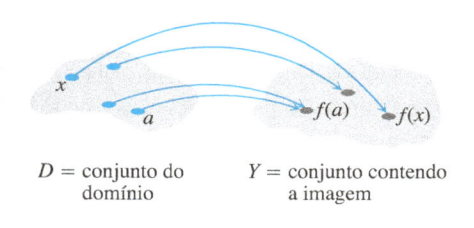

FIGURA 1.1 Diagrama que mostra uma função como um tipo de máquina.

Uma função também pode ser representada por um **diagrama de setas** (Figura 1.2). Cada seta associa um elemento do domínio D a um único elemento no conjunto Y. Na Figura 1.2, a seta indica que $f(a)$ está associado a a, $f(x)$ está associado a x, e assim por diante. Observe que uma função pode ter o mesmo *valor* em dois elementos de entrada diferentes no domínio (como ocorre com $f(a)$ na Figura 1.2), mas cada elemento de entrada é associado a somente um valor de saída $f(x)$.

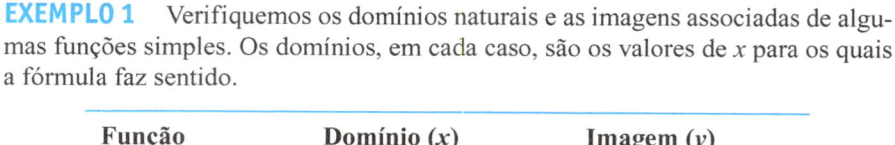

FIGURA 1.2 Uma função de um conjunto D para um conjunto Y atribui um único elemento de Y a cada elemento em D.

EXEMPLO 1 Verifiquemos os domínios naturais e as imagens associadas de algumas funções simples. Os domínios, em cada caso, são os valores de x para os quais a fórmula faz sentido.

Função	Domínio (x)	Imagem (y)
$y = x^2$	$(-\infty, \infty)$	$[0, \infty)$
$y = 1/x$	$(-\infty, 0) \cup (0, \infty)$	$(-\infty, 0) \cup (0, \infty)$
$y = \sqrt{x}$	$[0, \infty)$	$[0, \infty)$
$y = \sqrt{4 - x}$	$(-\infty, 4]$	$[0, \infty)$
$y = \sqrt{1 - x^2}$	$[-1, 1]$	$[0, 1]$

Solução A fórmula $y = x^2$ fornece um valor real de y para qualquer número x real, então, o domínio é $(-\infty, \infty)$. A imagem de $y = x^2$ é $[0, \infty)$ porque o quadrado de qualquer número real é um número não negativo, e todo número y não negativo é o quadrado de sua própria raiz quadrada, $y = (\sqrt{y})^2$ para $y \geq 0$.

A fórmula $y = 1/x$ fornece um valor real de y para todo x, exceto para $x = 0$. Para manter a consistência nas regras da aritmética, *não podemos dividir nenhum número por zero*. A imagem de $y = 1/x$, o conjunto de recíprocos de todos os números reais diferentes de zero, é o conjunto de todos os números reais diferentes de zero, uma vez que $y = 1/(1/y)$. Isto é, para $y \neq 0$, o número $x = 1/y$ é a entrada atribuída ao valor de saída y.

A fórmula $y = \sqrt{x}$ fornece um valor real de y somente se $x \geq 0$. A imagem de $y = \sqrt{x}$ é $[0, \infty)$, porque qualquer número não negativo é a raiz quadrada de algum número (a saber, é raiz quadrada de seu próprio quadrado).

Em $y = \sqrt{4 - x}$, a quantidade $4 - x$ não pode ser negativa. Isto é, $4 - x \geq 0$, ou $x \leq 4$. A fórmula retorna valores y reais para todos $x \leq 4$. A imagem de $\sqrt{4 - x}$ é $[0, \infty)$, o conjunto de todos os números não negativos.

A fórmula $y = \sqrt{1 - x^2}$ fornece um valor real de y para todo x no intervalo fechado de -1 a 1. Fora desse domínio, $1 - x^2$ é negativo, e sua raiz quadrada não é um número real. Os valores de $1 - x^2$ variam de 0 a 1 no domínio dado, e as raízes quadradas desses valores fazem o mesmo. A imagem de $\sqrt{1 - x^2}$ é $[0, 1]$.

Gráficos de funções

Se f é uma função com domínio D, seu **gráfico** consiste dos pontos no plano cartesiano cujas coordenadas são pares de entrada/saída para f. Na notação de conjunto, o gráfico é

$$\{(x, f(x)) \mid x \in D\}.$$

O gráfico da função $f(x) = x + 2$ é o conjunto de pontos com coordenadas (x, y) para as quais $y = x + 2$. Seu gráfico é a linha reta esboçada na Figura 1.3.

O gráfico de uma função f é uma imagem útil de seu comportamento. Se (x, y) corresponde a um ponto no gráfico, então $y = f(x)$ é a altura do gráfico acima do ponto x. A altura pode ser positiva ou negativa, dependendo do sinal de $f(x)$ (Figura 1.4).

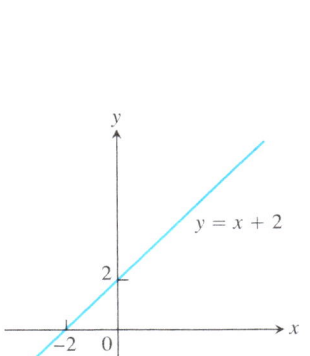

x	$y = x^2$
-2	4
-1	1
0	0
1	1
$\frac{3}{2}$	$\frac{9}{4}$
2	4

FIGURA 1.3 O gráfico de $f(x) = x + 2$ é o conjunto de pontos (x, y) para os quais y possui o valor $x + 2$.

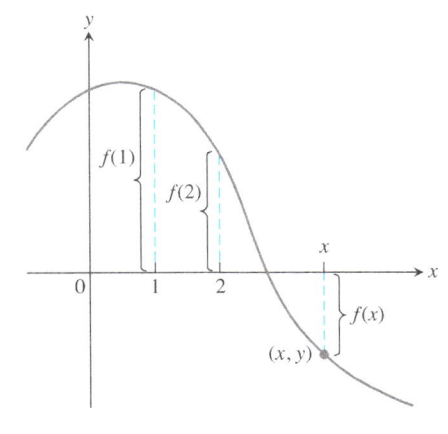

FIGURA 1.4 Se (x, y) se encontra no gráfico de f, então o valor $y = f(x)$ corresponde à altura do gráfico acima do ponto x (ou abaixo de x se $f(x)$ for negativo).

EXEMPLO 2 Gráfico da função $y = x^2$ sobre o intervalo $[-2, 2]$.

Solução Criar uma tabela de pares xy que satisfaça a equação $y = x^2$. Traçar os pontos (x, y) cujas coordenadas aparecem na tabela e desenhar uma curva *suave* (marcada com essa equação) através dos pontos traçados (veja a Figura 1.5).

Como saberemos que o gráfico de $y = x^2$ não se parece com uma dessas curvas?

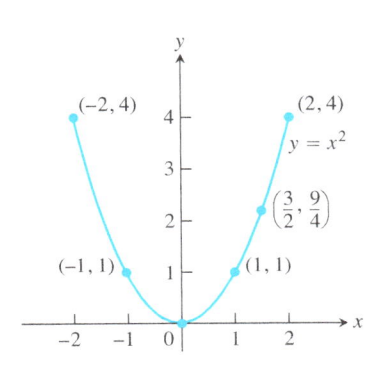

FIGURA 1.5 Gráfico da função no Exemplo 2.

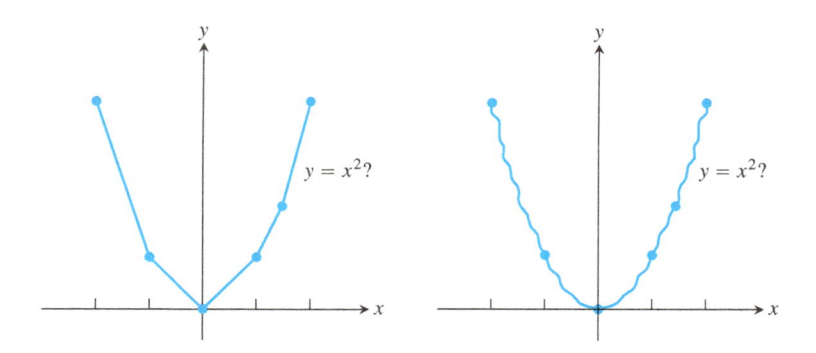

Para descobrir, poderíamos traçar mais pontos. Mas como iríamos conectá-*los* em seguida? A pergunta básica continua a mesma: Como podemos ter certeza com relação à aparência do gráfico entre os pontos que traçamos? O cálculo responde a essa pergunta, como veremos no Capítulo 4. Enquanto isso, teremos de nos contentar em traçar e ligar os pontos o melhor que pudermos.

Representação numérica de uma função

Vimos como uma função pode ser representada algebricamente por uma fórmula (a função área) e visualmente por um gráfico (Exemplo 2). Outro modo de representar uma função é **numericamente**, por meio de uma tabela de valores. As representações numéricas são utilizadas com frequência por engenheiros e cientistas. A partir de uma tabela de valores apropriada, pode ser feito um gráfico da função ao utilizarmos o método ilustrado no Exemplo 2, possivelmente com a ajuda de um computador. O gráfico que consiste apenas dos pontos nas tabelas é chamado de **gráfico de dispersão**.

EXEMPLO 3 Notas musicais são ondas de pressão no ar. Os dados na Tabela 1.1 fornecem o deslocamento da pressão registrado contra o tempo, em segundos, de uma nota musical produzida por um diapasão. A tabela fornece uma representação da função da pressão ao longo do tempo. Se fizermos, primeiramente, um gráfico de dispersão e, em seguida, ligarmos aproximadamente os pontos referentes aos dados (t, p) da tabela, obteremos o gráfico exibido na Figura 1.6.

TABELA 1.1 Dados do diapasão

Tempo	Pressão	Tempo	Pressão
0,00091	−0,080	0,00362	0,217
0,00108	0,200	0,00379	0,480
0,00125	0,480	0,00398	0,681
0,00144	0,693	0,00416	0,810
0,00162	0,816	0,00435	0,827
0,00180	0,844	0,00453	0,749
0,00198	0,771	0,00471	0,581
0,00216	0,603	0,00489	0,346
0,00234	0,368	0,00507	0,077
0,00253	0,099	0,00525	−0,164
0,00271	−0,141	0,00543	−0,320
0,00289	−0,309	0,00562	−0,354
0,00307	−0,348	0,00579	−0,248
0,00325	−0,248	0,00598	−0,035
0,00344	−0,041		

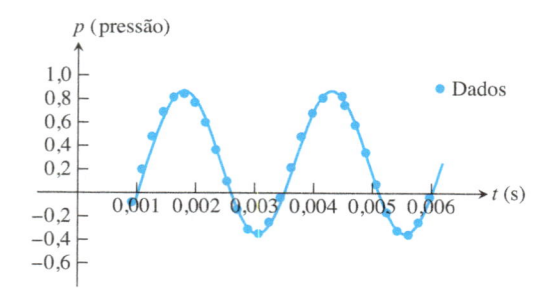

FIGURA 1.6 Uma curva suave passando pelos pontos traçados fornece um gráfico da função pressão representada pela Tabela 1.1 (Exemplo 3).

(a) $x^2 + y^2 = 1$ (b) $y = \sqrt{1-x^2}$ (c) $y = -\sqrt{1-x^2}$

FIGURA 1.7 (a) O círculo não é o gráfico de uma função; ele não passa no teste de reta vertical. (b) O semicírculo superior é o gráfico de uma função $f(x) = \sqrt{1-x^2}$. (c) O semicírculo inferior é o gráfico de uma função $g(x) = -\sqrt{1-x^2}$.

Teste da reta vertical para uma função

Nem toda curva no plano coordenado pode ser o gráfico de uma função. Uma função f pode possuir apenas um valor $f(x)$ para cada x em seu domínio, de modo que *nenhuma reta vertical* pode ter uma intersecção com o gráfico de uma função mais de uma vez. Se a estiver no domínio da função f, então a reta vertical $x = a$ terá uma intersecção com o gráfico de f no único ponto $(a, f(a))$.

Um círculo não pode ser gráfico de uma função, uma vez que algumas retas verticais terão intersecção com o gráfico duas vezes. O círculo na Figura 1.7a, no entanto, realmente contém os gráficos de *duas* funções de x: o semicírculo superior definido pela função $f(x) = \sqrt{1-x^2}$ e o semicírculo inferior definido pela função $g(x) = -\sqrt{1-x^2}$ (Figuras 1.7b e 1.7c).

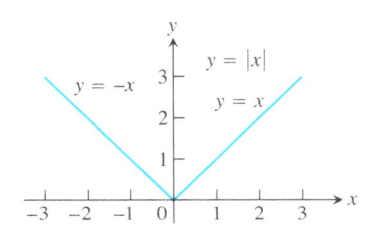

FIGURA 1.8 A função valor absoluto possui domínio $(-\infty, \infty)$ e imagem $[0, \infty)$.

Funções definidas por partes

Às vezes, uma função é descrita utilizando-se fórmulas diferentes em partes diferentes de seu domínio. Um exemplo é a **função valor absoluto**

$$|x| = \begin{cases} x, & x \geq 0 \\ -x, & x < 0, \end{cases}$$

cujo gráfico é fornecido na Figura 1.8. O lado direito da equação significa que a função é igual a x se $x \geq 0$, e igual a $-x$ se $x < 0$. Veja aqui alguns outros exemplos.

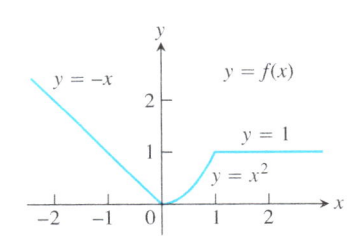

FIGURA 1.9 Para desenhar o gráfico da função $y = f(x)$ mostrada aqui, aplicamos fórmulas diferentes a partes diferentes do domínio (Exemplo 4).

EXEMPLO 4 A função

$$f(x) = \begin{cases} -x, & x < 0 \\ x^2, & 0 \leq x \leq 1 \\ 1, & x > 1 \end{cases}$$

é definida em toda a reta real, mas possui valores fornecidos por fórmulas diferentes, dependendo da posição de x. Os valores de f são fornecidos por $y = -x$ quando $x < 0$, $y = x^2$ quando $0 \leq x \leq 1$ e $y = 1$ quando $x > 1$. A função, no entanto, é apenas uma função cujo domínio é todo o conjunto dos números reais (Figura 1.9).

EXEMPLO 5 A função cujo valor em qualquer número x é o *maior número inteiro menor ou igual a x* é chamada de **função maior inteiro** ou **função piso**. É denotada por $\lfloor x \rfloor$. A Figura 1.10 mostra o gráfico. Observe que

$\lfloor 2,4 \rfloor = 2$, $\lfloor 1,9 \rfloor = 1$, $\lfloor 0 \rfloor = 0$, $\lfloor -1,2 \rfloor = -2$,
$\lfloor 2 \rfloor = 2$, $\lfloor 0,2 \rfloor = 0$, $\lfloor -0,3 \rfloor = -1$, $\lfloor -2 \rfloor = -2$.

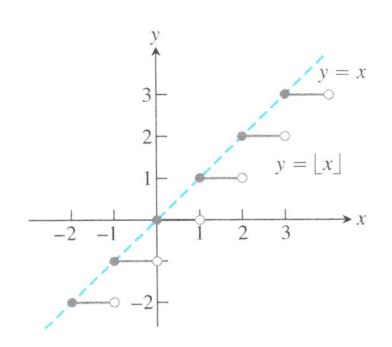

FIGURA 1.10 O gráfico da função maior inteiro $y = \lfloor x \rfloor$ fica na reta $y = x$, ou debaixo dela, de modo que fornece um piso inteiro para x (Exemplo 5).

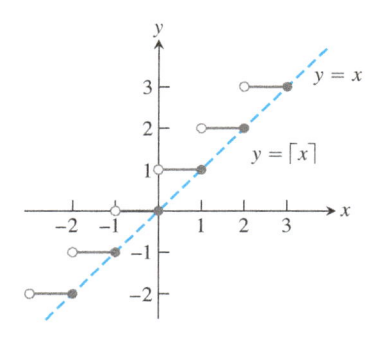

FIGURA 1.11 O gráfico da função menor inteiro $y = \lceil x \rceil$ está na reta $y = x$, ou acima dela, de modo que fornece um teto inteiro para x (Exemplo 6).

EXEMPLO 6 A função cujo valor em qualquer número x é o *menor número inteiro maior ou igual a* x é chamada de **função menor inteiro** ou **função teto**. É denotada por $\lceil x \rceil$. A Figura 1.11 mostra o gráfico. Para valores positivos de x, essa função pode representar, por exemplo, o custo de utilizar por x horas uma vaga de estacionamento que cobra $ 1,00 por hora ou fração de hora.

Funções crescentes e decrescentes

Se o gráfico de uma função *sobe* ou *aumenta* enquanto você segue da esquerda para a direita, dizemos que a função é *crescente*. Se o gráfico *desce* ou *diminui* enquanto você segue da esquerda para a direita, a função é *decrescente*.

> **DEFINIÇÕES** Seja f uma função definida em um intervalo I e x_1 e x_2 sejam dois pontos em I.
>
> 1. Se $f(x_2) > f(x_1)$ sempre que $x_1 < x_2$, então diz-se que f é **crescente** em I.
> 2. Se $f(x_2) < f(x_{-1})$ sempre que $x_1 < x_2$, então diz-se que f é **decrescente** em I.

É importante notar que as definições de funções crescentes e decrescentes devem ser satisfeitas para *todos* os pares de pontos x_1 e x_2 em I com $x_1 < x_2$. Uma vez que utilizamos a desigualdade $<$ para comparar os valores das funções, em vez de $\leq$, diz-se, às vezes, que f é *estritamente* crescente ou decrescente em I. O intervalo I pode ser finito (também chamado de limitado) e, por definição, nunca consiste de um único ponto (Apêndice 1).

EXEMPLO 7 A função exibida em forma de gráfico na Figura 1.9 é decrescente em $(-\infty, 0]$ e crescente em $[0, 1]$. A função não é crescente nem decrescente no intervalo $[1, \infty)$ devido às desigualdades estritas utilizadas para comparar os valores da função nas definições.

Funções pares e funções ímpares: simetria

Os gráficos de funções *pares* e *ímpares* têm propriedades de simetria características.

> **DEFINIÇÕES** Uma função $y = f(x)$ é uma
>
> **função par de** x se $f(-x) = f(x)$,
> **função ímpar de** x se $f(-x) = -f(x)$,
>
> para qualquer x dentro do domínio da função.

Os nomes *par* e *ímpar* vêm das potências de x. Se y é uma potência par de x, como em $y = x^2$ ou $y = x^4$, é uma função par de x porque $(-x)^2 = x^2$ e $(-x)^4 = x^4$. Se y é uma potência ímpar de x, como em $y = x$ ou $y = x^3$, é uma função ímpar de x, porque $(-x)^1 = -x$ e $(-x)^3 = -x^3$.

O gráfico de uma função par é **simétrico em relação ao eixo** y. Uma vez que $f(-x) = f(x)$, um ponto (x, y) estará no gráfico se, e somente se, o ponto $(-x, y)$ estiver no gráfico (Figura 1.12a). Uma reflexão através do eixo y não altera o gráfico.

O gráfico de uma função ímpar é **simétrico em relação à origem**. Uma vez que $f(-x) = -f(x)$, um ponto (x, y) estará no gráfico se, e somente se, o ponto $(-x, -y)$ estiver no gráfico (Figura 1.12b). De maneira equivalente, um gráfico é simétrico em relação à origem se uma rotação de 180° em relação à origem não alterar o gráfico. Observe que as definições implicam que x e $-x$ devem estar no domínio de f.

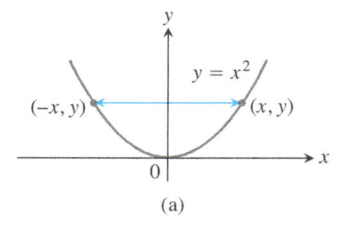

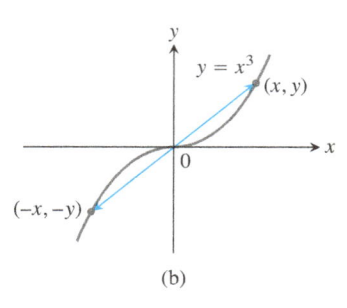

FIGURA 1.12 (a) O gráfico de $y = x^2$ (uma função par) é simétrico em relação ao eixo y. (b) O gráfico de $y = x^3$ (uma função ímpar) é simétrico em relação à origem.

EXEMPLO 8

$f(x) = x^2$ Função par: $(-x^2) = x^2$ para qualquer x; simetria em relação ao eixo y.

$f(x) = x^2 + 1$ Função par: $(-x)^2 + 1 = x^2 + 1$ para qualquer x; simetria em relação ao eixo y (Figura 1.13a)

$f(x) = x$ Função ímpar: $(-x) = -x$ para qualquer x; simetria em relação à origem.

$f(x) = x + 1$ Não é ímpar: $f(-x) = -x + 1$, mas $-f(x) = -x - 1$. As duas não são iguais. Não é par: $(-x) + 1 \neq x + 1$ para qualquer $x \neq 0$ (Figura 1.13b).

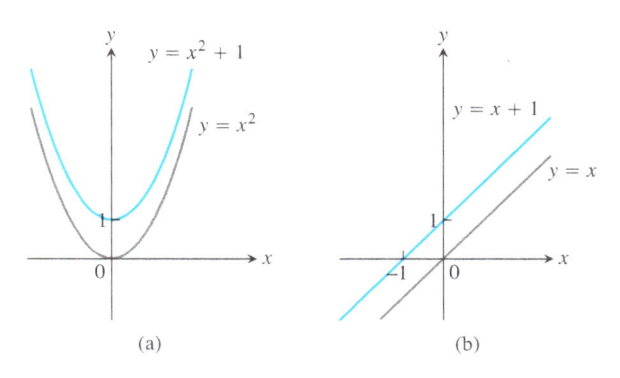

FIGURA 1.13 (a) Quando adicionamos o termo constante 1 à função $y = x^2$, a função resultante $y = x^2 + 1$ ainda é par, e seu gráfico ainda é simétrico em relação ao eixo y. (b) Quando adicionamos o termo constante 1 à função $y = x$, a função resultante $y = x + 1$ não é mais ímpar. A simetria em relação à origem deixa de existir (Exemplo 8).

Funções comuns

Frequentemente, em cálculo, são encontrados diversos tipos importantes de funções. Aqui, iremos identificá-los e descrevê-los rapidamente.

Funções lineares   Uma função com a forma $f(x) = mx + b$, para constantes m e b, é chamada de **função linear**. A Figura 1.14a mostra um conjunto de retas $f(x) = mx$, onde $b = 0$, de modo que essas retas passam pela origem. A função $f(x) = x$ quando $m = 1$ e $b = 0$ é chamada de **função identidade**. Funções constantes resultam quando o coeficiente angular $m = 0$ (Figura 1.14b). Uma função linear com coeficiente angular positivo cujo gráfico passa pela origem é chamada de relação de *proporcionalidade*.

> **DEFINIÇÃO**   Duas variáveis y e x são **proporcionais** (entre si) se uma for sempre um múltiplo constante da outra; isto é, $y = kx$ para alguma constante k diferente de zero.

Se a variável y for proporcional à recíproca $1/x$, então, às vezes, diz-se que y é **inversamente proporcional** a x (porque $1/x$ é o inverso multiplicativo de x).

Funções de potência   Uma função $f(x) = x^a$, onde a é uma constante, é chamada de **função de potência**. Existem vários casos importantes a considerar.

(a) $a = n$, um número inteiro positivo

Os gráficos de $f(x) = x^n$, para $n = 1, 2, 3, 4, 5$, são mostrados na Figura 1.15. Essas funções são definidas para todos os valores reais de x. Observe que, à medida que a potência n fica maior, as curvas tendem a se achatar sobre o eixo x no intervalo $(-1, 1)$ e, também, a subir mais rapidamente em $|x| > 1$. Cada curva passa pelo ponto $(1, 1)$ e pela origem. Os gráficos das funções com potências pares são simétricos em relação ao eixo y; aqueles com potências ímpares são simétricos em relação à origem. As funções com potências pares são decrescentes no intervalo $(-\infty, 0]$ e crescentes no intervalo $[0, \infty)$; as funções com potências ímpares são crescentes ao longo de toda a reta real $(-\infty, \infty)$.

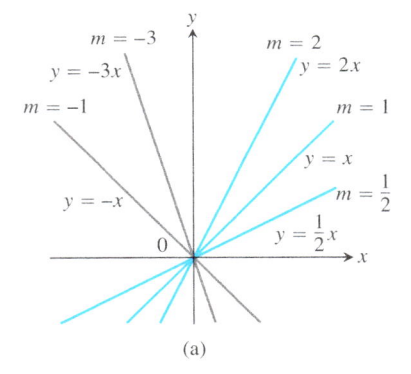

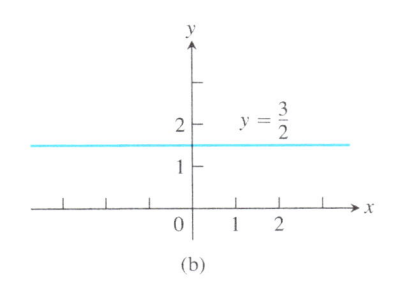

FIGURA 1.14 (a) As retas passam pela origem com coeficiente angular m. (b) Função constante com coeficiente angular $m = 0$.

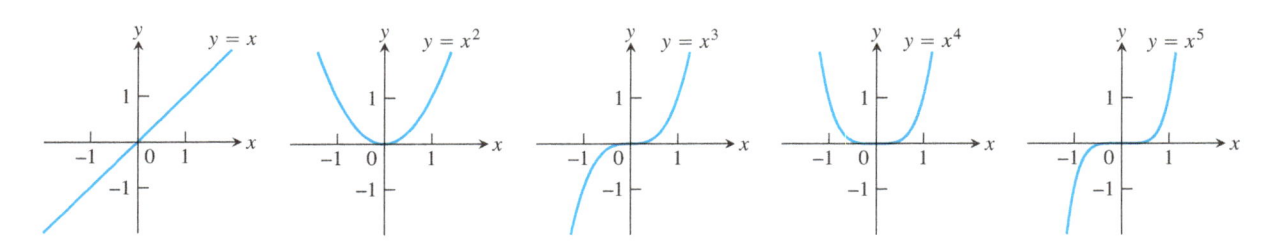

FIGURA 1.15 Gráficos de $f(x) = x^n$, $n = 1, 2, 3, 4, 5$, definidos para $-\infty < x < \infty$.

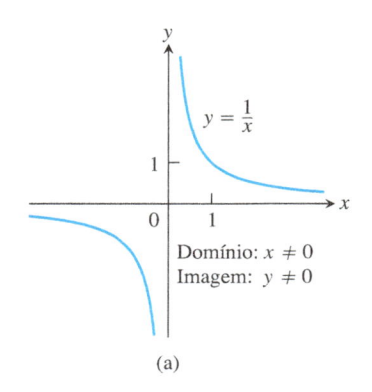

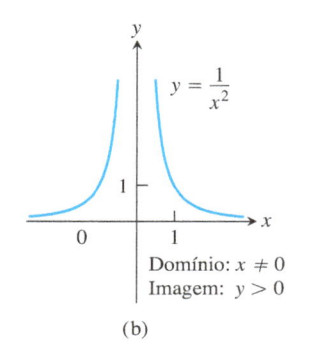

FIGURA 1.16 Gráficos das funções de potência $f(x) = x^a$ para a parte (a) $a = -1$ e para a parte (b) $a = -2$.

(b) $a = -1$ ou $a = -2$

Os gráficos das funções $f(x) = x^{-1} = 1/x$ e $g(x) = x^{-2} = 1/x^2$ são mostrados na Figura 1.16. Ambas as funções são definidas para todos os $x \neq 0$ (nunca se pode dividir por zero). O gráfico de $y = 1/x$ é a hipérbole $xy = 1$, que se aproxima dos eixos coordenados longe da origem. O gráfico de $y = 1/x^2$ também se aproxima dos eixos coordenados. O gráfico da função f é simétrico em relação à origem; f é decrescente nos intervalos $(-\infty, 0)$ e $(0, \infty)$. O gráfico da função g é simétrico em relação ao eixo y; g é crescente em $(-\infty, 0)$ e decrescente em $(0, \infty)$.

(c) $a = \dfrac{1}{2}, \dfrac{1}{3}, \dfrac{3}{2}$ e $\dfrac{2}{3}$

As funções $f(x) = x^{1/2} = \sqrt{x}$ e $g(x) = x^{1/3} = \sqrt[3]{x}$ são funções **raiz quadrada** e **raiz cúbica**, respectivamente. O domínio da função raiz quadrada é $[0, \infty)$, mas a função raiz cúbica é definida para todos os x reais. Seus gráficos são mostrados na Figura 1.17, com os gráficos de $y = x^{3/2}$ e $y = x^{2/3}$. (Lembre-se de que $x^{3/2} = (x^{1/2})^3$ e $x^{2/3} = (x^{1/3})^2$.)

Polinômios Uma função p é um **polinômio** se

$$p(x) = a_n x^n + a_{n-1} x^{n-1} + \ldots + a_1 + a_0$$

onde n é um número inteiro não negativo e os números $a_0, a_1, a_2, \ldots, a_n$ são constantes reais (chamadas de **coeficientes** do polinômio). Todos os polinômios têm domínio $(-\infty, \infty)$. Se o coeficiente dominante $a_n \neq 0$ e $n > 0$, então n é denominado **grau** do polinômio. Funções lineares com $m \neq 0$ são polinômios de grau 1. Polinômios de grau 2, geralmente indicados por $p(x) = ax^2 + bx + c$, são chamados de **funções quadráticas**. De modo análogo, funções **cúbicas** são polinômios $p(x) = ax^3 + bx^2 + cx + d$ de grau 3. A Figura 1.18 mostra os gráficos de três polinômios. Técnicas para desenhar gráficos de polinômios serão estudadas no Capítulo 4.

Funções racionais Uma **função racional** é um quociente ou razão $f(x) = p(x)/q(x)$, onde p e q são polinômios. O domínio de uma função racional é o conjunto de todos os x reais para os quais $q(x) \neq 0$. Os gráficos de diversas funções racionais são mostrados na Figura 1.19.

Funções algébricas Qualquer função construída a partir de polinômios por meio de operações algébricas (adição, subtração, multiplicação, divisão ou extração de raízes) é enquadrada na classe das **funções algébricas**. Todas as funções racionais

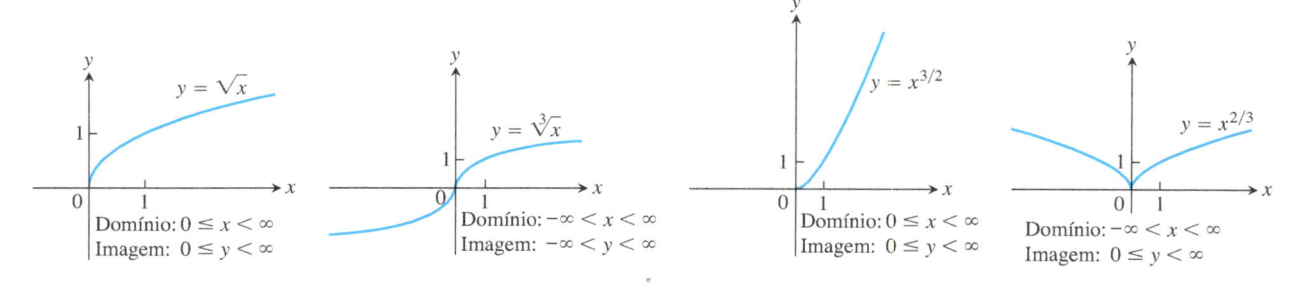

FIGURA 1.17 Gráficos das funções de potência $f(x) = x^a$ para $a = \dfrac{1}{2}, \dfrac{1}{3}, \dfrac{3}{2}$ e $\dfrac{2}{3}$.

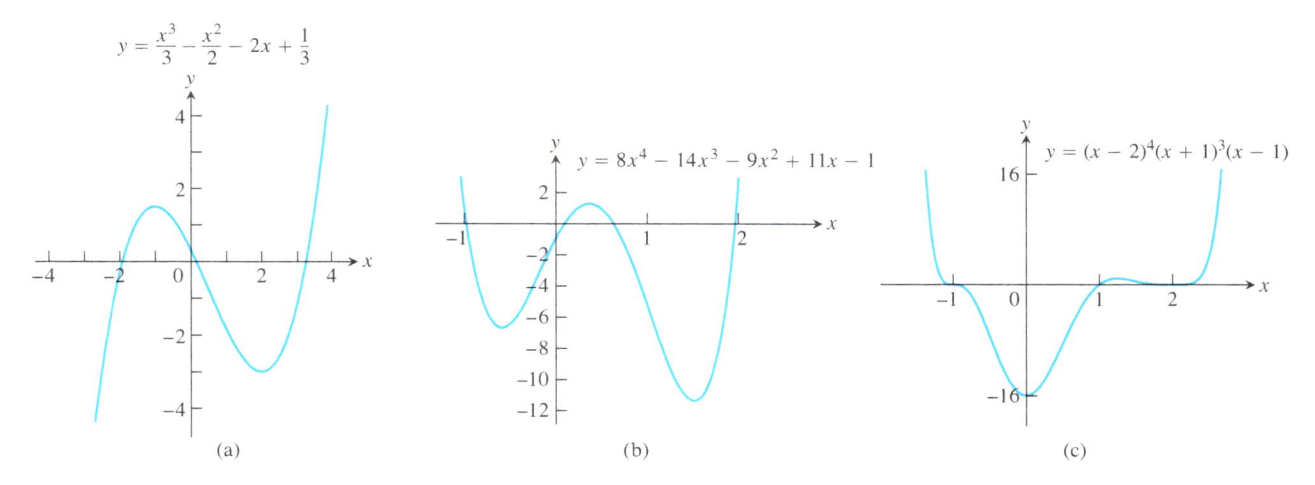

FIGURA 1.18 Gráficos de três funções polinomiais.

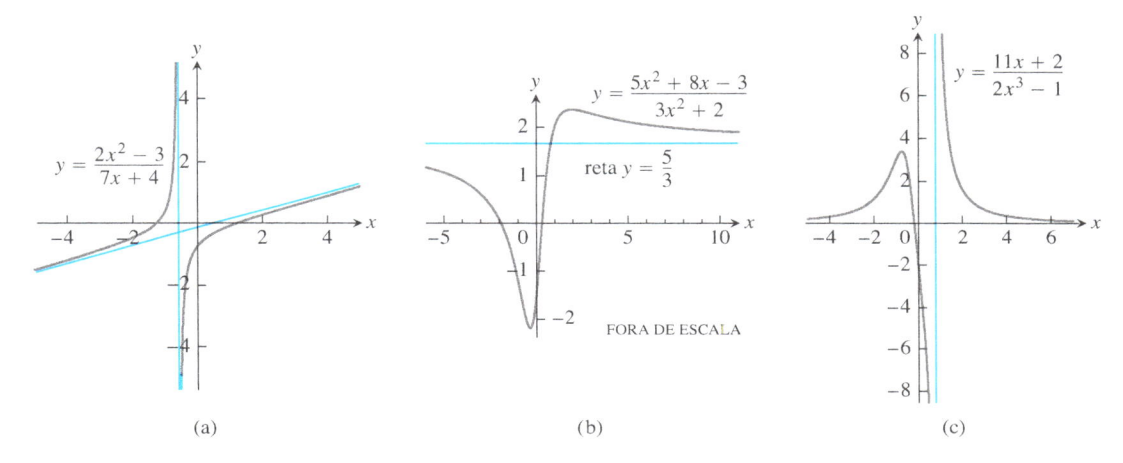

(a) $y = \dfrac{x^3}{3} - \dfrac{x^2}{2} - 2x + \dfrac{1}{3}$

(b) $y = 8x^4 - 14x^3 - 9x^2 + 11x - 1$

(c) $y = (x - 2)^4(x + 1)^3(x - 1)$

FIGURA 1.19 Gráficos de três funções racionais. As linhas retas em azul são chamadas *assíntotas* e não fazem parte do gráfico.

(a) $y = \dfrac{2x^2 - 3}{7x + 4}$

(b) $y = \dfrac{5x^2 + 8x - 3}{3x^2 + 2}$, reta $y = \dfrac{5}{3}$ — FORA DE ESCALA

(c) $y = \dfrac{11x + 2}{2x^3 - 1}$

são algébricas, mas também estão incluídas funções mais complicadas (tais como aquelas que satisfazem uma equação como $y^3 - 9xy + x^3 = 0$, estudada na Seção 3.7). A Figura 1.20 mostra os gráficos de três funções algébricas.

Funções trigonométricas As seis funções trigonométricas básicas serão revisadas na Seção 1.3. Os gráficos das funções seno e cosseno são mostrados na Figura 1.21.

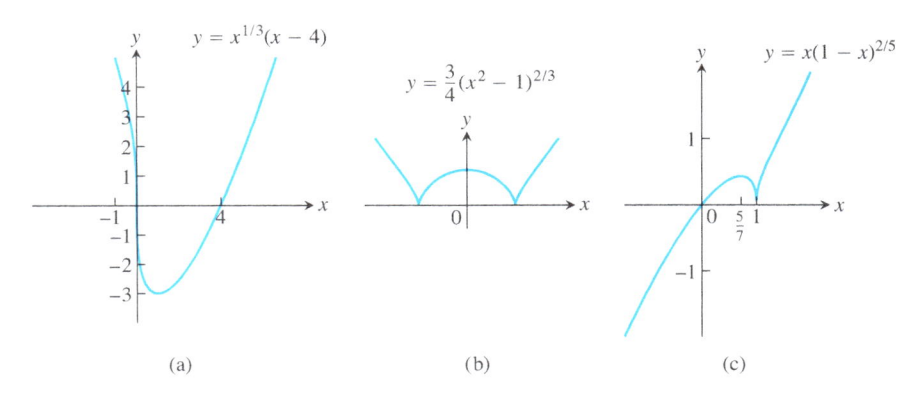

(a) $y = x^{1/3}(x - 4)$

(b) $y = \dfrac{3}{4}(x^2 - 1)^{2/3}$

(c) $y = x(1 - x)^{2/5}$

FIGURA 1.20 Gráficos de três funções algébricas.

(a) $f(x) = \text{sen } x$

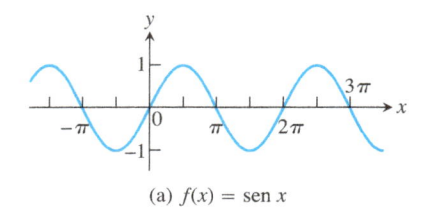

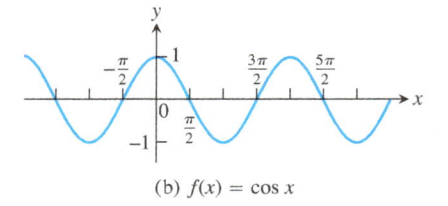

(b) $f(x) = \cos x$

FIGURA 1.21 Gráficos das funções seno e cosseno.

Funções exponenciais Funções com a fórmula $f(x) = a^x$, onde a base $a > 0$ é uma constante positiva e $a \neq 1$, são chamadas de **funções exponenciais**. Todas as funções exponenciais têm domínio $(-\infty, \infty)$ e imagem $(0, \infty)$, logo, uma função exponencial nunca assume o valor 0. Estudaremos funções exponenciais na Seção 1.5. Os gráficos de algumas funções exponenciais são mostrados na Figura 1.22.

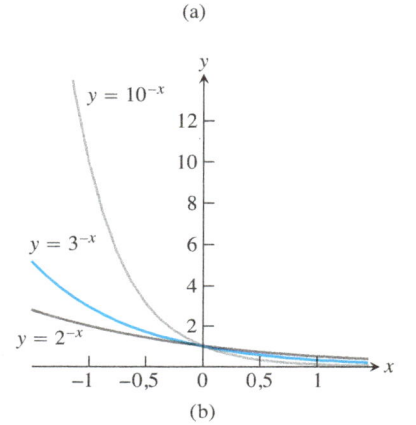

Funções logarítmicas Essas são as funções $f(x) = \log_a x$, onde a base $a \neq 1$ é uma constante positiva. Elas são as *funções inversas* das funções exponenciais, e estudaremos essas funções na Seção 1.6. A Figura 1.23 mostra os gráficos de quatro funções logarítmicas com bases variadas. Em todos os casos, o domínio é $(0, \infty)$ e a imagem é $(-\infty, \infty)$.

FIGURA 1.22 Gráficos de funções exponenciais.

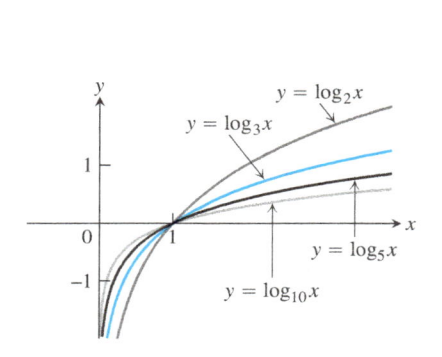

FIGURA 1.23 Gráfico de quatro funções logarítmicas.

FIGURA 1.24 Gráfico de uma catenária ou cabo pendente. (A palavra latina *catena* significa "corrente".)

Funções transcendentes Essas são funções não algébricas. Incluem as funções trigonométricas, trigonométricas inversas, exponenciais e logarítmicas, assim como muitas outras. Um bom exemplo de uma função transcendente é a **catenária**. Seu gráfico assume a forma de cabo, como um cabo telefônico ou um cabo de transmissão elétrica, estendido entre um suporte e outro, pendendo livremente sob seu próprio peso (Figura 1.24). A função que define o gráfico será estudada na Seção 7.3.

Exercícios 1.1

Funções

Para os Exercícios 1-6, encontre o domínio e a imagem de cada função.

1. $f(x) = 1 + x^2$
2. $f(x) = 1 - \sqrt{x}$
3. $F(x) = \sqrt{5x + 10}$
4. $g(x) = \sqrt{x^2 - 3x}$
5. $f(t) = \dfrac{4}{3 - t}$
6. $G(t) = \dfrac{2}{t^2 - 16}$

Nos Exercícios 7 e 8, quais dos gráficos são de funções de x e quais não são? Justifique suas respostas.

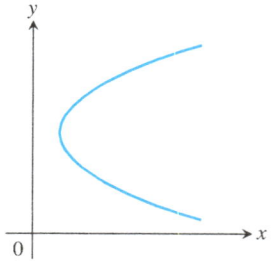

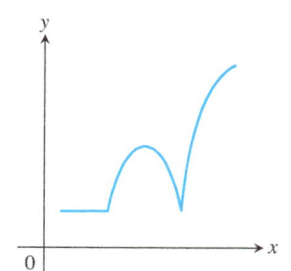

7. a.

b.

8. a. **b.**

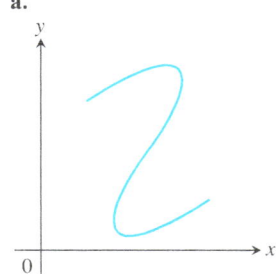

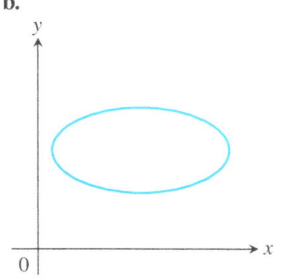

Encontrando fórmulas para funções

9. Expresse a área e o perímetro de um triângulo equilátero em função do comprimento x do lado do triângulo.

10. Expresse o comprimento do lado de um quadrado em função do comprimento d da diagonal do quadrado. Depois, expresse a área do quadrado em função do comprimento da diagonal.

11. Expresse o comprimento da aresta de um cubo em função do comprimento da diagonal d. Depois, expresse a área da superfície e o volume do cubo em função do comprimento da diagonal.

12. Um ponto P no primeiro quadrante está no gráfico da função $f(x) = \sqrt{x}$. Expresse as coordenadas de P em função do coeficiente angular da reta que liga P à origem.

13. Considere o ponto (x, y) que está no gráfico da reta $2x + 4y = 5$. Sendo L a distância do ponto (x, y) à origem $(0, 0)$, represente L em função de x.

14. Considere o ponto (x, y) que está no gráfico de $y = \sqrt{x - 3}$. Sendo L a distância entre os pontos (x, y) e $(4, 0)$, represente L em função de x.

Funções e gráficos

Encontre o domínio e faça o gráfico das funções nos Exercícios 15-20.

15. $f(x) = 5 - 2x$
16. $f(x) = 1 - 2x - x^2$
17. $g(x) = \sqrt{|x|}$
18. $g(x) = \sqrt{-x}$
19. $F(t) = t/|t|$
20. $G(t) = 1/|t|$

21. Encontre o domínio de $y = \dfrac{x + 3}{4 - \sqrt{x^2 - 9}}$.

22. Encontre a imagem de $y = 2 + \dfrac{x^2}{x^2 + 4}$.

23. Faça os gráficos das equações a seguir e explique por que eles não são gráficos de funções de x.
    a. $|y| = x$
    b. $y^2 = x^2$

24. Faça os gráficos das equações a seguir e explique por que eles não são gráficos de funções de x.
    a. $|x| + |y| = 1$
    b. $|x + y| = 1$

Funções definidas por partes

Faça os gráficos das funções nos Exercícios 25-28.

25. $f(x) = \begin{cases} x, & 0 \leq x \leq 1 \\ 2 - x, & 1 < x \leq 2 \end{cases}$

26. $g(x) = \begin{cases} 1 - x, & 0 \leq x \leq 1 \\ 2 - x, & 1 < x \leq 2 \end{cases}$

27. $F(x) = \begin{cases} 4 - x^2, & x \leq 1 \\ x^2 + 2x, & x > 1 \end{cases}$

28. $G(x) = \begin{cases} 1/x, & x < 0 \\ x, & 0 \leq x \end{cases}$

Encontre uma fórmula para cada função representada por meio de gráficos nos Exercícios 29-32.

29. a. **b.**

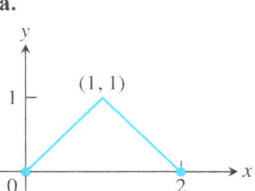

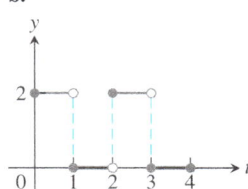

30. a. 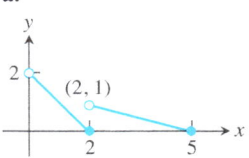 **b.**

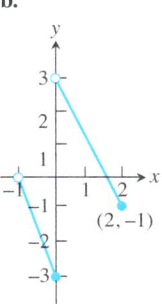

31. a. 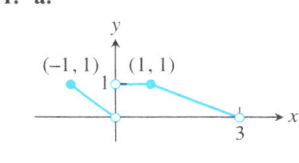 **b.**

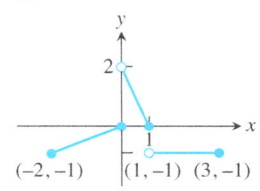

32. a. 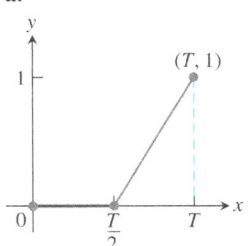 **b.**

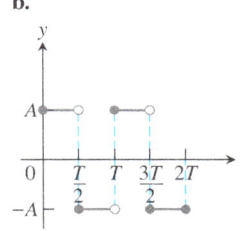

Funções maior e menor inteiro

33. Para quais valores de x
    a. $\lfloor x \rfloor = 0$?
    b. $\lceil x \rceil = 0$?

34. Quais números reais x satisfazem a equação $\lfloor x \rfloor = \lceil x \rceil$?

35. $\lceil -x \rceil = -\lfloor x \rfloor$ para todos os x reais? Justifique sua resposta.

36. Faça o gráfico da função
$$f(x) = \begin{cases} \lfloor x \rfloor, & x \geq 0 \\ \lceil x \rceil, & x < 0. \end{cases}$$

Por que $f(x)$ é chamada de *parte inteira* de x?

Funções crescentes e decrescentes

Faça os gráficos das funções nos Exercícios 37-46. Que simetrias, se houver, possuem os gráficos? Especifique os intervalos dentro dos quais a função é crescente e os intervalos em que ela é decrescente.

37. $y = -x^3$
38. $y = -\dfrac{1}{x^2}$
39. $y = -\dfrac{1}{x}$
40. $y = \dfrac{1}{|x|}$

41. $y = \sqrt{|x|}$
42. $y = \sqrt{-x}$
43. $y = x^3/8$
44. $y = -4\sqrt{x}$
45. $y = -x^{3/2}$
46. $y = (-x)^{2/3}$

Funções pares e ímpares

Nos Exercícios 47-58, diga se a função é par, ímpar ou nenhuma delas. Justifique sua resposta.

47. $f(x) = 3$
48. $f(x) = x^{-5}$
49. $f(x) = x^2 + 1$
50. $f(x) = x^2 + x$
51. $g(x) = x^3 + x$
52. $g(x) = x^4 + 3x^2 - 1$
53. $g(x) = \dfrac{1}{x^2 - 1}$
54. $g(x) = \dfrac{x}{x^2 - 1}$
55. $h(t) = \dfrac{1}{t - 1}$
56. $h(t) = |t^3|$
57. $h(t) = 2t + 1$
58. $h(t) = 2|t| + 1$

Teoria e exemplos

59. A variável s é proporcional a t e $s = 25$, quando $t = 75$. Determine t quando $s = 60$.

60. Energia cinética A energia cinética K de uma massa é proporcional ao quadrado de sua velocidade v. Se $K = 12.960$ joules quando $v = 18$ m/s, qual o valor de K quando $v = 10$ m/s?

61. As variáveis r e s são inversamente proporcionais e $r = 6$ quando $s = 4$. Determine s quando $r = 10$.

62. Lei de Boyle A Lei de Boyle diz que o volume V de um gás a uma temperatura constante aumenta sempre que a pressão P diminui, de modo que V e P são inversamente proporcionais. Se $P = 14{,}7$ lbs/pol.^{2} quando $V = 1000$ pol.^{3}, então, qual o valor de V quando $P = 23{,}4$ lbs/pol.^{2}?

63. Uma caixa sem tampa será feita com um pedaço retangular de papelão com dimensões de 14×22 polegadas, cortando-se quadrados iguais de lado x em cada canto e, depois, dobrando-se as laterais para cima, conforme mostra a figura. Expresse o volume V da caixa em função de x.

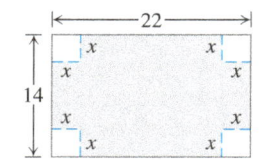

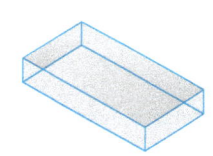

64. A figura a seguir mostra um retângulo inscrito em triângulo retângulo isósceles cuja hipotenusa tem 2 unidades de comprimento.
  a. Expresse a coordenada y de P em função de x. (Você pode começar escrevendo uma equação para a reta AB.)
  b. Expresse a área do retângulo em função de x.

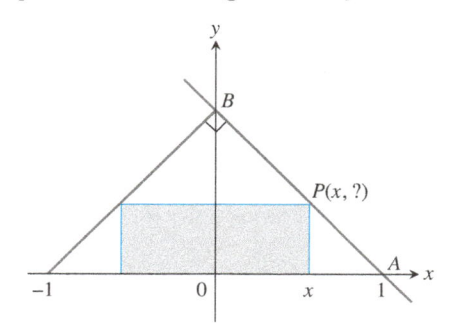

Nos Exercícios 65 e 66, descubra qual gráfico corresponde a cada equação. Não utilize um dispositivo gráfico e justifique sua resposta.

65. **a.** $y = x^4$ **b.** $y = x^7$ **c.** $y = x^{10}$

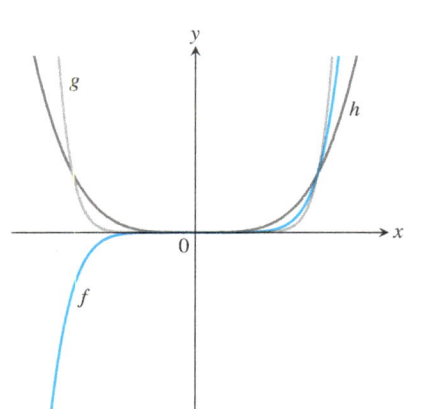

66. **a.** $y = 5x$ **b.** $y = 5^x$ **c.** $y = x^5$

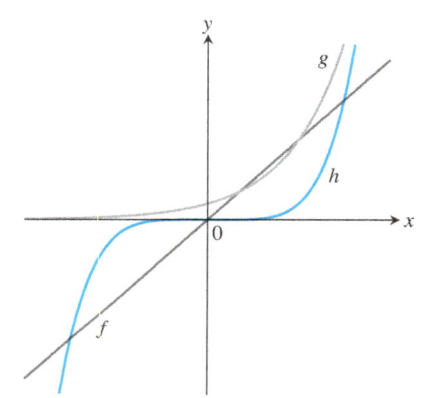

T 67. a. Faça o gráfico das funções $f(x) = x/2$ e $g(x) = 1 + (4/x)$ juntas para identificar os valores de x para os quais

$$\frac{x}{2} > 1 + \frac{4}{x}$$

  b. Confirme algebricamente sua resposta no item (a).

T 68. a. Faça o gráfico das funções $f(x) = 3/(x - 1)$ e $g(x) = 2/(x + 1)$ juntas para identificar os valores de x para os quais

$$\frac{3}{x - 1} < \frac{2}{x + 1}$$

  b. Confirme algebricamente sua resposta no item (a).

69. Para que uma curva seja *simétrica em relação ao eixo x*, o ponto (x, y) deverá estar na curva se, e somente se, o ponto $(x, -y)$ estiver na curva. Explique por que uma curva simétrica em relação ao eixo x não é o gráfico de uma função, a não ser que a função seja $y = 0$.

70. Trezentos livros são vendidos a \$ 40 cada, resultando em uma receita de $(300)(\$ 40) = \$ 12.000$. Para cada aumento de \$ 5 no preço, são vendidos 25 livros a menos. Represente a receita R em função do número x de aumentos de \$ 5.

71. É preciso construir um cercado na forma de um triângulo retângulo isósceles com pernas de x pés de comprimento e hipotenusa de h pés de comprimento. Se o revestimento custa \$ 5 pés para as pernas e \$ 10 pés para a hipotenusa, represente o custo total C de manufatura em função de h.

72. Custos industriais Uma usina elétrica está localizada em um trecho do rio que tem 800 pés de largura. Os custos para passar um novo cabo da usina até uma localização na cidade 2 milhas rio abaixo, do lado oposto do rio, são de $ 180 por pé de cabo cruzando o rio e $ 100 por pé de cabo estendido por terra.

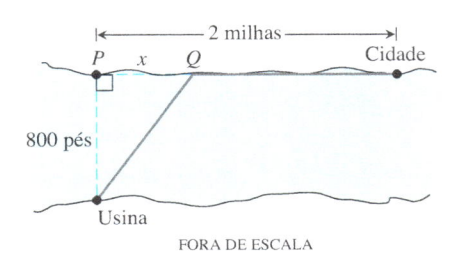

a. Suponha que o cabo saia da usina em direção ao ponto Q do lado oposto, que fica x pés distantes do ponto P na margem oposta à usina. Escreva uma função $C(x)$ que forneça o custo para passar o cabo em função da distância x.

b. Gere uma tabela de valores para determinar se a localização de menor custo para o ponto Q é menor ou maior que 2000 pés a partir do ponto P.

1.2 Combinando funções; transladando e mudando a escala dos gráficos

Nesta seção, estudaremos as principais maneiras de combinar ou transformar funções a fim de criar novas funções.

Somas, diferenças, produtos e quocientes

Assim como ocorre com números, as funções podem ser somadas, subtraídas, multiplicadas e divididas (exceto quando o denominador for zero) para produzir novas funções. Se f e g são funções, então, para qualquer x que pertença aos domínios de ambos, f e g (isto é, para $x \in D(f) \cap D(g)$), definimos funções $f + g$, $f - g$ e fg pelas fórmulas

$$(f + g)(x) = f(x) + g(x).$$
$$(f - g)(x) = f(x) - g(x).$$
$$(fg)(x) = f(x)g(x).$$

Observe que o sinal de + no lado esquerdo da primeira equação representa a operação de adição de *funções*, ao passo que o sinal de + no lado direito da equação significa adição dos números reais $f(x)$ e $g(x)$.

Em qualquer ponto de $D(f) \cap D(g)$ no qual $g(x) \neq 0$, também podemos definir a função f/g pela fórmula

$$\left(\frac{f}{g}\right)(x) = \frac{f(x)}{g(x)} \qquad (\text{onde } g(x) \neq 0).$$

Funções também podem ser multiplicadas por constantes: se c é um número real, então a função cf é definida para qualquer x no domínio de f por

$$(cf)(x) = cf(x).$$

EXEMPLO 1 As funções definidas pelas fórmulas

$$f(x) = \sqrt{x} \qquad e \qquad g(x) = \sqrt{1 - x}$$

têm domínios $D(f) = [0, \infty)$ e $D(g) = (-\infty, 1]$. Os pontos comuns a esses domínios são

$$[0, \infty) \cap (-\infty, 1] = [0, 1].$$

A tabela a seguir resume as fórmulas e domínios para as diversas combinações algébricas das duas funções. Também escrevemos $f \cdot g$ para a função produto fg.

Função	Fórmula	Domínio
$f + g$	$(f + g)(x) = \sqrt{x} + \sqrt{1-x}$	$[0, 1] = D(f) \cap D(g)$
$f - g$	$(f - g)(x) = \sqrt{x} - \sqrt{1-x}$	$[0, 1]$
$g - f$	$(g - f)(x) = \sqrt{1-x} - \sqrt{x}$	$[0, 1]$
$f \cdot g$	$(f \cdot g)(x) = f(x)g(x) = \sqrt{x(1-x)}$	$[0, 1]$
f/g	$\dfrac{f}{g}(x) = \dfrac{f(x)}{g(x)} = \sqrt{\dfrac{x}{1-x}}$	$[0, 1)$ ($x = 1$ excluído)
g/f	$\dfrac{g}{f}(x) = \dfrac{g(x)}{f(x)} = \sqrt{\dfrac{1-x}{x}}$	$(0, 1]$ ($x = 0$ excluído)

O gráfico da função $f + g$ é obtido a partir dos gráficos de f e g ao somarmos $f(x)$ e $g(x)$ em cada ponto $x \in D(f) \cap D(g)$, como mostra a Figura 1.25. Os gráficos de $f + g$ e $f \cdot g$ do Exemplo 1 são mostrados na Figura 1.26.

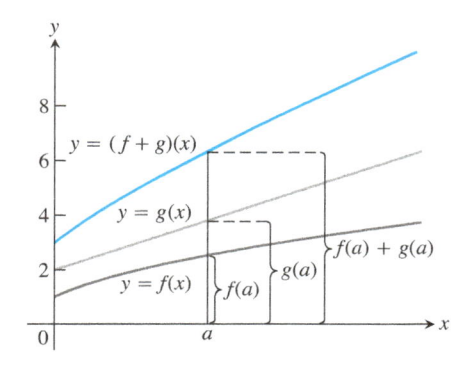

FIGURA 1.25 Soma gráfica de duas funções.

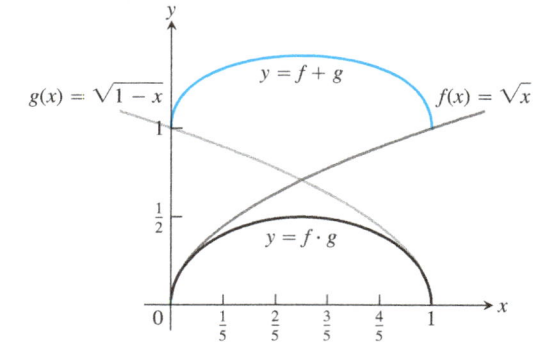

FIGURA 1.26 O domínio da função $f + g$ é a intersecção dos domínios de f e g, o intervalo $[0, 1]$ no eixo x onde esses domínios se sobrepõem. Esse intervalo também é o domínio da função $f \cdot g$ (Exemplo 1).

Funções compostas

A composição é outro método para combinar funções.

> **DEFINIÇÃO** Se f e g são funções, a função **composta** $f \circ g$ ("f composta com g") é definida por
> $$(f \circ g)(x) = f(g(x)).$$
> O domínio de $f \circ g$ consiste nos números x no domínio de g para os quais $g(x)$ fica no domínio de f.

A definição implica que $f \circ g$ pode ser formada quando a imagem de g fica no domínio de f. Para determinar $(f \circ g)(x)$, *primeiro* determine $g(x)$ e, *em seguida*, determine $f(g(x))$. A Figura 1.27 ilustra $f \circ g$ como um diagrama de máquina, enquanto a Figura 1.28 mostra a composição como um diagrama de setas.

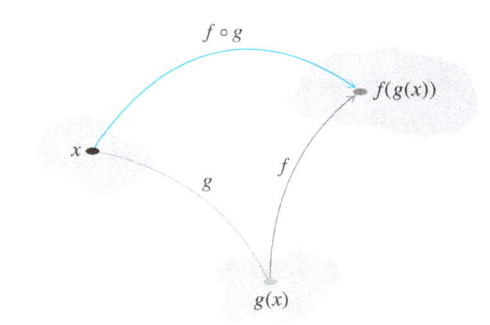

FIGURA 1.27 Duas funções podem ser compostas em x sempre que o valor de uma função em x estiver no domínio da outra. A composição tem a notação $f \circ g$.

FIGURA 1.28 Diagrama de setas para $f \circ g$.

Para avaliar a função composta $g \circ f$ (quando definida), determinamos $f(x)$ primeiro e, em seguida, $g(f(x))$. O domínio de $g \circ f$ é o conjunto dos números x no domínio de f, de modo que $f(x)$ fica no domínio de g.

As funções de $f \circ g$ e $g \circ f$ costumam ser bem diferentes.

EXEMPLO 2   Se $f(x) = \sqrt{x}$ e $g(x) = x + 1$, determine

(a) $(f \circ g)(x)$ **(b)** $(g \circ f)(x)$ **(c)** $(f \circ f)(x)$ **(c)** $(g \circ g)(x)$.

Solução

Composta	Domínio
(a) $(f \circ g)(x) = f(g(x)) = \sqrt{g(x)} = \sqrt{x+1}$	$[-1, \infty)$
(b) $(g \circ f)(x) = g(f(x)) = f(x) + 1 = \sqrt{x} + 1$	$[0, \infty)$
(c) $(f \circ f)(x) = f(f(x)) = \sqrt{f(x)} = \sqrt{\sqrt{x}} = x^{1/4}$	$[0, \infty)$
(d) $(g \circ g)(x) = g(g(x)) = g(x) + 1 = (x + 1) + 1 = x + 2$	$(-\infty, \infty)$

Para entender por que o domínio $f \circ g$ é $[-1, \infty)$, observe que $g(x) = x + 1$ é definida para qualquer x real, mas pertence ao domínio de f somente se $x + 1 \geq 0$, ou seja, quando $x \geq -1$.

Observe que, se $f(x) = x^2$ e $g(x) = \sqrt{x}$, então $(f \circ g)(x) = (\sqrt{x})^2 = x$. No entanto, o domínio de $f \circ g$ é $[0, \infty)$, e não $(-\infty, \infty)$, uma vez que $\sqrt{x}$ exige $x \geq 0$.

Translado do gráfico de uma função

Uma maneira comum de obter uma nova função a partir de uma função existente é adicionar uma constante a cada resultado da função existente ou a sua variável de entrada. O gráfico da nova função é o gráfico da função original transladado verticalmente ou horizontalmente, como segue.

Fórmulas para translação

Translação vertical

$y = f(x) + k$ Translada o gráfico k unidades *para cima* se $k > 0$.
             Translada o gráfico $|k|$ unidades *para baixo* se $k < 0$.

Translação horizontal

$y = f(x + h)$ Translada o gráfico h unidades *para a esquerda* se $h > 0$.
              Translada o gráfico $|h|$ unidades *para a direita* se $h < 0$.

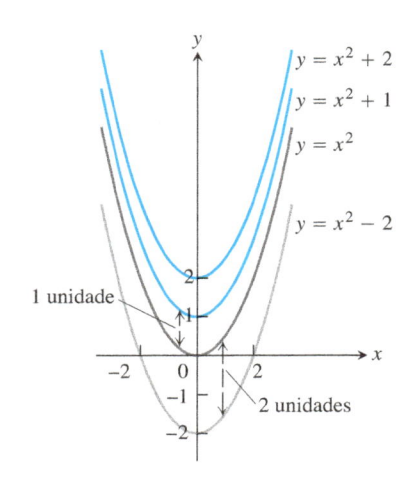

FIGURA 1.29 Para transladar o gráfico de $f(x) = x^2$ para cima (ou para baixo), adicionamos constantes positivas (ou negativas) à fórmula de f (Exemplos 3a e 3b).

EXEMPLO 3

(a) A adição de 1 ao lado direito da fórmula $y = x^2$ para obter $y = x^2 + 1$ translada o gráfico para cima em 1 unidade (Figura 1.29).

(b) A adição de –2 ao lado direito da fórmula $y = x^2$ para obter $y = x^2 - 2$ translada o gráfico para baixo em 2 unidades (Figura 1.29).

(c) A adição de 3 a x em $y = x^2$ para obter $y = (x + 3)^2$ translada o gráfico 3 unidades para a esquerda (Figura 1.30).

(d) A adição de –2 a x em $y = |x|$ e, depois, a adição de –1 ao resultado, dá $y = |x - 2| - 1$, e translada o gráfico 2 unidades à direita e 1 unidade para baixo (Figura 1.31).

Mudança da escala e reflexão do gráfico de uma função

Mudar a escala do gráfico de uma função $y = f(x)$ significa alongá-lo ou comprimi-lo vertical ou horizontalmente. Isso é possível ao multiplicar a função f, ou a variável independente x, por uma constante c apropriada. Reflexões em torno dos eixos coordenados são casos especiais em que $c = -1$.

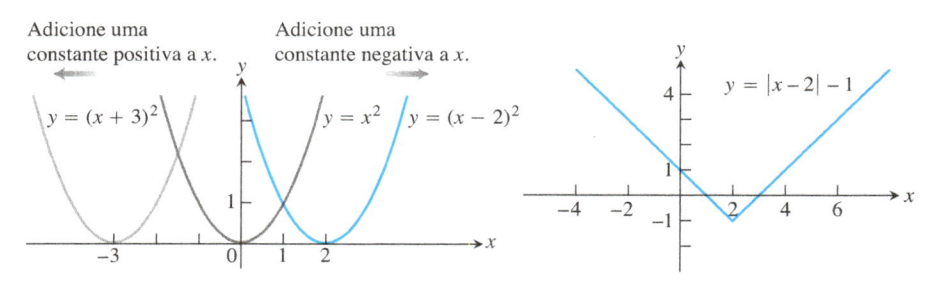

FIGURA 1.30 Para transladar o gráfico de $y = x^2$ para a esquerda, adicionamos uma constante positiva a x (Exemplo 3c). Para transladar o gráfico para a direita, adicionamos uma constante negativa a x.

FIGURA 1.31 Translado do gráfico de $y = |x|$ de 2 unidades para a direita e 1 unidade para baixo (Exemplo 3d).

Fórmulas para mudança de escala vertical e horizontal e reflexão

Para $c > 1$, a escala do gráfico é alterada:

$y = cf(x)$ Alonga o gráfico de f verticalmente por um fator de c.

$y = \dfrac{1}{c} f(x)$ Comprime o gráfico de f verticalmente por um fator de c.

$y = f(cx)$ Comprime o gráfico de f horizontalmente por um fator de c.

$y = f(x/c)$ Alonga o gráfico de f horizontalmente por um fator de c.

Para $c = -1$, o gráfico é refletido:

$y = -f(x)$ Reflete o gráfico de f em torno do eixo x.

$y = f(-x)$ Reflete o gráfico de f em torno do eixo y.

EXEMPLO 4 Aqui, mudaremos a escala e refletiremos o gráfico de $y = \sqrt{x}$.

(a) **Vertical:** Multiplicar o lado direito de $y = \sqrt{x}$ por 3 para obter $y = 3\sqrt{x}$ alonga o gráfico verticalmente por um fator de 3, ao passo que multiplicá-lo por 1/3 faz que ele seja comprimido por um fator de 3 (Figura 1.32).

(b) **Horizontal:** O gráfico de $y = \sqrt{3x}$ é uma compressão horizontal do gráfico de $y = \sqrt{x}$ por um fator de 3, e $y = \sqrt{x/3}$ é um alongamento horizontal por um fator de 3 (Figura 1.33). Observe que $y = \sqrt{3x} = \sqrt{3}\sqrt{x}$, portanto, uma compressão horizontal *pode* corresponder a um alongamento vertical por um fator de escala diferente. Do mesmo modo, um alongamento horizontal pode corresponder a uma compressão vertical por um fator de escala diferente.

FIGURA 1.32 Alongamento e compressão vertical do gráfico $y = \sqrt{x}$ por um fator de 3 (Exemplo 4a).

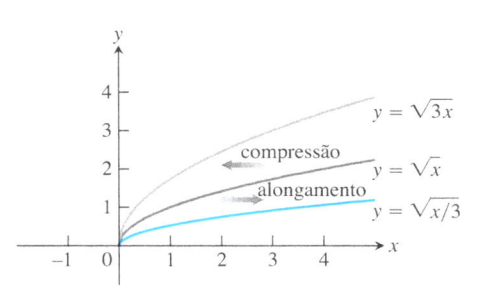

FIGURA 1.33 Alongamento e compressão horizontal do gráfico $y = \sqrt{x}$ por um fator de 3 (Exemplo 4b).

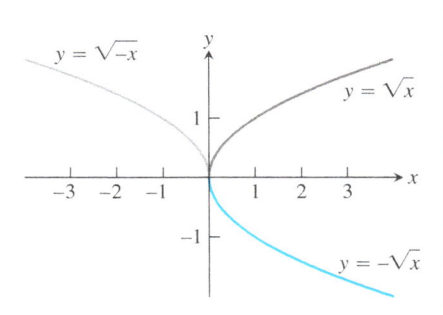

FIGURA 1.34 Reflexões do gráfico $y = \sqrt{x}$ em torno dos eixos coordenados (Exemplo 4c).

(c) **Reflexão:** O gráfico de $y = -\sqrt{x}$ é uma reflexão de $y = \sqrt{x}$ em torno do eixo x, e $y = \sqrt{-x}$ é uma reflexão em torno do eixo y (Figura 1.34).

EXEMPLO 5 Dada a função $f(x) = x^4 - 4x^3 + 10$ (Figura 1.35a), determine fórmulas para:

(a) comprimir o gráfico horizontalmente por um fator de 2 e, em seguida, refleti-lo em torno do eixo y (Figura 1.35b).

(b) comprimir o gráfico verticalmente por um fator de 2 e, em seguida, refleti-lo em torno do eixo x (Figura 1.35c).

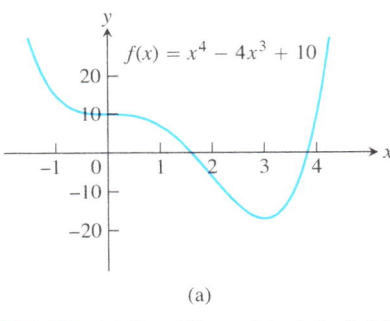

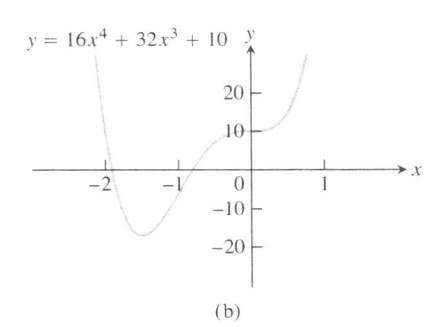

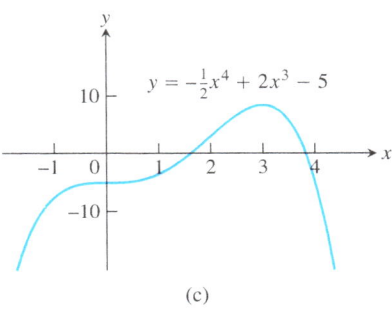

FIGURA 1.35 (a) O gráfico original de f. (b) Compressão horizontal de $y = f(x)$ no item (a) por um fator de 2, seguida por uma reflexão em torno do eixo y. (c) Compressão vertical de $y = f(x)$ no item (a) por um fator de 2, seguida por uma reflexão em torno do eixo x (Exemplo 5).

Solução

(a) Multiplicamos x por 2 para obter a compressão horizontal e por -1 para causar a reflexão em torno do eixo y. A fórmula é obtida ao substituir $-2x$ por x no lado direito da equação para f:

$$y = f(-2x) = (-2x)^4 - 4(-2x)^3 + 10$$
$$= 16x^4 + 32x^3 + 10.$$

(b) A fórmula é

$$y = -\frac{1}{2} f(x) = -\frac{1}{2} x^4 + 2x^3 - 5.$$

Elipses

Embora não sejam gráficos de funções, os círculos podem ser alongados horizontalmente ou verticalmente da mesma forma que gráficos de funções. A equação padrão para um círculo de raio r centrado na origem é

$$x^2 + y^2 = r^2.$$

Ao substituirmos cx por x na equação padrão para um círculo (Figura 1.36a), temos

$$c^2 x^2 + y^2 = r^2. \qquad (1)$$

(a) círculo

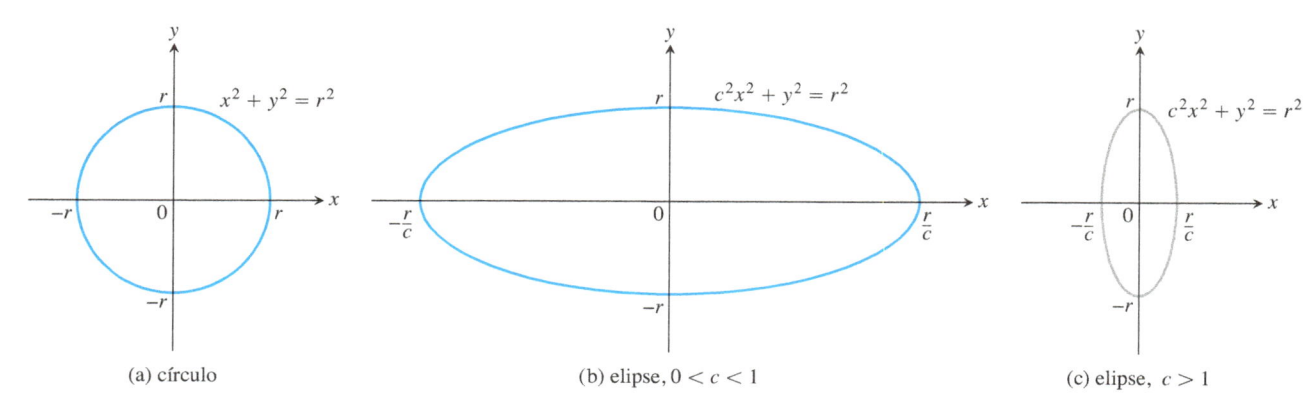

(b) elipse, $0 < c < 1$

(c) elipse, $c > 1$

FIGURA 1.36 O alongamento ou a compressão horizontal de um círculo produz gráficos de elipses.

Se $0 < c < 1$, o gráfico da Equação 1 alonga horizontalmente o círculo; se $c > 1$, o círculo é comprimido horizontalmente. Em ambos os casos, o gráfico da Equação 1 é uma elipse (Figura 1.36). Observe que, na Figura 1.36, os interceptos do eixo y dos três gráficos são sempre $-r$ e r. Na Figura 1.36b, o segmento da reta que une os pontos ($\pm r/c$, 0) é denominado **eixo principal** da elipse; o **eixo secundário** é o segmento de reta que une (0, $\pm r$). Os eixos da elipse estão invertidos na Figura 1.36c: o eixo principal é o segmento de reta que une os pontos (0, $\pm r$), o eixo secundário é o segmento de reta que une ($\pm r/c$, 0). Em ambos os casos, o eixo principal é o segmento que tem o maior comprimento.

Se dividirmos ambos os lados da Equação 1 por r^2, obteremos

$$\frac{x^2}{a^2} + \frac{y^2}{b^2} = 1 \qquad (2)$$

onde $a = r/c$ e $b = r$. Se $a > b$, o eixo principal é horizontal; se $a < b$, o eixo principal é vertical. O **centro** da elipse dado pela Equação 2 é a origem (Figura 1.37).

Ao substituirmos $x - h$ por x, e $y - k$ por y na Equação 2, o resultado é

$$\frac{(x-h)^2}{a^2} + \frac{(y-k)^2}{b^2} = 1. \qquad (3)$$

A Equação 3 é a **equação padrão de uma elipse** com centro em (h, k). A definição geométrica e as propriedades da elipse serão revisadas na Seção 11.6.

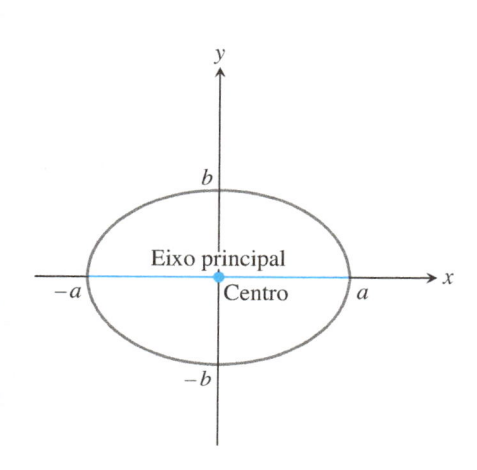

FIGURA 1.37 Gráfico da elipse $\frac{x^2}{a^2} + \frac{y^2}{b^2} = 1$, $a > b$, onde o eixo principal é horizontal.

Exercícios 1.2

Combinações algébricas

Nos Exercícios 1 e 2, determine os domínios e as imagens de f, g, $f + g$ e $f \cdot g$.

1. $f(x) = x$, $g(x) = \sqrt{x - 1}$
2. $f(x) = \sqrt{x + 1}$, $g(x) = \sqrt{x - 1}$

Nos Exercícios 3 e 4, determine os domínios e as imagens de f, g, f/g e g/f.

3. $f(x) = 2$, $g(x) = x^2 + 1$
4. $f(x) = 1$, $g(x) = 1 + \sqrt{x}$

Funções compostas

5. Se $f(x) = x + 5$ e $g(x) = x^2 - 3$, resolva:
   a. $f(g(0))$
   b. $g(f(0))$
   c. $f(g(x))$
   d. $g(f(x))$
   e. $f(f(-5))$
   f. $g(g(2))$
   g. $f(f(x))$
   h. $g(g(x))$

6. Se $f(x) = x - 1$ e $g(x) = 1/(x + 1)$, resolva:
   a. $f(g(1/2))$
   b. $g(f(1/2))$
   c. $f(g(x))$
   d. $g(f(x))$
   e. $f(f(2))$
   f. $g(g(2))$
   g. $f(f(x))$
   h. $g(g(x))$

Nos Exercícios 7-10, encontre a fórmula para $f \circ g \circ h$.

7. $f(x) = x + 1$, $g(x) = 3x$, $h(x) = 4 - x$
8. $f(x) = 3x + 4$, $g(x) = 2x - 1$, $h(x) = x^2$
9. $f(x) = \sqrt{x + 1}$, $g(x) = \dfrac{1}{x + 4}$, $h(x) = \dfrac{1}{x}$
10. $f(x) = \dfrac{x + 2}{3 - x}$, $g(x) = \dfrac{x^2}{x^2 + 1}$, $h(x) = \sqrt{2 - x}$

Sejam $f(x) = x - 3$, $g(x) = \sqrt{x}$, $h(x) = x^3$ e $j(x) = 2x$. Expresse cada uma das funções nos Exercícios 11 e 12 como função composta envolvendo uma ou mais funções de f, g, h e j.

11. **a.** $y = \sqrt{x} - 3$
    b. $y = 2\sqrt{x}$
    c. $y = x^{1/4}$
    d. $y = 4x$
    e. $y = \sqrt{(x-3)^3}$
    f. $y = (2x-6)^3$

12. **a.** $y = 2x - 3$
    b. $y = x^{3/2}$
    c. $y = x^9$
    d. $y = x - 6$
    e. $y = 2\sqrt{x-3}$
    f. $y = \sqrt{x^3 - 3}$

13. Copie e complete a tabela a seguir.

$g(x)$	$f(x)$	$(f \circ g)(x)$
a. $x - 7$	$\sqrt{x}$	?
b. $x + 2$	$3x$	?
c. ?	$\sqrt{x-5}$	$\sqrt{x^2 - 5}$
d. $\dfrac{x}{x-1}$	$\dfrac{x}{x-1}$	?
e. ?	$1 + \dfrac{1}{x}$	x
f. $\dfrac{1}{x}$	?	x

14. Copie e complete a tabela a seguir.

$g(x)$	$f(x)$	$(f \circ g)(x)$
a. $\dfrac{1}{x-1}$	$|x|$	?
b. ?	$\dfrac{x-1}{x}$	$\dfrac{x}{x+1}$
c. ?	$\sqrt{x}$	$|x|$
d. $\sqrt{x}$	?	$|x|$

15. Avalie cada expressão utilizando a tabela de valores a seguir.

x	-2	-1	0	1	2
$f(x)$	1	0	-2	1	2
$g(x)$	2	1	0	-1	0

    a. $f(g(-1))$
    b. $g(f(0))$
    c. $f(f(-1))$
    d. $g(g(2))$
    e. $g(f(-2))$
    f. $f(g(1))$

16. Avalie cada expressão utilizando as funções
    $$f(x) = 2 - x, \quad g(x) = \begin{cases} -x, & -2 \le x < 0 \\ x - 1, & 0 \le x \le 2. \end{cases}$$

    a. $f(g(0))$
    b. $g(f(3))$
    c. $g(g(-1))$
    d. $f(f(2))$
    e. $g(f(0))$
    f. $f(g(1/2))$

Nos Exercícios 17 e 18, **(a)** escreva fórmulas para $f \circ g$ e $g \circ f$ e determine **(b)** o domínio e **(c)** a imagem de cada uma.

17. $f(x) = \sqrt{x+1}$, $g(x) = \dfrac{1}{x}$

18. $f(x) = x^2$, $g(x) = 1 - \sqrt{x}$

19. Seja $f(x) = \dfrac{x}{x-2}$. Determine uma função $y = g(x)$ de modo que $(f \circ g)(x) = x$.

20. Seja $f(x) = 2x^3 - 4$. Determine uma função $y = g(x)$ de modo que $(f \circ g)(x) = x + 2$.

Translado de gráficos

21. A figura a seguir mostra o gráfico de $y = -x^2$ transladado para duas novas posições. Escreva equações para os novos gráficos.

    Posição (a) — $y = -x^2$ — Posição (b)

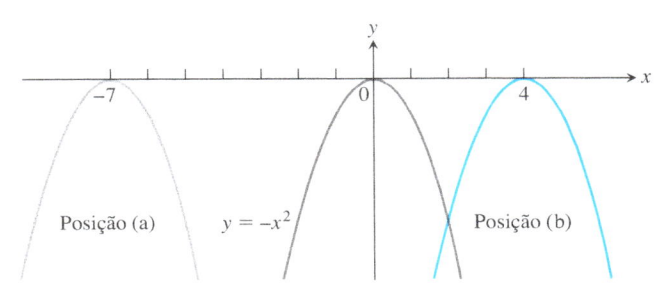

22. A figura a seguir mostra o gráfico de $y = x^2$ transladado para duas novas posições. Escreva equações para os novos gráficos.

    Posição (a) — $y = x^2$ — Posição (b)

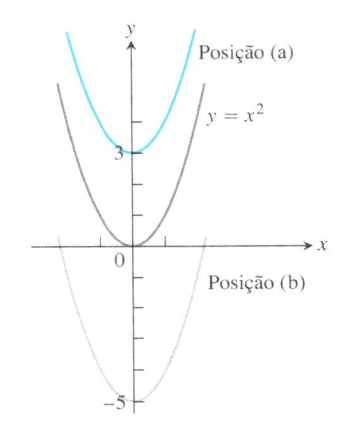

23. Associe as equações listadas nos itens (a)-(d) aos gráficos na figura seguinte.

    a. $y = (x-1)^2 - 4$
    b. $y = (x-2)^2 + 2$
    c. $y = (x+2)^2 + 2$
    d. $y = (x+3)^2 - 2$

    Posição 2, Posição 1, Posição 3, Posição 4
    $(-2, 2)$, $(2, 2)$, $(-3, -2)$, $(1, -4)$

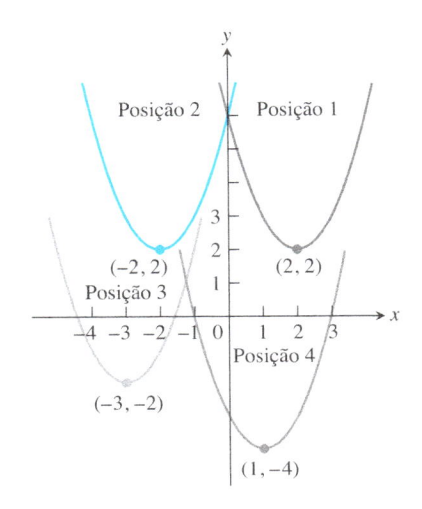

24. A figura a seguir mostra o gráfico de $y = -x^2$ transladado para quatro novas posições. Escreva uma equação para cada novo gráfico.

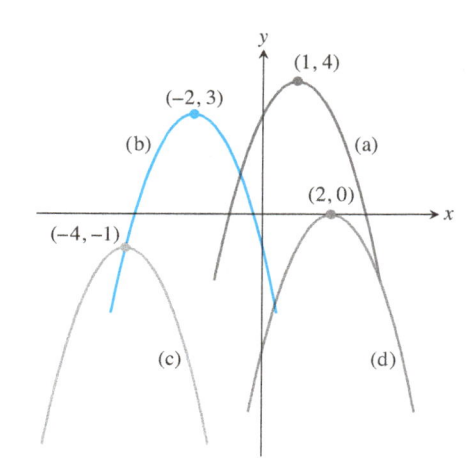

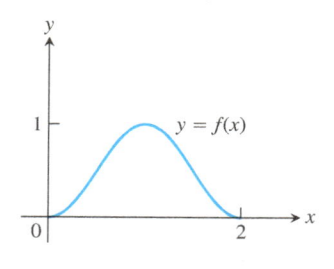

a. $f(x) + 2$
b. $f(x) - 1$
c. $2f(x)$
d. $-f(x)$
e. $f(x + 2)$
f. $f(x - 1)$
g. $f(-x)$
h. $-f(x + 1) + 1$

56. A figura a seguir mostra o gráfico de uma função $g(t)$ com domínio $[-4, 0]$ e imagem $[-3, 0]$. Encontre os domínios e as imagens das funções a seguir e esboce os gráficos correspondentes.

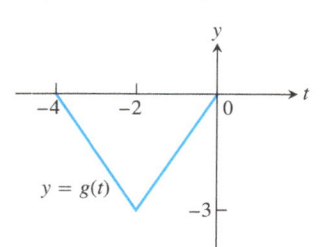

a. $g(-t)$
b. $-g(t)$
c. $g(t) + 3$
d. $1 - g(t)$
e. $g(-t + 2)$
f. $g(t - 2)$
g. $g(1 - t)$
h. $-g(t - 4)$

Os Exercícios 25-34 dizem quantas unidades e em que direções os gráficos das equações dadas serão deslocados. Dê uma equação para o gráfico transladado. Em seguida, faça um esboço dos gráficos originais e transladados juntos, identificando cada gráfico com sua equação.

25. $x^2 + y^2 = 49$ Abaixo 3, esquerda 2
26. $x^2 + y^2 = 25$ Acima 3, esquerda 4
27. $y = x^3$ Esquerda 1, abaixo 1
28. $y = x^{2/3}$ Direita 1, abaixo 1
29. $y = \sqrt{x}$ Esquerda 0,81
30. $y = -\sqrt{x}$ Direita 3
31. $y = 2x - 7$ Acima 7
32. $y = \frac{1}{2}(x + 1) + 5$ Abaixo 5, direita 1
33. $y = 1/x$ Acima 1, direita 1
34. $y = 1/x^2$ Esquerda 2, abaixo 1

Faça o gráfico das funções nos Exercícios 35-54.

35. $y = \sqrt{x + 4}$
36. $y = \sqrt{9 - x}$
37. $y = |x - 2|$
38. $y = |1 - x| - 1$
39. $y = 1 + \sqrt{x - 1}$
40. $y = 1 - \sqrt{x}$
41. $y = (x + 1)^{2/3}$
42. $y = (x - 8)^{2/3}$
43. $y = 1 - x^{2/3}$
44. $y + 4 = x^{2/3}$
45. $y = \sqrt[3]{x - 1} - 1$
46. $y = (x + 2)^{3/2} + 1$
47. $y = \frac{1}{x - 2}$
48. $y = \frac{1}{x} - 2$
49. $y = \frac{1}{x} + 2$
50. $y = \frac{1}{x + 2}$
51. $y = \frac{1}{(x - 1)^2}$
52. $y = \frac{1}{x^2} - 1$
53. $y = \frac{1}{x^2} + 1$
54. $y = \frac{1}{(x + 1)^2}$

55. A figura a seguir mostra o gráfico de uma função $f(x)$ com domínio $[0, 2]$ e imagem $[0, 1]$. Encontre os domínios e as imagens das funções a seguir e esboce os gráficos correspondentes.

Mudança de escala vertical e horizontal

Os Exercícios 57-66 dizem por qual fator e direção os gráficos das funções dadas devem ser alongados ou comprimidos. Crie uma equação para o gráfico alongado ou comprimido.

57. $y = x^2 - 1$, alongado verticalmente por um fator de 3
58. $y = x^2 - 1$, comprimido horizontalmente por um fator de 2
59. $y = 1 + \frac{1}{x^2}$, comprimido verticalmente por um fator de 2
60. $y = 1 + \frac{1}{x^2}$, alongado horizontalmente por um fator de 3
61. $y = \sqrt{x + 1}$, comprimido horizontalmente por um fator de 4
62. $y = \sqrt{x + 1}$, alongado verticalmente por um fator de 3
63. $y = \sqrt{4 - x^2}$, alongado horizontalmente por um fator de 2
64. $y = \sqrt{4 - x^2}$, comprimido verticalmente por um fator de 3
65. $y = 1 = x^3$, comprimido horizontalmente por um fator de 3
66. $y = 1 - x^3$, alongado horizontalmente por um fator de 2

Montagem de gráficos

Faça o gráfico de cada função nos Exercícios 67-74 sem colocar seus pontos em um sistema de coordenadas. Comece pelo gráfico de uma das funções padrão apresentadas nas Figuras 1.14-1.17 e aplique a mudança adequada.

67. $y = -\sqrt{2x + 1}$
68. $y = \sqrt{1 - \frac{x}{2}}$
69. $y = (x - 1)^3 + 2$
70. $y = (1 - x)^3 + 2$
71. $y = \frac{1}{2x} - 1$
72. $y = \frac{2}{x^2} + 1$
73. $y = -\sqrt[3]{x}$
74. $y = (-2x)^{2/3}$

75. Faça o gráfico da função $y = |x^2 - 1|$.
76. Faça o gráfico da função $y = \sqrt{|x|}$.

Elipses

Os Exercícios 77-82 apresentam equações de elipses. Coloque cada equação no formato padrão e esboce a elipse.

77. $9x^2 + 25y^2 = 225$
78. $16x^2 + 7y^2 = 112$
79. $3x^2 + (y - 2)^2 = 3$
80. $(x + 1)^2 + 2y^2 = 4$
81. $3(x - 1)^2 + 2(y + 2)^2 = 6$

82. $6\left(x + \dfrac{3}{2}\right)^2 + 9\left(y - \dfrac{1}{2}\right)^2 = 54$

83. Escreva uma equação para a elipse $(x^2/16) + (y^2/9) = 1$ transladada 4 unidades para a esquerda e 3 unidades para cima. Esboce a elipse e identifique seu centro e seu eixo principal.

84. Escreva uma equação para a elipse $(x^2/4) + (y^2/25) = 1$ transladada 3 unidades para a direita e 2 unidades para baixo. Esboce a elipse e identifique seu centro e seu eixo principal.

Combinação de funções

85. Suponha que f seja uma função par, g seja uma função ímpar e tanto f como g sejam definidas na reta real $\mathbb{R}$. Quais das seguintes funções (quando definidas) são pares? E ímpares?

   a. fg
   b. f/g
   c. g/f
   d. $f^2 = ff$
   e. $g^2 = gg$
   f. $f \circ g$
   g. $g \circ f$
   h. $f \circ f$
   i. $g \circ g$

86. Uma função pode ser tanto par quanto ímpar? Justifique sua resposta.

T 87. (*Continuação do Exemplo 1*.) Faça os gráficos das funções $f(x) = \sqrt{x}$ e $g(x) = \sqrt{1-x}$ juntamente com sua (a) soma, (b) produto, (c) duas diferenças, (d) dois quocientes.

T 88. Seja $f(x) = x - 7$ e $g(x) = x^2$. Faça o gráfico de f e g juntamente com $f \circ g$ e $g \circ f$.

1.3 Funções trigonométricas

Esta seção revisará a medida em radianos e as funções trigonométricas básicas.

Ângulos

Ângulos são medidos em graus ou radianos. O número de **radianos** no ângulo central $A'CB'$ dentro de um círculo de raio r é definido como o número de "unidades de raio" contidas no arco s subentendidas por esse ângulo central. Se denotamos esse ângulo central por θ quando medido em radianos, isso significa que $\theta = s/r$ (Figura 1.38), ou

$$s = r\theta \quad (\theta \text{ em radianos}). \tag{1}$$

FIGURA 1.38 A medida em radianos do ângulo central $A'CB'$ é o número $\theta = s/r$. Para um círculo unitário de raio $r = 1$, θ corresponde ao comprimento do arco AB que o ângulo central ACB corta do círculo unitário.

Se o círculo é um círculo unitário com raio $r = 1$, então, a partir da Figura 1.38 e Equação 1, vemos que o ângulo central θ medido em radianos equivale apenas ao comprimento do arco que o ângulo corta do círculo unitário. Uma vez que uma volta inteira do círculo unitário equivale a 360° ou 2π radianos, temos

$$\pi \text{ radianos} = 180° \tag{2}$$

e

$$1 \text{ radiano} = \frac{180}{\pi} \, (\approx 57{,}3 \text{ graus}) \quad \text{ou} \quad 1 \text{ grau} = \frac{\pi}{180} \, (\approx 0{,}017) \text{ radianos}.$$

A Tabela 1.2 mostra a equivalência entre as medidas de grau e radiano para alguns ângulos básicos.

TABELA 1.2 Ângulos medidos em graus e radianos

Graus	−180	−135	−90	−45	0	30	45	60	90	120	135	150	180	270	360
θ (radianos)	$-\pi$	$\dfrac{-3\pi}{4}$	$\dfrac{-\pi}{2}$	$\dfrac{-\pi}{4}$	0	$\dfrac{\pi}{6}$	$\dfrac{\pi}{4}$	$\dfrac{\pi}{3}$	$\dfrac{\pi}{2}$	$\dfrac{2\pi}{3}$	$\dfrac{3\pi}{4}$	$\dfrac{5\pi}{6}$	π	$\dfrac{3\pi}{2}$	2π

Um ângulo no plano xy está na **posição padrão** quando o seu vértice está posicionado na origem e sua semirreta inicial está sobre o eixo x positivo (Figura 1.39). São atribuídas medidas positivas aos ângulos medidos no sentido anti-horário a partir do eixo x positivo; os ângulos medidos no sentido horário recebem medidas negativas.

Ângulos que descrevem rotações no sentido anti-horário podem se distanciar arbitrariamente além de 2π radianos ou 360°. Do mesmo modo, ângulos que descrevem rotações no sentido horário podem ter medidas negativas de todos os tamanhos (Figura 1.40).

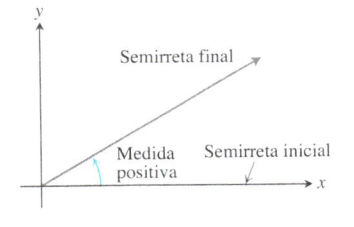

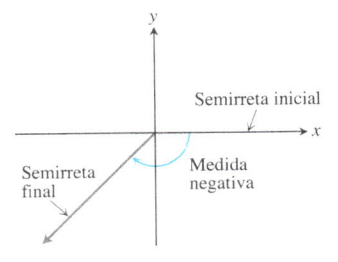

FIGURA 1.39 Ângulos na posição padrão do plano xy.

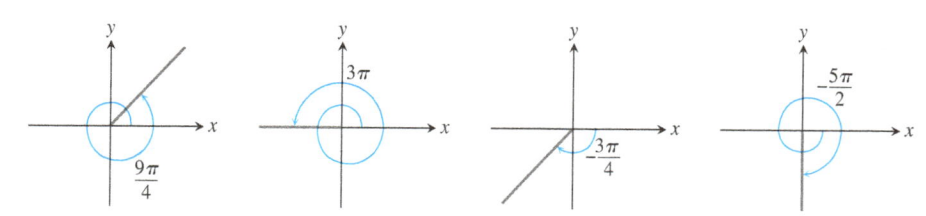

FIGURA 1.40 Medidas em radianos diferentes de zero podem ser positivas ou negativas e ultrapassar 2π.

Convenção para ângulos: use radianos Daqui por diante, neste livro, assumiremos que todos os ângulos são medidos em radianos, a menos que se diga explicitamente que graus ou outra unidade está sendo utilizada. Quando nos referimos ao ângulo $\pi/3$, estamos nos referindo a $\pi/3$ radianos (que equivalem a 60º), e não $\pi/3$ graus. Usamos radianos porque isso simplifica muitas operações em cálculo, e alguns resultados que obtemos ao utilizarmos as funções trigonométricas não são verdadeiros quando os ângulos são medidos em graus.

Seis funções trigonométricas básicas

Você, provavelmente, já está familiarizado com a definição das funções trigonométricas de um ângulo agudo segundo os lados de um triângulo retângulo (Figura 1.41). Estendemos essa definição para os ângulos obtusos e negativos quando, primeiramente, colocamos o ângulo na posição padrão em um círculo de raio r. Em seguida, definimos as funções trigonométricas segundo as coordenadas do ponto $P(x, y)$, onde a semirreta final do ângulo cruza o círculo (Figura 1.42).

seno: $\operatorname{sen} \theta = \dfrac{y}{r}$ **cossecante:** $\operatorname{cossec} \theta = \dfrac{r}{y}$

cosseno: $\cos \theta = \dfrac{x}{r}$ **secante:** $\sec \theta = \dfrac{r}{x}$

tangente: $\operatorname{tg} \theta = \dfrac{y}{x}$ **cotangente:** $\operatorname{cotg} \theta = \dfrac{x}{y}$

Essas definições ampliadas estão de acordo com as definições do triângulo retângulo quando o ângulo é agudo. Observe, também, que sempre que os quocientes forem definidos,

$$\operatorname{tg} \theta = \frac{\operatorname{sen} \theta}{\cos \theta} \qquad \operatorname{cotg} \theta = \frac{1}{\operatorname{tg} \theta}$$

$$\sec \theta = \frac{1}{\cos \theta} \qquad \operatorname{cossec} \theta = \frac{1}{\operatorname{sen} \theta}$$

Como você pode ver, $\operatorname{tg} \theta$ e $\sec \theta$ não são definidas se $x = \cos \theta = 0$. Isso significa que elas também não são definidas se θ for $\pm\pi/2, \pm 3\pi/2, \ldots$. Do mesmo modo, $\operatorname{cotg} \theta$ e $\operatorname{cossec} \theta$ não são definidos para valores de θ para os quais $y = 0$, ou seja, $\theta = 0, \pm\pi, \pm 2\pi, \ldots$.

Os valores exatos dessas razões trigonométricas para alguns ângulos podem ser lidos a partir dos triângulos na Figura 1.43. Por exemplo,

$\operatorname{sen} \dfrac{\pi}{4} = \dfrac{1}{\sqrt{2}}$ $\operatorname{sen} \dfrac{\pi}{6} = \dfrac{1}{2}$ $\operatorname{sen} \dfrac{\pi}{3} = \dfrac{\sqrt{3}}{2}$

$\cos \dfrac{\pi}{4} = \dfrac{1}{\sqrt{2}}$ $\cos \dfrac{\pi}{6} = \dfrac{\sqrt{3}}{2}$ $\cos \dfrac{\pi}{3} = \dfrac{1}{2}$

$\operatorname{tg} \dfrac{\pi}{4} = 1$ $\operatorname{tg} \dfrac{\pi}{6} = \dfrac{1}{\sqrt{3}}$ $\operatorname{tg} \dfrac{\pi}{3} = \sqrt{3}$

A regra CTST (Figura 1.44) ajuda a lembrar quando as funções trigonométricas básicas são positivas ou negativas. Por exemplo, a partir do triângulo na Figura 1.45, vemos que

$$\operatorname{sen} \frac{2\pi}{3} = \frac{\sqrt{3}}{2}, \qquad \cos \frac{2\pi}{3} = -\frac{1}{2}, \qquad \operatorname{tg} \frac{2\pi}{3} = -\sqrt{3}.$$

Utilizando um método semelhante, determinamos os valores de $\operatorname{sen} \theta$, $\cos \theta$ e $\operatorname{tg} \theta$ demonstrados na Tabela 1.3.

FIGURA 1.41 Razões trigonométricas de um ângulo agudo.

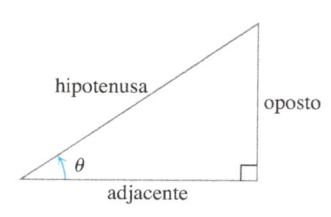

$\operatorname{sen} \theta = \dfrac{\text{op}}{\text{hip}}$ $\operatorname{cossec} \theta = \dfrac{\text{hip}}{\text{op}}$

$\cos \theta = \dfrac{\text{adj}}{\text{hip}}$ $\sec \theta = \dfrac{\text{hip}}{\text{adj}}$

$\operatorname{tg} \theta = \dfrac{\text{op}}{\text{adj}}$ $\operatorname{cotg} \theta = \dfrac{\text{adj}}{\text{op}}$

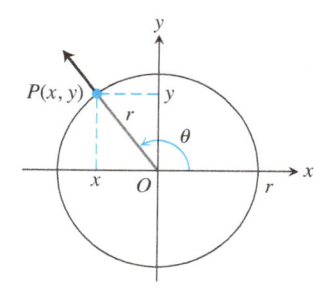

FIGURA 1.42 As funções trigonométricas de um dado ângulo geral θ são definidas em termos de x, y e r.

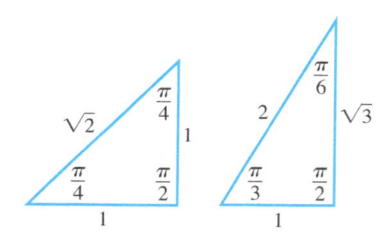

FIGURA 1.43 Ângulos radianos e comprimentos laterais de dois triângulos comuns.

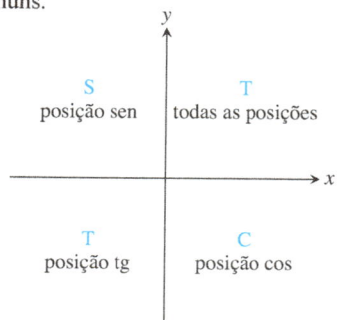

FIGURA 1.44 A regra CTST nos diz quais funções trigonométricas são positivas em cada quadrante.

S — posição sen   T — todas as posições

T — posição tg   C — posição cos

TABELA 1.3	Valores de sen θ, cos θ e tg θ para valores selecionados de θ													
Graus	-180	-135	-90	-45	0	30	45	60	90	120	135	150	180	270	360
θ (radianos)	$-\pi$	$\dfrac{-3\pi}{4}$	$\dfrac{-\pi}{2}$	$\dfrac{-\pi}{4}$	0	$\dfrac{\pi}{6}$	$\dfrac{\pi}{4}$	$\dfrac{\pi}{3}$	$\dfrac{\pi}{2}$	$\dfrac{2\pi}{3}$	$\dfrac{3\pi}{4}$	$\dfrac{5\pi}{6}$	π	$\dfrac{3\pi}{2}$	2π
sen θ	0	$\dfrac{-\sqrt{2}}{2}$	-1	$\dfrac{-\sqrt{2}}{2}$	0	$\dfrac{1}{2}$	$\dfrac{\sqrt{2}}{2}$	$\dfrac{\sqrt{3}}{2}$	1	$\dfrac{\sqrt{3}}{2}$	$\dfrac{\sqrt{2}}{2}$	$\dfrac{1}{2}$	0	-1	0
cos θ	-1	$\dfrac{-\sqrt{2}}{2}$	0	$\dfrac{\sqrt{2}}{2}$	1	$\dfrac{\sqrt{3}}{2}$	$\dfrac{\sqrt{2}}{2}$	$\dfrac{1}{2}$	0	$-\dfrac{1}{2}$	$\dfrac{-\sqrt{2}}{2}$	$\dfrac{-\sqrt{3}}{2}$	-1	0	1
tg θ	0	1		-1	0	$\dfrac{\sqrt{3}}{3}$	1	$\sqrt{3}$		$-\sqrt{3}$	-1	$\dfrac{-\sqrt{3}}{3}$	0		0

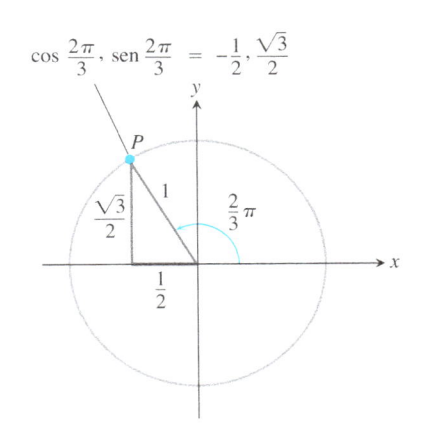

FIGURA 1.45 Triângulo para calcular o seno e o cosseno de $2\pi/3$ radianos. Os comprimentos dos lados vêm da geometria dos triângulos retângulos.

Periodicidade e gráficos das funções trigonométricas

Quando um ângulo de medida θ e um ângulo de medida $\theta + 2\pi$ estão na posição padrão, suas semirretas finais coincidem. Os dois ângulos possuem, portanto, os mesmos valores de funções trigonométricas: sen $(\theta + 2\pi)$ = sen θ, tg $(\theta + 2\pi)$ = tg θ, e assim por diante. Do mesmo modo, cos $(\theta - 2\pi)$ = cos θ, sen $(\theta - 2\pi)$ = sen θ, e assim por diante. Descrevemos esse comportamento repetitivo dizendo que as seis funções trigonométricas básicas são *periódicas*.

> **DEFINIÇÃO** Uma função $f(x)$ é **periódica** se existir um número positivo p tal que $f(x + p) = f(x)$ para qualquer valor de x. O menor valor de p é o **período** de f.

Quando fazemos os gráficos de funções trigonométricas no plano coordenado, geralmente denotamos a variável independente por x em vez de θ. A Figura 1.46 mostra que as funções tangente e cotangente têm período $p = \pi$, e as outras quatro funções têm período 2π. Além disso, as simetrias nesses gráficos revelam que as funções cosseno e secante são pares, e as outras quatro funções são ímpares (embora isso não prove esses resultados).

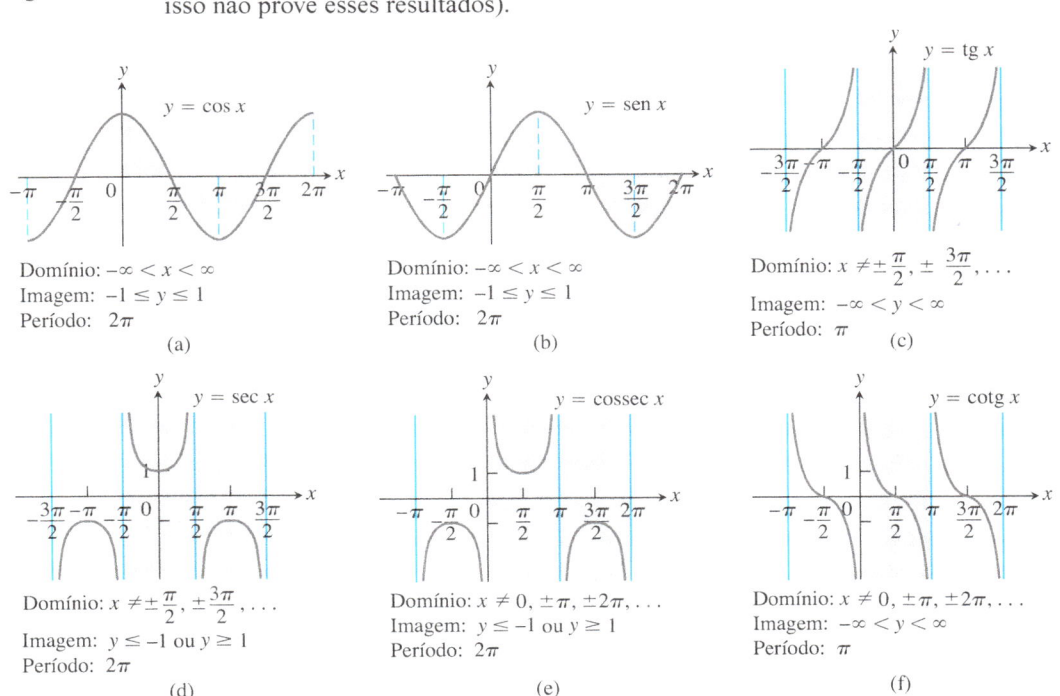

FIGURA 1.46 Gráficos das seis funções trigonométricas básicas utilizando a medida em radianos. O sombreado de cada função trigonométrica indica sua periodicidade.

(a) $y = \cos x$ — Domínio: $-\infty < x < \infty$; Imagem: $-1 \leq y \leq 1$; Período: 2π

(b) $y = \operatorname{sen} x$ — Domínio: $-\infty < x < \infty$; Imagem: $-1 \leq y \leq 1$; Período: 2π

(c) $y = \operatorname{tg} x$ — Domínio: $x \neq \pm\dfrac{\pi}{2}, \pm\dfrac{3\pi}{2}, \ldots$; Imagem: $-\infty < y < \infty$; Período: π

(d) $y = \sec x$ — Domínio: $x \neq \pm\dfrac{\pi}{2}, \pm\dfrac{3\pi}{2}, \ldots$; Imagem: $y \leq -1$ ou $y \geq 1$; Período: 2π

(e) $y = \operatorname{cossec} x$ — Domínio: $x \neq 0, \pm\pi, \pm 2\pi, \ldots$; Imagem: $y \leq -1$ ou $y \geq 1$; Período: 2π

(f) $y = \operatorname{cotg} x$ — Domínio: $x \neq 0, \pm\pi, \pm 2\pi, \ldots$; Imagem: $-\infty < y < \infty$; Período: π

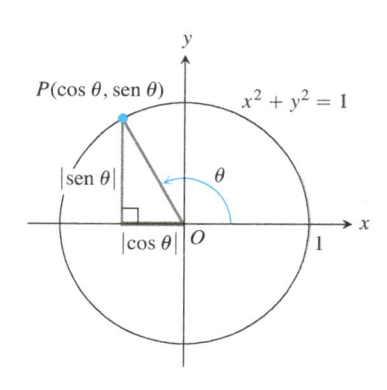

FIGURA 1.47 Triângulo de referência para um ângulo geral θ.

Períodos das funções trigonométricas

Período π: $\operatorname{tg}(x + \pi) = \operatorname{tg} x$
  $\operatorname{cotg}(x + \pi) = \operatorname{cotg} x$

Período 2π: $\operatorname{sen}(x + 2\pi) = \operatorname{sen} x$
  $\cos(x + 2\pi) = \cos x$
  $\sec(x + 2\pi) = \sec x$
  $\operatorname{cossec}(x + 2\pi) = \operatorname{cossec} x$

Par

$\cos(-x) = \cos x$
$\sec(-x) = \sec x$

Ímpar

$\operatorname{sen}(-x) = -\operatorname{sen} x$
$\operatorname{tg}(-x) = -\operatorname{tg} x$
$\operatorname{cossec}(-x) = -\operatorname{cossec} x$
$\operatorname{cotg}(-x) = -\operatorname{cotg} x$

Identidades trigonométricas

As coordenadas de qualquer ponto $P(x, y)$ no plano podem ser expressas considerando-se a distância r entre o ponto e sua origem e o ângulo θ que a semirreta OP forma com o eixo positivo x (Figura 1.42). Uma vez que $x/r = \cos \theta$ e $y/r = \operatorname{sen} \theta$, temos

$$x = r \cos \theta, \quad y = r \operatorname{sen} \theta.$$

Quando $r = 1$, podemos aplicar o teorema de Pitágoras ao triângulo retângulo de referência na Figura 1.47 e obter a equação

$$\cos^2 \theta + \operatorname{sen}^2 \theta = 1. \tag{3}$$

Essa equação, verdadeira para qualquer valor de θ, é a identidade utilizada com mais frequência na trigonometria. Dividindo-se essa identidade por $\cos^2 \theta$ e depois por $\operatorname{sen}^2 \theta$, temos

$$1 + \operatorname{tg}^2 \theta = \sec^2 \theta$$
$$1 + \operatorname{cotg}^2 \theta = \operatorname{cossec}^2 \theta$$

As fórmulas a seguir são válidas para quaisquer ângulos A e B (Exercício 58).

Fórmulas para adição

$$\cos(A + B) = \cos A \cos B - \operatorname{sen} A \operatorname{sen} B$$
$$\operatorname{sen}(A + B) = \operatorname{sen} A \cos B + \cos A \operatorname{sen} B \tag{4}$$

Há fórmulas semelhantes para $\cos(A - B)$ e $\operatorname{sen}(A - B)$ (Exercícios 35 e 36). Todas as identidades trigonométricas necessárias neste livro são derivadas das Equações 3 e 4. Por exemplo, ao substituir θ por A e B na fórmula para adição, temos

Fórmulas para o arco duplo

$$\cos 2\theta = \cos^2 \theta - \operatorname{sen}^2 \theta$$
$$\operatorname{sen} 2\theta = 2 \operatorname{sen} \theta \cos \theta \tag{5}$$

Fórmulas adicionais podem ser obtidas pela combinação de equações

$$\cos^2 \theta + \operatorname{sen}^2 \theta = 1, \quad \cos^2 \theta - \operatorname{sen}^2 \theta = \cos 2\theta.$$

Somamos ambos os lados das equações para obter $2 \cos^2 \theta = 1 + \cos 2\theta$ e subtraímos a segunda da primeira para obter $2 \operatorname{sen}^2 \theta = 1 - \cos 2\theta$. Isso resulta nas identidades a seguir, as quais são úteis no cálculo de integrais.

Fórmulas para o arco metade

$$\cos^2 \theta = \frac{1 + \cos 2\theta}{2} \tag{6}$$
$$\operatorname{sen}^2 \theta = \frac{1 + \cos 2\theta}{2} \tag{7}$$

Lei dos cossenos

Se a, b e c são lados de um triângulo ABC, e se θ é o ângulo oposto a c, temos

$$c^2 = a^2 + b^2 - 2ab \cos \theta. \tag{8}$$

Essa equação é chamada de **lei dos cossenos**.

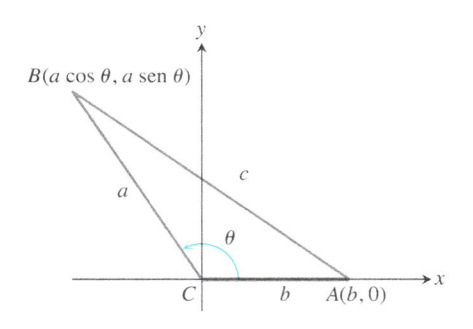

FIGURA 1.48 O quadrado da distância entre A e B expressa a lei dos cossenos.

Podemos ver por que essa lei é válida ao introduzirmos eixos coordenados com a origem em C e o eixo x positivo ao longo de um dos lados do triângulo, como mostra a Figura 1.48. As coordenadas de A são $(b, 0)$; as coordenadas de B são $(a \cos \theta, a \sen \theta)$. O quadrado da distância entre A e B é, portanto,

$$c^2 = (a \cos \theta - b)^2 + (a \sen \theta)^2$$
$$= a^2(\underbrace{\cos^2 \theta + \sen^2 \theta}_{1}) + b^2 - 2ab \cos \theta$$
$$= a^2 + b^2 - 2ab \cos \theta.$$

A lei dos cossenos generaliza o teorema de Pitágoras. Se $\theta = \pi/2$, então $\cos \theta = 0$ e $c^2 = a^2 + b^2$.

Transformações de gráficos trigonométricos

As regras para transladar, alongar, comprimir e refletir o gráfico de uma função, resumidas no diagrama a seguir, aplicam-se às funções trigonométricas que abordamos nesta seção.

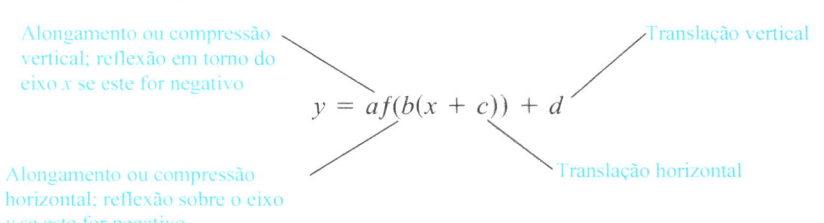

$$y = af(b(x + c)) + d$$

Alongamento ou compressão vertical; reflexão em torno do eixo x se este for negativo

Translação vertical

Alongamento ou compressão horizontal; reflexão sobre o eixo y se este for negativo

Translação horizontal

As regras de transformação aplicadas à função seno resultam na fórmula da **função seno geral** ou **senoide**

$$f(x) = A \sen\left(\frac{2\pi}{B}(x - C)\right) + D,$$

em que $|A|$ é a *amplitude*, $|B|$ é o *período*, C é a *translação horizontal* e D é a *translação vertical*. Uma interpretação gráfica reveladora dos vários termos é apresentada a seguir.

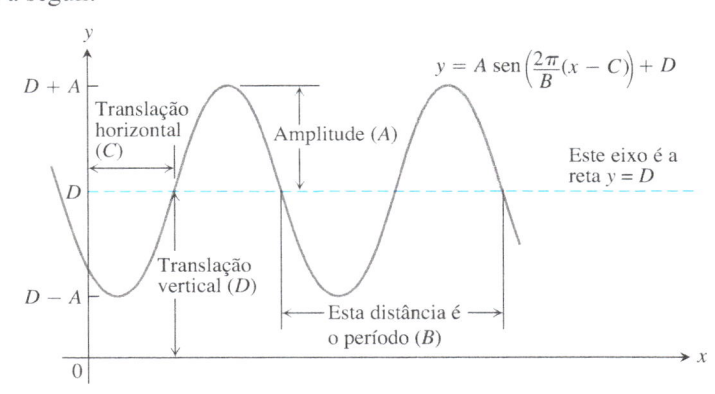

Duas desigualdades especiais

Para qualquer ângulo θ medido em radianos,

$$-|\theta| \leq \sen \theta \leq |\theta| \quad \text{e} \quad -|\theta| \leq 1 - \cos \theta \leq |\theta|.$$

Para estabelecer essas desigualdades, expressamos θ como um ângulo diferente de zero na posição padrão (Figura 1.49). O círculo na figura é um círculo unitário, de modo que $|\theta|$ equivale ao comprimento do arco circular AP. O comprimento do segmento de reta AP é, portanto, menor do que $|\theta|$.

APQ é um triângulo retângulo com lados de comprimento

$$QP = |\text{sen } \theta|, \quad AQ = 1 - \cos \theta.$$

A partir do teorema de Pitágoras e o fato de que $AP < |\theta|$, temos

$$\text{sen}^2 \theta + (1 - \cos \theta)^2 = (AP)^2 \leq \theta^2. \tag{9}$$

Os termos no lado esquerdo da Equação 9 são positivos, então, cada um é menor do que a soma destes, e, consequentemente, cada um é menor ou igual a θ^2:

$$\text{sen}^2 \theta \leq \theta^2 \quad \text{e} \quad (1 - \cos \theta)^2 \leq \theta^2.$$

Ao extrairmos as raízes quadradas, estamos dizendo que

$$|\text{sen } \theta| \leq |\theta| \quad \text{e} \quad |1 - \cos \theta| \leq |\theta|,$$

então

$$-|\theta| \leq \text{sen } \theta \leq |\theta| \quad \text{e} \quad -|\theta| \leq 1 - \cos \theta \leq |\theta|.$$

Essas desigualdades serão úteis no próximo capítulo.

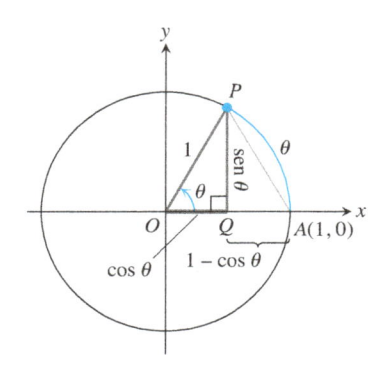

FIGURA 1.49 A partir da geometria desta figura, desenhada para $\theta > 0$, obtemos a desigualdade $\text{sen}^2 \theta + (1 - \cos \theta)^2 \leq \theta^2$.

Exercícios 1.3

Radianos e graus

1. Em um círculo de raio 10 m, qual o comprimento de um arco que subtende um ângulo central de (a) $4\pi/5$ radianos e (b) $110°$?

2. Um ângulo central de um círculo de raio 8 é subtendido por um arco de comprimento 10π. Encontre as medidas desse ângulo em radianos e graus.

3. Você deseja fazer um ângulo de $80°$ ao marcar um arco no perímetro de um disco de 12 polegadas de diâmetro e desenhar retas a partir das extremidades do arco até o centro do disco. Qual deveria ser o comprimento do arco com precisão de décimo de polegada?

4. Se você girar para a frente uma roda de 1 m de diâmetro por um percurso de 30 cm sobre uma superfície plana, por qual ângulo a roda girará? Responda em radianos (com a precisão de um décimo) e graus (com a precisão de um grau).

Avaliação de funções trigonométricas

5. Copie e complete a tabela a seguir com valores de funções. Se a função não for definida para um dado ângulo, preencha com "ND". Não use calculadora ou tabelas.

θ	$-\pi$	$-2\pi/3$	0	$\pi/2$	$3\pi/4$
sen θ					
cos θ					
tg θ					
cotg θ					
sec θ					
cossec θ					

6. Copie e complete a tabela a seguir com valores de funções. Se a função não for definida para um dado ângulo, preencha com "ND". Não use calculadora ou tabelas.

θ	$-3\pi/2$	$-\pi/3$	$-\pi/6$	$\pi/4$	$5\pi/6$
sen θ					
cos θ					
tg θ					
cotg θ					
sec θ					
cossec θ					

Nos Exercícios 7-12, é dado um dos valores de sen x, cos x e tg x. Determine os outros dois valores quando x está no intervalo especificado.

7. $\text{sen } x = \dfrac{3}{5}, x \in \left[\dfrac{\pi}{2}, \pi\right]$

8. $\text{tg } x = 2, x \in \left[\pi, \dfrac{\pi}{2}\right]$

9. $\cos x = \dfrac{1}{3}, x \in \left[-\dfrac{\pi}{2}, 0\right]$

10. $\cos x = -\dfrac{5}{13}, x \in \left[\dfrac{\pi}{2}, \pi\right]$

11. $\text{tg } x = \dfrac{1}{2}, x \in \left[\pi, \dfrac{\pi}{2}\right]$

12. $\text{sen } x = -\dfrac{1}{2}, x \in \left[\pi, \dfrac{3\pi}{2}\right]$

Fazendo gráficos de funções trigonométricas

Faça os gráficos das funções nos Exercícios 13-22. Qual o período de cada função?

13. sen $2x$

14. sen $(x/2)$

15. cos πx

16. $\cos \dfrac{\pi x}{2}$

17. $-\text{sen } \dfrac{\pi x}{3}$

18. $-\cos 2\pi x$

19. $\cos\left(x - \dfrac{\pi}{2}\right)$

20. $\text{sen}\left(x + \dfrac{\pi}{6}\right)$

21. $\text{sen}\left(x - \dfrac{\pi}{4}\right) + 1$

22. $\cos\left(x + \dfrac{2\pi}{3}\right) - 2$

Faça os gráficos das funções nos Exercícios 23-26 no plano ts (eixo t horizontal, eixo s vertical). Qual é o período de cada função? Que simetrias os gráficos possuem?

23. $s = \text{cotg } 2t$

24. $s = -\text{tg } \pi t$

25. $s = \sec\left(\dfrac{\pi t}{2}\right)$

26. $s = \text{cossec}\left(\dfrac{t}{2}\right)$

T 27. **a.** Faça um gráfico $y = \cos x$ e $y = \sec x$ juntos para $-3\pi/2 \leq x \leq 3\pi/2$. Comente o comportamento de sec x em relação aos sinais e valores de cos x.

b. Faça o gráfico de $y = \text{sen } x$ e $y = \text{cossec } x$ juntos para $-\pi \leq x \leq 2\pi$. Comente o comportamento de cossec x em relação aos sinais e valores de sen x.

T 28. Faça o gráfico $y = \text{tg } x$ e $y = \text{cotg } x$ juntos para $-7 \leq x \leq 7$. Comente o comportamento de cotg x em relação aos sinais e valores de tg x.

29. Faça o gráfico de $y = \text{sen } x$ e $y = \lfloor \text{sen } x \rfloor$ juntos. Qual o domínio e a imagem de $\lfloor \text{sen } x \rfloor$?

30. Faça o gráfico de $y = \text{sen } x$ e $y = \lceil \text{sen } x \rceil$ juntos. Qual o domínio e a imagem de $\lceil \text{sen } x \rceil$?

Utilização de fórmulas para adição

Utilize as fórmulas para adição para deduzir as identidades nos Exercícios 31-36.

31. $\cos\left(x - \dfrac{\pi}{2}\right) = \text{sen } x$

32. $\cos\left(x + \dfrac{\pi}{2}\right) = -\text{sen } x$

33. $\text{sen}\left(x + \dfrac{\pi}{2}\right) = \cos x$

34. $\text{sen}\left(x - \dfrac{\pi}{2}\right) = -\cos x$

35. $\cos(A - B) = \cos A \cos B + \text{sen } A \text{ sen } B$ (o Exercício 57 fornece uma dedução diferente).

36. $\text{sen}(A - B) = \text{sen } A \cos B - \cos A \text{ sen } B$

37. O que acontece se você tomar $B = A$ na identidade trigonométrica $\cos(A - B) = \cos A \cos B + \text{sen } A \text{ sen } B$? O resultado se parece com algo que você conhece?

38. O que acontece se você tomar $B = 2\pi$ nas fórmulas de adição? Os resultados se parecem com algo que você conhece?

Nos Exercícios 39-42, expresse a quantidade em termos de sen x e cos x.

39. $\cos(\pi + x)$

40. $\text{sen}(2\pi - x)$

41. $\text{sen}\left(\dfrac{3\pi}{2} - x\right)$

42. $\cos\left(\dfrac{3\pi}{2} + x\right)$

43. Avalie $\text{sen } \dfrac{7\pi}{12}$ como $\text{sen}\left(\dfrac{\pi}{4} + \dfrac{\pi}{3}\right)$.

44. Avalie $\cos \dfrac{11\pi}{12}$ como $\cos\left(\dfrac{\pi}{4} + \dfrac{2\pi}{3}\right)$.

45. Avalie $\cos \dfrac{\pi}{12}$.

46. Avalie $\text{sen } \dfrac{5\pi}{12}$.

Uso das fórmulas para arco metade

Encontre os valores das funções nos Exercícios 47-50.

47. $\cos^2 \dfrac{\pi}{8}$

48. $\cos^2 \dfrac{5\pi}{12}$

49. $\text{sen}^2 \dfrac{\pi}{12}$

50. $\text{sen}^2 \dfrac{3\pi}{8}$

Resolvendo equações trigonométricas

Para os Exercícios 51-54, encontre o ângulo θ, onde $0 \leq \theta \leq 2\pi$.

51. $\text{sen}^2 \theta = \dfrac{3}{4}$

52. $\text{sen}^2 \theta = \cos^2 \theta$

53. $\text{sen } 2\theta - \cos \theta = 0$

54. $\cos 2\theta + \cos \theta = 0$

Teoria e exemplos

55. Fórmula para soma das tangentes A fórmula padrão para a tangente da soma de dois ângulos é

$$\text{tg}(A + B) = \dfrac{\text{tg } A + \text{tg } B}{1 - \text{tg } A \text{ tg } B}.$$

Deduza a fórmula.

56. (*Continuação do Exercício 55.*) Deduza a fórmula para $\text{tg}(A - B)$.

57. Aplique a lei dos cossenos ao triângulo da figura a seguir para deduzir a fórmula para $\cos(A - B)$.

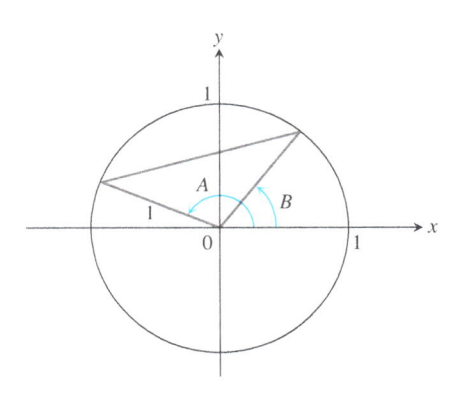

58. a. Aplique a fórmula para $\cos(A - B)$ à identidade $\text{sen } \theta = \cos\left(\dfrac{\pi}{2} - \theta\right)$ para obter a fórmula de adição para $\text{sen}(A + B)$.

b. Deduza a fórmula para $\cos(A + B)$ substituindo $-B$ por B na fórmula para $\cos(A - B)$ do Exercício 35.

59. O triângulo possui lados $a = 2$ e $b = 3$, e ângulo $C = 60°$. Determine o comprimento do lado c.

60. Um triângulo possui lados $a = 2$ e $b = 3$, e ângulo $C = 40°$. Determine o comprimento do lado c.

61. Lei dos senos A *lei dos senos* diz que se a, b e c são os lados opostos aos ângulos A, B e C em um triângulo, então

$$\dfrac{\text{sen } A}{a} = \dfrac{\text{sen } B}{b} = \dfrac{\text{sen } C}{c}.$$

Use as figuras a seguir e a identidade $\text{sen}(\pi - \theta) = \text{sen } \theta$, se necessário, para deduzir a lei.

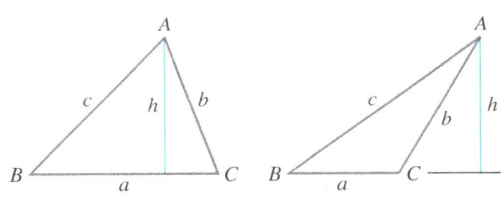

62. Um triângulo possui lados $a = 2$ e $b = 3$, e ângulo $C = 60°$ (como no Exercício 59). Determine o seno do ângulo B utilizando a lei dos senos.

63. Um triângulo possui lado $c = 2$ e ângulos $A = \pi/4$ e $B = \pi/3$. Determine o comprimento a do lado oposto de A.

64. Aproximação sen $x \approx x$ É muito útil saber que, quando x é medido em radianos, sen $x \approx x$ para valores de x numericamente pequenos. Na Seção 3.11, veremos por que a aproximação se aplica. O erro na aproximação é de menos de 1 em 5000 se $|x| < 0{,}1$.

a. Com o seu software de gráfico no modo radiano, faça o gráfico de $y = \text{sen } x$ e $y = x$ juntos em uma janela de visualização em torno da origem. O que acontece à medida que x se aproxima da origem?

b. Com seu software de gráfico em modo graus, faça o gráfico de $y = \text{sen } x$ e $y = x$ juntos, novamente, em torno da origem. Qual a diferença entre a figura obtida aqui e aquela obtida no modo radiano?

Curvas senoides gerais

Para
$$f(x) = A \operatorname{sen}\left(\frac{2\pi}{B}(x - C)\right) + D,$$

identifique A, B, C e D para as funções seno dos Exercícios 65-68 e esboce seus gráficos.

65. $y = 2 \operatorname{sen}(x + \pi) - 1$

66. $y = \frac{1}{2} \operatorname{sen}(\pi x - \pi) + \frac{1}{2}$

67. $y = -\frac{2}{\pi} \operatorname{sen}\left(\frac{\pi}{2} t\right) + \frac{1}{\pi}$

68. $y = \frac{L}{2\pi} \operatorname{sen} \frac{2\pi t}{L}$, $L > 0$

USO DO COMPUTADOR

Nos Exercícios 69-72, você explorará graficamente a função seno geral

$$f(x) = A \operatorname{sen}\left(\frac{2\pi}{B}(x - C)\right) + D$$

enquanto altera os valores das constantes A, B, C e D. Utilize um CAS ou software de gráfico para seguir as instruções dos exercícios.

69. Período B Defina as constantes $A = 3$, $C = D = 0$.
 a. Faça o gráfico de $f(x)$ para os valores $B = 1, 3, 2\pi, 5\pi$ no intervalo $-4\pi \leq x \leq 4\pi$. Descreva o que acontece ao gráfico da função seno geral à medida que o período aumenta.
 b. O que acontece ao gráfico para valores negativos de B? Faça o teste com $B = -3$ e $B = -2\pi$.

70. Deslocamento horizontal C Defina as constantes $A = 3$, $B = 6$, $D = 0$.
 a. Faça o gráfico de $f(x)$ para os valores $C = 0, 1$ e 2 no intervalo $-4\pi \leq x \leq 4\pi$. Descreva o que acontece ao gráfico da função seno geral conforme os valores positivos de C aumentam.
 b. O que acontece ao gráfico para valores negativos de C?
 c. Qual o menor valor positivo que deve ser atribuído a C de modo que o gráfico não exiba nenhum deslocamento horizontal? Confirme sua resposta graficamente.

71. Deslocamento vertical D Defina as constantes $A = 3$, $B = 6$, $C = 0$.
 a. Faça o gráfico de $f(x)$ para os valores $D = 0, 1$ e 3 no intervalo $-4\pi \leq x \leq 4\pi$. Descreva o que acontece ao gráfico da função seno geral conforme os valores positivos de D aumentam.
 b. O que acontece ao gráfico para valores negativos de D?

72. Amplitude A Defina as constantes $B = 6$, $C = D = 0$.
 a. Descreva o que acontece ao gráfico da função seno geral conforme os valores positivos de A aumentam. Confirme sua resposta fazendo o gráfico de $f(x)$ para os valores $A = 1, 5$ e 9.
 b. O que acontece ao gráfico para valores negativos de A?

1.4 Elaboração de gráficos usando calculadoras e computadores

Uma calculadora gráfica ou um computador com software gráfico nos permitem fazer gráficos de funções muito complicadas com alta precisão. Muitas dessas funções não poderiam ser representadas graficamente com facilidade de outra maneira. No entanto, é preciso cuidado ao usar tais dispositivos para fazer gráficos, e, nesta seção, abordaremos alguns dos problemas envolvidos. No Capítulo 4, veremos como o cálculo nos ajuda a determinar se estamos visualizando com precisão todas as características importantes do gráfico de uma função.

Janelas gráficas

Ao utilizarmos uma calculadora gráfica ou um computador como ferramenta gráfica, uma parte do gráfico é exibida em uma **tela** ou **janela de visualização** retangular. Frequentemente, a janela padrão fornece uma visualização incompleta ou ilusória do gráfico. Utilizamos o termo janela quadrada quando as unidades ou escalas nos dois eixos são as mesmas. Esse termo não significa que a janela de visualização em si seja quadrada (geralmente, é retangular), mas, em vez disso, significa que a unidade do eixo x é igual à unidade do eixo y.

Quando um gráfico é exibido na janela padrão, a unidade de escala do eixo x pode ser diferente da unidade de escala do eixo y, a fim de se adequar ao gráfico que está sendo exibido na janela. A janela de visualização é determinada ao especificarmos um intervalo $[a, b]$ para os valores de x e um intervalo $[c, d]$ para os valores de y. A máquina seleciona valores de x a intervalos regulares em $[a, b]$ e, em seguida, traça os pontos $(x, f(x))$. Um ponto é traçado se, e somente se, x estiver no domínio da função e $f(x)$ estiver no intervalo $[c, d]$. Um curto segmento de reta é, então, desenhado entre cada ponto traçado e o ponto mais próximo. Apresentamos, a seguir, exemplos para ilustrar alguns dos problemas mais comuns que podem ocorrer com esse procedimento.

EXEMPLO 1 Faça o gráfico da função $f(x) = x^3 - 7x^2 + 28$ em cada uma das telas ou janelas de visualização a seguir:

(a) $[-10, 10]$ por $[-10, 10]$ (b) $[-4, 4]$ por $[-50, 10]$ (c) $[-4, 10]$ por $[-60, 60]$

(a) Selecionamos $a = -10$, $b = 10$, $c = -10$ e $d = 10$ para especificar o intervalo de valores de x e a imagem dos valores de y para a janela. O gráfico resultante é exibido na Figura 1.50a. Parece que a janela corta a parte inferior do gráfico, e que o intervalo dos valores de x é grande demais. Tentaremos então a próxima janela.

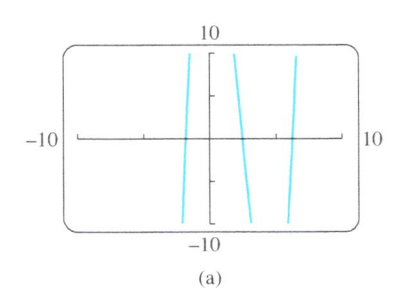

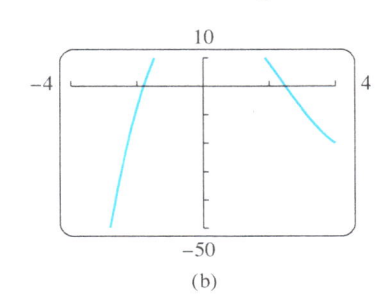

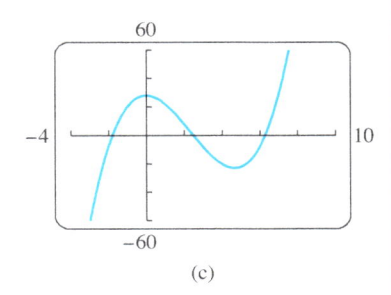

FIGURA 1.50 Gráfico de $f(x) = x^3 - 7x^2 + 28$ em diferentes janelas de visualização. Selecionar uma janela que proporciona uma imagem clara de um gráfico é, com frequência, um processo de tentativa de erro e acerto (Exemplo 1).

(b) Agora, vemos mais características do gráfico (Figura 1.50b), mas falta a parte de cima, e também precisamos visualizar mais à direita de $x = 4$. A próxima janela deve ajudar.

(c) A Figura 1.50c exibe o gráfico nessa nova janela de visualização. Observe que obtemos uma figura mais completa do gráfico nessa janela, e se trata de um gráfico razoável de um polinômio de terceiro grau.

EXEMPLO 2 Quando um gráfico é exibido, a unidade do eixo x pode ser diferente da unidade do eixo y, conforme os gráficos mostrados nas Figuras 1.50b e 1.50c. O resultado é uma distorção na imagem, que pode ser enganosa. Podemos tornar quadrada a janela de visualização ao comprimir ou alongar as unidades de um eixo para que se ajustem à escala do outro, obtendo o gráfico verdadeiro. Muitos sistemas possuem funções incorporadas para tornar a janela "quadrada". Se o seu não possui, você terá de fazer alguns cálculos e definir manualmente o tamanho da janela para obter uma janela quadrada ou incorporar à sua visualização alguma previsão da imagem verdadeira.

A Figura 1.51a mostra os gráficos das retas perpendiculares $y = x$ e $y = -x + 3\sqrt{2}$, juntamente com o semicírculo $y = \sqrt{9 - x^2}$, em uma janela não quadrada $[-4, 4]$ por $[-6, 8]$. Observe a distorção. As retas não parecem perpendiculares, e o semicírculo parece ter um formato elíptico.

A Figura 1.51b mostra os gráficos das mesmas funções em uma janela quadrada em que as unidades do eixo x foram convertidas para ficarem iguais às do eixo y. Observe que a escala do eixo x para a Figura 1.51a foi comprimida na Figura 1.51b para tornar a janela quadrada. A Figura 1.51c apresenta uma visão ampliada da Figura 1.51b com uma janela quadrada de $[-3, 3]$ por $[0, 4]$.

Se o denominador de uma função racional for zero em algum valor de x dentro da janela de visualização, uma calculadora ou um software gráfico poderão produzir um segmento de reta bastante inclinado, quase vertical, indo da parte superior à parte inferior da janela. Veja um exemplo.

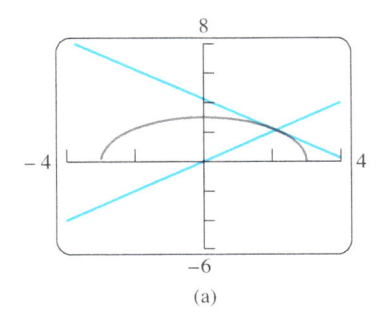

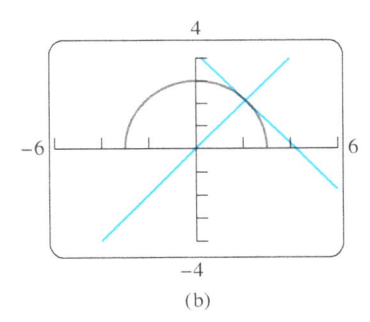

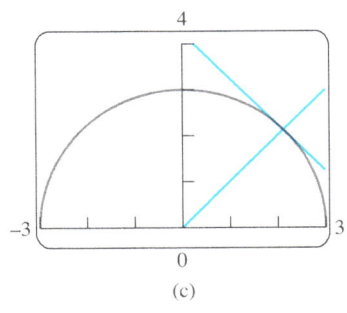

FIGURA 1.51 Os gráficos de retas perpendiculares $y = x$ e $y = -x + 3\sqrt{2}$ e o semicírculo $y = \sqrt{9 - x^2}$ aparecem distorcidos (a) em uma janela não quadrada, mas nítidos (b) e (c) em janelas quadradas (Exemplo 2).

EXEMPLO 3 Faça o gráfico da função $y = \dfrac{1}{2 - x}$.

Solução A Figura 1.52a mostra o gráfico, feito com nosso software gráfico, na janela quadrada padrão de $[-10, 10]$ por $[-10, 10]$. Observe o segmento de reta quase

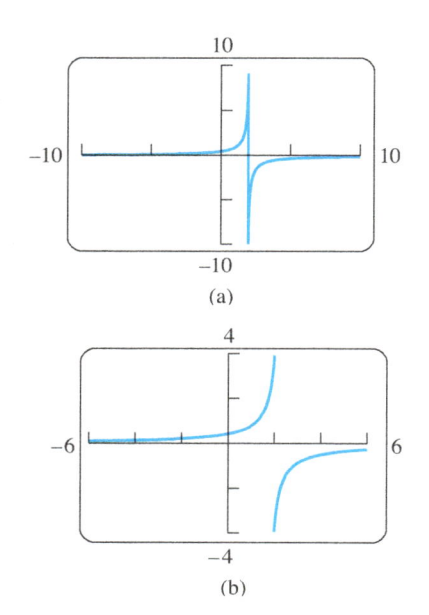

FIGURA 1.52 Gráficos da função $y = \dfrac{1}{2-x}$. Uma reta vertical pode aparecer se a janela de visualização não for escolhida cuidadosamente (Exemplo 3).

vertical em $x = 2$. Na verdade, esse segmento não faz parte do gráfico, e $x = 2$ não pertence ao domínio da função. Podemos eliminar a reta, por tentativa de erro e acerto, ao diminuir a janela de visualização, de [−6, 6] por [−4, 4], proporcionando um gráfico mais bem definido (Figura 1.52b).

Às vezes, o gráfico de uma função trigonométrica oscila muito rapidamente. Quando uma calculadora ou um software insere os pontos do gráfico e os conecta, muitos dos pontos máximos e mínimos são, na verdade, omitidos. O gráfico resultante é muito enganoso.

EXEMPLO 4 Gráfico da função $f(x) = \operatorname{sen} 100x$.

Solução A Figura 1.53a. mostra o gráfico de f na janela de visualização [−12, 12] por [−1, 1]. Vemos que há algo de estranho no gráfico, pois a curva senoide deveria oscilar periodicamente entre −1 e 1. Esse comportamento não é exibido na Figura 1.53a. Devemos tentar uma janela de visualização menor, digamos [−6, 6] por [−1, 1], mas a aparência do gráfico não muda (Figura 1.53b). A dificuldade é que o período da função trigonométrica $y = \operatorname{sen} 100x$ é muito pequeno ($2\pi/100 \approx 0{,}063$). Se escolhermos uma janela de visualização muito menor [−0,1, 0,1] por [−1, 1], obteremos o gráfico mostrado na Figura 1.53c. Esse gráfico revela as oscilações esperadas de uma curva senoide.

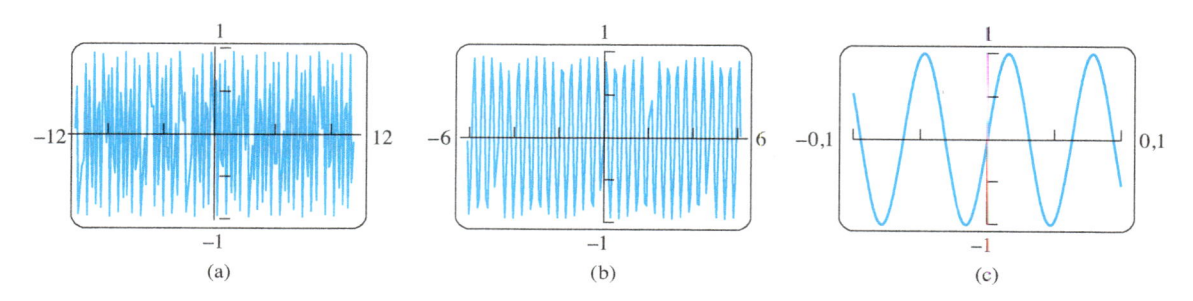

FIGURA 1.53 Gráficos da função $y = \operatorname{sen} 100x$ em três janelas de visualização. Como o período $2\pi/100 \approx 0{,}063$, a menor janela vista em (c) exibe com mais facilidade os verdadeiros aspectos dessa função que oscila rapidamente (Exemplo 4).

EXEMPLO 5 Faça o gráfico da função $y = \cos x + \dfrac{1}{50} \operatorname{sen} 50x$.

Solução Na janela de visualização [−6, 6] por [−1, 1], o gráfico se assemelha muito à função cosseno, com algumas oscilações pontiagudas ao longo da curva (Figura 1.54a). Conseguimos uma visualização melhor quando reduzimos significativamente a janela para [−0,6, 0,6] por [0,8, 1,02], obtendo o gráfico na Figura 1.54b. Agora, vemos as pequenas, porém rápidas, oscilações no segundo termo, $1/50 \operatorname{sen} 50x$, juntamente aos valores comparativamente maiores da curva de cosseno.

Obtenção de um gráfico completo

Algumas ferramentas gráficas não exibirão a parte do gráfico relativa a $f(x)$ quando $x < 0$. Isso ocorre, geralmente, devido ao procedimento que a ferramenta utiliza para calcular os valores da função. Às vezes, podemos obter o gráfico completo ao definirmos a fórmula para a função de um modo diferente.

EXEMPLO 6 Faça o gráfico da função $y = x^{1/3}$.

Solução Algumas ferramentas gráficas exibem o gráfico mostrado na Figura 1.55a. Ao compararmos com o gráfico de $y = x^{1/3} = \sqrt[3]{x}$ na Figura 1.17, vemos que o lado

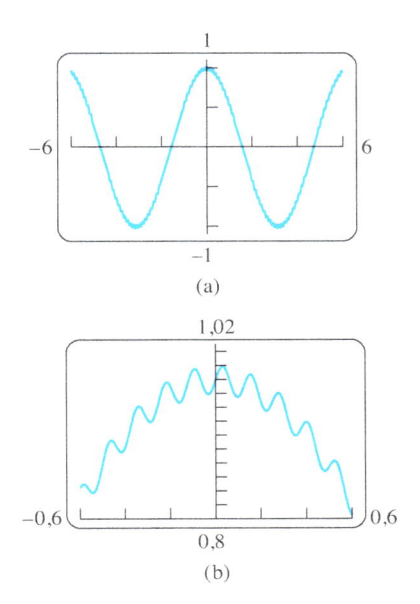

FIGURA 1.54 Em (b), vemos de perto a função $y = \cos x + \frac{1}{50} \sin 50x$ representada graficamente em (a). O termo $\cos x$ domina claramente o segundo termo, $\frac{1}{50} \sin 50x$, o qual produz as rápidas oscilações ao longo da curva de cosseno. As duas visualizações são necessárias para se obter uma ideia clara do gráfico (Exemplo 5).

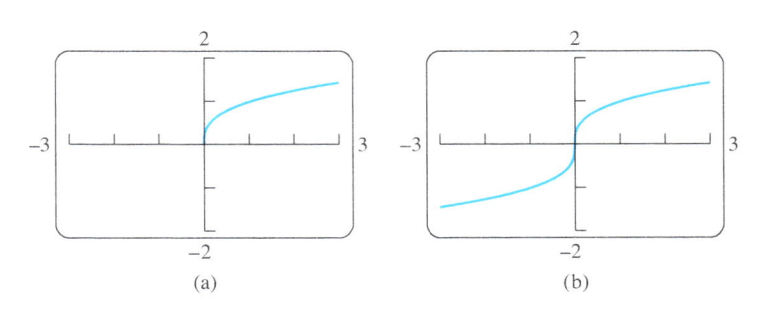

FIGURA 1.55 No gráfico de $y = x^{1/3}$, o lado esquerdo é omitido em (a). Em (b), fizemos o gráfico da função $f(x) = \frac{x}{|x|} \cdot |x|^{1/3}$, obtendo os dois lados. (Veja o Exemplo 6.)

esquerdo para $x < 0$ é omitido. A razão pela qual o gráfico fica diferente é que muitas calculadoras e softwares calculam $x^{1/3}$ como $e^{(1/3)\ln x}$. Uma vez que a função logarítmica não é definida para valores negativos de x, a ferramenta do computador pode produzir apenas o lado direito, em que $x > 0$. (As funções logarítmicas e exponenciais serão apresentadas nas próximas duas seções.)

Para obter a imagem completa, exibindo os dois lados, podemos fazer o gráfico da função

$$f(x) = \frac{x}{|x|} \cdot |x|^{1/3}.$$

Essa função corresponde a $x^{1/3}$, exceto em $x = 0$ (em que f é indefinida, embora $0^{1/3} = 0$). O gráfico de f é exibido na Figura 1.55b.

Exercícios 1.4

Escolha de uma janela de visualização

Nos Exercícios 1-4, utilize uma calculadora gráfica ou um computador para determinar qual das seguintes janelas de visualização exibe o gráfico mais apropriado da função especificada.

1. $f(x) = x^4 - 7x^2 + 6x$
   a. $[-1, 1]$ por $[-1, 1]$
   b. $[-2, 2]$ por $[-5, 5]$
   c. $[-10, 10]$ por $[-10, 10]$
   d. $[-5, 5]$ por $[-25, 15]$

2. $f(x) = x^3 - 4x^2 - 4x + 16$
   a. $[-1, 1]$ por $[-5, 5]$
   b. $[-3, 3]$ por $[-10, 10]$
   c. $[-5, 5]$ $[-10, 20]$
   d. $[-20, 20]$ por $[-100, 100]$

3. $f(x) = 5 + 12x - x^3$
   a. $[-1, 1]$ por $[-1, 1]$
   b. $[-5, 5]$ por $[-10, 10]$
   c. $[-4, 4]$ por $[-20, 20]$
   d. $[-4, 5]$ por $[-15, 25]$

4. $f(x) = \sqrt{5 + 4x - x^2}$
   a. $[-2, 2]$ por $[-2, 2]$
   b. $[-2, 6]$ por $[-1, 4]$
   c. $[-3, 7]$ por $[0, 10]$
   d. $[-10, 10]$ por $[-10, 10]$

Determinação de uma janela de visualização

Nos Exercícios 5-30, determine uma janela de visualização apropriada para a função dada e a utilize para exibir o gráfico da função.

5. $f(x) = x^4 - 4x^3 + 15$
6. $f(x) = \frac{x^3}{3} - \frac{x^2}{2} - 2x + 1$
7. $f(x) = x^5 - 5x^4 + 10$
8. $f(x) = 4x^3 - x^4$
9. $f(x) = x\sqrt{9 - x^2}$
10. $f(x) = x^2(6 - x^3)$
11. $y = 2x - 3x^{2/3}$
12. $y = x^{1/3}(x^2 - 8)$
13. $y = 5x^{2/5} - 2x$
14. $y = x^{2/3}(5 - x)$
15. $y = |x^2 - 1|$
16. $y = |x^2 - x|$
17. $y = \frac{x + 3}{x + 2}$
18. $y = 1 - \frac{1}{x + 3}$
19. $f(x) = \frac{x^2 + 2}{x^2 + 1}$
20. $f(x) = \frac{x^2 - 1}{x^2 + 1}$
21. $f(x) = \frac{x - 1}{x^2 - x - 6}$
22. $f(x) = \frac{8}{x^2 - 9}$
23. $f(x) = \frac{6x^2 - 15x + 6}{4x^2 - 10x}$
24. $f(x) = \frac{x^2 - 3}{x - 2}$
25. $y = \sin 250x$
26. $y = 3 \cos 60x$
27. $y = \cos\left(\frac{x}{50}\right)$
28. $y = \frac{1}{10} \sin\left(\frac{x}{10}\right)$
29. $y = x + \frac{1}{10} \sin 30x$
30. $y = x^2 + \frac{1}{50} \cos 100x$

31. Faça o gráfico da metade inferior do círculo definido pela equação $x^2 + 2x = 4 + 4y - y^2$.
32. Faça o gráfico do ramo superior da hipérbole $y^2 - 16x^2 = 1$.
33. Faça o gráfico para quatro períodos da função $f(x) = -\operatorname{tg} 2x$.
34. Faça o gráfico para dois períodos da função $f(x) = 3 \operatorname{cotg} \frac{x}{2} + 1$.
35. Faça o gráfico da função $f(x) = \sin 2x + \cos 3x$.
36. Faça o gráfico da função $f(x) = \sin^3 x$.

Fazendo gráficos no modo pontilhado

T Outra forma de evitar conexões incorretas ao utilizar uma ferramenta gráfica é usar o "modo pontilhado", o qual desenha apenas os pontos. Se sua ferramenta gráfica permite esse modo, utilize-o para traçar os pontos das funções apresentadas nos Exercícios 37-40.

37. $y = \dfrac{1}{x-3}$

38. $y = \operatorname{sen} \dfrac{1}{x}$

39. $y = x \lfloor x \rfloor$

40. $y = \dfrac{x^3 - 1}{x^2 - 1}$

1.5 Funções exponenciais

As funções exponenciais estão entre as mais importantes da matemática, e ocorrem em uma gama de aplicações, incluindo taxas de juros, decaimento radioativo, crescimento populacional, propagação de uma doença, consumo de recursos naturais, pressão atmosférica da Terra, mudanças na temperatura de um objeto aquecido colocado em um ambiente mais frio e datação de fósseis. Nesta seção, apresentaremos informalmente essas funções por meio de uma abordagem intuitiva. Elas serão abordadas mais a fundo no Capítulo 7, com base em ideias e resultados importantes referentes ao cálculo.

Comportamento exponencial

Quando uma quantidade positiva P dobra, ela cresce por um fator de 2, e a quantidade se torna $2P$. Se ele dobrar de novo, ela se torna $2(2P) = 2^2 P$, ao passo que uma terceira duplicação resultará em $2(2^2 P) = 2^3 P$. Se continuarmos a duplicar dessa maneira, chegaremos à função $f(x) = 2^x$. Chamamos essa função de *exponencial* porque a variável x aparece no expoente de 2^x. Funções como $g(x) = 10^x$ e $h(x) = (1/2)^x$ são outros exemplos de funções exponenciais. Em geral, se $a \neq 1$ é uma constante positiva, a função

$$f(x) = a^x$$

é a **função exponencial com base a**.

> Não confunda 2^x com a potência x^2, em que a variável x é a base, e não o expoente.

EXEMPLO 1 Em 2000, foram depositados $100 em uma conta poupança, sendo remunerados com juros cumulativos pagos anualmente (uma vez por ano) a uma taxa de juros de 5,5%. Pressupondo que nenhum valor adicional tenha sido depositado na conta e nenhum valor tenha sido sacado, determine uma fórmula para a função que descreve a quantia A na conta após x anos terem se passado.

Solução Se $P = 100$, ao final do primeiro ano, a quantia na conta é a quantia original acrescida dos juros recebidos, ou

$$P + \left(\dfrac{5,5}{100}\right)P = (1 + 0,055)P = (1,055)P.$$

Ao final do segundo ano, a conta rende juros novamente, e aumenta para

$$(1 + 0,055) \cdot (1,055P) = (1,055)^2 P = 100 \cdot (1,055)^2. \quad P = 100$$

Continuando esse processo, após x anos o valor da conta é

$$A = 100 \cdot (1,055)^x.$$

Isso é um múltiplo da função exponencial com base 1,055. A Tabela 1.4 mostra as quantias acumuladas nos quatro primeiros anos. Observe que, a cada ano, a quantia na conta é sempre 1,055 vezes o valor do ano anterior.

TABELA 1.4 Rendimento da poupança

Ano	Quantia (dólares)	Rendimento (dólares)
2000	100	
2001	100(1,055) = 105,50	5,50
2002	100(1,055)² = 111,30	5,80
2003	100(1,055)³ = 117,42	6,12
2004	100(1,055)⁴ = 123,88	6,46

Em geral, a quantia após x anos é determinada por $P(1 + r)^x$, em que r é a taxa de juros (expressa como um número decimal).

Para expoentes inteiros e racionais, o valor de uma função exponencial $f(x) = a^x$ é obtido aritmeticamente, como segue. Se $x = n$ é um número inteiro positivo, o número a^n é obtido ao multiplicar a por si mesmo n vezes:

$$a^n = \underbrace{a \cdot a \cdot \cdots \cdot a}_{n \text{ fatores}}.$$

Se $x = 0$, então $a^0 = 1$, e se $x = -n$ para um inteiro positivo n, então

$$a^{-n} = \frac{1}{a^n} = \left(\frac{1}{a}\right)^n.$$

Se $x = 1/n$ para um inteiro positivo n, então

$$a^{1/n} = \sqrt[n]{a},$$

que é o número positivo que, quando multiplicado por si mesmo n vezes, resulta em a. Se $x = p/q$ é um número racional qualquer, então

$$a^{p/q} = \sqrt[q]{a^p} = \left(\sqrt[q]{a}\right)^p.$$

Se x é *irracional*, o significado de a^x não é tão claro, mas seu valor pode ser definido ao se considerar valores para números racionais que se aproximam cada vez mais de x. Essa abordagem informal se baseia no gráfico da função exponencial. No Capítulo 7, definimos o significado de uma forma rigorosa.

Mostramos os gráficos de diversas funções exponenciais na Seção 1.1, tornando a fazê-lo na Figura 1.56. Esses gráficos descrevem os valores das funções exponenciais para todas as entradas reais de x. O valor para um número irracional x é escolhido de modo que o gráfico de a^x não apresente "buracos" ou "saltos". Essas palavras, obviamente, não são termos matemáticos, mas transmitem informalmente a ideia. Queremos mostrar que o valor de a^x, quando x é irracional, é escolhido de modo que a função $f(x) = a^x$ seja *contínua*, uma noção que será explorada cuidadosamente no próximo capítulo. Essa escolha garante que o gráfico mantenha um comportamento crescente quando $a > 1$, ou decrescente quando $0 < a < 1$ (veja a Figura 1.56).

Aritmeticamente, a ideia do gráfico pode ser descrita da seguinte maneira, utilizando a função exponencial $f(x) = 2^x$ como ilustração. Qualquer número irracional em particular, digamos $x = \sqrt{3}$, possui uma expansão decimal

$$\sqrt{3} = 1{,}732050808\ldots.$$

Consideramos, então, a lista de números fornecida a seguir com o intuito de acrescer mais e mais dígitos à expansão decimal,

$$2^1, 2^{1{,}7}, 2^{1{,}73}, 2^{1{,}732}, 2^{1{,}7320}, 2^{1{,}73205}, \ldots \qquad (1)$$

Sabemos o significado de cada número da lista (1) porque as aproximações decimais sucessivas a $\sqrt{3}$ fornecida por 1, 1,7, 1,73, 1,732, e assim por diante, são números racionais. Uma vez que essas aproximações decimais se aproximam cada vez mais de $\sqrt{3}$, parece razoável que a lista de números em (1) aproxime-se cada vez mais de algum número fixo, o qual especificamos como $2^{\sqrt{3}}$.

A Tabela 1.5 ilustra como a obtenção de melhores aproximações de $\sqrt{3}$ proporciona melhores aproximações do número $2^{\sqrt{3}} \approx 3{,}321997086$. É a propriedade da completude dos números reais (abordada brevemente no Apêndice 6) que garante que esse procedimento resultará em um único número que definimos como $2^{\sqrt{3}}$ (embora esteja além do escopo deste texto fornecer uma prova). Do mesmo modo, podemos identificar o número 2^x (ou a^x, $a > 0$) para todos x irracionais. Ao

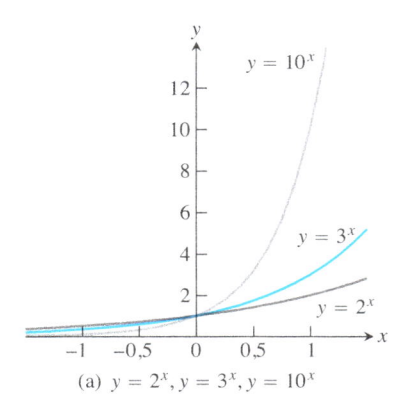

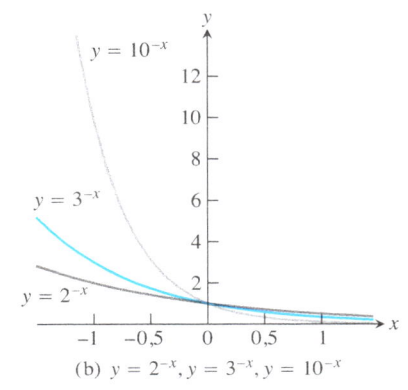

FIGURA 1.56 Gráficos das funções exponenciais.

TABELA 1.5 Valores de $2^{\sqrt{3}}$ para racionais r cada vez mais próximos de $\sqrt{3}$

r	2^r
1,0	2,000000000
1,7	3,249009585
1,73	3,317278183
1,732	3,321880096
1,7320	3,321880096
1,73205	3,321995226
1,732050	3,321995226
1,7320508	3,321997068
1,73205080	3,321997068
1,732050808	3,321997086

identificar o número a^x tanto para x racional quanto para x irracional, eliminamos quaisquer "buracos" ou "lacunas" no gráfico de a^x. Na prática, você pode utilizar uma calculadora para determinar os números a^x para o número x irracional ao fazer aproximações decimais sucessivas a x e criar uma tabela semelhante à Tabela 1.5.

As funções exponenciais obedecem às regras familiares dos expoentes listadas a seguir. É fácil verificar essas regras utilizando álgebra quando os componentes são números inteiros ou racionais. Fazemos a prova delas com relação a todos os expoentes reais nos Capítulos 4 e 7.

> **Regras para expoentes**
>
> Se $a > 0$ e $b > 0$, as regras a seguir aplicam-se a todos os números reais x e y.
>
> 1. $a^x \cdot a^y = a^{x+y}$
> 2. $\dfrac{a^x}{a^y} = a^{x-y}$
> 3. $(a^x)^y = (a^y)^x = a^{xy}$
> 4. $a^x \cdot b^x = (ab)^x$
> 5. $\dfrac{a^x}{b^x} = \left(\dfrac{a}{b}\right)^x$

EXEMPLO 2 Ilustramos as regras para os expoentes.

1. $3^{1,1} \cdot 3^{0,7} = 3^{1,1 + 0,7} = 3^{1,8}$
2. $\dfrac{(\sqrt{10})^3}{\sqrt{10}} = (\sqrt{10})^{3-1} = (\sqrt{10})^2 = 10$
3. $\left(5^{\sqrt{2}}\right)^{\sqrt{2}} = 5^{\sqrt{2} \cdot \sqrt{2}} = 5^2 = 25$
4. $7^\pi \cdot 8^\pi = (56)^\pi$
5. $\left(\dfrac{4}{9}\right)^{1/2} = \dfrac{4^{1/2}}{9^{1/2}} = \dfrac{2}{3}$

Função exponencial natural e^x

A função exponencial mais importante utilizada na modelagem de fenômenos naturais, físicos e econômicos é a **função exponencial natural**, cuja base é o número especial e. O número e é irracional, e seu valor é 2,718281828 com nove casas decimais. Pode parecer estranho que utilizemos esse número como base em vez de um número simples, como 2 ou 10. A vantagem em utilizar e como base é que ele simplifica muito as operações do cálculo.

Se você observar a Figura 1.56a, poderá ver que os gráficos das funções exponenciais $y = a^x$ assumem inclinações mais acentuadas à medida que a base a aumenta. Essa ideia de inclinação é transmitida pelo coeficiente angular da reta que tangencia o gráfico em um dado ponto. Retas tangentes a curvas em gráficos de funções serão definidas com precisão no próximo capítulo, mas, de modo intuitivo, a reta que tangencia o gráfico em um dado ponto é uma reta que apenas toca o gráfico nesse ponto, como uma reta tangente a um círculo. A Figura 1.57 mostra o coeficiente angular do gráfico de $y = a^x$ quando ele cruza o eixo y para diversos valores de a. Observe que o coeficiente angular é exatamente igual a 1 quando a é igual ao número e. O coeficiente angular é menor que 1 se $a < e$, e maior que 1 se $a > e$. Essa é a propriedade que torna o número e tão útil em cálculo: **o gráfico de $y = e^x$ possui coeficiente angular 1 quando cruza o eixo y**.

No Capítulo 3, utilizaremos essa propriedade do coeficiente angular para provar que e é o número para o qual tende a quantidade $(1 + 1/x)^x$, à medida que x aumenta indefinidamente. O resultado nos fornece uma maneira de calcular o valor de e, ao menos aproximadamente. O gráfico e a tabela na Figura 1.58 exibem o comportamento dessa expressão e como ela se aproxima cada vez mais da reta $y = e \approx 2,718281828$ à medida que x aumenta (essa ideia de *limite* será definida de modo mais preciso no próximo capítulo). Uma abordagem mais completa de e é apresentada no Capítulo 7.

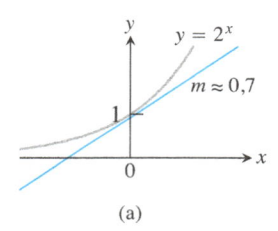

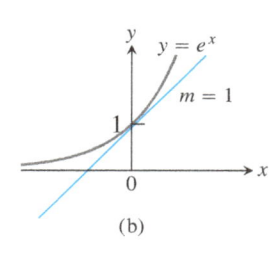

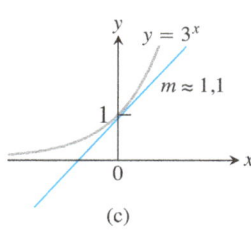

FIGURA 1.57 Entre as funções exponenciais, o gráfico de $y = e^x$ possui a propriedade de que o coeficiente angular m da reta que tangencia a curva é exatamente 1 quando ela cruza o eixo y. O coeficiente angular é menor para uma base inferior a e, tal como 2^x, e maior para uma base superior a e, tal como 3^x.

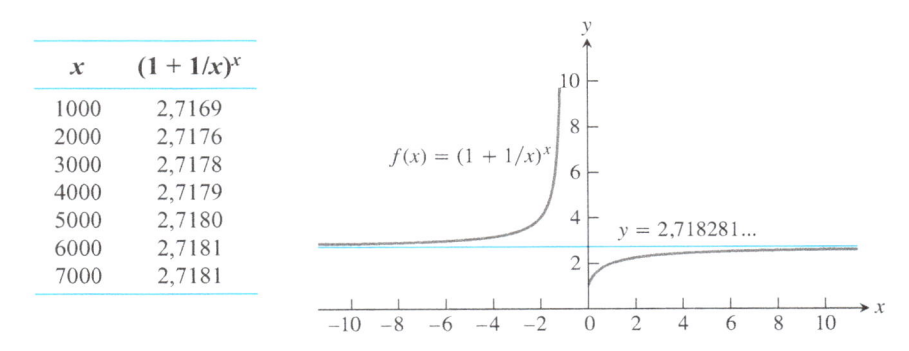

x	$(1 + 1/x)^x$
1000	2,7169
2000	2,7176
3000	2,7178
4000	2,7179
5000	2,7180
6000	2,7181
7000	2,7181

FIGURA 1.58 Um gráfico e uma tabela de valores para $f(x) = (1 + 1/x)^x$ sugerem que, à medida que x aumenta, $f(x)$ se aproxima cada vez mais de $e \approx 2{,}7182818\ldots$

Crescimento e decaimento exponenciais

As funções exponenciais $y = e^{kx}$, onde k é uma constante diferente de zero, são utilizadas com frequência como modelos de crescimento ou decaimento exponencial. A função $y = y_0 e^{kx}$ é um modelo para **crescimento exponencial** quando $k > 0$, e um modelo para **decaimento exponencial** se $k < 0$. Aqui, y_0 representa uma constante. Um exemplo de crescimento exponencial ocorre no cálculo de juros **compostos continuamente** que utilizam o modelo $y = P \cdot e^{rt}$, em que P é o investimento inicial, r é a taxa de juros em forma decimal e t é o tempo em unidades consistentes com r. Um exemplo de decaimento exponencial é o modelo $y = A \cdot e^{-1,2 \times 10^{-4} t}$, que representa como o elemento radioativo carbono-14 decai ao longo do tempo. Aqui, A é a quantidade inicial de carbono-14, e t é o tempo em anos. O decaimento do carbono-14 é utilizado para datar os restos de organismos mortos, como conchas, sementes e artefatos de madeira. A Figura 1.59 mostra gráficos de crescimento e decaimento exponenciais.

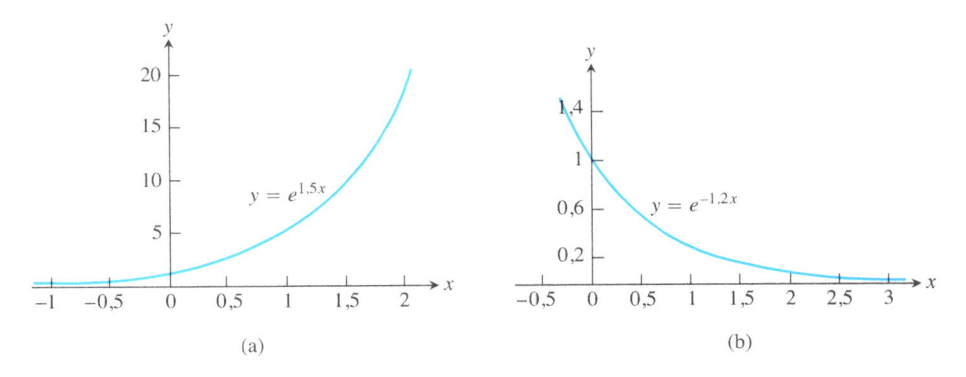

FIGURA 1.59 Gráficos de (a) crescimento exponencial $k = 1{,}5 > 0$, e (b) decaimento exponencial $k = -1{,}2 < 0$.

EXEMPLO 3 As empresas de investimento utilizam com frequência o modelo $y = Pe^{rt}$ para calcular o crescimento de um investimento. Utilize esse modelo para acompanhar o crescimento de $ 100 investidos em 2000 a uma taxa de juros anual de 5,5%.

Solução Considere que $t = 0$ representa o ano 2000, $t = 1$ representa o ano 2001, e assim por diante. Então, o modelo para o crescimento exponencial é $y(t) = Pe^{rt}$, em que $P = 100$ (investimento inicial), $r = 0{,}055$ (a taxa de juros anual expressa em decimais) e t é o tempo em anos. Para fazer uma previsão do valor na conta em 2004, depois de quatros anos, supomos que $t = 4$ e calculamos

$$y(4) = 100 e^{0,055(4)}$$
$$= 100 e^{0,22} \quad \text{Arredondado para o centavo mais próximo utilizando calculadora.}$$
$$= 124{,}61.$$

Compare com os $ 123,88 na conta quando os juros são compostos anualmente, como mostra o Exemplo 1.

EXEMPLO 4 Experimentos laboratoriais indicam que alguns átomos emitem uma parte de suas massas como radiação, e o restante do átomo se reagrupa para formar um novo elemento. Por exemplo, o carbono-14 radioativo decai para nitrogênio; o rádio, eventualmente, decai para chumbo. Se y_0 é o número de núcleos radioativos presentes no instante zero, o número remanescente em qualquer tempo t posterior será

$$y = y_0 e^{-rt}, \quad r > 0.$$

O número r é chamado **taxa de decaimento** da substância radioativa (veremos como essa fórmula é obtida na Seção 7.2). Para o carbono-14, a taxa de decaimento determinada de modo experimental é de cerca de $r = 1,2 \times 10^{-4}$ quando t é medido em anos. Faça a previsão da porcentagem de carbono-14 presente depois de 866 anos.

Solução Se começarmos com uma determinada quantidade y_0 de núcleos de carbono-14, após 866 anos teremos a quantidade

$$y(866) = y_0 e^{(-1,2 \times 10^{-4})(866)}$$
$$\approx (0,901) y_0. \quad \text{Avaliação por calculadora.}$$

Isto é, após 866 anos, sobrará 90% da quantidade original de carbono-14, de modo que 10% dos núcleos originais terão decaído. No Exemplo 7, na próxima seção, você verá como determinar o número de anos necessários para que metade dos núcleos radioativos presentes em uma amostra decaiam (o que chamamos de *meia-vida* da substância).

Você pode se perguntar por que usamos a família de funções $y = e^{kx}$ para diferentes valores da constante k em vez das funções exponenciais gerais $y = a^x$. Na próxima seção, mostraremos que a função exponencial a^x é igual a e^{kx} para um valor apropriado de k. Então, a fórmula $y = e^{kx}$ abrange toda a gama de possibilidades, e veremos que ela é mais fácil de utilizar.

Exercícios 1.5

Desenho das curvas exponenciais

Nos Exercícios 1-6, esboce juntas as curvas dadas no sistema de coordenadas e identifique cada uma com sua equação.

1. $y = 2^x, y = 4^x, y = 3^{-x}, y = (1/5)^x$
2. $y = 3^x, y = 8^x, y = 2^{-x}, y = (1/4)^x$
3. $y = 2^{-t}$ e $y = -2^t$
4. $y = 3^{-t}$ e $y = -3^t$
5. $y = e^x$ e $y = 1/e^x$
6. $y = -e^x$ e $y = -e^{-x}$

Para cada um dos Exercícios 7-10, esboce as curvas exponenciais transladas.

7. $y = 2^x - 1$ e $y = 2^{-x} - 1$
8. $y = 3^x + 2$ e $y = 3^{-x} + 2$
9. $y = 1 - e^x$ e $y = 1 - e^{-x}$
10. $y = -1 - e^x$ e $y = -1 - e^{-x}$

Aplicação das leis de expoenciação

Utilize as leis de exponenciação para simplificar as expressões nos Exercícios 11-20.

11. $16^2 \cdot 16^{-1,75}$
12. $9^{1/3} \cdot 9^{1/6}$
13. $\dfrac{4^{4,2}}{4^{3,7}}$
14. $\dfrac{3^{5/3}}{3^{2/3}}$
15. $(25^{1/8})^4$
16. $\left(13^{\sqrt{2}}\right)^{\sqrt{2}/2}$
17. $2^{\sqrt{3}} \cdot 7^{\sqrt{3}}$
18. $\left(\sqrt{3}\right)^{1/2} \cdot \left(\sqrt{12}\right)^{1/2}$
19. $\left(\dfrac{2}{\sqrt{2}}\right)^4$
20. $\left(\dfrac{\sqrt{6}}{3}\right)^2$

Compostas que envolvem funções exponenciais

Determine o domínio e a imagem para cada uma das funções nos Exercícios 21-24.

21. $f(x) = \dfrac{1}{2 + e^x}$
22. $g(t) = \cos(e^{-t})$
23. $g(t) = \sqrt{1 + 3^{-t}}$
24. $f(x) = \dfrac{3}{1 - e^{2x}}$

Aplicações

T Nos Exercícios 25-28, utilize gráficos para determinar soluções aproximadas.

25. $2^x = 5$
26. $e^x = 4$
27. $3^x - 0,5 = 0$
28. $3 - 2^{-x} = 0$

T Nos Exercícios 29-36, utilize um modelo exponencial e uma calculadora gráfica para estimar a resposta de cada problema.

29. **Crescimento populacional** A população de Knoxville é de 500.000, e cresce a uma taxa de 3,75% ao ano. Quando, aproximadamente, a população atingirá 1 milhão?

30. **Crescimento populacional** A população de Silver Run, no ano de 1890, era de 6250 habitantes. Suponha que a população tenha crescido a uma taxa de 2,75% ao ano.
    a. Estime os números de habitantes em 1915 e 1940.
    b. Quando, aproximadamente, a população alcançou os 50.000 habitantes?

31. **Decaimento radioativo** A meia-vida do fósforo-32 é de cerca de 14 dias. Havia 6,6 gramas presentes inicialmente.
    a. Expresse a quantidade de fósforo-32 remanescente em função do tempo t.
    b. Quando restará 1 grama?

32. Se João investe $ 2.300 em uma conta poupança com uma taxa de juros de 6% ao ano, quanto tempo levará para que a conta poupança de João tenha um saldo de $ 4150?

33. **Duplicando seu dinheiro** Determine quanto tempo é necessário para dobrar o valor de um investimento a uma taxa de juros anuais de 6,25% compostos anualmente.

34. **Triplicando seu dinheiro** Determine quanto tempo é necessário para triplicar o valor de um investimento a uma taxa de juros anuais de 5,75% compostos anualmente.

35. **Bactéria do cólera** Suponha que uma colônia de bactérias comece com uma bactéria e dobre em número a cada meia hora. Quantas bactérias a colônia terá ao final de 24 horas?

36. **Erradicando uma doença** Suponha que, em um dado ano, o número de casos de uma doença seja reduzido em 20%. Se existem 10.000 casos hoje, quantos anos serão necessários para
    a. reduzir o número de casos para 1000?
    b. erradicar a doença; isto é, reduzir o número de casos para menos de 1?

1.6 Funções inversas e logaritmos

Uma função que desfaz, ou inverte, o efeito de uma função f é denominada *inversa* de f. Muitas das funções comuns, não todas, possuem uma correspondente inversa. Nesta seção, apresentaremos a função logarítmica natural $y = \ln x$ como a inversa da função exponencial $y = e^x$, e também daremos exemplos de várias funções trigonométricas inversas.

Funções injetoras

A função é uma regra que associa um valor de sua imagem a cada elemento em seu domínio. Algumas funções associam o mesmo valor de imagem a mais de um elemento no domínio. A função $f(x) = x^2$ associa o mesmo valor, 1, tanto a -1 quanto a $+1$; tanto o seno de $\pi/3$ quanto $2\pi/3$ valem $\frac{\sqrt{3}}{2}$. Outras funções não assumem cada valor em sua imagem mais de uma vez. Raízes quadradas e cúbicas de números diferentes são sempre diferentes. Uma função que possui valores distintos para elementos diferentes em seu domínio é chamada de injetora. Essas funções assumem determinado valor em sua imagem apenas uma vez.

> **DEFINIÇÃO** Uma função $f(x)$ é **injetora** em um domínio D se $f(x_1) \neq f(x_2)$, sempre que $x_1 \neq x_2$ em D.

EXEMPLO 1 Algumas funções são injetoras em todo o seu domínio natural. Outras funções não são injetoras em todo o seu domínio natural, mas ao restringir a função a um domínio menor, podemos criar uma função injetora. As funções originais e restritas não são as mesmas funções, porque elas possuem domínios diferentes. No entanto, as duas funções possuem os mesmos valores no menor domínio, então, a função original é uma extensão da função restrita ao menor domínio para o maior domínio.

(a) $f(x) = \sqrt{x}$ é função injetora em qualquer domínio de números não negativos porque $\sqrt{x_1} \neq \sqrt{x_2}$ sempre que $x_1 \neq x_2$.

(b) $g(x) = \operatorname{sen} x$ *não* é função injetora no intervalo $[0, \pi]$ porque sen $(\pi/6) =$ sen $(5\pi/6)$. De fato, para cada elemento x_1 no subintervalo $[0, \pi/2)$ há um elemento correspondente x_2 no subintervalo $(\pi/2, \pi]$ satisfazendo sen $x_1 =$ sen x_2, de modo que elementos distintos no domínio são atribuídos ao mesmo valor na imagem. A função seno *é* injetora em $[0, \pi/2]$, no entanto, por ser uma função crescente em $[0, \pi/2]$, dá resultados distintos para entradas distintas.

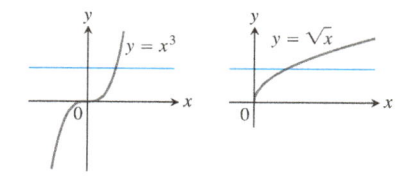

(a) Função injetora: o gráfico cruza cada reta horizontal no máximo uma vez.

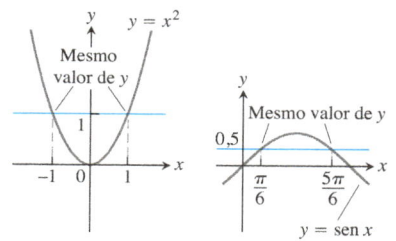

(b) Função não injetora: o gráfico cruza uma ou mais retas horizontais mais de uma vez.

FIGURA 1.60 (a) $y = x^3$ e $y = \sqrt{x}$ são injetoras em seus domínios $(-\infty, \infty)$ e $[0, \infty)$. (b) $y = x^2$ e $y = \text{sen } x$ não são injetoras em seus domínios $(-\infty, \infty)$.

O gráfico de uma função injetora $y = f(x)$ pode cruzar uma determinada reta horizontal no máximo uma vez. Se a função cruzar a reta mais de uma vez, ela assumirá o mesmo valor de y para, pelo menos, dois valores diferentes de x, e, portanto, não será injetora (Figura 1.60).

> **Teste de reta horizontal para funções injetoras**
>
> Uma função $y = f(x)$ é injetora se e somente se seu gráfico cruzar cada reta horizontal no máximo uma vez.

Funções inversas

Como cada resultado de uma função tem origem em apenas uma entrada, o efeito da função pode ser invertido para enviar o resultado de volta ao ponto de onde ele veio.

> **DEFINIÇÃO** Suponha que f é uma função injetora em um domínio D com imagem R. A **função inversa** f^{-1} é definida por
> $$f^{-1}(b) = a \text{ se } f(a) = b.$$
> O domínio de f^{-1} é R, e a imagem de f^{-1} é D.

O símbolo f^{-1} para o inverso de f é lido "função inversa de f". O símbolo "–1" em f^{-1} *não* é um expoente; $f^{-1}(x)$ não significa $1/f(x)$. Observe que os domínios e imagens de f e f^{-1} são intercambiados.

EXEMPLO 2 Suponha que uma função injetora $y = f(x)$ seja dada por uma tabela de valores

x	1	2	3	4	5	6	7	8
$f(x)$	3	4,5	7	10,5	15	20,5	27	34,5

Uma tabela para os valores de $x = f^{-1}(y)$ pode ser obtida pela simples troca dos valores nas colunas (ou nas linhas) da tabela por f:

y	3	4,5	7	10,5	15	20,5	27	34,5
$f^{-1}(y)$	1	2	3	4	5	6	7	8

Se aplicarmos f para enviar um ponto de domínio x para a imagem $f(x)$ e, em seguida, aplicarmos f^{-1} a $f(x)$, voltaremos exatamente a x, onde começamos. Da mesma maneira, se pegarmos um número y na imagem de f, aplicarmos a ele f^{-1}, e em seguida aplicarmos f ao valor $f^{-1}(y)$ resultante, obteremos, outra vez, o valor de y com o qual começamos. Compor uma função e seu inverso tem o mesmo efeito que não fazer nada.

$(f^{-1} \circ f)(x) = x$, para qualquer x no domínio de f
$(f \circ f^{-1})(x) = y$, para qualquer y no domínio de f^{-1} (ou imagem de f)

Somente uma função injetora pode ter uma inversa. A razão disso é que se $f(x_1) = y$ e $f(x_2) = y$ para dois pontos x_1 e x_2 diferentes, então, não há como atribuir um valor para $f^{-1}(y)$ que satisfaça tanto $f^{-1}(f(x_1)) = x_1$ quanto $f^{-1}(f(x_2)) = x_2$.

Uma função que é crescente em um dado intervalo, satisfazendo a desigualdade $f(x_2) > f(x_1)$ quando $x_2 > x_1$, é injetora e tem uma inversa. Funções decrescentes também têm inversas. As funções que não são crescentes nem decrescentes podem, ainda, ser injetoras e ter uma inversa, como é o caso da função $f(x) = 1/x$ para $x \neq 0$ e $f(0) = 0$, definida em $(-\infty, \infty)$ e passando no teste da reta horizontal.

Determinação de inversas

Os gráficos de uma função e sua inversa estão intimamente relacionados. Para ler o valor de uma função a partir de seu gráfico, começamos com um ponto no eixo x, subimos verticalmente até a curva e, depois, movemo-nos horizontalmente até o eixo y para ler o valor de y. A função inversa pode ser lida a partir do gráfico por meio da reversão desse processo. Comece com um ponto y no eixo y, siga horizontalmente até a curva de $y = f(x)$ e, em seguida, siga verticalmente até o eixo x para ler o valor de $x = f^{-1}(y)$ (Figura 1.61).

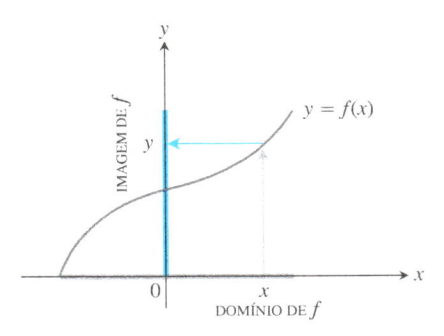

(a) Para determinar o valor de f em x, subimos até a curva e, em seguida, prosseguimos até o eixo y.

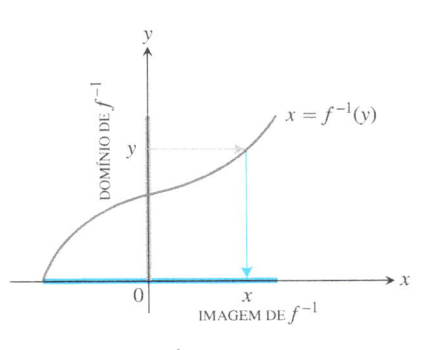

(b) O gráfico de f^{-1} é o gráfico de f, mas com x e y invertidos. Para determinar o valor de x que forneceu determinado y, partimos do eixo y e, indo até a curva, descemos ao eixo x. O domínio de f^{-1} é a imagem de f. A imagem de f^{-1} é o domínio de f.

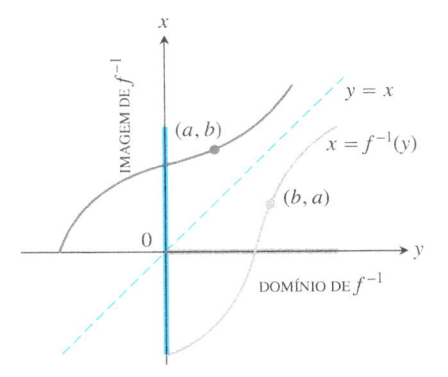

(c) Para fazer o gráfico de f^{-1} da maneira habitual, refletimos o sistema através da linha $y = x$.

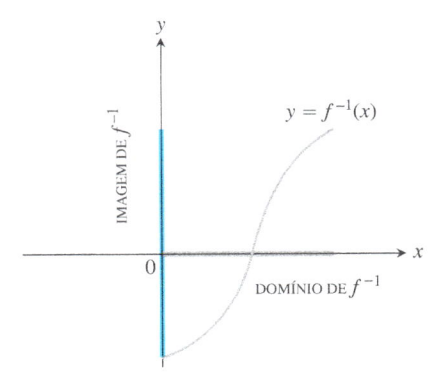

(d) Trocamos, então, as letras x e y. Agora, temos um gráfico de f^{-1} de aparência normal em função de x.

FIGURA 1.61 Determinamos o gráfico de $y = f^{-1}(x)$ a partir do gráfico de $y = f(x)$. O gráfico de f^{-1} é obtido ao refletirmos o gráfico de f em torno da reta $y = x$.

Queremos montar o gráfico de f^{-1} de modo que seus valores de entrada estejam ao longo do eixo x, conforme é geralmente feito com relação às funções, em vez de ao longo do eixo y. Para isso, trocamos os eixos de x e y ao refletirmos através da reta de 45° $y = x$. Após tal reflexão, temos um novo gráfico que representa f^{-1}. O valor de $f^{-1}(x)$ agora pode ser lido da maneira usual, iniciando em um ponto x no eixo x, subindo verticalmente até a curva e, depois, horizontalmente até o eixo y para obter o valor de $f^{-1}(x)$. A Figura 1.61 indica a relação entre os gráficos de f e f^{-1}. Os gráficos são intercambiados por reflexão em torno da reta $y = x$.

O processo de passar de f para f^{-1} pode ser resumido como um procedimento de dois passos:

1. Resolva a equação $y = f(x)$ para x. Isso resultará em uma fórmula $x = f^{-1}(y)$, onde x é expresso como uma função de y.
2. Permite x e y, obtendo uma fórmula $y = f^{-1}(x)$, onde f^{-1} é expresso no formato convencional, com x como a variável independente e y como a variável dependente.

EXEMPLO 3 Determine a inversa de $y = \frac{1}{2}x + 1$, expressa em função de x.

Solução

1. *Determine x em função de y*: $y = \frac{1}{2}x + 1$
$$2y = x + 2$$
$$x = 2y - 2.$$

2. *Permite x e y*: $y = 2x - 2$.

O inverso da função $f(x) = (1/2)x + 1$ é a função $f^{-1}(x) = 2x - 2$. (Veja a Figura 1.62.) Para conferir, verificamos se ambas as compostas geram a função identidade:

$$f^{-1}(f(x)) = 2\left(\frac{1}{2}x + 1\right) - 2 = x + 2 - 2 = x$$

$$f(f^{-1}(x)) = \frac{1}{2}(2x - 2) + 1 = x - 1 + 1 = x.$$

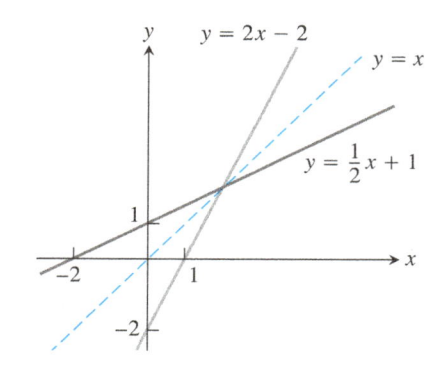

FIGURA 1.62 Ao fazer o gráfico das funções $f(x) = (1/2)x + 1$ e $f^{-1}(x) = 2x - 2$ juntas, é exibida a simetria do gráfico com relação à reta $y = x$ (Exemplo 3).

EXEMPLO 4 Encontre a inversa da função $y = x^2$, $x \geq 0$, expressa como uma função de x.

Solução Primeiro, resolvemos x em função de y:

$$y = x^2$$
$$\sqrt{y} = \sqrt{x^2} = |x| = x \qquad |x| = x \text{ porque } x \geq 0$$

Em seguida, trocamos x com y, obtendo

$$y = \sqrt{x}.$$

O inverso da função $y = x^2$, $x \geq 0$, é a função $y = \sqrt{x}$ (Figura 1.63).

Observe que a função $y = x^2$, $x \geq 0$, com domínio *restrito* aos números reais não negativos, *é injetora* (Figura 1.63) e possui uma inversa. Por outro lado, a função $y = x^2$, sem restrições de domínio, *não é* injetora (Figura 1.60b) e, portanto, não possui inversa.

Funções logarítmicas

Se a é um número real positivo qualquer diferente de 1, a função exponencial $f(x) = a^x$ de base a é injetora. Portanto, ela possui uma inversa. Essa inversa é denominada *função logarítmica de base a*.

DEFINIÇÃO A **função logarítmica com base** a, $y = \log_a x$, é a inversa da função exponencial de base a $y = a^x$ ($a > 0$, $a \neq 1$).

O domínio de $\log_a x$ é $(0, \infty)$, que é a imagem de a^x. A imagem de $\log_a x$ é $(-\infty, \infty)$, que é o domínio de a^x.

A Figura 1.23, na Seção 1.1, mostra os gráficos de quatro funções logarítmicas com $a > 1$. A Figura 1.64a mostra o gráfico de $y = \log_2 x$. O gráfico de $y = a^x$, $a > 1$, sobe rapidamente para $x > 0$, então, sua inversa, $y = \log_a x$, sobe vagarosamente para $x > 1$.

Uma vez que ainda não temos uma técnica para resolver a equação $y = a^x$ para x em relação a y, não temos uma fórmula explícita para computar o logaritmo para um dado valor de x. Contudo, podemos obter o gráfico de $y = \log_a x$ refletindo-se o gráfico da exponencial $y = a^x$ através da reta $y = x$. A Figura 1.64 mostra o gráfico para $a = 2$ e $a = e$.

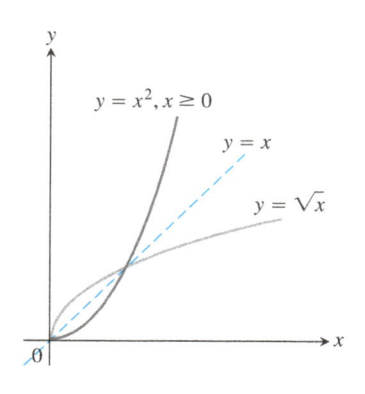

FIGURA 1.63 As funções $y = \sqrt{x}$ e $y = x^2$, $x \geq 0$ são inversas uma da outra (Exemplo 4).

Logaritmos com base 2 são comumente utilizados na ciência da computação. Logaritmos com base e e base 10 possuem aplicações tão importantes que as calculadoras possuem teclas especiais para eles. Eles também possuem notações e nomes especiais:

$\log_e x$ é escrito como $\ln x$.

$\log_{10} x$ é escrito como $\log x$.

A função $y = \ln x$ é denominada **função logaritmo natural**, e $y = \log x$ é, normalmente, denominada **função logaritmo comum**. Para o logaritmo natural,

$$\ln x = y \Leftrightarrow e^y = x.$$

Em particular, se definirmos que $x = e$, obteremos

$$\ln e = 1$$

porque $e^1 = e$.

Propriedades dos logaritmos

Os logaritmos, inventados por John Napier, foram o mais importante avanço no cálculo aritmético antes da computação eletrônica moderna. O que os tornou tão úteis é que as propriedades dos logaritmos reduzem a multiplicação de números positivos à soma de seus logaritmos, a divisão de números positivos à subtração de seus logaritmos, e a exponenciação de um número (elevar um número a uma dada potência) à multiplicação de seu logaritmo pelo expoente.

Resumimos essas propriedades do logaritmo natural como uma série de regras que forneceremos no Capítulo 3. Embora estejamos aplicando, aqui, a regra da potenciação a todas as potências reais r, o caso em que r é um número irracional não poderá ser devidamente abordado até o Capítulo 4. Também estabeleceremos a validade das regras para funções logarítmicas com qualquer base a no Capítulo 7.

TEOREMA 1 — Propriedades algébricas do logaritmo natural   Para quaisquer números $b > 0$ e $x > 0$, o logaritmo natural satisfaz as regras a seguir:

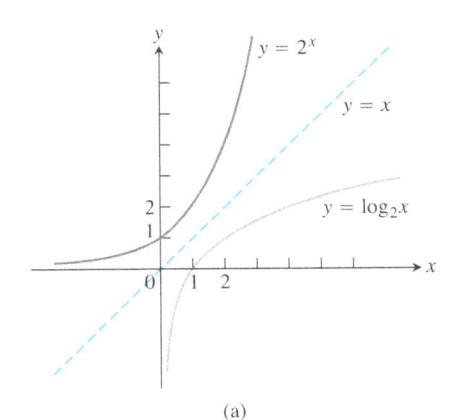

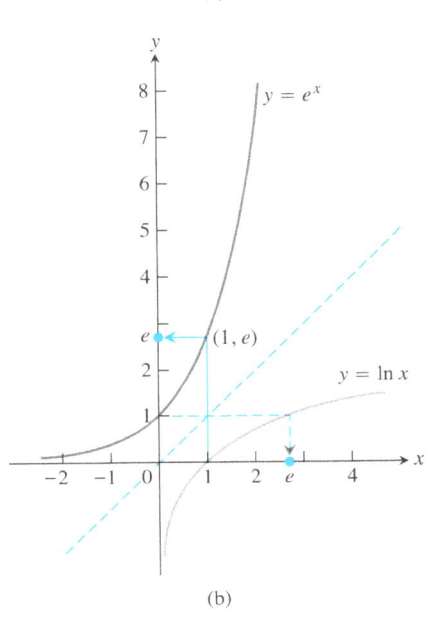

1. *Regra do produto* $\ln bx = \ln b + \ln x$
2. *Regra do quociente* $\ln \dfrac{b}{x} = \ln b - \ln x$
3. *Regra da recíproca* $\ln \dfrac{1}{x} = -\ln x$ Regra 2 com $b = 1$
4. *Regra da potenciação* $\ln x^r = r \ln x$

FIGURA 1.64 (a) Gráfico de 2^x e sua função inversa, $\log_2 x$. (b) Gráfico de e^x e sua função inversa, $\ln x$.

BIOGRAFIA HISTÓRICA*

John Napier (1550-1617)

EXEMPLO 5   Seguem alguns exemplos das propriedades no Teorema 1.

(a) $\ln 4 + \ln \text{sen } x = \ln (4 \text{ sen } x)$ Regra do produto

(b) $\ln \dfrac{x + 1}{2x - 3} = \ln (x + 1) - \ln (2x - 3)$ Regra do quociente

(c) $\ln \dfrac{1}{8} = -\ln 8$ Regra da recíproca
$\phantom{\ln \dfrac{1}{8}} = -\ln 2^3 = -3 \ln 2$ Regra da potenciação

Uma vez que as funções a^x e $\log_a x$ são inversas, compô-las em qualquer ordem resulta na função identidade.

Propriedades inversas para a^x e $\log_a x$

1. Base a: $a^{\log_a x} = x$, $\log_a a^x = x$, $a > 0$, $a \neq 1$, $x > 0$
2. Base e: $e^{\ln x} = x$, $\ln e^x = x$, $x > 0$

---

* Para saber mais sobre os personagens históricos mencionados no texto e o desenvolvimento dos principais elementos e tópicos de cálculo, visite o site em inglês **www.aw.com/thomas**.

Ao substituir a^x por x na equação $x = e^{\ln x}$, podemos reescrever a^x como uma potência de e:

$$a^x = e^{\ln(a^x)} \quad \text{Substituindo } a^x \text{ por } x \text{ em } x = e^{\ln x}.$$
$$= e^{x \ln a} \quad \text{Regra da potenciação para logs.}$$
$$= e^{(\ln a)x}. \quad \text{Expoente reformulado.}$$

Desse modo, a função exponencial a^x é a mesma que e^{kx} para $k = \ln a$.

Toda função exponencial é uma potência da função exponencial natural.

$$a^x = e^{x \ln a}$$

Isto é, a^x é o mesmo que e^x elevado à potência $\ln a$: $a^x = e^{kx}$ para $k = \ln a$.

Por exemplo,

$$2^x = e^{(\ln 2)x} = e^{x \ln 2} \quad \text{e} \quad 5^{-3x} = e^{(\ln 5)(-3x)} = e^{-3x \ln 5}.$$

Voltando mais uma vez às propriedades de a^x e $\log_a x$, temos

$$\ln x = \ln(a^{\log_a x}) \quad \text{Propriedade inversa para } a^x \text{ e } \log_a x$$
$$= (\log_a x)(\ln a). \quad \text{Regra da potenciação para logaritmos, com } r = \log_a x$$

Ao reescrever essa equação como $\log_a x = (\ln x)/(\ln a)$, vemos que toda função logarítmica é um múltiplo constante do logaritmo natural $\ln x$. Isso nos permite entender as propriedades algébricas de $\ln x$ para $\log_a x$. Por exemplo, $\log_a bx = \log_a b + \log_a x$.

Fórmula para mudança de base

Toda função logarítmica é um múltiplo constante do logaritmo natural.

$$\log_a x = \frac{\ln x}{\ln a} \quad (a > 0, a \neq 1)$$

Aplicações

Na Seção 1.5, observamos exemplos de crescimento e decaimento exponencial. Agora, utilizaremos as propriedades dos logaritmos para responder mais questões relacionadas a esses problemas.

EXEMPLO 6 Se $\$1000$ foram investidos em uma conta que rende 5,25% de juros compostos anualmente, quanto tempo será necessário para que o saldo atinja $\$2500$?

Solução No Exemplo 1, Seção 1.5, temos que $P = 1000$ e $r = 0{,}0525$, e a quantia na conta em dado tempo t em anos é de $1000(1{,}0525)^t$, portanto, precisamos resolver a equação

$$1000(1{,}0525)^t = 2500.$$

Logo, temos

$$(1{,}0525)^t = 2{,}5 \quad \text{Divida por 1000}$$
$$\ln(1{,}0525)^t = \ln 2{,}5 \quad \text{Aplique logaritmos em ambos os lados}$$
$$t \ln 1{,}0525 = \ln 2{,}5 \quad \text{Regra da potenciação}$$
$$t = \frac{\ln 2{,}5}{\ln 1{,}0525} \approx 17{,}9 \quad \text{Valores obtidos com a calculadora}$$

A quantia na conta atingirá $\$2500$ em 18 anos, quando os juros anuais referentes àquele ano forem pagos.

EXEMPLO 7 A **meia-vida** de um elemento radioativo é o tempo necessário para que metade dos núcleos radioativos em uma amostra sofram decaimento. É um fato notável que a meia-vida seja uma constante que não depende do número de núcleos radioativos inicialmente presentes na amostra, mas apenas da substância radioativa.

Para entendermos o porquê, consideremos y_0 o número de núcleos radioativos inicialmente presentes na amostra. Então, o número y presente em qualquer tempo t posterior será $y = y_0 e^{-kt}$. Buscamos o valor de t para o qual o número de núcleos radioativos presente seja igual à metade do número original:

$$y_0 e^{-kt} = \frac{1}{2} y_0$$

$$e^{-kt} = \frac{1}{2}$$

$$-kt = \ln \frac{1}{2} = -\ln 2 \quad \text{Regra dos recíprocos para logaritmos}$$

$$t = \frac{\ln 2}{k}. \tag{1}$$

Esse valor de t corresponde à meia-vida do elemento. Ele depende apenas do valor de k; o número y_0 não possui nenhum efeito.

A vida radioativa efetiva do polônio-210 é tão curta que a medimos em dias em vez de anos. O número de átomos radioativos remanescentes após t dias em uma amostra que começa com y_0 átomos radioativos iniciais é

$$y = y_0 e^{-5 \times 10^{-3} t}.$$

A meia-vida do elemento é

$$\text{Meia-vida} = \frac{\ln 2}{k} \quad \text{Equação 1}$$

$$= \frac{\ln 2}{5 \times 10^{-3}} \quad \text{Valor de } k \text{ da equação do decaimento do polônio}$$

$$\approx 139 \text{ dias.}$$

Funções trigonométricas inversas

As seis funções trigonométricas básicas de um ângulo genérico de x radianos foram revisadas na Seção 1.3. Essas funções não são injetoras (seus valores se repetem periodicamente). No entanto, podemos restringir seus domínios a intervalos nos quais elas sejam injetoras. A função seno é crescente de -1 em $x = -\pi/2$ até $+1$ em $x = \pi/2$. Ao restringir seu domínio ao intervalo $[-\pi/2, \pi/2]$, nós a tornamos injetora, de modo que ela possui uma inversa $\text{sen}^{-1} x$ (Figura 1.65). Podem ser aplicadas restrições de domínio semelhantes a todas as seis funções trigonométricas.

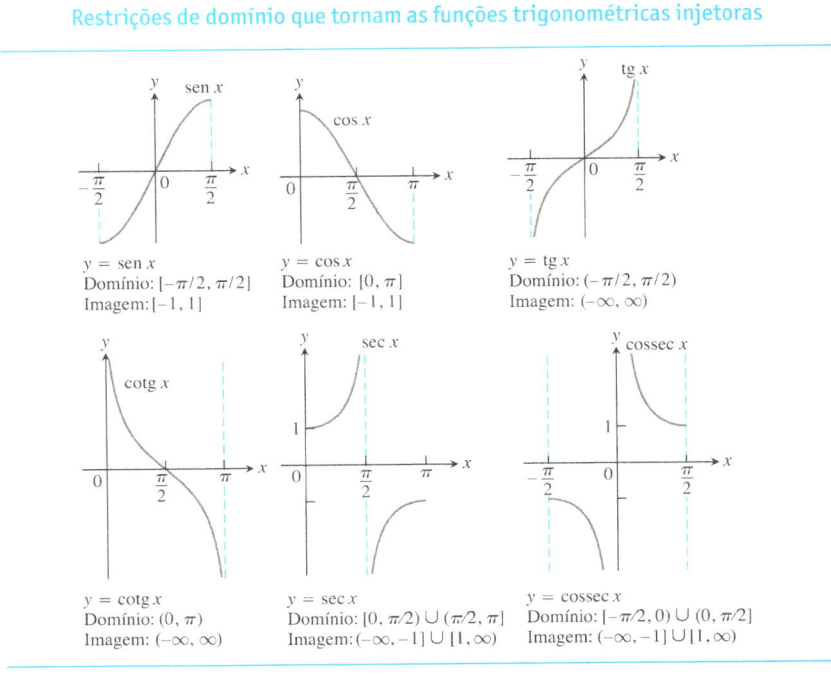

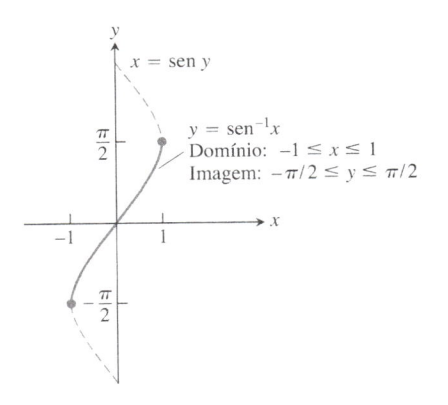

FIGURA 1.65 Gráfico de $y = \text{sen}^{-1} x$.

Restrições de domínio que tornam as funções trigonométricas injetoras

$y = \text{sen } x$
Domínio: $[-\pi/2, \pi/2]$
Imagem: $[-1, 1]$

$y = \cos x$
Domínio: $[0, \pi]$
Imagem: $[-1, 1]$

$y = \text{tg } x$
Domínio: $(-\pi/2, \pi/2)$
Imagem: $(-\infty, \infty)$

$y = \text{cotg } x$
Domínio: $(0, \pi)$
Imagem: $(-\infty, \infty)$

$y = \sec x$
Domínio: $[0, \pi/2) \cup (\pi/2, \pi]$
Imagem: $(-\infty, -1] \cup [1, \infty)$

$y = \text{cossec } x$
Domínio: $[-\pi/2, 0) \cup (0, \pi/2]$
Imagem: $(-\infty, -1] \cup [1, \infty)$

Uma vez que essas funções restringidas agora são injetoras, elas possuem inversas, denotadas por

$$y = \text{sen}^{-1}x \quad \text{ou} \quad y = \text{arc sen } x$$
$$y = \cos^{-1}x \quad \text{ou} \quad y = \text{arc cos } x$$
$$y = \text{tg}^{-1}x \quad \text{ou} \quad y = \text{arc tg } x$$
$$y = \text{cotg}^{-1}x \quad \text{ou} \quad y = \text{arc cotg } x$$
$$y = \sec^{-1}x \quad \text{ou} \quad y = \text{arc sec } x$$
$$y = \text{cossec}^{-1}x \quad \text{ou} \quad y = \text{arc cossec } x$$

Lemos essas equações como "y igual ao arco seno de x" ou "y igual a arc sen x", e assim por diante.

Atenção O -1 nas expressões de função inversa significa "inversa". Não significa "recíproca". Por exemplo, a função *recíproca* de sen x é $(\text{sen } x)^{-1} = 1/\text{sen } x = \text{cossec } x$.

Os gráficos de seis funções trigonométricas inversas são mostrados na Figura 1.66. Podemos obter esses gráficos ao refletir os gráficos das funções trigonométricas restritas através da reta $y = x$. Agora, detalharemos duas dessas funções.

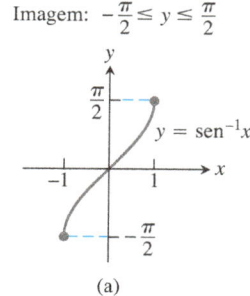

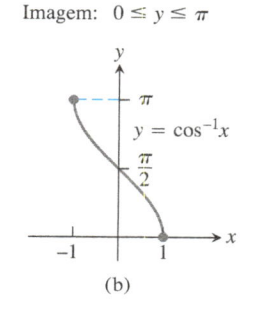

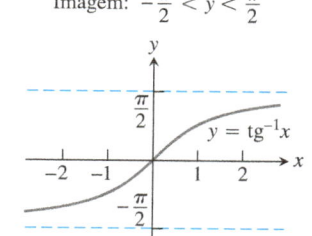

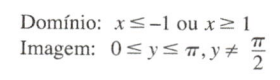

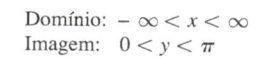

"Arco" em arco seno e arco cosseno

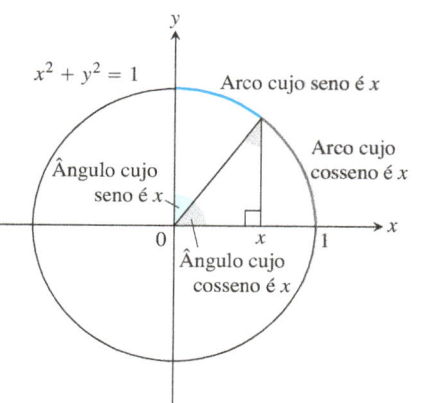

A figura acima fornece uma interpretação geométrica de $y = \text{sen}^{-1} x$ e $y = \cos^{-1} x$ para os ângulos radianos no primeiro quadrante. Para um círculo unitário, a equação $s = r\theta$ se torna $s = \theta$, portanto, os ângulos centrais e os arcos que eles subtendem possuem a mesma medida. Se $x = \text{sen } y$, então, além de ser o ângulo cujo seno é x, y também é o cumprimento do arco no círculo unitário que subtende um ângulo cujo seno é x. Portanto, denominamos y como "o arco cujo seno é x".

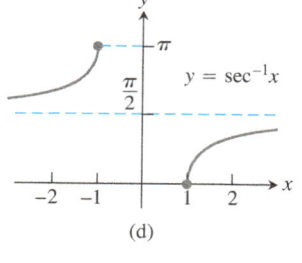

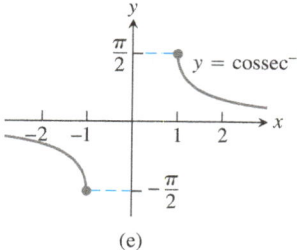

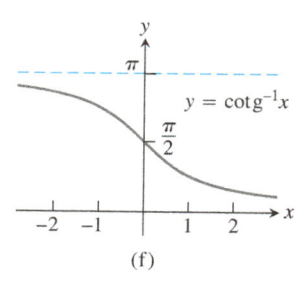

FIGURA 1.66 Gráficos das seis funções trigonométricas inversas básicas.

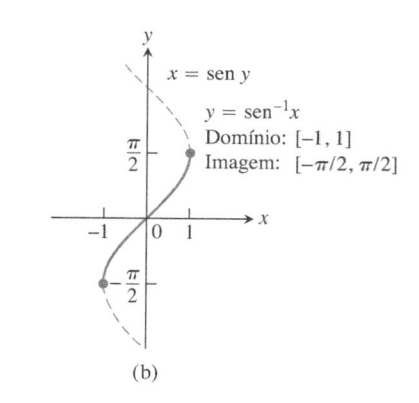

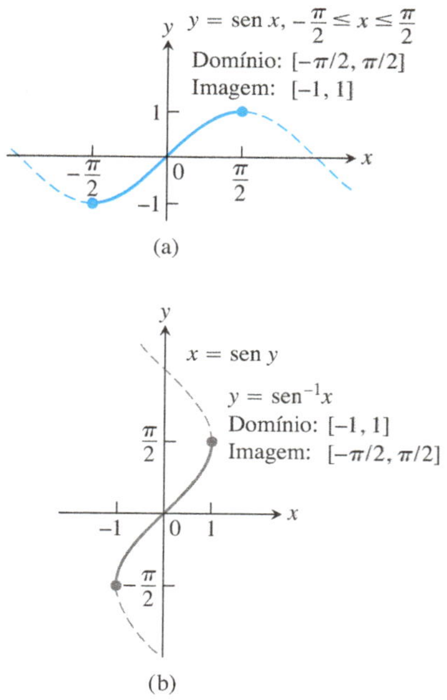

Funções arco seno e arco cosseno

Definimos as funções arco seno e arco cosseno como funções cujos valores são ângulos (medidos em radianos) que pertencem a domínios restritos das funções seno e cosseno.

DEFINIÇÃO

$y = \text{sen}^{-1} x$ é o número no intervalo $[-\pi/2, \pi/2]$ para o qual sen $y = x$.

$y = \cos^{-1} x$ é o número no intervalo $[0, \pi]$ para o qual cos $y = x$.

FIGURA 1.67 Gráficos de (a) $y = \text{sen } x$, $-\pi/2 \leq x \leq \pi/2$ e (b) sua função inversa, $y = \text{sen}^{-1} x$. O gráfico de sen$^{-1} x$, obtido por reflexão em torno da reta $y = x$, é uma parte da curva $x = \text{sen } y$.

O gráfico de $y = \text{sen}^{-1} x$ (Figura 1.67b) é simétrico em relação à origem (ele se estende ao longo do gráfico de $x = \text{sen } y$). O arco seno é, portanto, uma função ímpar:

$$\text{sen}^{-1}(-x) = -\text{sen}^{-1} x. \tag{2}$$

Capítulo 1 Funções 45

O gráfico de $y = \cos^{-1} x$ (Figura 1.68b) não possui essa simetria.

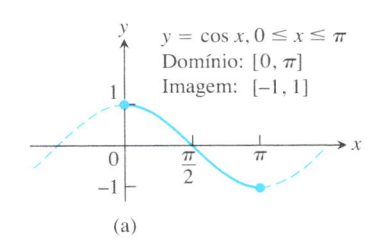

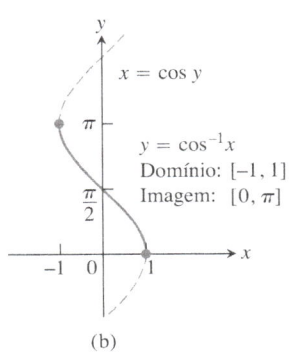

EXEMPLO 8   Avalie **(a)** $\operatorname{sen}^{-1}\left(\dfrac{\sqrt{3}}{2}\right)$ e **(b)** $\cos^{-1}\left(-\dfrac{1}{2}\right)$.

Solução

(a) Vemos que
$$\operatorname{sen}^{-1}\left(\frac{\sqrt{3}}{2}\right) = \frac{\pi}{3}$$

pois sen $(\pi/3) = \sqrt{3}/2$ e $\pi/3$ pertence à imagem $[-\pi/2, \pi/2]$ da função arco seno. Veja a Figura 1.69a.

(b) Vemos que
$$\cos^{-1}\left(-\frac{1}{2}\right) = \frac{2\pi}{3}$$

pois cos $(2\pi/3) = -1/2$ e $2\pi/3$ pertence à imagem $[0, \pi]$ da função arco seno. Veja a Figura 1.69b.

Usando o mesmo procedimento ilustrado no Exemplo 8, podemos criar a seguinte tabela de valores comuns para as funções arco seno e arco cosseno.

FIGURA 1.68   Gráficos de (a) $y = \cos x$, $0 \leq x \leq \pi$ e (b) sua inversa, $y = \cos^{-1} x$. O gráfico de $\cos^{-1} x$, obtido por reflexão em torno da reta $y = x$, é uma parte da curva $x = \cos y$.

x	$\operatorname{sen}^{-1} x$	$\cos^{-1} x$
$\sqrt{3}/2$	$\pi/3$	$\pi/6$
$\sqrt{2}/2$	$\pi/4$	$\pi/4$
$1/2$	$\pi/6$	$\pi/3$
$-1/2$	$-\pi/6$	$2\pi/3$
$-\sqrt{2}/2$	$-\pi/4$	$3\pi/4$
$-\sqrt{3}/2$	$-\pi/3$	$5\pi/6$

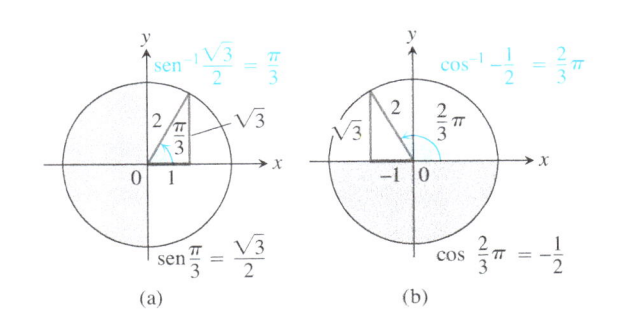

FIGURA 1.69   Valores das funções arco seno e arco cosseno (Exemplo 8).

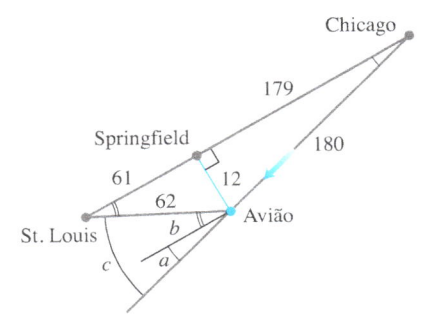

EXEMPLO 9   Durante um voo de Chicago a St. Louis, o engenheiro de voo detecta que o avião está 12 milhas fora do curso, como mostra a Figura 1.70. Determine o ângulo a para um curso paralelo ao correto original, o ângulo b e o ângulo de correção $c = a + b$.

Solução   A partir da Figura 1.70 e da geometria elementar, vemos que $180 \operatorname{sen} a = 12$ e $62 \operatorname{sen} b = 12$, então

FIGURA 1.70   Diagrama para correção do desvio (Exemplo 9), com as distâncias arredondadas para a milha mais próxima (esquema fora de escala).

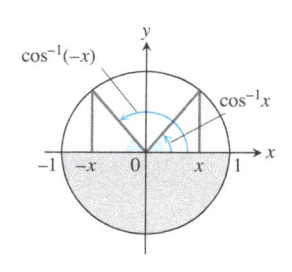

$$a = \text{sen}^{-1}\frac{12}{180} \approx 0{,}067 \text{ radianos} \approx 3{,}8°$$

$$b = \text{sen}^{-1}\frac{12}{62} \approx 0{,}195 \text{ radianos} \approx 11{,}2°$$

$$c = a + b \approx 15°.$$

Identidades que envolvem arco seno e arco cosseno

Como podemos ver na Figura 1.71, o arco cosseno de x satisfaz a identidade

$$\cos^{-1} x + \cos^{-1}(-x) = \pi, \tag{3}$$

ou

$$\cos^{-1}(-x) = \pi - \cos^{-1} x. \tag{4}$$

FIGURA 1.71 $\cos^{-1}$ e $\cos^{-1}(-x)$ são ângulos suplementares (portanto, a soma deles é π).

Além disso, podemos ver, a partir do triângulo na Figura 1.72, que para $x > 0$,

$$\text{sen}^{-1} x + \cos^{-1} x = \pi/2. \tag{5}$$

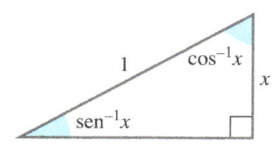

FIGURA 1.72 $\text{sen}^{-1} x$ e $\cos^{-1} x$ são ângulos complementares (portanto, a soma deles é $\pi/2$).

A Equação 5 também é verdadeira para os outros valores de x em $[-1, 1]$, mas não podemos tirar essa conclusão a partir do triângulo na Figura 1.72. Essa conclusão, no entanto, é consequência das Equações 2 e 4 (Exercício 74).

As funções arco tangente, arco cotangente, arco secante e arco cossecante serão definidas na Seção 3.9. Nessa seção, abordaremos propriedades adicionais das funções trigonométricas inversas em um cenário de cálculo utilizando as identidades aqui discutidas.

Exercícios 1.6

Identificação gráfica de funções injetoras

Quais funções representadas graficamente nos Exercícios 1-6 são injetoras e quais não são?

1. $y = -3x^3$

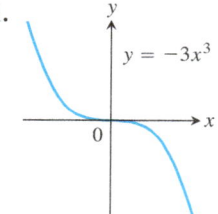

2. $y = x^4 - x^2$

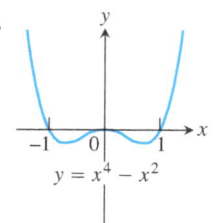

3. $y = 2|x|$

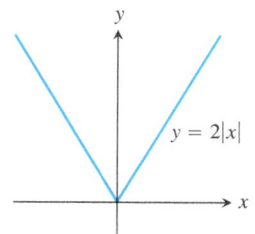

4. $y = \text{int } x$

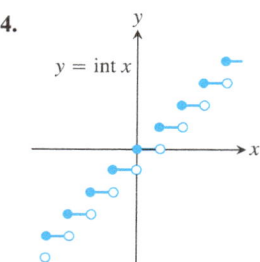

5. $y = \frac{1}{x}$

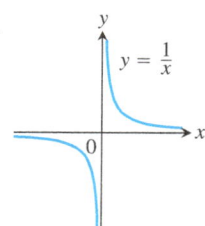

6. $y = x^{1/3}$

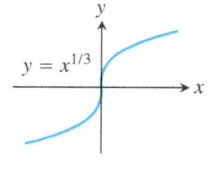

Nos Exercícios 7-10, identifique, a partir de seu gráfico, se a função é injetora.

7. $f(x) = \begin{cases} 3 - x, & x < 0 \\ 3, & x \geq 0 \end{cases}$

8. $f(x) = \begin{cases} 2x + 6, & x \leq -3 \\ x + 4, & x > -3 \end{cases}$

9. $f(x) = \begin{cases} 1 - \dfrac{x}{2}, & x \leq 0 \\[4pt] \dfrac{x}{x+2}, & x > 0 \end{cases}$

10. $f(x) = \begin{cases} 2 - x^2, & x \leq 1 \\ x^2, & x > 1 \end{cases}$

Fazendo gráficos de funções inversas

Cada um dos Exercícios 11-16 apresenta o gráfico de uma função $y = f(x)$. Copie o gráfico e sobreponha-o à reta $y = x$. Em seguida, utilize a simetria com relação à reta $y = x$ para adicionar o gráfico de f^{-1} ao seu esquema (não é necessário determinar uma fórmula para f^{-1}). Identifique o domínio e a imagem de f^{-1}.

11. $y = f(x) = \dfrac{1}{x^2 + 1}, x \geq 0$

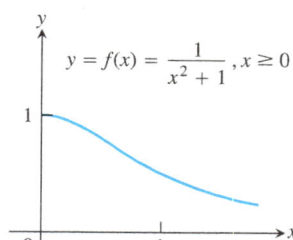

12. $y = f(x) = 1 - \dfrac{1}{x}, x > 0$

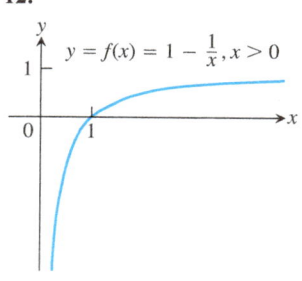

13.
$y = f(x) = \operatorname{sen} x$, $-\frac{\pi}{2} \leq x \leq \frac{\pi}{2}$

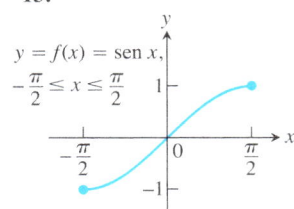

14.
$y = f(x) = \operatorname{tg} x$, $-\frac{\pi}{2} < x < \frac{\pi}{2}$

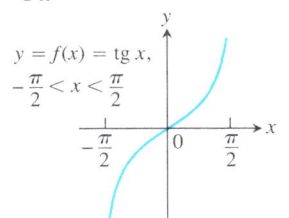

15.
$f(x) = 6 - 2x$, $0 \leq x \leq 3$

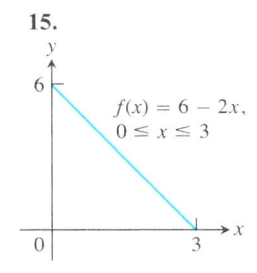

16.
$f(x) = \begin{cases} x + 1, & -1 \leq x \leq 0 \\ -2 + \frac{2}{3}x, & 0 < x < 3 \end{cases}$

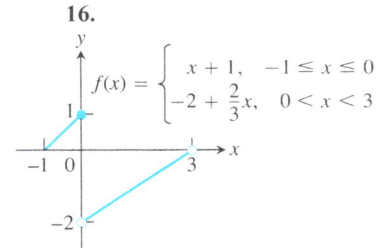

17. a. Faça o gráfico da função $f(x) = \sqrt{1 - x^2}$, $0 \leq x \leq 1$. Que simetria o gráfico apresenta?

b. Mostre que a função f é sua própria inversa (lembre-se de que $\sqrt{x^2} = x$ se $x \geq 0$).

18. a. Faça o gráfico da função $f(x) = 1/x$. Que simetria o gráfico possui?

b. Mostre que a função f é sua própria inversa.

Fórmulas para funções inversas

Cada um dos Exercícios 19-24 apresenta a fórmula de uma função $y = f(x)$ e mostra os gráficos de f e f^{-1}. Determine uma fórmula para f^{-1} em cada caso.

19. $f(x) = x^2 + 1$, $x \geq 0$

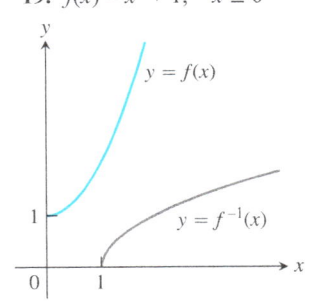

20. $f(x) = x^2$, $x \leq 0$

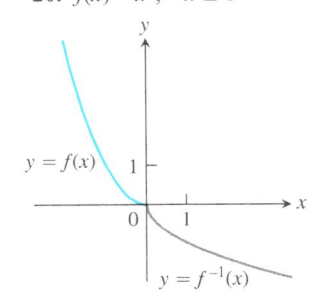

21. $f(x) = x^3 - 1$

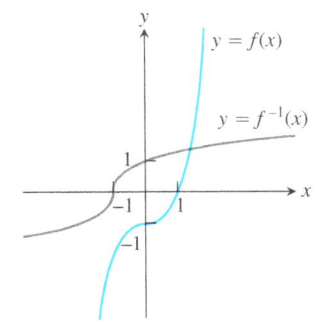

22. $f(x) = x^2 - 2x + 1$, $x \geq 1$

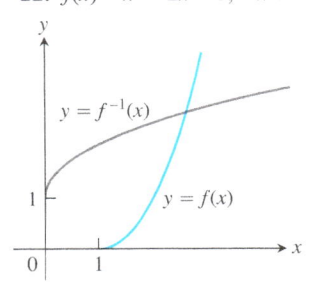

23. $f(x) = (x + 1)^2$, $x \geq -1$

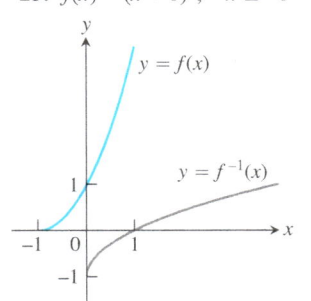

24. $f(x) = x^{2/3}$, $x \geq 0$

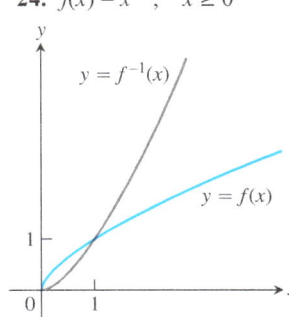

Cada um dos Exercícios 25-34 fornece uma fórmula para uma função $y = f(x)$. Em cada caso, determine $f^{-1}(x)$ e identifique o domínio e a imagem de f^{-1}. Para conferir, mostre que $f(f^{-1}(x)) = f^{-1}(f(x)) = x$.

25. $f(x) = x^5$

26. $f(x) = x^4$, $x \geq 0$

27. $f(x) = x^3 + 1$

28. $f(x) = (1/2)x - 7/2$

29. $f(x) = 1/x^2$, $x > 0$

30. $f(x) = 1/x^3$, $x \neq 0$

31. $f(x) = \dfrac{x + 3}{x - 2}$

32. $f(x) = \dfrac{\sqrt{x}}{\sqrt{x} - 3}$

33. $f(x) = x^2 - 2x$, $x \leq 1$ (Dica: complete o quadrado.)

34. $f(x) = (2x^3 + 1)^{1/5}$

Inversas das retas

35. a. Determine a inversa da função $f(x) = mx$, em que m é uma constante diferente de zero.

b. O que podemos concluir com relação à inversa de uma função $y = f(x)$ cujo gráfico é uma reta através da origem com um coeficiente angular m diferente de zero?

36. Mostre que o gráfico da inversa de $f(x) = mx + b$, em que m e b são constantes e $m \neq 0$, é uma reta com coeficiente angular $1/m$ e intercepta y em $-b/m$.

37. a. Determine a inversa de $f(x) = x + 1$. Faça o gráfico de f junto de sua inversa. Adicione a reta $y = x$ ao seu esquema, tracejada ou pontilhada para contrastar.

b. Determine a inversa de $f(x) = x + b$ (b constante). Como fica o gráfico de f^{-1} em relação ao gráfico de f?

c. Que podemos concluir sobre as inversas das funções cujos gráficos são retas paralelas à reta $y = x$?

38. a. Determine a inversa de $f(x) = -x + 1$. Faça o gráfico da reta $y = -x + 1$ junto da reta $y = x$. Em que ângulo as retas cruzam?

b. Determine a inversa de $f(x) = -x + b$ (b constante). Que ângulo a reta $y = -x + b$ faz com a reta $y = x$?

c. O que podemos concluir em relação às inversas das funções cujos gráficos são retas perpendiculares à reta $y = x$?

Logaritmos e exponenciais

39. Expresse os seguintes logaritmos em função de ln 2 e ln 3.

a. ln 0,75
b. ln (4/9)
c. ln (1/2)
d. ln $\sqrt[3]{9}$
e. ln $3\sqrt{2}$
f. ln $\sqrt{13,5}$

40. Expresse os seguintes logaritmos em função de ln 5 e ln 7.

a. ln (1/125)
b. ln 9,8
c. ln $7\sqrt{7}$
d. ln 1225
e. ln 0,056
f. (ln 35 + ln (1/7))/(ln 25)

Use as propriedades dos logaritmos para simplificar as expressões nos Exercícios 41 e 42.

41. **a.** $\ln \operatorname{sen} \theta - \ln \left(\dfrac{\operatorname{sen} \theta}{5}\right)$ **b.** $\ln (3x^2 - 9x) + \ln \left(\dfrac{1}{3x}\right)$

   c. $\dfrac{1}{2} \ln (4t^4) - \ln 2$

42. **a.** $\ln \sec \theta + \ln \cos \theta$ **b.** $\ln (8x + 4) - 2 \ln 2$

   c. $3 \ln \sqrt[3]{t^2 - 1} - \ln (t + 1)$

Determine expressões mais simples para as quantidades nos Exercícios 43-46.

43. **a.** $e^{\ln 7,2}$ **b.** $e^{-\ln x^2}$ **c.** $e^{\ln x - \ln y}$

44. **a.** $e^{\ln (x^2+y^2)}$ **b.** $e^{-\ln 0,3}$ **c.** $e^{\ln \pi x - \ln 2}$

45. **a.** $2 \ln \sqrt{e}$ **b.** $\ln (\ln e^e)$ **c.** $\ln (e^{-x^2 - y^2})$

46. **a.** $\ln (e^{\sec \theta})$ **b.** $\ln (e^{(e^x)})$ **c.** $\ln (e^{2 \ln x})$

Nos Exercícios 47-52, resolva y em função de t ou x, conforme for apropriado.

47. $\ln y = 2t + 4$

48. $\ln y = -t + 5$

49. $\ln (y - 40) = 5t$

50. $\ln (1 - 2y) = t$

51. $\ln (y - 1) - \ln 2 = x + \ln x$

52. $\ln (y^2 - 1) - \ln (y + 1) = \ln (\operatorname{sen} x)$

Nos Exercícios 53 e 54, resolva em k.

53. **a.** $e^{2k} = 4$ **b.** $100 e^{10k} = 200$ **c.** $e^{k/1000} = a$

54. **a.** $e^{5k} = \dfrac{1}{4}$ **b.** $80 e^k = 1$ **c.** $e^{(\ln 0,8)k} = 0,8$

Nos Exercícios 55-58, resolva em t.

55. **a.** $e^{-0,3t} = 27$ **b.** $e^{kt} = \dfrac{1}{2}$ **c.** $e^{(\ln 0,2)t} = 0,4$

56. **a.** $e^{-0,01t} = 1000$ **b.** $e^{kt} = \dfrac{1}{10}$ **c.** $e^{(\ln 2)t} = \dfrac{1}{2}$

57. $e^{\sqrt{t}} = x^2$

58. $e^{(x^2)} e^{(2x+1)} = e^t$

Simplifique as expressões nos Exercícios 59-62.

59. **a.** $5^{\log_5 7}$ **b.** $8^{\log_8 \sqrt{2}}$ **c.** $1,3^{\log_{1,3} 75}$

   d. $\log_4 16$ **e.** $\log_3 \sqrt{3}$ **f.** $\log_4 \left(\dfrac{1}{4}\right)$

60. **a.** $2^{\log_2 3}$ **b.** $10^{\log_{10} (1/2)}$ **c.** $\pi^{\log_\pi 7}$

   d. $\log_{11} 121$ **e.** $\log_{121} 11$ **f.** $\log_3 \left(\dfrac{1}{9}\right)$

61. **a.** $2^{\log_4 x}$ **b.** $9^{\log_3 x}$ **c.** $\log_2 (e^{(\ln 2)(\operatorname{sen} x)})$

62. **a.** $25^{\log_5 (3x^2)}$ **b.** $\log_e (e^x)$ **c.** $\log_4 (2^{e^x \operatorname{sen} x})$

Expresse as razões nos Exercícios 63 e 64 como razões de logaritmos naturais e simplifique.

63. **a.** $\dfrac{\log_2 x}{\log_3 x}$ **b.** $\dfrac{\log_2 x}{\log_8 x}$ **c.** $\dfrac{\log_x a}{\log_{x^2} a}$

64. **a.** $\dfrac{\log_9 x}{\log_3 x}$ **b.** $\dfrac{\log_{\sqrt{10}} x}{\log_{\sqrt{2}} x}$ **c.** $\dfrac{\log_a b}{\log_b a}$

Arco seno e arco cosseno

Nos Exercícios 65-68, determine o valor exato de cada expressão.

65. **a.** $\operatorname{sen}^{-1} \left(\dfrac{-1}{2}\right)$ **b.** $\operatorname{sen}^{-1} \left(\dfrac{1}{\sqrt{2}}\right)$ **c.** $\operatorname{sen}^{-1} \left(\dfrac{-\sqrt{3}}{2}\right)$

66. **a.** $\cos^{-1} \left(\dfrac{1}{2}\right)$ **b.** $\cos^{-1} \left(\dfrac{-1}{\sqrt{2}}\right)$ **c.** $\cos^{-1} \left(\dfrac{\sqrt{3}}{2}\right)$

67. **a.** $\operatorname{arccos} (-1)$ **b.** $\operatorname{arccos} (0)$

68. **a.** $\operatorname{arcsen} (-1)$ **b.** $\operatorname{arcsen} \left(-\dfrac{1}{\sqrt{2}}\right)$

Teoria e exemplos

69. Se $f(x)$ é injetora, podemos dizer algo a respeito de $g(x) = -f(x)$? Ela também é injetora? Justifique sua resposta.

70. Se $f(x)$ é injetora e $f(x)$ nunca é zero, podemos dizer algo a respeito de $h(x) = 1/f(x)$? Ela também é injetora? Justifique sua resposta.

71. Suponha que a imagem de g fique no domínio de f, de modo que a função composta $f \circ g$ seja definida. Se f e g são injetoras, algo pode ser dito a respeito de $f \circ g$? Justifique sua resposta.

72. Se uma função composta $f \circ g$ é injetora, g deve ser injetora? Justifique sua resposta.

73. Determine uma fórmula para a função inversa f^{-1} e verifique se $(f \circ f^{-1})(x) = (f^{-1} \circ f)(x) = x$.

   a. $f(x) = \dfrac{100}{1 + 2^{-x}}$ **b.** $f(x) = \dfrac{50}{1 + 1,1^{-x}}$

74. **Identidade** $\operatorname{sen}^{-1} x + \cos^{-1} x = \pi/2$ A Figura 1.72 estabelece a identidade para $0 < x < 1$. Para estabelecer a identidade para o restante de $[-1, 1]$, verifique, por cálculo direto, que ela é verdadeira para $x = 1, 0,$ e -1. Em seguida, para valores de x em $(-1, 0)$ faça $x = -a, a > 0$ e aplique as Equações 3 e 5 à soma $\operatorname{sen}^{-1}(-a) + \cos^{-1}(-a)$.

75. Inicie com o gráfico de $y = \ln x$. Determine uma equação para o gráfico que resulte de:

   a. translação de 3 unidades para baixo.

   b. translação de 1 unidade para a direita.

   c. translação de 1 unidade para a esquerda e 3 para cima.

   d. translação de 4 unidades para baixo e 2 para a direita.

   e. reflexão em torno do eixo y.

   f. reflexão em torno da reta $y = x$.

76. Comece com o gráfico de $y = \ln x$. Determine uma equação do gráfico que resulte de:

   a. um alongamento vertical por um fator de 2.

   b. um alongamento horizontal por um fator de 3.

   c. uma compressão vertical por um fator de 4.

   d. uma compressão horizontal por um fator de 2.

T 77. A equação $x^2 = 2^x$ possui três soluções: $x = 2$, $x = 4$, e uma outra. Determine a terceira solução da forma mais precisa que puder por meio de um gráfico.

T 78. $x^{\ln 2}$ poderia ser o mesmo que $2^{\ln x}$ para $x > 0$? Faça o gráfico das duas funções e explique o que vê.

79. **Decaimento radioativo** A meia-vida de uma certa substância radioativa é de 12 horas. Há 8 gramas presentes inicialmente.

   a. Expresse a quantidade remanescente da substância em função do tempo t.

   b. Quando restará apenas 1 grama?

80. **Duplicando seu dinheiro** Determine qual o tempo necessário para que um investimento de $ 500 dobre de valor em uma aplicação que rende 4,75% de juros compostos anualmente.

81. **Crescimento populacional** A população de Glenbook é de 375.000 habitantes, e cresce à taxa de 2,25% por ano. Preveja quando a população chegará a 1 milhão.

82. **Radônio-222** A equação para o decaimento do gás radônio-222 é conhecida como $y = y_0 e^{-0,18t}$, sendo t expresso em dias. Qual o tempo necessário para que uma amostra de ar em recipiente hermético caia para 90% de seu valor original?

Capítulo — Questões para guiar sua revisão

1. O que é uma função? O que é o domínio de uma função? E sua imagem? O que é um diagrama de setas de uma função? Exemplifique.
2. O que é o gráfico de uma função de valores reais ou de uma variável real? O que é o teste da reta vertical?
3. O que é uma função definida em partes? Exemplifique.
4. Quais são os tipos importantes de função encontrados com frequência em cálculo? Dê um exemplo de cada tipo.
5. Qual o significado de uma função crescente? E de uma função decrescente? Dê um exemplo de cada uma.
6. O que é uma função par? E uma função ímpar? Que propriedades de simetria os gráficos dessa função possuem? Que vantagens podemos ter com isso? Dê um exemplo de uma função que não seja par nem ímpar.
7. Se f e g são funções de valores reais, como os domínios de $f + g$, $f - g$, fg e f/g se relacionam com os domínios de f e g? Exemplifique.
8. Quando é possível compor uma função com outra? Dê exemplos de compostas e seus valores em vários pontos. A ordem em que as funções são compostas é importante?
9. Como alterar a equação $y = f(x)$ para deslocar seu gráfico verticalmente para cima ou para baixo por $|k|$ unidades? Horizontalmente, para a esquerda ou para a direita? Dê exemplos.
10. Como alterar a equação $y = f(x)$ para comprimir ou alongar o gráfico por um fator $c > 1$? E para refletir o gráfico em torno de um eixo coordenado? Exemplifique.
11. Qual é a função-padrão de uma elipse com centro (h, k)? Qual é o eixo principal? Qual o eixo secundário? Exemplifique.
12. O que é uma medida em radianos? Como ocorre a conversão de radianos para graus? E de graus para radianos?
13. Faça o gráfico das seis funções trigonométricas básicas. Que simetria os gráficos possuem?
14. O que é uma função periódica? Exemplifique. Quais são os períodos das seis funções trigonométricas básicas?
15. Iniciando com a identidade $\operatorname{sen}^2\theta + \cos^2\theta = 1$ e as fórmulas para $\cos(A + B)$ e seno $(A + B)$, mostre como uma variedade de outras identidades trigonométricas podem ser deduzidas.
16. Como a fórmula para a função seno geral $f(x) = A \operatorname{sen}((2\pi/B)(x - C)) + D$ se relaciona com a translação, o alongamento, compressão e reflexão de seu gráfico? Exemplifique. Faça o gráfico da curva geral do seno e identifique as constantes A, B, C e D.
17. Cite três problemas que surgem quando as funções são representadas graficamente utilizando uma calculadora ou um computador com software gráfico. Exemplifique.
18. O que é uma função exponencial? Exemplifique. A que lei de expoentes ela obedece? Como ela difere de uma função de potência simples como $f(x) = x^n$? Que tipo de fenômeno do mundo real é descrito por funções exponenciais?
19. O que é o número e, e como ele é definido? Quais são o domínio e a imagem de $f(x) = e^x$? Qual é a aparência de seu gráfico? Como os valores de e^x se relacionam a x^2, x^3, e assim por diante?
20. Que funções possuem inversas? Como saber se duas funções f e g são inversas uma da outra? Dê exemplos de funções que são (e não são) inversas uma da outra.
21. Como os domínios, imagens e gráficos de funções e suas inversas se relacionam? Exemplifique.
22. Que procedimento você pode, eventualmente, utilizar para expressar a inversa de uma função de x em termos de x?
23. O que é uma função logarítmica? Que propriedades ela satisfaz? O que é a função logaritmo natural? Quais são o domínio e a imagem de $y = \ln x$? Qual a aparência de seu gráfico?
24. Como o gráfico de $\log_a x$ está relacionado ao gráfico de $\ln x$? O que há de verdade na afirmação de que realmente só existe uma função exponencial e uma função logarítmica?
25. Como são definidas as funções trigonométricas inversas? Como você pode, às vezes, utilizar triângulos retângulos para determinar os valores dessas funções? Exemplifique.

Capítulo — Exercícios práticos

Funções e gráficos

1. Expresse a área e a circunferência de um círculo em função de seu raio. Em seguida, expresse a área em função da circunferência.
2. Expresse o raio de uma esfera em função da área de sua superfície. Em seguida, expresse a área da superfície em função do volume.
3. Um ponto P no primeiro quadrante está na parábola $y = x^2$. Expresse as coordenadas de P em função do ângulo de inclinação da reta que passa por P e pela origem.
4. Um balão de ar quente subindo a partir de um campo horizontal é rastreado por um telêmetro localizado a 500 pés do ponto de decolagem. Expresse a altura do balão em função do ângulo que a reta faz com o solo a partir do telêmetro.

Nos Exercícios 5-8, determine se o gráfico da função é simétrico em relação ao eixo x, à origem ou a nenhum dos dois.

5. $y = x^{1/5}$
6. $y = x^{2/5}$
7. $y = x^2 - 2x - 1$
8. $y = e^{-x^2}$

Nos Exercícios 9-16, determine se a função é par, ímpar ou nenhuma das duas.

9. $y = x^2 + 1$
10. $y = x^5 - x^3 - x$
11. $y = 1 - \cos x$
12. $y = \sec x \operatorname{tg} x$
13. $y = \dfrac{x^4 + 1}{x^3 - 2x}$
14. $y = x - \operatorname{sen} x$
15. $y = x + \cos x$
16. $y = x \cos x$

17. Suponha que f e g são ambas funções ímpares, definidas em toda a reta real. Quais das seguintes funções (quando definidas) são pares? E quais são ímpares?
    a. fg
    b. f^3
    c. $f(\operatorname{sen} x)$
    d. $g(\sec x)$
    e. $|g|$

18. Se $f(a - x) = f(a + x)$, mostre que $g(x) = f(x + a)$ é uma função par.

Nos Exercícios 19-28, determine (a) o domínio e (b) a imagem.

19. $y = |x| - 2$
20. $y = -2 + \sqrt{1-x}$
21. $y = \sqrt{16 - x^2}$
22. $y = 3^{2-x} + 1$
23. $y = 2e^{-x} - 3$
24. $y = \text{tg}\,(2x - \pi)$
25. $y = 2\,\text{sen}\,(3x + \pi) - 1$
26. $y = x^{2/5}$
27. $y = \ln(x - 3) + 1$
28. $y = -1 + \sqrt[3]{2-x}$

29. Determine se cada função é crescente, decrescente ou nenhuma das duas.
   a. O volume de uma esfera em função de seu raio.
   b. A função maior inteiro.
   c. A altitude acima do nível do mar em função da pressão atmosférica (assumindo-se que não seja zero).
   d. Energia cinética em função da velocidade de uma partícula.

30. Determine o maior intervalo em que a função dada é crescente.
   a. $f(x) = |x - 2| + 1$
   b. $f(x) = (x + 1)^4$
   c. $g(x) = (3x - 1)^{1/3}$
   d. $R(x) = \sqrt{2x - 1}$

Funções definidas em partes

Nos Exercícios 31 e 32, determine o (a) domínio e (b) a imagem.

31. $y = \begin{cases} \sqrt{-x}, & -4 \le x \le 0 \\ \sqrt{x}, & 0 < x \le 4 \end{cases}$

32. $y = \begin{cases} -x - 2, & -2 \le x \le -1 \\ x, & -1 < x \le 1 \\ -x + 2, & 1 < x \le 2 \end{cases}$

Nos Exercícios 33 e 34, escreva uma fórmula por partes para a função.

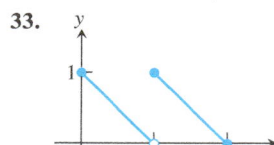

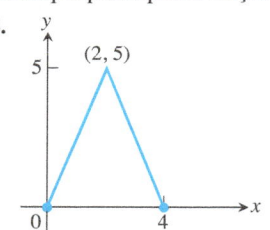

33.

34.

Composição de funções

Nos Exercícios 35 e 36, determine:
   a. $(f \circ g)(-1)$.
   b. $(g \circ f)(2)$.
   c. $(f \circ f)(x)$.
   d. $(g \circ g)(x)$.

35. $f(x) = \dfrac{1}{x}, \quad g(x) = \dfrac{1}{\sqrt{x+2}}$

36. $f(x) = 2 - x, \quad g(x) = \sqrt[3]{x+1}$

Nos Exercícios 37 e 38, (a) escreva fórmulas para $f \circ g$ e $g \circ f$ e determine o (b) domínio e a (c) imagem de cada uma.

37. $f(x) = 2 - x^2, \quad g(x) = \sqrt{x+2}$
38. $f(x) = \sqrt{x}, \quad g(x) = \sqrt{1-x}$

Para os Exercícios 39 e 40, desenhe os gráficos de f e $f \circ f$.

39. $f(x) = \begin{cases} -x - 2, & -4 \le x \le -1 \\ -1, & -1 < x \le 1 \\ x - 2, & 1 < x \le 2 \end{cases}$

40. $f(x) = \begin{cases} x + 1, & -2 \le x < 0 \\ x - 1, & 0 \le x \le 2 \end{cases}$

Composição com valores absolutos

Nos Exercícios 41-48, faça os gráficos de f_1 e f_2 juntos. Em seguida, descreva como a aplicação da função valor absoluto em f_2 afeta o gráfico de f_1.

	$f_1(x)$	$f_2(x)$
41.	x	$|x|$
42.	x^2	$|x|^2$
43.	x^3	$|x^3|$
44.	$x^2 + x$	$|x^2 + x|$
45.	$4 - x^2$	$|4 - x^2|$
46.	$\dfrac{1}{x}$	$\dfrac{1}{|x|}$
47.	$\sqrt{x}$	$\sqrt{|x|}$
48.	$\text{sen}\,x$	$\text{sen}\,|x|$

Translado e mudança da escala de um gráfico

49. Suponha que seja dado o gráfico de g. Escreva equações para os gráficos obtidos a partir do gráfico de g ao transladar, escalar ou refletir, conforme indicado.
   a. $\dfrac{1}{2}$ unidade para cima, 3 para direita.
   b. 2 unidades para baixo, $\dfrac{2}{3}$ para a esquerda.
   c. Reflexão em torno do eixo y.
   d. Reflexão em torno do eixo x.
   e. Alongamento vertical por um fator de 5.
   f. Compressão horizontal por um fator de 5.

50. Descreva como cada gráfico é obtido a partir do gráfico de $y = f(x)$.
   a. $y = f(x - 5)$
   b. $y = f(4x)$
   c. $y = f(-3x)$
   d. $y = f(2x + 1)$
   e. $y = f\left(\dfrac{x}{3}\right) - 4$
   f. $y = -3f(x) + \dfrac{1}{4}$

Nos Exercícios 51-54, faça o gráfico de cada função sem traçar pontos, mas iniciando com o gráfico de uma das funções padrão apresentadas nas Figuras 1.15-1.17 e aplicando uma transformação apropriada.

51. $y = -\sqrt{1 + \dfrac{x}{2}}$
52. $y = 1 - \dfrac{x}{3}$
53. $y = \dfrac{1}{2x^2} + 1$
54. $y = (-5x)^{1/3}$

Trigonometria

Nos Exercícios 55-58, faça o gráfico da função dada. Qual o período da função?

55. $y = \cos 2x$
56. $y = \text{sen}\,\dfrac{x}{2}$
57. $y = \text{sen}\,\pi x$
58. $y = \cos\dfrac{\pi x}{2}$

59. Faça o gráfico de $y = 2\cos\left(x - \dfrac{\pi}{3}\right)$.

60. Faça o gráfico de $y = 1 + \text{sen}\left(x + \dfrac{\pi}{4}\right)$.

Nos Exercícios 61-64, ABC é um triângulo retângulo com o ângulo reto em C. Os lados opostos aos ângulos A, B e C são a, b e c, respectivamente.

61. a. Determine a e b se $c = 2$, $B = \pi/3$.
   b. Determine a e c se $b = 2$, $B = \pi/3$.

62. a. Expresse a em função de A e c.
   b. Expresse a em função de A e b.

63. a. Expresse a em função de B e b.
   b. Expresse c em função de A e a.

64. a. Expresse sen A em função de a e c.
   b. Expresse sen A em função de b e c.

65. Altura de um poste Dois fios são estirados do alto T de um poste em posição vertical aos pontos B e C no solo, em que C está 10 m mais próximo à base do poste que B. Se o fio BT forma um ângulo de 35° com a horizontal e o fio CT forma um ângulo de 50° com a horizontal, qual a altura do poste?

66. Altura de um balão meteorológico Observadores nas posições A e B distantes 2 km um do outro medem simultaneamente o ângulo de elevação de um balão meteorológico como sendo de 40° e 70°, respectivamente. Se o balão está diretamente acima de um ponto no segmento de reta entre A e B, determine a altura do balão.

T 67. a. Faça o gráfico da função $f(x) = \operatorname{sen} x + \cos(x/2)$.
   b. Qual a aparência do período dessa função?
   c. Confirme sua conclusão sobre o item (b) algebricamente.

T 68. a. Faça o gráfico da função $f(x) = \operatorname{sen}(1/x)$.
   b. Qual o domínio e a imagem de f?
   c. f é uma função periódica? Justifique sua resposta.

Funções transcendentais

Nos Exercícios 69-72, determine o domínio de cada função.

69. a. $f(x) = 1 + e^{-\operatorname{sen} x}$ **b.** $g(x) = e^x + \ln \sqrt{x}$

70. a. $f(x) = e^{1/x^2}$ **b.** $g(x) = \ln|4 - x^2|$

71. a. $h(x) = \operatorname{sen}^{-1}\left(\dfrac{x}{3}\right)$ **b.** $f(x) = \cos^{-1}(\sqrt{x} - 1)$

72. a. $h(x) = \ln(\cos^{-1} x)$ **b.** $f(x) = \sqrt{\pi - \operatorname{sen}^{-1} x}$

73. Se $f(x) = \ln x$ e $g(x) = 4 - x^2$, determine as funções $f \circ g$, $g \circ f$, $f \circ f$, $g \circ g$ e seus domínios.

74. Determine se f é par, ímpar ou nenhuma das duas.
   a. $f(x) = e^{-x^2}$ **b.** $f(x) = 1 + \operatorname{sen}^{-1}(-x)$
   c. $f(x) = |e^x|$ **d.** $f(x) = e^{\ln|x|+1}$

T 75. Faça o gráfico das funções $\ln x$, $\ln 2x$, $\ln 4x$, $\ln 8x$ e $\ln 16x$ (quantas você puder) juntas para $0 < x \le 10$. O que ocorre? Explique.

T 76. Faça o gráfico da função $y = \ln(x^2 + c)$ para $c = -4, -2, 0, 3$ e 5. Como o gráfico se altera à medida que c é alterado?

T 77. Faça o gráfico de $y = \ln|\operatorname{sen} x|$ na janela $0 \le x \le 22$, $-2 \le y \le 0$. Explique o que você vê. Como você poderia alterar a fórmula para virar os arcos de cabeça para baixo?

T 78. Faça o gráfico das três funções $y = x^a$, $y = a^x$ e $y = \log_a x$ juntos na mesma tela para $a = 2, 10$ e 20. Para valores maiores de x, quais dessas funções possuem os maiores valores e quais possuem os menores valores?

Teoria e exemplos

Nos Exercícios 79 e 80, determine o domínio e a imagem de cada função composta. Em seguida, faça o gráfico das compostas em telas separadas. Os gráficos fazem sentido em cada caso? Justifique suas respostas e comente sobre as diferenças que você vê.

79. a. $y = \operatorname{sen}^{-1}(\operatorname{sen} x)$ **b.** $y = \operatorname{sen}(\operatorname{sen}^{-1} x)$

80. a. $y = \cos^{-1}(\cos x)$ **b.** $y = \cos(\cos^{-1} x)$

81. Utilize um gráfico para decidir se f é uma função injetora.

   a. $f(x) = x^3 - \dfrac{x}{2}$ **b.** $f(x) = x^3 + \dfrac{x}{2}$

T 82. Utilize um gráfico para encontrar com previsão de 3 casas decimais os valores de x para as quais $e^x > 10.000.000$.

83. a. Mostre que $f(x) = x^3$ e $g(x) = \sqrt[3]{x}$ são inversas entre si.
   T b. Faça o gráfico de f e g sobre um intervalo de x grande o suficiente para mostrar que os gráficos se interceptam em $(1, 1)$ e $(-1, -1)$. Assegure-se de que a imagem mostra a simetria exigida na reta $y = x$.

84. a. Mostre que $h(x) = x^3/4$ e $k(x) = (4x)^{1/3}$ são inversas entre si.
   T b. Faça o gráfico de h e k sobre um intervalo de x grande o suficiente para mostrar que os gráficos se interceptam em $(2, 2)$ e $(-2, -2)$. Assegure-se de que a imagem mostra a simetria exigida na reta $y = x$.

Capítulo Exercícios adicionais e avançados

Funções e gráficos

1. Existem duas funções f e g, de modo que $f \circ g = g \circ f$? Justifique sua resposta.

2. Existem duas funções f e g com a propriedade a seguir? Os gráficos de f e g não são retas, mas o gráfico de $f \circ g$ é uma reta. Justifique sua resposta.

3. Se $f(x)$ é ímpar, o que se pode afirmar sobre $g(x) = f(x) - 2$? E se, em vez disso, f for par? Justifique sua resposta.

4. Se $g(x)$ é uma função ímpar definida para todos os valores de x, o que se pode afirmar sobre $g(0)$? Justifique sua resposta.

5. Faça o gráfico da equação $|x| + |y| = 1 + x$.

6. Faça o gráfico da equação $y + |y| = x + |x|$.

Deduções e provas

7. Prove as identidades a seguir.

   a. $\dfrac{1 - \cos x}{\operatorname{sen} x} = \dfrac{\operatorname{sen} x}{1 + \cos x}$ **b.** $\dfrac{1 - \cos x}{1 + \cos x} = \operatorname{tg}^2 \dfrac{x}{2}$

8. Explique a seguinte "prova sem palavras" da lei dos cossenos. (Fonte: KUNG, Sidney H. Proof without words: The Law of Cosines [Prova sem palavras: a lei dos cossenos]. *Mathematics Magazine*, v. 63, n. 5, p. 342, dez. 1990.)

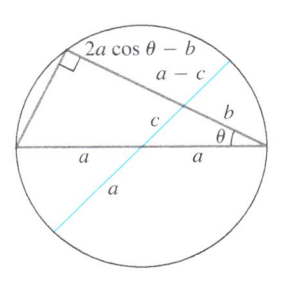

9. Mostre que a área do triângulo ABC é dada por $(1/2)ab \operatorname{sen} C = (1/2)bc \operatorname{sen} A = (1/2)ca \operatorname{sen} B$.

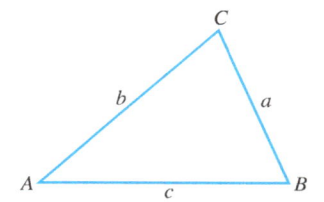

10. Mostre que a área do triângulo ABC é dada por $\sqrt{s(s-a)(s-b)(s-c)}$, em que $s = (a+b+c)/2$ é o semiperímetro do triângulo.

11. Mostre que se f é tanto par quanto ímpar, então $f(x) = 0$ para qualquer x no domínio de f.

12. a. **Decomposição par/ímpar** Seja f uma função cujo domínio é simétrico em relação à origem, isto é, $-x$ pertence ao domínio se x pertencer. Mostre que f é a soma de uma função par uma função ímpar:

$$f(x) = E(x) + O(x),$$

em que E é uma função par e O é uma função ímpar. (Dica: seja $E(x) = (f(x) + f(-x))/2$. Mostre que $E(-x) = E(x)$, de modo que E seja ímpar. Em seguida, mostre que $O(x) = f(x) - E(x)$ é ímpar.)

b. **Unicidade** Mostre que há somente uma maneira de escrever f como a soma de uma função par e uma função ímpar. (Dica: uma forma é dada no item (a). Se também $f(x) = E_1(x) + O_1(x)$ em que E_1 é par e O_1 é ímpar, mostre que $E - E_1 = O_1 - O$. Em seguida, utilize o Exercício 11 para mostrar que $E = E_1$ e $O = O_1$.)

Explorações gráficas — efeitos dos parâmetros

13. O que acontece ao gráfico de $y = ax^2 + bx + c$ quando
    a. a é alterado, ao passo que b e c permanecem fixos?
    b. b é alterado (a e c fixos, $a \neq 0$)?
    c. c é alterado (a e b fixos, $a \neq 0$)?

14. O que acontece ao gráfico de $y = a(x+b)^3 + c$ à medida que:
    a. a é alterado, quando b e c permanecem fixos?
    b. b é alterado (a e c fixos, $a \neq 0$)?
    c. c é alterado (a e b fixos, $a \neq 0$)?

Geometria

15. O centro da massa de um objeto se move a uma velocidade constante v ao longo de uma reta através da origem. A figura a seguir mostra o sistema de coordenadas e a reta de movimento. Os pontos mostram posições separadas por 1 s. Por que as áreas $A_1, A_2, ..., A_5$ na figura são iguais? Como na lei da área de Kepler (veja a Seção 13.6), a reta que une o centro da massa de um objeto à origem varre áreas iguais em tempos iguais.

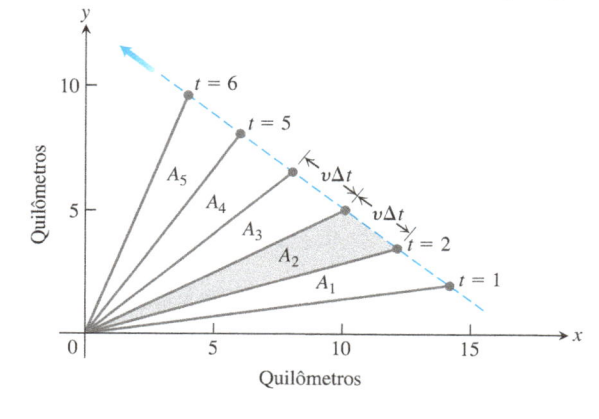

16. a. Determine o coeficiente angular da reta a partir da origem até o ponto médio P do lado AB no triângulo na figura a seguir ($a, b > 0$).

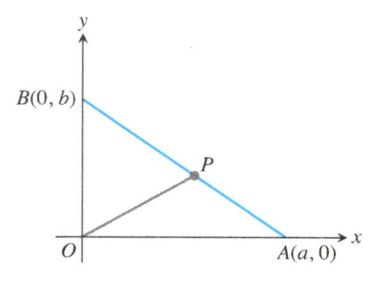

    b. Quando OP é perpendicular a AB?

17. Considere o quarto de círculo de raio 1 e os triângulos retângulos ABE e ACD apresentados na figura a seguir. Utilize fórmulas de área padrão para concluir que:

$$\frac{1}{2}\operatorname{sen}\theta\cos\theta < \frac{\theta}{2} < \frac{1}{2}\frac{\operatorname{sen}\theta}{\cos\theta}.$$

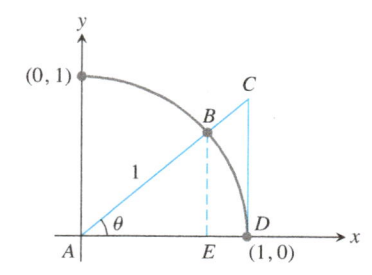

18. Seja $f(x) = ax + b$ e $g(x) = cx + d$. Que condição deve ser satisfeita pelas constantes a, b, c, d para que $(f \circ g)(x) = (g \circ f)(x)$ seja para todos os valores de x?

Teoria e exemplos

19. **Domínio e imagem** Suponha que $a \neq 0$, $b \neq 1$ e $b > 0$. Determine o domínio e a imagem da função.
    a. $y = a(b^{c-x}) + d$
    b. $y = a\log_b(x-c) + d$

20. **Funções inversas** Seja

$$f(x) = \frac{ax+b}{cx+d}, \quad c \neq 0, \quad ad - bc \neq 0.$$

    a. Forneça um argumento convincente de que a função f é injetora.
    b. Determine uma fórmula para a inversa de f.

21. **Depreciação** Smith Hauling adquiriu um caminhão de 18 rodas por $100.000. O valor do caminhão sofre depreciação à taxa constante de $10.000 por ano durante 10 anos.
    a. Escreva uma expressão que forneça o valor y após x anos.
    b. Quando o caminhão valerá $55.000?

22. **Absorção de fármaco** Uma droga é administrada por via intravenosa para combater a dor. A função

$$f(t) = 90 - 52\ln(1+t), \quad 0 \leq t \leq 4$$

fornece o número de unidades da droga que permanecem no corpo após t horas.
    a. Qual foi o número inicial de unidades administradas?
    b. Quanto estará presente após 2 horas?
    c. Faça o gráfico de f.

23. **Determinação do tempo de investimento** Se Juanita investe $ 1.500 em uma conta aposentadoria que rende 8% de juros compostos anualmente, em quanto tempo esse investimento isoladamente aumentará para $ 5000?

24. **A regra dos 70** Se você utilizar a aproximação $\ln 2 \approx 0{,}70$ (em lugar de 0,69314...), poderá derivar uma regra de ouro que diz: "Para estimar quantos anos levará para que uma quantia em dinheiro dobre ao ser investida a uma porcentagem r composta continuamente, divida r por 70." Por exemplo, uma quantia em dinheiro investida a 5% dobrará em cerca de 70/5 = 14 anos. Se, em vez disso, você quiser que ela dobre em 10 anos, você terá de investir a 70/10 = 7%. Mostre como a regra dos 70 é deduzida (uma "regra dos 72" semelhante utiliza 72 em vez de 70, porque 72 possui mais fatores inteiros).

25. Para qual $x > 0$ temos $x^{(x^x)} = (x^x)^x$? Justifique sua resposta.

26. **a.** Se $(\ln x)/x = (\ln 2)/2$, x é necessário que $x = 2$?
    b. Se $(\ln x)/x = -2 \ln 2$, é necessário que $x = \frac{1}{2}$?
    Justifique suas respostas.

27. O quociente $(\log_4 x)/(\log_2 x)$ possui um valor constante. Que valor é esse? Justifique sua resposta.

28. **$\log_x (2)$ vs. $\log_2 (x)$** Como $f(x) = \log_x (2)$ se compara com $g(x) = \log_2 (x)$? Aqui há uma maneira de descobrir.
    a. Utilize a equação $\log_a b = (\ln b)/(\ln a)$ para expressar $f(x)$ e $g(x)$ em função de logaritmos naturais.
    b. Faça o gráfico de f e g juntos. Comente sobre o comportamento de f em relação aos sinais e valores de g.

Capítulo Projetos de aplicação de tecnologia

Uma visão geral de matemática
Uma visão geral da Matemática suficiente para completar os módulos de Matemática está disponibilizada no site.

Módulos Mathematica/Maple

Modelagem de variação: molas, segurança no trânsito, radioatividade, árvores, peixes e mamíferos
Construa e interprete modelos matemáticos, analise-os e aperfeiçoe-os; depois, utilize-os para fazer previsões.

2
Limites e continuidade

VISÃO GERAL Os matemáticos do século XVII tinham um profundo interesse nos estudos do movimento com relação a objetos na Terra ou próximos a ela e nos estudos dos movimentos de planetas e estrelas. Esse estudo envolvia tanto a velocidade do objeto quanto sua direção de movimento em um instante qualquer, e eles sabiam que a direção era tangente ao percurso do movimento. O conceito de um limite é fundamental para determinar a velocidade de um objeto em movimento e a tangente de uma curva. Neste capítulo, desenvolveremos o conceito de limite, primeiro intuitivamente, e, depois, formalmente. Utilizaremos limites para descrever o modo como uma função varia. Algumas funções variam *continuamente*; pequenas mudanças em x produzem apenas pequenas mudanças em $f(x)$. Outras funções podem possuir valores que saltam, variam erraticamente ou tendem a aumentar ou diminuir sem limitação. A noção de limite fornece uma maneira precisa de distinguir entre esses comportamentos.

2.1 Taxas de variação e tangentes das curvas

O cálculo é uma ferramenta que nos ajuda a entender como as relações funcionais variam, tais como posição ou velocidade de um objeto em movimento em função do tempo, ou o coeficiente angular variável de uma curva sendo percorrida por um ponto. Nesta seção, apresentaremos as ideias de taxa de variação média e instantânea, e mostraremos que elas estão intimamente relacionadas ao coeficiente angular de uma curva em um ponto P da mesma. Desenvolveremos esses conceitos importantes de forma mais precisa no próximo capítulo, mas, por hora, utilizaremos uma abordagem informal, de modo que eles o guiarão naturalmente à ideia principal do capítulo, o *limite*. Você verá que os limites exercem um papel fundamental no cálculo e no estudo da variação.

Velocidade média e instantânea

BIOGRAFIA HISTÓRICA

Galileu Galilei
(1564-1642)

No final do século XVI, Galileu descobriu que um objeto sólido que entra em queda a partir do repouso (que não está em movimento) próximo à superfície da Terra e é deixado cair livremente cairá uma distância proporcional ao quadrado do tempo em que estiver caindo. Esse tipo de movimento é chamado de **queda livre**. Supõe-se que a resistência do ar é insuficiente para retardar a queda do objeto, e que a gravidade é a única força que atua sobre o objeto em queda. Se y indica a distância percorrida durante a queda em pés após t segundos, então a lei de Galileu é

$$y = 16t^2,$$

onde 16 é a constante (aproximada) de proporcionalidade. (Se y for medido em metros, a constante será 4,9.)

A **velocidade média** de um corpo em movimento durante um intervalo de tempo é determinada pela divisão da distância percorrida pelo tempo transcorrido. A unidade de medida é a distância por unidade de tempo: quilômetros por hora, pés (ou metros) por segundo, ou o que quer que seja apropriado para o problema em questão.

EXEMPLO 1 Uma rocha se desprende do alto de um penhasco. Qual sua velocidade média

(a) durante os primeiros 2 segundos de queda?

(b) durante o intervalo de 1 segundo entre o segundo 1 e o segundo 2?

Solução A velocidade média da rocha durante um determinado intervalo de tempo é a variação da distância, Δy, dividida pela duração do intervalo de tempo, Δt. (Incrementos como Δy e Δt serão revisados no Apêndice 3.) Ao medirmos a distância em pés e o tempo em segundos, teremos os seguintes cálculos:

(a) Para os primeiros 2 s: $\dfrac{\Delta y}{\Delta t} = \dfrac{16(2)^2 - 16(0)^2}{2 - 0} = 32 \dfrac{\text{pés}}{\text{s}}$

(b) Do segundo 1 ao 2: $\dfrac{\Delta y}{\Delta t} = \dfrac{16(2)^2 - 16(1)^2}{2 - 1} = 48 \dfrac{\text{pés}}{\text{s}}$

Queremos uma maneira de determinar a velocidade de um objeto em queda em um único instante t_0 em vez de utilizar sua velocidade média durante um intervalo de tempo. Para isso, examinemos o que ocorre quando calculamos a velocidade média durante intervalos de tempo cada vez menores, iniciando em t_0. O próximo exemplo ilustra esse processo. Nossa discussão, aqui, é informal, mas será mais precisa no Capítulo 3.

EXEMPLO 2 Determine a velocidade da rocha em queda no Exemplo 1 em $t = 1$ e $t = 2$ s.

Solução Podemos calcular a velocidade média da rocha em um intervalo de tempo $[t_0, t_0 + h]$, com comprimento $\Delta t = h$, como

$$\frac{\Delta y}{\Delta t} = \frac{16(t_0 + h)^2 - 16t_0^2}{h}. \quad (1)$$

Não podemos utilizar essa fórmula para calcular a velocidade "instantânea" no momento t_0 exato simplesmente substituindo $h = 0$, porque não podemos dividir por 0. Mas *podemos* utilizá-la para calcular velocidades médias durante intervalos de tempo cada vez menores, iniciando em $t_0 = 1$ e $t_0 = 2$. Quando fazemos isso, verificamos um padrão (Tabela 2.1).

TABELA 2.1 Velocidades médias durante curtos intervalos de tempo $[t_0, t_0 + h]$

Velocidade média: $\dfrac{\Delta y}{\Delta t} = \dfrac{16(t_0 + h)^2 - 16t_0^2}{h}$

Duração do intervalo de tempo h	Velocidade média durante o intervalo de comprimento h iniciando em $t_0 = 1$	Velocidade média durante o intervalo de comprimento h iniciando em $t_0 = 2$
1	48	80
0,1	33,6	65,6
0,01	32,16	64,16
0,001	32,016	64,016
0,0001	32,0016	64,0016

A velocidade média nos intervalos iniciando em $t_0 = 1$ parece se aproximar de um valor limite de 32, conforme o comprimento do intervalo diminui. Isso sugere que a rocha está caindo a uma velocidade de 32 pés/s em $t_0 = 1$ s. Confirmemos isso algebricamente.

Se definirmos $t_0 = 1$, depois expandirmos o numerador na Equação 1 e simplificarmos, determinaremos que

$$\frac{\Delta y}{\Delta t} = \frac{16(1 + h)^2 - 16(1)^2}{h} = \frac{16(1 + 2h + h^2) - 16}{h}$$

$$= \frac{32h + 16h^2}{h} = 32 + 16h.$$

Para valores de h diferentes de 0, as expressões à direita e à esquerda são equivalentes, e a velocidade média é $32 + 16h$ pés/s. Agora podemos ver por que a velocidade média possui o valor limite $32 + 16(0) = 32$ pés/s à medida que h se aproxima de 0.

Da mesma forma, ao definir $t_0 = 2$ na Equação 1, o procedimento resulta em

$$\frac{\Delta y}{\Delta t} = 64 + 16h$$

para valores de h diferentes de 0. À medida que h se aproxima cada vez mais de 0, a velocidade média possui o valor limite 64 pés/s quando $t_0 = 2$ s, conforme sugerido pela Tabela 2.1.

A velocidade média de um objeto em queda é um exemplo de uma ideia mais geral, que discutiremos a seguir.

Taxas de variação média e retas secantes

Dada uma função arbitrária $y = f(x)$, calculamos a taxa de variação média de y com relação a x no intervalo $[x_1, x_2]$ ao dividir a variação do valor de y, $\Delta y = f(x_2) - f(x_1)$, pelo comprimento $\Delta x = x_2 - x_1 = h$ do intervalo ao longo do qual a variação ocorre. (Utilizaremos o símbolo h para Δx para simplificar a notação aqui e mais adiante.)

> **DEFINIÇÃO** A **taxa de variação média** de $y = f(x)$ com relação a x ao longo do intervalo $[x_1, x_2]$ é
>
> $$\frac{\Delta y}{\Delta x} = \frac{f(x_2) - f(x_1)}{x_2 - x_1} = \frac{f(x_1 + h) - f(x_1)}{h}, \quad h \neq 0.$$

Geometricamente, a taxa de variação de f no intervalo $[x_1, x_2]$ é o coeficiente angular da reta que passa pelos pontos $P(x_1, f(x_1))$ e $Q(x_2, f(x_2))$ (Figura 2.1). Em geometria, uma reta que une dois pontos de uma curva é uma **secante** em relação à curva. Portanto, a taxa de variação média de f de x_1 a x_2 é idêntica ao coeficiente angular da secante PQ. Consideremos o que ocorre à medida que o ponto Q se aproxima do ponto P ao longo da curva, de modo que o comprimento h do intervalo ao longo do qual a variação ocorre se aproxima de zero.

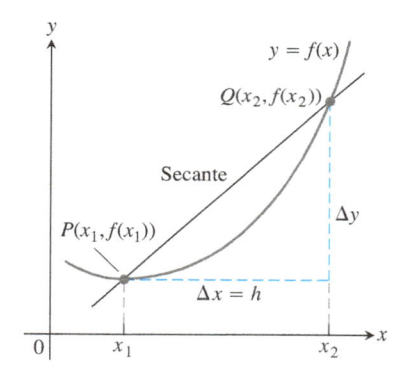

FIGURA 2.1 Uma secante ao gráfico $y = f(x)$. Seu coeficiente angular é $\Delta y / \Delta x$, a taxa média de variação de f ao longo do intervalo $[x_1, x_2]$.

Definição do coeficiente angular de uma curva

Sabemos o que se entende por coeficiente angular de uma reta, que nos mostra a taxa com que ela aumenta ou diminui — sua taxa de variação, conforme o gráfico de uma função linear. Mas o que se entende por *coeficiente angular de uma curva* em um ponto P na curva? Se houvesse uma reta *tangente* à curva em P — uma reta que apenas toca a curva, como a tangente de um círculo — seria razoável identificar *o coeficiente angular da tangente* como o coeficiente angular da curva em P. Então, precisamos de um significado preciso para a tangente em um ponto na curva.

Para os círculos, a tangência é simples. Uma reta L é tangente a um círculo em um ponto P se L passa por P perpendicularmente ao raio em P (Figura 2.2). Essa reta apenas *toca* o círculo. Mas o que significa dizer que uma reta L é tangente a alguma outra curva C em um ponto P?

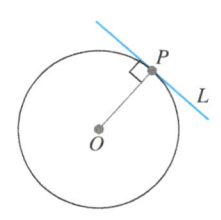

FIGURA 2.2 L é tangente ao círculo em P se passa por P perpendicularmente ao raio OP.

Para definir a tangência para curvas em geral, precisamos de uma abordagem que leve em consideração o comportamento das secantes por P e pontos Q, próximos à medida que Q se move em direção a P ao longo da curva (Figura 2.3). A ideia é a seguinte:

1. Inicie com o que *podemos* calcular, a saber, o coeficiente angular da secante PQ.
2. Investigue o valor limite do coeficiente angular secante à medida que Q se aproxima de P ao longo da curva (esclareceremos a ideia de *limite* na próxima seção).
3. Se existir *limite*, suponha que ele seja o coeficiente angular da curva em P e *defina* a tangente à curva em P como a reta por P com esse coeficiente angular.

Esse procedimento é o mesmo utilizado no problema da rocha que caía discutido no Exemplo 2. O próximo exemplo ilustra a ideia geométrica para a tangente de uma curva.

Biografia histórica

Pierre de Fermat
(1601-1665)

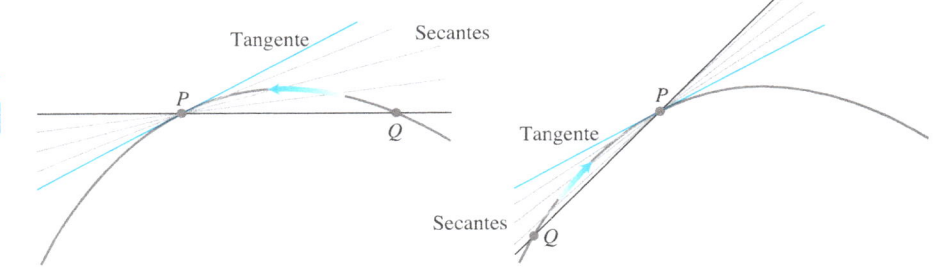

FIGURA 2.3 A tangente à curva em P é a reta que atravessa P cujo coeficiente angular é o limite dos coeficientes angulares das secantes quando $Q \to P$ de ambos os lados.

EXEMPLO 3 Determine o coeficiente angular da parábola $y = x^2$ no ponto $P(2, 4)$. Escreva uma equação para a tangente à parábola nesse ponto.

Solução Começamos com uma reta secante que passa por $P(2, 4)$ e $Q(2 + h, (2 + h)^2)$ próximo. Em seguida, escrevemos uma expressão para o coeficiente angular da secante PQ e investigamos o que acontece ao coeficiente angular à medida que Q se aproxima de P ao longo da curva:

$$\text{Coeficiente angular da secante} = \frac{\Delta y}{\Delta x} = \frac{(2 + h)^2 - 2^2}{h} = \frac{h^2 + 4h + 4 - 4}{h}$$

$$= \frac{h^2 + 4h}{h} = h + 4.$$

Se $h > 0$, então Q permanece acima e à direita de P, como mostra a Figura 2.4. Se $h < 0$, então Q permanece à esquerda de P (não mostrado). Em ambos os casos, à medida que Q se aproxima de P ao longo da curva, h se aproxima a zero, e o coeficiente angular $h + 4$ se aproxima de 4. Tomamos 4 como o coeficiente angular da parábola em P.

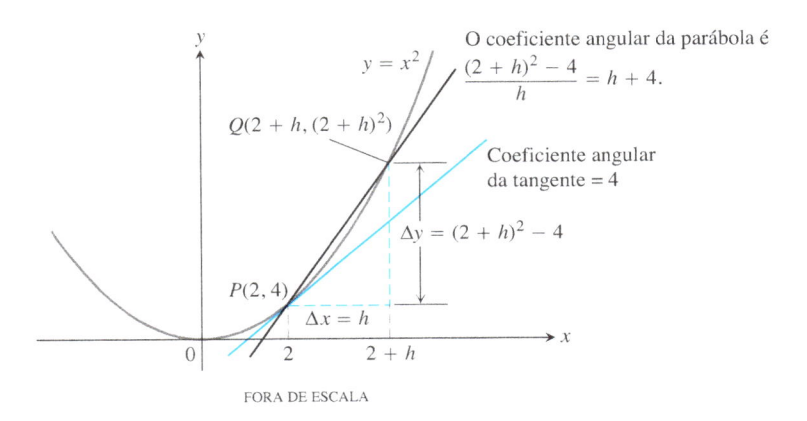

FIGURA 2.4 Determinação do coeficiente angular da parábola $y = x^2$ no ponto $P(2, 4)$ como o limite de coeficientes angulares das secantes (Exemplo 3).

A tangente à parábola em P é a reta que passa por P com coeficiente angular 4:

$y = 4 + 4(x - 2)$ Equação fundamental da reta

$y = 4x - 4$.

Taxas de variação instantâneas e retas tangentes

As taxas em que a rocha no Exemplo 2 estava caindo nos instantes $t = 1$ e $t = 2$ são chamadas *taxas de variação instantâneas*. As taxas instantâneas e os coeficientes angulares de retas tangentes estão intimamente ligados, como veremos, agora, nos exemplos a seguir.

EXEMPLO 4 A Figura 2.5 mostra como uma população p de mosca-das-frutas (*Drosophila*) cresceu durante um experimento que durou 50 dias. O número de moscas foi contado a intervalos regulares, os valores obtidos foram representados em um gráfico com relação ao tempo t, e os pontos foram unidos por uma curva lisa (em azul, na Figura 2.5). Determine a taxa média de crescimento do dia 23 ao dia 45.

Solução Havia 150 moscas no dia 23 e 340 moscas no dia 45. Logo, o número de moscas cresceu em $340 - 150 = 190$ em $45 - 23 = 22$ dias. A taxa média de variação da população do dia 23 ao dia 45 foi

$$\text{Taxa de variação média: } \frac{\Delta p}{\Delta t} = \frac{340 - 150}{45 - 23} = \frac{190}{22} \approx 8{,}6 \text{ moscas/dia.}$$

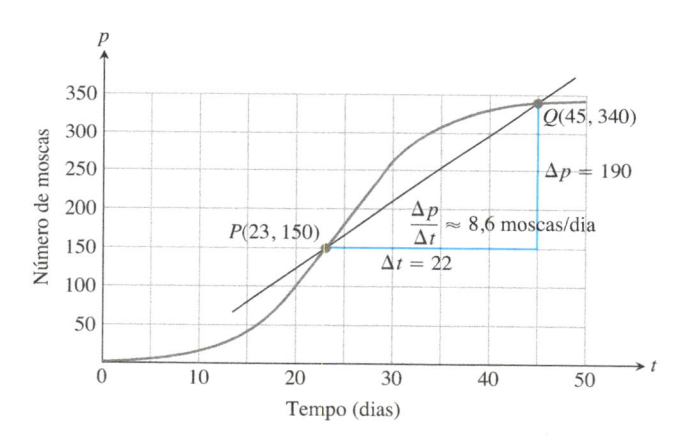

FIGURA 2.5 Crescimento de uma população de moscas-das-frutas em um experimento controlado. A taxa de variação média ao longo de 22 dias é o coeficiente angular $\Delta p/\Delta t$ da reta secante (Exemplo 4).

Essa média é o coeficiente angular da secante que passa pelos pontos P e Q no gráfico da Figura 2.5.

A taxa de variação média do dia 23 ao dia 45 calculada no Exemplo 4 não nos revela a rapidez com que a população variou no dia 23. Para descobrir essa informação, precisamos examinar intervalos de tempo mais próximos do dia em questão.

EXEMPLO 5 A qual velocidade o número de moscas na população do Exemplo 4 estava crescendo no dia 23?

Solução Para responder a essa pergunta, examinamos as taxas médias de variação em intervalos de tempo cada vez menores, iniciando no dia 23. Em termos geométricos, determinamos essas taxas ao calcular os coeficientes angulares de secantes a partir de P a Q para uma sequência de pontos Q aproximando-se de P ao longo da curva (Figura 2.6).

Q	Coeficiente angular de $PQ = \Delta p/\Delta t$ (moscas/dia)
(45, 340)	$\dfrac{340-150}{45-23} \approx 8{,}6$
(40, 330)	$\dfrac{330-150}{40-23} \approx 10{,}6$
(35, 310)	$\dfrac{310-150}{35-23} \approx 13{,}3$
(30, 265)	$\dfrac{265-150}{30-23} \approx 16{,}4$

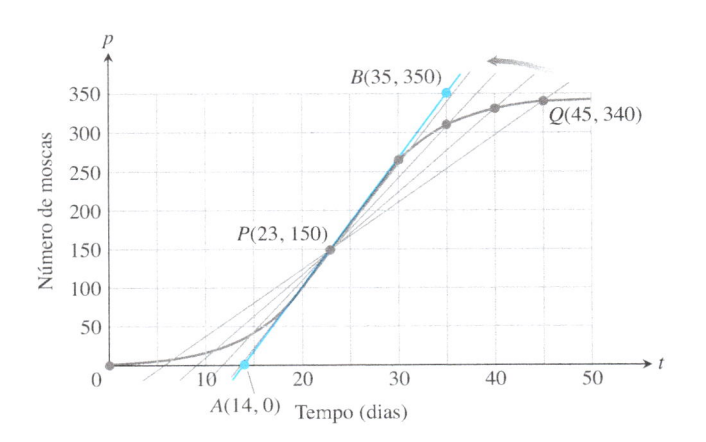

FIGURA 2.6 As posições e os coeficientes angulares de quatro secantes pelo ponto P no gráfico da mosca-das-frutas (Exemplo 5).

Os valores na tabela mostram que os coeficientes angulares das secantes vão de 8,6 a 16,4 conforme a coordenada t do ponto Q diminui de 45 para 30, e poderíamos esperar que os coeficientes angulares subissem ligeiramente conforme t prosseguisse em direção a 23. Geometricamente, as secantes giram em torno de P e parecem se aproximar da reta tangente azul na figura. Uma vez que a reta parece passar pelos pontos (14, 0) e (35, 350), ela possui coeficiente angular

$$\frac{350-0}{35-14} = 16{,}7 \text{ moscas/dia (aproximadamente).}$$

No dia 23, a população crescia a uma taxa de 16,7 moscas/dia.

As taxas instantâneas no Exemplo 2 foram determinadas como os valores das velocidades médias, ou taxas de variação média, conforme o intervalo de tempo de comprimento h se aproximava de 0. Isto é, a taxa instantânea é o valor do qual a taxa média se aproxima conforme o comprimento h do intervalo em que a variação ocorre se aproxima de zero. A taxa de variação média corresponde ao coeficiente angular de uma reta secante; a taxa instantânea corresponde ao coeficiente angular da reta tangente conforme a variável independente se aproxima de um valor fixo. No Exemplo 2, a variável independente t se aproximou dos valores $t = 1$ e $t = 2$. No Exemplo 3, a variável independente x se aproximou do valor $x = 2$. Desse modo, vemos que as taxas instantâneas e os coeficientes angulares das retas tangentes estão intimamente relacionados. Investigaremos essa conexão minuciosamente no próximo capítulo, mas, para isso, precisamos do conceito de *limite*.

Exercícios 2.1

Taxa de variação média

Nos Exercícios 1-6, determine a taxa de variação média da função nos intervalos dados.

1. $f(x) = x^3 + 1$
   a. [2, 3] b. [−1, 1]
2. $g(x) = x^2$
   a. [−1, 1] b. [−2, 0]
3. $h(t) = \cotg t$
   a. [$\pi/4, 3\pi/4$] b. [$\pi/6, \pi/2$]
4. $g(t) = 2 + \cos t$
   a. [$0, \pi$] b. [$-\pi, \pi$]
5. $R(\theta) = \sqrt{4\theta + 1}$; [0, 2]
6. $P(\theta) = \theta^3 - 4\theta^2 + 5\theta$; [1, 2]

Coeficiente angular em um ponto de uma curva

Nos Exercícios 7-14, utilize o método no Exemplo 3 para determinar **(a)** o coeficiente angular da curva no ponto P dado, e **(b)** uma equação da reta tangente em P.

7. $y = x^2 - 3$, $P(2, 1)$
8. $y = 5 - x^2$, $P(1, 4)$
9. $y = x^2 - 2x - 3$, $P(2, -3)$
10. $y = x^2 - 4x$, $P(1, -3)$
11. $y = x^3$, $P(2, 8)$

12. $y = 2 - x^3$, $P(1, 1)$
13. $y = x^3 - 12x$, $P(1, -11)$
14. $y = x^3 - 3x^2 + 4$, $P(2, 0)$

Taxas instantâneas de variação

15. **Velocidade de um carro** A figura a seguir ilustra o gráfico da distância em função do tempo para carros esporte que aceleram a partir do repouso.

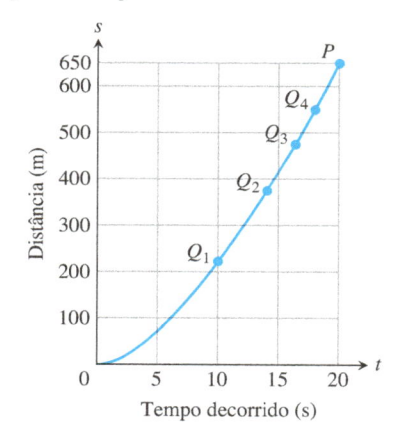

    a. Estime os coeficientes angulares das secantes PQ_1, PQ_2, PQ_3 e PQ_4, arranjando-as em ordem em uma tabela como a da Figura 2.6. Quais as unidades apropriadas para esses coeficientes angulares?

    b. Em seguida, estime a velocidade do carro no tempo $t = 20$ s.

16. A figura a seguir mostra o gráfico da distância em função do tempo da queda de um objeto que caiu do módulo lunar a uma distância de 80 m da superfície da Lua.

    a. Estime os coeficientes angulares das secantes PQ_1, PQ_2, PQ_3 e PQ_4, arranjando-os em uma tabela, como mostra a Figura 2.6.

    b. Qual a velocidade aproximada do objeto ao cair na superfície?

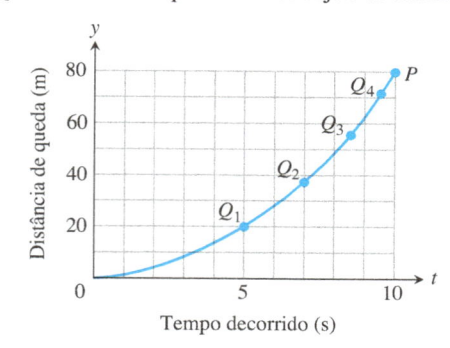

17. Os lucros de uma pequena empresa em cada um de seus cinco primeiros anos de operação são dados na tabela a seguir:

Ano	Lucro ($ 1000)
2000	6
2001	27
2002	62
2003	111
2004	174

    a. Trace pontos que representem o lucro em função do ano e os una com a curva mais lisa possível.

    b. Qual é a taxa média de crescimento dos lucros entre 2002 e 2004?

    c. Utilize o gráfico para estimar a taxa em que os lucros variaram em 2002.

18. Faça uma tabela de valores para a função $F(x) = (x + 2)/(x - 2)$ nos pontos $x = 1,2$, $x = 11/10$, $x = 101/100$, $x = 1001/1000$, $x = 10001/10000$ e $x = 1$.

    a. Determine a taxa média de variação de $F(x)$ nos intervalos $[1, x]$ para cada $x \neq 1$ em sua tabela.

    b. Amplie a tabela, se necessário, para tentar determinar a taxa de variação de $F(x)$ em $x = 1$.

19. Seja $g(x) = \sqrt{x}$ para $x \geq 0$.

    a. Determine a taxa de variação média de $g(x)$ com relação a x nos intervalos $[1, 2]$, $[1, 1{,}5]$ e $[1, 1 + h]$.

    b. Faça uma tabela de valores da taxa média de variação de g com relação a x no intervalo $[1, 1 + h]$ para alguns valores de h que se aproximem de zero, como $h = 0{,}1$, $0{,}01$, $0{,}001$, $0{,}0001$, $0{,}00001$ e $0{,}000001$.

    c. O que a sua tabela indica é a taxa de variação de $g(x)$ com relação a x em $x = 1$?

    d. Calcule o limite, quando h se aproxima de zero, da taxa de variação média de $g(x)$ com relação a x no intervalo $[1, 1 + h]$.

20. Seja $f(t) = 1/t$ para $t \neq 0$.

    a. Determine a taxa de variação média de f com relação a t nos intervalos (i) de $t = 2$ a $t = 3$ e (ii) de $t = 2$ a $t = T$.

    b. Faça uma tabela de valores da taxa média de variação de f com relação a t no intervalo $[2, T]$, para alguns valores de T que se aproximem de 2, como $T = 2{,}1$; $2{,}01$; $2{,}001$; $2{,}0001$; $2{,}00001$ e $2{,}000001$.

    c. O que a sua tabela indica é a taxa média de variação de f com relação a t em $t = 2$?

    d. Calcule o limite, quando T se aproxima de 2, da taxa média de variação de f com relação a t no intervalo de 2 a T. Você precisará fazer alguns cálculos algébricos antes de substituir $T = 2$.

21. O gráfico a seguir mostra a distância total s percorrida por um ciclista após t horas.

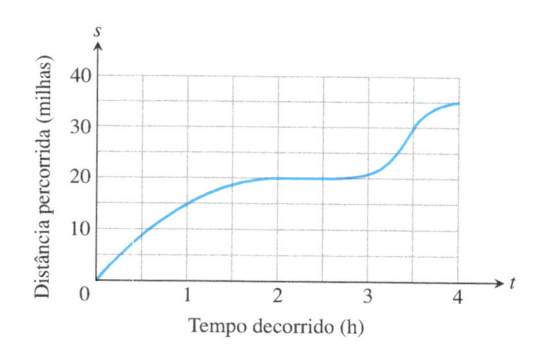

    a. Estime a velocidade média do ciclista nos intervalos de tempo $[0; 1]$, $[1; 2,5]$ e $[2,5; 3,5]$.

    b. Estime a velocidade instantânea do ciclista nos tempos $t = \frac{1}{2}$, $t = 2$ e $t = 3$.

    c. Estime a velocidade máxima do ciclista e o tempo específico em que ela é alcançada.

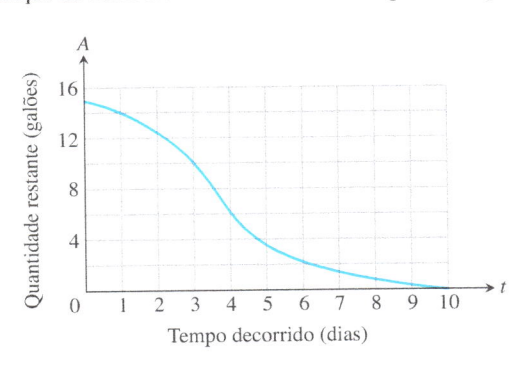

22. O gráfico a seguir mostra a quantidade total de gasolina A no tanque de combustível de um automóvel que rodou por t dias.

a. Estime a taxa média do consumo de gasolina nos intervalos $[0, 3]$, $[0, 5]$ e $[7, 10]$.
b. Estime a taxa instantânea de consumo de gasolina nos tempos $t = 1$, $t = 4$ e $t = 8$.
c. Estime a taxa máxima de consumo de gasolina e o momento específico em que isso ocorre.

2.2 Limite de uma função e leis do limite

Na Seção 2.1, vimos que os limites surgem quando encontramos a taxa de variação instantânea de uma função ou a tangente de uma curva. Agora, introduziremos uma definição informal de *limite* e mostraremos como podemos calcular os valores dos limites. Uma definição precisa será apresentada na próxima seção.

Limites dos valores de uma função

Ao estudar uma função $y = f(x)$, frequentemente nos vemos interessados no comportamento da função *próximo* a um ponto específico x_0, mas não em x_0. Pode ser esse o caso, por exemplo, se x_0 for um número irracional, como π ou $\sqrt{2}$, cujos valores podem ser apenas aproximados por números racionais "próximos" nos quais, na verdade, avaliamos a função. Outra situação ocorre quando, ao tentarmos avaliar uma função em x_0, chegamos à divisão por zero, que é indefinida. Nós nos deparamos com essa última situação ao procurar a taxa de variação instantânea em y ao considerar a função quociente $\Delta y/h$ para h cada vez mais próximo a zero. Segue um exemplo específico no qual exploramos numericamente como uma função se comporta próximo a um ponto em particular no qual não podemos avaliar diretamente a função.

EXEMPLO 1 Como a função

$$f(x) = \frac{x^2 - 1}{x - 1}$$

se comporta próximo a $x = 1$?

Solução A fórmula apresentada define f para qualquer número real x, exceto $x = 1$ (não podemos dividir por zero). Para qualquer $x \neq 1$, podemos simplificar a fórmula ao fatorar o numerador e cancelar fatores comuns:

$$f(x) = \frac{(x - 1)(x + 1)}{x - 1} = x + 1 \quad \text{para} \quad x \neq 1.$$

O gráfico de f é a reta $y = x + 1$ com o ponto $(1, 2)$ *removido*. Esse ponto removido é mostrado como um "buraco" na Figura 2.7. Mesmo que $f(1)$ não seja definida, é óbvio que podemos deixar o valor de $f(x)$ *tão próximo quanto quisermos* de 2 ao escolher x *próximo o suficiente* de 1 (Tabela 2.2).

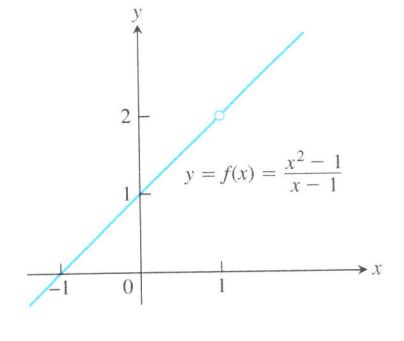

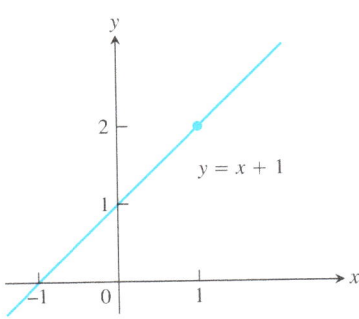

FIGURA 2.7 O gráfico de f é idêntico à reta $y = x + 1$, exceto em $x = 1$, em que f não é definida (Exemplo 1).

TABELA 2.2 Quanto mais x se aproxima de 1, mais perto $f(x) = (x^2 - 1)/(x - 1)$ parece se aproximar de 2

Valores de x abaixo e acima de 1	$f(x) = \dfrac{x^2 - 1}{x - 1} = x + 1, \quad x \neq 1$
0,9	1,9
1,1	2,1
0,99	1,99
1,01	2,01
0,999	1,999
1,001	2,001
0,999999	1,999999
1,000001	2,000001

Generalizemos agora a ideia ilustrada no Exemplo 1.

Suponha que $f(x)$ seja definida em um intervalo aberto em torno de x_0, exceto, possivelmente, no próprio x_0. Se $f(x)$ está arbitrariamente próxima a L (tão próxima de L quanto queiramos) para todo x próximo o suficiente de x_0, dizemos que f se aproxima do **limite** L quando x se aproxima de x_0, e escrevemos

$$\lim_{x \to x_0} f(x) = L,$$

que lemos como "o limite de $f(x)$ quando x tende a x_0 é L". Por exemplo, no Exemplo 1, poderíamos dizer que $f(x)$ se aproxima do *limite* 2 quando x se aproxima de 1, e escrevemos

$$\lim_{x \to 1} f(x) = 2, \quad \text{ou} \quad \lim_{x \to 1} \frac{x^2 - 1}{x - 1} = 2.$$

Essencialmente, a definição diz que os valores de $f(x)$ estão próximos do número L sempre que x estiver perto de x_0 (em qualquer lado de x_0). Essa definição é "informal", porque frases como *arbitrariamente próximo* e *suficientemente próximo* são imprecisas; seu significado depende do contexto (para um torneiro mecânico que fabrica um pistão, *próximo* pode significar *a alguns milésimos de polegada*. Para um astrônomo que estuda galáxias distantes, *próximo* pode significar *a alguns anos-luz*). Ainda assim, a definição é clara o suficiente para nos permitir reconhecer e avaliar limites de funções específicas. Precisaremos da definição precisa da Seção 2.3, no entanto, quando passarmos para os teoremas sobre limites. Seguem mais alguns exemplos para explorar a ideia de limites.

EXEMPLO 2 Este exemplo ilustra que o valor limite de uma função não depende de como a função é definida no ponto sendo aproximado. Considere as três funções na Figura 2.8. A função f possui limite 2, enquanto $x \to 1$, mesmo se f não for definida em $x = 1$.

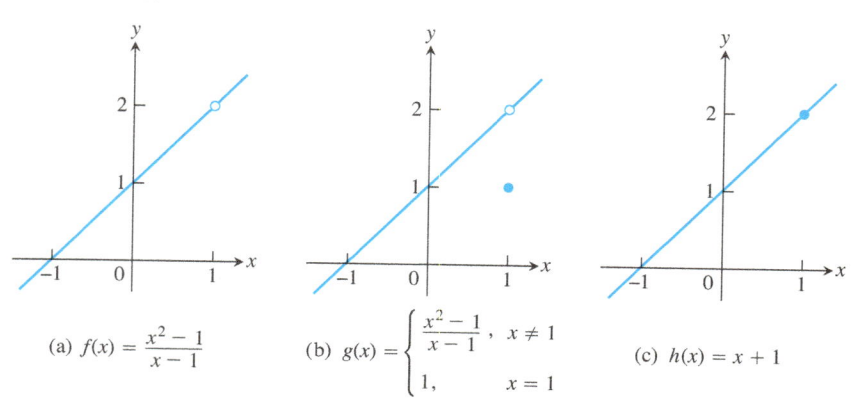

(a) $f(x) = \dfrac{x^2 - 1}{x - 1}$ 　　(b) $g(x) = \begin{cases} \dfrac{x^2 - 1}{x - 1}, & x \neq 1 \\ 1, & x = 1 \end{cases}$ 　　(c) $h(x) = x + 1$

FIGURA 2.8 Os limites de $f(x)$, $g(x)$ e $h(x)$ são iguais a 2 quando x se aproxima de 1. No entanto, apenas $h(x)$ possui o mesmo valor de função que seu limite em $x = 1$ (Exemplo 2).

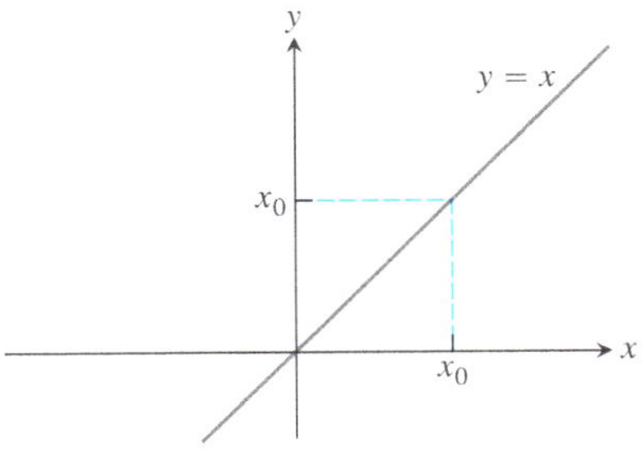

A função g possui limite 2 quando $x \to 1$, mesmo se $2 \neq g(1)$. A função h é a única das três funções na Figura 2.8 cujo limite quando $x \to 1$ é igual a seu valor em $x = 1$. Para h, temos $\lim_{x \to 1} h(x) = h(1)$. Essa igualdade de limite e valor de função é significativa, e voltaremos a tratar disso na Seção 2.5.

EXEMPLO 3

(a) Se f é a **função identidade** $f(x) = x$, então, para qualquer valor de x_0 (Figura 2.9a),
$$\lim_{x \to x_0} f(x) = \lim_{x \to x_0} x = x_0.$$

(b) Se f é a **função constante** $f(x) = k$ (função com o valor k constante), então, para qualquer valor de x_0 (Figura 2.9b),
$$\lim_{x \to x_0} f(x) = \lim_{x \to x_0} k = k.$$

Para exemplos de cada uma dessas regras, temos
$$\lim_{x \to 3} x = 3 \quad \text{e} \quad \lim_{x \to -7}(4) = \lim_{x \to 2}(4) = 4.$$

Provaremos essas regras no Exemplo 3 da Seção 2.3.

Algumas maneiras em que os limites deixam de existir estão ilustradas na Figura 2.10 e descritas no próximo exemplo.

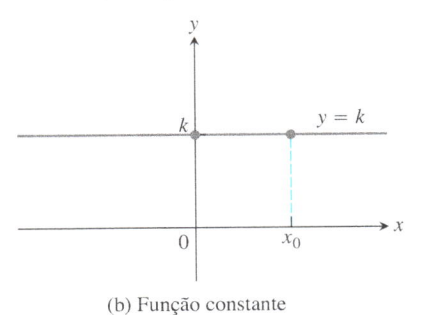

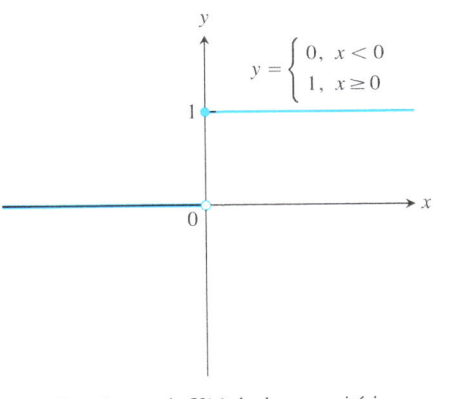

FIGURA 2.9 As funções no Exemplo 3 possuem limites em todos os pontos x_0.

(a) Função identidade

(b) Função constante

(a) Função escada $U(x)$ de degrau unitário

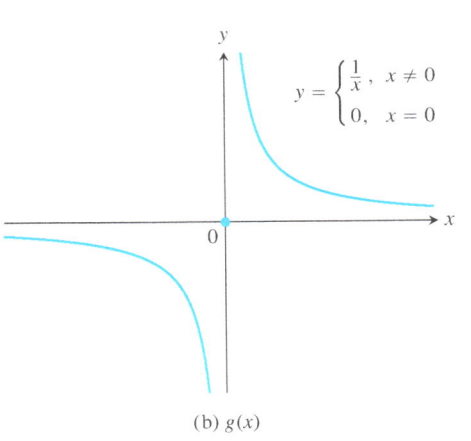

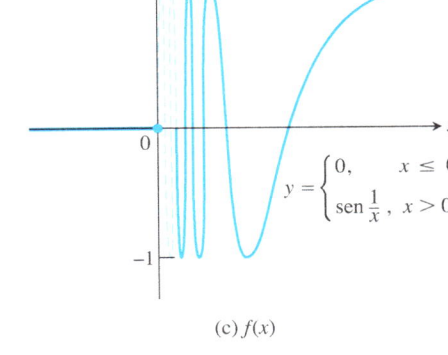

(b) $g(x)$

(c) $f(x)$

FIGURA 2.10 Nenhuma dessas funções possui um limite quando x se aproxima de 0 (Exemplo 4).

EXEMPLO 4 Discuta o comportamento das seguintes funções quando $x \to 0$.

(a) $U(x) = \begin{cases} 0, & x < 0 \\ 1, & x \geq 0 \end{cases}$

(b) $g(x) = \begin{cases} \dfrac{1}{x}, & x \neq 0 \\ 0, & x = 0 \end{cases}$

(c) $f(x) = \begin{cases} 0, & x \leq 0 \\ \operatorname{sen}\dfrac{1}{x}, & x > 0 \end{cases}$

Solução

(a) Ela *salta*: a **função escada de degrau unitário** $U(x)$ não possui limite quando $x \to 0$ porque seu valor salta em $x = 0$. Para valores negativos de x arbitrariamente próximos a zero, $U(x) = 0$. Para valores positivos de x arbitrariamente próximos a zero, $U(x) = 1$. Não há um único valor L aproximado por $U(x)$ quando $x \to 0$ (Figura 2.10a).

(b) Ela *fica "grande" demais para ter um limite*: $g(x)$ não possui limite quando $x \to 0$ porque os valores de g ficam arbitrariamente grandes em valor absoluto quando $x \to 0$ e não ficam próximos de *nenhum* número real fixo (Figura 2.10b).

(c) Ela *oscila demais para ter um limite*: $f(x)$ não possui limite quando $x \to 0$ porque os valores da função oscilam entre $+1$ e -1 em todos intervalos abertos que contêm 0. Os valores não ficam próximos a nenhum número determinado quando $x \to 0$ (Figura 2.10c).

Leis do limite

Ao discutir limites, às vezes utilizamos a notação $x \to x_0$ se queremos enfatizar o ponto x_0 que é aproximado no processo de limite (geralmente para aumentar a clareza de uma discussão ou exemplo em particular). Outras vezes, tais como nas afirmações dos teoremas a seguir, utilizamos a notação mais simples $x \to c$ ou $x \to a$, o que evita o subscrito em x_0. Em todos os casos, os símbolos x_0, c e a se referem a um único ponto no eixo x que pode ou não pertencer ao domínio da função envolvida. Para calcular limites de funções que são combinações aritméticas de funções que possuem limites conhecidos, podemos utilizar diversas regras simples.

TEOREMA 1 — Leis do limite   Se L, M, c e k são números reais e

$$\lim_{x \to c} f(x) = L \quad \text{e} \quad \lim_{x \to c} g(x) = M, \quad \text{então}$$

1. *Regra da soma:* $\quad \lim_{x \to c}(f(x) + g(x)) = L + M$

2. *Regra da diferença:* $\quad \lim_{x \to c}(f(x) - g(x)) = L - M$

3. *Regra da multiplicação por constante:* $\quad \lim_{x \to c}(k \cdot f(x)) = k \cdot L$

4. *Regra do produto:* $\quad \lim_{x \to c}(f(x) \cdot g(x)) = L \cdot M$

5. *Regra do quociente:* $\quad \lim_{x \to c} \dfrac{f(x)}{g(x)} = \dfrac{L}{M}, \quad M \neq 0$

6. *Regra da potenciação:* $\quad \lim_{x \to c}[f(x)]^n = L^n$, n é um número inteiro positivo

7. *Regra da raiz:* $\quad \lim_{x \to c} \sqrt[n]{f(x)} = \sqrt[n]{L} = L^{1/n}$, n é um número inteiro positivo

(Se n for um número par, suporemos que $\lim_{x \to c} f(x) = L > 0$.)

Ou seja, a regra da soma diz que o limite de uma soma é a soma dos limites. Do mesmo modo, as próximas regras dizem que o limite de uma diferença é a diferença dos limites; o limite de uma constante vezes uma função é a constante vezes o limite da função; o limite de um produto é o produto dos limites; o limite de um quociente é o quociente dos limites (contanto que o limite do denominador não seja 0); o limite de uma potência (ou raiz) inteira de uma função é a potência (ou raiz) inteira do limite (contanto que a raiz do limite seja um número real).

É razoável que as propriedades do Teorema 1 sejam verdadeiras (embora esses argumentos intuitivos não constituam provas). Se x estiver próximo o suficiente de c, então $f(x)$ está próximo a L e $g(x)$ está próximo a M, a partir de nossa definição informal de limite. É razoável, então, que $f(x) + g(x)$ esteja próximo a $L + M$; $f(x) - g(x)$ esteja próximo a $L - M$; $kf(x)$ esteja próximo a kL; $f(x)g(x)$ esteja próximo a LM; e $f(x)/g(x)$ esteja próximo a L/M, se M não for zero. Provamos a regra da soma na Seção 2.3, com base em uma definição precisa de limite. As Regras 2-5 estão provadas no Apêndice 4. A Regra 6 é obtida ao aplicarmos a Regra 4 repetidamente. A Regra 7 é provada em textos mais avançados. As regras da soma, da diferença e do produto podem ser estendidas a qualquer número de funções, e não apenas a duas.

EXEMPLO 5 Utilize as observações $\lim_{x \to c} k = k$ e $\lim_{x \to c} x = c$ (Exemplo 3) e as propriedades dos limites para determinar os limites a seguir.

(a) $\lim_{x \to c}(x^3 + 4x^2 - 3)$ (b) $\lim_{x \to c}\dfrac{x^4 + x^2 - 1}{x^2 + 5}$ (c) $\lim_{x \to -2}\sqrt{4x^2 - 3}$

Solução

(a) $\lim_{x \to c}(x^3 + 4x^2 - 3) = \lim_{x \to c} x^3 + \lim_{x \to c} 4x^2 - \lim_{x \to c} 3$ Regras da soma e da diferença

$\qquad = c^3 + 4c^2 - 3$ Regras da potenciação e da multiplicação

(b) $\lim_{x \to c}\dfrac{x^4 + x^2 - 1}{x^2 + 5} = \dfrac{\lim_{x \to c}(x^4 + x^2 - 1)}{\lim_{x \to c}(x^2 + 5)}$ Regra do quociente

$\qquad = \dfrac{\lim_{x \to c} x^4 + \lim_{x \to c} x^2 - \lim_{x \to c} 1}{\lim_{x \to c} x^2 + \lim_{x \to c} 5}$ Regras da soma e da diferença

$\qquad = \dfrac{c^4 + c^2 - 1}{c^2 + 5}$ Regra da potenciação ou do produto

(c) $\lim_{x \to -2}\sqrt{4x^2 - 3} = \sqrt{\lim_{x \to -2}(4x^2 - 3)}$ Regra da raiz com $n = 2$

$\qquad = \sqrt{\lim_{x \to -2} 4x^2 - \lim_{x \to -2} 3}$ Regra da diferença

$\qquad = \sqrt{4(-2)^2 - 3}$ Regras do produto e da multiplicação

$\qquad = \sqrt{16 - 3}$

$\qquad = \sqrt{13}$

Duas consequências do Teorema 1 simplificam ainda mais a tarefa de calcular limites de funções polinomiais e funções racionais. Para avaliar o limite de uma função polinomial quando x se aproxima de c, simplesmente substitua c por x na fórmula para a função. Para avaliar o limite de uma função racional quando x se aproxima de um ponto c em que *o denominador não seja zero*, substitua c por x na fórmula para a função (veja os Exemplos 5a e 5b). Exprimimos esses resultados, formalmente, como teoremas.

TEOREMA 2 — Limites de polinômios Se $P(x) = a_n x^n + a_{n-1} x^{n-1} + \cdots + a_0$, então

$$\lim_{x \to c} P(x) = P(c) = a_n c^n + a_{n-1} c^{n-1} + \cdots + a_0.$$

TEOREMA 3 — Limites das funções racionais

Se $P(x)$ e $Q(x)$ são polinômios e $Q(c) \neq 0$, então

$$\lim_{x \to c} \frac{P(x)}{Q(x)} = \frac{P(c)}{Q(c)}.$$

EXEMPLO 6 Os cálculos a seguir ilustram os Teoremas 2 e 3:

$$\lim_{x \to -1} \frac{x^3 + 4x^2 - 3}{x^2 + 5} = \frac{(-1)^3 + 4(-1)^2 - 3}{(-1)^2 + 5} = \frac{0}{6} = 0$$

Identificação de fatores comuns
Pode-se demonstrar que se $Q(x)$ é um polinômio e $Q(c) = 0$, então, $(x - c)$ é um fator de $Q(x)$. Logo, se o numerador e o denominador de uma função racional de x forem ambos zero em $x = c$, eles terão $(x - c)$ como fator comum.

Eliminação algébrica de denominadores nulos

O Teorema 3 se aplica somente se o denominador da função racional não for igual a zero no ponto limite c. Se o denominador for zero, ao cancelar fatores comuns no numerador e no denominador, podemos reduzir a fração a uma cujo denominador não seja mais igual a zero em c. Se isso ocorrer, podemos determinar o limite por substituição na fração simplificada.

EXEMPLO 7 Avalie
$$\lim_{x \to 1} \frac{x^2 + x - 2}{x^2 - x}.$$

Solução Não podemos substituir $x = 1$ porque isso resulta em um denominador zero. Testamos o numerador para verificar se ele também é zero em $x = 1$. Desse modo, ele tem um fator de $(x - 1)$ em comum com o denominador. O cancelamento de $(x - 1)$ resulta em uma fração simplificada com o mesmo valor que a original para $x \neq 1$:

$$\frac{x^2 + x - 2}{x^2 - x} = \frac{(x-1)(x+2)}{x(x-1)} = \frac{x+2}{x}, \quad \text{se } x \neq 1.$$

Ao utilizar a fração simplificada, determinamos o limite desses valores quando $x \to 1$ por substituição:

$$\lim_{x \to 1} \frac{x^2 + x - 2}{x^2 - x} = \lim_{x \to 1} \frac{x + 2}{x} = \frac{1 + 2}{1} = 3.$$

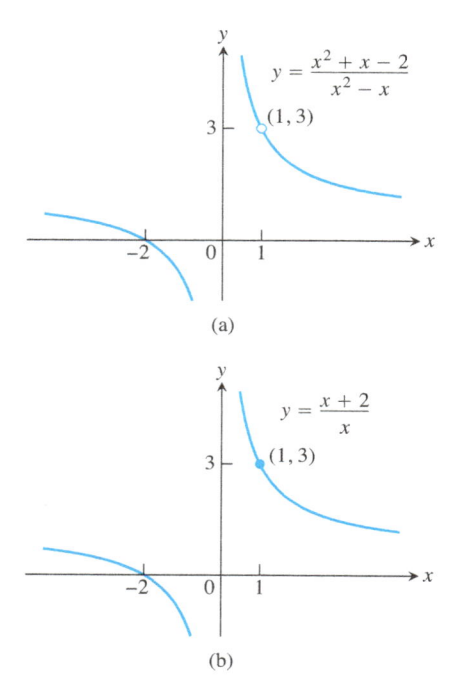

Veja a Figura 2.11.

FIGURA 2.11 O gráfico de $f(x) = (x^2 + x - 2)/(x^2 - x)$ no item (a) é igual ao gráfico de $g(x) = (x + 2)/x$ no item (b), exceto em $x = 1$, em que f é indefinida. As funções possuem o mesmo limite quando $x \to 1$ (Exemplo 7).

Utilização de calculadoras e computadores para estimar limites

Quando não podemos usar a regra do quociente no Teorema 1 porque o limite do denominador é zero, podemos tentar utilizar uma calculadora ou um computador para adivinhar o limite numericamente quando x se aproxima de c. Utilizamos essa abordagem no Exemplo 1, mas calculadoras e computadores podem, às vezes, dar falsos resultados e impressões errôneas para funções que não são definidas em um ponto ou que não possuem limite nesse ponto, como ilustramos aqui.

EXEMPLO 8 Estime o valor de $\displaystyle\lim_{x \to 0} \frac{\sqrt{x^2 + 100} - 10}{x^2}$.

Solução A Tabela 2.3 lista valores da função para uma série de valores próximos de $x = 0$. Quando x se aproxima de 0 através dos valores ± 1, $\pm 0{,}5$, $\pm 0{,}10$ e $\pm 0{,}01$, a função parece se aproximar do número 0,05.

Ao passo que se supomos valores de x ainda menores, $\pm 0{,}0005$, $\pm 0{,}0001$, $\pm 0{,}00001$ e $\pm 0{,}000001$, a função parece se aproximar do valor 0.

A resposta é 0,05 ou 0, ou algum outro valor? Resolveremos essa questão no exemplo a seguir.

TABELA 2.3 Valores de $f(x) = \dfrac{\sqrt{x^2 + 100} - 10}{x^2}$ próximo a $x = 0$ no computador

x	$f(x)$	
± 1	0,049876	
$\pm 0{,}5$	0,049969	se aproxima de 0,05?
$\pm 0{,}1$	0,049999	
$\pm 0{,}01$	0,050000	
$\pm 0{,}0005$	0,050000	
$\pm 0{,}0001$	0,000000	se aproxima de 0?
$\pm 0{,}00001$	0,000000	
$\pm 0{,}000001$	0,000000	

Utilizar um computador ou uma calculadora pode fornecer resultados ambíguos, como ocorre no exemplo anterior. Não podemos substituir $x = 0$ no problema, e o numerador e o denominador não possuem fatores comuns óbvios (como possuíam no Exemplo 7). Às vezes, no entanto, podemos criar um fator comum algebricamente.

EXEMPLO 9 Avalie

$$\lim_{x \to 0} \frac{\sqrt{x^2 + 100} - 10}{x^2}.$$

Solução Esse é o limite que consideramos no Exemplo 8. Podemos criar um fator comum ao multiplicar tanto o numerador quanto o denominador pela expressão radical conjugada $\sqrt{x^2 + 100} + 10$ (obtida ao alterar o sinal após a raiz quadrada). A álgebra preliminar racionaliza o numerador:

$$\frac{\sqrt{x^2 + 100} - 10}{x^2} = \frac{\sqrt{x^2 + 100} - 10}{x^2} \cdot \frac{\sqrt{x^2 + 100} + 10}{\sqrt{x^2 + 100} + 10}$$

$$= \frac{x^2 + 100 - 100}{x^2 \left(\sqrt{x^2 + 100} + 10 \right)}$$

$$= \frac{x^2}{x^2 \left(\sqrt{x^2 + 100} + 10 \right)} \qquad \text{Fator comum } x^2$$

$$= \frac{1}{\sqrt{x^2 + 100} + 10}. \qquad \text{Cancelar } x^2 \text{ para } x \neq 0$$

Portanto,

$$\lim_{x \to 0} \frac{\sqrt{x^2 + 100} - 10}{x^2} = \lim_{x \to 0} \frac{1}{\sqrt{x^2 + 100} + 10}$$

$$= \frac{1}{\sqrt{0^2 + 100} + 10} \qquad \text{Denominador não 0 em } x = 0; \text{ substituir}$$

$$= \frac{1}{20} = 0{,}05.$$

Esse cálculo fornece a resposta correta, em contraste com os resultados ambíguos fornecidos pelo computador no Exemplo 8.

Não é sempre que podemos resolver algebricamente o problema de determinação do limite de um quociente em que o denominador se torna zero. Em alguns casos o limite pode, então, ser determinado com a ajuda de alguma geometria aplicada ao problema (veja a prova do Teorema 7 na Seção 2.4), ou por meio de métodos de cálculo (ilustrados na Seção 7.5). O teorema a seguir também é útil.

Teorema do confronto

O teorema a seguir nos permite calcular uma variedade de limites. Ele é chamado de teorema do confronto porque se refere a uma função f cujos valores são "presos" entre os valores de duas outras funções g e h que possuem o mesmo limite L em um ponto c. Estando "aprisionados" entre os valores de duas funções que se aproximam de L, os valores de f também devem se aproximar de L (Figura 2.12). Você encontrará uma prova no Apêndice 4.

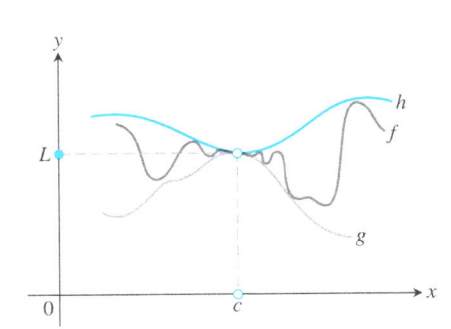

FIGURA 2.12 O gráfico de f é imprensado entre os gráficos de g e h.

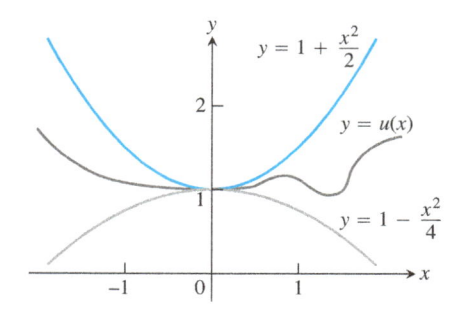

FIGURA 2.13 Qualquer função $u(x)$ cujo gráfico esteja na região entre $y = 1 + (x^2/2)$ e $y = 1 - (x^2/4)$ possui limite 1 quando $x \to 0$ (Exemplo 10).

TEOREMA 4 — Teorema do confronto Suponha que $g(x) \le f(x) \le h(x)$ para todo x em um intervalo aberto contendo c, exceto, possivelmente, no próprio $x = c$. Suponha também que

$$\lim_{x \to c} g(x) = \lim_{x \to c} h(x) = L.$$

Então, $\lim_{x \to c} f(x) = L$.

O teorema do confronto também é chamado de "teorema do aperto" ou "teorema do sanduíche".

EXEMPLO 10 Uma vez que

$$1 - \frac{x^2}{4} \le u(x) \le 1 + \frac{x^2}{2} \quad \text{para qualquer } x \ne 0,$$

determine $\lim_{x \to 0} u(x)$, por mais complicado que seja u.

Solução Como

$$\lim_{x \to 0}(1 - (x^2/4)) = 1 \quad \text{e} \quad \lim_{x \to 0}(1 + (x^2/2)) = 1,$$

o teorema do confronto implica $\lim_{x \to 0} u(x) = 1$ (Figura 2.13).

EXEMPLO 11 O teorema do confronto nos ajuda a estabelecer importantes regras de limite:

(a) $\lim_{\theta \to 0} \operatorname{sen} \theta = 0$ **(b)** $\lim_{\theta \to 0} \cos \theta = 1$

(c) Para qualquer função f, $\lim_{x \to c} |f(x)| = 0$ implica $\lim_{x \to c} f(x) = 0$.

Solução

(a) Na Seção 1.3, estabelecemos que $-|\theta| \le \operatorname{sen} \theta \le |\theta|$ para qualquer θ (veja a Figura 2.14a).
Uma vez que $\lim_{\theta \to 0}(-|\theta|) = \lim_{\theta \to 0} |\theta| = 0$, temos

$$\lim_{\theta \to 0} \operatorname{sen} \theta = 0.$$

(b) Da Seção 1.3, $0 \le 1 - \cos \theta \le |\theta|$ para qualquer θ (veja a Figura 2.14b), e temos $\lim_{\theta \to 0}(1 - \cos \theta) = 0$ ou

$$\lim_{\theta \to 0} \cos \theta = 1.$$

(c) Uma vez que $-|f(x)| \le f(x) \le |f(x)|$ e $-|f(x)|$ e $|f(x)|$ possuem limite 0 quando $x \to c$, ocorre que $\lim_{x \to c} f(x) = 0$.

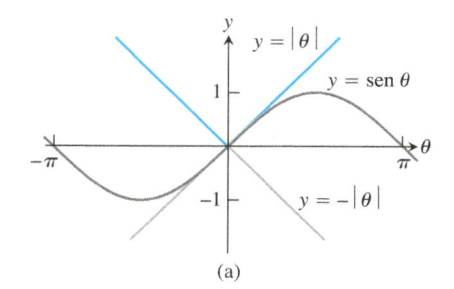

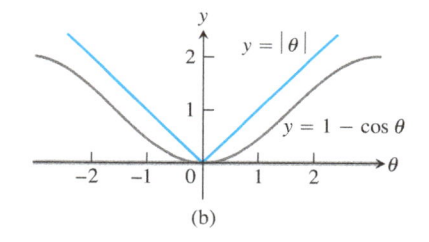

FIGURA 2.14 O teorema do confronto confirma os limites mostrados no Exemplo 11.

Outra propriedade importante dos limites é fornecida pelo teorema a seguir. Uma prova é dada na próxima seção.

TEOREMA 5 Se $f(x) \le g(x)$ para todo x em um intervalo aberto contendo c, exceto possivelmente em $x = c$, e os limites de f e g existirem quando x se aproxima de c, então

$$\lim_{x \to c} f(x) \le \lim_{x \to c} g(x).$$

A asserção resultante da substituição da desigualdade menor ou igual a ($\le$) pela desigualdade estrita ($<$) no Teorema 5 é falsa. A Figura 2.14a mostra que para $\theta \ne 0$, $-|\theta| < \operatorname{sen} \theta < |\theta|$, mas no limite quando $\theta \to 0$, a igualdade se aplica.

Exercícios 2.2

Limites a partir dos gráficos

1. Para a função $g(x)$ representada graficamente aqui, determine os seguintes limites ou explique por que eles não existem.

   a. $\lim_{x \to 1} g(x)$ **b.** $\lim_{x \to 2} g(x)$ **c.** $\lim_{x \to 3} g(x)$ **d.** $\lim_{x \to 2,5} g(x)$

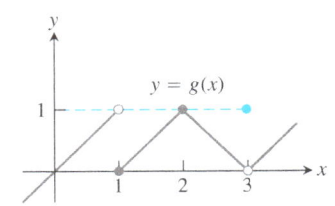

2. Para a função $f(t)$ representada graficamente aqui, determine os seguintes limites ou explique por que eles não existem.

   a. $\lim_{t \to -2} f(t)$ **b.** $\lim_{t \to -1} f(t)$ **c.** $\lim_{t \to 0} f(t)$ **d.** $\lim_{t \to -0,5} f(t)$

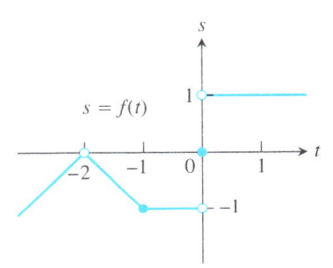

3. Quais das afirmações a seguir com relação à função $y = f(x)$ representada graficamente aqui são verdadeiras? E quais são falsas?

   a. $\lim_{x \to 0} f(x)$ existe.
   b. $\lim_{x \to 0} f(x) = 0$
   c. $\lim_{x \to 0} f(x) = 1$
   d. $\lim_{x \to 1} f(x) = 1$
   e. $\lim_{x \to 1} f(x) = 0$
   f. $\lim_{x \to x_0} f(x)$ existe em todo ponto x_0 em $(-1, 1)$.
   g. $\lim_{x \to 1} f(x)$ não existe.

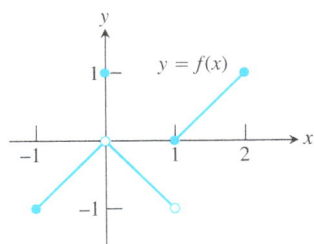

4. Quais das afirmações a seguir com relação à função $y = f(x)$ representada graficamente aqui são verdadeiras? E quais são falsas?

   a. $\lim_{x \to 2} f(x)$ não existe.
   b. $\lim_{x \to 2} f(x) = 2$
   c. $\lim_{x \to 1} f(x)$ não existe.
   d. $\lim_{x \to x_0} f(x)$ existe em todo ponto x_0 em $(-1, 1)$.
   e. $\lim_{x \to x_0} f(x)$ existe em todo ponto x_0 em $(1, 3)$.

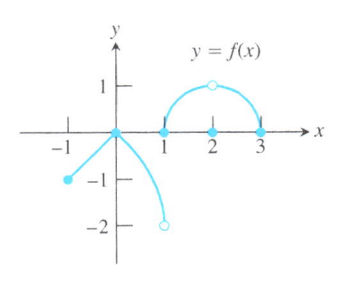

Existência de limites

Nos Exercícios 5 e 6, explique por que o limite não existe.

5. $\lim_{x \to 0} \dfrac{x}{|x|}$ 6. $\lim_{x \to 1} \dfrac{1}{x-1}$

7. Suponhamos que a função $f(x)$ seja definida para todo valor real de x exceto para $x = x_0$. O que pode ser dito sobre a existência de $\lim_{x \to x_0} f(x)$? Justifique sua resposta.

8. Suponhamos que a função $f(x)$ seja definida para todo x em $[-1, 1]$. O que pode ser dito sobre a existência de $\lim_{x \to 0} f(x)$? Justifique sua resposta.

9. Se $\lim_{x \to 1} f(x) = 5$, f deve ser definida em $x = 1$? Em caso afirmativo, deve ser $f(1) = 5$? Podemos concluir *algo* sobre os valores de f em $x = 1$? Explique.

10. Se $f(1) = 5$, $\lim_{x \to 1} f(x)$ deve existir? Em caso afirmativo, deve ser $\lim_{x \to 1} f(x) = 5$? Podemos concluir *algo* sobre $\lim_{x \to 1} f(x)$? Explique.

Calculando limites

Determine os limites nos Exercícios 11-22.

11. $\lim_{x \to -7}(2x + 5)$
12. $\lim_{x \to 2}(-x^2 + 5x - 2)$
13. $\lim_{t \to 6} 8(t - 5)(t - 7)$
14. $\lim_{x \to -2}(x^3 - 2x^2 + 4x + 8)$
15. $\lim_{x \to 2} \dfrac{x+3}{x+6}$
16. $\lim_{s \to 2/3} 3s(2s - 1)$
17. $\lim_{x \to -1} 3(2x - 1)^2$
18. $\lim_{y \to 2} \dfrac{y+2}{y^2 + 5y + 6}$
19. $\lim_{y \to -3}(5 - y)^{4/3}$
20. $\lim_{z \to 0}(2z - 8)^{1/3}$
21. $\lim_{h \to 0} \dfrac{3}{\sqrt{3h+1}+1}$
22. $\lim_{h \to 0} \dfrac{\sqrt{5h+4}-2}{h}$

Limites de quocientes

Determine os limites nos Exercícios 23-42.

23. $\lim_{x \to 5} \dfrac{x-5}{x^2-25}$
24. $\lim_{x \to -3} \dfrac{x+3}{x^2+4x+3}$
25. $\lim_{x \to -5} \dfrac{x^2+3x-10}{x+5}$
26. $\lim_{x \to 2} \dfrac{x^2-7x+10}{x-2}$
27. $\lim_{t \to 1} \dfrac{t^2+t-2}{t^2-1}$
28. $\lim_{t \to -1} \dfrac{t^2+3t+2}{t^2-t-2}$
29. $\lim_{x \to -2} \dfrac{-2x-4}{x^3+2x^2}$
30. $\lim_{y \to 0} \dfrac{5y^3+8y^2}{3y^4-16y^2}$
31. $\lim_{x \to 1} \dfrac{\frac{1}{x}-1}{x-1}$
32. $\lim_{x \to 0} \dfrac{\frac{1}{x-1}+\frac{1}{x+1}}{x}$

33. $\lim_{u \to 1} \dfrac{u^4 - 1}{u^3 - 1}$

34. $\lim_{v \to 2} \dfrac{v^3 - 8}{v^4 - 16}$

35. $\lim_{x \to 9} \dfrac{\sqrt{x} - 3}{x - 9}$

36. $\lim_{x \to 4} \dfrac{4x - x^2}{2 - \sqrt{x}}$

37. $\lim_{x \to 1} \dfrac{x - 1}{\sqrt{x + 3} - 2}$

38. $\lim_{x \to -1} \dfrac{\sqrt{x^2 + 8} - 3}{x + 1}$

39. $\lim_{x \to 2} \dfrac{\sqrt{x^2 + 12} - 4}{x - 2}$

40. $\lim_{x \to -2} \dfrac{x + 2}{\sqrt{x^2 + 5} - 3}$

41. $\lim_{x \to -3} \dfrac{2 - \sqrt{x^2 - 5}}{x + 3}$

42. $\lim_{x \to 4} \dfrac{4 - x}{5 - \sqrt{x^2 + 9}}$

Limites com funções trigonométricas

Determine os limites nos Exercícios 43-50.

43. $\lim_{x \to 0} (2 \operatorname{sen} x - 1)$

44. $\lim_{x \to 0} \operatorname{sen}^2 x$

45. $\lim_{x \to 0} \sec x$

46. $\lim_{x \to 0} \operatorname{tg} x$

47. $\lim_{x \to 0} \dfrac{1 + x + \operatorname{sen} x}{3 \cos x}$

48. $\lim_{x \to 0} (x^2 - 1)(2 - \cos x)$

49. $\lim_{x \to -\pi} \sqrt{x + 4} \cos(x + \pi)$

50. $\lim_{x \to 0} \sqrt{7 + \sec^2 x}$

Utilizando regras de limites

51. Suponha que $\lim_{x \to 0} f(x) = 1$ e $\lim_{x \to 0} g(x) = -5$. Especifique quais regras do Teorema 1 são utilizadas para efetuar as etapas a, b e c do cálculo a seguir.

$$\lim_{x \to 0} \dfrac{2f(x) - g(x)}{(f(x) + 7)^{2/3}} = \dfrac{\lim_{x \to 0}(2f(x) - g(x))}{\lim_{x \to 0}(f(x) + 7)^{2/3}} \quad (a)$$

$$= \dfrac{\lim_{x \to 0} 2f(x) - \lim_{x \to 0} g(x)}{\left(\lim_{x \to 0}(f(x) + 7)\right)^{2/3}} \quad (b)$$

$$= \dfrac{2 \lim_{x \to 0} f(x) - \lim_{x \to 0} g(x)}{\left(\lim_{x \to 0} f(x) + \lim_{x \to 0} 7\right)^{2/3}} \quad (c)$$

$$= \dfrac{(2)(1) - (-5)}{(1 + 7)^{2/3}} = \dfrac{7}{4}$$

52. Suponha que $\lim_{x \to 1} h(x) = 5$, $\lim_{x \to 1} p(x) = 1$ e $\lim_{x \to 1} r(x) = 2$. Especifique quais regras do Teorema 1 são utilizadas para efetuar as etapas a, b e c do cálculo a seguir.

$$\lim_{x \to 1} \dfrac{\sqrt{5h(x)}}{p(x)(4 - r(x))} = \dfrac{\lim_{x \to 1} \sqrt{5h(x)}}{\lim_{x \to 1}(p(x)(4 - r(x)))} \quad (a)$$

$$= \dfrac{\sqrt{\lim_{x \to 1} 5h(x)}}{\left(\lim_{x \to 1} p(x)\right)\left(\lim_{x \to 1}(4 - r(x))\right)} \quad (b)$$

$$= \dfrac{\sqrt{5 \lim_{x \to 1} h(x)}}{\left(\lim_{x \to 1} p(x)\right)\left(\lim_{x \to 1} 4 - \lim_{x \to 1} r(x)\right)} \quad (c)$$

$$= \dfrac{\sqrt{(5)(5)}}{(1)(4 - 2)} = \dfrac{5}{2}$$

53. Suponha que $\lim_{x \to c} f(x) = 5$ e $\lim_{x \to c} g(x) = -2$. Determine

   a. $\lim_{x \to c} f(x)g(x)$

   b. $\lim_{x \to c} 2f(x)g(x)$

   c. $\lim_{x \to c}(f(x) + 3g(x))$

   d. $\lim_{x \to c} \dfrac{f(x)}{f(x) - g(x)}$

54. Suponha que $\lim_{x \to 4} f(x) = 0$ e $\lim_{x \to 4} g(x) = -3$. Determine

   a. $\lim_{x \to 4}(g(x) + 3)$

   b. $\lim_{x \to 4} xf(x)$

   c. $\lim_{x \to 4}(g(x))^2$

   d. $\lim_{x \to 4} \dfrac{g(x)}{f(x) - 1}$

55. Suponha que $\lim_{x \to b} f(x) = 7$ e $\lim_{x \to b} g(x) = -3$. Determine

   a. $\lim_{x \to b}(f(x) + g(x))$

   b. $\lim_{x \to b} f(x) \cdot g(x)$

   c. $\lim_{x \to b} 4g(x)$

   d. $\lim_{x \to b} f(x)/g(x)$

56. Suponha que $\lim_{x \to -2} p(x) = 4$, $\lim_{x \to -2} r(x) = 0$ e $\lim_{x \to -2} s(x) = -3$. Determine

   a. $\lim_{x \to -2}(p(x) + r(x) + s(x))$

   b. $\lim_{x \to -2} p(x) \cdot r(x) \cdot s(x)$

   c. $\lim_{x \to -2}(-4p(x) + 5r(x))/s(x)$

Limites de taxas de variação média

Devido a sua conexão com retas secante, tangente e taxas instantâneas, os limites da forma

$$\lim_{h \to 0} \dfrac{f(x + h) - f(x)}{h}$$

ocorrem com frequência em cálculo. Nos Exercícios 57-62, avalie esse limite para os valores dados de x e a função f.

57. $f(x) = x^2$, $x = 1$

58. $f(x) = x^2$, $x = -2$

59. $f(x) = 3x - 4$, $x = 2$

60. $f(x) = 1/x$, $x = -2$

61. $f(x) = \sqrt{x}$, $x = 7$

62. $f(x) = \sqrt{3x + 1}$, $x = 0$

Utilizando o teorema do confronto

63. Se $\sqrt{5 - 2x^2} \leq f(x) \leq \sqrt{5 - x^2}$ para $-1 \leq x \leq 1$, determine $\lim_{x \to 0} f(x)$.

64. Se $2 - x^2 \leq g(x) \leq 2 \cos x$ para qualquer x, determine $\lim_{x \to 0} g(x)$.

65. a. Pode-se demonstrar que as desigualdades

$$1 - \dfrac{x^2}{6} < \dfrac{x \operatorname{sen} x}{2 - 2 \cos x} < 1$$

valem para todos os valores de x próximos de zero. O que pode ser dito a respeito de

$$\lim_{x \to 0} \dfrac{x \operatorname{sen} x}{2 - 2 \cos x} ?$$

Justifique sua resposta.

T b. Faça o gráfico de $y = 1 - (x^2/6)$, $y = (x \operatorname{sen} x)/(2 - 2 \cos x)$ e $y = 1$ juntos para $-2 \leq x \leq 2$. Comente o comportamento dos gráficos quando $x \to 0$.

66. a. Suponha que as desigualdades

$$\frac{1}{2} - \frac{x^2}{24} < \frac{1 - \cos x}{x^2} < \frac{1}{2}$$

valham para valores de x próximos a zero (e elas valem, como você verá na Seção 10.9). O que dizer a respeito de

$$\lim_{x \to 0} \frac{1 - \cos x}{x^2}?$$

Justifique suas respostas.

T b. Faça os gráficos das equações $y = (1/2) - (x^2/24)$, $y = (1 - \cos x)/x^2$ e $y = 1/2$ juntas para $-2 \leq x \leq 2$.
Comente o comportamento dos gráficos quando $x \to 0$.

Estimativa de limites

T Você achará útil utilizar uma calculadora gráfica para resolver os Exercícios 67-76.

67. Suponha que $f(x) = (x^2 - 9)/(x + 3)$.
  a. Crie uma tabela de valores de f nos pontos $x = -3,1$; $-3,01$; $-3,001$, e assim por diante, até onde sua calculadora permita. Em seguida, estime $\lim_{x \to -3} f(x)$. A que estimativa você chega se, em vez disso, avaliar f em $x = -2,9$; $-2,99$; $-2,999$...?
  b. Apoie suas conclusões no item (a) fazendo o gráfico de f próximo a $x_0 = -3$ e utilizando os comandos "Zoom" e "Trace" para estimar os valores de y no gráfico quando $x \to -3$.
  c. Determine $\lim_{x \to -3} f(x)$ algebricamente, como no Exemplo 7.

68. Suponha que $g(x) = (x^2 - 2)/(x - \sqrt{2})$.
  a. Faça uma tabela de valores de g nos pontos $x = 1,4$; $1,41$; $1,414$, e assim por diante, por sucessivas aproximações decimais de $\sqrt{2}$. Estime $\lim_{x \to \sqrt{2}} g(x)$.
  b. Apoie suas conclusões no item (a) fazendo um gráfico de g próximo de $x_0 = \sqrt{2}$ e utilizando os comandos "Zoom" e "Trace" para estimar os valores de y no gráfico quando $x \to \sqrt{2}$.
  c. Determine $\lim_{x \to \sqrt{2}} g(x)$ algebricamente.

69. Seja $G(x) = (x + 6)/(x^2 + 4x - 12)$.
  a. Faça uma tabela dos valores de G em $x = -5,9$; $-5,99$; $-5,999$, e assim por diante. Em seguida, estime $\lim_{x \to -6} G(x)$. A que estimativa você chega se, em vez disso, avaliar G em $x = -6,1$; $-6,01$; $-6,001$...?
  b. Apoie suas conclusões no item (a) ao fazer o gráfico de G e utilizar os comandos "Zoom" e "Trace" para estimar os valores de y no gráfico quando $x \to -6$.
  c. Determine $\lim_{x \to -6} G(x)$ algebricamente.

70. Seja $h(x) = (x^2 - 2x - 3)/(x^2 - 4x + 3)$.
  a. Faça uma tabela dos valores de h em $x = 2,9$; $2,99$; $2,999$ e assim por diante. Em seguida, estime $\lim_{x \to 3} h(x)$. A que estimativa você chega se, em vez disso, avaliar h em $x = 3,1$; $3,01$; $3,001$...?
  b. Apoie suas conclusões no item (a) ao fazer o gráfico de h próximo a $x_0 = 3$ e utilizar os comandos "Zoom" e "Trace" para estimar os valores de y no gráfico quando $x \to 3$.
  c. Determine $\lim_{x \to 3} h(x)$ algebricamente.

71. Seja $f(x) = (x^2 - 1)/(|x| - 1)$.
  a. Faça tabelas de valores de f para os valores de x que se aproximam de $x_0 = -1$ por cima e por baixo. Em seguida, estime $\lim_{x \to -1} f(x)$.
  b. Fundamente suas conclusões do item (a) esboçando um gráfico de f próximo de $x_0 = -1$ e usando os comandos "Zoom" e "Trace" para estimar os valores de y no gráfico quando $x \to -1$.
  c. Determine $\lim_{x \to -1} f(x)$ algebricamente.

72. Seja $F(x) = (x^2 + 3x + 2)/(2 - |x|)$.
  a. Faça uma tabela dos valores de F em valores de x que se aproximam de $x_0 = -2$ por cima e por baixo. Em seguida, estime $\lim_{x \to -2} F(x)$.
  b. Apoie suas conclusões no item (a) ao fazer o gráfico de F próximo a $x_0 = -2$ e utilizar os comandos "Zoom" e "Trace" para estimar os valores de y no gráfico quando $x \to -2$.
  c. Determine $\lim_{x \to -2} F(x)$ algebricamente.

73. Seja $g(\theta) = (\text{sen } \theta)/\theta$.
  a. Faça uma tabela dos valores de g em valores de θ que se aproximam de $\theta_0 = 0$ por cima e por baixo. Em seguida, estime $\lim_{\theta \to 0} g(\theta)$.
  b. Apoie suas conclusões no item (a) ao fazer o gráfico de g próximo de $\theta_0 = 0$.

74. Seja $G(t) = (1 - \cos t)/t^2$.
  a. Faça uma tabela dos valores de G em valores de t que se aproximam de $t_0 = 0$ por cima e por baixo. Em seguida, estime $\lim_{t \to 0} G(t)$.
  b. Apoie suas conclusões no item (a) ao fazer o gráfico de G próximo a $t_0 = 0$.

75. Seja $f(x) = x^{1/(1-x)}$.
  a. Faça uma tabela dos valores de f em valores de x que se aproximam de $x_0 = 1$ por cima e por baixo; f parece ter um limite quando $x \to 1$? Em caso afirmativo, qual é esse limite? Em caso negativo, por que não?
  b. Apoie suas conclusões no item (a) ao fazer o gráfico de f próximo a $x_0 = 1$.

76. Seja $f(x) = (3^x - 1)/x$.
  a. Faça uma tabela dos valores de f em valores de x que se aproximam de $x_0 = 0$ por cima e por baixo; f parece ter um limite quando $x \to 0$? Em caso afirmativo, qual é esse limite? Em caso negativo, por que não?
  b. Apoie suas conclusões no item (a) ao fazer o gráfico de f próximo a $x_0 = 0$.

Teoria e exemplos

77. Se $x^4 \leq f(x) \leq x^2$ para x em $[-1, 1]$ e $x^2 \leq f(x) \leq x^4$ para $x < -1$ e $x > 1$, em que pontos c você conhece automaticamente que $\lim_{x \to c} f(x)$? O que se pode dizer sobre o valor do limite nesses pontos?

78. Suponha que $g(x) \leq f(x) \leq h(x)$ para qualquer $x \neq 2$, e suponha que

$$\lim_{x \to 2} g(x) = \lim_{x \to 2} h(x) = -5.$$

Podemos concluir algo com relação aos valores de f, g e h em $x = 2$? É possível que $f(2) = 0$? É possível que $\lim_{x \to 2} f(x) = 0$? Justifique suas respostas.

79. Se $\lim_{x \to 4} \dfrac{f(x) - 5}{x - 2} = 1$, determine $\lim_{x \to 4} f(x)$.

80. Se $\lim_{x \to -2} \dfrac{f(x)}{x^2} = 1$, determine
  a. $\lim_{x \to -2} f(x)$
  b. $\lim_{x \to -2} \dfrac{f(x)}{x}$

81.
a. Se $\lim_{x \to 2} \dfrac{f(x) - 5}{x - 2} = 3$, determine $\lim_{x \to 2} f(x)$.

b. Se $\lim_{x \to 2} \dfrac{f(x) - 5}{x - 2} = 4$, determine $\lim_{x \to 2} f(x)$.

82. Se $\lim_{x \to 0} \dfrac{f(x)}{x^2} = 1$, determine

a. $\lim_{x \to 0} f(x)$
b. $\lim_{x \to 0} \dfrac{f(x)}{x}$

T 83.
a. Faça o gráfico de $g(x) = x \operatorname{sen}(1/x)$ para estimar $\lim_{x \to 0} g(x)$, aproximando-se da origem quando necessário.

b. Confirme sua estimativa no item (a) com uma prova.

T 84.
a. Faça o gráfico de $h(x) = x^2 \cos(1/x^3)$ para estimar $\lim_{x \to 0} h(x)$, aproximando-se da origem quando necessário.

b. Confirme sua estimativa no item (a) com uma prova.

USO DO COMPUTADOR
Estimativas gráficas dos limites

Nos Exercícios 85-90, utilize um sistema algébrico computacional para realizar as etapas a seguir:

a. Trace a função próxima ao ponto x_0 que está sendo aproximado.

b. A partir do traçado, estime o valor do limite.

85. $\lim_{x \to 2} \dfrac{x^4 - 16}{x - 2}$

86. $\lim_{x \to -1} \dfrac{x^3 - x^2 - 5x - 3}{(x + 1)^2}$

87. $\lim_{x \to 0} \dfrac{\sqrt[3]{1 + x} - 1}{x}$

88. $\lim_{x \to 3} \dfrac{x^2 - 9}{\sqrt{x^2 + 7} - 4}$

89. $\lim_{x \to 0} \dfrac{1 - \cos x}{x \operatorname{sen} x}$

90. $\lim_{x \to 0} \dfrac{2x^2}{3 - 3 \cos x}$

2.3 Definição precisa de limite

Agora voltaremos nossa atenção para a definição precisa de limite. Substituiremos expressões vagas como "fica arbitrariamente próximo de" na definição informal por condições específicas que podem ser aplicadas a qualquer exemplo em particular. Com uma definição precisa, podemos provar as propriedades do limite fornecidas na seção anterior e estabelecer muitos limites importantes.

Para mostrar que o limite de $f(x)$ quando $x \to x_0$ é igual ao número L, precisamos mostrar que a distância entre $f(x)$ e L pode ser "tão pequena quanto quisermos" se x for mantido "perto o suficiente" de x_0. Vejamos o que isso exigiria se especificássemos o tamanho do intervalo entre $f(x)$ e L.

EXEMPLO 1 Considere a função $y = 2x - 1$ próxima de $x_0 = 4$. Intuitivamente, parece que y está próximo de 7 quando x está perto de 4, de modo que $\lim_{x \to 4}(2x - 1) = 7$. No entanto, quão próximo x deve estar de $x_0 = 4$ para que $y = 2x - 1$ seja diferente de 7 por, digamos, menos de 2 unidades?

Solução Pergunta-se: para quais valores de x temos $|y - 7| < 2$? Para determinar a resposta, primeiro temos de expressar $|y - 7|$ em termos de x:

$$|y - 7| = |(2x - 1) - 7| = |2x - 8|.$$

A questão, então, torna-se outra: que valores de x satisfazem a desigualdade $|2x - 8| < 2$? Para descobrir, resolvemos a desigualdade:

$$|2x - 8| < 2$$
$$-2 < 2x - 8 < 2$$
$$6 < 2x < 10$$
$$3 < x < 5$$
$$-1 < x - 4 < 1.$$

Ao mantermos x a menos de 1 unidade em torno de $x_0 = 4$, mantemos y a menos de 2 unidades em torno de $y_0 = 7$ (Figura 2.15).

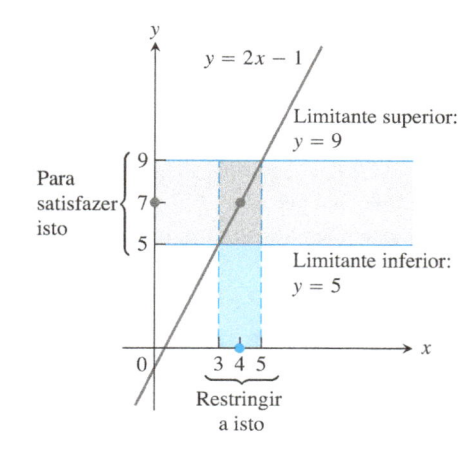

FIGURA 2.15 Ao mantermos x a 1 unidade de $x_0 = 4$, mantemos y a 2 unidades de $y_0 = 7$ (Exemplo 1).

No exemplo anterior, determinamos o quão perto x deve estar de um valor x_0 em particular para garantir que os valores $f(x)$ de certa função fiquem em um dado intervalo em torno de um valor limite L. Para mostrar que o limite de $f(x)$ quando $x \to x_0$ é, realmente, igual a L, precisamos ser capazes de mostrar que a distância entre $f(x)$ e L pode ficar menor do que *qualquer erro prescrito*, não importando o quão pequeno ele seja, ao se manter x perto o suficiente de x_0.

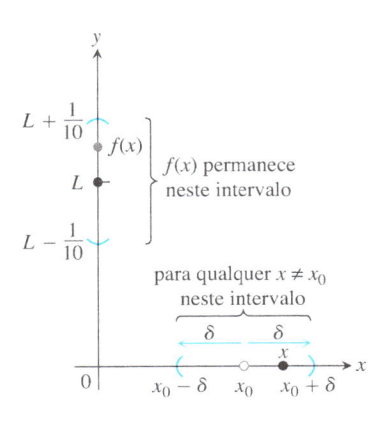

FIGURA 2.16 Como deveríamos definir $\delta > 0$ de modo que, se mantivéssemos x dentro do intervalo $(x_0 - \delta, x_0 + \delta)$, $f(x)$ ficaria dentro do intervalo $\left(L - \dfrac{1}{10}, L + \dfrac{1}{10}\right)$?

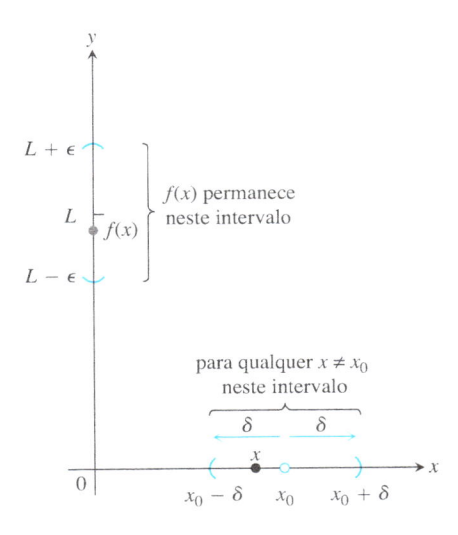

FIGURA 2.17 A relação de δ e ϵ na definição de limite.

Definição de limite

Suponha que estejamos observando os valores de uma função $f(x)$ quando x se aproxima de x_0 (sem se tornar o próprio valor de x_0). Certamente queremos ser capazes de dizer que $f(x)$ fica a um décimo de unidade de L, contanto que x fique a alguma distância δ de x_0 (Figura 2.16). Mas isso por si já não seria suficiente, uma vez que x continua tendendo a x_0, o que impede que $f(x)$ oscile no intervalo de $L - (1/10)$ a $L + (1/10)$ sem tender para L?

Talvez nos seja dito que o erro não pode ultrapassar $1/100$ ou $1/1000$ ou $1/100.000$. Em todos os casos, encontramos um novo intervalo δ em torno de x_0, de modo que manter x dentro desses intervalos satisfaz a nova tolerância de erro. E, em todos os casos, existe a possibilidade de que $f(x)$ se afaste de L em algum momento.

As figuras na página seguinte ilustram o problema. Você pode pensar nisso como uma disputa entre um cético e um estudioso. O cético apresenta desafios de ϵ para provar que o limite não existe ou, mais precisamente, há margem para dúvidas. O estudioso responde a cada desafio com um intervalo δ em torno de x_0, que mantém os valores da função a menos de ϵ de L.

Como interromper essa série aparentemente infinita de desafios e respostas? Provando que, para cada tolerância de erro ϵ que o cético apresente, podemos determinar, calcular ou conjurar uma distância δ correspondente que mantém x "próximo o suficiente" de x_0 para manter $f(x)$ dentro daquela tolerância de L (Figura 2.17). Isso nos leva à definição precisa de limite.

> **DEFINIÇÃO** Seja $f(x)$ definida em um intervalo aberto em torno de x_0, exceto, possivelmente, no próprio x_0. Dizemos que o **limite de $f(x)$ quando x tende a x_0 é o número L**, e escrevemos
>
> $$\lim_{x \to x_0} f(x) = L,$$
>
> se, para cada número $\epsilon > 0$, existir um número correspondente $\delta > 0$, de modo que, para qualquer valor de x,
>
> $$0 < |x - x_0| < \delta \quad \Rightarrow \quad |f(x) - L| < \epsilon.$$

Uma maneira de pensar a respeito dessa definição é supor que estejamos fabricando um eixo de um gerador com uma tolerância estrita. Podemos tentar conseguir um diâmetro L, mas, como nada é perfeito, temos de nos satisfazer com um diâmetro $f(x)$ que fique entre $L - \epsilon$ e $L + \epsilon$. O δ é a medida de quão precisa deve ser a nossa configuração de controle para x, para garantir esse grau de precisão no diâmetro do eixo. Observe que, conforme a tolerância a erros se torna menor, passamos a ter de ajustar δ. Isto é, o valor de δ, o quão rígido nosso controle precisa ser, depende do valor de ϵ, a tolerância a erros.

Exemplos: teste da definição

A definição formal de limite não nos diz como determinar o limite de uma função, mas nos permite verificar se um suposto limite está correto. Os exemplos a seguir mostram como a definição pode ser utilizada para verificar hipóteses de limite para funções específicas. No entanto, o real propósito da definição não é fazer cálculos como esse, mas provar teoremas gerais de modo que o cálculo dos limites específicos possam ser simplificados.

EXEMPLO 2 Mostre que

$$\lim_{x \to 1} (5x - 3) = 2.$$

Solução Seja $x_0 = 1$, $f(x) = 5x - 3$ e $L = 2$ na definição de limite. Para qualquer $\epsilon > 0$, precisamos determinar um $\delta > 0$ apropriado para que, se $x \neq 1$ e x estiver a menos de δ de $x_0 = 1$, isto é, sempre que

$$0 < |x - 1| < \delta,$$

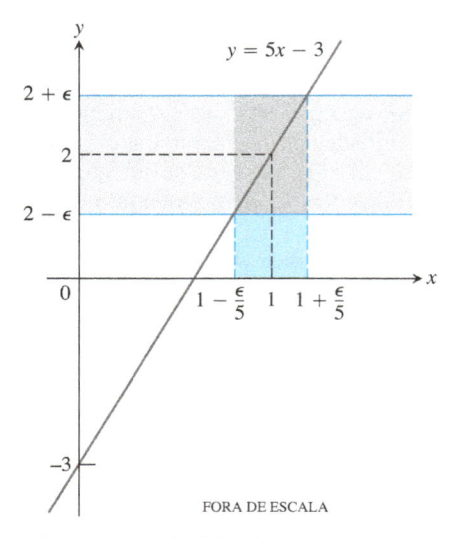

74 Cálculo

seja verdade que $f(x)$ está a menos de ϵ de $L = 2$, de modo que

$$|f(x) - 2| < \epsilon.$$

Determinamos δ ao trabalhar de trás para frente a partir da inequação ϵ:

$$|(5x - 3) - 2| = |5x - 5| < \epsilon$$
$$5|x - 1| < \epsilon$$
$$|x - 1| < \epsilon/5.$$

Desse modo, podemos tomar $\delta = \epsilon/5$ (Figura 2.18). Se $0 < |x - 1| < \delta = \epsilon/5$, então

$$|(5x - 3) - 2| = |5x - 5| = 5|x - 1| < 5(\epsilon/5) = \epsilon,$$

o que prova que $\lim_{x \to 1} (5x - 3) = 2$.

O valor de $\delta = \epsilon/5$ não é o único valor que fará $0 < |x - 1| < \delta$ implicar $|5x - 5| < \epsilon$. Qualquer δ positivo menor fará o mesmo. A definição não pede um δ positivo "melhor", apenas um que funcione.

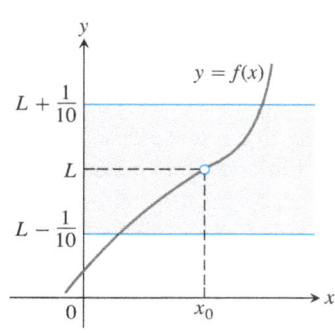

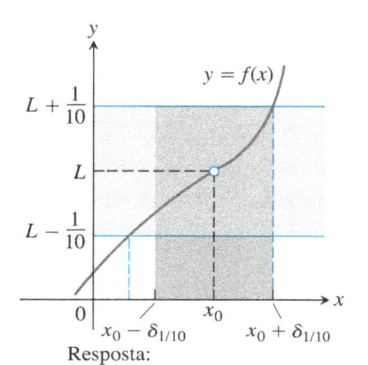

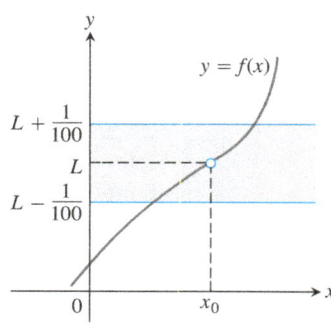

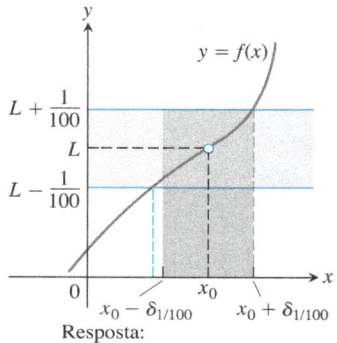

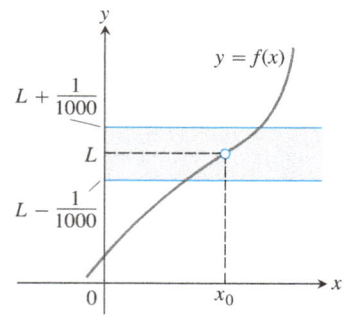

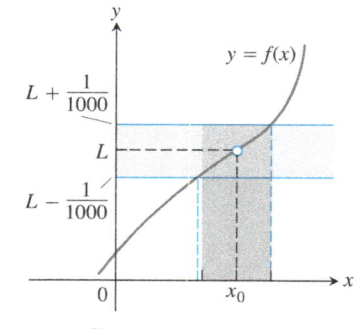

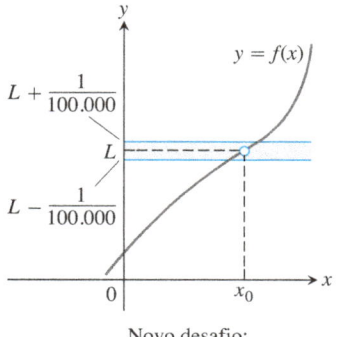

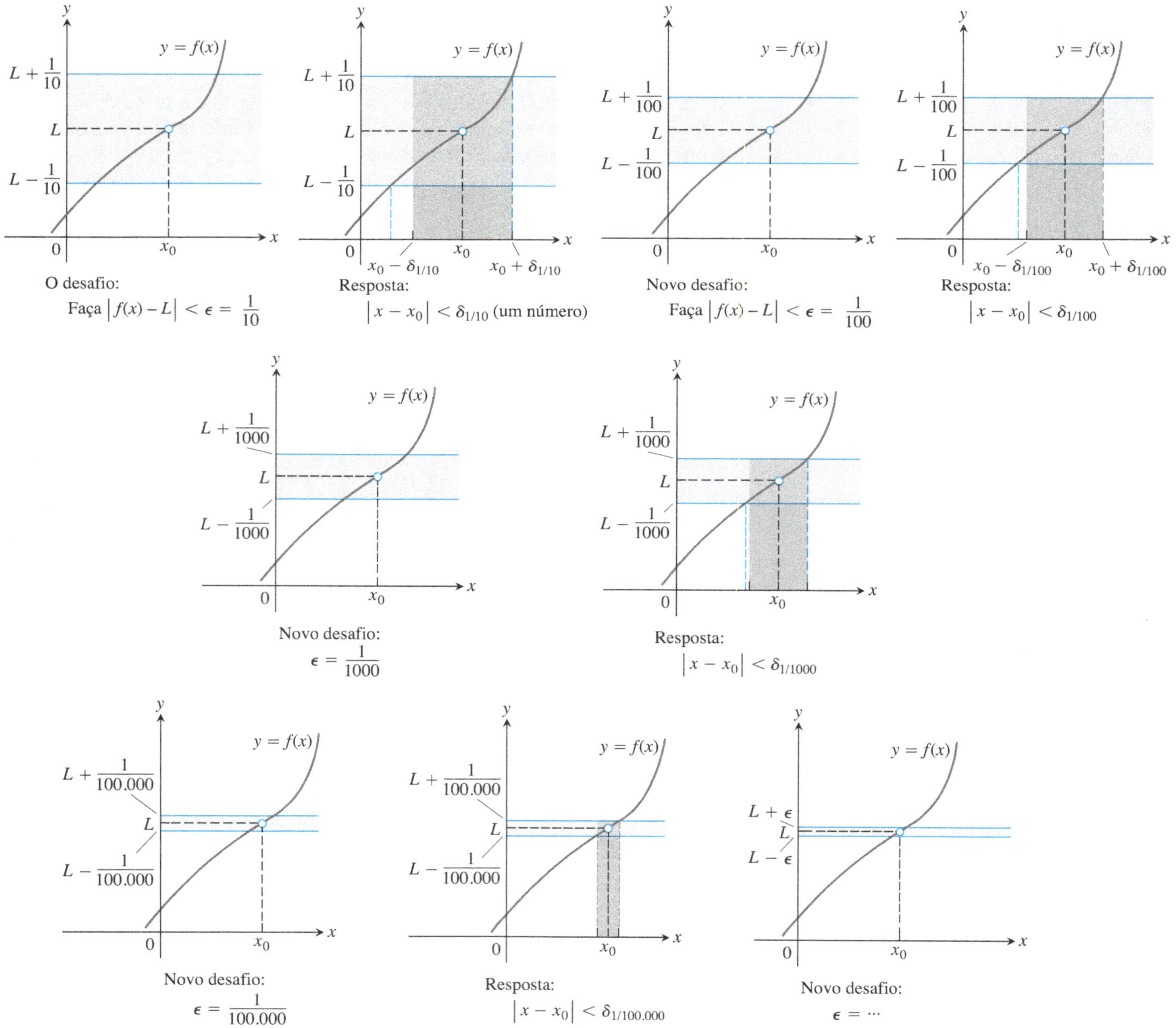

FIGURA 2.18 Se $f(x) = 5x - 3$, então $0 < |x - 1| < \epsilon/5$ garante que $|f(x) - 2| < \epsilon$ (Exemplo 2).

O desafio:
Faça $|f(x) - L| < \epsilon = \dfrac{1}{10}$

Resposta:
$|x - x_0| < \delta_{1/10}$ (um número)

Novo desafio:
Faça $|f(x) - L| < \epsilon = \dfrac{1}{100}$

Resposta:
$|x - x_0| < \delta_{1/100}$

Novo desafio:
$\epsilon = \dfrac{1}{1000}$

Resposta:
$|x - x_0| < \delta_{1/1000}$

Novo desafio:
$\epsilon = \dfrac{1}{100.000}$

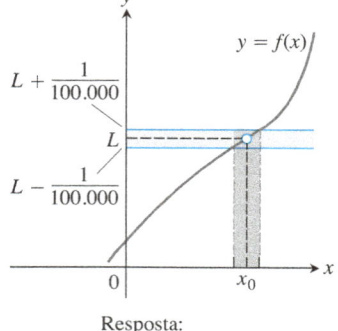

Resposta:
$|x - x_0| < \delta_{1/100.000}$

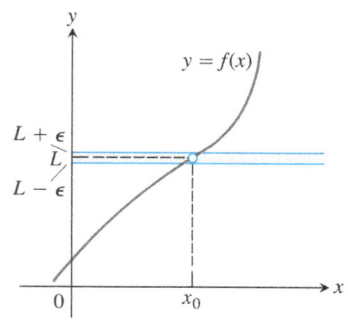

Novo desafio:
$\epsilon = \cdots$

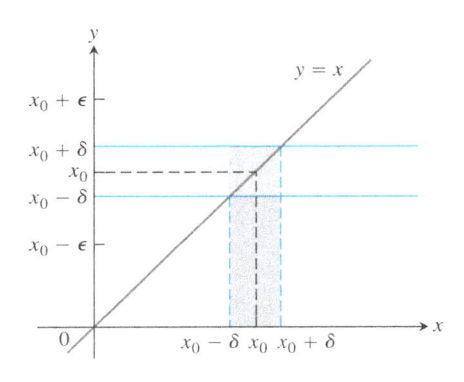

FIGURA 2.19 Para a função $f(x) = x$, determinamos que $0 < |x - x_0| < \delta$ garantirá que $|f(x) - x_0| < \epsilon$ sempre que $\delta \leq \epsilon$ (Exemplo 3a).

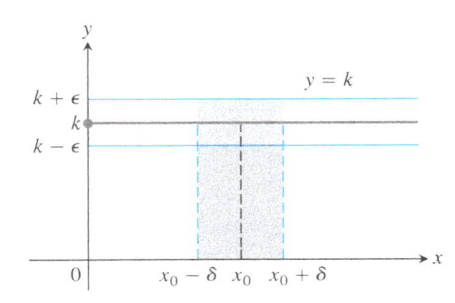

FIGURA 2.20 Para a função $f(x) = k$, determinamos que $|f(x) - k| < \epsilon$ para qualquer δ positivo (Exemplo 3b).

FIGURA 2.21 Um intervalo aberto de raio 3 em torno de $x_0 = 5$ ficará dentro do intervalo aberto (2, 10).

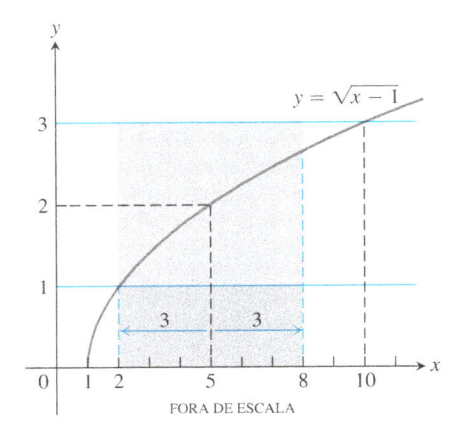

FIGURA 2.22 Função e intervalos no Exemplo 4.

EXEMPLO 3 Prove os seguintes resultados apresentados graficamente na Seção 2.2.

(a) $\lim_{x \to x_0} x = x_0$ **(b)** $\lim_{x \to x_0} k = k$ (k constante)

Solução

(a) Seja $\epsilon > 0$ dado. Precisamos determinar $\delta > 0$ de modo que para todo x
$$0 < |x - x_0| < \delta \quad \text{implique} \quad |x - x_0| < \epsilon.$$
A implicação será verdadeira se δ for igual a ϵ ou a qualquer número positivo menor (Figura 2.19). Isso prova que $\lim_{x \to x_0} x = x_0$.

(b) Seja $\epsilon > 0$ dado. Precisamos determinar $\delta > 0$ de modo que para todo x
$$0 < |x - x_0| < \delta \quad \text{implique} \quad |k - k| < \epsilon.$$
Uma vez que $k - k = 0$, podemos utilizar qualquer número positivo para δ, e a implicação será verdadeira (Figura 2.20). Isso prova que $\lim_{x \to x_0} k = k$.

Determinação algébrica de deltas para epsilones dados

Nos Exemplos 2 e 3, o intervalo dos valores em torno de x_0 para o qual $|f(x) - L|$ era menor do que ϵ era simétrico em relação a x_0, e podemos presumir que δ tenha a metade do comprimento desse intervalo. Quando não houver essa simetria, como costuma acontecer, podemos presumir que δ seja a distância de x_0 ao extremo *mais próximo* do intervalo.

EXEMPLO 4 Para o limite $\lim_{x \to 5} \sqrt{x - 1} = 2$, determine um $\delta > 0$ que sirva para $\epsilon = 1$. Ou seja, determine um $\delta > 0$ de modo que, para qualquer x,
$$0 < |x - 5| < \delta \quad \Rightarrow \quad |\sqrt{x - 1} - 2| < 1.$$

Solução Organizamos a busca em duas etapas, conforme discutido anteriormente.

1. *Resolva a inequação* $|\sqrt{x - 1} - 2| < 1$ *para determinar um intervalo contendo* $x_0 = 5$ *no qual a inequação valha para qualquer* $x \neq x_0$.

$$|\sqrt{x - 1} - 2| < 1$$
$$-1 < \sqrt{x - 1} - 2 < 1$$
$$1 < \sqrt{x - 1} < 3$$
$$1 < x - 1 < 9$$
$$2 < x < 10$$

A inequação vale para todo x no intervalo aberto (2, 10), então, vale para todo $x \neq 5$ nesse intervalo, também.

2. *Determine um valor de* $\delta > 0$ *para colocar o intervalo centrado* $5 - \delta < x < 5 + \delta$ *(centrado em* $x_0 = 5$*) dentro do intervalo* (2, 10). A distância entre 5 e o extremo mais próximo de (2, 10) é 3 (Figura 2.21). Se tomarmos $\delta = 3$ ou qualquer número positivo menor, então a inequação $0 < |x - 5| < \delta$ colocará x, automaticamente, entre 2 e 10 para fazer $|\sqrt{x - 1} - 2| < 1$ (Figura 2.22):
$$0 < |x - 5| < 3 \quad \Rightarrow \quad |\sqrt{x - 1} - 2| < 1.$$

Como determinar algebricamente um δ para dados f, L, x_0 e $\epsilon > 0$

O processo de determinar um $\delta > 0$ tal que para todo x
$$0 < |x - x_0| < \delta \quad \Rightarrow \quad |f(x) - L| < \epsilon$$
pode ser organizado em duas etapas:

1. *Resolva a inequação* $|f(x) - L| < \epsilon$ *para determinar um intervalo aberto* (a, b) *contendo* x_0 *no qual a inequação valha para todo* $x \neq x_0$.
2. *Determine um valor de* $\delta > 0$ *que coloque o intervalo aberto* $(x_0 - \delta, x_0 + \delta)$ *centrado em* x_0 *dentro do intervalo* (a, b). A inequação $|f(x) - L| < \epsilon$ valerá para qualquer $x \neq x_0$ nesse intervalo de raio δ.

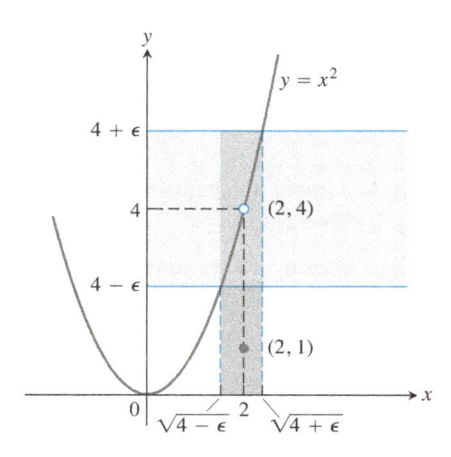

FIGURA 2.23 Intervalo contendo $x = 2$ de modo que a função no Exemplo 5 satisfaça $|f(x) - 4| < \epsilon$.

EXEMPLO 5 Prove que $\lim_{x \to 2} f(x) = 4$ se

$$f(x) = \begin{cases} x^2, & x \neq 2 \\ 1, & x = 2. \end{cases}$$

Solução Nossa tarefa é mostrar que, dado $\epsilon > 0$, existe um $\delta > 0$, tal que, para todo x

$$0 < |x - 2| < \delta \quad \Rightarrow \quad |f(x) - 4| < \epsilon.$$

1. *Resolva a inequação $|f(x) - 4| < \epsilon$ para determinar um intervalo aberto contendo $x_0 = 2$ no qual a inequação valha para todo $x \neq x_0$.*

   Para $x \neq x_0 = 2$, temos $f(x) = x^2$, e a inequação a ser resolvida é $|x^2 - 4| < \epsilon$:

   $$|x^2 - 4| < \epsilon$$
   $$-\epsilon < x^2 - 4 < \epsilon$$
   $$4 - \epsilon < x^2 < 4 + \epsilon$$
   $$\sqrt{4 - \epsilon} < |x| < \sqrt{4 + \epsilon} \quad \text{Pressuponha } \epsilon < 4; \text{ veja adiante.}$$
   $$\sqrt{4 - \epsilon} < x < \sqrt{4 + \epsilon}. \quad \text{Um intervalo aberto em torno de } x_0 = 2 \text{ que resolve a inequação.}$$

   A inequação $|f(x) - 4| < \epsilon$ vale para qualquer $x \neq 2$ no intervalo aberto $\left(\sqrt{4 - \epsilon}, \sqrt{4 + \epsilon} \right)$ (Figura 2.23).

2. *Determine um valor de $\delta > 0$ que coloque o intervalo centrado $(2 - \delta, 2 + \delta)$ dentro do intervalo $\left(\sqrt{4 - \epsilon}, \sqrt{4 + \epsilon} \right)$.*

   Tome δ igual à distância entre $x_0 = 2$ até o extremo mais próximo de $\left(\sqrt{4 - \epsilon}, \sqrt{4 + \epsilon} \right)$. Em outras palavras, suponha que $\delta = \min \{ 2 - \sqrt{4 - \epsilon}, \sqrt{4 + \epsilon} - 2 \}$, o *mínimo* (o menor) dos dois números $2 - \sqrt{4 - \epsilon}$ e $\sqrt{4 + \epsilon} - 2$. Se δ possuir esse ou qualquer valor positivo menor, a inequação $0 < |x - 2| < \delta$ colocará x automaticamente entre $\sqrt{4 - \epsilon}$ e $\sqrt{4 + \epsilon}$ para fazer $|f(x) - 4| < \epsilon$. Para todo x,

   $$0 < |x - 2| < \delta \quad \Rightarrow \quad |f(x) - 4| < \epsilon.$$

   Isso completa a prova para $\epsilon < 4$.

   Se $\epsilon \geq 4$, então presumimos que δ seja a distância de $x_0 = 2$ ao extremo mais próximo do intervalo $\left(0, \sqrt{4 + \epsilon} \right)$. Em outras palavras, suponha que $\delta = \min \{ 2, \sqrt{4 + \epsilon} - 2 \}$ (veja a Figura 2.23).

Utilização da definição para provar teoremas

Normalmente, não nos fundamentamos na definição formal de limite para verificar limites específicos, tais como aqueles nos exemplos anteriores. Em vez disso, recorremos a teoremas gerais sobre limites, especialmente os teoremas da Seção 2.2. A definição é utilizada para provar esses teoremas (Apêndice 4). Como exemplo, provamos a parte 1 do Teorema 1, a regra da soma.

EXEMPLO 6 Dado que $\lim_{x \to c} f(x) = L$ e $\lim_{x \to c} g(x) = M$, prove que

$$\lim_{x \to c} (f(x) + g(x)) = L + M.$$

Solução Seja $\epsilon > 0$ dado. Queremos determinar um número δ positivo de modo que para todo x

$$0 < |x - c| < \delta \quad \Rightarrow \quad |f(x) + g(x) - (L + M)| < \epsilon.$$

Ao reagrupar os termos, obtemos

$$|f(x) + g(x) - (L + M)| = |(f(x) - L) + (g(x) - M)|$$
$$\leq |f(x) - L| + |g(x) - M|.$$

Desigualdade triangular: $|a + b| \leq |a| + |b|$

Uma vez que $\lim_{x \to c} f(x) = L$, existe um número $\delta_1 > 0$, de modo que para todo x

$$0 < |x - c| < \delta_1 \quad \Rightarrow \quad |f(x) - L| < \epsilon/2.$$

Do mesmo modo, uma vez que $\lim_{x \to c} g(x) = M$, existe um número $\delta_2 > 0$, de modo que para todo x

$$0 < |x - c| < \delta_2 \quad \Rightarrow \quad |g(x) - M| < \epsilon/2.$$

Seja $\delta = \min\{\delta_1, \delta_2\}$, o menor de δ_1 e δ_2. Se $0 < |x - c| < \delta$, então $|x - c| < \delta_1$, de modo que $|f(x) - L| < \epsilon/2$, e $|x - c| < \delta_2$, e assim $|g(x) - M| < \epsilon/2$. Portanto

$$|f(x) + g(x) - (L + M)| < \frac{\epsilon}{2} + \frac{\epsilon}{2} = \epsilon.$$

Isso mostra que $\lim_{x \to c}(f(x) + g(x)) = L + M$.

A seguir, provaremos o Teorema 5 da Seção 2.2.

EXEMPLO 7 Dado que $\lim_{x \to c} f(x) = L$ e $\lim_{x \to c} g(x) = M$, e que $f(x) \leq g(x)$ para todo x em um intervalo aberto contendo c (exceto, possivelmente, o próprio c), prove que $L \leq M$.

Solução Utilizamos o método da prova por contradição. Suponha, pelo contrário, que $L > M$. Então, pela propriedade do limite da diferença no Teorema 1,

$$\lim_{x \to c}(g(x) - f(x)) = M - L.$$

Portanto, para todo $\epsilon > 0$, existe $\delta > 0$, de modo que

$$|(g(x) - f(x)) - (M - L)| < \epsilon \text{ sempre que } 0 < |x - c| < \delta.$$

Uma vez que $L - M > 0$, por hipótese, tomamos $\epsilon = L - M$ em particular, e temos um número $\delta > 0$, de modo que

$$|(g(x) - f(x)) - (M - L)| < L - M \text{ sempre que } 0 < |x - c| < \delta.$$

Como $a \leq |a|$ para qualquer número a, temos

$$(g(x) - f(x)) - (M - L) < L - M \text{ sempre que } 0 < |x - c| < \delta$$

o que pode ser simplificado para

$$g(x) < f(x) \text{ sempre que } 0 < |x - c| < \delta.$$

Mas isso contradiz $f(x) \leq g(x)$. Logo, a desigualdade $L > M$ deve ser falsa. Portanto, $L \leq M$.

Exercícios 2.3

Centrando intervalos em torno de um ponto

Nos Exercícios 1-6, esboce o intervalo (a, b) no eixo x com o ponto x_0 dentro. Em seguida, determine um valor de $\delta > 0$, de modo que para todo x, $0 < |x - x_0| < \delta \Rightarrow a < x < b$.

1. $a = 1, b = 7, x_0 = 5$
2. $a = 1, b = 7, x_0 = 2$
3. $a = -7/2, b = -1/2, x_0 = -3$
4. $a = -7/2, b = -1/2, x_0 = -3/2$
5. $a = 4/9, b = 4/7, x_0 = 1/2$
6. $a = 2{,}7591, b = 3{,}2391, x_0 = 3$

Determinação gráfica de deltas

Nos Exercícios 7-14, utilize os gráficos para determinar um $\delta > 0$ e que para todo x

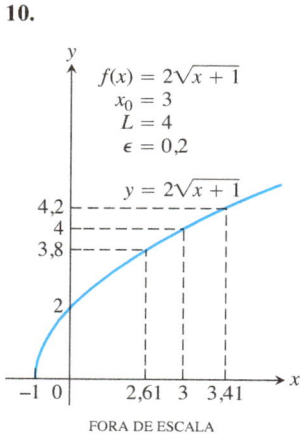

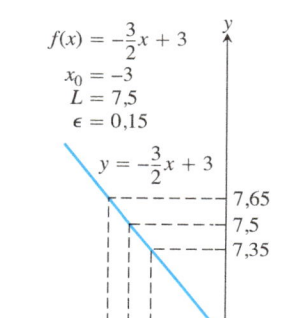

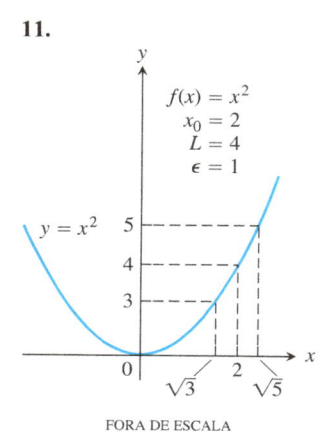

$$0 < |x - x_0| < \delta \implies |f(x) - L| < \epsilon.$$

7. $y = 2x - 4$, $f(x) = 2x - 4$, $x_0 = 5$, $L = 6$, $\epsilon = 0.2$

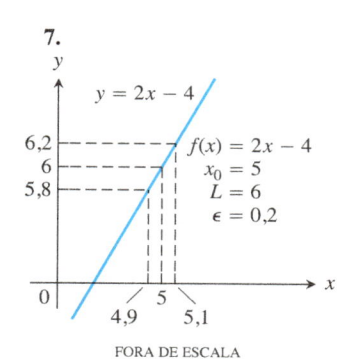

8. $f(x) = -\frac{3}{2}x + 3$, $x_0 = -3$, $L = 7.5$, $\epsilon = 0.15$

9. $f(x) = \sqrt{x}$, $x_0 = 1$, $L = 1$, $\epsilon = \frac{1}{4}$

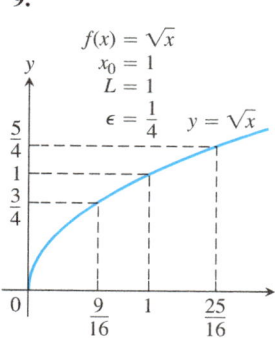

10. $f(x) = 2\sqrt{x+1}$, $x_0 = 3$, $L = 4$, $\epsilon = 0.2$

11. $f(x) = x^2$, $x_0 = 2$, $L = 4$, $\epsilon = 1$

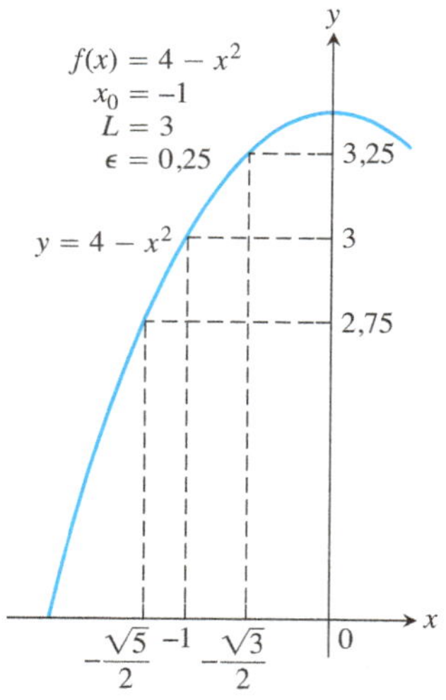

12. $f(x) = 4 - x^2$, $x_0 = -1$, $L = 3$, $\epsilon = 0.25$

13. $f(x) = \frac{2}{\sqrt{-x}}$, $x_0 = -1$, $L = 2$, $\epsilon = 0.5$

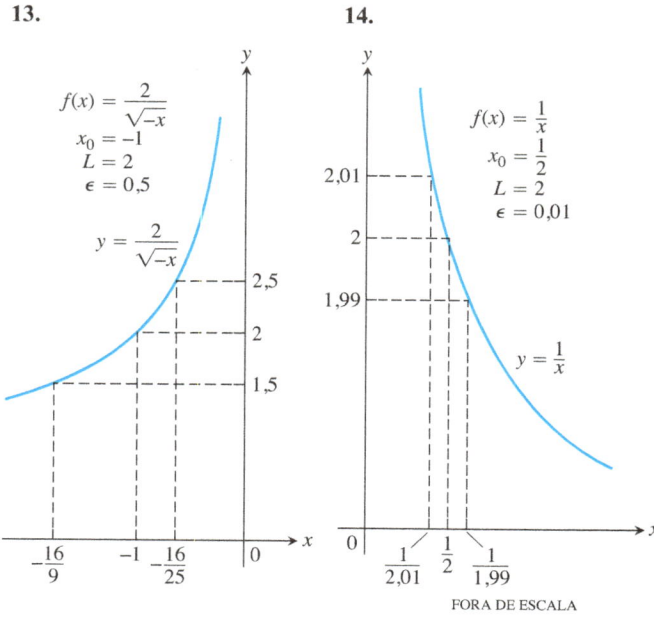

14. $f(x) = \frac{1}{x}$, $x_0 = \frac{1}{2}$, $L = 2$, $\epsilon = 0.01$

Determinação algébrica de deltas

Cada um dos Exercícios 15-30 dá uma função $f(x)$ e números L, x_0 e $\epsilon > 0$. Em cada caso, determine um intervalo aberto em torno de x_0 em que a desigualdade $|f(x) - L| < \epsilon$ seja verdadeira. Dê então um valor para $\delta > 0$ tal que, para todo x satisfazendo $0 < |x - x_0| < \delta$, a desigualdade $|f(x) - L| < \epsilon$ seja verdadeira.

15. $f(x) = x + 1$, $L = 5$, $x_0 = 4$, $\epsilon = 0.01$
16. $f(x) = 2x - 2$, $L = -6$, $x_0 = -2$, $\epsilon = 0.02$
17. $f(x) = \sqrt{x + 1}$, $L = 1$, $x_0 = 0$, $\epsilon = 0.1$
18. $f(x) = \sqrt{x}$, $L = 1/2$, $x_0 = 1/4$, $\epsilon = 0.1$
19. $f(x) = \sqrt{19 - x}$, $L = 3$, $x_0 = 10$, $\epsilon = 1$
20. $f(x) = \sqrt{x - 7}$, $L = 4$, $x_0 = 23$, $\epsilon = 1$
21. $f(x) = 1/x$, $L = 1/4$, $x_0 = 4$, $\epsilon = 0.05$
22. $f(x) = x^2$, $L = 3$, $x_0 = \sqrt{3}$, $\epsilon = 0.1$
23. $f(x) = x^2$, $L = 4$, $x_0 = -2$, $\epsilon = 0.5$
24. $f(x) = 1/x$, $L = -1$, $x_0 = -1$, $\epsilon = 0.1$
25. $f(x) = x^2 - 5$, $L = 11$, $x_0 = 4$, $\epsilon = 1$
26. $f(x) = 120/x$, $L = 5$, $x_0 = 24$, $\epsilon = 1$
27. $f(x) = mx$, $m > 0$, $L = 2m$, $x_0 = 2$, $\epsilon = 0.03$
28. $f(x) = mx$, $m > 0$, $L = 3m$, $x_0 = 3$, $\epsilon = c > 0$
29. $f(x) = mx + b$, $m > 0$, $L = (m/2) + b$, $x_0 = 1/2$, $\epsilon = c > 0$
30. $f(x) = mx + b$, $m > 0$, $L = m + b$, $x_0 = 1$, $\epsilon = 0.05$

Utilização da definição formal

Cada um dos Exercícios 31-36 dá uma função $f(x)$, um ponto x_0 e um número positivo ϵ. Determine $L = \lim_{x \to x_0} f(x)$. Em seguida, determine um número $\delta > 0$ de modo que para todo x

$$0 < |x - x_0| < \delta \implies |f(x) - L| < \epsilon.$$

31. $f(x) = 3 - 2x$, $x_0 = 3$, $\epsilon = 0.02$
32. $f(x) = -3x - 2$, $x_0 = -1$, $\epsilon = 0.03$
33. $f(x) = \dfrac{x^2 - 4}{x - 2}$, $x_0 = 2$, $\epsilon = 0.05$

34. $f(x) = \dfrac{x^2 + 6x + 5}{x + 5}$, $x_0 = -5$, $\epsilon = 0{,}05$

35. $f(x) = \sqrt{1 - 5x}$, $x_0 = -3$, $\epsilon = 0{,}5$

36. $f(x) = 4/x$, $x_0 = 2$, $\epsilon = 0{,}4$

Prove as afirmações de limite nos Exercícios 37-50.

37. $\lim\limits_{x \to 4} (9 - x) = 5$

38. $\lim\limits_{x \to 3} (3x - 7) = 2$

39. $\lim\limits_{x \to 9} \sqrt{x - 5} = 2$

40. $\lim\limits_{x \to 0} \sqrt{4 - x} = 2$

41. $\lim\limits_{x \to 1} f(x) = 1$ se $f(x) = \begin{cases} x^2, & x \neq 1 \\ 2, & x = 1 \end{cases}$

42. $\lim\limits_{x \to -2} f(x) = 4$ se $f(x) = \begin{cases} x^2, & x \neq -2 \\ 1, & x = -2 \end{cases}$

43. $\lim\limits_{x \to 1} \dfrac{1}{x} = 1$

44. $\lim\limits_{x \to \sqrt{3}} \dfrac{1}{x^2} = \dfrac{1}{3}$

45. $\lim\limits_{x \to -3} \dfrac{x^2 - 9}{x + 3} = -6$

46. $\lim\limits_{x \to 1} \dfrac{x^2 - 1}{x - 1} = 2$

47. $\lim\limits_{x \to 1} f(x) = 2$ se $f(x) = \begin{cases} 4 - 2x, & x < 1 \\ 6x - 4, & x \geq 1 \end{cases}$

48. $\lim\limits_{x \to 0} f(x) = 0$ se $f(x) = \begin{cases} 2x, & x < 0 \\ x/2, & x \geq 0 \end{cases}$

49. $\lim\limits_{x \to 0} x \operatorname{sen} \dfrac{1}{x} = 0$

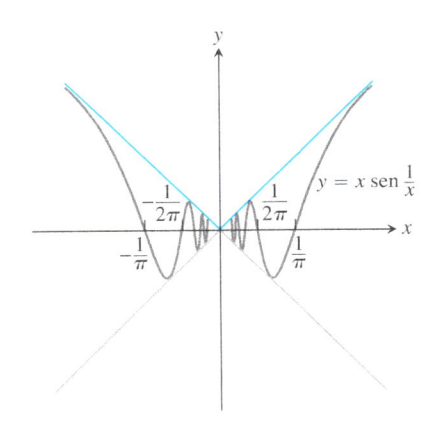

50. $\lim\limits_{x \to 0} x^2 \operatorname{sen} \dfrac{1}{x} = 0$

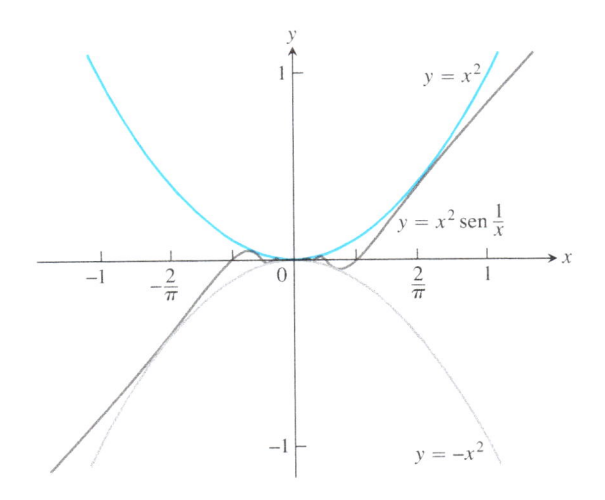

Teoria e exemplos

51. Defina o que significa dizer que $\lim\limits_{x \to 0} g(x) = k$.

52. Prove que $\lim\limits_{x \to c} f(x) = L$ se, e somente se, $\lim\limits_{h \to 0} f(h + c) = L$.

53. Afirmação incorreta sobre limites Mostre, com um exemplo, que a afirmação a seguir está incorreta.

O número L é o limite de $f(x)$ quando x se aproxima de x_0, se $f(x)$ se aproxima de L quando x se aproxima de x_0.

Explique por que a função em seu exemplo não possui o valor dado de L como um limite quando $x \to x_0$.

54. Outra afirmação incorreta sobre limites Mostre com um exemplo que a seguinte afirmação está incorreta.

O número L é o limite de $f(x)$ à medida que x se aproxima de x_0, se, dado qualquer $\epsilon > 0$, existe um valor de x para o qual $|f(x) - L| < \epsilon$.

Explique por que a função do seu exemplo não tem o valor dado de L como um limite quando $x \to x_0$.

T 55. Torneando cilindros para motores Antes de solicitar a fabricação de cilindros para motores com uma área de seção transversal de 9 pol², você precisa saber o quanto de desvio pode aceitar em relação ao diâmetro ideal do cilindro, que é de $x_0 = 3{,}385$ pol, e ter, ainda, a área diferindo no máximo 0,01 pol² das 9 pol² exigidas. Para determinar isso, você faz $A = \pi (x/2)^2$ e procura o intervalo no qual tem de manter x para fazer $|A - 9| \leq 0{,}01$. Que intervalo você encontra?

56. Fabricação de resistores elétricos A lei de Ohm para circuitos elétricos, como o mostrado na ilustração a seguir, afirma que $V = RI$. Nessa equação, V é uma voltagem constante, I é a corrente em amperes e R é a resistência em ohms. Sua empresa recebeu pedidos de fornecimento de resistores para um circuito em que V será 120 volts e I deverá ser $5 \pm 0{,}1$ A. Em que intervalo R deve ficar para que I esteja a menos de 0,1 A do valor $I_0 = 5$?

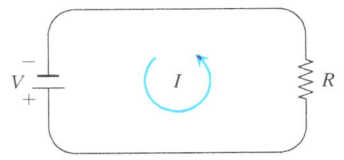

Quando o número L não é o limite de $f(x)$ quando $x \to x_0$?

Mostrando que L não é um limite Podemos provar que $\lim\limits_{x \to x_0} f(x) \neq L$ ao fornecer um $\epsilon > 0$ de modo que não seja possível encontrar $\delta > 0$ que satisfaça a condição

para todo x, $0 < |x - x_0| < \delta \implies |f(x) - L| < \epsilon$.

Conseguimos isso para o nosso candidato ϵ ao mostrar que para cada $\delta > 0$ existe um valor de x tal que

$$0 < |x - x_0| < \delta \text{ e } |f(x) - L| \geq \epsilon.$$

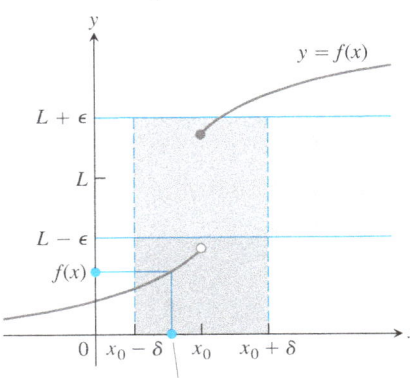

a um valor de x para o qual

$$0 < |x - x_0| < \delta \text{ e } |f(x) - L| \geq \epsilon$$

57. Seja $f(x) = \begin{cases} x, & x < 1 \\ x + 1, & x > 1. \end{cases}$

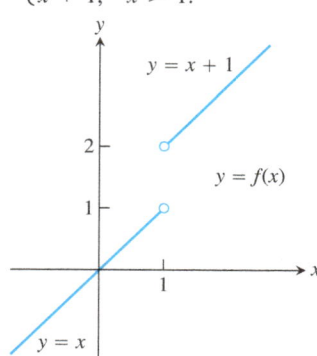

a. Seja $\epsilon = 1/2$. Mostre que nenhum $\delta > 0$ satisfaz a seguinte condição:

Para todo x, $0 < |x - 1| < \delta \Rightarrow |f(x) - 2| < 1/2$.

Isto é, para cada $\delta > 0$, mostre que há um valor de x tal que

$0 < |x - 1| < \delta$ e $|f(x) - 2| \geq 1/2$.

Isso mostrará que $\lim_{x \to 1} f(x) \neq 2$.

b. Mostre que $\lim_{x \to 1} f(x) \neq 1$.
c. Mostre que $\lim_{x \to 1} f(x) \neq 1,5$.

58. Seja $h(x) = \begin{cases} x^2, & x < 2 \\ 3, & x = 2 \\ 2, & x > 2. \end{cases}$

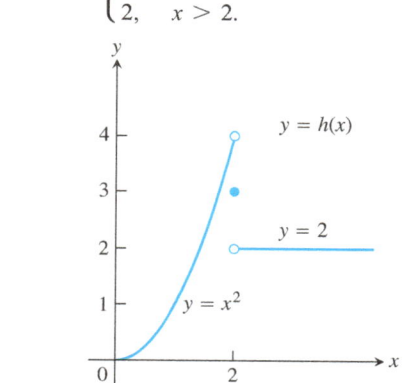

Mostre que

a. $\lim_{x \to 2} h(x) \neq 4$
b. $\lim_{x \to 2} h(x) \neq 3$
c. $\lim_{x \to 2} h(x) \neq 2$

59. Para a função representada graficamente aqui, explique por que

a. $\lim_{x \to 3} f(x) \neq 4$
b. $\lim_{x \to 3} f(x) \neq 4,8$
c. $\lim_{x \to 3} f(x) \neq 3$

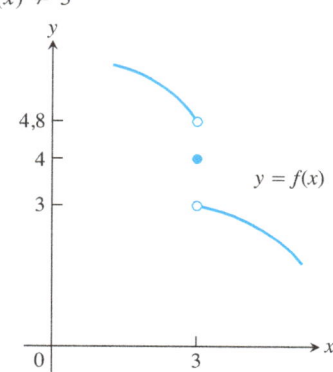

60. a. Para a função representada graficamente aqui, mostre que $\lim_{x \to -1} g(x) \neq 2$.

b. Parece que $\lim_{x \to -1} g(x)$ existe? Em caso afirmativo, qual o valor do limite? Em caso negativo, por que não?

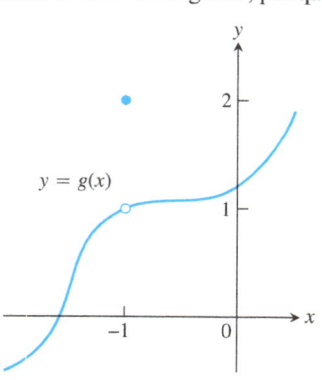

USO DO COMPUTADOR

Nos Exercícios 61-66, você aprofundará a exploração determinando deltas graficamente. Utilize um SAC para executar as seguintes etapas:

a. Trace a função $y = f(x)$ próximo ao ponto x_0 sendo aproximado.
b. Descubra o valor do limite L e, em seguida, avalie o limite simbolicamente para verificar se está correto.
c. Utilizando o valor $\epsilon = 0,2$, faça o gráfico das retas $y_1 = L - \epsilon$ e $y_2 = L + \epsilon$ juntos com a função de f próxima a x_0.
d. A partir de seu gráfico no item (c), estime um $\delta > 0$ de modo que para todo x

$0 < |x - x_0| < \delta \Rightarrow |f(x) - L| < \epsilon$.

Teste a sua estimativa traçando f, y_1 e y_2 no intervalo $0 < |x - x_0| < \delta$. Para sua janela de inspeção, utilize $x_0 - 2\delta \leq x \leq x_0 + 2\delta$ e $L - 2\epsilon \leq y \leq L + 2\epsilon$. Se algum valor da função estiver fora do intervalo $[L - \epsilon, L + \epsilon]$, sua escolha de δ foi alta demais. Tente novamente com uma estimativa menor.

e. Repita os itens (c) e (d) sucessivamente para $\epsilon = 0,1$; 0,05 e 0,001.

61. $f(x) = \dfrac{x^4 - 81}{x - 3}$, $x_0 = 3$

62. $f(x) = \dfrac{5x^3 + 9x^2}{2x^5 + 3x^2}$, $x_0 = 0$

63. $f(x) = \dfrac{\text{sen } 2x}{3x}$, $x_0 = 0$

64. $f(x) = \dfrac{x(1 - \cos x)}{x - \text{sen } x}$, $x_0 = 0$

65. $f(x) = \dfrac{\sqrt[3]{x} - 1}{x - 1}$, $x_0 = 1$

66. $f(x) = \dfrac{3x^2 - (7x + 1)\sqrt{x} + 5}{x - 1}$, $x_0 = 1$

2.4 Limites laterais

Nesta seção, estenderemos o conceito de limite para *limites laterais*, que são limites que existem quando x se aproxima do número c somente pela esquerda (onde $x < c$) ou pela direita ($x > c$).

Limites laterais

Para se ter um limite L quando x se aproxima de c, uma função f deve ser definida em *ambos os lados* de c, e seus valores $f(x)$ devem se aproximar de L quando x se aproxima de c de cada lado. Por causa disso, limites comuns são chamados **bilaterais**.

Se f não tiver um limite bilateral em c, ainda pode ter um limite lateral, isto é, um limite caso a aproximação ocorra apenas de um lado. E se aproximação for feita pelo lado direito, o limite será um **limite à direita**. Se for feita pelo lado esquerdo, será um **limite à esquerda**.

A função $f(x) = x/|x|$ (Figura 2.24) possui limite 1 quando x se aproxima de 0 pela direita, e limite –1 quando x se aproxima de 0 pela esquerda. Uma vez que esses limites laterais não são iguais, não existe um único número do qual $f(x)$ se aproxime quando x se aproxima de 0. Logo, $f(x)$ não possui um limite (bilateral em 0).

Intuitivamente, se $f(x)$ é definida em um intervalo (c, b) onde $c < b$ e fica arbitrariamente próxima de L quando se aproxima de c dentro desse intervalo, então f possui limite lateral **à direita** em c. Escrevemos

$$\lim_{x \to c^+} f(x) = L.$$

O símbolo "$x \to c^+$" significa que consideramos apenas valores de x maiores que c.

De modo similar, se $f(x)$ é definida em um intervalo (a, c), onde $a < c$ e se $f(x)$ fica arbitrariamente próxima de M, quando x se aproxima de c nesse intervalo, então f tem **limite lateral à esquerda** M em c. Escrevemos

$$\lim_{x \to c^-} f(x) = M.$$

O símbolo "$x \to c^-$" significa que consideramos apenas valores de x menores que c.

Essas definições informais de limites laterais estão ilustradas na Figura 2.25. Para a função $f(x) = x/|x|$ na Figura 2.24, temos

$$\lim_{x \to 0^+} f(x) = 1 \quad \text{e} \quad \lim_{x \to 0^-} f(x) = -1.$$

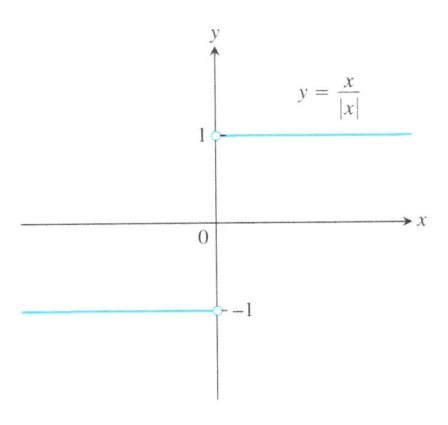

FIGURA 2.24 Limites à direita e à esquerda diferentes na origem.

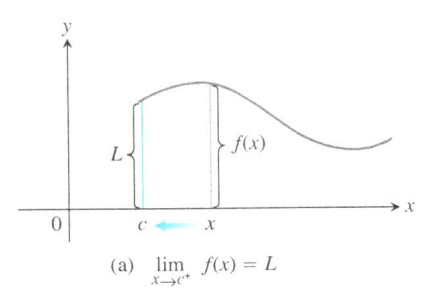

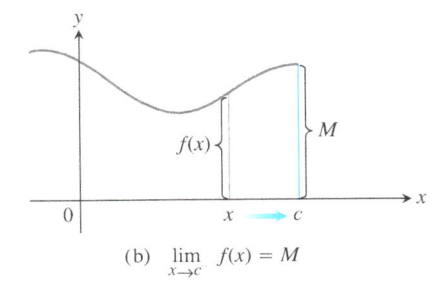

FIGURA 2.25 (a) Limite à direita quando x se aproxima de c. (b) Limite à esquerda quando x se aproxima de c.

EXEMPLO 1 O domínio de $f(x) = \sqrt{4 - x^2}$ é $[-2, 2]$; seu gráfico é o semicírculo que vemos na Figura 2.26. Temos

$$\lim_{x \to -2^+} \sqrt{4 - x^2} = 0 \quad \text{e} \quad \lim_{x \to 2^-} \sqrt{4 - x^2} = 0.$$

A função não possui um limite à esquerda em $x = -2$ ou um limite à direita em $x = 2$. A função não possui limites bilaterais em –2 ou 2.

FIGURA 2.26 $\lim_{x \to 2^-} \sqrt{4 - x^2} = 0$ e $\lim_{x \to -2^+} \sqrt{4 - x^2} = 0$ (Exemplo 1).

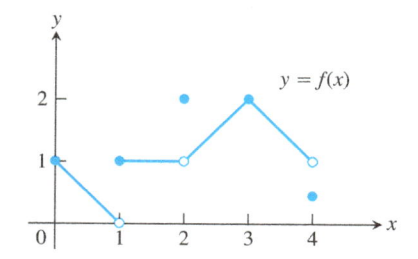

FIGURA 2.27 Gráfico da função do Exemplo 2.

Limites laterais possuem todas as propriedades listadas no Teorema 1 na Seção 2.2. O limite lateral à direita da soma de duas funções é a soma de seus limites laterais à direita, e assim por diante. Os teoremas para limites de funções polinomiais e racionais são válidos para ambos os limites laterais, assim como o teorema do confronto e o Teorema 5. Limites laterais estão relacionados a limites da seguinte maneira:

TEOREMA 6 Uma função $f(x)$ possui um limite quando x se aproxima de c se, e somente se, possuir um limite lateral à esquerda e um limite lateral à direita e os dois limites laterais forem iguais:

$$\lim_{x \to c} f(x) = L \quad \Leftrightarrow \quad \lim_{x \to c^-} f(x) = L \quad \text{e} \quad \lim_{x \to c^+} f(x) = L.$$

EXEMPLO 2 Para a função representada graficamente na Figura 2.27,

Em $x = 0$: $\lim_{x \to 0^+} f(x) = 1$,
$\lim_{x \to 0^-} f(x)$ e $\lim_{x \to 0} f(x)$ não existem. A função não é definida à esquerda de $x = 0$.

Em $x = 1$: $\lim_{x \to 1^-} f(x)$, ainda que $f(1) = 1$,
$\lim_{x \to 1^+} f(x) = 1$,
$\lim_{x \to 1} f(x)$ não existe. Os limites à direita e à esquerda não são iguais.

Em $x = 2$: $\lim_{x \to 2^-} f(x) = 1$,
$\lim_{x \to 2^+} f(x) = 1$,
$\lim_{x \to 2} f(x) = 1$ ainda que $f(2) = 2$.

Em $x = 3$: $\lim_{x \to 3^-} f(x) = \lim_{x \to 3^+} f(x) = \lim_{x \to 3} f(x) = f(3) = 2$.

Em $x = 4$: $\lim_{x \to 4^-} f(x) = 1$ ainda que $f(4) \neq 1$,
$\lim_{x \to 4^+} f(x)$ e $\lim_{x \to 4} f(x)$ não existem. A função não é definida à direita de $x = 4$.

Em qualquer outro ponto de c em $[0, 4]$, $f(x)$ possui limite $f(c)$.

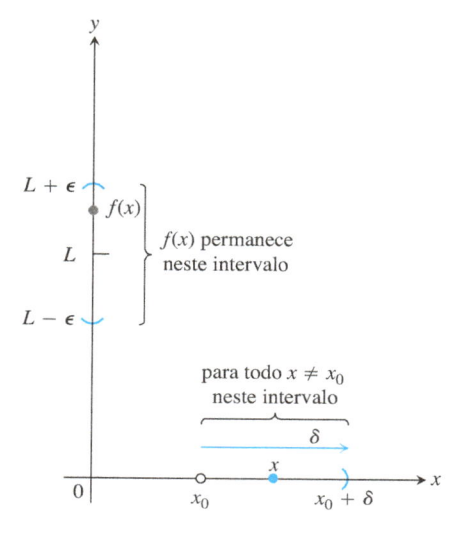

FIGURA 2.28 Intervalos associados com a definição de limite à direita.

Definições precisas de limites laterais

A definição formal do limite na Seção 2.3 é prontamente modificada para limites laterais.

DEFINIÇÕES Dizemos que $f(x)$ possui um **limite à direita L em x_0**, e escrevemos

$$\lim_{x \to x_0^+} f(x) = L \quad \text{(veja a Figura 2.28)}$$

se para qualquer número $\epsilon > 0$ existir um número correspondente $\delta > 0$, de modo que para todo x

$$x_0 < x < x_0 + \delta \quad \Rightarrow \quad |f(x) - L| < \epsilon.$$

Dizemos que f tem um **limite à esquerda L em x_0** e escrevemos

$$\lim_{x \to x_0^-} f(x) = L \quad \text{(veja a Figura 2.29)}$$

se para todo número $\epsilon > 0$ existe um número correspondente $\delta > 0$, de maneira que, para todos os valores de x,

$$x_0 - \delta < x < x_0 \quad \Rightarrow \quad |f(x) - L| < \epsilon.$$

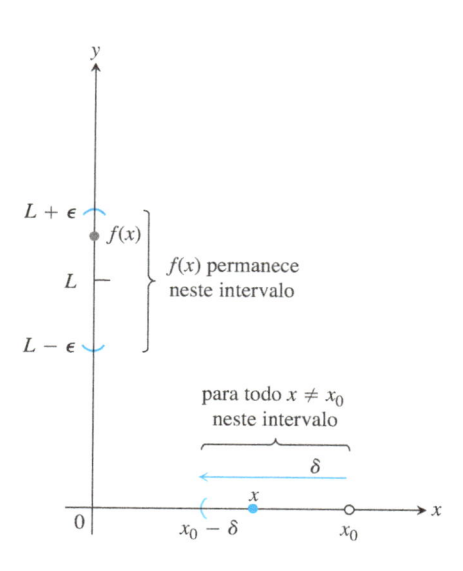

FIGURA 2.29 Intervalos associados com a definição de limite à esquerda.

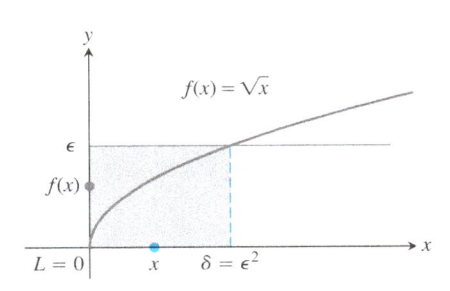

FIGURA 2.30 $\lim_{x \to 0^+} \sqrt{x} = 0$ no Exemplo 3.

EXEMPLO 3 Prove que
$$\lim_{x \to 0^+} \sqrt{x} = 0.$$

Solução Seja $\epsilon > 0$ dado. Aqui, $x_0 = 0$ e $L = 0$, então, queremos determinar um $\delta > 0$ de modo que para qualquer x
$$0 < x < \delta \quad \Rightarrow \quad |\sqrt{x} - 0| < \epsilon,$$
ou
$$0 < x < \delta \quad \Rightarrow \quad \sqrt{x} < \epsilon.$$

Se elevarmos ao quadrado ambos os lados dessa igualdade, teremos
$$x < \epsilon^2 \quad \text{se} \quad 0 < x < \delta.$$

Se escolhermos $\delta = \epsilon^2$, teremos
$$0 < x < \delta = \epsilon^2 \quad \Rightarrow \quad \sqrt{x} < \epsilon,$$
ou
$$0 < x < \epsilon^2 \quad \Rightarrow \quad |\sqrt{x} - 0| < \epsilon.$$

De acordo com a definição, isso mostra que $\lim_{x \to 0^+} \sqrt{x} = 0$ (Figura 2.30).

As funções examinadas até agora tiveram algum tipo de limite em cada ponto de interesse. Em geral, isso não é necessário.

EXEMPLO 4 Mostre que $y = \text{sen}(1/x)$ não possui limite quando x se aproxima de zero de ambos os lados (Figura 2.31).

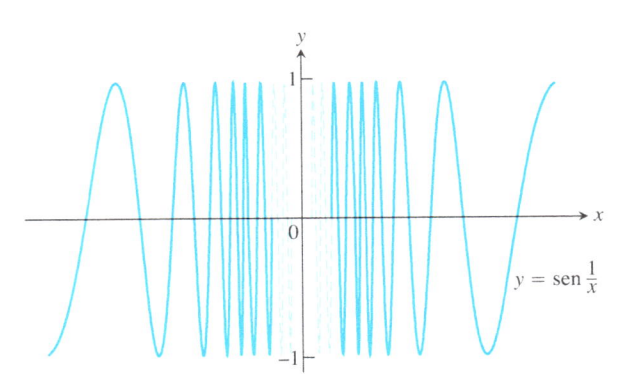

FIGURA 2.31 A função $y = \text{sen}(1/x)$ não apresenta limite nem à direita nem à esquerda quando x se aproxima de zero (Exemplo 4). O gráfico visto aqui omite valores muito próximos do eixo y.

Solução Quando x se aproxima de zero, seu recíproco, $1/x$, cresce sem limitação, e os valores de sen $(1/x)$ se repetem ciclicamente de -1 a 1. Não há nenhum número L do qual os valores da função ficam cada vez mais próximos quando x se aproxima de zero. Isso é válido mesmo quando restringimos x a valores positivos ou a valores negativos. A função não possui limite à direita ou à esquerda em $x = 0$.

Limites que envolvem (sen θ)/θ

Um fato importante sobre (sen θ)/θ é que, medido em radianos, seu limite é 1 quando $\theta \to 0$. Podemos ver isso na Figura 2.32 e confirmar algebricamente por meio do teorema do confronto. Você verá a importância desse limite na Seção 3.5, em que serão estudadas as taxas de variação das funções trigonométricas.

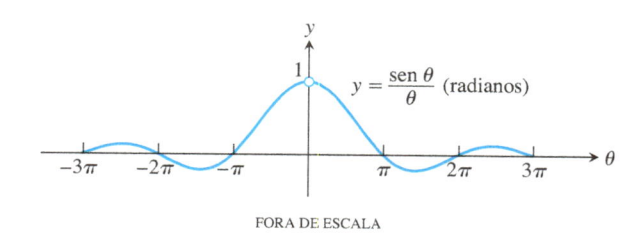

FIGURA 2.32 O gráfico de $f(\theta) = (\text{sen } \theta)/\theta$ sugere que os limites à direita e à esquerda quando θ se aproxima de 0 são ambos 1.

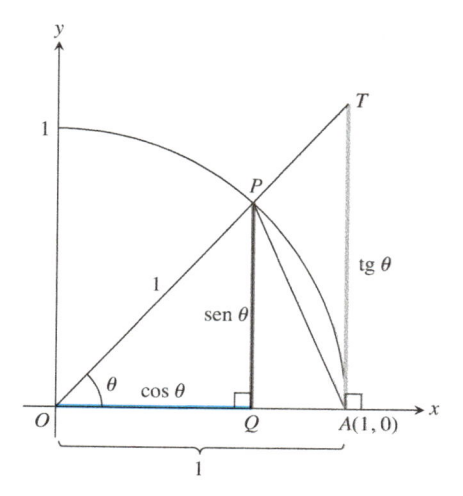

FIGURA 2.33 Figura para a prova do Teorema 7. Por definição, $TA/OA = \text{tg } \theta$, mas $OA = 1$, então $TA = \text{tg } \theta$.

A média em radianos começa na Equação 2: a área do setor OAP é $\theta/2$ somente se θ for medido em radianos.

TEOREMA 7

$$\lim_{\theta \to 0} \frac{\text{sen } \theta}{\theta} = 1 \quad (\theta \text{ em radianos}) \tag{1}$$

Prova O plano é mostrar que os limites à direita e à esquerda são ambos 1. Então, saberemos que o limite bilateral também é 1.

Para mostrar que o limite à direita é 1, começamos com valores positivos de θ menores que $\pi/2$ (Figura 2.33). Observe que

$$\text{Área } \triangle OAP < \text{área do setor } OAP < \text{área } \triangle OAT.$$

Podemos expressar essas áreas em termos de θ da seguinte maneira:

$$\text{Área } \triangle OAP = \frac{1}{2} \text{ base} \times \text{altura} = \frac{1}{2}(1)(\text{sen } \theta) = \frac{1}{2} \text{sen } \theta$$

$$\text{Área setor } OAP = \frac{1}{2} r^2 \theta = \frac{1}{2}(1)^2 \theta = \frac{\theta}{2}$$

$$\text{Área } \triangle OAT = \frac{1}{2} \text{ base} \times \text{altura} = \frac{1}{2}(1)(\text{tg } \theta) = \frac{1}{2} \text{tg } \theta. \tag{2}$$

Logo,

$$\frac{1}{2} \text{sen } \theta < \frac{1}{2} \theta < \frac{1}{2} \text{tg } \theta.$$

A última desigualdade segue da mesma forma se dividirmos os três termos pelo número $(1/2) \text{sen } \theta$, que é positivo, uma vez que $0 < \theta < \pi/2$:

$$1 < \frac{\theta}{\text{sen } \theta} < \frac{1}{\cos \theta}.$$

Tomando os recíprocos, a desigualdade é invertida:

$$1 > \frac{\text{sen } \theta}{\theta} > \cos \theta.$$

Uma vez que $\lim_{\theta \to 0^+} \cos \theta = 1$ (Exemplo 11b, Seção 2.2), o teorema do confronto resultará em

$$\lim_{\theta \to 0^+} \frac{\text{sen } \theta}{\theta} = 1.$$

Lembre-se de que sen θ e θ são ambas *funções ímpares* (Seção 1.1). Portanto, $f(\theta) = (\text{sen } \theta)/\theta$ é uma *função par*, com um gráfico simétrico em relação ao eixo x (veja a Figura 2.32). Essa simetria implica que o limite à esquerda em 0 existe e possui o mesmo valor que o limite à direita:

$$\lim_{\theta \to 0^-} \frac{\text{sen } \theta}{\theta} = 1 = \lim_{\theta \to 0^+} \frac{\text{sen } \theta}{\theta},$$

então, $\lim_{\theta \to 0} (\text{sen } \theta)/\theta = 1$ pelo Teorema 6.

EXEMPLO 5 Mostre que **(a)** $\lim_{h \to 0} \dfrac{\cos h - 1}{h} = 0$ e **(b)** $\lim_{x \to 0} \dfrac{\operatorname{sen} 2x}{5x} = \dfrac{2}{5}$.

Solução

(a) Utilizando a fórmula do arco metade $\cos h = 1 - 2\operatorname{sen}^2(h/2)$, calculamos

$$\lim_{h \to 0} \frac{\cos h - 1}{h} = \lim_{h \to 0} -\frac{2\operatorname{sen}^2(h/2)}{h}$$

$$= -\lim_{\theta \to 0} \frac{\operatorname{sen}\theta}{\theta}\operatorname{sen}\theta \quad \text{Faça } \theta = h/2.$$

$$= -(1)(0) = 0. \quad \text{Equação 1 e Exemplo 11a na Seção 2.2}$$

(b) A Equação 1 não se aplica à fração original. Precisamos de $2x$ no denominador, e não de $5x$. Produzimos $2x$ ao multiplicar o numerador e o denominador por $2/5$:

$$\lim_{x \to 0} \frac{\operatorname{sen} 2x}{5x} = \lim_{x \to 0} \frac{(2/5)\cdot \operatorname{sen} 2x}{(2/5)\cdot 5x}$$

$$= \frac{2}{5}\lim_{x \to 0} \frac{\operatorname{sen} 2x}{2x} \quad \text{Agora a Equação 1 se aplica com } \theta = 2x.$$

$$= \frac{2}{5}(1) = \frac{2}{5}$$

EXEMPLO 6 Encontre $\lim_{t \to 0} \dfrac{\operatorname{tg} t \sec 2t}{3t}$.

Solução A partir da definição de $\operatorname{tg} t$ e $\sec 2t$, temos

$$\lim_{t \to 0} \frac{\operatorname{tg} t \sec 2t}{3t} = \frac{1}{3}\lim_{t \to 0} \frac{\operatorname{sen} t}{t}\cdot \frac{1}{\cos t}\cdot \frac{1}{\cos 2t}$$

$$= \frac{1}{3}(1)(1)(1) = \frac{1}{3}. \quad \text{Equação 1 e Exemplo 11b na Seção 2.2.}$$

Exercícios 2.4

Definição gráfica de limites

1. Quais afirmações a seguir sobre a função $y = f(x)$ representadas no gráfico são verdadeiras e quais são falsas?

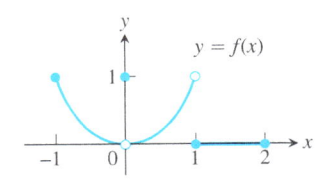

a. $\lim_{x \to -1^+} f(x) = 1$

b. $\lim_{x \to 0^-} f(x) = 0$

c. $\lim_{x \to 0^-} f(x) = 1$

d. $\lim_{x \to 0^-} f(x) = \lim_{x \to 0^+} f(x)$

e. $\lim_{x \to 0} f(x)$ existe.

f. $\lim_{x \to 0} f(x) = 0$

g. $\lim_{x \to 0} f(x) = 1$

h. $\lim_{x \to 1} f(x) = 1$

i. $\lim_{x \to 1} f(x) = 0$

j. $\lim_{x \to 2^-} f(x) = 2$

k. $\lim_{x \to -1^-} f(x)$ não existe.

l. $\lim_{x \to 2^+} f(x) = 0$

2. Quais das afirmações a seguir sobre a função $y = f(x)$ representada no gráfico são verdadeiras e quais são falsas?

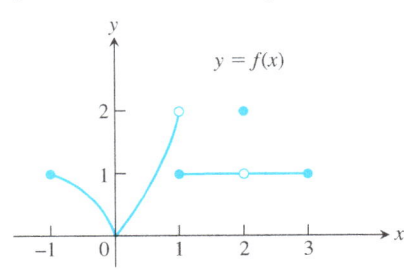

a. $\lim_{x \to -1^+} f(x) = 1$

b. $\lim_{x \to 2} f(x)$ não existe.

c. $\lim_{x \to 2} f(x) = 2$

d. $\lim_{x \to 1^-} f(x) = 2$

e. $\lim_{x \to 1^+} f(x) = 1$

f. $\lim_{x \to 1} f(x)$ não existe.

g. $\lim_{x \to 0^+} f(x) = \lim_{x \to 0^-} f(x)$

h. $\lim_{x \to c} f(x)$ existe para qualquer c no intervalo aberto $(-1, 1)$.

i. $\lim_{x \to c} f(x)$ existe para qualquer c no intervalo aberto (1, 3).

j. $\lim_{x \to -1^-} f(x) = 0$
k. $\lim_{x \to 3^+} f(x)$ não existe.

3. Seja $f(x) = \begin{cases} 3 - x, & x < 2 \\ \dfrac{x}{2} + 1, & x > 2. \end{cases}$

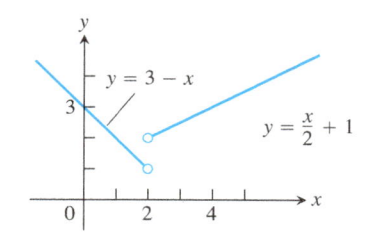

   a. Determine $\lim_{x \to 2^+} f(x)$ e $\lim_{x \to 2^-} f(x)$.
   b. Existe $\lim_{x \to 2} f(x)$? Em caso afirmativo, qual é? Em caso negativo, por que não?
   c. Determine $\lim_{x \to 4^-} f(x)$ e $\lim_{x \to 4^+} f(x)$.
   d. Existe $\lim_{x \to 4} f(x)$? Em caso afirmativo, qual é? Em caso negativo, por que não?

4. Seja $f(x) = \begin{cases} 3 - x, & x < 2 \\ 2, & x = 2 \\ \dfrac{x}{2}, & x > 2. \end{cases}$

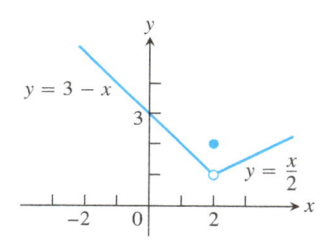

   a. Determine $\lim_{x \to 2^+} f(x)$, $\lim_{x \to 2^-} f(x)$ e $f(2)$.
   b. Existe $\lim_{x \to 2} f(x)$? Em caso afirmativo, qual é? Em caso negativo, por que não?
   c. Determine $\lim_{x \to -1^-} f(x)$ e $\lim_{x \to -1^+} f(x)$.
   d. Existe $\lim_{x \to -1} f(x)$? Em caso afirmativo, qual é? Em caso negativo, por que não?

5. Seja $f(x) = \begin{cases} 0, & x \leq 0 \\ \operatorname{sen} \dfrac{1}{x}, & x > 0. \end{cases}$

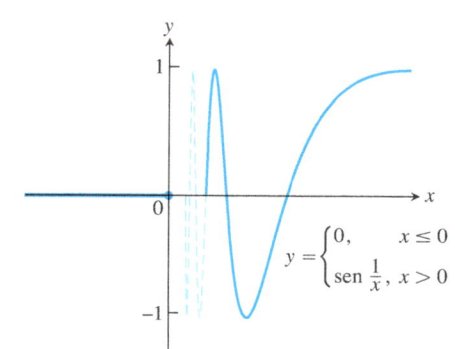

   a. Existe $\lim_{x \to 0^+} f(x)$? Em caso afirmativo, qual é? Em caso negativo, por que não?
   b. Existe $\lim_{x \to 0^-} f(x)$? Em caso afirmativo, qual é? Em caso negativo, por que não?
   c. Existe $\lim_{x \to 0} f(x)$? Em caso afirmativo, qual é? Em caso negativo, por que não?

6. Seja $g(x) = \sqrt{x}\, \operatorname{sen}(1/x)$.

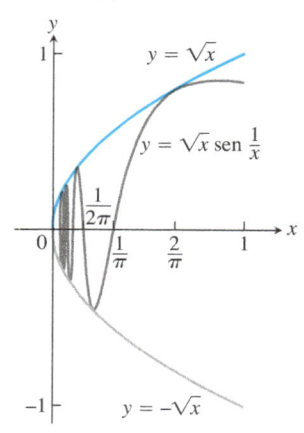

   a. Existe $\lim_{x \to 0^+} g(x)$? Em caso afirmativo, qual é? Em caso negativo, por que não?
   b. Existe $\lim_{x \to 0^-} g(x)$? Em caso afirmativo, qual é? Em caso negativo, por que não?
   c. Existe $\lim_{x \to 0} g(x)$? Em caso afirmativo, qual é? Em caso negativo, por que não?

7. a. Faça o gráfico de $f(x) = \begin{cases} x^3, & x \neq 1 \\ 0, & x = 1. \end{cases}$
   b. Determine $\lim_{x \to 1^-} f(x)$ e $\lim_{x \to 1^+} f(x)$.
   c. Existe $\lim_{x \to 1} f(x)$? Em caso afirmativo, qual é? Em caso negativo, por que não?

8. a. Faça o gráfico de $f(x) = \begin{cases} 1 - x^2, & x \neq 1 \\ 2, & x = 1. \end{cases}$
   b. Determine $\lim_{x \to 1^+} f(x)$ e $\lim_{x \to 1^-} f(x)$.
   c. Existe $\lim_{x \to 1} f(x)$? Em caso afirmativo, qual é? Em caso negativo, por que não?

Faça os gráficos das funções nos Exercícios 9 e 10. Em seguida, responda às questões.

   a. Qual é o domínio e a imagem de f?
   b. Em que pontos c, se houver, $\lim_{x \to c} f(x)$ existe?
   c. Em que pontos existe o limite à esquerda?
   d. Em que pontos existe o limite à direita?

9. $f(x) = \begin{cases} \sqrt{1 - x^2}, & 0 \leq x < 1 \\ 1, & 1 \leq x < 2 \\ 2, & x = 2 \end{cases}$

10. $f(x) = \begin{cases} x, & -1 \leq x < 0, \text{ ou } 0 < x \leq 1 \\ 1, & x = 0 \\ 0, & x < -1 \text{ ou } x > 1 \end{cases}$

Determinação algébrica de limites laterais

Determine os limites nos Exercícios 11-18.

11. $\lim_{x \to -0,5^-} \sqrt{\dfrac{x + 2}{x + 1}}$

12. $\lim_{x \to 1^+} \sqrt{\dfrac{x - 1}{x + 2}}$

13. $\lim_{x \to -2^+} \left(\dfrac{x}{x + 1}\right)\left(\dfrac{2x + 5}{x^2 + x}\right)$

14. $\lim_{x \to 1^-} \left(\dfrac{1}{x+1}\right)\left(\dfrac{x+6}{x}\right)\left(\dfrac{3-x}{7}\right)$

15. $\lim_{h \to 0^+} \dfrac{\sqrt{h^2 + 4h + 5} - \sqrt{5}}{h}$

16. $\lim_{h \to 0^-} \dfrac{\sqrt{6} - \sqrt{5h^2 + 11h + 6}}{h}$

17. a. $\lim_{x \to -2^+} (x+3)\dfrac{|x+2|}{x+2}$ b. $\lim_{x \to -2^-} (x+3)\dfrac{|x+2|}{x+2}$

18. a. $\lim_{x \to 1^+} \dfrac{\sqrt{2x}\,(x-1)}{|x-1|}$ b. $\lim_{x \to 1^-} \dfrac{\sqrt{2x}\,(x-1)}{|x-1|}$

Utilize o gráfico da função maior inteiro $y = \lfloor x \rfloor$, Figura 1.10, na Seção 1.1, para ajudar a determinar os limites nos Exercícios 19 e 20.

19. a. $\lim_{\theta \to 3^+} \dfrac{\lfloor \theta \rfloor}{\theta}$ b. $\lim_{\theta \to 3^-} \dfrac{\lfloor \theta \rfloor}{\theta}$

20. a. $\lim_{t \to 4^+} (t - \lfloor t \rfloor)$ b. $\lim_{t \to 4^-} (t - \lfloor t \rfloor)$

Utilizando $\lim_{\theta \to 0} \dfrac{\text{sen}\,\theta}{\theta} = 1$

Determine os limites nos Exercícios 21-42.

21. $\lim_{\theta \to 0} \dfrac{\text{sen}\,\sqrt{2\theta}}{\sqrt{2\theta}}$

22. $\lim_{t \to 0} \dfrac{\text{sen}\,kt}{t}$ (k constante)

23. $\lim_{y \to 0} \dfrac{\text{sen}\,3y}{4y}$

24. $\lim_{h \to 0^-} \dfrac{h}{\text{sen}\,3h}$

25. $\lim_{x \to 0} \dfrac{\text{tg}\,2x}{x}$

26. $\lim_{t \to 0} \dfrac{2t}{\text{tg}\,t}$

27. $\lim_{x \to 0} \dfrac{x\,\text{cossec}\,2x}{\cos 5x}$

28. $\lim_{x \to 0} 6x^2 (\cot g\,x)(\text{cossec}\,2x)$

29. $\lim_{x \to 0} \dfrac{x + x \cos x}{\text{sen}\,x \cos x}$

30. $\lim_{x \to 0} \dfrac{x^2 - x + \text{sen}\,x}{2x}$

31. $\lim_{\theta \to 0} \dfrac{1 - \cos \theta}{\text{sen}\,2\theta}$

32. $\lim_{x \to 0} \dfrac{x - x \cos x}{\text{sen}^2 3x}$

33. $\lim_{t \to 0} \dfrac{\text{sen}(1 - \cos t)}{1 - \cos t}$

34. $\lim_{h \to 0} \dfrac{\text{sen}(\text{sen}\,h)}{\text{sen}\,h}$

35. $\lim_{\theta \to 0} \dfrac{\text{sen}\,\theta}{\text{sen}\,2\theta}$

36. $\lim_{x \to 0} \dfrac{\text{sen}\,5x}{\text{sen}\,4x}$

37. $\lim_{\theta \to 0} \theta \cos \theta$

38. $\lim_{\theta \to 0} \text{sen}\,\theta \cot 2\theta$

39. $\lim_{x \to 0} \dfrac{\text{tg}\,3x}{\text{sen}\,8x}$

40. $\lim_{y \to 0} \dfrac{\text{sen}\,3y \cot g\,5y}{y \cot g\,4y}$

41. $\lim_{\theta \to 0} \dfrac{\text{tg}\,\theta}{\theta^2 \cot g\,3\theta}$

42. $\lim_{\theta \to 0} \dfrac{\theta \cot g\,4\theta}{\text{sen}^2 \theta \cot g^2\,2\theta}$

Teoria e exemplos

43. Uma vez que conheça $\lim_{x \to a^+} f(x)$ e $\lim_{x \to a^-} f(x)$ em um ponto interior do domínio de f, você poderá determinar $\lim_{x \to a} f(x)$? Justifique sua resposta.

44. Se você sabe que $\lim_{x \to c} f(x)$ existe, você pode determinar seu valor pelo cálculo de $\lim_{x \to c^+} f(x)$? Justifique sua resposta.

45. Suponha que f seja uma função ímpar de x. Saber que $\lim_{x \to 0^+} f(x) = 3$ diz algo sobre $\lim_{x \to 0^-} f(x)$? Justifique sua resposta.

46. Suponha que f seja uma função par de x. Saber que $\lim_{x \to 2^-} f(x) = 7$ diz algo sobre $\lim_{x \to -2^-} f(x)$ ou $\lim_{x \to -2^+} f(x)$? Justifique sua resposta.

Definições formais de limites laterais

47. Dado $\epsilon > 0$, determine um intervalo $I = (5, 5 + \delta)$, $\delta > 0$, tal que se x estiver em I, então $\sqrt{x - 5} < \epsilon$. Qual limite é verificado e qual o seu valor?

48. Dado $\epsilon > 0$, determine um intervalo $I = (4 - \delta, 4)$, $\delta > 0$, tal que se x estiver em I, então $\sqrt{4 - x} < \epsilon$. Qual limite é verificado e qual o seu valor?

Utilize as definições de limites à direita e à esquerda para provar os limites afirmados nos Exercícios 49 e 50.

49. $\lim_{x \to 0^-} \dfrac{x}{|x|} = -1$ 50. $\lim_{x \to 2^+} \dfrac{x - 2}{|x - 2|} = 1$

51. **Função maior inteiro** Determine a) $\lim_{x \to 400^+} \lfloor x \rfloor$ e b) $\lim_{x \to 400^-} \lfloor x \rfloor$; em seguida, utilize as definições de limite para verificar seus achados; c) com base em suas conclusões nos itens (a) e (b), você pode dizer algo a respeito de $\lim_{x \to 400} \lfloor x \rfloor$? Justifique suas respostas.

52. **Limites laterais** Seja $f(x) = \begin{cases} x^2 \text{sen}(1/x), & x < 0 \\ \sqrt{x}, & x > 0 \end{cases}$

Determine a) $\lim_{x \to 0^+} f(x)$ e b) $\lim_{x \to 0^-} f(x)$; em seguida, utilize as definições de limite para verificar seus achados; c) com base em suas conclusões nos itens (a) e (b), você pode dizer algo a respeito de $\lim_{x \to 0} f(x)$? Justifique suas respostas.

2.5 Continuidade

Quando traçamos valores de funções gerados em um laboratório ou coletados em campo, com frequência unimos os pontos com curva não interrompida para mostrar como seriam os valores da função nos momentos em que não houve medição (Figura 2.34). Ao fazer isso, supomos estar trabalhando com uma *função contínua*, então seus resultados variam continuamente mediante os valores de entrada e não saltam de um valor para outro sem levar em conta os valores entre eles. O limite de uma função contínua quando x se aproxima de c pode ser determinado simplesmente pelo cálculo do valor da função em c (vimos que isso também vale para polinômios no Teorema 2).

Intuitivamente, qualquer função $y = f(x)$ cujo gráfico possa ser esboçado sobre seu domínio em um movimento contínuo, sem levantar o lápis, é um exemplo de função contínua. Nesta seção, investigaremos mais precisamente o que significa o fato de uma função ser contínua.

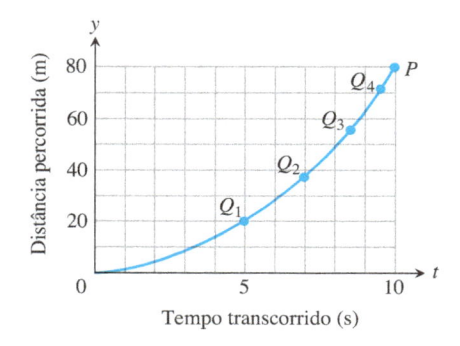

FIGURA 2.34 Pontos conectados por uma curva não interrompida a partir dos dados experimentais $Q_1, Q_2, Q_3,\ldots$ de um objeto em queda.

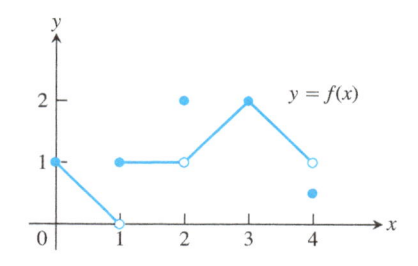

FIGURA 2.35 Função é contínua em $[0, 4]$, exceto em $x = 1$, $x = 2$ e $x = 4$ (Exemplo 1).

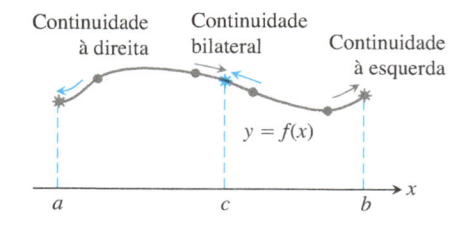

FIGURA 2.36 Continuidade nos pontos a, b e c.

Também estudaremos as propriedades das funções contínuas e veremos que muitos dos tipos de funções apresentadas na Seção 1.1 são contínuas.

Continuidade em um ponto

Para entender a continuidade, é útil considerar uma função como a da Figura 2.35, cujos limites investigamos no Exemplo 2 na seção anterior.

EXEMPLO 1 Determine os pontos em que a função f na Figura 2.35 é contínua e os pontos em que f não é contínua.

Solução A função f é contínua em todos os pontos de seu domínio $[0, 4]$, exceto em $x = 1$, $x = 2$ e $x = 4$. Nesses pontos, há saltos no gráfico. Observe a relação entre o limite de f e o valor de f em cada ponto do domínio da função.

Pontos em que f é contínua:

Em $x = 0$, $\qquad \lim_{x \to 0^+} f(x) = f(0)$.

Em $x = 3$, $\qquad \lim_{x \to 3} f(x) = f(3)$.

Em $0 < c < 4$, $c \neq 1, 2$, $\qquad \lim_{x \to c} f(x) = f(c)$.

Pontos em que f não é contínua:

Em $x = 1$, $\qquad \lim_{x \to 1} f(x)$ não existe.

Em $x = 2$, $\qquad \lim_{x \to 2} f(x) = 1$, mas $1 \neq f(2)$.

Em $x = 4$, $\qquad \lim_{x \to 4^-} f(x) = 1$, mas $1 \neq f(4)$.

Em $c < 0$, $c > 4$, $\qquad$ esses pontos não estão no domínio de f.

Para definir a continuidade em um ponto do domínio de uma função, precisamos definir a continuidade em um ponto interior (que envolve um limite bilateral) e em um ponto extremo (que envolve um limite lateral) (Figura 2.36).

DEFINIÇÃO

Ponto interior: uma função $y = f(x)$ é **contínua em um ponto interior** c de seu domínio se
$$\lim_{x \to c} f(x) = f(c).$$

Extremidade: uma função $y = f(x)$ é **contínua na extremidade esquerda** a ou é **contínua na extremidade direita** b de seu domínio se
$$\lim_{x \to a^+} f(x) = f(a) \quad \text{ou} \quad \lim_{x \to b^-} f(x) = f(b), \quad \text{respectivamente.}$$

Se uma função f não for contínua em um ponto c dizemos que f é **descontínua** em c, e que c é um **ponto de descontinuidade** de f. Observe que c não precisa pertencer ao domínio de f.

Uma função f é **contínua à direita** em um ponto $x = c$ em seu domínio se $\lim_{x \to c^+} f(x) = f(c)$. Ela é **contínua à esquerda** em c se $\lim_{x \to c^-} f(x) = f(c)$. Assim, uma função será contínua em uma extremidade esquerda a de seu domínio se for contínua à direita em a, e contínua em uma extremidade direita b de seu domínio se for contínua à esquerda de b. Uma função é contínua em um ponto interior c de seu domínio se, e somente se, ela for contínua tanto à direita quanto à esquerda em c (Figura 2.36).

EXEMPLO 2 A função $f(x) = \sqrt{4 - x^2}$ é contínua em todos os pontos de seu domínio [–2, 2] (Figura 2.37), incluindo $x = -2$, onde f é contínua à direita, e $x = 2$, onde f é contínua à esquerda.

EXEMPLO 3 A função escada de degrau unitário $U(x)$, representada graficamente na Figura 2.38, é contínua à direita em $x = 0$, mas não é contínua à esquerda e nem contínua em $x = 0$. Ela apresenta descontinuidade de salto em $x = 0$.

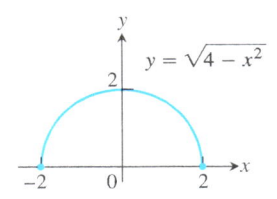

FIGURA 2.37 Uma função que é contínua em todos os pontos de seu domínio (Exemplo 2).

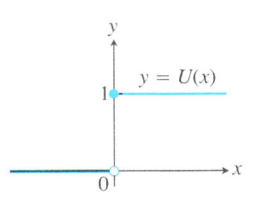

FIGURA 2.38 Uma função que possui uma descontinuidade de salto na origem (Exemplo 3).

Resumimos a continuidade em um ponto na forma de teste.

> **Teste de continuidade**
>
> Uma função $f(x)$ é contínua em um ponto interior $x = c$ de seu domínio se, e somente se, obedecer às três condições a seguir:
> 1. $f(c)$ existir (c está no domínio de f).
> 2. $\lim_{x \to c} f(x)$ existir (f possui um limite quando $x \to c$).
> 3. $\lim_{x \to c} f(x) = f(c)$ (o limite é igual ao valor da função).

Para a continuidade lateral e a continuidade em uma extremidade, os limites nas partes 2 e 3 do teste devem ser substituídos pelos limites laterais apropriados.

EXEMPLO 4 A função $y = \lfloor x \rfloor$ apresentada na Seção 1.1 é representada graficamente na Figura 2.39. É descontínua em todo inteiro, porque os limites à esquerda e à direita não são iguais quando $x \to n$:

$$\lim_{x \to n^-} \lfloor x \rfloor = n - 1 \quad \text{e} \quad \lim_{x \to n^+} \lfloor x \rfloor = n.$$

Uma vez que $\lfloor n \rfloor = n$, a função maior inteiro é contínua à direita de cada n inteiro (mas não é contínua à esquerda).

A função maior inteiro é contínua em cada número real não inteiro. Por exemplo,

$$\lim_{x \to 1,5} \lfloor x \rfloor = 1 = \lfloor 1,5 \rfloor.$$

Em geral, se $n - 1 < c < n$, n um inteiro, então

$$\lim_{x \to c} \lfloor x \rfloor = n - 1 = \lfloor c \rfloor.$$

A Figura 2.40 apresenta diversos tipos comuns de descontinuidade. A função na Figura 2.40a é contínua em $x = 0$. A função na Figura 2.40b seria contínua se tivesse $f(0) = 1$. A função na Figura 2.40c seria contínua se $f(0)$ fosse 1 em vez de 2. As descontinuidades nas Figuras 2.40b e 2.40c são **removíveis**. Cada função possui um limite quando $x \to 0$, e podemos remover a descontinuidade ao definir $f(0)$ igual a esse limite.

As descontinuidades na Figura 2.40d até 2.40f são mais sérias: $\lim_{x \to 0} f(x)$ não existe, e não há maneira de melhorar a situação trocando f em 0. A função escada na Figura 2.40d possui uma **descontinuidade de salto**: os limites laterais existem, mas possuem valores diferentes. A função $f(x) = 1/x^2$, na Figura 2.40e, possui uma **descontinuidade infinita**. A função na Figura 2.40f possui uma **descontinuidade oscilante**: ela oscila demais para ter um limite quando $x \to 0$.

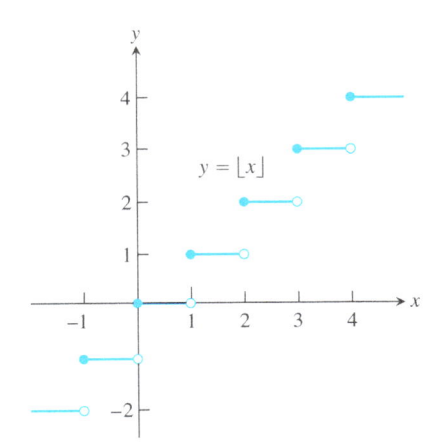

FIGURA 2.39 A função maior inteiro é contínua em todo ponto não inteiro. É contínua à direita, mas não à esquerda, em cada ponto inteiro (Exemplo 4).

Funções contínuas

Uma função é **contínua em um intervalo** se, e somente se, for contínua em cada ponto do intervalo. Por exemplo, a função semicírculo representada graficamente na Figura 2.37 é contínua no intervalo [–2, 2], que é seu domínio. Uma **função contínua** é aquela que é contínua em cada ponto de seu domínio. Uma função contínua não precisa ser contínua em todos os intervalos.

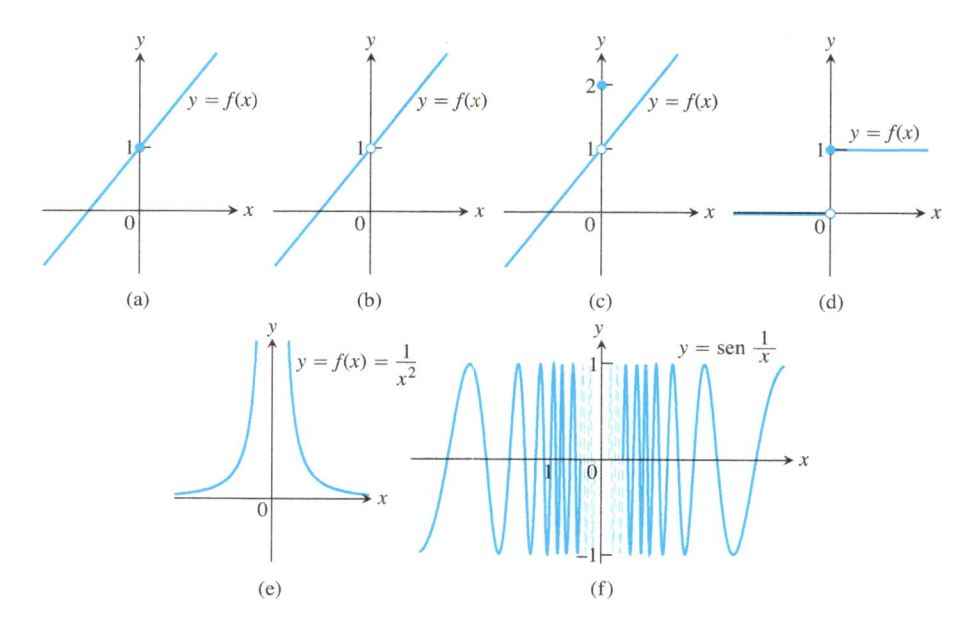

FIGURA 2.40 A função em (a) é contínua em $x = 0$; as funções em (b) até (f) não são.

EXEMPLO 5

(a) A função $y = 1/x$ (Figura 2.41) é uma função contínua por ser contínua em cada ponto de seu domínio. Ela possui, no entanto, um ponto de descontinuidade em $x = 0$, porque não é definida nesse ponto; isto é, ela é descontínua em qualquer intervalo que contenha $x = 0$.

(b) A função identidade $f(x) = x$ e as funções constantes são contínuas em todos os pontos, de acordo com o Exemplo 3, Seção 2.3.

Combinações algébricas de funções contínuas são contínuas em qualquer lugar em que elas sejam definidas.

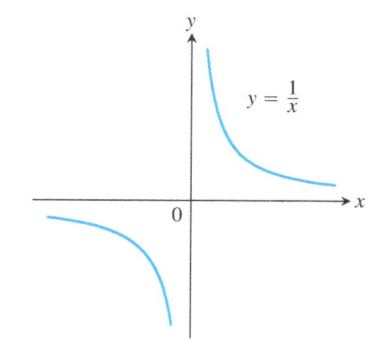

FIGURA 2.41 A função $y = 1/x$ é contínua em cada valor de x, exceto em $x = 0$. Ela apresenta um ponto de descontinuidade em $x = 0$ (Exemplo 5).

TEOREMA 8 — Propriedades de funções contínuas Se as funções f e g são contínuas em $x = c$, então, as combinações a seguir são contínuas em $x = c$.

1. *Somas:* $f + g$
2. *Diferenças:* $f - g$
3. *Multiplicação por constantes:* $k \cdot f$, para qualquer número k
4. *Produtos:* $f \cdot g$
5. *Quocientes:* f/g, desde que $g(c) \neq 0$
6. *Potenciações:* f^n, sendo n um inteiro positivo
7. *Raízes:* $\sqrt[n]{f}$, desde que seja definida em um intervalo aberto que contenha c, onde n seja um inteiro positivo

---

A maioria dos resultados no Teorema 8 é provada pelas regras de limites no Teorema 1 da Seção 2.2. Por exemplo, para provar a propriedade da soma, temos

$$\lim_{x \to c}(f + g)(x) = \lim_{x \to c}(f(x) + g(x))$$
$$= \lim_{x \to c} f(x) + \lim_{x \to c} g(x), \quad \text{Regra da soma, Teorema 1}$$
$$= f(c) + g(c) \quad \text{Continuidade de } f, g \text{ em } c$$
$$= (f + g)(c).$$

Isso mostra que $f + g$ é contínua.

EXEMPLO 6

(a) Todo polinômio $P(x) = a_n x^n + a_{n-1} x^{n-1} + \cdots + a_0$ é contínuo porque $\lim_{x \to c} P(x) = P(c)$, de acordo com o Teorema 2 na Seção 2.2.

(b) Se $P(x)$ e $Q(x)$ são polinômios, então a função racional $P(x)/Q(x)$ é sempre contínua em todos os pontos em que é definida ($Q(c) \neq 0$) de acordo com o Teorema 3 na Seção 2.2.

EXEMPLO 7 A função $f(x) = |x|$ é contínua em qualquer valor de x. Se $x > 0$, temos $f(x) = x$, um polinômio. Se $x < 0$, temos $f(x) = -x$, outro polinômio. Finalmente, na origem, $\lim_{x \to 0} |x| = 0 = |0|$.

As funções $y = \text{sen } x$ e $y = \cos x$ são contínuas em $x = 0$, de acordo com o Exemplo 11 da Seção 2.2. Ambas as funções são, de fato, contínuas em qualquer ponto (veja o Exercício 70). O Teorema 8 implica que as seis funções trigonométricas são, então, contínuas em qualquer ponto em que forem definidas. Por exemplo, $y = \text{tg } x$ é contínua em $\cdots \cup (-\pi/2, \pi/2) \cup (\pi/2, 3\pi/2) \cup \cdots$.

Funções inversas e continuidade

A função inversa de qualquer função contínua em um intervalo é contínua em todo o seu domínio. Esse resultado é sugerido pela observação de que o gráfico de f^{-1}, sendo a reflexão do gráfico de f ao longo da reta $y = x$, não pode conter quaisquer interrupções quando o gráfico de f não possuir interrupções. Uma prova rigorosa de que f^{-1} é contínua sempre que f for contínua em um intervalo é fornecida em textos mais avançados. Isso implica que todas as funções trigonométricas inversas são contínuas em seus domínios.

Definimos informalmente a função exponencial $y = a^x$ na Seção 1.5 por meio de seu gráfico. Lembre-se de que o gráfico foi obtido a partir do gráfico de $y = a^x$ para um número racional x preenchendo os vazios nos pontos irracionais x, de modo que a função $x = a^x$ foi definida como contínua ao longo de toda a reta real. A função inversa $y = \log_a x$ também é contínua. Em particular, a função exponencial natural $y = e^x$ e a função logaritmo natural $y = \ln x$ são ambas contínuas em seus domínios.

Compostas

Todas as compostas de funções contínuas são contínuas. A ideia é que se $f(x)$ é contínua em $x = c$ e $g(x)$ é contínua em $x = f(c)$, então $g \circ f$ é contínua em $x = c$ (Figura 2.42). Nesse caso, o limite quando $x \to c$ é $g(f(c))$.

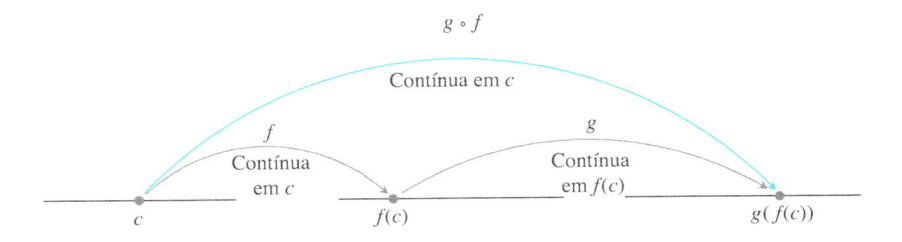

FIGURA 2.42 Compostas de funções contínuas são contínuas.

TEOREMA 9 — Composta de funções contínuas Se f é contínua em c e g é contínua em $f(c)$, então a composta $g \circ f$ é contínua em c.

Intuitivamente, o Teorema 9 e razoável porque se x está próximo de c, então $f(x)$ fica próximo de $f(c)$ e, como g é contínua em $f(c)$, segue-se que $g(f(x))$ fica próximo de $g(f(c))$.

A continuidade das compostas vale para qualquer número finito de funções. O único requisito é que cada função seja contínua onde é aplicada. Para um resumo da prova do Teorema 9, veja o Exercício 6 do Apêndice 4.

EXEMPLO 8 Mostre que as seguintes funções são contínuas em qualquer ponto de seus respectivos domínios.

(a) $y = \sqrt{x^2 - 2x - 5}$

(b) $y = \dfrac{x^{2/3}}{1 + x^4}$

(c) $y = \left| \dfrac{x - 2}{x^2 - 2} \right|$

(d) $y = \left| \dfrac{x \operatorname{sen} x}{x^2 + 2} \right|$

Solução

(a) A função raiz quadrada é contínua em $[0, \infty)$ porque é uma potência racional da função identidade contínua $f(x) = x$ (Parte 7, Teorema 8). A função dada é, então, a composta do polinômio $f(x) = x^2 - 2x - 5$ com a função raiz quadrada $g(t) = \sqrt{t}$, e é contínua em seu domínio.

(b) O numerador é a raiz cúbica do quadrado da função identidade; o denominador é um polinômio positivo em qualquer ponto. Portanto, o quociente é contínuo.

(c) O quociente $(x - 2)/(x^2 - 2)$ é contínuo para qualquer $x \neq \pm\sqrt{2}$, e a função é a composição desse quociente com a função valor absoluto contínua (Exemplo 7).

(d) Como a função seno é contínua em qualquer ponto (Exercício 70), o termo numerador $x \operatorname{sen} x$ é o produto de funções contínuas, e o termo denominador $x^2 + 2$ é um polinômio positivo em qualquer ponto. A função dada é a composta de um quociente de funções contínuas com a função valor absoluto contínua (Figura 2.43).

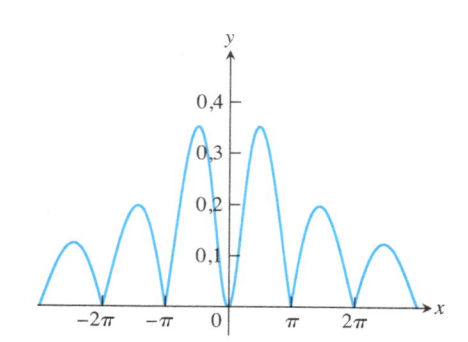

FIGURA 2.43 O gráfico sugere que $y = |(x \operatorname{sen} x)/(x^2 + 2)|$ é contínua (Exemplo 8d).

O Teorema 9 é, na verdade, a consequência de um resultado mais geral que estabeleceremos e provaremos a seguir.

TEOREMA 10 — Limites de funções contínuas Se g é contínua no ponto b e $\lim_{x \to c} f(x) = b$, então

$$\lim_{x \to c} g(f(x)) = g(b) = g(\lim_{x \to c} f(x)).$$

Prova Seja $\epsilon > 0$ dado. Como g é contínua em b, existe um número $\delta_1 > 0$ tal que

$$|g(y) - g(b)| < \epsilon \quad \text{sempre que} \quad 0 < |y - b| < \delta_1.$$

Uma vez que $\lim_{x \to c} f(x) = b$, existe um $\delta > 0$ tal que

$$|f(x) - b| < \delta_1 \quad \text{sempre que} \quad 0 < |x - c| < \delta.$$

Se considerarmos $y = f(x)$, então temos que

$$|y - b| < \delta_1 \quad \text{sempre que} \quad 0 < |x - c| < \delta,$$

o que implica, de acordo com a primeira afirmação, que $|g(y) - g(b)| = |g(f(x)) - g(b)| < \epsilon$ sempre que $0 < |x - c| < \delta$. A partir da definição de limite, isso prova que $\lim_{x \to c} g(f(x)) = g(b)$.

EXEMPLO 9 Como aplicação do Teorema 10, temos os seguintes cálculos.

(a) $\lim\limits_{x \to \pi/2} \cos\left(2x + \operatorname{sen}\left(\dfrac{3\pi}{2} + x\right)\right) = \cos\left(\lim\limits_{x \to \pi/2} 2x + \lim\limits_{x \to \pi/2} \operatorname{sen}\left(\dfrac{3\pi}{2} + x\right)\right)$
$= \cos(\pi + \operatorname{sen} 2\pi) = \cos \pi = -1.$

(b) $\lim\limits_{x \to 1} \operatorname{sen}^{-1}\left(\dfrac{1-x}{1-x^2}\right) = \operatorname{sen}^{-1}\left(\lim\limits_{x \to 1} \dfrac{1-x}{1-x^2}\right)$ *O arco seno é contínuo.*

$= \operatorname{sen}^{-1}\left(\lim\limits_{x \to 1} \dfrac{1}{1+x}\right)$ *Cancele o fator comum $(1-x)$.*

$= \operatorname{sen}^{-1} \dfrac{1}{2} = \dfrac{\pi}{6}$

> Às vezes denotamos e^u por $\exp u$ quando u é uma expressão matemática complicada.

(c) $\lim\limits_{x \to 0} \sqrt{x+1}\, e^{\operatorname{tg} x} = \lim\limits_{x \to 0} \sqrt{x+1} \cdot \exp\left(\lim\limits_{x \to 0} \operatorname{tg} x\right)$ *A exponencial é contínua.*

$= 1 \cdot e^0 = 1$

Extensão contínua a um ponto

A função $y = f(x) = (\operatorname{sen} x)/x$ é contínua em qualquer ponto, exceto $x = 0$. Nesse ponto, ela é como a função $y = 1/x$. Mas $y = (\operatorname{sen} x)/x$ é diferente de $y = 1/x$ porque possui um limite finito quando $x \to 0$ (Teorema 7). É possível, portanto, estender o domínio da função para incluir o ponto $x = 0$, de modo que a função estendida seja contínua em $x = 0$. Definimos uma função

$$F(x) = \begin{cases} \dfrac{\operatorname{sen} x}{x}, & x \neq 0 \\ 1, & x = 0. \end{cases}$$

A função $F(x)$ é contínua em $x = 0$ porque

$$\lim_{x \to 0} \dfrac{\operatorname{sen} x}{x} = F(0)$$

(Figura 2.44).

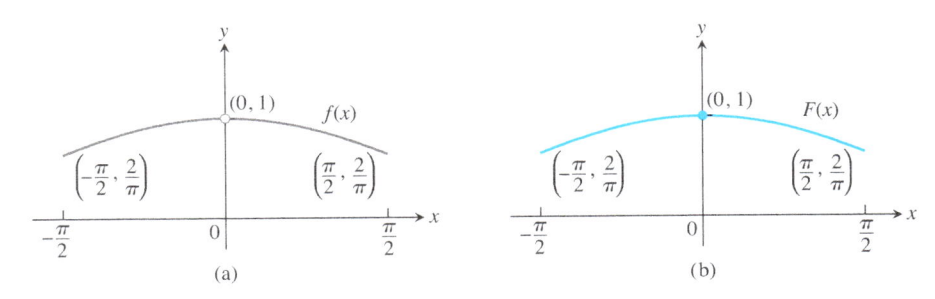

FIGURA 2.44 O gráfico (a) de $f(x) = (\operatorname{sen} x)/x$ para $-\pi/2 \leq x \leq \pi/2$ não inclui o ponto $(0, 1)$ porque a função não é definida em $x = 0$. Podemos remover a descontinuidade do gráfico ao definir a nova função $F(x)$ com $F(0) = 1$ e $F(x) = f(x)$ em qualquer outro ponto. Observe que $F(0) = \lim_{x \to 0} f(x)$.

De modo mais geral, uma função (como uma função racional) pode ter um limite até mesmo em um ponto em que não é definida. Se $f(c)$ não é definida, mas $\lim_{x \to c} f(x) = L$ existe, podemos definir uma nova função $F(x)$ pela regra

$$F(x) = \begin{cases} f(x), & \text{se } x \text{ estiver no domínio de } f \\ L, & \text{se } x = c. \end{cases}$$

A função F é contínua em $x = c$. É chamada de **extensão contínua de f** em $x = c$. Para funções racionais f, as extensões contínuas são, geralmente, determinadas pelo cancelamento de fatores comuns.

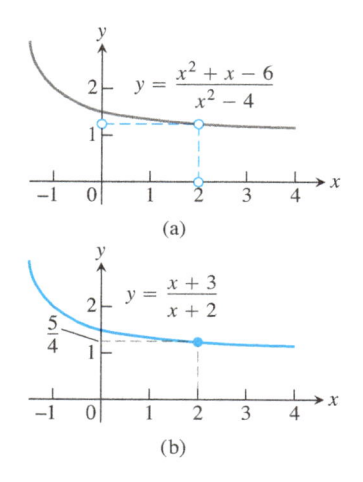

FIGURA 2.45 (a) O gráfico de $f(x)$ e (b) o gráfico de sua extensão contínua $F(x)$ (Exemplo 10).

EXEMPLO 10 Mostre que

$$f(x) = \frac{x^2 + x - 6}{x^2 - 4}, \quad x \neq 2$$

possui uma extensão contínua em $x = 2$, e determine a extensão.

Solução Embora $f(2)$ não seja definida, se $x \neq 2$, temos

$$f(x) = \frac{x^2 + x - 6}{x^2 - 4} = \frac{(x-2)(x+3)}{(x-2)(x+2)} = \frac{x+3}{x+2}.$$

A nova função

$$F(x) = \frac{x+3}{x+2}$$

é igual a $f(x)$ para $x \neq 2$, mas é contínua em $x = 2$, tendo ali o valor de 5/4. Logo, F é a extensão contínua de f a $x = 2$, e

$$\lim_{x \to 2} \frac{x^2 + x - 6}{x^2 - 4} = \lim_{x \to 2} f(x) = \frac{5}{4}.$$

O gráfico de f é mostrado na Figura 2.45. A extensão contínua de F possui o mesmo gráfico, exceto pelo fato de que não possui um furo em (2, 5/4). Na prática, F é a função f com seu ponto de descontinuidade em $x = 2$ removido.

Teorema do valor intermediário para funções contínuas

Funções contínuas em intervalos possuem propriedades que as tornam particularmente úteis na matemática e suas aplicações. Uma delas é a *propriedade do valor intermediário*. Diz-se que uma função tem a **propriedade do valor intermediário** se sempre que ela assumir dois valores também assumir todos os valores intermediários.

TEOREMA 11 — Teorema do valor intermediário para funções contínuas
Se f é uma função contínua em um intervalo fechado $[a, b]$, e se y_0 é qualquer valor entre $f(a)$ e $f(b)$, então $y_0 = f(c)$ para algum c em $[a, b]$.

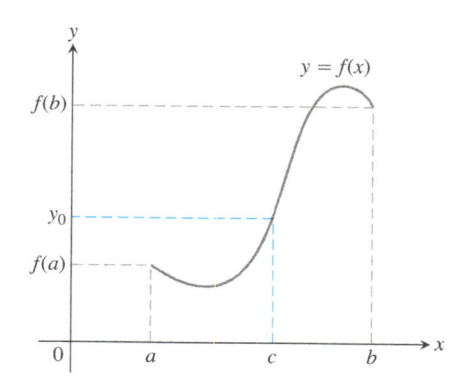

O Teorema 11 diz que funções contínuas nos intervalos *fechados finitos* têm a propriedade do valor intermediário. Geometricamente, o teorema do valor intermediário diz que qualquer reta horizontal $y = y_0$ que cruza o eixo y entre os números $f(a)$ e $f(b)$ cruzará a curva $y = f(x)$ ao menos uma vez no intervalo $[a, b]$.

A prova do teorema do valor intermediário depende da propriedade de completude do sistema de números reais (Apêndice 6), e pode ser encontrada em textos mais avançados.

FIGURA 2.46 A função

$$f(x) = \begin{cases} 2x - 2, & 1 \leq x < 2 \\ 3, & 2 \leq x \leq 4 \end{cases}$$

não assume todos os valores entre $f(1) = 0$ e $f(4) = 3$; ela não assume nenhum valor entre 2 e 3.

A continuidade de f no intervalo é essencial ao Teorema 11. Se f é descontínua mesmo em um único ponto do intervalo, a conclusão do teorema pode falhar, como ocorre no caso da função representada graficamente na Figura 2.46 (escolha y_0 como qualquer número entre 2 e 3).

Uma consequência do esboço de gráficos: conexidade O Teorema 11 implica que o gráfico de uma função contínua em um intervalo não pode ter nenhuma quebra nesse intervalo. O gráfico será **conexo** — uma curva única e não quebrada. Ele não possuirá saltos, como o gráfico da função maior inteiro (Figura 2.39) ou ramos separados, como o gráfico de $1/x$ (Figura 2.41).

Uma consequência para determinação de raízes Chamamos uma solução da equação $f(x) = 0$ de **raiz** da equação ou **zero** da função f. O teorema do valor intermediário nos diz que se f é contínua, então qualquer intervalo em que f muda de sinal contém um zero da função.

Em termos práticos, quando vemos o gráfico de uma função contínua cruzar o eixo horizontal na tela de um computador, sabemos que ela não está pulando o eixo. Existe realmente um ponto em que o valor da função é zero.

EXEMPLO 11   Mostre que há uma raiz da equação $x^3 - x - 1 = 0$ entre 1 e 2.

Solução   Seja $f(x) = x^3 - x - 1$. Uma vez que $f(1) = 1 - 1 - 1 = -1 < 0$ e $f(2) = 2^3 - 2 - 1 = 5 > 0$, vemos que $y_0 = 0$ é um valor entre $f(1)$ e $f(2)$. Uma vez que f é contínua, o teorema do valor intermediário diz que existe um zero de f entre 1 e 2. A Figura 2.47 mostra o resultado do "zoom" para localizar a raiz próxima a $x = 1,32$.

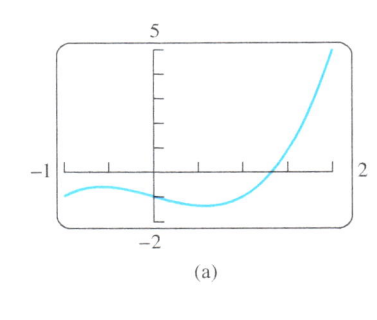

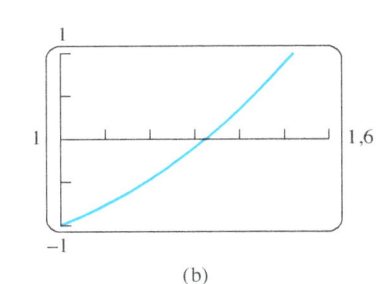

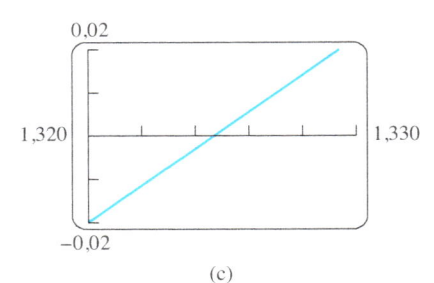

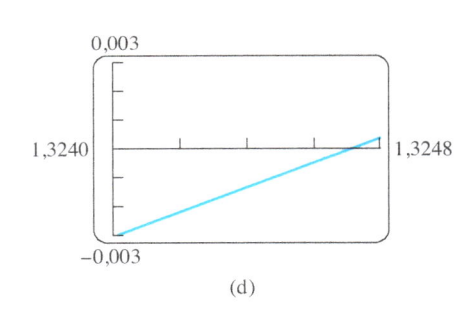

FIGURA 2.47   "Zoom" em um zero da função $f(x) = x^3 - x - 1$. O zero está próximo de $x = 1,3247$ (Exemplo 11).

EXEMPLO 12   Utilize o teorema do valor intermediário para provar que a equação

$$\sqrt{2x + 5} = 4 - x^2$$

tem uma solução (Figura 2.48).

Solução   Reescrevemos a equação como

$$\sqrt{2x + 5} + x^2 = 4,$$

e definimos $f(x) = \sqrt{2x + 5} + x^2$. Agora, $g(x) = \sqrt{2x + 5}$ é contínua no intervalo $[-5/2, \infty)$, uma vez que é composta da função raiz quadrada com a função

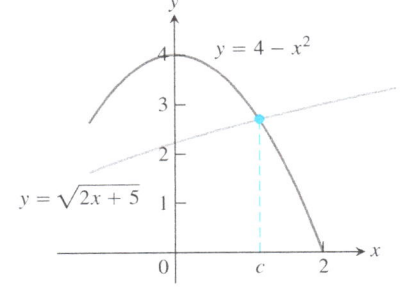

FIGURA 2.48   As curvas $y = \sqrt{2x + 5}$ e $y = 4 - x^2$ têm o mesmo valor em $x = c$ onde $\sqrt{2x + 5} = 4 - x^2$ (Exemplo 12).

linear não negativa $y = 2x + 5$. Então, f é a soma da função g e da função quadrática $y = x^2$, e a função quadrática é contínua para todos os valores de x. Isso resulta em $f(x) = \sqrt{2x + 5} + x^2$ ser contínua no intervalo $[-5/2, \infty)$. Por tentativa e erro, determinamos os valores $f(0) = \sqrt{5} \approx 2{,}24$ e $f(2) = \sqrt{9} + 4 = 7$, e observe que f também é contínua no intervalo fechado infinito $[0, 2] \subset [-5/2, \infty)$. Uma vez que o valor $y_0 = 4$ está entre os números $2{,}24$ e 7, de acordo com o teorema do valor intermediário, existe um número $c \in [0, 2]$, de modo que $f(c) = 4$. Isto é, o número c resolve a equação original.

Exercícios 2.5

Continuidade a partir dos gráficos

Nos Exercícios 1-4, diga se a função representada graficamente é contínua em $[-1, 3]$. Em caso negativo, onde ela deixa de ser contínua e por quê?

1.

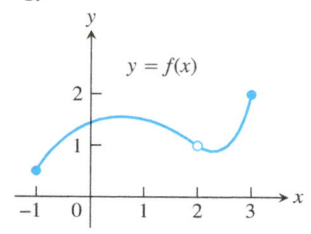

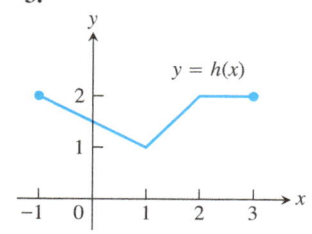

2.

3.

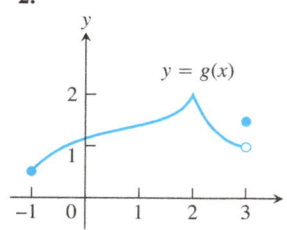

4.

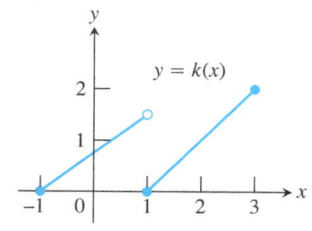

Os Exercícios 5-10 se referem à função

$$f(x) = \begin{cases} x^2 - 1, & -1 \leq x < 0 \\ 2x, & 0 < x < 1 \\ 1, & x = 1 \\ -2x + 4, & 1 < x < 2 \\ 0, & 2 < x < 3 \end{cases}$$

representada graficamente na figura a seguir.

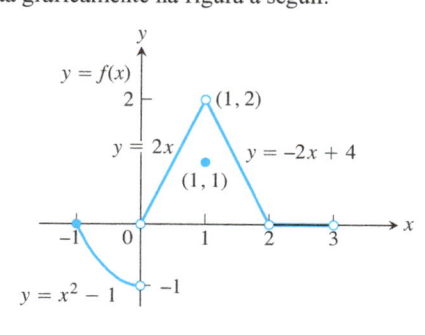

Gráfico para os Exercícios 5-10.

5. a. Existe $f(-1)$?
   b. Existe $\lim_{x \to -1^+} f(x)$?
   c. Existe $\lim_{x \to -1^+} f(x) = f(-1)$?
   d. f é contínua em $x = -1$?

6. a. Existe $f(1)$?
   b. Existe $\lim_{x \to 1} f(x)$?
   c. Existe $\lim_{x \to 1} f(x) = f(1)$?
   d. f é contínua em $x = 1$?

7. a. f é definida em $x = 2$? (Veja a definição de f.)
   b. f é contínua em $x = 2$?

8. f é contínua em quais valores de x?

9. Que valor deve ser atribuído a $f(2)$ para tornar a função estendida contínua em $x = 2$?

10. Para que novo valor $f(1)$ deve ser alterada para remover a descontinuidade?

Aplicação do teste de continuidade

Em que pontos as funções nos Exercícios 11 e 12 deixam de ser contínuas? Em que pontos, se houver, as descontinuidades são removíveis? E não removíveis? Justifique suas respostas.

11. Exercício 1, Seção 2.4   **12.** Exercício 2, Seção 2.4

Em que pontos as funções nos Exercícios 13-30 são contínuas?

13. $y = \dfrac{1}{x - 2} - 3x$

14. $y = \dfrac{1}{(x + 2)^2} + 4$

15. $y = \dfrac{x + 1}{x^2 - 4x + 3}$

16. $y = \dfrac{x + 3}{x^2 - 3x - 10}$

17. $y = |x - 1| + \operatorname{sen} x$

18. $y = \dfrac{1}{|x| + 1} - \dfrac{x^2}{2}$

19. $y = \dfrac{\cos x}{x}$

20. $y = \dfrac{x + 2}{\cos x}$

21. $y = \operatorname{cossec} 2x$

22. $y = \operatorname{tg} \dfrac{\pi x}{2}$

23. $y = \dfrac{x \operatorname{tg} x}{x^2 + 1}$

24. $y = \dfrac{\sqrt{x^4 + 1}}{1 + \operatorname{sen}^2 x}$

25. $y = \sqrt{2x + 3}$

26. $y = \sqrt[4]{3x - 1}$

27. $y = (2x - 1)^{1/3}$

28. $y = (2 - x)^{1/5}$

29. $g(x) = \begin{cases} \dfrac{x^2 - x - 6}{x - 3}, & x \neq 3 \\ 5, & x = 3 \end{cases}$

30. $f(x) = \begin{cases} \dfrac{x^3 - 8}{x^2 - 4}, & x \neq 2, x \neq -2 \\ 3, & x = 2 \\ 4, & x = -2 \end{cases}$

Limites que envolvem funções trigonométricas

Determine os limites nos Exercícios 31-38. As funções são contínuas no ponto sendo aproximado?

31. $\lim\limits_{x \to \pi} \operatorname{sen}(x - \operatorname{sen} x)$

32. $\lim\limits_{t \to 0} \operatorname{sen}\left(\dfrac{\pi}{2} \cos(\operatorname{tg} t)\right)$

33. $\lim\limits_{y \to 1} \sec(y \sec^2 y - \operatorname{tg}^2 y - 1)$

34. $\lim\limits_{x \to 0} \operatorname{tg}\left(\dfrac{\pi}{4} \cos(\operatorname{sen} x^{1/3})\right)$

35. $\lim\limits_{t \to 0} \cos\left(\dfrac{\pi}{\sqrt{19 - 3 \sec 2t}}\right)$

37. $\lim\limits_{x \to 0^+} \operatorname{sen}\left(\dfrac{\pi}{2} e^{\sqrt{x}}\right)$

36. $\lim\limits_{x \to \pi/6} \sqrt{\operatorname{cossec}^2 x + 5\sqrt{3} \operatorname{tg} x}$

38. $\lim\limits_{x \to 1} \cos^{-1}(\ln \sqrt{x})$

Extensões contínuas

39. Defina $g(3)$ de maneira que estenda $g(x) = (x^2 - 9)/(x - 3)$ para torná-la contínua em $x = 3$.

40. Defina $h(2)$ de maneira que estenda $h(t) = (t^2 + 3t - 10)/(t - 2)$ para ser contínua em $t = 2$.

41. Defina $f(1)$ de maneira que estenda $f(s) = (s^3 - 1)/(s^2 - 1)$ para ser contínua em $s = 1$.

42. Defina $g(4)$ de maneira que estenda
$$g(x) = (x^2 - 16)/(x^2 - 3x - 4)$$
para ser contínua em $x = 4$.

43. Para qual valor de a
$$f(x) = \begin{cases} x^2 - 1, & x < 3 \\ 2ax, & x \geq 3 \end{cases}$$
é contínua em qualquer x?

44. Para qual valor de b
$$g(x) = \begin{cases} x, & x < -2 \\ bx^2, & x \geq -2 \end{cases}$$
é contínua em qualquer x?

45. Para qual valor de a
$$f(x) = \begin{cases} a^2 x - 2a, & x \geq 2 \\ 12, & x < 2 \end{cases}$$
é contínua para qualquer x?

46. Para qual valor de b
$$g(x) = \begin{cases} \dfrac{x - b}{b + 1}, & x < 0 \\ x^2 + b, & x > 0 \end{cases}$$
é contínua para qualquer x?

47. Para quais valores de a e b
$$f(x) = \begin{cases} -2, & x \leq -1 \\ ax - b, & -1 < x < 1 \\ 3, & x \geq 1 \end{cases}$$
é contínua para qualquer x?

48. Para quais valores de a e b
$$g(x) = \begin{cases} ax + 2b, & x \leq 0 \\ x^2 + 3a - b, & 0 < x \leq 2 \\ 3x - 5, & x > 2 \end{cases}$$
é contínua para qualquer x?

Nos Exercícios 49-52, represente graficamente a função f para verificar se ela parece ter uma extensão contínua na origem. Em caso afirmativo, utilize os comandos "Trace" e "Zoom" para determinar um bom candidato para o valor da função estendida em $x = 0$. Se a função não parece ter uma extensão contínua, ela pode ser estendida para ser contínua na origem à direita ou à esquerda? Em caso afirmativo, em sua opinião, qual deve ser o valor da função estendida?

49. $f(x) = \dfrac{10^x - 1}{x}$

51. $f(x) = \dfrac{\operatorname{sen} x}{|x|}$

50. $f(x) = \dfrac{10^{|x|} - 1}{x}$

52. $f(x) = (1 + 2x)^{1/x}$

Teoria e exemplos

53. Sabe-se que uma função contínua $y = f(x)$ é negativa em $x = 0$ e positiva em $x = 1$. Por que a equação $f(x) = 0$ tem pelo menos uma solução entre $x = 0$ e $x = 1$? Exemplifique com um esboço.

54. Explique por que a equação $\cos x = x$ possui pelo menos uma solução.

55. **Raízes de uma equação cúbica** Mostre que a equação $x^3 - 15x + 1 = 0$ possui três soluções no intervalo $[-4, 4]$.

56. **Valor de uma função** Mostre que uma função $F(x) = (x - a)^2 \cdot (x - b)^2 + x$ assume o valor $(a + b)/2$ para algum valor de x.

57. **Resolução de uma equação** Se $f(x) = x^3 - 8x + 10$, mostre que há valores c para os quais $f(c)$ é igual a **(a)** π; **(b)** $-\sqrt{3}$; **(c)** 5.000.000.

58. Explique por que as cinco afirmações a seguir pedem as mesmas informações.
    a. Determine as raízes de $f(x) = x^3 - 3x - 1$.
    b. Determine as coordenadas x dos pontos em que a curva $y = x^3$ cruza a reta $y = 3x + 1$.
    c. Determine todos os valores de x para os quais $x^3 - 3x = 1$.
    d. Determine as coordenadas x dos pontos em que a curva cúbica $y = x^3 - 3x$ cruza a reta $y = 1$.
    e. Resolva a equação $x^3 - 3x - 1 = 0$.

59. **Descontinuidade removível** Dê um exemplo de uma função $f(x)$ que seja contínua para todos os valores de x, exceto $x = 2$, em que ela apresenta uma descontinuidade removível. Explique como você sabe que f é descontínua em $x = 2$ e como você sabe que a descontinuidade é removível.

60. **Descontinuidade não removível** Dê um exemplo de uma função $g(x)$ que seja contínua para todos os valores de x, exceto $x = -1$, em que ela apresenta uma descontinuidade não removível. Explique como você sabe que g é descontínua e por que a descontinuidade não é removível.

61. **Uma função descontínua em todos os pontos**
    a. Use o fato de que todo intervalo não vazio de números reais contém tanto números racionais quanto irracionais para mostrar que a função
    $$f(x) = \begin{cases} 1, & \text{se } x \text{ é racional} \\ 0, & \text{se } x \text{ é irracional} \end{cases}$$
    é descontínua em todos os pontos.
    b. f é contínua à direita ou à esquerda de algum ponto?

62. Se as funções $f(x)$ e $g(x)$ são contínuas para $0 \le x \le 1$, $f(x)/g(x)$ poderia ser descontínua em um ponto de $[0, 1]$? Justifique sua resposta.

63. Se a função produto $h(x) = f(x) \cdot g(x)$ é contínua em $x = 0$, $f(x)$ e $g(x)$ devem ser contínuas em $x = 0$? Justifique sua resposta.

64. **Composta descontínua de funções contínuas** Dê um exemplo de funções f e g, ambas contínuas em $x = 0$, para as quais a composta $f \circ g$ seja descontínua em $x = 0$. Isso contradiz o Teorema 9? Justifique sua resposta.

65. **Funções contínuas que nunca são zero** É verdade que uma função contínua que nunca é zero em um intervalo nunca muda de sinal nesse intervalo? Justifique sua resposta.

66. **Esticando um elástico** É verdade que, se esticarmos um elástico movendo uma ponta para a direita e outra para a esquerda, algum ponto do elástico continuará em sua posição original? Justifique sua resposta.

67. **Teorema do ponto fixo** Suponha que uma função f seja contínua no intervalo fechado $[0, 1]$ e que $0 \le f(x) \le 1$ para qualquer x em $[0, 1]$. Mostre que deve existir um número c em $[0, 1]$, de modo que $f(c) = c$ (c é chamado de **ponto fixo** de f).

68. **Propriedade da preservação decimal de funções contínuas** Seja f definida em um intervalo (a, b) e suponha que $f(c) \ne 0$ em algum c onde f seja contínua. Mostre que há um intervalo $(c - \delta, c + \delta)$ em torno de c onde f tem o mesmo sinal que $f(c)$.

69. Prove que f é contínua em c se, e somente se,
$$\lim_{h \to 0} f(c + h) = f(c).$$

70. Use o Exercício 69 juntamente com as identidades
$$\text{sen}(h + c) = \text{sen } h \cos c + \cos h \text{ sen } c,$$
$$\cos(h + c) = \cos h \cos c - \text{sen } h \text{ sen } c$$
para provar que tanto $f(x) = \text{sen } x$ e $g(x) = \cos x$ são contínuas em qualquer ponto $x = c$.

Resolvendo equações graficamente

T Use o teorema do valor intermediário nos Exercícios 71-78 para provar que cada equação tem uma solução. Em seguida, utilize uma calculadora gráfica ou um computador com software gráfico para resolver as equações.

71. $x^3 - 3x - 1 = 0$
72. $2x^3 - 2x^2 - 2x + 1 = 0$
73. $x(x - 1)^2 = 1$ (uma raiz)
74. $x^x = 2$
75. $\sqrt{x} + \sqrt{1 + x} = 4$
76. $x^3 - 15x + 1 = 0$ (três raízes)
77. $\cos x = x$ (uma raiz). Assegure-se de utilizar o modo radiano.
78. $2 \text{ sen } x = x$ (três raízes). Assegure-se de utilizar o modo radiano.

2.6 Limites que envolvem infinidade; assíntotas de gráficos

Nesta seção, investigaremos o comportamento de uma função quando a magnitude da variável independente x se torna cada vez maior, ou $x \to \pm\infty$. Ampliaremos ainda mais o conceito de limite para *limites infinitos*, que não são limites como os anteriores, mas, em vez disso, uma nova utilização para o termo limite. Limites infinitos fornecem símbolos e linguagem úteis para descrever o comportamento de funções cujos valores se tornam arbitrariamente grandes em magnitude. Utilizaremos essas ideias de limites para analisar os gráficos de funções que possuem *assíntotas horizontais* ou *assíntotas verticais*.

Limites finitos quando $x \to \pm\infty$

O símbolo do infinito (∞) não representa um número real. Utilizamos ∞ para descrever o comportamento de uma função quando os valores em seu domínio ou imagem extrapolam todos os limites finitos. Por exemplo, a função $f(x) = 1/x$ é definida para todo $x \ne 0$ (Figura 2.49). Quando x é positivo e se torna cada vez maior, $1/x$ se torna cada vez menor. Quando x é negativo e sua magnitude se torna cada vez maior, $1/x$ se torna menor novamente. Resumiremos essas informações dizendo que $f(x) = 1/x$ possui limite 0 quando $x \to \infty$ ou $x \to -\infty$, ou que 0 é um *limite de $f(x) = 1/x$ no infinito e no menos infinito*. Vemos, a seguir, definições precisas.

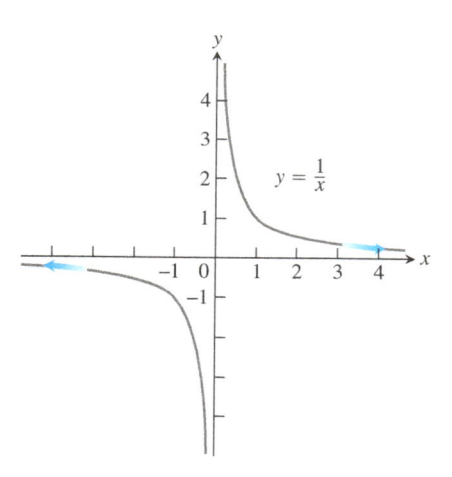

FIGURA 2.49 O gráfico de $y = 1/x$ se aproxima de 0 quando $x \to \infty$ ou $x \to -\infty$.

DEFINIÇÕES

1. Dizemos que $f(x)$ possui o **limite L quando x tende a infinito** e escrevemos
$$\lim_{x \to \infty} f(x) = L$$
se, para qualquer número $\epsilon > 0$, existir um número correspondente M de modo que para todo x
$$x > M \quad \Rightarrow \quad |f(x) - L| < \epsilon.$$

2. Dizemos que $f(x)$ possui o **limite L quando x tende a menos infinito** e escrevemos
$$\lim_{x \to -\infty} f(x) = L$$
se, para qualquer número $\epsilon > 0$, existir um número correspondente N de modo que para todo x
$$x < N \quad \Rightarrow \quad |f(x) - L| < \epsilon.$$

Intuitivamente, $\lim_{x \to \infty} f(x) = L$ se, quando x se afasta cada vez mais da origem na direção positiva, $f(x)$ fica arbitrariamente perto de L. Do mesmo modo, $\lim_{x \to -\infty} f(x) = L$ se x se afastar cada vez mais da origem na direção negativa, $f(x)$ fica arbitrariamente perto de L.

A estratégia para calcular limites de funções quando $x \to \pm\infty$ é semelhante àquela para limites finitos na Seção 2.2. Primeiro determinamos os limites da constante e da função identidade $y = k$ e $y = x$. Em seguida, estendemos esses resultados para outras funções ao aplicar o Teorema 1 em limites de combinações algébricas. Aqui, fazemos a mesma coisa, exceto que as funções iniciais são $y = k$ e $y = 1/x$ em vez de $y = k$ e $y = x$.

As principais questões a serem verificadas pela aplicação da definição formal são

$$\lim_{x \to \pm\infty} k = k \quad \text{e} \quad \lim_{x \to \pm\infty} \frac{1}{x} = 0. \qquad (1)$$

Provamos o segundo resultado e deixamos o primeiro para os Exercícios 87 e 88.

EXEMPLO 1 Mostre que

(a) $\lim_{x \to \infty} \dfrac{1}{x} = 0$
(b) $\lim_{x \to -\infty} \dfrac{1}{x} = 0$.

Solução

(a) Seja $\epsilon > 0$ dado. Precisamos determinar um número M de modo que para qualquer x
$$x > M \quad \Rightarrow \quad \left|\frac{1}{x} - 0\right| = \left|\frac{1}{x}\right| < \epsilon.$$

A implicação valerá se $M = 1/\epsilon$ ou qualquer número positivo maior (Figura 2.50). Isso prova que $\lim_{x \to \infty} (1/x) = 0$.

(b) Seja $\epsilon > 0$ dado. Precisamos determinar um número N de modo que para qualquer x
$$x < N \quad \Rightarrow \quad \left|\frac{1}{x} - 0\right| = \left|\frac{1}{x}\right| < \epsilon.$$

A implicação valerá se $N = -1/\epsilon$ ou qualquer número menor que $-1/\epsilon$ (Figura 2.50). Isso prova que $\lim_{x \to -\infty} (1/x) = 0$.

Limites no infinito têm propriedades semelhantes àquelas dos limites finitos.

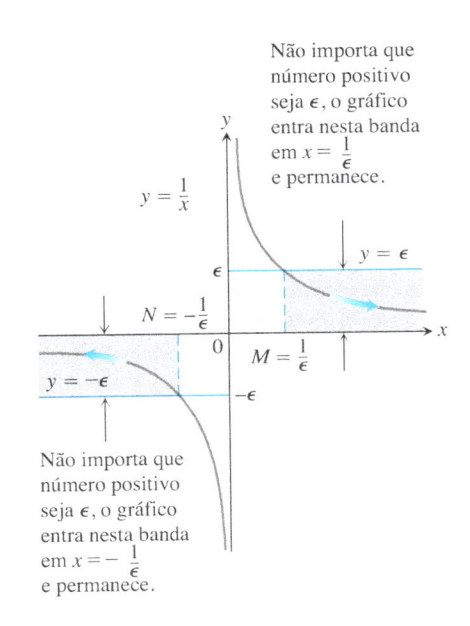

FIGURA 2.50 Geometria por trás do argumento no Exemplo 1.

TEOREMA 12 Todas as leis de limites no Teorema 1 são verdadeiras quando substituímos $\lim_{x \to c}$ por $\lim_{x \to \infty}$ ou $\lim_{x \to -\infty}$. Isto é, a variável x pode se aproximar de um número finito c ou $\pm\infty$.

EXEMPLO 2 As propriedades no Teorema 12 são utilizadas para calcular limites da mesma maneira que ocorre quando x se aproxima de um número finito c.

(a) $\lim\limits_{x \to \infty} \left(5 + \frac{1}{x}\right) = \lim\limits_{x \to \infty} 5 + \lim\limits_{x \to \infty} \frac{1}{x}$ Regra da soma

$= 5 + 0 = 5$ Limites conhecidos

(b) $\lim\limits_{x \to -\infty} \frac{\pi\sqrt{3}}{x^2} = \lim\limits_{x \to -\infty} \pi\sqrt{3} \cdot \frac{1}{x} \cdot \frac{1}{x}$

$= \lim\limits_{x \to -\infty} \pi\sqrt{3} \cdot \lim\limits_{x \to -\infty} \frac{1}{x} \cdot \lim\limits_{x \to -\infty} \frac{1}{x}$ Regra do produto

$= \pi\sqrt{3} \cdot 0 \cdot 0 = 0$ Limites conhecidos

Limites no infinito de funções racionais

Para determinar o limite de uma função racional quando $x \to \pm\infty$, primeiro dividimos o numerador e o denominador pela potência de x mais alta no denominador. O resultado, então, depende dos graus dos polinômios envolvidos.

EXEMPLO 3 Esses exemplos ilustram o que acontece quando o grau do numerador é menor ou igual ao grau do denominador.

(a) $\lim\limits_{x \to \infty} \frac{5x^2 + 8x - 3}{3x^2 + 2} = \lim\limits_{x \to \infty} \frac{5 + (8/x) - (3/x^2)}{3 + (2/x^2)}$ Divida o numerador e o denominador por x^2.

$= \frac{5 + 0 - 0}{3 + 0} = \frac{5}{3}$ Veja a Figura 2.51.

(b) $\lim\limits_{x \to -\infty} \frac{11x + 2}{2x^3 - 1} = \lim\limits_{x \to -\infty} \frac{(11/x^2) + (2/x^3)}{2 - (1/x^3)}$ Divida o numerador e o denominador por x^3.

$= \frac{0 + 0}{2 - 0} = 0$ Veja a Figura 2.52.

Um caso em que o grau do numerador é maior do que o grau do denominador é ilustrado no Exemplo 10.

Assíntotas horizontais

Se a distância entre o gráfico de uma função e alguma reta fixa se aproxima de zero quando um ponto no gráfico se afasta cada vez mais da origem, dizemos que o gráfico se aproxima da reta assintoticamente e que a reta é uma *assíntota* do gráfico.

Ao olhar para $f(x) = 1/x$ (veja a Figura 2.49), observamos que o eixo x é uma assíntota da curva à direita porque

$$\lim_{x \to \infty} \frac{1}{x} = 0$$

e à esquerda porque

$$\lim_{x \to -\infty} \frac{1}{x} = 0.$$

Dizemos que o eixo x é uma *assíntota horizontal* do gráfico de $f(x) = 1/x$.

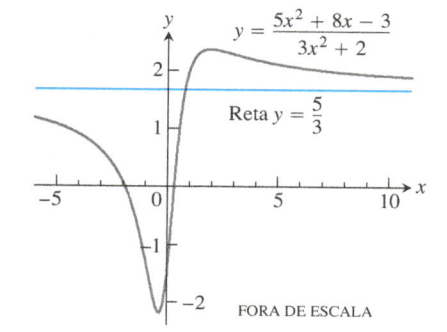

FIGURA 2.51 Gráfico da função no Exemplo 3a. O gráfico se aproxima da reta $y = 5/3$ quando $|x|$ aumenta.

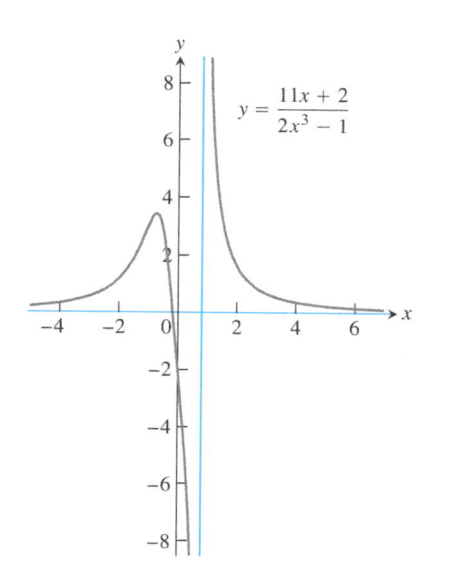

FIGURA 2.52 Gráfico da função no Exemplo 3b. O gráfico se aproxima do eixo x quando $|x|$ aumenta.

DEFINIÇÃO Uma reta $y = b$ é uma **assíntota horizontal** do gráfico de uma função $y = f(x)$ se
$$\lim_{x \to \infty} f(x) = b \quad \text{ou} \quad \lim_{x \to -\infty} f(x) = b.$$

O gráfico da função
$$f(x) = \frac{5x^2 + 8x - 3}{3x^2 + 2}$$

traçado na Figura 2.51 (Exemplo 3a) possui a reta $y = 5/3$ como uma assíntota horizontal em ambos os lados direito e esquerdo porque
$$\lim_{x \to \infty} f(x) = \frac{5}{3} \quad \text{e} \quad \lim_{x \to -\infty} f(x) = \frac{5}{3}.$$

EXEMPLO 4 Encontre as assíntotas horizontais para o gráfico de
$$f(x) = \frac{x^3 - 2}{|x|^3 + 1}.$$

Solução Calculamos os limites quando $x \to \pm\infty$.

Para $x \geq 0$: $\displaystyle\lim_{x \to \infty} \frac{x^3 - 2}{|x|^3 + 1} = \lim_{x \to \infty} \frac{x^3 - 2}{x^3 + 1} = \lim_{x \to \infty} \frac{1 - (2/x^3)}{1 + (1/x^3)} = 1.$

Para $x < 0$: $\displaystyle\lim_{x \to -\infty} \frac{x^3 - 2}{|x|^3 + 1} = \lim_{x \to -\infty} \frac{x^3 - 2}{(-x)^3 + 1} = \lim_{x \to -\infty} \frac{1 - (2/x^3)}{-1 + (1/x^3)} = -1.$

As assíntotas horizontais são $y = -1$ e $y = 1$. O gráfico é exibido na Figura 2.53. Observe que o gráfico cruza a assíntota horizontal $y = -1$ para um valor positivo de x.

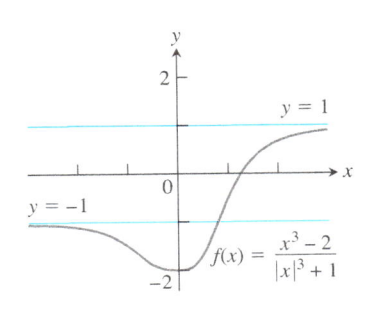

FIGURA 2.53 O gráfico da função no Exemplo 4 possui duas assíntotas horizontais.

EXEMPLO 5 O eixo x (a reta $y = 0$) é uma assíntota horizontal do gráfico de $y = e^x$ porque
$$\lim_{x \to -\infty} e^x = 0.$$

Para vermos isso, utilizamos a definição de um limite quando x tende a $-\infty$. Então, seja $\epsilon > 0$ dado, mas arbitrariamente. Devemos determinar uma constante N de modo que para qualquer x,
$$x < N \quad \Rightarrow \quad |e^x - 0| < \epsilon.$$

Agora $|e^x - 0| = e^x$, então a condição que precisa ser satisfeita sempre que $x < N$ é
$$e^x < \epsilon.$$

Seja $x = N$ o número em que $e^x = \epsilon$. Uma vez que e^x é uma função crescente, se $x < N$, então $e^x < \epsilon$. Determinamos N ao tomar o logaritmo natural de ambos os lados da equação $e^N = \epsilon$, assim $N = \ln \epsilon$ (veja a Figura 2.54). Com esse valor de N, a condição é satisfeita, e concluímos que $\lim_{x \to -\infty} e^x = 0$.

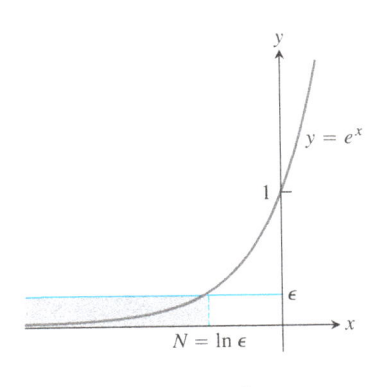

FIGURA 2.54 O gráfico de $y = e^x$ se aproxima do eixo x quando $x \to -\infty$ (Exemplo 5).

EXEMPLO 6 Determine **(a)** $\displaystyle\lim_{x \to \infty} \text{sen}\,(1/x)$ e **(b)** $\displaystyle\lim_{x \to \pm\infty} x\,\text{sen}\,(1/x)$.

Solução

(a) Introduzimos a nova variável $t = 1/x$. Do Exemplo 1, sabemos que $t \to 0^+$ quando $x \to \infty$ (veja a Figura 2.49). Portanto,
$$\lim_{x \to \infty} \text{sen}\,\frac{1}{x} = \lim_{t \to 0^+} \text{sen}\,t = 0.$$

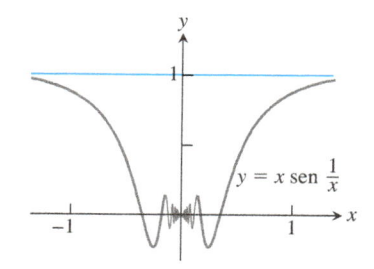

FIGURA 2.55 A reta $y = 1$ é uma assíntota horizontal da função aqui representada graficamente (Exemplo 6b).

(b) Calculamos os limites quando $x \to \infty$ e $x \to -\infty$:

$$\lim_{x \to \infty} x \operatorname{sen} \frac{1}{x} = \lim_{t \to 0^+} \frac{\operatorname{sen} t}{t} = 1 \quad \text{e} \quad \lim_{x \to -\infty} x \operatorname{sen} \frac{1}{x} = \lim_{t \to 0^-} \frac{\operatorname{sen} t}{t} = 1.$$

O gráfico é mostrado na Figura 2.55, e vemos que a reta $y = 1$ é uma assíntota horizontal.

Da mesma forma, podemos investigar o comportamento de $y = f(1/x)$ quando $x \to 0$ ao investigar $y = f(t)$ quando $t \to \pm\infty$, onde $t = 1/x$.

EXEMPLO 7 Determine $\lim_{x \to 0^-} e^{1/x}$.

Solução Assumimos que $t = 1/x$. A partir da Figura 2.49, podemos ver que $t \to -\infty$ quando $x \to 0^-$ (esclareceremos melhor essa ideia adiante). Portanto,

$$\lim_{x \to 0^-} e^{1/x} = \lim_{t \to -\infty} e^t = 0 \quad \text{Exemplo 5}$$

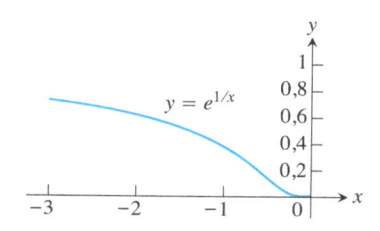

(Figura 2.56).

FIGURA 2.56 O gráfico de $y = e^{1/x}$ para $x < 0$ mostra $\lim_{x \to 0^-} e^{1/x} = 0$ (Exemplo 7).

O teorema do confronto também vale para limites quando $x \to \pm\infty$. É preciso ter certeza, no entanto, de que a função cujo limite você está tentando determinar fica entre as funções delimitadoras em valores muito altos de x em magnitude consistentes com $x \to \infty$ ou $x \to -\infty$.

EXEMPLO 8 Utilizando o teorema do confronto, determine a assíntota horizontal da curva

$$y = 2 + \frac{\operatorname{sen} x}{x}.$$

Solução Estamos interessados no comportamento quando $x \to \pm\infty$. Uma vez que

$$0 \leq \left|\frac{\operatorname{sen} x}{x}\right| \leq \left|\frac{1}{x}\right|$$

e $\lim_{x \to \pm\infty} |1/x| = 0$, temos $\lim_{x \to \pm\infty} (\operatorname{sen} x)/x = 0$ pelo teorema do confronto. Logo,

$$\lim_{x \to \pm\infty} \left(2 + \frac{\operatorname{sen} x}{x}\right) = 2 + 0 = 2,$$

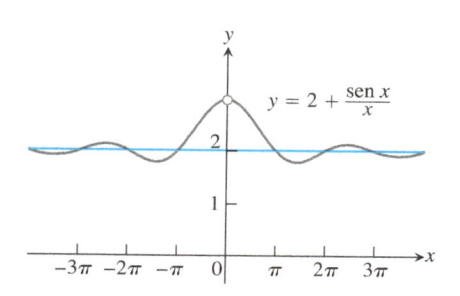

FIGURA 2.57 Uma curva pode cruzar uma de suas assíntotas infinitas vezes (Exemplo 8).

e a reta $y = 2$ é uma assíntota horizontal da curva tanto à direita quanto à esquerda (Figura 2.57).

Este exemplo ilustra que uma curva pode cruzar uma de suas assíntotas horizontais muitas vezes.

EXEMPLO 9 Determine $\lim_{x \to \infty} \left(x - \sqrt{x^2 + 16}\right)$.

Solução Ambos os termos x e $\sqrt{x^2 + 16}$ tendem a infinito quando $x \to \infty$, então, não fica claro o que acontece à diferença no limite (não podemos subtrair ∞ de ∞ porque o símbolo não representa um número real). Nessa situação, podemos multiplicar o numerador e o denominador pela expressão radical conjugada para obtermos um resultado algébrico equivalente:

$$\lim_{x \to \infty} \left(x - \sqrt{x^2 + 16}\right) = \lim_{x \to \infty} \left(x - \sqrt{x^2 + 16}\right) \frac{x + \sqrt{x^2 + 16}}{x + \sqrt{x^2 + 16}}$$

$$= \lim_{x \to \infty} \frac{x^2 - (x^2 + 16)}{x + \sqrt{x^2 + 16}} = \lim_{x \to \infty} \frac{-16}{x + \sqrt{x^2 + 16}}.$$

Quando $x \to \infty$, o denominador nessa última expressão se torna arbitrariamente alto, então vemos que o limite é 0. Também podemos obter esse resultado por meio de um cálculo direto, utilizando as leis do limite:

$$\lim_{x \to \infty} \frac{-16}{x + \sqrt{x^2 + 16}} = \lim_{x \to \infty} \frac{-\frac{16}{x}}{1 + \sqrt{\frac{x^2}{x^2} + \frac{16}{x^2}}} = \frac{0}{1 + \sqrt{1 + 0}} = 0.$$

Assíntotas oblíquas

Se o grau do numerador de uma função racional for 1 grau maior do que o grau do denominador, o gráfico possuirá uma **assíntota oblíqua** ou **inclinada**. Determinamos uma equação para a assíntota ao dividirmos o numerador pelo denominador para expressar f como uma função linear mais um resto que é igual a zero quando $x \to \pm\infty$.

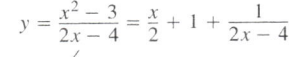

EXEMPLO 10 Determine a assíntota oblíqua do gráfico de

$$f(x) = \frac{x^2 - 3}{2x - 4}$$

na Figura 2.58.

Solução Estamos interessados no comportamento quando $x \to \pm\infty$. Dividimos $(x^2 - 3)$ por $(2x - 4)$:

$$\begin{array}{r|l} x^2 - 3 & 2x - 4 \\ -x^2 + 2x & \frac{x}{2} + 1 \\ \hline 2x - 3 & \\ -2x + 4 & \\ \hline 1 & \end{array}$$

Isso no diz que

$$f(x) = \frac{x^2 - 3}{2x - 4} = \underbrace{\left(\frac{x}{2} + 1\right)}_{g(x) \text{ linear}} + \underbrace{\left(\frac{1}{2x - 4}\right)}_{\text{resto}}.$$

Quando $x \to \pm\infty$, o resto, cuja magnitude dá a distância vertical entre os gráficos de f e g, tende a zero, tornando a reta inclinada

$$g(x) = \frac{x}{2} + 1$$

uma assíntota do gráfico de f (Figura 2.58). A reta $y = g(x)$ é uma assíntota tanto à direita quanto à esquerda. A próxima subseção confirmará que a função $f(x)$ cresce arbitrariamente em valor absoluto quando $x \to 2$ (onde o denominador é zero), como mostra o gráfico.

Observe, no Exemplo 10, que se o grau do numerador em uma função racional é maior do que o grau do denominador, então o limite conforme $|x|$ aumenta é $+\infty$ ou $-\infty$, dependendo dos sinais assumidos pelo numerador e pelo denominador.

Limites infinitos

Vejamos novamente a função $f(x) = 1/x$. Quando $x \to 0^+$, os valores de f aumentam sem limitação, finalmente alcançando ou ultrapassando qualquer número real positivo. Isto é, dado qualquer número positivo B, embora alto, os valores de f ficam ainda mais altos (Figura 2.59).

FIGURA 2.58 O gráfico da função no Exemplo 10 possui uma assíntota oblíqua.

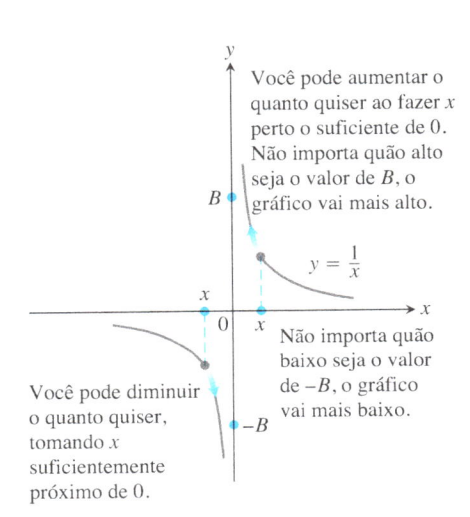

FIGURA 2.59 Limites infinitos laterais:
$\lim_{x \to 0^+} \frac{1}{x} = \infty$ e $\lim_{x \to 0^-} \frac{1}{x} = -\infty$.

Assim sendo, f não possui limite quando $x \to 0^+$. No entanto, é conveniente descrever o comportamento de f dizendo que $f(x)$ tende a ∞ quando $x \to 0^+$. Escrevemos

$$\lim_{x \to 0^+} f(x) = \lim_{x \to 0^+} \frac{1}{x} = \infty.$$

Ao escrever esta equação, *não* estamos dizendo que o limite existe. Nem estamos dizendo que há um número ∞ real, porque não existe tal número. Em vez disso, estamos dizendo que $\lim_{x \to 0^+}$ *não existe porque $1/x$ cresce e se torna arbitrariamente grande e positivo quando $x \to 0^+$*.

Quando $x \to 0^-$, os valores de $f(x) = 1/x$ se tornam arbitrariamente grandes e negativos. Dado qualquer número real negativo $-B$, os valores de f finalmente ficam abaixo de $-B$ (veja a Figura 2.59). Escrevemos

$$\lim_{x \to 0^-} f(x) = \lim_{x \to 0^-} \frac{1}{x} = -\infty.$$

Novamente, não estamos dizendo que existe limite e que ele é igual ao número $-\infty$. Não *existe* um número real $-\infty$. Descrevemos o comportamento de uma função cujo limite quando $x \to 0^-$ não existe porque seus valores se tornam arbitrariamente grandes e negativos.

EXEMPLO 11 Determine $\lim_{x \to 1^+} \frac{1}{x-1}$ e $\lim_{x \to 1^-} \frac{1}{x-1}$.

Solução geométrica O gráfico de $y = 1/(x-1)$ é o gráfico de $y = 1/x$ transladado de 1 unidade à direita (Figura 2.60). Portanto, $y = 1/(x-1)$ se comporta, próximo a 1, exatamente do modo que $1/x$ se comporta próximo a 0:

$$\lim_{x \to 1^+} \frac{1}{x-1} = \infty \quad \text{e} \quad \lim_{x \to 1^-} \frac{1}{x-1} = -\infty.$$

Solução analítica Reflita sobre o número $x - 1$ e seu recíproco. Quando $x \to 1^+$, temos $(x-1) \to 0^+$ e $1/(x-1) \to \infty$. Quando $x \to 1^-$, temos $(x-1) \to 0^-$ e $1/(x-1) \to -\infty$.

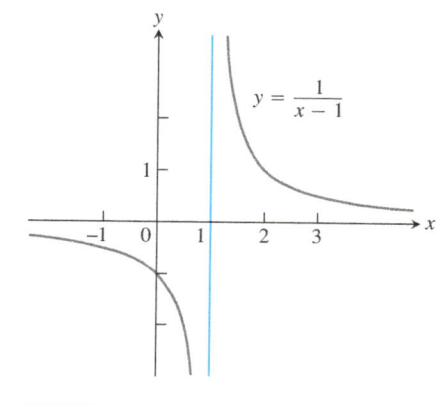

FIGURA 2.60 Próximo de $x = 1$, a função $y = 1/(x-1)$ se comporta da maneira que a função $y = 1/x$ se comporta próxima a $x = 0$. Seu gráfico é o da função de $y = 1/x$ transladada 1 unidade para a direita (Exemplo 11).

EXEMPLO 12 Discuta o comportamento de

$$f(x) = \frac{1}{x^2} \quad \text{quando} \quad x \to 0.$$

Solução Quando x se aproxima de zero de ambos os lados, os valores de $1/x^2$ são positivos e aumentam arbitrariamente (Figura 2.61). Isso significa que

$$\lim_{x \to 0} f(x) = \lim_{x \to 0} \frac{1}{x^2} = \infty.$$

A função $y = 1/x$ não mostra um comportamento consistente quando $x \to 0$. Temos $1/x \to \infty$ se $x \to 0^+$, mas $1/x \to -\infty$ se $x \to 0^-$. Tudo o que podemos concluir sobre $\lim_{x \to 0} (1/x)$ é que ele não existe. A função $y = 1/x^2$ é diferente. Seus valores tendem a infinito quando x se aproxima de zero de qualquer lado, portanto, podemos dizer que $\lim_{x \to 0} (1/x^2) = \infty$.

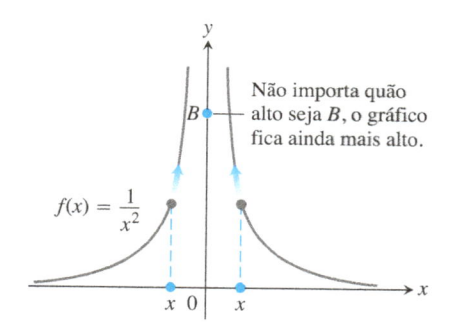

FIGURA 2.61 O gráfico de $f(x)$ no Exemplo 12 tende a infinito quando $x \to 0$.

EXEMPLO 13 Esses exemplos ilustram que as funções racionais podem se comportar de várias maneiras próximas aos zeros do denominador.

(a) $\lim_{x \to 2} \frac{(x-2)^2}{x^2-4} = \lim_{x \to 2} \frac{(x-2)^2}{(x-2)(x+2)} = \lim_{x \to 2} \frac{x-2}{x+2} = 0$

(b) $\lim_{x \to 2} \frac{x-2}{x^2-4} = \lim_{x \to 2} \frac{x-2}{(x-2)(x+2)} = \lim_{x \to 2} \frac{1}{x+2} = \frac{1}{4}$

(c) $\lim_{x\to 2^+} \dfrac{x-3}{x^2-4} = \lim_{x\to 2^+} \dfrac{x-3}{(x-2)(x+2)} = -\infty$ Os valores são negativos para $x > 2$, x próximo de 2.

(d) $\lim_{x\to 2^-} \dfrac{x-3}{x^2-4} = \lim_{x\to 2^-} \dfrac{x-3}{(x-2)(x+2)} = \infty$ Os valores são positivos para $x < 2$, x próximo de 2.

(e) $\lim_{x\to 2} \dfrac{x-3}{x^2-4} = \lim_{x\to 2} \dfrac{x-3}{(x-2)(x+2)}$ não existe.   Veja os itens (c) e (d).

(f) $\lim_{x\to 2} \dfrac{2-x}{(x-2)^3} = \lim_{x\to 2} \dfrac{-(x-2)}{(x-2)^3} = \lim_{x\to 2} \dfrac{-1}{(x-2)^2} = -\infty$

Nos itens (a) e (b), o efeito do zero no denominador em $x=2$ é cancelado porque o numerador também é zero. Logo, existe um limite finito. Isso não é verdadeiro no item (f), onde o cancelamento ainda deixa um fator zero no denominador.

Definições precisas de limites infinitos

Em vez de exigir que $f(x)$ fique arbitrariamente perto de um número finito L para qualquer x perto o suficiente de x_0, as definições de limites infinitos exigem que $f(x)$ fique arbitrariamente distante de zero. Exceto com relação a essa mudança, a linguagem é muito semelhante àquela que vimos anteriormente. As Figuras 2.62 e 2.63 seguem essas definições.

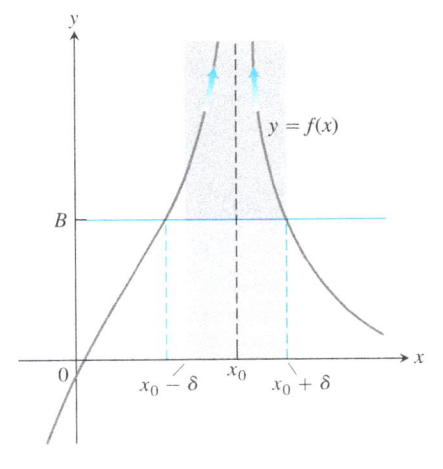

FIGURA 2.62 Para $x_0 - \delta < x < x_0 + \delta$, o gráfico de $f(x)$ fica acima da reta $y = B$.

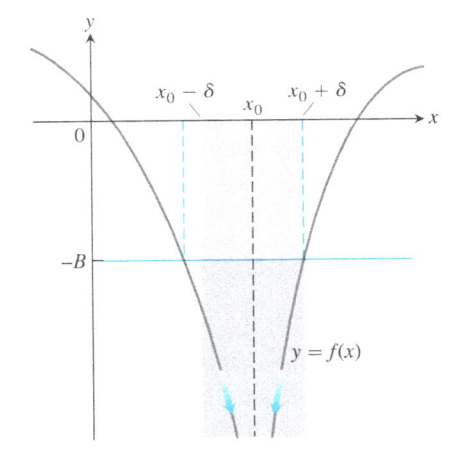

FIGURA 2.63 Para $x_0 - \delta < x < x_0 + \delta$, o gráfico de $f(x)$ fica abaixo da reta $y = -B$.

DEFINIÇÕES

1. Dizemos que **$f(x)$ tende a infinito quando x se aproxima de x_0**, e escrevemos
$$\lim_{x\to x_0} f(x) = \infty,$$
se para cada número B positivo real existir um $\delta > 0$ correspondente, de modo que para todo x
$$0 < |x - x_0| < \delta \quad \Rightarrow \quad f(x) > B.$$

2. Dizemos que **$f(x)$ tende a menos infinito quando x se aproxima de x_0**, e escrevemos
$$\lim_{x\to x_0} f(x) = -\infty,$$
se para cada número $-B$ negativo real existir um $\delta > 0$ correspondente, de modo que para todo x
$$0 < |x - x_0| < \delta \quad \Rightarrow \quad f(x) < -B.$$

As definições precisas de limites laterais em x_0 são similares e enunciadas nos exercícios.

EXEMPLO 14 Prove que $\lim_{x\to 0} \dfrac{1}{x^2} = \infty$.

Solução Dado $B > 0$, queremos determinar $\delta > 0$, de modo que
$$0 < |x - 0| < \delta \quad \text{implique} \quad \dfrac{1}{x^2} > B.$$

Agora,
$$\dfrac{1}{x^2} > B \quad \text{se, e somente se,} \quad x^2 < \dfrac{1}{B}$$

ou, de modo equivalente,
$$|x| < \dfrac{1}{\sqrt{B}}.$$

Logo, ao escolher $\delta = 1/\sqrt{B}$ (ou qualquer número positivo menor), vemos que

$$|x| < \delta \quad \text{implica} \quad \frac{1}{x^2} > \frac{1}{\delta^2} \geq B.$$

Portanto, por definição,

$$\lim_{x \to 0} \frac{1}{x^2} = \infty.$$

Assíntotas verticais

Observe que a distância entre um ponto no gráfico de $f(x) = 1/x$ e o eixo y se aproxima de zero quando o ponto se move verticalmente ao longo do gráfico e se distancia da origem (Figura 2.64). A função $f(x) = 1/x$ é ilimitada quando x se aproxima de 0 porque

$$\lim_{x \to 0^+} \frac{1}{x} = \infty \quad \text{e} \quad \lim_{x \to 0^-} \frac{1}{x} = -\infty.$$

Dizemos que a reta $x = 0$ (o eixo y) é uma *assíntota vertical* do gráfico de $f(x) = 1/x$. Observe que o denominador é zero em $x = 0$, e a função é indefinida ali.

DEFINIÇÃO Uma reta $x = a$ é uma **assíntota vertical** do gráfico de uma função $y = f(x)$ se

$$\lim_{x \to a^+} f(x) = \pm \infty \quad \text{ou} \quad \lim_{x \to a^-} f(x) = \pm \infty.$$

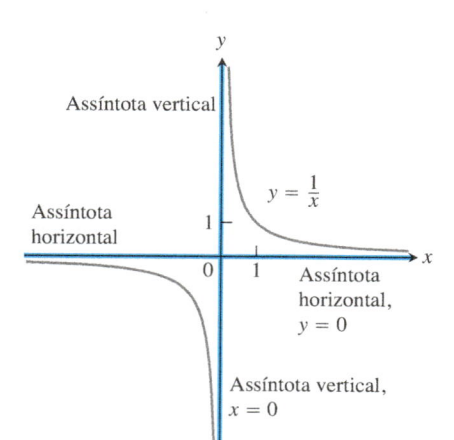

FIGURA 2.64 Os eixos coordenados são assíntotas de ambos os ramos da hipérbole $y = 1/x$.

EXEMPLO 15 Determine as assíntotas horizontais e verticais da curva

$$y = \frac{x+3}{x+2}.$$

Solução Estamos interessados no comportamento quando $x \to \pm \infty$ e no comportamento quando $x \to -2$, em que o denominador é zero.

As assíntotas são rapidamente reveladas se reescrevermos a função racional como uma polinomial com um resto, ao dividir $(x+3)$ por $(x+2)$:

$$\begin{array}{r} x+3 \\ \underline{-x-2} \\ 1 \end{array} \begin{array}{|l} \underline{x+2} \\ 1 \end{array}$$

O resultado nos permite reescrever y como:

$$y = 1 + \frac{1}{x+2}.$$

Quando $x \to \pm \infty$, a curva se aproxima da assíntota horizontal $y = 1$; quando $x \to -2$, a curva se aproxima da assíntota vertical $x = -2$. Vemos que a curva em questão é o gráfico de $f(x) = 1/x$ transladada 1 unidade para cima e 2 unidades para a esquerda (Figura 2.65). As assíntotas, em vez de serem os eixos coordenados, são agora as retas $y = 1$ e $x = -2$.

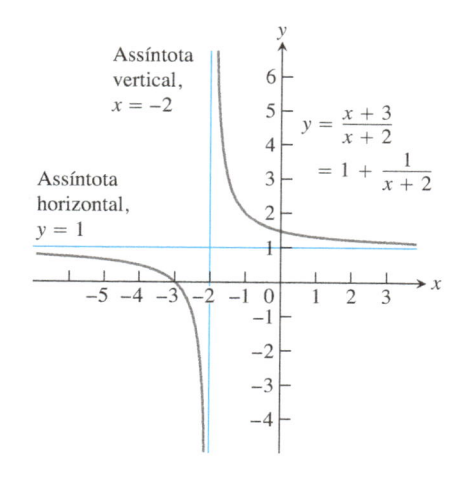

FIGURA 2.65 As retas $y = 1$ e $x = -2$ são assíntotas da curva no Exemplo 15.

EXEMPLO 16 Determine as assíntotas horizontal e vertical do gráfico de

$$f(x) = -\frac{8}{x^2 - 4}.$$

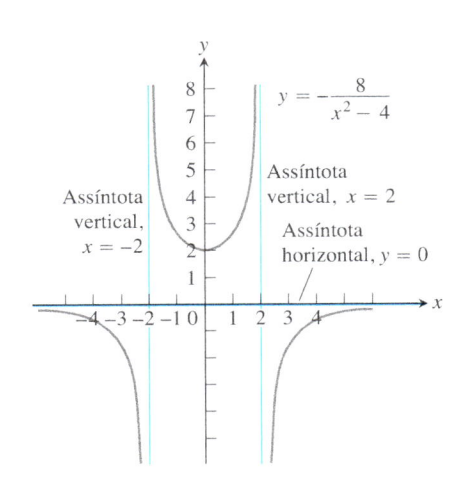

FIGURA 2.66 Gráfico da função no Exemplo 16. Observe que a curva se aproxima do eixo x somente de um lado. Assíntotas não precisam ser bilaterais.

Solução Estamos interessados no comportamento quando $x \to \pm\infty$ e $x \to \pm 2$, em que o denominador é zero. Observe que f é uma função par de x, então seu gráfico é simétrico em relação ao eixo y.

(a) *O comportamento conforme $x \to \pm\infty$.* Uma vez que $\lim_{x \to \infty} f(x) = 0$, a reta $y = 0$ é uma assíntota horizontal do gráfico à direita. Por simetria, também é uma assíntota à esquerda (Figura 2.66). Observe que a curva se aproxima do eixo x somente a partir do lado negativo (ou a partir de baixo). Também, $f(0) = 2$.

(b) *O comportamento conforme $x \to \pm 2$.* Uma vez que

$$\lim_{x \to 2^+} f(x) = -\infty \quad \text{e} \quad \lim_{x \to 2^-} f(x) = \infty,$$

a reta $x = 2$ é uma assíntota vertical tanto à direita quanto à esquerda. Por simetria, a reta $x = -2$ também é uma assíntota vertical.

Não há outras assíntotas porque f possui um limite finito em todos os outros pontos.

EXEMPLO 17 O gráfico da função logaritmo natural tem o eixo y (a reta $x = 0$) como uma assíntota vertical. Vemos isso a partir do gráfico traçado na Figura 2.67 (que é a reflexão do gráfico da função exponencial natural ao longo da reta $y = x$) e do fato de que o eixo x é uma assíntota horizontal de $y = e^x$ (Exemplo 5). Logo,

$$\lim_{x \to 0^+} \ln x = -\infty.$$

O mesmo resultado é verdadeiro para $y = \log_a x$ sempre que $a > 1$.

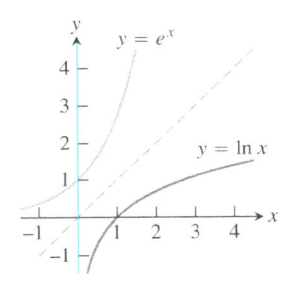

FIGURA 2.67 A reta $x = 0$ é uma assíntota vertical da função logaritmo natural (Exemplo 17).

EXEMPLO 18 As curvas

$$y = \sec x = \frac{1}{\cos x} \quad \text{e} \quad y = \operatorname{tg} x = \frac{\operatorname{sen} x}{\cos x}$$

possuem assíntotas verticais nos múltiplos inteiros ímpares de $\pi/2$, onde $\cos x = 0$ (Figura 2.68).

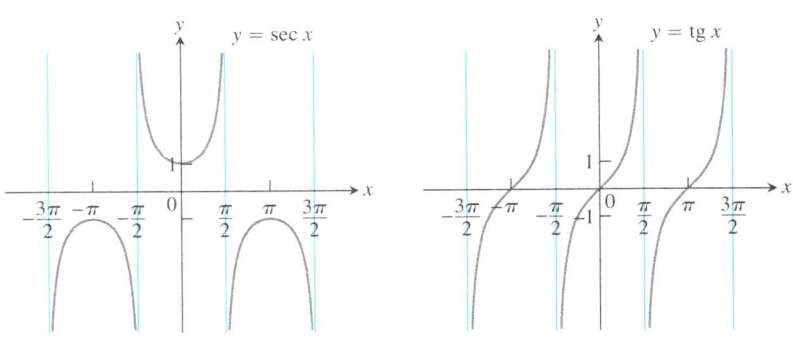

FIGURA 2.68 Os gráficos de sec x e tg x possuem muitas assíntotas verticais (Exemplo 18).

Termos dominantes

No Exemplo 10, vemos que, por meio de uma divisão longa, poderíamos reescrever a função

$$f(x) = \frac{x^2 - 3}{2x - 4}$$

como uma função linear mais um resto:

$$f(x) = \left(\frac{x}{2} + 1\right) + \left(\frac{1}{2x - 4}\right).$$

Isso nos diz imediatamente que

$$f(x) \approx \frac{x}{2} + 1 \qquad \text{Para um } x \text{ numericamente grande, } \frac{1}{2x-4} \text{ está próximo a 0.}$$

$$f(x) \approx \frac{1}{2x - 4} \qquad \text{Para um } x \text{ próximo a 2, esse termo é muito grande.}$$

Se queremos saber como f se comporta, essa é a maneira de descobrir. Ela se comporta como $y = (x/2) + 1$ quando x é numericamente grande e a contribuição de $1/(2x - 4)$ ao valor total de f é insignificante. Ela se comporta como $1/(2x - 4)$ quando x está tão perto de 2 que $1/(2x - 4)$ faz a contribuição significativa.

Dizemos que $(x/2) + 1$ **domina** quando x é numericamente grande, e dizemos que $1/(2x - 4)$ domina quando x está perto de 2. **Termos dominantes** como esse nos ajudam a prever o comportamento da função.

EXEMPLO 19 Seja $f(x) = 3x^4 - 2x^3 + 3x^2 - 5x + 6$ e $g(x) = 3x^4$. Mostre que, embora f e g sejam bastante diferentes para valores numericamente pequenos de x, são praticamente idênticas para $|x|$ muito grandes, no sentido de que suas razões se aproximam de 1 quando $x \to \infty$ ou $x \to -\infty$.

Solução Os gráficos de f e g se comportam de formas bastante diferentes próximos à origem (Figura 2.69a), mas parecem praticamente idênticos em uma escala maior (Figura 2.69b).

Podemos testar que o termo $3x^4$ em f, representado graficamente por g, domina o polinômio f para valores numericamente grandes de x ao examinar a razão entre as duas funções quando $x \to \pm\infty$. Determinamos que

$$\lim_{x \to \pm\infty} \frac{f(x)}{g(x)} = \lim_{x \to \pm\infty} \frac{3x^4 - 2x^3 + 3x^2 - 5x + 6}{3x^4}$$

$$= \lim_{x \to \pm\infty} \left(1 - \frac{2}{3x} + \frac{1}{x^2} - \frac{5}{3x^3} + \frac{2}{x^4}\right)$$

$$= 1,$$

o que significa que f e g parecem ser quase idênticos para $|x|$ grande.

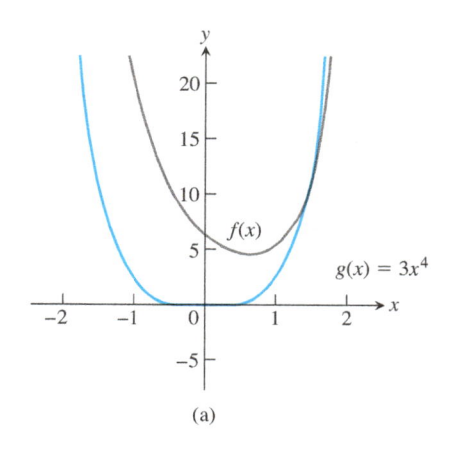

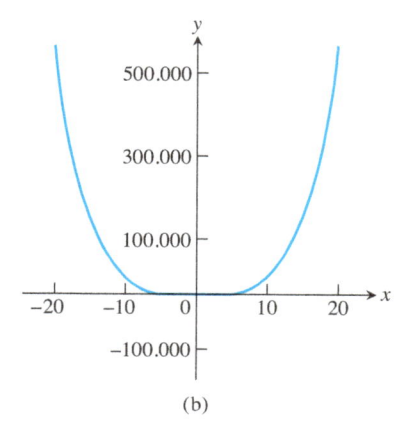

FIGURA 2.69 Os gráficos de f e g são (a) distintos para $|x|$ pequeno e (b) quase idênticos para $|x|$ grande (Exemplo 19).

Resumo

Neste capítulo, apresentamos diversas ideias importantes sobre cálculo que se tornam significativas e precisas pelo conceito de limite. Isso inclui as três ideias da taxa de variação exata de uma função, a inclinação do gráfico de uma função num ponto, e a continuidade de uma função. Os principais métodos utilizados para calcular limites de muitas funções são abrangidos pelas leis algébricas do limite no Teorema 1 e no teorema do confronto, os quais foram provados por meio da definição precisa de limite. Vimos que essas regras computacionais também se aplicam a limites laterais e a limites no infinito. Além do mais, às vezes, podemos aplicar essas regras para calcular limites de funções transcendentais simples, conforme ilustrado por nossos exemplos ou em casos como o seguinte:

$$\lim_{x \to 0} \frac{e^x - 1}{e^{2x} - 1} = \lim_{x \to 0} \frac{e^x - 1}{(e^x - 1)(e^x + 1)} = \lim_{x \to 0} \frac{1}{e^x + 1} = \frac{1}{1 + 1} = \frac{1}{2}.$$

No entanto, o cálculo de limites mais complicados que envolvem funções transcendentais, tais como

$$\lim_{x \to 0} \frac{x}{e^{2x} - 1}, \qquad \lim_{x \to 0} \frac{\ln x}{x}, \qquad \text{e} \qquad \lim_{x \to 0} \left(1 + \frac{1}{x}\right)^x$$

exige mais do que simples técnicas algébricas. A *derivada* é exatamente a ferramenta de que precisamos para calcular limites nesses casos (veja a Seção 4.5), e essa noção é o principal assunto do próximo capítulo.

Exercícios 2.6

Determinação de limites

1. Para a função f cujo gráfico é dado, determine os seguintes limites.

   a. $\lim_{x \to 2} f(x)$ d. $\lim_{x \to -3} f(x)$ g. $\lim_{x \to \infty} f(x)$

   b. $\lim_{x \to -3^+} f(x)$ e. $\lim_{x \to 0^+} f(x)$ h. $\lim_{x \to \infty} f(x)$

   c. $\lim_{x \to -3^-} f(x)$ f. $\lim_{x \to 0^-} f(x)$ i. $\lim_{x \to -\infty} f(x)$

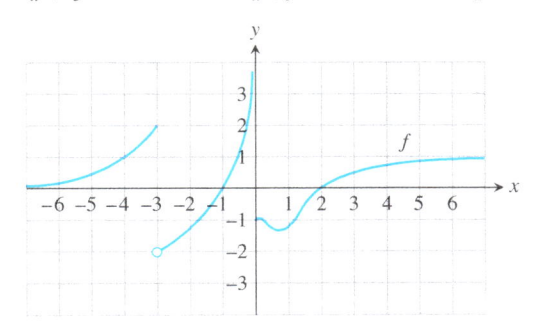

2. Para a função f cujo gráfico é dado, determine os seguintes limites:

   a. $\lim_{x \to 4} f(x)$ e. $\lim_{x \to -3^+} f(x)$ i. $\lim_{x \to 0^-} f(x)$

   b. $\lim_{x \to 2^+} f(x)$ f. $\lim_{x \to -3^-} f(x)$ j. $\lim_{x \to 0} f(x)$

   c. $\lim_{x \to 2^-} f(x)$ g. $\lim_{x \to -3} f(x)$ k. $\lim_{x \to \infty} f(x)$

   d. $\lim_{x \to 2} f(x)$ h. $\lim_{x \to 0^+} f(x)$ l. $\lim_{x \to -\infty} f(x)$

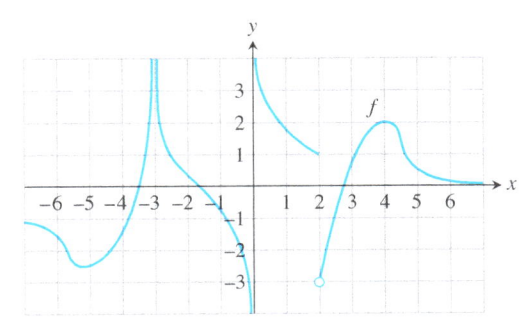

Nos Exercícios 3-8, determine o limite de cada função (a) quando $x \to \infty$ e (b) quando $x \to -\infty$ (você também pode querer visualizar sua resposta utilizando uma calculadora gráfica ou um computador).

3. $f(x) = \dfrac{2}{x} - 3$

4. $f(x) = \pi - \dfrac{2}{x^2}$

5. $g(x) = \dfrac{1}{2 + (1/x)}$

6. $g(x) = \dfrac{1}{8 - (5/x^2)}$

7. $h(x) = \dfrac{-5 + (7/x)}{3 - (1/x^2)}$

8. $h(x) = \dfrac{3 - (2/x)}{4 + (\sqrt{2}/x^2)}$

Determine os limites nos Exercícios 9-12.

9. $\lim_{x \to \infty} \dfrac{\operatorname{sen} 2x}{x}$

10. $\lim_{\theta \to -\infty} \dfrac{\cos \theta}{3\theta}$

11. $\lim_{t \to -\infty} \dfrac{2 - t + \operatorname{sen} t}{t + \cos t}$

12. $\lim_{r \to \infty} \dfrac{r + \operatorname{sen} r}{2r + 7 - 5 \operatorname{sen} r}$

Limites de funções racionais

Nos Exercícios 13-22, determine o limite de cada função racional (a) quando $x \to \infty$ e (b) quando $x \to -\infty$.

13. $f(x) = \dfrac{2x + 3}{5x + 7}$

14. $f(x) = \dfrac{2x^3 + 7}{x^3 - x^2 + x + 7}$

15. $f(x) = \dfrac{x + 1}{x^2 + 3}$

16. $f(x) = \dfrac{3x + 7}{x^2 - 2}$

17. $h(x) = \dfrac{7x^3}{x^3 - 3x^2 + 6x}$

18. $g(x) = \dfrac{1}{x^3 - 4x + 1}$

19. $g(x) = \dfrac{10x^5 + x^4 + 31}{x^6}$

20. $h(x) = \dfrac{9x^4 + x}{2x^4 + 5x^2 - x + 6}$

21. $h(x) = \dfrac{-2x^3 - 2x + 3}{3x^3 + 3x^2 - 5x}$

22. $h(x) = \dfrac{-x^4}{x^4 - 7x^3 + 7x^2 + 9}$

Limites quando $x \to \infty$ ou $x \to -\infty$

O processo pelo qual determinamos limites de funções racionais se aplica igualmente bem a razões contendo potências de x não inteiras ou negativas: dividir o numerador e o denominador pela potência mais alta de x no denominador e continuar a partir dali. Determine os limites nos Exercícios 23-36.

23. $\lim_{x \to \infty} \sqrt{\dfrac{8x^2 - 3}{2x^2 + x}}$

24. $\lim_{x \to -\infty} \left(\dfrac{x^2 + x - 1}{8x^2 - 3}\right)^{1/3}$

25. $\lim_{x \to -\infty} \left(\dfrac{1 - x^3}{x^2 + 7x}\right)^5$

26. $\lim_{x \to \infty} \sqrt{\dfrac{x^2 - 5x}{x^3 + x - 2}}$

27. $\lim_{x \to \infty} \dfrac{2\sqrt{x} + x^{-1}}{3x - 7}$

28. $\lim_{x \to \infty} \dfrac{2 + \sqrt{x}}{2 - \sqrt{x}}$

29. $\lim_{x \to -\infty} \dfrac{\sqrt[3]{x} - \sqrt[5]{x}}{\sqrt[3]{x} + \sqrt[5]{x}}$

30. $\lim_{x \to \infty} \dfrac{x^{-1} + x^{-4}}{x^{-2} - x^{-3}}$

31. $\lim_{x \to \infty} \dfrac{2x^{5/3} - x^{1/3} + 7}{x^{8/5} + 3x + \sqrt{x}}$

32. $\lim_{x \to -\infty} \dfrac{\sqrt[3]{x} - 5x + 3}{2x + x^{2/3} - 4}$

33. $\lim_{x \to \infty} \dfrac{\sqrt{x^2 + 1}}{x + 1}$

34. $\lim_{x \to -\infty} \dfrac{\sqrt{x^2 + 1}}{x + 1}$

35. $\lim_{x \to \infty} \dfrac{x - 3}{\sqrt{4x^2 + 25}}$

36. $\lim_{x \to -\infty} \dfrac{4 - 3x^3}{\sqrt{x^6 + 9}}$

Limites infinitos

Determine os limites nos Exercícios 37-48.

37. $\lim_{x \to 0^+} \dfrac{1}{3x}$

38. $\lim_{x \to 0^-} \dfrac{5}{2x}$

39. $\lim_{x \to 2^-} \dfrac{3}{x - 2}$

40. $\lim_{x \to 3^+} \dfrac{1}{x - 3}$

41. $\lim_{x \to -8^+} \dfrac{2x}{x + 8}$

42. $\lim_{x \to -5^-} \dfrac{3x}{2x + 10}$

43. $\lim_{x \to 7} \dfrac{4}{(x - 7)^2}$

44. $\lim_{x \to 0} \dfrac{-1}{x^2(x + 1)}$

45. a. $\lim_{x \to 0^+} \dfrac{2}{3x^{1/3}}$ b. $\lim_{x \to 0} \dfrac{2}{3x^{1/3}}$

46. a. $\lim_{x \to 0^+} \dfrac{2}{x^{1/5}}$ b. $\lim_{x \to 0} \dfrac{2}{x^{1/5}}$

47. $\lim_{x \to 0} \dfrac{4}{x^{2/5}}$

48. $\lim_{x \to 0} \dfrac{1}{x^{2/3}}$

Determine os limites nos Exercícios 49-52.

49. $\lim_{x \to (\pi/2)^-} \operatorname{tg} x$

50. $\lim_{x \to (-\pi/2)^+} \sec x$

51. $\lim_{\theta \to 0^-} (1 + \operatorname{cossec} \theta)$

52. $\lim_{\theta \to 0} (2 - \operatorname{cotg} \theta)$

Determine os limites nos Exercícios 53-58.

53. $\lim \dfrac{1}{x^2 - 4}$ quando

   a. $x \to 2^+$
   b. $x \to 2^-$
   c. $x \to -2^+$
   d. $x \to -2^-$

54. $\lim \dfrac{x}{x^2 - 1}$ quando

   a. $x \to 1^+$
   b. $x \to 1^-$
   c. $x \to -1^+$
   d. $x \to -1^-$

55. $\lim \left(\dfrac{x^2}{2} - \dfrac{1}{x} \right)$ quando

   a. $x \to 0^+$
   b. $x \to 0^-$
   c. $x \to \sqrt[3]{2}$
   d. $x \to -1$

56. $\lim \dfrac{x^2 - 1}{2x + 4}$ quando

   a. $x \to -2^+$
   b. $x \to -2^-$
   c. $x \to 1^+$
   d. $x \to 0^-$

57. $\lim \dfrac{x^2 - 3x + 2}{x^3 - 2x^2}$ quando

   a. $x \to 0^+$
   b. $x \to 2^+$
   c. $x \to 2^-$
   d. $x \to 2$

   e. O que pode ser dito a respeito do limite, se houver, quando $x \to 0$?

58. $\lim \dfrac{x^2 - 3x + 2}{x^3 - 4x}$ quando

   a. $x \to 2^+$
   b. $x \to -2^+$
   c. $x \to 0^-$
   d. $x \to 1^+$

   e. O que pode ser dito a respeito do limite, se houver, quando $x \to 0$?

Determine os limites nos Exercícios 59-62.

59. $\lim \left(2 - \dfrac{3}{t^{1/3}} \right)$ quando

   a. $t \to 0^+$
   b. $t \to 0^-$

60. $\lim \left(\dfrac{1}{t^{3/5}} + 7 \right)$ quando

   a. $t \to 0^+$
   b. $t \to 0^-$

61. $\lim \left(\dfrac{1}{x^{2/3}} + \dfrac{2}{(x - 1)^{2/3}} \right)$ quando

   a. $x \to 0^+$
   b. $x \to 0^-$
   c. $x \to 1^+$
   d. $x \to 1^-$

62. $\lim \left(\dfrac{1}{x^{1/3}} - \dfrac{1}{(x - 1)^{4/3}} \right)$ quando

   a. $x \to 0^+$
   b. $x \to 0^-$
   c. $x \to 1^+$
   d. $x \to 1^-$

Representação gráfica de funções racionais simples

Faça o gráfico das funções racionais nos Exercícios 63-68. Inclua os gráficos e as equações das assíntotas e dos termos dominantes.

63. $y = \dfrac{1}{x - 1}$

64. $y = \dfrac{1}{x + 1}$

65. $y = \dfrac{1}{2x + 4}$

66. $y = \dfrac{-3}{x - 3}$

67. $y = \dfrac{x + 3}{x + 2}$

68. $y = \dfrac{2x}{x + 1}$

Invenção de gráficos e funções

Nos Exercícios 69-72, trace o gráfico de uma função $y = f(x)$ que satisfaça as condições dadas. Não é necessária nenhuma fórmula — apenas identifique os eixos coordenados e trace um gráfico apropriado (as respostas não são únicas, então, seus gráficos podem não ser exatamente como aqueles encontrados na seção de respostas).

69. $f(0) = 0, f(1) = 2, f(-1) = -2, \lim_{x \to -\infty} f(x) = -1$ e $\lim_{x \to \infty} f(x) = 1$

70. $f(0) = 0, \lim_{x \to \pm\infty} f(x) = 0, \lim_{x \to 0^+} f(x) = 2$ e $\lim_{x \to 0^-} f(x) = -2$

71. $f(0) = 0, \lim_{x \to \pm\infty} f(x) = 0, \lim_{x \to 1^-} f(x) = \lim_{x \to -1^+} f(x) = \infty$, $\lim_{x \to 1^+} f(x) = -\infty$ e $\lim_{x \to -1^-} f(x) = -\infty$

72. $f(2) = 1, f(-1) = 0, \lim_{x \to \infty} f(x) = 0, \lim_{x \to 0^+} f(x) = \infty$, $\lim_{x \to 0^-} f(x) = -\infty$ e $\lim_{x \to -\infty} f(x) = 1$

Nos Exercícios 73-76, determine uma função que satisfaça as condições dadas e trace seu gráfico. (As respostas não são únicas. Qualquer função que satisfaça as condições é aceitável. Fique à vontade para utilizar fórmulas definidas por partes se isso ajudar.)

73. $\lim_{x \to \pm\infty} f(x) = 0, \lim_{x \to 2^-} f(x) = \infty$ e $\lim_{x \to 2^+} f(x) = \infty$

74. $\lim_{x \to \pm\infty} g(x) = 0, \lim_{x \to 3^-} g(x) = -\infty$ e $\lim_{x \to 3^+} g(x) = \infty$

75. $\lim_{x \to -\infty} h(x) = -1, \lim_{x \to \infty} h(x) = 1, \lim_{x \to 0^-} h(x) = -1$ $\lim_{x \to 0^+} h(x) = 1$

76. $\lim_{x \to \pm\infty} k(x) = 1, \lim_{x \to 1^-} k(x) = \infty$ e $\lim_{x \to 1^+} k(x) = -\infty$

77. Suponha que $f(x)$ e $g(x)$ sejam polinômios em x e que $\lim_{x \to \infty} (f(x)/g(x)) = 2$. O que se pode concluir sobre $\lim_{x \to -\infty} (f(x)/g(x))$? Justifique sua resposta.

78. Suponha que $f(x)$ e $g(x)$ sejam polinômios em x. O gráfico de $f(x)/g(x)$ possuirá uma assíntota se $g(x)$ nunca for zero? Justifique sua resposta.

79. Quantas assíntotas horizontais pode possuir o gráfico de uma função racional dada? Justifique sua resposta.

Determinação de limites de diferenças quando $x \to \pm\infty$

Determine os limites nos Exercícios 80-86.

80. $\lim_{x \to \infty} \left(\sqrt{x + 9} - \sqrt{x + 4} \right)$

81. $\lim_{x \to \infty} \left(\sqrt{x^2 + 25} - \sqrt{x^2 - 1} \right)$

82. $\lim_{x \to -\infty} \left(\sqrt{x^2 + 3} + x \right)$

83. $\lim_{x \to -\infty} \left(2x + \sqrt{4x^2 + 3x - 2} \right)$

84. $\lim_{x \to \infty} \left(\sqrt{9x^2 - x} - 3x \right)$

85. $\lim_{x \to \infty} \left(\sqrt{x^2 + 3x} - \sqrt{x^2 - 2x} \right)$

86. $\lim_{x \to \infty} \left(\sqrt{x^2 + x} - \sqrt{x^2 - x} \right)$

Utilização de definições formais

Utilize as definições formais de limites quando $x \to \pm\infty$ para estabelecer os limites nos Exercícios 87 e 88.

87. Se f possui o valor constante $f(x) = k$, então $\lim_{x \to \infty} f(x) = k$.

88. Se f possui o valor constante $f(x) = k$, então $\lim_{x \to -\infty} f(x) = k$.

Utilize as definições formais para provar as afirmações de limite nos Exercícios 89-92.

89. $\lim_{x \to 0} \dfrac{-1}{x^2} = -\infty$

90. $\lim_{x \to 0} \dfrac{1}{|x|} = \infty$

91. $\lim_{x \to 3} \dfrac{-2}{(x-3)^2} = -\infty$

92. $\lim_{x \to -5} \dfrac{1}{(x+5)^2} = \infty$

93. A seguir, veja a definição de um **limite infinito à direita**.

> Dizemos que $f(x)$ tende a infinito quando x se aproxima de x_0 pela direita, e escrevemos
> $$\lim_{x \to x_0^+} f(x) = \infty,$$
> se para qualquer número positivo real B existir um número $\delta > 0$ correspondente, de modo que para todo x
> $$x_0 < x < x_0 + \delta \implies f(x) > B.$$

Modifique a definição para abranger os casos a seguir.

a. $\lim_{x \to x_0^-} f(x) = \infty$

b. $\lim_{x \to x_0^+} f(x) = -\infty$

c. $\lim_{x \to x_0^-} f(x) = -\infty$

Utilize as definições formais do Exercício 93 para provar as afirmações de limite nos Exercícios 94-98.

94. $\lim_{x \to 0^+} \dfrac{1}{x} = \infty$

95. $\lim_{x \to 0^-} \dfrac{1}{x} = -\infty$

96. $\lim_{x \to 2^-} \dfrac{1}{x-2} = -\infty$

97. $\lim_{x \to 2^+} \dfrac{1}{x-2} = \infty$

98. $\lim_{x \to 1^-} \dfrac{1}{1-x^2} = \infty$

Assíntotas oblíquas

Faça o gráfico das funções 99-104. Inclua os gráficos e as equações das assíntotas.

99. $y = \dfrac{x^2}{x-1}$

100. $y = \dfrac{x^2+1}{x-1}$

101. $y = \dfrac{x^2-4}{x-1}$

102. $y = \dfrac{x^2-1}{2x+4}$

103. $y = \dfrac{x^2-1}{x}$

104. $y = \dfrac{x^3+1}{x^2}$

Exercícios adicionais sobre gráficos

T Faça o gráfico das curvas nos Exercícios 105-108. Explique a relação entre a fórmula da curva e o que você observa.

105. $y = \dfrac{x}{\sqrt{4-x^2}}$

106. $y = \dfrac{-1}{\sqrt{4-x^2}}$

107. $y = x^{2/3} + \dfrac{1}{x^{1/3}}$

108. $y = \text{sen}\left(\dfrac{\pi}{x^2+1}\right)$

T Faça o gráfico das funções nos Exercícios 109 e 110. Em seguida, responda as seguintes perguntas:

a. Como o gráfico se comporta quando $x \to 0^+$?

b. Como o gráfico se comporta quando $x \to \pm\infty$?

c. Como o gráfico se comporta próximo a $x = 1$ e $x = -1$?

Justifique suas respostas.

109. $y = \dfrac{3}{2}\left(x - \dfrac{1}{x}\right)^{2/3}$

110. $y = \dfrac{3}{2}\left(\dfrac{x}{x-1}\right)^{2/3}$

Capítulo — Questões para guiar sua revisão

1. Qual a taxa de variação média da função $g(t)$ no intervalo de $t = a$ até $t = b$? Como ela está relacionada a uma reta secante?

2. Que limite deve ser calculado para determinar a taxa de variação de uma função $g(t)$ em $t = t_0$?

3. Dê uma definição informal ou intuitiva do limite
$$\lim_{x \to x_0} f(x) = L.$$
Por que a definição é "informal"? Dê exemplos.

4. A existência e o valor do limite de uma função $f(x)$ quando x se aproxima de x_0 alguma vez depende do que acontece em $x = x_0$? Explique e dê exemplos.

5. Que comportamentos da função podem ocorrer para os quais o limite pode deixar de existir? Dê exemplos.

6. Que teoremas estão disponíveis para o cálculo de limites? Dê exemplos de como os teoremas são utilizados.

7. Como os limites laterais estão relacionados aos limites? Essa relação pode, às vezes, ser utilizada para calcular um limite ou provar que ele não existe? Dê exemplos.

8. Qual o valor de $\lim_{\theta \to 0} ((\text{sen}\,\theta)/\theta)$? Há diferença se θ é medido em graus ou radianos? Explique.

9. O que, exatamente, $\lim_{x \to x_0} f(x) = L$ significa? Dê exemplos em que você determina um $\delta > 0$ para dada f, L, x_0 e $\epsilon > 0$ na definição precisa de limite.

10. Dê definições precisas das afirmações a seguir.

a. $\lim_{x \to 2^-} f(x) = 5$ **c.** $\lim_{x \to 2} f(x) = \infty$

b. $\lim_{x \to 2^+} f(x) = 5$ **d.** $\lim_{x \to 2} f(x) = -\infty$

11. Que condições devem ser cumpridas por uma função para que ela seja contínua no interior de um ponto de seu domínio? E em uma extremidade?

12. Como observar o gráfico de uma função pode nos ajudar a dizer onde a função é contínua?

13. O que significa para uma função ser contínua em um ponto? E contínua à esquerda? Como a continuidade e a continuidade lateral podem estar relacionadas?

14. O que significa para uma função ser contínua em um intervalo? Dê exemplos para ilustrar o fato de que uma função que não é contínua em todo o seu domínio ainda pode ser contínua em intervalos selecionados dentro do domínio.

15. Quais são os tipos básicos de descontinuidade? Dê um exemplo de cada. O que é uma descontinuidade removível? Dê um exemplo.

16. O que significa para uma função ter a propriedade do valor intermediário? Que condições garantem que uma função possua essa propriedade em um intervalo? Quais são as consequências da representação gráfica e da resolução da equação $f(x) = 0$?

17. Sob quais circunstâncias podemos estender uma função $f(x)$ para que ela se torne contínua em um ponto $x = c$? Dê um exemplo.

18. O que, exatamente, $\lim_{x \to \infty} f(x) = L$ e $\lim_{x \to -\infty} f(x) = L$ significam? Dê exemplos.

19. O que são $\lim_{x \to \pm\infty} k$ (k constante) e $\lim_{x \to \pm\infty} (1/x)$? Como estender esses resultados para outras funções? Dê exemplos.

20. Como determinar o limite de uma função racional quando $x \to \pm\infty$? Dê exemplos.

21. O que são assíntotas horizontais e verticais? Dê exemplos.

Capítulo 2   Exercícios práticos

Limites e continuidade

1. Faça o gráfico da função

$$f(x) = \begin{cases} 1, & x \leq -1 \\ -x, & -1 < x < 0 \\ 1, & x = 0 \\ -x, & 0 < x < 1 \\ 1, & x \geq 1. \end{cases}$$

Em seguida, discuta, em detalhes, os limites, limites laterais, continuidade e continuidade lateral de f em $x = -1$, 0 e 1. Alguma dessas continuidades é removível? Explique.

2. Repita as instruções do Exercício 1 para

$$f(x) = \begin{cases} 0, & x \leq -1 \\ 1/x, & 0 < |x| < 1 \\ 0, & x = 1 \\ 1, & x > 1. \end{cases}$$

3. Suponha que $f(t)$ e $g(t)$ sejam definidas para todos os t e que $\lim_{t \to t_0} f(t) = -7$ e $\lim_{t \to t_0} g(t) = 0$. Determine o limite quando $t \to t_0$ das funções a seguir.
   a. $3f(t)$
   b. $(f(t))^2$
   c. $f(t) \cdot g(t)$
   d. $\dfrac{f(t)}{g(t) - 7}$
   e. $\cos(g(t))$
   f. $|f(t)|$
   g. $f(t) + g(t)$
   h. $1/f(t)$

4. Suponha que $f(x)$ e $g(x)$ sejam definidas para qualquer x e que $\lim_{x \to 0} f(x) = 1/2$ e $\lim_{x \to 0} g(x) = \sqrt{2}$. Determine os limites quando $x \to 0$ das funções a seguir.
   a. $-g(x)$
   b. $g(x) \cdot f(x)$
   c. $f(x) + g(x)$
   d. $1/f(x)$
   e. $x + f(x)$
   f. $\dfrac{f(x) \cdot \cos x}{x - 1}$

Nos Exercícios 5 e 6, determine o valor que $\lim_{x \to 0} g(x)$ deve ter se as afirmações sobre os limites dados forem verdadeiras.

5. $\lim_{x \to 0} \left(\dfrac{4 - g(x)}{x} \right) = 1$

6. $\lim_{x \to -4} \left(x \lim_{x \to 0} g(x) \right) = 2$

7. Em quais intervalos as funções a seguir são contínuas?
   a. $f(x) = x^{1/3}$
   b. $g(x) = x^{3/4}$
   c. $h(x) = x^{-2/3}$
   d. $k(x) = x^{-1/6}$

8. Em quais intervalos as funções a seguir são contínuas?
   a. $f(x) = \operatorname{tg} x$
   b. $g(x) = \operatorname{cossec} x$
   c. $h(x) = \dfrac{\cos x}{x - \pi}$
   d. $k(x) = \dfrac{\operatorname{sen} x}{x}$

Determinando limites

Nos Exercícios 9-28, determine o limite ou explique por que ele não existe.

9. $\lim \dfrac{x^2 - 4x + 4}{x^3 + 5x^2 - 14x}$
   a. quando $x \to 0$
   b. quando $x \to 2$

10. $\lim \dfrac{x^2 + x}{x^5 + 2x^4 + x^3}$
    a. quando $x \to 0$
    b. quando $x \to -1$

11. $\lim_{x \to 1} \dfrac{1 - \sqrt{x}}{1 - x}$

12. $\lim_{x \to a} \dfrac{x^2 - a^2}{x^4 - a^4}$

13. $\lim_{h \to 0} \dfrac{(x + h)^2 - x^2}{h}$

14. $\lim_{x \to 0} \dfrac{(x + h)^2 - x^2}{h}$

15. $\lim_{x \to 0} \dfrac{\dfrac{1}{2 + x} - \dfrac{1}{2}}{x}$

16. $\lim_{x \to 0} \dfrac{(2 + x)^3 - 8}{x}$

17. $\lim_{x \to 1} \dfrac{x^{1/3} - 1}{\sqrt{x} - 1}$

18. $\lim_{x \to 64} \dfrac{x^{2/3} - 16}{\sqrt{x} - 8}$

19. $\lim_{x \to 0} \dfrac{\operatorname{tg}(2x)}{\operatorname{tg}(\pi x)}$

20. $\lim_{x \to \pi^-} \operatorname{cossec} x$

21. $\lim_{x \to \pi} \operatorname{sen}\left(\dfrac{x}{2} + \operatorname{sen} x \right)$

22. $\lim_{x \to \pi} \cos^2(x - \operatorname{tg} x)$

23. $\lim_{x \to 0} \dfrac{8x}{3 \operatorname{sen} x - x}$

24. $\lim_{x \to 0} \dfrac{\cos 2x - 1}{\operatorname{sen} x}$

25. $\lim_{t \to 3^+} \ln(t - 3)$

26. $\lim_{t \to 1} t^2 \ln(2 - \sqrt{t})$

27. $\lim_{\theta \to 0^+} \sqrt{\theta} e^{\cos(\pi/\theta)}$

28. $\lim_{z \to 0^+} \dfrac{2e^{1/z}}{e^{1/z} + 1}$

Nos Exercícios 29-32, determine o limite de $g(x)$ quando x se aproxima do valor indicado.

29. $\lim_{x \to 0^+} (4g(x))^{1/3} = 2$

30. $\lim_{x \to \sqrt{5}} \dfrac{1}{x + g(x)} = 2$

31. $\lim_{x \to 1} \dfrac{3x^2 + 1}{g(x)} = \infty$

32. $\lim_{x \to -2} \dfrac{5 - x^2}{\sqrt{g(x)}} = 0$

Extensão contínua

33. $f(x) = x(x^2 - 1)/|x^2 - 1|$ pode ser estendido em $x = 1$ ou -1? Justifique suas respostas. (Faça o gráfico da função; ele será interessante.)

34. Explique por que a função $f(x) = \operatorname{sen}(1/x)$ não possui extensão para $x = 0$.

T Nos Exercícios 35-38, faça o gráfico da função indicada para verificar se ele parece ter uma extensão contínua no ponto a dado. Em caso afirmativo, utilize as ferramentas "Trace" e "Zoom" para determinar um bom candidato para o valor da função estendida em a. Se a função não aparentar ter uma extensão contínua, ela poderá ser estendida para ser contínua à direita ou à esquerda? Em caso afirmativo, qual você acha que deve ser o valor da função estendida?

35. $f(x) = \dfrac{x - 1}{x - \sqrt[4]{x}}, \quad a = 1$

36. $g(\theta) = \dfrac{5 \cos \theta}{4\theta - 2\pi}, \quad a = \pi/2$

37. $h(t) = (1 + |t|)^{1/t}, \quad a = 0$

38. $k(x) = \dfrac{x}{1 - 2^{|x|}}, \quad a = 0$

Raízes

T 39. Seja $f(x) = x^3 - x - 1$.
   a. Utilize o teorema do valor intermediário para mostrar que f possui um zero entre -1 e 2.
   b. Resolva a equação $f(x) = 0$ graficamente com um erro de magnitude de no máximo 10^{-8}.
   c. Pode-se mostrar que o valor exato da solução no item (b) é
   $$\left(\frac{1}{2} + \frac{\sqrt{69}}{18}\right)^{1/3} + \left(\frac{1}{2} - \frac{\sqrt{69}}{18}\right)^{1/3}.$$
   Avalie essa resposta exata e compare-a com o valor determinado no item (b).

T 40. Seja $f(\theta) = \theta^3 - 2\theta + 2$.
   a. Utilize o teorema do valor intermediário para mostrar que f possui um zero entre -2 e 0.
   b. Resolva a equação $f(\theta) = 0$ graficamente com um erro de magnitude de no máximo 10^{-4}.
   c. Pode ser mostrado que o valor exato da solução no item (b) é
   $$\left(\sqrt{\frac{19}{27}} - 1\right)^{1/3} - \left(\sqrt{\frac{19}{27}} + 1\right)^{1/3}.$$
   Avalie essa resposta exata e compare-a com o valor determinado no item (b).

Limites no infinito

Determine os limites nos Exercícios 41-54.

41. $\lim\limits_{x \to \infty} \dfrac{2x + 3}{5x + 7}$

42. $\lim\limits_{x \to -\infty} \dfrac{2x^2 + 3}{5x^2 + 7}$

43. $\lim\limits_{x \to -\infty} \dfrac{x^2 - 4x + 8}{3x^3}$

44. $\lim\limits_{x \to \infty} \dfrac{1}{x^2 - 7x + 1}$

45. $\lim\limits_{x \to -\infty} \dfrac{x^2 - 7x}{x + 1}$

46. $\lim\limits_{x \to \infty} \dfrac{x^4 + x^3}{12x^3 + 128}$

47. $\lim\limits_{x \to \infty} \dfrac{\operatorname{sen} x}{\lfloor x \rfloor}$ (Se você tiver uma calculadora gráfica, tente fazer o gráfico da função para $-5 \le x \le 5$.)

48. $\lim\limits_{\theta \to \infty} \dfrac{\cos \theta - 1}{\theta}$ (Se você tiver uma calculadora gráfica, tente fazer o gráfico de $f(x) = x(\cos(1/x) - 1)$ próximo à origem para "ver" o limite no infinito.)

49. $\lim\limits_{x \to \infty} \dfrac{x + \operatorname{sen} x + 2\sqrt{x}}{x + \operatorname{sen} x}$

50. $\lim\limits_{x \to \infty} \dfrac{x^{2/3} + x^{-1}}{x^{2/3} + \cos^2 x}$

51. $\lim\limits_{x \to \infty} e^{1/x} \cos \dfrac{1}{x}$

52. $\lim\limits_{t \to \infty} \ln\left(1 + \dfrac{1}{t}\right)$

53. $\lim\limits_{x \to -\infty} \operatorname{tg}^{-1} x$

54. $\lim\limits_{t \to -\infty} e^{3t} \operatorname{sen}^{-1} \dfrac{1}{t}$

Assíntotas horizontais e verticais

55. Utilize limites para determinar as equações para todas as assíntotas verticais.
   a. $y = \dfrac{x^2 + 4}{x - 3}$
   b. $f(x) = \dfrac{x^2 - x - 2}{x^2 - 2x + 1}$
   c. $y = \dfrac{x^2 + x - 6}{x^2 + 2x - 8}$

56. Utilize limites para determinar as equações para todas as assíntotas horizontais.
   a. $y = \dfrac{1 - x^2}{x^2 + 1}$
   b. $f(x) = \dfrac{\sqrt{x} + 4}{\sqrt{x} + 4}$
   c. $g(x) = \dfrac{\sqrt{x^2 + 4}}{x}$
   d. $y = \sqrt{\dfrac{x^2 + 9}{9x^2 + 1}}$

Capítulo — Exercícios adicionais e avançados

T 1. **Atribuição de um valor para 0^0** As regras da potenciação nos dizem que $a^0 = 1$ se a for qualquer número diferente de zero. Elas também nos dizem que $0^n = 0$ se n for qualquer número positivo.

Se tentássemos estender esses resultados para incluir o caso 0^0, chegaríamos a resultados conflitantes. A primeira regra diria que $0^0 = 1$, ao passo que a segunda diria que $0^0 = 0$.

Aqui, não estamos lidando com uma questão de certo ou errado. Nenhuma das regras se aplica nesse caso, então, não há contradição. Poderíamos, na realidade, atribuir a 0^0 qualquer valor que desejássemos, contanto que convencêssemos os outros a aceitá-lo.

Que valores você gostaria que 0^0 tivesse? Eis um exemplo que pode ajudá-lo a decidir (veja o Exercício 2 a seguir para outro exemplo).
   a. Calcule x^x para $x = 0,1; 0,01; 0,001;$ e assim por diante, até o limite de sua calculadora. Anote os resultados obtidos. Qual é o padrão observado?

b. Faça o gráfico da função $y = x^x$ para $0 < x \leq 1$. Muito embora a função não seja definida para $x \leq 0$, o gráfico se aproximará do eixo y pela direita. Para qual valor de y a curva parece convergir? Aumente a escala para embasar sua ideia.

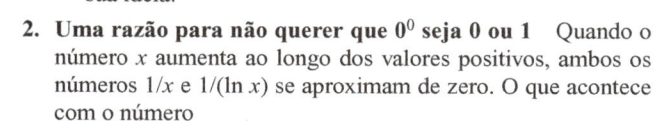

2. Uma razão para não querer que 0^0 seja 0 ou 1 Quando o número x aumenta ao longo dos valores positivos, ambos os números $1/x$ e $1/(\ln x)$ se aproximam de zero. O que acontece com o número

$$f(x) = \left(\frac{1}{x}\right)^{1/(\ln x)}$$

conforme x aumenta? Aqui estão duas maneiras de descobrir.
  a. Avalie f para $x = 10, 100, 1000$ e assim por diante, até o limite de sua calculadora. Que padrão você vê?
  b. Faça o gráfico de f em diversas janelas gráficas, inclusive janelas que contenham a origem. O que você pode notar? Trace os valores de y ao longo do gráfico. O que você pode determinar?

3. A contração de Lorentz De acordo com a teoria da relatividade, o comprimento de um objeto, por exemplo, um foguete, parece a um observador depender da velocidade em que o objeto viaja em relação ao próprio observador. Se o observador medir o comprimento L_0 do foguete em repouso, então, à velocidade v, o comprimento parecerá

$$L = L_0\sqrt{1 - \frac{v^2}{c^2}}.$$

Essa equação é a fórmula da contração de Lorentz. Aqui, c é a velocidade da luz no vácuo, cerca de 3×10^8 m/s. O que acontece com L à medida que v aumenta? Determine $\lim_{v \to c^-} L$. Por que o limite lateral à esquerda foi necessário?

4. Controle do fluxo de um tanque durante o escoamento da água A lei de Torricelli diz que se você drenar um tanque como o mostrado na figura a seguir, a taxa y em que a água escoa será uma constante multiplicada pela raiz quadrada da altura da coluna de água x. A constante depende do tamanho e da forma da válvula de saída.

Suponha que $y = \sqrt{x}/2$ para um dado tanque. Você tenta manter uma taxa de vazão razoavelmente constante ao adicionar água ao tanque com uma mangueira de vez em quando. Qual a altura da coluna de água que você deve estabelecer para manter a taxa de vazão
  a. a $y_0 = 1$ pé^3/min com precisão 0,2 pé^3/min?
  b. a $y_0 = 1$ pé^3/min com precisão 0,1 pé^3/min?

5. Expansão térmica em equipamentos de precisão Como você deve saber, a maioria dos metais se expande quando aquecido e se contrai quando resfriado. As dimensões da peça de um equipamento de laboratório podem, às vezes, ser tão importantes que o local onde o equipamento é fabricado deve ser mantido à mesma temperatura do laboratório em que o equipamento será instalado. Uma típica barra de alumínio com 10 cm de largura, a 70°F, terá

$$y = 10 + (t - 70) \times 10^{-4}$$

centímetros de largura a uma temperatura ambiente t. Suponha que você utilizará uma barra como essa em um detector de ondas gravitacionais, no qual a largura da barra deve variar no máximo 0,0005 cm em relação aos 10 cm ideais. O quão próximo a $t_0 = 70$°F a temperatura deve ser mantida para assegurar que essa tolerância não seja ultrapassada?

6. Linhas em uma jarra medidora O interior de uma típica jarra medidora de 1 litro é um cilindro circular reto com raio de 6 cm (veja a figura a seguir). O volume de água que colocamos na jarra é, portanto, uma função do nível h no qual a jarra é cheia, sendo a fórmula

$$V = \pi 6^2 h = 36\pi h.$$

Com que precisão devemos medir h para 1 litro de água (1.000 cm^3) com um erro de, no máximo, 1% (10 cm^3)?

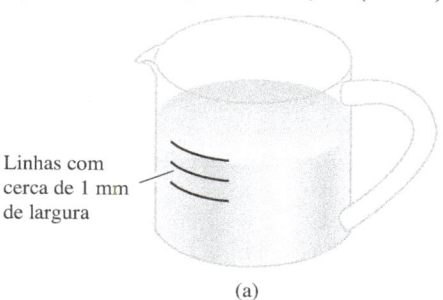

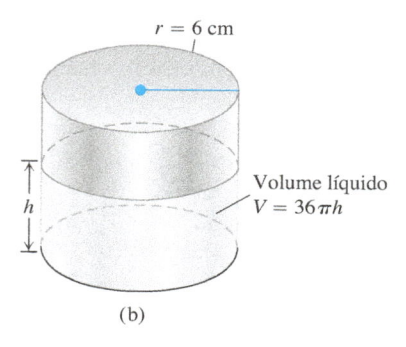

Uma jarra medidora de 1 litro (a), modelada como um cilindro circular reto (b) de raio $r = 6$ cm.

Definição precisa de limite

Nos Exercícios 7-10, utilize a definição formal de limite para provar que a função é contínua em x_0.

7. $f(x) = x^2 - 7, \; x_0 = 1$
8. $g(x) = 1/(2x), \; x_0 = 1/4$
9. $h(x) = \sqrt{2x - 3}, \; x_0 = 2$
10. $F(x) = \sqrt{9 - x}, \; x_0 = 5$

11. Unicidade dos limites Mostre que uma função não pode ter dois limites diferentes no mesmo ponto. Isto é, se $\lim_{x \to x_0} f(x) = L_1$ e $\lim_{x \to x_0} f(x) = L_2$, então $L_1 = L_2$.

12. Prove a regra do múltiplo constante:

$$\lim_{x \to c} kf(x) = k \lim_{x \to c} f(x) \quad \text{para qualquer constante } k.$$

13. **Limites laterais** Se $\lim_{x\to 0^+} f(x) = A$ e $\lim_{x\to 0^-} f(x) = B$, determine:
    a. $\lim_{x\to 0^+} f(x^3 - x)$
    b. $\lim_{x\to 0^-} f(x^3 - x)$
    c. $\lim_{x\to 0^+} f(x^2 - x^4)$
    d. $\lim_{x\to 0^-} f(x^2 - x^4)$

14. **Limites e continuidade** Quais das seguintes afirmações são verdadeiras e quais são falsas? Se verdadeira, diga por quê; se falsa, dê um contraexemplo (isto é, um exemplo que confirme a falsidade).
    a. Se $\lim_{x\to a} f(x)$ existe, mas $\lim_{x\to a} g(x)$ não existe, então $\lim_{x\to a} (f(x) + g(x))$ não existe.
    b. Se nem $\lim_{x\to a} f(x)$, nem $\lim_{x\to a} g(x)$ existem, então $\lim_{x\to a} (f(x) + g(x))$ não existe.
    c. Se f é contínua em x, então $|f|$ também é.
    d. Se $|f|$ é contínua em a, então f também é.

Nos Exercícios 15 e 16, utilize a definição formal de limite para provar que a função possui uma extensão contínua no valor dado de x.

15. $f(x) = \dfrac{x^2 - 1}{x + 1}$, $x = -1$

16. $g(x) = \dfrac{x^2 - 2x - 3}{2x - 6}$, $x = 3$

17. **Função contínua em um único ponto** Seja
$$f(x) = \begin{cases} x, & \text{se } x \text{ é racional} \\ 0, & \text{se } x \text{ é irracional.} \end{cases}$$
    a. Mostre que f é contínua em $x = 0$.
    b. Utilize o fato de que cada intervalo aberto não vazio de número reais contém tanto números racionais quanto irracionais para mostrar que f não é contínua em qualquer valor não nulo de x.

18. **Função régua de Dirichlet** Se x é um número racional, então x pode ser escrito de modo único como um quociente de inteiros m/n em que $n > 0$ e m e n não possuem fatores comuns maiores do que 1. (Dizemos que tal fração está *simplificada*. Por exemplo, 6/4 simplificada é 3/2.) Seja $f(x)$ definida para todo x no intervalo [0, 1] por
$$f(x) = \begin{cases} 1/n, & \text{se } x = m/n \text{ é um número racional simplificado} \\ 0, & \text{se } x \text{ é irracional.} \end{cases}$$
Por exemplo, $f(0) = f(1) = 1$, $f(1/2) = 1/2$, $f(1/3) = f(2/3) = 1/3$, $f(1/4) = f(3/4) = 1/4$, e assim por diante.
    a. Mostre que f é descontínua em qualquer número racional em [0, 1].
    b. Mostre que f é contínua em qualquer número irracional em [0, 1]. (Sugestão: se ϵ é um dado número positivo, demonstre que há apenas um conjunto finito de números racionais r entre [0, 1] de modo que $f(r) \geq \epsilon$.).
    c. Esboce o gráfico de f. Em sua opinião, por que f é denominada "função régua"?

19. **Pontos antípodas** Existe alguma razão para acreditar que há sempre um par de antípodas (diametralmente opostos) sobre a Linha do Equador em que as temperaturas sejam as mesmas? Explique.

20. Se $\lim_{x\to c} (f(x) + g(x)) = 3$ e $\lim_{x\to c} (f(x) - g(x)) = -1$, determine $\lim_{x\to c} f(x)g(x)$.

21. **Raízes de uma equação quadrática que é quase linear** A equação $ax^2 + 2x - 1 = 0$, onde a é uma constante, possui duas raízes se $a > -1$ e $a \neq 0$, uma positiva e uma negativa:
$$r_+(a) = \frac{-1 + \sqrt{1+a}}{a}, \qquad r_-(a) = \frac{-1 - \sqrt{1+a}}{a}.$$
    a. O que acontece a $r_+(a)$ quando $a \to 0$? E quando $a \to -1^+$?
    b. O que acontece a $r_-(a)$ quando $a \to 0$? E quando $a \to -1^+$?
    c. Fundamente suas conclusões traçando $r_+(a)$ e $r_-(a)$ como funções de a. Descreva o que você observa.
    d. Para reforçar, trace o gráfico de $f(x) = ax^2 + 2x - 1$ simultaneamente para $a = 1$; 0,5; 0,2; 0,1 e 0,05.

22. **Raiz de uma equação** Mostre que a equação $x + 2\cos x = 0$ possui pelo menos uma solução.

23. **Funções limitadas** Uma função f a valores reais é **limitada superiormente** em um conjunto D se existir um número N tal que $f(x) \leq N$ para qualquer x em D. Chamamos N quando existe um **limitante superior** para f em D, e dizemos que f é limitada superiormente por N. De modo similar, dizemos que f é **limitada inferiormente** em D se existir um número M tal que $f(x) \geq M$ para qualquer x em D. Chamamos M quando existe um **limitante inferior** para f em D, e dizemos que f é limitada inferiormente por M. Dizemos que f é **limitada** em D se for limitada superior e inferiormente.
    a. Mostre que f é limitada em D se, e somente se, existir um número B tal que $|f(x)| \leq B$ para todos os valores de x em D.
    b. Suponha que f seja limitada superiormente por N. Mostre que se $\lim_{x\to x_0} f(x) = L$, então $L \leq N$.
    c. Suponha que f seja limitada inferiormente por M. Mostre que se $\lim_{x\to x_0} f(x) = L$, então $L \geq M$.

24. **Max $\{a, b\}$ e min $\{a, b\}$**
    a. Mostre que a expressão
$$\max\{a, b\} = \frac{a+b}{2} + \frac{|a-b|}{2}$$
é igual a a se $a \geq b$ e igual a b se $b \geq a$. Em outras palavras, max $\{a, b\}$ fornece o maior dos dois números a e b.
    b. Determine uma expressão semelhante para min $\{a, b\}$, o menor de a e b.

Generalização de limites que envolvem $\dfrac{\operatorname{sen} \theta}{\theta}$

A fórmula $\lim_{\theta \to 0} (\operatorname{sen} \theta)/\theta = 1$ pode ser generalizada. Se $\lim_{x\to c} f(x) = 0$ e $f(x)$ nunca for zero em um intervalo aberto que contém o ponto $x = c$, exceto, possivelmente, o próprio c, então
$$\lim_{x\to c} \frac{\operatorname{sen} f(x)}{f(x)} = 1.$$

Seguem diversos exemplos.

a. $\lim\limits_{x\to 0} \dfrac{\operatorname{sen} x^2}{x^2} = 1$

b. $\lim\limits_{x\to 0} \dfrac{\operatorname{sen} x^2}{x} = \lim\limits_{x\to 0} \dfrac{\operatorname{sen} x^2}{x^2} \lim\limits_{x\to 0} \dfrac{x^2}{x} = 1 \cdot 0 = 0$

c. $\lim\limits_{x\to -1} \dfrac{\operatorname{sen}(x^2 - x - 2)}{x+1} = \lim\limits_{x\to -1} \dfrac{\operatorname{sen}(x^2 - x - 2)}{(x^2 - x - 2)} \cdot$
$\lim\limits_{x\to -1} \dfrac{(x^2 - x - 2)}{x+1} = 1 \cdot \lim\limits_{x\to -1} \dfrac{(x+1)(x-2)}{x+1} = -3$

d. $\lim_{x \to 1} \dfrac{\operatorname{sen}(1 - \sqrt{x})}{x - 1} = \lim_{x \to 1} \dfrac{\operatorname{sen}(1 - \sqrt{x})}{1 - \sqrt{x}} \cdot \dfrac{1 - \sqrt{x}}{x - 1} =$

$1 \cdot \lim_{x \to 1} \dfrac{(1 - \sqrt{x})(1 + \sqrt{x})}{(x - 1)(1 + \sqrt{x})} = \lim_{x \to 1} \dfrac{1 - x}{(x - 1)(1 + \sqrt{x})} = -\dfrac{1}{2}$

Determine os limites nos Exercícios 25-30.

25. $\lim_{x \to 0} \dfrac{\operatorname{sen}(1 - \cos x)}{x}$

26. $\lim_{x \to 0^+} \dfrac{\operatorname{sen} x}{\operatorname{sen}\sqrt{x}}$

27. $\lim_{x \to 0} \dfrac{\operatorname{sen}(\operatorname{sen} x)}{x}$

28. $\lim_{x \to 0} \dfrac{\operatorname{sen}(x^2 + x)}{x}$

29. $\lim_{x \to 2} \dfrac{\operatorname{sen}(x^2 - 4)}{x - 2}$

30. $\lim_{x \to 9} \dfrac{\operatorname{sen}(\sqrt{x} - 3)}{x - 9}$

Assíntotas oblíquas

Determine todas as assíntotas oblíquas possíveis nos Exercícios 31-34.

31. $y = \dfrac{2x^{3/2} + 2x - 3}{\sqrt{x} + 1}$

32. $y = x + x \operatorname{sen}(1/x)$

33. $y = \sqrt{x^2 + 1}$

34. $y = \sqrt{x^2 + 2x}$

Capítulo 2 Projetos de aplicação de tecnologia

Módulos Mathematica/Maple

Leve até o limite

Parte I

Parte II (Zero Elevado à Potência de Zero: O que isso significa?)

Parte III (Limites laterais)

Visualize e interprete o conceito de limite por meio de experimentos gráficos e numéricos.

Parte IV (Que diferença faz uma potência)

Veja como os limites podem ser sensíveis com várias potências de x.

Indo ao infinito

Parte I (Exploração do comportamento da função quando $x \to \infty$ ou $x \to -\infty$)

Esse módulo fornece quatro exemplos de exploração do comportamento de uma função quando $x \to \infty$ ou $x \to -\infty$.

Parte II (Taxas de crescimento)

Observe os gráficos que parecem ser contínuos, embora a função não seja contínua. Várias questões relativas à continuidade são exploradas para a obtenção de resultados que você pode achar surpreendentes.

3
DERIVAÇÃO

VISÃO GERAL No início do Capítulo 2, discutimos como determinar o coeficiente angular de uma curva em um ponto e como medir a taxa de variação de uma função. Agora que estudamos limites, podemos definir essas ideias com precisão e verificar que ambas são interpretações da *derivada* de uma função em um ponto. Em seguida, estenderemos esse conceito de um único ponto para a *função derivada* e desenvolveremos regras para determinar facilmente essa função, sem ter que calcular quaisquer limites diretamente. Essas regras são usadas para estabelecer derivadas da maioria das funções comuns analisadas no Capítulo 1, bem como diversas combinações delas. A derivada é uma das ideias fundamentais em cálculo e é utilizada para resolver uma ampla gama de problemas que envolvem tangentes e taxas de variação.

3.1 Tangentes e derivadas em um ponto

Nesta seção, definiremos o coeficiente angular e a tangente a uma curva em um ponto, e a derivada de uma função em um ponto. Mais adiante, interpretaremos a derivada como a taxa instantânea de variação de uma função e aplicaremos essa interpretação ao estudo de certos tipos de movimento.

Determinação de uma tangente para o gráfico de uma função

Para determinar uma tangente em uma curva arbitrária $y = f(x)$ em um ponto $P(x_0, f(x_0))$, usamos o procedimento apresentado na Seção 2.1. Calculamos o coeficiente angular da secante que passa por P e por um ponto próximo $Q(x_0 + h, f(x_0 + h))$. Em seguida, investigamos o limite do coeficiente angular quando $h \to 0$ (Figura 3.1). Se o limite existir, o chamamos de coeficiente angular da curva em P e definimos a tangente em P como a reta que passa por P e que tem esse coeficiente angular.

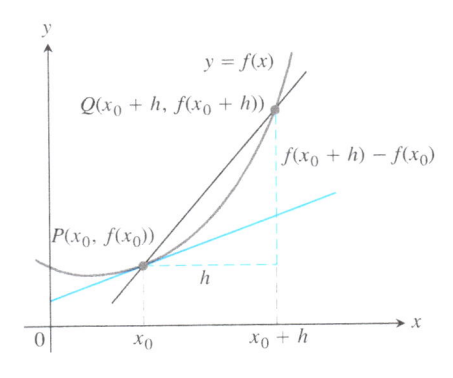

FIGURA 3.1 O coeficiente angular da reta tangente em P é $\lim\limits_{h \to 0} \dfrac{f(x_0 + h) - f(x_0)}{h}$.

DEFINIÇÕES O **coeficiente angular da curva** $y = f(x)$ no ponto $P(x_0, f(x_0))$ é o número

$$m = \lim_{h \to 0} \frac{f(x_0 + h) - f(x_0)}{h} \text{ (desde que o limite exista).}$$

A **reta tangente** à curva em P é a que passa por P com esse coeficiente angular.

Na Seção 2.1, Exemplo 3, aplicamos essas definições para determinar o coeficiente angular da parábola $f(x) = x^2$ no ponto $P(2, 4)$ e a reta tangente à parábola em P. Vejamos outro exemplo.

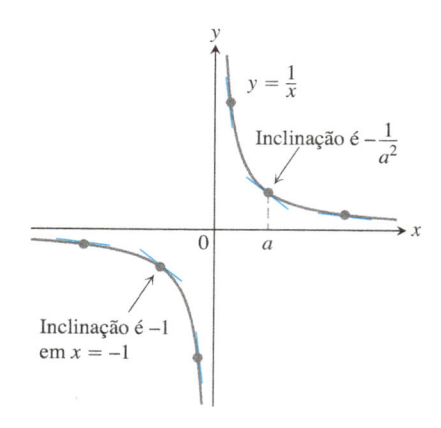

FIGURA 3.2 O coeficiente angular da tangente fica mais íngreme perto da origem, tornando-se mais gradual à medida que o ponto de tangência se afasta (Exemplo 1).

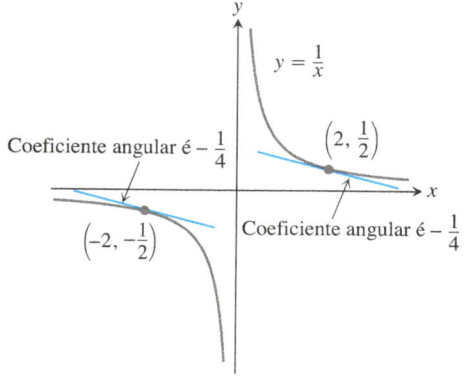

FIGURA 3.3 Duas retas tangentes a $y = 1/x$ com coeficiente angular $-1/4$ (Exemplo 1).

EXEMPLO 1

Determine o coeficiente angular da curva $y = 1/x$ em qualquer ponto $x = a \neq 0$. Qual é o coeficiente angular no ponto $x = -1$?

(a) Em que ponto o coeficiente angular é igual a $-1/4$?

(b) O que acontece com a tangente à curva no ponto $(a, 1/a)$ à medida que a varia?

Solução

(a) Aqui, $f(x) = 1/x$. O coeficiente angular em $(a, 1/a)$ é

$$\lim_{h \to 0} \frac{f(a+h) - f(a)}{h} = \lim_{h \to 0} \frac{\frac{1}{a+h} - \frac{1}{a}}{h} = \lim_{h \to 0} \frac{1}{h} \frac{a - (a+h)}{a(a+h)}$$

$$= \lim_{h \to 0} \frac{-h}{ha(a+h)} = \lim_{h \to 0} \frac{-1}{a(a+h)} = -\frac{1}{a^2}.$$

Observe que é necessário escrever "$\lim_{h \to 0}$" antes de cada fração até o ponto em que se pode avaliar o limite substituindo $h = 0$. O número a pode ser positivo ou negativo, mas não pode ser 0. Quando $a = -1$, o coeficiente angular é $-1/(-1)^2 = -1$ (Figura 3.2).

(b) O coeficiente angular de $y = 1/x$ no ponto em que $x = a$ é $-1/a^2$. Será $-1/4$ se

$$-\frac{1}{a^2} = -\frac{1}{4}.$$

Essa equação é equivalente a $a^2 = 4$, assim $a = 2$ ou $a = -2$. A curva tem coeficiente angular $-1/4$ nos dois pontos $(2, 1/2)$ e $(-2, -1/2)$ (Figura 3.3).

(c) O coeficiente angular $-1/a^2$ será sempre negativo se $a \neq 0$. À medida que $a \to 0^+$, o coeficiente angular se aproxima de $-\infty$ e a tangente se torna cada vez mais íngreme (Figura 3.2). Vemos essa situação novamente quando $a \to 0^-$. Quando a se afasta da origem em qualquer direção, o coeficiente angular se aproxima de 0 e a tangente fica nivelada para se tornar horizontal.

Taxas de variação: derivada em um ponto

A expressão

$$\frac{f(x_0 + h) - f(x_0)}{h}, \quad h \neq 0$$

é chamada de **quociente da diferença de f em x_0 com incremento h**. Se o quociente da diferença tiver um limite à medida que h se aproxima de zero, esse limite passa a ter um nome e uma notação especial.

DEFINIÇÃO A **derivada de uma função f em um ponto x_0**, denotada por $f'(x_0)$, é

$$f'(x_0) = \lim_{h \to 0} \frac{f(x_0 + h) - f(x_0)}{h}$$

desde que esse limite exista.

Se interpretarmos o quociente da diferença como o coeficiente angular de uma reta secante, então a derivada fornece o coeficiente angular da curva $y = f(x)$ no ponto $P(x_0, f(x_0))$. O Exercício 31 mostra que a derivada da função linear $f(x) = mx + b$ em qualquer ponto x_0 é simplesmente o coeficiente angular da reta, de modo que

$$f'(x_0) = m,$$

que é consistente com nossa definição de coeficiente angular.

Se interpretarmos o quociente da diferença como uma taxa de variação média (Seção 2.1), a derivada fornecerá a taxa instantânea de variação da função em relação a x no ponto $x = x_0$. Estudaremos essa interpretação na Seção 3.4.

EXEMPLO 2 Nos Exemplos 1 e 2 da Seção 2.1, estudamos a velocidade de uma pedra que caía livremente a partir do repouso perto da superfície do solo. Sabemos que a pedra caiu $y = 16t^2$ pés durante os primeiros t segundos, e utilizamos uma sequência de taxas médias em intervalos cada vez mais curtos para estimar a velocidade da pedra no instante $t = 1$. Qual era a velocidade *exata* da pedra nesse instante?

Solução Consideramos $f(t) = 16t^2$. Definiu-se a velocidade média da pedra durante o intervalo entre $t = 1$ e $t = 1 + h$ segundos, para $h > 0$, como sendo

$$\frac{f(1+h) - f(1)}{h} = \frac{16(1+h)^2 - 16(1)^2}{h} = \frac{16(h^2 + 2h)}{h} = 16(h+2).$$

A velocidade da pedra no instante $t = 1$ é, então,

$$\lim_{h \to 0} 16(h + 2) = 16(0 + 2) = 32 \text{ pés/s}.$$

A nossa estimativa inicial de 32 pés/s na Seção 2.1 estava certa.

Resumo

Discutimos o coeficiente angular das curvas, retas tangentes a uma curva, a taxa de variação de uma função e a derivada de uma função em um ponto. Todas essas ideias se referem ao mesmo limite.

> Apresentamos a seguir todas as interpretações para o limite do quociente da diferença,
>
> $$\lim_{h \to 0} \frac{f(x_0 + h) - f(x_0)}{h}.$$
>
> 1. O coeficiente angular do gráfico de $y = f(x)$ em $x = x_0$
> 2. O coeficiente angular da tangente à curva $y = f(x)$ em $x = x_0$
> 3. A taxa de variação de $f(x)$ em relação a x em $x = x_0$
> 4. A derivada $f'(x_0)$ em um ponto

Nas próximas seções, permitiremos que o ponto x_0 varie ao longo do domínio da função f.

Exercícios 3.1

Coeficientes angulares e retas tangentes

Nos Exercícios 1-4, use a grade e uma régua para fazer uma estimativa aproximada do coeficiente angular da curva (em unidades de y por unidade de x) nos pontos P_1 e P_2.

1.

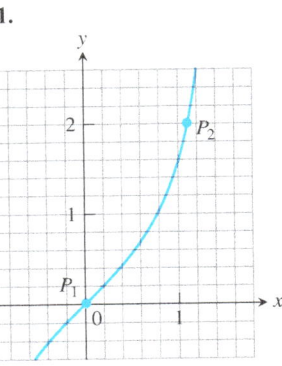

2.

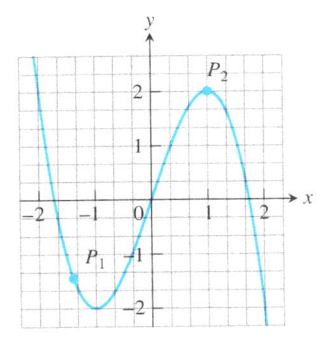

3.

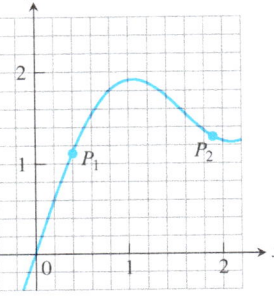

4.

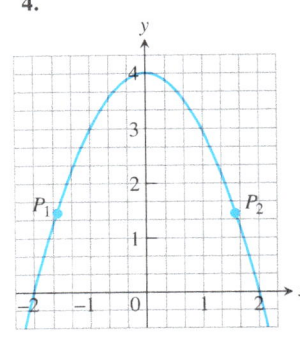

Nos Exercícios 5-10, determine uma equação para a tangente à curva em um ponto dado. Em seguida, esboce a curva e a tangente em um único gráfico.

5. $y = 4 - x^2$, $(-1, 3)$
6. $y = (x - 1)^2 + 1$, $(1, 1)$

7. $y = 2\sqrt{x}$, $(1, 2)$
8. $y = \dfrac{1}{x^2}$, $(-1, 1)$
9. $y = x^3$, $(-2, -8)$
10. $y = \dfrac{1}{x^3}$, $\left(-2, -\dfrac{1}{8}\right)$

Nos Exercícios 11-18, determine o coeficiente angular do gráfico da função em um ponto dado. Em seguida, determine uma equação para a reta tangente ao gráfico naquele ponto.

11. $f(x) = x^2 + 1$, $(2, 5)$
12. $f(x) = x - 2x^2$, $(1, -1)$
13. $g(x) = \dfrac{x}{x-2}$, $(3, 3)$
14. $g(x) = \dfrac{8}{x^2}$, $(2, 2)$
15. $h(t) = t^3$, $(2, 8)$
16. $h(t) = t^3 + 3t$, $(1, 4)$
17. $f(x) = \sqrt{x}$, $(4, 2)$
18. $f(x) = \sqrt{x+1}$, $(8, 3)$

Nos Exercícios 19-22, determine o coeficiente angular da curva no ponto indicado.

19. $y = 5x^2$, $x = -1$
20. $y = 1 - x^2$, $x = 2$
21. $y = \dfrac{1}{x-1}$, $x = 3$
22. $y = \dfrac{x-1}{x+1}$, $x = 0$

Retas tangentes com coeficientes angulares especificados

Em que pontos os gráficos das funções nos Exercícios 23 e 24 têm tangentes horizontais?

23. $f(x) = x^2 + 4x - 1$
24. $g(x) = x^3 - 3x$
25. Determine as equações de todas as retas com coeficiente angular -1 que sejam tangentes à curva $y = 1/(x-1)$.
26. Determine uma equação da reta que tenha coeficiente angular $1/4$ e que seja tangente à curva $y = \sqrt{x}$.

Taxas de variação

27. **Objeto solto de cima de uma torre** Um objeto foi derrubado do topo de uma torre de 100 m. Sua altura acima do solo após t segundos é de $100 - 4{,}9t^2$ m. Qual a velocidade da queda 2 segundos depois do objeto ter sido largado?
28. **Velocidade de um foguete** Em t segundos após a decolagem, um foguete se encontra a uma altura de $3t^2$ pés. Qual a velocidade de subida do foguete 10 segundos após a decolagem?
29. **Variação da área do círculo** Qual é a taxa de variação da área de um círculo ($A = \pi r^2$) em relação ao raio quando este for $r = 3$?
30. **Variação do volume da bola** Qual é a taxa de variação do volume de uma bola ($V = (4/3)\pi r^3$) em relação ao raio quando este for $r = 2$?
31. Mostre que a reta $y = mx + b$ é sua própria reta tangente em qualquer ponto $(x_0, mx_0 + b)$.
32. Determine o coeficiente angular da tangente à curva $y = 1/\sqrt{x}$ no ponto em que $x = 4$.

Teste para tangentes

33. O gráfico de
$$f(x) = \begin{cases} x^2 \operatorname{sen}(1/x), & x \neq 0 \\ 0, & x = 0 \end{cases}$$
tem uma tangente na origem? Justifique sua resposta.

34. O gráfico de
$$g(x) = \begin{cases} x \operatorname{sen}(1/x), & x \neq 0 \\ 0, & x = 0 \end{cases}$$
tem uma tangente na origem? Justifique sua resposta.

Tangentes verticais

Dizemos que uma curva contínua $y = f(x)$ tem uma **tangente vertical** no ponto em que $x = x_0$ se $\lim_{h \to 0} (f(x_0 + h) - f(x_0))/h = \infty$ ou $-\infty$. Por exemplo, $y = x^{1/3}$ tem uma tangente vertical em $x = 0$ (olhe a figura):

$$\lim_{h \to 0} \dfrac{f(0+h) - f(0)}{h} = \lim_{h \to 0} \dfrac{h^{1/3} - 0}{h}$$
$$= \lim_{h \to 0} \dfrac{1}{h^{2/3}} = \infty.$$

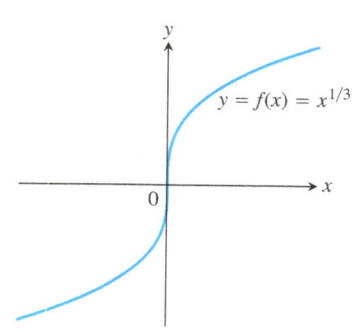

TANGENTE VERTICAL NA ORIGEM

No entanto, $y = x^{2/3}$ *não* tem tangente vertical em $x = 0$ (veja a figura seguinte):

$$\lim_{h \to 0} \dfrac{g(0+h) - g(0)}{h} = \lim_{h \to 0} \dfrac{h^{2/3} - 0}{h}$$
$$= \lim_{h \to 0} \dfrac{1}{h^{1/3}}$$

não existe, porque o limite é ∞ à direita e $-\infty$ à esquerda.

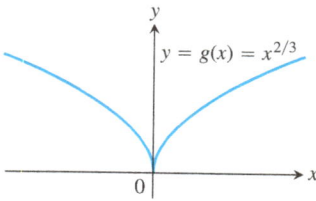

SEM TANGENTE VERTICAL NA ORIGEM

35. O gráfico de
$$f(x) = \begin{cases} -1, & x < 0 \\ 0, & x = 0 \\ 1, & x > 0 \end{cases}$$
tem uma tangente na origem? Justifique sua resposta.

36. O gráfico de

$$U(x) = \begin{cases} 0, & x < 0 \\ 1, & x \geq 0 \end{cases}$$

tem uma tangente vertical no ponto (0, 1)? Justifique sua resposta.

T Represente graficamente as curvas nos Exercícios 37-46.
  a. Em que ponto os gráficos parecem ter tangentes verticais?
  b. Confirme as suas conclusões no item (a) com cálculos de limite. Mas, antes disso, leia a introdução dos Exercícios 35 e 36.

37. $y = x^{2/5}$
38. $y = x^{4/5}$
39. $y = x^{1/5}$
40. $y = x^{3/5}$
41. $y = 4x^{2/5} - 2x$
42. $y = x^{5/3} - 5x^{2/3}$
43. $y = x^{2/3} - (x-1)^{1/3}$
44. $y = x^{1/3} + (x-1)^{1/3}$
45. $y = \begin{cases} -\sqrt{|x|}, & x \leq 0 \\ \sqrt{x}, & x > 0 \end{cases}$
46. $y = \sqrt{|4-x|}$

USO DO COMPUTADOR

Nos Exercícios 47-50 use um SAC para executar as seguintes etapas para as funções:
  a. Trace $y = f(x)$ sobre o intervalo $(x_0 - 1/2) \leq x \leq (x_0 + 3)$.
  b. Mantendo x_0 fixo, o quociente da diferença

$$q(h) = \frac{f(x_0 + h) - f(x_0)}{h}$$

  em x_0 se torna uma função do tamanho de passo h. Digite essa função na área de trabalho do SAC.
  c. Determine o limite de q quando $h \to 0$.
  d. Defina as retas secantes $y = f(x_0) + q \cdot (x - x_0)$ para $h = 3, 2$ e 1. Represente-as graficamente com f e a reta tangente ao longo do intervalo no item (a)

47. $f(x) = x^3 + 2x$, $x_0 = 0$
48. $f(x) = x + \dfrac{5}{x}$, $x_0 = 1$
49. $f(x) = x + \text{sen}(2x)$, $x_0 = \pi/2$
50. $f(x) = \cos x + 4\,\text{sen}(2x)$, $x_0 = \pi$

3.2 A derivada como função

Na última seção, definimos a derivada de $y = f(x)$ no ponto $x = x_0$ como o limite

$$f'(x_0) = \lim_{h \to 0} \frac{f(x_0 + h) - f(x_0)}{h}.$$

Agora, investigaremos a derivada como uma *função* deduzida de f, considerando o limite em cada ponto x no domínio de f.

> **DEFINIÇÃO** A **derivada** de uma função $f(x)$ em relação à variável x é a função f', cujo valor em x é
>
> $$f'(x) = \lim_{h \to 0} \frac{f(x + h) - f(x)}{h},$$
>
> desde que o limite exista.

Usamos a notação $f(x)$ na definição para enfatizar a variável independente x em relação a qual a função derivada $f'(x)$ que está sendo definida. O domínio de f' é o conjunto de pontos no domínio de f para o qual o limite existe, o que significa que o domínio pode ser o mesmo ou menor que o domínio de f. Se f' existe em um determinado x, dizemos que f é **derivável (tem uma derivada) em x**. Se f' existe em cada ponto no domínio de f, chamamos f de **derivável.**

Se escrevermos $z = x + h$, então $h = z - x$, e h se aproximará de 0 se, e somente se, z se aproximar de x. Portanto, uma definição equivalente da derivada é apresentada a seguir (veja a Figura 3.4). Às vezes, é mais conveniente usar essa fórmula ao calcular uma função derivada.

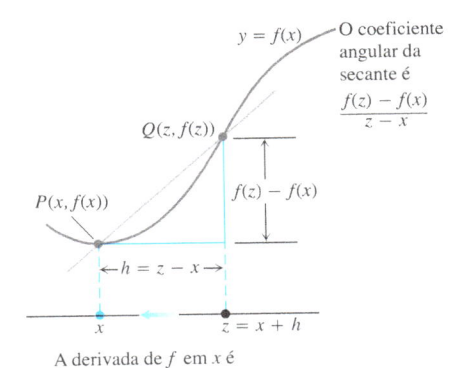

> **Fórmula alternativa para a derivada**
>
> $$f'(x) = \lim_{z \to x} \frac{f(z) - f(x)}{z - x}.$$

FIGURA 3.4 Duas formas para o quociente da diferença.

Cálculo de derivadas a partir da definição

O processo para calcular uma derivada é chamado de **derivação**. Para enfatizar a ideia de que a derivação é uma operação realizada na função $y = f(x)$, também usamos a notação

$$\frac{d}{dx} f(x)$$

Ensaio histórico

A derivada

Derivada da função recíproca

$$\frac{d}{dx}\left(\frac{1}{x}\right) = -\frac{1}{x^2}, \quad x \neq 0$$

para indicar a derivada $f'(x)$. O Exemplo 1 da Seção 3.1 ilustra o processo de derivação para a função $y = 1/x$ quando $x = a$. Para x representando qualquer ponto no domínio, temos a fórmula

$$\frac{d}{dx}\left(\frac{1}{x}\right) = -\frac{1}{x^2}.$$

Aqui há mais exemplos em que se permite que x seja qualquer ponto do domínio de f.

EXEMPLO 1 Determine a derivada de $f(x) = \dfrac{x}{x-1}$.

Solução Usamos a definição de derivada, o que nos obriga a calcular $f(x + h)$ e, em seguida, subtrair $f(x)$ para obter o numerador do quociente da diferença. Temos

$$f(x) = \frac{x}{x-1} \quad \text{e} \quad f(x+h) = \frac{(x+h)}{(x+h)-1}, \text{ assim}$$

$$f'(x) = \lim_{h \to 0} \frac{f(x+h) - f(x)}{h} \qquad \text{Definição}$$

$$= \lim_{h \to 0} \frac{\dfrac{x+h}{x+h-1} - \dfrac{x}{x-1}}{h}$$

$$= \lim_{h \to 0} \frac{1}{h} \cdot \frac{(x+h)(x-1) - x(x+h-1)}{(x+h-1)(x-1)} \qquad \frac{a}{b} - \frac{c}{d} = \frac{ad-cb}{bd}$$

$$= \lim_{h \to 0} \frac{1}{h} \cdot \frac{-h}{(x+h-1)(x-1)} \qquad \text{Simplificar.}$$

$$= \lim_{h \to 0} \frac{-1}{(x+h-1)(x-1)} = \frac{-1}{(x-1)^2}. \qquad \text{Cancelar } h \neq 0.$$

EXEMPLO 2

(a) Determine a derivada de $f(x) = \sqrt{x}$ para $x > 0$.
(b) Determine a reta tangente à curva $y = \sqrt{x}$ em $x = 4$.

Solução

Derivada da função raiz quadrada

$$\frac{d}{dx}\sqrt{x} = \frac{1}{2\sqrt{x}}, \quad x > 0$$

(a) Usamos a fórmula alternativa para calcular f'

$$f'(x) = \lim_{z \to x} \frac{f(z) - f(x)}{z - x}$$

$$= \lim_{z \to x} \frac{\sqrt{z} - \sqrt{x}}{z - x}$$

$$= \lim_{z \to x} \frac{\sqrt{z} - \sqrt{x}}{(\sqrt{z} - \sqrt{x})(\sqrt{z} + \sqrt{x})}$$

$$= \lim_{z \to x} \frac{1}{\sqrt{z} + \sqrt{x}} = \frac{1}{2\sqrt{x}}.$$

(b) O coeficiente angular da curva em $x = 4$ é

$$f'(4) = \frac{1}{2\sqrt{4}} = \frac{1}{4}.$$

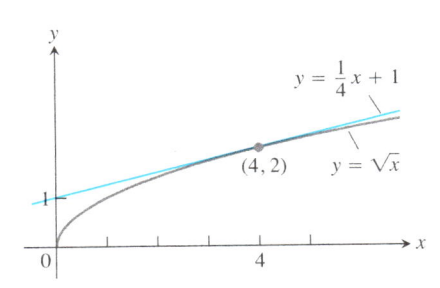

FIGURA 3.5 A curva $y = \sqrt{x}$ e sua tangente em (4, 2). Determinamos o coeficiente angular da tangente por meio da avaliação da derivada em $x = 4$ (Exemplo 2).

A tangente é a reta que passa pelo ponto (4, 2) com coeficiente angular 1/4 (Figura 3.5)

$$y = 2 + \frac{1}{4}(x - 4)$$

$$y = \frac{1}{4}x + 1.$$

Notações

Há vários modos de representar a derivada de uma função $y = f(x)$, em que a variável independente é x e a variável dependente é y. Algumas das notações alternativas mais comuns para a derivada são

$$f'(x) = y' = \frac{dy}{dx} = \frac{df}{dx} = \frac{d}{dx}f(x) = D(f)(x) = D_x f(x).$$

Os símbolos d/dx e D indicam a operação de derivação. Lemos dy/dx como "a derivada de y em relação a x", e df/dx e $(d/dx)f(x)$ como "a derivada de f em relação a x". As notações "linha" y' e f' vêm de notações que Newton usava para as derivadas. Já as notações d/dx são semelhantes às usadas por Leibniz. O símbolo dy/dx não deve ser considerado uma razão (pelo menos até que seja introduzida a ideia de "diferenciais" na Seção 3.11).

Para indicar o valor de uma derivada em um número específico $x = a$, usamos a notação

$$f'(a) = \frac{dy}{dx}\bigg|_{x=a} = \frac{df}{dx}\bigg|_{x=a} = \frac{d}{dx}f(x)\bigg|_{x=a}.$$

Por exemplo, no Exemplo 2

$$f'(4) = \frac{d}{dx}\sqrt{x}\bigg|_{x=4} = \frac{1}{2\sqrt{x}}\bigg|_{x=4} = \frac{1}{2\sqrt{4}} = \frac{1}{4}.$$

Representação gráfica de uma derivada

Muitas vezes, podemos representar a derivada de $y = f(x)$ em gráficos razoáveis ao estimar os coeficientes angulares no gráfico de f. Ou seja, representamos os pontos $(x, f'(x))$ no plano de coordenadas xy e os unimos com uma curva suave, que representa $y = f'(x)$.

EXEMPLO 3 Faça o gráfico da derivada da função $y = f(x)$ na Figura 3.6a.

Solução Esboçamos as tangentes no gráfico de f em intervalos frequentes e usamos seus coeficientes angulares para estimar os valores de $f'(x)$ nesses pontos. Registramos os pares $(x, f'(x))$ correspondentes e os unimos com uma curva suave, como esboçado na Figura 3.6b.

O que descobrimos no gráfico de $y = f'(x)$? Imediatamente percebemos

1. em que ponto a taxa de variação de f é positiva, negativa ou nula;
2. o valor aproximado da taxa de crescimento em qualquer x e seu tamanho em relação a $f(x)$;
3. os pontos em que a própria taxa de variação é crescente ou decrescente.

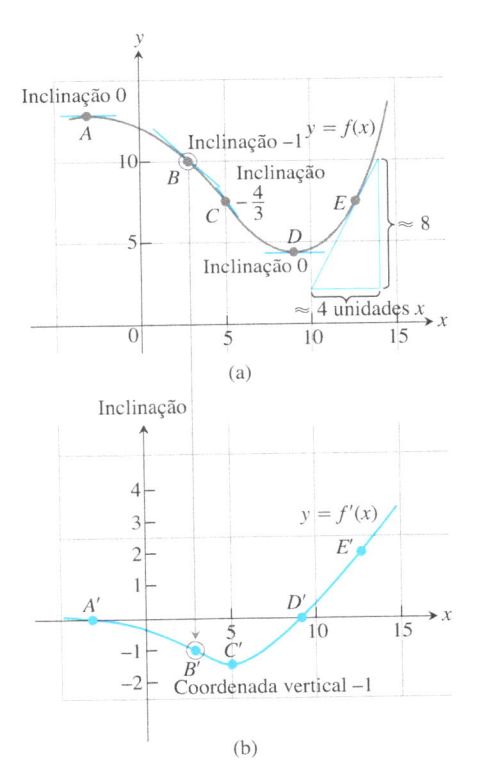

FIGURA 3.6 Construímos o gráfico de $y = f'(x)$ em (b) ao traçar os coeficientes angulares do gráfico de $y = f(x)$ em (a). A coordenada vertical em B' é o coeficiente angular em B, e assim por diante. O coeficiente angular em E é de aproximadamente $8/4 = 2$. Vemos que a taxa de variação de f em (b) é negativa para x entre A' e D', a taxa de variação de f é positiva para x à direita de D'.

Derivabilidade em um intervalo; derivadas laterais

Uma função $y = f(x)$ será **derivável em um intervalo aberto** (finito ou infinito) se tiver uma derivada em cada ponto do intervalo. Será **derivável em um intervalo fechado** $[a, b]$ se for derivável no interior (a, b) e se os limites

$$\lim_{h \to 0^+} \frac{f(a+h) - f(a)}{h} \quad \text{Derivada à direita em } a$$

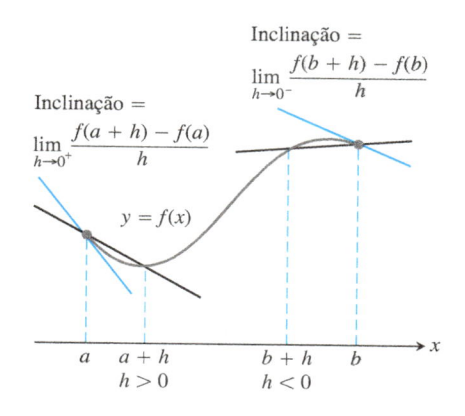

FIGURA 3.7 Derivadas em extremidades são limites laterais.

$$\lim_{h \to 0^-} \frac{f(b+h) - f(b)}{h} \quad \text{Derivada à esquerda em } b$$

existirem nas extremidades (Figura 3.7).

Derivadas à direita e à esquerda podem ser definidas em qualquer ponto do domínio de uma função. Segundo o Teorema 6 na Seção 2.4, uma função terá uma derivada em um ponto se, e somente se, tiver derivadas à esquerda e à direita nesse ponto e se essas derivadas laterais forem iguais.

EXEMPLO 4 Mostre que a função $y = |x|$ é derivável em $(-\infty, 0)$ e $(0, \infty)$, mas não tem derivada em $x = 0$.

Solução Verifica-se na Seção 3.1 que a derivada de $y = mx + b$ é o coeficiente angular de m. Assim, à direita da origem,

$$\frac{d}{dx}(|x|) = \frac{d}{dx}(x) = \frac{d}{dx}(1 \cdot x) = 1. \qquad \frac{d}{dx}(mx+b) = m, \; |x| = x$$

À esquerda,

$$\frac{d}{dx}(|x|) = \frac{d}{dx}(-x) = \frac{d}{dx}(-1 \cdot x) = -1. \quad |x| = -x$$

(Figura 3.8). Não é possível que haja derivada na origem porque nela as derivadas laterais são diferentes:

$$\text{Derivada de } |x| \text{ à direita em zero} = \lim_{h \to 0^+} \frac{|0+h| - |0|}{h} = \lim_{h \to 0^+} \frac{|h|}{h}$$

$$= \lim_{h \to 0^+} \frac{h}{h} \qquad |h| = h \text{ quando } h > 0$$

$$= \lim_{h \to 0^+} 1 = 1.$$

$$\text{Derivada de } |x| \text{ à esquerda em zero} = \lim_{h \to 0^-} \frac{|0+h| - |0|}{h} = \lim_{h \to 0^-} \frac{|h|}{h}$$

$$= \lim_{h \to 0^-} \frac{-h}{h} \qquad |h| = -h \text{ quando } h < 0$$

$$= \lim_{h \to 0^-} -1 = -1.$$

EXEMPLO 5 No Exemplo 2, descobrimos que, para $x > 0$,

$$\frac{d}{dx}\sqrt{x} = \frac{1}{2\sqrt{x}}.$$

Aplicamos a definição para examinar se a derivada existe em $x = 0$:

$$\lim_{h \to 0^+} \frac{\sqrt{0+h} - \sqrt{0}}{h} = \lim_{h \to 0^+} \frac{1}{\sqrt{h}} = \infty.$$

Como o limite (à direita) não é finito, não há derivada em $x = 0$. Como os coeficientes angulares das secantes que unem a origem aos pontos $(h, \sqrt{h})$ em um gráfico de $y = \sqrt{x}$ tendem a ∞, o gráfico apresenta uma *tangente vertical* na origem. (Veja a Figura 1.17).

Quando uma função não apresenta derivada em um ponto?

Uma função terá uma derivada em um ponto x_0 se os coeficientes angulares das retas secantes que passam por $P(x_0, f(x_0))$ e um ponto Q próximo no gráfico tenderem a um limite à medida que Q se aproxima de P. Quando as secantes não têm uma posição limite ou se tornam verticais à medida que Q tende a P, a derivada não

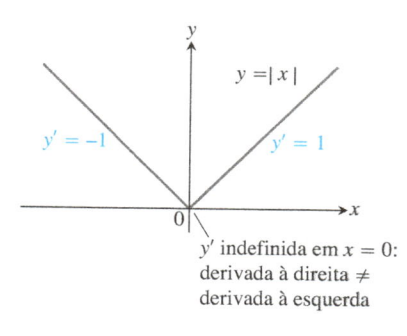

FIGURA 3.8 A função $y = |x|$ não é derivável na origem, em que o gráfico tem um "bico" (Exemplo 4).

existe. Logo, a diferenciabilidade (derivabilidade) tem a ver com uma "suavidade" do gráfico de f. Uma função pode não apresentar derivada em determinado ponto por vários motivos, incluindo a existência de pontos em que o gráfico apresenta

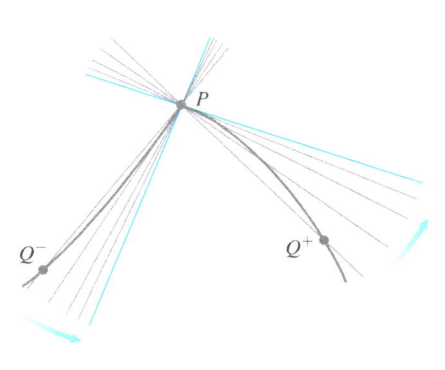

1. um *bico*, em que as derivadas laterais são diferentes.

2. uma *cúspide*, em que o coeficiente angular de PQ tende a ∞ de um lado e a $-\infty$ do outro.

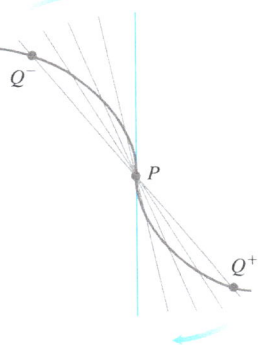

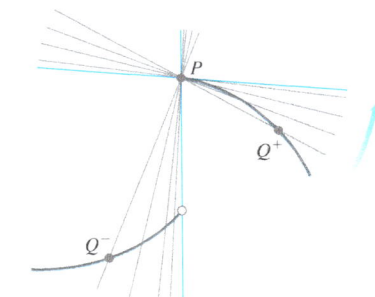

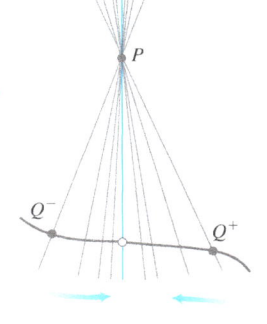

3. uma *tangente vertical*, em que o coeficiente angular de PQ tende a ∞ ou a $-\infty$ de ambos os lados (aqui, $-\infty$).

4. uma *descontinuidade* (dois exemplos apresentados).

Outro caso em que a derivada pode deixar de existir ocorre quando o coeficiente angular da função oscila rapidamente próximo a P, como em $f(x) = $ sen $(1/x)$ próximo da origem, onde é descontínua (veja a Figura 2.31).

As funções deriváveis são contínuas

Uma função é contínua em todos os pontos em que tiver uma derivada.

> **TEOREMA 1 — Diferenciabilidade (derivabilidade) implica continuidade**
> Se f tem uma derivada em $x = c$, então f é contínua em $x = c$.

Prova Como $f'(c)$ existe, devemos mostrar que $\lim_{x \to c} f(x) = f(c)$, ou, de maneira equivalente, que $\lim_{h \to 0} f(c + h) = f(c)$. Se $h \neq 0$, então

$$f(c + h) = f(c) + (f(c + h) - f(c))$$
$$= f(c) + \frac{f(c + h) - f(c)}{h} \cdot h.$$

Agora calcule os limites quando $h \to 0$. Segundo o Teorema 1 da Seção 2.2,

$$\lim_{h \to 0} f(c+h) = \lim_{h \to 0} f(c) + \lim_{h \to 0} \frac{f(c+h) - f(c)}{h} \cdot \lim_{h \to 0} h$$

$$= f(c) + f'(c) \cdot 0$$

$$= f(c) + 0$$

$$= f(c).$$

Argumentos semelhantes com limites laterais mostram que, se f tem uma derivada lateral (à direita ou à esquerda) em $x = c$, então f é contínua desse lado em $x = c$.

O Teorema 1 diz que, se uma função apresenta descontinuidade em determinado ponto (por exemplo, um salto), então ela não pode ser derivável nesse ponto. A função maior inteiro $y = \lfloor x \rfloor$ não é derivável em todos os inteiros $x = n$ (Exemplo 4 da Seção 2.5).

Cuidado A recíproca do Teorema 1 é falsa. Uma função não tem necessariamente uma derivada em um ponto em que ela é contínua, como vimos no Exemplo 4.

Exercícios 3.2

Determinação de funções derivadas e seus valores

Nos Exercícios 1-6, use a definição para calcular as derivadas das funções. Depois determine os valores das derivadas, conforme especificado.

1. $f(x) = 4 - x^2$; $f'(-3), f'(0), f'(1)$
2. $F(x) = (x - 1)^2 + 1$; $F'(-1), F'(0), F'(2)$
3. $g(t) = \frac{1}{t^2}$; $g'(-1), g'(2), g'(\sqrt{3})$
4. $k(z) = \frac{1-z}{2z}$; $k'(-1), k'(1), k'(\sqrt{2})$
5. $p(\theta) = \sqrt{3\theta}$; $p'(1), p'(3), p'(2/3)$
6. $r(s) = \sqrt{2s+1}$; $r'(0), r'(1), r'(1/2)$

Nos Exercícios 7-12, determine as derivadas indicadas.

7. $\frac{dy}{dx}$ se $y = 2x^3$
8. $\frac{dr}{ds}$ se $r = s^3 - 2s^2 + 3$
9. $\frac{ds}{dt}$ se $s = \frac{t}{2t+1}$
10. $\frac{dv}{dt}$ se $v = t - \frac{1}{t}$
11. $\frac{dp}{dq}$ se $p = \frac{1}{\sqrt{q+1}}$
12. $\frac{dz}{dw}$ se $z = \frac{1}{\sqrt{3w-2}}$

Coeficientes angulares e retas tangentes

Nos Exercícios 13-16, derive as funções e determine o coeficiente angular da tangente no valor dado da variável independente.

13. $f(x) = x + \frac{9}{x}$, $x = -3$
14. $k(x) = \frac{1}{2+x}$, $x = 2$
15. $s = t^3 - t^2$, $t = -1$
16. $y = \frac{x+3}{1-x}$, $x = -2$

Nos Exercícios 17 e 18, derive as funções. Depois, determine uma equação para a tangente no ponto indicado no gráfico da função.

17. $y = f(x) = \frac{8}{\sqrt{x-2}}$, $(x, y) = (6, 4)$
18. $w = g(z) = 1 + \sqrt{4-z}$, $(z, w) = (3, 2)$

Nos Exercícios 19-22, determine os valores das derivadas.

19. $\left.\frac{ds}{dt}\right|_{t=-1}$ se $s = 1 - 3t^2$
20. $\left.\frac{dy}{dx}\right|_{x=\sqrt{3}}$ se $y = 1 - \frac{1}{x}$
21. $\left.\frac{dr}{d\theta}\right|_{\theta=0}$ se $r = \frac{2}{\sqrt{4-\theta}}$
22. $\left.\frac{dw}{dz}\right|_{z=4}$ se $w = z + \sqrt{z}$

Uso da fórmula alternativa para derivadas

Use a fórmula

$$f'(x) = \lim_{z \to x} \frac{f(z) - f(x)}{z - x}$$

para determinar a derivada das funções nos Exercícios 23-26.

23. $f(x) = \frac{1}{x+2}$
24. $f(x) = x^2 - 3x + 4$
25. $g(x) = \frac{x}{x-1}$
26. $g(x) = 1 + \sqrt{x}$

Gráficos

Associe as funções representadas graficamente nos Exercícios 27-30 com as derivadas das Figuras (a)-(d) a seguir.

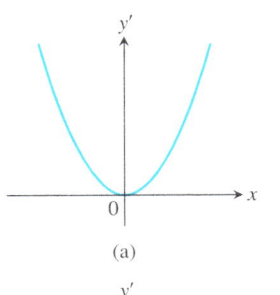

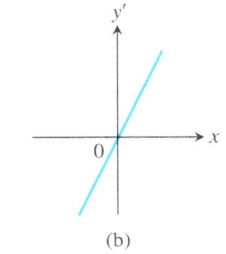

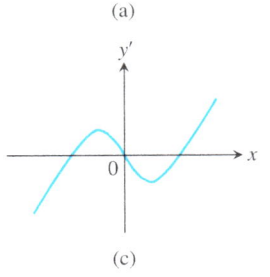

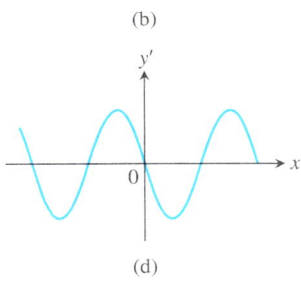

(a) (b) (c) (d)

27. $y = f_1(x)$

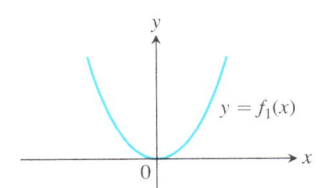

28. $y = f_2(x)$

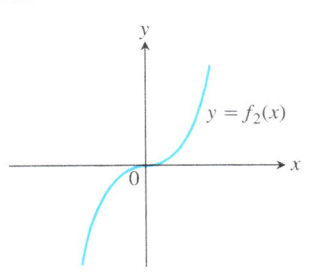

29. $y = f_3(x)$

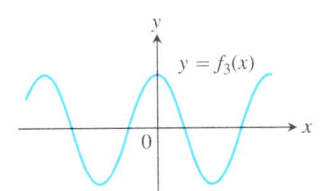

30. $y = f_4(x)$

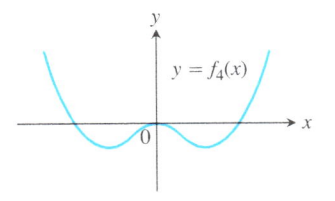

31. a. O gráfico da figura a seguir é composto por segmentos de reta unidos pelas extremidades. Em quais pontos do intervalo $[-4, 6]$ a função f' não é definida? Justifique sua resposta.

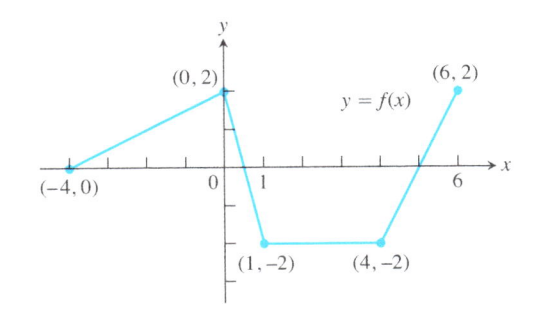

(−4, 0), (0, 2), (1, −2), (4, −2), (6, 2), $y = f(x)$

b. Desenhe o gráfico da derivada de f. O gráfico deve mostrar uma função escada.

32. Recuperação de uma função a partir de sua derivada
  a. Use as informações a seguir para fazer o gráfico da função f no intervalo fechado $[-2, 5]$.
   i) O gráfico de f é composto por segmentos de reta fechados unidos pelas extremidades.
   ii) O gráfico começa no ponto $(-2, 3)$.
   iii) A derivada de f é a função escada da figura a seguir.

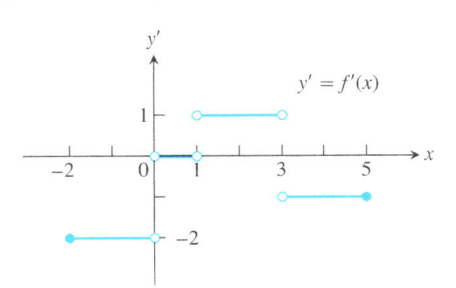

$y' = f'(x)$

b. Repita o item (a), considerando que o gráfico começa em $(-2, 0)$ em vez de $(-2, 3)$.

33. Crescimento da economia O gráfico da figura a seguir mostra a variação percentual média anual, $y = f(t)$ do produto interno bruto (PIB) norte-americano entre os anos 1983-1988. Represente graficamente dy/dt (onde for definido).

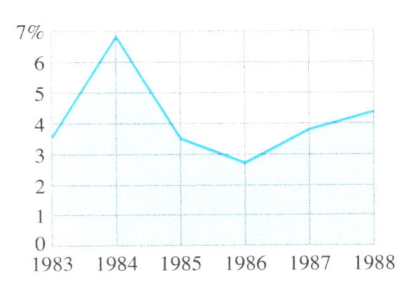

34. Moscas-da-fruta (*Continuação do Exemplo 4 da Seção 2.1.*) As populações nascidas em ambientes fechados crescem devagar no início, quando há relativamente poucos membros, e depois mais rapidamente, à medida que o número de membros reprodutores aumenta e os recursos permanecem abundantes, e, por fim, tornam a crescer a um ritmo lento, conforme a população atinge a capacidade de sustentação daquele ambiente.

  a. Use a mesma técnica do Exemplo 3 para representar graficamente a derivada da população de moscas-da-fruta. O gráfico da população é reproduzido aqui.

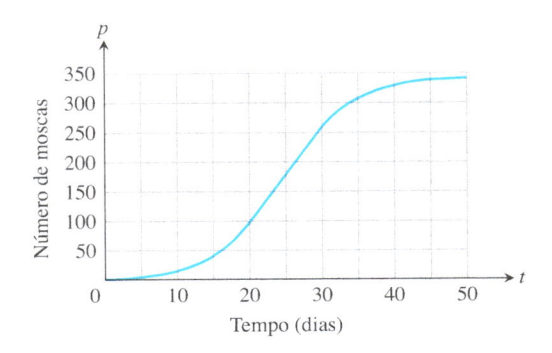

  b. Durante quais dias a população parece estar crescendo mais rapidamente? E mais devagar?

35. Temperatura O gráfico dado mostra a temperatura T em °F em Davis, Califórnia, em 18 de abril de 2008, entre 6 horas e 18 horas.

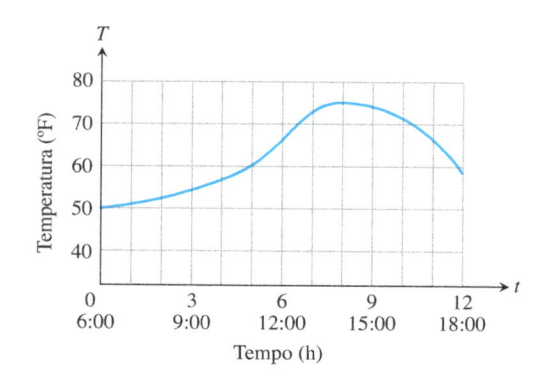

a. Estime a taxa de variação da temperatura nos horários
   i) 7:00   ii) 9:00   iii) 14:00   iv) 16:00
b. Em qual horário a temperatura aumenta mais rapidamente? E em qual diminui mais rapidamente? Qual é a taxa para cada um desses horários?
c. Utilize a técnica gráfica do Exemplo 3 para traçar o gráfico da derivada da temperatura T *versus* tempo t.

36. **Perda de peso**   Jared Fogle, também conhecido como o "garoto-propaganda do Subway", pesava 193 kg em 1997, antes de perder mais de 108 kg em 12 meses (<http://en.wikipedia.org/wiki/Jared_Fogle>). Um gráfico mostrando a perda de peso, possivelmente dramática, é apresentado a seguir.

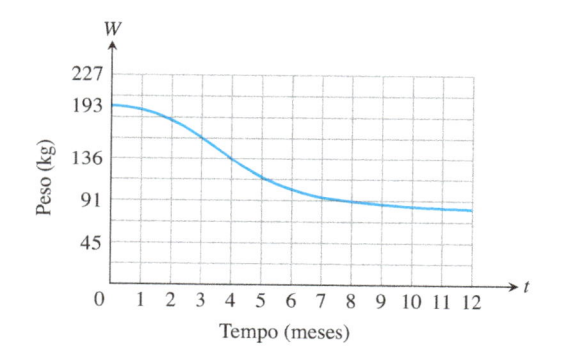

a. Estime a taxa de perda de peso de Jared quando
   i) $t = 1$ ii) $t = 4$ iii) $t = 11$
b. Quando Jared perdeu peso mais rapidamente e qual é a taxa de perda de peso desse período?
c. Utilize a técnica gráfica do Exemplo 3 para traçar o gráfico da derivada do peso W.

Derivadas laterais

Calcule as derivadas à direita e à esquerda como limites para mostrar que as funções nos Exercícios 37-40 não são deriváveis no ponto P.

37.

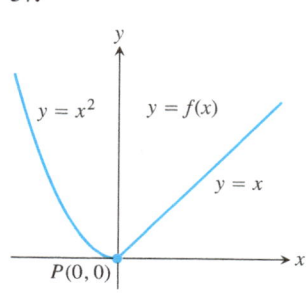

38.

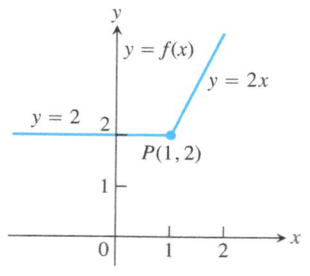

39.

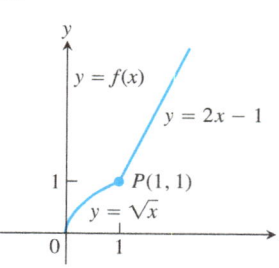

40.

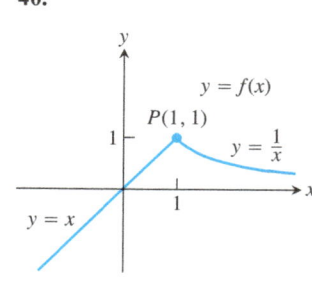

Nos Exercícios 41 e 42, determine se a função definida por partes é derivável na origem.

41. $f(x) = \begin{cases} 2x - 1, & x \geq 0 \\ x^2 + 2x + 7, & x < 0 \end{cases}$

42. $g(x) = \begin{cases} x^{2/3}, & x \geq 0 \\ x^{1/3}, & x < 0 \end{cases}$

Diferenciabilidade e continuidade em um intervalo

Nos Exercícios 43-48, cada figura mostra o gráfico de uma função em um intervalo fechado D. Em que pontos do domínio a função parece ser

a. derivável?
b. contínua, mas não derivável?
c. nem contínua, nem derivável?

Justifique sua resposta.

43.

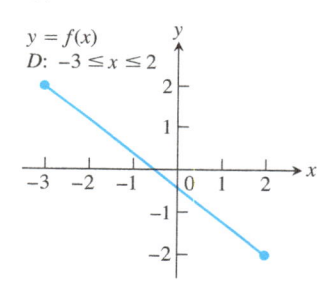

44.

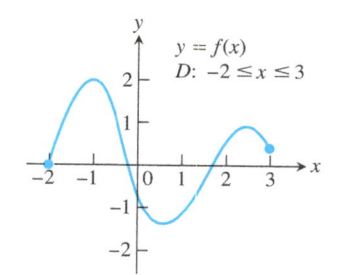

45.

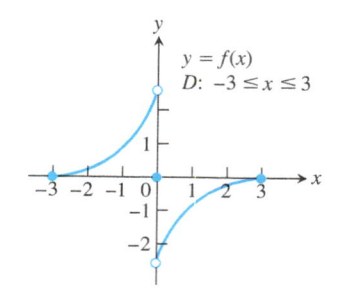

46.

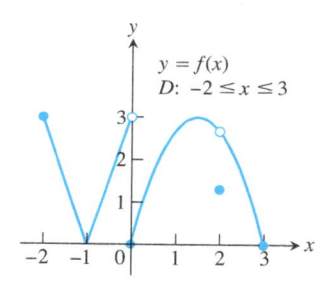

47.

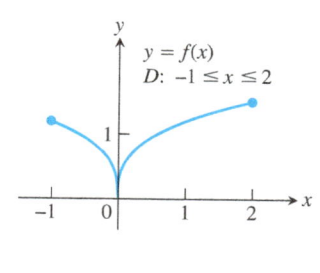

48.

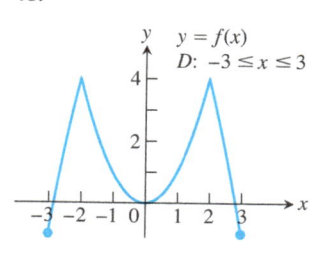

Teoria e exemplos

Nos Exercícios 49-52:
  a. Determine a derivada $f'(x)$ da função dada $y = f(x)$.
  b. Faça os gráficos de $y = f(x)$ e $y = f'(x)$ lado a lado empregando planos coordenados diferentes e responda às questões a seguir.
  c. Para que valores de x, se for o caso, f' é positivo? E nulo? E negativo?
  d. Existe algum intervalo de valores de x em que a função $y = f(x)$ cresce quando x aumenta? Ou diminui à medida que x aumenta? Como isso está relacionado com o que foi visto no item (c)? (Voltaremos a falar sobre essa relação na Seção 4.3.)

49. $y = -x^2$
50. $y = -1/x$
51. $y = x^3/3$
52. $y = x^4/4$

53. **Tangente a uma parábola** A parábola $y = 2x^2 - 13x + 5$ tem alguma tangente cujo coeficiente angular seja -1? Se assim for, determine uma equação para a reta e para o ponto de tangência. Se não tem, por que não?

54. **Tangente a $y = \sqrt{x}$** Alguma tangente à curva $y = \sqrt{x}$ cruza o eixo x em $x = -1$? Se sim, determine uma equação para a reta e o ponto de tangência. Se não, por que não?

55. **Derivada de $-f$** Sabendo que uma função $f(x)$ é derivável em $x = x_0$, podemos afirmar alguma coisa sobre a diferenciabilidade de $-f$ em $x = x_0$? Justifique sua resposta.

56. **Derivada de múltiplos** Sabendo que uma função $g(t)$ é derivável em $t = 7$, podemos dizer alguma coisa sobre a diferenciabilidade de $3g$ em $t = 7$? Justifique sua resposta.

57. **Limite de um quociente** Suponha que as funções $g(t)$ e $h(t)$ sejam definidas para qualquer valor de t e que $g(0) = h(0) = 0$. Pode $\lim_{t \to 0} (g(t))/(h(t))$ existir? Se sim, deve ser igual a zero? Justifique sua resposta.

58. a. Seja $f(x)$ uma função que satisfaz $|f(x)| \leq x^2$ para $-1 \leq x \leq 1$. Mostre que f é derivável em $x = 0$ e determine $f'(0)$.
    b. Mostre que
    $$f(x) = \begin{cases} x^2 \operatorname{sen} \frac{1}{x}, & x \neq 0 \\ 0, & x = 0 \end{cases}$$
    é derivável em $x = 0$ e determine $f'(0)$.

59. Faça o gráfico de $y = 1/(2\sqrt{x})$ em uma janela que contenha $0 \leq x \leq 2$. Em seguida, na mesma tela, faça o gráfico de
$$y = \frac{\sqrt{x+h} - \sqrt{x}}{h}$$
para $h = 1$; 0,5; 0,1. Então, tente $h = -1$; $-0,5$; $-0,1$. Explique o que ocorre.

60. Faça o gráfico de $y = 3x^2$ em uma janela que contenha $-2 \leq x \leq 2$, $0 \leq y \leq 3$. Em seguida, na mesma tela, faça o gráfico de
$$y = \frac{(x+h)^3 - x^3}{h}$$
para $h = 2$; 1; 0,2. Então tente $h = -2$; -1; $-0,2$. Explique o que ocorre.

61. **Derivada de $y = |x|$** Faça o gráfico da derivada de $f(x) = |x|$. Em seguida, faça o gráfico de $y = (|x| - 0)/(x - 0) = |x|/x$. O que se pode concluir?

62. **Função contínua de Weierstrass não derivável em qualquer ponto** A soma dos primeiros oito termos da função de Weierstrass $f(x) = \sum_{n=0}^{\infty} (2/3)^n \cos(9^n \pi x)$ é
$$g(x) = \cos(\pi x) + (2/3)^1 \cos(9 \pi x) + (2/3)^2 \cos(9^2 \pi x) + (2/3)^3 \cos(9^3 \pi x) + \cdots + (2/3)^7 \cos(9^7 \pi x).$$

Represente graficamente essa soma. Amplie o gráfico várias vezes. Quão tortuoso e acidentado é o gráfico? Especifique uma janela de visualização em que a parte apresentada do gráfico seja suave.

USO DO COMPUTADOR

Use um SAC para realizar os passos a seguir com as funções dos Exercícios 63-68.
  a. Esboce o gráfico $y = f(x)$ para verificar o comportamento global da função.
  b. Defina o quociente da diferença q em um ponto genérico x com incremento genérico h.
  c. Calcule o limite quando $h \to 0$. Que fórmula é obtida?
  d. Substitua o valor $x = x_0$ e esboce o gráfico da função $y = f(x)$ com sua reta tangente nesse ponto.
  e. Atribua vários valores a x, maiores e menores que x_0, na fórmula obtida no item (c). Os números são coerentes com a sua figura?
  f. Represente em gráfico a fórmula obtida no item (c). O que ela significa quando seus valores são negativos? E nulos? E positivos? Isso é coerente com o gráfico do item (a)? Justifique sua resposta.

63. $f(x) = x^3 + x^2 - x$, $x_0 = 1$
64. $f(x) = x^{1/3} + x^{2/3}$, $x_0 = 1$
65. $f(x) = \dfrac{4x}{x^2 + 1}$, $x_0 = 2$
66. $f(x) = \dfrac{x - 1}{3x^2 + 1}$, $x_0 = -1$
67. $f(x) = \operatorname{sen} 2x$, $x_0 = \pi/2$
68. $f(x) = x^2 \cos x$, $x_0 = \pi/4$

3.3 Regras de derivação

Esta seção apresenta algumas regras que permitem derivar funções constantes, funções de potência, polinômios, funções exponenciais, funções racionais e determinadas combinações delas, simples e diretamente, sem ter que a cada vez aplicar limites.

Potências, multiplicações, somas e diferenças

Uma regra simples de derivação é que a derivada de toda função constante é zero.

> **Derivada de uma função constante**
>
> Se f tem o valor constante $f(x) = c$, então
> $$\frac{df}{dx} = \frac{d}{dx}(c) = 0.$$

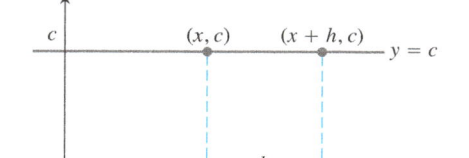

FIGURA 3.9 A regra $(d/dx)(c) = 0$ é outro modo de dizer que os valores de funções constantes nunca mudam e que o coeficiente angular de uma reta horizontal é zero em todo ponto.

Prova Aplicamos a definição da derivada para $f(x) = c$, a função cujos valores são a constante c (Figura 3.9). Para qualquer valor de x, encontramos

$$f'(x) = \lim_{h \to 0} \frac{f(x+h) - f(x)}{h} = \lim_{h \to 0} \frac{c - c}{h} = \lim_{h \to 0} 0 = 0.$$

Da Seção 3.1, sabemos que

$$\frac{d}{dx}\left(\frac{1}{x}\right) = -\frac{1}{x^2} \quad \text{ou} \quad \frac{d}{dx}(x^{-1}) = -x^{-2}.$$

Do Exemplo 2 da seção anterior, também sabemos que

$$\frac{d}{dx}(\sqrt{x}) = \frac{1}{2\sqrt{x}} \quad \text{ou} \quad \frac{d}{dx}(x^{1/2}) = \frac{1}{2}x^{-1/2}.$$

Esses dois exemplos ilustram uma regra geral para derivar uma potência x^n. Começamos por provar a regra quando n é um número inteiro positivo.

> **Regra da potência para inteiros positivos**
>
> Se n for um número inteiro positivo, então
> $$\frac{d}{dx}x^n = nx^{n-1}.$$

Biografia histórica

Richard Courant
(1888-1972)

Prova da regra da potenciação para inteiros positivos A fórmula

$$z^n - x^n = (z - x)(z^{n-1} + z^{n-2}x + \ldots + zx^{n-2} + x^{n-1})$$

pode ser verificada efetuando-se a multiplicação do lado direito. Em seguida, com base na fórmula alternativa da definição da derivada,

$$f'(x) = \lim_{z \to x} \frac{f(z) - f(x)}{z - x} = \lim_{z \to x} \frac{z^n - x^n}{z - x}$$
$$= \lim_{z \to x}(z^{n-1} + z^{n-2}x + \cdots + zx^{n-2} + x^{n-1}) \qquad \text{\textit{n} termos}$$
$$= nx^{n-1}.$$

A regra da potenciação é realmente válida para todos os números reais n. Vimos exemplos de um inteiro negativo e de uma potência fracionária, mas n também pode ser um número irracional. Para aplicar a regra da potenciação, subtraímos 1 do expoente original n e multiplicamos o resultado por n.

Aqui, podemos afirmar a versão geral da regra, mas adiaremos sua prova até a Seção 3.8.

Regra da potenciação (versão geral)

Se n for qualquer número real, então:
$$\frac{d}{dx} x^n = nx^{n-1},$$
para todo x em que as potências x^n e x^{n-1} forem definidas.

EXEMPLO 1 Determine a derivada das seguintes potências de x.

(a) x^3 (b) $x^{2/3}$ (c) $x^{\sqrt{2}}$ (d) $\dfrac{1}{x^4}$ (e) $x^{-4/3}$ (f) $\sqrt{x^{2+\pi}}$

Solução

(a) $\dfrac{d}{dx}(x^3) = 3x^{3-1} = 3x^2$

(b) $\dfrac{d}{dx}(x^{2/3}) = \dfrac{2}{3}x^{(2/3)-1} = \dfrac{2}{3}x^{-1/3}$

(c) $\dfrac{d}{dx}\left(x^{\sqrt{2}}\right) = \sqrt{2}\,x^{\sqrt{2}-1}$

(d) $\dfrac{d}{dx}\left(\dfrac{1}{x^4}\right) = \dfrac{d}{dx}(x^{-4}) = -4x^{-4-1} = -4x^{-5} = -\dfrac{4}{x^5}$

(e) $\dfrac{d}{dx}(x^{-4/3}) = -\dfrac{4}{3}x^{-(4/3)-1} = -\dfrac{4}{3}x^{-7/3}$

(f) $\dfrac{d}{dx}\left(\sqrt{x^{2+\pi}}\right) = \dfrac{d}{dx}\left(x^{1+(\pi/2)}\right) = \left(1 + \dfrac{\pi}{2}\right)x^{1+(\pi/2)-1} = \dfrac{1}{2}(2 + \pi)\sqrt{x^\pi}$

A próxima regra diz que, quando uma função derivável é multiplicada por uma constante, sua derivada é multiplicada pela mesma constante.

Regra da multiplicação da derivada por uma constante

Se u for uma função derivável de x, e c for uma constante, então:
$$\frac{d}{dx}(cu) = c\frac{du}{dx}.$$

Em particular, se n for qualquer número real, então
$$\frac{d}{dx}(cx^n) = cnx^{n-1}.$$

Prova

$\dfrac{d}{dx} cu = \lim\limits_{h \to 0} \dfrac{cu(x+h) - cu(x)}{h}$ Definição de derivada com $f(x) = cu(x)$

$\quad\quad\quad = c \lim\limits_{h \to 0} \dfrac{u(x+h) - u(x)}{h}$ Propriedade do limite múltiplo constante

$\quad\quad\quad = c \dfrac{du}{dx}$ u é derivável.

EXEMPLO 2

(a) A fórmula derivada
$$\frac{d}{dx}(3x^2) = 3 \cdot 2x = 6x$$

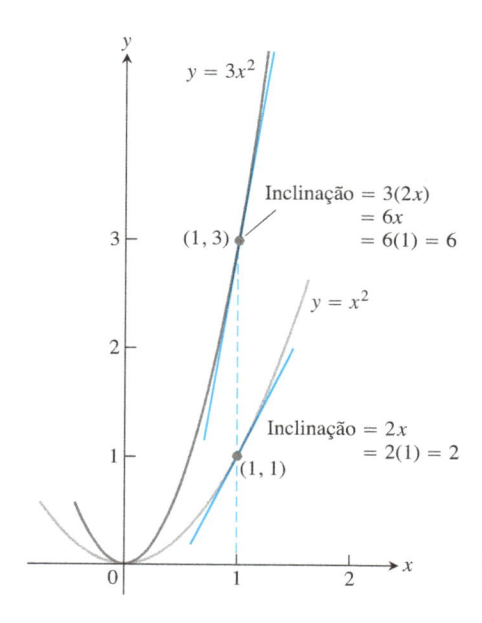

FIGURA 3.10 Gráficos de $y = x^2$ e $y = 3x^2$. Triplicando-se a coordenada y, triplica-se o coeficiente angular (Exemplo 2).

diz que, ao mudar a escala do gráfico de $y = x^2$ multiplicando cada coordenada y por 3, multiplicamos o coeficiente angular em cada ponto por 3 (Figura 3.10).

(b) Negativo de uma função

A derivada do negativo de uma função derivável u é o negativo da derivada da função. A regra da multiplicação por constante com $c = -1$ resulta em

$$\frac{d}{dx}(-u) = \frac{d}{dx}(-1 \cdot u) = -1 \cdot \frac{d}{dx}(u) = -\frac{du}{dx}.$$

A regra seguinte diz que a derivada da soma de duas funções deriváveis é a soma de suas derivadas.

> **Regra da derivada da soma**
>
> Se u e v são funções deriváveis de x, então a soma de $u + v$ é derivável em qualquer ponto em que u e v sejam deriváveis. Em tais pontos,
>
> $$\frac{d}{dx}(u + v) = \frac{du}{dx} + \frac{dv}{dx}.$$

Por exemplo, se $y = x^4 + 12x$, então y é a soma de $u(x) = x^4$ e $v(x) = 12x$. Teremos então

$$\frac{dy}{dx} = \frac{d}{dx}(x^4) + \frac{d}{dx}(12x) = 4x^3 + 12.$$

Prova Aplicamos a definição da derivada para $f(x) = u(x) + v(x)$:

$$\frac{d}{dx}[u(x) + v(x)] = \lim_{h \to 0} \frac{[u(x+h) + v(x+h)] - [u(x) + v(x)]}{h}$$

$$= \lim_{h \to 0}\left[\frac{u(x+h) - u(x)}{h} + \frac{v(x+h) - v(x)}{h}\right]$$

$$= \lim_{h \to 0} \frac{u(x+h) - u(x)}{h} + \lim_{h \to 0} \frac{v(x+h) - v(x)}{h} = \frac{du}{dx} + \frac{dv}{dx}.$$

Combinando a regra da soma com a regra da multiplicação por constante, obtemos a **regra da diferença**, que diz que a derivada de uma *diferença* de funções deriváveis é igual à diferença de suas derivadas:

$$\frac{d}{dx}(u - v) = \frac{d}{dx}[u + (-1)v] = \frac{du}{dx} + (-1)\frac{dv}{dx} = \frac{du}{dx} - \frac{dv}{dx}.$$

A regra da soma também se estende às somas finitas de mais de duas funções. Se $u_1, u_2, \ldots, u_n$ são deriváveis em x, então $u_1 + u_2 + \ldots + u_n$ também serão, e

$$\frac{d}{dx}(u_1 + u_2 + \cdots + u_n) = \frac{du_1}{dx} + \frac{du_2}{dx} + \cdots + \frac{du_n}{dx}.$$

Por exemplo, para verificar se a regra vale para três funções, calculamos

$$\frac{d}{dx}(u_1 + u_2 + u_3) = \frac{d}{dx}((u_1 + u_2) + u_3) = \frac{d}{dx}(u_1 + u_2) + \frac{du_3}{dx} = \frac{du_1}{dx} + \frac{du_2}{dx} + \frac{du_3}{dx}.$$

O Apêndice 2 traz a prova, por indução matemática, para qualquer número finito de termos.

Representação de funções por u e v
As funções com as quais trabalhamos quando precisamos de uma fórmula de derivação podem ser indicadas por letras como f e g. Não queremos usar as mesmas letras ao estabelecer regras gerais de derivação, por isso usamos letras como u e v, que dificilmente terão sido usadas antes.

EXEMPLO 3 Determine a derivada do polinômio $y = x^3 + \frac{4}{3}x^2 - 5x + 1$.

Solução
$$\frac{dy}{dx} = \frac{d}{dx}x^3 + \frac{d}{dx}\left(\frac{4}{3}x^2\right) - \frac{d}{dx}(5x) + \frac{d}{dx}(1) \quad \text{Regras da soma e da diferença}$$

$$= 3x^2 + \frac{4}{3} \cdot 2x - 5 + 0 = 3x^2 + \frac{8}{3}x - 5$$

Podemos derivar qualquer polinômio termo a termo, assim como fizemos com os polinômios do Exemplo 3. Todos os polinômios são deriváveis em todos os valores de x.

EXEMPLO 4 A curva $y = x^4 - 2x^2 + 2$ tem tangentes horizontais? Se sim, onde?

Solução As tangentes horizontais, se houver, ocorrem onde o coeficiente angular dy/dx é nulo. Temos

$$\frac{dy}{dx} = \frac{d}{dx}(x^4 - 2x^2 + 2) = 4x^3 - 4x.$$

Agora resolva a equação $\dfrac{dy}{dx} = 0$ para x:

$$4x^3 - 4x = 0$$
$$4x(x^2 - 1) = 0$$
$$x = 0, 1, -1.$$

A curva $y = x^4 - 2x^2 + 2$ tem tangentes horizontais em $x = 0$, 1 e -1. Os pontos correspondentes na curva são (0, 2), (1, 1) e (-1, 1). Veja a Figura 3.11. Veremos no Capítulo 4 que a determinação dos valores de x, onde a derivada de uma função é igual a zero, é um procedimento importante e útil.

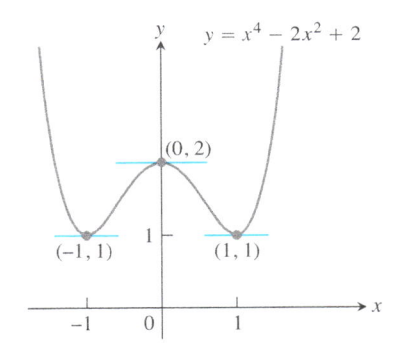

FIGURA 3.11 Curva no Exemplo 4 e suas tangentes horizontais.

Derivadas de funções exponenciais

Abordamos brevemente as funções exponenciais na Seção 1.5. Quando aplicamos a definição de derivada para $f(x) = a^x$, obtemos

$$\frac{d}{dx}(a^x) = \lim_{h \to 0} \frac{a^{x+h} - a^x}{h} \quad \text{Definição de derivada}$$

$$= \lim_{h \to 0} \frac{a^x \cdot a^h - a^x}{h} \quad a^{x+h} = a^x \cdot a^h$$

$$= \lim_{h \to 0} a^x \cdot \frac{a^h - 1}{h} \quad \text{Fatorar isolando } a^x$$

$$= a^x \cdot \lim_{h \to 0} \frac{a^h - 1}{h} \quad a^x \text{ é constante quando } h \to 0.$$

$$= \underbrace{\left(\lim_{h \to 0} \frac{a^h - 1}{h} \right)}_{\text{um número fixo } L} \cdot a^x. \tag{1}$$

Assim, vemos que a derivada de a^x é uma múltipla constante L de a^x. A constante L é um limite diferente de todos os que encontramos anteriormente. Observe, no entanto, que ela é igual a derivada de $f(x) = a^x$ quando $x = 0$:

$$f'(0) = \lim_{h \to 0} \frac{a^h - a^0}{h} = \lim_{h \to 0} \frac{a^h - 1}{h} = L.$$

O limite L é, portanto, o coeficiente angular da curva de $f(x) = a^x$ no ponto em que ela intercepta o eixo y. No Capítulo 7, em que desenvolveremos detalhadamente as funções logarítmicas e exponenciais, provaremos que o limite L existe e tem o valor ln a. Por ora, investigaremos valores de L por meio da representação gráfica da função $y = (a^h - 1)/h$ e da observação de seu comportamento quando h tende a 0.

A Figura 3.12 mostra os gráficos de $y = (a^h - 1)/h$ para quatro valores de a. O limite L é de aproximadamente 0,69 se $a = 2$, cerca de 0,92 se $a = 2,5$ e cerca de 1,1 se $a = 3$. O valor de L parece ser 1 em algum número a escolhido entre 2,5 e 3. Esse valor é dado por $a = e \approx 2{,}718281828$. Com essa escolha de base, obtemos a função exponencial natural $f(x) = e^x$, conforme abordado na Seção 1.5, e vemos que ela satisfaz a propriedade

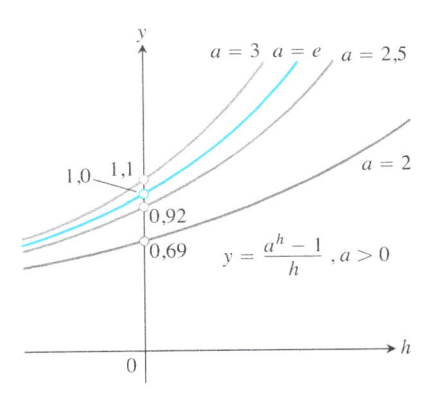

FIGURA 3.12 A posição da curva $y = (a^h - 1)/h$, $a > 0$, varia continuamente de acordo com a.

$$f'(0) = \lim_{h \to 0} \frac{e^h - 1}{h} = 1. \qquad (2)$$

Como o limite é 1, cria-se uma relação notável entre a função exponencial natural e^x e sua derivada:

$$\frac{d}{dx}(e^x) = \lim_{h \to 0}\left(\frac{e^h - 1}{h}\right) \cdot e^x \qquad \text{Equação 1 com } a = e$$

$$= 1 \cdot e^x = e^x. \qquad \text{Equação 2}$$

Dessa maneira, a função exponencial natural é sua própria derivada.

Derivada da função exponencial natural

$$\frac{d}{dx}(e^x) = e^x$$

EXEMPLO 5 Determine uma equação para uma reta que seja tangente ao gráfico de $y = e^x$ e passe pela origem.

Solução Como a reta passa pela origem, sua equação tem a forma $y = mx$, em que m é o coeficiente angular. O coeficiente angular é $m = (e^a - 0)/(a - 0)$ se for tangente ao gráfico no ponto (a, e^a). O coeficiente angular da exponencial natural em $x = a$ é e^a. Como esses coeficientes angulares são iguais, temos que $e^a = e^a/a$. Segue que $a = 1$ e $m = e$. Logo, a equação da tangente é $y = ex$. Veja a Figura 3.13.

Podemos questionar se, além da função exponencial natural, há *outras* funções que sejam suas próprias derivadas. A resposta é que as únicas funções que satisfazem a condição $f'(x) = f(x)$ são aquelas que são múltiplas constantes da função exponencial natural $f(x) = c \cdot e^x$, sendo c qualquer constante. Provaremos esse fato na Seção 7.2. Observe, com base na regra da multiplicação por constante, que, de fato,

$$\frac{d}{dx}(c \cdot e^x) = c \cdot \frac{d}{dx}(e^x) = c \cdot e^x.$$

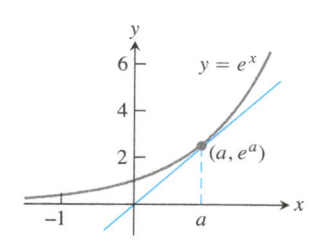

FIGURA 3.13 A reta que passa pela origem é tangente ao gráfico de $y = e^x$ quando $a = 1$ (Exemplo 5).

Produtos e quocientes

Embora a derivada da soma de duas funções seja a soma de suas derivadas, a derivada do produto de duas funções *não* é o produto de suas derivadas. Por exemplo,

$$\frac{d}{dx}(x \cdot x) = \frac{d}{dx}(x^2) = 2x, \text{ enquanto } \frac{d}{dx}(x) \cdot \frac{d}{dx}(x) = 1 \cdot 1 = 1.$$

A derivada de um produto de duas funções é a soma de *dois* produtos, como explicaremos a seguir.

Regra da derivada do produto

Se u e v são deriváveis em x, então o produto uv também é, e:

$$\frac{d}{dx}(uv) = u\frac{dv}{dx} + v\frac{du}{dx}.$$

A derivada do produto uv é u multiplicado pela derivada de v somado a v multiplicado pela derivada de u. Em *notação "linha"*, $(uv)' = uv' + vu'$. Em notação de função,

$$\frac{d}{dx}[f(x)g(x)] = f(x)g'(x) + g(x)f'(x).$$

EXEMPLO 6 Determine a derivada de (a) $y = \frac{1}{x}(x^2 + e^x)$ e (b) $y = e^{2x}$.

Solução

(a) Aplicamos a regra do produto com $u = 1/x$ e $v = x^2 + e^x$:

$$\frac{d}{dx}\left[\frac{1}{x}(x^2 + e^x)\right] = \frac{1}{x}(2x + e^x) + (x^2 + e^x)\left(-\frac{1}{x^2}\right) \quad \frac{d}{dx}(uv) = u\frac{dv}{dx} + v\frac{du}{dx} \text{ e}$$

$$= 2 + \frac{e^x}{x} - 1 - \frac{e^x}{x^2} \quad \frac{d}{dx}\left(\frac{1}{x}\right) = -\frac{1}{x^2}$$

$$= 1 + (x - 1)\frac{e^x}{x^2}.$$

(b) $\frac{d}{dx}(e^{2x}) = \frac{d}{dx}(e^x \cdot e^x) = e^x \cdot \frac{d}{dx}(e^x) + e^x \cdot \frac{d}{dx}(e^x) = 2e^x \cdot e^x = 2e^{2x}$

Prova da regra do produto derivada

$$\frac{d}{dx}(uv) = \lim_{h \to 0} \frac{u(x+h)v(x+h) - u(x)v(x)}{h}$$

Para transformar essa fração em uma equivalente que contenha razões incrementais para as derivadas de u e v, subtraímos e adicionamos $u(x+h)v(x)$ ao numerador:

$$\frac{d}{dx}(uv) = \lim_{h \to 0} \frac{u(x+h)v(x+h) - u(x+h)v(x) + u(x+h)v(x) - u(x)v(x)}{h}$$

$$= \lim_{h \to 0}\left[u(x+h)\frac{v(x+h) - v(x)}{h} + v(x)\frac{u(x+h) - u(x)}{h}\right]$$

$$= \lim_{h \to 0} u(x+h) \cdot \lim_{h \to 0} \frac{v(x+h) - v(x)}{h} + v(x) \cdot \lim_{h \to 0} \frac{u(x+h) - u(x)}{h}.$$

Quando h tende a zero, $u(x+h)$ aproxima-se de $u(x)$, porque u, sendo derivável em x, é contínua em x. As duas frações se aproximam dos valores de dv/dx em x e du/dx em x. Resumindo,

$$\frac{d}{dx}(uv) = u\frac{dv}{dx} + v\frac{du}{dx}.$$

Ilustração da regra do produto
Se $u(x)$ e $v(x)$ são positivas e aumentam quando x aumenta, e se $h > 0$.

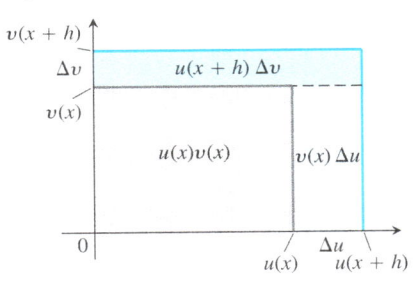

Então, a variação no produto uv é a diferença nas áreas "quadradas" maiores e menores, que é a soma dos retângulos superior e à direita, sombreados de azul. Isto é:

$\Delta(uv) = u(x+h)v(x+h) - u(x)v(x)$
$= u(x+h)\Delta v + v(x)\Delta u.$

Dividindo por h, temos:

$\frac{\Delta(uv)}{h} = u(x+h)\frac{\Delta v}{h} + v(x)\frac{\Delta u}{h}.$

O limite quando $h \to 0^+$ fornece a regra do produto.

EXEMPLO 7 Determine a derivada de $y = (x^2 + 1)(x^3 + 3)$.

Solução

(a) A partir da regra do produto com $u = x^2 + 1$ e $v = x^3 + 3$, determinamos

$$\frac{d}{dx}\left[(x^2 + 1)(x^3 + 3)\right] = (x^2 + 1)(3x^2) + (x^3 + 3)(2x) \quad \frac{d}{dx}(uv) = u\frac{dv}{dx} + v\frac{du}{dx}$$

$$= 3x^4 + 3x^2 + 2x^4 + 6x$$

$$= 5x^4 + 3x^2 + 6x.$$

(b) Também podemos derivar esse produto em particular (e talvez até de um modo mais eficaz) fazendo a multiplicação na expressão original para y e derivando o polinômio resultante:

$$y = (x^2 + 1)(x^3 + 3) = x^5 + x^3 + 3x^2 + 3$$

$$\frac{dy}{dx} = 5x^4 + 3x^2 + 6x.$$

Isso está de acordo com o nosso primeiro cálculo.

A derivada do quociente de duas funções é dada pela regra do quociente.

> **Regra da derivada do quociente**
>
> Se u e v são deriváveis em x e se $v(x) \neq 0$, então o quociente u/v é derivável em x, e:
>
> $$\frac{d}{dx}\left(\frac{u}{v}\right) = \frac{v\dfrac{du}{dx} - u\dfrac{dv}{dx}}{v^2}.$$

Em notação de função,

$$\frac{d}{dx}\left[\frac{f(x)}{g(x)}\right] = \frac{g(x)f'(x) - f(x)g'(x)}{g^2(x)}.$$

EXEMPLO 8 Determine a derivada de (a) $y = \dfrac{t^2 - 1}{t^3 + 1}$ e (b) $y = e^{-x}$.

Solução

(a) Aplicamos a regra do quociente com $u = t^2 - 1$ e $v = t^3 + 1$:

$$\frac{dy}{dt} = \frac{(t^3 + 1)\cdot 2t - (t^2 - 1)\cdot 3t^2}{(t^3 + 1)^2} \qquad \frac{d}{dt}\left(\frac{u}{v}\right) = \frac{v(du/dt) - u(dv/dt)}{v^2}$$

$$= \frac{2t^4 + 2t - 3t^4 + 3t^2}{(t^3 + 1)^2}$$

$$= \frac{-t^4 + 3t^2 + 2t}{(t^3 + 1)^2}.$$

(b) $\dfrac{d}{dx}(e^{-x}) = \dfrac{d}{dx}\left(\dfrac{1}{e^x}\right) = \dfrac{e^x \cdot 0 - 1 \cdot e^x}{(e^x)^2} = \dfrac{-1}{e^x} = -e^{-x}$

Prova da regra da derivada do quociente

$$\frac{d}{dx}\left(\frac{u}{v}\right) = \lim_{h \to 0} \frac{\dfrac{u(x+h)}{v(x+h)} - \dfrac{u(x)}{v(x)}}{h}$$

$$= \lim_{h \to 0} \frac{v(x)u(x+h) - u(x)v(x+h)}{hv(x+h)v(x)}$$

Para transformar a última fração em uma equivalente que contenha a razão incremental para as derivadas de u e v, subtraímos e adicionamos $v(x)u(x)$ ao numerador. Temos então

$$\frac{d}{dx}\left(\frac{u}{v}\right) = \lim_{h \to 0} \frac{v(x)u(x+h) - v(x)u(x) + v(x)u(x) - u(x)v(x+h)}{hv(x+h)v(x)}$$

$$= \lim_{h \to 0} \frac{v(x)\dfrac{u(x+h) - u(x)}{h} - u(x)\dfrac{v(x+h) - v(x)}{h}}{v(x+h)v(x)}.$$

Ao calcular o limite no numerador e no denominador, obtemos a regra do quociente.

A escolha de quais regras utilizar ao resolver um problema de derivação pode fazer diferença na quantidade de trabalho a ser feito. Veja o exemplo a seguir.

EXEMPLO 9 Em vez de usar a regra do quociente para determinar a derivada de

$$y = \frac{(x-1)(x^2-2x)}{x^4},$$

expanda o numerador e divida por x^4:

$$y = \frac{(x-1)(x^2-2x)}{x^4} = \frac{x^3 - 3x^2 + 2x}{x^4} = x^{-1} - 3x^{-2} + 2x^{-3}.$$

Em seguida, use as regras da soma e da potência:

$$\frac{dy}{dx} = -x^{-2} - 3(-2)x^{-3} + 2(-3)x^{-4}$$

$$= -\frac{1}{x^2} + \frac{6}{x^3} - \frac{6}{x^4}.$$

Derivadas de segunda ordem e superior

Se $y = f(x)$ é uma função derivável, então a sua derivada $f'(x)$ também é uma função. Se f' também for derivável, pode-se derivar f' para obter uma nova função de x denotada por f''. Logo, $f'' = (f')'$. A função f'' é chamada de **segunda derivada** de f porque é a derivada da primeira derivada. Ela é denotada de várias maneiras:

$$f''(x) = \frac{d^2y}{dx^2} = \frac{d}{dx}\left(\frac{dy}{dx}\right) = \frac{dy'}{dx} = y'' = D^2(f)(x) = D_x^2 f(x).$$

O símbolo D^2 significa que a operação de derivação é realizada duas vezes. Se $y = x^6$, então $y' = 6x^5$, e temos

$$y'' = \frac{dy'}{dx} = \frac{d}{dx}(6x^5) = 30x^4.$$

Logo, $D^2(x^6) = 30x^4$.

Se y'' é derivável, a sua derivada, $y''' = dy''/dx = d^3y/dx^3$, é a **terceira derivada** de y em relação a x. Os nomes continuam como você imagina, com

$$y^{(n)} = \frac{d}{dx} y^{(n-1)} = \frac{d^n y}{dx^n} = D^n y$$

indicando a **n-ésima derivada** de y em relação a x para qualquer inteiro positivo n.

Podemos interpretar a segunda derivada como a taxa de variação do coeficiente angular da tangente de um gráfico de $y = f(x)$ em cada ponto. No próximo capítulo, veremos que a segunda derivada revela se um gráfico tem concavidade para cima ou para baixo a partir da tangente conforme nos afastamos do ponto de tangência. Na próxima seção, analisaremos a segunda e a terceira derivadas em termos de movimento ao longo de uma reta.

Como ler os símbolos de derivadas
y' "y linha"
y'' "y duas linhas"
$\frac{d^2y}{dx^2}$ "d dois y dx dois"
y''' "y três linhas"
$y^{(n)}$ "y n" ou "a derivada n-ésima de y"
$\frac{d^n y}{dx^n}$ "d n y dx n"
D^n "D n"

EXEMPLO 10 As primeiras quatro derivadas de $y = x^3 - 3x^2 + 2$ são

Primeira derivada: $y' = 3x^2 - 6x$
Segunda derivada: $y'' = 6x - 6$
Terceira derivada: $y''' = 6$
Quarta derivada: $y^{(4)} = 0$

A função apresenta derivadas de todas as ordens, sendo a quinta e as demais derivadas todas iguais a zero.

Exercícios 3.3

Cálculos de derivadas

Nos Exercícios 1-12, determine a primeira e a segunda derivadas.

1. $y = -x^2 + 3$
2. $y = x^2 + x + 8$
3. $s = 5t^3 - 3t^5$
4. $w = 3z^7 - 7z^3 + 21z^2$
5. $y = \dfrac{4x^3}{3} - x + 2e^x$
6. $y = \dfrac{x^3}{3} + \dfrac{x^2}{2} + \dfrac{x}{4}$
7. $w = 3z^{-2} - \dfrac{1}{z}$
8. $s = -2t^{-1} + \dfrac{4}{t^2}$
9. $y = 6x^2 - 10x - 5x^{-2}$
10. $y = 4 - 2x - x^{-3}$
11. $r = \dfrac{1}{3s^2} - \dfrac{5}{2s}$
12. $r = \dfrac{12}{\theta} - \dfrac{4}{\theta^3} + \dfrac{1}{\theta^4}$

Nos Exercícios 13-16, determine y' **(a)** pela aplicação da regra do produto e **(b)** pela multiplicação dos fatores para produzir uma soma de termos mais simples para derivar.

13. $y = (3 - x^2)(x^3 - x + 1)$
14. $y = (2x + 3)(5x^2 - 4x)$
15. $y = (x^2 + 1)\left(x + 5 + \dfrac{1}{x}\right)$
16. $y = (1 + x^2)(x^{3/4} - x^{-3})$

Determine as derivadas das funções nos Exercícios 17-40.

17. $y = \dfrac{2x + 5}{3x - 2}$
18. $z = \dfrac{4 - 3x}{3x^2 + x}$
19. $g(x) = \dfrac{x^2 - 4}{x + 0,5}$
20. $f(t) = \dfrac{t^2 - 1}{t^2 + t - 2}$
21. $v = (1 - t)(1 + t^2)^{-1}$
22. $w = (2x - 7)^{-1}(x + 5)$
23. $f(s) = \dfrac{\sqrt{s} - 1}{\sqrt{s} + 1}$
24. $u = \dfrac{5x + 1}{2\sqrt{x}}$
25. $v = \dfrac{1 + x - 4\sqrt{x}}{x}$
26. $r = 2\left(\dfrac{1}{\sqrt{\theta}} + \sqrt{\theta}\right)$
27. $y = \dfrac{1}{(x^2 - 1)(x^2 + x + 1)}$
28. $y = \dfrac{(x + 1)(x + 2)}{(x - 1)(x - 2)}$
29. $y = 2e^{-x} + e^{3x}$
30. $y = \dfrac{x^2 + 3e^x}{2e^x - x}$
31. $y = x^3 e^x$
32. $w = re^{-r}$
33. $y = x^{9/4} + e^{-2x}$
34. $y = x^{-3/5} + \pi^{3/2}$
35. $s = 2t^{3/2} + 3e^2$
36. $w = \dfrac{1}{z^{1,4}} + \dfrac{\pi}{\sqrt{z}}$
37. $y = \sqrt[7]{x^2} - x^e$
38. $y = \sqrt[3]{x^{9,6}} + 2e^{1,3}$
39. $r = \dfrac{e^s}{s}$
40. $r = e^\theta\left(\dfrac{1}{\theta^2} + \theta^{-\pi/2}\right)$

Determine as derivadas de todas as ordens das funções nos Exercícios 41-44.

41. $y = \dfrac{x^4}{2} - \dfrac{3}{2}x^2 - x$
42. $y = \dfrac{x^5}{120}$
43. $y = (x - 1)(x^2 + 3x - 5)$
44. $y = (4x^3 + 3x)(2 - x)$

Determine a primeira e a segunda derivadas das funções nos Exercícios 45-52.

45. $y = \dfrac{x^3 + 7}{x}$
46. $s = \dfrac{t^2 + 5t - 1}{t^2}$
47. $r = \dfrac{(\theta - 1)(\theta^2 + \theta + 1)}{\theta^3}$
48. $u = \dfrac{(x^2 + x)(x^2 - x + 1)}{x^4}$
49. $w = \left(\dfrac{1 + 3z}{3z}\right)(3 - z)$
50. $p = \dfrac{q^2 + 3}{(q - 1)^3 + (q + 1)^3}$
51. $w = 3z^2 e^{2z}$
52. $w = e^z(z - 1)(z^2 + 1)$

53. Suponha que u e v sejam funções de x deriváveis em $x = 0$ e que
$$u(0) = 5,\ u'(0) = -3,\ v(0) = -1,\ v'(0) = 2.$$
Determine os valores das derivadas a seguir em $x = 0$.

a. $\dfrac{d}{dx}(uv)$
b. $\dfrac{d}{dx}\left(\dfrac{u}{v}\right)$
c. $\dfrac{d}{dx}\left(\dfrac{v}{u}\right)$
d. $\dfrac{d}{dx}(7v - 2u)$

54. Suponha que u e v sejam funções deriváveis de x e que
$$u(1) = 2,\ u'(1) = 0,\ v(1) = 5,\ v'(1) = -1.$$
Determine os valores das derivadas a seguir em $x = 1$.

a. $\dfrac{d}{dx}(uv)$
b. $\dfrac{d}{dx}\left(\dfrac{u}{v}\right)$
c. $\dfrac{d}{dx}\left(\dfrac{v}{u}\right)$
d. $\dfrac{d}{dx}(7v - 2u)$

Coeficientes angulares e tangentes

55. a. **Normal à curva** Determine uma equação para a reta perpendicular à tangente da curva $y = x^3 - 4x + 1$ no ponto $(2, 1)$.

    b. **Menor coeficiente angular** Qual é o menor coeficiente angular dessa curva? Em qual ponto ela apresenta tal coeficiente angular?

    c. **Tangentes com coeficiente angular especificado** Determine equações para as tangentes à curva nos pontos em que o coeficiente angular da curva seja 8.

56. a. **Tangentes horizontais** Determine equações para as tangentes horizontais à curva $y = x^3 - 3x - 2$. Também determine equações para as retas que são perpendiculares a essas tangentes nos pontos de tangência.

    b. **Menor coeficiente angular** Qual é o menor coeficiente angular da curva? Em qual ponto ela apresenta tal coeficiente angular? Determine uma equação para a reta que é perpendicular à tangente da curva nesse ponto.

57. Determine as tangentes para a *serpentina de Newton* (representada a seguir) na origem e no ponto $(1, 2)$.

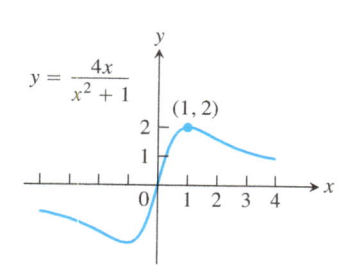

58. Determine a tangente à (curva) *bruxa de Agnesi* (representada a seguir) no ponto $(2, 1)$.

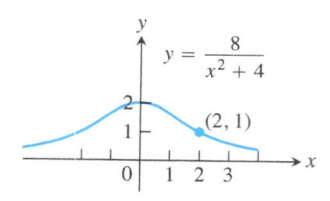

59. Tangente quadrática à função identidade A curva $y = ax^2 + bx + c$ passa pelo ponto (1, 2), tangenciando a reta $y = x$ na origem. Determine a, b e c.

60. Quadráticas com uma tangente em comum As curvas $y = x^2 + ax + b$ e $y = cx - x^2$ têm uma tangente em comum no ponto (1, 0). Determine a, b e c.

61. Determine todos os pontos (x, y) no gráfico de $f(x) = 3x^2 - 4x$ com tangentes paralelas à reta $y = 8x + 5$.

62. Determine todos os pontos (x, y) no gráfico de $g(x) = \frac{1}{3}x^3 - \frac{3}{2}x^2 + 1$ com tangentes paralelas à reta $8x - 2y = 1$.

63. Determine todos os pontos (x, y) no gráfico de $y = x/(x-2)$ com tangentes perpendiculares à reta $y = 2x + 3$.

64. Determine todos os pontos (x, y) no gráfico de $f(x) = x^2$ com tangentes que passam pelo ponto (3, 8).

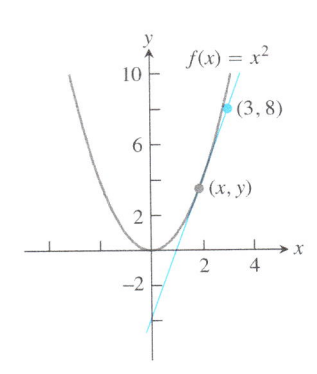

65. a. Determine uma equação para a reta que seja tangente à curva $y = x^3 - x$ no ponto $(-1, 0)$.

T b. Esboce a curva e a tangente em um único gráfico. A tangente intercepta a curva em outro ponto. Use os comandos "Zoom" e "Trace" para estimar as coordenadas desse ponto.

T c. Confirme suas estimativas das coordenadas do segundo ponto de interseção resolvendo as equações da curva e da tangente simultaneamente (tecla "Solver").

66. a. Determine uma equação para a reta que seja tangente à curva $y = x^3 - 6x^2 + 5x$ na origem.

T b. Esboce a curva e a tangente em um único gráfico. A tangente intercepta a curva em outro ponto. Use os comandos "Zoom" e "Trace" para estimar as coordenadas desse ponto.

T c. Confirme suas estimativas das coordenadas do segundo ponto de interseção resolvendo as equações da curva e da tangente simultaneamente (tecla "Solver").

Teoria e exemplos

Para os Exercícios 67 e 68, avalie cada limite ao converter cada um deles em uma derivada com um determinado valor de x.

67. $\lim_{x \to 1} \dfrac{x^{50} - 1}{x - 1}$

68. $\lim_{x \to -1} \dfrac{x^{2/9} - 1}{x + 1}$

69. Determine o valor de a que torna a seguinte função derivável para todos os valores de x.

$$g(x) = \begin{cases} ax, & \text{se } x < 0 \\ x^2 - 3x, & \text{se } x \geq 0 \end{cases}$$

70. Determine os valores de a e b que tornam a seguinte função derivável para todos os valores de x.

$$f(x) = \begin{cases} ax + b, & x > -1 \\ bx^2 - 3, & x \leq -1 \end{cases}$$

71. O polinômio geral de grau n tem a forma

$$P(x) = a_n x^n + a_{n-1} x^{n-1} + \ldots + a_2 x^2 + a_1 x + a_0$$

em que $a_n \neq 0$. Determine $P'(x)$.

72. Reação do organismo a um medicamento A resposta do corpo a uma dose de um medicamento é às vezes representada por uma equação na forma

$$R = M^2 \left(\dfrac{C}{2} - \dfrac{M}{3} \right),$$

em que C é uma constante positiva e M é a quantidade de medicamento absorvida pelo sangue. Se a resposta é uma variação na pressão sanguínea, então R é medido em milímetros de mercúrio. Se a resposta for uma variação de temperatura, R será medido em graus, e assim por diante.

Determine dR/dM. Essa derivada, em função de M, é chamada de sensibilidade do organismo ao medicamento. Na Seção 4.5, veremos como determinar a dose de medicamento à qual o corpo é mais sensível.

73. Suponha que, na regra do produto, a função v tenha um valor constante c. O que diz a regra da derivada do produto? O que se conclui a partir disso sobre a regra da derivada da multiplicação por constante?

74. Regra da derivada da recíproca

a. A *regra da derivada da recíproca* diz que em qualquer ponto em que a função $v(x)$ seja derivável e diferente de zero,

$$\dfrac{d}{dx}\left(\dfrac{1}{v} \right) = -\dfrac{1}{v^2} \dfrac{dv}{dx}.$$

Mostre que a regra da derivada da recíproca é um caso especial da regra da derivada do quociente.

b. Mostre que a regra da recíproca com a regra da derivada do produto formam a regra da derivada do quociente.

75. Generalizando a regra do produto A regra da derivada do produto fornece a fórmula

$$\dfrac{d}{dx}(uv) = u\dfrac{dv}{dx} + v\dfrac{du}{dx}$$

para a derivada do produto uv de duas funções deriváveis de x.

a. Qual é a fórmula análoga para a derivada do produto uvw de *três* funções deriváveis de x?

b. Qual é a fórmula para a derivada do produto $u_1 u_2 u_3 u_4$ de *quatro* funções deriváveis de x?

c. Qual é a fórmula para a derivada do produto $u_1 u_2 u_3 \cdots u_n$ de um número finito n de funções deriváveis de x?

76. Regra da potência para inteiros negativos Use a regra da derivada do quociente para provar a regra da potência para inteiros negativos, isto é,

$$\dfrac{d}{dx}(x^{-m}) = -m x^{-m-1}$$

em que m é um número inteiro positivo.

77. Pressão no cilindro Se um gás for mantido em um cilindro a uma temperatura constante T, a pressão P estará relacionada com o volume V de acordo com uma fórmula da forma

$$P = \dfrac{nRT}{V - nb} - \dfrac{an^2}{V^2},$$

em que a, b, n e R são constantes. Determine dP/dV. (Veja a figura a seguir.)

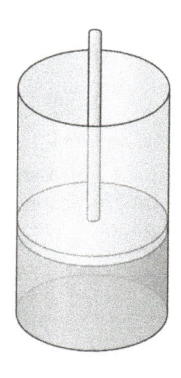

78. **Quantidade ideal de pedidos** Uma das fórmulas para gerenciamento de estoque diz que o custo médio semanal de pedidos, pagamentos e armazenamento de mercadoria é

$$A(q) = \frac{km}{q} + cm + \frac{hq}{2},$$

em que q é a quantidade pedida em períodos de baixa no estoque (de sapatos, rádios, vassouras ou qualquer outro item); k é o custo da colocação de um pedido (o mesmo, independentemente da frequência do pedido); c é o custo de cada item (constante); m é a quantidade de itens vendidos por semana (constante); e h é o custo semanal para manter cada item (constante que incorpora aspectos como espaço, utilidade, seguro e segurança). Determine dA/dq e d^2A/dq^2.

3.4 Derivada como taxa de variação

Na Seção 2.1, estudamos as taxas de variação média e instantânea. Nesta seção, continuaremos a estudar outras aplicações em que as derivadas modelam as taxas de variação. É natural pensar em uma quantidade variando em relação ao tempo, mas outras variáveis podem ser tratadas da mesma forma. Por exemplo, um economista pode querer estudar a razão pela qual o custo da produção de aço varia em relação à quantidade de toneladas produzidas, ou um engenheiro pode querer saber como a potência de um gerador varia com a sua temperatura.

Taxas de variação instantânea

Se interpretarmos a razão incremental $(f(x + h) - f(x))/h$ como a taxa de variação média em f durante o intervalo de x a $x + h$, podemos interpretar seu limite quando $h \to 0$ como a taxa de variação de f no ponto x.

> **DEFINIÇÃO** A **taxa de variação instantânea** de f em relação a x é a derivada
>
> $$f'(x_0) = \lim_{h \to 0} \frac{f(x_0 + h) - f(x_0)}{h},$$
>
> desde que o limite exista.

Logo, taxas instantâneas são limites de taxas médias.

Convencionou-se usar o adjetivo *instantâneo* mesmo quando x não representa tempo. Entretanto, o adjetivo é omitido frequentemente. Quando dizemos *taxa de variação*, queremos dizer *taxa de variação instantânea*.

EXEMPLO 1 A área A de um círculo está relacionada com seu diâmetro pela equação

$$A = \frac{\pi}{4} D^2.$$

A que taxa a área varia em relação ao diâmetro quando ele é igual a 10 m?

Solução A taxa de variação da área em relação ao diâmetro é de

$$\frac{dA}{dD} = \frac{\pi}{4} \cdot 2D = \frac{\pi D}{2}.$$

Quando $D = 10$ m, a área varia com relação ao diâmetro a uma taxa de $(\pi/2)10 = 5\pi$ m²/m $\approx 15{,}71$ m²/m.

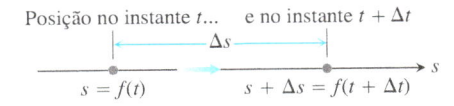

FIGURA 3.14 As posições de um corpo que se desloca ao longo de um eixo coordenado no instante t e logo após em $t + \Delta t$. Aqui, a reta coordenada é horizontal.

Movimento ao longo de uma reta: deslocamento, velocidade, módulo da velocidade (rapidez), aceleração e sobreaceleração

Suponha que um objeto se movimente ao longo de um eixo coordenado (um eixo s), normalmente na vertical ou na horizontal, e que conheçamos sua posição s na reta como uma função do tempo t:

$$s = f(t).$$

O **deslocamento** do objeto no intervalo de tempo de t a $t + \Delta t$ (Figura 3.14) é

$$\Delta s = f(t + \Delta t) - f(t),$$

e a **velocidade média** do objeto sobre esse intervalo de tempo é

$$v_m = \frac{\text{deslocamento}}{\text{tempo}} = \frac{\Delta s}{\Delta t} = \frac{f(t + \Delta t) - f(t)}{\Delta t}.$$

Para determinar a velocidade do corpo no exato instante t, calculamos o limite da velocidade média ao longo do intervalo t a $t + \Delta t$ com Δt tendendo a zero. Esse limite é a derivada de f em relação a t.

> **DEFINIÇÃO** **Velocidade (velocidade instantânea)** é a derivada da posição em relação ao tempo. Se a posição de um corpo no instante t é $s = f(t)$, então sua velocidade no tempo t é
>
> $$v(t) = \frac{ds}{dt} = \lim_{\Delta t \to 0} \frac{f(t + \Delta t) - f(t)}{\Delta t}.$$

Além de informar o ritmo com que um objeto se desloca ao longo da reta horizontal na Figura 3.14, a velocidade mostra o sentido do movimento. Quando o objeto se desloca para a frente (aumento de s), a velocidade é positiva; quando o objeto se desloca para trás (diminuição de s), a velocidade é negativa. Se a reta coordenada for vertical, o objeto se move para cima com velocidade positiva e para baixo com velocidade negativa. As curvas azuis na Figura 3.15 representam a posição do objeto na reta ao longo do tempo; elas não retratam o caminho percorrido, que está ao longo do eixo s.

Se formos de carro à casa de um amigo e de lá voltarmos a 30 milhas/h, o velocímetro marcará 30 no caminho de ida, mas não marcará –30 no caminho de volta, mesmo que a distância em relação a nossa casa esteja diminuindo. O velocímetro sempre mostra o *módulo da velocidade (rapidez)*, que é o valor absoluto da velocidade. O módulo da velocidade mede a taxa de progresso, independentemente do sentido.

> **DEFINIÇÃO** **Rapidez** é o valor absoluto da velocidade.
>
> $$\text{Rapidez} = \text{Módulo da velocidade} = |v(t)| = \left|\frac{ds}{dt}\right|$$

EXEMPLO 2 A Figura 3.16 na página a seguir mostra o gráfico da velocidade $v = f'(t)$ de uma partícula que se desloca ao longo de uma reta horizontal (em oposição à exibição da função de posição $s = f(t)$, tal como vemos na Figura 3.15). No gráfico da função da velocidade, não é o coeficiente angular da curva que informa se a partícula está se movendo para a frente ou para trás ao longo da reta (o que não é mostrado na figura), mas sim o sinal da velocidade. Ao observarmos a Figura 3.16, vemos que a partícula se move para a frente nos primeiros 3 segundos (quando a velocidade é positiva), move-se para trás nos 2 segundos seguintes (a velocidade é negativa), permanece imóvel por um segundo e, então, se move para a frente novamente. A partícula acelera quando sua velocidade positiva aumenta durante o primeiro segundo, move-se a uma velocidade constante durante o segundo seguinte e, então, desacelera à medida

(a) aumento de s: coeficiente angular positivo, portanto, o movimento é para cima

(b) diminuição de s: coeficiente angular negativo, portanto, o movimento é para baixo

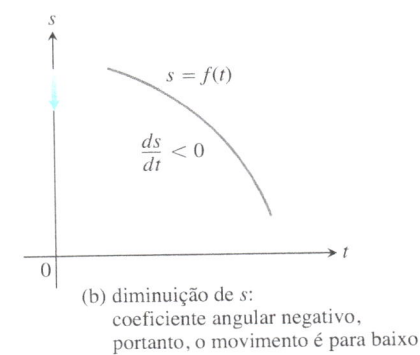

FIGURA 3.15 Para o movimento $s = f(t)$ ao longo de uma reta (eixo vertical), $v = ds/dt$ é (a) positivo quando s aumenta e (b) negativo quando s diminui.

Biografia histórica

Bernard Bolzano
(1781-1848)

que a velocidade diminui para zero durante o terceiro segundo. Ela para por um instante em $t = 3$ segundos (quando a velocidade é zero) e se move no sentido contrário à medida que a velocidade se torna negativa. A partícula se move para trás e ganha velocidade até $t = 4$ segundos, instante em que atinge a maior velocidade durante o movimento de volta. Dando continuidade ao movimento de retorno no instante $t = 4$, a partícula começa a desacelerar novamente, até que para por completo no instante $t = 5$ (quando a velocidade é zero novamente). A partícula permanece imóvel durante um segundo, e daí se move para a frente de novo em $t = 6$ segundos, acelerando durante o segundo final do movimento para a frente, como indica o gráfico de velocidade.

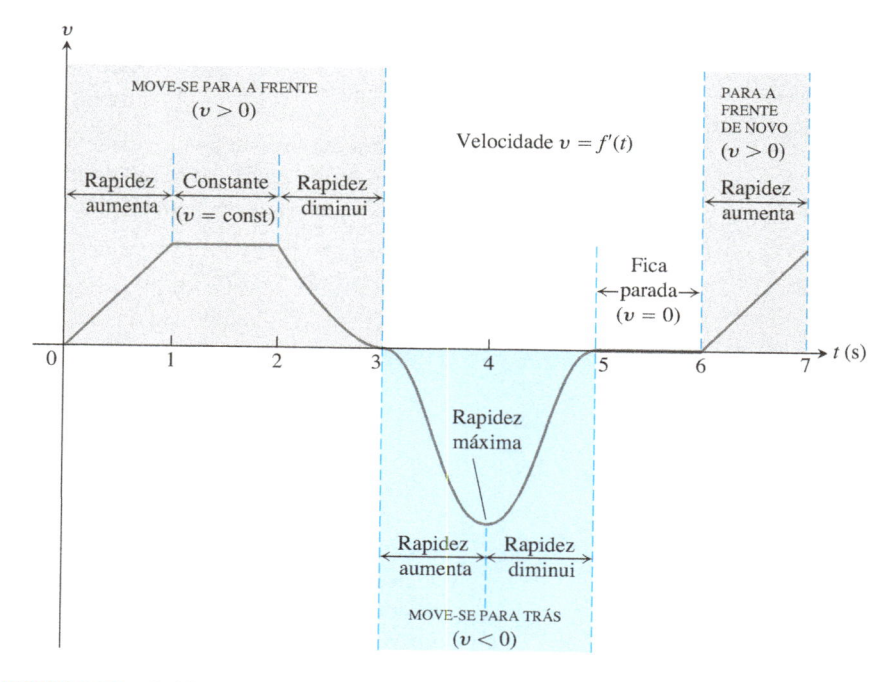

FIGURA 3.16 Gráfico da velocidade de uma partícula que se desloca em um eixo coordenado, discutido no Exemplo 2.

A taxa com que a velocidade de um corpo varia é a *aceleração* do corpo. A aceleração mede quanto o corpo ganha ou perde de velocidade.

A súbita variação de aceleração é chamada *sobreaceleração*. Quando uma viagem de carro ou de ônibus sofre sobreaceleração, não é que as acelerações envolvidas sejam necessariamente grandes, mas as variações na aceleração são abruptas.

> **DEFINIÇÕES** **Aceleração** é a derivada da velocidade em relação ao tempo. Se a posição de um corpo no instante t é $s = f(t)$, então sua aceleração no instante t é
>
> $$a(t) = \frac{dv}{dt} = \frac{d^2s}{dt^2}.$$
>
> **Sobreaceleração** é a derivada da aceleração em relação ao tempo:
>
> $$j(t) = \frac{da}{dt} = \frac{d^3s}{dt^3}.$$

Todos os corpos caem com a mesma aceleração constante próxima à superfície da Terra. Os experimentos de Galileu sobre queda livre (veja Seção 2.1) levaram à equação

$$s = \frac{1}{2}gt^2,$$

em que s é a distância da queda e g é a aceleração da gravidade da Terra. Essa equação é válida para o vácuo, no qual a resistência do ar não existe, e reproduz com grande aproximação a queda de objetos densos pesados, como pedras ou ferramentas de aço, nos primeiros segundos de queda, antes que os efeitos da resistência do ar se tornem significativos.

O valor de g na equação $s = (1/2)gt^2$ depende das unidades usadas para medir t e s. Com t em segundos (a unidade usual), o valor de g determinado pela mensuração ao nível do mar é de aproximadamente 32 pés/s² (pés por segundo ao quadrado) em unidades inglesas e $g = 9,8$ m/s² (metros por segundo ao quadrado) em unidade métrica. (Essas constantes gravitacionais dependem da distância do centro de massa da Terra, sendo ligeiramente menores no topo do Monte Everest, por exemplo.)

A sobreaceleração associada à aceleração constante da gravidade ($g = 32$ pés/s²) é zero:

$$j = \frac{d}{dt}(g) = 0.$$

Um objeto não exibe sobreaceleração em queda livre.

EXEMPLO 3 A Figura 3.17 mostra a queda livre de uma bola pesada que parte do repouso no instante $t = 0$ s.

(a) Quantos metros a bola cai nos primeiros 2 segundos?

(b) Quais são a velocidade, o módulo de velocidade e a aceleração da bola quando $t = 2$?

Solução

(a) A equação métrica da queda livre é $s = 4,9t^2$. Durante os dois primeiros segundos, a bola cai

$$s(2) = 4,9(2)^2 = 19,6 \text{ m}.$$

(b) Em qualquer instante t, a *velocidade* é a derivada da posição:

$$v(t) = s'(t) = \frac{d}{dt}(4,9t^2) = 9,8t.$$

Em $t = 2$, a velocidade é

$$v(2) = 19,6 \text{ m/s}$$

para baixo (aumento de s). O *módulo da velocidade* em $t = 2$ é

$$\text{módulo da velocidade} = |v(2)| = 19,6 \text{ m/s}.$$

Em qualquer instante t, a *aceleração* é

$$a(t) = v'(t) = s''(t) = 9,8 \text{ m/s}^2.$$

Em $t = 2$, a aceleração é 9,8 m/s².

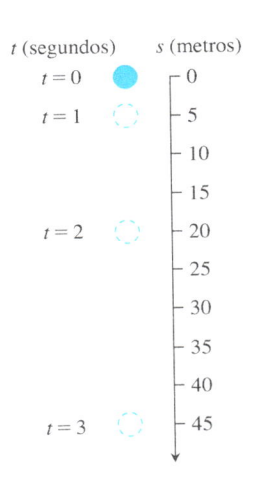

FIGURA 3.17 Esfera de aço que cai a partir do repouso (Exemplo 3).

EXEMPLO 4 Uma carga de dinamite lança uma pedra pesada para cima com uma velocidade de lançamento de 160 pés/s (cerca de 109 mph) (Figura 3.18a na página a seguir). A pedra atinge uma altura de $s = 160t - 16t^2$ pés após t segundos.

(a) Qual a altura máxima atingida pela pedra?

(b) Quais são a velocidade e o módulo da velocidade da pedra quando ela está a 256 pés do solo na subida? E na descida?

(c) Qual é a aceleração da pedra em qualquer instante t durante sua trajetória (depois da explosão)?

(d) Quando a pedra atingirá o solo novamente?

Solução

(a) No sistema de coordenadas que escolhemos, s mede a altura acima do solo, de modo que a velocidade é positiva para cima e negativa para baixo. O instante em que a pedra está no ponto mais alto é aquele em que a sua velocidade é nula. Para determinar sua altura máxima, tudo o que precisamos fazer é calcular quando $v = 0$ e avaliar s nesse momento.

Em qualquer instante t durante o deslocamento da pedra, sua velocidade é

$$v = \frac{ds}{dt} = \frac{d}{dt}(160t - 16t^2) = 160 - 32t \text{ pés/s}.$$

A velocidade é nula quando

$$160 - 32t = 0 \text{ ou } t = 5 \text{ s}.$$

A altura da pedra em $t = 5$ s é

$$s_{max} = s(5) = 160(5) - 16(5)^2 = 800 - 400 = 400 \text{ pés}.$$

Veja a Figura 3.18b.

(b) Para calcular a velocidade da pedra a 256 pés na subida e depois na descida, primeiro determinamos os dois valores de t para os quais

$$s(t) = 160t - 16t^2 = 256.$$

Para resolver essa equação, escrevemos

$$16t^2 - 160t + 256 = 0$$
$$16(t^2 - 10t + 16) = 0$$
$$(t - 2)(t - 8) = 0$$
$$t = 2 \text{ s}, t = 8 \text{ s}.$$

A pedra está a 256 pés acima do solo 2 s após a explosão e, novamente, 8 s após a explosão. Sua velocidade nesses instantes é

$$v(2) = 160 - 32(2) = 160 - 64 = 96 \text{ pés/s}.$$
$$v(8) = 160 - 32(8) = 160 - 256 = -96 \text{ pés/s}.$$

Nos dois instantes, o módulo da velocidade da pedra é igual a 96 pés/s. Uma vez que $v(2) > 0$, a pedra se move para cima (aumento de s) em $t = 2$ s; e para baixo (diminuição de s) em $t = 8$ porque $v(8) < 0$.

(c) Em qualquer instante durante a trajetória depois da explosão, a aceleração da pedra é uma constante

$$a = \frac{dv}{dt} = \frac{d}{dt}(160 - 32t) = -32 \text{ pés/s}^2.$$

A aceleração é sempre descendente. Quando a pedra sobe, ela freia; quando cai, ela acelera.

(d) A pedra atinge o solo no instante positivo t para o qual $s = 0$. A equação $160t - 16t^2 = 0$ se fatora $16t(10 - t) = 0$, apresentando as soluções $t = 0$ e $t = 10$. No instante $t = 0$, houve a explosão e a pedra foi jogada para cima. Ela retornou ao solo 10 s depois.

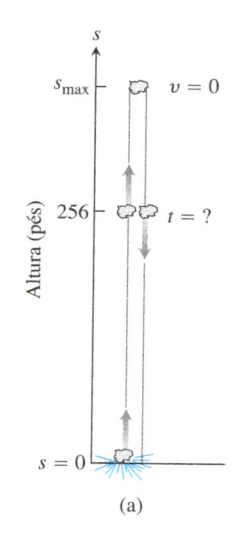

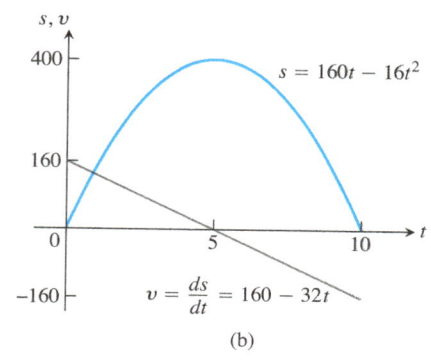

FIGURA 3.18 (a) Pedra do Exemplo 4. (b) Gráficos de s e v em função do tempo; s é máximo quando $v = ds/dt = 0$. O gráfico de s *não* é a trajetória da pedra: é o gráfico da altura pelo tempo. O coeficiente angular do gráfico é a velocidade da pedra e está representado aqui como uma reta.

Derivadas em economia

Engenheiros usam os termos *velocidade* e *aceleração* para se referir às derivadas das funções que descrevem o movimento. Os economistas também possuem um vocabulário específico para taxas de variação e derivadas. Eles as chamam de *marginais*.

Em uma operação de manufatura, o *custo da produção* $c(x)$ é uma função de x, o número de unidades produzidas. O **custo marginal da produção** é a taxa de variação do custo em relação ao nível de produção, isto é, dc/dx.

Suponha que $c(x)$ represente o custo em dólares necessário para produzir x toneladas de aço em uma semana. Produzir $x + h$ toneladas por semana custa mais, a diferença de custo, dividida por h, é o custo médio para produzir cada tonelada adicional:

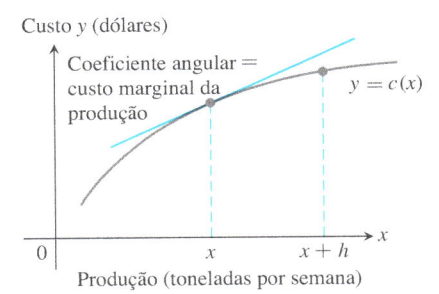

FIGURA 3.19 Produção semanal de aço: $c(x)$ é o custo para produzir x toneladas por semana. O custo para produzir h toneladas adicionais é de $c(x + h) - c(x)$.

$$\frac{c(x + h) - c(x)}{h} = \text{custo médio de cada tonelada de aço adicional } h \text{ produzida.}$$

O limite dessa razão quando $h \to 0$ é o *custo marginal* para produzir mais aço por semana quando a produção semanal atual de aço é de x toneladas (Figura 3.19):

$$\frac{dc}{dx} = \lim_{h \to 0} \frac{c(x + h) - c(x)}{h} = \text{custo marginal da produção.}$$

Às vezes, o custo marginal da produção é definido vagamente como o custo extra para produzir uma unidade adicional:

$$\frac{\Delta c}{\Delta x} = \frac{c(x + 1) - c(x)}{1},$$

que é aproximado pelo valor de dc/dx em x. Essa aproximação será aceitável se o coeficiente angular do gráfico de c não variar rapidamente próximo de x. Então, a razão incremental estará próxima de seu limite dc/dx, que é a inclinação da reta tangente, se $\Delta x = 1$ (Figura 3.20). A aproximação funciona melhor para valores maiores de x.

Os economistas muitas vezes representam uma função de custo total com um polinômio cúbico

$$c(x) = \alpha x^3 + \beta x^2 + \gamma x + \delta$$

onde δ representa os *custos fixos*, como aluguel, aquecimento central, capitalização de equipamentos e gestão de custos. Os outros termos representam *custos variáveis*, como aqueles com matéria-prima, impostos e mão de obra. Os custos fixos são independentes do número de unidades produzidas, enquanto os custos variáveis dependem da quantidade produzida. Em geral, um polinômio cúbico é indicado para captar o comportamento de custos em um intervalo de valores realistas.

EXEMPLO 5 Suponha que o custo seja

$$c(x) = x^3 - 6x^2 + 15x$$

dólares para produzir x aquecedores quando são produzidas de 8 a 30 unidades e que

$$r(x) = x^3 - 3x^2 + 12x$$

represente a receita da venda de x aquecedores. Sua loja produz 10 aquecedores por dia. Qual será o custo adicional aproximado para produzir um aquecedor a mais por dia e qual será o aumento estimado no rendimento da venda de 11 aquecedores por dia?

Solução O custo para produzir um aquecedor a mais por dia, quando são produzidos 10 nesse período, é de aproximadamente $c'(10)$:

$$c'(x) = \frac{d}{dx}\left(x^3 - 6x^2 + 15x\right) = 3x^2 - 12x + 15$$

$$c'(10) = 3(100) - 12(10) + 15 = 195.$$

O custo adicional será de aproximadamente \$195. O rendimento marginal é

$$r'(x) = \frac{d}{dx}(x^3 - 3x^2 + 12x) = 3x^2 - 6x + 12.$$

A função rendimento marginal estima o aumento no rendimento como resultado da venda de uma unidade adicional. Se você vende atualmente 10 aquecedores por dia, pode esperar que seu rendimento aumente para em torno de

$$r'(10) = 3(100) - 6(10) + 12 = \$ 252$$

se a venda aumentar para 11 aquecedores por dia.

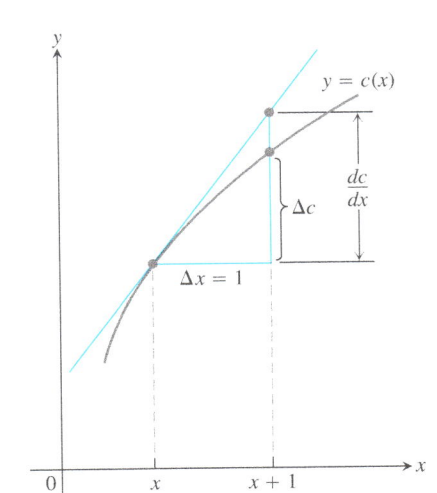

FIGURA 3.20 O custo marginal dc/dx é aproximadamente o custo adicional Δc para produzir $\Delta x = 1$ unidade a mais.

EXEMPLO 6 Para uma melhor compreensão das taxas marginais, veremos um exemplo com taxas de imposto marginal. Se a taxa de imposto de renda marginal for de 28% e sua renda aumentar em \$ 1000, você pagará \$ 280 a mais em impostos.

Isso não significa que você pagará 28% de toda a renda em impostos. Significa apenas que, em seu atual nível de renda R, a taxa de aumento de impostos I em relação à renda é $dI/dR = 0{,}28$. Você pagará $\$0{,}28$ de imposto para cada dólar extra que receber. É claro que, se você ganhar muito mais, poderá enquadrar em uma faixa maior de imposto e sua taxa de imposto marginal aumentará.

Sensibilidade à variação

Quando uma pequena variação em x provoca uma grande variação no valor de um $f(x)$, dizemos que a função é relativamente **sensível** à variação em x. A derivada $f'(x)$ é uma medida dessa sensibilidade.

EXEMPLO 7 **Dados genéticos e sensibilidade à variação**

O monge austríaco Gregor Johann Mendel (1822-1884), ao trabalhar com ervilhas e outras plantas, apresentou a primeira explicação científica para hibridação.

Suas anotações cuidadosas demonstraram que, se p (um número entre 0 e 1) é a frequência do gene para ervilhas de casca lisa (dominante) e $(1 - p)$, a frequência do gene para ervilhas de casca rugosa, a proporção de ervilhas de casca lisa na próxima geração será de

$$y = 2p(1-p) + p^2 = 2p - p^2.$$

O gráfico de y em função de p na Figura 3.21a sugere que o valor de y é mais sensível à variação em p quando p é pequeno do que quando p é grande. Na verdade, esse fato é confirmado pelo gráfico da derivada da Figura 3.21b, que mostra que dy/dp está próximo de 2 quando p está próximo de 0, e perto de 0 quando p está próximo de 1.

A implicação disso para a genética é que a introdução de mais alguns genes de casca lisa em uma população em que a frequência de ervilhas de casca enrugada é grande terá um efeito mais dramático sobre as gerações posteriores do que uma introdução em uma população com grande proporção de ervilhas de casca lisa.

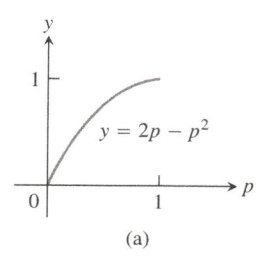

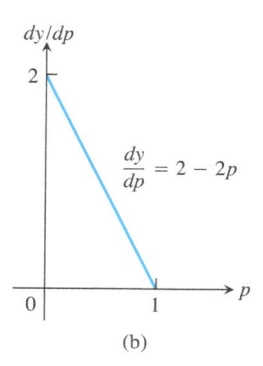

FIGURA 3.21 (a) Gráfico de $y = 2p - p^2$ que descreve a proporção de ervilhas de casca lisa na próxima geração. (b) Gráfico de dy/dp (Exemplo 7).

Exercícios 3.4

Movimento ao longo de uma reta coordenada

Nos Exercícios 1-6, dê as posições $s = f(t)$ de um corpo que se desloca em um eixo, sendo s dado em metros e t em segundos.

  a. Determine o deslocamento do corpo e a velocidade média para o intervalo dado.

  b. Determine o módulo de velocidade e a aceleração do corpo nas extremidades do intervalo.

  c. Quando, se de fato acontece, o corpo muda de direção durante o intervalo?

1. $s = t^2 - 3t + 2$, $0 \leq t \leq 2$
2. $s = 6t - t^2$, $0 \leq t \leq 6$
3. $s = -t^3 + 3t^2 - 3t$, $0 \leq t \leq 3$
4. $s = (t^4/4) - t^3 + t^2$, $0 \leq t \leq 3$
5. $s = \dfrac{25}{t^2} - \dfrac{5}{t}$, $1 \leq t \leq 5$
6. $s = \dfrac{25}{t+5}$, $-4 \leq t \leq 0$

7. **Movimento de uma partícula** No instante t, a posição de um corpo que se desloca ao longo do eixo s é $s = t^3 - 6t^2 + 9t$ m.
   a. Determine a aceleração do corpo cada vez que a velocidade for nula.
   b. Determine o módulo da velocidade do corpo cada vez que a aceleração for nula.
   c. Determine a distância total percorrida pelo corpo de $t = 0$ a $t = 2$.

8. **Movimento de uma partícula** No instante $t \geq 0$, a velocidade de um corpo que se desloca ao longo do eixo s é $v = t^2 - 4t + 3$.
   a. Determine a aceleração do corpo cada vez que a velocidade for nula.
   b. Quando o corpo se desloca para a frente? E para trás?
   c. Quando a velocidade do corpo aumenta? E diminui?

Aplicações em queda livre

9. **Queda livre em Marte e Júpiter** As equações para queda livre nas superfícies de Marte e Júpiter (sendo s dado em metros e t em segundos) são $s = 1{,}86t^2$ em Marte e $s = 11{,}44t^2$ em Júpiter. Quanto tempo uma pedra leva, a partir do repouso, para atingir a velocidade de 27,8 m/s (cerca de 100 km/h) em cada planeta?

10. **Movimento de um projétil na Lua** Uma pedra atirada verticalmente para cima a partir da superfície da Lua com velocidade de 24 m/s (cerca de 86 km/h) atinge uma altura de $s = 24t - 0{,}8t^2$ metros em t segundos.
    a. Determine a velocidade e a aceleração da pedra no instante t. (Nesse caso, a aceleração é a aceleração da gravidade na Lua.)
    b. Quanto tempo a pedra leva para atingir o ponto mais alto?

c. Qual a altura atingida pela pedra?
d. Quanto tempo a pedra leva para atingir a metade de sua altura máxima?
e. Por quanto tempo a pedra fica no ar?

11. **Cálculo de g em um pequeno planeta sem ar** Na superfície de um pequeno planeta sem ar, exploradores usaram um estilingue para atirar uma esfera metálica verticalmente para cima com uma velocidade de lançamento de 15 m/s. Como a aceleração da gravidade nesse planeta era g_s m/s², os exploradores esperavam que a esfera atingisse uma altura de $s = 15t - (1/2)g_s t^2$ metros após t segundos. A esfera atingiu sua altura máxima 20 s depois do lançamento. Qual era o valor de g_s?

12. **Altura de uma bala disparada** Ao ser disparada para cima a partir da superfície da Lua, uma bala calibre 45 atingiria uma altura de $s = 832t - 2{,}6t^2$ após t segundos. Na Terra, na ausência de ar, sua altura seria de $s = 832t - 16t^2$ pés após t segundos. Por quanto tempo a bala ficaria no ar em cada caso? Que altura a bala atingiria em cada caso?

13. **Queda livre da Torre de Pisa** Se Galileu tivesse deixado cair uma bala de canhão da Torre de Pisa, 179 pés acima do solo, sua altura t segundos depois de cair teria sido $s = 179 - 16t^2$.
    a. Quais teriam sido a velocidade, o módulo da velocidade e a aceleração da bala no instante t?
    b. Quanto tempo a bala teria levado, aproximadamente, para atingir o chão?
    c. Qual teria sido a velocidade da bala no momento do impacto?

14. **Fórmula de Galileu para queda livre** Galileu desenvolveu uma fórmula para calcular a velocidade de um corpo em queda livre ao rolar bolas a partir do repouso sobre pranchas inclinadas e procurar por uma fórmula limite para prever o comportamento da bola quando a prancha estivesse na vertical e a bola estivesse caindo livremente; veja o item (a) da figura a seguir. Ele descobriu que, para qualquer ângulo da prancha, a velocidade da bola em queda durante t segundos era um múltiplo constante de t. Ou seja, a velocidade era dada por uma fórmula da forma $v = kt$. O valor da constante k dependia da inclinação da prancha.

    Em notação moderna – a parte (b) da figura – o que os experimentos de Galileu determinaram foi que a velocidade da bola, com distância em metros e tempo em segundos, para qualquer ângulo θ e com t segundos de rolagem, era
    $$v = 9{,}8(\text{sen } \theta)t \text{ m/s}.$$

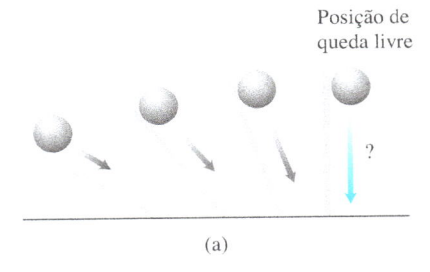

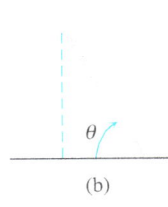

    a. Qual é a equação para a velocidade da bola durante a queda livre?
    b. Usando os dados do item (a), qual é a aceleração constante que um corpo em queda livre experimenta quando está próximo da superfície da Terra?

Compreensão de movimento a partir de gráficos

15. A figura mostra a velocidade $v = ds/dt = f(t)$ (m/s) de um corpo que se desloca ao longo de um eixo coordenado.

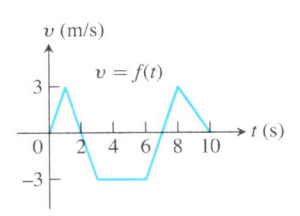

    a. Quando o corpo muda de sentido?
    b. Quando (aproximadamente) o corpo passa a se deslocar com um módulo de velocidade constante?
    c. Represente graficamente o módulo da velocidade do corpo para $0 \leq t \leq 10$.
    d. Represente graficamente a aceleração, onde ela estiver definida.

16. Uma partícula P se desloca na reta coordenada mostrada no item (a) da figura a seguir. O item (b) mostra a posição de P em função do tempo t.

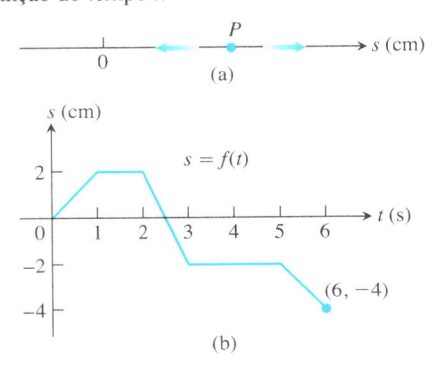

    a. Quando P se desloca para a esquerda? E para a direita? E quando permanece parado?
    b. Faça o gráfico do módulo da velocidade e da velocidade da partícula (onde estiverem definidos).

17. **Lançamento de um foguete** Quando um foguete em miniatura é lançado, os propulsores queimam combustível por alguns segundos, acelerando o foguete para cima. Terminada a combustão, o foguete ainda sobe um pouco e depois começa a cair. Em seguida, uma pequena carga de explosivos abre um paraquedas, que diminui a velocidade do foguete, impedindo que ele seja danificado durante o pouso.

    A figura a seguir mostra os dados de velocidade da trajetória de um foguete em miniatura. Use-os para responder às seguintes questões:

    a. A que velocidade o foguete subia quando o motor parou?
    b. Durante quantos segundos o propulsor queimou combustível?

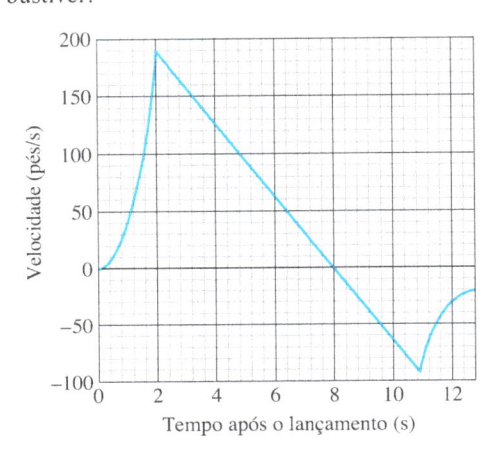

c. Quando o foguete atingiu sua altura máxima? Qual era a sua velocidade nesse momento?

d. Quando o paraquedas se abriu? Qual era a velocidade do foguete nesse momento?

e. Quanto tempo levou para o foguete cair antes de o paraquedas abrir?

f. Quando a aceleração do foguete foi máxima?

g. Quando sua aceleração se tornou constante? Qual era seu valor (o inteiro mais próximo)?

18. A figura a seguir mostra a velocidade $v = f(t)$ de uma partícula que se movimenta ao longo de uma reta coordenada horizontal.

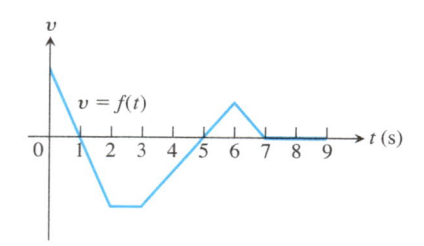

a. Quando a partícula se move para a frente? E para trás? Quando acelera? Quando desacelera?

b. Quando a aceleração da partícula é positiva? E quando é negativa? E nula?

c. Quando a partícula se move à velocidade máxima?

d. Quando a partícula permanece parada por mais de um instante?

19. **Queda de duas bolas** A ilustração de múltiplas exposições a seguir mostra duas bolas que caem a partir do repouso. As escalas verticais estão marcadas em centímetros. Use a equação $s = 490t^2$ (equação da queda livre, sendo s dado em centímetros e t em segundos) para responder às seguintes questões.

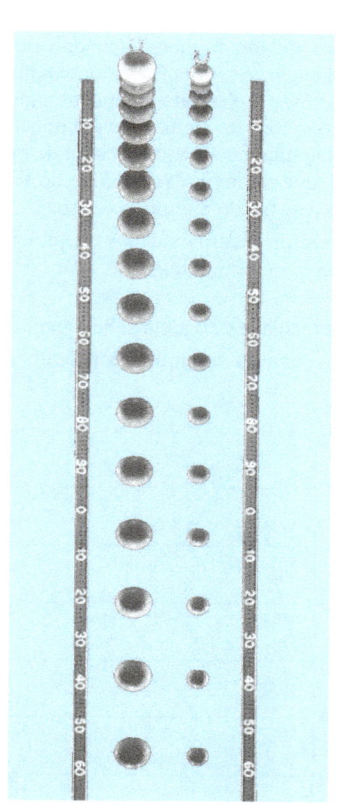

a. Quanto tempo as bolas levaram para cair os primeiros 160 cm? Qual era a velocidade média de ambas nesse intervalo?

b. A que velocidade as bolas caíam ao atingirem a marca de 160 cm? Qual era a aceleração de ambas nesse momento?

c. Qual era a velocidade aproximada dos *flashes* de luz (*flashes* por segundo)?

20. **Caminhão na estrada** O gráfico a seguir mostra a posição de um caminhão que percorre uma estrada. O caminhão parte em $t = 0$ e retorna 15 h mais tarde, em $t = 15$.

a. Use a técnica descrita no Exemplo 3 da Seção 3.2 para fazer o gráfico da velocidade do caminhão $v = ds/dt$ para $0 \leq t \leq 15$. Em seguida, repita o procedimento, com a curva da velocidade, para fazer o gráfico de aceleração dv/dt.

b. Suponha que $s = 15t^2 - t^3$. Faça o gráfico de ds/dt e de d^2s/dt^2, comparando-o com aquele no item (a).

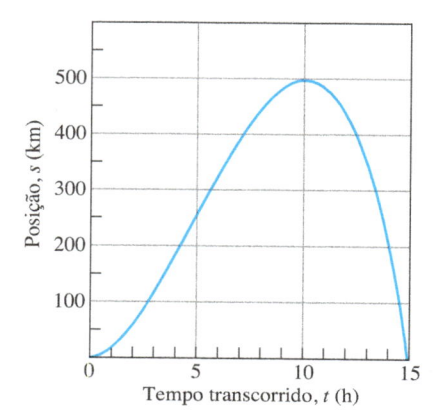

21. Os gráficos na figura a seguir mostram a posição s, a velocidade $v = ds/dt$ e a aceleração $a = d^2s/dt^2$ de um corpo que se desloca ao longo de uma reta coordenada em função do tempo t. A qual gráfico corresponde cada função? Justifique suas respostas.

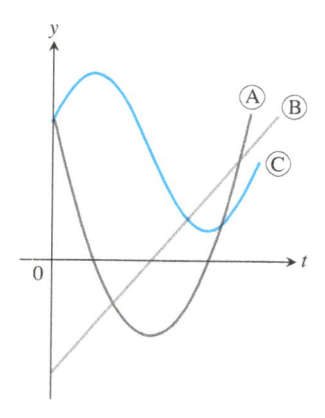

22. Os gráficos na figura a seguir mostram a posição s, a velocidade $v = ds/dt$ e a aceleração $a = d^2s/dt^2$ de um corpo que se desloca ao longo de uma reta coordenada como funções do tempo t. A qual gráfico corresponde cada função? Justifique suas respostas.

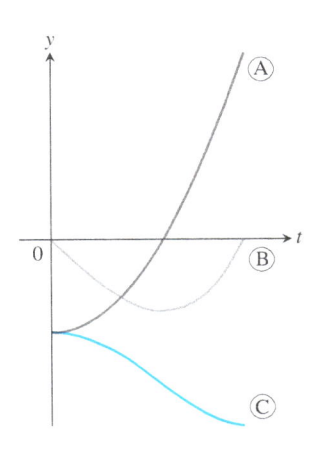

Economia

23. Custo marginal Suponha que o custo em dólares para produzir x máquinas de lavar seja $c(x) = 2000 + 100x - 0,1x^2$.

a. Determine o custo médio por máquina durante a produção das 100 primeiras máquinas.

b. Calcule o custo marginal quando a produção é de 100 máquinas.

c. Mostre que, quando a produção é de 100 máquinas, o custo marginal é aproximadamente o custo para a produção de uma máquina a mais depois da fabricação das 100 primeiras, calculando diretamente o último custo citado.

24. Rendimento marginal Suponha que o rendimento da venda de x máquinas de lavar seja

$$r(x) = 20.000\left(1 - \frac{1}{x}\right)$$

dólares.

a. Determine o rendimento marginal para a produção de 100 máquinas.

b. Use a função $r'(x)$ para estimar o aumento resultante do rendimento caso a produção aumente de 100 para 101 máquinas por semana.

c. Calcule o limite de $r'(x)$ quando $x \to \infty$. Como você interpretaria esse número?

Aplicações adicionais

25. População de bactérias Ao adicionar um bactericida a um meio nutritivo em que bactérias cresciam, a população de bactérias continuou a crescer por um tempo, mas depois parou de aumentar e passou a diminuir. O tamanho da população no instante t (em horas) era dado por $b = 10^6 + 10^4 t - 10^3 t^2$. Determine as taxas de crescimento para

a. $t = 0$ hora.

b. $t = 5$ horas.

c. $t = 10$ horas.

26. Esvaziamento de um tanque O número de galões de água em um tanque, t minutos após o início de seu esvaziamento, é dado por $Q(t) = 200(30 - t)^2$. A que taxa a água escoará ao final de 10 minutos? Qual é a taxa média de saída da água durante os 10 primeiros minutos?

T 27. Esvaziamento de um tanque Depois de aberta a válvula na parte inferior de um tanque de armazenamento, são necessárias 12 horas até que ele seja esvaziado. A profundidade y do líquido no tanque, t horas depois de a válvula ter sido aberta, é dada por

$$y = 6\left(1 - \frac{t}{12}\right)^2 \text{ m}.$$

a. Determine a taxa dy/dt (m/h) do esvaziamento do tanque no instante t.

b. Quando o nível de líquido no tanque diminuirá mais rapidamente? E mais lentamente? Quais são os valores de dy/dt nesses instantes?

c. Faça um único gráfico para y e dy/dt e discuta o comportamento de y em relação aos sinais e aos valores de dy/dt.

28. Enchendo um balão O volume $V = (4/3)\pi r^3$ de um balão esférico muda de acordo com o valor do raio.

a. Qual é a taxa (em pés^3/pés) de variação do volume em relação ao raio quando $r = 2$ pés?

b. Quanto, aproximadamente, o volume do balão aumenta quando o raio muda de 2 para 2,2 pés?

29. Decolagem de um avião Suponha que a distância percorrida por uma aeronave na pista antes da decolagem seja dada por $D = (10/9)t^2$, em que D é medido em metros a partir do ponto de partida e t é medido em segundos a partir do momento em que os freios são liberados. A aeronave começa a planar quando a velocidade atinge 200 km/h. Quanto tempo levará para a aeronave planar e que distância ela percorrerá nesse tempo?

30. Fontes de lava vulcânicas Embora a erupção do Kilauea Iki no Havaí, em novembro de 1959, tenha começado com jorros pela parede da cratera, a atividade ficou depois restrita a uma única abertura no fundo da cratera, que em certo momento lançou lava a 1.900 pés de altura (um recorde havaiano). Qual foi a velocidade de saída da lava em pés por segundo? E em milhas por hora? (Dica: se v_0 é a velocidade de saída de uma partícula de lava, sua altura no instante t segundos mais tarde será de $s = v_0 t - 16 t^2$ pés. Comece determinando o instante em que $ds/dt = 0$. Despreze a resistência do ar.)

Análise do movimento por meio de gráficos

T Nos Exercícios 31-34, forneça a função da posição $s = f(t)$ de um objeto que se desloca ao longo de um eixo s em função do tempo t. Esboce, em um único gráfico, f e as funções velocidade $v(t) = ds/dt = f'(t)$ e aceleração $a(t) = d^2s/dt^2 = f''(t)$. Comente o comportamento do objeto em relação aos sinais e valores de v e a, incluindo os seguintes tópicos:

a. Em que instante o objeto está momentaneamente em repouso?

b. Em que instante ele se move para a esquerda (para baixo) ou para a direita (para cima)?

c. Em que instante ele muda de sentido?

d. Em que instante acelera ou desacelera?

e. Em que instante se desloca mais rapidamente (módulo da velocidade mais alto)? E de maneira mais lenta?

f. Em que instante está mais afastado da origem do eixo?

31. $s = 200t - 16t^2$, $0 \le t \le 12,5$ (objeto pesado lançado verticalmente a partir da superfície da Terra com velocidade de 200 pés/s)

32. $s = t^2 - 3t + 2$, $0 \le t \le 5$

33. $s = t^3 - 6t^2 + 7t$, $0 \le t \le 4$

34. $s = 4 - 7t + 6t^2 - t^3$, $0 \le t \le 4$

3.5 Derivadas de funções trigonométricas

Muitos fenômenos da natureza são mais ou menos periódicos (campos eletromagnéticos, ritmo cardíaco, marés, previsão do tempo). As derivadas de senos e cossenos desempenham um papel fundamental na descrição de variações periódicas. Esta seção mostra como derivar as seis funções trigonométricas básicas.

Derivada da função seno

Para calcular a derivada de $f(x) = \text{sen } x$, sendo x medido em radianos, combinamos os limites do Exemplo 5a e do Teorema 7 na Seção 2.4 com a identidade do seno da soma dos ângulos:

$$\text{sen}(x + h) = \text{sen } x \cos h + \cos x \text{ sen } h.$$

Se $f(x) = \text{sen } x$, então

$$f'(x) = \lim_{h \to 0} \frac{f(x+h) - f(x)}{h} = \lim_{h \to 0} \frac{\text{sen}(x+h) - \text{sen } x}{h} \quad \text{Definição de derivada}$$

$$= \lim_{h \to 0} \frac{(\text{sen } x \cos h + \cos x \text{ sen } h) - \text{sen } x}{h} = \lim_{h \to 0} \frac{\text{sen } x(\cos h - 1) + \cos x \text{ sen } h}{h}$$

$$= \lim_{h \to 0} \left(\text{sen } x \cdot \frac{\cos h - 1}{h} \right) + \lim_{h \to 0} \left(\cos x \cdot \frac{\text{sen } h}{h} \right)$$

$$= \text{sen } x \cdot \underbrace{\lim_{h \to 0} \frac{\cos h - 1}{h}}_{\text{limite 0}} + \cos x \cdot \underbrace{\lim_{h \to 0} \frac{\text{sen } h}{h}}_{\text{limite 1}} = \text{sen } x \cdot 0 + \cos x \cdot 1 = \cos x.$$

Exemplo 5a e Teorema 7, Seção 2.4

A derivada da função de seno é a função cosseno:

$$\frac{d}{dx}(\text{sen } x) = \cos x.$$

EXEMPLO 1 Determinamos as derivadas da função seno envolvendo diferenças, produtos e quocientes.

(a) $y = x^2 - \text{sen } x$:
$$\frac{dy}{dx} = 2x - \frac{d}{dx}(\text{sen } x) \quad \text{Regra da diferença}$$
$$= 2x - \cos x$$

(b) $y = e^x \text{ sen } x$:
$$\frac{dy}{dx} = e^x \frac{d}{dx}(\text{sen } x) + \frac{d}{dx}(e^x) \text{ sen } x \quad \text{Regra do produto}$$
$$= e^x \cos x + e^x \text{ sen } x$$
$$= e^x (\cos x + \text{sen } x)$$

(c) $y = \dfrac{\text{sen } x}{x}$:
$$\frac{dy}{dx} = \frac{x \cdot \frac{d}{dx}(\text{sen } x) - \text{sen } x \cdot 1}{x^2} \quad \text{Regra do quociente}$$
$$= \frac{x \cos x - \text{sen } x}{x^2}$$

Derivada da função cosseno

Com a ajuda da fórmula da soma dos ângulos para a função cosseno,

$$\cos(x + h) = \cos x \cos h - \text{sen } x \text{ sen } h,$$

podemos calcular o limite da razão incremental:

$$\frac{d}{dx}(\cos x) = \lim_{h \to 0} \frac{\cos(x+h) - \cos x}{h}$$ Definição de derivada

$$= \lim_{h \to 0} \frac{(\cos x \cos h - \text{sen}\, x \,\text{sen}\, h) - \cos x}{h}$$ Identidade do cosseno da soma dos ângulos

$$= \lim_{h \to 0} \frac{\cos x (\cos h - 1) - \text{sen}\, x \,\text{sen}\, h}{h}$$

$$= \lim_{h \to 0} \cos x \cdot \frac{\cos h - 1}{h} - \lim_{h \to 0} \text{sen}\, x \cdot \frac{\text{sen}\, h}{h}$$

$$= \cos x \cdot \lim_{h \to 0} \frac{\cos h - 1}{h} - \text{sen}\, x \cdot \lim_{h \to 0} \frac{\text{sen}\, h}{h}$$

$$= \cos x \cdot 0 - \text{sen}\, x \cdot 1$$ Exemplo 5a e Teorema 7, Seção 2.4

$$= -\text{sen}\, x.$$

A derivada da função cosseno é o oposto da função seno:

$$\frac{d}{dx}(\cos x) = -\text{sen}\, x.$$

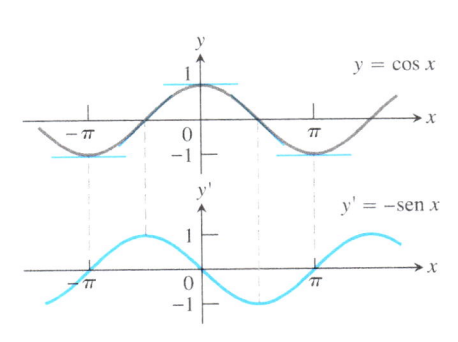

FIGURA 3.22 Curva $y' = -\text{sen}\, x$ como o gráfico dos coeficientes angulares das tangentes à curva $y = \cos x$.

A Figura 3.22 mostra um modo de visualizar esse resultado da mesma forma que fizemos para representar graficamente as derivadas na Figura 3.6 da Seção 3.2.

EXEMPLO 2 Determinaremos derivadas da função cosseno em combinações com outras funções.

(a) $y = 5e^x + \cos x$:

$$\frac{dy}{dx} = \frac{d}{dx}(5e^x) + \frac{d}{dx}(\cos x)$$ Regra da soma

$$= 5e^x - \text{sen}\, x$$

(b) $y = \text{sen}\, x \cos x$:

$$\frac{dy}{dx} = \text{sen}\, x \frac{d}{dx}(\cos x) + \cos x \frac{d}{dx}(\text{sen}\, x)$$ Regra do produto

$$= \text{sen}\, x (-\text{sen}\, x) + \cos x (\cos x)$$

$$= \cos^2 x - \text{sen}^2 x$$

(c) $y = \dfrac{\cos x}{1 - \text{sen}\, x}$:

$$\frac{dy}{dx} = \frac{(1 - \text{sen}\, x)\frac{d}{dx}(\cos x) - \cos x \frac{d}{dx}(1 - \text{sen}\, x)}{(1 - \text{sen}\, x)^2}$$ Regra do quociente

$$= \frac{(1 - \text{sen}\, x)(-\text{sen}\, x) - \cos x(0 - \cos x)}{(1 - \text{sen}\, x)^2}$$

$$= \frac{1 - \text{sen}\, x}{(1 - \text{sen}\, x)^2}$$ $\text{sen}^2 x + \cos^2 x = 1$

$$= \frac{1}{1 - \text{sen}\, x}$$

Movimento harmônico simples

O movimento de um objeto ou peso que balança livremente para cima e para baixo, sem resistência, na extremidade de uma mola, é um exemplo de um *movi-*

mento harmônico simples. O movimento é periódico e se repete indefinidamente, por isso o representamos por meio de funções trigonométricas. O exemplo a seguir descreve um caso em que não existem forças opostas como atrito ou empuxo para retardar o movimento.

EXEMPLO 3 Um peso pendurado em uma mola (Figura 3.23) é puxado para baixo a 5 unidades da posição de repouso e liberado no instante $t = 0$ para que oscile para cima e para baixo. Sua posição em qualquer instante t posterior é

$$s = 5 \cos t.$$

Quais são a velocidade e a aceleração do peso no instante t?

Solução Temos

Posição: $\quad s = 5 \cos t$

Velocidade: $\quad v = \dfrac{ds}{dt} = \dfrac{d}{dt}(5 \cos t) = -5 \operatorname{sen} t$

Aceleração: $\quad a = \dfrac{dv}{dt} = \dfrac{d}{dt}(-5 \operatorname{sen} t) = -5 \cos t.$

Observe o que podemos aprender com essas equações:

1. Com o passar do tempo, o peso se desloca para cima e para baixo entre $s = -5$ e $s = 5$ no eixo s. A amplitude do movimento é 5. O período do movimento é 2π, o período da função cosseno.

2. A velocidade $v = -5 \operatorname{sen} t$ atinge sua maior magnitude, 5, quando $\cos t = 0$, como mostra o gráfico da Figura 3.24. Assim, o módulo da velocidade do peso, $|v| = 5|\operatorname{sen} t|$, é máximo quando $\cos t = 0$, isto é, quando $s = 0$ (a posição de repouso). O módulo da velocidade do peso é zero quando $\operatorname{sen} t = 0$. Isso ocorre quando $s = 5 \cos t = \pm 5$, nas extremidades do intervalo do movimento.

3. O valor da aceleração é sempre o oposto exato do valor da posição. Quando o peso está acima da posição de repouso, a gravidade o puxa para baixo; quando o peso está abaixo, a mola o puxa para cima.

4. A aceleração, $a = -5 \cos t$, é zero apenas na posição de repouso, em que $\cos t = 0$ e a força da gravidade anula a força da mola. Quando o peso está em qualquer outro lugar, as duas forças são desiguais e a aceleração é diferente de zero. A aceleração é máxima em magnitude nos pontos mais distantes da posição de repouso, em que $\cos t = \pm 1$.

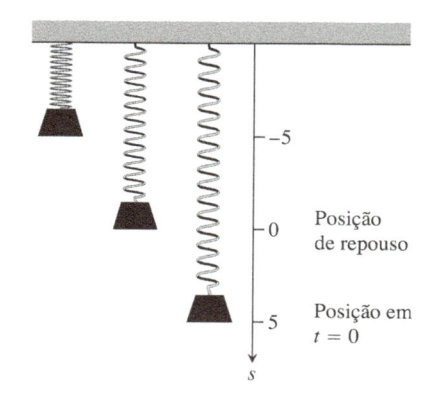

FIGURA 3.23 Um peso que pende de uma mola vertical e em seguida é deslocado oscila para cima e para baixo de sua posição de repouso (Exemplo 3).

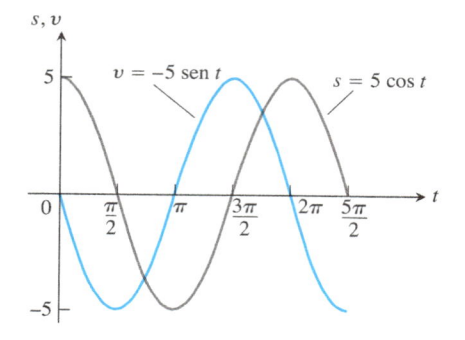

FIGURA 3.24 Gráficos de posição e velocidade do peso no Exemplo 3.

EXEMPLO 4 A sobreaceleração associada com o movimento harmônico simples no Exemplo 3 é

$$j = \dfrac{da}{dt} = \dfrac{d}{dt}(-5 \cos t) = 5 \operatorname{sen} t.$$

Sua magnitude é máxima quando $\operatorname{sen} t = \pm 1$, não nos extremos do deslocamento, mas na posição de repouso, em que a aceleração muda de sentido e de sinal.

Derivadas de outras funções trigonométricas básicas

Como $\operatorname{sen} x$ e $\cos x$ são funções deriváveis de x, as funções relacionadas

$$\operatorname{tg} x = \dfrac{\operatorname{sen} x}{\cos x}, \quad \operatorname{cotg} x = \dfrac{\cos x}{\operatorname{sen} x}, \quad \sec x = \dfrac{1}{\cos x} \quad \text{e} \quad \operatorname{cossec} x = \dfrac{1}{\operatorname{sen} x}$$

são deriváveis para qualquer valor de x no qual elas são definidas. Suas derivadas, calculadas pela regra do quociente, são dadas pelas fórmulas a seguir. Observe os sinais negativos nas fórmulas das derivadas para as cofunções.

> **Derivadas de outras funções trigonométricas:**
>
> $$\frac{d}{dx}(\operatorname{tg} x) = \sec^2 x \qquad \frac{d}{dx}(\operatorname{cotg} x) = -\operatorname{cossec}^2 x$$
>
> $$\frac{d}{dx}(\sec x) = \sec x \operatorname{tg} x \qquad \frac{d}{dx}(\operatorname{cossec} x) = -\operatorname{cossec} x \operatorname{cotg} x$$

Para mostrar um cálculo típico, obtivemos a derivada da função tangente. As outras derivadas foram deixadas para o Exercício 60.

EXEMPLO 5 Determine $d(\operatorname{tg} x)/dx$.

Solução Usamos a regra da derivada do quociente para calcular a derivada:

$$\frac{d}{dx}(\operatorname{tg} x) = \frac{d}{dx}\left(\frac{\operatorname{sen} x}{\cos x}\right) = \frac{\cos x \frac{d}{dx}(\operatorname{sen} x) - \operatorname{sen} x \frac{d}{dx}(\cos x)}{\cos^2 x} \qquad \text{Regra do quociente}$$

$$= \frac{\cos x \cos x - \operatorname{sen} x (-\operatorname{sen} x)}{\cos^2 x}$$

$$= \frac{\cos^2 x + \operatorname{sen}^2 x}{\cos^2 x}$$

$$= \frac{1}{\cos^2 x} = \sec^2 x.$$

EXEMPLO 6 Determine y'' se $y = \sec x$.

Solução Encontrar a segunda derivada envolve uma combinação de derivadas trigonométricas.

$$y = \sec x$$
$$y' = \sec x \operatorname{tg} x \qquad \text{Regra da derivada para a função secante}$$
$$y'' = \frac{d}{dx}(\sec x \operatorname{tg} x)$$
$$= \sec x \frac{d}{dx}(\operatorname{tg} x) + \operatorname{tg} x \frac{d}{dx}(\sec x) \qquad \text{Regra da derivada do produto}$$
$$= \sec x (\sec^2 x) + \operatorname{tg} x (\sec x \operatorname{tg} x) \qquad \text{Regras das derivadas}$$
$$= \sec^3 x + \sec x \operatorname{tg}^2 x$$

A diferenciabilidade das funções trigonométricas em todas as partes de seus domínios dá outra prova de sua continuidade em qualquer ponto de seus domínios (Teorema 1 da Seção 3.2). Assim, podemos calcular os limites de combinações algébricas e composições de funções trigonométricas por substituição direta.

EXEMPLO 7 Podemos usar substituição direta em cálculo de limites desde que não haja divisão por zero, o que é algebricamente indefinido.

$$\lim_{x \to 0} \frac{\sqrt{2 + \sec x}}{\cos(\pi - \operatorname{tg} x)} = \frac{\sqrt{2 + \sec 0}}{\cos(\pi - \operatorname{tg} 0)} = \frac{\sqrt{2 + 1}}{\cos(\pi - 0)} = \frac{\sqrt{3}}{-1} = -\sqrt{3}$$

Exercícios 3.5

Derivadas

Nos Exercícios 1-18, determine dy/dx.

1. $y = -10x + 3\cos x$
2. $y = \dfrac{3}{x} + 5\,\text{sen}\,x$
3. $y = x^2 \cos x$
4. $y = \sqrt{x}\,\sec x + 3$
5. $y = \text{cossec}\,x - 4\sqrt{x} + 7$
6. $y = x^2 \cotg x - \dfrac{1}{x^2}$
7. $f(x) = \text{sen}\,x\,\tg x$
8. $g(x) = \text{cossec}\,x\,\cotg x$
9. $y = (\sec x + \tg x)(\sec x - \tg x)$
10. $y = (\text{sen}\,x + \cos x)\sec x$
11. $y = \dfrac{\cotg x}{1 + \cotg x}$
12. $y = \dfrac{\cos x}{1 + \text{sen}\,x}$
13. $y = \dfrac{4}{\cos x} + \dfrac{1}{\tg x}$
14. $y = \dfrac{\cos x}{x} + \dfrac{x}{\cos x}$
15. $y = x^2\,\text{sen}\,x + 2x\cos x - 2\,\text{sen}\,x$
16. $y = x^2 \cos x - 2x\,\text{sen}\,x - 2\cos x$
17. $f(x) = x^3\,\text{sen}\,x\,\cos x$
18. $g(x) = (2-x)\tg^2 x$

Nos Exercícios 19-22, determine ds/dt.

19. $s = \tg t - e^{-t}$
20. $s = t^2 - \sec t + 5e^t$
21. $s = \dfrac{1 + \text{cossec}\,t}{1 - \text{cossec}\,t}$
22. $s = \dfrac{\text{sen}\,t}{1 - \cos t}$

Nos exercícios 23-26, determine $dr/d\theta$.

23. $r = 4 - \theta^2\,\text{sen}\,\theta$.
24. $r = \theta\,\text{sen}\,\theta + \cos\theta$
25. $r = \sec\theta\,\text{cossec}\,\theta$
26. $r = (1 + \sec\theta)\,\text{sen}\,\theta$

Nos Exercícios 27-32, determine dp/dq.

27. $p = 5 + \dfrac{1}{\cotg q}$
28. $p = (1 + \text{cossec}\,q)\cos q$
29. $p = \dfrac{\text{sen}\,q + \cos q}{\cos q}$
30. $p = \dfrac{\tg q}{1 + \tg q}$
31. $p = \dfrac{q\,\text{sen}\,q}{q^2 - 1}$
32. $p = \dfrac{3q + \tg q}{q\,\sec q}$

33. Determine y'' se
    a. $y = \text{cossec}\,x$.
    b. $y = \sec x$.

34. Determine $y^{(4)} = d^4y/dx^4$ se
    a. $y = -2\,\text{sen}\,x$.
    b. $y = 9\cos x$.

Retas tangentes

Nos Exercícios 35-38, represente graficamente as curvas nos intervalos dados e suas respectivas tangentes para os valores dados de x. Identifique cada curva e tangente com a sua equação respectiva.

35. $y = \text{sen}\,x,\; -3\pi/2 \le x \le 2\pi$
    $x = -\pi,\, 0,\, 3\pi/2$
36. $y = \tg x,\; -\pi/2 < x < \pi/2$
    $x = -\pi/3,\, \pi/3$
37. $y = \sec x,\; -\pi/2 < x < \pi/2$
    $x = -\pi/3,\, \pi/4$
38. $y = 1 + \cos x,\; -3\pi/2 \le x \le 2\pi$
    $x = -\pi/3,\, 3\pi/2$

T Os gráficos das funções nos Exercícios 39-42 possuem alguma tangente horizontal no intervalo $0 \le x \le 2\pi$? Se sim, onde? Se não, por quê? Visualize os resultados representando as funções com uma ferramenta gráfica.

39. $y = x + \text{sen}\,x$
40. $y = 2x + \text{sen}\,x$
41. $y = x - \cotg x$
42. $y = x + 2\cos x$

43. Determine todos os pontos da curva $y = \tg x$, para $-\pi/2 < x < \pi/2$, em que a tangente é paralela à reta $y = 2x$. Esboce a curva e a(s) tangente(s) no mesmo gráfico, identificando cada uma com sua equação.

44. Determine todos os pontos da curva $y = \cotg x$, para $0 < x < \pi$, em que a tangente é paralela à reta $y = -x$. Esboce a curva e a(s) tangente(s) no mesmo gráfico, identificando cada uma com sua equação.

Nos Exercícios 45 e 46, determine as equações para (a) a tangente à curva em P e (b) a tangente horizontal à curva em Q.

45.

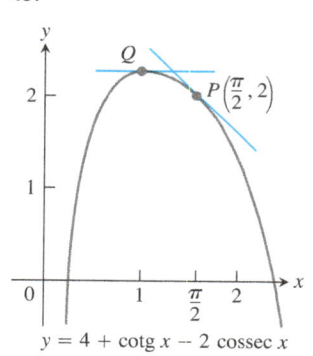

$y = 4 + \cotg x - 2\,\text{cossec}\,x$, $P\left(\dfrac{\pi}{2}, 2\right)$

46.

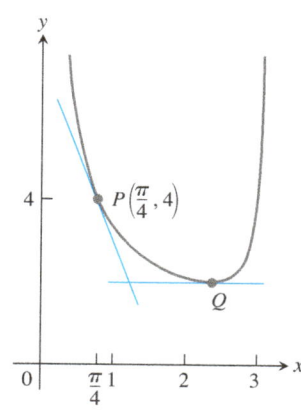

$y = 1 + \sqrt{2}\,\text{cossec}\,x + \cotg x$, $P\left(\dfrac{\pi}{4}, 4\right)$

Limites trigonométricos

Calcule os limites nos Exercícios 47-54.

47. $\lim\limits_{x \to 2} \text{sen}\left(\dfrac{1}{x} - \dfrac{1}{2}\right)$

48. $\lim\limits_{x \to -\pi/6} \sqrt{1 + \cos(\pi\,\text{cossec}\,x)}$

49. $\lim\limits_{\theta \to \pi/6} \dfrac{\text{sen}\,\theta - \tfrac{1}{2}}{\theta - \tfrac{\pi}{6}}$

50. $\lim\limits_{\theta \to \pi/4} \dfrac{\tg\theta - 1}{\theta - \tfrac{\pi}{4}}$

51. $\lim\limits_{x \to 0} \sec\left[e^x + \pi\,\tg\left(\dfrac{\pi}{4\sec x}\right) - 1\right]$

52. $\lim\limits_{x \to 0} \text{sen}\left(\dfrac{\pi + \tg x}{\tg x - 2\sec x}\right)$

53. $\lim\limits_{t \to 0} \text{tg}\left(1 - \dfrac{\text{sen } t}{t}\right)$

54. $\lim\limits_{\theta \to 0} \cos\left(\dfrac{\pi \theta}{\text{sen } \theta}\right)$

Teoria e exemplos

As equações dos Exercícios 55 e 56 dão a posição $s = f(t)$ de um corpo que se desloca em uma reta coordenada (s em metros, t em segundos). Determine a velocidade, o módulo da velocidade, a aceleração e a sobreaceleração do corpo no instante $t = \pi/4$ s.

55. $s = 2 - 2\,\text{sen } t$
56. $s = \text{sen } t + \cos t$

57. Existe algum valor de c que torne

$$f(x) = \begin{cases} \dfrac{\text{sen}^2 3x}{x^2}, & x \neq 0 \\ c, & x = 0 \end{cases}$$

contínua em $x = 0$? Justifique sua resposta.

58. Existe algum valor de b que torne

$$g(x) = \begin{cases} x + b, & x < 0 \\ \cos x, & x \geq 0 \end{cases}$$

contínua em $x = 0$? Derivável em $x = 0$? Justifique sua resposta.

59. Determine $d^{999}/dx^{999}(\cos x)$.

60. Determine a fórmula para a derivada em relação a x de
 a. $\sec x$.
 b. $\text{cossec } x$.
 c. $\text{cotg } x$.

61. Um peso está ligado a uma mola e atinge a sua posição de equilíbrio ($x = 0$). Em seguida, ele é posto em movimento, o que resulta em um deslocamento de

$$x = 10 \cos t,$$

em que x é medido em centímetros e t é medido em segundos. Veja a figura a seguir.

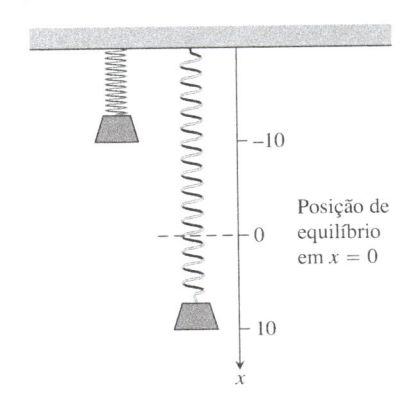

 a. Determine o deslocamento da mola quando $t = 0$, $t = \pi/3$ e $t = 3\pi/4$.
 b. Determine a velocidade da mola quando $t = 0$, $t = \pi/3$ e $t = 3\pi/4$.

62. Suponha que a posição de uma partícula no eixo x seja dada por

$$x = 3 \cos t + 4\,\text{sen } t,$$

em que x é medido em pés e t é medido em segundos.

 a. Determine a posição da partícula quando $t = 0$, $t = \pi/2$ e $t = \pi$.
 b. Determine a velocidade da partícula quando $t = 0$, $t = \pi/2$ e $t = \pi$.

T 63. Represente graficamente $y = \cos x$ para $-\pi \leq x \leq 2\pi$. Na mesma tela, esboce o gráfico de

$$y = \dfrac{\text{sen}(x+h) - \text{sen } x}{h}$$

para $h = 1$; 0,5; 0,3 e 0,1. Então, em uma nova janela, tente $h = -1$; $-0,5$ e $-0,3$. O que acontece quando $h \to 0^+$? E quando $h \to 0^-$? Que fenômeno está sendo ilustrado aqui?

T 64. Represente graficamente $y = -\text{sen } x$ para $-\pi \leq x \leq 2\pi$. Na mesma tela, esboce o gráfico de

$$y = \dfrac{\cos(x+h) - \cos x}{h}$$

para $h = 1$; 0,5; 0,3 e 0,1. Então, em uma nova janela, tente $h = -1$; $-0,5$ e $-0,3$. O que acontece quando $h \to 0^+$? E quando $h \to 0^-$? Que fenômeno está sendo ilustrado aqui?

T 65. Quociente de diferença centrada O *quociente de diferença centrada*

$$\dfrac{f(x+h) - f(x-h)}{2h}$$

é usado para aproximar $f'(x)$ no cálculo numérico porque (1) seu limite, quando $h \to 0$, iguala-se a $f'(x)$ quando $f'(x)$ existe, e (2) geralmente fornece melhor aproximação de $f'(x)$, para dado valor de h, do que o da diferença do quociente

$$\dfrac{f(x+h) - f(x)}{h}.$$

Veja a figura a seguir.

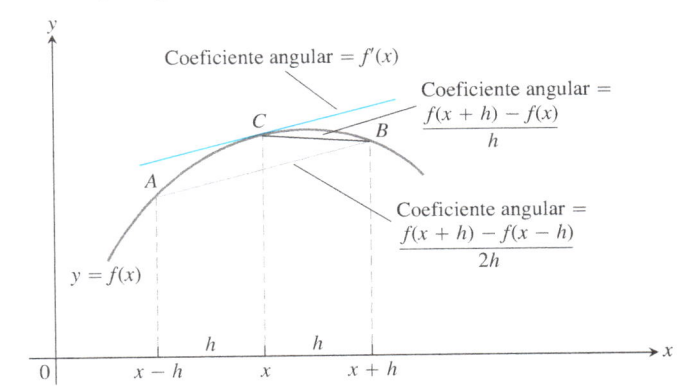

 a. Para ver com que rapidez o quociente da diferença centrada para $f(x) = \text{sen } x$ converge para $f'(x) = \cos x$, esboce em um só gráfico $y = \cos x$ e

$$y = \dfrac{\text{sen}(x+h) - \text{sen}(x-h)}{2h}$$

no intervalo $[-\pi, 2\pi]$ para $h = 1$; 0,5 e 0,3. Compare esses resultados com aqueles obtidos no Exercício 63 para os mesmos valores de h.

 b. Para ver com que rapidez o quociente da diferença centrada para $f(x) = \cos x$ converge para $f'(x) = -\text{sen } x$, esboce um único gráfico para $y = -\text{sen } x$ e

$$y = \dfrac{\cos(x+h) - \cos(x-h)}{2h}$$

no intervalo $[-\pi, 2\pi]$ para $h = 1$; 0,5 e 0,3. Compare esses resultados com aqueles obtidos no Exercício 64 para os mesmos valores de h.

T 66. Precaução com o quociente da diferença centrada (*Continuação do Exercício 65.*) O quociente

$$\frac{f(x+h) - f(x-h)}{2h}$$

pode ter um limite como $h \to 0$ quando f não possui derivada em x. Para exemplificar, considere $f(x) = |x|$ e calcule

$$\lim_{h \to 0} \frac{|0+h| - |0-h|}{2h}.$$

Você verá que o limite existe, embora $f(x) = |x|$ não possua derivada em $x = 0$. Conclusão: antes de usar um quociente de diferença centrada, certifique-se de que a derivada existe.

T 67. Coeficientes angulares no gráfico da função tangente Esboce em apenas um gráfico $y = \text{tg } x$ e sua derivada em $(-\pi/2, \pi/2)$. O gráfico da função tangente parece ter um coeficiente angular mínimo? E máximo? Em algum momento o coeficiente angular é negativo? Justifique suas respostas.

T 68. Coeficientes angulares no gráfico da função cotangente Esboce em apenas um gráfico $y = \text{cotg } x$ e sua derivada em $0 < x < \pi$. O gráfico da função cotangente parece ter um coeficiente angular mínimo? E máximo? Em algum momento o coeficiente angular é positivo? Justifique suas respostas.

T 69. Explorando (sen kx)/x Esboce em um único gráfico $y = (\text{sen } x)/x$, $y = (\text{sen } 2x)/x$ e $y = (\text{sen } 4x)/x$ no intervalo $-2 \leq x \leq 2$. Onde cada gráfico parece cruzar o eixo y? Os gráficos realmente cortam os eixos? O que você espera dos gráficos de $y = (\text{sen } 5x)/x$ e $y = (\text{sen } (-3x))/x$ quando $x \to 0$? Por quê? E do gráfico de $y = (\text{sen } kx)/x$ para outros valores de k? Justifique suas respostas.

70. Radianos *versus* graus: derivadas no modo grau O que aconteceria com as derivadas de sen x e cos x se x fosse medido em graus em vez de radianos? Para descobrir isso, siga os seguintes passos:

a. Selecione *o modo grau* da calculadora gráfica ou computador e faça o gráfico de

$$f(h) = \frac{\text{sen } h}{h}$$

e estime $\lim_{h \to 0} f(h)$. Compare sua estimativa com $\pi/180$. Existe alguma razão para acreditar que o limite *deveria* ser $\pi/180$?

b. Ainda no modo grau da calculadora gráfica, estime

$$\lim_{h \to 0} \frac{\cos h - 1}{h}.$$

c. Agora volte para a dedução da fórmula para a derivada de sen x no texto e siga os passos da derivação usando limites no modo grau. Que fórmula você obtém para a derivada?

d. Acompanhe a dedução da fórmula para a derivada de cos x usando limites no modo grau. Que fórmula você obtém para a derivada?

e. As desvantagens das fórmulas no modo grau se tornam evidentes quando você começa a lidar com derivadas de ordem superior. Tente. No modo grau, quais são a segunda e a terceira derivadas de sen x e cos x?

3.6 | Regra da cadeia

Como podemos derivar $F(x) = \text{sen } (x^2 - 4)$? Essa função é a composta $f \circ g$ de duas funções $y = f(u) = \text{sen } u$ e $u = g(x) = x^2 - 4$, que sabemos como derivar. A resposta, dada pela *regra da cadeia*, diz que a derivada é o produto das derivadas de f e g. Desenvolveremos a regra nesta seção.

Derivada de uma função composta

A função $y = \dfrac{3}{2} x = \dfrac{1}{2}(3x)$ é a função composta de $y = \dfrac{1}{2} u$ e $u = 3x$. Temos

$$\frac{dy}{dx} = \frac{3}{2}, \qquad \frac{dy}{du} = \frac{1}{2} \quad \text{e} \quad \frac{du}{dx} = 3.$$

Como $\dfrac{3}{2} = \dfrac{1}{2} \cdot 3$, vemos nesse caso que

$$\frac{dy}{dx} = \frac{dy}{du} \cdot \frac{du}{dx}.$$

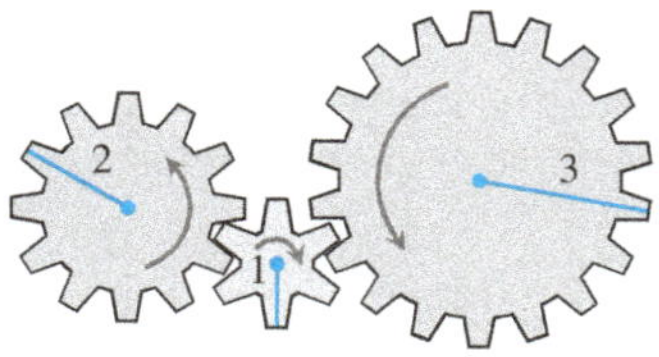

Se pensarmos na derivada como uma taxa de variação, a intuição nos permite ver que essa relação é razoável. Se $y = f(u)$ varia com a metade da rapidez de u e $u = g(x)$ varia três vezes mais rapidamente do que x, então esperamos que y varie 3/2 vezes mais rapidamente do que x. Esse efeito é bem parecido com um trem de múltiplas engrenagens (Figura 3.25). Vejamos outro exemplo.

EXEMPLO 1 A função

$$y = (3x^2 + 1)^2$$

C: y voltas   B: u voltas   A: x voltas

FIGURA 3.25 Quando a engrenagem A dá x voltas, a B dá u voltas e a C dá y voltas. Comparando circunferências ou contando os dentes, notamos que $y = u/2$ (C dá meia-volta a cada volta inteira de B) e $u = 3x$ (B dá três voltas a cada volta dada por A), então $y = 3x/2$. Assim, $dy/dx = 3/2 = (1/2)(3) = (dy/du)(du/dx)$.

é a composta de $y = f(u) = u^2$ e $u = g(x) = 3x^2 + 1$. Calculando a derivada, vemos que

$$\frac{dy}{du} \cdot \frac{du}{dx} = 2u \cdot 6x$$
$$= 2(3x^2 + 1) \cdot 6x$$
$$= 36x^3 + 12x.$$

O cálculo da derivada a partir da fórmula expandida $(3x^2 + 1)^2 = 9x^4 + 6x^2 + 1$ fornece o mesmo resultado:

$$\frac{dy}{dx} = \frac{d}{dx}(9x^4 + 6x^2 + 1)$$
$$= 36x^3 + 12x.$$

A derivada de uma função composta $f(g(x))$ em x é a derivada de f em $g(x)$ multiplicada pela derivada de g em x. Essa observação é conhecida como regra da cadeia (Figura 3.26).

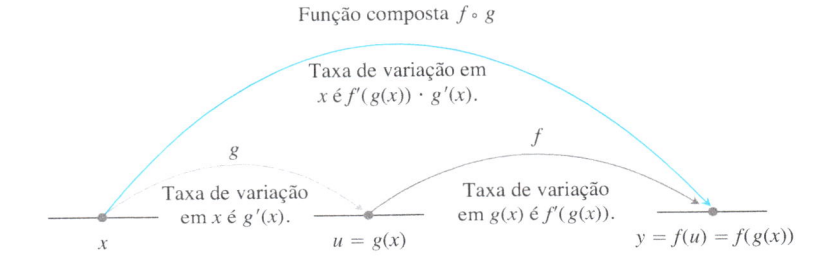

FIGURA 3.26 As taxas de variação se multiplicam: a derivada de $f \circ g$ em x é a derivada de f em $g(x)$ multiplicada pela derivada de g em x.

TEOREMA 2 — Regra da cadeia Se $f(u)$ é derivável no ponto $u = g(x)$ e $g(x)$ é derivável em x, então a função composta $(f \circ g)(x) = f(g(x))$ é derivável em x e:

$$(f \circ g)'(x) = f'(g(x)) \cdot g'(x).$$

Na notação de Leibniz, se $y = f(u)$ e $u = g(x)$, então:

$$\frac{dy}{dx} = \frac{dy}{du} \cdot \frac{du}{dx},$$

em que dy/du é calculada em $u = g(x)$.

"Prova" intuitiva da regra da cadeia:

Seja Δu a variação em u quando x varia em Δx, de forma que

$$\Delta u = g(x + \Delta x) - g(x).$$

Então, a variação correspondente em y é

$$\Delta y = f(u + \Delta u) - f(u).$$

Se $\Delta u \neq 0$, podemos escrever a fração $\Delta y / \Delta x$ como o produto

$$\frac{\Delta y}{\Delta x} = \frac{\Delta y}{\Delta u} \cdot \frac{\Delta u}{\Delta x} \qquad (1)$$

e obter o limite quando $\Delta x \to 0$:

$$\frac{dy}{dx} = \lim_{\Delta x \to 0} \frac{\Delta y}{\Delta x}$$

$$= \lim_{\Delta x \to 0} \frac{\Delta y}{\Delta u} \cdot \frac{\Delta u}{\Delta x}$$

$$= \lim_{\Delta x \to 0} \frac{\Delta y}{\Delta u} \cdot \lim_{\Delta x \to 0} \frac{\Delta u}{\Delta x}$$

$$= \lim_{\Delta u \to 0} \frac{\Delta y}{\Delta u} \cdot \lim_{\Delta x \to 0} \frac{\Delta u}{\Delta x} \qquad \text{(Observe que } \Delta u \to 0 \text{ quando } \Delta x \to 0\text{, uma vez que } g \text{ é contínua.)}$$

$$= \frac{dy}{du} \cdot \frac{du}{dx}.$$

O problema com esse argumento é que poderia ser verdade que $\Delta u = 0$, mesmo quando $\Delta x \neq 0$, então a eliminação de Δu na Equação 1 seria inválida. A prova requer uma abordagem diferente para evitar esse problema, e apresentaremos tal prova na Seção 3.11.

EXEMPLO 2 Um objeto se desloca ao longo do eixo x, de modo que sua posição em qualquer instante $t \geq 0$ é dada por $x(t) = \cos(t^2 + 1)$. Determine a velocidade do objeto em função de t.

Solução Sabemos que a velocidade é dx/dt. Nesse exemplo, x é uma função composta: $x = \cos(u)$ e $u = t^2 + 1$. Temos

$$\frac{dx}{du} = -\text{sen}(u) \qquad x = \cos(u)$$

$$\frac{du}{dt} = 2t. \qquad u = t^2 + 1$$

Pela regra da cadeia,

$$\frac{dx}{dt} = \frac{dx}{du} \cdot \frac{du}{dt}$$

$$= -\text{sen}(u) \cdot 2t \qquad \frac{dx}{du} \text{ calculado em } u$$

$$= -\text{sen}(t^2 + 1) \cdot 2t$$

$$= -2t \, \text{sen}(t^2 + 1).$$

Regra do "de fora para dentro"

Uma das dificuldades com a notação de Leibniz é que ela não estabelece especificamente em que ponto as derivadas devem ser calculadas na regra da cadeia. Por isso, às vezes é mais fácil usar a notação funcional. Se $y = f(g(x))$, então

$$\frac{dy}{dx} = f'(g(x)) \cdot g'(x).$$

Ou seja, derive a função "externa" (de fora) f, calculando-a na função $g(x)$ "interna" (de dentro) intocada, e a seguir multiplique-a pela derivada da "função interna".

EXEMPLO 3 Derive $\text{sen}(x^2 + e^x)$ com relação a x.

Solução Aplicamos diretamente a regra da cadeia e temos

$$\frac{d}{dx} \text{sen}(\underbrace{x^2 + e^x}_{\text{interna}}) = \cos(\underbrace{x^2 + e^x}_{\substack{\text{interna}\\\text{intocada}}}) \cdot \underbrace{(2x + e^x)}_{\substack{\text{derivada da}\\\text{função interna}}}.$$

EXEMPLO 4 Derive $y = e^{\cos x}$.

Solução Aqui, a função interna é $u = g(x) = \cos x$, e a externa é a função exponencial $f(x) = e^x$. Aplicando a regra da cadeia, temos

$$\frac{dy}{dx} = \frac{d}{dx}(e^{\cos x}) = e^{\cos x}\frac{d}{dx}(\cos x) = e^{\cos x}(-\text{sen}\, x) = -e^{\cos x}\text{sen}\, x.$$

Generalizando o Exemplo 4, vemos que a regra da cadeia nos fornece a fórmula

$$\frac{d}{dx}e^u = e^u \frac{du}{dx}.$$

Assim, por exemplo,

$$\frac{d}{dx}(e^{kx}) = e^{kx} \cdot \frac{d}{dx}(kx) = ke^{kx}, \text{ para uma constante } k$$

e

$$\frac{d}{dx}\left(e^{x^2}\right) = e^{x^2} \cdot \frac{d}{dx}(x^2) = 2xe^{x^2}.$$

Uso repetido da regra da cadeia

Às vezes, precisamos usar a regra da cadeia duas ou mais vezes para obtermos uma derivada.

BIOGRAFIA HISTÓRICA

Johann Bernoulli
(1667-1748)

EXEMPLO 5 Encontre a derivada de $g(t) = \text{tg}\,(5 - \text{sen}\, 2t)$.

Solução Veja que, nesse caso, a tangente é uma função de $5 - \text{sen}\, 2t$, enquanto o seno é uma função de $2t$, que é uma função de t. Portanto, pela regra da cadeia,

$$g'(t) = \frac{d}{dt}(\text{tg}\,(5 - \text{sen}\, 2t)) \quad \text{Derivada de tg}\, u \text{ com } u = 5 - \text{sen}\, 2t$$

$$= \sec^2(5 - \text{sen}\, 2t) \cdot \frac{d}{dt}(5 - \text{sen}\, 2t) \quad \text{Derivada de } 5 - \text{sen}\, u \text{ com } u = 2t$$

$$= \sec^2(5 - \text{sen}\, 2t) \cdot \left(0 - \cos 2t \cdot \frac{d}{dt}(2t)\right)$$

$$= \sec^2(5 - \text{sen}\, 2t) \cdot (-\cos 2t) \cdot 2$$

$$= -2(\cos 2t)\sec^2(5 - \text{sen}\, 2t).$$

Regra da cadeia com as potências de uma função

Se f é uma função derivável de u, e se u é uma função derivável de x, então substituir $y = f(u)$ na fórmula da regra da cadeia

$$\frac{dy}{dx} = \frac{dy}{du} \cdot \frac{du}{dx}$$

nos leva à fórmula

$$\frac{d}{dx}f(u) = f'(u)\frac{du}{dx}.$$

Se n é qualquer número real e f é uma função de potência, $f(u) = u^n$, a regra da potência nos diz que $f'(u) = nu^{n-1}$. Se u é uma função derivável de x, podemos aplicar a regra da cadeia, ampliando-a para a **regra da cadeia para potências:**

$$\frac{d}{dx}(u^n) = nu^{n-1}\frac{du}{dx}. \qquad \frac{d}{du}(u^n) = nu^{n-1}$$

EXEMPLO 6 A regra da cadeia para potências simplifica o cálculo da derivada de uma potência de uma expressão.

(a) $\dfrac{d}{dx}(5x^3 - x^4)^7 = 7(5x^3 - x^4)^6 \dfrac{d}{dx}(5x^3 - x^4)$ Regra da cadeia para potências com $u = 5x^3 - x^4$, $n = 7$

$= 7(5x^3 - x^4)^6 (5 \cdot 3x^2 - 4x^3)$

$= 7(5x^3 - x^4)^6 (15x^2 - 4x^3)$

(b) $\dfrac{d}{dx}\left(\dfrac{1}{3x - 2}\right) = \dfrac{d}{dx}(3x - 2)^{-1}$

$= -1(3x - 2)^{-2} \dfrac{d}{dx}(3x - 2)$ Regra da cadeia para potências com $u = 3x - 2$, $n = -1$

$= -1(3x - 2)^{-2}(3)$

$= -\dfrac{3}{(3x - 2)^2}$

No item (b), poderíamos ter usado a regra do quociente para determinar a derivada.

(c) $\dfrac{d}{dx}(\operatorname{sen}^5 x) = 5 \operatorname{sen}^4 x \cdot \dfrac{d}{dx} \operatorname{sen} x$ Regra da cadeia para potências com $u = \operatorname{sen} x$, $n = 5$, porque $\operatorname{sen}^n x$ é o mesmo que $(\operatorname{sen} x)^n$, $n \neq -1$.

$= 5 \operatorname{sen}^4 x \cos x$

(d) $\dfrac{d}{dx}\left(e^{\sqrt{3x+1}}\right) = e^{\sqrt{3x+1}} \cdot \dfrac{d}{dx}\left(\sqrt{3x + 1}\right)$

$= e^{\sqrt{3x+1}} \cdot \dfrac{1}{2}(3x + 1)^{-1/2} \cdot 3$ Regra da cadeia para potências com $u = 3x + 1$, $n = 1/2$

$= \dfrac{3}{2\sqrt{3x + 1}} e^{\sqrt{3x+1}}$

EXEMPLO 7 Na Seção 3.2, vimos que a função valor absoluto $y = |x|$ não é derivável em $x = 0$. No entanto, como mostraremos agora, a função *é* derivável para todos os outros números reais. Uma vez que $|x| = \sqrt{x^2}$, podemos deduzir a seguinte fórmula:

$\dfrac{d}{dx}(|x|) = \dfrac{d}{dx}\sqrt{x^2}$

$= \dfrac{1}{2\sqrt{x^2}} \cdot \dfrac{d}{dx}(x^2)$ Regra da cadeia para potências com $u = x^2$, $n = 1/2$, $x \neq 0$

$= \dfrac{1}{2|x|} \cdot 2x$ $\sqrt{x^2} = |x|$

$= \dfrac{x}{|x|}, \quad x \neq 0.$

Derivada da função valor absoluto

$\dfrac{d}{dx}(|x|) = \dfrac{x}{|x|}, \quad x \neq 0$

EXEMPLO 8 Mostre que o coeficiente angular de toda reta tangente à curva $y = 1/(1 - 2x)^3$ é positivo.

Solução Encontramos a derivada:

$\dfrac{dy}{dx} = \dfrac{d}{dx}(1 - 2x)^{-3}$

$= -3(1 - 2x)^{-4} \cdot \dfrac{d}{dx}(1 - 2x)$ Regra da cadeia para potências com $u = (1 - 2x)$, $n = -3$

$= -3(1 - 2x)^{-4} \cdot (-2)$

$= \dfrac{6}{(1 - 2x)^4}.$

Em qualquer ponto (x, y) na curva, $x \neq 1/2$, e o coeficiente angular da reta tangente é

$$\frac{dy}{dx} = \frac{6}{(1-2x)^4},$$

o quociente de dois números positivos.

EXEMPLO 9 Tanto as fórmulas para as derivadas de sen x quanto para as de cos x foram obtidas com x medido em radianos, e *não* em graus. A regra da cadeia fornece uma nova visão sobre a diferença entre os dois. Uma vez que 180° = π radianos, $x° = \pi x/180$ radianos, em que $x°$ é o tamanho do ângulo x medido em graus.

Pela regra da cadeia,

$$\frac{d}{dx}\operatorname{sen}(x°) = \frac{d}{dx}\operatorname{sen}\left(\frac{\pi x}{180}\right) = \frac{\pi}{180}\cos\left(\frac{\pi x}{180}\right) = \frac{\pi}{180}\cos(x°).$$

Veja a Figura 3.27. Do mesmo modo, a derivada de cos $(x°)$ é $-(\pi/180)$ sen $(x°)$.

O fator $\pi/180$ seria composto com derivações seguidas. Percebemos aqui a vantagem de usar a unidade radiano em cálculos.

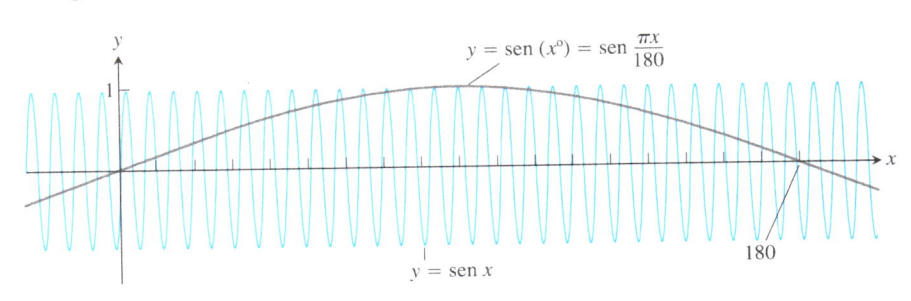

FIGURA 3.27 O sen $(x°)$ oscila apenas $\pi/180$ vezes, o número de vezes que sen x oscila. Seu coeficiente angular máximo é $\pi/180$ em $x = 0$ (Exemplo 9).

Exercícios 3.6

Cálculo de derivadas

Nos Exercícios 1-8, dados $y = f(u)$ e $u = g(x)$, determine $dy/dx = f'(g(x))g'(x)$.

1. $y = 6u - 9$, $u = (1/2)x^4$
2. $y = 2u^3$, $u = 8x - 1$
3. $y = \operatorname{sen} u$, $u = 3x + 1$
4. $y = \cos u$, $u = -x/3$
5. $y = \cos u$, $u = \operatorname{sen} x$
6. $y = \operatorname{sen} u$, $u = x - \cos x$
7. $y = \operatorname{tg} u$, $u = 10x - 5$
8. $y = -\sec u$, $u = x^2 + 7x$

Nos Exercícios 9-22, escreva as funções na forma $y = f(u)$ e $u = g(x)$. Em seguida, determine dy/dx em função de x.

9. $y = (2x + 1)^5$
10. $y = (4 - 3x)^9$
11. $y = \left(1 - \dfrac{x}{7}\right)^{-7}$
12. $y = \left(\dfrac{x}{2} - 1\right)^{-10}$
13. $y = \left(\dfrac{x^2}{8} + x - \dfrac{1}{x}\right)^4$
14. $y = \sqrt{3x^2 - 4x + 6}$
15. $y = \sec(\operatorname{tg} x)$
16. $y = \operatorname{cotg}\left(\pi - \dfrac{1}{x}\right)$
17. $y = \operatorname{sen}^3 x$
18. $y = 5\cos^{-4} x$
19. $y = e^{-5x}$
20. $y = e^{2x/3}$
21. $y = e^{5-7x}$
22. $y = e^{(4\sqrt{x} + x^2)}$

Nos Exercícios 23-50, determine as derivadas das funções.

23. $p = \sqrt{3 - t}$
24. $q = \sqrt[3]{2r - r^2}$
25. $s = \dfrac{4}{3\pi}\operatorname{sen} 3t + \dfrac{4}{5\pi}\cos 5t$
26. $s = \operatorname{sen}\left(\dfrac{3\pi t}{2}\right) + \cos\left(\dfrac{3\pi t}{2}\right)$
27. $r = (\operatorname{cossec}\theta + \operatorname{cotg}\theta)^{-1}$
28. $r = 6(\sec\theta - \operatorname{tg}\theta)^{3/2}$
29. $y = x^2\operatorname{sen}^4 x + x\cos^{-2} x$
30. $y = \dfrac{1}{x}\operatorname{sen}^{-5} x - \dfrac{x}{3}\cos^3 x$
31. $y = \dfrac{1}{21}(3x - 2)^7 + \left(4 - \dfrac{1}{2x^2}\right)^{-1}$
32. $y = (5 - 2x)^{-3} + \dfrac{1}{8}\left(\dfrac{2}{x} + 1\right)^4$
33. $y = (4x + 3)^4(x + 1)^{-3}$
34. $y = (2x - 5)^{-1}(x^2 - 5x)^6$
35. $y = xe^{-x} + e^{3x}$
36. $y = (1 + 2x)e^{-2x}$
37. $y = (x^2 - 2x + 2)e^{5x/2}$
38. $y = (9x^2 - 6x + 2)e^{x^3}$
39. $h(x) = x\operatorname{tg}(2\sqrt{x}) + 7$
40. $k(x) = x^2\sec\left(\dfrac{1}{x}\right)$
41. $f(x) = \sqrt{7 + x\sec x}$
42. $g(x) = \dfrac{\operatorname{tg} 3x}{(x + 7)^4}$
43. $f(\theta) = \left(\dfrac{\operatorname{sen}\theta}{1 + \cos\theta}\right)^2$
44. $g(t) = \left(\dfrac{1 + \operatorname{sen} 3t}{3 - 2t}\right)^{-1}$
45. $r = \operatorname{sen}(\theta^2)\cos(2\theta)$

46. $r = \sec\sqrt{\theta}\,\text{tg}\left(\dfrac{1}{\theta}\right)$

47. $q = \text{sen}\left(\dfrac{t}{\sqrt{t+1}}\right)$

48. $q = \text{cotg}\left(\dfrac{\text{sen }t}{t}\right)$

49. $y = \cos(e^{-\theta^2})$

50. $y = \theta^3 e^{-2\theta}\cos 5\theta$

Nos Exercícios 51-70 determine dy/dt.

51. $y = \text{sen}^2(\pi t - 2)$
52. $y = \sec^2 \pi t$
53. $y = (1 + \cos 2t)^{-4}$
54. $y = (1 + \text{cotg}(t/2))^{-2}$
55. $y = (t\,\text{tg}\,t)^{10}$
56. $y = (t^{-3/4}\,\text{sen}\,t)^{4/3}$
57. $y = e^{\cos^2(\pi t - 1)}$
58. $y = (e^{\text{sen}(t/2)})^3$
59. $y = \left(\dfrac{t^2}{t^3 - 4t}\right)^3$
60. $y = \left(\dfrac{3t-4}{5t+2}\right)^{-5}$
61. $y = \text{sen}(\cos(2t-5))$
62. $y = \cos\left(5\,\text{sen}\left(\dfrac{t}{3}\right)\right)$
63. $y = \left(1 + \text{tg}^4\left(\dfrac{t}{12}\right)\right)^3$
64. $y = \dfrac{1}{6}\left(1 + \cos^2(7t)\right)^3$
65. $y = \sqrt{1 + \cos(t^2)}$
66. $y = 4\,\text{sen}\left(\sqrt{1 + \sqrt{t}}\right)$
67. $y = \text{tg}^2(\text{sen}^3 t)$
68. $y = \cos^4(\sec^2 3t)$
69. $y = 3t(2t^2 - 5)^4$
70. $y = \sqrt{3t + \sqrt{2 + \sqrt{1-t}}}$

Segundas derivadas

Calcule y'' nos Exercícios 71-78.

71. $y = \left(1 + \dfrac{1}{x}\right)^3$
72. $y = (1 - \sqrt{x})^{-1}$
73. $y = \dfrac{1}{9}\text{cotg}(3x - 1)$
74. $y = 9\,\text{tg}\left(\dfrac{x}{3}\right)$
75. $y = x(2x + 1)^4$
76. $y = x^2(x^3 - 1)^5$
77. $y = e^{x^2} + 5x$
78. $y = \text{sen}(x^2 e^x)$

Determinação dos valores das derivadas

Nos Exercícios 79-84, determine o valor de $(f \circ g)'$ no valor fornecido de x.

79. $f(u) = u^5 + 1$, $u = g(x) = \sqrt{x}$, $x = 1$
80. $f(u) = 1 - \dfrac{1}{u}$, $u = g(x) = \dfrac{1}{1-x}$, $x = -1$
81. $f(u) = \text{cotg}\,\dfrac{\pi u}{10}$, $u = g(x) = 5\sqrt{x}$, $x = 1$
82. $f(u) = u + \dfrac{1}{\cos^2 u}$, $u = g(x) = \pi x$, $x = 1/4$
83. $f(u) = \dfrac{2u}{u^2 + 1}$, $u = g(x) = 10x^2 + x + 1$, $x = 0$
84. $f(u) = \left(\dfrac{u-1}{u+1}\right)^2$, $u = g(x) = \dfrac{1}{x^2} - 1$, $x = -1$

85. Suponha que $f'(3) = -1$, $g'(2) = 5$, $g(2) = 3$ e $y = f(g(x))$. Qual o valor de y' quando $x = 2$?

86. Se $r = \text{sen}(f(t))$, $f(0) = \pi/3$ e $f'(0) = 4$, então qual é o valor de dr/dt em $t = 0$?

87. Suponha que as funções f e g e suas derivadas em relação a x tenham os seguintes valores em $x = 2$ e $x = 3$.

x	$f(x)$	$g(x)$	$f'(x)$	$g'(x)$
2	8	2	1/3	-3
3	3	-4	2π	5

Determine as derivadas das seguintes combinações em relação a x usando os valores dados de x:

a. $2f(x)$, $x = 2$
b. $f(x) + g(x)$, $x = 3$
c. $f(x)\cdot g(x)$, $x = 3$
d. $f(x)/g(x)$, $x = 2$
e. $f(g(x))$, $x = 2$
f. $\sqrt{f(x)}$, $x = 2$
g. $1/g^2(x)$, $x = 3$
h. $\sqrt{f^2(x) + g^2(x)}$, $x = 2$

88. Suponha que as funções f e g e suas derivadas em relação a x tenham os seguintes valores em $x = 0$ e $x = 1$.

x	$f(x)$	$g(x)$	$f'(x)$	$g'(x)$
0	1	1	5	1/3
1	3	-4	-1/3	-8/3

Determine as derivadas em relação a x das seguintes combinações usando o valor dado de x.

a. $5f(x) - g(x)$, $x = 1$
b. $f(x)g^3(x)$, $x = 0$
c. $\dfrac{f(x)}{g(x) + 1}$, $x = 1$
d. $f(g(x))$, $x = 0$
e. $g(f(x))$, $x = 0$
f. $(x^{11} + f(x))^{-2}$, $x = 1$
g. $f(x + g(x))$, $x = 0$

89. Determine ds/dt quando $\theta = 3\pi/2$ se $s = \cos\theta$ e $d\theta/dt = 5$.

90. Determine dy/dt quando $x = 1$ se $y = x^2 + 7x - 5$ e $dx/dt = 1/3$.

Teoria e exemplos

O que aconteceria se você pudesse escrever uma função composta de diferentes maneiras? Você obteria sempre a mesma derivada? A regra da cadeia diz que sim. Tente fazer isso com as funções nos Exercícios 91 e 92.

91. Se $y = x$, determine dy/dx usando a regra da cadeia, sendo y uma função composta de

a. $y = (u/5) + 7$ e $u = 5x - 35$
b. $y = 1 + (1/u)$ e $u = 1/(x-1)$.

92. Se $y = x^{3/2}$, determine dy/dx usando a regra da cadeia, sendo y uma função composta de

a. $y = u^3$ e $u = \sqrt{x}$
b. $y = \sqrt{u}$ e $u = x^3$.

93. Determine a tangente de $y = ((x-1)/(x+1))^2$ em $x = 0$.

94. Determine a tangente de $y = \sqrt{x^2 - x + 7}$ em $x = 2$.

95. a. Determine a tangente à curva $y = 2\,\text{tg}(\pi x/4)$ em $x = 1$.

b. **Coeficientes angulares de uma curva tangente** Qual o menor valor de coeficiente angular que a curva pode ter no intervalo $-2 < x < 2$? Justifique sua resposta.

96. **Coeficientes angulares de senoides**

a. Determine as equações para as tangentes às curvas $y = \text{sen}\,2x$ e $y = -\text{sen}(x/2)$ na origem. Existe algum aspecto diferente no modo como essas tangentes estão relacionadas? Justifique sua resposta.

b. O que se pode dizer sobre as tangentes às curvas $y = \text{sen}\,mx$ e $y = -\text{sen}(x/m)$ na origem (m é uma constante $\neq 0$)? Justifique sua resposta.

c. Para dado m, quais são os maiores valores de coeficiente angular que as curvas $y = \text{sen}\,mx$ e $y = -\text{sen}(x/m)$ podem ter? Justifique sua resposta.

d. A função $y = \text{sen}\,x$ completa um período no intervalo $[0, 2\pi]$, a função $y = \text{sen}\,2x$, dois períodos, a função $y = (\text{sen}\,x/2)$, meio período, e assim por diante. Existe alguma relação entre o número de períodos que $y = \text{sen}\,mx$ completa em $[0, 2\pi]$ e o coeficiente angular da curva $y = \text{sen}\,mx$ na origem? Justifique sua resposta.

97. Funcionamento muito rápido de maquinário Suponha que um pistão se desloque para cima e para baixo e que a sua posição no instante t segundos seja dada por

$$s = A \cos(2\pi bt),$$

com A e b positivos. O valor de A é a amplitude do movimento, e de b é a frequência (número de vezes que o pistão se desloca para cima e para baixo a cada segundo). Que efeito a duplicação da frequência tem sobre a velocidade, a aceleração e a sobreaceleração do pistão? (Ao descobrir a resposta, você entenderá por que uma máquina quebra quando funciona rápido demais.)

98. Temperaturas em Fairbanks, Alaska O gráfico a seguir mostra a temperatura média em Fahrenheit em Fairbanks, Alaska, durante um ano típico de 365 dias. A equação que fornece a temperatura aproximada no dia x é

$$y = 37 \operatorname{sen}\left[\frac{2\pi}{365}(x - 101)\right] + 25$$

e é representada na figura a seguir.

a. Em que dia a temperatura aumenta mais rapidamente?

b. Quantos graus por dia, aproximadamente, a temperatura sobe quando aumenta mais rapidamente?

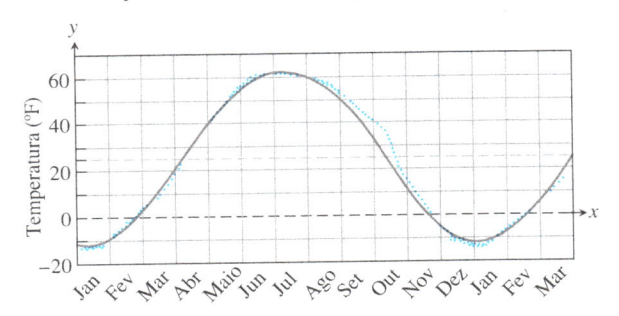

99. Movimento de uma partícula A posição de uma partícula que se desloca ao longo de uma reta coordenada é dada por $s = \sqrt{1 + 4t}$, com s em metros e t em segundos. Determine a velocidade e a aceleração da partícula em $t = 6$ s.

100. Aceleração constante Suponha que a velocidade de um corpo em queda seja $v = k\sqrt{s}$ m/s (com k uma constante) no instante em que o corpo caiu s metros do ponto de partida. Mostre que a aceleração do corpo é constante.

101. Meteorito em queda Quando um meteorito pesado está a s quilômetros do centro da Terra, sua velocidade de entrada na atmosfera terrestre é inversamente proporcional a $\sqrt{s}$. Mostre que a aceleração do meteorito é inversamente proporcional a s^2.

102. Aceleração de uma partícula Uma partícula se desloca ao longo do eixo x com velocidade $dx/dt = f(x)$. Mostre que sua aceleração é $f(x)f'(x)$.

103. Temperatura e o período de um pêndulo Para oscilações de pequena amplitude (balanços curtos), é seguro modelar a relação entre o período T e o comprimento L de um pêndulo simples com a equação

$$T = 2\pi\sqrt{\frac{L}{g}},$$

em que g é a aceleração constante da gravidade no local em que o pêndulo se encontra. Se medirmos g em cm/s^2, devemos usar L em centímetros e T em segundos. Se o pêndulo for de metal, seu comprimento variará de acordo com a temperatura, aumentando ou diminuindo a uma taxa aproximadamente proporcional a L. Usando os símbolos u para temperatura e k para a constante de proporcionalidade, temos

$$\frac{dL}{du} = kL.$$

Considerando que esse seja o caso, mostre que a taxa de variação do período em relação à temperatura é $kT/2$.

104. Regra da cadeia Suponha que $f(x) = x^2$ e $g(x) = |x|$. Então, as funções compostas

$$(f \circ g)(x) = |x|^2 = x^2 \quad \text{e} \quad (g \circ f)(x) = |x^2| = x^2$$

são ambas deriváveis em $x = 0$, muito embora g em si não seja derivável em $x = 0$. Isso contradiz a regra da cadeia? Explique.

105. Derivada de sen $2x$ Represente graficamente a função $y = 2 \cos 2x$ para $-2 \le x \le 3,5$. Depois, na mesma tela, faça o gráfico de

$$y = \frac{\operatorname{sen} 2(x + h) - \operatorname{sen} 2x}{h}$$

para $h = 1,0$; $0,5$ e $0,2$. Experimente outros valores de h, incluindo valores negativos. O que acontece quando $h \to 0$? Explique esse comportamento.

106. Derivada de cos (x^2) Represente graficamente a função $y = -2x \operatorname{sen}(x^2)$ para $-2 \le x \le 3$. Depois, na mesma tela, faça o gráfico de

$$y = \frac{\cos((x + h)^2) - \cos(x^2)}{h}$$

para $h = 1,0$; $0,7$ e $0,3$. Experimente outros valores de h. O que acontece quando $h \to 0$? Explique esse comportamento.

Usando a regra da cadeia, mostre que a regra da potência $(d/dx)x^n = nx^{n-1}$ vale para as funções x^n nos Exercícios 107 e 108.

107. $x^{1/4} = \sqrt{\sqrt{x}}$ **108.** $x^{3/4} = \sqrt{x\sqrt{x}}$

USO DO COMPUTADOR
Polinômios trigonométricos

109. Como vemos na figura a seguir, o "polinômio" trigonométrico

$$s = f(t) = 0,78540 - 0,63662 \cos 2t - 0,07074 \cos 6t$$
$$- 0,02546 \cos 10t - 0,01299 \cos 14t$$

permite uma boa aproximação da função dente de serra $s = g(t)$ no intervalo $[-\pi, \pi]$. Até que ponto a derivada de f se aproxima da derivada de g nos pontos em que dg/dt está definida? Para descobrir, siga os seguintes passos:

a. Faça o gráfico de dg/dt (onde for definida) em $[-\pi, \pi]$.

b. Determine df/dt.

c. Faça o gráfico de df/dt. Em que ponto a aproximação de dg/dt por df/dt parece ser maior? E menor? As aproximações por polinômios trigonométricos são importantes nas teorias de calor e oscilação, mas, como veremos no próximo exercício, não devemos esperar muito delas.

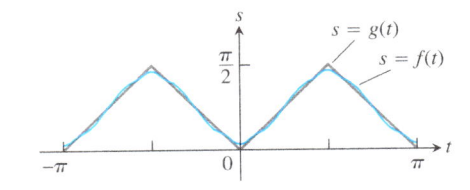

110. (*Continuação do Exercício 109.*) No Exercício 109, o polinômio trigonométrico $f(t)$ que se aproximou da função dente de serra $g(t)$ no intervalo $[-\pi, \pi]$ apresentou uma derivada que se aproximou da derivada da função dente de serra. Entretanto, é possível que um polinômio trigonométrico se aproxime de modo razoável de uma função sem que sua derivada se aproxime da derivada da função. Nesse caso, o "polinômio"

$$s = h(t) = 1{,}2732 \operatorname{sen} 2t + 0{,}4244 \operatorname{sen} 6t + 0{,}25465 \operatorname{sen} 10t + 0{,}18189 \operatorname{sen} 14t + 0{,}14147 \operatorname{sen} 18t$$

representado graficamente na figura ao lado se aproxima da função escada $s = k(t)$ apresentada. No entanto, a derivada de h em nada se parece com a derivada de k.

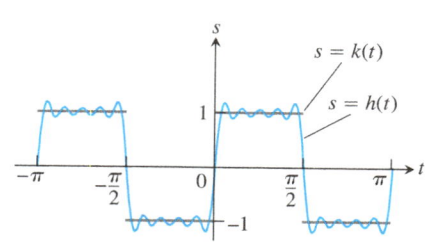

a. Faça o gráfico de dk/dt (no ponto em que ela é definida) em $[-\pi, \pi]$.
b. Determine dh/dt.
c. Faça o gráfico de dh/dt para ver como ele não se ajusta bem ao gráfico de dk/dt. Comente a esse respeito.

3.7 Derivação implícita

A maioria das funções com as quais lidamos até agora foi descrita por uma equação com a forma $y = f(x)$, que expressa y explicitamente em termos da variável x. Aprendemos regras para derivar funções definidas dessa maneira. Outra situação ocorre quando nos deparamos com equações como

$$x^3 + y^3 - 9xy = 0, \quad y^2 - x = 0 \quad \text{ou} \quad x^2 + y^2 - 25 = 0.$$

(Veja as Figuras 3.28, 3.29 e 3.30.) Essas equações definem uma relação *implícita* entre as variáveis x e y. Em alguns casos, somos capazes de resolver tal equação para y como uma função explícita (ou mesmo várias funções) de x. Quando não podemos colocar uma equação $F(x, y) = 0$ na forma $y = f(x)$ para derivá-la da maneira usual, podemos ainda determinar dy/dx por intermédio da *derivação implícita*. Esta seção descreve a técnica.

Funções definidas implicitamente

Para iniciar, apresentaremos dois exemplos que envolvem equações familiares que podem ser resolvidas para y como função de x para calcular dy/dx da maneira usual. Então, derivaremos as equações implicitamente e determinaremos a derivada para comparar os dois métodos. Após apresentarmos os exemplos, resumiremos as etapas envolvidas no novo método. Nos exemplos e nos exercícios, sempre supomos que a equação dada determina y implicitamente como uma função derivável de x, de modo que dy/dx exista.

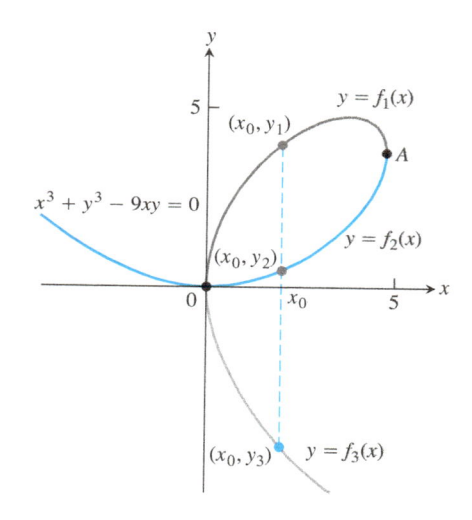

FIGURA 3.28 A curva $x^3 + y^3 - 9xy = 0$ não é o gráfico de nenhuma função de x. Entretanto, ela pode ser dividida em arcos separados, que *são* os gráficos de funções de x. Essa curva específica, chamada de *fólio*, remonta a Descartes, em 1638.

EXEMPLO 1 Determine dy/dx se $y^2 = x$.

Solução A equação $y^2 = x$ define duas funções deriváveis de x, que, na verdade, podemos determinar com $y_1 = \sqrt{x}$ e $y_2 = -\sqrt{x}$ (Figura 3.29). Sabemos como calcular a derivada de cada uma delas para $x > 0$:

$$\frac{dy_1}{dx} = \frac{1}{2\sqrt{x}} \quad \text{e} \quad \frac{dy_2}{dx} = -\frac{1}{2\sqrt{x}}.$$

No entanto, suponha que soubéssemos apenas que a equação $y^2 = x$ define y como uma ou mais funções deriváveis de x para $x > 0$, sem saber exatamente quais seriam essas funções. Ainda seria possível determinar dy/dx?

A resposta é sim. Para determinar dy/dx, simplesmente derivamos os dois lados da equação $y^2 = x$ em relação a x, considerando $y = f(x)$ como uma função derivável de x:

$$y^2 = x$$
$$2y\frac{dy}{dx} = 1$$
$$\frac{dy}{dx} = \frac{1}{2y}.$$

Pela regra da cadeia, temos $\frac{d}{dx}(y^2) =$
$\frac{d}{dx}[f(x)]^2 = 2f(x)f'(x) = 2y\frac{dy}{dx}$.

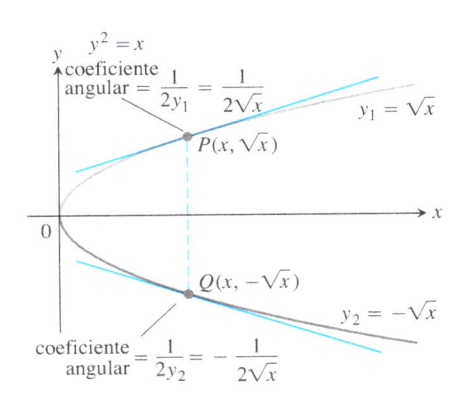

FIGURA 3.29 A equação $y^2 - x = 0$ ou $y^2 = x$, como geralmente é escrita, define duas funções deriváveis de x no intervalo $x > 0$. O Exemplo 1 mostra como determinar as derivadas dessas funções sem resolver y na equação $y^2 = x$.

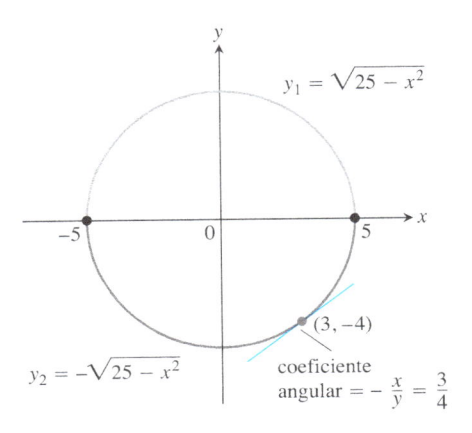

FIGURA 3.30 O círculo combina os gráficos de duas funções. O gráfico de y_2 é o semicírculo inferior que passa por $(3, -4)$.

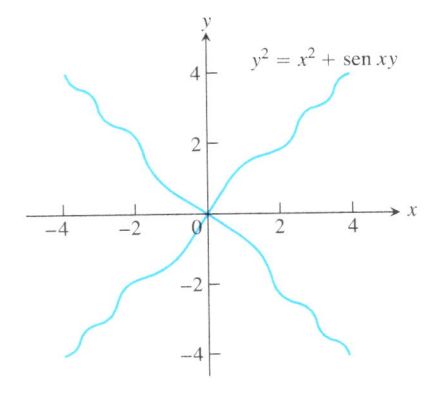

FIGURA 3.31 Gráfico de $y^2 = x^2 + \operatorname{sen} xy$ no Exemplo 3.

Essa é a fórmula que fornece as derivadas que calculamos para *ambas* as soluções explícitas $y_1 = \sqrt{x}$ e $y_2 = -\sqrt{x}$:

$$\frac{dy_1}{dx} = \frac{1}{2y_1} = \frac{1}{2\sqrt{x}} \qquad \text{e} \qquad \frac{dy_2}{dx} = \frac{1}{2y_2} = \frac{1}{2(-\sqrt{x})} = -\frac{1}{2\sqrt{x}}.$$

EXEMPLO 2 Determine o coeficiente angular do círculo $x^2 + y^2 = 25$ no ponto $(3, -4)$.

Solução O círculo não é o gráfico de uma única função de x, pelo contrário. Ele é a combinação dos gráficos de duas funções deriváveis, $y_1 = \sqrt{25 - x^2}$ e $y_2 = -\sqrt{25 - x^2}$ (Figura 3.30). O ponto $(3, -4)$ está no gráfico de y_2, portanto podemos determinar o coeficiente angular pelo cálculo direto da derivada usando a regra da cadeia para potências:

$$\left.\frac{dy_2}{dx}\right|_{x=3} = -\left.\frac{-2x}{2\sqrt{25 - x^2}}\right|_{x=3} = -\frac{-6}{2\sqrt{25 - 9}} = \frac{3}{4}. \quad \begin{array}{l}\frac{d}{dx}-(25-x^2)^{1/2} = \\ -\frac{1}{2}(25-x^2)^{-1/2}(-2x)\end{array}$$

Podemos resolver esse problema com mais facilidade ao derivar implicitamente a equação dada do círculo com relação a x:

$$\frac{d}{dx}(x^2) + \frac{d}{dx}(y^2) = \frac{d}{dx}(25)$$
$$2x + 2y\frac{dy}{dx} = 0$$
$$\frac{dy}{dx} = -\frac{x}{y}.$$

O coeficiente angular em $(3, -4)$ é $-\left.\dfrac{x}{y}\right|_{(3,-4)} = -\dfrac{3}{-4} = \dfrac{3}{4}.$

Observe que, diferentemente da fórmula do coeficiente angular para dy_2/dx, que se aplica apenas a pontos abaixo do eixo x, a fórmula $dy/dx = -x/y$ se aplica a qualquer ponto do círculo que apresente um coeficiente angular. Observe também que a derivada envolve *ambas* as variáveis x e y, e não apenas a variável independente x.

Para calcular as derivadas de outras funções definidas implicitamente, procederemos como nos Exemplos 1 e 2: trataremos y como uma função derivável implícita de x e aplicaremos as regras usuais para derivar os dois lados da equação de definição.

Derivação implícita

1. Derive os dois lados da equação em relação a x, considerando y como uma função derivável de x.
2. Agrupe os termos que contêm dy/dx em um lado da equação e determine dy/dx.

EXEMPLO 3 Determine dy/dx se $y^2 = x^2 + \operatorname{sen} xy$ (Figura 3.31).

Solução Derivamos a equação implicitamente.

$$y^2 = x^2 + \operatorname{sen} xy$$

$$\frac{d}{dx}(y^2) = \frac{d}{dx}(x^2) + \frac{d}{dx}(\operatorname{sen} xy) \qquad \text{Derive os dois lados em relação a } x\ldots$$

$$2y\frac{dy}{dx} = 2x + (\cos xy)\frac{d}{dx}(xy) \qquad \text{\ldots considerando } y \text{ como uma função de } x \text{ e usando a regra da cadeia.}$$

$$2y\frac{dy}{dx} = 2x + (\cos xy)\left(y + x\frac{dy}{dx}\right) \qquad \text{Considere } xy \text{ como um produto.}$$

$$2y\frac{dy}{dx} - (\cos xy)\left(x\frac{dy}{dx}\right) = 2x + (\cos xy)y \qquad \text{Agrupe os termos com } dy/dx.$$

$$(2y - x\cos xy)\frac{dy}{dx} = 2x + y\cos xy$$

$$\frac{dy}{dx} = \frac{2x + y\cos xy}{2y - x\cos xy} \qquad \text{Determine } dy/dx.$$

Observe que a fórmula para dy/dx se aplica a qualquer ponto em que a curva definida implicitamente tenha um coeficiente angular. Note ainda que a derivada envolve *ambas* as variáveis x e y, e não apenas a variável independente x.

Derivadas de ordem superior

A derivação implícita também pode ser usada para determinar derivadas de ordem superior.

EXEMPLO 4 Determine d^2y/dx^2 se $2x^3 - 3y^2 = 8$.

Solução Para começar, diferencie ambos os lados da equação em relação a x para determinar $y' = dy/dx$.

$$\frac{d}{dx}(2x^3 - 3y^2) = \frac{d}{dx}(8) \qquad \text{Considere } y \text{ como função de } x.$$

$$6x^2 - 6yy' = 0$$

$$y' = \frac{x^2}{y}, \qquad \text{quando } y \neq 0 \qquad \text{Determine } y'.$$

Aplicaremos agora a regra do quociente para determinar y''.

$$y'' = \frac{d}{dx}\left(\frac{x^2}{y}\right) = \frac{2xy - x^2 y'}{y^2} = \frac{2x}{y} - \frac{x^2}{y^2} \cdot y'$$

Finalmente, substituiremos $y' = x^2/y$ para expressar y'' em termos de x e y.

$$y'' = \frac{2x}{y} - \frac{x^2}{y^2}\left(\frac{x^2}{y}\right) = \frac{2x}{y} - \frac{x^4}{y^3}, \qquad \text{quando } y \neq 0$$

Lentes, tangentes e retas normais

Na lei que descreve como a luz muda de direção ao passar por uma lente, os ângulos importantes são aqueles que a luz forma com a reta perpendicular à superfície da lente no ponto de incidência (ângulos A e B na Figura 3.32). Essa reta é chamada de *normal* à superfície no ponto de incidência. Em uma vista de perfil de uma lente como a da Figura 3.32, a **normal** é a reta perpendicular àquela que tangencia a curva no ponto de incidência.

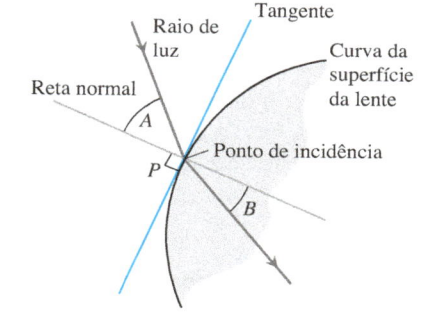

FIGURA 3.32 Perfil de uma lente que mostra a refração de um raio de luz à medida que este passa através da superfície da lente.

EXEMPLO 5 Mostre que o ponto $(2, 4)$ está na curva $x^3 + y^3 - 9xy = 0$. Em seguida, determine a tangente e a normal à curva nesse ponto (Figura 3.33).

Solução O ponto $(2, 4)$ está na curva porque suas coordenadas satisfazem a equação dada para a curva: $2^3 + 4^3 - 9(2)(4) = 8 + 64 - 72 = 0$.

Para determinar o coeficiente angular da curva em $(2, 4)$, primeiro usamos a derivação implícita para chegar à fórmula para dy/dx:

$$x^3 + y^3 - 9xy = 0$$

$$\frac{d}{dx}(x^3) + \frac{d}{dx}(y^3) - \frac{d}{dx}(9xy) = \frac{d}{dx}(0)$$

$$3x^2 + 3y^2\frac{dy}{dx} - 9\left(x\frac{dy}{dx} + y\frac{dx}{dx}\right) = 0 \qquad \text{Derive os dois lados em relação a } x.$$

$$(3y^2 - 9x)\frac{dy}{dx} + 3x^2 - 9y = 0 \qquad \text{Considere } xy \text{ como um produto e } y \text{ como uma função de } x.$$

$$3(y^2 - 3x)\frac{dy}{dx} = 9y - 3x^2$$

$$\frac{dy}{dx} = \frac{3y - x^2}{y^2 - 3x}. \qquad \text{Determine } dy/dx.$$

FIGURA 3.33 O Exemplo 5 mostra como determinar equações para a tangente e a normal para o fólio de Descartes em $(2, 4)$.

Então, calculamos a derivada em $(x, y) = (2, 4)$:

$$\left.\frac{dy}{dx}\right|_{(2,4)} = \left.\frac{3y - x^2}{y^2 - 3x}\right|_{(2,4)} = \frac{3(4) - 2^2}{4^2 - 3(2)} = \frac{8}{10} = \frac{4}{5}.$$

A tangente em $(2, 4)$ é a reta que passa por $(2, 4)$ com coeficiente angular 4/5:

$$y = 4 + \frac{4}{5}(x - 2)$$

$$y = \frac{4}{5}x + \frac{12}{5}.$$

A normal à curva em $(2, 4)$ é a reta perpendicular à tangente nesse ponto, a reta que passa por $(2, 4)$ com coeficiente angular $-5/4$:

$$y = 4 - \frac{5}{4}(x - 2)$$

$$y = -\frac{5}{4}x + \frac{13}{2}.$$

A fórmula quadrática permite calcular uma equação de segundo grau como $y^2 - 2xy + 3x^2 = 0$ para y em termos de x. Existe uma fórmula para as três raízes de uma equação cúbica similar à fórmula quadrática, só que muito mais complicada. Se essa fórmula for usada para resolver a equação $x^3 + y^3 = 9xy$ para y em termos de x no Exemplo 5, então as três funções determinadas pela equação serão

$$y = f(x) = \sqrt[3]{-\frac{x^3}{2} + \sqrt{\frac{x^6}{4} - 27x^3}} + \sqrt[3]{-\frac{x^3}{2} - \sqrt{\frac{x^6}{4} - 27x^3}}$$

e

$$y = \frac{1}{2}\left[-f(x) \pm \sqrt{-3}\left(\sqrt[3]{-\frac{x^3}{2} + \sqrt{\frac{x^6}{4} - 27x^3}} - \sqrt[3]{-\frac{x^3}{2} - \sqrt{\frac{x^6}{4} - 27x^3}}\right)\right].$$

Usar a derivação implícita no Exemplo 5 é muito mais simples do que calcular dy/dx diretamente a partir de qualquer uma das duas fórmulas anteriores. Para determinar coeficientes angulares em curvas definidas por equações de grau mais elevado, geralmente é necessário recorrer à derivação implícita.

Exercícios 3.7

Derivação implícita

Use a derivação implícita para determinar dy/dx nos Exercícios 1-16.

1. $x^2y + xy^2 = 6$
2. $x^3 + y^3 = 18xy$
3. $2xy + y^2 = x + y$
4. $x^3 - xy + y^3 = 1$
5. $x^2(x - y)^2 = x^2 - y^2$
6. $(3xy + 7)^2 = 6y$
7. $y^2 = \dfrac{x - 1}{x + 1}$
8. $x^3 = \dfrac{2x - y}{x + 3y}$
9. $x = \text{tg } y$
10. $xy = \text{cotg}(xy)$
11. $x + \text{tg}(xy) = 0$
12. $x^4 + \text{sen } y = x^3 y^2$
13. $y \, \text{sen}\left(\dfrac{1}{y}\right) = 1 - xy$
14. $x \cos(2x + 3y) = y \, \text{sen } x$
15. $e^{2x} = \text{sen}(x + 3y)$
16. $e^{x^2 y} = 2x + 2y$

Determine $dr/d\theta$ nos Exercícios 17-20.

17. $\theta^{1/2} + r^{1/2} = 1$

18. $r - 2\sqrt{\theta} = \dfrac{3}{2}\theta^{2/3} + \dfrac{4}{3}\theta^{3/4}$

19. $\operatorname{sen}(r\theta) = \dfrac{1}{2}$

20. $\cos r + \cotg \theta = e^{r\theta}$

Segundas derivadas

Nos Exercícios 21-26, use derivação implícita para determinar dy/dx e depois d^2y/dx^2.

21. $x^2 + y^2 = 1$

22. $x^{2/3} + y^{2/3} = 1$

23. $y^2 = e^{x^2} + 2x$

24. $y^2 - 2x = 1 - 2y$

25. $2\sqrt{y} = x - y$

26. $xy + y^2 = 1$

27. Se $x^3 + y^3 = 16$, determine o valor de d^2y/dx^2 no ponto (2, 2).

28. Se $xy + y^2 = 1$, determine o valor de d^2y/dx^2 no ponto (0, –1).

Nos Exercícios 29 e 30, determine o coeficiente angular da curva nos pontos indicados.

29. $y^2 + x^2 = y^4 - 2x$, em (–2, 1) e (–2, –1)

30. $(x^2 + y^2)^2 = (x - y)^2$, em (1, 0) e (1, –1)

Coeficientes angulares, tangentes e normais

Nos Exercícios 31-40, verifique se o ponto dado faz parte da curva e determine as retas que são **(a)** tangentes e **(b)** normais à curva no ponto dado.

31. $x^2 + xy - y^2 = 1$, (2, 3)

32. $x^2 + y^2 = 25$, (3, –4)

33. $x^2y^2 = 9$, (–1, 3)

34. $y^2 - 2x - 4y - 1 = 0$, (–2, 1)

35. $6x^2 + 3xy + 2y^2 + 17y - 6 = 0$, (–1, 0)

36. $x^2 - \sqrt{3}xy + 2y^2 = 5$, $(\sqrt{3}, 2)$

37. $2xy + \pi \operatorname{sen} y = 2\pi$, (1, $\pi/2$)

38. $x \operatorname{sen} 2y = y \cos 2x$, ($\pi/4$, $\pi/2$)

39. $y = 2 \operatorname{sen}(\pi x - y)$, (1, 0)

40. $x^2 \cos^2 y - \operatorname{sen} y = 0$, (0, π)

41. Tangentes paralelas Determine os dois pontos em que a curva $x^2 + xy + y^2 = 7$ cruza o eixo x e mostre que as tangentes à curva nesses pontos são paralelas. Qual é o coeficiente angular comum dessas tangentes?

42. Normais paralelas a uma reta Determine as normais à curva $xy + 2x - y = 0$ que sejam paralelas à reta $2x + y = 0$.

43. Curva do oito Determine os coeficientes angulares da curva $y^4 = y^2 - x^2$ nos dois pontos mostrados aqui.

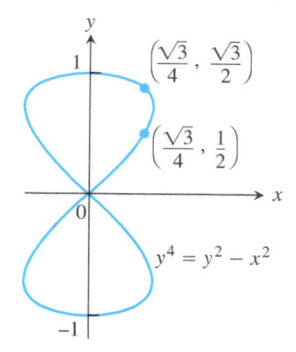

44. Cissoide de Diocles (de cerca de 200 a.C.) Determine as equações para a tangente e a normal à cissoide de Diocles $y^2(2 - x) = x^3$ em (1, 1).

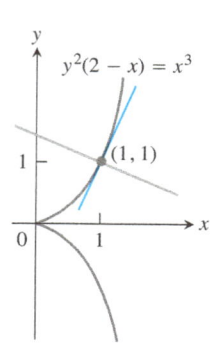

45. Curva do diabo (Gabriel Cramer, 1750) Determine os coeficientes angulares para a curva do diabo $y^4 - 4y^2 = x^4 - 9x^2$ nos quatro pontos indicados.

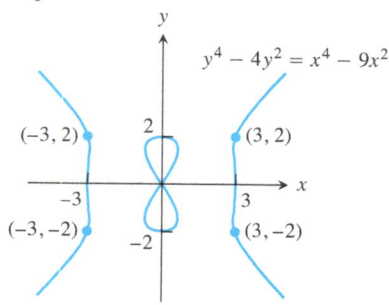

46. Fólio de Descartes (Veja a Figura 3.28.)
  a. Determine o coeficiente angular do fólio de Descartes $x^3 + y^3 - 9xy = 0$ nos pontos (4, 2) e (2, 4).
  b. Em qual ponto, além da origem, o fólio tem uma tangente horizontal?
  c. Determine as coordenadas do ponto A na Figura 3.28 em que o fólio possui uma tangente vertical.

Teoria e exemplos

47. Normal que cruza Em que outro ponto a reta normal à curva $x^2 + 2xy - 3y^2 = 0$ em (1, 1) cruza a curva em outro ponto?

48. Regra da potência para expoentes racionais Sejam p e q inteiros com $q > 0$. Se $y = x^{p/q}$, derive implicitamente a equação equivalente $y^q = x^p$ e mostre que, para $y \neq 0$,
$$\dfrac{d}{dx} x^{p/q} = \dfrac{p}{q} x^{(p/q)-1}.$$

49. Normais a uma parábola Mostre que se é possível desenhar três normais a partir do ponto $(a, 0)$ até a parábola $x = y^2$, apresentada no diagrama a seguir; então a deve ser maior que 1/2. Uma das normais é o eixo x. Para que valor de a as outras duas normais são perpendiculares?

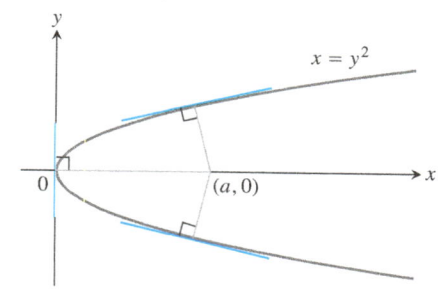

50. Existe algo especial em relação às tangentes das curvas $y^2 = x^3$ e $2x^2 + 3y^2 = 5$ nos pontos $(1, \pm 1)$? Justifique sua resposta.

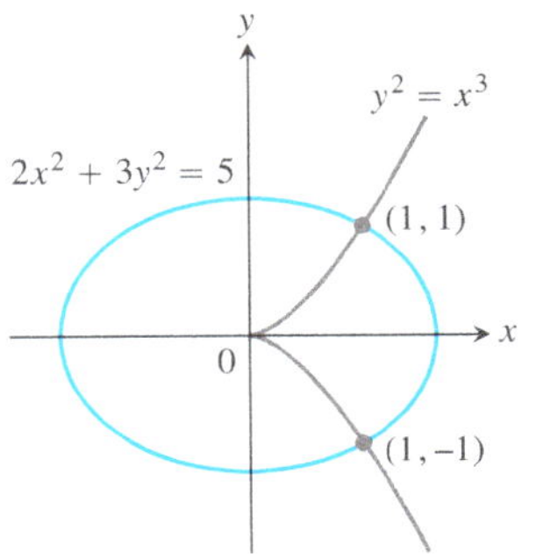

Nos Exercícios 53 e 54, determine dy/dx (considerando y como uma função derivável de x) e dx/dy (considerando x como uma função derivável de y). Como dy/dx e dx/dy parecem estar relacionados? Explique a relação geometricamente, em termos de gráficos.

53. $xy^3 + x^2y = 6$

54. $x^3 + y^2 = \text{sen}^2 y$

USO DO COMPUTADOR

Use um SAC para seguir os passos indicados nos Exercícios 55-62.

a. Esboce o gráfico da equação com o traçador de gráfico implícito do SAC. Verifique se o ponto dado P satisfaz a equação.

b. Usando a derivação implícita, obtenha uma fórmula para a derivada dy/dx e calcule-a no ponto dado P.

c. Use o coeficiente angular encontrado no item (b) para determinar a equação da reta que tangencia a curva em P. Em seguida, trace a curva implícita e a reta tangente no mesmo gráfico.

55. $x^3 - xy + y^3 = 7$, $P(2, 1)$

56. $x^5 + y^3x + yx^2 + y^4 = 4$, $P(1, 1)$

57. $y^2 + y = \dfrac{2 + x}{1 - x}$, $P(0, 1)$

58. $y^3 + \cos xy = x^2$, $P(1, 0)$

59. $x + \text{tg}\left(\dfrac{y}{x}\right) = 2$, $P\left(1, \dfrac{\pi}{4}\right)$

60. $xy^3 + \text{tg}(x + y) = 1$, $P\left(\dfrac{\pi}{4}, 0\right)$

61. $2y^2 + (xy)^{1/3} = x^2 + 2$, $P(1, 1)$

62. $x\sqrt{1 + 2y} + y = x^2$, $P(1, 0)$

51. Verifique que os seguintes pares de curvas se encontram ortogonalmente.

a. $x^2 + y^2 = 4$, $x^2 = 3y^2$

b. $x = 1 - y^2$, $x = \dfrac{1}{3}y^2$

52. O gráfico de $y^2 = x^3$, mostrado na figura a seguir, é chamado de **parábola semicúbica**. Determine a constante b, de modo que a reta $y = -\dfrac{1}{3}x + b$ intercepte esse gráfico ortogonalmente.

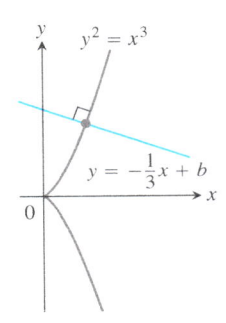

3.8 Derivadas de funções inversas e logaritmos

Na Seção 1.6, vimos como a inversa de uma função desfaz ou inverte o efeito dessa função. Além disso, definimos a função logaritmo natural $f^{-1}(x) = \ln x$ como a inversa da função exponencial natural $f(x) = e^x$. Esse é um dos pares de função inversa mais importantes na matemática e na ciência. Na Seção 3.3, aprendemos como derivar a função exponencial. Aqui, aprenderemos uma regra para derivar a inversa de uma função derivável e aplicaremos tal regra para determinar a derivada da função logaritmo natural.

Derivadas de inversas de funções deriváveis

No Exemplo 3 da Seção 1.6, calculamos a inversa da função $f(x) = (1/2)x + 1$ como $f^{-1}(x) = 2x - 2$. A Figura 3.34 mostra novamente os gráficos das duas funções. Se calcularmos suas derivadas, veremos que

$$\dfrac{d}{dx}f(x) = \dfrac{d}{dx}\left(\dfrac{1}{2}x + 1\right) = \dfrac{1}{2}$$

$$\dfrac{d}{dx}f^{-1}(x) = \dfrac{d}{dx}(2x - 2) = 2.$$

As derivadas são recíprocas entre si, de modo que o coeficiente angular de uma reta é a recíproca do coeficiente angular de sua reta inversa. (Veja a Figura 3.34.)

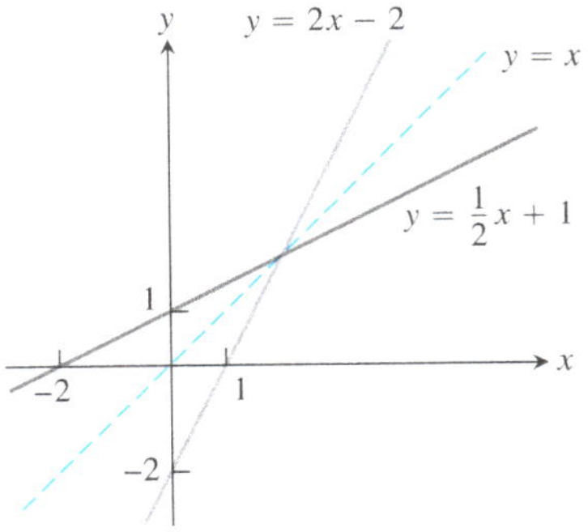

FIGURA 3.34 A representação gráfica conjunta de uma reta e sua inversa mostra a simetria dos gráficos em relação à reta $y = x$. Os coeficientes angulares são recíprocos entre si.

Não se trata de um caso especial. Ao refletir qualquer reta não horizontal ou não vertical em torno da reta $y = x$, sempre teremos o inverso do coeficiente angular da reta. Se o coeficiente angular da reta original é $m \neq 0$, a reta refletida tem coeficiente angular $1/m$.

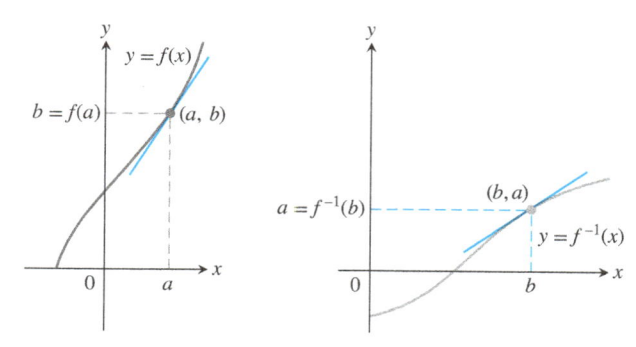

Os coeficientes angulares são recíprocos: $(f^{-1})'(b) = \dfrac{1}{f'(a)}$ ou $(f^{-1})'(b) = \dfrac{1}{f'(f^{-1}(b))}$

FIGURA 3.35 Os gráficos de funções inversas têm coeficientes angulares recíprocos em pontos correspondentes.

A relação de reciprocidade entre os coeficientes angulares de f e f^{-1} se aplica a outras funções, mas precisamos tomar o cuidado de comparar coeficientes angulares em pontos correspondentes. Se o coeficiente angular de $y = f(x)$ no ponto $(a, f(a))$ é $f'(a)$ e $f'(a) \neq 0$, então o coeficiente angular de $y = f^{-1}(x)$ no ponto $(f(a), a)$ é o recíproco $1/f'(a)$ (Figura 3.35). Se escrevermos $b = f(a)$, então

$$(f^{-1})'(b) = \frac{1}{f'(a)} = \frac{1}{f'(f^{-1}(b))}.$$

Se $y = f(x)$ apresenta uma tangente horizontal em $(a, f(a))$, então a função inversa f^{-1} apresentará uma tangente vertical em $(f(a), a)$, e esse coeficiente angular infinito implica que f^{-1} não é derivável em $f(a)$. O Teorema 3 apresenta as condições sob as quais f^{-1} é derivável em seu domínio (que é o mesmo que a imagem de f).

TEOREMA 3 — Regra da derivada para funções inversas Se f tiver um intervalo I como domínio e $f'(x)$ existe e nunca é nula em I, então f^{-1} é derivável em qualquer ponto de seu domínio (a imagem de f). O valor de (f^{-1}) no ponto b do domínio de f^{-1} é a recíproca do valor de f' no ponto $a = f^{-1}(b)$:

$$(f^{-1})'(b) = \frac{1}{f'(f^{-1}(b))} \tag{1}$$

ou

$$\left.\frac{df^{-1}}{dx}\right|_{x=b} = \frac{1}{\left.\dfrac{df}{dx}\right|_{x=f^{-1}(b)}}$$

O Teorema 3 faz duas afirmações. A primeira tem a ver com as condições sob as quais f^{-1} é derivável; a segunda é uma fórmula da derivada de f^{-1} quando esta existe. Enquanto omitimos a prova da primeira afirmação, a segunda é provada da seguinte maneira:

$$f(f^{-1}(x)) = x \qquad \text{Relação da função inversa}$$

$$\frac{d}{dx} f(f^{-1}(x)) = 1 \qquad \text{Derivação de ambos os lados}$$

$$f'(f^{-1}(x)) \cdot \frac{d}{dx} f^{-1}(x) = 1 \qquad \text{Regra da cadeia}$$

$$\frac{d}{dx} f^{-1}(x) = \frac{1}{f'(f^{-1}(x))}. \qquad \text{Resolução da derivada}$$

EXEMPLO 1 A função $f(x) = x^2$, $x \geq 0$, e sua inversa $f^{-1}(x) = \sqrt{x}$ possuem as derivadas $f'(x) = 2x$ e $(f^{-1})'(x) = 1/(2\sqrt{x})$.

Verificaremos que o Teorema 3 fornece a mesma fórmula da derivada de $f^{-1}(x)$:

$$(f^{-1})'(x) = \frac{1}{f'(f^{-1}(x))}$$

$$= \frac{1}{2(f^{-1}(x))} \quad \text{\color{cyan} $f'(x) = 2x$ com x substituído por $f^{-1}(x)$}$$

$$= \frac{1}{2(\sqrt{x})}.$$

O Teorema 3 fornece uma derivada que está de acordo com a derivada conhecida da função raiz quadrada.

Examinemos o Teorema 3 em um ponto específico. Escolhemos $x = 2$ (o número a) e $f(2) = 4$ (o valor b). O Teorema 3 diz que a derivada de f em 2, $f'(2) = 4$, e a derivada de f^{-1} em $f(2)$, $(f^{-1})'(4)$, são recíprocas. Ele afirma que

$$(f^{-1})'(4) = \frac{1}{f'(f^{-1}(4))} = \frac{1}{f'(2)} = \frac{1}{2x}\bigg|_{x=2} = \frac{1}{4}.$$

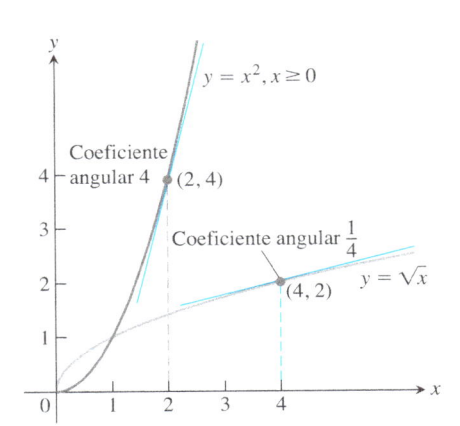

Veja a Figura 3.36.

FIGURA 3.36 A derivada de $f^{-1}(x) = \sqrt{x}$ no ponto (4, 2) é a recíproca da derivada de $f(x) = x^2$ em (2, 4) (Exemplo 1).

Utilizaremos o procedimento ilustrado no Exemplo 1 para calcular fórmulas para as derivadas de muitas funções inversas ao longo deste capítulo. A Equação 1, por vezes, permite que determinemos valores específicos de df^{-1}/dx sem conhecer a fórmula para f^{-1}.

EXEMPLO 2 Seja $f(x) = x^3 - 2$. Determine o valor de df^{-1}/dx em $x = 6 = f(2)$ sem determinar uma fórmula para $f^{-1}(x)$.

Solução Aplicamos o Teorema 3 para obter o valor da derivada de f^{-1} em $x = 6$:

$$\frac{df}{dx}\bigg|_{x=2} = 3x^2\bigg|_{x=2} = 12$$

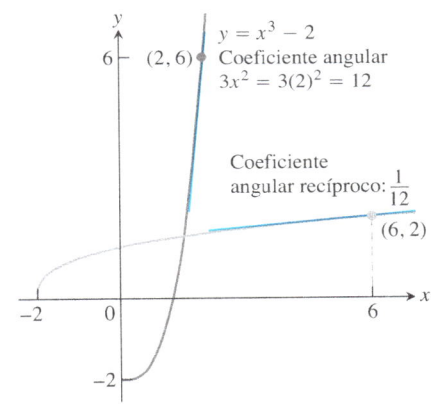

$$\frac{df^{-1}}{dx}\bigg|_{x=f(2)} = \frac{1}{\frac{df}{dx}\bigg|_{x=2}} = \frac{1}{12}. \quad \text{\color{cyan} Equação 1}$$

Veja a Figura 3.37.

FIGURA 3.37 A derivada de $f(x) = x^3 - 2$ em $x = 2$ fornece a derivada de f^{-1} em $x = 6$ (Exemplo 2).

Derivada da função logaritmo natural

Uma vez que sabemos que a função exponencial $f(x) = e^x$ é derivável em toda parte, podemos aplicar o Teorema 3 para determinar a derivada de sua inversa $f^{-1}(x) = \ln x$:

$$(f^{-1})'(x) = \frac{1}{f'(f^{-1}(x))} \quad \text{\color{cyan} Teorema 3}$$

$$= \frac{1}{e^{f^{-1}(x)}} \quad \text{\color{cyan} $f'(u) = e^u$}$$

$$= \frac{1}{e^{\ln x}}$$

$$= \frac{1}{x}. \quad \text{\color{cyan} Relação da função inversa}$$

Derivação alternativa Em vez de aplicar diretamente o Teorema 3, podemos determinar a derivada de $y = \ln x$ usando a derivação implícita, como segue:

$$y = \ln x$$
$$e^y = x \qquad \text{Relação da função inversa}$$
$$\frac{d}{dx}(e^y) = \frac{d}{dx}(x) \qquad \text{Derivar implicitamente}$$
$$e^y \frac{dy}{dx} = 1 \qquad \text{Regra da cadeia}$$
$$\frac{dy}{dx} = \frac{1}{e^y} = \frac{1}{x}. \qquad e^y = x$$

Independentemente da derivação que usarmos, a derivada de $y = \ln x$ em relação a x será

$$\frac{d}{dx}(\ln x) = \frac{1}{x}, \quad x > 0.$$

A regra da cadeia estende essa fórmula às funções positivas $u(x)$:

$$\frac{d}{dx} \ln u = \frac{d}{du} \ln u \cdot \frac{du}{dx}$$

$$\boxed{\frac{d}{dx} \ln u = \frac{1}{u} \frac{du}{dx}, \quad u > 0.} \qquad (2)$$

EXEMPLO 3 Usamos a Equação 2 para determinar as derivadas.

(a) $\dfrac{d}{dx} \ln 2x = \dfrac{1}{2x} \dfrac{d}{dx}(2x) = \dfrac{1}{2x}(2) = \dfrac{1}{x}, \quad x > 0$

(b) A equação 2 com $u = x^2 + 3$ resulta em

$$\frac{d}{dx} \ln(x^2 + 3) = \frac{1}{x^2 + 3} \cdot \frac{d}{dx}(x^2 + 3) = \frac{1}{x^2 + 3} \cdot 2x = \frac{2x}{x^2 + 3}.$$

Observe a peculiaridade do que ocorre no Exemplo 3a. A função $y = \ln 2x$ possui a mesma derivada que a função $y = \ln x$. Isso é verdadeiro em $y = \ln bx$ para qualquer constante b, desde que $bx > 0$.

$$\frac{d}{dx} \ln bx = \frac{1}{bx} \cdot \frac{d}{dx}(bx) = \frac{1}{bx}(b) = \frac{1}{x}. \qquad (3)$$

Se $x < 0$ e $b < 0$, então $bx > 0$, e a Equação 3 ainda se aplica. Em particular, se $x < 0$ e $b = -1$, teremos

$$\frac{d}{dx} \ln(-x) = \frac{1}{x} \quad \text{para } x < 0.$$

Uma vez que $|x| = x$ quando $x > 0$ e $|x| = -x$ quando $x < 0$, obtemos o importante resultado a seguir.

$$\boxed{\frac{d}{dx} \ln |x| = \frac{1}{x}, \quad x \neq 0} \qquad (4)$$

EXEMPLO 4 Uma reta cujo coeficiente angular m passa pela origem é tangente à curva $y = \ln x$. Qual é o valor de m?

Solução Suponha que o ponto de tangência ocorra em um ponto desconhecido $x = a > 0$. Logo, sabemos que o ponto $(a, \ln a)$ faz parte da curva, e que a reta tangente a esse ponto apresenta um coeficiente angular $m = 1/a$ (Figura 3.38). Como a reta tangente passa pela origem, seu coeficiente angular é

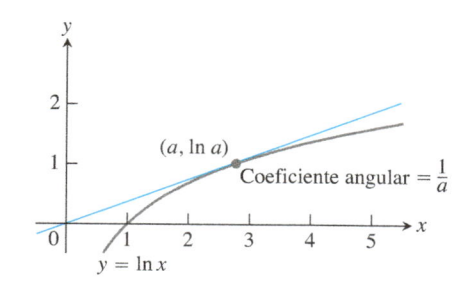

FIGURA 3.38 A reta tangente corta a curva em um ponto $(a, \ln a)$, em que o coeficiente angular da curva é $1/a$ (Exemplo 4).

$$m = \frac{\ln a - 0}{a - 0} = \frac{\ln a}{a}.$$

Igualando as duas fórmulas a m, temos

$$\frac{\ln a}{a} = \frac{1}{a}$$

$$\ln a = 1$$

$$e^{\ln a} = e^1$$

$$a = e$$

$$m = \frac{1}{e}.$$

Derivadas de a^u e $\log_a u$

Começamos com a equação $a^x = e^{\ln(a^x)} = e^{x \ln a}$, apresentada na Seção 1.6:

$$\frac{d}{dx} a^x = \frac{d}{dx} e^{x \ln a} = e^{x \ln a} \cdot \frac{d}{dx}(x \ln a) \qquad \frac{d}{dx} e^u = e^u \frac{du}{dx}$$

$$= a^x \ln a.$$

Se $a > 0$, então

$$\frac{d}{dx} a^x = a^x \ln a.$$

Essa equação mostra por que e^x é a função exponencial preferida em cálculo. Se $a = e$, então $\ln a = 1$, e a derivada de a^x pode ser simplificada a

$$\frac{d}{dx} e^x = e^x \ln e = e^x.$$

Com a regra da cadeia, obtemos uma forma mais geral da derivada de uma função exponencial geral.

> Se $a > 0$ e u é uma função derivável de x, então a^u é uma função derivável de x e:
> $$\frac{d}{dx} a^u = a^u \ln a \frac{du}{dx}. \qquad (5)$$

EXEMPLO 5 Segue um exemplo em que usamos a Equação 5.

(a) $\dfrac{d}{dx} 3^x = 3^x \ln 3$ \qquad Equação 5 com $a = 3$, $u = x$

(b) $\dfrac{d}{dx} 3^{-x} = 3^{-x}(\ln 3) \dfrac{d}{dx}(-x) = -3^{-x} \ln 3$ \qquad Equação 5 com $a = 3$, $u = -x$

(c) $\dfrac{d}{dx} 3^{\operatorname{sen} x} = 3^{\operatorname{sen} x}(\ln 3) \dfrac{d}{dx}(\operatorname{sen} x) = 3^{\operatorname{sen} x}(\ln 3) \cos x$ \qquad ..., $u = \operatorname{sen} x$

Na Seção 3.3, examinamos a derivada $f'(0)$ para as funções exponenciais $f(x) = a^x$ com diversos valores para a base a. O número $f'(0)$ é o limite, $\lim_{h \to 0}(a^h - 1)/h$, e nos fornece o coeficiente angular da curva de a^x quando ela cruza o eixo y no ponto $(0, 1)$. Agora, vemos que o valor desse coeficiente angular é

$$\lim_{h \to 0} \frac{a^h - 1}{h} = \ln a. \qquad (6)$$

Em particular, quando $a = e$, obtemos

$$\lim_{h \to 0} \frac{e^h - 1}{h} = \ln e = 1.$$

No entanto, ainda não provamos totalmente que esses limites realmente existem. Embora todos os argumentos apresentados durante o cálculo das derivadas das funções exponenciais e logarítmicas estejam corretos, eles pressupõem a existência de tais limites. No Capítulo 7, apresentaremos outro desdobramento da teoria das funções logarítmicas e exponenciais que prova a existência de ambos os limites e que eles têm os valores obtidos anteriormente.

Para determinar a derivada de $\log_a u$ com uma base arbitrária ($a > 0$, $a \neq 1$), começaremos com a fórmula para mudança de base dos logaritmos (estudada na Seção 1.6) para expressar $\log_a u$ em termos de logaritmos naturais,

$$\log_a x = \frac{\ln x}{\ln a}.$$

Calculando as derivadas, temos

$$\frac{d}{dx} \log_a x = \frac{d}{dx}\left(\frac{\ln x}{\ln a}\right)$$

$$= \frac{1}{\ln a} \cdot \frac{d}{dx} \ln x \qquad \text{ln } a \text{ é uma constante.}$$

$$= \frac{1}{\ln a} \cdot \frac{1}{x}$$

$$= \frac{1}{x \ln a}.$$

Se u é uma função derivável de x e $u > 0$, a regra da cadeia nos leva à seguinte fórmula:

Para $a > 0$ e $a \neq 1$,

$$\frac{d}{dx} \log_a u = \frac{1}{u \ln a} \frac{du}{dx}. \tag{7}$$

Derivação logarítmica

As derivadas de funções positivas dadas por fórmulas que envolvem produtos, quocientes e potências podem, muitas vezes, ser encontradas mais rapidamente se calcularmos o logaritmo natural dos dois lados da equação antes de fazer a derivação. Isso nos permite usar as leis dos logaritmos para simplificar as fórmulas antes da derivação. Tal processo, denominado **derivação logarítmica**, é ilustrado no exemplo a seguir.

EXEMPLO 6 Determine dy/dx se

$$y = \frac{(x^2 + 1)(x + 3)^{1/2}}{x - 1}, \quad x > 1.$$

Solução Calculamos os logaritmos naturais dos dois lados da equação e simplificamos o resultado usando as propriedades algébricas dos logaritmos do Teorema 1 na Seção 1.6:

$$\ln y = \ln \frac{(x^2 + 1)(x + 3)^{1/2}}{x - 1}$$

$$= \ln((x^2 + 1)(x + 3)^{1/2}) - \ln(x - 1) \qquad \text{Regra 2}$$

$$= \ln(x^2 + 1) + \ln(x + 3)^{1/2} - \ln(x - 1) \qquad \text{Regra 1}$$

$$= \ln(x^2 + 1) + \frac{1}{2}\ln(x + 3) - \ln(x - 1). \qquad \text{Regra 4}$$

Então, calculamos as derivadas dos dois lados da equação em relação a x, usando a Equação 2 à esquerda:

$$\frac{1}{y}\frac{dy}{dx} = \frac{1}{x^2+1} \cdot 2x + \frac{1}{2} \cdot \frac{1}{x+3} - \frac{1}{x-1}.$$

Em seguida, calculamos dy/dx:

$$\frac{dy}{dx} = y\left(\frac{2x}{x^2+1} + \frac{1}{2x+6} - \frac{1}{x-1}\right).$$

Finalmente, substituímos por y:

$$\frac{dy}{dx} = \frac{(x^2+1)(x+3)^{1/2}}{x-1}\left(\frac{2x}{x^2+1} + \frac{1}{2x+6} - \frac{1}{x-1}\right).$$

Prova da regra da potência (forma geral)

A definição da função exponencial geral permite que faça sentido elevar qualquer número positivo a uma potência real n, racional ou irracional. Ou seja, podemos definir a função potência $y = x^n$ para qualquer expoente n.

> **DEFINIÇÃO** Para qualquer $x > 0$ e para qualquer número real n:
>
> $$x^n = e^{n \ln x}.$$

Como as funções exponenciais e logarítmicas são inversas umas das outras, a definição resulta em

$$\ln x^n = n \ln x, \text{ para todos os números reais } n.$$

Isto é, a regra da potência para o logaritmo natural é válida para *todos* os expoentes reais n, e não apenas para os expoentes racionais.

A definição da função de potência também permite estabelecer a regra da derivada da potência para qualquer potência real n, como indica a Seção 3.3.

> **Regra geral da potência para derivadas**
>
> Para qualquer $x > 0$ e qualquer número real n:
>
> $$\frac{d}{dx}x^n = nx^{n-1}.$$
>
> Se $x \leq 0$, então a fórmula é válida sempre que a derivada, x^n, e x^{n-1} existirem.

Prova Derivar x^n em relação a x resulta em

$$\frac{d}{dx}x^n = \frac{d}{dx}e^{n \ln x} \qquad \text{Definição de } x^n, x > 0$$

$$= e^{n \ln x} \cdot \frac{d}{dx}(n \ln x) \qquad \text{Regra da cadeia para } e^u$$

$$= x^n \cdot \frac{n}{x} \qquad \text{Definição e derivada de } \ln x$$

$$= nx^{n-1}. \qquad x^n \cdot x^{-1} = x^{n-1}$$

Em resumo, sempre que $x > 0$,

$$\frac{d}{dx}x^n = nx^{n-1}.$$

Para $x < 0$, se $y = x^n$, y' e x^{n-1} existirem, então

$$\ln|y| = \ln|x|^n = n \ln|x|.$$

Usando a derivação implícita (que *supõe* a existência da derivada y') e a Equação 4, temos

$$\frac{y'}{y} = \frac{n}{x}.$$

Resolvendo a derivada,

$$y' = n\frac{y}{x} = n\frac{x^n}{x} = nx^{n-1}.$$

A partir da definição da derivada, pode ser demonstrado diretamente que a derivada é igual a 0 quando $x = 0$ e $n \geq 1$. Isso completa a prova da forma geral da regra da potência para todos os valores de x.

EXEMPLO 7 Derive $f(x) = x^x$, $x > 0$.

Solução Observamos que $f(x) = x^x = e^{x \ln x}$, e, portanto, a derivação resulta em

$$f'(x) = \frac{d}{dx}(e^{x \ln x})$$

$$= e^{x \ln x} \frac{d}{dx}(x \ln x) \qquad \frac{d}{dx} e^u, \; u = x \ln x$$

$$= e^{x \ln x} \left(\ln x + x \cdot \frac{1}{x} \right)$$

$$= x^x (\ln x + 1). \qquad x > 0$$

Número *e* expresso como um limite

Na Seção 1.5, definimos o número *e* como o valor da base para o qual a função exponencial $y = a^x$ apresenta um coeficiente angular 1 ao cruzar o eixo y em $(0, 1)$. Logo, *e* é a constante que satisfaz a equação

$$\lim_{h \to 0} \frac{e^h - 1}{h} = \ln e = 1. \qquad \text{O coeficiente angular é igual a ln } e \text{ da Equação 6}$$

Também afirmamos que *e* poderia ser definido como $\lim_{y \to \infty}(1 + 1/y)^y$ ou, substituindo $y = 1/x$, como $\lim_{x \to 0}(1 + x)^{1/x}$. Provaremos agora esse resultado.

TEOREMA 4 — Número e como um limite O número *e* pode ser definido como o limite

$$e = \lim_{x \to 0}(1 + x)^{1/x}.$$

Prova Se $f(x) = \ln x$, então $f'(x) = 1/x$ e, portanto, $f'(1) = 1$. Mas, pela definição de derivada,

$$f'(1) = \lim_{h \to 0} \frac{f(1 + h) - f(1)}{h} = \lim_{x \to 0} \frac{f(1 + x) - f(1)}{x}$$

$$= \lim_{x \to 0} \frac{\ln(1 + x) - \ln 1}{x} = \lim_{x \to 0} \frac{1}{x} \ln(1 + x) \qquad \ln 1 = 0$$

$$= \lim_{x \to 0} \ln(1 + x)^{1/x} = \ln \left[\lim_{x \to 0}(1 + x)^{1/x} \right]. \qquad \text{ln é contínuo, Teorema 10 do Capítulo 2}$$

Uma vez que $f'(1) = 1$, obtemos

$$\ln \left[\lim_{x \to 0}(1 + x)^{1/x} \right] = 1.$$

Assim, fazendo a exponenciação em ambos os lados, temos

$$\lim_{x \to 0} (1 + x)^{1/x} = e.$$

Ao aproximar o limite do Teorema 4 com valores muito pequenos de x, conseguimos aproximar e. Seu valor é $e \approx 2{,}718281828459045$ com 15 casas decimais.

Exercícios 3.8

Derivadas de funções inversas

Nos Exercícios 1-4:
  a. Determine $f^{-1}(x)$.
  b. Esboce em um único gráfico f e f^{-1}.
  c. Calcule df/dx em $x = a$ e df^{-1}/dx em $x = f(a)$ para mostrar que nesses pontos $df^{-1}/dx = 1/(df/dx)$.

1. $f(x) = 2x + 3$, $a = -1$
2. $f(x) = (1/5)x + 7$, $a = -1$
3. $f(x) = 5 - 4x$, $a = 1/2$
4. $f(x) = 2x^2$, $x \geq 0$, $a = 5$

5. a. Mostre que $f(x) = x^3$ e $g(x) = \sqrt[3]{x}$ são inversas uma da outra.
  b. Esboce em um único gráfico f e g em um intervalo de x suficientemente grande para mostrar o cruzamento de ambos em $(1, 1)$ e $(-1, -1)$. Certifique-se de que o gráfico apresenta a simetria necessária em relação à reta $y = x$.
  c. Determine os coeficientes angulares das tangentes aos gráficos de f e g em $(1, 1)$ e $(-1, -1)$ (quatro tangentes no total).
  d. Quais retas tangenciam as curvas na origem?

6. a. Mostre que $h(x) = x^3/4$ e $k(x) = (4x)^{1/3}$ são inversas uma da outra.
  b. Esboce h e k juntas em um intervalo de x suficientemente grande para mostrar o cruzamento de ambos em $(2, 2)$ e $(-2, -2)$. Certifique-se de que o gráfico mostra a simetria necessária em relação à reta $y = x$.
  c. Determine os coeficientes angulares das tangentes aos gráficos de h e k em $(2, 2)$ e $(-2, -2)$.
  d. Quais retas tangenciam a curva na origem?

7. Seja $f(x) = x^3 - 3x^2 - 1$, $x \geq 2$. Determine o valor de df^{-1}/dx no ponto $x = -1 = f(3)$.

8. Seja $f(x) = x^2 - 4x - 5$, $x > 2$. Determine o valor de df^{-1}/dx no ponto $x = 0 = f(5)$.

9. Suponha que a função derivável $y = f(x)$ tenha uma inversa e que o gráfico de f passe pelo ponto $(2, 4)$ e tenha um coeficiente angular de $1/3$ nesse ponto. Determine o valor de df^{-1}/dx em $x = 4$.

10. Suponha que a função derivável $y = g(x)$ tenha uma inversa e que o gráfico de g passe pela origem com um coeficiente angular de 2. Determine o coeficiente angular do gráfico de g^{-1} na origem.

Derivadas de logaritmos

Nos Exercícios 11-40, determine as derivadas de y em relação a x, t ou θ, conforme o caso.

11. $y = \ln 3x$
12. $y = \ln kx$, k constante
13. $y = \ln (t^2)$
14. $y = \ln (t^{3/2})$
15. $y = \ln \dfrac{3}{x}$
16. $y = \ln \dfrac{10}{x}$
17. $y = \ln (\theta + 1)$
18. $y = \ln (2\theta + 2)$
19. $y = \ln x^3$
20. $y = (\ln x)^3$
21. $y = t(\ln t)^2$
22. $y = t\sqrt{\ln t}$
23. $y = \dfrac{x^4}{4} \ln x - \dfrac{x^4}{16}$
24. $y = (x^2 \ln x)^4$
25. $y = \dfrac{\ln t}{t}$
26. $y = \dfrac{1 + \ln t}{t}$
27. $y = \dfrac{\ln x}{1 + \ln x}$
28. $y = \dfrac{x \ln x}{1 + \ln x}$
29. $y = \ln (\ln x)$
30. $y = \ln (\ln (\ln x))$
31. $y = \theta (\text{sen } (\ln \theta) + \cos (\ln \theta))$
32. $y = \ln (\sec \theta + \text{tg } \theta)$
33. $y = \ln \dfrac{1}{x\sqrt{x+1}}$
34. $y = \dfrac{1}{2} \ln \dfrac{1 + x}{1 - x}$
35. $y = \dfrac{1 + \ln t}{1 - \ln t}$
36. $y = \sqrt{\ln \sqrt{t}}$
37. $y = \ln (\sec (\ln \theta))$
38. $y = \ln \left(\dfrac{\sqrt{\text{sen } \theta \cos \theta}}{1 + 2 \ln \theta} \right)$
39. $y = \ln \left(\dfrac{(x^2 + 1)^5}{\sqrt{1 - x}} \right)$
40. $y = \ln \sqrt{\dfrac{(x + 1)^5}{(x + 2)^{20}}}$

Derivação logarítmica

Nos Exercícios 41-54, utilize a derivação logarítmica para determinar a derivada de y em relação à variável independente dada.

41. $y = \sqrt{x(x + 1)}$
42. $y = \sqrt{(x^2 + 1)(x - 1)^2}$
43. $y = \sqrt{\dfrac{t}{t + 1}}$
44. $y = \sqrt{\dfrac{1}{t(t + 1)}}$
45. $y = \sqrt{\theta + 3} \text{ sen } \theta$
46. $y = (\text{tg } \theta)\sqrt{2\theta + 1}$
47. $y = t(t + 1)(t + 2)$
48. $y = \dfrac{1}{t(t + 1)(t + 2)}$
49. $y = \dfrac{\theta + 5}{\theta \cos \theta}$
50. $y = \dfrac{\theta \text{ sen } \theta}{\sqrt{\sec \theta}}$
51. $y = \dfrac{x\sqrt{x^2 + 1}}{(x + 1)^{2/3}}$
52. $y = \sqrt{\dfrac{(x + 1)^{10}}{(2x + 1)^5}}$
53. $y = \sqrt[3]{\dfrac{x(x - 2)}{x^2 + 1}}$
54. $y = \sqrt[3]{\dfrac{x(x + 1)(x - 2)}{(x^2 + 1)(2x + 3)}}$

Determinação de derivadas

Nos Exercícios 55-62, determine a derivada de y em relação a x, t ou θ, conforme o caso.

55. $y = \ln (\cos^2 \theta)$
56. $y = \ln (3\theta e^{-\theta})$
57. $y = \ln (3te^{-t})$
58. $y = \ln (2e^{-t} \text{ sen } t)$
59. $y = \ln \left(\dfrac{e^\theta}{1 + e^\theta} \right)$
60. $y = \ln \left(\dfrac{\sqrt{\theta}}{1 + \sqrt{\theta}} \right)$

61. $y = e^{(\cos t + \ln t)}$
62. $y = e^{\operatorname{sen} t}(\ln t^2 + 1)$

Nos Exercícios 63-66, determine dy/dx.

63. $\ln y = e^y \operatorname{sen} x$
64. $\ln xy = e^{x+y}$
65. $x^y = y^x$
66. $\operatorname{tg} y = e^x + \ln x$

Nos Exercícios 67-88, determine a derivada de y em relação à variável independente dada.

67. $y = 2^x$
68. $y = 3^{-x}$
69. $y = 5^{\sqrt{s}}$
70. $y = 2^{(s^2)}$
71. $y = x^\pi$
72. $y = t^{1-e}$
73. $y = \log_2 5\theta$
74. $y = \log_3(1 + \theta \ln 3)$
75. $y = \log_4 x + \log_4 x^2$
76. $y = \log_{25} e^x - \log_5 \sqrt{x}$
77. $y = \log_2 r \cdot \log_4 r$
78. $y = \log_3 r \cdot \log_9 r$
79. $y = \log_3\left(\left(\dfrac{x+1}{x-1}\right)^{\ln 3}\right)$
80. $y = \log_5 \sqrt{\left(\dfrac{7x}{3x+2}\right)^{\ln 5}}$
81. $y = \theta \operatorname{sen}(\log_7 \theta)$
82. $y = \log_7\left(\dfrac{\operatorname{sen}\theta \cos\theta}{e^\theta 2^\theta}\right)$
83. $y = \log_5 e^x$
84. $y = \log_2\left(\dfrac{x^2 e^2}{2\sqrt{x+1}}\right)$
85. $y = 3^{\log_2 t}$
86. $y = 3\log_8(\log_2 t)$
87. $y = \log_2(8t^{\ln 2})$
88. $y = t \log_3\left(e^{(\operatorname{sen} t)(\ln 3)}\right)$

Derivação logarítmica com exponenciais

Nos Exercícios 89-96, utilize a derivação logarítmica para determinar a derivada de y em relação à variável independente dada.

89. $y = (x+1)^x$
90. $y = x^{(x+1)}$
91. $y = (\sqrt{t})^t$
92. $y = t^{\sqrt{t}}$
93. $y = (\operatorname{sen} x)^x$
94. $y = x^{\operatorname{sen} x}$
95. $y = x^{\ln x}$
96. $y = (\ln x)^{\ln x}$

Teoria e aplicações

97. Se escrevermos $g(x)$ para $f^{-1}(x)$, a Equação 1 pode ser escrita como

$$g'(f(a)) = \dfrac{1}{f'(a)} \quad \text{ou} \quad g'(f(a)) \cdot f'(a) = 1.$$

Se depois trocarmos x por a, temos

$$g'(f(x)) \cdot f'(x) = 1.$$

A última equação pode fazer com que você se lembre da regra da cadeia; de fato, existe uma correção entre elas.

Suponha que f e g sejam funções deriváveis e uma seja a inversa da outra, de modo que $(g \circ f)(x) = x$. Derive os dois lados da equação em relação a x, usando a regra da cadeia para expressar $(g \circ f)'(x)$ como um produto das derivadas de g e f. O que você descobriu? (Isso não é uma prova do Teorema 3, porque pressupomos aqui a conclusão do teorema, ou seja, que $g = f^{-1}$ é derivável.)

98. Mostre que $\lim_{n \to \infty}\left(1 + \dfrac{x}{n}\right)^n = e^x$, para qualquer $x > 0$.

99. Se $y = A \operatorname{sen}(\ln x) + B \cos(\ln x)$, sendo A e B constantes, mostre que

$$x^2 y'' + xy' + y = 0.$$

100. Usando a indução matemática, mostre que

$$\dfrac{d^n}{dx^n} \ln x = (-1)^{n-1} \dfrac{(n-1)!}{x^n}.$$

USO DO COMPUTADOR

Nos Exercícios 101-108, você explorará algumas funções e suas inversas com suas derivadas e aproximações por reta tangente em pontos especificados. Execute as etapas a seguir usando SAC:

a. Construa o gráfico da função $y = f(x)$ junto a sua derivada no intervalo dado. Explique por que você sabe que f é injetora nesse intervalo.

b. Resolva a equação $y = f(x)$ para x como uma função de y e chame a função inversa resultante de g.

c. Determine a equação para a reta tangente a f no ponto especificado $(x_0, f(x_0))$.

d. Determine a equação para a reta tangente a g no ponto $(f(x_0), x_0)$, localizado simetricamente em relação à reta de 45° $y = x$ (que é o gráfico da função identidade). Use o Teorema 3 para determinar o coeficiente angular dessa reta tangente.

e. Construa o gráfico das funções f e g, da função identidade, das duas retas tangentes e do segmento de reta que liga os pontos $(x_0, f(x_0))$ e $(f(x_0), x_0)$. Discuta as simetrias observadas em relação à diagonal principal.

101. $y = \sqrt{3x - 2}, \quad \dfrac{2}{3} \leq x \leq 4, \quad x_0 = 3$

102. $y = \dfrac{3x + 2}{2x - 11}, \quad -2 \leq x \leq 2, \quad x_0 = 1/2$

103. $y = \dfrac{4x}{x^2 + 1}, \quad -1 \leq x \leq 1, \quad x_0 = 1/2$

104. $y = \dfrac{x^3}{x^2 + 1}, \quad -1 \leq x \leq 1, \quad x_0 = 1/2$

105. $y = x^3 - 3x^2 - 1, \quad 2 \leq x \leq 5, \quad x_0 = \dfrac{27}{10}$

106. $y = 2 - x - x^3, \quad -2 \leq x \leq 2, \quad x_0 = \dfrac{3}{2}$

107. $y = e^x, \quad -3 \leq x \leq 5, \quad x_0 = 1$

108. $y = \operatorname{sen} x, \quad -\dfrac{\pi}{2} \leq x \leq \dfrac{\pi}{2}, \quad x_0 = 1$

Nos Exercícios 109 e 110, repita os passos anteriores para determinar as funções $y = f(x)$ e $x = f^{-1}(y)$ definidas implicitamente no intervalo pelas equações dadas.

109. $y^{1/3} - 1 = (x + 2)^3, \quad -5 \leq x \leq 5, \quad x_0 = -3/2$

110. $\cos y = x^{1/5}, \quad 0 \leq x \leq 1, \quad x_0 = 1/2$

3.9 Funções trigonométricas inversas

Na Seção 1.6, apresentamos as seis funções trigonométricas inversas básicas, mas nos concentramos nas funções arco seno e arco cosseno. Aqui, completaremos o assunto explicando como as seis funções trigonométricas inversas são definidas, representadas graficamente e calculadas, e também como suas derivadas são determinadas.

Inversas de tg x, cotg x, sec x e cossec x

Os gráficos das seis funções trigonométricas inversas básicas são mostrados na Figura 3.39. Obtemos esses gráficos ao refletir os gráficos das funções trigonométricas restritas (conforme visto na Seção 1.6) em torno da reta $y = x$. Agora, examinaremos mais de perto as funções arco tangente, arco cotangente, arco secante e arco cossecante.

Domínio: $-1 \leq x \leq 1$
Imagem: $-\frac{\pi}{2} \leq y \leq \frac{\pi}{2}$

Domínio: $-1 \leq x \leq 1$
Imagem: $0 \leq y \leq \pi$

Domínio: $-\infty < x < \infty$
Imagem: $-\frac{\pi}{2} < y < \frac{\pi}{2}$

(a) $y = \text{sen}^{-1} x$ (b) $y = \cos^{-1} x$ (c) $y = \text{tg}^{-1} x$

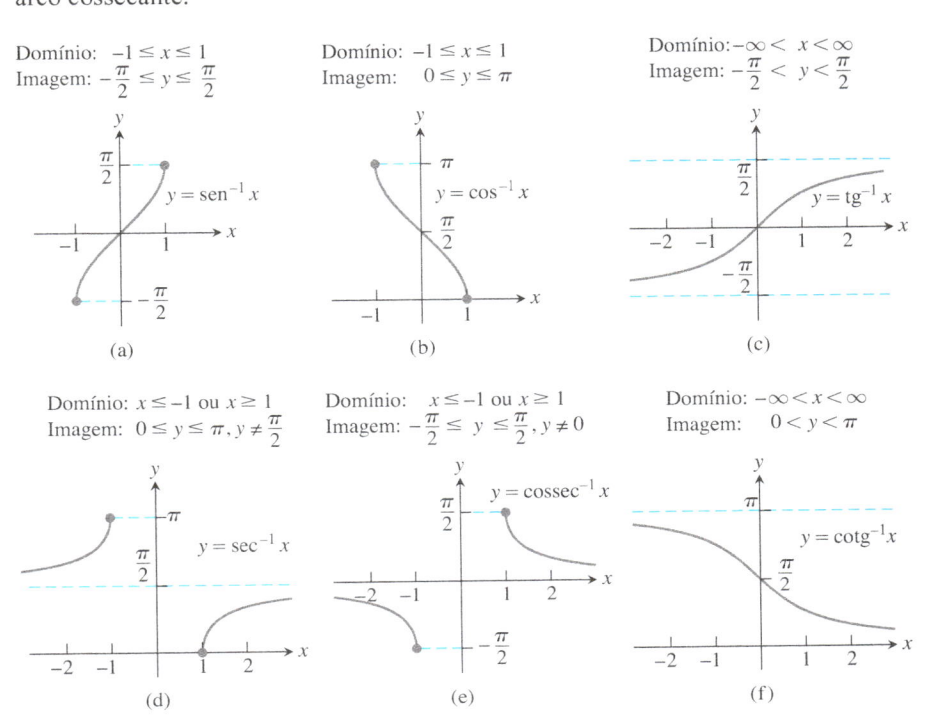

Domínio: $x \leq -1$ ou $x \geq 1$
Imagem: $0 \leq y \leq \pi, y \neq \frac{\pi}{2}$

Domínio: $x \leq -1$ ou $x \geq 1$
Imagem: $-\frac{\pi}{2} \leq y \leq \frac{\pi}{2}, y \neq 0$

Domínio: $-\infty < x < \infty$
Imagem: $0 < y < \pi$

(d) $y = \sec^{-1} x$ (e) $y = \text{cossec}^{-1} x$ (f) $y = \text{cotg}^{-1} x$

FIGURA 3.39 Gráficos das seis funções trigonométricas inversas básicas.

O arco tangente de x é um ângulo em radianos cuja tangente é x. O arco cotangente de x é um ângulo cuja cotangente é x. Os ângulos pertencem aos domínios restritos das funções tangente e cotangente.

DEFINIÇÃO

$y = \text{tg}^{-1} x$ é o número em $(-\pi/2, \pi/2)$ para o qual tg $y = x$.
$y = \text{cotg}^{-1} x$ é o número em $(0, \pi)$ para o qual cotg $y = x$.

Usamos intervalos abertos para evitar valores em que a tangente e a cotangente sejam indefinidas.

O gráfico de $y = \text{tg}^{-1} x$ é simétrico em relação à origem, pois é um ramo do gráfico $x = \text{tg } y$, que é simétrico em relação à origem (Figura 3.39c). Algebricamente, isso significa que

$$\text{tg}^{-1}(-x) = -\text{tg}^{-1} x;$$

o arco tangente é uma função ímpar. O gráfico de $y = \text{cotg}^{-1} x$ não apresenta tal simetria (Figura 3.39f). Observe, na Figura 3.39c, que o gráfico da função arco tangente apresenta duas assíntotas horizontais, uma em $y = \pi/2$ e a outra em $y = -\pi/2$.

As funções inversas das formas restritas de sec x e cossec x foram escolhidas para serem aquelas apresentadas graficamente nas Figuras 3.39d e 3.39e.

Atenção Não existe consenso sobre como definir $\sec^{-1} x$ para valores negativos de x. Escolhemos ângulos no segundo quadrante entre $\pi/2$ e π. Essa escolha implica $\sec^{-1} x = \cos^{-1}(1/x)$. Também implica que $\sec^{-1} x$ seja uma função crescente em cada intervalo de seu domínio. Algumas tabelas preferem colocar $\sec^{-1} x$ em $[-\pi, -\pi/2)$ para $x < 0$, enquanto outros textos preferem colocá-la em $[\pi, 3\pi/2)$ (Figura 3.40). Essas escolhas simplificam a fórmula para a derivada (nossa fórmula precisa de

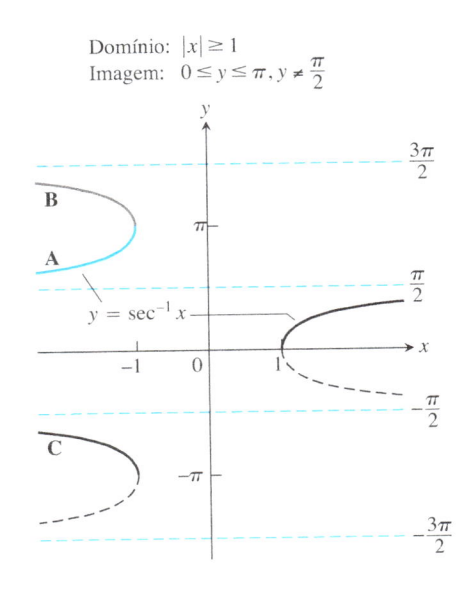

Domínio: $|x| \geq 1$
Imagem: $0 \leq y \leq \pi, y \neq \frac{\pi}{2}$

FIGURA 3.40 Existem várias opções lógicas para o ramo esquerdo de $y = \sec^{-1} x$. Com a opção **A**, $\sec^{-1} x = \cos^{-1}(1/x)$, uma identidade útil empregada por muitas calculadoras.

valor absoluto), mas não satisfazem a equação computacional $\sec^{-1} x = \cos^{-1}(1/x)$. A partir dela, podemos derivar a identidade

$$\sec^{-1} x = \cos^{-1}\left(\frac{1}{x}\right) = \frac{\pi}{2} - \operatorname{sen}^{-1}\left(\frac{1}{x}\right) \qquad (1)$$

pela aplicação da Equação 5 da Seção 1.6.

EXEMPLO 1 Os gráficos a seguir mostram dois valores de $\operatorname{tg}^{-1} x$.

x	$\operatorname{tg}^{-1} x$
$\sqrt{3}$	$\pi/3$
1	$\pi/4$
$\sqrt{3}/3$	$\pi/6$
$-\sqrt{3}/3$	$-\pi/6$
-1	$-\pi/4$
$-\sqrt{3}$	$-\pi/3$

Os ângulos vêm do primeiro e do quarto quadrantes, pois a imagem de $\operatorname{tg}^{-1} x$ é $(-\pi/2, \pi/2)$.

Derivada de $y = \operatorname{sen}^{-1} u$

Sabemos que a função $x = \operatorname{sen} y$ é derivável no intervalo $-\pi/2 < y < \pi/2$ e que sua derivada, o cosseno, é positiva nesse intervalo. Por essa razão, o Teorema 3 da Seção 3.8 garante que a função inversa $y = \operatorname{sen}^{-1} x$ é derivável no intervalo $-1 < x < 1$. Entretanto, não podemos esperar que seja derivável em $x = 1$ ou $x = -1$, porque as tangentes do gráfico são verticais nesses pontos (veja a Figura 3.41).

Encontramos a derivada de $y = \operatorname{sen}^{-1} x$ ao aplicar o Teorema 3 com $f(x) = \operatorname{sen} x$ e $f^{-1}(x) = \operatorname{sen}^{-1} x$:

$$(f^{-1})'(x) = \frac{1}{f'(f^{-1}(x))} \qquad \text{Teorema 3}$$

$$= \frac{1}{\cos(\operatorname{sen}^{-1} x)} \qquad f'(u) = \cos u$$

$$= \frac{1}{\sqrt{1 - \operatorname{sen}^2(\operatorname{sen}^{-1} x)}} \qquad \cos u = \sqrt{1 - \operatorname{sen}^2 u}$$

$$= \frac{1}{\sqrt{1 - x^2}}. \qquad \operatorname{sen}(\operatorname{sen}^{-1} x) = x$$

Se u é uma função derivável de x com $|u| < 1$, aplicamos a regra da cadeia para obter

$$\boxed{\frac{d}{dx}(\operatorname{sen}^{-1} u) = \frac{1}{\sqrt{1 - u^2}} \frac{du}{dx}, \qquad |u| < 1.}$$

EXEMPLO 2 Usando a regra da cadeia, podemos calcular a derivada

$$\frac{d}{dx}(\operatorname{sen}^{-1} x^2) = \frac{1}{\sqrt{1 - (x^2)^2}} \cdot \frac{d}{dx}(x^2) = \frac{2x}{\sqrt{1 - x^4}}.$$

Derivada de $y = \operatorname{tg}^{-1} u$

Encontramos a derivada de $y = \operatorname{tg}^{-1} x$ ao aplicar o Teorema 3 com $f(x) = \operatorname{tg} x$ e $f^{-1}(x) = \operatorname{tg}^{-1} x$. O Teorema 3 pode ser aplicado porque a derivada de $\operatorname{tg} x$ é positiva para $-\pi/2 < x < \pi/2$:

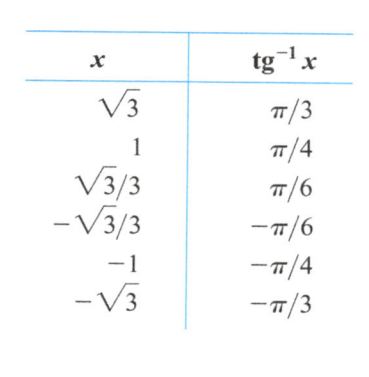

FIGURA 3.41 O gráfico de $y = \operatorname{sen}^{-1} x$ possui tangentes verticais em $x = -1$ e $x = 1$.

$$(f^{-1})'(x) = \frac{1}{f'(f^{-1}(x))} \qquad \text{Teorema 3}$$

$$= \frac{1}{\sec^2(\operatorname{tg}^{-1} x)} \qquad f'(u) = \sec^2 u$$

$$= \frac{1}{1 + \operatorname{tg}^2(\operatorname{tg}^{-1} x)} \qquad \sec^2 u = 1 + \operatorname{tg}^2 u$$

$$= \frac{1}{1 + x^2}. \qquad \operatorname{tg}(\operatorname{tg}^{-1} x) = x$$

A derivada é definida para qualquer número real. Se u é uma função derivável de x, então obtemos a forma da regra da cadeia:

$$\frac{d}{dx}(\operatorname{tg}^{-1} u) = \frac{1}{1 + u^2} \frac{du}{dx}.$$

Derivada de $y = \sec^{-1} u$

Uma vez que a derivada de $\sec x$ é positiva para $0 < x < \pi/2$ e $\pi/2 < x < \pi$, o Teorema 3 diz que a função inversa $y = \sec^{-1} x$ é derivável. Em vez de aplicar a fórmula diretamente no Teorema 3, determinamos a derivada de $y = \sec^{-1} x$, $|x| > 1$, usando derivação implícita e a regra da cadeia, como segue:

$$y = \sec^{-1} x$$

$$\sec y = x \qquad \text{Relação da função inversa}$$

$$\frac{d}{dx}(\sec y) = \frac{d}{dx} x \qquad \text{Derive os dois lados.}$$

$$\sec y \operatorname{tg} y \frac{dy}{dx} = 1 \qquad \text{Regra da cadeia}$$

$$\frac{dy}{dx} = \frac{1}{\sec y \operatorname{tg} y}. \qquad \text{Como } |x| > 1, y \text{ está em } (0, \pi/2) \cup (\pi/2, \pi) \text{ e } \sec y \operatorname{tg} y \neq 0.$$

Para expressar o resultado em termos de x, usamos as relações

$$\sec y = x \text{ e } \operatorname{tg} y = \pm\sqrt{\sec^2 y - 1} = \pm\sqrt{x^2 - 1}$$

para obter

$$\frac{dy}{dx} = \pm \frac{1}{x\sqrt{x^2 - 1}}.$$

Podemos fazer algo sobre o sinal $\pm$? Basta olhar para a Figura 3.42 para ver que o coeficiente angular do gráfico $y = \sec^{-1} x$ é sempre positivo. Logo,

$$\frac{d}{dx} \sec^{-1} x = \begin{cases} +\dfrac{1}{x\sqrt{x^2 - 1}} & \text{se } x > 1 \\ -\dfrac{1}{x\sqrt{x^2 - 1}} & \text{se } x < -1. \end{cases}$$

Com o símbolo de valor absoluto, podemos escrever uma única expressão que elimina a ambiguidade do "$\pm$":

$$\frac{d}{dx} \sec^{-1} x = \frac{1}{|x|\sqrt{x^2 - 1}}.$$

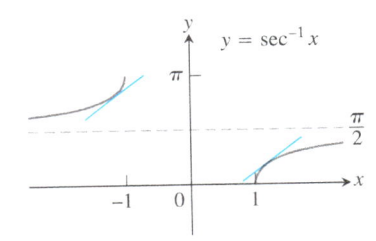

FIGURA 3.42 O coeficiente angular da curva $y = \sec^{-1} x$ é positivo para ambos $x < -1$ e $x > 1$.

Se u é uma função derivável de x com $|u| > 1$, obtemos a fórmula

$$\frac{d}{dx}(\sec^{-1} u) = \frac{1}{|u|\sqrt{u^2 - 1}} \frac{du}{dx}, \qquad |u| > 1.$$

EXEMPLO 3 Usando a regra da cadeia e a derivada da função arco secante, encontramos

$$\frac{d}{dx}\sec^{-1}(5x^4) = \frac{1}{|5x^4|\sqrt{(5x^4)^2 - 1}}\frac{d}{dx}(5x^4)$$

$$= \frac{1}{5x^4\sqrt{25x^8 - 1}}(20x^3) \qquad 5x^4 > 1 > 0$$

$$= \frac{4}{x\sqrt{25x^8 - 1}}.$$

Derivadas das outras três funções trigonométricas inversas

Poderíamos usar as mesmas técnicas para obter as derivadas das outras três funções trigonométricas inversas — arco cosseno, arco tangente e arco secante —, mas existe uma maneira muito mais fácil de obtê-las, graças às identidades a seguir.

Identidades da função inversa — cofunção inversa

$\cos^{-1} x = \pi/2 - \operatorname{sen}^{-1} x$ $\operatorname{cotg}^{-1} x = \pi/2 - \operatorname{tg}^{-1} x$ $\operatorname{cossec}^{-1} x = \pi/2 - \sec^{-1} x$

Vimos a primeira dessas identidades na Equação 5 da Seção 1.6. As outras são deduzidas de modo semelhante. Partindo dessas identidades, é possível observar com facilidade que as derivadas das cofunções inversas são as opostas das derivadas das funções inversas correspondentes. Por exemplo, a derivada de $\cos^{-1} x$ é calculada como segue:

$$\frac{d}{dx}(\cos^{-1} x) = \frac{d}{dx}\left(\frac{\pi}{2} - \operatorname{sen}^{-1} x\right) \qquad \text{Identidade}$$

$$= -\frac{d}{dx}(\operatorname{sen}^{-1} x)$$

$$= -\frac{1}{\sqrt{1 - x^2}}. \qquad \text{Derivada do arco seno}$$

As derivadas das funções trigonométricas inversas estão resumidas na Tabela 3.1.

TABELA 3.1 Derivadas das funções trigonométricas inversas

1. $\dfrac{d(\operatorname{sen}^{-1} u)}{dx} = \dfrac{1}{\sqrt{1 - u^2}}\dfrac{du}{dx}, \quad |u| < 1$

2. $\dfrac{d(\cos^{-1} u)}{dx} = -\dfrac{1}{\sqrt{1 - u^2}}\dfrac{du}{dx}, \quad |u| < 1$

3. $\dfrac{d(\operatorname{tg}^{-1} u)}{dx} = \dfrac{1}{1 + u^2}\dfrac{du}{dx}$

4. $\dfrac{d(\operatorname{cotg}^{-1} u)}{dx} = -\dfrac{1}{1 + u^2}\dfrac{du}{dx}$

5. $\dfrac{d(\sec^{-1} u)}{dx} = \dfrac{1}{|u|\sqrt{u^2 - 1}}\dfrac{du}{dx}, \quad |u| > 1$

6. $\dfrac{d(\operatorname{cossec}^{-1} u)}{dx} = -\dfrac{1}{|u|\sqrt{u^2 - 1}}\dfrac{du}{dx}, \quad |u| > 1$

Exercícios 3.9

Valores comuns

Use triângulos de referência como no Exemplo 1 para determinar os ângulos nos Exercícios 1-8.

1. **a.** $\text{tg}^{-1} 1$ **b.** $\text{tg}^{-1}(-\sqrt{3})$ **c.** $\text{tg}^{-1}\left(\dfrac{1}{\sqrt{3}}\right)$

2. **a.** $\text{tg}^{-1}(-1)$ **b.** $\text{tg}^{-1}\sqrt{3}$ **c.** $\text{tg}^{-1}\left(\dfrac{-1}{\sqrt{3}}\right)$

3. **a.** $\text{sen}^{-1}\left(\dfrac{-1}{2}\right)$ **b.** $\text{sen}^{-1}\left(\dfrac{1}{\sqrt{2}}\right)$ **c.** $\text{sen}^{-1}\left(\dfrac{-\sqrt{3}}{2}\right)$

4. **a.** $\text{sen}^{-1}\left(\dfrac{1}{2}\right)$ **b.** $\text{sen}^{-1}\left(\dfrac{-1}{\sqrt{2}}\right)$ **c.** $\text{sen}^{-1}\left(\dfrac{\sqrt{3}}{2}\right)$

5. **a.** $\cos^{-1}\left(\dfrac{1}{2}\right)$ **b.** $\cos^{-1}\left(\dfrac{-1}{\sqrt{2}}\right)$ **c.** $\cos^{-1}\left(\dfrac{\sqrt{3}}{2}\right)$

6. **a.** $\text{cossec}^{-1}\sqrt{2}$ **b.** $\text{cossec}^{-1}\left(\dfrac{-2}{\sqrt{3}}\right)$ **c.** $\text{cossec}^{-1} 2$

7. **a.** $\sec^{-1}(-\sqrt{2})$ **b.** $\sec^{-1}\left(\dfrac{2}{\sqrt{3}}\right)$ **c.** $\sec^{-1}(-2)$

8. **a.** $\text{cotg}^{-1}(-1)$ **b.** $\text{cotg}^{-1}(\sqrt{3})$ **c.** $\text{cotg}^{-1}\left(\dfrac{-1}{\sqrt{3}}\right)$

Avaliações

Determine os valores nos Exercícios 9-12.

9. $\text{sen}\left(\cos^{-1}\left(\dfrac{\sqrt{2}}{2}\right)\right)$
10. $\sec\left(\cos^{-1}\dfrac{1}{2}\right)$
11. $\text{tg}\left(\text{sen}^{-1}\left(-\dfrac{1}{2}\right)\right)$
12. $\text{cotg}\left(\text{sen}^{-1}\left(-\dfrac{\sqrt{3}}{2}\right)\right)$

Limites

Nos Exercícios 13-20, determine os limites (se tiver dúvidas, veja o gráfico da função.)

13. $\lim\limits_{x \to 1^-} \text{sen}^{-1} x$
14. $\lim\limits_{x \to -1^+} \cos^{-1} x$
15. $\lim\limits_{x \to \infty} \text{tg}^{-1} x$
16. $\lim\limits_{x \to -\infty} \text{tg}^{-1} x$
17. $\lim\limits_{x \to \infty} \sec^{-1} x$
18. $\lim\limits_{x \to -\infty} \sec^{-1} x$
19. $\lim\limits_{x \to \infty} \text{cossec}^{-1} x$
20. $\lim\limits_{x \to -\infty} \text{cossec}^{-1} x$

Determinação de derivadas

Nos Exercícios 21-42, determine a derivada de y em relação à variável apropriada.

21. $y = \cos^{-1}(x^2)$
22. $y = \cos^{-1}(1/x)$
23. $y = \text{sen}^{-1}\sqrt{2}\, t$
24. $y = \text{sen}^{-1}(1-t)$
25. $y = \sec^{-1}(2s+1)$
26. $y = \text{sen}^{-1} 5s$
27. $y = \text{cossec}^{-1}(x^2+1)$, $x > 0$
28. $y = \text{cossec}^{-1}\dfrac{x}{2}$
29. $y = \sec^{-1}\dfrac{1}{t}$, $0 < t < 1$
30. $y = \text{sen}^{-1}\dfrac{3}{t^2}$
31. $y = \text{cotg}^{-1}\sqrt{t}$
32. $y = \text{cotg}^{-1}\sqrt{t-1}$
33. $y = \ln(\text{tg}^{-1} x)$
34. $y = \text{tg}^{-1}(\ln x)$
35. $y = \text{cossec}^{-1}(e^t)$
36. $y = \cos^{-1}(e^{-t})$
37. $y = s\sqrt{1-s^2} + \cos^{-1} s$
38. $y = \sqrt{s^2-1} - \sec^{-1} s$
39. $y = \text{tg}^{-1}\sqrt{x^2-1} + \text{cossec}^{-1} x$, $x > 1$
40. $y = \text{cotg}^{-1}\dfrac{1}{x} - \text{tg}^{-1} x$
41. $y = x\,\text{sen}^{-1} x + \sqrt{1-x^2}$
42. $y = \ln(x^2+4) - x\,\text{tg}^{-1}\left(\dfrac{x}{2}\right)$

Teoria e exemplos

43. Você está sentado em uma sala de aula, ao lado da parede que está de frente para a lousa, que fica na frente da sala. A lousa tem 12 pés de comprimento e começa a 3 pés da parede próxima à qual você está sentado. Demonstre que seu ângulo de visão é

$$\alpha = \text{cotg}^{-1}\dfrac{x}{15} - \text{cotg}^{-1}\dfrac{x}{3}$$

caso esteja a x pés da parede.

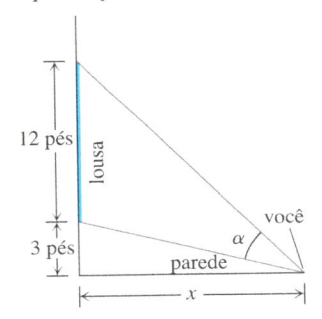

44. Determine o ângulo α.

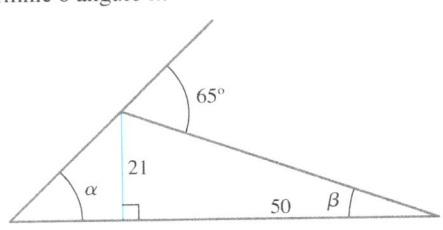

45. Eis aqui uma prova informal de que $\text{tg}^{-1} 1 + \text{tg}^{-1} 2 + \text{tg}^{-1} 3 = \pi$. Explique o que acontece.

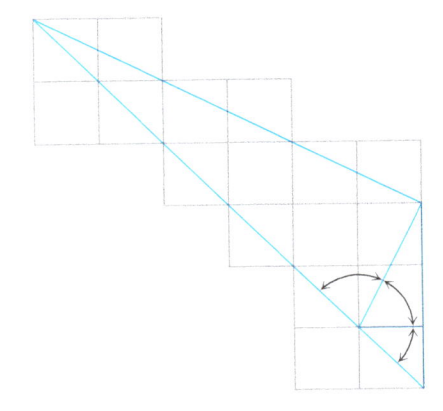

46. Duas deduções da identidade $\sec^{-1}(-x) = \pi - \sec^{-1} x$

   a. (*Geométrica*) Eis uma prova pictórica de que $\sec^{-1}(-x) = \pi - \sec^{-1} x$. Veja se você pode dizer o que está acontecendo.

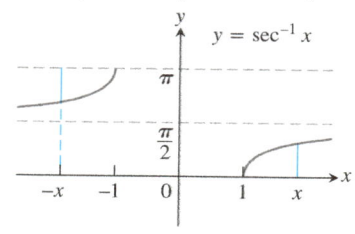

   b. (*Algébrica*) Deduza a identidade $\sec^{-1}(-x) = \pi - \sec^{-1} x$ combinando as duas equações a seguir vistas neste capítulo:

   $$\cos^{-1}(-x) = \pi - \cos^{-1} x \quad \text{Equação 4, Seção 1.6}$$
   $$\sec^{-1} x = \cos^{-1}(1/x) \quad \text{Equação 1}$$

Quais das expressões nos Exercícios 47-50 são definidas e quais não são? Justifique sua resposta.

47. a. $\text{tg}^{-1} 2$ **b.** $\cos^{-1} 2$
48. a. $\text{cossec}^{-1}(1/2)$ **b.** $\text{cossec}^{-1} 2$
49. a. $\sec^{-1} 0$ **b.** $\text{sen}^{-1} \sqrt{2}$
50. a. $\text{cotg}^{-1}(-1/2)$ **b.** $\cos^{-1}(-5)$

51. Use a identidade

$$\text{cossec}^{-1} u = \frac{\pi}{2} - \sec^{-1} u$$

para derivar a fórmula para a derivada de $\text{cossec}^{-1} u$ na Tabela 3.1 a partir da fórmula para a derivada de $\sec^{-1} u$.

52. Deduza a fórmula

$$\frac{dy}{dx} = \frac{1}{1 + x^2}$$

para a derivada de $y = \text{tg}^{-1} x$ derivando os dois lados da equação equivalente $\text{tg } y = x$.

53. Use a regra da derivada no Teorema 3 da Seção 3.8 para deduzir

$$\frac{d}{dx} \sec^{-1} x = \frac{1}{|x|\sqrt{x^2 - 1}}, \quad |x| > 1.$$

54. Use a identidade

$$\text{cotg}^{-1} u = \frac{\pi}{2} - \text{tg}^{-1} u$$

para deduzir a fórmula para a derivada de $\text{cotg}^{-1} u$ na Tabela 3.1 a partir da fórmula para a derivada de $\text{tg}^{-1} u$.

55. O que há de especial nas funções

$$f(x) = \text{sen}^{-1} \frac{x-1}{x+1}, \quad x \geq 0, \quad \text{e} \quad g(x) = 2 \text{ tg}^{-1} \sqrt{x}?$$

Explique.

56. O que há de especial nas funções

$$f(x) = \text{sen}^{-1} \frac{1}{\sqrt{x^2 + 1}} \quad \text{e} \quad g(x) = \text{tg}^{-1} \frac{1}{x}?$$

Explique.

T 57. Determine os valores de

     a. $\sec^{-1} 1{,}5$ **b.** $\text{cossec}^{-1}(-1{,}5)$ **c.** $\text{cotg}^{-1} 2$

T 58. Determine os valores de

     a. $\sec^{-1}(-3)$ **b.** $\text{cossec}^{-1} 1{,}7$ **c.** $\text{cotg}^{-1}(-2)$

T Nos Exercícios 59-61, determine o domínio e a imagem de cada uma das funções compostas. Em seguida, trace as funções compostas em telas separadas. Os gráficos fazem sentido em cada caso? Justifique sua resposta. Comente as diferenças observadas.

59. a. $y = \text{tg}^{-1}(\text{tg } x)$ **b.** $y = \text{tg}(\text{tg}^{-1} x)$
60. a. $y = \text{sen}^{-1}(\text{sen } x)$ **b.** $y = \text{sen}(\text{sen}^{-1} x)$
61. a. $y = \cos^{-1}(\cos x)$ **b.** $y = \cos(\cos^{-1} x)$

T Use uma ferramenta gráfica para resolver os Exercícios 62-66.

62. Faça o gráfico de $y = \sec(\sec^{-1} x) = \sec(\cos^{-1}(1/x))$. Explique o que você observa.

63. Serpentina de Newton Trace a serpentina de Newton, $y = 4x/(x^2 + 1)$. Depois, trace $y = 2 \text{ sen}(2 \text{ tg}^{-1} x)$ no mesmo gráfico. O que você observa? Explique.

64. Faça o gráfico da função racional $y = (2 - x^2)/x^2$. Depois, trace $y = \cos(2 \sec^{-1} x)$ no mesmo gráfico. O que você observa? Explique.

65. Esboce $f(x) = \text{sen}^{-1} x$ e suas duas primeiras derivadas em um único gráfico. Comente o comportamento de f e a forma do gráfico em relação aos sinais e aos valores de f' e f''.

66. Esboce $f(x) = \text{tg}^{-1} x$ e suas duas primeiras derivadas em um único gráfico. Comente o comportamento de f e a forma do gráfico em relação aos sinais e aos valores de f' e f''.

3.10 | Taxas relacionadas

Nesta seção, veremos problemas em que temos de determinar a taxa de variação de uma variável, quando se sabe como a taxa de outra variável relacionada (ou talvez várias variáveis) varia. Denomina-se *problema de taxas relacionadas* o problema de determinação de uma taxa de variação a partir de outras taxas de variação conhecidas.

Equações de taxas relacionadas

Suponha que estejamos enchendo de ar um balão esférico. Tanto o volume como o raio do balão aumentam ao longo do tempo. Se V é o volume e r é o raio do balão em dado instante, então

$$V = \frac{4}{3}\pi r^3.$$

Usando a regra da cadeia, derivamos ambos os lados em relação a t para determinar uma equação que relacione as taxas de variação de V e r,

$$\frac{dV}{dt} = \frac{dV}{dr}\frac{dr}{dt} = 4\pi r^2 \frac{dr}{dt}.$$

Consequentemente, se conhecermos o raio r do balão e a taxa dV/dt de aumento do volume em dado instante, podemos resolver dr/dt nessa última equação e, assim, determinar a velocidade com que o raio aumenta naquele instante. Observe que é mais fácil medir diretamente a taxa de aumento do volume (a taxa em que o ar é bombeado para dentro do balão) do que o aumento do raio. A equação das taxas relacionadas nos permite calcular dr/dt a partir de dV/dt.

Muitas vezes, a chave para associar as variáveis em um problema de taxas relacionadas é fazer um desenho que mostre a relação geométrica entre elas, conforme ilustra o exemplo a seguir.

EXEMPLO 1 Água entra em um tanque cônico a uma taxa de 9 pés³/min. O tanque tem o vértice voltado para baixo e altura de 10 pés, e o raio da base é de 5 pés. Qual será a taxa de aumento do nível da água quando a profundidade for de 6 pés?

Solução A Figura 3.43 mostra um tanque cônico parcialmente cheio. As variáveis do problema são

V = volume (pés³) de água no tanque no instante t (min)

x = raio (pés) da superfície da água no instante t

y = profundidade (pés) da água no tanque no instante t.

Consideramos que V, x e y sejam funções deriváveis de t. As constantes são as dimensões do tanque. Devemos determinar dy/dt quando

$$y = 6 \text{ pés} \quad \text{e} \quad \frac{dV}{dt} = 9 \text{ pés}^3/\text{min}.$$

A água forma um cone com volume de

$$V = \frac{1}{3}\pi x^2 y.$$

Essa equação envolve x, bem como V e y. Como no instante em questão não há informação sobre x e dx/dt, precisamos eliminar x. Os triângulos semelhantes na Figura 3.43 oferecem uma forma de expressar x em termos de y:

$$\frac{x}{y} = \frac{5}{10} \quad \text{ou} \quad x = \frac{y}{2}.$$

Portanto, determine

$$V = \frac{1}{3}\pi \left(\frac{y}{2}\right)^2 y = \frac{\pi}{12}y^3$$

para obter a derivada

$$\frac{dV}{dt} = \frac{\pi}{12} \cdot 3y^2 \frac{dy}{dt} = \frac{\pi}{4}y^2 \frac{dy}{dt}.$$

Finalmente, use $y = 6$ e $dV/dt = 9$ para determinar dy/dt.

$$9 = \frac{\pi}{4}(6)^2 \frac{dy}{dt}$$

$$\frac{dy}{dt} = \frac{1}{\pi} \approx 0{,}32$$

No momento em questão, o nível de água está aumentando cerca de 0,32 pé/min.

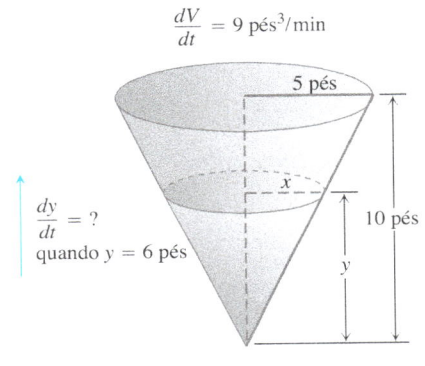

FIGURA 3.43 A geometria do tanque cônico e a taxa de preenchimento dele determina a velocidade de elevação do nível da água (Exemplo 1).

> **Estratégia para problemas de taxas relacionadas**
>
> 1. *Desenhe uma figura e identifique as variáveis e as constantes.* Use *t* para tempo. Suponha que todas as variáveis sejam funções deriváveis de *t*.
> 2. *Anote as informações numéricas* (em termos dos símbolos que você escolheu).
> 3. *Anote aquilo que você deve determinar* (geralmente uma taxa, expressa em forma de derivada).
> 4. *Escreva uma equação que relacione as variáveis.* Talvez você precisa combinar duas ou mais equações para obter uma única, que relacione as variáveis cuja taxa você quer descobrir com as variáveis cujas taxas você conhece.
> 5. *Derive em relação a t.* Em seguida, expresse a taxa que você quer em termos de taxas e variáveis cujos valores você conhece.
> 6. *Calcule.* Use os valores conhecidos para determinar a taxa desconhecida.

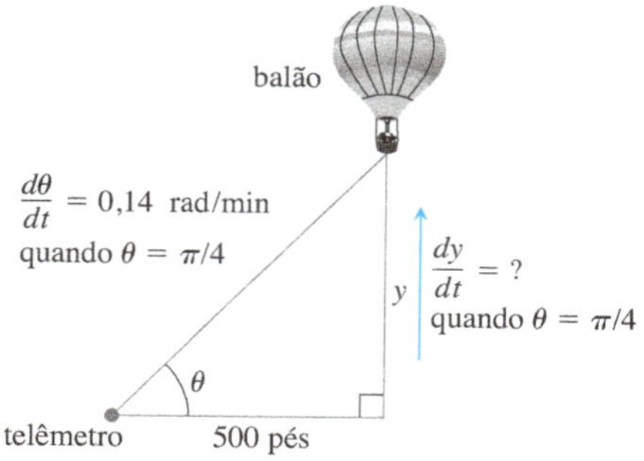

FIGURA 3.44 A taxa de variação da altura do balão está relacionada à taxa de variação do ângulo que o telêmetro forma com o solo (Exemplo 2).

EXEMPLO 2 Um balão de ar quente, que sobe na vertical a partir do solo, é rastreado por um telêmetro colocado a 500 pés de distância do ponto da decolagem. No momento em que o ângulo de elevação do telêmetro é $\pi/4$, o ângulo aumenta a uma taxa de 0,14 rad/min. A que velocidade o balão sobe nesse momento?

Solução Responderemos à questão em seis etapas.

1. *Desenhe uma figura e identifique as variáveis e as constantes* (Figura 3.44). As variáveis da figura são

   θ = ângulo em radianos que o telêmetro forma com o solo.

   y = altitude do balão em pés.

   Utilizamos *t* para representar o tempo e consideramos que θ e y são funções deriváveis de *t*.

   A única constante da figura é a distância do telêmetro ao ponto de decolagem (500 pés). Não é preciso atribuir um símbolo especial para essa distância.

2. *Anote as informações numéricas adicionais.*

   $$\frac{d\theta}{dt} = 0{,}14 \text{ rad/min} \quad \text{quando} \quad \theta = \frac{\pi}{4}$$

3. *Anote o que queremos determinar.* Queremos dy/dt quando $\theta = \pi/4$.

4. *Escreva uma equação que relacione as variáveis y e θ.*

   $$\frac{y}{500} = \text{tg}\,\theta \quad \text{ou} \quad y = 500\,\text{tg}\,\theta$$

5. *Derive com relação a t, usando a regra da cadeia.* O resultado mostra que dy/dt (que queremos obter) está relacionada a $d\theta/dt$ (que conhecemos).

   $$\frac{dy}{dt} = 500\,(\sec^2\theta)\,\frac{d\theta}{dt}$$

6. *Calcule usando $\theta = \pi/4$ e $d\theta/dt = 0{,}14$ para determinar dy/dt.*

   $$\frac{dy}{dt} = 500\big(\sqrt{2}\big)^2(0{,}14) = 140 \qquad \sec\frac{\pi}{4} = \sqrt{2}$$

No momento em questão, o balão sobe a uma velocidade de 140 pés/min.

EXEMPLO 3 Uma viatura de polícia, vindo do norte e se aproximando de um cruzamento em ângulo reto, persegue um carro em alta velocidade, que no cruzamento toma a direção leste. Quando a viatura está a 0,6 milha ao norte do cruzamento e o carro fugitivo a 0,8 milha a leste, o radar da polícia detecta que a distância entre a viatura e o fugitivo aumenta a 20 milhas/h. Se a viatura se desloca a 60 milhas/h no instante dessa medição, qual é a velocidade do fugitivo?

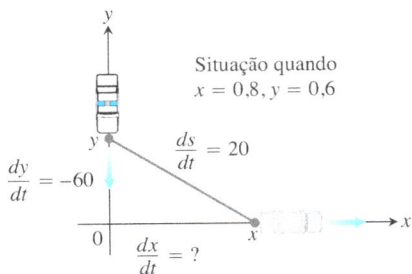

FIGURA 3.45 A velocidade do carro está relacionada à velocidade da viatura policial e à taxa de variação da distância entre eles (Exemplo 3).

Solução Desenhamos o carro do fugitivo e a viatura no plano coordenado, usando o eixo x positivo como parte da estrada que vai para o leste e o eixo y positivo como parte da estrada que vem do norte (Figura 3.45).

Usamos t para representar o tempo e

x = posição do carro do fugitivo no instante t

y = posição da viatura no instante t

s = distância entre o carro do fugitivo e a viatura no instante t.

Consideramos que x, y e s são funções deriváveis de t.
Queremos determinar dx/dt quando

$$x = 0{,}8 \text{ milha}, \quad y = 0{,}6 \text{ milha}, \quad \frac{dy}{dt} = -60 \text{ milhas/h}, \quad \frac{ds}{dt} = 20 \text{ milhas/h}.$$

Veja que dy/dt é negativo porque y está diminuindo.
Derivamos a equação da distância

$$s^2 = x^2 + y^2$$

(poderíamos usar também $s = \sqrt{x^2 + y^2}$) e obtemos

$$2s\frac{ds}{dt} = 2x\frac{dx}{dt} + 2y\frac{dy}{dt}$$

$$\frac{ds}{dt} = \frac{1}{s}\left(x\frac{dx}{dt} + y\frac{dy}{dt}\right)$$

$$= \frac{1}{\sqrt{x^2+y^2}}\left(x\frac{dx}{dt} + y\frac{dy}{dt}\right).$$

Finalmente, usamos $x = 0{,}8$; $y = 0{,}6$; $dy/dt = -60$; $ds/dt = 20$ e determinamos dx/dt.

$$20 = \frac{1}{\sqrt{(0{,}8)^2 + (0{,}6)^2}}\left(0{,}8\frac{dx}{dt} + (0{,}6)(-60)\right)$$

$$\frac{dx}{dt} = \frac{20\sqrt{(0{,}8)^2 + (0{,}6)^2} + (0{,}6)(60)}{0{,}8} = 70$$

No momento em questão, a velocidade do carro é de 70 milhas/h.

EXEMPLO 4 Uma partícula P se desloca no sentido horário, a uma taxa constante, ao longo de um círculo de raio 10 pés, com o centro na origem. A posição inicial da partícula é $(0, 10)$ sobre o eixo y, e seu destino final é o ponto $(10, 0)$ no eixo x. Uma vez que a partícula se encontra em movimento, a reta tangente em P cruza o eixo x no ponto Q (que se desloca ao longo do tempo). Se a partícula leva 30 segundos para se deslocar do início ao final, qual a velocidade de deslocamento do ponto Q ao longo do eixo x quando estiver a 20 pés do centro do círculo?

Solução Desenhamos a situação no plano de coordenadas com o círculo centrado na origem (veja a Figura 3.46). O tempo é representado por t, e o ângulo, a partir do eixo x à reta radial que liga a origem a P, por θ. Como a partícula se desloca do início ao fim em 30 segundos, move-se ao longo do círculo a uma taxa constante de $\pi/2$ radianos em 1/2 minuto, ou π rad/min. Em outras palavras, $d\theta/dt = -\pi$, com t medido em minutos. O sinal negativo aparece porque θ está decrescendo ao longo do tempo.

Sendo $x(t)$ a distância no tempo t do ponto Q à origem, queremos determinar dx/dt quando

$$x = 20 \text{ pés} \quad \text{e} \quad \frac{d\theta}{dt} = -\pi \text{ rad/min}.$$

Para relacionar as variáveis x e θ, observamos na Figura 3.46 que $x \cos\theta = 10$ ou $x = 10 \sec\theta$. A derivação dos dois lados dessa última equação resulta em

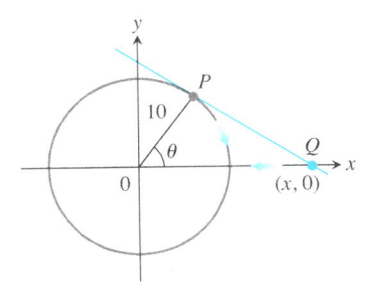

FIGURA 3.46 A partícula P se desloca no sentido horário ao longo do círculo (Exemplo 4).

$$\frac{dx}{dt} = 10 \sec \theta \, \text{tg} \, \theta \frac{d\theta}{dt} = -10\pi \sec \theta \, \text{tg} \, \theta.$$

Observe que dx/dt é negativo porque x é decrescente (Q se desloca em direção à origem).

Quando $x = 20$, $\cos \theta = 1/2$ e $\sec \theta = 2$. Também $\text{tg} \, \theta = \sqrt{\sec^2 \theta - 1} = \sqrt{3}$. Segue que

$$\frac{dx}{dt} = (-10\pi)(2)(\sqrt{3}) = -20\sqrt{3}\pi.$$

No momento em questão, o ponto Q se desloca para a origem à velocidade de $20\sqrt{3}\pi \approx 108,8$ pés/min.

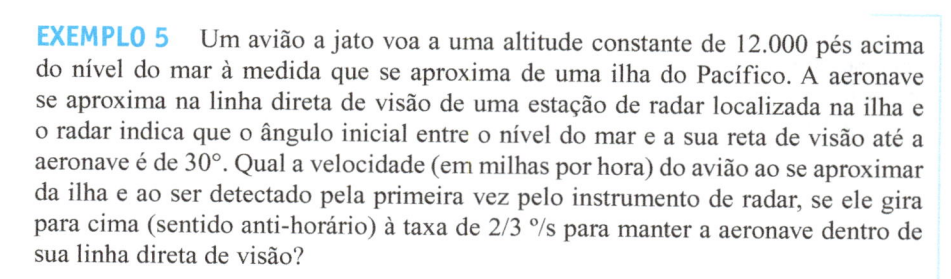

EXEMPLO 5 Um avião a jato voa a uma altitude constante de 12.000 pés acima do nível do mar à medida que se aproxima de uma ilha do Pacífico. A aeronave se aproxima na linha direta de visão de uma estação de radar localizada na ilha e o radar indica que o ângulo inicial entre o nível do mar e a sua reta de visão até a aeronave é de 30°. Qual a velocidade (em milhas por hora) do avião ao se aproximar da ilha e ao ser detectado pela primeira vez pelo instrumento de radar, se ele gira para cima (sentido anti-horário) à taxa de 2/3 °/s para manter a aeronave dentro de sua linha direta de visão?

Solução A aeronave A e a estação de radar R são retratadas no plano de coordenadas, usando o eixo x positivo como distância horizontal ao nível do mar de R para A e o eixo y positivo como a altitude vertical acima do nível do mar. O tempo é representado por t, e observamos que $y = 12.000$ é uma constante. A situação geral e o ângulo θ da linha de visão estão retratados na Figura 3.47. Queremos determinar dx/dt quando $\theta = \pi/6$ rad e $d\theta/dt = 2/3$ °/s.

Na Figura 3.47, observamos que

$$\frac{12.000}{x} = \text{tg} \, \theta \quad \text{ou} \quad x = 12.000 \, \text{cotg} \, \theta.$$

Utilizando milhas em vez de pés como unidade de distância, a última equação se traduz em

$$x = \frac{12.000}{5280} \text{cotg} \, \theta.$$

Derivação com relação a t resulta em

$$\frac{dx}{dt} = -\frac{1200}{528} \text{cossec}^2 \theta \frac{d\theta}{dt}.$$

Quando $\theta = \pi/6$, $\text{sen}^2 \theta = 1/4$, então $\text{cossec}^2 \theta = 4$. Convertendo $d\theta/dt = 2/3$ °/s em radianos por hora, encontramos

$$\frac{d\theta}{dt} = \frac{2}{3}\left(\frac{\pi}{180}\right)(3600) \text{ rad/h} \qquad \text{1 h = 3600 s, 1° = }\pi/180 \text{ rad}$$

A substituição de dx/dt na equação então resulta em

$$\frac{dx}{dt} = \left(-\frac{1200}{528}\right)(4)\left(\frac{2}{3}\right)\left(\frac{\pi}{180}\right)(3600) \approx -380.$$

O sinal negativo aparece porque a distância x está diminuindo e, portanto, a aeronave se aproxima da ilha a uma velocidade de cerca de 380 milhas/h quando detectada pela primeira vez pelo radar.

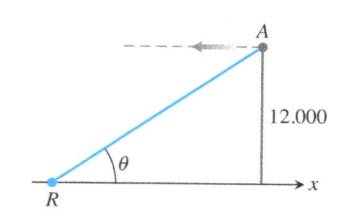

FIGURA 3.47 Avião a jato A viajando a uma altitude constante em direção à estação de radar R (Exemplo 5).

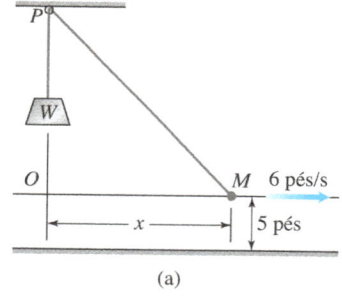

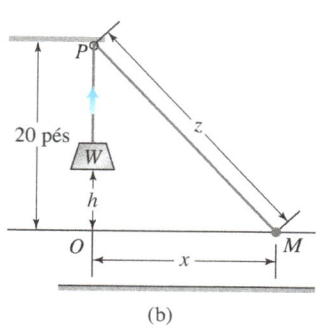

EXEMPLO 6 A Figura 3.48a mostra uma corda que passa através de uma roldana em P e sustenta um peso W em uma extremidade. A outra extremidade é mantida a 5 pés acima do solo na mão M de um trabalhador. Suponha que a roldana esteja a 25 pés acima do chão, que o comprimento da corda seja de 45 pés e que o trabalhador esteja se

FIGURA 3.48 Um trabalhador em M caminha para a direita puxando o peso W para cima à medida que a corda se desloca através da roldana P (Exemplo 6).

afastando rapidamente da reta vertical *PW*, à taxa de 6 pés/s. Qual será a velocidade de elevação do peso quando a mão do trabalhador estiver 21 pés afastada de *PW*?

Solução Seja *OM* a reta horizontal de comprimento x pés a partir de um ponto *O*, diretamente abaixo da roldana até a mão do trabalhador *M* a qualquer instante de tempo (Figura 3.48). Seja h a altura do peso *W* acima de *O*, e z o comprimento da corda da roldana *P* até a mão do trabalhador. Queremos determinar dh/dt quando $x = 21$, dado que $dx/dt = 6$. Observe que a altura de *P* acima de *O* é 20 pés porque *O* está 5 pés acima do chão. Consideramos que o ângulo em *O* é um ângulo reto.

Em qualquer instante de tempo *t*, temos as seguintes relações (veja a Figura 3.48b):

$$20 - h + z = 45 \qquad \text{O comprimento total da corda é 45 pés.}$$
$$20^2 + x^2 = z^2 \qquad \text{O ângulo em } O \text{ é reto.}$$

Se calcularmos $z = 25 + h$ na primeira equação e substituirmos na segunda equação, teremos

$$20^2 + x^2 = (25 + h)^2. \tag{1}$$

Derivando ambos os lados em relação a *t*, temos

$$2x \frac{dx}{dt} = 2(25 + h) \frac{dh}{dt},$$

e, resolvendo essa última equação para dh/dt, encontramos

$$\frac{dh}{dt} = \frac{x}{25 + h} \frac{dx}{dt}. \tag{2}$$

Uma vez que conhecemos dx/dt, falta apenas determinar $25 + h$ no instante em que $x = 21$. Da Equação 1,

$$20^2 + 21^2 = (25 + h)^2$$

de modo que

$$(25 + h)^2 = 841 \quad \text{ou} \quad 25 + h = 29.$$

A Equação 2 agora resulta em

$$\frac{dh}{dt} = \frac{21}{29} \cdot 6 = \frac{126}{29} \approx 4{,}3 \text{ pés/s}$$

que é a taxa em que o peso é levantado quando $x = 21$ pés.

Exercícios 3.10

1. **Área** Suponha que o raio r e a área $A = \pi r^2$ de um círculo sejam funções deriváveis de *t*. Escreva uma equação que relacione dA/dt a dr/dt.

2. **Área da superfície** Suponha que o raio r e a área da superfície $S = 4\pi r^2$ de uma esfera sejam funções deriváveis de *t*. Escreva uma equação que relacione dS/dt a dr/dt.

3. Suponha que $y = 5x$ e $dx/dt = 2$. Determine dy/dt.

4. Suponha que $2x + 3y = 12$ e $dy/dt = -2$. Determine dx/dt.

5. Se $y = x^2$ e $dx/dt = 3$, então qual será o valor de dy/dt quando $x = -1$?

6. Se $x = y^3 - y$ e $dy/dt = 5$, então qual será o valor de dx/dt quando $y = 2$?

7. Se $x^2 + y^2 = 25$ e $dx/dt = -2$, então qual será o valor de dy/dt quando $x = 3$ e $y = -4$?

8. Se $x^2 y^3 = 4/27$ e $dy/dt = 1/2$, então qual será o valor de dx/dt quando $x = 2$?

9. Se $L = \sqrt{x^2 + y^2}$, $dx/dt = -1$ e $dy/dt = 3$, determine dL/dt quando $x = 5$ e $y = 12$.

10. Se $r + s^2 + v^3 = 12$, $dr/dt = 4$ e $ds/dt = -3$, determine dv/dt quando $r = 3$ e $s = 1$.

11. Se o comprimento original x do lado de um cubo de 24 m diminui à taxa de 5 m/min quando $x = 3$, a que taxa
    a. a área da superfície do cubo varia?
    b. o volume do cubo varia?

12. A área da superfície de um cubo aumenta à taxa de 72 pol²/s. A que taxa o volume do cubo varia quando o comprimento do lado é de $x = 3$ pol?

13. **Volume** O raio r e a altura h de um cilindro circular estão relacionados com o volume *V* do cilindro pela fórmula $V = \pi r^2 h$.
    a. Como dV/dt está relacionada a dh/dt se r é constante?
    b. Como dV/dt está relacionada a dr/dt se h é constante?
    c. Como dV/dt está relacionada a dr/dt e dh/dt se nem r nem h são constantes?

14. **Volume** O raio r e a altura h de um cone circular reto estão relacionados com o volume V do cone pela equação $V = (1/3)\pi r^2 h$.
    a. Como dV/dt está relacionada a dh/dt se r é constante?
    b. Como dV/dt está relacionada a dr/dt se h é constante?
    c. Como dV/dt está relacionada a dr/dt e dh/dt se nem r nem h são constantes?

15. **Variação da voltagem** A voltagem V (volts), a corrente I (ampères) e a resistência R (ohms) de um circuito elétrico, como o mostrado aqui, estão relacionadas pela equação $V = IR$. Suponha que V aumente a uma taxa de 1 volt/s, enquanto I diminui a uma taxa de 1/3 A/s. Represente o tempo t em segundos.

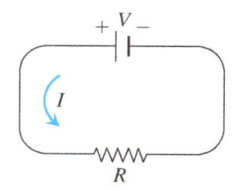

    a. Qual é o valor de dV/dt?
    b. Qual é o valor de dI/dt?
    c. Qual equação relaciona dR/dt a dV/dt e dI/dt?
    d. Determine a taxa de variação de R quando $V = 12$ V e $I = 2$ A. R aumenta ou diminui?

16. **Potência elétrica** A potência P (watts) de um circuito elétrico está relacionada à resistência R (ohms) e à corrente I (em ampères) desse circuito pela equação $P = RI^2$.
    a. Como estão relacionadas dP/dt, dR/dt e dI/dt se P, R e I não são constantes?
    b. Como dR/dt está relacionada com dI/dt se P é constante?

17. **Distância** Sejam x e y funções deriváveis de t e seja $s = \sqrt{x^2 + y^2}$ a distância entre os pontos $(x, 0)$ e $(0, y)$ no plano xy.
    a. Como ds/dt está relacionada a dx/dt se y é constante?
    b. Como ds/dt está relacionada a dx/dt e dy/dt se nem x nem y são constantes?
    c. Como dx/dt está relacionada a dy/dt se s é constante?

18. **Diagonais** Se x, y e z são os comprimentos dos lados de uma caixa retangular, o comprimento comum das diagonais da caixa é $s = \sqrt{x^2 + y^2 + z^2}$.
    a. Considerando que x, y e z sejam funções deriváveis de t, como ds/dt está relacionada a dx/dt, dy/dt e dz/dt?
    b. Como ds/dt está relacionada a dy/dt e dz/dt se x é constante?
    c. Como dx/dt, dy/dt e dz/dt estão relacionadas se s é constante?

19. **Área** A área A de um triângulo, com lados de comprimento a e b formando um ângulo θ, é
$$A = \frac{1}{2} ab \operatorname{sen} \theta.$$
    a. Como dA/dt está relacionada a $d\theta/dt$ se a e b são constantes?
    b. Como dA/dt está relacionada a $d\theta/dt$ e da/dt se somente b é constante?
    c. Como dA/dt está relacionada a $d\theta/dt$, da/dt e db/dt se nem a, nem b, nem θ são constantes?

20. **Aquecimento de um prato** Quando um prato circular de metal é aquecido em um forno, seu raio aumenta a uma taxa de 0,01 cm/min. A que taxa a área do prato aumenta quando seu raio for de 50 cm?

21. **Mudando as dimensões de um retângul** O comprimento l de um retângulo diminui a uma taxa de 2 cm/s, enquanto a largura w aumenta a uma taxa de 2 cm/s. Determine as taxas de variação para (a) a área, (b) o perímetro e (c) os comprimentos das diagonais do retângulo quando $l = 12$ cm e $w = 5$ cm. Quais medidas estão diminuindo e quais estão aumentando?

22. **Mudança nas dimensões de uma caixa retangular** Suponha que as taxas de variação nos comprimentos dos lados x, y e z de uma caixa retangular sejam as seguintes:

$$\frac{dx}{dt} = 1 \text{ m/s}, \quad \frac{dy}{dt} = -2 \text{ m/s}, \quad \frac{dz}{dt} = 1 \text{ m/s}.$$

    Determine as taxas de variação de (a) volume, (b) área da superfície e (c) comprimento da diagonal $s = \sqrt{x^2 + y^2 + z^2}$ no instante em que $x = 4$, $y = 3$ e $z = 2$.

23. **Escada que escorrega** Uma escada com 13 pés de comprimento está apoiada verticalmente em uma casa quando sua base começa a escorregar (veja a figura a seguir), afastando-se da parede. No momento em que a base está a 12 pés da casa, ela escorrega a uma taxa de 5 pés/s.

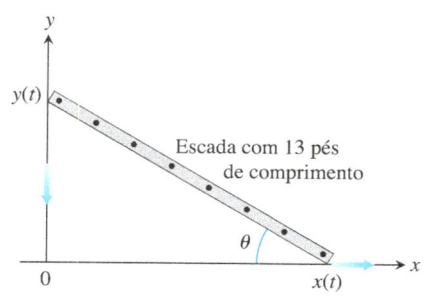

    a. A que velocidade o topo da escada escorrega para baixo na parede?
    b. Qual a taxa de variação da área do triângulo formado pela escada, parede e solo?
    c. Qual a taxa de variação do ângulo θ, formado pela escada e pelo solo?

24. **Tráfego aéreo comercial** Dois aviões comerciais voam a 40.000 pés em retas que se cruzam formando ângulos retos. O avião A se aproxima do ponto de interseção a uma velocidade de 442 nós (milhas náuticas por hora; uma milha náutica equivale a 2.000 jardas). O avião B se aproxima a 481 nós. Qual a taxa de variação da distância entre os aviões quando A está a 5 milhas náuticas do ponto de interseção e B, a 12 milhas náuticas do mesmo ponto?

25. **Empinando uma pipa** Uma menina empina uma pipa a uma altura de 300 pés; o vento afasta a pipa horizontalmente em relação à menina a uma velocidade de 25 pés/s. Com que velocidade ela deve soltar a linha quando a pipa estiver a 500 pés de distância?

26. **Torneando um cilindro** Os mecânicos da automotiva Lincoln estão torneando um cilindro de 6 polegadas de profundidade para receber um novo pistão. A máquina usada aumenta o raio do cilindro em 0,001 polegada a cada 3 minutos. Qual é a taxa de variação no aumento do volume do cilindro quando o diâmetro for de 3,8 polegadas?

27. **Crescimento de um monte de areia** Areia cai de uma esteira transportadora a uma taxa de 10 m³/min no topo de um monte cônico. A altura do monte sempre tem três oitavos do diâmetro da base. Qual a taxa de variação da (a) altura e do (b) raio quando o monte tiver 4 m de altura? Responda em cm/min.

28. **Esvaziamento de um reservatório cônico** Água escoa de um reservatório de concreto cônico (vértice para baixo), com raio da base de 45 m e altura de 6 m, a uma taxa de 50 m³/min.
    a. Qual a velocidade (cm/min) da diminuição do nível da água quando a profundidade for de 5 m?
    b. Qual a velocidade da variação do raio na superfície da água nesse momento? Use cm/min como unidade.

29. **Drenagem de um reservatório hemisférico** Água escoa a uma taxa de 6 m³/min de um reservatório hemisférico com raio de 13 m, mostrado aqui em perfil. Responda às questões a seguir, sendo o volume de água em um recipiente hemisférico de raio R dado por $V = (\pi/3)y^2(3R - y)$, quando a água tiver y metros de profundidade.

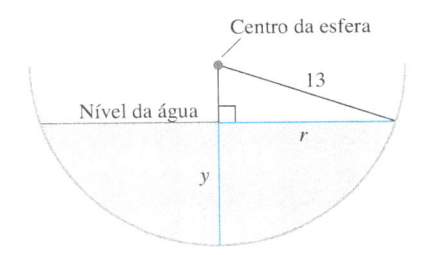

    a. Qual será a taxa de variação do nível da água quando a profundidade for de 8 m?
    b. Qual será o raio r na superfície da água quando ela tiver y metros de profundidade?
    c. Qual será a taxa de variação do raio r quando a profundidade da água for de 8 m?

30. **Aumento de uma gota** Suponha que uma gota de orvalho seja uma esfera perfeita e que, por condensação, capte umidade a uma taxa proporcional à área de sua superfície. Mostre que, nessas circunstâncias, o raio da gota cresce a uma taxa constante.

31. **Raio de um balão inflável** Um balão esférico é inflado com hélio a uma taxa de 100π pés³/min. Quando o raio do balão for de 5 pés, qual será a taxa de seu aumento do raio? Qual será a taxa de aumento da área da superfície?

32. **Puxando um bote** Um bote é puxado por uma corda, presa à proa, que passa por uma argola presa no cais a 6 pés acima da proa. A corda é puxada a uma taxa de 2 pés/s.
    a. A que velocidade o barco se aproxima do cais quando 10 pés de corda foram puxados?
    b. A que taxa o ângulo θ varia nesse instante (veja a figura)?

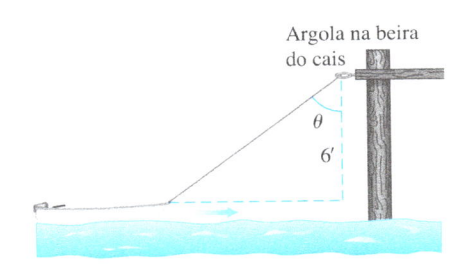

33. **Balão e bicicleta** Um balão sobe verticalmente acima de uma estrada plana a uma velocidade constante de 1 pé/s. Quando está 65 pés acima do solo, uma bicicleta que se desloca a uma velocidade constante de 17 pés/s passa sob ele. A que taxa a distância $s(t)$ entre a bicicleta e o balão aumentará 3 segundos mais tarde?

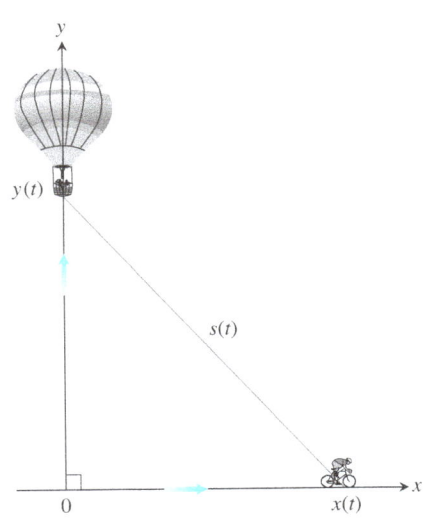

34. **Fazendo café** Café escoa de um filtro cônico para uma cafeteira cilíndrica à taxa de 10 pol³/min.
    a. A que taxa o nível na cafeteira aumentará quando o café no filtro tiver 5 polegadas de profundidade?
    b. A que taxa o nível do filtro diminuirá nesse momento?

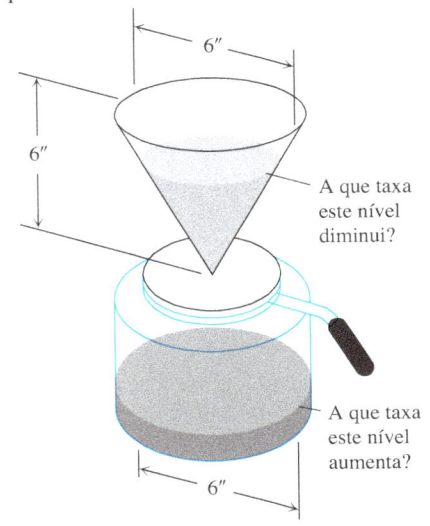

35. **Débito cardíaco** No final de 1860, Adolf Fick, professor de fisiologia da Faculdade de Medicina de Würzberg, na Alemanha, desenvolveu um dos métodos usados até hoje para determinar a quantidade de sangue que o coração humano bombeia por minuto. Enquanto você lê essa frase, é provável que seu débito cardíaco seja de 7 L/min. Em repouso, geralmente é um pouco menos do que 6 L/min. Se você for um atleta, seu débito cardíaco poderá atingir 30 L/min quando estiver participando de uma maratona.

O débito cardíaco pode ser calculado pela fórmula

$$y = \frac{Q}{D},$$

em que Q é o volume (mL) de CO_2 exalado por minuto e D é a diferença entre as concentrações de CO_2 (mL/L) no sangue bombeadas para os pulmões e dos pulmões. Com $Q = 233$ mL/min e $D = 97 - 56 = 41$ mL/L,

$$y = \frac{233 \text{ mL/min}}{41 \text{ mL/L}} \approx 5,68 \text{ L/min},$$

bem próximo a 6 L/min, valor que a maioria das pessoas apresenta na condição basal (repouso). (Dados cedidos por J. Kenneth Herd, M.D., Escola de Medicina de Quillan, Universidade do Leste do estado do Tennessee.)

Suponha que, para $Q = 233$ e $D = 41$, D diminua a uma velocidade de 2 unidades por minuto, mas Q permaneça sem variação. O que acontecerá com o débito cardíaco?

36. **Movimento ao longo de uma parábola** Uma partícula se desloca ao longo da parábola $y = x^2$ no primeiro quadrante, de modo que sua coordenada x (medida em metros) aumenta a uma taxa constante de 10 m/s. Qual a taxa de variação do ângulo de inclinação θ da reta que liga a partícula à origem quando $x = 3$ m?

37. **Movimento em um plano** As coordenadas de uma partícula em um plano xy são funções deriváveis do instante t com $dx/dt = -1$ m/s e $dy/dt = -5$ m/s. Qual a taxa de variação da distância entre a partícula e a origem quando esta passa pelo ponto (5, 12)?

38. **Filmagem de um carro em movimento** Você está filmando uma corrida a uma distância de 132 pés da pista, seguindo um carro que se desloca a 180 milhas/h (264 pé/s), como mostra a figura a seguir. Quando o carro estiver exatamente na sua frente, a que velocidade o ângulo θ de sua câmera variará? E meio segundo mais tarde?

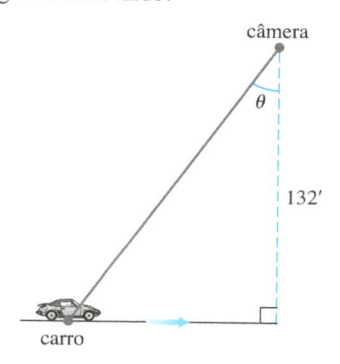

39. **Sombra em movimento** Uma luz está acesa no topo de um poste de 50 pés de altura. Uma bola cai da mesma altura em um ponto situado a 30 pés de distância do poste. (Veja a figura a seguir.) A que velocidade a sombra da bola se desloca no solo 1/2 s depois? (Considere que, durante a queda, a bola percorreu $s = 16t^2$ pés em t segundos.)

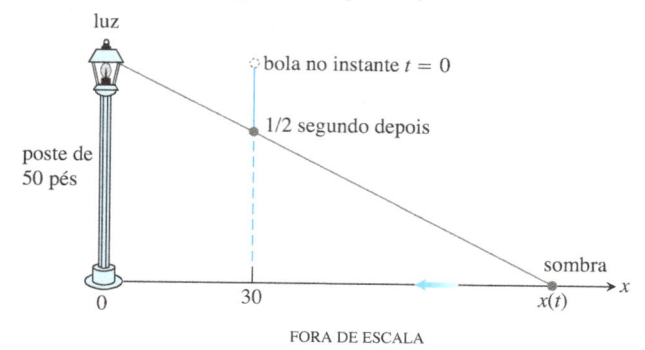

40. **Sombra de um prédio** Em uma manhã, um prédio com 80 pés de altura projeta uma sombra de 60 pés de comprimento. Nesse instante, o ângulo θ que os raios solares projetam no solo aumenta a uma taxa de 0,27°/min. Qual a taxa de diminuição da sombra? (Lembre-se de usar radianos. Expresse sua resposta em polegadas por minuto, arredondando para a primeira casa decimal.)

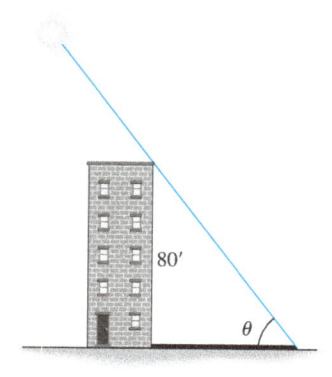

41. **Derretimento de uma camada de gelo** Uma bola de ferro esférica com 8 pol de diâmetro está coberta por uma camada de gelo de espessura uniforme. Se o gelo derrete a uma taxa de 10 pol³/min, a que taxa a espessura do gelo diminuirá quando tiver 2 pol? A que taxa a área da superfície externa do gelo diminuirá?

42. **Polícia rodoviária** Um helicóptero da polícia rodoviária sobrevoa uma autoestrada plana a 3 milhas do solo a uma velocidade constante de 120 milhas/h. O piloto vê um carro se aproximar e o radar assinala que no instante da observação a distância entre o carro e o helicóptero é de 5 milhas. A distância entre eles diminui a uma taxa de 160 milhas/h. Calcule a velocidade do carro ao longo da rodovia.

43. **Jogadores de beisebol** Um campo de beisebol é um quadrado que mede 90 pés de um lado. Um jogador corre da primeira para a segunda base a uma velocidade de 16 pés/s.
    a. Qual a taxa de variação da distância entre o jogador e a terceira base quando ele está a 30 pés da primeira base?
    b. Qual a taxa de variação dos ângulos θ_1 e θ_2 (veja a figura) nesse momento?
    c. O jogador desliza para a segunda base a uma velocidade de 15 pés/s. Qual a taxa de variação dos ângulos θ_1 e θ_2 quando o jogador toca a base?

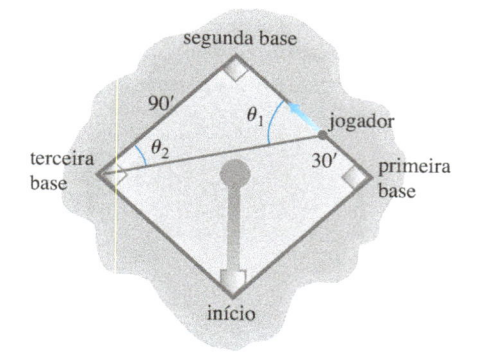

44. **Navios** Dois navios a vapor navegam para longe de um ponto O em rotas que formam um ângulo de 120°. O navio A se desloca a 14 nós (milhas náuticas por hora, uma milha náutica equivale a 2.000 jardas). O navio B se desloca a 21 nós. A que taxas os navios se afastam um do outro quando $OA = 5$ e $OB = 3$ milhas náuticas?

3.11 Linearização e diferenciais

Às vezes, podemos aproximar funções complicadas usando funções mais simples, que, além de serem mais fáceis de trabalhar, fornecem a precisão desejada para aplicações específicas. As funções de aproximação discutidas nesta seção são denominadas *linearizações* e se baseiam em retas tangentes. Outras funções de aproximação, como os polinômios, serão discutidas no Capítulo 10.

Apresentamos as novas variáveis dx e dy, chamadas de *diferenciais*, e as definimos de um modo que transformará a notação de Leibniz da derivada dy/dx em uma razão verdadeira. Usaremos dy para estimar o erro da medida, que fornece uma prova precisa da regra da cadeia (Seção 3.6).

Linearização

Como você pode ver na Figura 3.49, a tangente à curva $y = x^2$ fica perto da curva próximo ao ponto de tangência. Para um breve intervalo de cada lado, os valores de y ao longo da reta tangente

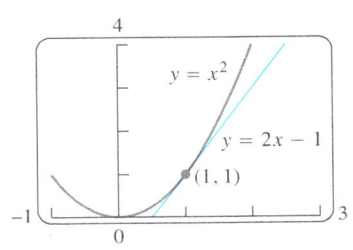

$y = x^2$ e sua tangente $y = 2x - 1$ em $(1, 1)$.

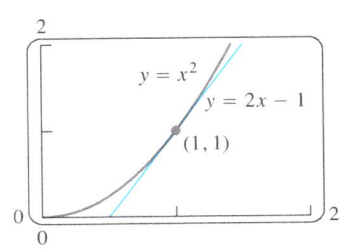

Tangente e curva muito próximas, perto de $(1, 1)$.

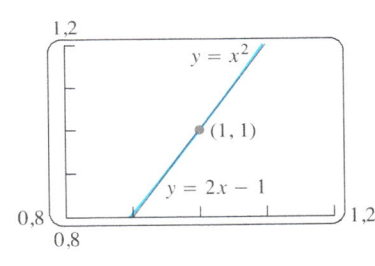

Tangente e curva muito próximas em todo o intervalo x mostrado.

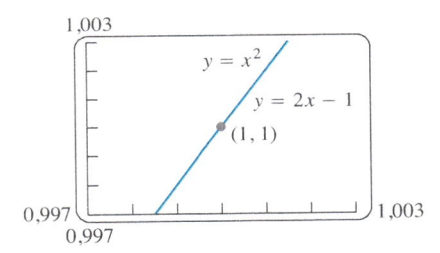

Tangente e curva ainda mais próximas. A tela do computador não consegue distinguir a tangente da curva nesse intervalo de x.

FIGURA 3.49 Quanto mais ampliamos o gráfico de uma função próximo a um ponto em que a função é derivável, mais reto o gráfico se torna e mais se assemelha à sua tangente.

fornecem boas aproximações para os valores de y na curva. Observamos esse fenômeno ampliando os dois gráficos no ponto de tangência ou analisando as tabelas de valores com valores da diferença entre $f(x)$ e sua reta tangente próximo à coordenada x do ponto de tangência. O fenômeno é verdadeiro não apenas para parábolas; cada curva derivável se comporta localmente como sua tangente.

Em geral, a tangente a $y = f(x)$ no ponto $x = a$, em que f é derivável (Figura 3.50), passa pelo ponto $(a, f(a))$, então sua equação fundamental é

$$y = f(a) + f'(a)(x - a).$$

Assim, essa reta tangente é o gráfico da função linear

$$L(x) = f(a) + f'(a)(x - a).$$

Enquanto essa reta permanecer próximo ao gráfico de f, $L(x)$ fornecerá uma boa aproximação de $f(x)$.

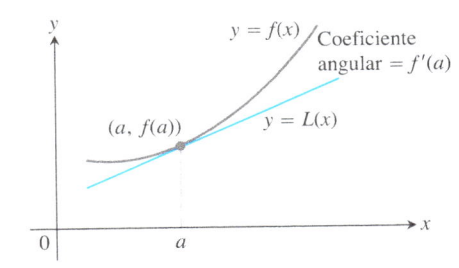

FIGURA 3.50 Tangente à curva $y = f(x)$ em $x = a$ é a reta $L(x) = f(a) + f'(a)(x - a)$.

> **DEFINIÇÕES** Se f é derivável em $x = a$, então a função aproximadora
> $$L(x) = f(a) + f'(a)(x - a)$$
> é a **linearização** de f em a. A aproximação:
> $$f(x) \approx L(x)$$
> de f por L é a **aproximação linear padrão** de f em a. O ponto $x = a$ é o **centro** da aproximação.

EXEMPLO 1 Determine a linearização de $f(x) = \sqrt{1 + x}$ quando $x = 0$ (Figura 3.51).

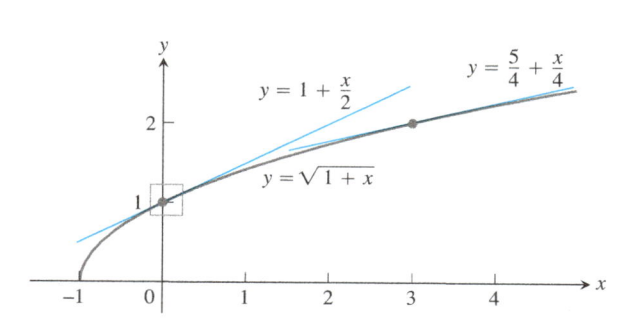

FIGURA 3.51 Gráfico de $y = \sqrt{1 + x}$ e sua linearização quando $x = 0$ e $x = 3$. A Figura 3.52 apresenta uma vista ampliada da pequena janela ao redor de 1 no eixo y.

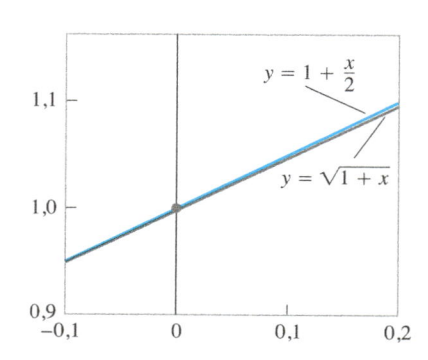

FIGURA 3.52 Vista ampliada da janela na Figura 3.51.

Solução Como
$$f'(x) = \frac{1}{2}(1 + x)^{-1/2},$$
temos que $f(0) = 1$, $f'(0) = 1/2$, o que leva à linearização
$$L(x) = f(a) + f'(a)(x - a) = 1 + \frac{1}{2}(x - 0) = 1 + \frac{x}{2}.$$

Veja a Figura 3.52.

Na tabela a seguir, observe como a aproximação $\sqrt{1 + x} \approx 1 + (x/2)$ do Exemplo 1 é precisa para valores de x próximos de 0. À medida que nos afastamos de zero, perdemos a precisão. Por exemplo, para $x = 2$, a linearização fornece 2 como aproximação de $\sqrt{3}$, que não é exata nem para uma casa decimal.

Aproximação	Valor real	|Valor real − aproximação|
$\sqrt{1{,}2} \approx 1 + \frac{0{,}2}{2} = 1{,}10$	1,095445	$< 10^{-2}$
$\sqrt{1{,}05} \approx 1 + \frac{0{,}05}{2} = 1{,}025$	1,024695	$< 10^{-3}$
$\sqrt{1{,}005} \approx 1 + \frac{0{,}005}{2} = 1{,}00250$	1,002497	$< 10^{-5}$

Não se deixe enganar pelos cálculos anteriores, pensando que qualquer coisa feita por meio da linearização será melhor se feita com uma calculadora. Na prática, nunca usaríamos a linearização para determinar uma raiz quadrada específica.

A utilidade da linearização está em sua capacidade de substituir uma fórmula complicada por uma mais simples ao longo de um intervalo de valores. Se precisássemos trabalhar com $\sqrt{1+x}$ para x próximo a 0 e pudéssemos tolerar o pequeno erro envolvido, em vez disso, poderíamos trabalhar com $1+(x/2)$. Obviamente, precisamos saber qual o tamanho do erro. Falaremos mais sobre estimativa de erro no Capítulo 10.

Uma aproximação linear normalmente perde a precisão longe de seu centro. Como a Figura 3.51 sugere, a aproximação $\sqrt{1+x} \approx 1+(x/2)$ provavelmente é imprecisa para ser usada próximo a $x = 3$. Nessa região, precisamos da linearização quando $x = 3$.

EXEMPLO 2 Determine a linearização de $f(x) = \sqrt{1+x}$ em $x = 3$.

Solução Calculamos a equação definindo $L(x)$ em $a = 3$. Com

$$f(3) = 2, \quad f'(3) = \frac{1}{2}(1+x)^{-1/2}\Big|_{x=3} = \frac{1}{4},$$

temos que

$$L(x) = 2 + \frac{1}{4}(x-3) = \frac{5}{4} + \frac{x}{4}.$$

Quando $x = 3,2$, a linearização do Exemplo 2 resulta em

$$\sqrt{1+x} = \sqrt{1+3,2} \approx \frac{5}{4} + \frac{3,2}{4} = 1,250 + 0,800 = 2,050,$$

que difere do valor real $\sqrt{4,2} \approx 2,04939$ em menos de um milésimo. A linearização do Exemplo 1 resulta em

$$\sqrt{1+x} = \sqrt{1+3,2} \approx 1 + \frac{3,2}{2} = 1 + 1,6 = 2,6,$$

um resultado cuja margem de erro é maior que 25%.

EXEMPLO 3 Determine a linearização de $f(x) = \cos x$ quando $x = \pi/2$ (Figura 3.53).

Solução Como $f(\pi/2) = \cos(\pi/2) = 0$, $f'(x) = -\operatorname{sen} x$ e $f'(\pi/2) = -\operatorname{sen}(\pi/2) = -1$, determinamos a linearização em $a = \pi/2$ como

$$L(x) = f(a) + f'(a)(x-a)$$
$$= 0 + (-1)\left(x - \frac{\pi}{2}\right)$$
$$= -x + \frac{\pi}{2}.$$

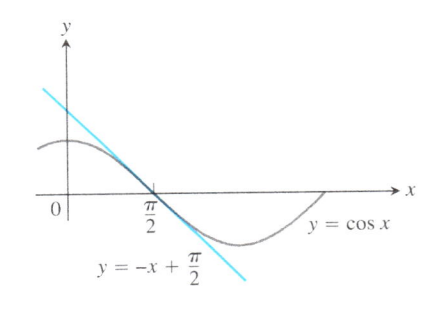

FIGURA 3.53 Gráfico de $f(x) = \cos x$ e sua linearização em $x = \pi/2$. Perto de $x = \pi/2$, $\cos x \approx -x + (\pi/2)$ (Exemplo 3).

Uma aproximação linear importante para raízes e potências é

$$(1+x)^k \approx 1 + kx \quad (x \text{ próximo de 0, sendo } k \text{ qualquer número})$$

(Exercício 15). Essa aproximação, boa para valores de x suficientemente próximos de zero, tem uma ampla aplicação. Por exemplo, quando x é pequeno,

$$\sqrt{1+x} \approx 1 + \frac{1}{2}x \qquad k = 1/2$$

$$\frac{1}{1-x} = (1-x)^{-1} \approx 1 + (-1)(-x) = 1 + x \qquad k = -1, \text{ substituindo } x \text{ por } -x.$$

$$\sqrt[3]{1+5x^4} = (1+5x^4)^{1/3} \approx 1 + \frac{1}{3}(5x^4) = 1 + \frac{5}{3}x^4 \qquad k = 1/3; \text{ substituindo } x \text{ por } 5x^4.$$

$$\frac{1}{\sqrt{1-x^2}} = (1-x^2)^{-1/2} \approx 1 + \left(-\frac{1}{2}\right)(-x^2) = 1 + \frac{1}{2}x^2 \qquad k = -1/2; \text{ substituindo } x \text{ por } -x^2.$$

Diferenciais

Às vezes, usamos a notação de Leibniz dy/dx para representar a derivada de y em relação a x. Ao contrário do que parece, não se trata de uma razão. Agora, introduziremos duas novas variáveis, dx e dy, com a propriedade de que, caso a razão exista, ela será igual à derivada.

> **DEFINIÇÃO** Seja $y = f(x)$ uma função derivável. A **diferencial** dx é uma variável independente. A **diferencial** dy é
> $$dy = f'(x)\,dx.$$

Ao contrário da variável independente dx, a variável dy é sempre dependente. Ela depende tanto de x como de dx. Se atribuirmos um valor específico a dx, e x for um número particular no domínio da função f, então esses valores determinam o valor numérico de dy.

EXEMPLO 4

(a) Determine dy se $y = x^5 + 37x$.

(b) Determine o valor de dy quando $x = 1$ e $dx = 0{,}2$.

Solução

(a) $dy = (5x^4 + 37)dx$

(b) Substituindo $x = 1$ e $dx = 0{,}2$ na expressão de dy, temos
$$dy = (5 \cdot 1^4 + 37)0{,}2 = 8{,}4.$$

O significado geométrico das diferenciais é mostrado na Figura 3.54. Seja $x = a$ e faça $dx = \Delta x$. A variação correspondente em $y = f(x)$ é de
$$\Delta y = f(a + dx) - f(a).$$

A variação correspondente na tangente L é de
$$\begin{aligned}
\Delta L &= L(a + dx) - L(a) \\
&= \underbrace{f(a) + f'(a)[(a + dx) - a]}_{L(a + dx)} - \underbrace{f(a)}_{L(a)} \\
&= f'(a)\,dx.
\end{aligned}$$

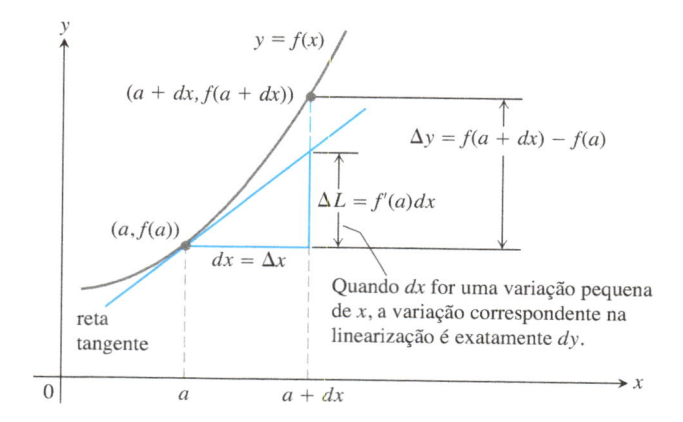

FIGURA 3.54 Geometricamente, a diferencial dy é a variação ΔL na linearização de f quando $x = a$ varia em uma quantidade $dx = \Delta x$.

Isto é, a variação da linearização de f equivale justamente ao valor da diferencial dy quando $x = a$ e $dx = \Delta x$. Portanto, dy representa a medida em que a reta tangente sobe ou desce quando x varia em uma quantidade $dx = \Delta x$.

Se $dx \neq 0$, então o quociente da diferencial dy pela diferencial dx é igual à derivada $f'(x)$, pois

$$dy \div dx = \frac{f'(x)\,dx}{dx} = f'(x) = \frac{dy}{dx}.$$

Às vezes, escrevemos

$$df = f'(x)\,dx$$

no lugar de $dy = f'(x)\,dx$, denominando df a **diferencial de f**. Por exemplo, se $f(x) = 3x^2 - 6$, então

$$df = d(3x^2 - 6) = 6x\,dx.$$

Toda fórmula de diferenciação do tipo

$$\frac{d(u+v)}{dx} = \frac{du}{dx} + \frac{dv}{dx} \quad \text{ou} \quad \frac{d(\operatorname{sen} u)}{dx} = \cos u\,\frac{du}{dx}$$

tem uma forma diferencial do tipo

$$d(u+v) = du + dv \text{ ou } d(\operatorname{sen} u) = \cos u\,du.$$

EXEMPLO 5 Podemos usar a regra da cadeia e outras regras de derivação para determinar diferenciais de funções.

(a) $d(\operatorname{tg} 2x) = \sec^2(2x)\,d(2x) = 2\sec^2 2x\,dx$

(b) $d\left(\dfrac{x}{x+1}\right) = \dfrac{(x+1)dx - x\,d(x+1)}{(x+1)^2} = \dfrac{x\,dx + dx - x\,dx}{(x+1)^2} = \dfrac{dx}{(x+1)^2}$

Estimativa com diferenciais

Suponha que saibamos o valor de uma função derivável $f(x)$ em um ponto a e que queiramos prever a variação que esse valor sofrerá se formos para um ponto $a + dx$ próximo. Se $dx = \Delta x$ for pequeno, então podemos ver na Figura 3.54 que Δy é aproximadamente igual à diferencial dy. Como

$$f(a + dx) = f(a) + \Delta y, \qquad \Delta x = dx$$

a aproximação diferencial resulta em

$$f(a + dx) \approx f(a) + dy$$

quando $dx = \Delta x$. Assim, a aproximação $\Delta y \approx dy$ pode ser usada para calcular $f(a + dx)$ quando $f(a)$ é conhecido e dx é pequeno.

EXEMPLO 6 O raio r de uma circunferência aumenta de $a = 10$ m para $10,1$ m (Figura 3.55). Utilize dA para estimar o aumento na área da circunferência A. Estime a área do círculo aumentado e compare essa estimativa com a área real encontrada por cálculo direto.

Solução Como $A = \pi r^2$, o aumento estimado é de

$$dA = A'(a)\,dr = 2\pi a\,dr = 2\pi(10)(0,1) = 2\pi \text{ m}^2.$$

Assim, como $A(r + \Delta r) \approx A(r) + dA$, temos

$$A(10 + 0,1) \approx A(10) + 2\pi$$
$$= \pi(10)^2 + 2\pi = 102\pi.$$

A área de um círculo de raio $10,1$ m é de aproximadamente 102π m².
A verdadeira área é

$$A(10,1) = \pi(10,1)^2$$
$$= 102{,}01\pi \text{ m}^2.$$

O erro em nossa estimativa é de $0{,}01\pi$ m², que corresponde à diferença $\Delta A - dA$.

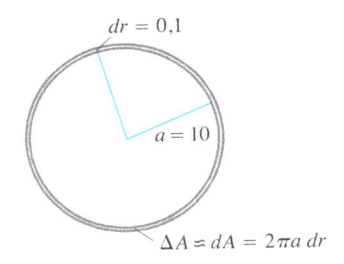

FIGURA 3.55 Quando o valor de dr for pequeno em comparação a a, a diferencial dA fornece a estimativa $A(a + dr) \approx \pi a^2 + dA$ (Exemplo 6).

Erro na aproximação diferencial

Suponha que $f(x)$ seja uma função derivável em $x = a$ e que $dx = \Delta x$ seja um incremento de x. Há duas maneiras de descrever a variação de f à medida que x varia de a para $a + \Delta x$:

Variação real: $\quad \Delta f = f(a + \Delta x) - f(a)$

Estimativa diferencial: $\quad df = f'(a)\, \Delta x.$

Em que medida df se aproxima de Δf?

Medimos o erro de aproximação subtraindo df de Δf:

$$\begin{aligned}
\text{Erro de aproximação} &= \Delta f - df \\
&= \Delta f - f'(a)\Delta x \\
&= \underbrace{f(a + \Delta x) - f(a)}_{\Delta f} - f'(a)\Delta x \\
&= \left(\frac{f(a + \Delta x) - f(a)}{\Delta x} - f'(a) \right) \cdot \Delta x \\
&\qquad \underbrace{}_{\text{Chame essa parte de } \epsilon.} \\
&= \epsilon \cdot \Delta x.
\end{aligned}$$

Quando $\Delta x \to 0$, a razão incremental

$$\frac{f(a + \Delta x) - f(a)}{\Delta x}$$

se aproxima de $f'(a)$ (lembre-se da definição de $f'(a)$), então a quantidade entre parênteses se torna um número muito pequeno (daí a notação ϵ). Na verdade, $\epsilon \to 0$ quando $\Delta x \to 0$. Quando Δx é pequeno, o erro de aproximação $\epsilon\, \Delta x$ é ainda menor.

$$\underbrace{\Delta f}_{\substack{\text{variação}\\\text{verdadeira}}} = \underbrace{f'(a)\Delta x}_{\substack{\text{variação}\\\text{estimada}}} + \underbrace{\epsilon\, \Delta x}_{\text{erro}}$$

Embora não saibamos a magnitude do erro, ele é o produto $\epsilon \cdot \Delta x$ de duas pequenas quantidades que se aproximam de zero à medida que $\Delta x \to 0$. Para muitas funções comuns, sempre que Δx for pequeno, o erro será ainda menor.

Variação de $y = f(x)$ próximo de $x = a$

Se $y = f(x)$ é derivável em $x = a$ e x varia de a para $a + \Delta x$, então a variação de Δy em f é dada por uma equação na forma

$$\Delta y = f'(a)\, \Delta x + \epsilon\, \Delta x \qquad (1)$$

na qual $\epsilon \to 0$ à medida que $\Delta x \to 0$.

No Exemplo 6, descobrimos que

$$\Delta A = \pi(10{,}1)^2 - \pi(10)^2 = (102{,}01 - 100)\pi = (\underbrace{2\pi}_{dA} + \underbrace{0{,}01\pi}_{\text{erro}})\, \text{m}^2$$

Logo, o erro de aproximação é $\Delta A - dA = \epsilon\Delta r = 0{,}01\pi$ e $\epsilon = 0{,}01\pi/\Delta r = 0{,}01\pi/0{,}1 = 0{,}1\pi$ m.

Prova da regra da cadeia

A Equação 1 nos permite provar corretamente a regra da cadeia. Nosso objetivo é mostrar que se $f(u)$ é uma função derivável de u, e $u = g(x)$ é uma função derivável de x, então a função composta $y = f(g(x))$ é uma função derivável de x. Como uma função é derivável se, e somente se, ela tiver uma derivada em cada ponto de seu domínio, devemos mostrar que sempre que g for derivável em x_0 e f for derivável em $g(x_0)$, então a composta será derivável em x_0 e a derivada da composta satisfará a equação

$$\left.\frac{dy}{dx}\right|_{x=x_0} = f'(g(x_0)) \cdot g'(x_0).$$

Seja Δx um incremento em x e Δu e Δy os incrementos correspondentes em u e y. Aplicando a Equação 1, temos

$$\Delta u = g'(x_0)\Delta x + \epsilon_1 \Delta x = (g'(x_0) + \epsilon_1)\Delta x,$$

em que $\epsilon_1 \to 0$ à medida que $\Delta x \to 0$. De modo similar,

$$\Delta y = f'(u_0)\Delta u + \epsilon_2 \Delta u = (f'(u_0) + \epsilon_2)\Delta u,$$

em que $\epsilon_2 \to 0$ à medida que $\Delta u \to 0$. Observe também que $\Delta u \to 0$ à medida que $\Delta x \to 0$. Combinando as equações para Δu e Δy, temos

$$\Delta y = f'(u_0) + \epsilon_2)(g'(x_0) + \epsilon_1)\Delta x,$$

logo

$$\frac{\Delta y}{\Delta x} = f'(u_0)g'(x_0) + \epsilon_2 g'(x_0) + f'(u_0)\epsilon_1 + \epsilon_2\epsilon_1.$$

Como ϵ_1 e ϵ_2 tendem a zero conforme Δx tende a zero, três dos quatro termos da direita desaparecem no limite, restando

$$\left.\frac{dy}{dx}\right|_{x=x_0} = \lim_{\Delta x \to 0} \frac{\Delta y}{\Delta x} = f'(u_0)g'(x_0) = f'(g(x_0)) \cdot g'(x_0).$$

Sensibilidade à variação

A equação $df = f'(x)\,dx$ nos mostra o quanto o valor de f é sensível a uma variação de x. Quanto maior o valor de f' em x, maior o efeito de uma determinada variação dx. Conforme nos deslocamos de a para um ponto próximo $a + dx$, podemos descrever a variação de f de três maneiras:

	Real	Estimada
Variação absoluta	$\Delta f = f(a + dx) - f(a)$	$df = f'(a)\,dx$
Variação relativa	$\dfrac{\Delta f}{f(a)}$	$\dfrac{df}{f(a)}$
Variação percentual	$\dfrac{\Delta f}{f(a)} \times 100$	$\dfrac{df}{f(a)} \times 100$

EXEMPLO 7 Você deseja calcular a profundidade de um poço a partir da equação $s = 16t^2$ determinando quanto tempo uma pedra pesada que você joga na água levará para chegar lá embaixo. Qual será a sensibilidade de seus cálculos a um erro de 0,1 s na medição do tempo?

Solução O tamanho de ds na equação

$$ds = 32t\,dt$$

depende do tamanho de t. Se $t = 2$ s, a variação causada por $dt = 0,1$ é de cerca de

$$ds = 32(2)(0,1) = 6,4 \text{ pés.}$$

Três segundos mais tarde em $t = 5$ s, a variação causada pelo mesmo dt é de

$$ds = 32(5)(0,1) = 16 \text{ pés.}$$

Para um erro fixo na medição do tempo, o erro na utilização de ds para estimar a profundidade é maior quando o tempo que a pedra leva até atingir a água é maior.

EXEMPLO 8 No final da década de 1830, o fisiologista francês Jean Poiseuille descobriu a fórmula que hoje usamos para predizer o quanto o raio de uma artéria parcialmente obstruída diminui o volume normal do fluxo. Sua fórmula,

$$V = kr^4,$$

diz que o volume V de líquido que flui através de um pequeno vaso ou tubo por unidade de tempo, sob pressão constante, é uma constante multiplicada pela quarta potência do raio r do tubo. Como uma redução de 10% em r afeta V? (Veja a Figura 3.56.)

Solução As diferenciais de r e V estão relacionadas pela equação

$$dV = \frac{dV}{dr}\,dr = 4kr^3\,dr.$$

A variação relativa em V é de

$$\frac{dV}{V} = \frac{4kr^3\,dr}{kr^4} = 4\frac{dr}{r}.$$

A variação relativa em V é quatro vezes a variação relativa em r, assim 10% da diminuição em r resultará em 40% da diminuição no fluxo.

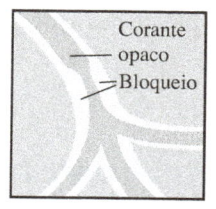

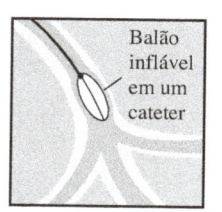

FIGURA 3.56 Um corante é injetado em uma artéria parcialmente obstruída para tornar seu interior visível aos raios X. Então, um cateter balão é inflado dentro da artéria para ampliá-la no local da obstrução.

EXEMPLO 9 A segunda lei de Newton,

$$F = \frac{d}{dt}(mv) = m\frac{dv}{dt} = ma,$$

vale desde que suponhamos que a massa seja constante, mas sabemos que isso não é rigorosamente verdadeiro, pois a massa de um corpo aumenta com a velocidade. Na fórmula corrigida de Einstein, a massa possui o valor

$$m = \frac{m_0}{\sqrt{1 - v^2/c^2}},$$

em que a "massa de repouso" m_0 representa a massa de um corpo que não se desloca e c é a velocidade da luz, cerca de 300.000 km/s. Use a aproximação

$$\frac{1}{\sqrt{1-x^2}} \approx 1 + \frac{1}{2}x^2 \qquad (2)$$

para estimar o aumento Δm da massa resultante do aumento da velocidade v.

Solução Quando v é muito pequena comparada a c, a razão v^2/c^2 está próxima de zero, e é seguro utilizar a aproximação

$$\frac{1}{\sqrt{1-v^2/c^2}} \approx 1 + \frac{1}{2}\left(\frac{v^2}{c^2}\right) \qquad \text{Equação 2 com } x = \frac{v}{c}$$

para obter

$$m = \frac{m_0}{\sqrt{1 - v^2/c^2}} \approx m_0 \left[1 + \frac{1}{2}\left(\frac{v^2}{c^2}\right)\right] = m_0 + \frac{1}{2}m_0 v^2 \left(\frac{1}{c^2}\right),$$

ou

$$m \approx m_0 + \frac{1}{2}m_0 v^2 \left(\frac{1}{c^2}\right). \tag{3}$$

A Equação 3 expressa o aumento da massa que resulta do acréscimo da velocidade v.

Conversão de massa em energia

A Equação 3 deduzida no Exemplo 9 tem uma interpretação importante. Na física newtoniana, $(1/2)m_0 v^2$ é a Energia Cinética (EC) do corpo e, se reescrevermos a Equação 3 na forma

$$(m - m_0)c^2 \approx \frac{1}{2}m_0 v^2,$$

observamos que

$$(m - m_0)c^2 \approx \frac{1}{2}m_0 v^2 = \frac{1}{2}m_0 v^2 - \frac{1}{2}m_0(0)^2 = \Delta(\text{EC}),$$

ou

$$(\Delta m)c^2 \approx \Delta(\text{EC}).$$

Assim, a variação da energia cinética $\Delta(\text{EC})$ ao ir da velocidade 0 para a velocidade v é de aproximadamente $(\Delta m)c^2$, a variação da massa pelo quadrado da velocidade da luz. Usando $c \approx 3 \times 10^8$ m/s, vemos que uma pequena variação da massa pode causar uma grande variação da energia.

Exercícios 3.11

Determinando linearizações

Nos Exercícios 1-5, determine a linearização $L(x)$ de $f(x)$ em $x = a$.

1. $f(x) = x^3 - 2x + 3$, $a = 2$
2. $f(x) = \sqrt{x^2 + 9}$, $a = -4$
3. $f(x) = x + \frac{1}{x}$, $a = 1$
4. $f(x) = \sqrt[3]{x}$, $a = -8$
5. $f(x) = \text{tg } x$, $a = \pi$
6. **Aproximações lineares comuns em $x = 0$** Determine as linearizações das seguintes funções em $x = 0$.
   (a) sen x (b) cos x (c) tg x (d) e^x (e) ln $(1+x)$

Linearização para aproximação

Nos Exercícios 7-14, determine uma linearização em um inteiro escolhido convenientemente próximo a x_0 em que a função dada e sua derivada sejam fáceis de calcular.

7. $f(x) = x^2 + 2x$, $x_0 = 0,1$
8. $f(x) = x^{-1}$, $x_0 = 0,9$
9. $f(x) = 2x^2 + 4x - 3$, $x_0 = -0,9$
10. $f(x) = 1 + x$, $x_0 = 8,1$
11. $f(x) = \sqrt[3]{x}$, $x_0 = 8,5$
12. $f(x) = \frac{x}{x+1}$, $x_0 = 1,3$
13. $f(x) = e^{-x}$, $x_0 = -0,1$
14. $f(x) = \text{sen}^{-1} x$, $x_0 = \pi/12$
15. Mostre que a linearização de $f(x) = (1 + x)^k$ em $x = 0$ é $L(x) = 1 + kx$.
16. Utilize a aproximação linear $(1 + x)^k \approx 1 + kx$ para determinar uma aproximação para a função $f(x)$ para valores de x próximos de zero.

    a. $f(x) = (1 - x)^6$ d. $f(x) = \sqrt{2 + x^2}$
    b. $f(x) = \frac{2}{1 - x}$ e. $f(x) = (4 + 3x)^{1/3}$
    c. $f(x) = \frac{1}{\sqrt{1 + x}}$ f. $f(x) = \sqrt[3]{\left(1 - \frac{1}{2 + x}\right)^2}$

17. **Mais rápido que uma calculadora** Use a aproximação $(1 + x)^k \approx 1 + kx$ para estimar o seguinte:

    a. $(1,0002)^{50}$ b. $\sqrt[3]{1,009}$

18. Determine a linearização de $f(x) = \sqrt{x + 1} + \text{sen } x$ em $x = 0$. Como ela está relacionada com as linearizações individuais de $\sqrt{x + 1}$ e sen x em $x = 0$?

Derivadas na forma diferencial

Nos Exercícios 19-38, determine dy.

19. $y = x^3 - 3\sqrt{x}$
20. $y = x\sqrt{1 - x^2}$
21. $y = \frac{2x}{1 + x^2}$

22. $y = \dfrac{2\sqrt{x}}{3(1+\sqrt{x})}$

23. $2y^{3/2} + xy - x = 0$

24. $xy^2 - 4x^{3/2} - y = 0$

25. $y = \text{sen}(5\sqrt{x})$

26. $y = \cos(x^2)$

27. $y = 4\,\text{tg}(x^3/3)$

28. $y = \sec(x^2 - 1)$

29. $y = 3\,\text{cossec}(1 - 2\sqrt{x})$

30. $y = 2\cotg\left(\dfrac{1}{\sqrt{x}}\right)$

31. $y = e^{\sqrt{x}}$

32. $y = xe^{-x}$

33. $y = \ln(1 + x^2)$

34. $y = \ln\left(\dfrac{x+1}{\sqrt{x-1}}\right)$

35. $y = \text{tg}^{-1}(e^{x^2})$

36. $y = \cotg^{-1}\left(\dfrac{1}{x^2}\right) + \cos^{-1} 2x$

37. $y = \sec^{-1}(e^{-x})$

38. $y = e^{\text{tg}^{-1}\sqrt{x^2+1}}$

Erro de aproximação

Nos Exercícios 39-44, cada função $f(x)$ varia quando x varia de x_0 para $x_0 + dx$. Determine

  a. a variação $\Delta f = f(x_0 + dx) - f(x_0)$;
  b. o valor da estimativa $df = f'(x_0)\,dx$; e
  c. o erro de aproximação $|\Delta f - df|$.

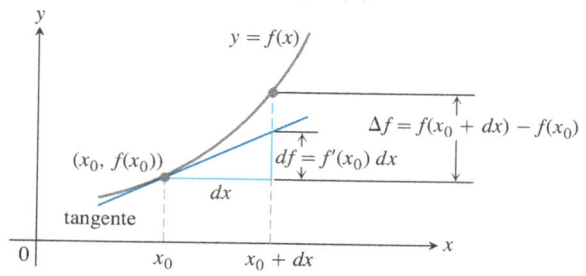

39. $f(x) = x^2 + 2x$, $x_0 = 1$, $dx = 0{,}1$

40. $f(x) = 2x^2 + 4x - 3$, $x_0 = -1$, $dx = 0{,}1$

41. $f(x) = x^3 - x$, $x_0 = 1$, $dx = 0{,}1$

42. $f(x) = x^4$, $x_0 = 1$, $dx = 0{,}1$

43. $f(x) = x^{-1}$, $x_0 = 0{,}5$, $dx = 0{,}1$

44. $f(x) = x^3 - 2x + 3$, $x_0 = 2$, $dx = 0{,}1$

Estimativas diferenciais de variação

Nos Exercícios 45-50, escreva uma fórmula diferencial que permita estimar a variação dada do volume ou da área da superfície.

45. A variação no volume $V = (4/3)\pi r^3$ de uma esfera quando o raio varia de r_0 para $r_0 + dr$.

46. A variação no volume $V = x^3$ de um cubo quando o comprimento das arestas varia de x_0 a $x_0 + dx$.

47. A variação na área da superfície $S = 6x^2$ de um cubo quando o comprimento das arestas varia de x_0 a $x_0 + dx$.

48. A variação na área da superfície lateral $S = \pi r\sqrt{r^2 + h^2}$ de um cone circular reto quando o raio varia de r_0 a $r_0 + dr$ e a altura permanece a mesma.

49. A variação no volume $V = \pi r^2 h$ de um cilindro circular reto quando o raio varia de r_0 a $r_0 + dr$ e a altura permanece a mesma.

50. A variação na área da superfície lateral $S = 2\pi rh$ de um cilindro circular reto quando a altura varia de h_0 a $h_0 + dh$ e o raio permanece o mesmo.

Aplicações

51. O raio de uma circunferência aumentou de 2 m para 2,02 m.
  a. Estime a variação resultante na área.
  b. Expresse a estimativa como uma porcentagem da área inicial da circunferência.

52. O diâmetro de uma árvore era de 10 polegadas. No ano seguinte, a circunferência aumentou 2 polegadas. Qual foi a variação aproximada do diâmetro da árvore? E da área da seção transversal?

53. **Estimativa do volume** Estime o volume do material presente em uma embalagem cilíndrica de 30 polegadas de altura, 6 polegadas de raio e 0,5 polegada de espessura.

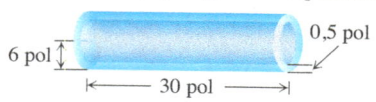

54. **Estimativa da altura de um edifício** Um agrimensor, a 30 pés da base de um edifício, mede o ângulo de elevação até o topo do edifício como sendo de 75°. Quão exata deve ser a medição desse ângulo para que o erro percentual na estimativa da altura do edifício seja inferior a 4%?

55. **Tolerância** O raio r de um círculo é medido com um erro de no máximo 2%. Qual é a porcentagem de erro máxima correspondente no cálculo da
  a. circunferência do círculo?
  b. área do círculo?

56. **Tolerância** O lado x de um cubo é medido com um erro de no máximo 0,5%. Qual é a porcentagem máxima de erro correspondente no cálculo
  a. da área de superfície?
  b. do volume?

57. **Tolerância** A altura e o raio de um cilindro circular reto são iguais, de modo que o volume desse cilindro é dado por $V = \pi h^3$. O volume deve ser calculado com um erro menor que 1% em relação ao valor real. Determine aproximadamente o maior erro que pode ser tolerado na medição de h, expressando-o como porcentagem de h.

58. **Tolerância**
  a. Quão exata deve ser a medição do diâmetro interno de um tanque cilíndrico de armazenagem com 10 m de altura para que o cálculo de seu volume fique a 1% do valor real?
  b. Quão exata deve ser a medição do diâmetro externo desse tanque para que o cálculo da quantidade de tinta para pintar sua parede fique no máximo 5% da quantidade real?

59. O diâmetro de uma esfera é medido como 100 ± 1 cm e o volume é calculado a partir dessa medição. Estime a porcentagem de erro no cálculo do volume.

60. Estime a porcentagem de erro admissível para medir o diâmetro D de uma esfera se o volume deve ser calculado corretamente dentro de 3%.

61. **Efeito das manobras de voo sobre o coração** A quantidade de trabalho realizado pela principal câmara de bombeamento do coração, o ventrículo esquerdo, é dada pela equação

$$W = PV + \dfrac{V\delta v^2}{2g},$$

em que W é o trabalho por unidade de tempo, P é a pressão arterial média, V é o volume de sangue bombeado por unidade de tempo, δ ("delta") é a densidade de peso do sangue, v é a velocidade média do sangue ejetado e g é a aceleração da gravidade.

Enquanto P, V, δ e v permanecem constantes, W se torna uma função de g e a equação toma a forma de

$$W = a + \dfrac{b}{g} \quad (a, b \text{ constantes}).$$

Como membro da equipe médica da NASA, você quer saber qual é a sensibilidade de W às variações aparentes de g causadas pelas manobras de voo, e isso depende do valor inicial de g. Como parte de sua investigação, você decide comparar o efeito em W causado por dada variação de dg na superfície da Lua, onde $g = 5{,}2$ pés/s^2, com o efeito que a mesma variação dg teria na Terra, onde $g = 32$ pés/s^2. Utilize a equação simplificada anterior para determinar a razão dW_{Lua} sobre dW_{Terra}.

62. **Medição da aceleração da gravidade** Quando o comprimento L do pêndulo de um relógio é mantido constante por meio do controle de sua temperatura, o período T do pêndulo depende da aceleração g da gravidade. O período variará um pouco à medida que o relógio for deslocado para diferentes posições na superfície da Terra, dependendo das variações de g. Acompanhando-se as variações de ΔT, podemos estimar a variação de g pela equação $T = 2\pi(L/g)^{1/2}$, que relaciona T, g e L.

   a. Mantendo-se L constante e sendo g a variável independente, calcule dT e use-o para responder os itens (b) e (c).

   b. Se g aumenta, T aumentará ou diminuirá? Um relógio de pêndulo adiantará ou atrasará? Explique.

   c. Um relógio cujo pêndulo mede 100 cm é deslocado de um lugar em que $g = 980$ cm/s^2 para um novo local. Isso aumenta o período em $dT = 0{,}001$ s. Determine dg e estime o valor de g nesse outro lugar.

63. **Linearização é a melhor aproximação linear** Suponha que $y = f(x)$ seja derivável em $x = a$ e que $g(x) = m(x - a) + c$ seja uma função linear, em que m e c sejam constantes. Se o erro $E(x) = f(x) - g(x)$ for suficientemente pequeno perto de $x = a$, poderemos pensar em g como aproximação linear de f em vez da linearização $L(x) = f(a) + f'(a)(x - a)$. Demonstre que impondo a g as condições

   1. $E(a) = 0$ *O erro de aproximação é nulo quando $x = a$.*

   2. $\lim_{x \to a} \dfrac{E(x)}{x - a} = 0$ *O erro é desprezível quando comparado com $x - a$.*

   então $g(x) = f(a) + f'(a)(x - a)$. Assim, a linearização $L(x)$ fornece a única aproximação cujo erro é zero para $x = a$, sendo ainda desprezível em comparação com $x - a$.

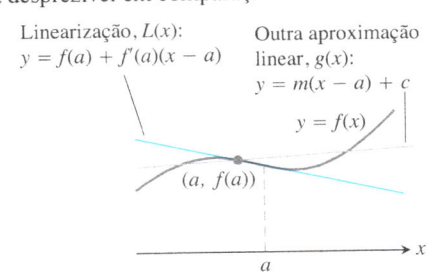

64. **Aproximações quadráticas**

   a. Seja $Q(x) = b_0 + b_1(x - a) + b_2(x - a)^2$ uma aproximação quadrática de $f(x)$ quando $x = a$, com as seguintes propriedades:

   i) $Q(a) = f(a)$

   ii) $Q'(a) = f'(a)$

   iii) $Q''(a) = f''(a)$.

   Determine os coeficientes b_0, b_1 e b_2.

   b. Determine a aproximação quadrática para $f(x) = 1/(1 - x)$ em $x = 0$.

   T c. Esboce o gráfico de $f(x) = 1/(1 - x)$ e sua aproximação quadrática em $x = 0$. Depois, amplie os dois gráficos no ponto $(0, 1)$. Comente o que você observa.

   T d. Determine a aproximação quadrática para $g(x) = 1/x$ em $x = 1$. Trace em um único gráfico g e sua aproximação quadrática. Comente o que observa.

   T e. Determine a aproximação quadrática de $h(x) = \sqrt{1 + x}$ em $x = 0$. Trace em um mesmo gráfico h e sua aproximação quadrática. Comente o que observa.

   f. Quais são as linearizações de f, g e h nos respectivos pontos dos itens (b), (d) e (e)?

65. **Linearização de 2^x**

   a. Determine a linearização de $f(x) = 2^x$ em $x = 0$. Depois, arredonde seus coeficientes para duas casas decimais.

   T b. Trace em um mesmo gráfico a linearização e a função para $-3 \leq x \leq 3$ e $-1 \leq x \leq 1$.

66. **Linearização de $\log_3 x$**

   a. Determine a linearização de $f(x) = \log_3 x$ em $x = 3$. Depois, arredonde seus coeficientes para duas casas decimais.

   T b. Trace em um mesmo gráfico a linearização e a função para $0 \leq x \leq 8$ e $2 \leq x \leq 4$.

USO DO COMPUTADOR

Nos Exercícios 67-72, utilize um SAC para estimar a magnitude do erro no uso da linearização em lugar da função ao longo de um intervalo I determinado. Siga as seguintes etapas.

   a. Esboce o gráfico da função f ao longo de I.

   b. Determine a linearização L da função no ponto a.

   c. Trace f e L em um mesmo gráfico.

   d. Trace o erro absoluto $|f(x) - L(x)|$ ao longo de I e determine o seu valor máximo.

   e. A partir do gráfico do item (d), estime o maior $\delta > 0$ que puder satisfazer

   $$|x - a| < \delta \quad \Rightarrow \quad |f(x) - L(x)| < \epsilon$$

   para $\epsilon = 0{,}5$; $0{,}1$ e $0{,}01$. Verifique graficamente se a estimativa de δ continua verdadeira.

67. $f(x) = x^3 + x^2 - 2x$, $[-1, 2]$, $a = 1$

68. $f(x) = \dfrac{x - 1}{4x^2 + 1}$, $\left[-\dfrac{3}{4}, 1\right]$, $a = \dfrac{1}{2}$

69. $f(x) = x^{2/3}(x - 2)$, $[-2, 3]$, $a = 2$

70. $f(x) = \sqrt{x} - \text{sen } x$, $[0, 2\pi]$, $a = 2$

71. $f(x) = x2^x$, $[0, 2]$, $a = 1$

72. $f(x) = \sqrt{x}\,\text{sen}^{-1} x$, $[0, 1]$, $a = \dfrac{1}{2}$

Capítulo   Questões para guiar sua revisão

1. O que é a derivada de uma função f? Como o seu domínio está relacionado com o domínio da função f? Dê exemplos.

2. Que papel a derivada tem na definição de coeficientes angulares, tangentes e taxas de variação?

3. Às vezes, como você pode fazer o gráfico da derivada da função quando tudo o que tem é uma tabela com os valores da função?

4. O que significa para uma função ser derivável em um intervalo aberto? E em um intervalo fechado?

5. Como as derivadas estão relacionadas com as derivadas laterais?
6. Descreva geometricamente quando uma função *não* tem uma derivada em um ponto.
7. O fato de uma função ser derivável em um ponto está relacionado com a continuidade da função nesse ponto? Como?
8. Que regras você conhece para calcular derivadas? Dê alguns exemplos.
9. Explique como as três fórmulas

   a. $\dfrac{d}{dx}(x^n) = nx^{n-1}$

   b. $\dfrac{d}{dx}(cu) = c\dfrac{du}{dx}$

   c. $\dfrac{d}{dx}(u_1 + u_2 + \cdots + u_n) = \dfrac{du_1}{dx} + \dfrac{du_2}{dx} + \cdots + \dfrac{du_n}{dx}$

   permitem derivar qualquer polinômio.
10. Além das três fórmulas apresentadas no Exercício 9, de que mais precisamos para derivar funções racionais?
11. O que é uma segunda derivada? E uma terceira derivada? Quantas derivadas têm as funções que você conhece? Cite exemplos.
12. Qual é a derivada da função exponencial e^x? Compare o domínio dessa derivada com o domínio da função.
13. Qual é a relação entre taxa de variação instantânea e média? Dê um exemplo.
14. Como as derivadas aparecem no estudo do movimento? O que você pode aprender sobre o movimento de um corpo ao longo de uma reta, examinando as derivadas da função posição do corpo? Dê exemplos.
15. Como as derivadas surgem em economia?
16. Dê exemplos de outras aplicações da derivada.
17. Como os limites $\lim_{h\to 0}((\operatorname{sen} h)/h)$ e $\lim_{h\to 0}((\cos h - 1)/h)$ estão relacionados com as derivadas das funções seno e cosseno? Quais são as derivadas dessas funções?
18. Agora que você conhece as derivadas de sen x e cos x, como determinaria as derivadas de tg x, cotg x, sec x e cossec x? Quais *são* as derivadas dessas funções?
19. Em quais pontos as seis funções trigonométricas básicas são contínuas? Como você sabe?
20. Qual é a regra para calcular a derivada da composição de duas funções deriváveis? Como uma derivada desse tipo é calculada? Dê exemplos.
21. Se u é uma função derivável de x, como você determinaria $(d/dx)(u^n)$ se n fosse um número inteiro? E se n fosse um número real? Dê exemplos.
22. O que é derivação implícita? Quando ela é necessária? Dê exemplos.
23. Qual é a derivada da função logaritmo natural ln x? Compare o domínio dessa derivada com o domínio da função.
24. Qual é a derivada da função exponencial a^x, $a > 0$ e $a \neq 1$? Qual é o significado geométrico do limite de $(a^h - 1)/h$ quando $h \to 0$? Qual é o limite quando a é o número e?
25. Qual é a derivada de $\log_a x$? Existe alguma restrição para a?
26. O que é a derivação logarítmica? Dê um exemplo.
27. Como você poderia escrever qualquer potência real de x como uma potência de e? Há restrições para x? Como isso leva à regra para derivar potências reais arbitrárias?
28. Qual é uma maneira de expressar o número especial e como um limite? Cite um valor numérico aproximado de e correto para sete casas decimais.
29. Quais são as derivadas das funções trigonométricas inversas? Compare os domínios das derivadas com os domínios das funções.
30. Quando surgem problemas de taxas relacionadas? Dê exemplos.
31. Delineie uma estratégia para resolver problemas de taxas relacionadas. Dê um exemplo.
32. O que é a linearização $L(x)$ de uma função $f(x)$ no ponto $x = a$? O que é requerido de f em a para que a linearização exista? Como as linearizações são usadas? Dê exemplos.
33. Se o valor de x se desloca de a para um valor próximo de $a + dx$, como estimamos a variação correspondente no valor da função derivável $f(x)$? Como estimamos a variação relativa? E a percentual? Dê um exemplo.

Capítulo 3 Exercícios práticos

Derivadas das funções

Determine as derivadas das funções dos Exercícios 1-64.

1. $y = x^5 - 0{,}125x^2 + 0{,}25x$
2. $y = 3 - 0{,}7x^3 + 0{,}3x^7$
3. $y = x^3 - 3(x^2 + \pi^2)$
4. $y = x^7 + \sqrt{7}x - \dfrac{1}{\pi + 1}$
5. $y = (x + 1)^2(x^2 + 2x)$
6. $y = (2x - 5)(4 - x)^{-1}$
7. $y = (\theta^2 + \sec\theta + 1)^3$
8. $y = \left(-1 - \dfrac{\operatorname{cossec}\theta}{2} - \dfrac{\theta^2}{4}\right)^2$
9. $s = \dfrac{\sqrt{t}}{1 + \sqrt{t}}$
10. $s = \dfrac{1}{\sqrt{t} - 1}$
11. $y = 2\operatorname{tg}^2 x - \sec^2 x$
12. $y = \dfrac{1}{\operatorname{sen}^2 x} - \dfrac{2}{\operatorname{sen} x}$
13. $s = \cos^4(1 - 2t)$
14. $s = \operatorname{cotg}^3\left(\dfrac{2}{t}\right)$
15. $s = (\sec t + \operatorname{tg} t)^5$
16. $s = \operatorname{cossec}^5(1 - t + 3t^2)$
17. $r = \sqrt{2\theta \operatorname{sen}\theta}$
18. $r = 2\theta\sqrt{\cos\theta}$
19. $r = \operatorname{sen}\sqrt{2\theta}$
20. $r = \operatorname{sen}\left(\theta + \sqrt{\theta + 1}\right)$
21. $y = \dfrac{1}{2}x^2 \operatorname{cossec}\dfrac{2}{x}$
22. $y = 2\sqrt{x}\operatorname{sen}\sqrt{x}$
23. $y = x^{-1/2}\sec(2x)^2$
24. $y = \sqrt{x}\operatorname{cossec}(x + 1)^3$
25. $y = 5\operatorname{cotg} x^2$
26. $y = x^2 \operatorname{cotg} 5x$
27. $y = x^2 \operatorname{sen}^2(2x^2)$
28. $y = x^{-2}\operatorname{sen}^2(x^3)$
29. $s = \left(\dfrac{4t}{t+1}\right)^{-2}$
30. $s = \dfrac{-1}{15(15t - 1)^3}$
31. $y = \left(\dfrac{\sqrt{x}}{1 + x}\right)^2$
32. $y = \left(\dfrac{2\sqrt{x}}{2\sqrt{x} + 1}\right)^2$
33. $y = \sqrt{\dfrac{x^2 + x}{x^2}}$
34. $y = 4x\sqrt{x + \sqrt{x}}$
35. $r = \left(\dfrac{\operatorname{sen}\theta}{\cos\theta - 1}\right)^2$
36. $r = \left(\dfrac{1 + \operatorname{sen}\theta}{1 - \cos\theta}\right)^2$

37. $y = (2x+1)\sqrt{2x+1}$
38. $y = 20(3x-4)^{1/4}(3x-4)^{-1/5}$
39. $y = \dfrac{3}{(5x^2 + \operatorname{sen} 2x)^{3/2}}$
40. $y = (3 + \cos^3 3x)^{-1/3}$
41. $y = 10e^{-x/5}$
42. $y = \sqrt{2}\, e^{\sqrt{2}x}$
43. $y = \dfrac{1}{4}xe^{4x} - \dfrac{1}{16}e^{4x}$
44. $y = x^2 e^{-2/x}$
45. $y = \ln(\operatorname{sen}^2 \theta)$
46. $y = \ln(\sec^2 \theta)$
47. $y = \log_2(x^2/2)$
48. $y = \log_5(3x-7)$
49. $y = 8^{-t}$
50. $y = 9^{2t}$
51. $y = 5x^{3,6}$
52. $y = \sqrt{2}\, x^{-\sqrt{2}}$
53. $y = (x+2)^{x+2}$
54. $y = 2(\ln x)^{x/2}$
55. $y = \operatorname{sen}^{-1}\sqrt{1-u^2}, \ 0 < u < 1$
56. $y = \operatorname{sen}^{-1}\left(\dfrac{1}{\sqrt{v}}\right), \ v > 1$
57. $y = \ln \cos^{-1} x$
58. $y = z\cos^{-1} z - \sqrt{1-z^2}$
59. $y = t \operatorname{tg}^{-1} t - \dfrac{1}{2}\ln t$
60. $y = (1+t^2)\operatorname{cotg}^{-1} 2t$
61. $y = z\sec^{-1} z - \sqrt{z^2 - 1}, \ z > 1$
62. $y = 2\sqrt{x-1}\,\sec^{-1}\sqrt{x}$
63. $y = \operatorname{cossec}^{-1}(\sec \theta), \ 0 < \theta < \pi/2$
64. $y = (1+x^2)e^{\operatorname{tg}^{-1} x}$

Derivação implícita

Nos Exercícios 65-78, determine dy/dx por derivação implícita.

65. $xy + 2x + 3y = 1$
66. $x^2 + xy + y^2 - 5x = 2$
67. $x^3 + 4xy - 3y^{4/3} = 2x$
68. $5x^{4/5} + 10y^{6/5} = 15$
69. $\sqrt{xy} = 1$
70. $x^2 y^2 = 1$
71. $y^2 = \dfrac{x}{x+1}$
72. $y^2 = \sqrt{\dfrac{1+x}{1-x}}$
73. $e^{x+2y} = 1$
74. $y^2 = 2e^{-1/x}$
75. $\ln(x/y) = 1$
76. $x\operatorname{sen}^{-1} y = 1 + x^2$
77. $ye^{\operatorname{tg}^{-1} x} = 2$
78. $x^y = \sqrt{2}$

Nos Exercícios 79 e 80, determine dp/dq.

79. $p^3 + 4pq - 3q^2 = 2$
80. $q = (5p^2 + 2p)^{-3/2}$

Nos Exercícios 81 e 82, determine dr/ds.

81. $r\cos 2s + \operatorname{sen}^2 s = \pi$
82. $2rs - r - s + s^2 = -3$

83. Determine d^2y/dx^2 por derivação implícita:
  a. $x^3 + y^3 = 1$
  b. $y^2 = 1 - \dfrac{2}{x}$

84. a. Ao derivar $x^2 - y^2 = 1$ implicitamente, mostre que $dy/dx = x/y$.
  b. Depois mostre que $d^2y/dx^2 = -1/y^3$.

Valores numéricos de derivadas

85. Suponha que as funções $f(x)$ e $g(x)$ e suas primeiras derivadas tenham os valores a seguir em $x = 0$ e $x = 1$.

x	$f(x)$	$g(x)$	$f'(x)$	$g'(x)$
0	1	1	-3	$1/2$
1	3	5	$1/2$	-4

Encontre os valores das primeiras derivadas das combinações a seguir nos valores dados de x.

  a. $6f(x) - g(x), \ x = 1$
  b. $f(x)g^2(x), \ x = 0$
  c. $\dfrac{f(x)}{g(x)+1}, \ x = 1$
  d. $f(g(x)), \ x = 0$
  e. $g(f(x)), \ x = 0$
  f. $(x + f(x))^{3/2}, \ x = 1$
  g. $f(x + g(x)), \ x = 0$

86. Suponha que a função $f(x)$ e sua primeira derivada tenham os valores a seguir em $x = 0$ e $x = 1$.

x	$f(x)$	$f'(x)$
0	9	-2
1	-3	$1/5$

Encontre as primeiras derivadas das combinações a seguir nos valores dados de x.

  a. $\sqrt{x}\, f(x), \ x = 1$
  b. $\sqrt{f(x)}, \ x = 0$
  c. $f(\sqrt{x}), \ x = 1$
  d. $f(1 - 5\operatorname{tg} x), \ x = 0$
  e. $\dfrac{f(x)}{2 + \cos x}, \ x = 0$
  f. $10\operatorname{sen}\left(\dfrac{\pi x}{2}\right) f^2(x), \ x = 1$

87. Determine o valor de dy/dt em $t = 0$, se $y = 3\operatorname{sen} 2x$ e $x = t^2 + \pi$.

88. Determine o valor de ds/du em $u = 2$, se $s = t^2 + 5t$ e $t = (u^2 + 2u)^{1/3}$.

89. Determine o valor de dw/ds em $s = 0$, se $w = \operatorname{sen}\left(e^{\sqrt{r}}\right)$ e $r = 3\operatorname{sen}(s + \pi/6)$.

90. Determine o valor de dr/dt em $t = 0$, se $r = (\theta^2 + 7)^{1/3}$ e $\theta^2 t + \theta = 1$.

91. Se $y^3 + y = 2\cos x$, determine o valor de d^2y/dx^2, no ponto $(0, 1)$.

92. Se $x^{1/3} + y^{1/3} = 4$, determine d^2y/dx^2 no ponto $(8, 8)$.

Aplicação da definição de derivada

Nos Exercícios 93 e 94, determine a derivada usando a definição.

93. $f(t) = \dfrac{1}{2t+1}$
94. $g(x) = 2x^2 + 1$

95. a. Trace o gráfico da função
$$f(x) = \begin{cases} x^2, & -1 \le x < 0 \\ -x^2, & 0 \le x \le 1. \end{cases}$$
  b. f é contínua em $x = 0$?
  c. f é derivável em $x = 0$?
  Justifique suas respostas.

96. a. Faça o gráfico da função
$$f(x) = \begin{cases} x, & -1 \le x < 0 \\ \operatorname{tg} x, & 0 \le x \le \pi/4. \end{cases}$$
  b. f é contínua em $x = 0$?
  c. f é derivável em $x = 0$?
  Justifique suas respostas.

97. a. Faça o gráfico da função
$$f(x) = \begin{cases} x, & 0 \le x \le 1 \\ 2 - x, & 1 < x \le 2. \end{cases}$$

b. f é contínua em $x = 1$?

c. f é derivável em $x = 1$?

Justifique sua resposta.

98. Para qual (quais) valor(es) da constante m, se houver, a função,

$$f(x) = \begin{cases} \text{sen } 2x, & x \leq 0 \\ mx, & x > 0 \end{cases}$$

a. é contínua em $x = 0$?

b. é derivável em $x = 0$?

Justifique suas respostas.

Coeficientes angulares, tangentes e normais

99. Tangentes com coeficientes angulares especificados Há algum ponto na curva $y = (x/2) + 1/(2x - 4)$ em que o coeficiente angular seja $-3/2$? Se houver, encontre-o.

100. Tangentes com coeficientes angulares especificados Há algum ponto na curva $y = x - e^{-x}$ em que o coeficiente angular seja 2? Se houver, encontre-o.

101. Tangentes horizontais Determine os pontos na curva $y = 2x^3 - 3x^2 - 12x + 20$ em que a tangente seja paralela ao eixo x.

102. Pontos de interseção de tangentes Determine os pontos de interseção com os eixos x e y com a reta que é tangente à curva $y = x^3$ no ponto $(-2, -8)$.

103. Tangentes perpendiculares ou paralelas a retas Determine os pontos na curva $y = 2x^3 - 3x^2 - 12x + 20$ em que a tangente seja

a. perpendicular à reta $y = 1 - (x/24)$.

b. paralela à reta $y = \sqrt{2} - 12x$.

104. Interseção de tangentes Mostre que as tangentes à curva $y = (\pi \text{ sen } x)/x$ em $x = \pi$ e $x = -\pi$ se cruzam formando ângulos retos.

105. Normais paralelas a uma reta Encontre os pontos na curva $y = \text{tg } x$, $-\pi/2 < x < \pi/2$, em que a normal seja paralela à reta $y = -x/2$. Esboce a curva e as normais juntas, identificando cada uma com sua respectiva equação.

106. Retas tangentes e normais Encontre equações para a tangente e para a normal à curva $y = 1 + \cos x$ no ponto $(\pi/2, 1)$. Esboce a curva, a tangente e a normal juntas, identificando cada uma com a sua respectiva equação.

107. Parábola tangente A parábola $y = x^2 + C$ deve ser tangente à reta $y = x$. Encontre C.

108. Coeficiente angular da tangente Mostre que a tangente à curva $y = x^3$ em qualquer ponto (a, a^3) intercepta a curva novamente em um ponto em que o coeficiente angular é quatro vezes o coeficiente angular em (a, a^3).

109. Curva tangente Para qual valor de c a curva $y = c/(x + 1)$ é tangente à reta que passa pelos pontos $(0, 3)$ e $(5, -2)$?

110. Normal a um círculo Mostre que a reta normal, em qualquer ponto do círculo $x^2 + y^2 = a^2$ passa pela origem.

Nos Exercícios 111-116, encontre as equações para as retas que sejam tangentes e normais à curva no ponto dado.

111. $x^2 + 2y^2 = 9$, $(1, 2)$

112. $e^x + y^2 = 2$, $(0, 1)$

113. $xy + 2x - 5y = 2$, $(3, 2)$

114. $(y - x)^2 = 2x + 4$, $(6, 2)$

115. $x + \sqrt{xy} = 6$, $(4, 1)$

116. $x^{3/2} + 2y^{3/2} = 17$, $(1, 4)$

117. Encontre o coeficiente angular da curva $x^3y^3 + y^2 = x + y$ nos pontos $(1, 1)$ e $(1, -1)$.

118. O gráfico apresentado sugere que a curva $y = \text{sen } (x - \text{sen } x)$ tem tangentes horizontais no eixo x. Isso ocorre? Justifique sua resposta.

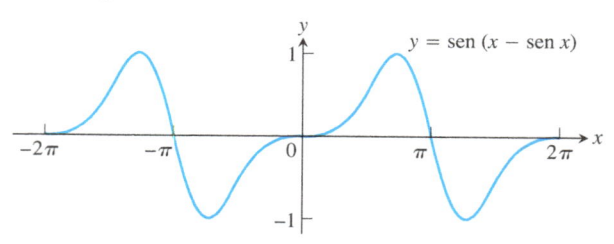

Análise de gráficos

Nos Exercícios 119 e 120, cada uma das figuras mostra dois gráficos, o de uma função $y = f(x)$ e o de sua derivada $f'(x)$. Identifique cada um. Como você pode saber?

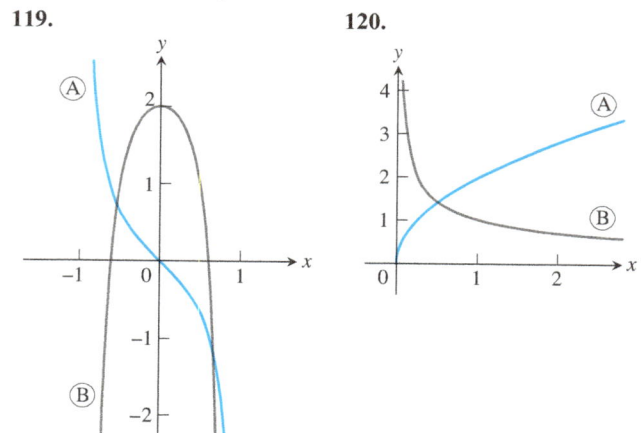

119.

120.

121. Use as informações a seguir para fazer o gráfico da função $y = f(x)$ para $-1 \leq x \leq 6$.

i) O gráfico de f é formado por segmentos de reta unidos pelas extremidades.

ii) O gráfico tem início no ponto $(-1, 2)$.

iii) A derivada de f, onde é definida, corresponde à função escada mostrada aqui.

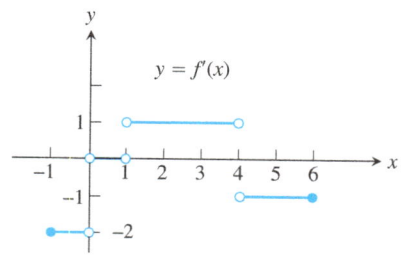

122. Repita o Exercício 121, supondo que o gráfico comece em $(-1, 0)$ em vez de $(-1, 2)$.

Os Exercícios 123 e 124 estão relacionados com os gráficos a seguir. Os do item (a) mostram o número de coelhos e de raposas em uma pequena população ártica, traçados em função do tempo durante 200 dias. Inicialmente, o número de coelhos cresceu devido à sua reprodução. Mas as raposas caçam os coelhos e, como o número de raposas cresceu, o nível de coelhos estagnou, e então caiu. O item (b) mostra o gráfico da derivada da população de coelhos, construído com o registro dos coeficientes angulares.

123.
  a. Qual é o valor da derivada da população de coelhos quando o número de coelhos é máximo? E mínimo?
  b. Qual é o tamanho da população de coelhos quando a sua derivada é máxima? E mínima (valor negativo)?

124. Em que unidades os coeficientes angulares das curvas das populações de coelhos e raposas deveriam ser medidos?

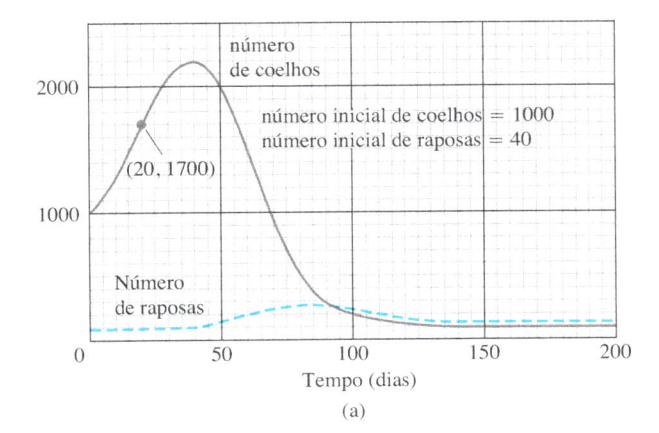

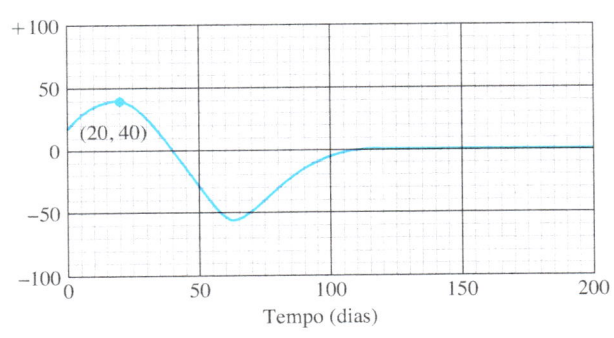

(a)

(b) Derivada da população de coelhos

Limites trigonométricos

Nos Exercícios 125-132, encontre os limites.

125. $\lim_{x \to 0} \dfrac{\operatorname{sen} x}{2x^2 - x}$

126. $\lim_{x \to 0} \dfrac{3x - \operatorname{tg} 7x}{2x}$

127. $\lim_{r \to 0} \dfrac{\operatorname{sen} r}{\operatorname{tg} 2r}$

128. $\lim_{\theta \to 0} \dfrac{\operatorname{sen}(\operatorname{sen} \theta)}{\theta}$

129. $\lim_{\theta \to (\pi/2)^-} \dfrac{4 \operatorname{tg}^2 \theta + \operatorname{tg} \theta + 1}{\operatorname{tg}^2 \theta + 5}$

130. $\lim_{\theta \to 0^+} \dfrac{1 - 2\cotg^2 \theta}{5 \cotg^2 \theta - 7 \cotg \theta - 8}$

131. $\lim_{x \to 0} \dfrac{x \operatorname{sen} x}{2 - 2\cos x}$

132. $\lim_{\theta \to 0} \dfrac{1 - \cos \theta}{\theta^2}$

Mostre como estender as funções dos Exercícios 133 e 134 para que sejam contínuas na origem.

133. $g(x) = \dfrac{\operatorname{tg}(\operatorname{tg} x)}{\operatorname{tg} x}$

134. $f(x) = \dfrac{\operatorname{tg}(\operatorname{tg} x)}{\operatorname{sen}(\operatorname{sen} x)}$

Derivação logarítmica

Nos Exercícios 135-140, use derivação logarítmica para encontrar a derivada de y em relação à variável apropriada.

135. $y = \dfrac{2(x^2 + 1)}{\sqrt{\cos 2x}}$

136. $y = \sqrt[10]{\dfrac{3x + 4}{2x - 4}}$

137. $y = \left(\dfrac{(t+1)(t-1)}{(t-2)(t+3)} \right)^5$, $t > 2$

138. $y = \dfrac{2u 2^u}{\sqrt{u^2 + 1}}$

139. $y = (\operatorname{sen} \theta)^{\sqrt{\theta}}$

140. $y = (\ln x)^{1/(\ln x)}$

Taxas relacionadas

141. Cilindro circular reto A área total da superfície S de um cilindro circular reto está relacionada com o raio da base r e a altura h pela equação $S = 2\pi r^2 + 2\pi rh$.
  a. Como dS/dt está relacionada com dr/dt se h é constante?
  b. Como dS/dt está relacionada com dh/dt se r é constante?
  c. Como dS/dt está relacionada com dr/dt e dh/dt se nem r nem h são constantes?
  d. Como dr/dt está relacionada com dh/dt se S é constante?

142. Cone circular reto A área da superfície lateral S de um cone circular reto está relacionada com o raio de base r e altura h pela equação $S = \pi r \sqrt{r^2 + h^2}$.
  a. Como dS/dt está relacionada com dr/dt se h é constante?
  b. Como dS/dt está relacionada com dh/dt se r é constante?
  c. Como dS/dt está relacionada com dr/dt e dh/dt se nem r nem h são constantes?

143. Variação na área de um círculo O raio de um círculo varia à taxa de $-2/\pi$ m/s. A que taxa a área do círculo varia quando $r = 10$ m?

144. Variação nas arestas de um cubo O volume de um cubo aumenta a uma taxa de 1.200 cm³/min no instante em que suas arestas têm 20 cm de comprimento. A que taxa os comprimentos das arestas variam nesse momento?

145. Resistências conectadas em paralelo Se duas resistências com R_1 e R_2 ohms estão conectadas em paralelo em um circuito elétrico, resultando em uma resistência com R ohms, o valor de R será dado pela equação

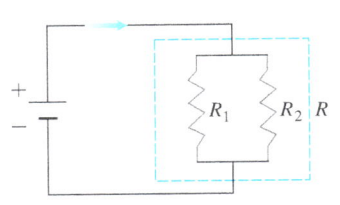

$$\dfrac{1}{R} = \dfrac{1}{R_1} + \dfrac{1}{R_2}.$$

Se R_1 diminui a uma taxa de 1 ohm/s e R_2 aumenta a uma taxa de 0,5 ohms/s, a que taxa R varia quando $R_1 = 75$ ohms e $R_2 = 50$ ohms?

146. Impedância de um circuito em série A impedância Z (ohms) de um circuito em série está relacionada com a resistência R (ohms) e a reatância X (ohms) pela equação $Z = \sqrt{R^2 + X^2}$. Se R aumenta a 3 ohms/s e X diminui a 2 ohms/s, a que taxa Z varia quando $R = 10$ ohms e $X = 20$ ohms?

147. Velocidade de uma partícula em movimento As coordenadas de uma partícula que se desloca no plano xy são funções deriváveis do tempo t, com $dx/dt = 10$ m/s e $dy/dt = 5$ m/s. A que velocidade a partícula se afasta da origem ao passar pelo ponto $(3, -4)$?

148. Movimento de uma partícula Uma partícula se desloca ao longo da curva $y = x^{3/2}$ no primeiro quadrante, de modo que sua distância em relação à origem aumenta a uma taxa de 11 unidades por segundo. Determine dx/dt quando $x = 3$.

149. Drenagem de um tanque Água escoa do tanque cônico mostrado na figura a seguir a uma vazão de 5 pés³/min.
   a. Qual é a relação entre as variáveis h e r na figura?
   b. A que taxa o nível da água diminui quando $h = 6$ pés?

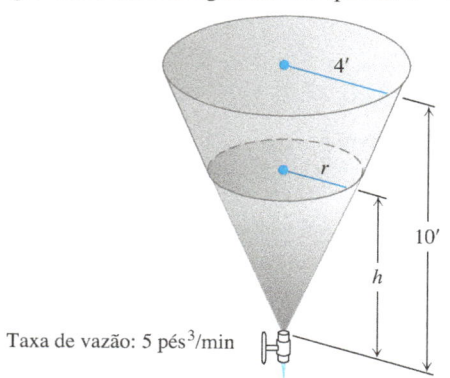

Taxa de vazão: 5 pés³/min

150. Carretel para cabos Um cabo de televisão é puxado de um grande carretel para ser colocado nos postes telefônicos da rua. Ele é desenrolado do carretel, onde está disposto em camadas de raio constante (veja a figura a seguir). Se o caminhão que puxa o cabo se desloca a uma velocidade constante de 6 pés/s (pouco mais de 4 milhas/hora), use a equação $s = r\theta$ para determinar a que taxa (em radianos por segundo) o carretel gira enquanto a camada de raio 1,2 pé é desenrolada.

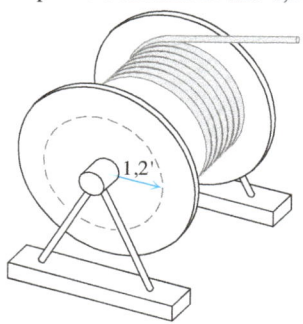

151. Movimento do feixe de luz de um farol A figura mostra um barco a 1 km de distância da praia, varrendo a costa com um farolete. Este gira a uma taxa constante de $d\theta/dt = -0,6$ rad/s.
   a. Qual é a velocidade de deslocamento da luz ao longo da costa quando ela alcança o ponto A?
   b. Quantas rotações por minuto equivalem a 0,6 rad/s?

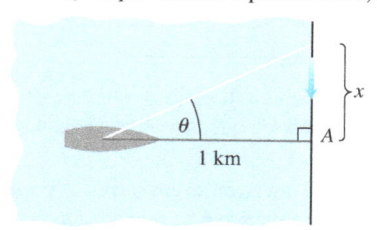

152. Movimento ao longo dos eixos cartesianos Os pontos A e B se deslocam respectivamente ao longo dos eixos x e y, de modo que a distância r (em metros) ao longo da perpendicular, da origem à reta AB, é constante. A que taxa OA varia quando $OB = 2r$ e B se desloca em direção a O a uma taxa de $0,3r$ m/s? OA está aumentando ou diminuindo?

Linearização

153. Encontre as linearizações de
   a. $\tg x$ em $x = -\pi/4$
   b. $\sec x$ em $x = -\pi/4$.
   Trace as curvas e as linearizações em um único gráfico.

154. Podemos obter uma aproximação útil linear da função $f(x) = 1/(1 + \tg x)$ em $x = 0$ combinando as aproximações
$$\frac{1}{1+x} \approx 1 - x \quad \text{e} \quad \tg x \approx x$$
para obter
$$\frac{1}{1+\tg x} \approx 1 - x.$$
Demonstre que esse resultado é a aproximação linear padrão de $1/(1 + \tg x)$ em $x = 0$.

155. Encontre a linearização de $f(x) = \sqrt{1+x} + \sen x - 0,5$ em $x = 0$.

156. Encontre a linearização de $f(x) = 2/(1-x) + \sqrt{1+x} - 3,1$ em $x = 0$.

Diferenciais para estimativas de variação

157. Área de superfície de um cone Escreva uma fórmula que estime a variação que ocorre na área da superfície lateral de um cone circular reto quando a altura varia de h_0 a $h_0 + dh$ e o raio não se altera.

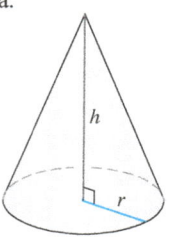

$$V = \frac{1}{3}\pi r^2 h$$
$$S = \pi r \sqrt{r^2 + h^2}$$
(Área da superfície lateral)

158. Controle do erro
   a. Com que precisão aproximada a aresta de um cubo deve ser medida para que seja razoavelmente seguro calcular a área de sua superfície dentro de uma margem de erro de 2%?
   b. Suponha que a aresta seja medida com a precisão requerida no item (a). Com que precisão se pode calcular o volume do cubo a partir da medida da aresta? Para descobrir, estime o erro percentual no cálculo do volume que poderia resultar do uso da medida da aresta.

159. Erro composto Determinou-se que a circunferência do equador de uma esfera é 10 cm, com um possível erro de 0,4 cm. Essa medida é então usada para calcular o raio. Depois é usado para calcular a área da superfície e o volume da esfera. Estime os erros percentuais nos valores calculados
   a. do raio.
   b. da área da superfície.
   c. do volume.

160. Determinação da altura Para determinar a altura de um poste para iluminação (veja a figura), você coloca um mastro de 6 pés na posição vertical a 20 pés do poste e mede o comprimento da sombra, que é de 15 pés, com um erro de mais ou menos uma polegada. Calcule a altura do poste usando $a = 15$ pés e estime o erro possível no resultado.

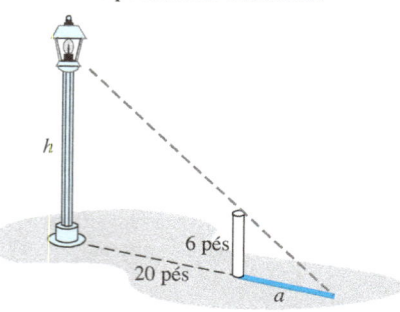

Capítulo Exercícios adicionais e avançados

1. Uma equação como $\operatorname{sen}^2 \theta + \cos^2 \theta = 1$ é chamada de **identidade**, porque vale para qualquer valor de θ. Uma equação como $\operatorname{sen} \theta = 0{,}5$ não é uma identidade, porque vale somente para valores selecionados de θ, e não para todos. Se você derivar os dois membros de uma identidade trigonométrica em θ com relação a θ, terá como resultado uma nova equação que também será uma identidade.

   Derive as equações a seguir para mostrar que a equação resultante vale para qualquer valor de θ.

   a. $\operatorname{sen} 2\theta = 2 \operatorname{sen} \theta \cos \theta$

   b. $\cos 2\theta = \cos^2 \theta - \operatorname{sen}^2 \theta$

2. Se a identidade $\operatorname{sen}(x + a) = \operatorname{sen} x \cos a + \cos x \operatorname{sen} a$ for derivada em relação a x, a equação resultante será também uma identidade? Esse princípio se aplica à equação $x^2 - 2x - 8 = 0$? Explique.

3. **a.** Encontre os valores das constantes a, b e c que farão
   $$f(x) = \cos x \quad \text{e} \quad g(x) = a + bx + cx^2$$
   satisfazer as condições
   $$f(0) = g(0), \quad f'(0) = g'(0) \quad \text{e} \quad f''(0) = g''(0).$$

   b. Encontre os valores para b e c que farão
   $$f(x) = \operatorname{sen}(x + a) \quad \text{e} \quad g(x) = b \operatorname{sen} x + c \cos x$$
   satisfazer as condições
   $$f(0) = g(0) \quad \text{e} \quad f'(0) = g'(0).$$

   c. O que acontece com a terceira e a quarta derivadas de f e g nos itens (a) e (b) para os valores determinados de a, b e c?

4. **Soluções para equações diferenciais**

   a. Mostre que $y = \operatorname{sen} x$, $y = \cos x$ e $y = a \cos x + b \operatorname{sen} x$ (a e b constantes) satisfazem a equação
   $$y'' + y = 0.$$

   b. Como você modificaria a equação do item (a) para satisfazer a equação
   $$y'' + 4y = 0?$$
   Generalize o resultado.

5. **Círculo osculador** Encontre os valores de h, k e a que fazem o círculo $(x-h)^2 + (y-k)^2 = a^2$ ser tangente à parábola $y = x^2 + 1$ no ponto $(1, 2)$ e as segundas derivadas d^2y/dx^2 terem o mesmo valor para as duas curvas naquele ponto. Círculos como esse, tangentes à curva e com a segunda derivada igual à da curva no ponto de tangência, são chamados *círculos osculadores* (do latim *osculari*, que significa "beijar"). Serão vistos novamente no Capítulo 13, Volume II.

6. **Rendimento marginal** Um ônibus transporta 60 pessoas. O número x de pessoas por viagem que tomam o ônibus está relacionado com o preço cobrado (p dólares) pela lei $p = [3 - (x/40)]^2$. Escreva uma expressão para o retorno total $r(x)$ recebido por viagem pela empresa de ônibus. Qual é o número de pessoas por viagem que tornará o retorno marginal dr/dx igual a zero? Qual é o preço correspondente? (Esse preço é o que maximiza o rendimento, portanto a empresa deveria provavelmente repensar sua política de preços.)

7. **Produção industrial**

   a. Os economistas usam frequentemente o termo "taxa de crescimento" em termos relativos e não absolutos. Por exemplo, seja $u = f(t)$ no instante t o número de pessoas na linha de produção em dada indústria. (Tratamos essa função como se fosse derivável, mesmo sendo uma função escada de valores inteiros.)
   Seja $v = g(t)$ a produção média por pessoa no instante t. Portanto, a produção total é $y = uv$. Se a força de trabalho estiver crescendo a uma taxa de 4% ao ano ($du/dt = 0{,}04u$) e a produção por trabalhador a uma taxa de 5% por ano ($dv/dt = 0{,}05v$), determine a taxa de crescimento da produção total, y.

   b. Suponha que a força de trabalho no item (a) diminua a uma taxa de 2% ao ano, enquanto a produção por pessoa aumente 3% ao ano. A produção total está aumentando ou diminuindo? A que taxa?

8. **Projetando uma gôndola** O projetista de um balão esférico de ar quente com 30 pés de diâmetro quer suspender uma gôndola que está 8 pés abaixo da parte inferior do balão, com cabos tangentes à superfície do balão, como mostra a figura a seguir. Existem dois cabos saindo das laterais superiores da gôndola e chegando aos pontos de tangência $(-12, -9)$ $(12, -9)$. Qual deve ser a largura da gôndola?

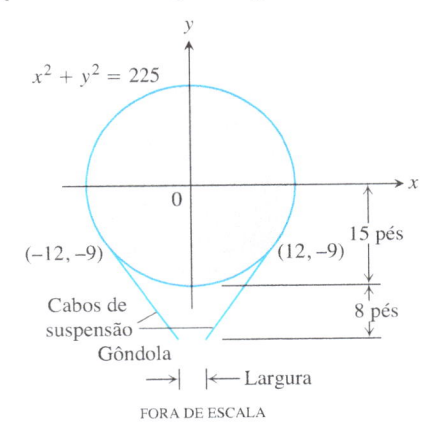

   FORA DE ESCALA

9. **De paraquedas em Pisa** Em 5 de agosto de 1988, Mike McCarthy, de Londres, pulou de cima da Torre de Pisa. Ele, então, abriu o paraquedas e declarou o salto um recorde mundial em salto de baixa altitude — 179 pés — com paraquedas. Faça um esboço para mostrar a forma do gráfico de sua velocidade durante o salto. (Fonte: *Boston Globe*, 6 de agosto de 1988.)

10. **Movimento de uma partícula** A posição de uma partícula, no instante $t \geq 0$, que se desloca ao longo de uma reta coordenada é
    $$s = 10 \cos(t + \pi/4)$$

    a. Qual é a posição inicial da partícula ($t = 0$)?

    b. Quais são os pontos mais distantes da origem, à esquerda e à direita, alcançados pela partícula?

    c. Calcule a velocidade e a aceleração da partícula nos pontos mencionados no item (b).

    d. Quando a partícula atinge a origem pela primeira vez? Quais são sua velocidade, o módulo de velocidade e a aceleração nesse momento?

11. **Atirando um clipe para papéis** Na Terra, você pode facilmente atirar um clipe a 64 pés de altura usando um elástico. Em t segundos, depois do disparo, o clipe estará $s = 64t - 16t^2$ pés acima de sua mão.
    a. Quanto tempo o clipe leva para atingir a altura máxima? A que velocidade ele sai da sua mão?
    b. Na Lua, a mesma aceleração permite o lançamento do clipe a uma altura de $s = 64t - 2,6t^2$ pés em t segundos. Quanto tempo o clipe levará para atingir sua altura máxima e qual é essa altura?

12. **Velocidades de duas partículas** No instante t segundos, as posições de duas partículas em uma reta coordenada são dadas por $s_1 = 3t^3 - 12t^2 + 18t + 5$ m e $s_2 = -t^3 + 9t^2 - 12t$ m. Quando as partículas terão a mesma velocidade?

13. **Velocidade de uma partícula** Uma partícula de massa constante m se desloca ao longo do eixo x. Sua velocidade v e a posição x satisfazem a equação
$$\frac{1}{2}m(v^2 - v_0^2) = \frac{1}{2}k(x_0^2 - x^2),$$
em que k, v_0 e x_0 são constantes. Mostre que, se $v \neq 0$,
$$m\frac{dv}{dt} = -kx.$$

14. **Velocidades média e instantânea**
    a. Mostre que, se a posição x de um ponto em movimento é dada por uma função quadrática do tempo t, $x = At^2 + Bt + C$, então sua velocidade média em qualquer intervalo de $[t_1, t_2]$ é igual à velocidade instantânea no ponto médio do intervalo de tempo.
    b. Qual é o significado geométrico do resultado do item (a)?

15. Encontre todos os valores das constantes m e b para os quais a função
$$y = \begin{cases} \text{sen}\, x, & x < \pi \\ mx + b, & x \geq \pi \end{cases}$$
seja
    a. contínua em $x = \pi$.
    b. derivável em $x = \pi$.

16. A função
$$f(x) = \begin{cases} \dfrac{1 - \cos x}{x}, & x \neq 0 \\ 0, & x = 0 \end{cases}$$
tem uma derivada em $x = 0$? Explique.

17. a. Para quais valores de a e b a função
$$f(x) = \begin{cases} ax, & x < 2 \\ ax^2 - bx + 3, & x \geq 2 \end{cases}$$
é derivável para qualquer valor de x?
    b. Discuta a geometria do gráfico resultante de f.

18. a. Para quais valores de a e b a função
$$g(x) = \begin{cases} ax + b, & x \leq -1 \\ ax^3 + x + 2b, & x > -1 \end{cases}$$
é derivável para todos os valores de x?
    b. Discuta a geometria do gráfico resultante de g.

19. **Funções ímpares deriváveis** Há algo especial na derivada de uma função ímpar derivável de x? Justifique sua resposta.

20. **Funções pares deriváveis** Há algo especial na derivada de uma função par derivável de x? Justifique sua resposta.

21. Suponhamos que as funções f e g sejam definidas em um intervalo aberto contendo o ponto x_0, que f seja derivável em x_0, que $f(x_0) = 0$ e que g seja contínua em x_0. Mostre que o produto fg é derivável em x_0. Esse processo mostra, por exemplo, que, embora $|x|$ não seja derivável em $x = 0$, o produto $x|x|$ é derivável em $x = 0$.

22. (*Continuação do Exercício 21.*) Use o resultado do Exercício 21 para mostrar que as funções a seguir são deriváveis em $x = 0$.
    a. $|x|\, \text{sen}\, x$
    b. $x^{2/3}\, \text{sen}\, x$
    c. $\sqrt[3]{x}(1 - \cos x)$
    d. $h(x) = \begin{cases} x^2\, \text{sen}(1/x), & x \neq 0 \\ 0, & x = 0 \end{cases}$

23. A derivada de
$$h(x) = \begin{cases} x^2\, \text{sen}(1/x), & x \neq 0 \\ 0, & x = 0 \end{cases}$$
é contínua em $x = 0$? E a derivada de $k(x) = xh(x)$? Justifique sua resposta.

24. Suponha que uma função f satisfaça as seguintes condições para qualquer valor real de x e y:
    i) $f(x + y) = f(x) \cdot f(y)$.
    ii) $f(x) = 1 + xg(x)$, onde $\lim_{x \to 0} g(x) = 1$.
Mostre que a derivada $f'(x)$ existe em qualquer valor de x e que $f'(x) = f(x)$.

25. **Regra generalizada do produto** Use a indução matemática para provar que, se $y = u_1 u_2 \ldots u_n$ é um produto finito de funções deriváveis, então y é derivável em seu domínio comum e
$$\frac{dy}{dx} = \frac{du_1}{dx}u_2 \cdots u_n + u_1\frac{du_2}{dx}\cdots u_n + \cdots + u_1 u_2 \cdots u_{n-1}\frac{du_n}{dx}.$$

26. **Regra de Leibniz para derivadas de ordem superior de produtos** A regra de Leibniz para derivadas de ordem superior de produtos de funções deriváveis diz que
    a. $\dfrac{d^2(uv)}{dx^2} = \dfrac{d^2u}{dx^2}v + 2\dfrac{du}{dx}\dfrac{dv}{dx} + u\dfrac{d^2v}{dx^2}.$
    b. $\dfrac{d^3(uv)}{dx^3} = \dfrac{d^3u}{dx^3}v + 3\dfrac{d^2u}{dx^2}\dfrac{dv}{dx} + 3\dfrac{du}{dx}\dfrac{d^2v}{dx^2} + u\dfrac{d^3v}{dx^3}.$
    c. $\dfrac{d^n(uv)}{dx^n} = \dfrac{d^nu}{dx^n}v + n\dfrac{d^{n-1}u}{dx^{n-1}}\dfrac{dv}{dx} + \cdots$
    $+ \dfrac{n(n-1)\cdots(n-k+1)}{k!}\dfrac{d^{n-k}u}{dx^{n-k}}\dfrac{d^kv}{dx^k}$
    $+ \cdots + u\dfrac{d^nv}{dx^n}.$

    As equações nos itens (a) e (b) são casos especiais da equação do item (c). Deduza a equação do item (c) por indução matemática, usando
$$\binom{m}{k} + \binom{m}{k+1} = \frac{m!}{k!(m-k)!} + \frac{m!}{(k+1)!(m-k-1)!}.$$

27. **Período do pêndulo de um relógio** O período T do pêndulo de um relógio (o tempo de uma oscilação completa, ida e

volta) é dado pela fórmula $T^2 = 4\pi^2 L/g$, em que T é medido em segundos, $g = 32,2$ pés/s^2 e L é o comprimento do pêndulo, medido em pés. Determine aproximadamente:

a. o comprimento do pêndulo de um relógio cujo período seja $T = 1$ s.

b. a variação dT em T se o pêndulo do item (a) for alongado em 0,01 pé.

c. quanto tempo o relógio adianta ou atrasa por dia como resultado do dT determinado no item (b).

28. Derretimento de um cubo de gelo Suponha que um cubo de gelo mantenha a forma cúbica enquanto derrete. Se chamarmos o comprimento da aresta de s, seu volume será $V = s^3$ e a área de sua superfície, $6s^2$. Supomos que V e s sejam funções deriváveis do tempo t e também que o volume do cubo diminua a uma taxa proporcional à sua área de superfície. (A última hipótese parece razoável se lembrarmos que o derretimento ocorre na superfície: a mudança na área da superfície altera a quantidade de gelo exposta ao derretimento.) Em termos matemáticos,

$$\frac{dV}{dt} = -k(6s^2), \qquad k > 0.$$

O sinal negativo indica que o volume está diminuindo. Supomos que o fator de proporcionalidade k seja constante. (Ele provavelmente depende de vários fatores, como temperatura e umidade relativa do ar, presença ou ausência de luz solar etc.) Imagine um conjunto específico de condições nas quais o cubo perca 1/4 de seu volume durante a primeira hora e que o volume seja V_0 em $t = 0$. Quanto tempo levará para o cubo de gelo derreter?

Capítulo Projetos de aplicação de tecnologia

Módulos Mathematica/Maple

Convergência de coeficientes angulares das secantes para a função derivada

Você visualizará a secante entre pontos sucessivos em uma curva e observará o que ocorre quando a distância entre eles se tornar pequena. A função, os pontos de amostra e as secantes são representados em um único gráfico, enquanto um segundo gráfico compara os coeficientes angulares das secantes com a função derivada.

Derivadas, coeficientes angulares, tangentes e animação de gráficos

Partes I-III. Você visualizará a derivada em um ponto, a linearização de uma função e a derivada de uma função. Também aprenderá a representar a função e as tangentes selecionadas no mesmo gráfico.

Parte IV (Representação de muitas tangentes).

Parte V (Animação de gráficos). As partes IV e V do módulo podem ser usadas para animar a tangente à medida que o observador se move ao longo do gráfico de uma função.

Convergência de coeficientes angulares das secantes para a função derivada

Você visualizará as derivadas laterais à direita e à esquerda.

Movimento ao longo de uma reta: Posição → Velocidade → Aceleração

Observe visualizações animadas impressionantes das relações de derivação entre as funções de posição, velocidade e aceleração. As figuras do texto podem ser animadas.

4

APLICAÇÕES DAS DERIVADAS

VISÃO GERAL Neste capítulo, usaremos derivadas para determinar valores extremos das funções, para determinar e analisar as formas dos gráficos e para determinar numericamente em que ponto uma função é igual a zero. Também introduziremos a ideia de recuperação de uma função a partir de sua derivada. O fundamento para muitas dessas aplicações é o teorema do valor médio, cujos corolários fornecem o caminho para o cálculo integral, assunto do Capítulo 5.

4.1 Valores extremos de funções

Esta seção mostra como localizar e identificar valores extremos (máximo ou mínimo) de uma função a partir de sua derivada. Uma vez que consigamos fazer isso, poderemos resolver uma série de problemas de otimização, encontrando assim uma maneira ótima (a melhor) de fazer algo em uma determinada situação (veja a Seção 4.6). A determinação dos valores mínimo e máximo é uma das aplicações mais importantes da derivada.

> **DEFINIÇÕES** Seja f uma função de domínio D. Então, f tem um valor **máximo absoluto** em D em um ponto c se
>
> $$f(x) \leq f(c) \quad \text{para qualquer } x \text{ em } D.$$
>
> e um valor **mínimo absoluto** em D no ponto c se
>
> $$f(x) \geq f(c) \quad \text{para qualquer } x \text{ em } D.$$

Os valores máximos e mínimos são chamados de **valores extremos** da função f. Máximos ou mínimos absolutos podem também ser chamados de máximo e mínimo **globais**.

Por exemplo, no intervalo fechado $[-\pi/2, \pi/2]$, a função $f(x) = \cos x$ assume um valor máximo absoluto 1 (uma vez) e um valor mínimo absoluto 0 (duas vezes). No mesmo intervalo, a função $g(x) = \sen x$ assume um valor máximo de 1 e um valor mínimo de -1 (Figura 4.1).

Funções definidas pela mesma regra ou fórmula podem ter extremos diferentes (valores máximo ou mínimo) dependendo do domínio. Verificaremos isso no exemplo a seguir.

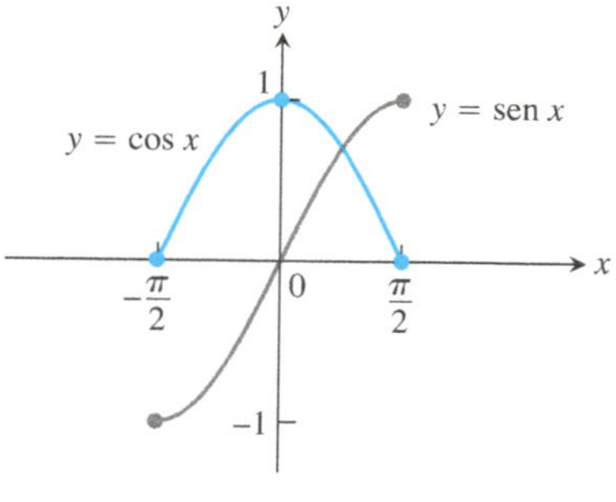

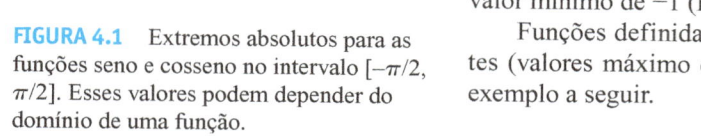

FIGURA 4.1 Extremos absolutos para as funções seno e cosseno no intervalo $[-\pi/2, \pi/2]$. Esses valores podem depender do domínio de uma função.

EXEMPLO 1 Na Figura 4.2, podemos observar os extremos absolutos das funções a seguir em seus domínios. Note que uma função pode não ter um máximo ou um mínimo se o domínio for ilimitado ou não contiver um ponto extremo.

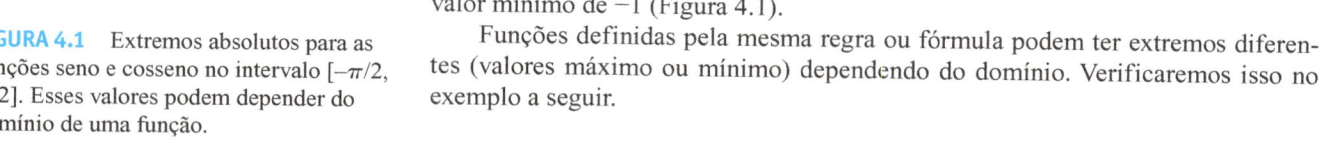

Regra da função	Domínio D	Extremos absolutos em D
(a) $y = x^2$	$(-\infty, \infty)$	Ausência de máximo absoluto. Mínimo absoluto de 0 em $x = 0$.
(b) $y = x^2$	$[0, 2]$	Máximo absoluto de 4 em $x = 2$. Mínimo absoluto de 0 em $x = 0$.
(c) $y = x^2$	$(0, 2]$	Máximo absoluto de 4 em $x = 2$. Ausência de máximo absoluto.
(d) $y = x^2$	$(0, 2)$	Ausência de extremos absolutos.

(a) Apenas mínimo absoluto

(b) Mínimo e máximo absolutos

(c) Apenas máximo absoluto

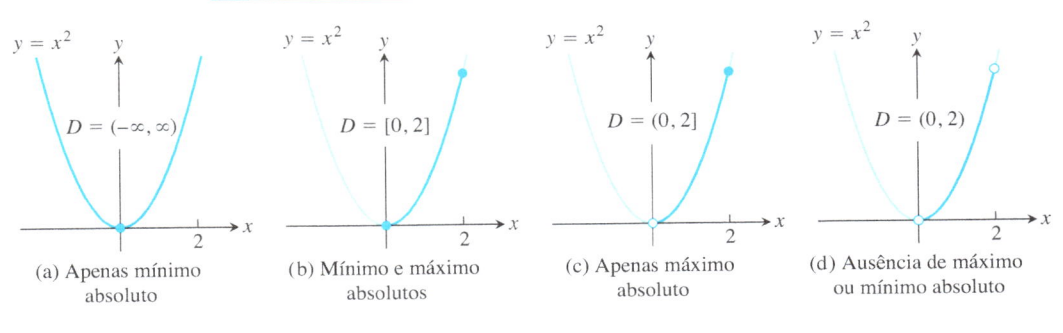

(d) Ausência de máximo ou mínimo absoluto

FIGURA 4.2 Gráficos do Exemplo 1.

Algumas das funções no Exemplo 1 não tinham o valor mínimo ou o máximo. O teorema a seguir afirma que uma função que seja *contínua* em todo ponto de um intervalo *fechado* $[a, b]$ tem um valor máximo absoluto e um mínimo absoluto no intervalo. Procuramos por esses valores extremos ao representarmos graficamente uma função.

TEOREMA 1 — Teorema do valor extremo Se f é contínua em um intervalo fechado $[a, b]$, então f atinge tanto um valor máximo M como um valor mínimo m em $[a, b]$. Isto é, há números x_1 e x_2 em $[a, b]$ tais que $f(x_1) = m$, $f(x_2) = M$ e $m \leq f(x) \leq M$ para qualquer valor de x em $[a, b]$.

BIOGRAFIA HISTÓRICA

Daniel Bernoulli
(1700-1789)

A prova do teorema do valor extremo requer um conhecimento profundo do sistema de números reais (veja o Apêndice 6), portanto não será apresentada aqui.

Pontos de máximo e mínimo interiores

Pontos de máximo e mínimo nas extremidades

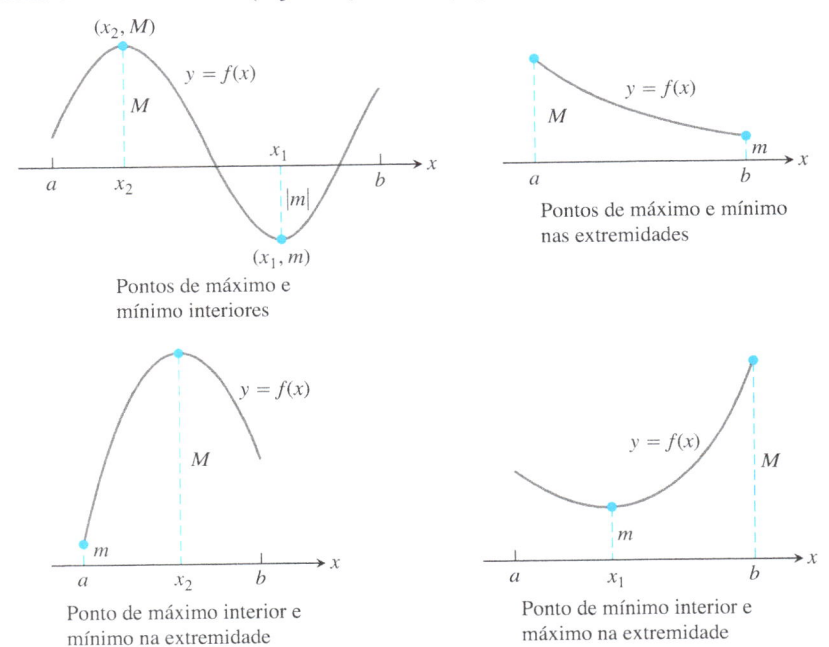

Ponto de máximo interior e mínimo na extremidade

Ponto de mínimo interior e máximo na extremidade

FIGURA 4.3 Algumas possibilidades para pontos de máximo e mínimo de uma função contínua em um intervalo fechado $[a, b]$.

A Figura 4.3 ilustra localizações possíveis dos extremos absolutos de uma função contínua em um intervalo fechado [a, b]. Como comentamos no caso da função y = cos x, é possível que um mínimo absoluto (ou máximo absoluto) ocorra em dois ou mais pontos do intervalo.

Os requisitos do Teorema 1 de que o intervalo seja fechado e finito e a função seja contínua são componentes fundamentais. Sem eles, as conclusões do teorema não são válidas. O Exemplo 1 mostra que um valor extremo absoluto pode não existir se o intervalo t não for ao mesmo tempo fechado e finito. Já a Figura 4.4 mostra que o requisito da continuidade também não pode ser omitido.

Extremos locais (relativos)

A Figura 4.5 mostra um gráfico com cinco pontos nos quais a função tem valores extremos em seu domínio [a, b]. O mínimo absoluto da função ocorre em a, embora em e o valor da função seja menor do que em qualquer outro ponto *próximo*. A curva sobe para a esquerda e desce para a direita próxima a c, tornando f(c) um máximo local. A função atinge seu máximo absoluto em d. A seguir, definiremos o que queremos dizer com extremo local.

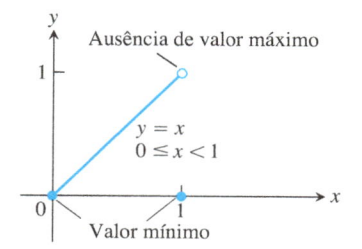

FIGURA 4.4 Até mesmo um único ponto de descontinuidade pode impedir que uma função tenha um valor máximo ou mínimo em dado intervalo fechado. A função

$$y = \begin{cases} x, & 0 \leq x < 1 \\ 0, & x = 1 \end{cases}$$

é contínua em todos os pontos de [0, 1] exceto em x = 1, e seu gráfico no intervalo [0, 1] não possui um ponto mais alto.

> **DEFINIÇÕES** Uma função f tem um valor **máximo local** em um ponto c em seu domínio D se $f(x) \leq f(c)$ para qualquer $x \in D$ em um intervalo aberto que contenha c.
>
> A função f tem um valor **mínimo local** em um ponto c em seu domínio D se $f(x) \geq f(c)$ para qualquer $x \in D$ em um intervalo aberto que contenha c.

Se o domínio de f é o intervalo fechado [a, b], então f tem um máximo local na extremidade x = a, se $f(x) \leq f(a)$ para qualquer x em um intervalo semiaberto $[a, a + \delta)$, $\delta > 0$. Da mesma forma, f tem um máximo local em um ponto interior x = c se $f(x) \leq f(c)$ para qualquer x em um intervalo aberto $(c - \delta, c + \delta)$, $\delta > 0$, e um máximo local em uma extremidade x = b se $f(x) \leq f(b)$ para qualquer x em um intervalo semiaberto $(b - \delta, b]$, $\delta > 0$. As desigualdades são invertidas para valores mínimos locais. Na Figura 4.5, a função f tem máximo local em c e d e mínimo local em a, e e b. Extremos locais também são chamados de **extremos relativos**. Algumas funções podem ter infinitos extremos locais, mesmo em um intervalo finito. Um exemplo é a função f(x) = sen (1/x) no intervalo (0, 1). (Representamos essa função graficamente na Figura 2.40.)

Um máximo absoluto também é um máximo local. Sendo o maior valor de todos, é também o maior valor em sua vizinhança imediata. Assim, *uma lista com todos os máximos locais incluirá automaticamente o máximo absoluto, se houver*. De modo análogo, *uma lista com todos os mínimos locais incluirá automaticamente o mínimo absoluto, se houver*.

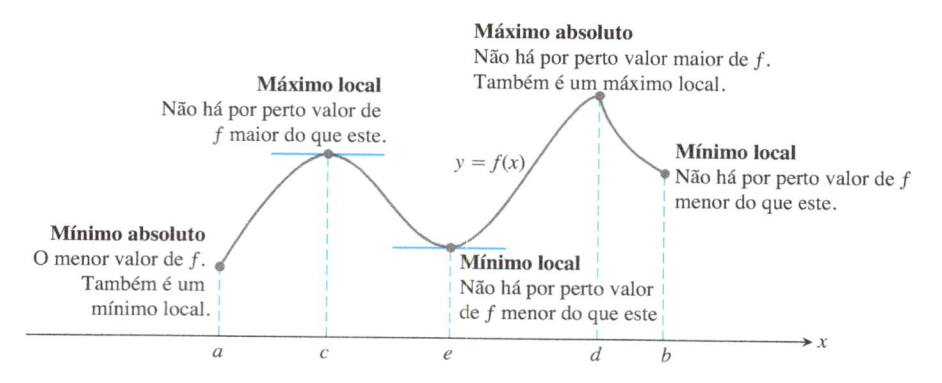

FIGURA 4.5 Como identificar os tipos de máximo e mínimo em uma função com domínio $a \leq x \leq b$.

Determinando extremos

O teorema a seguir explica por que normalmente precisamos investigar apenas alguns valores para determinar o extremo de uma função.

> **TEOREMA 2 — Teorema da derivada primeira para valores extremos locais**
> Se f possui um valor máximo ou mínimo local em um ponto c interior de seu domínio e se f' é definida em c, então
> $$f'(c) = 0.$$

Prova Para demonstrar que $f'(c)$ é zero em um extremo local, primeiro temos que provar que $f'(c)$ não pode ser positiva, e, segundo, que $f'(c)$ não pode ser negativa. O único número que não é nem positivo nem negativo é zero, que então é o valor que $f'(c)$ deve ter.

Para começar, suponhamos que f tenha um valor máximo local em $x = c$ (Figura 4.6), de modo que $f(x) - f(c) \leq 0$ para qualquer valor de x próximo de c. Como c é um ponto interior do domínio de f, $f'(c)$ é definida pelo limite bilateral

$$\lim_{x \to c} \frac{f(x) - f(c)}{x - c}.$$

Isso significa que os limites tanto à direita quanto à esquerda existirão quando $x = c$ e serão iguais a $f'(c)$. Ao examinarmos esses limites separadamente, descobrimos que

$$f'(c) = \lim_{x \to c^+} \frac{f(x) - f(c)}{x - c} \leq 0. \quad \text{Pois } (x - c) > 0 \text{ e } f(x) \leq f(c) \quad (1)$$

De maneira semelhante,

$$f'(c) = \lim_{x \to c^-} \frac{f(x) - f(c)}{x - c} \geq 0. \quad \text{Pois } (x - c) < 0 \text{ e } f(x) \leq f(c) \quad (2)$$

Juntas, as Equações 1 e 2 implicam que $f'(c) = 0$.

Isso prova o teorema para os valores máximos locais. Para prová-lo para valores mínimos locais, usamos apenas $f(x) \geq f(c)$, o que inverte as desigualdades nas Equações 1 e 2.

O Teorema 2 diz que a primeira derivada de uma função é sempre zero em um ponto interior em que a função tenha um valor extremo local e a derivada seja definida. Assim, os únicos locais em que uma função f pode ter valores extremos (locais ou globais) são

1. pontos interiores em que $f' = 0$,
2. pontos interiores em que f' não existe,
3. extremidades do domínio de f.

A definição a seguir ajudará a resumir essas informações.

> **DEFINIÇÃO** Um ponto interior do domínio de uma função f em que f' é zero ou indefinida e é um **ponto crítico** de f.

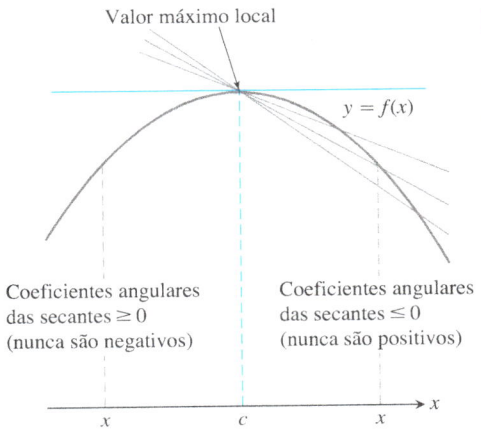

FIGURA 4.6 Curva com um valor máximo local. O coeficiente angular em c é, simultaneamente, o limite de números não positivos e não negativos e, portanto, tem valor zero.

Assim, os únicos pontos do domínio em que uma função pode assumir valores extremos são os pontos críticos e as extremidades. No entanto, tome cuidado para não interpretar erroneamente o que está sendo dito aqui. Uma função pode ter um ponto crítico em $x = c$ sem apresentar um valor extremo local nesse ponto. Por exemplo, as duas funções $y = x^3$ e $y = x^{1/3}$ apresentam pontos críticos na origem e um valor zero ali, mas cada função é positiva à direita da origem e negativa à esquerda. Assim, nenhuma delas apresenta um valor extremo local na origem. Em vez disso, existe nela um *ponto de inflexão* (veja a Figura 4.7). Os pontos de inflexão serão definidos e explorados na Seção 4.4.

A maior parte dos problemas que requerem valores extremos solicitam determinar os extremos absolutos de uma função contínua em um intervalo fechado e finito. O Teorema 1 garante que esses valores existem e o Teorema 2 nos diz que eles são assumidos em pontos críticos e extremidades. Muitas vezes, podemos simplesmente listar esses pontos e calcular os valores da função correspondentes calculando os valores maiores e menores e os locais em que estão localizados. Claro que, se o intervalo não for fechado ou finito (tal como $a < x < b$ ou $a < x < \infty$), vimos que não é necessário que o extremo absoluto exista. Se um valor absoluto máximo ou mínimo existir, deve ocorrer em um ponto crítico ou em uma extremidade incluída à direita ou à esquerda do intervalo.

> **Como determinar os extremos absolutos de uma função contínua f em um intervalo fechado e finito**
>
> 1. Calcule f em todos os pontos críticos e extremidades.
> 2. Tome o maior e o menor dentre os valores obtidos.

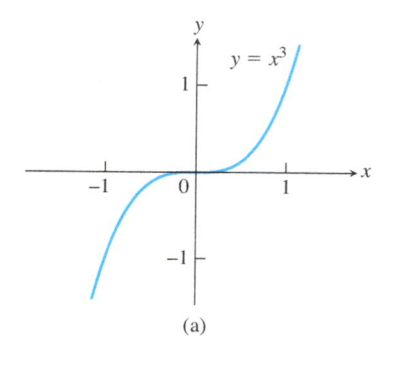

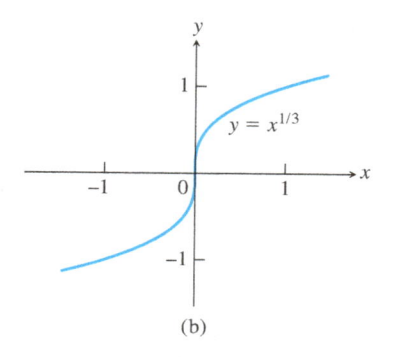

FIGURA 4.7 Pontos críticos sem valores extremos. (a) $y' = 3x^2$ é 0 quando $x = 0$, mas $y = x^3$ não possui extremo nesse ponto. (b) $y' = (1/3)x^{-2/3}$ não é definida quando $x = 0$, mas $y = x^{1/3}$ não possui extremo nesse ponto.

EXEMPLO 2 Determine os valores máximo e mínimo absolutos de $f(x) = x^2$ no intervalo $[-2, 1]$.

Solução A função é derivável em todo o seu domínio, portanto o único ponto crítico é aquele em que $f'(x) = 2x = 0$, ou seja, em $x = 0$. Precisamos verificar os valores da função em $x = 0$ e nas extremidades $x = -2$ e $x = 1$:

Valor do ponto crítico: $f(0) = 0$
Valores nas extremidades: $f(-2) = 4$
                              $f(1) = 1$

A função apresenta um valor máximo absoluto de 4 em $x = -2$ e um mínimo absoluto de 0 em $x = 0$.

EXEMPLO 3 Determine os valores máximo e mínimo absoluto de $f(x) = 10x(2 - \ln x)$ no intervalo $[1, e^2]$.

Solução A Figura 4.8 sugere que f tem o seu valor máximo absoluto próximo a $x = 3$ e seu valor mínimo absoluto de 0 em $x = e^2$. Verifiquemos essa observação.

Calculamos a função nos pontos críticos e nas extremidades e, dentre os valores obtidos, tomamos o maior e o menor.

A primeira derivada é

$$f'(x) = 10(2 - \ln x) - 10x\left(\frac{1}{x}\right) = 10(1 - \ln x).$$

O único ponto crítico no domínio $[1, e^2]$ é o ponto $x = e$, onde $\ln x = 1$. Os valores de f nesse único ponto crítico e nas extremidades são

Valores no ponto crítico: $f(e) = 10e$
Valores nas extremidades: $f(1) = 10(2 - \ln 1) = 20$
                              $f(e^2) = 10e^2(2 - 2 \ln e) = 0$.

Dessa lista, podemos ver que o valor máximo da função é $10e \approx 27,2$; ocorre no ponto crítico interior $x = e$. O valor mínimo absoluto é 0, e ocorre na extremidade direita $x = e^2$.

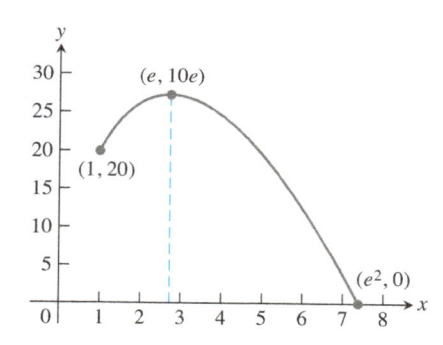

FIGURA 4.8 Os valores extremos de $f(x) = 10x(2 - \ln x)$ em $[1, e^2]$ ocorrem em $x = e$ e $x = e^2$ (Exemplo 3).

EXEMPLO 4 Determine os valores máximo e mínimo absolutos de $f(x) = x^{2/3}$ no intervalo $[-2, 3]$.

Solução Calculamos a função nos pontos críticos e nas extremidades e, dentre os valores obtidos, tomamos o maior e o menor.

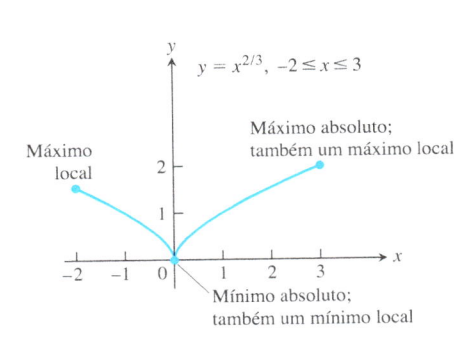

FIGURA 4.9 Os valores extremos de $f(x) = x^{2/3}$ em $[-2, 3]$ ocorrem em $x = 0$ e $x = 3$ (Exemplo 4).

A primeira derivada

$$f'(x) = \frac{2}{3}x^{-1/3} = \frac{2}{3\sqrt[3]{x}}$$

não tem zeros, mas não é definida no ponto interior $x = 0$. Os valores de f nesse ponto crítico e nas extremidades são

Valor no ponto crítico: $\quad f(0) = 0$

Valores nas extremidades: $\quad f(-2) = (-2)^{2/3} = \sqrt[3]{4}$
$\quad\quad\quad\quad\quad\quad\quad\quad\quad\quad f(3) = (3)^{2/3} = \sqrt[3]{9}$.

Podemos ver a partir dessa lista que o valor máximo absoluto dessa função é $\sqrt[3]{9} \approx 2,08$, e ocorre na extremidade à direita $x = 3$. O valor mínimo absoluto é 0, e ocorre no ponto interior $x = 0$, onde o gráfico apresenta uma cúspide (Figura 4.9).

Exercícios 4.1

Determinação de extremos a partir de gráficos

Nos Exercícios 1-6, determinar a partir do gráfico se a função possui algum valor extremo absoluto em $[a, b]$. Em seguida, justifique sua resposta com base no Teorema 1.

1. 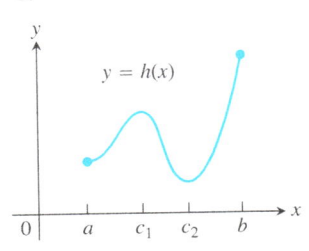
2. 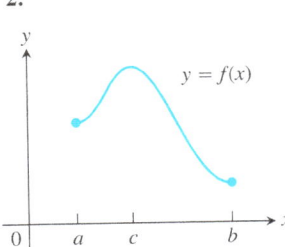
3. 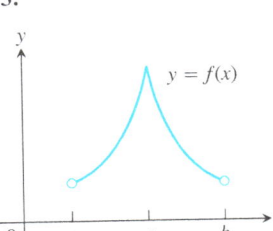
4. 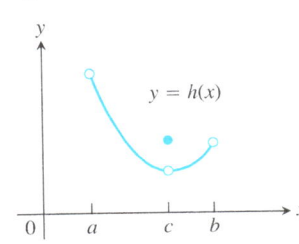
5. 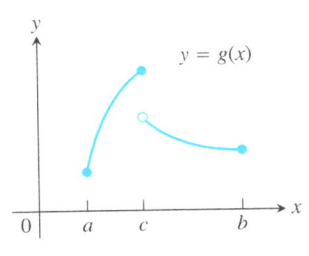
6.

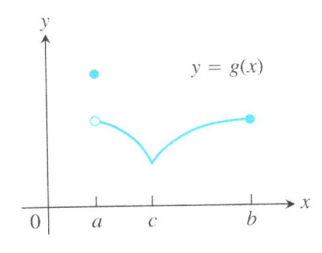

Nos Exercícios 7-10, determine os valores extremos absolutos e onde eles ocorrem.

7. 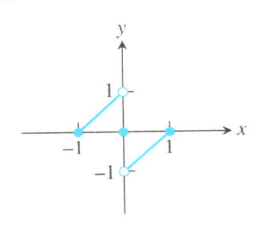
8. 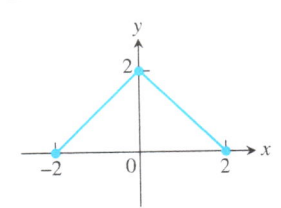
9. 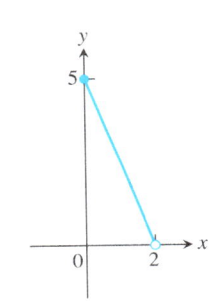
10.

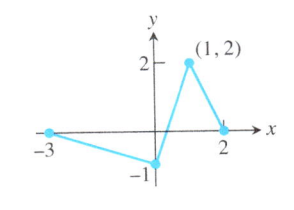

Nos Exercícios 11-14, associe a tabela com um gráfico.

11.

x	$f'(x)$
a	0
b	0
c	5

12.

x	$f'(x)$
a	0
b	0
c	-5

13.

x	$f'(x)$
a	não existe
b	0
c	-2

14.

x	$f'(x)$
a	não existe
b	não existe
c	$-1,7$

(a) (b) (c) (d)

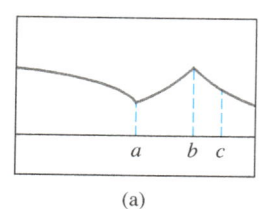

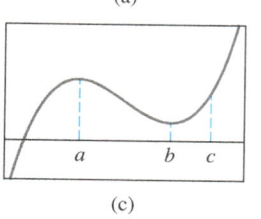

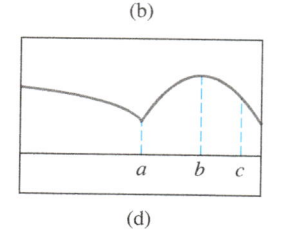

Nos Exercícios 15-20, esboce o gráfico de cada função e determine se a função tem quaisquer valores extremos absolutos no domínio. Explique a consistência de sua resposta com o Teorema 1.

15. $f(x) = |x|$, $-1 < x < 2$
16. $y = \dfrac{6}{x^2 + 2}$, $-1 < x < 1$
17. $g(x) = \begin{cases} -x, & 0 \le x < 1 \\ x - 1, & 1 \le x \le 2 \end{cases}$
18. $h(x) = \begin{cases} \dfrac{1}{x}, & -1 \le x < 0 \\ \sqrt{x}, & 0 \le x \le 4 \end{cases}$
19. $y = 3 \operatorname{sen} x$, $0 < x < 2\pi$
20. $f(x) = \begin{cases} x + 1, & -1 \le x < 0 \\ \cos x, & 0 \le x \le \dfrac{\pi}{2} \end{cases}$

Extremos absolutos em intervalos fechados e finitos

Nos Exercícios 21-40, determine os valores mínimo e máximo absolutos de cada função nos intervalos dados. Em seguida, esboce o gráfico da função. Identifique os pontos no gráfico em que os extremos absolutos ocorrem e inclua suas coordenadas.

21. $f(x) = \dfrac{2}{3}x - 5$, $-2 \le x \le 3$
22. $f(x) = -x - 4$, $-4 \le x \le 1$
23. $f(x) = x^2 - 1$, $-1 \le x \le 2$
24. $f(x) = 4 - x^2$, $-3 \le x \le 1$
25. $F(x) = -\dfrac{1}{x^2}$, $0,5 \le x \le 2$
26. $F(x) = -\dfrac{1}{x}$, $-2 \le x \le -1$
27. $h(x) = \sqrt[3]{x}$, $-1 \le x \le 8$
28. $h(x) = -3x^{2/3}$, $-1 \le x \le 1$
29. $g(x) = \sqrt{4 - x^2}$, $-2 \le x \le 1$
30. $g(x) = -\sqrt{5 - x^2}$, $-\sqrt{5} \le x \le 0$
31. $f(\theta) = \operatorname{sen} \theta$, $-\dfrac{\pi}{2} \le \theta \le \dfrac{5\pi}{6}$
32. $f(\theta) = \operatorname{tg} \theta$, $-\dfrac{\pi}{3} \le \theta \le \dfrac{\pi}{4}$
33. $g(x) = \operatorname{cossec} x$, $\dfrac{\pi}{3} \le x \le \dfrac{2\pi}{3}$
34. $g(x) = \sec x$, $-\dfrac{\pi}{3} \le x \le \dfrac{\pi}{6}$
35. $f(t) = 2 - |t|$, $-1 \le t \le 3$
36. $f(t) = |t - 5|$, $4 \le t \le 7$
37. $g(x) = xe^{-x}$, $-1 \le x \le 1$
38. $h(x) = \ln(x + 1)$, $0 \le x \le 3$
39. $f(x) = \dfrac{1}{x} + \ln x$, $0,5 \le x \le 4$
40. $g(x) = e^{-x^2}$, $-2 \le x \le 1$

Nos Exercícios 41-44, determine os valores máximo e mínimo absolutos da função e identifique onde ocorrem.

41. $f(x) = x^{4/3}$, $-1 \le x \le 8$
42. $f(x) = x^{5/3}$, $-1 \le x \le 8$
43. $g(\theta) = \theta^{3/5}$, $-32 \le \theta \le 1$
44. $h(\theta) = 3\theta^{2/3}$, $-27 \le \theta \le 8$

Determinação de pontos críticos

Nos Exercícios 45-52, determine todos os pontos críticos de cada função.

45. $y = x^2 - 6x + 7$
46. $f(x) = 6x^2 - x^3$
47. $f(x) = x(4 - x)^3$
48. $g(x) = (x - 1)^2(x - 3)^2$
49. $y = x^2 + \dfrac{2}{x}$
50. $f(x) = \dfrac{x^2}{x - 2}$
51. $y = x^2 - 32\sqrt{x}$
52. $g(x) = \sqrt{2x - x^2}$

Determinação de valores extremos

Nos Exercícios 53-68, determine os valores extremos (absoluto e local) das funções e identifique onde ocorrem.

53. $y = 2x^2 - 8x + 9$
54. $y = x^3 - 2x + 4$
55. $y = x^3 + x^2 - 8x + 5$
56. $y = x^3(x - 5)^2$
57. $y = \sqrt{x^2 - 1}$
58. $y = x - 4\sqrt{x}$
59. $y = \dfrac{1}{\sqrt[3]{1 - x^2}}$
60. $y = \sqrt{3 + 2x - x^2}$
61. $y = \dfrac{x}{x^2 + 1}$
62. $y = \dfrac{x + 1}{x^2 + 2x + 2}$
63. $y = e^x + e^{-x}$
64. $y = e^x - e^{-x}$
65. $y = x \ln x$
66. $y = x^2 \ln x$
67. $y = \cos^{-1}(x^2)$
68. $y = \operatorname{sen}^{-1}(e^x)$

Extremos locais e pontos críticos

Nos Exercícios 69-76, determine os pontos críticos, extremidades de domínio e valores extremos (absolutos e locais) para cada função.

69. $y = x^{2/3}(x + 2)$
70. $y = x^{2/3}(x^2 - 4)$
71. $y = x\sqrt{4 - x^2}$
72. $y = x^2\sqrt{3 - x}$
73. $y = \begin{cases} 4 - 2x, & x \le 1 \\ x + 1, & x > 1 \end{cases}$
74. $y = \begin{cases} 3 - x, & x < 0 \\ 3 + 2x - x^2, & x \ge 0 \end{cases}$
75. $y = \begin{cases} -x^2 - 2x + 4, & x \le 1 \\ -x^2 + 6x - 4, & x > 1 \end{cases}$
76. $y = \begin{cases} -\dfrac{1}{4}x^2 - \dfrac{1}{2}x + \dfrac{15}{4}, & x \le 1 \\ x^3 - 6x^2 + 8x, & x > 1 \end{cases}$

Nos Exercícios 77 e 78, justifique suas respostas.

77. Seja $f(x) = (x - 2)^{2/3}$.
    a. $f'(2)$ existe?
    b. Demonstre que o único valor extremo local de f ocorre em $x = 2$.
    c. O resultado do item (b) contradiz o teorema do valor extremo?
    d. Repita os itens (a) e (b) para $f(x) = (x - a)^{2/3}$, substituindo 2 por a.

78. Seja $f(x) = |x^3 - 9x|$.
    a. $f'(0)$ existe?
    b. $f'(3)$ existe?
    c. $f'(-3)$ existe?
    d. Determine todos os extremos de f.

Teoria e exemplos

79. **Um mínimo sem derivada** A função $f(x) = |x|$ tem valor mínimo absoluto quando $x = 0$, mesmo que f não seja derivável em $x = 0$. Isso é consistente com o Teorema 2? Justifique sua resposta.

80. **Funções pares** Se uma função par $f(x)$ possui um valor máximo local em $x = c$, pode-se dizer algo sobre o valor de f quando $x = -c$? Justifique sua resposta.

81. **Funções ímpares** Se uma função ímpar $g(x)$ possui um valor mínimo local em $x = c$, pode-se dizer algo sobre o valor de g quando $x = -c$? Justifique sua resposta.

82. Sabemos como determinar os valores extremos de uma função contínua $f(x)$, investigando os seus valores em pontos críticos e nas extremidades. Mas e se não houver pontos críticos e nem extremidades? O que acontece nesse caso? Uma função desse tipo pode existir? Justifique sua resposta.

83. A função
$$V(x) = x(10 - 2x)(16 - 2x), \quad 0 < x < 5,$$
modela o volume de uma caixa.
    a. Determine os valores extremos de V.
    b. Interprete quaisquer valores encontrados no item (a) em termos do volume da caixa.

84. **Funções cúbicas** Considere a seguinte função cúbica:
$$f(x) = ax^3 + bx^2 + cx + d.$$
    a. Demonstre que f pode ter 0, 1 ou 2 pontos críticos. Utilize exemplos e gráficos para justificar sua resposta.
    b. Quantos valores extremos locais f pode ter?

85. **Altura máxima de um corpo em movimento vertical** A altura de um corpo em movimento vertical é dada por
$$s = -\frac{1}{2}gt^2 + v_0 t + s_0, \quad g > 0,$$
com s em metros e t em segundos. Determine a altura máxima do corpo.

86. **Pico de corrente alternada** Suponha que em qualquer instante t (em segundos) a corrente i (em ampères) em um circuito de corrente alternada é $i = 2\cos t + 2\sen t$. Qual é a corrente de pico para esse circuito (magnitude máxima)?

T Faça o gráfico das funções nos Exercícios 87-90. A seguir, localize os valores extremos da função no intervalo e diga onde eles ocorrem.

87. $f(x) = |x - 2| + |x + 3|, \quad -5 \leq x \leq 5$
88. $g(x) = |x - 1| - |x - 5|, \quad -2 \leq x \leq 7$
89. $h(x) = |x + 2| - |x - 3|, \quad -\infty < x < \infty$
90. $k(x) = |x + 1| + |x - 3|, \quad -\infty < x < \infty$

USO DO COMPUTADOR

Nos Exercícios 91-98, você usará um SAC que o ajudará a determinar os extremos absolutos das funções nos intervalos fechados especificados. Siga os passos a seguir.
   a. Trace a função no intervalo para analisar seu comportamento geral.
   b. Determine os pontos interiores em que $f' = 0$. (Em alguns exercícios, talvez seja necessário usar o cálculo numérico para obter uma solução aproximada.) Experimente também traçar f'.
   c. Determine os pontos interiores, onde f' não existe.
   d. Calcule a função em todos os pontos encontrados nos itens (b) e (c) e também nas extremidades do intervalo.
   e. Determine os valores extremos absolutos das funções no intervalo e identifique onde ocorrem.

91. $f(x) = x^4 - 8x^2 + 4x + 2, \quad [-20/25, 64/25]$
92. $f(x) = -x^4 + 4x^3 - 4x + 1, \quad [-3/4, 3]$
93. $f(x) = x^{2/3}(3 - x), \quad [-2, 2]$
94. $f(x) = 2 + 2x - 3x^{2/3}, \quad [-1, 10/3]$
95. $f(x) = \sqrt{x} + \cos x, \quad [0, 2\pi]$
96. $f(x) = x^{3/4} - \sen x + \frac{1}{2}, \quad [0, 2\pi]$
97. $f(x) = \pi x^2 e^{-3x/2}, \quad [0, 5]$
98. $f(x) = \ln(2x + x \sen x), \quad [1, 15]$

4.2 Teorema do valor médio

Sabemos que funções constantes têm derivadas iguais a zero, mas poderia existir uma função mais complicada cujas derivadas fossem sempre zero? Se duas funções possuem derivadas idênticas em um intervalo, como elas estão relacionadas? Responderemos a essas e outras perguntas neste capítulo por meio da aplicação do teorema do valor médio. Primeiro, apresentaremos um caso especial, conhecido como teorema de Rolle, que é usado para demonstrar o teorema do valor médio.

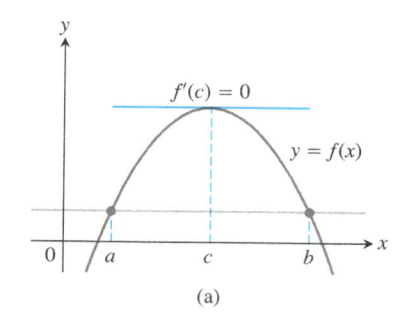

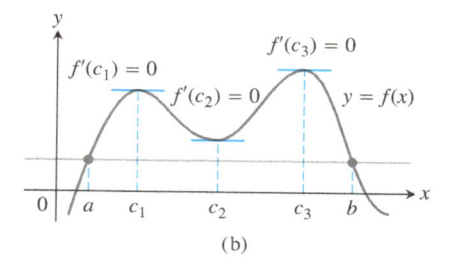

Teorema de Rolle

Tal como sugerido pelo gráfico, se uma função derivável cruza uma reta horizontal em dois pontos diferentes, existe pelo menos um ponto entre eles em que a tangente é horizontal ao gráfico e a derivada é zero (Figura 4.10). Enunciaremos e provaremos esse resultado agora.

> **TEOREMA 3 — Teorema de Rolle** Suponha que $y = f(x)$ seja contínua em todos os pontos do intervalo fechado $[a, b]$ e derivável em todos os pontos de seu interior (a, b). Se $f(a) = f(b)$, então há pelo menos um número c em (a, b) no qual $f'(c) = 0$.

Prova Sendo contínua, f tem valores máximos e mínimos absolutos em $[a, b]$ de acordo com o Teorema 1. Isso pode ocorrer apenas

1. em pontos interiores onde f' é zero,
2. em pontos interiores onde f' não existe,
3. nas extremidades do domínio da função; nesse caso, a e b.

Por hipótese, f tem uma derivada em cada ponto interior. Isso exclui a possibilidade 2 e nos deixa com os pontos interiores onde $f' = 0$, além das duas extremidades a e b.

Se o máximo ou o mínimo ocorrem em um ponto c entre a e b, então $f'(c) = 0$ de acordo com o Teorema 2 da Seção 4.1, e encontramos um ponto para o teorema de Rolle.

Se tanto o máximo como o mínimo absolutos estão nas extremidades, então, como $f(a) = f(b)$, f deve ser necessariamente uma função constante com $f(x) = f(a) = f(b)$ para qualquer $x \in [a, b]$. Assim, $f'(x) = 0$ e o ponto c podem ser tomados em qualquer parte do interior (a, b).

As hipóteses do Teorema 3 são essenciais. Mesmo que elas não sejam verdadeiras em apenas um ponto, o gráfico pode não apresentar uma tangente horizontal (Figura 4.11).

O teorema de Rolle pode ser combinado com o teorema do valor intermediário para mostrar quando existe apenas uma solução real de uma equação $f(x) = 0$, como ilustraremos no exemplo a seguir.

EXEMPLO 1 Mostre que a equação

$$x^3 + 3x + 1 = 0$$

tem exatamente uma solução real.

Solução Definimos a função contínua

$$f(x) = x^3 + 3x + 1.$$

FIGURA 4.10 O teorema de Rolle diz que uma curva derivável tem ao menos uma tangente horizontal entre dois pontos quaisquer onde a curva cruza uma reta horizontal. Ela pode ter apenas uma tangente (a) ou mais de uma (b).

BIOGRAFIA HISTÓRICA

Michel Rolle
(1652-1719)

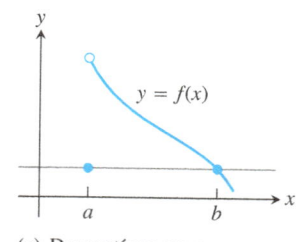

(a) Descontínua em uma extremidade de $[a, b]$

(b) Descontínua em um ponto interior de $[a, b]$

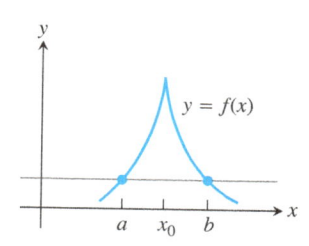

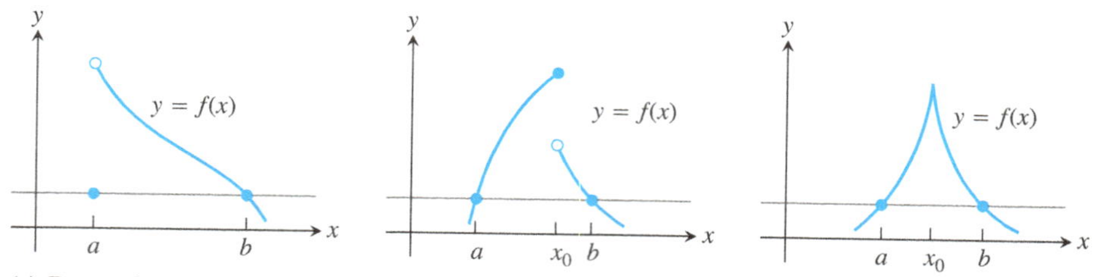

(c) Contínua em $[a, b]$, mas não derivável em um ponto interior

FIGURA 4.11 Se as hipóteses do teorema de Rolle não forem satisfeitas, pode acontecer de não haver tangente horizontal.

Como $f(-1) = -3$ e $f(0) = 1$, o teorema do valor intermediário nos diz que o gráfico de f cruza o eixo x em algum lugar no intervalo aberto $(-1, 0)$. (Veja a Figura 4.12.) A derivada

$$f'(x) = 3x^2 + 3$$

nunca é zero (porque é sempre positiva). Agora, se houvesse pelo menos dois pontos $x = a$ e $x = b$ onde $f(x)$ fosse igual a zero, o teorema de Rolle garantiria a existência de um ponto $x = c$ entre eles onde f' seria igual a zero. Portanto, f não tem mais do que um zero.

O principal uso do teorema de Rolle é o de provar o teorema do valor médio.

Teorema do valor médio

O teorema do valor médio, estabelecido por Joseph-Louis Lagrange, é uma versão inclinada do teorema de Rolle (Figura 4.13). O teorema do valor médio garante a existência de um ponto onde a reta tangente é paralela à corda AB.

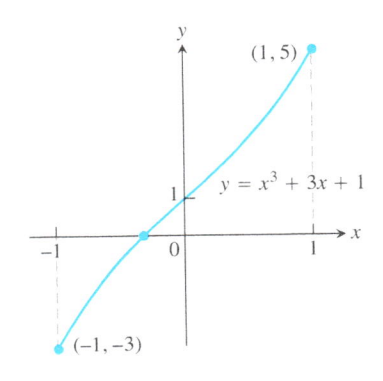

FIGURA 4.12 O único zero real do polinômio $y = x^3 + 3x + 1$ é o mostrado aqui, no ponto em que a curva cruza o eixo x entre -1 e 0 (Exemplo 1).

> **TEOREMA 4 — Teorema do valor médio** Suponha que $y = f(x)$ seja contínua em um intervalo fechado $[a, b]$ e derivável no intervalo (a, b). Então, há pelo menos um ponto c em (a, b) em que
>
> $$\frac{f(b) - f(a)}{b - a} = f'(c). \qquad (1)$$

Prova Esboçamos o gráfico de f e traçamos uma reta que passa pelos pontos $A(a, f(a))$ e $B(b, f(b))$. (Veja a Figura 4.14.) A reta é o gráfico da função

$$g(x) = f(a) + \frac{f(b) - f(a)}{b - a}(x - a) \qquad (2)$$

(equação fundamental). A diferença vertical entre os gráficos de f e g em x é

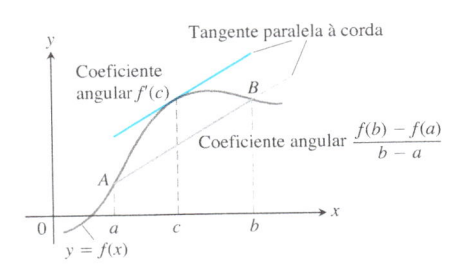

$$\begin{aligned} h(x) &= f(x) - g(x) \\ &= f(x) - f(a) - \frac{f(b) - f(a)}{b - a}(x - a). \end{aligned} \qquad (3)$$

FIGURA 4.13 Geometricamente, o teorema do valor médio diz que, em algum lugar entre a e b, a curva apresenta pelo menos uma tangente paralela à corda AB.

BIOGRAFIA HISTÓRICA

Joseph-Louis Lagrange
(1736-1813)

A Figura 4.15 mostra os gráficos de f, g e h juntos.

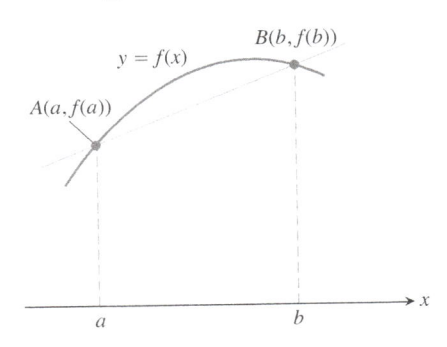

FIGURA 4.14 Gráfico de f e a corda AB sobre o intervalo $[a, b]$.

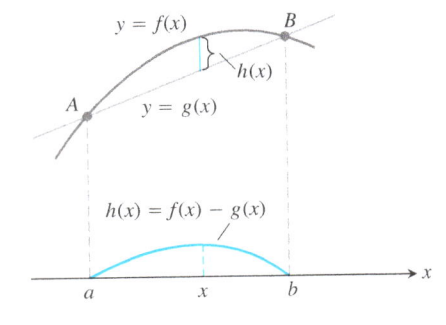

FIGURA 4.15 A corda AB é o gráfico da função $g(x)$. A função $h(x) = f(x) - g(x)$ fornece a distância vertical entre os gráficos de f e g em x.

A função h satisfaz a hipótese do teorema de Rolle em $[a, b]$. Ela é contínua em $[a, b]$ e derivável em (a, b), pois f e g também são. Além disso, $h(a) = h(b) = 0$, pois os gráficos de f e g passam por A e B. Portanto, $h'(c) = 0$ em algum ponto $c \in (a, b)$. É o ponto que desejamos para a Equação 1.

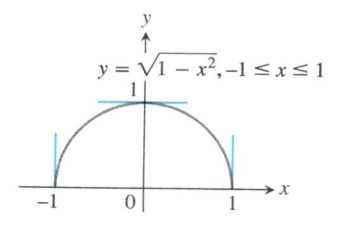

FIGURA 4.16 A função $f(x) = \sqrt{1-x^2}$ satisfaz a hipótese (e a conclusão) do teorema do valor médio em $[-1, 1]$, embora f não seja derivável em -1 e 1.

Para verificar a Equação 1, derivamos os dois lados da Equação 3 em relação a x, e fizemos $x = c$:

$$h'(x) = f'(x) - \frac{f(b) - f(a)}{b - a} \quad \text{Derivada de ambos os lados da Equação 3 ...}$$

$$h'(c) = f'(c) - \frac{f(b) - f(a)}{b - a} \quad \text{... com } x = c$$

$$0 = f'(c) - \frac{f(b) - f(a)}{b - a} \quad h'(c) = 0$$

$$f'(c) = \frac{f(b) - f(a)}{b - a}, \quad \text{Rearranjo}$$

que é o que propusemos provar.

A hipótese do teorema do valor médio não exige que f seja derivável em a ou b. A continuidade em a e b é suficiente (Figura 4.16).

EXEMPLO 2 A função $f(x) = x^2$ (Figura 4.17) é contínua para $0 \leq x \leq 2$ e derivável para $0 < x < 2$. Como $f(0) = 0$ e $f(2) = 4$, o teorema do valor médio diz que, em um ponto c no intervalo, a derivada $f'(x) = 2x$ deve ter o valor $(4-0)/(2-0) = 2$. Nesse caso, podemos identificar c resolvendo a equação $2c = 2$ para obter $c = 1$. No entanto, nem sempre é fácil calcular c algebricamente, apesar de sabermos que ele sempre existe.

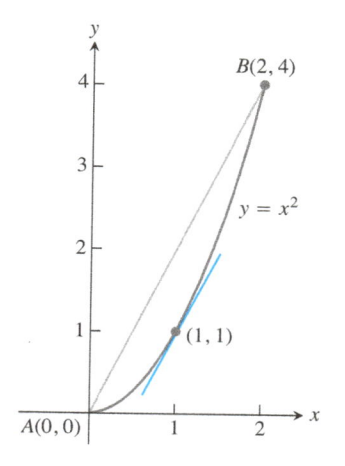

FIGURA 4.17 Conforme vimos no Exemplo 2, é em $c = 1$ que a tangente é paralela à corda.

Uma interpretação física

Podemos pensar no número $(f(b) - f(a))/(b - a)$ como a variação média de f em $[a, b]$ e em $f'(c)$ como uma variação instantânea. O teorema do valor médio diz que, em algum ponto interior, a variação instantânea deve ser igual à variação média ao longo de todo o intervalo.

EXEMPLO 3 Se um carro que acelera a partir de zero leva 8 segundos para percorrer 352 pés, sua velocidade média no intervalo de 8 s é $352/8 = 44$ pés/s. Segundo o teorema do valor médio, em algum momento durante a aceleração o velocímetro deverá marcar exatamente 30 mph (44 pés/s) (Figura 4.18).

Consequências matemáticas

No início da seção, perguntamos que tipo de função teria uma derivada nula ao longo de todo um intervalo dado. O primeiro corolário do teorema do valor médio fornece a resposta: somente funções constantes possuem derivadas zero.

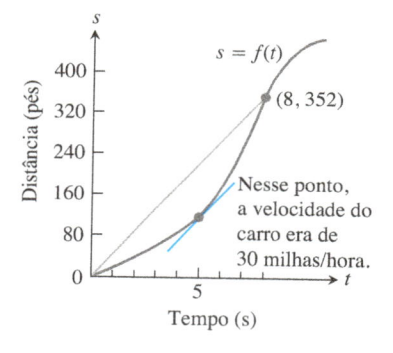

FIGURA 4.18 Distância em função do tempo decorrido para o carro no Exemplo 3.

COROLÁRIO 1 Se $f'(x) = 0$ em todos os pontos de um intervalo aberto (a, b), então $f(x) = C$ para qualquer $x \in (a, b)$, onde C é uma constante.

Prova Queremos demonstrar que f tem um valor constante no intervalo (a, b). Fazemos isso mostrando que se x_1 e x_2 são dois pontos quaisquer em (a, b) com $x_1 < x_2$, então $f(x_1) = f(x_2)$.

Agora f satisfaz a hipótese do teorema do valor médio em $[x_1, x_2]$: é derivável em cada ponto de $[x_1, x_2]$ e, portanto, contínua em cada ponto. Então,

$$\frac{f(x_2) - f(x_1)}{x_2 - x_1} = f'(c)$$

em algum ponto c entre x_1 e x_2. Como $f' = 0$ ao longo de (a, b), essa equação implica sucessivamente que

$$\frac{f(x_2) - f(x_1)}{x_2 - x_1} = 0, \quad f(x_2) - f(x_1) = 0 \quad \text{e} \quad f(x_1) = f(x_2).$$

No início desta seção, perguntamos também sobre a relação entre duas funções que têm derivadas idênticas ao longo de um intervalo. O corolário a seguir demonstra que seus valores no intervalo têm uma diferença constante.

> **COROLÁRIO 2** Se $f'(x) = g'(x)$ em cada ponto x de um intervalo aberto (a, b), então existe uma constante C tal que $f(x) = g(x) + C$ para qualquer $x \in (a, b)$. Ou seja, $f - g$ é uma função constante em (a, b).

Prova Em cada ponto $x \in (a, b)$, a derivada da função diferença $h = f - g$ é

$$h'(x) = f'(x) - g'(x) = 0.$$

Assim, $h(x) = C$ em (a, b), de acordo com o Corolário 1. Isto é, $f(x) - g(x) = C$ em (a, b), então $f(x) = g(x) + C$.

Os Corolários 1 e 2 também se aplicam quando o intervalo aberto (a, b) não é finito. Isto é, permanecem verdadeiros se o intervalo for (a, ∞), $(-\infty, b)$ ou $(-\infty, \infty)$.

O Corolário 2 desempenhará um papel importante quando discutirmos antiderivadas na Seção 4.8. Ele nos diz, por exemplo, que se a derivada de $f(x) = x^2$ em $(-\infty, \infty)$ é $2x$, qualquer outra função com derivada $2x$ em $(-\infty, \infty)$ deve ter a fórmula $x^2 + C$ para algum valor de C (Figura 4.19).

EXEMPLO 4 Determine a função $f(x)$ cuja derivada seja sen x e cujo gráfico passe pelo ponto $(0, 2)$.

Solução Como a derivada de $g(x) = -\cos x$ é $g'(x) = \text{sen } x$, vemos que f e g possuem a mesma derivada. O Corolário 2, então, diz que $f(x) = -\cos x + C$ para uma constante C. Como o gráfico de f passa pelo ponto $(0, 2)$, o valor de C é determinado a partir da condição de que $f(0) = 2$:

$$f(0) = -\cos(0) + C = 2, \quad \text{então} \quad C = 3.$$

A função é $f(x) = -\cos x + 3$.

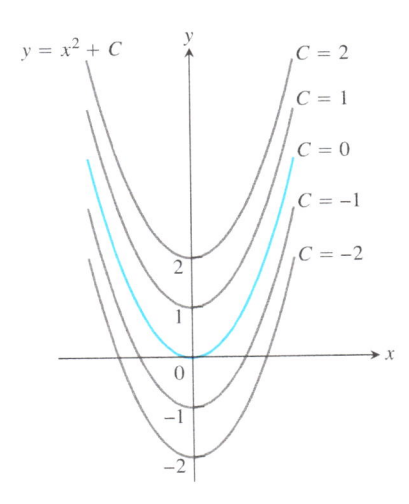

FIGURA 4.19 Do ponto de vista geométrico, o Corolário 2 do teorema do valor médio diz que os gráficos das funções com derivadas idênticas em um intervalo podem diferir apenas em um deslocamento vertical. Os gráficos das funções com derivada $2x$ são as parábolas $y = x^2 + C$, apresentadas aqui para alguns valores selecionados de C.

Determinação da velocidade e da posição a partir da aceleração

Podemos usar o Corolário 2 para determinar as funções de velocidade e posição de um objeto em movimento ao longo de uma reta vertical. Suponha que o objeto ou corpo esteja em queda livre a partir do repouso com aceleração 9,8 m/s². Supomos que a posição $s(t)$ do corpo seja considerada positiva para baixo a partir da posição de repouso (assim, a reta coordenada vertical aponta *para baixo*, na direção do movimento, com a posição de repouso em 0).

Sabemos que a velocidade $v(t)$ é uma função cuja derivada é 9,8. Sabemos também que a derivada de $g(t) = 9,8t$ é 9,8. De acordo com o Corolário 2,

$$v(t) = 9,8t + C$$

para uma constante C. Como o corpo cai partindo do repouso, $v(0) = 0$. Logo,

$$9,8(0) + C = 0 \quad \text{e} \quad C = 0.$$

A função velocidade será $v(t) = 9,8t$. E quanto à função posição $s(t)$?

Sabemos que $s(t)$ é uma função cuja derivada é $9,8t$. Sabemos também que a derivada de $f(t) = 4,9t^2$ é $9,8t$. De acordo com o Corolário 2,

$$s(t) = 4,9t^2 + C$$

para uma constante C. Como $s(0) = 0$,

$$4,9(0)^2 + C = 0 \quad \text{e} \quad C = 0.$$

A função posição é $s(t) = 4,9t^2$ até que o corpo atinja o solo.

A possibilidade de determinar funções a partir de suas taxas de variação é uma das ferramentas mais poderosas que o cálculo oferece. Como veremos, ela estará na base dos desdobramentos matemáticos do Capítulo 5.

Provas das regras dos logaritmos

As propriedades algébricas dos logaritmos foram apresentadas na Seção 1.6. Podemos provar cada uma delas por meio do Corolário 2 do teorema do valor médio. As etapas a serem cumpridas são semelhantes àquelas utilizadas na solução de problemas que envolvem logaritmos.

Prova de que ln bx = ln b + ln x O argumento começa com a observação de que ln bx e ln x possuem a mesma derivada:

$$\frac{d}{dx}\ln(bx) = \frac{b}{bx} = \frac{1}{x} = \frac{d}{dx}\ln x.$$

Então, de acordo com o Corolário 2 do teorema do valor médio, as funções devem diferir por uma constante, o que significa que

$$\ln bx = \ln x + C$$

para um C.

Como essa última equação é válida para todos os valores positivos de x, deve ser válida para $x = 1$. Assim,

$$\ln(b \cdot 1) = \ln 1 + C$$
$$\ln b = 0 + C \qquad \text{ln 1 = 0}$$
$$C = \ln b.$$

Após a substituição, concluímos que

$$\ln bx = \ln b + \ln x.$$

Prova de que ln x^r = r ln x Usamos mais uma vez o argumento da mesma derivada. Para qualquer valor positivo de x,

$$\frac{d}{dx}\ln x^r = \frac{1}{x^r}\frac{d}{dx}(x^r) \qquad \text{Regra da Cadeia}$$
$$= \frac{1}{x^r}rx^{r-1} \qquad \text{Regra da Derivada da Potência}$$
$$= r \cdot \frac{1}{x} = \frac{d}{dx}(r \ln x).$$

Uma vez que ln x^r e r ln x possuem a mesma derivada,

$$\ln x^r = r \ln x + C$$

para uma constante C. Tomando x como 1, verificamos que C é igual a zero, como queríamos demonstrar.

Você precisa provar a regra do quociente para logaritmos,

$$\ln\left(\frac{b}{x}\right) = \ln b - \ln x,$$

no Exercício 75. A regra da recíproca, ln $(1/x) = -\ln x$, é um caso especial da regra do quociente, obtida tomando-se $b = 1$ e observando que ln 1 = 0.

Leis dos expoentes

As leis dos expoentes para a função exponencial natural e^x são consequências das propriedades algébricas de ln x. Sua origem está na relação inversa entre essas funções.

Leis dos expoentes para e^x

Para todos os números x, x_1 e x_2, a função exponencial natural e^x obedece às seguintes leis:

1. $e^{x_1} \cdot e^{x_2} = e^{x_1 + x_2}$
2. $e^{-x} = \dfrac{1}{e^x}$
3. $\dfrac{e^{x_1}}{e^{x_2}} = e^{x_1 - x_2}$
4. $(e^{x_1})^{x_2} = e^{x_1 x_2} = (e^{x_2})^{x_1}$

Prova da Lei 1 Seja

$$y_1 = e^{x_1} \quad \text{e} \quad y_2 = e^{x_2}. \tag{4}$$

Então,

$$x_1 = \ln y_1 \quad \text{e} \quad x_2 = \ln y_2 \quad \text{Calcule o logaritmo de ambos os lados das Equações 4.}$$

$$x_1 + x_2 = \ln y_1 + \ln y_2$$

$$= \ln y_1 y_2 \quad \text{Regra do produto para logaritmos}$$

$$e^{x_1 + x_2} = e^{\ln y_1 y_2} \quad \text{Resolva a potenciação.}$$

$$= y_1 y_2 \quad e^{\ln u} = u$$

$$= e^{x_1} e^{x_2}.$$

A prova da Lei 4 é semelhante. As Leis 2 e 3 derivam da Lei 1 (Exercícios 77 e 78).

Exercícios 4.2

Verificação do teorema do valor médio

Determine o valor ou valores de c que satisfazem a equação

$$\frac{f(b) - f(a)}{b - a} = f'(c)$$

que consta da conclusão do teorema do valor médio para as funções e intervalos nos Exercícios 1-8.

1. $f(x) = x^2 + 2x - 1$, $[0, 1]$
2. $f(x) = x^{2/3}$, $[0, 1]$
3. $f(x) = x + \dfrac{1}{x}$, $\left[\dfrac{1}{2}, 2\right]$
4. $f(x) = \sqrt{x - 1}$, $[1, 3]$
5. $f(x) = \text{sen}^{-1} x$, $[-1, 1]$
6. $f(x) = \ln(x - 1)$, $[2, 4]$
7. $f(x) = x^3 - x^2$, $[-1, 2]$
8. $g(x) = \begin{cases} x^3, & -2 \leq x \leq 0 \\ x^2, & 0 < x \leq 2 \end{cases}$

Qual das funções nos Exercícios 9-14 satisfazem as hipóteses do teorema do valor médio no intervalo dado e quais não satisfazem? Justifique suas respostas.

9. $f(x) = x^{2/3}$, $[-1, 8]$
10. $f(x) = x^{4/5}$, $[0, 1]$
11. $f(x) = \sqrt{x(1 - x)}$, $[0, 1]$
12. $f(x) = \begin{cases} \dfrac{\text{sen}\, x}{x}, & -\pi \leq x < 0 \\ 0, & x = 0 \end{cases}$
13. $f(x) = \begin{cases} x^2 - x, & -2 \leq x \leq -1 \\ 2x^2 - 3x - 3, & -1 < x \leq 0 \end{cases}$
14. $f(x) = \begin{cases} 2x - 3, & 0 \leq x \leq 2 \\ 6x - x^2 - 7, & 2 < x \leq 3 \end{cases}$
15. A função
$$f(x) = \begin{cases} x, & 0 \leq x < 1 \\ 0, & x = 1 \end{cases}$$
é zero em $x = 0$ e $x = 1$, e derivável em $(0, 1)$, mas sua derivada em $(0, 1)$ nunca é zero. Como isso é possível? O teorema de Rolle não diz que a derivada tem que ser zero em algum ponto em $(0, 1)$? Justifique sua resposta.
16. Para que valores de a, m e b a função
$$f(x) = \begin{cases} 3, & x = 0 \\ -x^2 + 3x + a, & 0 < x < 1 \\ mx + b, & 1 \leq x \leq 2 \end{cases}$$
satisfaz a hipótese do teorema do valor médio no intervalo $[0, 2]$?

Raízes (zeros)

17. **a.** Trace as raízes de cada polinômio em uma reta, juntamente com os zeros de sua primeira derivada.
    i) $y = x^2 - 4$
    ii) $y = x^2 + 8x + 15$
    iii) $y = x^3 - 3x^2 + 4 = (x + 1)(x - 2)^2$
    iv) $y = x^3 - 33x^2 + 216x = x(x - 9)(x - 24)$
    b. Use o teorema de Rolle para provar que entre duas raízes quaisquer de
    $$x^n + a_{n-1}x^{n-1} + \cdots + a_1 x + a_0 \text{ existe uma raiz de}$$
    $$nx^{n-1} + (n - 1)a_{n-1}x^{n-2} + \cdots + a_1.$$

18. Suponha que f'' seja contínua em $[a, b]$ e que f tenha três raízes no intervalo. Mostre que f'' tem pelo menos uma raiz em (a, b). Generalize esse resultado.

19. Demonstre que se $f'' > 0$ ao longo de todo um intervalo $[a, b]$, então f' tem no máximo uma raiz em $[a, b]$. E se, em vez disso, $f'' < 0$ ao longo de todo o intervalo $[a, b]$?

20. Mostre que um polinômio cúbico pode ter no máximo três raízes reais.

Mostre que as funções nos Exercícios 21-28 têm exatamente uma raiz no intervalo dado.

21. $f(x) = x^4 + 3x + 1$, $[-2, -1]$

22. $f(x) = x^3 + \dfrac{4}{x^2} + 7$, $(-\infty, 0)$

23. $g(t) = \sqrt{t} + \sqrt{1+t} - 4$, $(0, \infty)$

24. $g(t) = \dfrac{1}{1-t} + \sqrt{1+t} - 3{,}1$, $(-1, 1)$

25. $r(\theta) = \theta + \text{sen}^2\left(\dfrac{\theta}{3}\right) - 8$, $(-\infty, \infty)$

26. $r(\theta) = 2\theta - \cos^2\theta + \sqrt{2}$, $(-\infty, \infty)$

27. $r(\theta) = \sec\theta - \dfrac{1}{\theta^3} + 5$, $(0, \pi/2)$

28. $r(\theta) = \text{tg}\,\theta - \text{cotg}\,\theta - \theta$, $(0, \pi/2)$

Determinação de funções a partir de derivadas

29. Suponha que $f(-1) = 3$ e que $f'(x) = 0$ para todo x. Obrigatoriamente, $f(x) = 3$ para qualquer x? Justifique sua resposta.

30. Suponha que $f(0) = 5$ e que $f'(x) = 2$ para todo x. Obrigatoriamente, $f(x) = 2x + 5$ para todo x? Justifique sua resposta.

31. Suponha que $f'(x) = 2x$ para todo x. Determine $f(2)$ se
    a. $f(0) = 0$ **b.** $f(1) = 0$ **c.** $f(-2) = 3$.

32. O que pode ser dito sobre funções cujas derivadas são constantes? Justifique sua resposta.

Nos Exercícios 33-38, determine todas as funções possíveis com as derivadas dadas.

33. **a.** $y' = x$ **b.** $y' = x^2$ **c.** $y' = x^3$

34. **a.** $y' = 2x$ **b.** $y' = 2x - 1$ **c.** $y' = 3x^2 + 2x - 1$

35. **a.** $y' = -\dfrac{1}{x^2}$ **b.** $y' = 1 - \dfrac{1}{x^2}$ **c.** $y' = 5 + \dfrac{1}{x^2}$

36. **a.** $y' = \dfrac{1}{2\sqrt{x}}$ **b.** $y' = \dfrac{1}{\sqrt{x}}$ **c.** $y' = 4x - \dfrac{1}{\sqrt{x}}$

37. **a.** $y' = \text{sen}\,2t$ **b.** $y' = \cos\dfrac{t}{2}$ **c.** $y' = \text{sen}\,2t + \cos\dfrac{t}{2}$

38. **a.** $y' = \sec^2\theta$ **b.** $y' = \sqrt{\theta}$ **c.** $y' = \sqrt{\theta} - \sec^2\theta$

Nos Exercícios 39-42, determine a função com a derivada dada cuja curva passe pelo ponto P.

39. $f'(x) = 2x - 1$, $P(0, 0)$

40. $g'(x) = \dfrac{1}{x^2} + 2x$, $P(-1, 1)$

41. $f'(x) = e^{2x}$, $P\left(0, \dfrac{3}{2}\right)$

42. $r'(t) = \sec t\,\text{tg}\,t - 1$, $P(0, 0)$

Determinação da posição a partir da velocidade ou aceleração

Os Exercícios 43-46 fornecem a velocidade $v = ds/dt$ e a posição inicial de um corpo que se desloca ao longo de uma reta coordenada. Determine a posição do corpo no instante t.

43. $v = 9{,}8t + 5$, $s(0) = 10$

44. $v = 32t - 2$, $s(0{,}5) = 4$

45. $v = \text{sen}\,\pi t$, $s(0) = 0$

46. $v = \dfrac{2}{\pi}\cos\dfrac{2t}{\pi}$, $s(\pi^2) = 1$

Os Exercícios 47-50 fornecem a aceleração $a = d^2s/dt^2$, a velocidade inicial e a posição inicial de um corpo que se desloca ao longo de uma reta coordenada. Determine a posição do corpo no instante t.

47. $a = e^t$, $v(0) = 20$, $s(0) = 5$

48. $a = 9{,}8$, $v(0) = -3$, $s(0) = 0$

49. $a = -4\,\text{sen}\,2t$, $v(0) = 2$, $s(0) = -3$

50. $a = \dfrac{9}{\pi^2}\cos\dfrac{3t}{\pi}$, $v(0) = 0$, $s(0) = -1$

Aplicações

51. **Variação de temperatura** Foram necessários 14 s para que um termômetro de mercúrio subisse de –19 °C para 100 °C após ser retirado do congelador e colocado em água fervente. Demonstre que em algum ponto a coluna de mercúrio subia a uma taxa de 8,5 °C/s.

52. Um caminhoneiro apresentou um bilhete na cabine do pedágio que mostrava que em 2 horas ele havia percorrido 159 milhas em uma estrada cujo limite de velocidade era de 65 milhas/hora. Ele foi multado por excesso de velocidade. Por quê?

53. Relatos antigos contam que um trirreme (navio antigo de guerra grego ou romano), com 170 remos, certa vez percorreu uma distância de 184 milhas náuticas em 24 horas. Explique por que em algum momento durante esse percurso a velocidade do trirreme excedeu 7,5 nós (milhas náuticas por hora).

54. Um atleta percorreu as 26,2 milhas da maratona de Nova York em 2,2 horas. Demonstre que em pelo menos duas ocasiões o maratonista correu a exatas 11 milhas/hora, supondo que as velocidades inicial e final tenham sido zero.

55. Mostre que, em algum momento durante uma viagem de automóvel de 2 horas, o velocímetro marcava o valor equivalente à velocidade média da viagem.

56. **Queda livre na Lua** Na Lua, a aceleração da gravidade é de 1,6 m/s². Se uma pedra cair em uma fenda, qual será a sua velocidade, imediatamente antes de atingir o solo, 30 segundos mais tarde?

Teoria e exemplos

57. **Média geométrica de a e b** A *média geométrica* de dois números positivos a e b é o número $\sqrt{ab}$. Demonstre que o valor de c na conclusão do teorema do valor médio para $f(x) = 1/x$ em um intervalo de números positivos $[a, b]$ é $c = \sqrt{ab}$.

58. **Média aritmética de a e b** A *média aritmética* de dois números a e b é $(a+b)/2$. Mostre que o valor de c na conclusão do teorema do valor médio para $f(x) = x^2$ em qualquer intervalo $[a, b]$ é $c = (a+b)/2$.

59. Esboce o gráfico da função
$$f(x) = \text{sen}\,x\,\text{sen}\,(x+2) - \text{sen}^2(x+1).$$

Descreva o traçado do gráfico. Por que a função se comporta dessa maneira? Justifique sua resposta.

60. **Teorema de Rolle**
   a. Construa um polinômio $f(x)$ que tenha raízes em $x = -2, -1, 0, 1$ e 2.
   b. Esboce o gráfico de f e de sua derivada f' juntos. Como o que você vê está relacionado com o teorema de Rolle?
   c. A função $g(x) = \operatorname{sen} x$ e sua derivada g' ilustram o mesmo fenômeno de f e f'?

61. **Soluções únicas** Suponha que f seja contínua em $[a, b]$ e derivável em (a, b). Suponha também que $f(a)$ e $f(b)$ possuam sinais opostos e que $f' \neq 0$ entre a e b. Demonstre que $f(x) = 0$ apenas uma vez entre a e b.

62. **Tangentes paralelas** Suponha que f e g sejam deriváveis em $[a, b]$ e que $f(a) = g(a)$ e $f(b) = g(b)$. Demonstre que há pelo menos um ponto entre a e b onde as tangentes às curvas de f e g são paralelas ou são a mesma reta. Ilustre sua resposta com um gráfico.

63. Suponha que $f'(x) \leq 1$ para $1 \leq x \leq 4$. Mostre que $f(4) - f(1) \leq 3$.

64. Suponha que $0 < f'(x) < 1/2$ para todos os valores de x. Mostre que $f(-1) < f(1) < 2 + f(-1)$.

65. Demonstre que $|\cos x - 1| \leq |x|$ para todos os valores de x. (Dica: considere $f(t) = \cos t$ em $[0, x]$.)

66. Demonstre que para quaisquer valores a e b a desigualdade $|\operatorname{sen} b - \operatorname{sen} a| \leq |b - a|$ é verdadeira.

67. Se os gráficos de duas funções deriváveis $f(x)$ e $g(x)$ começam no mesmo ponto do plano cartesiano e as funções apresentam a mesma taxa de variação em todos os pontos, os gráficos serão necessariamente idênticos? Justifique sua resposta.

68. Se $|f(w) - f(x)| \leq |w - x|$ para todos os valores w e x, e f é uma função derivável, mostre que $-1 \leq f'(x) \leq 1$ para todos os valores de x.

69. Suponha que f seja derivável quando $a \leq x \leq b$ e que $f(b) < f(a)$. Demonstre que f' é negativa em algum ponto entre a e b.

70. Seja f uma função definida em um intervalo $[a, b]$. Que condições você acrescentaria a f para garantir que
$$\min f' \leq \frac{f(b) - f(a)}{b - a} \leq \max f',$$
onde min f' e max f' se referem respectivamente aos valores mínimo e máximo de f' em $[a, b]$? Justifique sua resposta.

T 71. Use as desigualdades do Exercício 70 para estimar $f(0,1)$ se $f'(x) = 1/(1 + x^4 \cos x)$ para $0 \leq x \leq 0,1$ e $f(0) = 1$.

T 72. Use as desigualdades do Exercício 70 para estimar $f(0,1)$ se $f'(x) = 1/(1 - x^4)$ para $0 \leq x \leq 0,1$ e $f(0) = 2$.

73. Seja f derivável em todo valor de x, e suponha que $f(1) = 1$, que $f' < 0$ em $(-\infty, 1)$ e que $f' > 0$ em $(1, \infty)$.
   a. Mostre que $f(x) \geq 1$ para todo x.
   b. $f'(1) = 0$, necessariamente? Explique.

74. Seja $f(x) = px^2 + qx + r$ uma função quadrática definida em um intervalo fechado $[a, b]$. Mostre que existe exatamente um ponto c em (a, b) no qual f satisfaz a conclusão do teorema do valor médio.

75. Assim como fizemos para provar as regras do produto e da potenciação para logaritmos, use o argumento da mesma derivada para provar a regra do quociente.

76. Use o argumento da mesma derivada para provar as identidades
   a. $\operatorname{tg}^{-1} x + \operatorname{cotg}^{-1} x = \dfrac{\pi}{2}$ b. $\sec^{-1} x + \operatorname{cossec}^{-1} x = \dfrac{\pi}{2}$

77. Começando com a equação $e^{x_1} e^{x_2} = e^{x_1 + x_2}$, deduzida no texto, mostre que $e^{-x} = 1/e^x$ para qualquer número real x. Depois, mostre que $e^{x_1}/e^{x_2} = e^{x_1 - x_2}$ para quaisquer números x_1 e x_2.

78. Mostre que $(e^{x_1})^{x_2} = e^{x_1 x_2} = (e^{x_2})^{x_1}$ para quaisquer números x_1 e x_2.

4.3 Funções monotônicas e o teste da primeira derivada

Ao esboçar o gráfico de uma função derivável, convém saber onde ela cresce (sobe da esquerda para a direita) ou decresce (cai da esquerda para a direita) ao longo de um intervalo. Esta seção apresenta um teste para determinar onde ela cresce e onde ela decresce. Mostraremos também como testar os pontos críticos de uma função para identificar se os valores extremos locais estão presentes.

Funções crescentes e decrescentes

Como outro corolário do teorema do valor médio, mostramos que as funções com derivadas positivas são funções crescentes, e as com derivadas negativas são decrescentes. Uma função que cresce ou decresce em um intervalo é chamada de **monotônica** no intervalo.

> **COROLÁRIO 3** Suponha que f seja contínua em $[a, b]$ e derivável em (a, b).
>
> Se $f'(x) > 0$ em cada ponto $x \in (a, b)$, então f é crescente em $[a, b]$.
> Se $f'(x) < 0$ em cada ponto $x \in (a, b)$, então f é decrescente em $[a, b]$.

Prova Sejam x_1 e x_2 dois pontos em $[a, b]$, sendo $x_1 < x_2$. O teorema do valor médio aplicado a f em $[x_1, x_2]$ diz que

$$f(x_2) - f(x_1) = f'(c)(x_2 - x_1)$$

para um c entre x_1 e x_2. O sinal do lado direito dessa equação é o mesmo de $f'(c)$, pois $x_2 - x_1$ é positivo. Portanto, $f(x_2) > f(x_1)$ se f' for positiva em (a, b) e $f(x_2) < f(x_1)$ se f' for negativa em (a, b).

O Corolário 3 vale para intervalos finitos ou infinitos. Para determinar os intervalos onde a função f é crescente ou decrescente, primeiro devemos determinar todos os pontos críticos de f. Se $a < b$ são dois pontos críticos para f e se a derivada f' é contínua, mas nunca é zero no intervalo (a, b), então pela aplicação do teorema do valor intermediário em f', a derivada deve ser positiva ou negativa em toda a parte em (a, b). Uma maneira de determinarmos o sinal de f' em (a, b) é simplesmente calcular a derivada em um único ponto c em (a, b). Se $f'(c) > 0$, então $f'(x) > 0$ para qualquer x em (a, b), assim f será crescente em $[a, b]$ pelo Corolário 3; se $f'(c) < 0$, então f será decrescente em $[a, b]$. O próximo exemplo ilustra como usar esse procedimento.

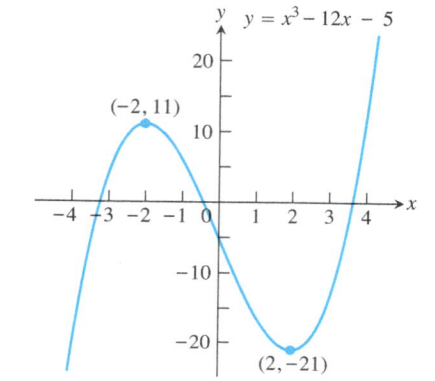

EXEMPLO 1 Determine os pontos críticos de $f(x) = x^3 - 12x - 5$ e identifique os intervalos em que f é crescente e f é decrescente.

Solução A função f é contínua e derivável em qualquer ponto. A primeira derivada

$$f'(x) = 3x^2 - 12 = 3(x^2 - 4)$$
$$= 3(x + 2)(x - 2)$$

é zero em $x = -2$ e $x = 2$. Esses pontos críticos subdividem o domínio de f nos intervalos abertos distintos $(-\infty, -2)$, $(-2, 2)$ e $(2, \infty)$, em que f' é positiva ou negativa. Determinamos o sinal de f' calculando f' em um ponto conveniente em cada subintervalo. O comportamento de f é determinado, então, aplicando-se o Corolário 3 a cada subintervalo. Os resultados estão resumidos na tabela a seguir, e o gráfico de f é dado na Figura 4.20.

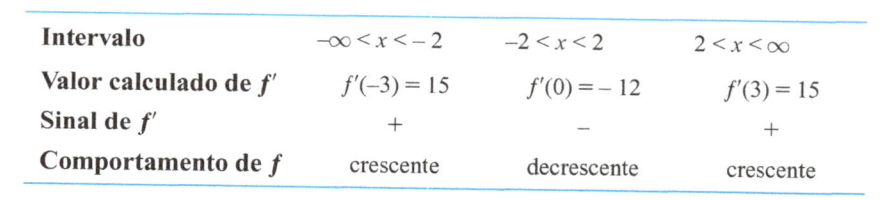

FIGURA 4.20 A função $f(x) = x^3 - 12x - 5$ é monotônica em três intervalos separados (Exemplo 1).

Intervalo	$-\infty < x < -2$	$-2 < x < 2$	$2 < x < \infty$
Valor calculado de f'	$f'(-3) = 15$	$f'(0) = -12$	$f'(3) = 15$
Sinal de f'	+	−	+
Comportamento de f	crescente	decrescente	crescente

Usamos desigualdades "estritas" para especificar os intervalos na tabela resumo do Exemplo 1. O Corolário 3 diz que também poderíamos usar as desigualdades $\leq$. Isto é, no exemplo, a função f é crescente em $-\infty < x \leq -2$, decrescente em $-2 \leq x \leq 2$ e crescente em $2 \leq x < \infty$. Não dizemos que uma função é crescente ou decrescente em um único ponto.

Teste da primeira derivada para extremos locais

Na Figura 4.21, nos pontos onde f possui valor mínimo, $f' < 0$ imediatamente à esquerda e $f' > 0$ imediatamente à direita. (Se o ponto é extremo, só há um lado a considerar.) Assim, a curva decresce à esquerda do valor mínimo e cresce à direita. Do mesmo modo, nos pontos onde f possui valor máximo, $f' > 0$ imediatamente à esquerda, e $f' < 0$ imediatamente à direita. Assim, a função é crescente à esquerda do valor máximo e decrescente à sua direita. Em resumo, em um ponto extremo local, o sinal de $f'(x)$ troca.

Essas observações nos levam a um teste que detecta a presença e a natureza de valores extremos locais em funções deriváveis.

BIOGRAFIA HISTÓRICA

Edmund Halley
(1656-1742)

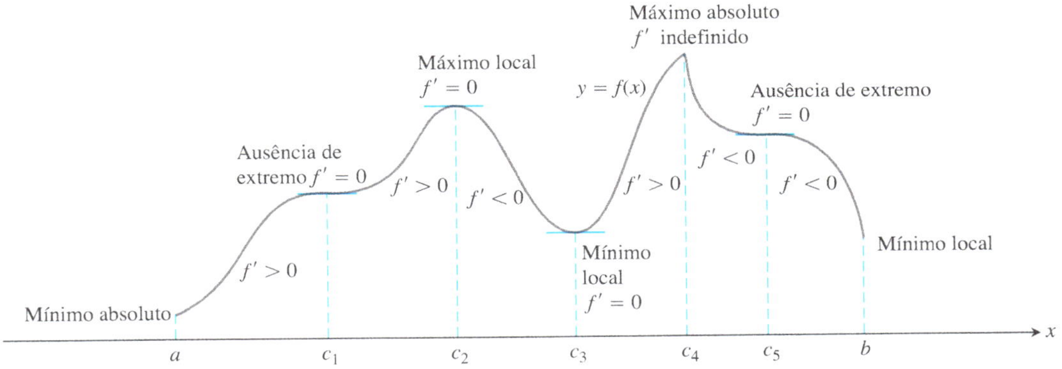

FIGURA 4.21 Os pontos críticos de uma função estabelecem onde ela é crescente e onde é decrescente. O sinal da primeira derivada troca em pontos críticos, onde ocorrem extremos locais.

> **Teste da primeira derivada para extremos locais**
>
> Suponha que c seja um ponto crítico de uma função contínua f, e que f seja derivável em qualquer ponto de um intervalo que contenha c, exceto, possivelmente, no próprio ponto c. Deslocando-se ao longo desse intervalo da esquerda para a direita,
>
> 1. se f' passa de negativa a positiva em c, então f possui um mínimo local em c;
> 2. se f' passa de positiva a negativa em c, então f possui um máximo local em c;
> 3. se f' não muda de sinal em c (isto é, f' é positiva ou negativa em ambos os lados de c), então f não tem extremo local em c.

O teste para extremos locais nas extremidades do intervalo é semelhante, mas há apenas um lado a considerar.

Prova do teste da primeira derivada Parte 1. Como o sinal de f' passa de negativo a positivo em c, existem dois números a e b, tal que $a < c < b$, $f' < 0$ em (a, c) e $f' > 0$ em (c, b). Se $x \in (a, c)$, então $f(c) < f(x)$, pois $f' < 0$ implica que f é decrescente em $[a, c]$. Se $x \in (c, b)$, então $f(c) < f(x)$, pois $f' > 0$ implica em f ser crescente em $[c, b]$. Portanto, $f(x) \geq f(c)$ para qualquer $x \in (a, b)$. Por definição, f possui um mínimo local em c.

As Partes 2 e 3 são demonstradas de forma semelhante.

EXEMPLO 2 Determine os pontos críticos de

$$f(x) = x^{1/3}(x - 4) = x^{4/3} - 4x^{1/3}.$$

Identifique os intervalos onde f é crescente e decrescente. Determine os valores extremos locais e absolutos da função.

Solução A função f é contínua em qualquer x por ser o produto de duas funções contínuas, $x^{1/3}$ e $(x - 4)$. A primeira derivada

$$f'(x) = \frac{d}{dx}\left(x^{4/3} - 4x^{1/3}\right) = \frac{4}{3}x^{1/3} - \frac{4}{3}x^{-2/3}$$

$$= \frac{4}{3}x^{-2/3}(x - 1) = \frac{4(x - 1)}{3x^{2/3}}$$

é nula em $x = 1$ e indefinida em $x = 0$. Não há extremidades no domínio, portanto os pontos críticos $x = 0$ e $x = 1$ são os únicos lugares onde f pode apresentar um valor extremo.

Os pontos críticos dividem o eixo x em intervalos em que f' é positiva ou negativa. O padrão de sinal de f' revela o comportamento de f nos pontos críticos e entre eles, como resume a tabela a seguir.

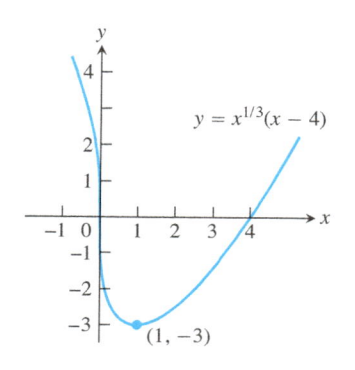

FIGURA 4.22 A função $f(x) = x^{1/3}(x-4)$ decresce quando $x < 1$ e cresce quando $x > 1$ (Exemplo 2).

Intervalos	$x < 0$	$0 < x < 1$	$x > 1$
Sinal de f'	−	−	+
Comportamento de f	decrescente	decrescente	crescente

O Corolário 3 do teorema do valor médio nos diz que f decresce em $(-\infty, 0]$, decresce em $[0, 1]$ e cresce em $[1, \infty)$. O teste da primeira derivada para extremos locais nos diz que f não apresenta um valor extremo em $x = 0$ (f' não muda de sinal), e que f apresenta um mínimo local em $x = 1$ (f' muda de negativo para positivo).

O valor do mínimo local é $f(1) = 1^{1/3}(1 - 4) = -3$. Também é o valor do mínimo absoluto, pois f é decrescente em $(-\infty, 1]$ e crescente em $[1, \infty)$. A Figura 4.22 mostra esse valor em relação ao gráfico da função.

Observe que $\lim_{x \to 0} f'(x) = -\infty$, e então o gráfico de f tem uma tangente vertical na origem.

EXEMPLO 3 Determine os pontos críticos de
$$f(x) = (x^2 - 3)e^x.$$

Identifique os intervalos em que f é crescente e decrescente. Determine os extremos locais e absolutos da função.

Solução A função f é contínua e derivável para qualquer número real, então os pontos críticos ocorrem apenas nas raízes de f'.

Usando a regra da derivada do produto, podemos calcular a derivada
$$f'(x) = (x^2 - 3) \cdot \frac{d}{dx} e^x + \frac{d}{dx}(x^2 - 3) \cdot e^x$$
$$= (x^2 - 3) \cdot e^x + (2x) \cdot e^x$$
$$= (x^2 + 2x - 3)e^x.$$

Como e^x nunca é zero, a primeira derivada será zero se, e somente se,
$$x^2 + 2x - 3 = 0$$
$$(x + 3)(x - 1) = 0.$$

As raízes $x = -3$ e $x = 1$ dividem o eixo x em intervalos como segue.

Intervalos	$x < -3$	$-3 < x < 1$	$1 < x$
Sinal de f'	+	−	+
Comportamento de f	crescente	decrescente	crescente

A partir da tabela, podemos ver que existe um máximo local (aproximadamente 0,299) em $x = -3$ e um mínimo local (aproximadamente −5,437) em $x = 1$. O valor mínimo local também é o mínimo absoluto, pois $f(x) > 0$ para $|x| > \sqrt{3}$. Não há máximo absoluto. A função é crescente em $(-\infty, -3)$ e $(1, \infty)$ e decrescente em $(-3, 1)$. A Figura 4.23 mostra o gráfico.

FIGURA 4.23 Gráfico de $f(x) = (x^2 - 3)e^x$ (Exemplo 3).

Exercícios 4.3

Análise de funções a partir de derivadas

Responda às perguntas seguintes sobre as funções cujas derivadas são dadas nos Exercícios 1-14:

    a. Quais são os pontos críticos de f?

    b. Em quais intervalos f é crescente ou decrescente?

    c. Em quais pontos, se houver, f assume valores máximos e mínimos locais?

1. $f'(x) = x(x - 1)$
2. $f'(x) = (x - 1)(x + 2)$
3. $f'(x) = (x - 1)^2(x + 2)$
4. $f'(x) = (x - 1)^2(x + 2)^2$
5. $f'(x) = (x - 1)e^{-x}$
6. $f'(x) = (x - 7)(x + 1)(x + 5)$

7. $f'(x) = \dfrac{x^2(x-1)}{x+2}$, $x \neq -2$

8. $f'(x) = \dfrac{(x-2)(x+4)}{(x+1)(x-3)}$, $x \neq -1, 3$

9. $f'(x) = 1 - \dfrac{4}{x^2}$, $x \neq 0$

10. $f'(x) = 3 - \dfrac{6}{\sqrt{x}}$, $x \neq 0$

11. $f'(x) = x^{-1/3}(x+2)$
12. $f'(x) = x^{-1/2}(x-3)$
13. $f'(x) = (\operatorname{sen} x - 1)(2 \cos x + 1)$, $0 \leq x \leq 2\pi$
14. $f'(x) = (\operatorname{sen} x + \cos x)(\operatorname{sen} x - \cos x)$, $0 \leq x \leq 2\pi$

Identificação de extremos

Nos Exercícios 15-44:
a. Determine os intervalos abertos em que a função é crescente e aqueles em que ela é decrescente.
b. Identifique os valores extremos absolutos e locais das funções, se houver, indicando onde ocorrem.

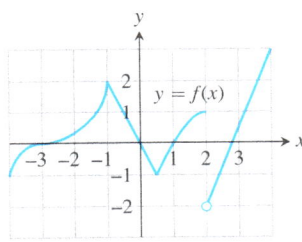

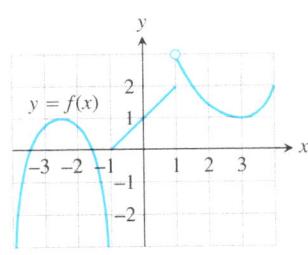

15. 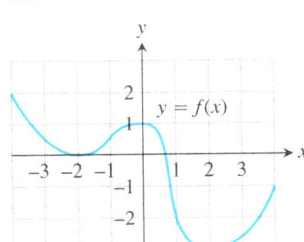
16. 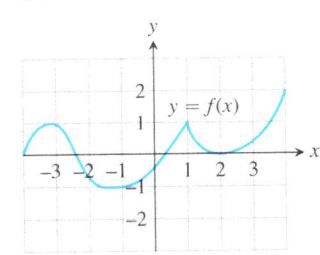
17.
18.

19. $g(t) = -t^2 - 3t + 3$
20. $g(t) = -3t^2 + 9t + 5$
21. $h(x) = -x^3 + 2x^2$
22. $h(x) = 2x^3 - 18x$
23. $f(\theta) = 3\theta^2 - 4\theta^3$
24. $f(\theta) = 6\theta - \theta^3$
25. $f(r) = 3r^3 + 16r$
26. $h(r) = (r+7)^3$
27. $f(x) = x^4 - 8x^2 + 16$
28. $g(x) = x^4 - 4x^3 + 4x^2$
29. $H(t) = \dfrac{3}{2}t^4 - t^6$
30. $K(t) = 15t^3 - t^5$
31. $f(x) = x - 6\sqrt{x-1}$
32. $g(x) = 4\sqrt{x} - x^2 + 3$
33. $g(x) = x\sqrt{8-x^2}$
34. $g(x) = x^2\sqrt{5-x}$
35. $f(x) = \dfrac{x^2-3}{x-2}$, $x \neq 2$
36. $f(x) = \dfrac{x^3}{3x^2+1}$
37. $f(x) = x^{1/3}(x+8)$
38. $g(x) = x^{2/3}(x+5)$
39. $h(x) = x^{1/3}(x^2-4)$
40. $k(x) = x^{2/3}(x^2-4)$
41. $f(x) = e^{2x} + e^{-x}$
42. $f(x) = e^{\sqrt{x}}$
43. $f(x) = x \ln x$
44. $f(x) = x^2 \ln x$

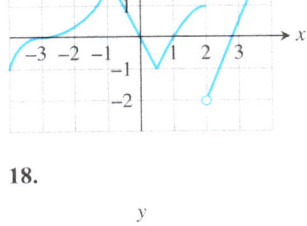

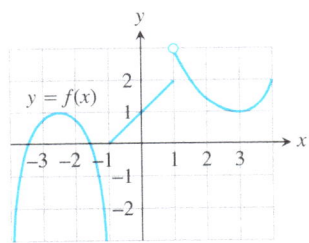

Nos Exercícios 45-56:
a. Identifique os valores extremos locais das funções nos domínios dados e informe onde eles ocorrem.
b. Qual dos valores extremos, se houver, é absoluto?
T c. Fundamente suas conclusões com uma calculadora ou programa gráfico.

45. $f(x) = 2x - x^2$, $-\infty < x \leq 2$
46. $f(x) = (x+1)^2$, $-\infty < x \leq 0$
47. $g(x) = x^2 - 4x + 4$, $1 \leq x < \infty$
48. $g(x) = -x^2 - 6x - 9$, $-4 \leq x < \infty$
49. $f(t) = 12t - t^3$, $-3 \leq t < \infty$
50. $f(t) = t^3 - 3t^2$, $-\infty < t \leq 3$
51. $h(x) = \dfrac{x^3}{3} - 2x^2 + 4x$, $0 \leq x < \infty$
52. $k(x) = x^3 + 3x^2 + 3x + 1$, $-\infty < x \leq 0$
53. $f(x) = \sqrt{25-x^2}$, $-5 \leq x \leq 5$
54. $f(x) = \sqrt{x^2 - 2x - 3}$, $3 \leq x < \infty$
55. $g(x) = \dfrac{x-2}{x^2-1}$, $0 \leq x < 1$
56. $g(x) = \dfrac{x^2}{4-x^2}$, $-2 < x \leq 1$

Nos Exercícios 57-64:
a. Identifique os extremos locais de cada função nos intervalos dados e informe onde eles ocorrem.
T b. Na mesma tela, esboce os gráficos da função e de sua derivada. Comente o comportamento de f em relação aos sinais e valores de f'.

57. $f(x) = \operatorname{sen} 2x$, $0 \leq x \leq \pi$
58. $f(x) = \operatorname{sen} x - \cos x$, $0 \leq x \leq 2\pi$
59. $f(x) = \sqrt{3} \cos x + \operatorname{sen} x$, $0 \leq x \leq 2\pi$
60. $f(x) = -2x + \operatorname{tg} x$, $\dfrac{-\pi}{2} < x < \dfrac{\pi}{2}$
61. $f(x) = \dfrac{x}{2} - 2 \operatorname{sen} \dfrac{x}{2}$, $0 \leq x \leq 2\pi$
62. $f(x) = -2 \cos x - \cos^2 x$, $-\pi \leq x \leq \pi$
63. $f(x) = \operatorname{cossec}^2 x - 2 \operatorname{cotg} x$, $0 < x < \pi$
64. $f(x) = \sec^2 x - 2 \operatorname{tg} x$, $\dfrac{-\pi}{2} < x < \dfrac{\pi}{2}$

Teoria e exemplos

Demonstre que as funções nos Exercícios 65 e 66 apresentam valores extremos locais nos valores dados de θ e depois informe qual tipo de extremo local a função apresenta.

65. $h(\theta) = 3 \cos \dfrac{\theta}{2}$, $0 \leq \theta \leq 2\pi$, em $\theta = 0$ e $\theta = 2\pi$
66. $h(\theta) = 5 \operatorname{sen} \dfrac{\theta}{2}$, $0 \leq \theta \leq \pi$, em $\theta = 0$ e $\theta = \pi$

67. Esboce o gráfico de uma função derivável $y = f(x)$ que passe pelo ponto $(1, 1)$ se $f'(1) = 0$, e
a. $f'(x) > 0$ para $x < 1$ e $f'(x) < 0$ para $x > 1$;
b. $f'(x) < 0$ para $x < 1$ e $f'(x) > 0$ para $x > 1$;
c. $f'(x) > 0$ para $x \neq 1$;
d. $f'(x) < 0$ para $x \neq 1$.

68. Esboce o gráfico de uma função derivável $y = f(x)$ que tenha
a. um mínimo local em $(1, 1)$ e um máximo local em $(3, 3)$;
b. um máximo local em $(1, 1)$ e um mínimo local em $(3, 3)$;

c. máximos locais em (1, 1) e (3, 3);
d. mínimos locais em (1, 1) e (3, 3).

69. Esboce o gráfico de uma função contínua $y = g(x)$, tal que
   a. $g(2) = 2$, $0 < g' < 1$ para $x < 2$, $g'(x) \to 1^-$ quando $x \to 2^-$, $-1 < g' < 0$ para $x > 2$ e $g'(x) \to -1^+$ quando $x \to 2^+$;
   b. $g(2) = 2$, $g' < 0$ para $x < 2$, $g'(x) \to -\infty$ quando $x \to 2^-$, $g' > 0$ para $x > 2$ e $g'(x) \to \infty$ quando $x \to 2^+$.

70. Esboce o gráfico de uma função contínua $y = h(x)$, tal que
   a. $h(0) = 0$, $-2 \le h(x) \le 2$ para todo x, $h'(x) \to \infty$ quando $x \to 0^-$, e $h'(x) \to \infty$ quando $x \to 0^+$;
   b. $h(0) = 0$, $-2 \le h(x) \le 0$ para todos os x, $h'(x) \to \infty$ quando $x \to 0^-$, e $h'(x) \to -\infty$ quando $x \to 0^+$.

71. Discuta o comportamento de valor extremo da função $f(x) = x \operatorname{sen}(1/x)$, $x \ne 0$. Quantos pontos críticos ela possui? Onde estão localizados no eixo x? f tem um mínimo absoluto? Um máximo absoluto? (Veja o Exercício 49 da Seção 2.3.)

72. Determine os intervalos nos quais a função $f(x) = ax^2 + bx + c$, $a \ne 0$, é crescente e aqueles em que é decrescente. Descreva o raciocínio que sustenta a sua resposta.

73. Determine os valores das constantes a e b de modo que $f(x) = ax^2 + bx$ tenha um máximo absoluto no ponto (1, 2).

74. Determine os valores das constantes a, b, c e d de modo que $f(x) = ax^3 + bx^2 + cx + d$ tenha um máximo local no ponto (0, 0) e um mínimo local no ponto (1, −1).

75. Localize e identifique os valores extremos absolutos de
   a. $\ln(\cos x)$ em $[-\pi/4, \pi/3]$,
   b. $\cos(\ln x)$ em $[1/2, 2]$.

76. a. Prove que $f(x) = x - \ln x$ é crescente para $x > 1$.
   b. Usando o item (a), mostre que $\ln x < x$ se $x > 1$.

77. Determine os valores máximo e mínimo absolutos de $f(x) = e^x - 2x$ em $[0, 1]$.

78. Onde a função periódica $f(x) = 2e^{\operatorname{sen}(x/2)}$ assume seus valores extremos, e que valores são esses?

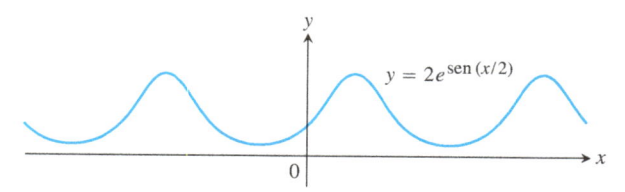

79. Determine o valor máximo absoluto de $f(x) = x^2 \ln(1/x)$ e indique onde a função assume esse valor.

80. a. Prove que $e^x \ge 1 + x$ se $x \ge 0$.
   b. Use o resultado do item (a) para provar que
   $$e^x \ge 1 + x + \frac{1}{2}x^2.$$

81. Demonstre que funções crescentes e decrescentes são injetoras. Ou seja, demonstre que, para quaisquer x_1 e x_2 em I, $x_2 \ne x_1$ implica $f(x_2) \ne f(x_1)$.

Use os resultados do Exercício 81 para mostrar que as funções dos Exercícios 82-86 apresentam inversas em seus domínios. Determine uma fórmula para df^{-1}/dx usando o Teorema 3 da Seção 3.8.

82. $f(x) = (1/3)x + (5/6)$
83. $f(x) = 27x^3$
84. $f(x) = 1 - 8x^3$
85. $f(x) = (1 - x)^3$
86. $f(x) = x^{5/3}$

4.4 Concavidade e esboço de curvas

Vimos como a primeira derivada nos diz onde uma função é crescente e onde é decrescente, e se um mínimo ou máximo local ocorre em um ponto crítico. Nesta seção, veremos como a segunda derivada nos fornece informações sobre o modo como o gráfico de uma função derivável entorta ou muda de direção. Com esse conhecimento sobre a primeira e a segunda derivadas, juntamente com o nosso entendimento anterior do comportamento assintótico e simetria visto nas Seções 2.6 e 1.1, podemos agora esboçar um gráfico preciso de uma função. Ao organizar todas essas ideias em um procedimento coerente, fornecemos um método para esboçar gráficos, revelando visualmente as principais características das funções. Identificar e conhecer a localização dessas características é de grande importância para a matemática e para suas aplicações em ciência e engenharia, especialmente em análise gráfica e interpretação de dados.

Concavidade

Como você pode ver na Figura 4.24, a curva $y = x^3$ é crescente, quando x aumenta, mas as porções definidas nos intervalos $(-\infty, 0)$ e $(0, \infty)$ se curvam de maneiras distintas. Conforme nos aproximamos da origem, pela esquerda ao longo da curva, vemos que ela se vira para a nossa direita e fica abaixo de suas tangentes. Os coeficientes angulares das tangentes são decrescentes no intervalo $(-\infty, 0)$. (Se continuarmos a percorrer a curva para a direita, vemos que ela vira para a esquerda e fica acima de suas tangentes. Os coeficientes angulares das tangentes são crescen-

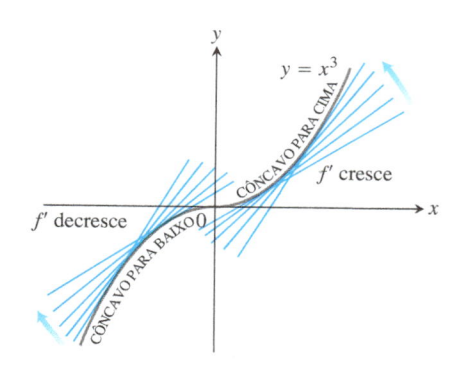

FIGURA 4.24 O gráfico de $f(x) = x^3$ é côncavo para baixo em $(-\infty, 0)$ e côncavo para cima em $(0, \infty)$ (Exemplo 1a).

tes no intervalo $(0, \infty)$. Esse comportamento de inclinação e mudança de direção define a *concavidade* da curva.

> **DEFINIÇÃO** O gráfico de uma função derivável $y = f(x)$ é
>
> (a) **côncavo para cima** em um intervalo aberto I, se f' é crescente em I;
> (b) **côncavo para baixo** em um intervalo aberto I, se f' é decrescente em I.

Se $y = f(x)$ possui uma segunda derivada, então podemos aplicar o Corolário 3 do teorema do valor médio para a função da primeira derivada. Concluímos que f' é crescente se $f'' > 0$ em I e decrescente se $f'' < 0$.

> **Teste da segunda derivada para concavidade**
>
> Seja $y = f(x)$ uma função duas vezes derivável em um intervalo I.
>
> 1. Se $f'' > 0$ em I, o gráfico de f ao longo de I é côncavo para cima.
> 2. Se $f'' < 0$ em I, o gráfico de f ao longo de I é côncavo para baixo.

Se $y = f(x)$ for duplamente derivável, usamos as notações f'' e y'' de maneira intercambiável ao denotar a segunda derivada.

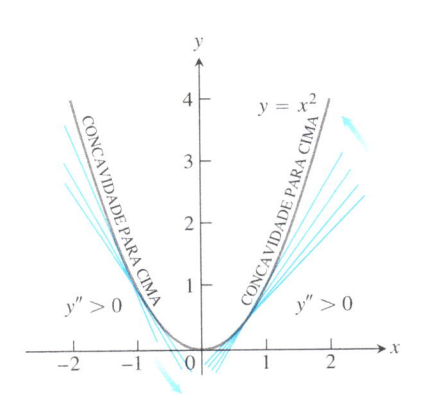

FIGURA 4.25 O gráfico de $f(x) = x^2$ é côncavo para cima em qualquer intervalo (Exemplo 1b).

EXEMPLO 1

(a) A curva $y = x^3$ (Figura 4.24) é côncava para baixo em $(-\infty, 0)$, onde $y'' = 6x < 0$ e côncava para cima em $(0, \infty)$, onde $y'' = 6x > 0$.
(b) A curva $y = x^2$ (Figura 4.25) é côncava para cima em $(-\infty, \infty)$, pois sua segunda derivada $y'' = 2$ é sempre positiva.

EXEMPLO 2 Determine a concavidade de $y = 3 + \text{sen } x$ em $[0, 2\pi]$.

Solução A primeira derivada de $y = 3 + \text{sen } x$ é $y' = \cos x$, e a segunda derivada é $y'' = -\text{sen } x$. O gráfico de $y = 3 + \text{sen } x$ é côncavo para baixo em $(0, \pi)$, onde $y'' = -\text{sen } x$ é negativa. É côncavo para cima em $(\pi, 2\pi)$, onde $y'' = -\text{sen } x$ é positiva (Figura 4.26).

Pontos de inflexão

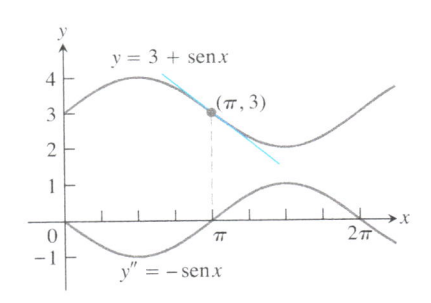

FIGURA 4.26 Uso do sinal de y'' para determinar a concavidade de y (Exemplo 2).

A curva $y = 3 + \text{sen } x$ no Exemplo 2 muda de concavidade no ponto $(\pi, 3)$. Como a primeira derivada $y' = \cos x$ existe para todo x, vemos que a curva tem uma reta tangente de coeficiente angular -1 no ponto $(\pi, 3)$. Esse ponto é chamado de *ponto de inflexão* da curva. Observe na Figura 4.26 que a curva cruza a reta tangente nesse ponto e que a segunda derivada $y'' = -\text{sen } x$ tem valor 0 quando $x = \pi$. Em geral, temos a seguinte definição:

> **DEFINIÇÃO** Um ponto em que o gráfico de uma função possui uma reta tangente e onde há mudança de concavidade é chamado de **ponto de inflexão.**

Observou-se que a segunda derivada de $f(x) = 3 + \text{sen } x$ é igual a zero no ponto de inflexão $(\pi, 3)$. Geralmente, se a segunda derivada existe em um ponto de inflexão $(c, f(c))$, então $f''(c) = 0$. Isso decorre diretamente do teorema do valor intermediário sempre que f'' é contínua ao longo de um intervalo contendo $x = c$, porque a segunda derivada troca de sinal, nesse intervalo. Mesmo que o pressuposto da continuidade seja descartado, continua sendo verdade que $f''(c) = 0$, desde que a segunda derivada exista (embora seja necessário um argumento mais avançado nesse caso descontínuo). Uma vez que uma reta tangente deve existir no ponto de inflexão, ou a primeira derivada $f'(c)$ existe (é finita), ou existe uma tangente vertical nesse ponto. Em uma tangente vertical, não existe nem primeira nem segunda derivada. Em resumo, chegamos ao seguinte resultado.

Em um ponto de inflexão $(c, f(c))$, ou $f''(c)$ não existe ou $f''(c) = 0$.

O exemplo seguinte ilustra uma função que possui um ponto de inflexão onde a primeira derivada existe, mas a segunda derivada não existe.

EXEMPLO 3   O gráfico de $f(x) = x^{5/3}$ tem uma tangente horizontal na origem porque $f'(x) = (5/3)x^{2/3} = 0$ quando $x = 0$. No entanto, a segunda derivada

$$f''(x) = \frac{d}{dx}\left(\frac{5}{3}x^{2/3}\right) = \frac{10}{9}x^{-1/3}$$

deixa de existir em $x = 0$. Todavia, $f''(x) < 0$ para $x < 0$ e $f''(x) > 0$ para $x > 0$, portanto a segunda derivada troca de sinal em $x = 0$ e existe um ponto de inflexão na origem. O gráfico é mostrado na Figura 4.27.

Observe o exemplo a seguir, que mostra que um ponto de inflexão não precisa ocorrer, mesmo que ambas as derivadas existam e $f'' = 0$.

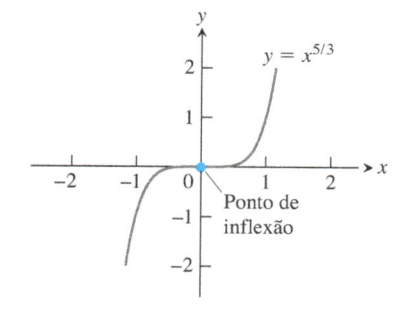

FIGURA 4.27 O gráfico de $f(x) = x^{5/3}$ possui uma tangente horizontal na origem onde a concavidade muda, embora f'' não exista em $x = 0$ (Exemplo 3).

EXEMPLO 4   A curva $y = x^4$ não possui ponto de inflexão quando $x = 0$ (Figura 4.28). Embora a segunda derivada $y'' = 12x^2$ seja zero nesse ponto, não ocorre mudança de sinal.

Como ilustração final, mostraremos uma situação em que um ponto de inflexão ocorre em uma tangente vertical à curva em que nem a primeira nem a segunda derivada existem.

EXEMPLO 5   O gráfico de $y = x^{1/3}$ possui um ponto de inflexão na origem porque a segunda derivada é positiva para $x < 0$ e negativa para $x > 0$:

$$y'' = \frac{d^2}{dx^2}\left(x^{1/3}\right) = \frac{d}{dx}\left(\frac{1}{3}x^{-2/3}\right) = -\frac{2}{9}x^{-5/3}.$$

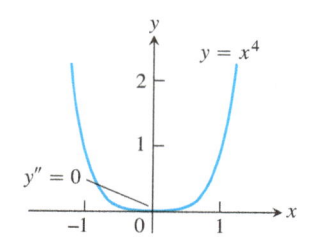

FIGURA 4.28 O gráfico de $y = x^4$ não apresenta ponto de inflexão na origem, embora nesse ponto $y'' = 0$ (Exemplo 4).

Porém, tanto $y' = x^{-2/3}/3$ quanto y'' não existem em $x = 0$, onde há uma tangente vertical. Veja a Figura 4.29.

Ao estudarmos o movimento de um corpo que se desloca ao longo de uma reta em função do tempo, geralmente temos interesse em saber quando a aceleração do corpo, dada pela segunda derivada, é positiva ou negativa. Os pontos de inflexão no gráfico da função posição do corpo nos revelam onde o sinal da aceleração muda.

EXEMPLO 6   Uma partícula se desloca ao longo de uma reta horizontal (positiva à direita) de acordo com a função posição

$$s(t) = 2t^3 - 14t^2 + 22t - 5, \quad t \geq 0.$$

Determine a velocidade e a aceleração e descreva o movimento da partícula.

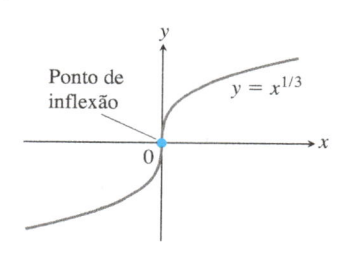

FIGURA 4.29 Ponto de inflexão onde y' e y'' não existem (Exemplo 5).

Solução   A velocidade é

$$v(t) = s'(t) = 6t^2 - 28t + 22 = 2(t - 1)(3t - 11),$$

e a aceleração é

$$a(t) = v'(t) = s''(t) = 12t - 28 = 4(3t - 7).$$

Quando a função $s(t)$ é crescente, a partícula se desloca para a direita; quando $s(t)$ é decrescente, a partícula se desloca para a esquerda.

Note que a primeira derivada ($v = s'$) é zero nos pontos críticos $t = 1$ e $t = 11/3$.

Intervalo	$0 < t < 1$	$1 < t < 11/3$	$11/3 < t$
Sinal de $v = s'$	+	−	+
Comportamento de s	crescente	decrescente	crescente
Movimento de partícula	para a direita	para a esquerda	para a direita

A partícula se desloca para a direita nos intervalos de tempo [0, 1) e (11/3, ∞), e para a esquerda em (1, 11/3). Além disso, fica momentaneamente parada (em repouso) em $t = 1$ e $t = 11/3$.

A aceleração $a(t) = s''(t) = 4(3t - 7)$ é zero quando $t = 7/3$.

Intervalo	$0 < t < 7/3$	$7/3 < t$
Sinal de $a = s''$	−	+
Gráfico de s	côncavo para baixo	côncavo para cima

A partícula começa a se deslocar para a direita enquanto diminui a rapidez, e depois troca de sentido e começa a se deslocar para a esquerda em $t = 1$, sob a influência da aceleração para a esquerda no intervalo de tempo [0, 7/3). A aceleração, então, muda de sentido em $t = 7/3$, mas a partícula continua se deslocando para a esquerda, enquanto diminui a rapidez sob a aceleração para a direita. Em $t = 11/3$, a partícula troca de sentido novamente: ela se desloca para a direita na mesma direção que a aceleração.

Teste da segunda derivada para extremos locais

Em vez de procurarmos a mudança de sinal nos pontos críticos de f', às vezes podemos usar o teste seguinte para determinar a presença e a natureza dos extremos locais.

> **TEOREMA 5 — Teste da segunda derivada para extremos locais** Suponha que f'' seja contínua em um intervalo aberto que contenha $x = c$.
>
> 1. Se $f'(c) = 0$ e $f''(c) < 0$, então f tem um máximo local em $x = c$.
> 2. Se $f'(c) = 0$ e $f''(c) > 0$, então f tem um mínimo local em $x = c$.
> 3. Se $f'(c) = 0$ e $f''(c) = 0$, então o teste falha. A função f pode ter um máximo local, um mínimo local ou nenhum dos dois.

Prova Parte 1. Se $f''(c) < 0$, então $f''(x) < 0$ em um intervalo aberto I que contém o ponto c, uma vez que f'' é contínua. Portanto, f' é decrescente em I. Como $f'(c) = 0$, o sinal de f' muda de positivo para negativo em c, e assim f apresenta um máximo local em c de acordo com o teste da primeira derivada.

A prova da Parte 2 é semelhante.

Para a Parte 3, considere as três funções $y = x^4$, $y = -x^4$ e $y = x^3$. Para cada função, a primeira e a segunda derivadas são nulas em $x = 0$. Apesar disso, nesse ponto, a função $y = x^4$ apresenta um mínimo local, $y = -x^4$ apresenta um máximo local e $y = x^3$ é crescente em qualquer intervalo aberto que contenha $x = 0$ (não apresentando nenhum máximo ou mínimo nesse ponto). Em outras palavras, o teste falha.

Esse teste exige que conheçamos f'' apenas em c, e não em um intervalo em torno de c. Isso o torna fácil de aplicar. Essa é a boa notícia. A má notícia é que o teste é inconcludente quando $f'' = 0$ ou f'' não existe para $x = c$. Quando isso ocorre, deve-se voltar ao teste da primeira derivada para extremos locais.

Juntas, f' e f'' nos dizem o formato do gráfico da função, isto é, onde os pontos críticos se localizam e o que acontece em um ponto crítico, onde a função é crescente e onde é decrescente, e como a curva muda de direção ou se inclina, conforme definido por sua concavidade. Usamos essas informações para esboçar um gráfico da função que capte todos esses seus aspectos-chave.

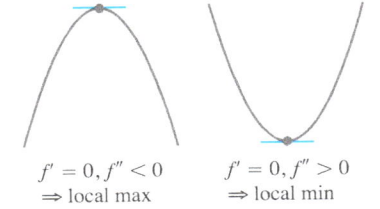

EXEMPLO 7 Esboce um gráfico da função
$$f(x) = x^4 - 4x^3 + 10$$
realizando as etapas a seguir:

(a) Identifique onde os extremos de f ocorrem.

(b) Determine os intervalos em que f é crescente e os intervalos em que f é decrescente.

(c) Determine onde o gráfico de f é côncavo para cima e onde ele é côncavo para baixo.

(d) Esboce a forma geral do gráfico de f.

(e) Trace alguns pontos específicos, tais como os pontos de máximo e mínimo locais, e os interceptos dos eixos x e y. Em seguida, esboce a curva.

Solução A função f é contínua, pois $f'(x) = 4x^3 - 12x^2$ existe. O domínio de f é $(-\infty, \infty)$, e, portanto, o domínio de f' também é $(-\infty, \infty)$. Assim, os pontos críticos de f ocorrem apenas nas raízes de f'. Uma vez que
$$f'(x) = 4x^3 - 12x^2 = 4x^2(x-3),$$
a primeira derivada é zero quando $x = 0$ e $x = 3$. Usamos esses pontos críticos para definir os intervalos em que f é crescente ou decrescente.

Intervalos	$x < 0$	$0 < x < 3$	$3 < x$
Sinal de f'	−	−	+
Gráfico de f	decrescente	decrescente	crescente

(a) Usando o teste da primeira derivada para extremos locais e a tabela acima, podemos ver que não há extremo quando $x = 0$, e que há um mínimo local quando $x = 3$.

(b) Usando a tabela acima, podemos ver que f é decrescente em $(-\infty, 0]$ e $[0, 3]$, e crescente em $[3, \infty)$.

(c) $f''(x) = 12x^2 - 24x = 12x(x-2)$ é zero quando $x = 0$ e $x = 2$. Usamos esses pontos para definir intervalos em que f é côncava para cima ou para baixo.

Intervalo	$x < 0$	$0 < x < 2$	$2 < x$
Sinal de f''	+	−	+
Gráfico de f	côncavo para cima	côncavo para baixo	côncavo para cima

Podemos ver que f é côncava para cima nos intervalos $(-\infty, 0)$ e $(2, \infty)$ e côncava para baixo em $(0, 2)$.

(d) Resumindo as informações apresentadas nas duas tabelas, obtemos:

$x < 0$	$0 < x < 2$	$2 < x < 3$	$3 < x$
decrescente	decrescente	decrescente	crescente
côncavo para cima	côncavo para baixo	côncavo para cima	côncavo para cima

A forma geral da curva é

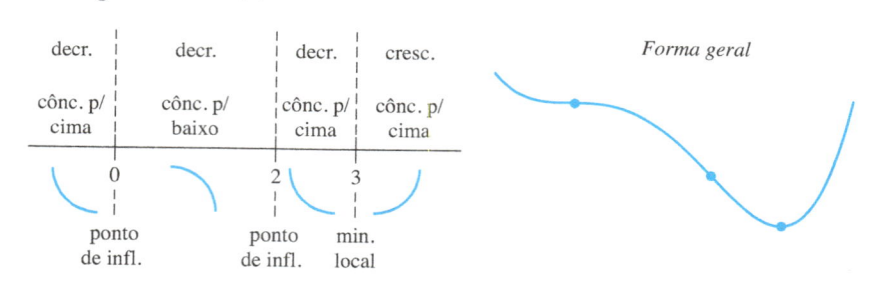

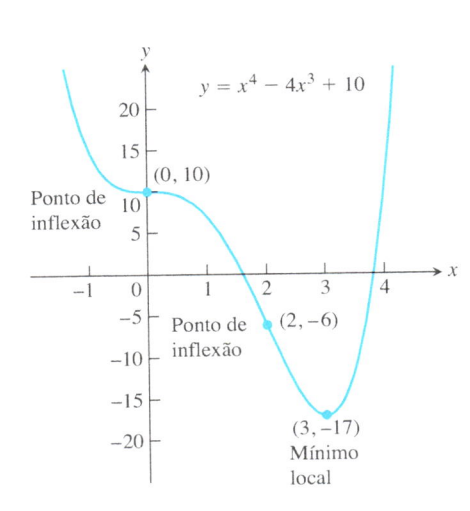

FIGURA 4.30 Gráfico de $f(x) = x^4 - 4x^3 + 10$ (Exemplo 7).

(e) Trace os pontos de interseção da curva (se possível) e os pontos onde y' e y'' são zero. Indique quaisquer valores extremos locais e pontos de inflexão. Use a forma geral como um guia para esboçar a curva. (Trace pontos adicionais quando necessário.) A Figura 4.30 apresenta o gráfico de f.

Os passos do Exemplo 7 fornecem um procedimento para a representação gráfica das principais características de uma função.

Estratégia para construir o gráfico de $y = f(x)$

1. Identifique o domínio de f e qualquer simetria que a curva possa ter.
2. Determine as derivadas y' e y''.
3. Determine os pontos críticos de f, se houver, e identifique o comportamento da função em cada um deles.
4. Determine onde a curva sobe e onde ela desce.
5. Determine os pontos de inflexão, caso haja, e a concavidade da curva.
6. Identifique todas as assíntotas que possam existir (veja a Seção 2.6).
7. Trace os pontos mais importantes, tais como os interceptos dos eixos e aqueles encontrados nos Passos 3-5, e esboce a curva juntamente com as assíntotas que existirem.

EXEMPLO 8 Esboce o gráfico de $f(x) = \dfrac{(x+1)^2}{1+x^2}$.

Solução

1. O domínio de f é $(-\infty, \infty)$, e não há simetrias em torno dos eixos ou da origem (Seção 1.1).

2. *Determine f' e f''.*

$$f(x) = \frac{(x+1)^2}{1+x^2} \quad \text{Intercepto do eixo } x \text{ em } x = -1, \text{ Intercepto do eixo } y\ (y = 1) \text{ em } x = 0$$

$$f'(x) = \frac{(1+x^2) \cdot 2(x+1) - (x+1)^2 \cdot 2x}{(1+x^2)^2}$$

$$= \frac{2(1-x^2)}{(1+x^2)^2} \quad \text{Pontos críticos: } x = -1, x = 1$$

$$f''(x) = \frac{(1+x^2)^2 \cdot 2(-2x) - 2(1-x^2)[2(1+x^2) \cdot 2x]}{(1+x^2)^4}$$

$$= \frac{4x(x^2-3)}{(1+x^2)^3} \quad \text{Depois de alguns cálculos algébricos}$$

3. *Comportamento nos pontos críticos.* Os pontos críticos ocorrem apenas em $x = \pm 1$, onde $f'(x) = 0$ (Passo 2), uma vez que f' existe em qualquer ponto ao longo do domínio de f. Em $x = -1$, $f''(-1) = 1 > 0$, resultando em um mínimo relativo conforme o teste da segunda derivada. Em $x = 1$, $f''(1) = -1 < 0$, resultando em um máximo relativo conforme o teste da segunda derivada.

4. *Subida e descida.* Vemos que, no intervalo $(-\infty, -1)$, a derivada $f'(x) < 0$, e a curva é decrescente. No intervalo $(-1, 1)$, $f'(x) > 0$ e a curva sobe; ela desce em $(1, \infty)$, onde $f'(x) < 0$ novamente.

5. *Pontos de inflexão.* Observe que o denominador da segunda derivada (Passo 2) é sempre positivo. A segunda derivada f'' é nula quando $x = -\sqrt{3}$, 0 e $\sqrt{3}$. Ela muda de sinal em cada um desses pontos: é negativa em $(-\infty, -\sqrt{3})$, positiva em $(-\sqrt{3}, 0)$, negativa em $(0, \sqrt{3})$, e positiva de novo em $(\sqrt{3}, \infty)$. Assim, cada ponto é uma inflexão. A curva é côncava para baixo no intervalo $(-\infty, -\sqrt{3})$, côncava para cima em $(-\sqrt{3}, 0)$, côncava para baixo em $(0, \sqrt{3})$, e torna-se novamente côncava para cima em $(\sqrt{3}, \infty)$.

6. *Assíntotas.* Ao expandir o numerador de $f(x)$ e dividir tanto o numerador quanto o denominador por x^2, temos

$$f(x) = \frac{(x+1)^2}{1+x^2} = \frac{x^2 + 2x + 1}{1+x^2} \quad \text{Expansão do numerador}$$

$$= \frac{1 + (2/x) + (1/x^2)}{(1/x^2) + 1}. \quad \text{Divisão por } x^2$$

Vemos que $f(x) \to 1^+$, quando $x \to \infty$, e que $f(x) \to 1^-$, quando $x \to -\infty$. Assim, a reta $y = 1$ é uma assíntota horizontal.

Como f decresce em $(-\infty, -1)$ e depois cresce em $(-1, 1)$, sabemos que $f(-1) = 0$ é um mínimo local. Embora f decresça em $(1, \infty)$, ela nunca cruza a assíntota horizontal $y = 1$ nesse intervalo (ela se aproxima da assíntota de cima para baixo). Por isso, o gráfico nunca se torna negativo, e $f(-1) = 0$ também é um mínimo absoluto. Da mesma forma, $f(1) = 2$ é um máximo absoluto porque o gráfico nunca cruza a assíntota $y = 1$ no intervalo $(-\infty, -1)$, aproximando-se dela de baixo para cima. Portanto, não existem assíntotas verticais (a imagem de f é $0 \le y \le 2$).

7. O gráfico de f está esboçado na Figura 4.31. Observe como a curva fica côncava para baixo, quando se aproxima da assíntota horizontal $y = 1$, quando $x \to -\infty$, e côncava para cima ao se aproximar de $y = 1$, quando $x \to \infty$.

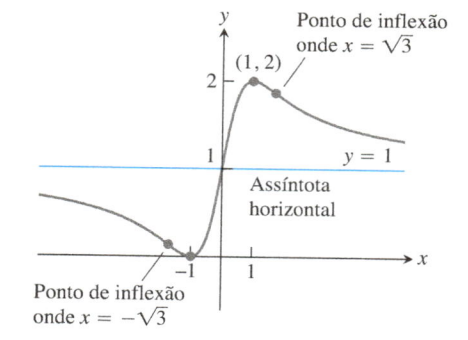

FIGURA 4.31 Gráfico de $y = \dfrac{(x+1)^2}{1+x^2}$ (Exemplo 8).

EXEMPLO 9 Esboce o gráfico de $f(x) = \dfrac{x^2 + 4}{2x}$.

Solução

1. O domínio de f são os números reais não nulos. Não existem interceptos porque nem x nem $f(x)$ podem ser zero. Desde que $f(-x) = -f(x)$, pode-se constatar que f é uma função ímpar, e então o gráfico de f é simétrico em torno da origem.

2. Temos que calcular as derivadas da função, mas primeiro as reescreveremos em ordem para simplificar os cálculos:

$$f(x) = \frac{x^2 + 4}{2x} = \frac{x}{2} + \frac{2}{x} \quad \text{Função simplificada para a derivação}$$

$$f'(x) = \frac{1}{2} - \frac{2}{x^2} = \frac{x^2 - 4}{2x^2} \quad \text{Combine as frações para resolver } f'(x) = 0 \text{ facilmente}$$

$$f''(x) = \frac{4}{x^3} \quad \text{Existe em todo o domínio de } f$$

3. Os pontos críticos ocorrem em $x = \pm 2$, onde $f'(x) = 0$. Como $f''(-2) < 0$ e $f''(2) > 0$, vemos pelo teste da segunda derivada que ocorre um máximo relativo em $x = -2$ com $f(-2) = -2$, e um mínimo relativo em $x = 2$ com $f(2) = 2$.

4. No intervalo $(-\infty, -2)$, a derivada f' é positiva, porque $x^2 - 4 > 0$, e assim a curva é ascendente; no intervalo $(-2, 0)$, a derivada é negativa e a curva é descendente. Do mesmo modo, a curva desce no intervalo $(0, 2)$ e sobe em $(2, \infty)$.

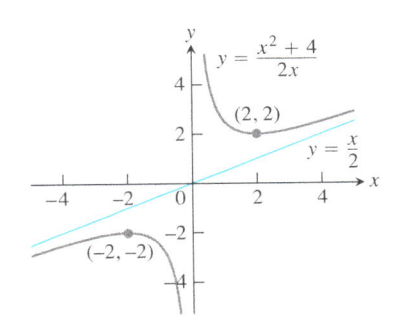

FIGURA 4.32 Gráfico de $y = \dfrac{x^2 + 4}{2x}$ (Exemplo 9).

5. Não há pontos de inflexão porque $f''(x) < 0$ sempre que $x < 0$, $f''(x) > 0$ sempre que $x > 0$ e f'' existe em toda parte e nunca é nula em todo o domínio de f. A curva é côncava para baixo no intervalo $(-\infty, 0)$ e côncava para cima no intervalo $(0, \infty)$.

6. A partir da fórmula reescrita para $f(x)$, vemos que

$$\lim_{x \to 0^+} \left(\frac{x}{2} + \frac{2}{x}\right) = +\infty \quad \text{e} \quad \lim_{x \to 0^-} \left(\frac{x}{2} + \frac{2}{x}\right) = -\infty,$$

de modo que o eixo y é uma assíntota vertical. Além disso, quando $x \to \infty$ ou quando $x \to -\infty$, o gráfico de $f(x)$ se aproxima da reta $y = x/2$. Assim, $y = x/2$ é uma assíntota oblíqua.

7. O gráfico de f está esboçado na Figura 4.32.

EXEMPLO 10 Esboço do gráfico de $f(x) = e^{2/x}$.

Solução O domínio de f é $(-\infty, 0) \cup (0, \infty)$, e não há simetrias em torno dos eixos ou da origem. As derivadas de f são

$$f'(x) = e^{2/x} \left(-\frac{2}{x^2}\right) = -\frac{2e^{2/x}}{x^2}$$

e

$$f''(x) = \frac{x^2(2e^{2/x})(-2/x^2) - 2e^{2/x}(2x)}{x^4} = \frac{4e^{2/x}(1+x)}{x^4}.$$

Ambas as derivadas existem em qualquer ponto do domínio de f. Além disso, como $e^{2/x}$ e x^2 são positivos para qualquer $x \neq 0$, vemos que $f' < 0$ sobre o domínio e a curva sempre desce. Ao examinarmos a segunda derivada, vemos que $f''(x) = 0$ em $x = -1$. Como $e^{2/x} > 0$ e $x^4 > 0$, temos $f'' < 0$ para $x < -1$ e $f'' > 0$ para $x > -1$, $x \neq 0$. Portanto, o ponto $(-1, e^{-2})$ é um ponto de inflexão. A curva é côncava para baixo no intervalo $(-\infty, -1)$ e côncava para cima sobre $(-1, 0) \cup (0, \infty)$.

Pelo Exemplo 7 da Seção 2.6, vemos que $\lim_{x \to 0^-} f(x) = 0$. Quando $x \to 0^+$, vemos que $2/x \to \infty$, portanto $\lim_{x \to 0^+} f(x) = \infty$ e o eixo y é uma assíntota vertical. Além disso, quando $x \to -\infty$, $2/x \to 0^-$, e então $\lim_{x \to -\infty} f(x) = e^0 = 1$. Consequentemente, $y = 1$ é uma assíntota horizontal. Não há extremos absolutos, já que f nunca assume o valor 0. O gráfico de f está esboçado na Figura 4.33.

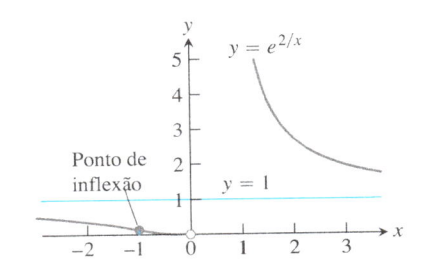

FIGURA 4.33 O gráfico de $y = e^{2/x}$ apresenta um ponto de inflexão em $(-1, e^{-2})$. A reta $y = 1$ é uma assíntota horizontal e $x = 0$ é uma assíntota vertical (Exemplo 10).

Comportamentos dos gráficos de funções a partir de derivadas

Como vimos nos Exemplos 7-10, podemos saber quase tudo o que precisamos sobre uma função duas vezes derivável $y = f(x)$ ao examinarmos sua primeira derivada. Podemos saber onde o gráfico da função sobe ou desce e onde quaisquer extremos locais estão localizados. Podemos derivar y' para saber como o gráfico se curva quando passa pelos intervalos de subida e descida. Podemos determinar a forma do gráfico da função. A informação que não conseguimos obter a partir da derivada é como colocar o gráfico no plano cartesiano xy. Mas, conforme descobrimos na Seção 4.2, a única informação adicional de que necessitamos para situar o gráfico é o valor de f em um ponto. Informações sobre as assíntotas são encontradas por meio do uso de limites (Seção 2.6). A figura seguinte resume como a derivada e a segunda derivada afetam a forma de um gráfico.

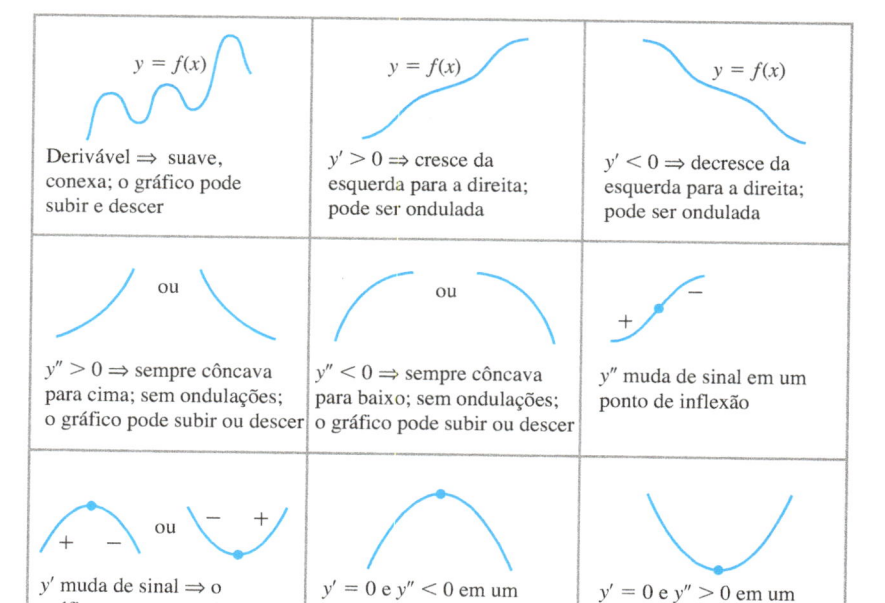

Exercícios 4.4

Análise de funções representadas graficamente

Identifique os pontos de inflexão e os máximos e mínimos locais das funções representadas graficamente nos Exercícios 1-8. Identifique os intervalos em que as funções são côncavas para cima e aqueles em que elas são côncavas para baixo.

1. $y = \dfrac{x^3}{3} - \dfrac{x^2}{2} - 2x + \dfrac{1}{3}$

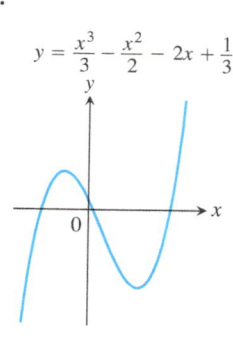

2. $y = \dfrac{x^4}{4} - 2x^2 + 4$

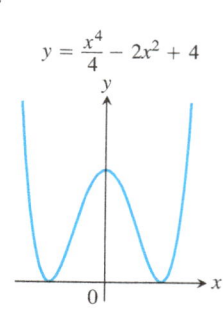

3. $y = \dfrac{3}{4}(x^2 - 1)^{2/3}$

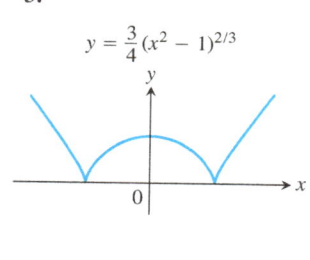

4. $y = \dfrac{9}{14}x^{1/3}(x^2 - 7)$

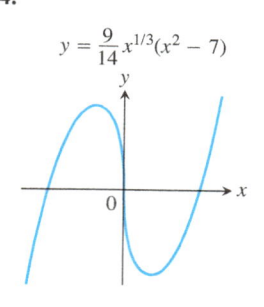

5. $y = x + \operatorname{sen} 2x,\ -\dfrac{2\pi}{3} \leq x \leq \dfrac{2\pi}{3}$

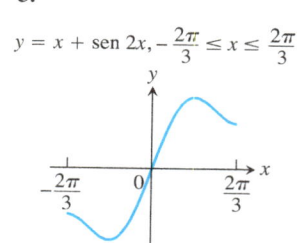

6. $y = \operatorname{tg} x - 4x,\ -\dfrac{\pi}{2} < x < \dfrac{\pi}{2}$

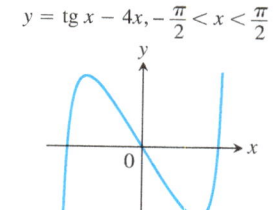

7. $y = \operatorname{sen}|x|,\ -2\pi \leq x \leq 2\pi$

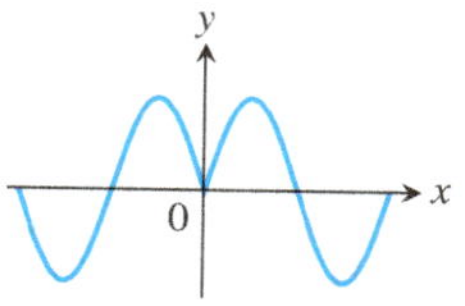

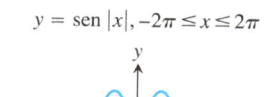

8. $y = 2\cos x - \sqrt{2}x,\ -\pi \leq x \leq \dfrac{3\pi}{2}$

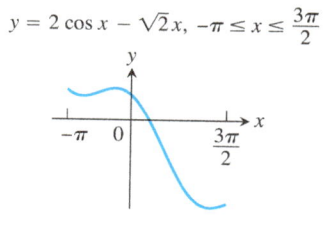

Gráficos de equações

Represente graficamente as equações dos Exercícios 9-58 seguindo os passos do procedimento para construção de gráficos da página 237. Inclua as coordenadas de quaisquer pontos extremos e absolutos locais e pontos de inflexão.

9. $y = x^2 - 4x + 3$

10. $y = 6 - 2x - x^2$

11. $y = x^3 - 3x + 3$

12. $y = x(6 - 2x)^2$

13. $y = -2x^3 + 6x^2 - 3$

14. $y = 1 - 9x - 6x^2 - x^3$

15. $y = (x - 2)^3 + 1$

16. $y = 1 - (x + 1)^3$

17. $y = x^4 - 2x^2 = x^2(x^2 - 2)$

18. $y = -x^4 + 6x^2 - 4 = x^2(6 - x^2) - 4$
19. $y = 4x^3 - x^4 = x^3(4 - x)$
20. $y = x^4 + 2x^3 = x^3(x + 2)$
21. $y = x^5 - 5x^4 = x^4(x - 5)$
22. $y = x\left(\dfrac{x}{2} - 5\right)^4$
23. $y = x + \operatorname{sen} x, \quad 0 \le x \le 2\pi$
24. $y = x - \operatorname{sen} x, \quad 0 \le x \le 2\pi$
25. $y = \sqrt{3}x - 2\cos x, \quad 0 \le x \le 2\pi$
26. $y = \dfrac{4}{3}x - \operatorname{tg} x, \quad -\dfrac{\pi}{2} < x < \dfrac{\pi}{2}$
27. $y = \operatorname{sen} x \cos x, \quad 0 \le x \le \pi$
28. $y = \cos x + \sqrt{3}\operatorname{sen} x, \quad 0 \le x \le 2\pi$
29. $y = x^{1/5}$
30. $y = x^{2/5}$
31. $y = \dfrac{x}{\sqrt{x^2 + 1}}$
32. $y = \dfrac{\sqrt{1 - x^2}}{2x + 1}$
33. $y = 2x - 3x^{2/3}$
34. $y = 5x^{2/5} - 2x$
35. $y = x^{2/3}\left(\dfrac{5}{2} - x\right)$
36. $y = x^{2/3}(x - 5)$
37. $y = x\sqrt{8 - x^2}$
38. $y = (2 - x^2)^{3/2}$
39. $y = \sqrt{16 - x^2}$
40. $y = x^2 + \dfrac{2}{x}$
41. $y = \dfrac{x^2 - 3}{x - 2}$
42. $y = \sqrt[3]{x^3 + 1}$
43. $y = \dfrac{8x}{x^2 + 4}$
44. $y = \dfrac{5}{x^4 + 5}$
45. $y = |x^2 - 1|$
46. $y = |x^2 - 2x|$
47. $y = \sqrt{|x|} = \begin{cases} \sqrt{-x}, & x < 0 \\ \sqrt{x}, & x \ge 0 \end{cases}$
48. $y = \sqrt{|x - 4|}$
49. $y = xe^{1/x}$
50. $y = \dfrac{e^x}{x}$
51. $y = \ln(3 - x^2)$
52. $y = x(\ln x)^2$
53. $y = e^x - 2e^{-x} - 3x$

Esboço da forma geral a partir de y'

Cada um dos Exercícios 59-80 fornece a primeira derivada de uma função contínua $y = f(x)$. Determine y'' e então use os passos 2-4 do procedimento para construção de gráficos da página 237 para esboçar a forma geral do gráfico de f.

59. $y' = 2 + x - x^2$
60. $y' = x^2 - x - 6$
61. $y' = x(x - 3)^2$
62. $y' = x^2(2 - x)$
63. $y' = x(x^2 - 12)$
64. $y' = (x - 1)^2(2x + 3)$
65. $y' = (8x - 5x^2)(4 - x)^2$
66. $y' = (x^2 - 2x)(x - 5)^2$
67. $y' = \sec^2 x, \quad -\dfrac{\pi}{2} < x < \dfrac{\pi}{2}$
68. $y' = \operatorname{tg} x, \quad -\dfrac{\pi}{2} < x < \dfrac{\pi}{2}$
69. $y' = \operatorname{cotg}\dfrac{\theta}{2}, \quad 0 < \theta < 2\pi$
70. $y' = \operatorname{cossec}^2\dfrac{\theta}{2}, \quad 0 < \theta < 2\pi$
71. $y' = \operatorname{tg}^2\theta - 1, \quad -\dfrac{\pi}{2} < \theta < \dfrac{\pi}{2}$
72. $y' = 1 - \operatorname{cotg}^2\theta, \quad 0 < \theta < \pi$
73. $y' = \cos t, \quad 0 \le t \le 2\pi$
74. $y' = \operatorname{sen} t, \quad 0 \le t \le 2\pi$
75. $y' = (x + 1)^{-2/3}$
76. $y' = (x - 2)^{-1/3}$
77. $y' = x^{-2/3}(x - 1)$
78. $y' = x^{-4/5}(x + 1)$
79. $y' = 2|x| = \begin{cases} -2x, & x \le 0 \\ 2x, & x > 0 \end{cases}$
80. $y' = \begin{cases} -x^2, & x \le 0 \\ x^2, & x > 0 \end{cases}$

Esboço de y a partir dos gráficos y' e y''

Cada um dos Exercícios 81-84 apresenta o gráfico da primeira e da segunda derivada de uma função $y = f(x)$. Copie a figura e adicione a ela o esboço de f, considerando que a curva passa pelo ponto P.

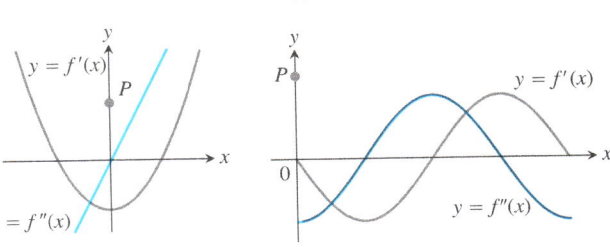

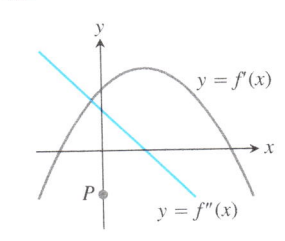

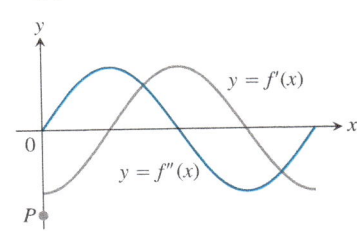

81.
82.
83.
84.

Gráficos de funções racionais

Esboce o gráfico das funções racionais nos Exercícios 85-102.

85. $y = \dfrac{2x^2 + x - 1}{x^2 - 1}$
86. $y = \dfrac{x^2 - 49}{x^2 + 5x - 14}$
87. $y = \dfrac{x^4 + 1}{x^2}$
88. $y = \dfrac{x^2 - 4}{2x}$
89. $y = \dfrac{1}{x^2 - 1}$
90. $y = \dfrac{x^2}{x^2 - 1}$
91. $y = -\dfrac{x^2 - 2}{x^2 - 1}$
92. $y = \dfrac{x^2 - 4}{x^2 - 2}$
93. $y = \dfrac{x^2}{x + 1}$
94. $y = -\dfrac{x^2 - 4}{x + 1}$
95. $y = \dfrac{x^2 - x + 1}{x - 1}$
96. $y = -\dfrac{x^2 - x + 1}{x - 1}$
97. $y = \dfrac{x^3 - 3x^2 + 3x - 1}{x^2 + x - 2}$
98. $y = \dfrac{x^3 + x - 2}{x - x^2}$
99. $y = \dfrac{x}{x^2 - 1}$
100. $y = \dfrac{x - 1}{x^2(x - 2)}$
101. $y = \dfrac{8}{x^2 + 4}$ (Bruxa de Agnesi)
102. $y = \dfrac{4x}{x^2 + 4}$ (Serpentina de Newton)

Teoria e exemplos

103. A figura a seguir mostra uma parte do gráfico de uma função duas vezes derivável $y = f(x)$. Em cada um dos cinco pontos marcados, classifique y' e y'' como positiva, negativa ou nula.

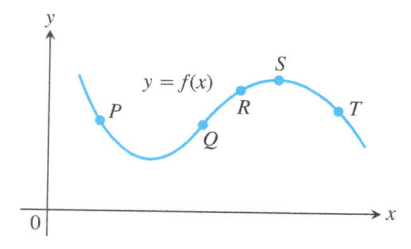

104. Esboce uma curva contínua $y = f(x)$ com
$f(-2) = 8,$ $\quad f'(2) = f'(-2) = 0,$
$f(0) = 4,$ $\quad f'(x) < 0$ para $|x| < 2,$
$f(2) = 0,$ $\quad f''(x) < 0$ para $x < 0,$
$f'(x) > 0$ para $|x| > 2,$ $\quad f''(x) > 0$ para $x > 0.$

105. Esboce o gráfico da função duas vezes derivável $y = f(x)$ com as seguintes propriedades. Quando possível, indique as coordenadas.

x	y	Derivadas
$x < 2$		$y' < 0, \quad y'' > 0$
2	1	$y' = 0, \quad y'' > 0$
$2 < x < 4$		$y' > 0, \quad y'' > 0$
4	4	$y' > 0, \quad y'' = 0$
$4 < x < 6$		$y' > 0, \quad y'' < 0$
6	7	$y' = 0, \quad y'' < 0$
$x > 6$		$y' < 0, \quad y'' < 0$

106. Esboce o gráfico de uma função duas vezes derivável $y = f(x)$ que passe pelos pontos $(-2, 2)$, $(-1, 1)$, $(0, 0)$, $(1, 1)$ e $(2, 2)$, e cujas duas primeiras derivadas tenham a seguinte distribuição de sinais:

y': $\quad \dfrac{+ \quad\; - \quad\; + \quad\; -}{\quad -2 \quad\; 0 \quad\; 2 \quad}$

y'': $\quad \dfrac{- \quad\; + \quad\; -}{\quad -1 \quad\; 1 \quad}$

Deslocamento sobre uma reta Nos Exercícios 107 e 108, os gráficos mostram a posição $s = f(t)$ de um corpo que se desloca para cima e para baixo sobre uma reta coordenada. **(a)** Quando o corpo se afasta da origem? E quando ele se aproxima dela? Em que instantes, aproximadamente, a partícula apresenta **(b)** velocidade igual a zero? **(c)** E aceleração igual a zero? **(d)** Quando a aceleração é positiva? E negativa?

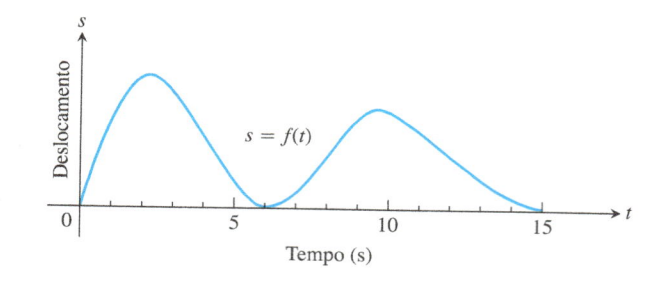

107.

108.

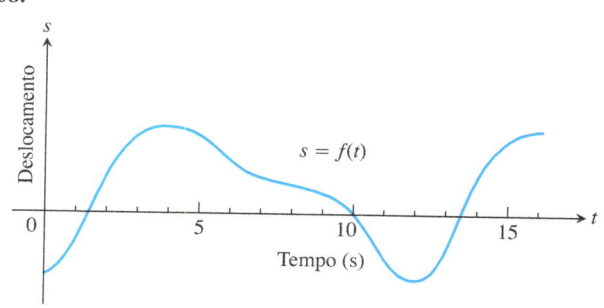

109. Custo marginal O gráfico a seguir mostra o custo hipotético $c = f(x)$ em que se incorre para fabricar x itens. Em aproximadamente qual nível de produção o custo marginal muda de decrescente para crescente?

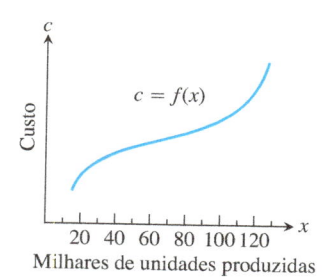

110. O gráfico a seguir mostra a receita mensal da Widget Corporation nos últimos 12 anos. Durante aproximadamente quais intervalos de tempo a receita marginal foi crescente? E decrescente?

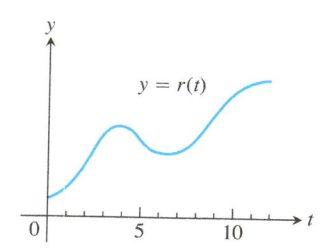

111. Suponhamos que a derivada da função $y = f(x)$ seja
$$y' = (x - 1)^2(x - 2).$$
Em que pontos, se houver, o gráfico de f apresenta um mínimo local, um máximo local, ou um ponto de inflexão? (Dica: desenhe o padrão de sinais de y'.)

112. Suponha que a derivada da função $y = f(x)$ seja
$$y' = (x - 1)^2(x - 2)(x - 4).$$
Em que pontos, se houver, o gráfico de f apresenta um mínimo local, um máximo local ou um ponto de inflexão?

113. Para $x > 0$, esboce a curva $y = f(x)$ que tem $f(1) = 0$ e $f'(x) = 1/x$. O que se pode dizer sobre a concavidade dessa curva? Justifique sua resposta.

114. O que se pode dizer sobre o gráfico de uma função $y = f(x)$ que possui uma segunda derivada contínua que nunca é zero? Justifique sua resposta.

115. Se b, c e d são constantes, para qual valor de b a curva $y = x^3 + bx^2 + cx + d$ apresentará um ponto de inflexão em $x = 1$? Justifique sua resposta.

116. Parábolas
   a. Determine as coordenadas do vértice da parábola
   $$y = ax^2 + bx + c, \quad a \neq 0.$$
   b. Quando essa parábola é côncava para cima? E onde ela é côncava para baixo? Justifique sua resposta.

117. Curvas quadráticas O que se pode dizer sobre os pontos de inflexão de uma curva quadrática $y = ax^2 + bx + c, a \neq 0$? Justifique sua resposta.

118. Curvas cúbicas O que se pode dizer sobre os pontos de inflexão de uma curva cúbica $y = ax^3 + bx^2 + cx + d, a \neq 0$? Justifique sua resposta.

119. Suponha que a segunda derivada da função $y = f(x)$ seja
$$y'' = (x+1)(x-2).$$
Para que valores de x o gráfico de f apresenta um ponto de inflexão?

120. Suponha que a segunda derivada da função $y = f(x)$ seja
$$y'' = x^2(x-2)^3(x+3).$$
Para que valores de x o gráfico de f apresenta um ponto de inflexão?

121. Determine os valores das constantes a, b e c, de modo que o gráfico de $y = ax^3 + bx^2 + cx$ tenha um máximo local em $x = 3$, um mínimo local em $x = -1$ e um ponto de inflexão em $(1, 11)$.

122. Determine os valores das constantes a, b e c, de modo que o gráfico de $y = (x^2 + a)/(bx + c)$ tenha um mínimo local em $x = 3$ e um máximo local em $(-1, -2)$.

USO DO COMPUTADOR

Nos Exercícios 123-126, determine os pontos de inflexão (se houver) no gráfico da função e também as coordenadas dos pontos no gráfico onde a função possui mínimos ou máximos locais. Depois, esboce o gráfico da função em uma região suficientemente grande para visualizar todos esses pontos. Adicione à figura os gráficos da primeira e da segunda derivadas da função. Como os valores onde esses gráficos cruzam o eixo x se relacionam com o gráfico da função? De que outras formas os gráficos das derivadas se relacionam com o gráfico da função?

123. $y = x^5 - 5x^4 - 240$

124. $y = x^3 - 12x^2$

125. $y = \dfrac{4}{5}x^5 + 16x^2 - 25$

126. $y = \dfrac{x^4}{4} - \dfrac{x^3}{3} - 4x^2 + 12x + 20$

127. Esboce o gráfico de $f(x) = 2x^4 - 4x^2 + 1$ juntamente com o de suas duas primeiras derivadas. Comente o comportamento de f em relação aos sinais e valores de f' e f''.

128. Esboce o gráfico de $f(x) = x \cos x$ juntamente com o de sua segunda derivada para $0 \leq x \leq 2\pi$. Comente o comportamento do gráfico em relação aos sinais e valores de f''.

4.5 Formas indeterminadas e regra de l'Hôpital

BIOGRAFIA HISTÓRICA

Guillaume François Antoine de l'Hôpital
(1661-1704)
Johann Bernoulli
(1667-1748)

John (Johann) Bernoulli descobriu uma regra usando derivadas para calcular limites de frações cujos numeradores e denominadores se aproximam de zero ou de $+\infty$. A regra é hoje conhecida como **regra de l'Hôpital**, assim chamada em homenagem a Guillaume de l'Hôpital. Ele era um nobre francês que escreveu o primeiro texto introdutório de cálculo diferencial, onde a regra apareceu impressa pela primeira vez. O cálculo de limites que envolvem funções transcendentes geralmente exige o uso da regra.

Forma indeterminada 0/0

Se quisermos saber como a função
$$F(x) = \frac{x - \operatorname{sen} x}{x^3}$$
se comporta *próximo* a $x = 0$ (onde é indefinida), podemos analisar o limite de $F(x)$ quando $x \to 0$. Não podemos aplicar a regra do quociente para limites (Teorema 1 do Capítulo 2) porque o limite do denominador é 0. Além disso, nesse caso, *tanto* o numerador *quanto* o denominador se aproximam de 0, e 0/0 é indefinido. Em geral, tais limites podem ou não existir, mas o limite existe para a função $F(x)$ em discussão por meio do uso da regra de l'Hôpital, como veremos no Exemplo 1d.

Se ambas as funções contínuas $f(x)$ e $g(x)$ são zero em $x = a$, então
$$\lim_{x \to a} \frac{f(x)}{g(x)}$$
não pode ser determinada pela substituição de $x = a$. A substituição resulta em 0/0, uma expressão sem sentido, que não podemos avaliar. Usamos 0/0 como uma notação para uma expressão conhecida como uma **forma indeterminada**. Muitas vezes,

ocorrem outras expressões sem sentido, como ∞/∞, $\infty \cdot 0$, $\infty - \infty$, 0^0 e 1^∞, que não podem ser avaliadas de forma consistente; elas também são chamadas de formas indeterminadas. Às vezes, mas nem sempre, os limites que levam às formas indeterminadas podem ser calculados por cancelamento, rearranjo dos termos ou outras manipulações algébricas. Essa foi a nossa experiência no Capítulo 2. Foi necessária uma análise considerável na Seção 2.4 para determinar $\lim_{x \to 0} (\operatorname{sen} x)/x$. Mas tivemos sucesso com o limite

$$f'(a) = \lim_{x \to a} \frac{f(x) - f(a)}{x - a},$$

com o qual calculamos derivadas e que produz a forma indeterminada 0/0 quando substituímos $x = a$. A regra de l'Hôpital nos permite tirar partido das derivadas para avaliar os limites que, de outro modo, conduziriam a formas indeterminadas.

> **TEOREMA 6 — Regra de l'Hôpital** Suponha que $f(a) = g(a) = 0$, que f e g sejam deriváveis em um intervalo aberto I contendo a e que $g'(x) \neq 0$ em I se $x \neq a$. Então
>
> $$\lim_{x \to a} \frac{f(x)}{g(x)} = \lim_{x \to a} \frac{f'(x)}{g'(x)},$$
>
> supondo que o limite do lado direito dessa equação exista.

Apresentaremos uma prova do Teorema 6 ao final desta seção.

Atenção
Para aplicar a regra de l'Hôpital a f/g, divida a derivada de f pela derivada de g. Não caia na armadilha de tornar a derivada de f/g. O quociente a ser utilizado é f'/g', e não $(f/g)'$.

EXEMPLO 1 Os limites a seguir envolvem formas indeterminadas de 0/0, de modo que aplicamos a regra de l'Hôpital. Em alguns casos, deve ela ser aplicada repetidamente.

(a) $\lim_{x \to 0} \dfrac{3x - \operatorname{sen} x}{x} = \lim_{x \to 0} \dfrac{3 - \cos x}{1} = \dfrac{3 - \cos x}{1} \bigg|_{x=0} = 2$

(b) $\lim_{x \to 0} \dfrac{\sqrt{1 + x} - 1}{x} = \lim_{x \to 0} \dfrac{\frac{1}{2\sqrt{1 + x}}}{1} = \dfrac{1}{2}$

(c) $\lim_{x \to 0} \dfrac{\sqrt{1 + x} - 1 - x/2}{x^2}$ $\qquad \dfrac{0}{0}$

$= \lim_{x \to 0} \dfrac{(1/2)(1 + x)^{-1/2} - 1/2}{2x}$ Ainda $\dfrac{0}{0}$; derive novamente.

$= \lim_{x \to 0} \dfrac{-(1/4)(1 + x)^{-3/2}}{2} = -\dfrac{1}{8}$ Não mais $\dfrac{0}{0}$; limite determinado.

(d) $\lim_{x \to 0} \dfrac{x - \operatorname{sen} x}{x^3}$ $\qquad \dfrac{0}{0}$

$= \lim_{x \to 0} \dfrac{1 - \cos x}{3x^2}$ Ainda $\dfrac{0}{0}$

$= \lim_{x \to 0} \dfrac{\operatorname{sen} x}{6x}$ Ainda $\dfrac{0}{0}$

$= \lim_{x \to 0} \dfrac{\cos x}{6} = \dfrac{1}{6}$ Não mais $\dfrac{0}{0}$; limite determinado.

Segue um resumo do procedimento que usamos no Exemplo 1.

> **Uso da regra de l'Hôpital**
>
> Para determinar
> $$\lim_{x \to a} \frac{f(x)}{g(x)}$$
> pela regra de l'Hôpital, continue a derivar f e g, contanto que ainda seja possível obter a forma 0/0 em $x = a$. Mas, logo que uma ou outra dessas derivadas for diferente de zero em $x = a$, pare de derivar. A regra de l'Hôpital não se aplica quando há no numerador ou no denominador um limite finito diferente de zero.

EXEMPLO 2 Tenha cuidado em aplicar a regra de l'Hôpital corretamente:

$$\lim_{x \to 0} \frac{1 - \cos x}{x + x^2} \qquad \frac{0}{0}$$

$$= \lim_{x \to 0} \frac{\operatorname{sen} x}{1 + 2x} = \frac{0}{1} = 0. \qquad \text{Não mais } \frac{0}{0}; \text{ limite determinado.}$$

Até agora o cálculo está correto, mas se continuarmos a derivar em uma tentativa de aplicar a regra de l'Hôpital mais uma vez, obteremos

$$\lim_{x \to 0} \frac{\cos x}{2} = \frac{1}{2},$$

que não é o limite correto. A regra de l'Hôpital pode ser aplicada somente aos limites que resultam em formas indeterminadas, e 0/1 não é uma forma indeterminada.

A regra de l'Hôpital também se aplica a limites laterais.

EXEMPLO 3 Nesse exemplo, os limites laterais são diferentes.

(a) $\lim_{x \to 0^+} \frac{\operatorname{sen} x}{x^2} \qquad \frac{0}{0}$

$= \lim_{x \to 0^+} \frac{\cos x}{2x} = \infty \qquad$ Positivo para $x > 0$

(b) $\lim_{x \to 0^-} \frac{\operatorname{sen} x}{x^2} \qquad \frac{0}{0}$

$= \lim_{x \to 0^-} \frac{\cos x}{2x} = -\infty \qquad$ Negativo para $x < 0$

> Lembre-se de que ∞ e $+\infty$ significam a mesma coisa

Formas indeterminadas ∞/∞, $\infty \cdot 0$, $\infty - \infty$

Às vezes, quando tentamos avaliar um limite quando $x \to a$ pela substituição de $x = a$, obtemos uma forma indeterminada como ∞/∞, $\infty \cdot 0$ ou $\infty - \infty$, em vez de 0/0. Primeiro, consideraremos a forma ∞/∞.

Em tratamentos mais avançados de cálculo é provado que a regra de l'Hôpital se aplica à forma indeterminada ∞/∞ bem como a 0/0. Se $f(x) \to \pm\infty$ e $g(x) \to \pm\infty$, quando $x \to a$, então

$$\lim_{x \to a} \frac{f(x)}{g(x)} = \lim_{x \to a} \frac{f'(x)}{g'(x)}$$

desde que o limite da direita exista. Na notação $x \to a$, a pode ser finito ou infinito. Além disso, $x \to a$ pode ser substituído pelos limites laterais $x \to a^+$ ou $x \to a^-$.

EXEMPLO 4 Determine os limites dessas formas ∞/∞:

(a) $\lim_{x \to \pi/2} \frac{\sec x}{1 + \operatorname{tg} x}$
(b) $\lim_{x \to \infty} \frac{\ln x}{2\sqrt{x}}$
(c) $\lim_{x \to \infty} \frac{e^x}{x^2}.$

Solução

(a) O numerador e o denominador são descontínuos em $x = \pi/2$, então investigaremos os limites laterais. Para aplicar a regra de l'Hôpital, podemos escolher I como qualquer intervalo aberto com $x = \pi/2$ como uma extremidade.

$$\lim_{x \to (\pi/2)^-} \frac{\sec x}{1 + \operatorname{tg} x} \qquad \frac{\infty}{\infty} \text{ da esquerda}$$

$$= \lim_{x \to (\pi/2)^-} \frac{\sec x \operatorname{tg} x}{\sec^2 x} = \lim_{x \to (\pi/2)^-} \operatorname{sen} x = 1$$

O limite à direita também é 1, com $(-\infty)/(-\infty)$ como forma indeterminada. Portanto, o limite bilateral é igual a 1.

(b) $\displaystyle \lim_{x \to \infty} \frac{\ln x}{2\sqrt{x}} = \lim_{x \to \infty} \frac{1/x}{1/\sqrt{x}} = \lim_{x \to \infty} \frac{1}{\sqrt{x}} = 0 \qquad \frac{1/x}{1/\sqrt{x}} = \frac{\sqrt{x}}{x} = \frac{1}{\sqrt{x}}$

(c) $\displaystyle \lim_{x \to \infty} \frac{e^x}{x^2} = \lim_{x \to \infty} \frac{e^x}{2x} = \lim_{x \to \infty} \frac{e^x}{2} = \infty$

Em seguida, voltamos nossa atenção para as formas indeterminadas $\infty \cdot 0$ e $\infty - \infty$. Às vezes, essas formas podem ser tratadas com álgebra e ser convertidas na forma $0/0$ ou ∞/∞. Aqui, novamente, não queremos sugerir que $\infty \cdot 0$ e $\infty - \infty$ sejam números. Eles são apenas notações de comportamentos funcionais quando se considera limites. Seguem alguns exemplos de como trabalhar com essas formas indeterminadas.

EXEMPLO 5 Determine os limites das formas $\infty \cdot 0$:

(a) $\displaystyle \lim_{x \to \infty} \left(x \operatorname{sen} \frac{1}{x} \right)$ **(b)** $\displaystyle \lim_{x \to 0^+} \sqrt{x} \ln x$

Solução

(a) $\displaystyle \lim_{x \to \infty} \left(x \operatorname{sen} \frac{1}{x} \right) = \lim_{h \to 0^+} \left(\frac{1}{h} \operatorname{sen} h \right) = \lim_{h \to 0^+} \frac{\operatorname{sen} h}{h} = 1 \qquad \infty \cdot 0;\ \text{faça } h = 1/x.$

(b) $\displaystyle \lim_{x \to 0^+} \sqrt{x} \ln x = \lim_{x \to 0^+} \frac{\ln x}{1/\sqrt{x}} \qquad \infty \cdot 0 \text{ convertido em } \infty/\infty$

$$= \lim_{x \to 0^+} \frac{1/x}{-1/2x^{3/2}} \qquad \text{Regra de l'Hôpital}$$

$$= \lim_{x \to 0^+} \left(-2\sqrt{x} \right) = 0$$

EXEMPLO 6 Determine o limite dessa forma $\infty - \infty$:

$$\lim_{x \to 0} \left(\frac{1}{\operatorname{sen} x} - \frac{1}{x} \right).$$

Solução Se $x \to 0^+$, então $\operatorname{sen} x \to 0^+$, e

$$\frac{1}{\operatorname{sen} x} - \frac{1}{x} \to \infty - \infty.$$

Da mesma forma, se $x \to 0^-$, então $\operatorname{sen} x \to 0^-$, e

$$\frac{1}{\operatorname{sen} x} - \frac{1}{x} \to -\infty - (-\infty) = -\infty + \infty.$$

Nenhuma das formas revela o que acontece no limite. Para descobrir, primeiro combinamos as frações:

$$\frac{1}{\operatorname{sen} x} - \frac{1}{x} = \frac{x - \operatorname{sen} x}{x \operatorname{sen} x} \qquad \text{O denominador comum é } x \operatorname{sen} x.$$

A seguir, aplicamos a regra de l'Hôpital ao resultado:

$$\lim_{x \to 0}\left(\frac{1}{\operatorname{sen} x} - \frac{1}{x}\right) = \lim_{x \to 0} \frac{x - \operatorname{sen} x}{x \operatorname{sen} x} \qquad \frac{0}{0}$$

$$= \lim_{x \to 0} \frac{1 - \cos x}{\operatorname{sen} x + x \cos x} \qquad \text{Ainda } \frac{0}{0}$$

$$= \lim_{x \to 0} \frac{\operatorname{sen} x}{2 \cos x - x \operatorname{sen} x} = \frac{0}{2} = 0.$$

Potências indeterminadas

Os limites que levam às formas indeterminadas 1^{∞}, 0^0 e ∞^0 podem às vezes, a princípio, ser tratados tornando-se o logaritmo da função. Usamos a regra de l'Hôpital para determinar o limite da expressão logarítmica e, então, elevar à potência o resultado para determinar o limite da função original. Esse procedimento foi justificado pela continuidade da função exponencial e pelo Teorema 10 na Seção 2.5, que é formulado como segue. (A fórmula também é válida para limites laterais.)

> Se $\lim_{x \to a} \ln f(x) = L$, então
> $$\lim_{x \to a} f(x) = \lim_{x \to a} e^{\ln f(x)} = e^L.$$
> Aqui a pode ser finito ou infinito.

EXEMPLO 7 Aplique a regra de l'Hôpital para demonstrar que $\lim_{x \to 0^+} (1+x)^{1/x} = e$.

Solução O limite conduz à forma indeterminada 1^{∞}. Faça $f(x) = (1+x)^{1/x}$ e determine $\lim_{x \to 0^+} \ln f(x)$. Como

$$\ln f(x) = \ln (1+x)^{1/x} = \frac{1}{x} \ln (1+x),$$

a regra de l'Hôpital agora se aplica para resultar em

$$\lim_{x \to 0^+} \ln f(x) = \lim_{x \to 0^+} \frac{\ln (1+x)}{x} \qquad \frac{0}{0}$$

$$= \lim_{x \to 0^+} \frac{\frac{1}{1+x}}{1}$$

$$= \frac{1}{1} = 1.$$

Portanto, $\lim_{x \to 0^+} (1+x)^{1/x} = \lim_{x \to 0^+} f(x) = \lim_{x \to 0^+} e^{\ln f(x)} = e^1 = e.$

EXEMPLO 8 Determine $\lim_{x \to \infty} x^{1/x}$.

Solução O limite conduz à forma indeterminada ∞^0. Faça $f(x) = x^{1/x}$ e determine $\lim_{x \to \infty} \ln f(x)$. Como

$$\ln f(x) = \ln x^{1/x} = \frac{\ln x}{x},$$

a regra de l'Hôpital resulta em

$$\lim_{x \to \infty} \ln f(x) = \lim_{x \to \infty} \frac{\ln x}{x} \qquad \frac{\infty}{\infty}$$

$$= \lim_{x \to \infty} \frac{1/x}{1}$$

$$= \frac{0}{1} = 0.$$

Portanto $\lim_{x \to \infty} x^{1/x} = \lim_{x \to \infty} f(x) = \lim_{x \to \infty} e^{\ln f(x)} = e^0 = 1.$

Prova da regra de l'Hôpital

A prova da regra de l'Hôpital é baseada no teorema do valor médio de Cauchy, uma extensão do teorema do valor médio, que envolve duas funções em vez de uma. Primeiro provaremos o teorema de Cauchy, e depois mostraremos como ele conduz à regra de l'Hôpital.

BIOGRAFIA HISTÓRICA

Augustin-Louis Cauchy
(1789-1857)

TEOREMA 7 — Teorema do valor médio de Cauchy Suponha que as funções f e g sejam contínuas em $[a, b]$ e deriváveis ao longo de (a, b) e também suponha que $g'(x) \neq 0$ ao longo de (a, b). Então, existe um número c em (a, b) no qual

$$\frac{f'(c)}{g'(c)} = \frac{f(b) - f(a)}{g(b) - g(a)}.$$

Prova Aplicamos o teorema do valor médio da Seção 4.2 duas vezes. Primeiro vamos usá-lo para mostrar que $g(a) \neq g(b)$. Pois se $g(b)$ fosse igual a $g(a)$, então o teorema do valor médio resultaria em

$$g'(c) = \frac{g(b) - g(a)}{b - a} = 0$$

para algum c entre a e b, que pode não acontecer porque $g'(x) \neq 0$ em (a, b).

A seguir, aplicamos o teorema do valor médio para a função

$$F(x) = f(x) - f(a) - \frac{f(b) - f(a)}{g(b) - g(a)}[g(x) - g(a)].$$

Essa função é contínua e derivável onde f e g também são, e $F(b) = F(a) = 0$. Portanto, existe um número c entre a e b para o qual $F'(c) = 0$. Quando expresso em termos de f e g, essa equação se torna

$$F'(c) = f'(c) - \frac{f(b) - f(a)}{g(b) - g(a)}[g'(c)] = 0$$

de modo que

$$\frac{f'(c)}{g'(c)} = \frac{f(b) - f(a)}{g(b) - g(a)}.$$

Observe que o teorema do valor médio na Seção 4.2 é o Teorema 7 com $g(x) = x$.

O teorema do valor médio de Cauchy tem uma interpretação geométrica para uma curva sinuosa C no plano que liga os dois pontos $A = (g(a), f(a))$ e $B = (g(b), f(b))$. No Capítulo 11 você aprenderá como a curva C pode ser formulada de modo que haja pelo menos um ponto P na curva para o qual a tangente à curva no ponto P seja paralela à reta secante que une os pontos A e B. O coeficiente angular da reta tangente vem a ser o quociente f'/g' calculado no número c no intervalo (a, b), que é o lado esquerdo da equação no Teorema 7. Como o coeficiente angular da reta secante que une A e B é

$$\frac{f(b) - f(a)}{g(b) - g(a)},$$

a equação no teorema do valor médio de Cauchy diz que o coeficiente angular da reta tangente é igual ao coeficiente angular da reta secante. Essa interpretação geométrica é mostrada na Figura 4.34. Observe na figura que é possível que mais de um ponto na curva C tenha uma reta tangente que é paralela à reta secante que une A e B.

Prova da regra de l'Hôpital Primeiro estabelecemos a equação limite para o caso de $x \to a^+$. O método não precisa de quase nenhuma mudança para ser aplicado a $x \to a^-$, e a combinação desses dois casos estabelece o resultado.

Suponha que x esteja à direita de a. Então, $g'(x) \neq 0$, e podemos aplicar o teorema do valor médio de Cauchy ao intervalo fechado de a a x. Esse passo produz um número c entre a e x, tal que

$$\frac{f'(c)}{g'(c)} = \frac{f(x) - f(a)}{g(x) - g(a)}.$$

Mas $f(a) = g(a) = 0$, então

$$\frac{f'(c)}{g'(c)} = \frac{f(x)}{g(x)}.$$

À medida que x se aproxima de a, c se aproxima de a porque ele sempre se situa entre a e x. Portanto,

$$\lim_{x \to a^+} \frac{f(x)}{g(x)} = \lim_{c \to a^+} \frac{f'(c)}{g'(c)} = \lim_{x \to a^+} \frac{f'(x)}{g'(x)},$$

que estabelece a regra de l'Hôpital para o caso em que x se aproxima de a por cima. O caso onde x se aproxima de a por baixo é provado pela aplicação do teorema do valor médio de Cauchy ao intervalo fechado $[x, a]$, $x < a$.

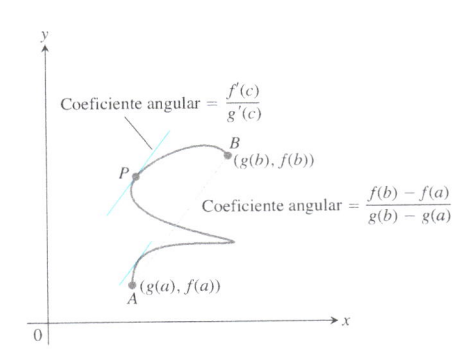

FIGURA 4.34 Há pelo menos um ponto P na curva C para o qual o coeficiente angular da tangente à curva em P é o mesmo que o coeficiente angular da reta secante que une os pontos $A(g(a), f(a))$ e $B(g(b), f(b))$.

Exercícios 4.5

Duas maneiras de determinação de limites

Nos Exercícios 1-6, usamos a regra de l'Hôpital para calcular o limite. Então, calcule o limite usando um dos métodos estudados no Capítulo 2.

1. $\lim\limits_{x \to -2} \dfrac{x + 2}{x^2 - 4}$

2. $\lim\limits_{x \to 0} \dfrac{\text{sen } 5x}{x}$

3. $\lim\limits_{x \to \infty} \dfrac{5x^2 - 3x}{7x^2 + 1}$

4. $\lim\limits_{x \to 1} \dfrac{x^3 - 1}{4x^3 - x - 3}$

5. $\lim\limits_{x \to 0} \dfrac{1 - \cos x}{x^2}$

6. $\lim\limits_{x \to \infty} \dfrac{2x^2 + 3x}{x^3 + x + 1}$

Aplicação da regra de l'Hôpital

Use a regra de l'Hôpital para determinar os limites nos Exercícios 7-50.

7. $\lim\limits_{x \to 2} \dfrac{x - 2}{x^2 - 4}$

8. $\lim\limits_{x \to -5} \dfrac{x^2 - 25}{x + 5}$

9. $\lim\limits_{t \to -3} \dfrac{t^3 - 4t + 15}{t^2 - t - 12}$

10. $\lim\limits_{t \to 1} \dfrac{3t^3 - 3}{4t^3 - t - 3}$

11. $\lim\limits_{x \to \infty} \dfrac{5x^3 - 2x}{7x^3 + 3}$

12. $\lim\limits_{x \to \infty} \dfrac{x - 8x^2}{12x^2 + 5x}$

13. $\lim\limits_{t \to 0} \dfrac{\text{sen } t^2}{t}$

14. $\lim\limits_{t \to 0} \dfrac{\text{sen } 5t}{2t}$

15. $\lim\limits_{x \to 0} \dfrac{8x^2}{\cos x - 1}$

16. $\lim\limits_{x \to 0} \dfrac{\text{sen } x - x}{x^3}$

17. $\lim\limits_{\theta \to \pi/2} \dfrac{2\theta - \pi}{\cos (2\pi - \theta)}$

18. $\lim\limits_{\theta \to -\pi/3} \dfrac{3\theta + \pi}{\text{sen } (\theta + (\pi/3))}$

19. $\lim\limits_{\theta \to \pi/2} \dfrac{1 - \text{sen } \theta}{1 + \cos 2\theta}$

20. $\lim\limits_{x \to 1} \dfrac{x - 1}{\ln x - \text{sen } \pi x}$

21. $\lim\limits_{x \to 0} \dfrac{x^2}{\ln (\sec x)}$

22. $\lim\limits_{x \to \pi/2} \dfrac{\ln (\text{cossec } x)}{(x - (\pi/2))^2}$

23. $\lim\limits_{t \to 0} \dfrac{t(1 - \cos t)}{t - \text{sen } t}$

24. $\lim\limits_{t \to 0} \dfrac{t \text{ sen } t}{1 - \cos t}$

25. $\lim\limits_{x \to (\pi/2)^-} \left(x - \dfrac{\pi}{2}\right) \sec x$

26. $\lim\limits_{x \to (\pi/2)^-} \left(\dfrac{\pi}{2} - x\right) \text{tg } x$

27. $\lim\limits_{\theta \to 0} \dfrac{3^{\text{sen}\,\theta} - 1}{\theta}$

28. $\lim\limits_{\theta \to 0} \dfrac{(1/2)^\theta - 1}{\theta}$

29. $\lim\limits_{x \to 0} \dfrac{x 2^x}{2^x - 1}$

30. $\lim\limits_{x \to 0} \dfrac{3^x - 1}{2^x - 1}$

31. $\lim\limits_{x \to \infty} \dfrac{\ln (x + 1)}{\log_2 x}$

32. $\lim\limits_{x \to \infty} \dfrac{\log_2 x}{\log_3 (x + 3)}$

33. $\lim\limits_{x \to 0^+} \dfrac{\ln(x^2 + 2x)}{\ln x}$

34. $\lim\limits_{x \to 0^+} \dfrac{\ln(e^x - 1)}{\ln x}$

35. $\lim\limits_{y \to 0} \dfrac{\sqrt{5y + 25} - 5}{y}$

36. $\lim\limits_{y \to 0} \dfrac{\sqrt{ay + a^2} - a}{y}, \; a > 0$

37. $\lim\limits_{x \to \infty} (\ln 2x - \ln(x + 1))$

38. $\lim\limits_{x \to 0^+} (\ln x - \ln \operatorname{sen} x)$

39. $\lim\limits_{x \to 0^+} \dfrac{(\ln x)^2}{\ln(\operatorname{sen} x)}$

40. $\lim\limits_{x \to 0^+} \left(\dfrac{3x + 1}{x} - \dfrac{1}{\operatorname{sen} x} \right)$

41. $\lim\limits_{x \to 1^+} \left(\dfrac{1}{x - 1} - \dfrac{1}{\ln x} \right)$

42. $\lim\limits_{x \to 0^+} (\operatorname{cossec} x - \operatorname{cotg} x + \cos x)$

43. $\lim\limits_{\theta \to 0} \dfrac{\cos \theta - 1}{e^\theta - \theta - 1}$

44. $\lim\limits_{h \to 0} \dfrac{e^h - (1 + h)}{h^2}$

45. $\lim\limits_{t \to \infty} \dfrac{e^t + t^2}{e^t - t}$

46. $\lim\limits_{x \to \infty} x^2 e^{-x}$

47. $\lim\limits_{x \to 0} \dfrac{x - \operatorname{sen} x}{x \operatorname{tg} x}$

48. $\lim\limits_{x \to 0} \dfrac{(e^x - 1)^2}{x \operatorname{sen} x}$

49. $\lim\limits_{\theta \to 0} \dfrac{\theta - \operatorname{sen} \theta \cos \theta}{\operatorname{tg} \theta - \theta}$

50. $\lim\limits_{x \to 0} \dfrac{\operatorname{sen} 3x - 3x + x^2}{\operatorname{sen} x \operatorname{sen} 2x}$

Potências e produtos indeterminados

Determine os limites nos Exercícios 51-66.

51. $\lim\limits_{x \to 1^+} x^{1/(1-x)}$

52. $\lim\limits_{x \to 1^+} x^{1/(x-1)}$

53. $\lim\limits_{x \to \infty} (\ln x)^{1/x}$

54. $\lim\limits_{x \to e^+} (\ln x)^{1/(x-e)}$

55. $\lim\limits_{x \to 0^+} x^{-1/\ln x}$

56. $\lim\limits_{x \to \infty} x^{1/\ln x}$

57. $\lim\limits_{x \to \infty} (1 + 2x)^{1/(2 \ln x)}$

58. $\lim\limits_{x \to 0} (e^x + x)^{1/x}$

59. $\lim\limits_{x \to 0^+} x^x$

60. $\lim\limits_{x \to 0^+} \left(1 + \dfrac{1}{x} \right)^x$

61. $\lim\limits_{x \to \infty} \left(\dfrac{x + 2}{x - 1} \right)^x$

62. $\lim\limits_{x \to \infty} \left(\dfrac{x^2 + 1}{x + 2} \right)^{1/x}$

63. $\lim\limits_{x \to 0^+} x^2 \ln x$

64. $\lim\limits_{x \to 0^+} x (\ln x)^2$

65. $\lim\limits_{x \to 0^+} x \operatorname{tg}\left(\dfrac{\pi}{2} - x \right)$

66. $\lim\limits_{x \to 0^+} \operatorname{sen} x \cdot \ln x$

Teoria e aplicações

A regra de l'Hôpital não ajuda com os limites nos Exercícios 67-74. Tente, mas você apenas entrará em um ciclo vicioso. Determine os limites de outra forma.

67. $\lim\limits_{x \to \infty} \dfrac{\sqrt{9x + 1}}{\sqrt{x + 1}}$

68. $\lim\limits_{x \to 0^+} \dfrac{\sqrt{x}}{\sqrt{\operatorname{sen} x}}$

69. $\lim\limits_{x \to (\pi/2)^-} \dfrac{\sec x}{\operatorname{tg} x}$

70. $\lim\limits_{x \to 0^+} \dfrac{\operatorname{cotg} x}{\operatorname{cossec} x}$

71. $\lim\limits_{x \to \infty} \dfrac{2^x - 3^x}{3^x + 4^x}$

72. $\lim\limits_{x \to -\infty} \dfrac{2^x + 4^x}{5^x - 2^x}$

73. $\lim\limits_{x \to \infty} \dfrac{e^{x^2}}{x e^x}$

74. $\lim\limits_{x \to 0^+} \dfrac{x}{e^{-1^x}}$

75. Qual deles está correto e qual está incorreto? Justifique sua resposta.

   a. $\lim\limits_{x \to 3} \dfrac{x - 3}{x^2 - 3} = \lim\limits_{x \to 3} \dfrac{1}{2x} = \dfrac{1}{6}$ b. $\lim\limits_{x \to 3} \dfrac{x - 3}{x^2 - 3} = \dfrac{0}{6} = 0$

76. Qual deles está correto e qual está incorreto? Justifique sua resposta.

   a. $\lim\limits_{x \to 0} \dfrac{x^2 - 2x}{x^2 - \operatorname{sen} x} = \lim\limits_{x \to 0} \dfrac{2x - 2}{2x - \cos x}$
   $= \lim\limits_{x \to 0} \dfrac{2}{2 + \operatorname{sen} x} = \dfrac{2}{2 + 0} = 1$

   b. $\lim\limits_{x \to 0} \dfrac{x^2 - 2x}{x^2 - \operatorname{sen} x} = \lim\limits_{x \to 0} \dfrac{2x - 2}{2x - \cos x} = \dfrac{-2}{0 - 1} = 2$

77. Apenas um desses cálculos está correto. Qual? Por que os outros estão errados? Justifique sua resposta.

   a. $\lim\limits_{x \to 0^+} x \ln x = 0 \cdot (-\infty) = 0$

   b. $\lim\limits_{x \to 0^+} x \ln x = 0 \cdot (-\infty) = -\infty$

   c. $\lim\limits_{x \to 0^+} x \ln x = \lim\limits_{x \to 0^+} \dfrac{\ln x}{(1/x)} = \dfrac{-\infty}{\infty} = -1$

   d. $\lim\limits_{x \to 0^+} x \ln x = \lim\limits_{x \to 0^+} \dfrac{\ln x}{(1/x)}$
   $= \lim\limits_{x \to 0^+} \dfrac{(1/x)}{(-1/x^2)} = \lim\limits_{x \to 0^+} (-x) = 0$

78. Determine todos os valores de c que satisfaçam a conclusão do teorema do valor médio de Cauchy para as funções dadas e intervalo.

   a. $f(x) = x, \quad g(x) = x^2, \quad (a, b) = (-2, 0)$
   b. $f(x) = x, \quad g(x) = x^2, \quad (a, b)$ arbitrário
   c. $f(x) = x^3/3 - 4x, \quad g(x) = x^2, \quad (a, b) = (0, 3)$

79. **Extensão contínua** Determine um valor de c que torne a função

$$f(x) = \begin{cases} \dfrac{9x - 3 \operatorname{sen} 3x}{5x^3}, & x \neq 0 \\ c, & x = 0 \end{cases}$$

contínua em $x = 0$. Explique por que seu valor de c funciona.

80. Para que valores de a e b temos

$$\lim\limits_{x \to 0} \left(\dfrac{\operatorname{tg} 2x}{x^3} + \dfrac{a}{x^2} + \dfrac{\operatorname{sen} bx}{x} \right) = 0?$$

T 81. **Forma $\infty - \infty$**
   a. Calcule o valor de

$$\lim\limits_{x \to \infty} \left(x - \sqrt{x^2 + x} \right)$$

   construindo o gráfico de $f(x) = x - \sqrt{x^2 + x}$ ao longo de um intervalo suficientemente grande de valores de x.

   b. Agora confirme seu cálculo determinando o limite com a regra de l'Hôpital. Primeiramente, multiplique $f(x)$ pela fração $(x + \sqrt{x^2 + x})/(x + \sqrt{x^2 + x})$ e simplifique o novo numerador.

82. Determine $\lim\limits_{x \to \infty} \left(\sqrt{x^2 + 1} - \sqrt{x} \right)$.

T 83. **Forma 0/0** Calcule o valor de

$$\lim\limits_{x \to 1} \dfrac{2x^2 - (3x + 1)\sqrt{x} + 2}{x - 1}$$

por representação gráfica. Depois confirme o cálculo com a regra de l'Hôpital.

84. Este exercício explora a diferença entre o limite

$$\lim\limits_{x \to \infty} \left(1 + \dfrac{1}{x^2} \right)^x$$

e o limite
$$\lim_{x \to \infty} \left(1 + \frac{1}{x}\right)^x = e.$$

a. Use a regra de l'Hôpital para mostrar que
$$\lim_{x \to \infty} \left(1 + \frac{1}{x}\right)^x = e.$$

T b. Esboce
$$f(x) = \left(1 + \frac{1}{x^2}\right)^x \quad \text{e} \quad g(x) = \left(1 + \frac{1}{x}\right)^x$$

em um único gráfico para $x \geq 0$. Como o comportamento de f se compara com o de g? Estime o valor de $\lim_{x \to \infty} f(x)$.

c. Confirme sua estimativa de $\lim_{x \to \infty} f(x)$ com o cálculo pela regra de l'Hôpital.

85. Mostre que
$$\lim_{k \to \infty} \left(1 + \frac{r}{k}\right)^k = e^r.$$

86. Dado que $x > 0$, determine o valor máximo, se houver, de
  a. $x^{1/x}$
  b. x^{1/x^2}
  c. x^{1/x^n} (sendo n um inteiro positivo)
  d. Mostre que $\lim_{x \to \infty} x^{1/x^n} = 1$ para cada n inteiro positivo.

87. Use limites para determinar assíntotas horizontais para cada função.
  a. $y = x \, \text{tg}\left(\dfrac{1}{x}\right)$
  b. $y = \dfrac{3x + e^{2x}}{2x + e^{3x}}$

88. Determine $f'(0)$ para $f(x) = \begin{cases} e^{-1/x^2}, & x \neq 0 \\ 0, & x = 0. \end{cases}$

T 89. Extensão contínua de $(\text{sen } x)^x$ para $[0, \pi]$
  a. Faça o gráfico de $f(x) = (\text{sen } x)^x$ no intervalo $0 \leq x \leq \pi$. Qual valor você atribui a f para torná-lo contínuo em $x = 0$?
  b. Verifique sua conclusão no item (a) usando a regra de l'Hôpital para determinar $\lim_{x \to 0^+} f(x)$.
  c. Voltando ao gráfico, calcule o valor máximo de f em $[0, \pi]$. Onde o valor max f é assumido?
  d. Apure o cálculo no item (c) representando graficamente f' na mesma janela para ver em que ponto seu gráfico cruza o eixo x. Para simplificar o trabalho, pode ser que você queira excluir o fator exponencial da expressão para f' e representar graficamente apenas o fator que possua um zero.

T 90. Função $(\text{sen } x)^{\text{tg } x}$ (*Continuação do Exercício 89.*)
  a. Faça o gráfico de $f(x) = (\text{sen } x)^{\text{tg } x}$ no intervalo $-7 \leq x \leq 7$. Como você explica as lacunas no gráfico? Qual a largura dessas lacunas?
  b. Agora faça o gráfico de f no intervalo $0 \leq x \leq \pi$. A função não está definida em $x = \pi/2$, mas o gráfico não possui nenhuma interrupção nesse ponto. O que ocorre? Qual valor o gráfico parece atribuir a f em $\pi/2$? (Dica: use a regra de l'Hôpital para determinar $\lim f$ quando $x \to (\pi/2)^-$ e $x \to (\pi/2)^+$.)
  c. Retomando os gráficos do item (b), calcule o valor max f e min f com a maior precisão possível e calcule os valores de x nos pontos em que eles são assumidos.

4.6 Otimização aplicada

Quais são as dimensões de um retângulo com perímetro fixo com área máxima? Qual a dimensão *mais econômica* de uma lata cilíndrica de determinado volume? Quantos itens deveriam ser produzidos para um ciclo de produção *mais rentável*? Cada uma dessas questões pede pelo melhor valor ou pelo valor ótimo de uma dada função. Nessa seção, usaremos derivadas para resolver uma variedade de problemas de otimização nos negócios, matemática, física e economia.

Resolução de problemas de otimização aplicada

1. *Leia o problema.* Leia o problema até compreendê-lo. Quais informações são fornecidas? Qual é a quantidade desconhecida a ser otimizada?
2. *Faça um esquema.* Indique todas as partes que podem ser importantes para o problema.
3. *Introduza variáveis.* Represente todas as relações no esquema e no problema com uma equação ou expressão algébrica; identifique a variável desconhecida.
4. *Escreva uma equação para a quantidade desconhecida.* Se possível, expresse a quantidade desconhecida em função de uma única variável, ou em duas equações em duas incógnitas. Isso pode exigir um certo trabalho.
5. *Teste os pontos críticos e as extremidades no domínio da quantidade desconhecida.* Utilize o que você sabe sobre a forma do gráfico de uma função. Use a primeira e a segunda derivadas para identificar e classificar os pontos críticos da função.

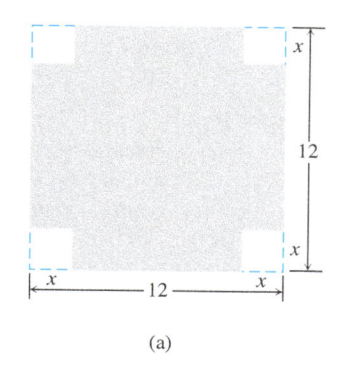

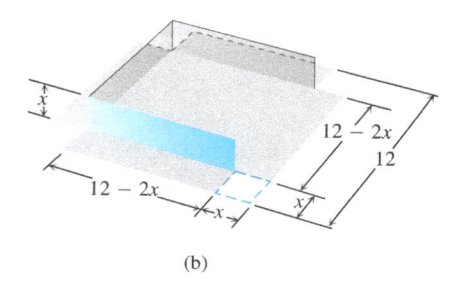

FIGURA 4.35 Caixa sem tampa feita de recortes dos cantos de uma chapa quadrada de estanho. Que tamanho de bordas maximiza o volume da caixa (Exemplo 1)?

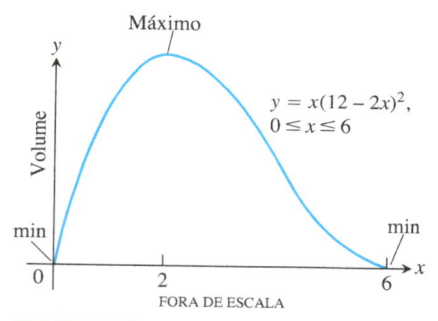

FIGURA 4.36 Volume da caixa na Figura 4.35 traçado em função de x.

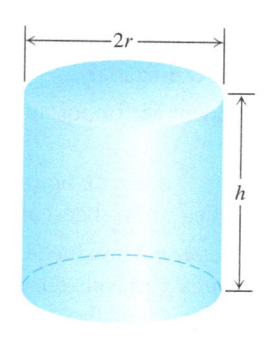

FIGURA 4.37 Essa lata de 1 litro utiliza o mínimo de material para ser produzida quando $h = 2r$ (Exemplo 2).

EXEMPLO 1 Uma caixa sem tampa será construída recortando-se pequenos quadrados congruentes dos cantos de uma folha de estanho que mede 12×12 pol. e dobrando-se os lados para cima. Que tamanho os quadrados das bordas devem ter para que a caixa tenha a capacidade máxima?

Solução Começaremos com um desenho (Figura 4.35). Nela, os quadrados nos cantos têm x pol. de lado. O volume total da caixa é uma função dessa variável:

$$V(x) = x(12 - 2x)^2 = 144x - 48x^2 + 4x^3. \qquad V = hlw$$

Como os lados da folha de estanho medem apenas 12 pol. de comprimento, $x \le 6$ e o domínio de V é o intervalo $0 \le x \le 6$.

Um gráfico de V (Figura 4.36) sugere um valor mínimo de 0 quando $x = 0$ e $x = 6$, e um máximo próximo de $x = 2$. Para descobrirmos mais, examinaremos a primeira derivada de V em relação a x:

$$\frac{dV}{dx} = 144 - 96x + 12x^2 = 12(12 - 8x + x^2) = 12(2 - x)(6 - x).$$

Das duas raízes, $x = 2$ e $x = 6$, apenas $x = 2$ está contida no domínio da função, fazendo parte da lista de pontos críticos. Os valores de V nesse único ponto crítico e nas duas extremidades são:

Valor no ponto crítico: $\qquad V(2) = 128$

Valores nas extremidades: $\qquad V(0) = 0, V(6) = 0.$

O volume máximo é de 128 pol.^{3}. Os quadrados a serem recortados devem ter 2 pol. de lado.

EXEMPLO 2 Pediram que você projetasse uma lata de um litro com a forma de um cilindro reto (Figura 4.37). Que dimensões exigirão menos material?

Solução *Volume da lata:* Se r e h forem medidos em centímetros, então o volume da lata em centímetros cúbicos será de

$$\pi r^2 h = 1000. \qquad \text{1 litro = 1000 cm}^3$$

Área da superfície da lata: $A = \underbrace{2\pi r^2}_{\text{bases circulares}} + \underbrace{2\pi rh}_{\text{parede do cilindro}}$

Como podemos interpretar a expressão "menos material"? Uma possibilidade é ignorar a espessura do material e o desperdício durante a fabricação. Então, procuramos as dimensões r e h que permitem que a área da superfície total seja a menor possível e, ainda assim, satisfaça a exigência de que $\pi r^2 h = 1000$.

Para expressar a área da superfície em função de uma variável, isolamos uma delas em $\pi r^2 h = 1000$ e a substituímos na fórmula da área da superfície. Isolar h é mais fácil:

$$h = \frac{1000}{\pi r^2}.$$

Assim,

$$A = 2\pi r^2 + 2\pi rh$$
$$= 2\pi r^2 + 2\pi r\left(\frac{1000}{\pi r^2}\right)$$
$$= 2\pi r^2 + \frac{2000}{r}.$$

Nosso objetivo é determinar um valor de $r > 0$ que minimize o valor de A. A Figura 4.38 sugere que esse valor existe.

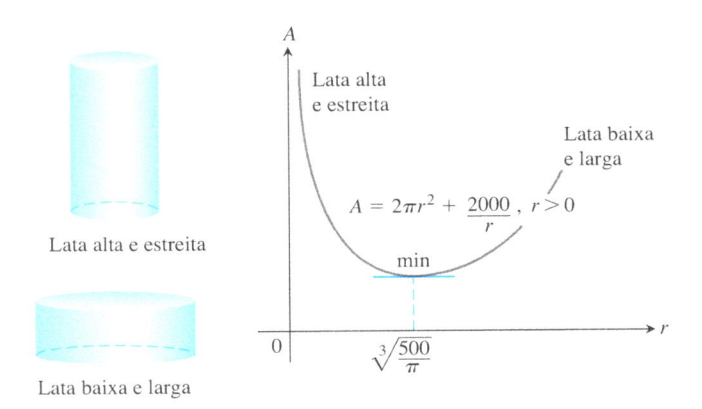

FIGURA 4.38 O gráfico de $A = 2\pi r^2 + 2000/r$ é côncavo para cima.

Observe no gráfico que, para valores pequenos de r (uma lata alta e estreita), o termo $2000/r$ predomina (veja a Seção 2.6) e A é grande. Para r grande (uma lata baixa e larga), o termo $2\pi r^2$ predomina, e A é grande novamente.

Como A é derivável quando $r > 0$, um intervalo sem extremidades, esta pode apresentar um valor mínimo apenas se a primeira derivada for zero.

$$\frac{dA}{dr} = 4\pi r - \frac{2000}{r^2}$$

$$0 = 4\pi r - \frac{2000}{r^2} \qquad \text{Faça } dA/dr = 0.$$

$$4\pi r^3 = 2000 \qquad \text{Multiplique por } r^2.$$

$$r = \sqrt[3]{\frac{500}{\pi}} \approx 5{,}42 \qquad \text{Resolva em } r.$$

O que acontece quando $r = \sqrt[3]{500/\pi}$?

A segunda derivada

$$\frac{d^2 A}{dr^2} = 4\pi + \frac{4000}{r^3}$$

é positiva ao longo do domínio de A. Portanto, o gráfico é côncavo para cima e o valor de A em $r = \sqrt[3]{500/\pi}$ é um mínimo absoluto.

O valor correspondente de h (após o uso de um pouco de álgebra) é

$$h = \frac{1000}{\pi r^2} = 2 \sqrt[3]{\frac{500}{\pi}} = 2r.$$

A fabricação usa o mínimo de material quando a lata de 1 L possui altura igual ao diâmetro, com $r \approx 5{,}42$ cm e $h \approx 10{,}84$ cm.

Exemplos da matemática e da física

EXEMPLO 3 Um retângulo deve ser inscrito em uma semicircunferência de raio 2. Qual é a maior área que o retângulo pode ter e quais são as suas dimensões?

Solução Sejam $(x, \sqrt{4 - x^2})$ as coordenadas do vértice do retângulo obtidas pela colocação do retângulo e da semicircunferência no plano cartesiano (Figura 4.39). O comprimento, a altura e a área do retângulo podem ser expressos em termos da posição x, no canto inferior direito da figura:

Comprimento: $2x$, Altura: $\sqrt{4 - x^2}$, Área: $2x\sqrt{4 - x^2}$.

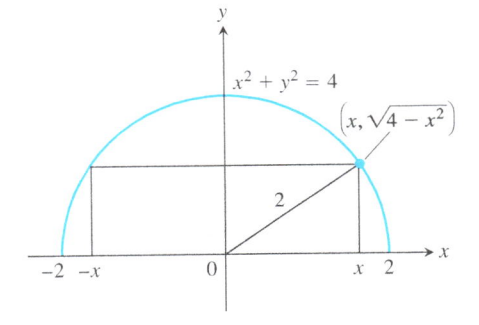

FIGURA 4.39 Retângulo inscrito na semicircunferência do Exemplo 3.

Observe que os valores de x devem estar dentro do intervalo $0 \le x \le 2$, onde está o vértice escolhido para o retângulo.

Agora, nosso objetivo é determinar o valor máximo absoluto da função

$$A(x) = 2x\sqrt{4 - x^2}$$

no domínio [0, 2].

A derivada

$$\frac{dA}{dx} = \frac{-2x^2}{\sqrt{4 - x^2}} + 2\sqrt{4 - x^2}$$

não é definida quando $x = 2$, e é igual a zero quando

$$\frac{-2x^2}{\sqrt{4 - x^2}} + 2\sqrt{4 - x^2} = 0$$
$$-2x^2 + 2(4 - x^2) = 0$$
$$8 - 4x^2 = 0$$
$$x^2 = 2 \text{ ou } x = \pm\sqrt{2}.$$

Das duas raízes, $x = \sqrt{2}$ e $x = -\sqrt{2}$, apenas $x = \sqrt{2}$ está no domínio de A e faz parte da lista de pontos críticos. Os valores de A nas extremidades e no único ponto crítico são

Valor no ponto crítico: $A(\sqrt{2}) = 2\sqrt{2}\sqrt{4 - 2} = 4$
Valores nas extremidades: $A(0) = 0, \quad A(2) = 0.$

A área máxima que o retângulo pode ter é 4, quando este tem $\sqrt{4 - x^2} = \sqrt{2}$ unidades de altura e $2x = 2\sqrt{2}$ unidades de comprimento.

BIOGRAFIA HISTÓRICA

Willebrord Snell van Royen
(1580-1626)

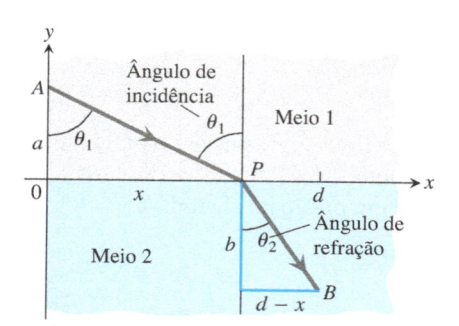

FIGURA 4.40 Um raio de luz sofre refração (é desviado de sua trajetória) quando passa de um meio para outro mais denso (Exemplo 4).

EXEMPLO 4 A velocidade da luz depende do meio que a luz atravessa, tendendo a ser menor em meios mais densos.

O **princípio de Fermat no campo da óptica** afirma que a luz sempre se propaga de um ponto para outro por um trajeto que minimiza o tempo de propagação. Determine o caminho que um raio de luz seguirá saindo do ponto A em um meio em que a velocidade da luz é c_1, para um ponto B, em outro meio em que a velocidade da luz é c_2.

Solução Como a luz, indo de A para B, segue o percurso mais rápido, então buscaremos aquela que minimiza o tempo de percurso. Admitamos que A e B estejam no plano cartesiano e que a reta que separa os dois meios seja o eixo x (Figura 4.40).

Em um meio uniforme, onde a velocidade da luz permanece constante, o "menor tempo" significa a "menor distância", e, portanto, o raio de luz seguirá uma linha reta. Assim, o caminho de A a B consistirá em um segmento de reta desde A até o ponto P na fronteira, seguido por outro segmento desde P até B. Como a distância é igual à taxa vezes o tempo, temos

$$\text{Tempo} = \frac{\text{distância}}{\text{taxa}}.$$

Da Figura 4.40, o tempo necessário para que a luz viaje de A até P é

$$t_1 = \frac{AP}{c_1} = \frac{\sqrt{a^2 + x^2}}{c_1}.$$

De P para B, o tempo é

$$t_2 = \frac{PB}{c_2} = \frac{\sqrt{b^2 + (d - x)^2}}{c_2}.$$

O tempo de A para B é a soma desses dois:

$$t = t_1 + t_2 = \frac{\sqrt{a^2 + x^2}}{c_1} + \frac{\sqrt{b^2 + (d - x)^2}}{c_2}.$$

Essa equação expressa t como uma função derivável de x cujo domínio é $[0, d]$, e o que queremos determinar é o valor mínimo absoluto de t nesse intervalo fechado. Calculamos a derivada

$$\frac{dt}{dx} = \frac{x}{c_1\sqrt{a^2 + x^2}} - \frac{d - x}{c_2\sqrt{b^2 + (d - x)^2}}$$

e observamos que ela é contínua. Em termos dos ângulos θ_1 e θ_2 da Figura 4.40,

$$\frac{dt}{dx} = \frac{\text{sen}\,\theta_1}{c_1} - \frac{\text{sen}\,\theta_2}{c_2}.$$

A função t tem uma derivada negativa em $x = 0$ e uma derivada positiva em $x = d$. Como dt/dx é contínua ao longo do intervalo $[0, d]$, pelo teorema do valor intermediário para funções contínuas (Seção 2.5), há um ponto $x_0 \in [0, d]$ onde $dt/dx = 0$ (Figura 4.41).

Existe apenas um ponto nessas condições, porque dt/dx é uma função crescente de x (Exercício 62). Nesse único ponto, temos

$$\frac{\text{sen}\,\theta_1}{c_1} = \frac{\text{sen}\,\theta_2}{c_2}.$$

Essa equação é a **lei de Snell** ou a **lei da refração**, um princípio importante na teoria da óptica. Ela descreve a trajetória de um raio de luz.

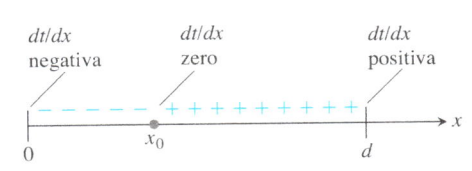

FIGURA 4.41 Padrão de sinais de dt/dx do Exemplo 4.

Exemplos em economia

Suponha que

$r(x)$ = receita proveniente da venda de x itens.

$c(x)$ = custo da produção de x itens.

$p(x) = r(x) - c(x)$ = lucro sobre a produção e venda de x itens.

Apesar de x ser geralmente um número inteiro em muitas aplicações, podemos aprender sobre o comportamento dessas funções definindo-as para todos os números reais diferentes de zero e supondo que sejam funções deriváveis. Os economistas usam os termos **receita marginal**, **custo marginal** e **lucro marginal** para denominar as derivadas $r'(x)$, $c'(x)$ e $p'(x)$ das funções receita, custo e lucro. Consideremos a relação do lucro p com essas derivadas.

Se $r(x)$ e $c(x)$ são deriváveis em x em algum intervalo de possibilidades de produção, e se $p(x) = r(x) - c(x)$ tem um valor máximo neste intervalo, ele ocorre em um ponto crítico de $p(x)$ ou em uma extremidade do intervalo. Se ocorrer em um ponto crítico, então $p'(x) = r'(x) - c'(x) = 0$, e veremos que $r'(x) = c'(x)$. Em termos econômicos, esta última equação significa que

> Em um nível de produção que gera lucro máximo, a receita marginal é igual ao custo marginal (Figura 4.42).

EXEMPLO 5 Suponha que $r(x) = 9x$ e $c(x) = x^3 - 6x^2 + 15x$, onde x representa milhares de unidades de tocadores de MP3 produzidos. Existe um nível de produção que maximize o lucro? Se sim, qual é?

Solução Observe que $r'(x) = 9$ e $c'(x) = 3x^2 - 12x + 15$.

$$3x^2 - 12x + 15 = 9 \quad \text{Estabelecendo } c'(x) = r'(x).$$

$$3x^2 - 12x + 6 = 0$$

As duas soluções da equação quadrática são

$$x_1 = \frac{12 - \sqrt{72}}{6} = 2 - \sqrt{2} \approx 0{,}586 \quad \text{e}$$

$$x_2 = \frac{12 + \sqrt{72}}{6} = 2 + \sqrt{2} \approx 3{,}414.$$

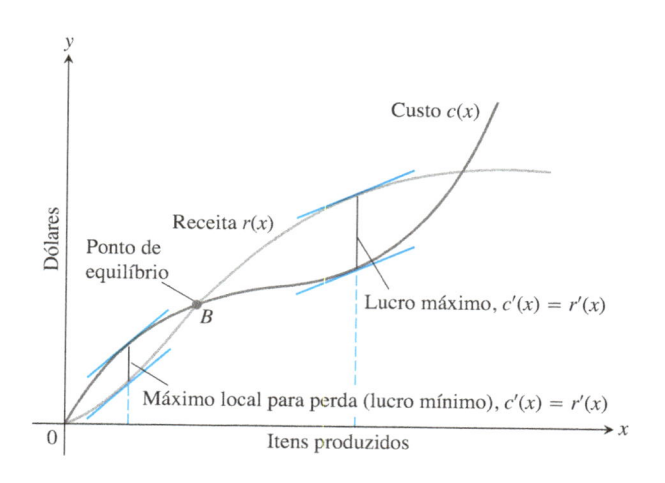

FIGURA 4.42 O gráfico de uma função de custo típico começa côncavo para baixo e depois se torna côncavo para cima, cruzando a curva de receita no ponto de equilíbrio B. À esquerda de B, a empresa opera no prejuízo. À direita, ela opera no lucro, e obtém o lucro máximo quando $c'(x) = r'(x)$. Mais à direita ainda, o custo excede a receita (talvez devido a uma combinação entre elevação dos custos de mão de obra e matéria-prima associada à saturação do mercado), e os níveis de produção se tornam novamente não lucrativos.

Os níveis de produção possíveis para o lucro máximo são $x \approx 0{,}586$ milhões de tocadores de MP3 ou $x \approx 3{,}414$ milhões. A segunda derivada de $p(x) = r(x) - c(x)$ é $p''(x) = -c''(x)$, uma vez que $r''(x)$ é zero em toda parte. Assim, $p''(x) = 6(2 - x)$, que é negativa em $x = 2 + \sqrt{2}$ e positiva em $x = 2 - \sqrt{2}$. Segundo o teste da segunda derivada, o lucro máximo ocorre quando $x = 3{,}414$ (onde a receita excede os custos), e a perda máxima ocorre quando $x = 0{,}586$. A Figura 4.43 mostra os gráficos de $r(x)$ e $c(x)$.

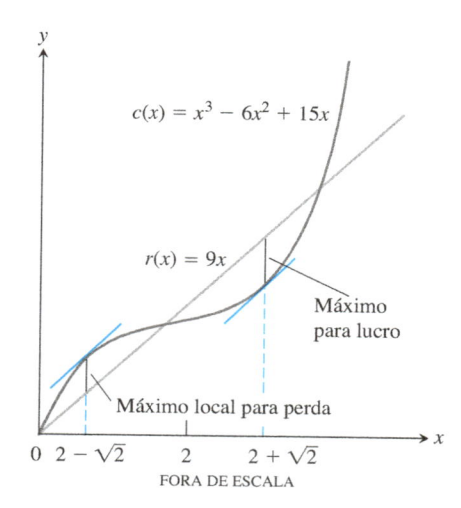

FIGURA 4.43 Curvas de custo e receita do Exemplo 5.

Exercícios 4.6

Aplicações matemáticas

Sempre que você maximizar ou minimizar uma função de uma só variável, pedimos que você faça um gráfico sobre o domínio apropriado ao problema que você deve resolver. O gráfico lhe fornecerá entendimento antes de começado o cálculo, além de um contexto visual para que você compreenda a sua resposta.

1. **Minimizando o perímetro** Qual é o menor perímetro possível para um retângulo cuja área é 16 pol.^{2}, e quais são suas dimensões?

2. Demonstre que, entre todos os retângulos com perímetro de 8 m, o de maior área é um quadrado.

3. A figura mostra um retângulo inscrito em um triângulo isósceles cuja hipotenusa tem 2 unidades de comprimento.

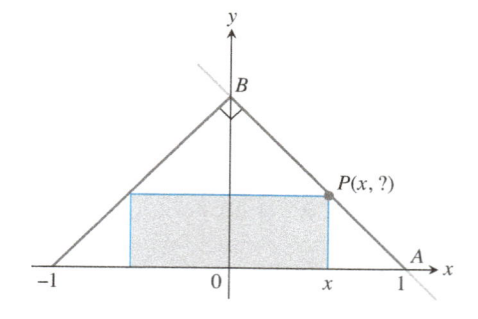

    a. Expresse a ordenada y de P em termos de x. (Dica: escreva uma equação para a reta AB.)
    b. Expresse a área do retângulo em termos de x.
    c. Qual é a maior área possível para o retângulo? Quais são as suas dimensões?

4. Um retângulo tem a sua base no eixo x e seus dois vértices superiores na parábola $y = 12 - x^2$. Qual é a maior área que esse retângulo pode ter, e quais são as suas dimensões?

5. Você está planejando construir uma caixa retangular aberta com uma folha de papelão de 8 × 15 pol., recortando quadrados congruentes dos vértices da folha e dobrando suas bordas para cima. Quais são as dimensões da caixa de maior volume que você pode fazer dessa maneira? Qual é o volume?

6. Você planeja fechar um canto do primeiro quadrante com um segmento de reta de 20 unidades de comprimento, que vai de $(a, 0)$ a $(0, b)$. Demonstre que a área do triângulo determinado pelo segmento é máxima quando $a = b$.

7. **Melhor esquema para uma cerca** Uma área retangular em uma fazenda será cercada por um rio, e nos outros três lados será usada uma cerca elétrica feita com apenas um fio. Com 800 m de fio à disposição, qual é a maior área que você pode cercar, e quais são as suas dimensões?

8. **A cerca mais curta** Um horta de ervilhas retangular com 216 m² será cercada e dividida em duas partes iguais por outra cerca paralela a um dos lados. Quais as dimensões do retângulo externo que exigirão a menor quantidade total de cerca? Quantos metros de cerca serão necessários?

9. **Projetando um tanque** Sua metalúrgica foi contratada por uma fábrica de papel para projetar e construir um tanque retangular de aço com base quadrada, sem tampa e com 500 pés³ de capacidade. O tanque será construído soldando-se as chapas de aço umas às outras ao longo das bordas. Como engenheiro de produção, sua tarefa é determinar as dimensões para a base e a altura que farão o tanque pesar o mínimo possível.

   a. Que dimensões serão passadas para a oficina?
   b. Descreva brevemente como você levou o peso em consideração.

10. **Captando água da chuva** Um tanque retangular com 1125 pés³ de capacidade, de base quadrada, medindo x pés de lado e y pés de profundidade, será construído com a parte superior nivelada com o solo para captar água pluvial. O custo associado ao tanque envolve não apenas o material a ser utilizado, mas também uma taxa de escavação proporcional ao produto xy.

    a. Sendo o custo total
    $$c = 5(x^2 + 4xy) + 10xy,$$
    que valores de x e y irão minimizá-lo?
    b. Apresente um cenário possível para a função custo do item (a).

11. **Design de um pôster** Você está preparando um pôster retangular que deverá conter 50 pol.² de material impresso, com margens superior e inferior de 4 pol. cada uma e margens à direita e à esquerda de 2 pol. cada uma. Que dimensões gerais minimizarão a quantidade de papel a ser utilizada?

12. Determine o volume do maior cone de revolução que pode ser inscrito em uma esfera de raio 3.

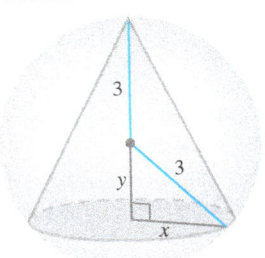

13. Dois lados de um triângulo medem a e b, e o ângulo entre eles é de θ. Qual é o valor de θ que maximizará a área do triângulo? (Dica: $A = (1/2)ab\ \text{sen}\ \theta$.)

14. **Design de uma lata** Quais são as dimensões da lata mais leve em forma de cilindro reto, sem tampa, que pode conter 1000 cm³? Compare esse resultado com o Exemplo 2.

15. **Design de uma lata** Você está projetando uma lata (um cilindro de revolução) de 1000 cm³ cuja manufatura levará em conta o desperdício. Não há desperdício ao cortar a lateral de alumínio, mas tanto a base como o topo, ambos de raio r, serão recortados de quadrados que medem $2r$ de lado. Portanto, a quantidade total de alumínio utilizada para fazer uma lata será de
    $$A = 8r^2 + 2\pi rh$$
    em vez de $A = 2\pi r^2 + 2\pi rh$, como ocorre no Exemplo 2. Nele, a razão h para r para a lata mais econômica foi de 2 para 1. Qual é a razão nesse caso?

16. **Design de uma caixa com tampa** Uma folha de papelão mede 10×15 pol. Dois quadrados iguais são recortados dos vértices de um lado com 10 pol., como mostra a figura. Dois retângulos iguais são recortados dos outros vértices, de modo que as abas possam ser dobradas para formar uma caixa retangular com tampa.

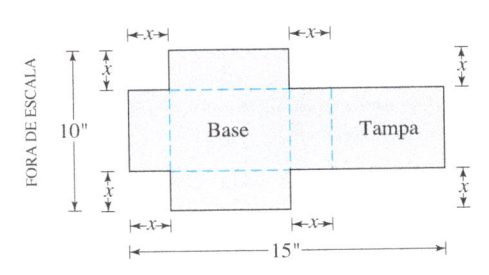

    a. Escreva uma fórmula $V(x)$ para o volume da caixa.
    b. Determine o domínio de V para esse problema e esboce o gráfico de V nesse domínio.
    c. Use um método gráfico para determinar o volume máximo e o valor respectivo de x que o fornece.
    d. Confirme o resultado que você obteve no item (c) analiticamente.

17. **Design de uma mala** Uma folha de papelão com medidas 24×36 pol. é dobrada ao meio para formar um retângulo de 24×18 pol., como mostra a figura a seguir. Depois, quatro quadrados congruentes com lados medindo x são recortados dos vértices do retângulo dobrado. A folha é desdobrada e seis abas são dobradas para cima, formando uma caixa com laterais e uma tampa.

    a. Escreva a fórmula $V(x)$ para o volume da caixa.
    b. Determine o domínio de V para esse problema e trace o gráfico de V nesse domínio.
    c. Use um método gráfico para determinar o volume máximo e o valor respectivo de x que o fornece.
    d. Confirme analiticamente o resultado do item (c).
    e. Determine um valor de x que produza um volume de 1120 pol.³.
    f. Escreva um parágrafo com a descrição dos problemas que surgem no item (b).

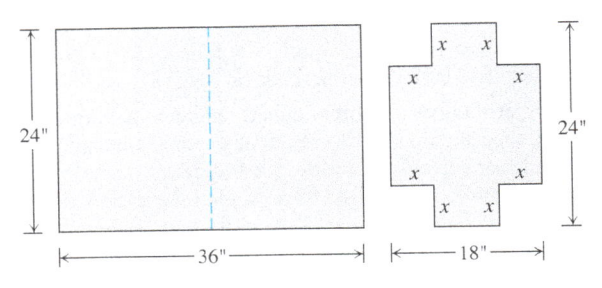

A folha é, então, desdobrada.

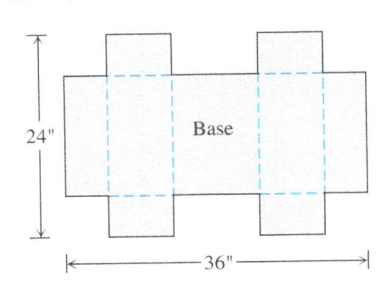

18. Um retângulo será inscrito em um arco da curva $y = 4\cos(0{,}5x)$, de $x = -\pi$ a $x = \pi$. Quais as dimensões do retângulo de maior área, e qual é a maior área?

19. Determine as dimensões de um cilindro circular reto com o maior volume possível que possa ser inscrito em uma esfera de raio 10 cm. Qual é o seu volume máximo?

20. a. O serviço postal norte-americano aceita caixas para entrega doméstica somente se a soma de seu comprimento e cintura (comprimento ao redor) não exceder 108 pol. Que dimensões terá uma caixa com base quadrada para ter o maior volume possível?

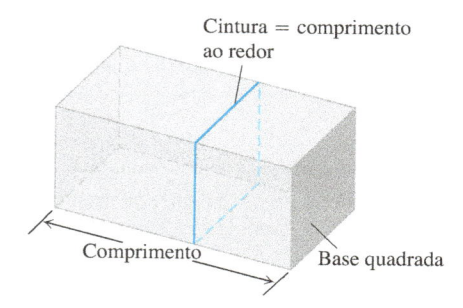

T b. Esboce o gráfico do volume de uma caixa de 108 pol. (comprimento mais cintura) em função de seu comprimento e compare o que observa com a resposta no item (a).

21. (*Continuação do Exercício 20.*)

a. Suponha que, em vez de uma caixa com base quadrada, você possua uma caixa com lados quadrados cujas dimensões sejam $h \times h \times w$ e cuja cintura seja $2h + 2w$. Que dimensões darão à caixa o maior volume nessas condições?

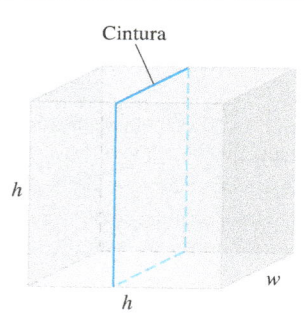

T b. Esboce o gráfico do volume em função de h e compare o que se vê com a resposta dada no item (a).

22. Uma janela possui a forma de um retângulo sob um semicírculo. O retângulo será de vidro transparente, enquanto o semicírculo será de vidro colorido, que transmite apenas metade da luz incidente, por unidade de área, em relação ao vidro transparente. O perímetro total é fixo. Determine as proporções da janela que permitirão a maior passagem de luz. Ignore a espessura do caixilho.

23. Um silo será construído (sem sua base) na forma de um cilindro sob um hemisfério. O custo da construção por unidade de área da superfície é duas vezes maior para o hemisfério em relação à lateral do cilindro. Determine as dimensões para um volume fixo com custos de produção minimizados. Ignore a espessura do silo e o desperdício na construção.

24. O cocho visto na figura a seguir será construído com as dimensões indicadas. Apenas o ângulo θ pode variar. Que valor de θ maximiza o volume do cocho?

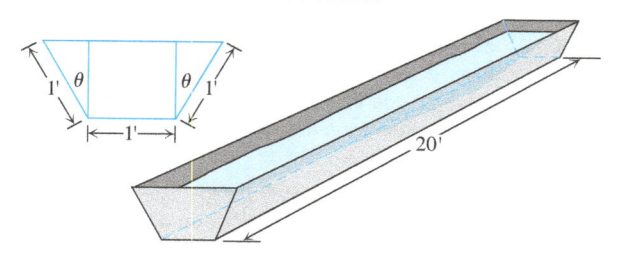

25. Dobrando papel Uma folha de papel retangular de $8{,}5 \times 11$ pol. é colocada sobre uma superfície plana. Um dos vértices é colocado no lado maior oposto, como mostra a figura, e deixado lá enquanto a folha está aplanada. O problema é tornar o comprimento do vinco o menor possível. Chamamos esse comprimento de L. Experimente fazer isso com papel.

a. Demonstre que $L^2 = 2x^3/(2x - 8{,}5)$.

b. Que valor de x minimiza L^2?

c. Qual é o valor mínimo de L?

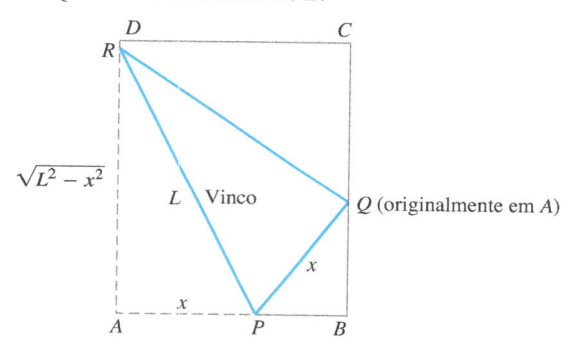

26. Construção de cilindros Compare as respostas dos seguintes problemas de construção.

a. Uma folha retangular com perímetro de 36 cm e dimensões $x \times y$ cm será enrolada para formar um cilindro, como mostra a parte (a) da figura. Que valores de x e y fornecem o maior volume?

b. A mesma folha sofrerá revolução em torno de um dos seus lados de comprimento y para formar outro cilindro, como indica a parte (b) da figura. Que valores de x e y fornecem o maior volume?

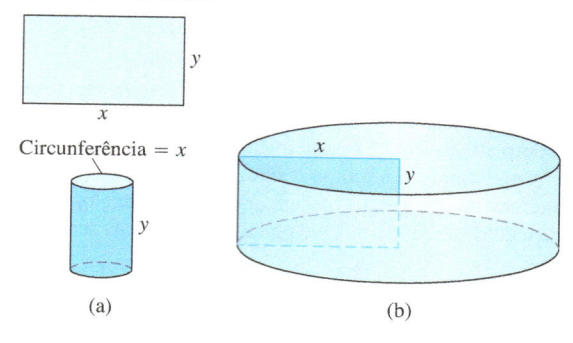

27. Construção de cones Um triângulo retângulo de hipotenusa $\sqrt{3}$ m gira em torno de um de seus catetos gerando um cone circular reto. Determine o raio, a altura e o volume do cone de maior volume que pode ser gerado dessa maneira.

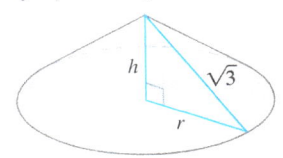

28. Determine o ponto sobre a reta $\dfrac{x}{a} + \dfrac{y}{b} = 1$ que está mais próximo da origem.

29. Determine um número positivo para o qual a soma dele e seu recíproco é o menor possível.

30. Determine um número positivo para o qual a soma de sua recíproca e quatro vezes o seu quadrado seja o menor possível.

31. Um fio com b metros de comprimento é cortado em duas partes. Uma parte é dobrada para formar um triângulo equilátero e a outra para formar um círculo. Se a soma das áreas delimitadas por cada parte for um mínimo, qual será o comprimento de cada parte?

32. Responda o Exercício 31 se uma parte estiver dobrada para formar um quadrado e outra para formar um círculo.

33. Determine as dimensões do retângulo de maior área que pode ser inscrito no triângulo retângulo mostrado na figura a seguir.

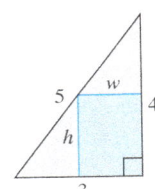

34. Determine as dimensões do retângulo de maior área que pode ser inscrito em um semicírculo de raio 3. (Veja a figura a seguir.)

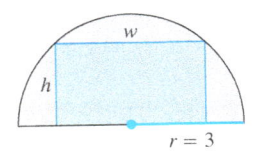

35. Que valor de a faz $f(x) = x^2 + (a/x)$ ter
    a. um mínimo local em $x = 2$?
    b. um ponto de inflexão quando $x = 1$?

36. Quais valores de a e b fazem $f(x) = x^3 + ax^2 + bx$ ter
    a. um máximo local em $x = -1$ e um mínimo local em $x = 3$?
    b. um mínimo local em $x = 4$ e um ponto de inflexão em $x = 1$?

Aplicações físicas

37. **Movimento vertical** A altura de um objeto que se desloca verticalmente é dada por
$$s = -16t^2 + 96t + 112,$$
com s em pés e t em segundos. Determine
   a. a velocidade do objeto quando $t = 0$;
   b. sua altura máxima e quando esta ocorre;
   c. sua velocidade quando $s = 0$.

38. **Rota mais rápida** Jane está em um barco a remo a 2 milhas da costa e deseja chegar a uma cidade litorânea que está a 6 milhas em linha reta do ponto (na costa) mais próximo do barco. Ela pode remar a 2 milhas/hora e caminhar a 5 milhas/hora. Onde ela deve aportar para chegar à cidade no tempo mais curto possível?

39. **Viga mais curta** O muro de 8 pés mostrado na figura a seguir está a 27 pés do edifício. Determine o comprimento da viga mais curta que alcançará o edifício, apoiado no solo do lado de fora do muro.

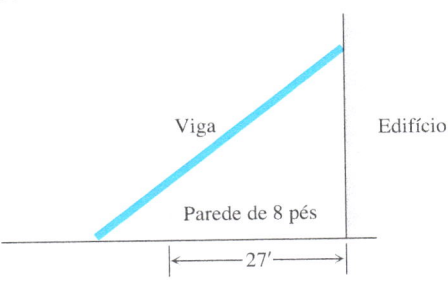

40. **Movimento sobre uma reta** As posições de duas partículas no eixo s são $s_1 = \operatorname{sen} t$ e $s_2 = \operatorname{sen}(t + \pi/3)$, com s_1 e s_2 em metros e t em segundos.
   a. Em que instante(s) no intervalo $0 \leq t \leq 2\pi$ as partículas se encontram?
   b. Qual é a distância máxima entre as duas partículas?
   c. Quando, no intervalo $0 \leq t \leq 2\pi$, a distância entre as partículas varia mais rapidamente?

41. A intensidade da iluminação em qualquer ponto de uma fonte de luz é proporcional ao quadrado da recíproca da distância entre o ponto e a fonte de luz. Duas luzes, uma tendo 8 vezes a intensidade da outra, estão 6 metros afastadas uma da outra. Qual é a distância da luz mais forte em que a iluminação total é mínima?

42. **Movimento de um projétil** O *alcance R* de um projétil disparado a partir da origem ao longo do solo horizontal é a distância a partir da origem até o ponto de impacto. Se o projétil é disparado a uma velocidade inicial v_0 a um ângulo α com a horizontal, então, no Capítulo 13, descobriremos que
$$R = \dfrac{v_0^2}{g} \operatorname{sen} 2\alpha,$$
onde g é a aceleração para baixo devido à gravidade. Determine o ângulo α para o qual o alcance R seja o maior possível.

T 43. **Resistência de uma viga** A resistência S de uma viga retangular de madeira é proporcional à sua largura multiplicada pelo quadrado da sua profundidade. (Veja a figura a seguir.)
   a. Determine as dimensões da viga mais resistente que pode ser cortada a partir de um tronco de 12 pol. de diâmetro.
   b. Esboce o gráfico de S em função da largura w da viga, considerando a constante de proporcionalidade $k = 1$. Concilie o que você observar neste item com sua resposta do item (a).
   c. Na mesma tela, esboce o gráfico de S em função da profundidade d da viga, mantendo $k = 1$. Compare um gráfico com o outro e também com a resposta do item (a). Qual seria o efeito de mudar para algum outro valor de k? Tente descobrir.

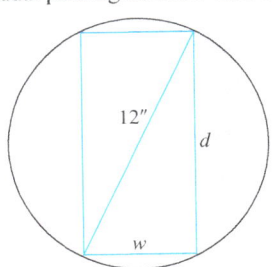

T 44. Rigidez de uma viga A rigidez S de uma viga retangular é proporcional à sua largura multiplicada pelo cubo de sua profundidade.

   a. Determine as dimensões que produzem a viga mais rígida que poderá ser cortada a partir de um tronco de 12 pol. de diâmetro.

   b. Esboce o gráfico de S em função da largura w da viga, considerando que a constante de proporcionalidade seja $k = 1$. Concilie o que observou neste item com a sua resposta no item (a).

   c. Na mesma tela, esboce o gráfico de S em função da profundidade d do sarrafo, mantendo $k = 1$. Compare um gráfico com o outro e com a sua resposta do item (a). Qual seria o efeito de mudar para algum outro valor de k? Experimente.

45. Carro na ausência de atrito Um carrinho preso a uma parede por uma mola é afastado 10 cm de sua posição de repouso e liberado no instante $t = 0$, oscilando, então, durante 4 segundos. Sua posição no instante t é dada por $s = 10 \cos \pi t$.

   a. Qual é a velocidade máxima do carrinho? Quando o carrinho se desloca com essa velocidade? Onde exatamente isso ocorre? Qual é a magnitude de sua aceleração nesse momento?

   b. Onde o carrinho se encontra quando a magnitude da aceleração é a maior possível? Qual é a velocidade do carrinho nesse momento?

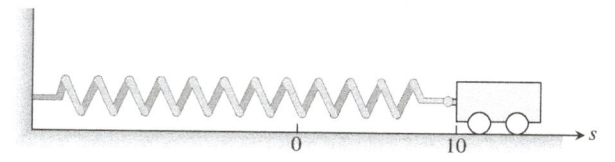

46. Duas massas penduradas por molas lado a lado possuem posições $s_1 = 2 \sin t$ e $s_2 = \sin 2t$, respectivamente.

   a. Em que instante do intervalo $0 < t$ elas passam uma pela outra? (Dica: $\sin 2t = 2 \sin t \cos t$.)

   b. Quando, no intervalo $0 \leq t \leq 2\pi$, a distância vertical entre as massas é máxima? Qual é essa distância? (Dica: $\cos 2t = 2 \cos^2 t - 1$.)

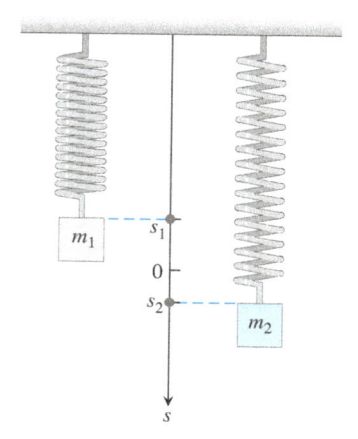

47. Distância entre dois navios Ao meio-dia, o navio A estava a 12 milhas náuticas ao norte do navio B. O navio A navegava para o sul a 12 nós (milhas náuticas por hora; uma milha náutica equivale a 2000 jardas) e continuou nesse sentido durante todo o dia. O navio B navegava para leste a 8 nós e continuou nesse sentido durante todo o dia.

   a. Comece com $t = 0$ ao meio-dia e expresse a distância s entre os navios em função de t.

   b. Qual a velocidade de mudança da distância entre os navios ao meio-dia? E uma hora mais tarde?

   c. A visibilidade desse dia era de 5 de milhas náuticas. Será que os navios podiam avistar um ao outro?

T d. Esboce s e ds/dt em um único gráfico como funções de t para $-1 \leq t \leq 3$, usando cores diferentes, se possível. Compare os gráficos e relacione o que você vê com suas respostas nos itens (b) e (c).

   e. Parece que o gráfico de ds/dt poderia apresentar uma assíntota horizontal no primeiro quadrante. Isso, por sua vez, sugere que ds/dt se aproxima de um valor limite, quando $t \to \infty$. Qual é esse valor? Qual a sua relação com a velocidade individual dos navios?

48. Princípio de Fermat na óptica A luz de uma fonte A é refletida por um espelho plano para um receptor no ponto B, como mostra a figura a seguir. Demonstre que para a luz obedecer ao princípio de Fermat o ângulo de incidência deve ser igual ao ângulo de reflexão, medidos a partir da reta normal à superfície refletora do espelho. (Esse resultado pode também ser deduzido sem cálculo. Existe um argumento puramente geométrico, que talvez você prefira.)

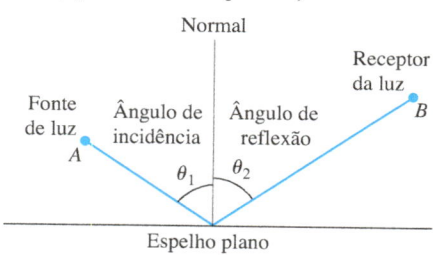

49. Peste do estanho Quando o estanho metálico é mantido abaixo de 13,2°C, torna-se lentamente quebradiço e acaba por esfarelar. Se objetos de estanho forem mantidos durante anos a baixas temperaturas, eventualmente, esfarelam-se espontaneamente. Os europeus que observaram os tubos de estanho dos órgãos das igrejas se desintegrarem no passado chamavam essa transformação de *peste do estanho*, porque parecia ser contagiosa, e de certa forma era, pois o pó cinza catalisa a própria formação.

Um *catalisador* para uma reação química é uma substância que aumenta a velocidade da reação sem sofrer alteração permanente. Uma *reação autocatalítica* é aquela em que o produto é o catalisador da própria formação. Uma reação desse tipo pode ocorrer lentamente no início, quando a quantidade de catalisador presente é pequena, e também no final, quando a maior parte da substância original já foi consumida. Mas, nesse intervalo, quando tanto a substância original quanto o produto catalisador são abundantes, a reação ocorre mais rapidamente.

Em alguns casos, é razoável admitir que a velocidade da reação $v = dx/dt$ é proporcional tanto à quantidade de substância original quanto à quantidade de produto. Ou seja, v pode ser expressa em função apenas de x, e

$$v = kx(a - x) = kax - kx^2,$$

onde

x = quantidade do produto

a = quantidade de substância no início

k = constante positiva.

Com que valor de x a velocidade v apresenta um máximo? Qual é o valor máximo de v?

50. Trajetória de aterrissagem de um avião Um avião que voa à altitude H começa a descer rumo à pista de pouso de um aeroporto que está a uma distância terrestre horizontal L do avião, como mostra a figura a seguir. Suponha que a trajetória descendente do avião seja o gráfico de uma função polinomial cúbica $y = ax^3 + bx^2 + cx + d$, onde $y(-L) = H$ e $y(0) = 0$.

a. Quanto vale dy/dx quando $x = 0$?

b. Quanto vale dy/dx quando $x = -L$?

c. Use os valores de dy/dx quando $x = 0$ e $x = -L$, juntamente com $y(0) = 0$ e $y(-L) = H$ para demonstrar que

$$y(x) = H\left[2\left(\frac{x}{L}\right)^3 + 3\left(\frac{x}{L}\right)^2\right].$$

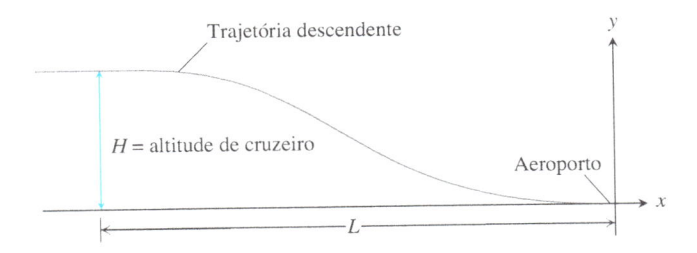

Negócios e economia

51. O custo, em dólares, para uma empresa manufaturar e distribuir uma mochila é c. Se as mochilas são vendidas a x dólares cada uma, o número de unidades vendidas é dada por

$$n = \frac{a}{x-c} + b(100 - x),$$

onde a e b são constantes positivas. Qual preço de venda trará lucro máximo?

52. Você opera uma agência de excursões que pratica os seguintes preços:

- $ 200 por pessoa, caso 50 pessoas (o número mínimo necessário para fechar um grupo) participem da excursão.
- Para cada pessoa a mais, até um máximo de 80 pessoas, o preço **é reduzid**o em $ 2.

A realização da excursão custa $ 6000 (custo fixo) mais $ 32 por pessoa. Quantas pessoas são necessárias para maximizar o lucro?

53. Fórmula do tamanho do lote de Wilson Uma das fórmulas para gerenciamento de almoxarifado diz que o custo médio semanal para você encomendar, pagar e armazenar uma mercadoria é

$$A(q) = \frac{km}{q} + cm + \frac{hq}{2},$$

onde q é a quantidade que você encomenda quando o estoque está baixo (calçados, rádios, vassouras, seja o que for), k é o custo para fazer o pedido (que é constante, não importando quanto você pede), c é o custo de um item (uma constante), m é o número de itens vendidos em uma semana (uma constante) e h é o custo semanal de armazenagem de um item (uma constante que leva em conta, por exemplo, o espaço que o item ocupa, utilidade, seguro e segurança).

a. Seu trabalho, como almoxarife, é determinar a quantidade que minimizará $A(q)$. Que quantidade é essa? (A fórmula que você obterá como resposta é conhecida como *fórmula do tamanho do lote de Wilson*.)

b. Às vezes, os custos de entrega dependem do tamanho do pedido. Quando isso ocorre, é mais conveniente substituir k por $k + bq$, a soma de k e uma múltipla constante de q. Qual é a quantidade mais econômica a encomendar agora?

54. Nível de produção Demonstre que o nível de produção (se houver) ao qual o custo médio é mínimo é aquele em que o custo médio é igual ao custo marginal.

55. Demonstre que se $r(x) = 6x$ e $c(x) = x^3 - 6x^2 + 15x$ são suas funções de receita e custo, então o melhor que você consegue é ter a receita igual ao custo.

56. Nível de produção Suponha que $c(x) = x^3 - 20x^2 + 20.000x$ seja o custo para manufaturar x itens. Determine o nível de produção que minimizará o custo médio para produzir x itens.

57. Você está para construir uma caixa aberta retangular com base quadrada e um volume de 48 pés^3. Se o material para o fundo custa $ 6/pés^2 e o material para os lados custa $ 4/pés^2, que dimensões resultarão em uma caixa menos cara? Qual é o custo mínimo?

58. A cadeia Mega Motel, com capacidade de 800 quartos, fica lotada quando o custo do quarto é de $ 50 por noite. Para cada aumento de $ 10 no custo do quarto, 40 quartos a menos ficam ocupados a cada noite. Que custo por apartamento resultará na receita máxima por noite?

Biologia

59. Sensibilidade a medicamentos (*Continuação do Exercício 72, Seção 3.3.*) Calcule a quantidade de medicamento à qual o organismo é mais sensível, determinando o valor de M que maximiza a derivada dR/dM, onde

$$R = M^2\left(\frac{C}{2} - \frac{M}{3}\right)$$

e C é uma constante.

60. Como tossimos

a. Quando tossimos, a traqueia se contrai e aumenta a velocidade do ar que passa. Isso levanta questões sobre quanto ela deveria se contrair para maximizar a velocidade e se ela realmente se contrai tanto assim quando tossimos.

Considerando algumas hipóteses razoáveis sobre a elasticidade da traqueia e de como a velocidade do ar próximo às paredes é reduzida pelo atrito, a velocidade média v do fluxo de ar pode ser modelada pela equação

$$v = c(r_0 - r)r^2 \text{ cm/s}, \quad \frac{r_0}{2} \leq r \leq r_0,$$

onde r_0 é o raio, em centímetros, da traqueia em repouso e c é uma constante positiva, cujo valor depende em parte do comprimento da traqueia.

Demonstre que v é máximo quando $r = (2/3)r_0$; ou seja, quando a traqueia está contraída em cerca de 33%. O impressionante é que imagens obtidas com raios X confirmam que a traqueia se contrai nessa proporção durante a tosse.

T b. Sendo $r_0 = 0,5$ e $c = 1$, trace o gráfico de v no intervalo $0 \leq r \leq 0,5$. Compare o que você observa com a alegação de que v é máximo quando $r = (2/3)r_0$.

Teoria e exemplos

61. Desigualdade para inteiros positivos   Demonstre que se a, b, c e d são inteiros positivos, então
$$\frac{(a^2 + 1)(b^2 + 1)(c^2 + 1)(d^2 + 1)}{abcd} \geq 16.$$

62. Derivada dt/dx no Exemplo 4
   a. Demonstre que
   $$f(x) = \frac{x}{\sqrt{a^2 + x^2}}$$
   é uma função crescente de x.
   b. Demonstre que
   $$g(x) = \frac{d - x}{\sqrt{b^2 + (d-x)^2}}$$
   é uma função decrescente de x.
   c. Demonstre que
   $$\frac{dt}{dx} = \frac{x}{c_1\sqrt{a^2 + x^2}} - \frac{d - x}{c_2\sqrt{b^2 + (d-x)^2}}$$
   é uma função crescente de x.

63. Sejam $f(x)$ e $g(x)$ as funções deriváveis traçadas aqui. O ponto c é onde a distância vertical entre as curvas é máxima. Há algo especial sobre as tangentes às duas curvas em c? Justifique sua resposta.

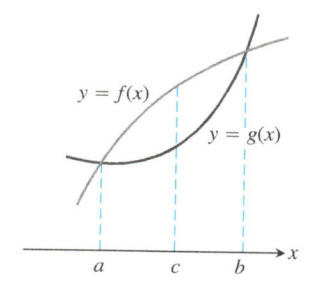

64. Você foi incumbido de determinar se a função $f(x) = 3 + 4\cos x + \cos 2x$ é negativa em algum momento.
   a. Explique por que você precisa considerar apenas os valores de x do intervalo $[0, 2\pi]$.
   b. f é negativa em algum momento? Explique.

65. a. A função $y = \cotg x - \sqrt{2}\cossec x$ possui um valor máximo absoluto no intervalo $0 < x < \pi$. Determine-o.
   T b. Esboce o gráfico da função e compare o que você observa com a resposta do item (a).

66. a. A função $y = \tg x + 3\cotg x$ possui um valor mínimo absoluto no intervalo $0 < x < \pi/2$. Determine-o.
   T b. Esboce o gráfico da função e compare o que você observa com a resposta do item (a).

67. a. Qual é a distância mínima da curva $y = \sqrt{x}$ ao ponto $(3/2, 0)$? (Dica: minimizando o *quadrado* da distância, você evita trabalhar com raízes quadradas.)
   T b. Trace o gráfico da função distância $D(x)$ juntamente com o de $y = \sqrt{x}$ e concilie o que você observa com a resposta do item (a).

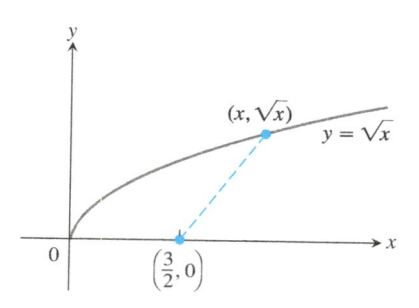

68. a. Qual é a distância mínima de um ponto da semicircunferência $y = \sqrt{16 - x^2}$ ao ponto $\left(1, \sqrt{3}\right)$?
   T b. Trace o gráfico da função distância juntamente com $y = \sqrt{16 - x^2}$ e concilie o que você observa com a resposta do item (a).

4.7 Método de Newton

Nesta seção, estudaremos um método numérico denominado *método de Newton*, ou *método de Newton-Raphson*, que consiste em uma técnica para aproximar a solução de uma equação $f(x) = 0$. Essencialmente, esse método usa retas tangentes no lugar do gráfico de $y = f(x)$ próximo aos pontos onde f é zero. (Um valor de x onde f é zero é uma *raiz* da função f e uma *solução* da equação $f(x) = 0$.)

Procedimento para o método de Newton

O objetivo do método de Newton para estimar a solução de uma equação $f(x) = 0$ é produzir uma sequência de aproximações que tendem para a solução. Escolhemos o primeiro número x_0 da sequência. Então, sob circunstâncias favoráveis, o método se encarregará do resto, caminhando passo a passo rumo a um ponto onde o gráfico de f cruza o eixo x (Figura 4.44). A cada passo, o método aproxima uma raiz de f, utilizando a raiz de uma de suas linearizações. Eis como funciona.

A estimativa inicial, x_0, pode ser determinada graficamente ou apenas por simples suposição. Assim, o método usa a tangente à curva $y = f(x)$ em $(x_0, f(x_0))$ para aproximar a curva, chamando o ponto x_1 onde a tangente cruza o eixo x (Figura 4.44). O número x_1 geralmente é uma aproximação melhor da solução do que x_0. O ponto x_2, onde a tangente à curva em $(x_1, f(x_1))$ cruza o eixo x, é a aproximação seguinte. Continuamos, usando cada aproximação para gerar a próxima, até que estejamos suficientemente perto da raiz e possamos parar.

Podemos deduzir uma fórmula para gerar as aproximações sucessivas da forma apresentada a seguir. Dada a aproximação x_n, a equação da tangente à curva em $(x_n, f(x_n))$ é

$$y = f(x_n) + f'(x_n)(x - x_n).$$

Podemos determinar onde essa curva cruza o eixo x fazendo com que $y = 0$ (Figura 4.45):

$$0 = f(x_n) + f'(x_n)(x - x_n)$$

$$-\frac{f(x_n)}{f'(x_n)} = x - x_n$$

$$x = x_n - \frac{f(x_n)}{f'(x_n)} \qquad \text{Se } f'(x_n) \neq 0$$

Esse valor de x é a próxima aproximação x_{n+1}. Eis um resumo do método de Newton.

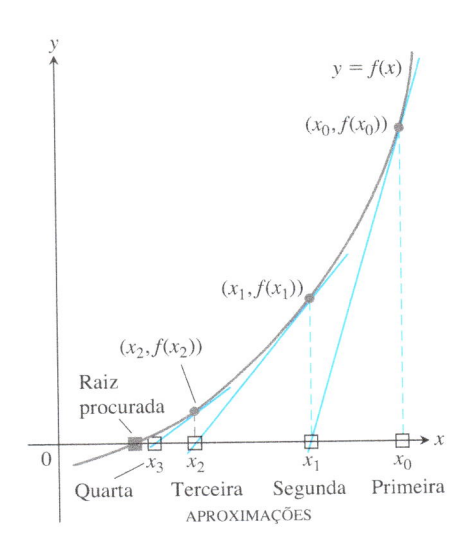

FIGURA 4.44 O método de Newton começa pela estimativa inicial x_0 e (sob circunstâncias favoráveis) melhora a estimativa a cada passo.

Método de Newton

1. Escolha uma primeira aproximação para uma solução da equação $f(x) = 0$. Um gráfico de $y = f(x)$ poderá ajudá-lo.
2. Use a primeira aproximação para obter uma segunda, a segunda para obter uma terceira, e assim por diante, utilizando a fórmula

$$x_{n+1} = x_n - \frac{f(x_n)}{f'(x_n)}, \qquad \text{se } f'(x_n) \neq 0. \tag{1}$$

Aplicação do método de Newton

As aplicações do método de Newton geralmente envolvem muitos cálculos numéricos, o que as torna especialmente adequadas para computadores ou calculadoras. De qualquer modo, mesmo quando os cálculos são feitos manualmente (o que pode ser bem tedioso), o método é uma boa maneira de achar soluções para equações.

Em nosso primeiro exemplo, determinaremos aproximações decimais para $\sqrt{2}$ estimando a raiz positiva da equação $f(x) = x^2 - 2 = 0$.

EXEMPLO 1 Determine a raiz positiva da equação

$$f(x) = x^2 - 2 = 0.$$

Solução Com $f(x) = x^2 - 2$ e $f'(x) = 2x$, a Equação 1 se torna

$$x_{n+1} = x_n - \frac{x_n^2 - 2}{2x_n}$$

$$= x_n - \frac{x_n}{2} + \frac{1}{x_n}$$

$$= \frac{x_n}{2} + \frac{1}{x_n}.$$

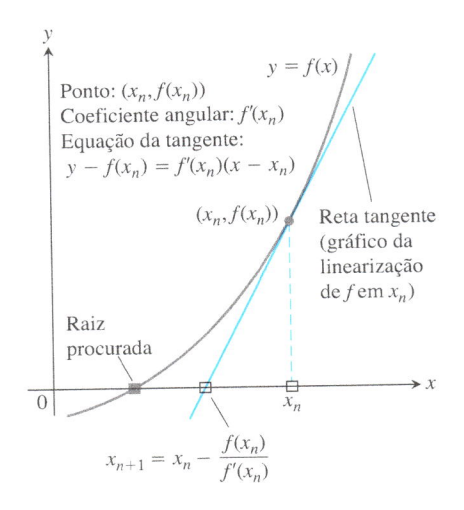

FIGURA 4.45 Geometria das etapas sucessivas do método de Newton. A partir de x_n, seguimos para cima até a curva e descemos pela reta tangente para determinar x_{n+1}.

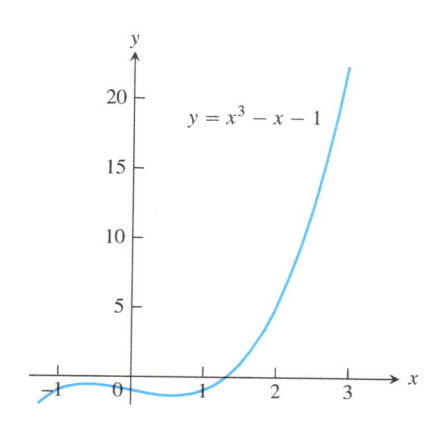

FIGURA 4.46 O gráfico de $f(x) = x^3 - x - 1$ cruza o eixo x uma vez; essa é a raiz que queremos determinar (Exemplo 2).

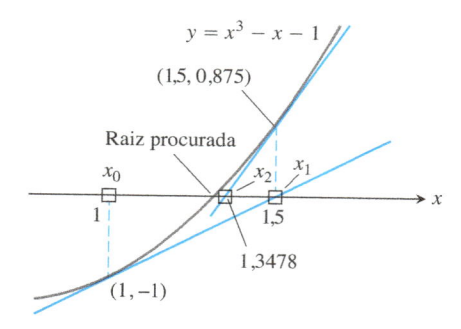

FIGURA 4.47 Primeiros três valores de x da Tabela 4.1 (quatro casas decimais).

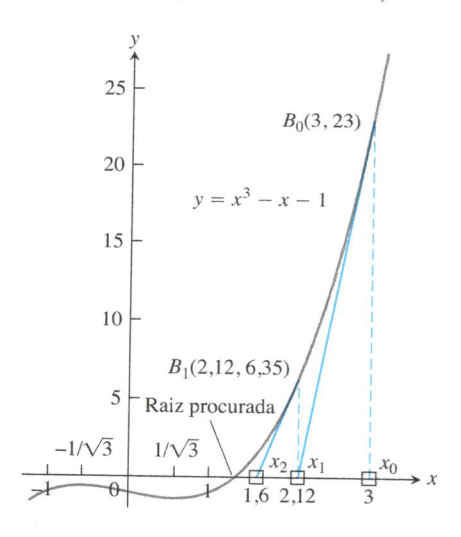

FIGURA 4.48 Qualquer valor inicial x_0 à direita de $x = 1/\sqrt{3}$ levará à raiz.

A equação

$$x_{n+1} = \frac{x_n}{2} + \frac{1}{x_n}$$

permite passar de uma aproximação para a seguinte com apenas alguns comandos. Com o valor inicial $x_0 = 1$, obtemos os resultados na primeira coluna da tabela a seguir. (Com cinco casas decimais, $\sqrt{2} = 1{,}41421$.)

	Erro	Número de algarismos corretos
$x_0 = 1$	$-0{,}41421$	1
$x_1 = 1{,}5$	$0{,}08579$	1
$x_2 = 1{,}41667$	$0{,}00246$	3
$x_3 = 1{,}41422$	$0{,}00001$	5

O método de Newton é usado pela maioria das calculadoras para determinar raízes, pois converge muito rapidamente (veremos mais sobre isso adiante). Se a aritmética da tabela do Exemplo 1 tivesse sido realizada com 13 casas decimais em vez de 5, então ao dar um passo adiante teria resultado em $\sqrt{2}$ com mais de 10 casas decimais corretas.

EXEMPLO 2 Determine a abscissa do ponto onde a curva $y = x^3 - x$ cruza a reta horizontal $y = 1$.

Solução A curva cruza a reta quando $x^3 - x = 1$ ou $x^3 - x - 1 = 0$. Quando $f(x) = x^3 - x - 1$ é igual a zero? Como $f(1) = -1$ e $f(2) = 5$, sabemos pelo teorema do valor intermediário que existe uma raiz no intervalo $(1, 2)$ (Figura 4.46).

Aplicamos o método de Newton a f com valor inicial $x_0 = 1$. Os resultados são apresentados na Tabela 4.1 e na Figura 4.47.

Quando $n = 5$, chegamos ao resultado $x_6 = x_5 = 1{,}3247\,17957$. Quando $x_{n+1} = x_n$, a Equação 1 mostra que $f(x_n) = 0$. Chegamos à solução de $f(x) = 0$ com nove casas decimais.

TABELA 4.1 Resultado da aplicação do método de Newton a $f(x) = x^3 - x - 1$ com $x_0 = 1$

n	x_n	$f(x_n)$	$f'(x_n)$	$x_{n+1} = x_n - \dfrac{f(x_n)}{f'(x_n)}$
0	1	-1	2	1,5
1	1,5	0,875	5,75	1,3478 26087
2	1,3478 26087	0,1006 82173	4,4499 05482	1,3252 00399
3	1,3252 00399	0,0020 58362	4,2684 68292	1,3247 18174
4	1,3247 18174	0,0000 00924	4,2646 34722	1,3247 17957
5	1,3247 17957	$-1{,}8672\text{E}-13$	4,2646 32999	1,3247 17957

Na Figura 4.48 indicamos que o processo do Exemplo 2 poderia ter sido iniciado no ponto $B_0(3, 23)$ da curva, com $x_0 = 3$. O ponto B_0 está bem distante do eixo x, mas a tangente em B_0 cruza o eixo x aproximadamente em $(2{,}12;\,0)$, portanto x_1 ainda é melhor se comparado com x_0. Se utilizarmos a Equação 1 repetidamente, como antes, com $f(x) = x^3 - x - 1$ e $f'(x) = 3x^2 - 1$, obteremos a solução com nove casas decimais $x_7 = x_6 = 1{,}3247\,17957$ em sete etapas.

Convergência das aproximações

No Capítulo 10, definimos precisamente a ideia de *convergência* para as aproximações x_n no método de Newton. Intuitivamente, queremos dizer que, como o

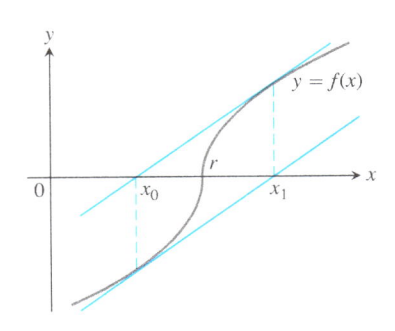

FIGURA 4.49 O método de Newton não consegue convergir. Você vai de x_0 a x_1 e volta para x_0, sem nunca se aproximar de r.

número n de aproximações aumenta sem limitações, os valores x_n se aproximam arbitrariamente da raiz desejada r. (Essa noção é semelhante à ideia do limite de uma função $g(t)$ quando t tende a infinito, como definido na Seção 2.6.)

Na prática, o método de Newton, geralmente, apresenta convergência com uma velocidade impressionante, mas isso não é garantido. Uma maneira de testar a convergência é iniciar pela representação gráfica da função para estimar um bom valor inicial para x_0. Você pode testar se está ficando mais próximo de um zero da função pelo cálculo de $|f(x_n)|$ e verificar se as aproximações estão convergindo pelo cálculo de $|x_n - x_{n+1}|$.

O método de Newton nem sempre converge. Por exemplo, se

$$f(x) = \begin{cases} -\sqrt{r-x}, & x < r \\ \sqrt{x-r}, & x \geq r, \end{cases}$$

o gráfico será como o apresentado na Figura 4.49. Se começamos com $x_0 = r - h$, obtemos $x_1 = r + h$, e aproximações sucessivas vão e voltam entre esses dois valores. Nenhuma quantidade de iterações nos deixa mais próximos da raiz do que a nossa primeira aproximação.

Se o método de Newton converge, ele converge para uma raiz. Tenha cuidado, entretanto. Há situações em que o método parece convergir, mas não há nenhuma raiz ali. Felizmente, elas são raras.

Quando o método de Newton converge para uma raiz, a raiz pode não ser aquela que você tem em mente. A Figura 4.50 mostra duas maneiras como isso pode acontecer.

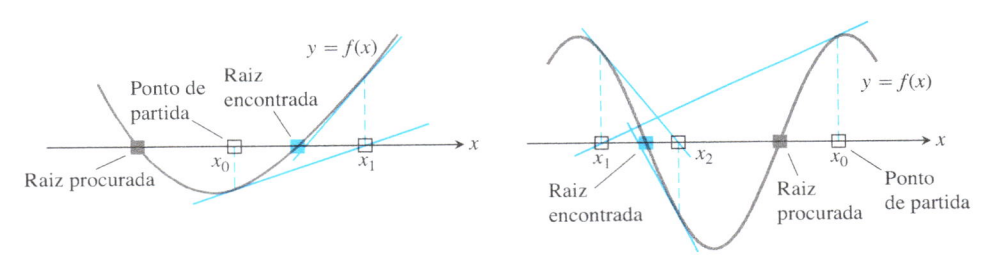

FIGURA 4.50 Se você começar muito distante, o método de Newton pode perder a raiz que você deseja.

Exercícios 4.7

Determinação de raízes

1. Use o método de Newton para estimar as soluções da equação $x^2 + x - 1 = 0$. Comece com $x_0 = -1$ para a solução à esquerda e com $x_0 = 1$ para a solução à direita. Depois, determine x_2 em cada caso.

2. Use o método de Newton para estimar a única solução real de $x^3 + 3x + 1 = 0$. Inicie com $x_0 = 0$ e depois calcule x_2.

3. Use o método de Newton para estimar as duas raízes da função $f(x) = x^4 + x - 3$. Comece com $x_0 = -1$ para a raiz à esquerda e depois com $x_0 = 1$ para a raiz à direita. Então, determine x_2 em cada caso.

4. Use o método de Newton para estimar as duas raízes da função $f(x) = 2x - x^2 + 1$. Comece com $x_0 = 0$ para a raiz à esquerda e depois com $x_0 = 2$ para a raiz à direita. Então, determine x_2 em cada caso.

5. Use o método de Newton para determinar a quarta raiz positiva de 2 resolvendo a equação $x^4 - 2 = 0$. Comece com $x_0 = 1$ e calcule x_2.

6. Use o método de Newton para determinar a raiz quarta negativa de 2 resolvendo a equação $x^4 - 2 = 0$. Comece com $x_0 = -1$ e calcule x_2.

7. **Adivinhando uma raiz** Suponha que sua primeira tentativa para a raiz esteja correta, no sentido de que x_0 seja uma raiz de $f(x) = 0$. Supondo que $f'(x_0)$ exista e seja não nula, o que acontecerá com x_1 e com as aproximações seguintes?

8. **Estimando pi** Você planeja estimar $\pi/2$ com cinco casas decimais usando o método de Newton para resolver a equação $\cos x = 0$. O valor inicial faz diferença? Justifique sua resposta.

Teoria e exemplos

9. **Oscilação** Demonstre que, se $h > 0$, aplicando o método de Newton para

$$f(x) = \begin{cases} \sqrt{x}, & x \geq 0 \\ \sqrt{-x}, & x < 0 \end{cases}$$

que leva a $x_1 = -h$ se $x_0 = h$ e a $x_1 = h$ se $x_0 = -h$. Desenhe uma figura que mostre o que ocorre.

10. **Aproximações que se tornam cada vez piores** Aplique o método de Newton a $f(x) = x^{1/3}$ com $x_0 = 1$ e calcule x_1, x_2, x_3 e x_4. Determine uma fórmula para $|x_n|$. O que acontece com $|x_n|$ quando $n \to \infty$? Desenhe uma figura que mostre o que ocorre.

11. Explique por que as quatro questões seguintes pedem a mesma informação:

    i) Determine as raízes de $f(x) = x^3 - 3x - 1$.
    ii) Determine as abscissas da interseção da curva $y = x^3$ com a reta $y = 3x + 1$.
    iii) Determine as abscissas dos pontos em que a curva $y = x^3 - 3x$ cruza a reta horizontal $y = 1$.
    iv) Determine os valores de x onde a derivada de $g(x) = (1/4)x^4 - (3/2)x^2 - x + 5$ é igual a zero.

12. **Localização de um planeta** Para calcular as coordenadas espaciais de um planeta, temos de resolver equações do tipo $x = 1 + 0,5 \operatorname{sen} x$. O traçado da função $f(x) = x - 1 - 0,5 \operatorname{sen} x$ sugere que a função possui uma raiz próxima de $x = 1,5$. Use uma aplicação do método de Newton para melhorar essa estimativa. Ou seja, comece com $x_0 = 1,5$ e determine x_1.
    (O valor da raiz é 1,49870 com cinco casas decimais.) Lembre-se de usar radianos.

T 13. **Interseção de curvas** A curva $y = \operatorname{tg} x$ cruza a reta $y = 2x$ entre $x = 0$ e $x = \pi/2$. Use o método de Newton para determinar onde isso ocorre.

T 14. **Soluções reais de equação de quarto grau** Use o método de Newton para determinar duas soluções reais da equação $x^4 - 2x^3 - x^2 - 2x + 2 = 0$.

T 15. a. Quantas soluções a equação $\operatorname{sen} 3x = 0,99 - x^2$ possui?
    b. Use o método de Newton para determiná-las.

16. **Interseção das curvas**
    a. Será $\cos 3x$ igual a x para algum x? Justifique sua resposta.
    b. Use o método de Newton para determinar onde isso ocorre.

17. Determine as quatro raízes reais da função $f(x) = 2x^4 - 4x^2 + 1$.

T 18. **Estimativa de pi** Estime π com tantas casas decimais de precisão quantas sua calculadora permitir usando o método de Newton para resolver a equação $\operatorname{tg} x = 0$ com $x_0 = 3$.

19. **Interseção de curvas** Para que valor(es) de x obteremos $\cos x = 2x$?

20. **Interseção de curvas** Para que valor(es) de x obteremos $\cos x = -x$?

21. As curvas $y = x^2(x+1)$ e $y = 1/x (x > 0)$ se cruzam em um ponto $x = r$. Use o método de Newton para estimar o valor de r com quatro casas decimais.

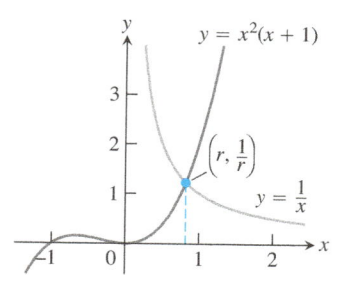

22. Os gráficos de $y = \sqrt{x}$ e $y = 3 - x^2$ se cruzam em um ponto $x = r$. Use o método de Newton para calcular o valor de r com quatro casas decimais.

23. **Interseção de curvas** Para que valor(es) de x teremos $e^{-x^2} = x^2 - x + 1$?

24. **Interseção de curvas** Para que valor(es) de x teremos $\ln(1-x^2) = x - 1$?

25. Use o teorema do valor intermediário da Seção 2.5 para mostrar que $f(x) = x^3 + 2x - 4$ tem uma raiz entre $x = 1$ e $x = 2$. Em seguida, determine a raiz com cinco casas decimais.

26. **Fatoração de uma equação de quarto grau** Determine os valores aproximados de r_1 a r_4 na fatoração
    $$8x^4 - 14x^3 - 9x^2 + 11x - 1 = 8(x-r_1)(x-r_2)(x-r_3)(x-r_4).$$

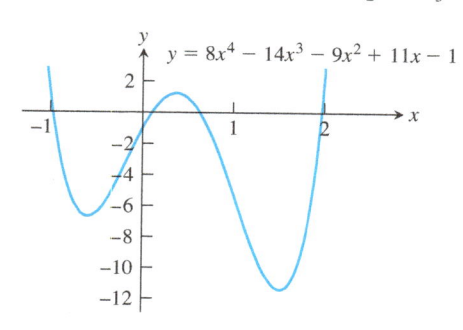

T 27. **Convergência para raízes diferentes** Use o método de Newton para determinar as raízes de $f(x) = 4x^4 - 4x^2$ usando os valores iniciais fornecidos.

    a. $x_0 = -2$ e $x_0 = -0,8$, situadas em $\left(-\infty, -\sqrt{2}/2\right)$
    b. $x_0 = -0,5$ e $x_0 = 0,25$, situadas em $\left(-\sqrt{21}/7, \sqrt{21}/7\right)$
    c. $x_0 = 0,8$ e $x_0 = 2$, situadas em $\left(\sqrt{2}/2, \infty\right)$
    d. $x_0 = -\sqrt{21}/7$ e $x_0 = \sqrt{21}/7$

28. **O problema da sonoboia** Nos problemas para localizar submarinos, normalmente é necessário determinar o ponto de aproximação máxima (PAM) em relação a uma sonoboia (equipamento eletrônico flutuante que capta sinais sonoros de submarinos) na água. Suponha que o submarino se desloque em uma trajetória parabólica $y = x^2$ e que a sonoboia esteja localizada no ponto $(2, -1/2)$.

    a. Demonstre que o valor de x que minimiza a distância entre o submarino e a sonoboia é a solução da equação $x = 1/(x^2 + 1)$.
    b. Resolva a equação $x = 1/(x^2 + 1)$ pelo método de Newton.

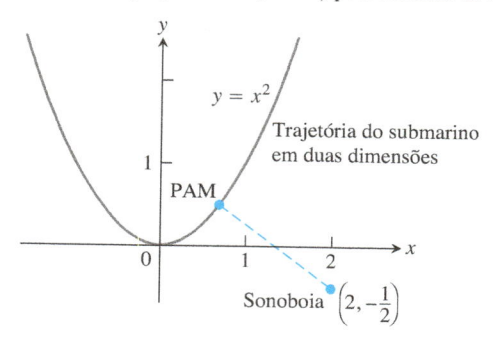

T 29. **Curvas que são praticamente achatadas na raiz** Algumas curvas são tão planas que, na prática, o método de Newton para demasiado longe da raiz para fornecer uma estimativa útil. Tente usar o método de Newton em $f(x) = (x-1)^{40}$ com uma estimativa inicial de $x_0 = 2$ para verificar o quanto a sua calculadora se aproxima da raiz $x = 1$. Veja o gráfico a seguir.

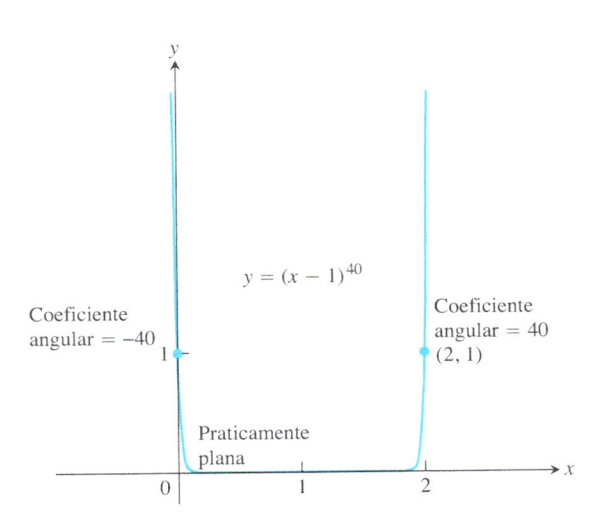

30. A figura a seguir mostra um círculo de raio r com uma corda de comprimento 2 e um arco s de comprimento 3. Use o método de Newton para resolver r e θ (radianos) com quatro casas decimais. Suponha que $0 < \theta < \pi$.

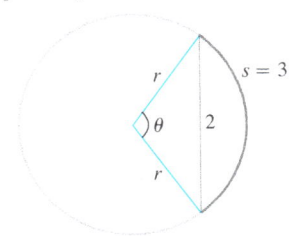

4.8 Primitivas

Já estudamos como calcular a derivada de uma função. No entanto, muitos problemas exigem que recuperemos uma função a partir de sua derivada conhecida (a partir de sua taxa de variação conhecida). Por exemplo, podemos conhecer a função velocidade de um objeto que cai de uma altura inicial e precisar saber sua altura em um instante qualquer ao longo de determinado período. Falando de maneira mais genérica, queremos determinar uma função F a partir de sua derivada f. Se tal função F existir, será denominada *primitiva* ou *antiderivada* de f. Veremos no próximo capítulo que primitivas são o elo dos dois principais elementos do cálculo: derivadas e integrais definidas.

Determinação de primitivas

DEFINIÇÃO Uma função F é uma **primitiva** de f em um intervalo I se $F'(x) = f(x)$ para qualquer x em I.

O processo de recuperação de uma função $F(x)$ a partir de sua derivada $f(x)$ chama-se *primitivação* ou *antiderivação*. Usamos um F maiúsculo para representar uma primitiva de uma função f, G para representar uma primitiva de g, e assim por diante.

EXEMPLO 1 Determine uma primitiva para cada uma das seguintes funções.

(a) $f(x) = 2x$ (b) $g(x) = \cos x$ (c) $h(x) = \dfrac{1}{x} + 2e^{2x}$

Solução Aqui precisamos retroceder: Qual função sabemos ter uma derivada igual à função dada?

(a) $F(x) = x^2$ (b) $G(x) = \operatorname{sen} x$ (c) $H(x) = \ln |x| + e^{2x}$

Todas as respostas podem ser verificadas por meio da derivação. A derivada de $F(x) = x^2$ é $2x$. A derivada de $G(x) = \operatorname{sen} x$ é $\cos x$ e a derivada de $H(x) = \ln |x| + e^{2x}$ é $(1/x) + 2e^{2x}$.

A função $F(x) = x^2$ não é a única função cuja derivada é $2x$. A função $x^2 + 1$ tem a mesma derivada. Para qualquer constante C, $x^2 + C$ também. Existem outras?

A resposta está no Corolário 2 do teorema do valor médio na Seção 4.2: duas primitivas quaisquer de uma função diferem por uma constante. Assim, as funções $x^2 + C$, onde C é uma **constante arbitrária**, formam todas as primitivas de $f(x) = 2x$. Falando de modo mais genérico, temos o seguinte resultado:

> **TEOREMA 8** Se F é uma primitiva de f em um intervalo I, então a primitiva mais geral de f em I é
>
> $$F(x) + C$$
>
> onde C é uma constante arbitrária.

Assim, a primitiva mais geral de f em I é uma *família* de funções $F(x) + C$ cujos gráficos são translações verticais uns dos outros. Podemos selecionar uma primitiva específica dessa família atribuindo um valor específico a C. Eis um exemplo que mostra como tal atribuição pode ser feita.

EXEMPLO 2   Determine uma primitiva de $f(x) = 3x^2$ que satisfaça $F(1) = -1$.

Solução   Como a derivada de x^3 é $3x^2$, a primitiva geral
$$F(x) = x^3 + C$$
fornece todas as primitivas de $f(x)$. A condição $F(1) = -1$ determina um valor específico para C. Substituindo $x = 1$ em $F(x) = x^3 + C$, temos
$$F(1) = (1)^3 + C = 1 + C.$$
Como $F(1) = -1$, resolvendo $1 + C = -1$ para C temos $C = -2$. Logo
$$F(x) = x^3 - 2$$
é a primitiva que satisfaz $F(1) = -1$. Observe que essa atribuição para C seleciona a curva particular a partir da família de curvas $y = x^3 + C$ que passa pelo ponto $(1, -1)$ no plano (Figura 4.51).

Trabalhando de trás para a frente a partir de regras adequadas de derivação, podemos deduzir fórmulas e regras para primitivas. Em todos os casos haverá uma constante arbitrária C na expressão geral que representa todas as primitivas de dada função. A Tabela 4.2 apresenta as fórmulas das primitivas de algumas funções importantes.

É fácil verificar as regras da Tabela 4.2: basta derivar a fórmula geral da primitiva para obter a função que está à esquerda. Por exemplo, a derivada de $(\operatorname{tg} kx)/k + C$ é $\sec^2 kx$, qualquer que seja o valor das constantes C ou $k \neq 0$, e isso estabelece a Fórmula 4 para a primitiva mais geral de $\sec^2 kx$.

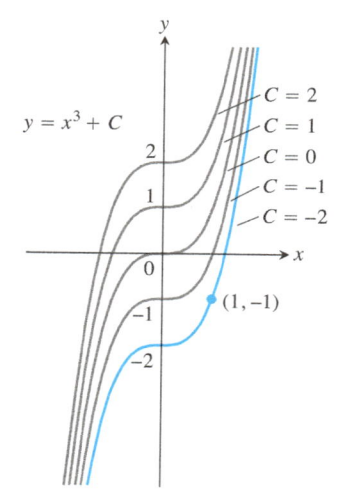

FIGURA 4.51   As curvas $y = x^3 + C$ preenchem o plano cartesiano sem se sobrepor. No Exemplo 2, identificamos a curva $y = x^3 - 2$ como aquela que passa pelo ponto dado $(1, -1)$.

EXEMPLO 3   Determine a primitiva geral de cada uma das seguintes funções.

(a) $f(x) = x^5$

(b) $g(x) = \dfrac{1}{\sqrt{x}}$

(c) $h(x) = \operatorname{sen} 2x$

(d) $i(x) = \cos \dfrac{x}{2}$

(e) $j(x) = e^{-3x}$

(f) $k(x) = 2^x$

TABELA 4.2 Fórmulas de primitivas, sendo k uma constante diferente de zero

	Função	Primitiva geral		Função	Primitiva geral
1.	x^n	$\dfrac{1}{n+1}x^{n+1} + C, \quad n \neq -1$	8.	e^{kx}	$\dfrac{1}{k}e^{kx} + C$
2.	$\operatorname{sen} kx$	$-\dfrac{1}{k}\cos kx + C$	9.	$\dfrac{1}{x}$	$\ln|x| + C, \quad x \neq 0$
3.	$\cos kx$	$\dfrac{1}{k}\operatorname{sen} kx + C$	10.	$\dfrac{1}{\sqrt{1-k^2x^2}}$	$\dfrac{1}{k}\operatorname{sen}^{-1} kx + C$
4.	$\sec^2 kx$	$\dfrac{1}{k}\operatorname{tg} kx + C$	11.	$\dfrac{1}{1+k^2x^2}$	$\dfrac{1}{k}\operatorname{tg}^{-1} kx + C$
5.	$\operatorname{cossec}^2 kx$	$-\dfrac{1}{k}\operatorname{cotg} kx + C$	12.	$\dfrac{1}{x\sqrt{k^2x^2-1}}$	$\sec^{-1} kx + C, \quad kx > 1$
6.	$\sec kx \operatorname{tg} kx$	$\dfrac{1}{k}\sec kx + C$	13.	a^{kx}	$\left(\dfrac{1}{k \ln a}\right)a^{kx} + C, \quad a > 0, \; a \neq 1$
7.	$\operatorname{cossec} kx \operatorname{cotg} kx$	$-\dfrac{1}{k}\operatorname{cossec} kx + C$			

Solução Em cada caso, podemos usar uma das fórmulas listadas na Tabela 4.2.

(a) $F(x) = \dfrac{x^6}{6} + C$ Fórmula 1 com $n = 5$

(b) $g(x) = x^{-1/2}$, assim

$$G(x) = \dfrac{x^{1/2}}{1/2} + C = 2\sqrt{x} + C$$

Fórmula 1 com $n = -1/2$

(c) $H(x) = \dfrac{-\cos 2x}{2} + C$ Fórmula 2 com $k = 2$

(d) $I(x) = \dfrac{\operatorname{sen}(x/2)}{1/2} + C = 2 \operatorname{sen}\dfrac{x}{2} + C$ Fórmula 3 com $k = 1/2$

(e) $J(x) = -\dfrac{1}{3}e^{-3x} + C$ Fórmula 8 com $k = -3$

(f) $K(x) = \left(\dfrac{1}{\ln 2}\right)2^x + C$ Fórmula 13 com $a = 2, k = 1$

Outras regras de derivação também levam a regras de primitivação correspondentes. Podemos adicionar e subtrair primitivas, bem como multiplicá-las por constantes.

TABELA 4.3 Regras de linearidade para primitivas

	Função	Primitiva geral
1. *Regra da multiplicação por constante*:	$kf(x)$	$kF(x) + C$, sendo k uma constante
2. *Regra da oposta*:	$-f(x)$	$-F(x) + C$
3. *Regra da soma ou da diferença*:	$f(x) \pm g(x)$	$F(x) \pm G(x) + C$

As fórmulas da Tabela 4.3 são provadas facilmente por meio da derivação das primitivas e da verificação de que o resultado está de acordo com a função original. A Fórmula 2 é o caso especial $k = -1$ na Fórmula 1.

EXEMPLO 4   Determine a primitiva geral de

$$f(x) = \dfrac{3}{\sqrt{x}} + \operatorname{sen} 2x.$$

Solução Temos que $f(x) = 3g(x) + h(x)$ para as funções g e h no Exemplo 3. Como $G(x) = 2\sqrt{x}$ é uma primitiva de $g(x)$, conforme mostra o Exemplo 3b, segue da regra da multiplicação por constante para primitivas que $3G(x) = 3 \cdot 2\sqrt{x} = 6\sqrt{x}$ é uma primitiva de $3g(x) = 3/\sqrt{x}$. Da mesma forma, pelo Exemplo 3c sabemos que $H(x) = (-1/2)\cos 2x$ é uma primitiva de $h(x) = \sin 2x$. A regra da soma para primitivas nos diz que

$$F(x) = 3G(x) + H(x) + C$$
$$= 6\sqrt{x} - \frac{1}{2}\cos 2x + C$$

é a fórmula da primitiva geral para $f(x)$, em que C é uma constante arbitrária.

Problemas de valor inicial e equações diferenciais

As primitivas desempenham vários papéis importantes na matemática e em suas aplicações. Os métodos e técnicas para determiná-las são uma parte importante do cálculo, e nos dedicaremos a esse estudo no Capítulo 8. Determinar uma primitiva de uma função $f(x)$ é um problema similar a determinar uma função $y(x)$ que satisfaça a equação

$$\frac{dy}{dx} = f(x).$$

Essa equação é chamada **equação diferencial**, pois envolve uma função desconhecida y que está sendo derivada. Para resolvê-la, precisamos de uma função $y(x)$ que a satisfaça. Determinamos tal função a partir da primitiva de $f(x)$. Para fixar a constante arbitrária que entra na fórmula da primitiva, especificamos uma condição inicial

$$y(x_0) = y_0.$$

Essa condição implica que a função $y(x)$ tem o valor y_0 quando $x = x_0$. A combinação de uma equação diferencial e uma condição inicial é chamada de **problema de valor inicial**. Problemas desse tipo desempenham papéis importantes em todos os ramos da ciência.

A primitiva mais geral $F(x) + C$ (tal como $x^3 + C$ no Exemplo 2) da função $f(x)$ fornece a **solução geral** $y = F(x) + C$ da equação diferencial $dy/dx = f(x)$. A solução geral fornece *todas* as soluções da equação (existem muitas, uma para cada valor de C). Resolvemos a equação diferencial encontrando a sua solução geral. Em seguida, resolvemos o problema de valor inicial encontrando a **solução particular** que satisfaz a condição inicial $y(x_0) = y_0$. No Exemplo 2, a função $y = x^3 - 2$ é a solução particular da equação diferencial $dy/dx = 3x^2$ que satisfaz a condição inicial $y(1) = -1$.

Primitivas e movimento

Já vimos que a derivada da posição de um objeto fornece a velocidade, e que a derivada de sua velocidade fornece a aceleração. Conhecendo a aceleração de um objeto, podemos determinar uma primitiva e assim recuperar a velocidade e, a partir de uma primitiva da velocidade, recuperar a função posição. Esse processo foi usado como uma aplicação do Corolário 2 na Seção 4.2. Agora que contamos com a terminologia e a estrutura conceitual das primitivas, revisitaremos esse problema, dessa vez do ponto de vista das equações diferenciais.

EXEMPLO 5 Um balão que sobe a uma taxa de 12 pés/s está a uma altura de 80 pés acima do solo quando um pacote é derivado. Quanto tempo o pacote leva para chegar ao solo?

Solução Faça $v(t)$ indicar a velocidade do pacote no tempo t e $s(t)$, sua altura acima do solo. A aceleração da gravidade perto da superfície da terra é 32 pés/s². Supondo que outras forças não atuem sobre o pacote atirado, temos que

$$\frac{dv}{dt} = -32.$$ Negativo, pois a gravidade atua no sentido da diminuição de s

Isso leva ao problema de valor inicial (Figura 4.52):

Equação diferencial: $\quad \dfrac{dv}{dt} = -32$

Condição inicial: $\quad v(0) = 12.$ Balão que sobe inicialmente

Esse é o nosso modelo matemático para o movimento do pacote. Resolvemos o problema de valor inicial para obter sua velocidade.

1. *Resolva a equação diferencial*: a fórmula geral para uma primitiva de -32 é

$$v = -32t + C.$$

Tendo encontrado a solução geral para a equação diferencial, usamos a condição inicial para determinar a solução particular que resolve nosso problema.

2. *Calcule C*:

$$12 = -32(0) + C \quad \text{Condição inicial } v(0) = 12$$
$$C = 12.$$

A solução do problema de valor inicial é

$$v = -32t + 12.$$

Como a velocidade é a derivada da altura, e, quando atirado, a altura do pacote é 80 pés no instante $t = 0$, agora temos um segundo problema de valor inicial.

Equação diferencial: $\quad \dfrac{ds}{dt} = -32t + 12$ Faça que $v = ds/dt$ na última equação.

Condição inicial: $\quad s(0) = 80$

Resolvemos esse problema de valor inicial para determinar a altura em função de t.

1. *Resolva a equação diferencial*: determinando a primitiva geral de $-32t + 12$, você chega a

$$s = -16t^2 + 12t + C$$

2. *Calcule C*:

$$80 = -16(0)^2 + 12(0) + C \quad \text{Condição inicial } s(0) = 80$$
$$C = 80.$$

A altura do pacote acima do solo no instante t é

$$s = -16t^2 + 12t + 80.$$

Use a solução: para determinar quanto tempo o pacote leva para atingir o solo, fazemos s igual a 0 e determinamos t:

$$-16t^2 + 12t + 80 = 0$$
$$-4t^2 + 3t + 20 = 0$$
$$t = \frac{-3 \pm \sqrt{329}}{-8} \quad \text{Fórmula quadrática}$$
$$t \approx -1{,}89, \quad t \approx 2{,}64.$$

O pacote atinge o solo cerca de 2,64 segundos depois de ter sido derrubado do balão. (A raiz negativa não tem significado físico.)

Integrais indefinidas

Um símbolo especial é usado para designar o conjunto de todas as primitivas de uma função f.

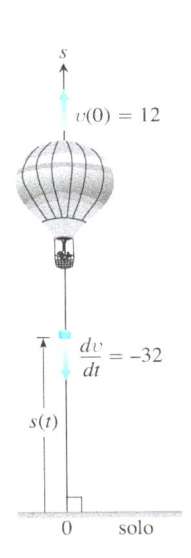

FIGURA 4.52 Pacote derrubado de um balão que está subindo (Exemplo 5).

> **DEFINIÇÃO** O conjunto de todas as primitivas de f é chamado de **integral indefinida** de f em relação a x, denotado por
> $$\int f(x)\, dx.$$
> $\int$ é o **sinal da integral**. A função f é o **integrando** da integral e x é a **variável de integração**.

Após o sinal da integral na notação que acabamos de definir, a função integranda é sempre seguida por uma diferencial para indicar a variável de integração. Teremos mais a dizer sobre o porquê da importância disso no Capítulo 5. Usando essa notação, reelaboramos as soluções do Exemplo 1, como segue:

$$\int 2x\, dx = x^2 + C,$$

$$\int \cos x\, dx = \operatorname{sen} x + C,$$

$$\int \left(\frac{1}{x} + 2e^{2x}\right) dx = \ln|x| + e^{2x} + C.$$

Essa notação está relacionada com a aplicação principal das primitivas, que será explorada no Capítulo 5. As primitivas desempenham papel fundamental no cálculo dos limites de somas infinitas, uma utilidade maravilhosa e surpreendente que será descrita em um resultado central do Capítulo 5, denominado teorema fundamental do cálculo.

EXEMPLO 6   Calcule

$$\int (x^2 - 2x + 5)\, dx.$$

Solução   Se reconhecermos que $(x^3/3) - x^2 + 5x$ é uma primitiva de $x^2 - 2x + 5$, podemos calcular a integral como

$$\int (x^2 - 2x + 5)\, dx = \underbrace{\frac{x^3}{3} - x^2 + 5x}_{\text{primitiva}} + \underbrace{C}_{\text{constante arbitrária}}.$$

Se não reconhecermos a primitiva de imediato, podemos gerá-la termo a termo com as regras da soma, da diferença e da multiplicação por constante:

$$\int (x^2 - 2x + 5)\, dx = \int x^2\, dx - \int 2x\, dx + \int 5\, dx$$

$$= \int x^2\, dx - 2\int x\, dx + 5\int 1\, dx$$

$$= \left(\frac{x^3}{3} + C_1\right) - 2\left(\frac{x^2}{2} + C_2\right) + 5(x + C_3)$$

$$= \frac{x^3}{3} + C_1 - x^2 - 2C_2 + 5x + 5C_3.$$

Essa fórmula é desnecessariamente complicada. Se combinarmos C_1, $-2C_2$ e $5C_3$ em uma única constante arbitrária $C = C_1 - 2C_2 + 5C_3$, a fórmula será simplificada para

$$\frac{x^3}{3} - x^2 + 5x + C$$

e *ainda* fornece todas as primitivas existentes. Por essa razão, recomendamos que você vá direto à forma final, mesmo que decida integrar termo a termo. Escreva

$$\int (x^2 - 2x + 5)\, dx = \int x^2\, dx - \int 2x\, dx + \int 5\, dx$$

$$= \frac{x^3}{3} - x^2 + 5x + C.$$

Determine a primitiva mais simples possível para cada parte e adicione a constante arbitrária de integração no final.

Exercícios 4.8

Determinação de primitivas

Nos Exercícios 1-24, determine uma primitiva para cada função. Faça quantas puder mentalmente. Confira suas respostas por diferenciação.

1. **a.** $2x$ **b.** x^2 **c.** $x^2 - 2x + 1$
2. **a.** $6x$ **b.** x^7 **c.** $x^7 - 6x + 8$
3. **a.** $-3x^{-4}$ **b.** x^{-4} **c.** $x^{-4} + 2x + 3$
4. **a.** $2x^{-3}$ **b.** $\frac{x^{-3}}{2} + x^2$ **c.** $-x^{-3} + x - 1$
5. **a.** $\frac{1}{x^2}$ **b.** $\frac{5}{x^2}$ **c.** $2 - \frac{5}{x^2}$
6. **a.** $-\frac{2}{x^3}$ **b.** $\frac{1}{2x^3}$ **c.** $x^3 - \frac{1}{x^3}$
7. **a.** $\frac{3}{2}\sqrt{x}$ **b.** $\frac{1}{2\sqrt{x}}$ **c.** $\sqrt{x} + \frac{1}{\sqrt{x}}$
8. **a.** $\frac{4}{3}\sqrt[3]{x}$ **b.** $\frac{1}{3\sqrt[3]{x}}$ **c.** $\sqrt[3]{x} + \frac{1}{\sqrt[3]{x}}$
9. **a.** $\frac{2}{3}x^{-1/3}$ **b.** $\frac{1}{3}x^{-2/3}$ **c.** $-\frac{1}{3}x^{-4/3}$
10. **a.** $\frac{1}{2}x^{-1/2}$ **b.** $-\frac{1}{2}x^{-3/2}$ **c.** $-\frac{3}{2}x^{-5/2}$
11. **a.** $\frac{1}{x}$ **b.** $\frac{7}{x}$ **c.** $1 - \frac{5}{x}$
12. **a.** $\frac{1}{3x}$ **b.** $\frac{2}{5x}$ **c.** $1 + \frac{4}{3x} - \frac{1}{x^2}$
13. **a.** $-\pi\,\text{sen}\,\pi x$ **b.** $3\,\text{sen}\,x$ **c.** $\text{sen}\,\pi x - 3\,\text{sen}\,3x$
14. **a.** $\pi\cos\pi x$ **b.** $\frac{\pi}{2}\cos\frac{\pi x}{2}$ **c.** $\cos\frac{\pi x}{2} + \pi\cos x$
15. **a.** $\sec^2 x$ **b.** $\frac{2}{3}\sec^2\frac{x}{3}$ **c.** $-\sec^2\frac{3x}{2}$
16. **a.** $\text{cossec}^2 x$ **b.** $-\frac{3}{2}\text{cossec}^2\frac{3x}{2}$ **c.** $1 - 8\,\text{cossec}^2 2x$
17. **a.** $\text{cossec}\,x\,\text{cotg}\,x$ **b.** $-\text{cossec}\,5x\,\text{cotg}\,5x$
    c. $-\pi\,\text{cossec}\,\frac{\pi x}{2}\text{cotg}\,\frac{\pi x}{2}$
18. **a.** $\sec x\,\text{tg}\,x$ **b.** $4\sec 3x\,\text{tg}\,3x$ **c.** $\sec\frac{\pi x}{2}\text{tg}\,\frac{\pi x}{2}$
19. **a.** e^{3x} **b.** e^{-x} **c.** $e^{x/2}$
20. **a.** e^{-2x} **b.** $e^{4x/3}$ **c.** $e^{-x/5}$
21. **a.** 3^x **b.** 2^{-x} **c.** $\left(\frac{5}{3}\right)^x$
22. **a.** $x^{\sqrt{3}}$ **b.** x^π **c.** $x^{\sqrt{2}-1}$
23. **a.** $\frac{2}{\sqrt{1-x^2}}$ **b.** $\frac{1}{2(x^2+1)}$ **c.** $\frac{1}{1+4x^2}$
24. **a.** $x - \left(\frac{1}{2}\right)^x$ **b.** $x^2 + 2^x$ **c.** $\pi^x - x^{-1}$

Determinação de integrais indefinidas

Nos Exercícios 25-70, determine a primitiva mais geral ou a integral indefinida. Confira suas respostas por diferenciação.

25. $\int (x+1)\, dx$
26. $\int (5 - 6x)\, dx$
27. $\int \left(3t^2 + \frac{t}{2}\right) dt$
28. $\int \left(\frac{t^2}{2} + 4t^3\right) dt$
29. $\int (2x^3 - 5x + 7)\, dx$
30. $\int (1 - x^2 - 3x^5)\, dx$
31. $\int \left(\frac{1}{x^2} - x^2 - \frac{1}{3}\right) dx$
32. $\int \left(\frac{1}{5} - \frac{2}{x^3} + 2x\right) dx$
33. $\int x^{-1/3}\, dx$
34. $\int x^{-5/4}\, dx$
35. $\int \left(\sqrt{x} + \sqrt[3]{x}\right) dx$
36. $\int \left(\frac{\sqrt{x}}{2} + \frac{2}{\sqrt{x}}\right) dx$
37. $\int \left(8y - \frac{2}{y^{1/4}}\right) dy$
38. $\int \left(\frac{1}{7} - \frac{1}{y^{5/4}}\right) dy$
39. $\int 2x(1 - x^{-3})\, dx$
40. $\int x^{-3}(x+1)\, dx$
41. $\int \frac{t\sqrt{t} + \sqrt{t}}{t^2}\, dt$
42. $\int \frac{4 + \sqrt{t}}{t^3}\, dt$
43. $\int (-2\cos t)\, dt$
44. $\int (-5\,\text{sen}\,t)\, dt$
45. $\int 7\,\text{sen}\frac{\theta}{3}\, d\theta$
46. $\int 3\cos 5\theta\, d\theta$
47. $\int (-3\,\text{cossec}^2 x)\, dx$
48. $\int \left(-\frac{\sec^2 x}{3}\right) dx$
49. $\int \frac{\text{cossec}\,\theta\,\text{cotg}\,\theta}{2}\, d\theta$
50. $\int \frac{2}{5}\sec\theta\,\text{tg}\,\theta\, d\theta$
51. $\int (e^{3x} + 5e^{-x})\, dx$
52. $\int (2e^x - 3e^{-2x})\, dx$
53. $\int (e^{-x} + 4^x)\, dx$
54. $\int (1{,}3)^x\, dx$

55. $\int (4\sec x \tg x - 2\sec^2 x)\, dx$

56. $\int \frac{1}{2}(\cossec^2 x - \cossec x \cotg x)\, dx$

57. $\int (\sen 2x - \cossec^2 x)\, dx$

58. $\int (2\cos 2x - 3\sen 3x)\, dx$

59. $\int \frac{1 + \cos 4t}{2}\, dt$

60. $\int \frac{1 - \cos 6t}{2}\, dt$

61. $\int \left(\frac{1}{x} - \frac{5}{x^2 + 1}\right) dx$

62. $\int \left(\frac{2}{\sqrt{1 - y^2}} - \frac{1}{y^{1/4}}\right) dy$

63. $\int 3x^{\sqrt{3}}\, dx$

64. $\int x^{\sqrt{2}-1}\, dx$

65. $\int (1 + \tg^2 \theta)\, d\theta$

(Dica: $1 + \tg^2 \theta = \sec^2 \theta$)

66. $\int (2 + \tg^2 \theta)\, d\theta$

67. $\int \cotg^2 x\, dx$

(Dica: $1 + \cotg^2 x = \cossec^2 x$)

68. $\int (1 - \cotg^2 x)\, dx$

69. $\int \cos\theta\,(\tg\theta + \sec\theta)\, d\theta$

70. $\int \frac{\cossec\theta}{\cossec\theta - \sen\theta}\, d\theta$

Verificação de fórmulas de primitivas

Verifique as fórmulas nos Exercícios 71-82 por diferenciação.

71. $\int (7x - 2)^3\, dx = \frac{(7x - 2)^4}{28} + C$

72. $\int (3x + 5)^{-2}\, dx = -\frac{(3x + 5)^{-1}}{3} + C$

73. $\int \sec^2(5x - 1)\, dx = \frac{1}{5}\tg(5x - 1) + C$

74. $\int \cossec^2\left(\frac{x - 1}{3}\right) dx = -3\cotg\left(\frac{x - 1}{3}\right) + C$

75. $\int \frac{1}{(x + 1)^2}\, dx = -\frac{1}{x + 1} + C$

76. $\int \frac{1}{(x + 1)^2}\, dx = \frac{x}{x + 1} + C$

77. $\int \frac{1}{x + 1}\, dx = \ln(x + 1) + C, \quad x > -1$

78. $\int xe^x\, dx = xe^x - e^x + C$

79. $\int \frac{dx}{a^2 + x^2} = \frac{1}{a}\tg^{-1}\left(\frac{x}{a}\right) + C$

80. $\int \frac{dx}{\sqrt{a^2 - x^2}} = \sen^{-1}\left(\frac{x}{a}\right) + C$

81. $\int \frac{\tg^{-1}x}{x^2}\, dx = \ln x - \frac{1}{2}\ln(1 + x^2) - \frac{\tg^{-1}x}{x} + C$

82. $\int (\sen^{-1}x)^2\, dx = x(\sen^{-1}x)^2 - 2x + 2\sqrt{1 - x^2}\sen^{-1}x + C$

83. Diga se cada uma das fórmulas está certa ou errada e justifique em poucas palavras.

    a. $\int x \sen x\, dx = \frac{x^2}{2}\sen x + C$

    b. $\int x \sen x\, dx = -x \cos x + C$

    c. $\int x \sen x\, dx = -x \cos x + \sen x + C$

84. Diga se cada uma das fórmulas está certa ou errada e justifique em poucas palavras.

    a. $\int \tg\theta \sec^2\theta\, d\theta = \frac{\sec^3\theta}{3} + C$

    b. $\int \tg\theta \sec^2\theta\, d\theta = \frac{1}{2}\tg^2\theta + C$

    c. $\int \tg\theta \sec^2\theta\, d\theta = \frac{1}{2}\sec^2\theta + C$

85. Diga se cada uma das fórmulas está certa ou errada e justifique em poucas palavras.

    a. $\int (2x + 1)^2\, dx = \frac{(2x + 1)^3}{3} + C$

    b. $\int 3(2x + 1)^2\, dx = (2x + 1)^3 + C$

    c. $\int 6(2x + 1)^2\, dx = (2x + 1)^3 + C$

86. Diga se cada uma das fórmulas está certa ou errada e justifique em poucas palavras.

    a. $\int \sqrt{2x + 1}\, dx = \sqrt{x^2 + x + C}$

    b. $\int \sqrt{2x + 1}\, dx = \sqrt{x^2 + x} + C$

    c. $\int \sqrt{2x + 1}\, dx = \frac{1}{3}\left(\sqrt{2x + 1}\right)^3 + C$

87. Certo ou errado? Justifique em poucas palavras.

$$\int \frac{-15(x + 3)^2}{(x - 2)^4}\, dx = \left(\frac{x + 3}{x - 2}\right)^3 + C$$

88. Certo ou errado? Justifique em poucas palavras.

$$\int \frac{x\cos(x^2) - \sen(x^2)}{x^2}\, dx = \frac{\sen(x^2)}{x} + C$$

Problemas de valor inicial

89. Qual dos gráficos a seguir mostra a solução do problema de valor inicial

$$\frac{dy}{dx} = 2x, \quad y = 4 \text{ quando } x = 1?$$

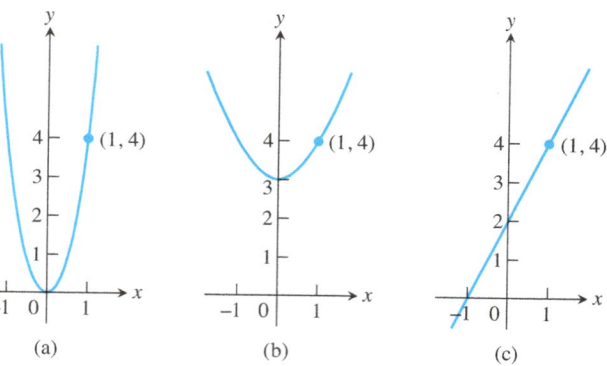

(a) (b) (c)

Justifique sua resposta.

90. Qual dos seguintes gráficos mostra a solução do problema de valor inicial

$$\frac{dy}{dx} = -x, \quad y = 1 \text{ quando } x = -1?$$

(a) (-1, 1)

(b) (-1, 1)

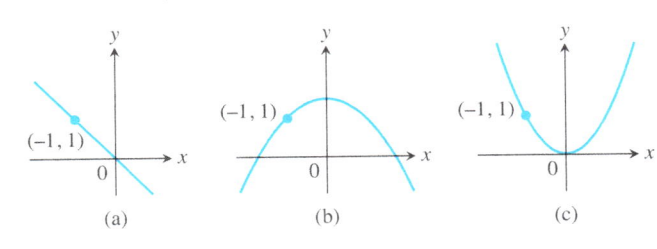

(c) (-1, 1)

Justifique sua resposta.

Resolva os problemas de valor inicial nos Exercícios 91-112.

91. $\dfrac{dy}{dx} = 2x - 7, \quad y(2) = 0$

92. $\dfrac{dy}{dx} = 10 - x, \quad y(0) = -1$

93. $\dfrac{dy}{dx} = \dfrac{1}{x^2} + x, \quad x > 0; \quad y(2) = 1$

94. $\dfrac{dy}{dx} = 9x^2 - 4x + 5, \quad y(-1) = 0$

95. $\dfrac{dy}{dx} = 3x^{-2/3}, \quad y(-1) = -5$

96. $\dfrac{dy}{dx} = \dfrac{1}{2\sqrt{x}}, \quad y(4) = 0$

97. $\dfrac{ds}{dt} = 1 + \cos t, \quad s(0) = 4$

98. $\dfrac{ds}{dt} = \cos t + \operatorname{sen} t, \quad s(\pi) = 1$

99. $\dfrac{dr}{d\theta} = -\pi \operatorname{sen} \pi\theta, \quad r(0) = 0$

100. $\dfrac{dr}{d\theta} = \cos \pi\theta, \quad r(0) = 1$

101. $\dfrac{dv}{dt} = \dfrac{1}{2} \sec t \operatorname{tg} t, \quad v(0) = 1$

102. $\dfrac{dv}{dt} = 8t + \operatorname{cossec}^2 t, \quad v\left(\dfrac{\pi}{2}\right) = -7$

103. $\dfrac{dv}{dt} = \dfrac{3}{t\sqrt{t^2 - 1}}, \quad t > 1, \quad v(2) = 0$

104. $\dfrac{dv}{dt} = \dfrac{8}{1 + t^2} + \sec^2 t, \quad v(0) = 1$

105. $\dfrac{d^2y}{dx^2} = 2 - 6x; \quad y'(0) = 4, \quad y(0) = 1$

106. $\dfrac{d^2y}{dx^2} = 0; \quad y'(0) = 2, \quad y(0) = 0$

107. $\dfrac{d^2r}{dt^2} = \dfrac{2}{t^3}; \quad \left.\dfrac{dr}{dt}\right|_{t=1} = 1, \quad r(1) = 1$

108. $\dfrac{d^2s}{dt^2} = \dfrac{3t}{8}; \quad \left.\dfrac{ds}{dt}\right|_{t=4} = 3, \quad s(4) = 4$

109. $\dfrac{d^3y}{dx^3} = 6; \quad y''(0) = -8, \quad y'(0) = 0, \quad y(0) = 5$

110. $\dfrac{d^3\theta}{dt^3} = 0; \quad \theta''(0) = -2, \quad \theta'(0) = -\dfrac{1}{2}, \quad \theta(0) = \sqrt{2}$

111. $y^{(4)} = -\operatorname{sen} t + \cos t;$

$y'''(0) = 7, \quad y''(0) = y'(0) = -1, \quad y(0) = 0$

112. $y^{(4)} = -\cos x + 8 \operatorname{sen} 2x;$

$y'''(0) = 0, \quad y''(0) = y'(0) = 1, \quad y(0) = 3$

113. Determine a curva $y = f(x)$ no plano xy que passa pelo ponto $(9, 4)$ e cujo coeficiente angular em cada ponto é $3\sqrt{x}$.

114. a. Determine uma curva $y = f(x)$ com as seguintes propriedades:

i) $\dfrac{d^2y}{dx^2} = 6x$

ii) Seu gráfico passa pelo ponto $(0, 1)$, e possui nesse ponto uma tangente horizontal.

b. Quantas curvas como essa existem? Como você sabe?

Curvas (integrais) solução

Os Exercícios 115-118 mostram curvas solução para equações diferenciais. Em cada exercício, determine uma equação para a curva através do ponto marcado.

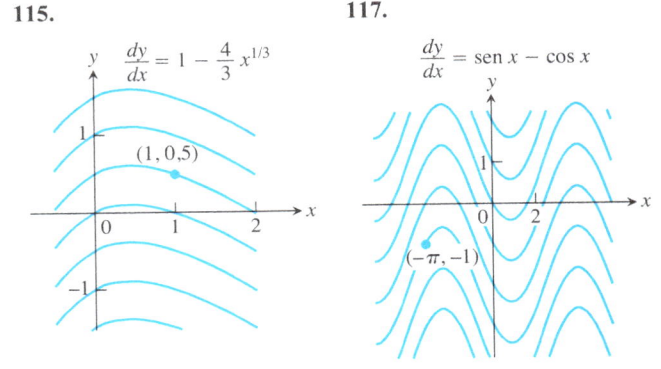

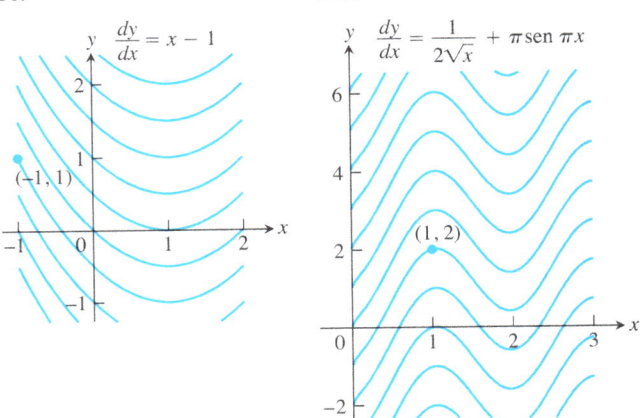

115. $\dfrac{dy}{dx} = 1 - \dfrac{4}{3} x^{1/3}$; ponto $(1, 0{,}5)$

116. $\dfrac{dy}{dx} = x - 1$; ponto $(-1, 1)$

117. $\dfrac{dy}{dx} = \operatorname{sen} x - \cos x$; ponto $(-\pi, -1)$

118. $\dfrac{dy}{dx} = \dfrac{1}{2\sqrt{x}} + \pi \operatorname{sen} \pi x$; ponto $(1, 2)$

Aplicações

119. Determinação do deslocamento a partir de uma primitiva da velocidade

a. Suponha que a velocidade de um corpo que se desloca ao longo do eixo s seja

$$\dfrac{ds}{dt} = v = 9{,}8t - 3.$$

i) Determine o deslocamento do corpo no intervalo de tempo de $t = 1$ a $t = 3$, dado que $s = 5$ quando $t = 0$.

ii) Determine o deslocamento do corpo no intervalo de tempo de $t = 1$ a $t = 3$, dado que $s = -2$ quando $t = 0$.

iii) Agora, determine o deslocamento do corpo no intervalo de tempo de $t = 1$ a $t = 3$, dado que $s = s_0$ quando $t = 0$.

b. Suponha que a posição s de um corpo que se desloca ao longo de um eixo coordenado seja uma função derivável do tempo t. Será mesmo verdade que se você conhecer uma primitiva da função velocidade ds/dt poderá determinar o deslocamento de $t = a$ a $t = b$, ainda que não saiba a posição exata do corpo nos dois instantes? Justifique sua resposta.

120. Decolagem da Terra Um foguete decola da superfície terrestre com uma aceleração constante de 20 m/s². Qual será sua velocidade 1 minuto mais tarde?

121. Freando um carro a tempo Você está dirigindo em uma rodovia a uma velocidade constante de 60 milhas/hora (88 pés/s) quando vê um acidente à frente e aciona os freios. Que desaceleração constante é necessária para frear o carro em 242 pés? Para determiná-la, siga os passos a seguir.

1. Resolva o problema de valor inicial

   Equação diferencial: $\dfrac{d^2s}{dt^2} = -k$ (k constante)

   Condições iniciais: $\dfrac{ds}{dt} = 88$ e $s = 0$ quando $t = 0$.

   Medida de tempo e distância a partir do momento em que os freios são acionados

2. Determine o valor de t que faz com que $ds/dt = 0$. (A resposta envolve k.)

3. Determine o valor de k que faz com que $s = 242$ para o valor de t calculado no Passo 2.

122. Freando uma motocicleta O programa estadual de segurança do estado de Illinois exige que os condutores que dirigem a 30 milhas/hora (44 pés/s) estejam aptos a parar no espaço de 45 pés. Que desaceleração constante é necessária para que isso ocorra?

123. Movimento ao longo de um eixo cartesiano Uma partícula se desloca ao longo de um eixo coordenado com aceleração $a = d^2s/dt^2 = 15\sqrt{t} - (3/\sqrt{t})$, sujeita às condições $ds/dt = 4$ e $s = 0$ quando $t = 1$. Determine

a. a velocidade $v = ds/dt$ em termos de t.

b. a posição s em termos de t.

T 124. O martelo e a pena Quando o astronauta da Apollo 15, David Scott, jogou um martelo e uma pena na Lua para demonstrar que no vácuo todos os corpos caem com a mesma aceleração (constante), ele os jogou de cerca de 4 pés acima do solo. A cobertura televisiva do evento mostra o martelo e a pena caindo mais lentamente do que na Terra, onde, no vácuo, eles deveriam ter gasto apenas meio segundo para percorrer os 4 pés. Quanto tempo gastaram o martelo e a pena para percorrer os 4 pés na Lua? Para descobrir, resolva o seguinte problema de valor inicial para s em função de t. Depois, determine o valor de t que faz com que s seja igual a 0.

Equação diferencial: $\dfrac{d^2s}{dt^2} = -5{,}2$ pés/s²

Condições iniciais: $\dfrac{ds}{dt} = 0$ e $s = 4$ quando $t = 0$

125. Movimento com aceleração constante A equação padrão para a posição s de um corpo que se desloca com aceleração a constante ao longo de um eixo coordenado é

$$s = \frac{a}{2}t^2 + v_0 t + s_0, \qquad (1)$$

onde v_0 e s_0 são a velocidade e a posição no tempo $t = 0$. Deduza essa equação, resolvendo o problema do valor inicial

Equação diferencial: $\dfrac{d^2s}{dt^2} = a$

Condições iniciais: $\dfrac{ds}{dt} = v_0$ e $s = s_0$ quando $t = 0$.

126. Queda livre próximo à superfície de um planeta Para uma queda livre perto da superfície de um planeta onde a aceleração da gravidade tem uma magnitude constante de g unidades de comprimento/s², a Equação 1 do Exercício 125 toma a forma

$$s = -\frac{1}{2}gt^2 + v_0 t + s_0, \qquad (2)$$

onde s é a altura do corpo acima da superfície. A equação tem um sinal negativo, pois a aceleração atua para baixo, no sentido da diminuição de s. A velocidade v_0 será positiva se o objeto estiver subindo no tempo $t = 0$ e negativa se o objeto estiver caindo.

Em vez de utilizar o resultado do Exercício 125, é possível deduzir a Equação 2 diretamente por meio da resolução de um problema de valor inicial adequado. Qual problema de valor inicial? Resolva-o para se certificar de que é o problema certo, explicando os passos da solução conforme avançar.

127. Suponha que

$$f(x) = \frac{d}{dx}\left(1 - \sqrt{x}\right) \quad \text{e} \quad g(x) = \frac{d}{dx}(x + 2).$$

Determine:

a. $\displaystyle\int f(x)\,dx$ b. $\displaystyle\int g(x)\,dx$

c. $\displaystyle\int [-f(x)]\,dx$ d. $\displaystyle\int [-g(x)]\,dx$

e. $\displaystyle\int [f(x) + g(x)]\,dx$ f. $\displaystyle\int [f(x) - g(x)]\,dx$

128. Unicidade de soluções Se ambas as funções deriváveis $y = F(x)$ e $y = G(x)$ resolvem o problema de valor inicial

$$\frac{dy}{dx} = f(x), \qquad y(x_0) = y_0,$$

em um intervalo I, deve $F(x) = G(x)$ para cada x em I? Justifique sua resposta.

USO DO COMPUTADOR

Use um SAC para resolver os problemas de valor inicial nos Exercícios 129-132. Faça um gráfico das curvas solução.

129. $y' = \cos^2 x + \operatorname{sen} x, \quad y(\pi) = 1$

130. $y' = \dfrac{1}{x} + x, \quad y(1) = -1$

131. $y' = \dfrac{1}{\sqrt{4 - x^2}}, \quad y(0) = 2$

132. $y'' = \dfrac{2}{x} + \sqrt{x}, \quad y(1) = 0, \quad y'(1) = 0$

Capítulo Questões para guiar sua revisão

1. O que se pode dizer sobre os valores extremos de uma função que é contínua em um intervalo fechado?
2. O que significa uma função possuir extremo local em seu domínio? E um valor extremo absoluto? Como se relacionam os extremos local e absoluto? Exemplifique.
3. Como você determina os extremos absolutos de uma função contínua ao longo de um intervalo fechado? Exemplifique.
4. Quais são as hipóteses e a conclusão do teorema de Rolle? As hipóteses são mesmo necessárias? Explique.
5. Quais são as hipóteses e a conclusão do teorema do valor médio? Que interpretações físicas esse teorema pode ter?
6. Apresente os três corolários do teorema do valor médio.
7. Como, às vezes, é possível identificar uma função $f(x)$, conhecendo f' e o valor de f em um ponto $x = x_0$? Exemplifique.
8. O que é o teste da primeira derivada para extremos locais? Dê exemplos de como é aplicado.
9. Como testamos uma função duas vezes derivável, para verificar se é côncava para cima ou para baixo? Exemplifique.
10. O que é um ponto de inflexão? Exemplifique. Que significado físico os pontos de inflexão podem às vezes apresentar?
11. O que é o teste da segunda derivada para extremos locais? Dê exemplos de como aplicar.
12. O que as derivadas informam sobre a forma do gráfico de uma função?
13. Enumere os passos que você daria para representar graficamente uma função polinomial. Ilustre com um exemplo.
14. O que é uma cúspice? Dê exemplos.
15. Enumere os passos que você daria para fazer o gráfico de uma função racional. Ilustre com um exemplo.
16. Esboce a estratégia geral para resolver problemas que envolvem máximos e mínimos. Exemplifique.
17. Descreva a regra de l'Hôpital. Como você sabe quando usá-la ou não? Dê um exemplo.
18. Como você pode por vezes lidar com limites que geram formas indeterminadas como ∞/∞, $\infty \cdot 0$ e $\infty - \infty$? Dê exemplos.
19. Como você pode por vezes lidar com limites que geram formas indeterminadas como 1^{∞}, 0^0 e ∞^{∞}? Dê exemplos.
20. Descreva o método de Newton para resolver equações. Exemplifique. Qual é a teoria por trás do método? Quais são os pontos a serem observados quando se usa esse método?
21. Uma função pode ter mais de uma primitiva? Se puder, como as primitivas estão relacionadas? Explique.
22. O que é uma integral indefinida? Como você a calcula? Que fórmulas gerais você conhece para calcular integrais indefinidas?
23. Como você poderia eventualmente resolver uma equação diferencial da forma $dy/dx = f(x)$?
24. O que é um problema do valor inicial? Como você resolve esse tipo de problema? Exemplifique.
25. Se você conhece a aceleração de um corpo que se desloca ao longo de uma reta coordenada em função do tempo, o que mais você precisa saber para determinar a função posição do corpo? Exemplifique.

Capítulo Exercícios práticos

Valores extremos

1. $f(x) = x^3 + 2x + \text{tg } x$ possui algum valor mínimo ou máximo local? Justifique sua resposta.
2. $g(x) = \text{cossec } x + 2 \text{ cotg } x$ possui valores máximos locais? Justifique sua resposta.
3. $f(x) = (7 + x)(11 - 3x)^{1/3}$ possui um valor mínimo absoluto? Um máximo absoluto? Em caso afirmativo, determine-os ou justifique sua ausência. Apresente todos os pontos críticos de f.
4. Determine os valores de a e b tal que a função
$$f(x) = \frac{ax + b}{x^2 - 1}$$
tenha um valor extremo local 1 quando $x = 3$. Esse extremo é um máximo ou mínimo local? Justifique sua resposta.
5. $g(x) = e^x - x$ possui um valor mínimo absoluto? E um máximo absoluto? Em caso afirmativo, calcule-os; do contrário, explique por que eles não existem. Liste todos os pontos críticos de g.
6. $f(x) = 2e^x/(1 + x^2)$ tem um valor mínimo absoluto? E um máximo absoluto? Em caso afirmativo, calcule-os; do contrário, explique por que eles não existem. Liste todos os pontos críticos de f.

Nos Exercícios 7 e 8, determine os valores máximo e mínimo absolutos de f sobre o intervalo.

7. $f(x) = x - 2 \ln x$, $1 \leq x \leq 3$
8. $f(x) = (4/x) + \ln x^2$, $1 \leq x \leq 4$
9. A função maior inteiro $f(x) = \lfloor x \rfloor$ definida para todos os valores de x admite um valor máximo local 0 em cada ponto de [0, 1). Algum desses valores máximos locais poderia ser o mínimo local de f? Justifique sua resposta.
10. a. Dê um exemplo de uma função derivável f cuja primeira derivada seja zero em algum ponto c, embora f não tenha nem um máximo local nem um mínimo local em c.
    b. Como isso é consistente com o Teorema 2 da Seção 4.1? Justifique sua resposta.
11. A função $y = 1/x$ não assume um valor máximo e nem um valor mínimo no intervalo $0 < x < 1$, mesmo sendo contínua nesse intervalo. Isso contradiz o teorema do valor extremo para funções contínuas? Por quê?
12. Quais são os valores máximo e mínimo da função $y = |x|$ no intervalo $-1 \leq x < 1$? Observe que o intervalo não é fechado.

Isso é consistente com o teorema do valor extremo para funções contínuas? Por quê?

T 13. Um gráfico que seja grande o suficiente para mostrar o comportamento global de uma função pode deixar de revelar aspectos locais importantes. O gráfico de $f(x) = (x^8/8) - (x^6/2) - x^5 + 5x^3$ é um desses casos.

  a. Faça o gráfico de f no intervalo $-2,5 \leq x \leq 2,5$. Onde o gráfico parece ter valores extremos locais ou pontos de inflexão?

  b. Agora fatore $f'(x)$ e mostre que f tem um máximo local em $x = \sqrt[3]{5} \approx 1{,}70998$ e mínimos locais em $x = \pm\sqrt{3} \approx \pm 1{,}73205$.

  c. Amplie o gráfico para encontrar uma janela de visualização que mostre a presença de valores extremos locais em $x = \sqrt[3]{5}$ e $x = \sqrt{3}$.

A moral da história aqui é que, sem cálculo, a existência de dois dos três valores extremos provavelmente passaria despercebida. Em qualquer gráfico normal da função, os valores ficariam juntos demais, ocupando um único pixel na tela.

(Fonte: EVANS, B.; JOHNSON, J. *Uses of Technology in the Mathematics Curriculum.* Oklahoma State University: National Science Foundation Grant USE-8950044, 1990).

T 14. (*Continuação do Exercício 13.*)

  a. Esboce o gráfico de $f(x) = (x^8/8) - (2/5)x^5 - 5x - (5/x^2) + 11$ ao longo do intervalo $-2 \leq x \leq 2$. Onde o gráfico parece ter valores extremos locais ou pontos de inflexão?

  b. Mostre que f tem um valor máximo local em $x = \sqrt[7]{5} \approx 1{,}2585$ e um valor mínimo local em $x = \sqrt[3]{2} \approx 1{,}2599$.

  c. Amplie para encontrar uma janela de visualização que mostre a presença de valores extremos locais em $x = \sqrt[7]{5}$ e $x = \sqrt[3]{2}$.

Teorema do valor médio

15. a. Demonstre que $g(t) = \operatorname{sen}^2 t - 3t$ decresce em cada intervalo de seu domínio.

  b. Quantas soluções a equação $\operatorname{sen}^2 t - 3t = 5$ possui? Justifique sua resposta.

16. a. Demonstre que $y = \operatorname{tg}\theta$ é crescente em cada intervalo de seu domínio.

  b. Se a conclusão no item (a) estiver mesmo correta, como você explica o fato de $\operatorname{tg}\pi = 0$ ser menor do que $\operatorname{tg}(\pi/4) = 1$?

17. a. Demonstre que a equação $x^4 + 2x^2 - 2 = 0$ tem exatamente uma solução em $[0, 1]$.

  T b. Determine a solução com o maior número de casas decimais que você conseguir.

18. a. Demonstre que $f(x) = x/(x + 1)$ é crescente em cada intervalo de seu domínio.

  b. Demonstre que $f(x) = x^3 + 2x$ não possui valores máximo ou mínimo locais.

19. Água em um reservatório Como resultado das fortes chuvas, o volume de água de um reservatório aumentou 1400 acre-pé em 24 horas. Demonstre que, em algum instante durante o referido período, o volume aumentava a uma taxa maior do que 225.000 gal/min. (Um acre-pé equivale a 43.560 pés³, o volume que cobriria 1 acre com 1 pé de profundidade. Um pé³ contém 7,48 galões.)

20. A fórmula $F(x) = 3x + C$ fornece uma função diferente para cada valor de C. Entretanto, todas essas funções têm a mesma derivada em relação a x, ou seja, $F'(x) = 3$. Essas são as únicas funções deriváveis cuja derivada é 3? Há outras? Justifique sua resposta.

21. Demonstre que

$$\frac{d}{dx}\left(\frac{x}{x+1}\right) = \frac{d}{dx}\left(-\frac{1}{x+1}\right)$$

mesmo que

$$\frac{x}{x+1} \neq -\frac{1}{x+1}.$$

Isso não contradiz o Corolário 2 do teorema do valor médio? Justifique sua resposta.

22. Calcule a primeira derivada de $f(x) = x^2/(x^2 + 1)$ e $g(x) = -1/(x^2 + 1)$. O que pode ser concluído sobre os gráficos dessas funções?

Análise de gráficos

Nos Exercícios 23 e 24, use o gráfico para responder às questões.

23. Identifique os valores extremos globais de f e os valores de x em que eles ocorrem.

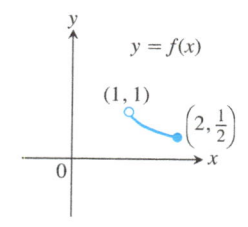

24. Estime os intervalos onde a função $y = f(x)$ é
  a. crescente.
  b. decrescente.
  c. Use o gráfico de f' apresentado para indicar onde ocorrem os valores extremos locais da função e se cada extremo é um máximo ou um mínimo relativo.

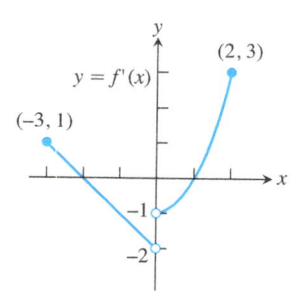

Cada um dos gráficos dos Exercícios 25 e 26 é o gráfico da função posição $s = f(t)$ de um corpo que se desloca ao longo de um eixo coordenado (t representa o tempo). Em que tempo aproximadamente, se houver, cada corpo tem **(a)** velocidade igual a zero? **(b)** aceleração igual a zero? Durante aproximadamente que intervalos de tempo o corpo se move **(c)** para a frente? **(d)** para trás?

25.

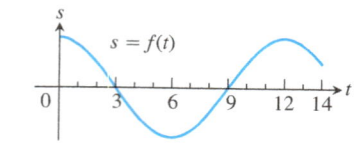

26.

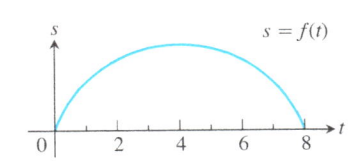

Gráficos e construção de gráficos

Faça o gráfico das curvas nos Exercícios 27-42.

27. $y = x^2 - (x^3/6)$
28. $y = x^3 - 3x^2 + 3$
29. $y = -x^3 + 6x^2 - 9x + 3$
30. $y = (1/8)(x^3 + 3x^2 - 9x - 27)$
31. $y = x^3(8 - x)$
32. $y = x^2(2x^2 - 9)$
33. $y = x - 3x^{2/3}$
34. $y = x^{1/3}(x - 4)$
35. $y = x\sqrt{3 - x}$
36. $y = x\sqrt{4 - x^2}$
37. $y = (x - 3)^2 e^x$
38. $y = xe^{-x^2}$
39. $y = \ln(x^2 - 4x + 3)$
40. $y = \ln(\operatorname{sen} x)$
41. $y = \operatorname{sen}^{-1}\left(\dfrac{1}{x}\right)$
42. $y = \operatorname{tg}^{-1}\left(\dfrac{1}{x}\right)$

Cada um dos Exercícios 43-48 fornece a primeira derivada de uma função $y = f(x)$. **(a)** Em quais pontos, se houver, o gráfico de f tem um máximo local, um mínimo local ou ponto de inflexão? **(b)** Esboce a forma geral do gráfico.

43. $y' = 16 - x^2$
44. $y' = x^2 - x - 6$
45. $y' = 6x(x + 1)(x - 2)$
46. $y' = x^2(6 - 4x)$
47. $y' = x^4 - 2x^2$
48. $y' = 4x^2 - x^4$

Nos Exercícios 49-52, faça o gráfico de cada função. Em seguida, use a primeira derivada da função para explicar o que você está vendo.

49. $y = x^{2/3} + (x - 1)^{1/3}$
50. $y = x^{2/3} + (x - 1)^{2/3}$
51. $y = x^{1/3} + (x - 1)^{1/3}$
52. $y = x^{2/3} - (x - 1)^{1/3}$

Esboce os gráficos das funções racionais nos Exercícios 53-60.

53. $y = \dfrac{x + 1}{x - 3}$
54. $y = \dfrac{2x}{x + 5}$
55. $y = \dfrac{x^2 + 1}{x}$
56. $y = \dfrac{x^2 - x + 1}{x}$
57. $y = \dfrac{x^3 + 2}{2x}$
58. $y = \dfrac{x^4 - 1}{x^2}$
59. $y = \dfrac{x^2 - 4}{x^2 - 3}$
60. $y = \dfrac{x^2}{x^2 - 4}$

Aplicação da regra de l'Hôpital

Nos Exercícios 61-72, use a regra de l'Hôpital para determinar os limites.

61. $\lim\limits_{x \to 1} \dfrac{x^2 + 3x - 4}{x - 1}$
62. $\lim\limits_{x \to 1} \dfrac{x^a - 1}{x^b - 1}$
63. $\lim\limits_{x \to \pi} \dfrac{\operatorname{tg} x}{x}$
64. $\lim\limits_{x \to 0} \dfrac{\operatorname{tg} x}{x + \operatorname{sen} x}$
65. $\lim\limits_{x \to 0} \dfrac{\operatorname{sen}^2 x}{\operatorname{tg}(x^2)}$
66. $\lim\limits_{x \to 0} \dfrac{\operatorname{sen} mx}{\operatorname{sen} nx}$
67. $\lim\limits_{x \to \pi/2^-} \sec 7x \cos 3x$
68. $\lim\limits_{x \to 0^+} \sqrt{x} \sec x$
69. $\lim\limits_{x \to 0} (\operatorname{cossec} x - \operatorname{cotg} x)$
70. $\lim\limits_{x \to 0} \left(\dfrac{1}{x^4} - \dfrac{1}{x^2}\right)$
71. $\lim\limits_{x \to \infty} \left(\sqrt{x^2 + x + 1} - \sqrt{x^2 - x}\right)$
72. $\lim\limits_{x \to \infty} \left(\dfrac{x^3}{x^2 - 1} - \dfrac{x^3}{x^2 + 1}\right)$

Determine os limites nos Exercícios 73-84.

73. $\lim\limits_{x \to 0} \dfrac{10^x - 1}{x}$
74. $\lim\limits_{\theta \to 0} \dfrac{3^\theta - 1}{\theta}$
75. $\lim\limits_{x \to 0} \dfrac{2^{\operatorname{sen} x} - 1}{e^x - 1}$
76. $\lim\limits_{x \to 0} \dfrac{2^{-\operatorname{sen} x} - 1}{e^x - 1}$
77. $\lim\limits_{x \to 0} \dfrac{5 - 5\cos x}{e^x - x - 1}$
78. $\lim\limits_{x \to 0} \dfrac{4 - 4e^x}{xe^x}$
79. $\lim\limits_{t \to 0^+} \dfrac{t - \ln(1 + 2t)}{t^2}$
80. $\lim\limits_{x \to 4} \dfrac{\operatorname{sen}^2(\pi x)}{e^{x-4} + 3 - x}$
81. $\lim\limits_{t \to 0^+} \left(\dfrac{e^t}{t} - \dfrac{1}{t}\right)$
82. $\lim\limits_{y \to 0^+} e^{-1/y} \ln y$
83. $\lim\limits_{x \to \infty} \left(1 + \dfrac{b}{x}\right)^{kx}$
84. $\lim\limits_{x \to \infty} \left(1 + \dfrac{2}{x} + \dfrac{7}{x^2}\right)$

Otimização

85. A soma de dois números não negativos é 36. Diga quais serão esses números se
    a. a diferença de suas raízes quadradas tiver que ser a maior possível.
    b. a soma de suas raízes quadradas tiver que ser a maior possível.

86. A soma de dois números não negativos é 20. Diga quais serão esses números
    a. se o produto de um número multiplicado pela raiz quadrada do outro tiver que ser o maior possível.
    b. se a soma de um número com a raiz quadrada do outro tiver que ser a maior possível.

87. Um triângulo isósceles tem seu vértice na origem, e sua base é paralela ao eixo x, estando os vértices da base acima do eixo, sobre a curva $y = 27 - x^2$. Determine a maior área que o triângulo pode assumir.

88. Um cliente lhe pediu que projetasse um tanque retangular de aço inoxidável, sem tampa. Ele deverá possuir base quadrada e um volume de 32 pés e será soldado a partir de chapas de aço com espessura de 1/4 de polegada, sem pesar mais do que o estritamente necessário. Que dimensões você recomendaria?

89. Determine a altura e o raio do maior cilindro circular reto que pode ser colocado dentro de uma esfera de raio $\sqrt{3}$.

90. A figura a seguir apresenta dois cones circulares retos, um de cabeça para baixo dentro do outro. As duas bases são paralelas, e o vértice do menor coincide com o centro da base maior. Que valores de r e h darão ao cone o menor e o maior volume possível?

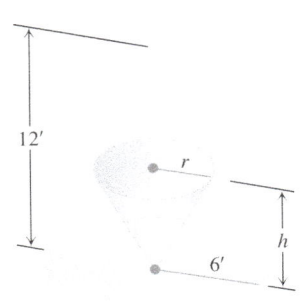

91. Produção de pneus Sua empresa pode fabricar por dia x centenas de pneus com qualidade A e y centenas de pneus com qualidade B, onde $0 \leq x \leq 4$ e
$$y = \frac{40 - 10x}{5 - x}.$$
Seu lucro sobre o pneu de qualidade A é duas vezes maior do que o lucro sobre o pneu de qualidade B. Qual é o número de cada tipo de pneu que torna a produção mais lucrativa?

92. Deslocamento de uma partícula As posições de duas partículas no eixo s são $s_1 = \cos t$ e $s_2 = \cos(t + \pi/4)$.
  a. Qual é a maior distância entre as partículas?
  b. Quando as partículas colidirão?

T 93. Caixa sem tampa Uma caixa retangular, sem tampa, será confeccionada a partir de uma folha de papelão de 10×16 pol., recortando-se os vértices quadrados com lados iguais e dobrando-se os lados para cima. Determine analiticamente as dimensões da caixa de maior volume e seu volume máximo. Fundamente sua resposta graficamente.

94. O problema da escada Qual é o comprimento aproximado (em pés) da maior escada que você consegue transportar horizontalmente de um corredor para o outro, passando pelo canto, como mostra a figura a seguir? Arredonde para baixo sua resposta para um número inteiro.

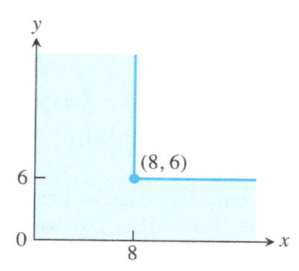

Método de Newton

95. Seja $f(x) = 3x - x^3$. Mostre que a equação $f(x) = -4$ tem uma solução no intervalo $[2, 3]$ e use o método de Newton para determiná-la.

96. Seja $f(x) = x^4 - x^3$. Mostre que a equação $f(x) = 75$ tem uma solução no intervalo $[3, 4]$ e use o método de Newton para determiná-la.

Determinação de integrais indefinidas

Nos Exercícios 97-120, determine as integrais indefinidas (as primitivas mais gerais). Verifique suas respostas por derivação.

97. $\int (x^3 + 5x - 7) \, dx$

98. $\int \left(8t^3 - \frac{t^2}{2} + t \right) dt$

99. $\int \left(3\sqrt{t} + \frac{4}{t^2} \right) dt$

100. $\int \left(\frac{1}{2\sqrt{t}} - \frac{3}{t^4} \right) dt$

101. $\int \frac{dr}{(r+5)^2}$

102. $\int \frac{6 \, dr}{(r - \sqrt{2})^3}$

103. $\int 3\theta \sqrt{\theta^2 + 1} \, d\theta$

104. $\int \frac{\theta}{\sqrt{7 + \theta^2}} \, d\theta$

105. $\int x^3 (1 + x^4)^{-1/4} \, dx$

106. $\int (2 - x)^{3/5} \, dx$

107. $\int \sec^2 \frac{s}{10} \, ds$

108. $\int \mathrm{cossec}^2 \pi s \, ds$

109. $\int \mathrm{cossec} \sqrt{2}\theta \cot \sqrt{2}\theta \, d\theta$

110. $\int \sec \frac{\theta}{3} \operatorname{tg} \frac{\theta}{3} \, d\theta$

111. $\int \mathrm{sen}^2 \frac{x}{4} \, dx$ (Dica: $\mathrm{sen}^2 \theta = \frac{1 - \cos 2\theta}{2}$)

112. $\int \cos^2 \frac{x}{2} \, dx$

113. $\int \left(\frac{3}{x} - x \right) dx$

114. $\int \left(\frac{5}{x^2} + \frac{2}{x^2 + 1} \right) dx$

115. $\int \left(\frac{1}{2} e^t - e^{-t} \right) dt$

116. $\int (5^s + s^5) \, ds$

117. $\int \theta^{1-\pi} \, d\theta$

118. $\int 2^{\pi + r} \, dr$

119. $\int \frac{3}{2x\sqrt{x^2 - 1}} \, dx$

120. $\int \frac{d\theta}{\sqrt{16 - \theta^2}}$

Problemas de valor inicial

Nos Exercícios 121-124, resolva os problemas de valor inicial.

121. $\dfrac{dy}{dx} = \dfrac{x^2 + 1}{x^2}$, $y(1) = -1$

122. $\dfrac{dy}{dx} = \left(x + \dfrac{1}{x} \right)^2$, $y(1) = 1$

123. $\dfrac{d^2 r}{dt^2} = 15\sqrt{t} + \dfrac{3}{\sqrt{t}}$; $r'(1) = 8$, $r(1) = 0$

124. $\dfrac{d^3 r}{dt^3} = -\cos t$; $r''(0) = r'(0) = 0$, $r(0) = -1$

Aplicações e exemplos

125. As integrações dos itens (a) e (b) podem ambas estar corretas? Explique.
  a. $\int \dfrac{dx}{\sqrt{1 - x^2}} = \mathrm{sen}^{-1} x + C$
  b. $\int \dfrac{dx}{\sqrt{1 - x^2}} = -\int -\dfrac{dx}{\sqrt{1 - x^2}} = -\cos^{-1} x + C$

126. As integrações dos itens (a) e (b) podem ambas estar corretas? Explique.
  a. $\int \dfrac{dx}{\sqrt{1 - x^2}} = -\int -\dfrac{dx}{\sqrt{1 - x^2}} = -\cos^{-1} x + C$
  b. $\int \dfrac{dx}{\sqrt{1 - x^2}} = \int \dfrac{-du}{\sqrt{1 - (-u)^2}}$ $\quad x = -u$
  $\quad dx = -du$
  $= \int \dfrac{-du}{\sqrt{1 - u^2}}$
  $= \cos^{-1} u + C$
  $= \cos^{-1}(-x) + C$ $\quad u = -x$

127. O retângulo apresentado na figura possui um lado no eixo y positivo, um lado no eixo x positivo e seu vértice superior direito na curva $y = e^{-x^2}$. Que dimensões dão ao retângulo a maior área possível, e qual é essa área?

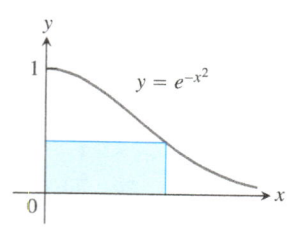

128. O retângulo apresentado na figura possui um lado no eixo y positivo, um lado no eixo x positivo e seu vértice superior direito na curva $y = (\ln x)/x^2$. Que dimensões dão ao retângulo a maior área possível, e qual é essa área?

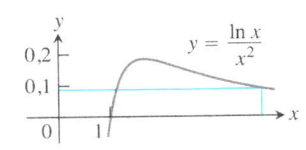

Nos Exercícios 129 e 130, determine os valores máximo e mínimo absolutos de cada função no intervalo dado.

129. $y = x \ln 2x - x$, $\left[\dfrac{1}{2e}, \dfrac{e}{2}\right]$

130. $y = 10x(2 - \ln x)$, $(0, e^2]$

Nos Exercícios 131 e 132, determine os máximos e mínimos absolutos das funções e diga onde eles ocorrem.

131. $f(x) = e^{x/\sqrt{x^4+1}}$

132. $g(x) = e^{\sqrt{3-2x-x^2}}$

T 133. Faça o gráfico das funções a seguir e utilize o que você observar para localizar e estimar os valores extremos, identifique as coordenadas dos pontos de inflexão e os intervalos nos quais os gráficos são côncavos para cima ou para baixo. Em seguida, confirme suas estimativas trabalhando com as derivadas das funções.

a. $y = (\ln x)/\sqrt{x}$

b. $y = e^{-x^2}$

c. $y = (1 + x)\,e^{-x}$

T 134. Faça o gráfico de $f(x) = x \ln x$. A função parece ter um valor mínimo absoluto? Confirme a sua resposta com cálculo.

T 135. Faça o gráfico de $f(x) = (\operatorname{sen} x)^{\operatorname{sen} x}$ no intervalo $[0, 3\pi]$. Explique o que você observa.

136. Um cabo redondo de transmissão subaquática consiste de um núcleo de fios de cobre envolto em matéria isolante não condutora. Se x representa a razão entre o raio do núcleo e a espessura do material isolante, sabe-se que a velocidade do sinal de transmissão é dada pela equação $v = x^2 \ln (1/x)$. Se o raio do núcleo é de 1 cm, que espessura de isolamento h proporcionará a maior velocidade de transmissão?

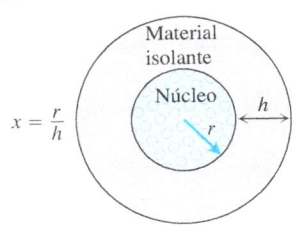

Capítulo Exercícios adicionais e avançados

Funções e derivadas

1. O que você pode dizer sobre uma função cujos valores máximo e mínimo em determinado intervalo são iguais? Justifique sua resposta.

2. Seria correto dizer que uma função descontínua não pode ter seus valores máximo e mínimo absolutos em um intervalo fechado? Justifique sua resposta.

3. O que você pode concluir sobre valores extremos de uma função contínua em um intervalo aberto? E em um intervalo semiaberto? Justifique sua resposta.

4. **Extremos locais** Use o padrão de sinal para a derivada

$$\dfrac{df}{dx} = 6(x - 1)(x - 2)^2(x - 3)^3(x - 4)^4$$

para identificar os pontos em que f tem valores máximo e mínimo locais.

5. **Extremos locais**

a. Suponha que a primeira derivada de $y = f(x)$ seja

$$y' = 6(x + 1)(x - 2)^2.$$

Em que pontos, se houver, f possui um máximo local, um mínimo local ou um ponto de inflexão?

b. Suponha que a primeira derivada de $y = f(x)$ seja

$$y' = 6x(x + 1)(x - 2).$$

Em que pontos, se houver, f possui um máximo local, um mínimo local ou um ponto de inflexão?

6. Se $f'(x) \leq 2$ para qualquer x, então qual é o máximo que os valores de f podem aumentar em $[0, 6]$? Justifique sua resposta.

7. **Limitando uma função** Suponha que f seja contínua em $[a, b]$ e que c seja um ponto interior do intervalo. Demonstre que se $f'(x) \leq 0$ em $[a, c)$, e $f'(x) \geq 0$ em $(c, b]$, então $f(x)$ nunca será menor do que $f(c)$ em $[a, b]$.

8. **Desigualdade**

a. Demonstre que $-1/2 \leq x/(1 + x^2) \leq 1/2$ para qualquer valor de x.

b. Suponha que f seja uma função cuja derivada é $f'(x) = x/(1 + x^2)$. Use o resultado do item (a) para demonstrar que

$$|f(b) - f(a)| \leq \dfrac{1}{2}|b - a|$$

para quaisquer a e b.

9. A derivada de $f(x) = x^2$ é zero em $x = 0$, mas f não é uma função constante. Isso não contradiz o corolário do teorema do valor médio, que afirma serem constantes as funções com derivada igual a zero? Justifique sua resposta.

10. **Extremos e pontos de inflexão** Seja $h = fg$ o produto de duas funções deriváveis de x.

a. Se f e g são positivas, com máximo local em $x = a$, e se f' e g' mudam de sinal em a, h pode ter um máximo local em a?

b. Se os gráficos de f e g têm um ponto de inflexão em $x = a$, então o gráfico de h também tem?

Se a resposta for "sim" para um dos itens, então demonstre. Do contrário, dê um contraexemplo.

11. **Determinação de uma função** Use as seguintes informações para determinar os valores de a, b e c na fórmula $f(x) = (x + a)/(bx^2 + cx + 2)$.

i) Os valores de *a*, *b*, e *c* são 0 ou 1.
ii) O gráfico de *f* passa pelo ponto (−1, 0).
iii) A reta $y = 1$ é uma assíntota do gráfico de *f*.

12. **Tangente horizontal** Para que valor(es) da constante *k* a curva $y = x^3 + kx^2 + 3x - 4$ tem exatamente uma tangente horizontal?

Otimização

13. **O maior triângulo inscrito** Os pontos *A* e *B* estão nas extremidades de um diâmetro de um círculo unitário e o ponto *C* está na circunferência. É correto dizer que o perímetro do triângulo *ABC* é máximo quando esse triângulo é isósceles? Como você sabe?

14. **Prova do teste da segunda derivada** O teste da segunda derivada para máximos e mínimos locais (Seção 4.4) afirma que:
    a. *f* tem um valor máximo local em $x = c$ se $f'(c) = 0$ e $f''(c) < 0$.
    b. *f* tem um valor mínimo local em $x = c$ se $f'(c) = 0$ e $f''(c) > 0$.

    Para demonstrar a afirmação (a), faça $\epsilon = (1/2)|f''(c)|$. Então use o fato de que
    $$f''(c) = \lim_{h \to 0} \frac{f'(c+h) - f'(c)}{h} = \lim_{h \to 0} \frac{f'(c+h)}{h}$$
    para concluir que para algum $\delta > 0$,
    $$0 < |h| < \delta \quad \Rightarrow \quad \frac{f'(c+h)}{h} < f''(c) + \epsilon < 0.$$
    Portanto, $f'(c + h)$ é positiva para $-\delta < h < 0$ e negativa para $0 < h < \delta$. Demonstre a afirmativa (b) de uma maneira semelhante.

15. **Furo em um tanque de água** Você quer fazer um furo na parede do tanque apresentado na figura a seguir, em uma altura tal que o jorro de água resultante atinja o solo o mais longe do tanque possível. Se você fizer o furo muito alto, onde a pressão é baixa, a água sairá lentamente, mas permanecerá um tempo relativamente longo no ar. Se você fizer o furo muito baixo, a água sairá com velocidade maior, mas terá pouco tempo para cair. Onde é o melhor lugar, se houver, para fazer o furo? (Dica: quanto tempo leva para atingir o solo uma molécula de água que cai de uma altura *y*?)

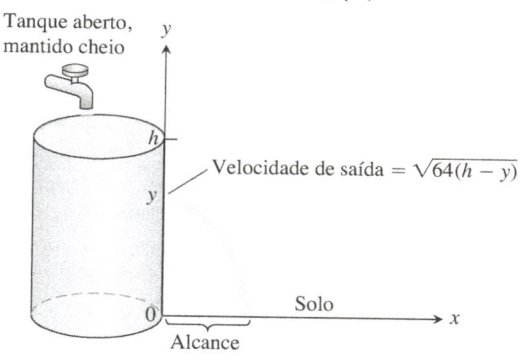

16. **Marcando um gol** Um jogador de futebol norte-americano quer fazer um gol com a bola sobre a linha tracejada à direita. Considere que as traves estejam *b* metros distantes entre si e que a linha tracejada lateral esteja a uma distância $a > 0$ pés da trave direita (veja a figura a seguir.) Determine a distância *h*, em relação à linha de fundo, que oferece ao jogador o maior ângulo β. Considere que o campo de futebol seja plano.

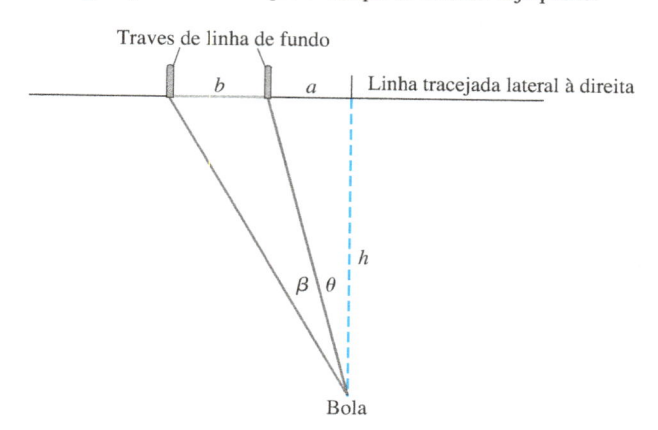

17. **Problema de max-min com resposta variável** Às vezes, a solução de um problema de max-min depende das proporções das formas envolvidas. Por exemplo, suponha que um cilindro de revolução com raio *r* e altura *h* esteja inscrito em um cone de revolução com raio *R* e altura *H*, conforme a figura a seguir. Determine o valor de *r* (em função de *R* e *H*) que maximiza a área total da superfície do cilindro (inclusive o topo e base inferior). Como você verá, a solução dependerá se $H \leq 2R$ ou $H > 2R$.

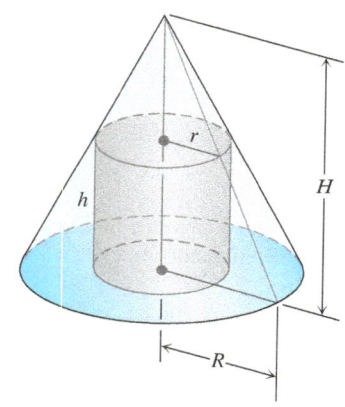

18. **Minimização de um parâmetro** Determine o menor valor da constante positiva *m* que torna $mx - 1 + (1/x)$ maior ou igual a zero para qualquer valor positivo de *x*.

Limites

19. Calcule os limites a seguir.
    a. $\lim_{x \to 0} \dfrac{2 \operatorname{sen} 5x}{3x}$
    b. $\lim_{x \to 0} \operatorname{sen} 5x \cot g\, 3x$
    c. $\lim_{x \to 0} x \operatorname{cossec}^2 \sqrt{2x}$
    d. $\lim_{x \to \pi/2} (\sec x - \operatorname{tg} x)$
    e. $\lim_{x \to 0} \dfrac{x - \operatorname{sen} x}{x - \operatorname{tg} x}$
    f. $\lim_{x \to 0} \dfrac{\operatorname{sen} x^2}{x \operatorname{sen} x}$
    g. $\lim_{x \to 0} \dfrac{\sec x - 1}{x^2}$
    h. $\lim_{x \to 2} \dfrac{x^3 - 8}{x^2 - 4}$

20. A regra de l'Hôpital não nos ajuda a determinar os limites a seguir. Determine-os de outra maneira.
    a. $\lim_{x \to \infty} \dfrac{\sqrt{x+5}}{\sqrt{x}+5}$
    b. $\lim_{x \to \infty} \dfrac{2x}{x + 7\sqrt{x}}$

Teoria e exemplos

21. Suponha que uma empresa gaste $y = a + bx$ dólares para produzir x unidades por semana. Ela consegue vender essas unidades a um preço $P = c - ex$ dólares por unidade. a, b, c e e representam uma constante positiva. **(a)** Qual nível de produção maximiza o lucro? **(b)** Qual é o preço correspondente? **(c)** Qual é o lucro semanal desse nível de produção? **(d)** A que preço cada item deveria ser vendido para maximizar os lucros, caso o governo impusesse um imposto de t dólares por item vendido? Comente a diferença entre o preço antes e depois do imposto.

22. Estimativa de recíproca sem divisão Você pode estimar o valor do recíproco do número a sem nunca ter que dividir por a, aplicando o método de Newton à função $f(x) = (1/x) - a$. Por exemplo, se $a = 3$, então a função envolvida é $f(x) = (1/x) - 3$.

   a. Trace o gráfico de $y = (1/x) - 3$. Onde o gráfico cruza o eixo x?

   b. Demonstre que nesse caso a fórmula da recursão é

$$x_{n+1} = x_n(2 - 3x_n),$$

   e, portanto, não é preciso dividir.

23. Para determinar $x = \sqrt[q]{a}$, aplicamos o método de Newton em $f(x) = x^q - a$. Aqui supomos que a seja um número real positivo e q um inteiro positivo. Demonstre que x_1 é uma "média ponderada" entre x_0 e a/x_0^{q-1}; depois, determine os coeficientes m_0, m_1, de tal forma que

$$x_1 = m_0 x_0 + m_1 \left(\frac{a}{x_0^{q-1}}\right), \quad \begin{array}{l} m_0 > 0, m_1 > 0, \\ m_0 + m_1 = 1. \end{array}$$

A que conclusão você chegaria se x_0 e a/x_0^{q-1} fossem iguais? Qual seria o valor de x_1, nesse caso?

24. A família de retas $y = ax + b$ (sendo a, b constantes arbitrárias) pode ser caracterizada pela relação $y'' = 0$. Determine uma relação similar satisfeita pela família de todos os círculos

$$(x - h)^2 + (y - h)^2 = r^2,$$

onde h e r são constantes arbitrárias. (Dica: elimine h e r do conjunto de três equações incluindo a que foi dada e duas obtidas por derivação sucessiva.)

25. Queda livre no século XIV Em meados do século XIV, Alberto da Saxônia (1316-1390) propôs um modelo para queda livre que admitia ser a velocidade de um corpo em queda proporcional à distância da queda. Parecia razoável considerar que um corpo que caísse de uma altura de 20 pés se deslocaria duas vezes mais rápido do que outro que caísse de 10 pés. Além disso, nenhum dos instrumentos disponíveis na época era preciso o suficiente para provar o contrário. Hoje, ao resolver o problema de valor inicial implícito em seu modelo, vemos que o modelo de Alberto de Saxônia estava longe de estar correto. Resolva o problema e compare graficamente sua solução com a equação $s = 16t^2$. Você verá que ela descreve um movimento que se inicia lentamente demais, e depois se torna rápido e muito depressa para ser real.

T 26. Teste de grupo sanguíneo Durante a Segunda Guerra Mundial, foi preciso fazer exame de sangue em um grande número de soldados. Há duas maneiras padrão para realizar o exame de sangue em N pessoas. No método 1, cada pessoa é examinada separadamente. No método 2, as amostras de sangue de x pessoas são misturadas e examinadas como uma grande amostra. Se o resultado for negativo, esse único teste será suficiente para as x pessoas. Se for positivo, então cada uma das x pessoas deverá ser examinada separadamente, sendo necessário um total de $x + 1$ exames. Usando o segundo método e alguma noção de probabilidade, pode-se demonstrar que, em média, o número total y de testes será

$$y = N\left(1 - q^x + \frac{1}{x}\right).$$

Com $q = 0{,}99$ e $N = 1000$, determine o valor inteiro de x que minimiza y. Determine também o valor inteiro de x que maximiza y (esse segundo resultado não é importante em situações reais). O método de exame de sangue em grupo foi usado na Segunda Guerra Mundial e resultou em uma economia de 80% em relação ao método de testes individuais, mas não com o valor dado de q.

27. Suponha que o freio de um automóvel produza uma desaceleração constante de k pés/s². **(a)** Determine qual k um automóvel que viaje a 60 milhas/hora (88 pés/s) precisa ter para parar a uma distância de 100 pés do ponto em que o freio é acionado. **(b)** Com o mesmo k, que distância um carro que viajasse a 30 milhas/hora percorreria antes de parar?

28. Seja $f(x)$, $g(x)$ duas funções continuamente deriváveis que satisfazem as relações $f'(x) = g(x)$ e $f''(x) = -f(x)$. Seja $h(x) = f^2(x) + g^2(x)$. Se $h(0) = 5$, determine $h(10)$.

29. Pode existir uma curva que satisfaça as condições a seguir? d^2y/dx^2 é igual a zero em toda parte, quando $x = 0$, $y = 0$ e $dy/dx = 1$. Justifique sua resposta.

30. Determine a equação para a curva no plano cartesiano que passa pelo ponto $(1, -1)$, sendo seu coeficiente angular em x sempre $3x^2 + 2$.

31. Uma partícula se move ao longo do eixo x. Sua aceleração é $a = -t^2$. Em $t = 0$, a partícula está na origem. No decurso de seu movimento, ela alcança o ponto $x = b$, onde $b > 0$, mas não vai além de b. Determine a sua velocidade em $t = 0$.

32. Uma partícula se move com aceleração $a = \sqrt{t} - (1/\sqrt{t})$. Supondo que a velocidade $v = 4/3$ e a posição $s = -4/15$ quando $t = 0$, determine

   a. a velocidade v em termos de t.

   b. a posição s em termos de t.

33. Dado $f(x) = ax^2 + 2bx + c$ com $a > 0$. Considerando o mínimo, demonstre que $f(x) \geq 0$ para todos os x reais, se, e somente se, $b^2 - ac \leq 0$.

34. Desigualdade de Schwarz

   a. No Exercício 33, considere

$$f(x) = (a_1 x + b_1)^2 + (a_2 x + b_2)^2 + \cdots + (a_n x + b_n)^2,$$

   e deduza a desigualdade de Schwarz:

$$(a_1 b_1 + a_2 b_2 + \cdots + a_n b_n)^2$$
$$\leq \left(a_1^2 + a_2^2 + \cdots + a_n^2\right)\left(b_1^2 + b_2^2 + \cdots + b_n^2\right).$$

   b. Demonstre que a desigualdade de Schwarz poderá ser uma igualdade apenas se existir um número real x que torne $a_i x$ igual a $-b_i$ para todos os valores de i entre 1 e n.

35. Os melhores ângulos para a ramificação de vasos sanguíneos e tubos Quando um pequeno tubo se ramifica em um sistema de fluxo a partir de outro maior, pode-se querer que essa ramificação ocorra no melhor ângulo para poupar energia. Pode-se desejar, por exemplo, que o consumo de energia devido ao atrito seja minimizado ao longo da seção AOB, mostrada na figura a seguir. Nesse diagrama, B é um ponto qualquer a ser conectado ao tubo menor, A é um ponto no tubo maior, anterior a B, sendo O o ponto em que a ramificação ocorre. Uma lei formulada por Poiseuille diz que a perda de energia devido ao atrito em fluxo não turbulento é proporcional ao comprimento e inversamente proporcional à quarta potência do raio. Assim, a perda ao longo de AO é $(kd_1)/R^4$ e ao longo de OB é $(kd_2)/r^4$, onde k é uma constante, d_1 é o comprimento do segmento AO, d_2 é o comprimento do segmento OB, R é o raio do tubo maior e r é o raio do tubo menor. O ângulo θ deve ser escolhido para minimizar a soma dessas duas perdas:

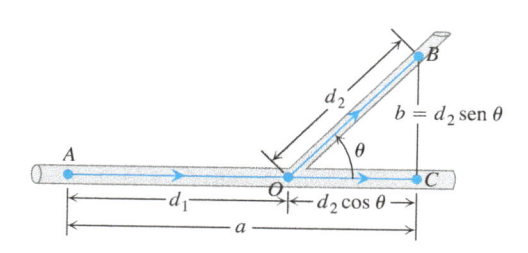

$$L = k\frac{d_1}{R^4} + k\frac{d_2}{r^4}.$$

Em nosso modelo, admitimos que $AC = a$ e $BC = b$ são fixos.

Assim, temos as relações

$$d_1 + d_2 \cos\theta = a \quad d_2 \operatorname{sen}\theta = b,$$

de modo que

$$d_2 = b \operatorname{cossec}\theta,$$
$$d_1 = a - d_2 \cos\theta = a - b \operatorname{cotg}\theta.$$

Podemos expressar a perda total L como função de θ:

$$L = k\left(\frac{a - b\operatorname{cotg}\theta}{R^4} + \frac{b\operatorname{cossec}\theta}{r^4}\right).$$

a. Demonstre que o valor crítico de θ para o qual $dL/d\theta$ é igual a zero é

$$\theta_c = \cos^{-1}\frac{r^4}{R^4}.$$

b. Se a razão entre os raios do tubo é $r/R = 5/6$, calcule para o valor inteiro mais próximo o ângulo em graus de ramificação ótimo dado no item (a).

Capítulo 4 Projetos de aplicação de tecnologia

Módulos Mathematica/Maple

Movimento ao longo de uma reta: posição → velocidade → aceleração

Você observará o formato de um gráfico em impressionantes animações que retratam as relações de derivação entre posição, velocidade e aceleração. As figuras do texto podem ser animadas.

Método de Newton: estimar π com quantas casas decimais?

Trace os pontos de uma função no plano cartesiano, observe uma raiz, escolha um ponto inicial perto dela e, por fim, use o método iterativo de Newton para aproximar a raiz até a precisão desejada. Os números π, e e $\sqrt{2}$ são aproximados.

5
INTEGRAÇÃO

VISÃO GERAL Um dos grandes avanços da geometria clássica foi a obtenção de fórmulas para determinar a área e o volume de triângulos, esferas e cones. Neste capítulo, desenvolveremos um método para calcular áreas e volumes das formas mais gerais. Esse método, chamado *integração*, é uma ferramenta para calcular muito mais do que áreas e volumes. A *integral* é de fundamental importância em estatística, ciências e engenharia. Ela nos permite calcular quantidades que vão desde probabilidades e médias até consumo de energia e forças que atuam contra as comportas de uma represa. Estudaremos uma variedade dessas aplicações no próximo capítulo, mas, neste, iremos nos concentrar no conceito de integral e em seu uso no cálculo de áreas de várias regiões com contornos curvos.

5.1 Área e estimativa com somas finitas

A *integral definida* é uma ferramenta essencial em cálculo para definir quantidades importantes para a matemática e para a ciência, como áreas, volumes, comprimentos de linhas curvas, probabilidades e pesos de vários objetos, apenas para mencionar alguns. A ideia por trás da integral é que podemos efetivamente calcular tais quantidades dividindo-as em pequenas partes e, em seguida, somando as contribuições de cada parte. Consideremos, então, o que acontece quando partes cada vez menores são levadas em conta no processo somatório. Finalmente, se o número de termos que contribuem para a soma tende a infinito e tomamos o limite dessas somas na forma descrita na Seção 5.3, o resultado será uma integral definida. Na Seção 5.4 demonstraremos que as integrais são ligadas a primitivas, uma conexão que é uma das relações mais importantes em cálculo.

A base para a formulação de integrais definidas é a construção de somas finitas apropriadas. Embora seja necessário definir precisamente o que queremos dizer com a área de uma região geral no plano, ou o valor médio de uma função ao longo de um intervalo fechado, temos ideias intuitivas sobre o que essas noções significam. Assim, nesta seção, começamos a nossa abordagem de integração *aproximando* essas quantidades com somas finitas. Consideraremos também o que acontece quando incluímos cada vez mais termos no processo somatório. Nas seções subsequentes, consideraremos tomar o limite dessas somas quando o número de termos tende a infinito, o que conduz, então, para definições precisas das quantidades que são aproximadas aqui.

Área

Suponha que queiramos calcular a área da região sombreada R que se encontra acima do eixo x, abaixo da curva $y = 1 - x^2$ e entre as retas verticais $x = 0$ e $x = 1$ (Figura 5.1). Infelizmente, não há nenhuma fórmula geométrica simples para calcular as áreas de formas gerais com contornos curvos como a região R. Como, então, podemos determinar a área de R?

Embora ainda não tenhamos um método para determinar a área exata de R, podemos aproximá-la de uma maneira simples. A Figura 5.2a mostra dois retângulos

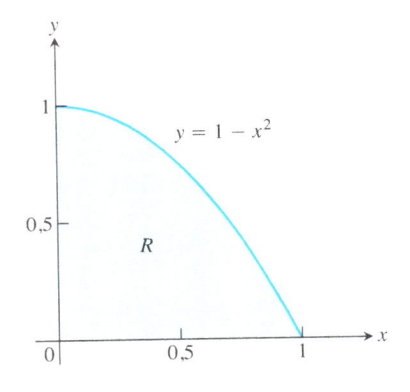

FIGURA 5.1 A área da região R não pode ser determinada por meio de uma fórmula simples.

que, em conjunto, contêm a região R. Cada retângulo tem largura 1/2 e alturas 1 e 3/4, da esquerda para a direita. A altura de cada retângulo é o valor máximo da função f,

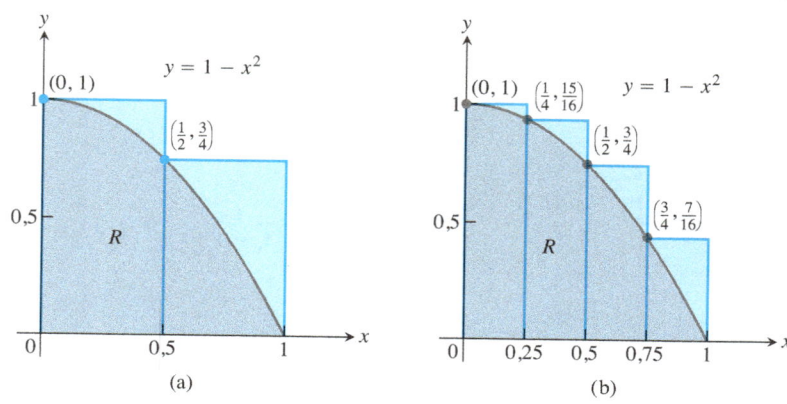

FIGURA 5.2 (a) Usando dois retângulos que contêm R, obtemos uma estimativa superior da área de R. (b) Quatro retângulos fornecem uma estimativa superior mais precisa. Ambas as estimativas ultrapassam o valor real da área pelo montante sombreado azul mais claro.

que é obtida pelo cálculo de f na extremidade esquerda do subintervalo de $[0, 1]$ que forma a base do retângulo. A área total dos dois retângulos aproxima a área A da região R,

$$A \approx 1 \cdot \frac{1}{2} + \frac{3}{4} \cdot \frac{1}{2} = \frac{7}{8} = 0{,}875.$$

Essa estimativa é maior do que a área real A, uma vez que os dois retângulos contêm R. Dizemos que 0,875 é uma **soma superior**, pois é obtida considerando-se a altura de cada retângulo como o valor máximo (o ponto mais alto) de $f(x)$, para um ponto x no intervalo da base do retângulo. Na Figura 5.2b, tornamos nossa estimativa mais precisa usando quatro retângulos estreitos, cada um com largura de 1/4, os quais, considerados em conjunto, contêm a região R. Esses quatro retângulos fornecem a aproximação

$$A \approx 1 \cdot \frac{1}{4} + \frac{15}{16} \cdot \frac{1}{4} + \frac{3}{4} \cdot \frac{1}{4} + \frac{7}{16} \cdot \frac{1}{4} = \frac{25}{32} = 0{,}78125,$$

que é ainda maior do que A, uma vez que os quatro retângulos contêm R.

Suponha, em vez disso, que usemos quatro retângulos contidos *na* região R para estimar a área, como na Figura 5.3a. Cada retângulo tem largura de 1/4, como anteriormente, mas eles são mais baixos e ficam inteiramente abaixo do gráfico de

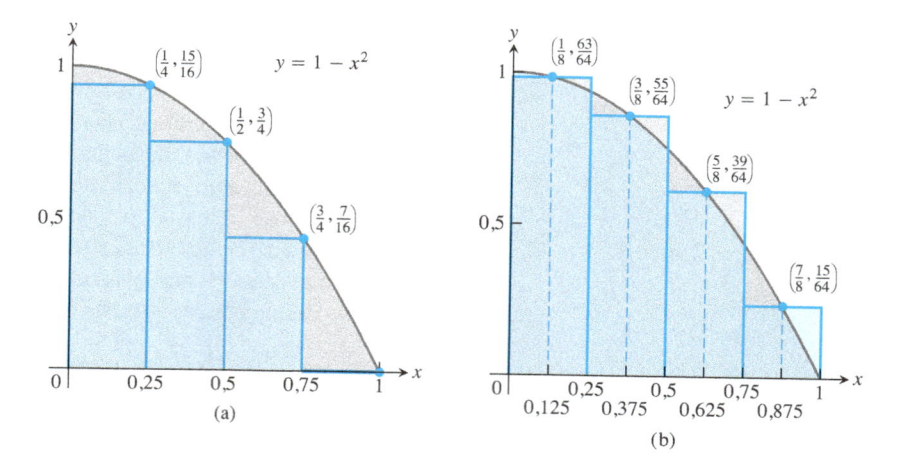

FIGURA 5.3 (a) Os retângulos contidos em R fornecem uma estimativa da área que ultrapassa o valor real pelo montante sombreado cinza. (b) A regra do ponto médio utiliza retângulos com altura de $y = f(x)$ no ponto médio de suas bases. A estimativa parece mais próxima do valor real da área, porque as áreas em azuis sobressalentes equilibram mais ou menos as áreas em cinza mais claro.

f. A função $f(x) = 1 - x^2$ é decrescente em [0, 1], e, portanto, a altura de cada um dos retângulos é dada pelo valor de *f* na extremidade direita do subintervalo que forma a sua base. O quarto retângulo tem altura zero e, assim, não contribui com área. Somando esses retângulos com alturas iguais ao valor mínimo de $f(x)$, para *x* em cada subintervalo da base, temos uma aproximação de **soma inferior** para a área,

$$A \approx \frac{15}{16} \cdot \frac{1}{4} + \frac{3}{4} \cdot \frac{1}{4} + \frac{7}{16} \cdot \frac{1}{4} + 0 \cdot \frac{1}{4} = \frac{17}{32} = 0{,}53125.$$

Essa estimativa é menor do que a área de *A*, pois todos os retângulos se situam dentro da região *R*. O verdadeiro valor de *A* situa-se em algum ponto entre as somas superior e inferior:

$$0{,}53125 < A < 0{,}78125.$$

Considerando as duas aproximações, a de soma inferior e a de soma superior, conseguimos não apenas estimativas para a área, mas também um limitante para o tamanho do erro possível nas estimativas, uma vez que o valor real da área fica em algum ponto entre elas. Nesse caso, o erro não pode ser superior à diferença $0{,}78125 - 0{,}53125 = 0{,}25$.

É possível, ainda, obter outra estimativa usando retângulos nos quais as alturas sejam valores de *f* em pontos médios de suas bases (Figura 5.3b). Esse método de estimativa se chama **regra do ponto médio** para aproximação da área. A regra do ponto médio fornece uma estimativa que fica entre uma soma inferior e uma soma superior, mas não fica claro se ela superestima ou subestima a área real. Com quatro retângulos de largura 1/4 como anteriormente, a regra do ponto médio estima a área de *R* em

$$A \approx \frac{63}{64} \cdot \frac{1}{4} + \frac{55}{64} \cdot \frac{1}{4} + \frac{39}{64} \cdot \frac{1}{4} + \frac{15}{64} \cdot \frac{1}{4} = \frac{172}{64} \cdot \frac{1}{4} = 0{,}671875.$$

Em cada uma de nossas somas calculadas, o intervalo [*a*, *b*] ao longo do qual a função *f* é definida foi subdividido em *n* subintervalos de largura igual (também chamada comprimento) $\Delta x = (b - a)/n$, e *f* foi calculada em um ponto em cada subintervalo: c_1 no primeiro subintervalo, c_2 no segundo subintervalo, e assim por diante. Desse modo, todas as somas finitas assumem a forma

$$f(c_1)\,\Delta x + f(c_2)\,\Delta x + f(c_3)\,\Delta x + \cdots + f(c_n)\,\Delta x.$$

Considerando cada vez mais retângulos, cada um deles mais estreito do que os anteriores, parece que essas somas finitas fornecem aproximações cada vez mais precisas da área real da região *R*.

A Figura 5.4a mostra uma aproximação de soma inferior para a área de *R* com 16 retângulos de largura igual. A soma de suas áreas é 0,634765625, que parece próximo da área real, mas ainda é menor, pois os retângulos estão dentro de *R*.

A Figura 5.4b mostra uma aproximação de soma superior que usa 16 retângulos de largura igual. A soma de suas áreas é 0,697265625, um pouco maior do que a área real, pois os retângulos juntos contêm *R*. A regra do ponto médio para 16 retângulos dá uma aproximação da área total de 0,6669921875, mas não fica imediatamente evidente se essa estimativa é maior ou menor do que a área real.

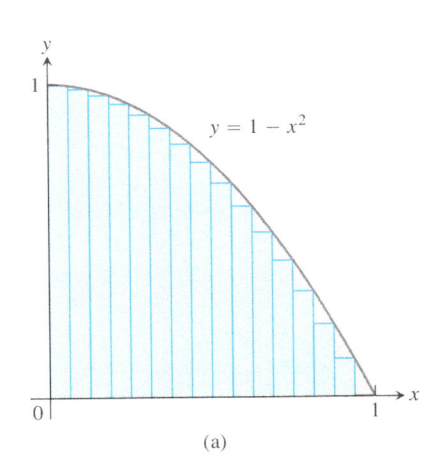

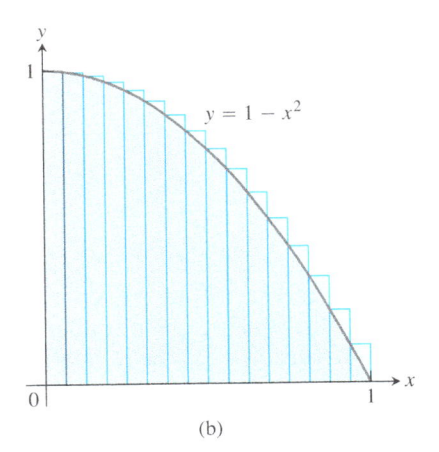

FIGURA 5.4 (a) Soma inferior que usa 16 retângulos de largura igual $\Delta x = 1/16$. (b) Soma superior com 16 retângulos.

EXEMPLO 1 A Tabela 5.1 mostra os valores de aproximações de soma superior e inferior para a área de *R* que usam até 1000 retângulos. Na Seção 5.2, veremos como obter o valor exato das áreas de regiões como *R* determinando o limite quando a largura da base de cada retângulo tende a zero e o número de retângulos tende a infinito. Com as técnicas aqui desenvolvidas, conseguiremos demonstrar que a área de *R* é exatamente 2/3.

Distância percorrida

Suponha que conheçamos a função velocidade $v(t)$ de um carro que percorre uma rodovia, sempre na mesma direção, e queiramos saber que distância ele terá percorrido entre os instantes $t = a$ e $t = b$. Se conhecemos uma primitiva $F(t)$ de $v(t)$, podemos determinar a função posição do carro $s(t)$ fazendo $s(t) = F(t) + C$.

TABELA 5.1	Aproximações finitas da área de R		
Número de subintervalos	Soma inferior	Ponto médio	Soma superior
2	0,375	0,6875	0,875
4	0,53125	0,671875	0,78125
16	0,634765625	0,6669921875	0,697265625
50	0,6566	0,6667	0,6766
100	0,66165	0,666675	0,67165
1000	0,6661665	0,66666675	0,6671665

Determinamos, então, a distância percorrida calculando a mudança na posição $s(b) - s(a) = F(b) - F(a)$. Se a função velocidade for determinada apenas pelas leituras em vários instantes de um velocímetro no carro, então não temos uma fórmula da qual obter uma função primitiva para a velocidade. Assim, o que fazemos então nessa situação?

Quando não conhecemos uma primitiva da função velocidade $v(t)$, podemos aplicar o mesmo princípio de aproximação da distância percorrida com somas finitas de uma maneira semelhante às estimativas de áreas, discutidas anteriormente. Subdividimos o intervalo $[a, b]$ em pequenos intervalos de tempo, em cada um dos quais a velocidade é considerada razoavelmente constante; então, fazemos uma aproximação da distância percorrida em cada subintervalo de tempo com a fórmula usual de distância,

$$\text{distância} = \text{velocidade} \times \text{tempo}$$

e somamos os resultados ao longo de $[a, b]$.

Suponha que o intervalo subdividido tenha a seguinte aparência:

e todos os subintervalos possuam um comprimento Δt. Escolha um número t_1 no primeiro intervalo. Se Δt é tão pequeno que a velocidade mal se altera em um pequeno intervalo de duração Δt, então a distância percorrida no primeiro intervalo de tempo ficará em torno de $v(t_1) \Delta t$. Se t_2 for um número do segundo intervalo de tempo, a distância percorrida nesse segundo intervalo ficará em torno de $v(t_2) \Delta t$. A soma das distâncias percorridas durante todos os intervalos é

$$D \approx v(t_1) \Delta t + v(t_2) \Delta t + \cdots + v(t_n) \Delta t,$$

onde n é o número total de subintervalos.

EXEMPLO 2 A função velocidade de um projétil disparado diretamente para cima é $f(t) = 160 - 9,8t$ m/s. Use a técnica do somatório descrita para estimar a que distância o projétil sobe durante os 3 primeiros segundos. Quão perto as somas chegam do número exato 435,9 m?

Solução Exploramos os resultados para diferentes números de intervalos e diferentes escolhas de pontos de avaliação. Observe que $f(t)$ é decrescente, portanto as extremidades esquerdas nos darão uma estimativa de soma superior, ao passo que as extremidades direitas nos darão uma estimativa de soma inferior.

(a) *Três subintervalos de comprimento 1, com f calculada nas extremidades esquerdas, resultando em uma soma superior:*

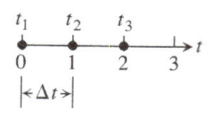

Com f calculada em $t = 0$, 1 e 2, temos

$$D \approx f(t_1)\,\Delta t + f(t_2)\,\Delta t + f(t_3)\,\Delta t$$
$$= [160 - 9{,}8(0)](1) + [160 - 9{,}8(1)](1) + [160 - 9{,}8(2)](1)$$
$$= 450{,}6.$$

(b) *Três subintervalos de comprimento 1, com f avaliada nas extremidades direitas, resultando em uma soma inferior:*

Com f calculada em $t = 1$, 2 e 3, temos:

$$D \approx f(t_1)\,\Delta t + f(t_2)\,\Delta t + f(t_3)\,\Delta t$$
$$= [160 - 9{,}8(1)](1) + [160 - 9{,}8(2)](1) + [160 - 9{,}8(3)](1)$$
$$= 421{,}2.$$

(c) *Com seis subintervalos de comprimento 1/2, obtemos*

Essas estimativas geram uma soma superior utilizando extremidades esquerdas: $D \approx 443{,}25$; e uma soma inferior utilizando extremidades direitas: $D \approx 428{,}55$. Essas estimativas de seis intervalos são um pouco mais próximas do que as estimativas de três intervalos. Os resultados melhoram à medida que os subintervalos diminuem de tamanho.

Como podemos ver na Tabela 5.2, as somas superiores da extremidade esquerda se aproximam do valor real 435,9 por cima, enquanto as somas inferiores da extremidade direita aproximam-se dele por baixo. O valor real situa-se entre essas somas superior e inferior. A magnitude do erro nos valores mais próximos é 0,23, uma pequena fração do valor real.

$$\text{Magnitude do erro} = |\text{valor real} - \text{valor calculado}|$$
$$= |435{,}9 - 435{,}67| = 0{,}23.$$
$$\text{Porcentagem de erro} = \frac{0{,}23}{435{,}9} \approx 0{,}05\%.$$

A partir dos últimos valores da tabela, seria razoável concluir que o projétil subiu aproximadamente 436 m durante os 3 primeiros segundos de voo.

TABELA 5.2 Distâncias percorridas estimadas

Número de subintervalos	Comprimento de cada subintervalo	Soma superior	Soma inferior
3	1	450,6	421,2
6	1/2	443,25	428,55
12	1/4	439,58	432,23
24	1/8	437,74	434,06
48	1/16	436,82	434,98
96	1/32	436,36	435,44
192	1/64	436,13	435,67

Deslocamento *versus* distância percorrida

Se um corpo com a função posição $s(t)$ se desloca ao longo de um eixo coordenado sem mudar de direção, podemos calcular a distância total percorrida de $t = a$ até $t = b$, somando a distância percorrida durante intervalos pequenos, como fizemos no Exemplo 2. Se o corpo muda de direção uma ou mais vezes durante o trajeto, então precisamos usar a *rapidez* do corpo $|v(t)|$, que é o valor absoluto da função velocidade, $v(t)$, para determinar a distância total percorrida. Usando a própria velocidade, como fizemos no Exemplo 2, obtém-se uma estimativa para o **deslocamento** do corpo, $s(b) - s(a)$, a diferença entre as posições inicial e final.

Para saber o porquê disso, divida o intervalo de tempo $[a, b]$ em subintervalos Δt pequenos o suficiente, de modo que a velocidade do corpo não mude muito do instante t_{k-1} para t_k. Então, $v(t_k)$ permite a obtenção de uma boa aproximação para a velocidade ao longo do intervalo. De acordo com isso, a variação na coordenada da posição do corpo durante o intervalo de tempo será de aproximadamente

$$v(t_k)\, \Delta t.$$

A variação será positiva se $v(t_k)$ for positivo, e negativa se $v(t_k)$ for negativo. Em qualquer um dos casos, a distância percorrida durante o subintervalo será de aproximadamente

$$|v(t_k)|\, \Delta t.$$

A **distância total percorrida** terá um valor aproximado ao da soma

$$|v(t_1)|\, \Delta t + |v(t_2)|\, \Delta t + \cdots + |v(t_n)|\, \Delta t.$$

Revisitaremos essas ideias na Seção 5.4.

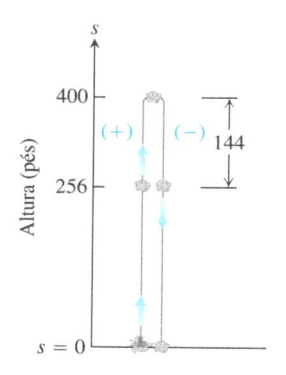

FIGURA 5.5 Pedra no Exemplo 3. A altura de 256 pés é alcançada em $t = 2$ s e $t = 8$ s. A pedra cai 144 pés da altura máxima quando $t = 8$.

EXEMPLO 3 No Exemplo 4 da Seção 3.4, analisamos o movimento de uma pedra pesada, que é arremessada para cima por uma explosão de dinamite. Nesse exemplo, determinamos que a velocidade da pedra em qualquer momento durante o seu deslocamento é de $v(t) = 160 - 32t$ pés/s. A pedra estava a 256 pés acima do solo 2 segundos após a explosão, continuou em ascendência para atingir uma altura máxima de 400 pés 5 segundos após a explosão e, em seguida, iniciou a descida para alcançar a altura de 256 pés novamente em $t = 8$ s após a explosão. (Veja a Figura 5.5.)

Se seguirmos um procedimento semelhante ao apresentado no Exemplo 2 e usarmos a função velocidade $v(t)$ no processo de soma sobre o intervalo de tempo $[0, 8]$, obteremos uma estimativa de 256 pés, *altura* da pedra acima do solo em $t = 8$. O movimento ascendente positivo (que produz uma variação de distância positiva de 144 pés da altura de 256 pés para a altura máxima) é eliminado pelo movimento negativo descendente (produzindo uma variação negativa de 144 pés da altura máxima no sentido para baixo para 256 pés novamente), assim o deslocamento ou a altura acima do solo é calculada a partir da função velocidade.

Por outro lado, se o valor absoluto $|v(t)|$ for utilizado no processo de soma, será obtida uma estimativa para a *distância total* percorrida pela pedra: a altura máxima alcançada de 400 pés mais a distância de 144 pés de queda do máximo para baixo quando ela atinge novamente a altura de 256 pés em $t = 8$ s. Ou seja, usando o valor absoluto da função velocidade no processo somatório sobre o intervalo de tempo $[0, 8]$, obtemos uma estimativa de 544 pés, a distância total para cima e para baixo que a pedra percorreu em 8 segundos. Não há cancelamento de variação de distância por causa de mudança de sinal na função velocidade, e assim calculamos a distância percorrida em vez do deslocamento ao usarmos o valor absoluto da função velocidade (isto é, a rapidez da pedra).

Para ilustrar essa discussão, subdividimos o intervalo $[0, 8]$ em dezesseis subintervalos de comprimento $\Delta t = 1/2$ e consideramos a extremidade direita de cada subintervalo em nossos cálculos. A Tabela 5.3 mostra os valores da função velocidade nessas extremidades.

Usando $v(t)$ no processo somatório, estimamos o deslocamento em $t = 8$:

$$(144 + 128 + 112 + 96 + 80 + 64 + 48 + 32 + 16$$
$$+ 0 - 16 - 32 - 48 - 64 - 80 - 96) \cdot \frac{1}{2} = 192$$

Magnitude do erro = $256 - 192 = 64$

TABELA 5.3 Função velocidade

t	$v(t)$	t	$v(t)$
0	160	4,5	16
0,5	144	5,0	0
1,0	128	5,5	−16
1,5	112	6,0	−32
2,0	96	6,5	−48
2,5	80	7,0	−64
3,0	64	7,5	−80
3,5	48	8,0	−96
4,0	32		

Usando $|v(t)|$ no processo somatório, calculamos a distância total percorrida durante o intervalo de tempo $[0, 8]$:

$$(144 + 128 + 112 + 96 + 80 + 64 + 48 + 32 + 16 \\ + 0 + 16 + 32 + 48 + 64 + 80 + 96) \cdot \frac{1}{2} = 528$$

$$\text{Magnitude do erro} = 544 - 528 = 16$$

Se considerarmos mais e mais subintervalos de $[0, 8]$ em nossos cálculos, as estimativas para 256 pés e 544 pés melhoram, aproximando seus valores reais.

Valor médio de uma função contínua não negativa

Para obter a média de um conjunto de n números $x_1, x_2, ..., x_n$, devemos somá-los e dividir o resultado por n. Mas qual é a média de uma função contínua f em um intervalo $[a, b]$? Tal função pode assumir uma infinidade de valores. Por exemplo, a temperatura em um determinado local de uma cidade é uma função contínua que sobe e desce todos os dias. O que significa dizer que a temperatura média da cidade, ao longo de um determinado dia, é de 73 °F?

Quando uma função é constante, é fácil responder a essa questão. Uma função com valor constante c em um intervalo $[a, b]$ tem valor médio c. Se c for positivo, o gráfico da função em $[a, b]$ formará um retângulo de altura c. A média da função poderá então ser interpretada geometricamente como a área desse retângulo dividida por sua largura $b - a$ (Figura 5.6a).

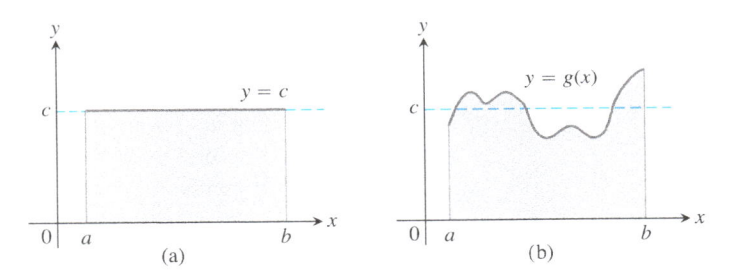

FIGURA 5.6 (a) O valor médio de $f(x) = c$ em $[a, b]$ é a área do retângulo dividida por $b - a$. (b) O valor médio de $g(x)$ em $[a, b]$ é a área abaixo de sua curva dividida por $b - a$.

E se quisermos determinar a média de uma função não constante, tal como a função g na Figura 5.6b? Podemos pensar nesse gráfico como uma "fotografia" da altura de um pouco de água que balança dentro de um tanque, entre as paredes confinantes em $x = a$ e $x = b$. Conforme a água balança, sua altura muda a cada ponto, mas a altura média permanece a mesma. Para obter essa altura média, esperamos até que a água assente e sua altura permaneça constante. A altura resultante c é igual à área sob a curva de g dividida por $b - a$. Assim, fomos levados a *definir* o valor médio de uma função não negativa sobre um intervalo $[a, b]$ como a área sob sua curva dividida por $b - a$. Para que tal definição seja válida, devemos compreender precisamente o que significa essa área sob a curva. Faremos isso na Seção 5.3, mas por ora analisaremos um exemplo.

EXEMPLO 4 Estime o valor médio da função $f(x) = \text{sen } x$ no intervalo $[0, \pi]$.

Solução Ao analisarmos o gráfico de sen x entre 0 e π na Figura 5.7, podemos ver que sua altura média fica entre 0 e 1. Para determinar a média, precisamos calcular a área A sob o gráfico e depois dividi-la pelo comprimento do intervalo, $\pi - 0 = \pi$.

Não dispomos de uma maneira simples para determinar a área, por isso fazemos uma aproximação com somas finitas. Para obter uma estimativa de soma superior, adicionamos as áreas de oito retângulos de largura igual a $\pi/8$, que juntos contêm a região abaixo do gráfico de $y = \text{sen } x$ e acima o eixo x em $[0, \pi]$.

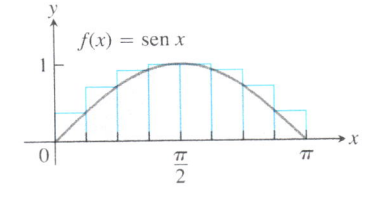

FIGURA 5.7 Aproximação da área sob $f(x) = \text{sen } x$ entre 0 e π para calcular o valor médio de sen x sobre $[0, \pi]$ usando oito retângulos (Exemplo 4).

Escolhemos as alturas dos retângulos como o maior valor de sen x em cada subintervalo. Em um determinado subintervalo, esse maior valor pode ocorrer na extremidade esquerda, na extremidade direita ou em algum ponto entre elas. Calculamos sen x nesse ponto para obter a altura do retângulo de uma soma superior. A soma das áreas dos retângulos, portanto, estima a área total (Figura 5.7):

$$A \approx \left(\operatorname{sen}\frac{\pi}{8} + \operatorname{sen}\frac{\pi}{4} + \operatorname{sen}\frac{3\pi}{8} + \operatorname{sen}\frac{\pi}{2} + \operatorname{sen}\frac{\pi}{2} + \operatorname{sen}\frac{5\pi}{8} + \operatorname{sen}\frac{3\pi}{4} + \operatorname{sen}\frac{7\pi}{8}\right) \cdot \frac{\pi}{8}$$

$$\approx (0{,}38 + 0{,}71 + 0{,}92 + 1 + 1 + 0{,}92 + 0{,}71 + 0{,}38) \cdot \frac{\pi}{8} = (6{,}02) \cdot \frac{\pi}{8} \approx 2{,}365.$$

Para estimar o valor médio de sen x, dividimos a área estimada por π e obtemos a aproximação $2{,}365/\pi \approx 0{,}753$.

Como usamos uma soma superior para aproximar a área, essa estimativa é maior do que o valor médio real de sen x em $[0, \pi]$. Se usarmos cada vez mais retângulos, e cada um ficar cada vez mais estreito, chegaremos mais e mais perto do valor médio real. Usando as técnicas abordadas na Seção 5.3, mostraremos que o valor médio real é $2/\pi \approx 0{,}64$.

Como anteriormente, poderíamos muito bem ter usado retângulos sob o gráfico de $y = \operatorname{sen} x$ e calculado uma soma inferior de aproximação, ou poderíamos ter usado a regra do ponto médio. Na Seção 5.3, veremos que, em cada caso, as aproximações estarão mais próximas da área real se todos os retângulos forem suficientemente estreitos.

Resumo

A área sob o gráfico de uma função positiva, a distância percorrida por um objeto em movimento que não muda de direção e sentido e o valor médio de uma função não negativa ao longo de um intervalo podem ser aproximados por somas finitas. Primeiro dividimos os intervalos em subintervalos, tratando a função apropriada f como se ela fosse constante em cada subintervalo. Em seguida, multiplicamos a largura de cada subintervalo pelo valor de f em um ponto dentro dele; depois, somamos os produtos. Se o intervalo $[a, b]$ for subdividido em n subintervalos de larguras iguais $\Delta x = (b-a)/n$ e se $f(c_k)$ for o valor de f em dado ponto c_k no k-ésimo intervalo, esse processo resultará em uma soma finita com a seguinte forma:

$$f(c_1)\,\Delta x + f(c_2)\,\Delta x + f(c_3)\,\Delta x + \cdots + f(c_n)\,\Delta x.$$

As escolhas para c_k podem maximizar ou minimizar o valor de f no k-ésimo subintervalo, ou fornecer algum valor intermediário. O verdadeiro valor ficará em algum ponto entre as aproximações dadas pelas somas superiores e inferiores. As aproximações de soma finita que observamos melhoram à medida que consideramos mais subintervalos de largura cada vez menor.

Exercícios 5.1

Área

Nos Exercícios 1-4, use aproximações finitas para estimar a área sob a curva da função, usando

    a. uma soma inferior com dois retângulos de largura igual.
    b. uma soma inferior com quatro retângulos de largura igual.
    c. uma soma superior com dois retângulos de largura igual.
    d. uma soma superior com quatro retângulos de largura igual.

1. $f(x) = x^2$ entre $x = 0$ e $x = 1$.

2. $f(x) = x^3$ entre $x = 0$ e $x = 1$.

3. $f(x) = 1/x$ entre $x = 1$ e $x = 5$.

4. $f(x) = 4 - x^2$ entre $x = -2$ e $x = 2$.

Usando retângulos cujas alturas sejam dadas pelo valor da função no ponto médio da base do retângulo (*regra do ponto médio*), estime a área sob as curvas das seguintes funções, utilizando primeiro, dois e depois quatro, retângulos.

5. $f(x) = x^2$ entre $x = 0$ e $x = 1$.

6. $f(x) = x^3$ entre $x = 0$ e $x = 1$.

7. $f(x) = 1/x$ entre $x = 1$ e $x = 5$.

8. $f(x) = 4 - x^2$ entre $x = -2$ e $x = 2$.

Distância

9. Distância percorrida A tabela a seguir mostra a velocidade de uma locomotiva em miniatura que se desloca por um trilho durante 10 segundos. Estime a distância percorrida pela miniatura usando 10 subintervalos de comprimento 1 com
   a. valores na extremidade esquerda.
   b. valores na extremidade direita.

Tempo (s)	Velocidade (pol/s)	Tempo (s)	Velocidade (pol/s)
0	0	6	11
1	12	7	6
2	22	8	2
3	10	9	6
4	5	10	0
5	13		

10. Distância percorrida rio acima Você está sentado junto à foz de um rio, observando as ondas levarem uma garrafa rio acima. Você registra a velocidade da garrafa a cada 5 minutos durante uma hora, obtendo os resultados apresentados na tabela a seguir. Que distância, aproximadamente, a garrafa percorreu durante essa hora? Faça uma estimativa usando 12 subintervalos de comprimento 5 com
   a. valores na extremidade esquerda.
   b. valores na extremidade direita.

Tempo (min)	Velocidade (m/s)	Tempo (min)	Velocidade (m/s)
0	1	35	1,2
5	1,2	40	1,0
10	1,7	45	1,8
15	2,0	50	1,5
20	1,8	55	1,2
25	1,6	60	0
30	1,4		

11. Comprimento de uma estrada Você e um amigo estão prestes a dirigir em um trecho sinuoso de uma estrada de terra em um carro cujo velocímetro funciona, mas cujo hodômetro (contador de quilômetros) está quebrado. Para descobrir a extensão desse trecho de estrada, você registra a velocidade do carro a intervalos de 10 segundos, com os resultados apresentados na tabela a seguir. Estime o comprimento desse percurso usando
   a. o valor na extremidade esquerda de cada intervalo.
   b. o valor na extremidade direita de cada intervalo.

Tempo (s)	Velocidade (convertida em pés/s) (30 mph = 44 pés/s)	Tempo (s)	Velocidade (convertida em pés/s) (30 mph = 44 pés/s)
0	0	70	15
10	44	80	22
20	15	90	35
30	35	100	44
40	30	110	30
50	44	120	35
60	35		

12. Distância a partir dos dados de velocidade A tabela a seguir fornece dados sobre a velocidade de um carro esportivo que acelera de 0 a 142 milhas/hora em 36 segundos (10 milésimos de uma hora).

Tempo (h)	Velocidade (mph)	Tempo (h)	Velocidade (mph)
0,0	0	0,006	116
0,001	40	0,007	125
0,002	62	0,008	132
0,003	82	0,009	137
0,004	96	0,010	142
0,005	108		

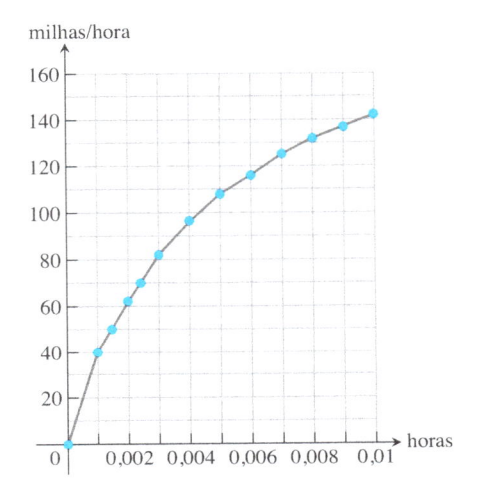

   a. Use retângulos para estimar a distância que o carro percorreu durante os 36 segundos decorridos até atingir 142 milhas/hora.
   b. Aproximadamente quantos segundos o carro levou para atingir o ponto médio do caminho? Qual era então a velocidade aproximada do carro?

13. Queda livre e resistência do ar Um objeto é solto de um helicóptero. O objeto cai cada vez mais rápido, mas sua aceleração (taxa de variação da velocidade) diminui com o passar do tempo por causa da resistência do ar. A aceleração é medida em pés por segundo ao quadrado e registrada a cada segundo durante 5 segundos após o lançamento, como se pode ver na tabela a seguir:

t	0	1	2	3	4	5
a	32,00	19,41	11,77	7,14	4,33	2,63

   a. Faça uma estimativa superior para o módulo da velocidade quando $t = 5$.
   b. Faça uma estimativa inferior para o módulo da velocidade quando $t = 5$.
   c. Faça uma estimativa superior para a altura da queda quando $t = 3$.

14. Distância percorrida por um projétil Um objeto é atirado do nível do mar para cima com uma velocidade inicial de 400 pés/s.
   a. Supondo que a gravidade seja a única força que atua sobre o objeto, superestime sua velocidade depois de 5 segundos. Use $g = 32$ pés/s^2 para a aceleração gravitacional.
   b. Faça uma estimativa inferior à altura atingida depois de 5 s.

Valor médio de uma função

Nos Exercícios 15-18, utilize uma soma finita para estimar o valor médio de f no intervalo dado, dividindo-o em quatro subintervalos de comprimento igual e avaliando f nos pontos médios dos subintervalos.

15. $f(x) = x^3$ em $[0, 2]$
16. $f(x) = 1/x$ em $[1, 9]$
17. $f(t) = (1/2) + \text{sen}^2 \pi t$ em $[0, 2]$

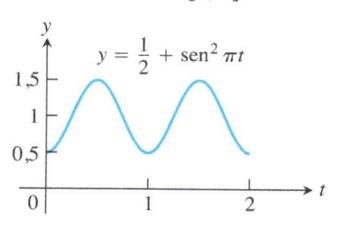

18. $f(t) = 1 - \left(\cos \dfrac{\pi t}{4}\right)^4$ em $[0, 4]$

Exemplos de estimativas

19. **Poluição da água** Há um vazamento de combustível em um petroleiro avariado no mar. A tabela a seguir mostra que a avaria apresenta uma piora, pois o vazamento aumenta a cada hora.

Tempo (h)	0	1	2	3	4
Vazamento (gal/h)	50	70	97	136	190

Tempo (h)	5	6	7	8
Vazamento (gal/h)	265	369	516	720

   a. Superestime e subestime a quantidade total de petróleo vazada 5 horas depois do acidente.
   b. Repita o item (a) para estimar a quantidade total de petróleo vazada 8 horas depois do acidente.
   c. O tanque continua a vazar 720 gal/h depois das primeiras 8 horas. Se o petroleiro continha 25.000 galões de combustível, aproximadamente, quantas horas mais decorrerão, na pior das hipóteses, até que todo o petróleo vaze? E na melhor das hipóteses?

20. **Poluição do ar** Uma fábrica gera energia elétrica pela queima de óleo. Os poluentes produzidos como resultado da combustão são removidos por purificadores colocados nas chaminés. Com o tempo, o mecanismo de limpeza se torna menos eficiente e, finalmente, deve ser substituído quando a quantidade de poluentes lançada excede os parâmetros governamentais. Ao final de cada mês é efetuada uma medição, como a registrada a seguir, que determina a taxa de liberação dos poluentes na atmosfera.

Mês	Jan	Fev	Mar	Abr	Maio	Jun
Taxa de liberação de poluentes (toneladas por dia)	0,20	0,25	0,27	0,34	0,45	0,52

Mês	Jul	Ago	Set	Out	Nov	Dez
Taxa de liberação de poluentes (toneladas por dia)	0,63	0,70	0,81	0,85	0,89	0,95

   a. Considerando um mês com 30 dias e que novos purificadores permitem o lançamento de apenas 0,05 tonelada por dia, faça uma superestimativa da quantidade total de poluentes lançada no fim de junho. Qual é a subestimativa?
   b. Na melhor das hipóteses, aproximadamente quando terão sido lançadas 125 toneladas de poluentes na atmosfera?

21. Inscreva um polígono regular de n lados dentro de um círculo de raio 1 e calcule a área do polígono para os seguintes valores de n:
   a. 4 (quadrado)
   b. 8 (octógono)
   c. 16
   d. Compare as áreas obtidas nos itens (a), (b) e (c) com a área do círculo.

22. (*Continuação do Exercício 21.*)
   a. Inscreva um polígono regular de n lados dentro de um círculo de raio 1 e calcule a área de um dos n triângulos congruentes formados pelos raios que cruzam os vértices do polígono.
   b. Calcule o limite da área do polígono inscrito quando $n \to \infty$.
   c. Repita os cálculos dos itens (a) e (b) para um círculo de raio r.

USO DO COMPUTADOR

Nos Exercícios 23-26, utilize um SAC para realizar os passos a seguir.
   a. Faça um gráfico das funções ao longo do intervalo dado.
   b. Subdivida o intervalo em $n = 100$, 200 e 1000 subintervalos de comprimento igual e avalie a função no ponto médio de cada subintervalo.
   c. Calcule o valor médio dos valores da função gerados no item (b).
   d. Resolva a equação $f(x) = $ (valor médio) para x usando o valor médio calculado no item (c) para a partição com $n = 1000$.

23. $f(x) = \text{sen } x$ em $[0, \pi]$
24. $f(x) = \text{sen}^2 x$ em $[0, \pi]$
25. $f(x) = x \,\text{sen}\, \dfrac{1}{x}$ em $\left[\dfrac{\pi}{4}, \pi\right]$
26. $f(x) = x \,\text{sen}^2 \dfrac{1}{x}$ em $\left[\dfrac{\pi}{4}, \pi\right]$

5.2 Notação sigma e limites de somas finitas

Na Seção 5.1, ao fazer estimativas com somas finitas, encontramos várias somas com muitos termos (até 1000 na Tabela 5.1, por exemplo). Nesta seção, apresentaremos uma notação mais conveniente para designar somas com grande quantidade de termos. Após descrever a notação e enunciar várias de suas propriedades, examinaremos o que acontece com uma aproximação de soma finita quando o número de termos tende a infinito.

Somas finitas e notação sigma

A **notação sigma** permite expressar uma soma com muitos termos de forma compacta.

$$\sum_{k=1}^{n} a_k = a_1 + a_2 + a_3 + \cdots + a_{n-1} + a_n.$$

A letra grega Σ (sigma maiúscula, que corresponde à nossa letra S) significa "soma". O **índice do somatório** k diz onde a soma começa (no número sob o símbolo Σ) e onde termina (no número acima do Σ). Qualquer letra pode ser usada para indicar o índice, mas as letras i, j e k são as mais comuns.

$$\underset{k=1}{\overset{n}{\sum}} a_k$$

- Símbolo do somatório (letra grega sigma)
- O índice k termina em $k = n$.
- a_k é a fórmula para o k-ésimo termo.
- O índice k inicia em $k = 1$.

Assim, podemos escrever

$$1^2 + 2^2 + 3^2 + 4^2 + 5^2 + 6^2 + 7^2 + 8^2 + 9^2 + 10^2 + 11^2 = \sum_{k=1}^{11} k^2$$

e

$$f(1) + f(2) + f(3) + \cdots + f(100) = \sum_{i=1}^{100} f(i).$$

O limite inferior do somatório não tem de ser 1; pode ser um número inteiro qualquer.

EXEMPLO 1

Soma em notação sigma	Soma escrita, um termo para cada valor de k	Valor da soma
$\sum_{k=1}^{5} k$	$1 + 2 + 3 + 4 + 5$	15
$\sum_{k=1}^{3} (-1)^k k$	$(-1)^1(1) + (-1)^2(2) + (-1)^3(3)$	$-1 + 2 - 3 = -2$
$\sum_{k=1}^{2} \dfrac{k}{k+1}$	$\dfrac{1}{1+1} + \dfrac{2}{2+1}$	$\dfrac{1}{2} + \dfrac{2}{3} = \dfrac{7}{6}$
$\sum_{k=4}^{5} \dfrac{k^2}{k-1}$	$\dfrac{4^2}{4-1} + \dfrac{5^2}{5-1}$	$\dfrac{16}{3} + \dfrac{25}{4} = \dfrac{139}{12}$

EXEMPLO 2 Expresse a soma $1 + 3 + 5 + 7 + 9$ em notação sigma.

Solução A fórmula que gera os termos muda conforme o limite inferior do somatório, mas os termos gerados permanecem os mesmos. Normalmente é mais simples começar com $k = 0$ ou $k = 1$, mas pode-se começar com qualquer número inteiro.

Começando com $k = 0$: $\quad 1 + 3 + 5 + 7 + 9 = \sum_{k=0}^{4}(2k + 1)$

Começando com $k = 1$: $\quad 1 + 3 + 5 + 7 + 9 = \sum_{k=1}^{5}(2k - 1)$

Começando com $k = 2$: $\quad 1 + 3 + 5 + 7 + 9 = \sum_{k=2}^{6}(2k - 3)$

Começando com $k = -3$: $\quad 1 + 3 + 5 + 7 + 9 = \sum_{k=-3}^{1}(2k + 7)$

Quando temos uma soma do tipo

$$\sum_{k=1}^{3}(k + k^2)$$

podemos rearranjar os termos,

$$\sum_{k=1}^{3}(k + k^2) = (1 + 1^2) + (2 + 2^2) + (3 + 3^2)$$
$$= (1 + 2 + 3) + (1^2 + 2^2 + 3^2)$$
$$= \sum_{k=1}^{3}k + \sum_{k=1}^{3}k^2. \qquad \text{Termos reagrupados}$$

Isso ilustra uma regra para somas finitas:

$$\sum_{k=1}^{n}(a_k + b_k) = \sum_{k=1}^{n}a_k + \sum_{k=1}^{n}b_k$$

Quatro regras desse tipo são apresentadas a seguir. Uma prova de sua validade pode ser obtida por meio de indução matemática (veja o Apêndice 2).

Regras algébricas para somas finitas

1. *Regra da soma:* $\qquad \sum_{k=1}^{n}(a_k + b_k) = \sum_{k=1}^{n}a_k + \sum_{k=1}^{n}b_k$

2. *Regra da diferença:* $\qquad \sum_{k=1}^{n}(a_k - b_k) = \sum_{k=1}^{n}a_k - \sum_{k=1}^{n}b_k$

3. *Regra da multiplicação por constante:* $\quad \sum_{k=1}^{n}ca_k = c \cdot \sum_{k=1}^{n}a_k \qquad$ (Qualquer número c)

4. *Regra do valor constante:* $\qquad \sum_{k=1}^{n}c = n \cdot c \qquad$ (c é qualquer valor constante)

EXEMPLO 3 Demonstraremos a utilização das regras de álgebra.

(a) $\sum_{k=1}^{n}(3k - k^2) = 3\sum_{k=1}^{n}k - \sum_{k=1}^{n}k^2 \qquad$ Regra da diferença e da multiplicação por constante

(b) $\sum_{k=1}^{n}(-a_k) = \sum_{k=1}^{n}(-1) \cdot a_k = -1 \cdot \sum_{k=1}^{n}a_k = -\sum_{k=1}^{n}a_k \qquad$ Regra da multiplicação por constante

(c) $\sum_{k=1}^{3}(k+4) = \sum_{k=1}^{3}k + \sum_{k=1}^{3}4$ Regra da soma

$= (1 + 2 + 3) + (3 \cdot 4)$ Regra do valor constante

$= 6 + 12 = 18$

(d) $\sum_{k=1}^{n}\frac{1}{n} = n \cdot \frac{1}{n} = 1$ Regra do valor constante ($1/n$ é constante)

BIOGRAFIA HISTÓRICA

Carl Friedrich Gauss
(1777-1855)

Ao longo dos anos, as pessoas descobriram uma variedade de fórmulas para os valores de somas finitas. As mais famosas delas são a fórmula para a soma dos primeiros n inteiros (comenta-se que Gauss a descobriu quando tinha 8 anos) e as fórmulas para a soma dos quadrados e cubos dos primeiros n inteiros.

EXEMPLO 4 Mostre que a soma dos n primeiros números inteiros é

$$\sum_{k=1}^{n}k = \frac{n(n+1)}{2}.$$

Solução A fórmula nos diz que a soma dos quatro primeiros inteiros é

$$\frac{(4)(5)}{2} = 10.$$

A adição confirma a previsão:

$$1 + 2 + 3 + 4 = 10.$$

Para demonstrar a fórmula de um modo geral, podemos escrever os termos da soma duas vezes, uma para a frente e outra para trás.

$$1 \quad + \quad 2 \quad + \quad 3 \quad + \quad \cdots \quad + \quad n$$
$$n \quad + \quad (n-1) \quad + \quad (n-2) \quad + \quad \cdots \quad + \quad 1$$

Se somarmos os dois termos na primeira coluna, temos $1 + n = n + 1$. Da mesma forma, se somarmos os dois termos da segunda coluna, temos $2 + (n-1) = n + 1$. A soma de dois termos em qualquer coluna resulta sempre em $n + 1$. Quando somamos as n colunas, obtemos n termos, cada um igual a $n + 1$, em um total de $n(n + 1)$. Uma vez que isso é o dobro da quantidade desejada, a soma dos primeiros n inteiros é $(n)(n+1)/2$.

As fórmulas para as somas dos quadrados e cubos dos primeiros n inteiros são demonstradas por meio de indução matemática (veja o Apêndice 2). Definimos essas fórmulas a seguir.

Primeiros n quadrados: $\sum_{k=1}^{n}k^2 = \frac{n(n+1)(2n+1)}{6}$

Primeiros n cubos: $\sum_{k=1}^{n}k^3 = \left(\frac{n(n+1)}{2}\right)^2$

Limites de somas finitas

As aproximações de somas finitas que consideramos na Seção 5.1 se tornaram mais precisas conforme o número de termos aumentou e a largura (comprimento) dos subintervalos diminuiu. O próximo exemplo mostra como calcular um valor limite, quando as larguras dos subintervalos tendem a zero e seu número cresce a infinito.

EXEMPLO 5 Determine o valor limite das aproximações de soma inferior à área da região R abaixo da curva $y = 1 - x^2$ e acima do intervalo $[0, 1]$ no eixo x usando retângulos de mesma largura que tendem a zero e cujo número tende a infinito. (Veja a Figura 5.4a).

Solução Calculamos uma aproximação da soma inferior usando n retângulos de largura igual $\Delta x = (1 - 0)/n$ e depois vemos o que acontece quando $n \to \infty$. Começamos por subdividir $[0, 1]$ em subintervalos iguais de largura n

$$\left[0, \frac{1}{n}\right], \left[\frac{1}{n}, \frac{2}{n}\right], \ldots, \left[\frac{n-1}{n}, \frac{n}{n}\right].$$

Cada subintervalo tem largura $1/n$. A função $1 - x^2$ é decrescente em $[0, 1]$, e seu menor valor em cada subintervalo ocorre na extremidade direita desse subintervalo. Assim, constrói-se uma soma inferior com retângulos cuja altura no subintervalo $[(k-1)/n, k/n]$ é $f(k/n) = 1 - (k/n)^2$, o que resulta na soma

$$\left[f\left(\frac{1}{n}\right)\right]\left(\frac{1}{n}\right) + \left[f\left(\frac{2}{n}\right)\right]\left(\frac{1}{n}\right) + \cdots + \left[f\left(\frac{k}{n}\right)\right]\left(\frac{1}{n}\right) + \cdots + \left[f\left(\frac{n}{n}\right)\right]\left(\frac{1}{n}\right).$$

Escrevemos isso em notação sigma e simplificamos,

$$\sum_{k=1}^{n} f\left(\frac{k}{n}\right)\left(\frac{1}{n}\right) = \sum_{k=1}^{n}\left(1 - \left(\frac{k}{n}\right)^2\right)\left(\frac{1}{n}\right)$$

$$= \sum_{k=1}^{n}\left(\frac{1}{n} - \frac{k^2}{n^3}\right)$$

$$= \sum_{k=1}^{n}\frac{1}{n} - \sum_{k=1}^{n}\frac{k^2}{n^3} \qquad \text{Regra da diferença}$$

$$= n \cdot \frac{1}{n} - \frac{1}{n^3}\sum_{k=1}^{n}k^2 \qquad \text{Regra do valor constante e da multiplicação por constante}$$

$$= 1 - \left(\frac{1}{n^3}\right)\frac{(n)(n+1)(2n+1)}{6} \qquad \text{Soma dos primeiros } n \text{ quadrados}$$

$$= 1 - \frac{2n^3 + 3n^2 + n}{6n^3}. \qquad \text{Numerador expandido}$$

Obtemos uma expressão para a soma inferior que vale para qualquer n. Considerando o limite dessa expressão quando $n \to \infty$, vemos que as somas inferiores convergem quando o número de subintervalos aumenta e a largura desses subintervalos tende a zero:

$$\lim_{n \to \infty}\left(1 - \frac{2n^3 + 3n^2 + n}{6n^3}\right) = 1 - \frac{2}{6} = \frac{2}{3}.$$

As aproximações de soma inferior convergem para $2/3$. Um cálculo semelhante mostrará que as aproximações de soma superior também convergem para $2/3$. Qualquer aproximação de soma finita $\sum_{k=1}^{n} f(c_k)(1/n)$ também converge para o mesmo valor, $2/3$. Isso ocorre por ser possível mostrar que qualquer aproximação de soma finita fica entre as aproximações de soma inferior e superior. Por essa razão, somos levados a *definir* a área da região R como esse valor limite. Na Seção 5.3, estudaremos os limites dessas aproximações finitas em um contexto mais geral.

Somas de Riemann

O matemático alemão Bernhard Riemann promoveu a precisão da teoria dos limites de aproximações finitas. Agora, introduziremos o conceito de *soma de Riemann*, que é fundamental para a teoria da integral definida, a ser estudada na próxima seção.

Começaremos com uma função arbitrária f definida em um intervalo fechado $[a, b]$. Assim como a função traçada na Figura 5.8, f pode ter valores negativos e positivos. Subdividimos o intervalo $[a, b]$ em subintervalos, não necessariamente da mesma largura (ou extensão), e formamos somas da mesma maneira que fizemos com as aproximações finitas na Seção 5.1. Para tanto, escolhemos $n - 1$ pontos $\{x_1, x_2, x_3, \ldots, x_{n-1}\}$ entre a e b que satisfazem

$$a < x_1 < x_2 < \cdots < x_{n-1} < b.$$

BIOGRAFIA HISTÓRICA

Georg Friedrich Bernhard Riemann
(1826-1866)

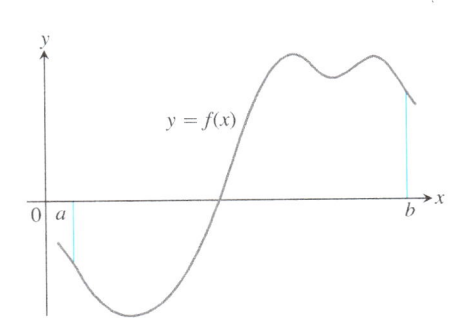

FIGURA 5.8 Função contínua típica $y = f(x)$ ao longo de um intervalo fechado $[a, b]$.

Para tornar a notação consistente, indicamos a como x_0 e b como x_n, de forma que

$$a = x_0 < x_1 < x_2 < \cdots < x_{n-1} < x_n = b.$$

O conjunto

$$P = \{x_0, x_1, x_2, \ldots, x_{n-1}, x_n\}$$

é chamado **partição** de $[a, b]$.

A partição P divide $[a, b]$ em n subintervalos fechados

$$[x_0, x_1], [x_1, x_2], \ldots, [x_{n-1}, x_n].$$

O primeiro desses subintervalos é $[x_0, x_1]$, o segundo $[x_1, x_2]$ e o **k-ésimo subintervalo** de P é $[x_{k-1}, x_k]$, sendo k um número inteiro entre 1 e n.

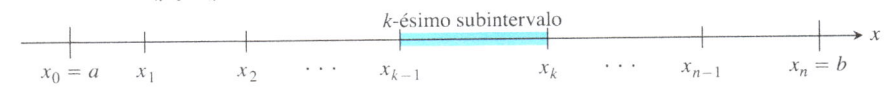

A largura do primeiro subintervalo $[x_0, x_1]$ é indicada por Δx_1, a largura do segundo $[x_1, x_2]$, por Δx_2 e a largura do k-ésimo subintervalo é $\Delta x_k = x_k - x_{k-1}$. Se todos os n subintervalos tiverem largura igual, então a largura Δx será igual a $(b - a)/n$.

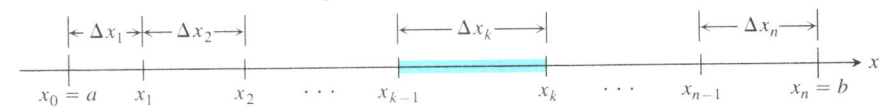

Em cada subintervalo selecionamos um ponto. Chamamos o ponto escolhido no k-ésimo subintervalo $[x_{k-1}, x_k]$ de c_k. Depois, em cada subintervalo construímos um retângulo vertical que tem base no eixo x e toca a curva em $(c_k, f(c_k))$. Esses retângulos podem estar tanto acima como abaixo do eixo x, dependendo se $f(c_k)$ é positivo ou negativo, ou ainda sobre ele se $f(c_k) = 0$ (Figura 5.9).

Em cada subintervalo formamos o produto $f(c_k) \cdot \Delta x_k$. Esse produto pode ser positivo, negativo ou nulo, dependendo do sinal de $f(c_k)$. Quando $f(c_k) > 0$, o produto $f(c_k) \cdot \Delta x_k$ é a área de um retângulo com altura $f(c_k)$ e largura Δx_k. Quando $f(c_k) < 0$, o produto $f(c_k) \cdot \Delta x_k$ é um número negativo, o oposto da área de um retângulo com largura Δx_k que sai do eixo x para o número negativo $f(c_k)$.

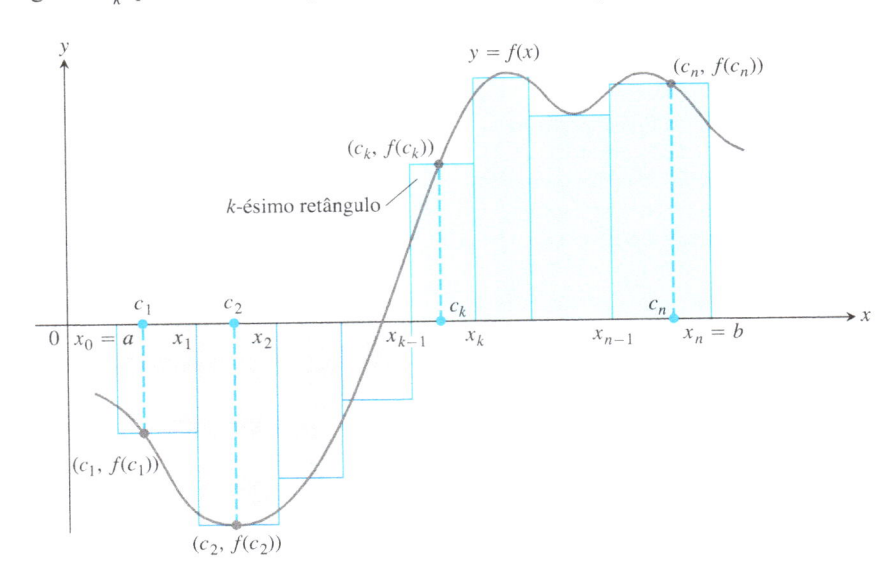

FIGURA 5.9 Os retângulos aproximam a região que fica entre o gráfico da função $y = f(x)$ e o eixo x. A Figura 5.8 foi aumentada para realçar a partição de $[a, b]$ e a seleção de pontos c_k que produzem os retângulos.

Finalmente, somamos todos esses produtos para obter

$$S_P = \sum_{k=1}^{n} f(c_k)\, \Delta x_k.$$

A soma S_P é chamada de **soma de Riemann para f no intervalo $[a, b]$**. Há muitas somas desse tipo, dependendo da partição P que escolhermos e dos pontos c_k nos subintervalos. Por exemplo, podemos escolher n subintervalos, todos com a largura $\Delta x = (b - a)/n$, para a partição $[a, b]$, e, então, escolher o ponto c_k igual à extremidade direita de cada subintervalo ao formar a soma de Riemann (como fizemos no Exemplo 5). Essa escolha leva à fórmula da soma de Riemann

$$S_n = \sum_{k=1}^{n} f\left(a + k\frac{b-a}{n}\right) \cdot \left(\frac{b-a}{n}\right).$$

Podemos obter fórmulas semelhantes se, em vez disso, escolhermos c_k como a extremidade esquerda, ou o ponto médio, de cada subintervalo.

Nos casos em que os subintervalos têm largura igual a $\Delta x = (b - a)/n$, podemos torná-los mais estreitos ao simplesmente aumentarmos o número n. Quando a partição tiver subintervalos de larguras variadas, podemos garantir que todas elas sejam estreitas por meio do controle da largura do subintervalo mais largo (mais longo). Definimos a **norma** de uma partição P, escrita como $\|P\|$, como a maior de todas as larguras dos subintervalos. Se $\|P\|$ for um número pequeno, então todos os subintervalos da partição P são estreitos. Vejamos um exemplo dessas ideias.

EXEMPLO 6 O conjunto $P = \{0;\ 0,2;\ 0,6;\ 1;\ 1,5;\ 2\}$ é uma partição de $[0, 2]$. Existem cinco subintervalos de P: $[0;\ 0,2]$, $[0,2;\ 0,6]$, $[0,6;\ 1]$, $[1;\ 1,5]$ e $[1,5;\ 2]$:

Os comprimentos dos subintervalos são $\Delta x_1 = 0,2$, $\Delta x_2 = 0,4$, $\Delta x_3 = 0,4$, $\Delta x_4 = 0,5$ e $\Delta x_5 = 0,5$. O comprimento do subintervalo mais longo é de $0,5$, logo a norma da partição é $\|P\| = 0,5$. Neste exemplo, existem dois subintervalos com esse comprimento.

Qualquer soma de Riemann associada a uma partição de um intervalo fechado $[a, b]$ define retângulos que aproximam a região entre o gráfico de uma função contínua f e o eixo x. Partições cuja norma tende a zero levam a conjuntos de retângulos que aproximam a região com uma precisão cada vez maior, tal como sugerido pela Figura 5.10. Veremos na próxima seção que, se a função f é contínua no intervalo fechado $[a, b]$, então não importa como escolhemos a partição P e os pontos c_k em seus subintervalos para construir uma soma de Riemann, a aproximação sempre chegará a um valor limite único quando a largura dos subintervalos, controlada pela norma da partição, tender a zero.

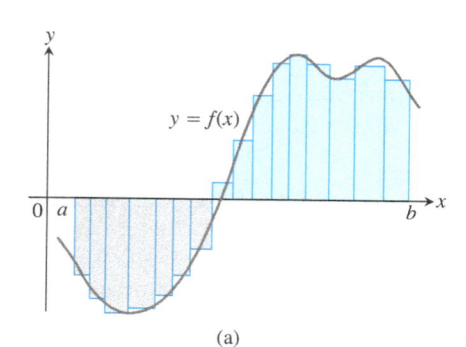

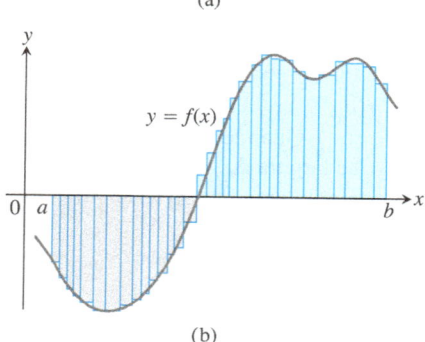

FIGURA 5.10 Curva da Figura 5.9 com retângulos obtidos de partições mais finas de $[a, b]$. Partições mais finas criam conjuntos de retângulos com bases mais estreitas que aproximam a região entre a curva de f e o eixo x com precisão cada vez maior.

Exercícios 5.2

Notação sigma

Escreva as somas nos Exercícios 1-6 sem a notação sigma. Em seguida, calcule-as.

1. $\displaystyle\sum_{k=1}^{2} \frac{6k}{k+1}$

2. $\displaystyle\sum_{k=1}^{3} \frac{k-1}{k}$

3. $\displaystyle\sum_{k=1}^{4} \cos k\pi$

4. $\displaystyle\sum_{k=1}^{5} \operatorname{sen} k\pi$

5. $\displaystyle\sum_{k=1}^{3} (-1)^{k+1} \operatorname{sen} \frac{\pi}{k}$

6. $\displaystyle\sum_{k=1}^{4} (-1)^{k} \cos k\pi$

7. Qual das seguintes alternativas expressa $1 + 2 + 4 + 8 + 16 + 32$ em notação sigma?

   a. $\displaystyle\sum_{k=1}^{6} 2^{k-1}$ **b.** $\displaystyle\sum_{k=0}^{5} 2^{k}$ **c.** $\displaystyle\sum_{k=-1}^{4} 2^{k+1}$

8. Qual das seguintes alternativas expressa $1 - 2 + 4 - 8 + 16 - 32$ em notação sigma?

   a. $\displaystyle\sum_{k=1}^{6} (-2)^{k-1}$ **b.** $\displaystyle\sum_{k=0}^{5} (-1)^{k} 2^{k}$ **c.** $\displaystyle\sum_{k=-2}^{3} (-1)^{k+1} 2^{k+2}$

9. Qual das fórmulas a seguir não equivale às outras duas?

  a. $\sum_{k=2}^{4} \frac{(-1)^{k-1}}{k-1}$ b. $\sum_{k=0}^{2} \frac{(-1)^{k}}{k+1}$ c. $\sum_{k=-1}^{1} \frac{(-1)^{k}}{k+2}$

10. Qual das fórmulas a seguir não equivale às outras duas?

  a. $\sum_{k=1}^{4} (k-1)^2$ b. $\sum_{k=-1}^{3} (k+1)^2$ c. $\sum_{k=-3}^{-1} k^2$

Expresse as somas nos Exercícios 11-16 em notação sigma. A forma de sua resposta dependerá de sua escolha quanto ao limite inferior do somatório.

11. $1 + 2 + 3 + 4 + 5 + 6$

12. $1 + 4 + 9 + 16$

13. $\frac{1}{2} + \frac{1}{4} + \frac{1}{8} + \frac{1}{16}$

14. $2 + 4 + 6 + 8 + 10$

15. $1 - \frac{1}{2} + \frac{1}{3} - \frac{1}{4} + \frac{1}{5}$

16. $-\frac{1}{5} + \frac{2}{5} - \frac{3}{5} + \frac{4}{5} - \frac{5}{5}$

Valores de somas finitas

17. Suponha que $\sum_{k=1}^{n} a_k = -5$ e $\sum_{k=1}^{n} b_k = 6$. Determine os valores de

  a. $\sum_{k=1}^{n} 3a_k$ d. $\sum_{k=1}^{n} (a_k - b_k)$

  b. $\sum_{k=1}^{n} \frac{b_k}{6}$ e. $\sum_{k=1}^{n} (b_k - 2a_k)$

  c. $\sum_{k=1}^{n} (a_k + b_k)$

18. Suponha que $\sum_{k=1}^{n} a_k = 0$ e $\sum_{k=1}^{n} b_k = 1$. Determine os valores de

  a. $\sum_{k=1}^{n} 8a_k$ c. $\sum_{k=1}^{n} (a_k + 1)$

  b. $\sum_{k=1}^{n} 250 b_k$ d. $\sum_{k=1}^{n} (b_k - 1)$

Calcule as somas nos Exercícios 19-32.

19. a. $\sum_{k=1}^{10} k$ b. $\sum_{k=1}^{10} k^2$ c. $\sum_{k=1}^{10} k^3$

20. a. $\sum_{k=1}^{13} k$ b. $\sum_{k=1}^{13} k^2$ c. $\sum_{k=1}^{13} k^3$

21. $\sum_{k=1}^{7} (-2k)$ 22. $\sum_{k=1}^{5} \frac{\pi k}{15}$

23. $\sum_{k=1}^{6} (3 - k^2)$ 26. $\sum_{k=1}^{7} k(2k+1)$

24. $\sum_{k=1}^{6} (k^2 - 5)$ 27. $\sum_{k=1}^{5} \frac{k^3}{225} + \left(\sum_{k=1}^{5} k\right)^3$

25. $\sum_{k=1}^{5} k(3k+5)$ 28. $\left(\sum_{k=1}^{7} k\right)^2 - \sum_{k=1}^{7} \frac{k^3}{4}$

29. a. $\sum_{k=1}^{7} 3$ b. $\sum_{k=1}^{500} 7$ c. $\sum_{k=3}^{264} 10$

30. a. $\sum_{k=9}^{36} k$ b. $\sum_{k=3}^{17} k^2$ c. $\sum_{k=18}^{71} k(k-1)$

31. a. $\sum_{k=1}^{n} 4$ b. $\sum_{k=1}^{n} c$ c. $\sum_{k=1}^{n} (k-1)$

32. a. $\sum_{k=1}^{n} \left(\frac{1}{n} + 2n\right)$ b. $\sum_{k=1}^{n} \frac{c}{n}$ c. $\sum_{k=1}^{n} \frac{k}{n^2}$

Somas de Riemann

Nos Exercícios 33-36, faça o gráfico de cada função $f(x)$ no intervalo dado. Divida o intervalo em quatro subintervalos de comprimento igual. Em seguida, adicione os retângulos associados com a soma de Riemann $\sum_{k=1}^{4} f(c_k) \Delta x_k$ ao esboço, dado que c_k seja (a) a extremidade esquerda, (b) a extremidade direita e (c) o ponto médio do k-ésimo subintervalo. (Faça um esboço para cada conjunto de retângulos.)

33. $f(x) = x^2 - 1$, $[0, 2]$ 35. $f(x) = \text{sen } x$, $[-\pi, \pi]$

34. $f(x) = -x^2$, $[0, 1]$ 36. $f(x) = \text{sen } x + 1$, $[-\pi, \pi]$

37. Determine a norma da partição $P = \{0; 1,2; 1,5; 2,3; 2,6; 3\}$.

38. Determine a norma da partição $P = \{-2; -1,6; -0,5; 0; 0,8; 1\}$.

Limites de somas de Riemann

Para as funções nos Exercícios 39-46, determine a fórmula para a soma de Riemann obtida dividindo o intervalo $[a, b]$ em n subintervalos iguais e usando a extremidade direita para cada c_k. Depois, tome o limite dessas somas quando $n \to \infty$ para calcular a área sob a curva ao longo de $[a, b]$.

39. $f(x) = 1 - x^2$ ao longo do intervalo $[0, 1]$.

40. $f(x) = 2x$ ao longo do intervalo $[0, 3]$.

41. $f(x) = x^2 + 1$ ao longo do intervalo $[0, 3]$.

42. $f(x) = 3x^2$ ao longo do intervalo $[0, 1]$.

43. $f(x) = x + x^2$ ao longo do intervalo $[0, 1]$.

44. $f(x) = 3x + 2x^2$ ao longo do intervalo $[0, 1]$.

45. $f(x) = 2x^3$ ao longo do intervalo $[0, 1]$.

46. $f(x) = x^2 - x^3$ ao longo do intervalo $[-1, 0]$.

5.3 A integral definida

Na Seção 5.2, investigamos o limite de uma soma finita para a função definida em um intervalo fechado $[a, b]$ com n subintervalos de mesma largura (ou comprimento), $(b - a)/n$. Nesta seção, examinaremos o limite de somas de Riemann mais gerais quando a norma das partições de $[a, b]$ tende a zero. Para as somas de Riemann gerais, os subintervalos das partições não precisam ter a mesma largura. O processo de limite leva, então, à definição de *integral definida* de uma função ao longo de um intervalo fechado $[a, b]$.

Definição da integral definida

A definição da integral definida é baseada na ideia de que, para determinadas funções, à medida que a norma das partições de [a, b] tende a zero, os valores da soma de Riemann correspondentes tendem a um valor limite J. Esse limite significa que uma soma de Riemann ficará próxima do número fornecido J, desde que a norma de sua partição seja suficientemente pequena (de modo que todos os seus subintervalos sejam pequenos o suficiente). Introduzimos o símbolo ϵ como um número positivo pequeno que especifica o quão perto de J a soma de Riemann deve ficar, e o símbolo δ como um segundo número positivo pequeno que especifica quão pequena a norma de uma partição deve ser para que isso aconteça. Agora, definiremos esse limite com precisão.

> **DEFINIÇÃO** Seja $f(x)$ uma função definida em um intervalo fechado [a, b]. Dizemos que um número J é a **integral definida de f em [a, b]** e que J é o limite das somas de Riemann $\sum_{k=1}^{n} f(c_k) \Delta x_k$ se a seguinte condição for satisfeita:
>
> Dado qualquer número $\epsilon > 0$, há um número correspondente $\delta > 0$, tal que para toda partição $P = \{x_0, x_1, ..., x_n\}$ de [a, b] com $\|P\| < \delta$ e qualquer escolha de c_k em $[x_{k-1}, x_k]$, temos
>
> $$\left| \sum_{k=1}^{n} f(c_k) \Delta x_k - J \right| < \epsilon.$$

A definição envolve um processo de limite no qual a norma da partição vai a zero. Nos casos em que todos os subintervalos têm largura igual a $\Delta x = (b - a)/n$, podemos formar cada soma de Riemann como

$$S_n = \sum_{k=1}^{n} f(c_k) \Delta x_k = \sum_{k=1}^{n} f(c_k) \left(\frac{b-a}{n} \right), \qquad \Delta x_k = \Delta x = (b-a)/n \text{ para todo } k$$

onde c_k é escolhido no subintervalo Δx_k. Se o limite dessas somas de Riemann existe e é igual a J quando $n \to \infty$, então J é a integral definida de f ao longo de [a, b], de modo que

$$J = \lim_{n \to \infty} \sum_{k=1}^{n} f(c_k) \left(\frac{b-a}{n} \right) = \lim_{n \to \infty} \sum_{k=1}^{n} f(c_k) \Delta x. \qquad \Delta x = (b-a)/n$$

Leibniz introduziu uma notação para a integral definida que capta sua construção como um limite de somas de Riemann. Ele imaginou as somas finitas $\sum_{k=1}^{n} f(c_k) \Delta x_k$ se tornando uma soma infinita dos valores da função $f(x)$ multiplicada por larguras de subintervalos dx "infinitesimais". O símbolo do somatório $\sum$ é substituído no limite pelo símbolo da integral $\int$, cuja origem é a letra "S". Os valores da função $f(c_k)$ são substituídos por uma seleção contínua de valores da função $f(x)$. As larguras dos intervalos Δx_k se tornam a diferencial dx. É como se somássemos todos os produtos da forma $f(x) \cdot dx$ à medida que x se move de a para b. Embora essa notação capte o processo de construção da integral, é a definição de Riemann que dá um significado preciso à integral definida.

O símbolo para o número J na definição da integral definida é

$$\int_{a}^{b} f(x) \, dx,$$

que é lido como "integral de a até b de f de x e dx", ou, às vezes, como "integral de a até b de f de x em relação a x". Os outros componentes do símbolo da integral também têm nomes:

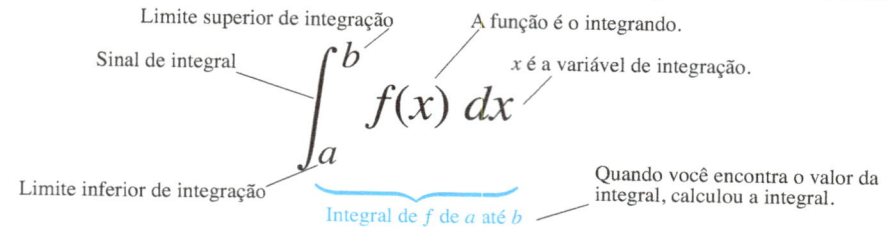

$$\underbrace{\int_{a}^{b} f(x) \, dx}_{\text{Integral de } f \text{ de } a \text{ até } b}$$

- Limite superior de integração
- Sinal de integral
- A função é o integrando.
- x é a variável de integração.
- Limite inferior de integração
- Quando você encontra o valor da integral, calculou a integral.

Quando a condição na definição é satisfeita, dizemos que as somas de Riemann de f em $[a, b]$ **convergem** para a integral definida $J = \int_a^b f(x)\,dx$ e que f é **integrável** no intervalo $[a, b]$.

Temos muitas opções de partição P com norma que tende a zero, e muitas opções de pontos c_k para cada partição. A integral definida existe sempre que obtemos o mesmo limite J, não importando quais escolhas tenham sido feitas. Quando existe o limite, nós o escrevemos como a integral definida

$$\lim_{\|P\|\to 0} \sum_{k=1}^{n} f(c_k)\,\Delta x_k = J = \int_a^b f(x)\,dx.$$

Quando cada partição tem n subintervalos iguais, cada um com largura $\Delta x = (b-a)/n$, também escrevemos

$$\lim_{n\to\infty} \sum_{k=1}^{n} f(c_k)\,\Delta x = J = \int_a^b f(x)\,dx.$$

O limite de qualquer soma de Riemann é sempre tomado quando a norma das partições tende a zero e o número de subintervalos tende ao infinito.

O valor da integral definida de uma função em qualquer intervalo específico depende da função, e não da letra, que escolhemos para representar a variável independente. Se decidirmos usar t ou u em vez de x, basta que escrevamos a integral como

$$\int_a^b f(t)\,dt \quad \text{ou} \quad \int_a^b f(u)\,du, \quad \text{em vez de} \quad \int_a^b f(x)\,dx.$$

Não importa como representamos a integral; o mesmo número ainda é definido como o limite das somas de Riemann. Como não importa a letra utilizada, a variável de integração é chamada de **variável artificial**, que representa os números reais no intervalo fechado $[a, b]$.

Funções integráveis e não integráveis

Nem todas as funções definidas no intervalo fechado $[a, b]$ são integráveis nesse intervalo, mesmo que a função seja limitada. Ou seja, as somas de Riemann para algumas funções podem não convergir para o mesmo valor limite, ou para nenhum valor. Um desenvolvimento completo de exatamente quais funções definidas ao longo de $[a, b]$ são integráveis requer uma análise matemática avançada, mas felizmente a maioria das funções que comumente ocorrem nas aplicações é integrável. Em especial, cada função *contínua* ao longo de $[a, b]$ é integrável nesse intervalo, e assim toda função que não tiver mais do que um número finito de descontinuidade de saltos em $[a, b]$. (As últimas são chamadas de *funções contínuas por partes* e serão definidas nos Exercícios adicionais 11-18 ao final deste capítulo.) O teorema seguinte, que é demonstrado em cursos mais avançados, estabelece esses resultados.

TEOREMA 1 — Integrabilidade de funções contínuas Se uma função f é contínua ao longo do intervalo $[a, b]$, ou se f tem no intervalo um número finito de descontinuidades de salto, então a integral definida $\int_a^b f(x)\,dx$ existe, e f é integrável ao longo de $[a, b]$.

A ideia por trás do Teorema 1 para funções contínuas será dada nos Exercícios 86 e 87. Resumidamente, quando f é contínua, podemos escolher cada c_k de modo que $f(c_k)$ forneça o valor máximo de f no subintervalo $[x_{k-1}, x_k]$, resultando em uma soma superior. Da mesma forma, podemos escolher c_k para dar o valor mínimo de f em $[x_{k-1}, x_k]$ para obter uma soma inferior. Podemos mostrar que as somas superiores e inferiores convergem para o mesmo valor limite à medida que a norma da partição P tende a zero. Além disso, cada soma de Riemann está encerrada entre os valores das somas superior e inferior, assim cada soma de Riemann também converge para o mesmo limite. Portanto, o número J na definição da integral definida existe, e a função contínua f é integrável ao longo de $[a, b]$.

Para que a integrabilidade falhe, uma função tem de ser tão descontínua que a região entre a curva e o eixo x não possa ser aproximada apropriadamente pelos retângulos cada vez mais estreitos. O exemplo a seguir mostra uma função que não é integrável ao longo de um intervalo fechado.

EXEMPLO 1   A função

$$f(x) = \begin{cases} 1, & \text{se } x \text{ é racional} \\ 0, & \text{se } x \text{ é irracional} \end{cases}$$

não apresenta a integral de Riemann no intervalo [0, 1]. O fato de que entre dois números quaisquer dessa função existe um número racional e outro irracional reforça essa ideia. Assim, a função salta para cima e para baixo em [0, 1] tão erraticamente que a região abaixo de sua curva e acima do eixo x não pode ser aproximada por retângulos, por mais estreitos que sejam. O que queremos dizer, na verdade, é que as aproximações de soma superior e de soma inferior convergem para valores limites diferentes.

Se escolhermos uma partição P de [0, 1] e c_k fornecer o valor máximo de f em $[x_{k-1}, x_k]$, então a soma de Riemann correspondente é

$$U = \sum_{k=1}^{n} f(c_k) \Delta x_k = \sum_{k=1}^{n} (1) \Delta x_k = 1,$$

pois cada subintervalo $[x_{k-1}, x_k]$ contém um número racional, onde $f(c_k) = 1$. Observe que a soma do comprimento dos intervalos na partição totaliza 1, $\sum_{k=1}^{n} \Delta x_k = 1$. Assim, cada soma de Riemann é igual a 1, e um limite de somas de Riemann que use essas escolhas será igual a 1.

Por outro lado, se escolhermos c_k como o ponto do valor mínimo de f em $[x_{k-1}, x_k]$, então a soma de Riemann será

$$L = \sum_{k=1}^{n} f(c_k) \Delta x_k = \sum_{k=1}^{n} (0) \Delta x_k = 0,$$

pois cada subintervalo $[x_{k-1}, x_k]$ contém um número irracional c_k, onde $f(c_k) = 0$. O limite das somas de Riemann que use essas escolhas será igual a zero. Uma vez que o limite depende das escolhas de c_k, a função f não é integrável.

O Teorema 1 não diz nada sobre como *calcular* integrais definidas. Na Seção 5.4, desenvolveremos um método de cálculo por meio de uma ligação com o processo de obter primitivas.

Propriedades das integrais definidas

Ao definir $\int_a^b f(x)\,dx$ como um limite das somas $\sum_{k=1}^{n} f(c_k) \Delta x_k$, movemo-nos da esquerda para a direita ao longo do intervalo $[a, b]$. O que aconteceria se nos movêssemos no sentido oposto, começando em $x_0 = b$ e terminando em $x_n = a$? Cada Δx_k na soma de Riemann mudaria seu sinal, com $x_k - x_{k-1}$ agora negativo em vez de positivo. Com as mesmas escolhas de c_k em cada subintervalo, o sinal de qualquer soma de Riemann mudaria, assim como o sinal do limite, a integral $\int_a^b f(x)\,dx$. Como até agora não explicamos o que significa integrar de trás para a frente, somos levados a definir

$$\int_b^a f(x)\,dx = -\int_a^b f(x)\,dx.$$

Embora tenhamos apenas definido a integral sobre um intervalo $[a, b]$ quando $a < b$, seria conveniente ter uma definição para a integral sobre $[a, b]$ quando $a = b$, ou seja, para a integral em um intervalo de largura zero. Como $a = b$ resulta em $\Delta x = 0$, sempre que $f(a)$ existir, definimos

$$\int_a^a f(x)\,dx = 0.$$

O Teorema 2 estabelece propriedades básicas das integrais, dadas as regras que elas satisfazem, incluindo as duas que acabamos de discutir. Essas regras se tornam muito úteis no processo de cálculo de integrais. Recorreremos a elas várias vezes para simplificar nossos cálculos.

As regras 2-7 têm interpretações geométricas, mostradas na Figura 5.11. Os gráficos dessas figuras são de funções positivas, mas as regras se aplicam a funções integráveis em geral.

> **TEOREMA 2** Quando f e g são integráveis no intervalo $[a, b]$, a integral definida satisfaz as regras na Tabela 5.4.

TABELA 5.4 Propriedades satisfeitas pelas integrais definidas

1. *Ordem de integração:* $\int_b^a f(x)\, dx = -\int_a^b f(x)\, dx$ — Uma definição

2. *Intervalo de largura zero:* $\int_a^a f(x)\, dx = 0$ — Uma definição quando $f(a)$ existe

3. *Multiplicação por constante:* $\int_a^b kf(x)\, dx = k\int_a^b f(x)\, dx$ — Qualquer número k

4. *Soma e diferença:* $\int_a^b (f(x) \pm g(x))\, dx = \int_a^b f(x)\, dx \pm \int_a^b g(x)\, dx$

5. *Aditividade:* $\int_a^b f(x)\, dx + \int_b^c f(x)\, dx = \int_a^c f(x)\, dx$

6. *Desigualdade max-min:* Se f tem o valor máximo $\max f$ e o valor mínimo $\min f$ em $[a, b]$, então
$$\min f \cdot (b - a) \leq \int_a^b f(x)\, dx \leq \max f \cdot (b - a).$$

7. *Dominação:* $f(x) \geq g(x)$ em $[a, b] \Rightarrow \int_a^b f(x)\, dx \geq \int_a^b g(x)\, dx$

   $f(x) \geq 0$ em $[a, b] \Rightarrow \int_a^b f(x)\, dx \geq 0$ (Caso especial)

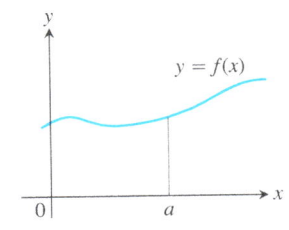

(a) *Intervalo de largura zero:*
$$\int_a^a f(x)\, dx = 0$$

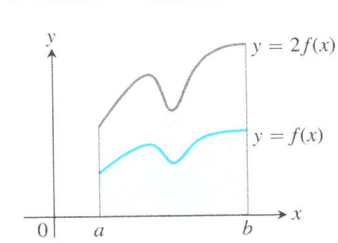

(b) *Multiplicação por constante:* $(k = 2)$
$$\int_a^b kf(x)\, dx = k\int_a^b f(x)\, dx$$

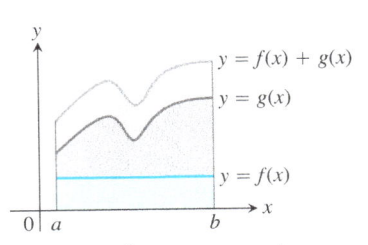

(c) *Soma: (áreas se somam)*
$$\int_a^b (f(x) + g(x))\, dx = \int_a^b f(x)\, dx + \int_a^b g(x)\, dx$$

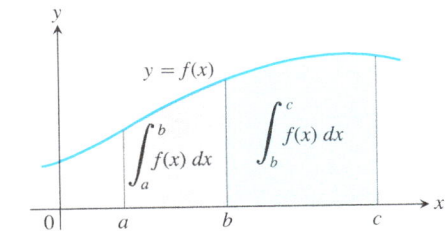

(d) *Aditividade para integrais definidas:*
$$\int_a^b f(x)\, dx + \int_b^c f(x)\, dx = \int_a^c f(x)\, dx$$

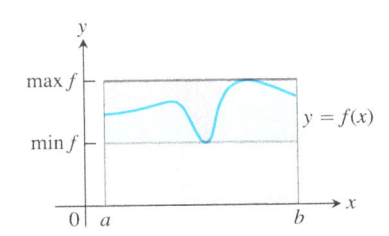

(e) *Desigualdade max-min:*
$$\min f \cdot (b - a) \leq \int_a^b f(x)\, dx$$
$$\leq \max f \cdot (b - a)$$

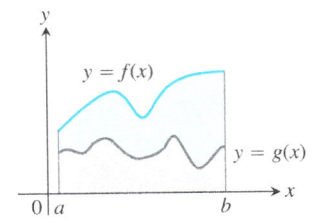

(f) *Dominação:*
$$f(x) \geq g(x) \text{ em } [a, b]$$
$$\Rightarrow \int_a^b f(x)\, dx \geq \int_a^b g(x)\, dx$$

FIGURA 5.11 Interpretações geométricas das regras 2-7 na Tabela 5.4.

Enquanto as regras 1 e 2 são definições, as regras 3-7 da Tabela 5.4 precisam ser provadas. Segue uma prova da Regra 6. Provas similares podem ser fornecidas para verificar as outras propriedades mostradas na Tabela 5.4.

Prova da regra 6 A regra 6 diz que a integral de f em $[a, b]$ nunca é menor do que o valor mínimo de f vezes o comprimento do intervalo, e nunca é maior que o máximo de f vezes o comprimento do intervalo. A razão é que, para cada partição de $[a, b]$ e para cada escolha dos pontos c_k,

$$\min f \cdot (b - a) = \min f \cdot \sum_{k=1}^{n} \Delta x_k \qquad \sum_{k=1}^{n} \Delta x_k = b - a$$

$$= \sum_{k=1}^{n} \min f \cdot \Delta x_k \qquad \text{Regra do múltiplo constante}$$

$$\leq \sum_{k=1}^{n} f(c_k) \, \Delta x_k \qquad \min f \leq f(c_k)$$

$$\leq \sum_{k=1}^{n} \max f \cdot \Delta x_k \qquad f(c_k) \leq \max f$$

$$= \max f \cdot \sum_{k=1}^{n} \Delta x_k \qquad \text{Regra do múltiplo constante}$$

$$= \max f \cdot (b - a).$$

Em resumo, todas as somas de Riemann para f em $[a, b]$ satisfazem a desigualdade

$$\min f \cdot (b - a) \leq \sum_{k=1}^{n} f(c_k) \, \Delta x_k \leq \max f \cdot (b - a).$$

Por isso seu limite, a integral, também a satisfaz.

EXEMPLO 2 Para ilustrar algumas das regras, suponhamos que

$$\int_4^1 f(x) \, dx = 5, \qquad \int_1^4 f(x) \, dx = -2 \quad \text{e} \quad \int_{-1}^1 h(x) \, dx = 7.$$

Então

1. $\displaystyle\int_4^1 f(x) \, dx = -\int_1^4 f(x) \, dx = -(-2) = 2$ Regra 1

2. $\displaystyle\int_{-1}^1 [2f(x) + 3h(x)] \, dx = 2\int_{-1}^1 f(x) \, dx + 3\int_{-1}^1 h(x) \, dx$ Regras 3 e 4

   $= 2(5) + 3(7) = 31$

3. $\displaystyle\int_{-1}^4 f(x) \, dx = \int_{-1}^1 f(x) \, dx + \int_1^4 f(x) \, dx = 5 + (-2) = 3$ Regra 5

EXEMPLO 3 Mostre que o valor de $\int_0^1 \sqrt{1 + \cos x} \, dx$ é menor ou igual a $\sqrt{2}$.

Solução A desigualdade max-min para integrais definidas (Regra 6) diz que $\min f \cdot (b - a)$ é um *limitante inferior* para o valor de $\int_a^b f(x) \, dx$ e que $\max f \cdot (b - a)$ é um *limitante superior*. O valor máximo de $\sqrt{1 + \cos x}$ em $[0, 1]$ é $\sqrt{1 + 1} = \sqrt{2}$ e, portanto,

$$\int_0^1 \sqrt{1 + \cos x} \, dx \leq \sqrt{2} \cdot (1 - 0) = \sqrt{2}.$$

Área sob o gráfico de uma função não negativa

Agora voltaremos ao problema que iniciou este capítulo, o de definir o que entendemos por área de uma região que tem um contorno curvo. Na Seção 5.1, aproximamos a *área* sob o gráfico de uma função contínua não negativa, usando vários tipos de somas finitas de áreas de retângulos capturando a região — somas superiores, somas inferiores e somas que usam os pontos médios de cada subintervalo —, sendo todos eles casos de somas de Riemann construídas de forma especial. O Teorema 1 garante que todas essas somas de Riemann convergem para uma única integral definida, quando a norma das partições tende a zero e o número de subintervalos vai a infinito. Como resultado, podemos *definir* agora a área sob o gráfico de uma função integrável não negativa como o valor dessa integral definida.

DEFINIÇÃO Se $y = f(x)$ for não negativa e integrável em um intervalo fechado $[a, b]$, então a **área sob a curva $y = f(x)$ em $[a, b]$** será a integral de f de a até b:

$$A = \int_a^b f(x)\, dx.$$

Pela primeira vez, temos uma definição rigorosa da área de uma região cujo contorno é o gráfico de uma função contínua qualquer. Agora aplicaremos tal conceito a um exemplo simples, a área sob uma reta, onde podemos verificar que nossa nova definição está de acordo com nossa noção prévia de área.

EXEMPLO 4 Calcule $\int_0^b x\, dx$ e determine a área A sob $y = x$ no intervalo $[0, b]$, $b > 0$.

Solução A região de interesse é um triângulo (Figura 5.12). Calcularemos a área de duas maneiras.

(a) Para estimar a integral definida como limite de somas de Riemann, calculamos $\lim_{\|P\| \to 0} \sum_{k=1}^{n} f(c_k)\, \Delta x_k$ para partições cujas normas tendem a zero. O Teorema 1 nos diz que não importa quais partições ou pontos c_k escolhemos, desde que as normas tendam a zero. Todas as escolhas resultarão exatamente no mesmo limite. Então, consideraremos a partição P que subdivide o intervalo $[0, b]$ em n subintervalos de largura igual $\Delta x = (b - 0)/n = b/n$ e escolhemos c_k como o extremo direito em cada subintervalo. A partição é $P = \left\{ 0, \dfrac{b}{n}, \dfrac{2b}{n}, \dfrac{3b}{n}, \ldots, \dfrac{nb}{n} \right\}$ e $c_k = \dfrac{kb}{n}$. Assim

$$\sum_{k=1}^{n} f(c_k)\, \Delta x = \sum_{k=1}^{n} \frac{kb}{n} \cdot \frac{b}{n} \qquad f(c_k) = c_k$$

$$= \sum_{k=1}^{n} \frac{kb^2}{n^2}$$

$$= \frac{b^2}{n^2} \sum_{k=1}^{n} k \qquad \text{Regra da multiplicação por constante}$$

$$= \frac{b^2}{n^2} \cdot \frac{n(n+1)}{2} \qquad \text{Soma dos primeiros } n \text{ inteiros}$$

$$= \frac{b^2}{2}\left(1 + \frac{1}{n}\right)$$

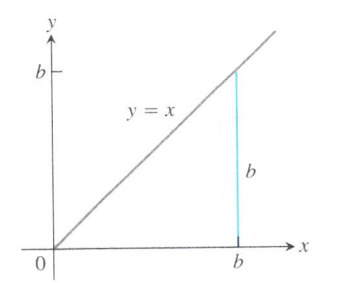

FIGURA 5.12 Região do Exemplo 4 é um triângulo.

À medida que $n \to \infty$ e $\|P\| \to 0$, essa última expressão à direita tem o limite $b^2/2$. Portanto,

$$\int_0^b x\,dx = \frac{b^2}{2}.$$

(b) Como a área é igual à integral definida de uma função não negativa, podemos deduzir rapidamente a integral definida usando a fórmula da área de um triângulo com base b e altura $y = b$. A área é $A = (1/2)\,b \cdot b = b^2/2$. Novamente, concluímos que $\int_0^b x\,dx = b^2/2$.

O Exemplo 4 pode ser generalizado para integrarmos $f(x) = x$ em qualquer intervalo fechado $[a, b]$, sendo $0 < a < b$.

$$\int_a^b x\,dx = \int_a^0 x\,dx + \int_0^b x\,dx \qquad \text{Regra 5}$$

$$= -\int_0^a x\,dx + \int_0^b x\,dx \qquad \text{Regra 1}$$

$$= -\frac{a^2}{2} + \frac{b^2}{2}. \qquad \text{Exemplo 4}$$

Concluindo, temos a seguinte regra para integração de $f(x) = x$:

$$\int_a^b x\,dx = \frac{b^2}{2} - \frac{a^2}{2}, \qquad a < b \tag{1}$$

Esse cálculo fornece a área de um trapézio (Figura 5.13a). A Equação 1 permanece válida quando a e b são negativos. Quando $a < b < 0$, o valor da integral definida $(b^2 - a^2)/2$ é um número negativo, o oposto da área de um trapézio que começa no eixo x e desce até a reta $y = x$ (Figura 5.13b). Quando $a < 0$ e $b > 0$, a Equação 1 ainda é válida, e a integral definida apresenta a diferença entre as duas áreas, a área sob o gráfico e acima de $[0, b]$ menos a área abaixo de $[a, 0]$ e sobre o gráfico (Figura 5.13c).

Os resultados seguintes também podem ser estabelecidos usando um cálculo de soma de Riemann semelhante ao do Exemplo 4 (Exercícios 63 e 65).

$$\int_a^b c\,dx = c(b - a), \qquad \text{sendo } c \text{ qualquer constante} \tag{2}$$

$$\int_a^b x^2\,dx = \frac{b^3}{3} - \frac{a^3}{3}, \qquad a < b \tag{3}$$

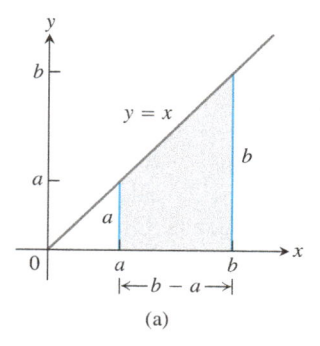

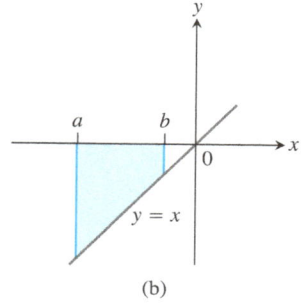

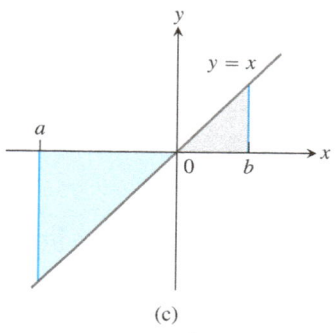

FIGURA 5.13 (a) Área dessa região trapezoidal é $A = (b^2 - a^2)/2$. (b) A integral definida na Equação 1 resulta no oposto da área dessa região trapezoidal. (c) A integral definida na Equação 1 resulta na área da região triangular azul adicionada ao oposto da área da região triangular cinza.

Valor médio de uma função contínua revista

Na Seção 5.1, introduzimos informalmente o valor médio de uma função f contínua não negativa em um intervalo $[a, b]$, o que nos levou a definir essa média como a área sob o gráfico de $y = f(x)$ dividida por $b - a$. Em termos de notação de integral, escrevemos isso da seguinte forma:

$$\text{Média}(f) = \frac{1}{b - a}\int_a^b f(x)\,dx.$$

Podemos usar essa fórmula para definir com precisão o valor médio de qualquer função contínua (ou integrável), seja positiva, negativa ou ambos.

Alternativamente, podemos usar o seguinte raciocínio: começamos com a ideia proveniente da aritmética de que a média de n números é igual à soma desses números dividida por n. Para uma função contínua f em $[a, b]$ pode haver infinitos valores, mas ainda podemos amostrá-los de forma ordenada.

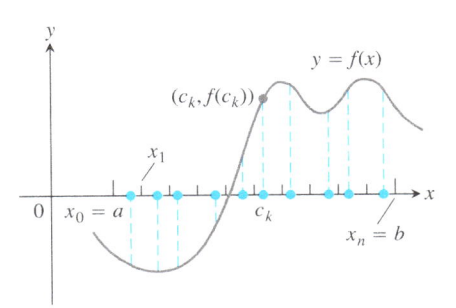

FIGURA 5.14 Amostra de valores de uma função em um intervalo $[a, b]$.

Dividimos $[a, b]$ em n subintervalos de larguras iguais a $\Delta x = (b - a)/n$ e calculamos f em um ponto c_k em cada subintervalo (Figura 5.14). A média dos n valores amostrados é

$$\frac{f(c_1) + f(c_2) + \cdots + f(c_n)}{n} = \frac{1}{n}\sum_{k=1}^{n} f(c_k)$$

$$= \frac{\Delta x}{b - a}\sum_{k=1}^{n} f(c_k) \qquad \Delta x = \frac{b-a}{n}, \text{ então } \frac{1}{n} = \frac{\Delta x}{b-a}$$

$$= \frac{1}{b - a}\sum_{k=1}^{n} f(c_k)\,\Delta x \qquad \text{Regra da multiplicação por constante}$$

Obtemos a média dividindo uma soma de Riemann para f em $[a, b]$ por $(b - a)$. Ao aumentar o tamanho da amostra e fazer a norma da partição se aproximar de zero, a média chega perto de $(1/(b - a))\int_a^b f(x)\,dx$. Ambos os pontos de vista nos levam à seguinte definição.

> **DEFINIÇÃO** Se f é integrável em $[a, b]$, então o seu **valor médio em $[a, b]$**, chamado também de **média**, será
> $$\text{Média}(f) = \frac{1}{b - a}\int_a^b f(x)\,dx.$$

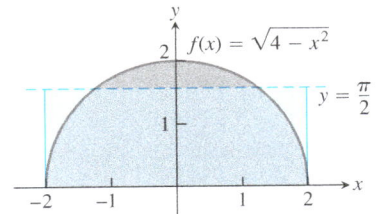

FIGURA 5.15 Valor médio de $f(x) = \sqrt{4 - x^2}$ em $[-2, 2]$ é $\pi/2$ (Exemplo 5).

EXEMPLO 5 Determine o valor médio de $f(x) = \sqrt{4 - x^2}$ em $[-2, 2]$.

Solução Reconhecemos $f(x) = \sqrt{4 - x^2}$ como uma função cujo gráfico é o semicírculo superior de raio 2, centrado na origem (Figura 5.15).

A área entre o semicírculo e o eixo x de -2 até 2 pode ser calculada usando-se a fórmula geométrica

$$\text{Área} = \frac{1}{2}\cdot \pi r^2 = \frac{1}{2}\cdot \pi(2)^2 = 2\pi.$$

Como f é não negativa, a área também é o valor da integral de -2 até 2,

$$\int_{-2}^{2} \sqrt{4 - x^2}\,dx = 2\pi.$$

Portanto, o valor médio de f é

$$\text{média}(f) = \frac{1}{2 - (-2)}\int_{-2}^{2}\sqrt{4 - x^2}\,dx = \frac{1}{4}(2\pi) = \frac{\pi}{2}.$$

O Teorema 3 da próxima seção afirma que a área do semicírculo superior sobre $[-2, 2]$ é a mesma área do retângulo cuja altura é o valor médio de f sobre $[-2, 2]$ (veja a Figura 5.15).

Exercícios 5.3

Interpretação de limites como integrais

Expresse os limites nos Exercícios 1-8 como integrais definidas.

1. $\lim\limits_{\|P\|\to 0}\sum\limits_{k=1}^{n} c_k^2\,\Delta x_k$, onde P é uma partição de $[0, 2]$

2. $\lim\limits_{\|P\|\to 0}\sum\limits_{k=1}^{n} 2c_k^3\,\Delta x_k$, onde P é uma partição de $[-1, 0]$

3. $\lim\limits_{\|P\|\to 0}\sum\limits_{k=1}^{n} (c_k^2 - 3c_k)\,\Delta x_k$, onde P é uma partição de $[-7, 5]$

4. $\lim\limits_{\|P\|\to 0}\sum\limits_{k=1}^{n} \left(\frac{1}{c_k}\right)\,\Delta x_k$, onde P é uma partição de $[1, 4]$

5. $\lim\limits_{\|P\|\to 0}\sum\limits_{k=1}^{n} \frac{1}{1 - c_k}\,\Delta x_k$, onde P é uma partição de $[2, 3]$

6. $\lim_{\|P\|\to 0} \sum_{k=1}^{n} \sqrt{4 - c_k^2}\, \Delta x_k$, onde P é uma partição de $[0, 1]$

7. $\lim_{\|P\|\to 0} \sum_{k=1}^{n} (\sec c_k)\, \Delta x_k$, onde P é uma partição de $[-\pi/4, 0]$

8. $\lim_{\|P\|\to 0} \sum_{k=1}^{n} (\operatorname{tg} c_k)\, \Delta x_k$, onde P é uma partição de $[0, \pi/4]$

Uso das regras de integral definida

9. Suponha que f e g sejam integráveis e que

$$\int_1^2 f(x)\, dx = -4, \quad \int_1^5 f(x)\, dx = 6, \quad \int_1^5 g(x)\, dx = 8.$$

Use as regras na Tabela 5.4 para determinar

a. $\int_2^2 g(x)\, dx$ d. $\int_2^5 f(x)\, dx$

b. $\int_5^1 g(x)\, dx$ e. $\int_1^5 [f(x) - g(x)]\, dx$

c. $\int_1^2 3f(x)\, dx$ f. $\int_1^5 [4f(x) - g(x)]\, dx$

10. Suponha que f e h sejam integráveis e que

$$\int_1^9 f(x)\, dx = -1, \quad \int_7^9 f(x)\, dx = 5, \quad \int_7^9 h(x)\, dx = 4.$$

Use as regras na Tabela 5.4 para calcular

a. $\int_1^9 -2f(x)\, dx$ d. $\int_9^1 f(x)\, dx$

b. $\int_7^9 [f(x) + h(x)]\, dx$ e. $\int_1^7 f(x)\, dx$

c. $\int_7^9 [2f(x) - 3h(x)]\, dx$ f. $\int_9^7 [h(x) - f(x)]\, dx$

11. Suponha que $\int_1^2 f(x)\, dx = 5$. Calcule

a. $\int_1^2 f(u)\, du$ c. $\int_2^1 f(t)\, dt$

b. $\int_1^2 \sqrt{3} f(z)\, dz$ d. $\int_1^2 [-f(x)]\, dx$

12. Suponha que $\int_{-3}^0 g(t)\, dt = \sqrt{2}$. Calcule

a. $\int_0^{-3} g(t)\, dt$ c. $\int_{-3}^0 [-g(x)]\, dx$

b. $\int_{-3}^0 g(u)\, du$ d. $\int_{-3}^0 \dfrac{g(r)}{\sqrt{2}}\, dr$

13. Suponha que f seja integrável e que $\int_0^3 f(z)\, dz = 3$ e $\int_0^4 f(z)\, dz = 7$. Calcule

a. $\int_3^4 f(z)\, dz$ b. $\int_4^3 f(t)\, dt$

14. Suponha que h seja integrável e que $\int_{-1}^1 h(r)\, dr = 0$ e $\int_{-1}^3 h(r)\, dr = 6$. Calcule

a. $\int_1^3 h(r)\, dr$ b. $-\int_3^1 h(u)\, du$

Uso de áreas conhecidas para calcular integrais

Nos Exercícios 15-22, esboce o gráfico dos integrandos e use áreas para calcular as integrais.

15. $\int_{-2}^4 \left(\dfrac{x}{2} + 3\right) dx$ 19. $\int_{-2}^1 |x|\, dx$

16. $\int_{1/2}^{3/2} (-2x + 4)\, dx$ 20. $\int_{-1}^1 (1 - |x|)\, dx$

17. $\int_{-3}^3 \sqrt{9 - x^2}\, dx$ 21. $\int_{-1}^1 (2 - |x|)\, dx$

18. $\int_{-4}^0 \sqrt{16 - x^2}\, dx$ 22. $\int_{-1}^1 \left(1 + \sqrt{1 - x^2}\right) dx$

Nos Exercícios 23-28, use áreas para calcular as integrais.

23. $\int_0^b \dfrac{x}{2}\, dx, \quad b > 0$ 25. $\int_a^b 2s\, ds, \quad 0 < a < b$

24. $\int_0^b 4x\, dx, \quad b > 0$ 26. $\int_a^b 3t\, dt, \quad 0 < a < b$

27. $f(x) = \sqrt{4 - x^2}$ em   a. $[-2, 2]$,   b. $[0, 2]$

28. $f(x) = 3x + \sqrt{1 - x^2}$ em   a. $[-1, 0]$,   b. $[-1, 1]$

Cálculo de integrais definidas

Use os resultados das Equações 1 e 3 para calcular as integrais nos Exercícios 29-40.

29. $\int_1^{\sqrt{2}} x\, dx$ 33. $\int_0^{\sqrt[3]{7}} x^2\, dx$ 37. $\int_a^{2a} x\, dx$

30. $\int_{0{,}5}^{2{,}5} x\, dx$ 34. $\int_0^{0{,}3} s^2\, ds$ 38. $\int_a^{\sqrt{3}a} x\, dx$

31. $\int_\pi^{2\pi} \theta\, d\theta$ 35. $\int_0^{1/2} t^2\, dt$ 39. $\int_0^{\sqrt[3]{b}} x^2\, dx$

32. $\int_{\sqrt{2}}^{5\sqrt{2}} r\, dr$ 36. $\int_0^{\pi/2} \theta^2\, d\theta$ 40. $\int_0^{3b} x^2\, dx$

Use as regras na Tabela 5.4 e as Equações 1-3 para calcular as integrais dos Exercícios 41-50.

41. $\int_3^1 7\, dx$ 46. $\int_3^0 (2z - 3)\, dz$

42. $\int_0^2 5x\, dx$ 47. $\int_1^2 3u^2\, du$

43. $\int_0^2 (2t - 3)\, dt$ 48. $\int_{1/2}^1 24u^2\, du$

44. $\int_0^{\sqrt{2}} (t - \sqrt{2})\, dt$ 49. $\int_0^2 (3x^2 + x - 5)\, dx$

45. $\int_2^1 \left(1 + \dfrac{z}{2}\right) dz$ 50. $\int_1^0 (3x^2 + x - 5)\, dx$

Determinação de área por integrais definidas

Nos Exercícios 51-54, use uma integral definida para determinar a área da região entre a curva dada e o eixo x no intervalo $[0, b]$.

51. $y = 3x^2$
52. $y = \pi x^2$
53. $y = 2x$
54. $y = \dfrac{x}{2} + 1$

Determinação do valor médio

Nos Exercícios 55-62, faça o gráfico da função e determine o seu valor médio ao longo do intervalo dado.

55. $f(x) = x^2 - 1$ em $[0, \sqrt{3}]$
56. $f(x) = -\dfrac{x^2}{2}$ em $[0, 3]$
57. $f(x) = -3x^2 - 1$ em $[0, 1]$
58. $f(x) = 3x^2 - 3$ em $[0, 1]$
59. $f(t) = (t - 1)^2$ em $[0, 3]$
60. $f(t) = t^2 - t$ em $[-2, 1]$
61. $g(x) = |x| - 1$ em **a.** $[-1, 1]$, **b.** $[1, 3]$ e **c.** $[-1, 3]$
62. $h(x) = -|x|$ em **a.** $[-1, 0]$, **b.** $[0, 1]$ e **c.** $[-1, 1]$

Integrais definidas como limites

Use o método no Exemplo 4a para calcular as integrais definidas nos Exercícios 63-70.

63. $\displaystyle\int_a^b c\, dx$
64. $\displaystyle\int_0^2 (2x + 1)\, dx$
65. $\displaystyle\int_a^b x^2\, dx, \quad a < b$
66. $\displaystyle\int_{-1}^0 (x - x^2)\, dx$
67. $\displaystyle\int_{-1}^2 (3x^2 - 2x + 1)\, dx$
68. $\displaystyle\int_{-1}^1 x^3\, dx$
69. $\displaystyle\int_a^b x^3\, dx, \quad a < b$
70. $\displaystyle\int_0^1 (3x - x^3)\, dx$

Teoria e exemplos

71. Que valores de a e b maximizam o valor de
$$\int_a^b (x - x^2)\, dx?$$
(Dica: qual é o integrando positivo?)

72. Que valores de a e b minimizam o valor de
$$\int_a^b (x^4 - 2x^2)\, dx?$$

73. Use a desigualdade max-min e determine os limites superior e inferior para o valor de
$$\int_0^1 \frac{1}{1 + x^2}\, dx.$$

74. (*Continuação do Exercício 73.*) Use a desigualdade max-min e determine um limitante superior e um limitante inferior para
$$\int_0^{0,5} \frac{1}{1 + x^2}\, dx \quad \text{e} \quad \int_{0,5}^1 \frac{1}{1 + x^2}\, dx.$$
Some esses limitantes para chegar a uma estimativa mais precisa de
$$\int_0^1 \frac{1}{1 + x^2}\, dx.$$

75. Demonstre que não é possível que o valor de $\int_0^1 \operatorname{sen}(x^2)\, dx$ seja 2.

76. Demonstre que o valor de $\int_0^1 \sqrt{x + 8}\, dx$ situa-se entre $2\sqrt{2} \approx 2{,}8$ e 3.

77. **Integrais de funções não negativas** Use a desigualdade max-min para mostrar que, se f é integrável, então
$$f(x) \geq 0 \quad \text{em} \quad [a, b] \quad \Rightarrow \quad \int_a^b f(x)\, dx \geq 0.$$

78. **Integrais de funções não positivas** Mostre que, se f for integrável, então
$$f(x) \leq 0 \quad \text{em} \quad [a, b] \quad \Rightarrow \quad \int_a^b f(x)\, dx \leq 0.$$

79. Use a desigualdade $\operatorname{sen} x \leq x$, que é válida para $x \geq 0$, para determinar um limitante superior para o valor de $\int_0^1 \operatorname{sen} x\, dx$.

80. A desigualdade $\sec x \geq 1 + (x^2/2)$ vale em $(-\pi/2, \pi/2)$. Use-a para determinar um limitante inferior para o valor de $\int_0^1 \sec x\, dx$.

81. Você concorda que, se média(f) é realmente um valor típico da função integrável $f(x)$ em $[a, b]$, então a função constante média(f) deveria ter a mesma integral em $[a, b]$ que f? Isto é, é verdade que
$$\int_a^b \text{média}(f)\, dx = \int_a^b f(x)\, dx?$$
Justifique sua resposta.

82. Seria bom se as médias dos valores das funções integráveis obedecessem às regras a seguir em um intervalo $[a, b]$.
   a. média($f + g$) = média(f) + média(g)
   b. média(kf) = k média(f) (qualquer número k)
   c. média(f) $\leq$ média(g) se $f(x) \leq g(x)$ em $[a, b]$.
   Será que essas regras são válidas? Justifique sua resposta.

83. **Somas superior e inferior para funções crescentes**
   a. Suponhamos que o gráfico de uma função contínua $f(x)$ suba gradualmente conforme x se move da esquerda para a direita em um intervalo $[a, b]$. Seja P uma partição de $[a, b]$ em n subintervalos de comprimento $\Delta x = (b - a)/n$. Observando a figura a seguir, demonstre que a diferença entre as somas superior e inferior para f nessa partição pode ser representada graficamente como a área de um retângulo R, cujas dimensões sejam $[f(b) - f(a)]$ por Δx.
   (Dica: a diferença $U - L$ é a soma das áreas dos retângulos cujas diagonais $Q_0Q_1, Q_1Q_2, \ldots, Q_{n-1}Q_n$ situam-se ao longo da curva. Não há sobreposição quando esses retângulos são transladados horizontalmente para R.)
   b. Suponha que, em vez de serem iguais, os comprimentos Δx_k dos subintervalos da partição de $[a, b]$ variam em tamanho. Demonstre que
   $$U - L \leq |f(b) - f(a)|\, \Delta x_{\max},$$
   onde $\Delta x_{\max}$ é a norma de P, e que, portanto, $\lim_{\|P\| \to 0} (U - L) = 0$.

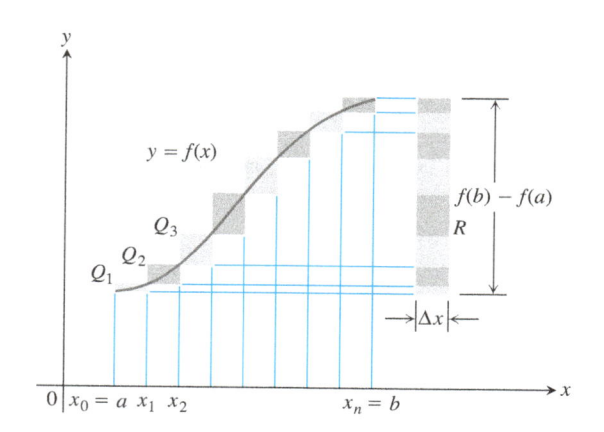

84. Somas superior e inferior para funções decrescentes (*Continuação do Exercício 83.*)

  a. Desenhe uma figura como a do Exercício 83 para uma função contínua $f(x)$ cujos valores decrescem constantemente à medida que x se move da esquerda para a direita ao longo de um intervalo $[a, b]$. Seja P uma partição de $[a, b]$ em subintervalos de comprimento igual. Determine uma expressão para $U - L$ análoga àquela que você encontrou no Exercício 83a.

  b. Suponha que, em vez de serem iguais, os comprimentos Δx_k dos subintervalos de P variem em tamanho. Demonstre que a desigualdade

  $$U - L \leq |f(b) - f(a)| \Delta x_{\max}$$

  do Exercício 83b ainda é válida e que, portanto, $\lim_{\|P\| \to 0} (U - L) = 0$.

85. Use a fórmula

  $$\operatorname{sen} h + \operatorname{sen} 2h + \operatorname{sen} 3h + \cdots + \operatorname{sen} mh$$
  $$= \frac{\cos(h/2) - \cos((m + (1/2))h)}{2\operatorname{sen}(h/2)}$$

  para determinar a área sob a curva $y = \operatorname{sen} x$ de $x = 0$ até $x = \pi/2$ em duas etapas:

  a. Divida o intervalo $[0, \pi/2]$ em n subintervalos de comprimento igual e calcule a soma superior U correspondente; então

  b. Determine o limite de U quando $n \to \infty$ e $\Delta x = (b-a)/n \to 0$.

86. Suponha que f seja contínua e não negativa em $[a, b]$, como na figura a seguir. Ao inserir pontos

  $$x_1, x_2, \ldots, x_{k-1}, x_k, \ldots, x_{n-1}$$

  como mostrado, divida $[a, b]$ em n subintervalos de comprimentos $\Delta x_1 = x_1 - a$, $\Delta x_2 = x_2 - x_1, \ldots, \Delta x_n = b - x_{n-1}$, que não precisam ser iguais.

  a. Se $m_k = \min \{f(x) \text{ para } x \text{ no } k\text{-ésimo subintervalo}\}$, explique a relação entre a **soma inferior**

  $$L = m_1 \Delta x_1 + m_2 \Delta x_2 + \cdots + m_n \Delta x_n$$

  e as regiões sombreadas na primeira parte da figura.

  b. Se $M_k = \max \{f(x) \text{ para } x \text{ no } k\text{-ésimo subintervalo}\}$, explique a relação entre a **soma superior**

  $$U = M_1 \Delta x_1 + M_2 \Delta x_2 + \cdots + M_n \Delta x_n$$

  e as regiões sombreadas na segunda parte da figura.

  c. Explique a relação entre $U - L$ e as regiões sombreadas ao longo da curva na terceira parte da figura.

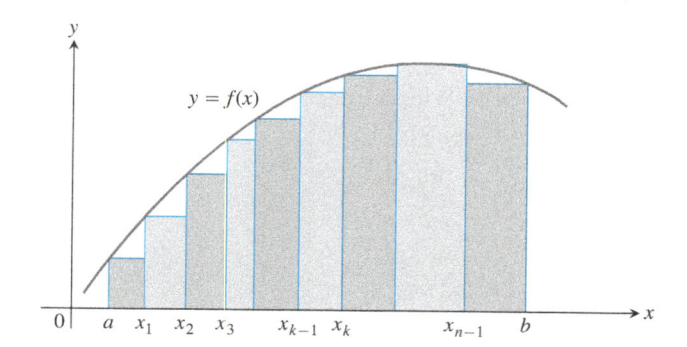

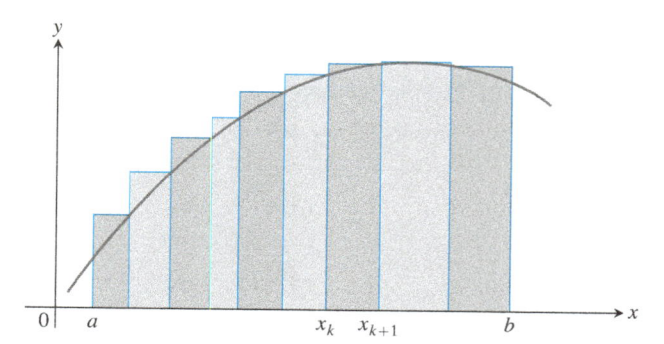

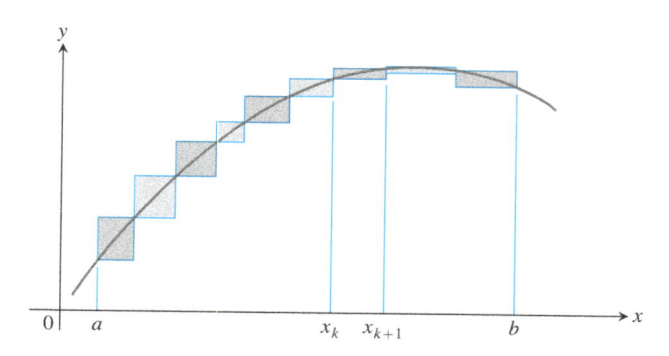

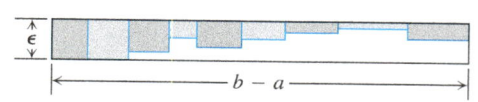

87. Dizemos que f é **uniformemente contínua** em $[a, b]$ se, dado qualquer $\epsilon > 0$, existe um $\delta > 0$, tal que, se x_1, x_2 estão em $[a, b]$ e $|x_1 - x_2| < \delta$, então $|f(x_1) - f(x_2)| < \epsilon$. É possível demonstrar que uma função contínua em $[a, b]$ é uniformemente contínua. Use isso e a figura do Exercício 86 para mostrar que, se f é contínua e $\epsilon > 0$ é dado, é possível fazer $U - L \leq \epsilon \cdot (b - a)$, tornando o maior dos Δx_k suficientemente pequeno.

88. Se você tem uma velocidade média de 30 milhas/hora em uma viagem de 150 milhas e depois percorre as mesmas 150 milhas com uma média de 50 milhas/hora, qual é a velocidade média para a viagem toda? Justifique sua resposta.

USO DO COMPUTADOR

Se seu SAC pode desenhar retângulos associados com somas de Riemann, então use-o para desenhar retângulos associados com as somas de Riemann que convirjam para as integrais dos Exercícios 89-94. Use $n = 4, 10, 20$ e 50 subintervalos de comprimento igual, em cada caso.

89. $\displaystyle\int_0^1 (1 - x)\, dx = \frac{1}{2}$

90. $\int_0^1 (x^2 + 1)\, dx = \dfrac{4}{3}$ 92. $\int_0^{\pi/4} \sec^2 x\, dx = 1$

91. $\int_{-\pi}^{\pi} \cos x\, dx = 0$ 93. $\int_{-1}^{1} |x|\, dx = 1$

94. $\int_1^2 \dfrac{1}{x}\, dx$ (O valor aproximado da integral é 0,693.)

Nos Exercícios 95-102, use um SAC para executar os seguintes passos:

a. Trace os gráficos das funções em um intervalo dado.
b. Divida o intervalo em $n = 100$, 200 e 1000 subintervalos de comprimento igual e calcule a função no ponto médio de cada subintervalo.
c. Calcule a média dos valores da função gerados no item (b).
d. Determine x na equação $f(x) = $ (valor médio) usando o valor médio calculado no item (c) para $n = 1000$.

95. $f(x) = \operatorname{sen} x$ em $[0, \pi]$
96. $f(x) = \operatorname{sen}^2 x$ em $[0, \pi]$
97. $f(x) = x \operatorname{sen} \dfrac{1}{x}$ em $\left[\dfrac{\pi}{4}, \pi\right]$
98. $f(x) = x \operatorname{sen}^2 \dfrac{1}{x}$ em $\left[\dfrac{\pi}{4}, \pi\right]$
99. $f(x) = xe^{-x}$ em $[0, 1]$
100. $f(x) = e^{-x^2}$ em $[0, 1]$
101. $f(x) = \dfrac{\ln x}{x}$ em $[2, 5]$
102. $f(x) = \dfrac{1}{\sqrt{1 - x^2}}$ em $\left[0, \dfrac{1}{2}\right]$

5.4 Teorema fundamental do cálculo

BIOGRAFIA HISTÓRICA

Sir Isaac Newton
(1642-1727)

Esta seção apresenta o teorema fundamental do cálculo, que é o teorema mais importante do cálculo integral. Relacionar integração e diferenciação permite calcular integrais por meio de uma primitiva da função integranda em vez de pela determinação dos limites das somas de Riemann, como fizemos na Seção 5.3. Leibniz e Newton exploraram essa relação e impulsionaram desenvolvimentos matemáticos que alimentaram a revolução científica nos 200 anos seguintes.

Ao longo do caminho, apresentaremos uma versão integral do teorema do valor médio, outro teorema importante no cálculo integral e que serve para provar o teorema fundamental.

Teorema do valor médio para integrais definidas

Na seção anterior, foi definido o valor médio de uma função contínua ao longo de um intervalo fechado $[a, b]$ como a integral definida $\int_a^b f(x)\, dx$ dividida pelo comprimento ou largura $b - a$ do intervalo. O teorema do valor médio para integrais definidas afirma que esse valor médio é *sempre* assumido pelo menos uma vez pela função f no intervalo.

O gráfico da Figura 5.16 mostra uma função *positiva* contínua $y = f(x)$ definida no intervalo $[a, b]$. Geometricamente, o teorema do valor médio diz que existe um número c em $[a, b]$, tal que o retângulo com altura igual ao valor médio $f(c)$ da função e base $b - a$ tem exatamente a mesma área que a região sob a curva de f entre a e b.

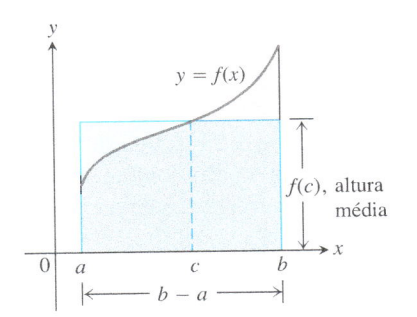

FIGURA 5.16 O valor $f(c)$ no Teorema do Valor Médio é, em certo sentido, a altura média (ou *média*) de f em $[a, b]$. Quando $f \geq 0$, a área do retângulo é a área sob o gráfico de f de a até b,

$$f(c)(b - a) = \int_a^b f(x)\, dx.$$

> **TEOREMA 3 — Teorema do valor médio para integrais definidas** Se f for contínua em $[a, b]$, então em algum ponto c em $[a, b]$
>
> $$f(c) = \dfrac{1}{b - a} \int_a^b f(x)\, dx.$$

Prova Se dividirmos os dois lados da desigualdade max-min (Tabela 5.4 da Regra 6) por $(b - a)$, obtemos

$$\min f \leq \dfrac{1}{b - a} \int_a^b f(x)\, dx \leq \max f.$$

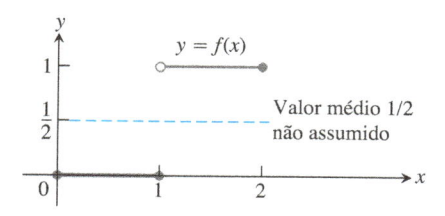

FIGURA 5.17 Uma função descontínua não precisa assumir o seu valor médio.

Como f é contínua, o teorema do valor intermediário para funções contínuas (Seção 2.5) diz que f deve assumir todos os valores entre min f e o max f. Deve, portanto, assumir o valor $(1/(b-a))\int_a^b f(x)\,dx$ em algum ponto c em $[a, b]$.

A continuidade de f é importante aqui. É possível que uma função descontínua nunca assuma seu valor médio (Figura 5.17).

EXEMPLO 1 Demonstre que, se f é contínua em $[a, b]$, $a \neq b$, e se

$$\int_a^b f(x)\,dx = 0,$$

então $f(x) = 0$ pelo menos uma vez em $[a, b]$.

Solução O valor médio de f em $[a, b]$ é

$$\text{média}(f) = \frac{1}{b-a}\int_a^b f(x)\,dx = \frac{1}{b-a} \cdot 0 = 0.$$

Pelo teorema do valor médio, f assume esse valor em algum ponto $c \in [a, b]$.

Teorema fundamental, parte 1

Se $f(t)$ é uma função integrável em um intervalo finito I, então a integral de qualquer número fixo $a \in I$ até outro número $x \in I$ definirá uma nova função F, cujo valor em x será

$$F(x) = \int_a^x f(t)\,dt. \tag{1}$$

Por exemplo, se f é não negativa e x se encontra à direita de a, $F(x)$ é a área sob a curva de a até x (Figura 5.18). A variável x é o limite superior de integração de uma integral, mas F é como qualquer outra função real de uma variável real. Para cada valor da variável independente x, existe um valor numérico bem definido, nesse caso, a integral definida de f de a até x.

A Equação 1 fornece um caminho para definir novas funções (como veremos na Seção 7.2), mas a importância de a mencionarmos agora é a ligação que ela estabelece entre integrais e derivadas. Se f for qualquer função contínua, então o teorema fundamental afirma que F será uma função derivável de x cuja derivada é f em si. Em cada valor de x, o teorema afirma que

$$\frac{d}{dx}F(x) = f(x).$$

Para entender melhor o que esse resultado representa, examinaremos os argumentos geométricos por trás dele.

Se $f \geq 0$ em $[a, b]$, então o cálculo de $F'(x)$ segundo a definição da derivada significa tomar o limite quando $h \to 0$ da razão incremental

$$\frac{F(x+h) - F(x)}{h}.$$

Para $h > 0$, o numerador é obtido pela subtração de duas áreas e, por isso, ele é a área sob a curva de f de x até $x + h$ (Figura 5.19). Se h for pequeno, essa área é aproximadamente igual à área do retângulo de altura $f(x)$ e largura h, que pode ser visto na Figura 5.19. Isto é,

$$F(x+h) - F(x) \approx hf(x).$$

Dividindo os dois lados dessa aproximação por h, e sabendo que $h \to 0$, é razoável esperar que

$$F'(x) = \lim_{h \to 0} \frac{F(x+h) - F(x)}{h} = f(x).$$

Esse resultado é verdadeiro mesmo se a função f não for positiva e constitui a primeira parte do teorema fundamental do cálculo.

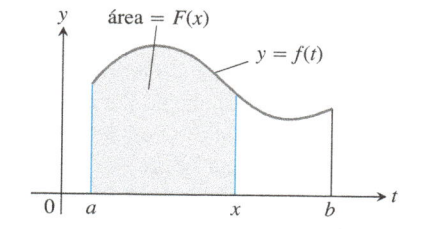

FIGURA 5.18 A função $F(x)$ definida pela Equação 1 fornece a área sob o gráfico de f de a até x quando f é não negativa e $x > a$.

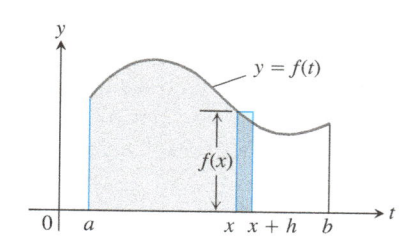

FIGURA 5.19 Na Equação 1, $F(x)$ é a área à esquerda de x. Além disso, $F(x + h)$ é a área à esquerda de $x + h$. A razão incremental $[F(x+h) - F(x)]/h$ é, desse modo, aproximadamente igual a $f(x)$, a altura do retângulo mostrado aqui.

> **TEOREMA 4 — Teorema fundamental do cálculo, parte 1** Se f é contínua em $[a, b]$, então $F(x) = \int_a^x f(t)\, dt$ é contínua em $[a, b]$ e derivável em (a, b), e sua derivada é $f(x)$:
> $$F'(x) = \frac{d}{dx}\int_a^x f(t)\, dt = f(x). \qquad (2)$$

Antes de provar o Teorema 4, examinaremos alguns exemplos para que melhor o compreendamos. Em cada exemplo, observe que a variável independente é exibida em um limite de integração, possivelmente em uma fórmula.

EXEMPLO 2 Use o teorema fundamental para determinar dy/dx se

(a) $y = \int_a^x (t^3 + 1)\, dt$

(b) $y = \int_x^5 3t \operatorname{sen} t\, dt$

(c) $y = \int_1^{x^2} \cos t\, dt$

(d) $y = \int_{1+3x^2}^4 \frac{1}{2 + e^t}\, dt$

Solução Calculamos as derivadas em relação à variável independente x.

(a) $\dfrac{dy}{dx} = \dfrac{d}{dx}\int_a^x (t^3 + 1)\, dt = x^3 + 1$ Equação 2 com $f(t) = t^3 + 1$

(b) $\dfrac{dy}{dx} = \dfrac{d}{dx}\int_x^5 3t \operatorname{sen} t\, dt = \dfrac{d}{dx}\left(-\int_5^x 3t \operatorname{sen} t\, dt\right)$ Tabela 5.4, Regra 1

$= -\dfrac{d}{dx}\int_5^x 3t \operatorname{sen} t\, dt$

$= -3x \operatorname{sen} x$ Equação 2 com $f(t) = 3t \operatorname{sen} t$

(c) O limite superior de integração não é x, mas x^2. Isso torna y uma composição de duas funções,

$$y = \int_1^u \cos t\, dt \quad \text{e} \quad u = x^2.$$

Devemos, portanto, aplicar a regra da cadeia quando determinarmos dy/dx.

$$\frac{dy}{dx} = \frac{dy}{du} \cdot \frac{du}{dx}$$

$$= \left(\frac{d}{du}\int_1^u \cos t\, dt\right) \cdot \frac{du}{dx}$$

$$= \cos u \cdot \frac{du}{dx}$$

$$= \cos(x^2) \cdot 2x$$

$$= 2x \cos x^2$$

(d) $\dfrac{d}{dx}\int_{1+3x^2}^4 \dfrac{1}{2 + e^t}\, dt = \dfrac{d}{dx}\left(-\int_4^{1+3x^2} \dfrac{1}{2 + e^t}\, dt\right)$ Regra 1

$= -\dfrac{d}{dx}\int_4^{1+3x^2} \dfrac{1}{2 + e^t}\, dt$

$= -\dfrac{1}{2 + e^{(1+3x^2)}} \dfrac{d}{dx}(1 + 3x^2)$ Equação 2 e regra da cadeia

$= -\dfrac{6x}{2 + e^{(1+3x^2)}}$

Prova do Teorema 4 Demonstramos a parte 1 do teorema fundamental aplicando diretamente a definição de derivada à função $F(x)$, quando x e $x + h$ estão em (a, b). Isso significa escrever a razão incremental

$$\frac{F(x + h) - F(x)}{h} \qquad (3)$$

e mostrar que o seu limite quando $h \to 0$ é o número $f(x)$ para qualquer x em (a, b). Então,

$$\begin{aligned} F'(x) &= \lim_{h \to 0} \frac{F(x + h) - F(x)}{h} \\ &= \lim_{h \to 0} \frac{1}{h}\left[\int_a^{x+h} f(t)\, dt - \int_a^x f(t)\, dt\right] \\ &= \lim_{h \to 0} \frac{1}{h}\int_x^{x+h} f(t)\, dt \qquad \text{Tabela 5.4, Regra 5} \end{aligned}$$

De acordo com o teorema do valor médio para integrais definidas, o valor antes do limite na última expressão é um dos valores assumidos por f no intervalo entre x e $x + h$. Ou seja, para um número c nesse intervalo,

$$\frac{1}{h}\int_x^{x+h} f(t)\, dt = f(c). \qquad (4)$$

Quando $h \to 0$, $x + h$ se aproxima de x, forçando c a também se aproximar de x (porque c fica entre x e $x + h$). Como f é contínua em x, $f(c)$ se aproxima de $f(x)$:

$$\lim_{h \to 0} f(c) = f(x). \qquad (5)$$

Em resumo, temos

$$\begin{aligned} F'(x) &= \lim_{h \to 0} \frac{1}{h}\int_x^{x+h} f(t)\, dt \\ &= \lim_{h \to 0} f(c) \qquad \text{Equação 4} \\ &= f(x). \qquad \text{Equação 5} \end{aligned}$$

Se $x = a$ ou b, então o limite da Equação 3 é interpretado como um limite lateral com $h \to 0^+$ ou $h \to 0^-$, respectivamente. Então, o Teorema 1 da Seção 3.2 mostra que F é contínua para qualquer ponto em $[a, b]$. Isso conclui a demonstração.

Teorema fundamental, parte 2 (teorema de cálculo)

Agora iremos à segunda parte do teorema fundamental do cálculo. Essa parte descreve como calcular integrais definidas sem ter de calcular os limites de somas de Riemann. Em vez disso, determinamos e calculamos uma primitiva nos limites de integração superior e inferior.

> **TEOREMA 4 (continuação) — Teorema fundamental do cálculo, parte 2** Se f é contínua em qualquer ponto de $[a, b]$ e se F é qualquer primitiva de f em $[a, b]$, então
>
> $$\int_a^b f(x)\, dx = F(b) - F(a).$$

Prova A parte 1 do teorema fundamental nos diz que existe uma primitiva de f, ou seja,

$$G(x) = \int_a^x f(t)\, dt.$$

Assim, se F for *qualquer* primitiva de f, então $F(x) = G(x) + C$ para uma constante C, sendo $a < x < b$ (pelo Corolário 2 do teorema do valor médio para derivadas na Seção 4.2).

Uma vez que F e G são contínuas em $[a, b]$, vemos que $F(x) = G(x) + C$ também se aplica quando $x = a$ e $x = b$, considerando-se os limites laterais (quando $x \to a^+$ e $x \to b^-$).

Calculando $F(b) - F(a)$, temos

$$F(b) - F(a) = [G(b) + C] - [G(a) + C]$$
$$= G(b) - G(a)$$
$$= \int_a^b f(t)\, dt - \int_a^a f(t)\, dt$$
$$= \int_a^b f(t)\, dt - 0$$
$$= \int_a^b f(t)\, dt.$$

O teorema diz que, para calcular a integral definida de f em um intervalo $[a, b]$, precisamos fazer apenas duas coisas:

1. Determinar uma primitiva F de f e
2. Calcular o número $F(b) - F(a)$, que é igual a $\int_a^b f(x)\, dx$.

Esse processo é muito mais fácil do que usar o cálculo da soma de Riemann. O poder do teorema resulta da constatação de que a integral definida, que é determinada por um processo complicado que envolve todos os valores da função f em $[a, b]$, pode ser calculada quando conhecemos os valores de *qualquer* primitiva F em apenas duas extremidades a e b. A notação usual para a diferença $F(b) - F(a)$ é

$$F(x)\Big]_a^b \quad \text{ou} \quad \left[F(x)\right]_a^b,$$

dependendo se F tem um ou mais termos.

EXEMPLO 3 Calculamos várias integrais definidas usando o teorema de cálculo, em vez de considerar os limites de somas de Riemann.

(a) $\int_0^\pi \cos x\, dx = \operatorname{sen} x \Big]_0^\pi \qquad \frac{d}{dx}\operatorname{sen} x = \cos x$

$= \operatorname{sen} \pi - \operatorname{sen} 0 = 0 - 0 = 0$

(b) $\int_{-\pi/4}^0 \sec x\, \operatorname{tg} x\, dx = \sec x \Big]_{-\pi/4}^0 \qquad \frac{d}{dx}\sec x = \sec x\, \operatorname{tg} x$

$= \sec 0 - \sec\left(-\dfrac{\pi}{4}\right) = 1 - \sqrt{2}$

(c) $\int_1^4 \left(\dfrac{3}{2}\sqrt{x} - \dfrac{4}{x^2}\right) dx = \left[x^{3/2} + \dfrac{4}{x}\right]_1^4 \qquad \frac{d}{dx}\left(x^{3/2} + \dfrac{4}{x}\right) = \dfrac{3}{2}x^{1/2} - \dfrac{4}{x^2}$

$= \left[(4)^{3/2} + \dfrac{4}{4}\right] - \left[(1)^{3/2} + \dfrac{4}{1}\right]$

$= [8 + 1] - [5] = 4$

(d) $\int_0^1 \dfrac{dx}{x + 1} = \ln|x + 1|\Big]_0^1 \qquad \frac{d}{dx}\ln|x+1| = \dfrac{1}{x+1}$

$= \ln 2 - \ln 1 = \ln 2$

(e) $\int_0^1 \dfrac{dx}{x^2 + 1} = \operatorname{tg}^{-1} x \Big]_0^1 \qquad \frac{d}{dx}\operatorname{tg}^{-1} x = \dfrac{1}{x^2+1}$

$= \operatorname{tg}^{-1} 1 - \operatorname{tg}^{-1} 0 = \dfrac{\pi}{4} - 0 = \dfrac{\pi}{4}.$

O Exercício 82 oferece mais uma prova do teorema de cálculo, reunindo as ideias de somas de Riemann, o teorema do valor médio e a definição da integral definida.

Integral de uma taxa

Podemos interpretar a parte 2 do teorema fundamental de outra maneira. Se F for qualquer primitiva de f, então $F' = f$. A equação no teorema pode ser reescrita como

$$\int_a^b F'(x)\,dx = F(b) - F(a).$$

Agora $F'(x)$ representa a taxa de variação da função $F(x)$ em relação a x e, assim, a integral de F' é apenas a *variação líquida* em F à medida que x varia de a para b. Formalmente, temos o seguinte resultado.

TEOREMA 5 — Teorema da variação líquida A variação líquida em uma função $F(x)$ sobre um intervalo $a \leq x \leq b$ é a integral da sua taxa de variação:

$$F(b) - F(a) = \int_a^b F'(x)\,dx. \tag{6}$$

EXEMPLO 4 Aqui estão diversas interpretações do teorema da variação líquida.

(a) Se $c(x)$ é o custo de produção de x unidades de certa mercadoria, então $c'(x)$ é o custo marginal (Seção 3.4). Pelo Teorema 5,

$$\int_{x_1}^{x_2} c'(x)\,dx = c(x_2) - c(x_1),$$

que é o custo de aumentar a produção de x_1 unidades para x_2 unidades.

(b) Se um objeto com função posição $s(t)$ se desloca ao longo de uma reta coordenada, sua velocidade é $v(t) = s'(t)$. O Teorema 5 diz que

$$\int_{t_1}^{t_2} v(t)\,dt = s(t_2) - s(t_1),$$

assim, a integral da velocidade é o **deslocamento** ao longo do intervalo de tempo $t_1 \leq t \leq t_2$. Por outro lado, a integral do módulo de velocidade $|v(t)|$ é a **distância total percorrida** durante o intervalo de tempo. Isso é consistente com nossa discussão na Seção 5.1.

Se reorganizarmos a Equação 6 como

$$F(b) = F(a) + \int_a^b F'(x)\,dx,$$

vemos que o teorema da variação líquida também diz que o valor final de uma função $F(x)$ sobre um intervalo $[a, b]$ é igual a seu valor inicial $F(a)$ mais a sua variação líquida no intervalo. Então, se $v(t)$ representa a função de velocidade de um objeto em movimento ao longo de uma reta coordenada, significa que a posição final do objeto $s(t_2)$ durante um intervalo de tempo $t_1 \leq t \leq t_2$ é a sua posição inicial $s(t_1)$ mais a sua variação líquida na posição ao longo da reta (veja o Exemplo 4b).

EXEMPLO 5 Considere novamente a análise de uma pedra pesada atirada para cima a partir do solo por uma explosão de dinamite (Exemplo 3 na Seção 5.1). A velocidade da pedra, em qualquer instante t durante o seu movimento, foi dada por $v(t) = 160 - 32t$ pés/s.

(a) Determine o deslocamento da pedra durante o período de tempo $0 \leq t \leq 8$.
(b) Determine a distância total percorrida durante esse período de tempo.

Solução

(a) Do Exemplo 4b, o deslocamento é a integral

$$\int_0^8 v(t)\,dt = \int_0^8 (160 - 32t)\,dt = \left[160t - 16t^2\right]_0^8$$
$$= (160)(8) - (16)(64) = 256.$$

Isso significa que a pedra está a uma altura de 256 pés acima do solo 8 segundos após a explosão, o que está de acordo com a nossa conclusão no Exemplo 3 da Seção 5.1.

(b) Como observamos na Tabela 5.3, a função de velocidade $v(t)$ é positiva no intervalo de tempo [0, 5] e negativa no intervalo [5, 8]. Portanto, de acordo com o Exemplo 4b, a distância total percorrida é a integral

$$\int_0^8 |v(t)|\,dt = \int_0^5 |v(t)|\,dt + \int_5^8 |v(t)|\,dt$$
$$= \int_0^5 (160 - 32t)\,dt - \int_5^8 (160 - 32t)\,dt$$
$$= \left[160t - 16t^2\right]_0^5 - \left[160t - 16t^2\right]_5^8$$
$$= [(160)(5) - (16)(25)] - [(160)(8) - (16)(64) - ((160)(5) - (16)(25))]$$
$$= 400 - (-144) = 544.$$

Novamente, esse cálculo está de acordo com a nossa conclusão no Exemplo 3 da Seção 5.1. Isto é, a distância total de 544 pés percorrida pela pedra durante o período de tempo $0 \leq t \leq 8$ é (i) a altura máxima de 400 pés alcançada no intervalo de tempo [0, 5] mais (ii) a distância adicional de 144 pés de queda da pedra no intervalo de tempo [5, 8].

Relação entre integração e derivação

As conclusões do teorema fundamental informam várias coisas. A Equação 2 pode ser reescrita como

$$\frac{d}{dx}\int_a^x f(t)\,dt = f(x),$$

que diz que, se você integrar a função f primeiro e, então, diferenciar o resultado, você retorna à função f. Da mesma forma, substituir b por x e x por t na Equação 6 resulta em

$$\int_a^x F'(t)\,dt = F(x) - F(a),$$

de modo que, se você derivar a função F primeiro e depois integrar o resultado, obterá a função F de volta (ajustada por uma constante de integração). De certo modo, os processos de integração e derivação são o "inverso" um do outro. O teorema fundamental também afirma que qualquer função contínua f tem uma primitiva F. Isso mostra a importância de determinar primitivas para que se possam calcular facilmente as integrais definidas. Além disso, o teorema diz que a equação diferencial $dy/dx = f(x)$ tem uma solução (a saber, qualquer uma das funções $y = F(x) + C$) para qualquer função contínua f.

Área total

A soma de Riemann contém termos como $f(c_k)\Delta x_k$ que fornecem a área de um retângulo quando $f(c_k)$ é positiva. Quando $f(c_k)$ é negativa, o produto $f(c_k)\Delta x_k$ é a área do retângulo com sinal negativo. Quando somamos esses termos para uma função negativa, obtemos o oposto da área entre a curva e o eixo x. Se, então, tomarmos o valor absoluto, obteremos a área positiva correta.

EXEMPLO 6 A Figura 5.20 mostra o gráfico de $f(x) = x^2 - 4$ e sua imagem de espelho $g(x) = 4 - x^2$ refletida no eixo x. Para cada função, calcule

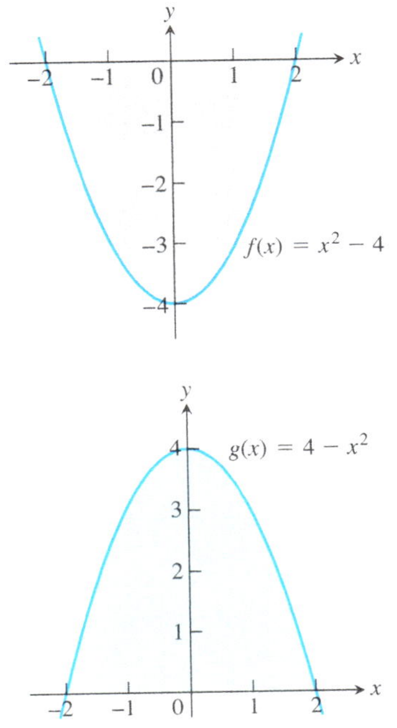

FIGURA 5.20 Esses gráficos circundam a mesma área com o eixo x, mas as integrais definidas das duas funções em $[-2, 2]$ diferem no sinal (Exemplo 6).

(a) a integral definida no intervalo [−2, 2] e
(b) a área entre a curva e o eixo x no intervalo [−2, 2].

Solução

(a) $\int_{-2}^{2} f(x)\, dx = \left[\dfrac{x^3}{3} - 4x\right]_{-2}^{2} = \left(\dfrac{8}{3} - 8\right) - \left(-\dfrac{8}{3} + 8\right) = -\dfrac{32}{3}$

e

$\int_{-2}^{2} g(x)\, dx = \left[4x - \dfrac{x^3}{3}\right]_{-2}^{2} = \dfrac{32}{3}.$

(b) Em ambos os casos, a área entre a curva e o eixo x em [−2, 2] é 32/3 unidades. Embora a integral definida de $f(x)$ seja negativa, a área ainda é positiva.

Para calcular a área da região delimitada pelo gráfico de uma função $y = f(x)$ e o eixo x quando a função assume valores positivos e negativos, devemos ter cuidado ao dividir o intervalo [a, b] em subintervalos em que a função não muda de sinal. Caso contrário, pode-se obter a eliminação entre as áreas de sinal positivo e negativo, levando a um total incorreto. A área total correta é obtida pela adição do valor absoluto da integral definida em cada subintervalo em que $f(x)$ não muda de sinal. O termo "área" designará essa *área total*.

EXEMPLO 7 A Figura 5.21 mostra o gráfico da função $f(x) = $ sen x entre $x = 0$ e $x = 2\pi$. Calcule

(a) a integral definida de $f(x)$ em [0, 2π]
(b) a área entre o gráfico de $f(x)$ e o eixo x em [0, 2π]

Solução A integral definida para $f(x) = $ sen x é dada por

$\int_{0}^{2\pi} \operatorname{sen} x\, dx = -\cos x \Big]_{0}^{2\pi} = -[\cos 2\pi - \cos 0] = -[1 - 1] = 0.$

A integral definida é zero porque as partes do gráfico acima e abaixo do eixo x cancelam-se mutuamente.

Calculamos a área entre o gráfico de $f(x)$ e o eixo x em [0, 2π] dividindo o domínio de sen x em duas partes: o intervalo [0, π] ao longo do qual ela é não negativa e [π, 2π], ao longo do qual ela é não positiva.

$\int_{0}^{\pi} \operatorname{sen} x\, dx = -\cos x \Big]_{0}^{\pi} = -[\cos \pi - \cos 0] = -[-1 - 1] = 2$

$\int_{\pi}^{2\pi} \operatorname{sen} x\, dx = -\cos x \Big]_{\pi}^{2\pi} = -[\cos 2\pi - \cos \pi] = -[1 - (-1)] = -2$

A segunda integral resulta em um valor negativo. A área entre o gráfico e o eixo é obtida somando-se os valores absolutos

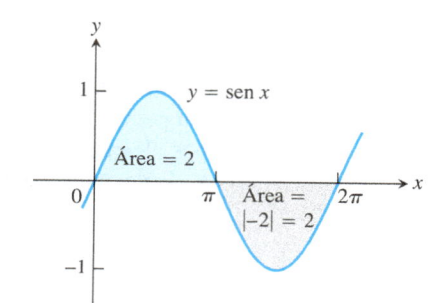

$$\text{Área} = |2| + |-2| = 4.$$

FIGURA 5.21 A área total entre $y = $ sen x e o eixo x para $0 \leq x \leq 2\pi$ é a soma dos valores absolutos de duas integrais (Exemplo 7).

Resumo:

Para determinar a área entre o gráfico de $y = f(x)$ e o eixo x no intervalo [a, b]:
1. Subdivida [a, b] nas raízes de f.
2. Integre f em cada subintervalo.
3. Some os valores absolutos das integrais.

EXEMPLO 8 Determine a área da região entre o eixo x e o gráfico de $f(x) = x^3 - x^2 - 2x$, $-1 \leq x \leq 2$.

Solução Primeiro, determine as raízes de f. Como
$$f(x) = x^3 - x^2 - 2x = x(x^2 - x - 2) = x(x+1)(x-2),$$
as raízes são $x = 0, -1$ e 2 (Figura 5.22). As raízes dividem $[-1, 2]$ em dois subintervalos: $[-1, 0]$, em que $f \geq 0$, e $[0, 2]$, em que $f \leq 0$. Integramos f ao longo de cada subintervalo e adicionamos os valores absolutos das integrais calculadas.

$$\int_{-1}^{0} (x^3 - x^2 - 2x)\, dx = \left[\frac{x^4}{4} - \frac{x^3}{3} - x^2\right]_{-1}^{0} = 0 - \left[\frac{1}{4} + \frac{1}{3} - 1\right] = \frac{5}{12}$$

$$\int_{0}^{2} (x^3 - x^2 - 2x)\, dx = \left[\frac{x^4}{4} - \frac{x^3}{3} - x^2\right]_{0}^{2} = \left[4 - \frac{8}{3} - 4\right] - 0 = -\frac{8}{3}$$

A área total incluída é obtida pela adição dos valores absolutos das integrais calculadas.

$$\text{Área total incluída} = \frac{5}{12} + \left|-\frac{8}{3}\right| = \frac{37}{12}$$

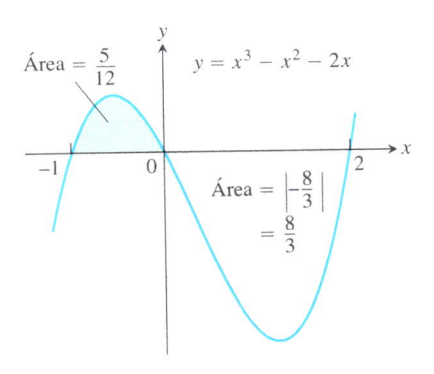

FIGURA 5.22 Região entre a curva $y = x^3 - x^2 - 2x$ e o eixo x (Exemplo 8).

Exercícios 5.4

Calculando integrais

Calcule as integrais nos Exercícios 1-34.

1. $\int_{-2}^{0} (2x + 5)\, dx$

2. $\int_{-3}^{4} \left(5 - \frac{x}{2}\right) dx$

3. $\int_{0}^{2} x(x - 3)\, dx$

4. $\int_{-1}^{1} (x^2 - 2x + 3)\, dx$

5. $\int_{0}^{4} \left(3x - \frac{x^3}{4}\right) dx$

6. $\int_{-2}^{2} (x^3 - 2x + 3)\, dx$

7. $\int_{0}^{1} \left(x^2 + \sqrt{x}\right) dx$

8. $\int_{1}^{32} x^{-6/5}\, dx$

9. $\int_{0}^{\pi/3} 2\sec^2 x\, dx$

10. $\int_{0}^{\pi} (1 + \cos x)\, dx$

11. $\int_{\pi/4}^{3\pi/4} \operatorname{cossec} \theta \cot \theta\, d\theta$

12. $\int_{0}^{\pi/3} 4\sec u\, \operatorname{tg} u\, du$

13. $\int_{\pi/2}^{0} \frac{1 + \cos 2t}{2}\, dt$

14. $\int_{-\pi/3}^{\pi/3} \frac{1 - \cos 2t}{2}\, dt$

15. $\int_{0}^{\pi/4} \operatorname{tg}^2 x\, dx$

16. $\int_{0}^{\pi/6} (\sec x + \operatorname{tg} x)^2\, dx$

17. $\int_{0}^{\pi/8} \operatorname{sen} 2x\, dx$

18. $\int_{-\pi/3}^{-\pi/4} \left(4\sec^2 t + \frac{\pi}{t^2}\right) dt$

19. $\int_{1}^{-1} (r + 1)^2\, dr$

20. $\int_{-\sqrt{3}}^{\sqrt{3}} (t + 1)(t^2 + 4)\, dt$

21. $\int_{\sqrt{2}}^{1} \left(\frac{u^7}{2} - \frac{1}{u^5}\right) du$

22. $\int_{-3}^{-1} \frac{y^5 - 2y}{y^3}\, dy$

23. $\int_{1}^{\sqrt{2}} \frac{s^2 + \sqrt{s}}{s^2}\, ds$

24. $\int_{1}^{8} \frac{(x^{1/3} + 1)(2 - x^{2/3})}{x^{1/3}}\, dx$

25. $\int_{\pi/2}^{\pi} \frac{\operatorname{sen} 2x}{2 \operatorname{sen} x}\, dx$

26. $\int_{0}^{\pi/3} (\cos x + \sec x)^2\, dx$

27. $\int_{-4}^{4} |x|\, dx$

28. $\int_{0}^{\pi} \frac{1}{2}(\cos x + |\cos x|)\, dx$

29. $\int_{0}^{\ln 2} e^{3x}\, dx$

30. $\int_{1}^{2} \left(\frac{1}{x} - e^{-x}\right) dx$

31. $\int_{0}^{1/2} \frac{4}{\sqrt{1 - x^2}}\, dx$

32. $\int_{0}^{1/\sqrt{3}} \frac{dx}{1 + 4x^2}$

33. $\int_{2}^{4} x^{\pi - 1}\, dx$

34. $\int_{-1}^{0} \pi^{x-1}\, dx$

Nos Exercícios 35-38, deduza uma primitiva do integrando. Verifique sua hipótese com derivação e, depois, calcule a integral definida dada. (Dica: tenha em mente a regra da cadeia ao deduzir uma primitiva. Você aprenderá como determinar primitivas desse tipo na próxima seção.)

35. $\int_{0}^{1} xe^{x^2}\, dx$

36. $\int_{1}^{2} \frac{\ln x}{x}\, dx$

37. $\int_{2}^{5} \frac{x\, dx}{\sqrt{1 + x^2}}$

38. $\int_{0}^{\pi/3} \operatorname{sen}^2 x \cos x\, dx$

Derivadas de integrais

Determine as derivadas nos Exercícios 39-44.

a. calculando a integral e derivando o resultado.
b. derivando a integral diretamente.

39. $\dfrac{d}{dx}\displaystyle\int_0^{\sqrt{x}} \cos t\, dt$

40. $\dfrac{d}{dx}\displaystyle\int_1^{\sen x} 3t^2\, dt$

41. $\dfrac{d}{dt}\displaystyle\int_0^{t^4} \sqrt{u}\, du$

42. $\dfrac{d}{d\theta}\displaystyle\int_0^{\tg\theta} \sec^2 y\, dy$

43. $\dfrac{d}{dx}\displaystyle\int_0^{x^3} e^{-t}\, dt$

44. $\dfrac{d}{dt}\displaystyle\int_0^{\sqrt{t}} \left(x^4 + \dfrac{3}{\sqrt{1-x^2}}\right) dx$

Nos Exercícios 45-56, determine dy/dx.

45. $y = \displaystyle\int_0^x \sqrt{1+t^2}\, dt$

46. $y = \displaystyle\int_1^x \dfrac{1}{t}\, dt,\ x > 0$

47. $y = \displaystyle\int_{\sqrt{x}}^0 \sen(t^2)\, dt$

48. $y = x\displaystyle\int_2^{x^2} \sen(t^3)\, dt$

49. $y = \displaystyle\int_{-1}^x \dfrac{t^2}{t^2+4}\, dt - \int_3^x \dfrac{t^2}{t^2+4}\, dt$

50. $y = \left(\displaystyle\int_0^x (t^3+1)^{10}\, dt\right)^3$

51. $y = \displaystyle\int_0^{\sen x} \dfrac{dt}{\sqrt{1-t^2}},\ |x| < \dfrac{\pi}{2}$

52. $y = \displaystyle\int_{\tg x}^0 \dfrac{dt}{1+t^2}$

53. $y = \displaystyle\int_0^{e^{x^2}} \dfrac{1}{\sqrt{t}}\, dt$

54. $y = \displaystyle\int_{2^x}^1 \sqrt[3]{t}\, dt$

55. $y = \displaystyle\int_0^{\sen^{-1} x} \cos t\, dt$

56. $y = \displaystyle\int_{-1}^{x^{1/\pi}} \sen^{-1} t\, dt$

Área

Nos Exercícios 57-60, determine a área total entre a região e o eixo x.

57. $y = -x^2 - 2x,\ -3 \leq x \leq 2$
58. $y = 3x^2 - 3,\ -2 \leq x \leq 2$
59. $y = x^3 - 3x^2 + 2x,\ 0 \leq x \leq 2$
60. $y = x^{1/3} - x,\ -1 \leq x \leq 8$

Determine as áreas das regiões sombreadas nos Exercícios 61-64.

61.

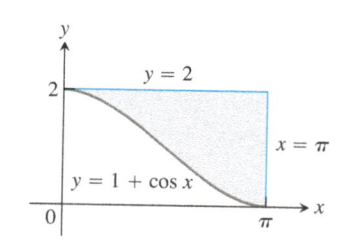

62.

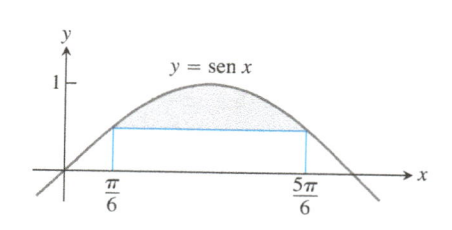

63.

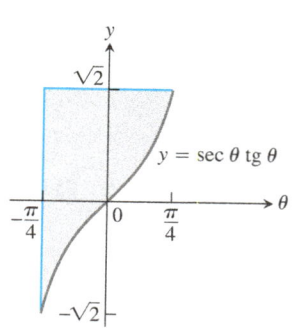

64.

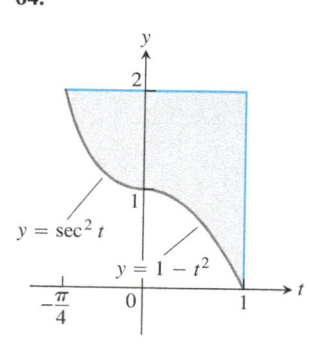

Problemas de valor inicial

Cada uma das seguintes funções resolve um dos problemas de valor inicial dos Exercícios 65-68. Qual função resolve qual problema? Justifique brevemente suas respostas.

a. $y = \displaystyle\int_1^x \dfrac{1}{t}\, dt - 3$

b. $y = \displaystyle\int_0^x \sec t\, dt + 4$

c. $y = \displaystyle\int_{-1}^x \sec t\, dt + 4$

d. $y = \displaystyle\int_\pi^x \dfrac{1}{t}\, dt - 3$

65. $\dfrac{dy}{dx} = \dfrac{1}{x},\ y(\pi) = -3$

66. $y' = \sec x,\ y(-1) = 4$

67. $y' = \sec x,\ y(0) = 4$

68. $y' = \dfrac{1}{x},\ y(1) = -3$

Expresse, em termos de integrais, as soluções dos problemas de valor inicial nos Exercícios 69 e 70.

69. $\dfrac{dy}{dx} = \sec x,\ y(2) = 3$

70. $\dfrac{dy}{dx} = \sqrt{1+x^2},\ y(1) = -2$

Teoria e exemplos

71. **Fórmula da área para parábolas de Arquimedes** Arquimedes (287–212 a.C.), inventor, engenheiro militar, médico e o maior matemático da época clássica no mundo ocidental, descobriu que a área sob um arco parabólico é dois terços da base vezes a altura. Esboce o arco parabólico $y = h - (4h/b^2)x^2$, $-b/2 \leq x \leq b/2$, supondo que h e b sejam positivos. Em seguida, use o cálculo para determinar a área da região compreendida entre o arco e o eixo x.

72. Demonstre que, se k é uma constante positiva, então a área entre o eixo x e um arco da curva $y = \sen kx$ é $2/k$.

73. **Custo a partir do custo marginal** O custo marginal da impressão de um pôster quando x pôsteres são impressos é
$$\dfrac{dc}{dx} = \dfrac{1}{2\sqrt{x}}$$
dólares. Determine $c(100) - c(1)$, o custo da impressão dos pôsteres 2-100.

74. **Receita a partir da receita marginal** Suponha que a receita marginal de uma empresa pela fabricação e venda de batedeiras seja
$$\dfrac{dr}{dx} = 2 - 2/(x+1)^2,$$
onde r é medido em milhares de dólares e x em milhares de unidades. Quanto dinheiro a empresa deve esperar de uma produção de $x = 3000$ batedeiras? Para descobrir, integre a receita marginal de $x = 0$ a $x = 3$.

75. A temperatura $T(°F)$ de um quarto no instante t minutos é dada por
$$T = 85 - 3\sqrt{25 - t} \quad \text{para} \quad 0 \leq t \leq 25.$$
  a. Determine a temperatura do quarto quando $t = 0$, $t = 16$ e $t = 25$.
  b. Determine a temperatura média do quarto para $0 \leq t \leq 25$.

76. A altura H (pés) de uma palmeira depois de crescer por t anos é dada por
$$H = \sqrt{t+1} + 5t^{1/3} \quad \text{para} \quad 0 \leq t \leq 8.$$
  a. Determine a altura da árvore quando $t = 0$, $t = 4$ e $t = 8$.
  b. Determine a altura média da árvore para $0 \leq t \leq 8$.

77. Suponha que $\int_1^x f(t)\,dt = x^2 - 2x + 1$. Determine $f(x)$.

78. Determine $f(4)$ se $\int_0^x f(t)\,dt = x \cos \pi x$.

79. Determine a linearização de
$$f(x) = 2 - \int_2^{x+1} \frac{9}{1+t}\,dt$$
em $x = 1$.

80. Determine a linearização de
$$g(x) = 3 + \int_1^{x^2} \sec(t-1)\,dt$$
em $x = -1$.

81. Suponha que f tenha uma derivada positiva para todos os valores de x e que $f(1) = 0$. Qual das seguintes afirmações deve ser verdadeira sobre a função
$$g(x) = \int_0^x f(t)\,dt?$$
Justifique sua resposta.
  a. g é uma função derivável de x.
  b. g é uma função contínua de x.
  c. O gráfico de g tem uma tangente horizontal em $x = 1$.
  d. g tem um máximo local em $x = 1$.
  e. g tem um mínimo local em $x = 1$.
  f. O gráfico de g tem um ponto de inflexão em $x = 1$.
  g. O gráfico de dg/dx cruza o eixo x em $x = 1$.

82. Outra prova do teorema do cálculo
  a. Seja $a = x_0 < x_1 < x_2 \cdots < x_n = b$ qualquer partição de $[a, b]$ e F qualquer primitiva de f. Demonstre que
  $$F(b) - F(a) = \sum_{i=1}^n [F(x_i) - F(x_{i-1})].$$
  b. Aplique o teorema do valor médio para cada termo para mostrar que $F(x_i) - F(x_{i-1}) = f(c_i)(x_i - x_{i-1})$ para um valor de c_i no intervalo (x_{i-1}, x_i). Demonstre que $F(b) - F(a)$ é uma soma de Riemann para f em $[a, b]$.
  c. Do item (b) e da definição da integral definida, mostre que
  $$F(b) - F(a) = \int_a^b f(x)\,dx.$$

83. Suponha que f seja a função derivável mostrada no gráfico a seguir e que a posição no instante t (segundos) de uma partícula que se desloca ao longo de um eixo coordenado seja
$$s = \int_0^t f(x)\,dx$$
metros. Use o gráfico para responder às seguintes perguntas. Justifique suas respostas.

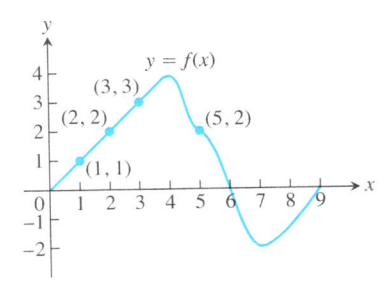

  a. Qual é a velocidade da partícula no instante $t = 5$?
  b. A aceleração da partícula no instante $t = 5$ é positiva ou negativa?
  c. Qual é a posição da partícula no instante $t = 3$?
  d. Em que instante, durante os primeiros 9 segundos, s apresenta seu valor mais alto?
  e. Quando, aproximadamente, a aceleração é zero?
  f. Quando a partícula se desloca para a origem? E se afasta da origem?
  g. De que lado da origem a partícula se situa no instante $t = 9$?

84. Determine $\lim\limits_{x \to \infty} \dfrac{1}{\sqrt{x}} \int_1^x \dfrac{dt}{\sqrt{t}}$.

USO DO COMPUTADOR

Nos Exercícios 85-88, seja $F(x) = \int_a^x f(t)\,dt$ para a função f e o intervalo $[a, b]$ especificados. Use um SAC para executar os passos seguintes e responda às questões propostas.
  a. Esboce um único gráfico para as funções f e F em $[a, b]$.
  b. Resolva a equação $F'(x) = 0$. O que se pode afirmar sobre os gráficos de f e F nos pontos onde $F'(x) = 0$? Sua observação se baseia na parte 1 do teorema fundamental e nas informações fornecidas pela primeira derivada? Justifique sua resposta.
  c. Em quais intervalos (aproximadamente) a função F é crescente e em quais ela é decrescente? O que se pode afirmar sobre f ao longo desses intervalos?
  d. Calcule a derivada f' e esboce um único gráfico para ela e F. O que se pode afirmar sobre o gráfico de F nos pontos onde $f'(x) = 0$? Sua observação se baseia na parte 1 do teorema fundamental? Justifique sua resposta.

85. $f(x) = x^3 - 4x^2 + 3x$, $[0, 4]$

86. $f(x) = 2x^4 - 17x^3 + 46x^2 - 43x + 12$, $\left[0, \dfrac{9}{2}\right]$

87. $f(x) = \operatorname{sen} 2x \cos \dfrac{x}{3}$, $[0, 2\pi]$

88. $f(x) = x \cos \pi x$, $[0, 2\pi]$

Nos Exercícios 89-92, seja $F(x) = \int_a^{u(x)} f(t)\, dt$ para a, u e f especificados. Use um SAC para executar os passos seguintes e responda às perguntas.

    a. Calcule o domínio de F.

    b. Calcule $F'(x)$ e determine suas raízes. Para que pontos em seu domínio F cresce? E decresce?

    c. Calcule $F''(x)$ e determine sua raiz. Identifique o extremo local e os pontos de inflexão de F.

    d. Usando as informações dos itens (a)-(c), faça manualmente o esboço de $y = F(x)$ sobre seu domínio. Em seguida, esboce o gráfico $F(x)$ no SAC para respaldar o seu esboço.

89. $a = 1$, $u(x) = x^2$, $f(x) = \sqrt{1-x^2}$

90. $a = 0$, $u(x) = x^2$, $f(x) = \sqrt{1-x^2}$

91. $a = 0$, $u(x) = 1-x$, $f(x) = x^2 - 2x - 3$

92. $a = 0$, $u(x) = 1-x^2$, $f(x) = x^2 - 2x - 3$

Nos Exercícios 93 e 94, suponha que f seja contínua e que $u(x)$ seja duas vezes derivável.

93. Calcule $\dfrac{d}{dx}\int_a^{u(x)} f(t)\, dt$ e verifique sua resposta usando um SAC.

94. Calcule $\dfrac{d^2}{dx^2}\int_a^{u(x)} f(t)\, dt$ e verifique sua resposta usando um SAC.

5.5 Integrais indefinidas e regra da substituição

O teorema fundamental do cálculo afirma que uma integral definida de uma função contínua pode ser calculada diretamente se pudermos determinar uma primitiva da função. Na Seção 4.8 definimos a **integral indefinida** da função f com relação a x como o conjunto de *todas* as primitivas de f, simbolizadas por

$$\int f(x)\, dx.$$

Uma vez que quaisquer duas primitivas de f diferem por uma constante, a notação $\int$ da integral indefinida indica que, para qualquer primitiva F de f,

$$\int f(x)\, dx = F(x) + C,$$

em que C é uma constante arbitrária qualquer.

    Agora, a relação entre primitivas e a integral definida estabelecida no teorema fundamental explica essa notação. Quando estiver buscando a integral indefinida de uma função f, lembre-se de que ela sempre inclui uma constante arbitrária C.

    Precisamos fazer uma distinção cuidadosa entre integrais definidas e indefinidas. Uma integral definida $\int_a^b f(x)\, dx$ é um *número*. Uma integral indefinida $\int f(x)\, dx$ é uma *função* mais uma constante arbitrária C.

    Até agora, aprendemos apenas a calcular primitivas de funções que fossem claramente reconhecíveis como derivadas. Nesta seção, começaremos a desenvolver técnicas mais gerais para estimar primitivas.

Substituição: uso inverso da regra da cadeia

Se u é uma função derivável de x e n é qualquer número diferente de -1, a regra da cadeia nos diz que

$$\frac{d}{dx}\left(\frac{u^{n+1}}{n+1}\right) = u^n \frac{du}{dx}.$$

Sob outro ponto de vista, essa mesma equação diz que $u^{n+1}/(n+1)$ é uma das primitivas da função $u^n(du/dx)$. Portanto,

$$\int u^n \frac{du}{dx}\, dx = \frac{u^{n+1}}{n+1} + C. \tag{1}$$

A integral na Equação 1 é igual à integral mais simples

$$\int u^n \, du = \frac{u^{n+1}}{n+1} + C,$$

o que sugere que a expressão mais simples du pode ser substituída por $(du/dx)\, dx$ no cálculo de uma integral. Leibniz, um dos fundadores do cálculo, percebeu que de fato essa substituição pode ser feita e que ela leva ao *método da substituição* para cálculo de integrais. Tal como acontece com diferenciais, ao calcular integrais temos

$$du = \frac{du}{dx}\, dx.$$

EXEMPLO 1 Determine a integral $\int (x^3 + x)^5 (3x^2 + 1) \, dx$.

Solução Faça $u = x^3 + x$. Então,

$$du = \frac{du}{dx}\, dx = (3x^2 + 1)\, dx,$$

de modo que, por substituição, temos

$$\int (x^3 + x)^5 (3x^2 + 1) \, dx = \int u^5 \, du \qquad \text{Faça } u = x^3 + x,\ du = (3x^2 + 1)\, dx.$$

$$= \frac{u^6}{6} + C \qquad \text{Integre com relação a } u.$$

$$= \frac{(x^3 + x)^6}{6} + C \qquad \text{Substitua } x^3 + x \text{ por } u.$$

EXEMPLO 2 Determine $\int \sqrt{2x + 1}\, dx$.

Solução A integral não se encaixa na fórmula

$$\int u^n \, du,$$

com $u = 2x + 1$ e $n = 1/2$, porque

$$du = \frac{du}{dx}\, dx = 2\, dx$$

não é precisamente dx. O fator constante 2 está ausente na integral. No entanto, podemos introduzir esse fator após o sinal da integral se o compensarmos por um fator $1/2$ em frente ao sinal da integral. Então, escrevemos

$$\int \sqrt{2x + 1}\, dx = \frac{1}{2} \int \underbrace{\sqrt{2x + 1}}_{u} \cdot \underbrace{2\, dx}_{du}$$

$$= \frac{1}{2} \int u^{1/2} \, du \qquad \text{Faça } u = 2x + 1,\ du = 2\, dx.$$

$$= \frac{1}{2} \cdot \frac{u^{3/2}}{3/2} + C \qquad \text{Integre com relação a } u.$$

$$= \frac{1}{3}(2x + 1)^{3/2} + C \qquad \text{Substitua } 2x + 1 \text{ por } u.$$

As substituições nos Exemplos 1 e 2 são instâncias da regra geral a seguir.

> **TEOREMA 6 — Regra da substituição** Se $u = g(x)$ for uma função derivável cuja imagem é um intervalo I e f for contínua em I, então
> $$\int f(g(x))g'(x)\,dx = \int f(u)\,du.$$

Prova Pela regra da cadeia, $F(g(x))$ é uma primitiva de $f(g(x)) \cdot g'(x)$ sempre que F for uma primitiva de f:

$$\frac{d}{dx}F(g(x)) = F'(g(x)) \cdot g'(x) \qquad \text{Regra da cadeia}$$
$$= f(g(x)) \cdot g'(x). \qquad F' = f$$

Se fizermos a substituição $u = g(x)$, então

$$\int f(g(x))g'(x)\,dx = \int \frac{d}{dx}F(g(x))\,dx$$
$$= F(g(x)) + C \qquad \text{Teorema fundamental}$$
$$= F(u) + C \qquad u = g(x)$$
$$= \int F'(u)\,du \qquad \text{Teorema fundamental}$$
$$= \int f(u)\,du \qquad F' = f$$

A regra de substituição fornece o **método de substituição** seguinte para o cálculo da integral

$$\int f(g(x))g'(x)\,dx,$$

quando f e g' são funções contínuas:

1. Substitua $u = g(x)$ e $du = (du/dx)\,dx = g'(x)\,dx$ para obter a integral

$$\int f(u)\,du.$$

2. Integre em relação a u.
3. Substitua u por $g(x)$ no resultado.

EXEMPLO 3 Determine $\int \sec^2(5t + 1) \cdot 5\,dt$.

Solução Substituímos $u = 5t + 1$ e $du = 5\,dt$. Então,

$$\int \sec^2(5t + 1) \cdot 5\,dt = \int \sec^2 u\,du \qquad \text{Faça } u = 5t + 1, du = 5\,dt.$$
$$= \operatorname{tg} u + C \qquad \frac{d}{du}\operatorname{tg} u = \sec^2 u$$
$$= \operatorname{tg}(5t + 1) + C \qquad \text{Substitua } 5t + 1 \text{ por } u.$$

EXEMPLO 4 Determine $\int \cos(7\theta + 3)\,d\theta$.

Solução Seja $u = 7\theta + 3$, de modo que $du = 7\,d\theta$. O fator constante 7 está ausente no termo $d\theta$ na integral. Podemos compensar isso multiplicando e dividindo por 7, usando o mesmo processo que vimos no Exemplo 2. Então,

$$\int \cos(7\theta + 3)\, d\theta = \frac{1}{7}\int \cos(7\theta + 3)\cdot 7\, d\theta \qquad \text{Coloque o fator 1/7 na frente da integral.}$$

$$= \frac{1}{7}\int \cos u\, du \qquad \text{Faça } u = 7\theta + 3,\ du = 7\, d\theta.$$

$$= \frac{1}{7}\operatorname{sen} u + C \qquad \text{Integre.}$$

$$= \frac{1}{7}\operatorname{sen}(7\theta + 3) + C \qquad \text{Substitua } 7\theta + 3 \text{ por } u.$$

Há outra abordagem para esse problema. Com $u = 7\theta + 3$ e $du = 7\, d\theta$, como vimos anteriormente, resolvemos $d\theta$ para obter $d\theta = (1/7)\, du$. Então, a integral se torna

$$\int \cos(7\theta + 3)\, d\theta = \int \cos u \cdot \frac{1}{7}\, du \qquad \text{Faça } u = 7\theta + 3,\ du = 7\, d\theta \text{ e } d\theta = (1/7)\, du$$

$$= \frac{1}{7}\operatorname{sen} u + C \qquad \text{Integre.}$$

$$= \frac{1}{7}\operatorname{sen}(7\theta + 3) + C \qquad \text{Substitua } 7\theta + 3 \text{ por } u.$$

Podemos verificar essa solução diferenciando e verificando se obtemos a função original $\cos(7\theta + 3)$.

EXEMPLO 5 Às vezes, observamos que uma potência de x aparece no integrando, que é um a menos do que a potência de x que é apresentada no argumento de uma função que desejamos integrar. Essa observação sugere imediatamente que procuremos uma substituição para a maior potência de x. Essa situação ocorre na integração a seguir.

$$\int x^2 e^{x^3}\, dx = \int e^{x^3} \cdot x^2\, dx$$

$$= \int e^u \cdot \frac{1}{3}\, du \qquad \text{Faça } u = x^3,\ du = 3x^2\, dx,\ (1/3)\, du = x^2\, dx.$$

$$= \frac{1}{3}\int e^u\, du$$

$$= \frac{1}{3} e^u + C \qquad \text{Integre em relação a } u.$$

$$= \frac{1}{3} e^{x^3} + C \qquad \text{Substitua } u \text{ por } x^3.$$

BIOGRAFIA HISTÓRICA

George David Birkhoff
(1884-1944)

EXEMPLO 6 Antes que o método da substituição possa ser aplicado, um integrando pode exigir alguma manipulação algébrica. Este exemplo fornece duas integrais obtidas ao multiplicar o integrando por uma forma algébrica igual a 1, levando a uma substituição apropriada.

(a) $$\int \frac{dx}{e^x + e^{-x}} = \int \frac{e^x\, dx}{e^{2x} + 1} \qquad \text{Multiplique por } (e^x/e^x) = 1.$$

$$= \int \frac{du}{u^2 + 1} \qquad \text{Faça } u = e^x,\ u^2 = e^{2x},\ du = e^x\, dx.$$

$$= \operatorname{tg}^{-1} u + C \qquad \text{Integre com relação a } u.$$

$$= \operatorname{tg}^{-1}(e^x) + C \qquad \text{Troque } u \text{ por } e^x.$$

(b) $\displaystyle\int \sec x\,dx = \int (\sec x)(1)\,dx = \int \sec x \cdot \dfrac{\sec x + \operatorname{tg} x}{\sec x + \operatorname{tg} x}\,dx$ $\quad \dfrac{\sec x + \operatorname{tg} x}{\sec x + \operatorname{tg} x}$ é igual a 1

$\displaystyle = \int \dfrac{\sec^2 x + \sec x\,\operatorname{tg} x}{\sec x + \operatorname{tg} x}\,dx$

$\displaystyle = \int \dfrac{du}{u}$ $\quad u = \operatorname{tg} x + \sec x,$
$\quad du = (\sec^2 x + \sec x\,\operatorname{tg} x)\,dx$

$\displaystyle = \ln|u| + C = \ln|\sec x + \operatorname{tg} x| + C.$

Pode acontecer de um fator extra de x aparecer no integrando ao tentarmos uma substituição $u = g(x)$. Nesse caso, pode ser possível resolver a equação $u = g(x)$ para x em termos de u. A substituição do fator extra de x pela expressão pode então possibilitar uma integral que possamos calcular. Segue um exemplo dessa situação.

EXEMPLO 7 Calcule $\displaystyle\int x\sqrt{2x + 1}\,dx$.

Solução A integração anterior no Exemplo 2 sugere a substituição de $u = 2x + 1$ com $du = 2\,dx$. Então,

$$\sqrt{2x + 1}\,dx = \dfrac{1}{2}\sqrt{u}\,du.$$

No entanto, nesse caso o integrando contém um fator extra de x que multiplica o termo $\sqrt{2x + 1}$. Para nos ajustarmos a isso, resolvemos a equação de substituição $u = 2x + 1$ para obter $x = (u - 1)/2$ e determinar que

$$x\sqrt{2x + 1}\,dx = \dfrac{1}{2}(u - 1)\cdot\dfrac{1}{2}\sqrt{u}\,du.$$

A integração agora se torna

$\displaystyle\int x\sqrt{2x + 1}\,dx = \dfrac{1}{4}\int (u - 1)\sqrt{u}\,du = \dfrac{1}{4}\int (u - 1)u^{1/2}\,du$ Substitua.

$\displaystyle\phantom{\int x\sqrt{2x + 1}\,dx} = \dfrac{1}{4}\int (u^{3/2} - u^{1/2})\,du$ Multiplique os termos.

$\displaystyle\phantom{\int x\sqrt{2x + 1}\,dx} = \dfrac{1}{4}\left(\dfrac{2}{5}u^{5/2} - \dfrac{2}{3}u^{3/2}\right) + C$ Integre.

$\displaystyle\phantom{\int x\sqrt{2x + 1}\,dx} = \dfrac{1}{10}(2x + 1)^{5/2} - \dfrac{1}{6}(2x + 1)^{3/2} + C$ Substitua u por $2x + 1$.

O sucesso do método da substituição depende de encontrarmos uma substituição que transforme uma integral que não podemos calcular diretamente em uma que podemos. Se a primeira substituição falhar, tente simplificar o integrando com outras substituições adicionais (veja os Exercícios 67 e 68).

EXEMPLO 8 Calcule $\displaystyle\int \dfrac{2z\,dz}{\sqrt[3]{z^2 + 1}}$.

Solução Podemos usar o método da substituição na integração como ferramenta exploratória: substitua a parte mais problemática do integrando e veja o que acontece. Para essa integral, poderíamos experimentar $u = z^2 + 1$ ou ainda arriscar e considerar u a raiz cúbica toda. Veja o que acontece em cada caso.

Solução 1: Substitua $u = z^2 + 1$

$$\int \frac{2z\,dz}{\sqrt[3]{z^2+1}} = \int \frac{du}{u^{1/3}} \qquad \text{Faça } u = z^2+1,\ du = 2z\,dz.$$

$$= \int u^{-1/3}\,du \qquad \text{Na forma } \int u^n\,du$$

$$= \frac{u^{2/3}}{2/3} + C \qquad \text{Integre.}$$

$$= \frac{3}{2} u^{2/3} + C$$

$$= \frac{3}{2}(z^2+1)^{2/3} + C \qquad \text{Substitua } u \text{ por } z^2+1$$

Solução 2: Substitua $u = \sqrt[3]{z^2+1}$

$$\int \frac{2z\,dz}{\sqrt[3]{z^2+1}} = \int \frac{3u^2\,du}{u} \qquad \text{Faça } u = \sqrt[3]{z^2+1},\ u^3 = z^2+1,\ 3u^2\,du = 2z\,dz.$$

$$= 3 \int u\,du$$

$$= 3 \cdot \frac{u^2}{2} + C \qquad \text{Integre.}$$

$$= \frac{3}{2}(z^2+1)^{2/3} + C \qquad \text{Substitua } u \text{ por } (z^2+1)^{1/3}.$$

Integrais de sen² x e cos² x

Às vezes, podemos usar identidades trigonométricas para transformar as integrais que não sabemos como calcular em integrais que sabemos calcular pela regra da substituição.

EXEMPLO 9

(a) $\int \mathrm{sen}^2 x\,dx = \int \frac{1 - \cos 2x}{2}\,dx \qquad \mathrm{sen}^2 x = \frac{1-\cos 2x}{2}$

$$= \frac{1}{2}\int (1 - \cos 2x)\,dx$$

$$= \frac{1}{2}x - \frac{1}{2}\frac{\mathrm{sen}\,2x}{2} + C = \frac{x}{2} - \frac{\mathrm{sen}\,2x}{4} + C$$

(b) $\int \cos^2 x\,dx = \int \frac{1 + \cos 2x}{2}\,dx = \frac{x}{2} + \frac{\mathrm{sen}\,2x}{4} + C \qquad \cos^2 x = \frac{1+\cos 2x}{2}$

EXEMPLO 10
Podemos modelar a voltagem de instalações elétricas domésticas com a função seno

$$V = V_{\max}\,\mathrm{sen}\,120\pi t,$$

que expressa a voltagem V em volts em função do tempo t em segundos. A função realiza 60 ciclos por segundo (sua frequência é 60 hertz, ou 60 Hz). A constante positiva $V_{\max}$ é a **voltagem de pico.**

O valor médio de V ao longo de meio ciclo, de 0 a 1/120 segundos (veja a Figura 5.23), é

$$V_{\text{média}} = \frac{1}{(1/120) - 0} \int_0^{1/120} V_{\text{max}} \operatorname{sen} 120\pi t \, dt$$

$$= 120 V_{\text{max}} \left[-\frac{1}{120\pi} \cos 120\pi t \right]_0^{1/120}$$

$$= \frac{V_{\text{max}}}{\pi} [-\cos \pi + \cos 0]$$

$$= \frac{2 V_{\text{max}}}{\pi}.$$

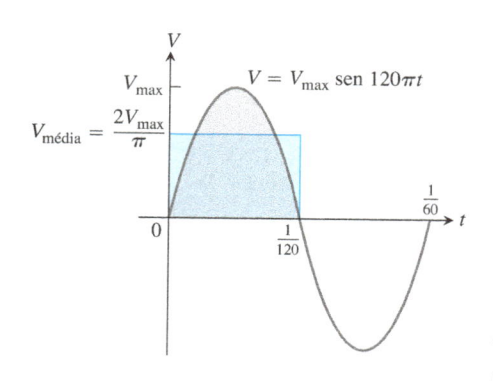

FIGURA 5.23 Gráfico da voltagem V ao longo de um ciclo completo. O valor médio ao longo de meio ciclo é $2V_{\text{max}}/\pi$. Seu valor médio ao longo de um ciclo completo é zero (Exemplo 10).

Como podemos ver na Figura 5.23, o valor médio da voltagem ao longo de um ciclo completo é zero. (Veja também o Exercício 80.) Se tivéssemos medido a voltagem com um galvanômetro padrão de bobina móvel, o medidor deveria indicar zero.

Para medir a voltagem de forma eficaz, usamos um instrumento que mede a raiz quadrada do valor médio do quadrado da voltagem, ou seja,

$$V_{\text{rms}} = \sqrt{(V^2)_{\text{média}}}.$$

O subscrito "rms" (leia as letras separadamente) significa "raiz da média quadrática". Como o valor médio de $V^2 = (V_{\text{max}})^2 \operatorname{sen}^2 120\pi t$ ao longo de um ciclo é

$$(V^2)_{\text{média}} = \frac{1}{(1/60) - 0} \int_0^{1/60} (V_{\text{max}})^2 \operatorname{sen}^2 120\pi t \, dt = \frac{(V_{\text{max}})^2}{2}$$

(Exercício 80, item c), a voltagem rms é

$$V_{\text{rms}} = \sqrt{\frac{(V_{\text{max}})^2}{2}} = \frac{V_{\text{max}}}{\sqrt{2}}.$$

Os valores dados para correntes e voltagens domésticas são sempre valores rms. Assim, "115 volts ca" significa que a voltagem rms é 115. O pico de voltagem, obtido da última equação, é

$$V_{\text{max}} = \sqrt{2} \, V_{\text{rms}} = \sqrt{2} \cdot 115 \approx 163 \text{ volts},$$

que é consideravelmente mais elevado.

Exercícios 5.5

Calculando integrais indefinidas

Calcule as integrais indefinidas nos Exercícios 1-16 usando as substituições dadas para reduzir as integrais à forma padrão.

1. $\displaystyle\int 2(2x + 4)^5 \, dx, \quad u = 2x + 4$

2. $\displaystyle\int 7\sqrt{7x - 1} \, dx, \quad u = 7x - 1$

3. $\displaystyle\int 2x(x^2 + 5)^{-4} \, dx, \quad u = x^2 + 5$

4. $\displaystyle\int \frac{4x^3}{(x^4 + 1)^2} \, dx, \quad u = x^4 + 1$

5. $\displaystyle\int (3x + 2)(3x^2 + 4x)^4 \, dx, \quad u = 3x^2 + 4x$

6. $\displaystyle\int \frac{(1 + \sqrt{x})^{1/3}}{\sqrt{x}} \, dx, \quad u = 1 + \sqrt{x}$

7. $\displaystyle\int \operatorname{sen} 3x \, dx, \quad u = 3x$

8. $\displaystyle\int x \operatorname{sen}(2x^2) \, dx, \quad u = 2x^2$

9. $\displaystyle\int \sec 2t \operatorname{tg} 2t \, dt, \quad u = 2t$

10. $\displaystyle\int \left(1 - \cos \frac{t}{2}\right)^2 \operatorname{sen} \frac{t}{2} \, dt, \quad u = 1 - \cos \frac{t}{2}$

11. $\displaystyle\int \frac{9r^2 \, dr}{\sqrt{1 - r^3}}, \quad u = 1 - r^3$

12. $\displaystyle\int 12(y^4 + 4y^2 + 1)^2(y^3 + 2y) \, dy, \quad u = y^4 + 4y^2 + 1$

13. $\displaystyle\int \sqrt{x} \operatorname{sen}^2 (x^{3/2} - 1) \, dx, \quad u = x^{3/2} - 1$

14. $\displaystyle\int \frac{1}{x^2} \cos^2 \left(\frac{1}{x}\right) dx, \quad u = -\frac{1}{x}$

15. $\int \csc^2 2\theta \cot 2\theta\, d\theta$
   a. Usando $u = \cot 2\theta$
   b. Usando $u = \csc 2\theta$

16. $\int \dfrac{dx}{\sqrt{5x+8}}$
   a. Usando $u = 5x + 8$
   b. Usando $u = \sqrt{5x+8}$

Calcule as integrais nos Exercícios 17-66.

17. $\int \sqrt{3-2s}\, ds$

18. $\int \dfrac{1}{\sqrt{5s+4}}\, ds$

19. $\int \theta\sqrt[4]{1-\theta^2}\, d\theta$

20. $\int 3y\sqrt{7-3y^2}\, dy$

21. $\int \dfrac{1}{\sqrt{x}(1+\sqrt{x})^2}\, dx$

22. $\int \cos(3z+4)\, dz$

23. $\int \sec^2(3x+2)\, dx$

24. $\int \tg^2 x \sec^2 x\, dx$

25. $\int \sen^5 \dfrac{x}{3} \cos \dfrac{x}{3}\, dx$

26. $\int \tg^7 \dfrac{x}{2} \sec^2 \dfrac{x}{2}\, dx$

27. $\int r^2 \left(\dfrac{r^3}{18} - 1\right)^5 dr$

28. $\int r^4 \left(7 - \dfrac{r^5}{10}\right)^3 dr$

29. $\int x^{1/2} \sen(x^{3/2}+1)\, dx$

30. $\int \csc\left(\dfrac{v-\pi}{2}\right) \cot\left(\dfrac{v-\pi}{2}\right) dv$

31. $\int \dfrac{\sen(2t+1)}{\cos^2(2t+1)}\, dt$

32. $\int \dfrac{\sec z \tg z}{\sqrt{\sec z}}\, dz$

33. $\int \dfrac{1}{t^2} \cos\left(\dfrac{1}{t}-1\right) dt$

34. $\int \dfrac{1}{\sqrt{t}} \cos(\sqrt{t}+3)\, dt$

35. $\int \dfrac{1}{\theta^2} \sen\dfrac{1}{\theta} \cos\dfrac{1}{\theta}\, d\theta$

36. $\int \dfrac{\cos\sqrt{\theta}}{\sqrt{\theta}\sen^2\sqrt{\theta}}\, d\theta$

37. $\int t^3(1+t^4)^3\, dt$

38. $\int \sqrt{\dfrac{x-1}{x^5}}\, dx$

39. $\int \dfrac{1}{x^2}\sqrt{2-\dfrac{1}{x}}\, dx$

40. $\int \dfrac{1}{x^3}\sqrt{\dfrac{x^2-1}{x^2}}\, dx$

41. $\int \sqrt{\dfrac{x^3-3}{x^{11}}}\, dx$

42. $\int \sqrt{\dfrac{x^4}{x^3-1}}\, dx$

43. $\int x(x-1)^{10}\, dx$

44. $\int x\sqrt{4-x}\, dx$

45. $\int (x+1)^2(1-x)^5\, dx$

46. $\int (x+5)(x-5)^{1/3}\, dx$

47. $\int x^3\sqrt{x^2+1}\, dx$

48. $\int 3x^5\sqrt{x^3+1}\, dx$

49. $\int \dfrac{x}{(x^2-4)^3}\, dx$

50. $\int \dfrac{x}{(x-4)^3}\, dx$

51. $\int (\cos x)\, e^{\sen x}\, dx$

52. $\int (\sen 2\theta)\, e^{\sen^2\theta}\, d\theta$

53. $\int \dfrac{1}{\sqrt{xe^{-\sqrt{x}}}} \sec^2(e^{\sqrt{x}}+1)\, dx$

54. $\int \dfrac{1}{x^2} e^{1/x} \sec(1+e^{1/x}) \tg(1+e^{1/x})\, dx$

55. $\int \dfrac{dx}{x \ln x}$

56. $\int \dfrac{\ln \sqrt{t}}{t}\, dt$

57. $\int \dfrac{dz}{1+e^z}$

58. $\int \dfrac{dx}{x\sqrt{x^4-1}}$

59. $\int \dfrac{5}{9+4r^2}\, dr$

60. $\int \dfrac{1}{\sqrt{e^{2\theta}-1}}\, d\theta$

61. $\int \dfrac{e^{\sen^{-1}x}\, dx}{\sqrt{1-x^2}}$

62. $\int \dfrac{e^{\cos^{-1}x}\, dx}{\sqrt{1-x^2}}$

63. $\int \dfrac{(\sen^{-1}x)^2\, dx}{\sqrt{1-x^2}}$

64. $\int \dfrac{\sqrt{\tg^{-1}x}\, dx}{1+x^2}$

65. $\int \dfrac{dy}{(\tg^{-1}y)(1+y^2)}$

66. $\int \dfrac{dy}{(\sen^{-1}y)\sqrt{1-y^2}}$

Se você não souber qual substituição fazer, tente reduzir a integral passo a passo, usando uma primeira substituição para simplificar um pouco a integral e depois outra para simplificar um pouco mais. Você perceberá o que queremos dizer se experimentar as sequências de substituições nos Exercícios 67 e 68.

67. $\int \dfrac{18\tg^2 x \sec^2 x}{(2+\tg^3 x)^2}\, dx$
   a. $u = \tg x$, seguido por $v = u^3$, então por $w = 2 + v$
   b. $u = \tg^3 x$, seguido por $v = 2 + u$
   c. $u = 2 + \tg^3 x$

68. $\int \sqrt{1+\sen^2(x-1)}\, \sen(x-1)\cos(x-1)\, dx$
   a. $u = x - 1$, seguido por $v = \sen u$, então por $w = 1 + v^2$
   b. $u = \sen(x-1)$ seguido por $v = 1 + u^2$
   c. $u = 1 + \sen^2(x-1)$

Calcule as integrais nos Exercícios 69 e 70.

69. $\int \dfrac{(2r-1)\cos\sqrt{3(2r-1)^2+6}}{\sqrt{3(2r-1)^2+6}}\, dr$

70. $\int \dfrac{\sen\sqrt{\theta}}{\sqrt{\theta}\cos^3\sqrt{\theta}}\, d\theta$

Problemas de valor inicial

Resolva os problemas de valor inicial nos Exercícios 71-76.

71. $\dfrac{ds}{dt} = 12t(3t^2-1)^3$, $s(1) = 3$

72. $\dfrac{dy}{dx} = 4x(x^2+8)^{-1/3}$, $y(0) = 0$

73. $\dfrac{ds}{dt} = 8\sen^2\left(t+\dfrac{\pi}{12}\right)$, $s(0) = 8$

74. $\dfrac{dr}{d\theta} = 3\cos^2\left(\dfrac{\pi}{4}-\theta\right)$, $r(0) = \dfrac{\pi}{8}$

75. $\dfrac{d^2s}{dt^2} = -4\sen\left(2t-\dfrac{\pi}{2}\right)$, $s'(0) = 100$, $s(0) = 0$

76. $\dfrac{d^2y}{dx^2} = 4\sec^2 2x \tg 2x$, $y'(0) = 4$, $y(0) = -1$

Teoria e exemplos

77. A velocidade de uma partícula que se move de um lado para o outro em uma reta é $v = ds/dt = 6\sen 2t$ m/s para qualquer t. Se $s = 0$ quando $t = 0$, determine o valor de s quando $t = \pi/2$ s.

78. A aceleração de uma partícula que se move de um lado para o outro em uma reta é $a = d^2s/dt^2 = \pi^2 \cos \pi t$ m/s² para qualquer t. Se $s = 0$ e $v = 8$ m/s quando $t = 0$, determine s quando $t = 1$ s.

79. Parece que podemos integrar $2 \operatorname{sen} x \cos x$ em relação a x de três maneiras diferentes:

a. $\displaystyle\int 2 \operatorname{sen} x \cos x \, dx = \int 2u \, du$ $u = \operatorname{sen} x$

$\qquad = u^2 + C_1 = \operatorname{sen}^2 x + C_1$

b. $\displaystyle\int 2 \operatorname{sen} x \cos x \, dx = \int -2u \, du$ $u = \cos x$

$\qquad = -u^2 + C_2 = -\cos^2 x + C_2$

c. $\displaystyle\int 2 \operatorname{sen} x \cos x \, dx = \int \operatorname{sen} 2x \, dx$ $2 \operatorname{sen} x \cos x = \operatorname{sen} 2x$

$\qquad = -\dfrac{\cos 2x}{2} + C_3.$

Podem as três integrações estar corretas? Justifique sua resposta.

80. (*Continuação do Exemplo 10.*)

a. Demonstre por meio do cálculo da integral na expressão

$$\frac{1}{(1/60) - 0} \int_0^{1/60} V_{\max} \operatorname{sen} 120 \pi t \, dt$$

que o valor médio de $V = V_{\max} \operatorname{sen} 120 \pi t$ sobre um ciclo completo é zero.

b. O circuito que faz seu forno elétrico funcionar é padronizado para 240 volts rms. Qual é o valor do pico de voltagem permissível?

c. Demonstre que

$$\int_0^{1/60} (V_{\max})^2 \operatorname{sen}^2 120 \pi t \, dt = \frac{(V_{\max})^2}{120}.$$

5.6 | Substituição e área entre curvas

Existem dois métodos para calcular uma integral definida por substituição. O primeiro envolve determinar uma primitiva por substituição e, depois, calcular a integral definida usando o teorema fundamental. O outro envolve estender o processo de substituição diretamente para integrais *definidas*, alterando os limites de integração. Aplicaremos a nova fórmula introduzida aqui ao problema de cálculo da área entre duas curvas.

Fórmula de substituição

A fórmula a seguir mostra como os limites de integração mudam quando a variável de integração é alterada por substituição.

TEOREMA 7 — Substituição em integrais definidas Se g' for contínua no intervalo $[a, b]$ e f for contínua na imagem de $g(x) = u$, então

$$\int_a^b f(g(x)) \cdot g'(x) \, dx = \int_{g(a)}^{g(b)} f(u) \, du.$$

Prova Denote por F qualquer primitiva de f. Então,

$$\int_a^b f(g(x)) \cdot g'(x) \, dx = F(g(x)) \Big]_{x=a}^{x=b}$$ $\dfrac{d}{dx} F(g(x))$
$\qquad\qquad = F'(g(x))g'(x)$
$\qquad\qquad = f(g(x))g'(x)$

$\qquad = F(g(b)) - F(g(a))$

$\qquad = F(u) \Big]_{u=g(a)}^{u=g(b)}$

$\qquad = \displaystyle\int_{g(a)}^{g(b)} f(u) \, du.$ Teorema fundamental, parte 2

Para usar a fórmula, faça a mesma substituição $u = g(x)$ e $du = g'(x) \, dx$ que você usaria para calcular a integral indefinida correspondente. Depois, integre a integral transformada com relação a u a partir do valor $g(a)$ (o valor de u em $x = a$) até o valor $g(b)$ (o valor de u em $x = b$).

EXEMPLO 1 Calcule $\int_{-1}^{1} 3x^2 \sqrt{x^3 + 1}\, dx$.

Solução Temos duas escolhas.

Método 1: Transforme a integral e calcule a integral transformada com os limites transformados dados no Teorema 7.

$$\int_{-1}^{1} 3x^2 \sqrt{x^3 + 1}\, dx \qquad \text{Seja } u = x^3 + 1,\ du = 3x^2\, dx.$$
$$\text{Quando } x = -1,\ u = (-1)^3 + 1 = 0.$$
$$\text{Quando } x = 1,\ u = (1)^3 + 1 = 2.$$

$$= \int_0^2 \sqrt{u}\, du$$

$$= \frac{2}{3} u^{3/2} \bigg]_0^2 \qquad \text{Calcule a nova integral definida.}$$

$$= \frac{2}{3}\left[2^{3/2} - 0^{3/2}\right] = \frac{2}{3}\left[2\sqrt{2}\right] = \frac{4\sqrt{2}}{3}$$

Método 2: Transforme a integral em uma integral indefinida, integre, mude novamente para x e use os limites originais de x.

$$\int 3x^2 \sqrt{x^3 + 1}\, dx = \int \sqrt{u}\, du \qquad \text{Seja } u = x^3 + 1,\ du = 3x^2\, dx.$$

$$= \frac{2}{3} u^{3/2} + C \qquad \text{Integre com relação a } u.$$

$$= \frac{2}{3}(x^3 + 1)^{3/2} + C \qquad \text{Substitua } u \text{ por } x^3 + 1.$$

$$\int_{-1}^{1} 3x^2 \sqrt{x^3 + 1}\, dx = \frac{2}{3}(x^3 + 1)^{3/2} \bigg]_{-1}^{1} \qquad \begin{array}{l}\text{Use a integral determinada recentemente,}\\ \text{com limites de integração para } x.\end{array}$$

$$= \frac{2}{3}\left[((1)^3 + 1)^{3/2} - ((-1)^3 + 1)^{3/2}\right]$$

$$= \frac{2}{3}\left[2^{3/2} - 0^{3/2}\right] = \frac{2}{3}\left[2\sqrt{2}\right] = \frac{4\sqrt{2}}{3}$$

Qual método é melhor: calcular a integral definida transformada com limites transformados usando o Teorema 7 ou transformar a integral, integrar e transformar novamente para usar os limites originais de integração? No Exemplo 1, o primeiro método parece mais fácil, mas nem sempre é assim. Em geral, o melhor é conhecermos os dois métodos e usar aquele que parecer mais apropriado para cada caso.

EXEMPLO 2 Usaremos o método de transformar os limites de integração.

(a) $\int_{\pi/4}^{\pi/2} \cotg\theta \cossec^2\theta\, d\theta = \int_1^0 u \cdot (-du) \qquad \begin{array}{l}\text{Seja } u = \cotg\theta,\ du = -\cossec^2\theta\, d\theta,\\ -du = \cossec^2\theta\, d\theta.\\ \text{Quando } \theta = \pi/4,\ u = \cotg(\pi/4) = 1.\\ \text{Quando } \theta = \pi/2,\ u = \cotg(\pi/2) = 0.\end{array}$

$$= -\int_1^0 u\, du$$

$$= -\left[\frac{u^2}{2}\right]_1^0$$

$$= -\left[\frac{(0)^2}{2} - \frac{(1)^2}{2}\right] = \frac{1}{2}$$

(b) $\displaystyle\int_{-\pi/4}^{\pi/4} \tg x \, dx = \int_{-\pi/4}^{\pi/4} \frac{\sen x}{\cos x} \, dx$

Seja $u = \cos x$, $du = -\sen x \, dx$.
Quando $x = -\pi/4$, $u = \sqrt{2}/2$.
Quando $x = \pi/4$, $u = \sqrt{2}/2$.

$\displaystyle = -\int_{\sqrt{2}/2}^{\sqrt{2}/2} \frac{du}{u}$

$\displaystyle = -\ln|u|\Big]_{\sqrt{2}/2}^{\sqrt{2}/2} = 0$ Integrar, intervalo de largura zero

Integrais definidas de funções simétricas

A fórmula de substituição do Teorema 7 simplifica o cálculo de integrais definidas de funções pares e ímpares (Seção 1.1) em um intervalo simétrico $[-a, a]$ (Figura 5.24).

TEOREMA 8 Seja f contínua no intervalo simétrico $[-a, a]$.

(a) Se f é par, então $\displaystyle\int_{-a}^{a} f(x) \, dx = 2\int_{0}^{a} f(x) \, dx$.

(b) Se f é ímpar, então $\displaystyle\int_{-a}^{a} f(x) \, dx = 0$.

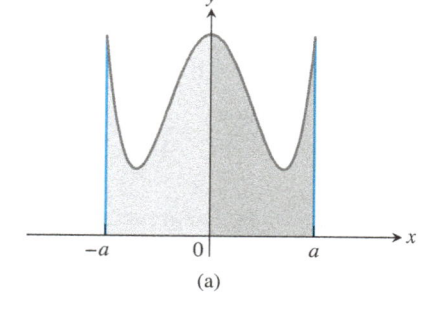

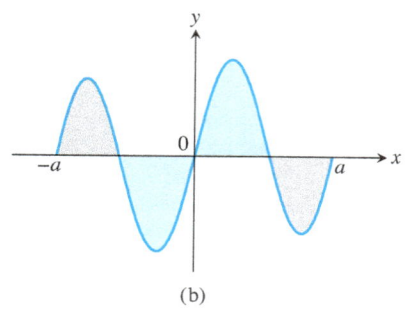

FIGURA 5.24 (a) f par, $\int_{-a}^{a} f(x)\,dx = 2\int_{0}^{a} f(x)\,dx$
(b) f ímpar, $\int_{-a}^{a} f(x)\,dx = 0$

Prova do item (a)

$\displaystyle\int_{-a}^{a} f(x) \, dx = \int_{-a}^{0} f(x) \, dx + \int_{0}^{a} f(x) \, dx$ Regra da aditividade para integrais definidas

$\displaystyle = -\int_{0}^{-a} f(x) \, dx + \int_{0}^{a} f(x) \, dx$ Regra da ordem de integração

$\displaystyle = -\int_{0}^{a} f(-u)(-du) + \int_{0}^{a} f(x) \, dx$ Seja $u = -x$, $du = -dx$.
Quando $x = 0$, $u = 0$.
Quando $x = -a$, $u = a$.

$\displaystyle = \int_{0}^{a} f(-u) \, du + \int_{0}^{a} f(x) \, dx$

$\displaystyle = \int_{0}^{a} f(u) \, du + \int_{0}^{a} f(x) \, dx$ f é par, logo $f(-u) = f(u)$.

$\displaystyle = 2\int_{0}^{a} f(x) \, dx$

A prova do item (b) é totalmente análoga, e você deverá apresentá-la no Exercício 114.

As afirmações do Teorema 8 permanecem verdadeiras enquanto f é uma função integrável (em vez de possuir a propriedade mais forte de ser contínua).

EXEMPLO 3 Calcule $\displaystyle\int_{-2}^{2} (x^4 - 4x^2 + 6) \, dx$.

Solução Uma vez que $f(x) = x^4 - 4x^2 + 6$ satisfaz $f(-x) = f(x)$, ela é par no intervalo simétrico $[-2, 2]$, então

$$\int_{-2}^{2} (x^4 - 4x^2 + 6)\, dx = 2\int_{0}^{2} (x^4 - 4x^2 + 6)\, dx$$

$$= 2\left[\frac{x^5}{5} - \frac{4}{3}x^3 + 6x\right]_0^2$$

$$= 2\left(\frac{32}{5} - \frac{32}{3} + 12\right) = \frac{232}{15}.$$

Áreas entre curvas

Suponha que queiramos determinar a área de uma região delimitada acima pela curva $y = f(x)$, abaixo pela curva $y = g(x)$ e à esquerda e à direita pelas retas $x = a$ e $x = b$ (Figura 5.25). A região pode, acidentalmente, ter uma forma cuja área poderíamos determinar geometricamente, mas se f e g forem funções contínuas arbitrárias, em geral teremos de determinar a área usando uma integral.

Para vermos qual deve ser a integral, primeiro aproximamos a região com n retângulos verticais com base em uma partição $P = \{x_0, x_1, \ldots, x_n\}$ de $[a, b]$ (Figura 5.26). A área do k-ésimo retângulo (Figura 5.27) é

$$\Delta A_k = \text{altura} \times \text{largura} = [f(c_k) - g(c_k)]\, \Delta x_k.$$

Então, aproximamos a área da região adicionando as áreas dos n retângulos:

$$A \approx \sum_{k=1}^{n} \Delta A_k = \sum_{k=1}^{n} [f(c_k) - g(c_k)]\, \Delta x_k. \quad \text{Soma de Riemann}$$

Quando $\|P\| \to 0$, as somas à direita se aproximam do limite $\int_a^b [f(x) - g(x)]\, dx$ porque f e g são contínuas. Tomamos a área da região como o valor dessa integral. Isto é,

$$A = \lim_{\|P\| \to 0} \sum_{k=1}^{n} [f(c_k) - g(c_k)]\, \Delta x_k = \int_a^b [f(x) - g(x)]\, dx.$$

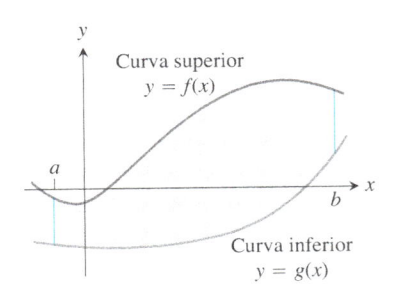

FIGURA 5.25 Região entre as curvas $y = f(x)$ e $y = g(x)$ e as retas $x = a$ e $x = b$.

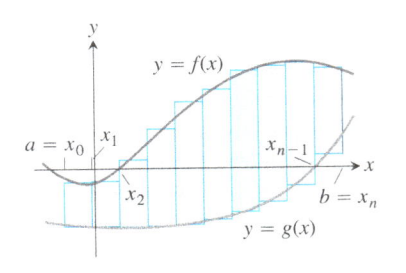

FIGURA 5.26 Fazemos uma aproximação da região com retângulos perpendiculares ao eixo x.

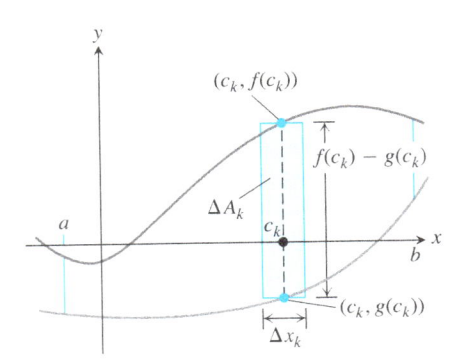

FIGURA 5.27 Área ΔA_k do k-ésimo retângulo é o produto de sua altura $f(c_k) - g(c_k)$ e de sua largura Δx_k.

> **DEFINIÇÃO** Se f e g são contínuas com $f(x) \geq g(x)$ ao longo de $[a, b]$, então **a área da região entre as curvas $y = f(x)$ e $y = g(x)$ de a até b** é a integral de $(f - g)$ de a até b:
>
> $$A = \int_a^b [f(x) - g(x)]\, dx.$$

Ao aplicar essa definição, convém esboçar as curvas. O gráfico revelará qual delas é a curva superior, f, e qual é a inferior, g. Também ajudará a determinar os limites de integração, se eles ainda não tiverem sido dados. Para definir esses limites, talvez seja necessário determinar onde as curvas se cruzam, e isso pode envolver a resolução da equação $f(x) = g(x)$ para valores de x. Depois, você pode integrar a função $f - g$ para descobrir a área entre as interseções.

EXEMPLO 4 Determine a área da região compreendida acima da curva $y = 2e^{-x} + x$, abaixo da curva $y = e^x/2$, à esquerda por $x = 0$ e à direita por $x = 1$.

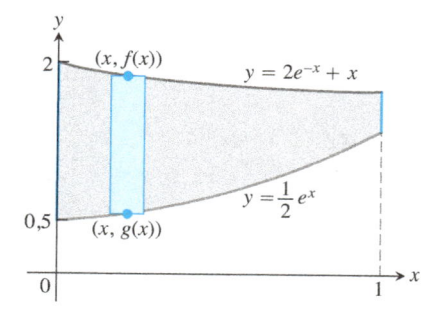

FIGURA 5.28 Região no Exemplo 4 com um retângulo típico de aproximação.

Solução A Figura 5.28 exibe os gráficos das curvas e da região cuja área se pretende determinar. A área entre as curvas sobre o intervalo $0 \leq x \leq 1$ é dada por

$$A = \int_0^1 \left[(2e^{-x} + x) - \frac{1}{2}e^x\right]dx = \left[-2e^{-x} + \frac{1}{2}x^2 - \frac{1}{2}e^x\right]_0^1$$

$$= \left(-2e^{-1} + \frac{1}{2} - \frac{1}{2}e\right) - \left(-2 + 0 - \frac{1}{2}\right)$$

$$= 3 - \frac{2}{e} - \frac{e}{2} \approx 0{,}9051.$$

EXEMPLO 5 Determine a área da região compreendida entre a parábola $y = 2 - x^2$ e a reta $y = -x$.

Solução Primeiro, esboce as duas curvas (Figura 5.29). Determinamos os limites de integração ao resolver x simultaneamente em $y = 2 - x^2$ e $y = -x$.

$$2 - x^2 = -x \quad \text{Iguale } f(x) \text{ e } g(x).$$
$$x^2 - x - 2 = 0 \quad \text{Reescreva.}$$
$$(x + 1)(x - 2) = 0 \quad \text{Fatore.}$$
$$x = -1, \quad x = 2. \quad \text{Resolva.}$$

A região vai de $x = -1$ até $x = 2$. Os limites de integração são $a = -1$, $b = 2$.
A área entre as curvas é

$$A = \int_a^b [f(x) - g(x)]\, dx = \int_{-1}^2 [(2 - x^2) - (-x)]\, dx$$

$$= \int_{-1}^2 (2 + x - x^2)\, dx = \left[2x + \frac{x^2}{2} - \frac{x^3}{3}\right]_{-1}^2$$

$$= \left(4 + \frac{4}{2} - \frac{8}{3}\right) - \left(-2 + \frac{1}{2} + \frac{1}{3}\right) = \frac{9}{2}$$

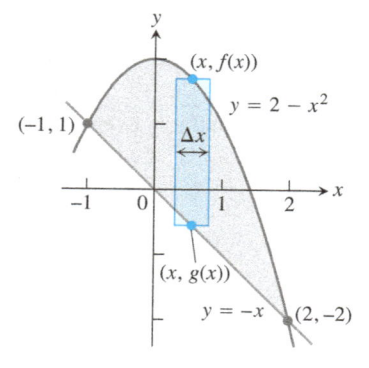

FIGURA 5.29 Região no Exemplo 5 com um retângulo típico de aproximação.

Se a fórmula para uma curva delimitadora muda em um ou mais pontos, subdividimos a região em sub-regiões que correspondam às mudanças nas fórmulas; depois, aplicamos essa fórmula à área entre as curvas em cada sub-região.

BIOGRAFIA HISTÓRICA

Richard Dedekind
(1831-1916)

EXEMPLO 6 Determine a área da região do primeiro quadrante que é delimitada acima por $y = \sqrt{x}$ e abaixo pelo eixo x e pela reta $y = x - 2$.

Solução O esboço (Figura 5.30) mostra que a fronteira superior é o gráfico de $f(x) = \sqrt{x}$. A fronteira inferior muda de $g(x) = 0$, com $0 \leq x \leq 2$, para $g(x) = x - 2$, com $2 \leq x \leq 4$ (as duas fórmulas estão de acordo em $x = 2$). Em $x = 2$, subdividimos a região nas sub-regiões A e B, conforme mostra a Figura 5.30.

Os limites de integração para a região A são $a = 0$ e $b = 2$. O limite à esquerda para a região B é $a = 2$. Para determinar o limite à direita, resolvemos simultaneamente as equações $y = \sqrt{x}$ e $y = x - 2$ para obter x:

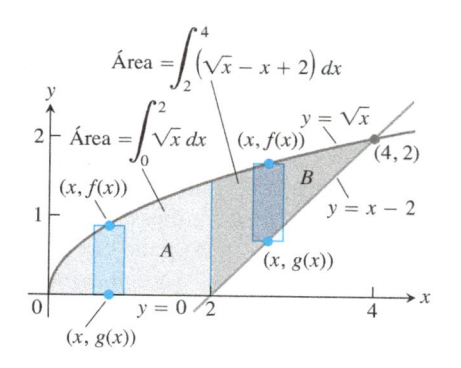

$$\sqrt{x} = x - 2 \quad \text{Iguale } f(x) \text{ e } g(x).$$
$$x = (x - 2)^2 = x^2 - 4x + 4 \quad \text{Eleve os dois lados ao quadrado.}$$
$$x^2 - 5x + 4 = 0 \quad \text{Reescreva.}$$
$$(x - 1)(x - 4) = 0 \quad \text{Fatore.}$$
$$x = 1, \quad x = 4. \quad \text{Resolva.}$$

FIGURA 5.30 Quando a fórmula para uma curva delimitadora muda, a integral de área muda para se tornar a soma das integrais correspondentes, uma integral para cada uma das regiões sombreadas mostradas aqui no Exemplo 6.

Apenas o valor $x = 4$ satisfaz a equação $\sqrt{x} = x - 2$. O valor $x = 1$ é uma raiz estranha introduzida ao elevarmos ao quadrado. O limite à direita é $b = 4$.

Para $0 \leq x \leq 2$: $\quad f(x) - g(x) = \sqrt{x} - 0 = \sqrt{x}$

Para $2 \leq x \leq 4$: $\quad f(x) - g(x) = \sqrt{x} - (x - 2) = \sqrt{x} - x + 2$

Adicionamos as áreas das sub-regiões A e B para determinar a área total:

$$\text{Área total} = \underbrace{\int_0^2 \sqrt{x}\, dx}_{\text{área de } A} + \underbrace{\int_2^4 (\sqrt{x} - x + 2)\, dx}_{\text{área de } B}$$

$$= \left[\frac{2}{3} x^{3/2}\right]_0^2 + \left[\frac{2}{3} x^{3/2} - \frac{x^2}{2} + 2x\right]_2^4$$

$$= \frac{2}{3}(2)^{3/2} - 0 + \left(\frac{2}{3}(4)^{3/2} - 8 + 8\right) - \left(\frac{2}{3}(2)^{3/2} - 2 + 4\right)$$

$$= \frac{2}{3}(8) - 2 = \frac{10}{3}.$$

Integração em relação a y

Se as curvas delimitadoras de uma região são descritas por funções de y, os retângulos de aproximação são horizontais, e não verticais, e a fórmula básica tem y no lugar de x.

Para regiões como estas:

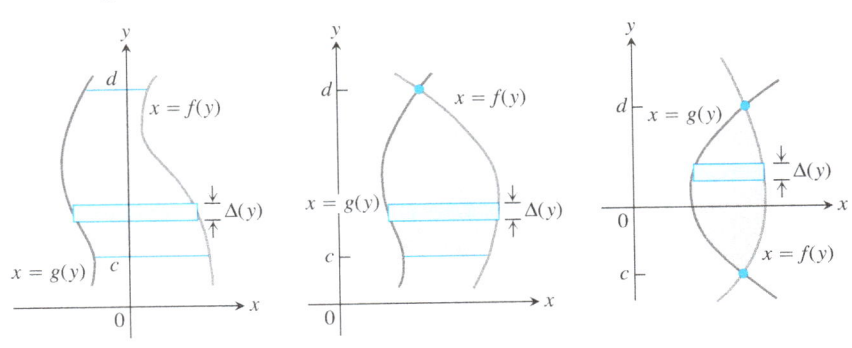

use a fórmula

$$A = \int_c^d [f(y) - g(y)]\, dy.$$

Nessa equação, f sempre indica a curva à direita, e g, a curva à esquerda, então $f(y) - g(y)$ é não negativa.

EXEMPLO 7 Determine a área da região no Exemplo 6, integrando com relação a y.

Solução Primeiro, esboçamos a região e um retângulo típico *horizontal*, com base em uma partição de um intervalo de valores de y (Figura 5.31). A fronteira à direita da região é a reta $x = y + 2$, então $f(y) = y + 2$. A fronteira à esquerda é a curva $x = y^2$, logo $g(y) = y^2$. O limite inferior de integração é $y = 0$. Determinamos o limite superior ao resolver simultaneamente $x = y + 2$ e $x = y^2$:

$$y + 2 = y^2 \quad \text{Iguale } f(y) = y + 2 \text{ e } g(y) = y^2.$$
$$y^2 - y - 2 = 0 \quad \text{Reescreva.}$$
$$(y + 1)(y - 2) = 0 \quad \text{Fatore.}$$
$$y = -1, \quad y = 2 \quad \text{Resolva.}$$

O limite superior de integração é $b = 2$. (O valor $y = -1$ fornece um ponto de interseção *abaixo* do eixo x.)

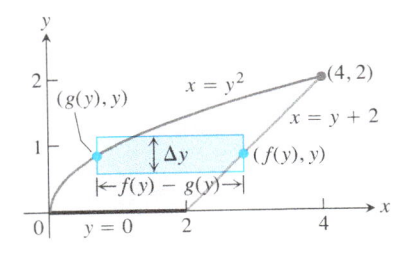

FIGURA 5.31 Se integrarmos com relação a x, serão necessárias duas integrações para determinar a área dessa região. Se integrarmos com relação a y, será necessária apenas uma (Exemplo 7).

A área da região é

$$A = \int_c^d [f(y) - g(y)]\,dy = \int_0^2 [y + 2 - y^2]\,dy$$

$$= \int_0^2 [2 + y - y^2]\,dy$$

$$= \left[2y + \frac{y^2}{2} - \frac{y^3}{3}\right]_0^2$$

$$= 4 + \frac{4}{2} - \frac{8}{3} = \frac{10}{3}.$$

Esse é o resultado do Exemplo 6, encontrado com menos esforço.

Exercícios 5.6

Cálculo de integrais definidas

Use a fórmula de substituição do Teorema 7 para calcular as integrais nos Exercícios 1-46.

1. a. $\int_0^3 \sqrt{y+1}\,dy$ b. $\int_{-1}^0 \sqrt{y+1}\,dy$

2. a. $\int_0^1 r\sqrt{1-r^2}\,dr$ b. $\int_{-1}^1 r\sqrt{1-r^2}\,dr$

3. a. $\int_0^{\pi/4} \text{tg}\,x\,\sec^2 x\,dx$ b. $\int_{-\pi/4}^0 \text{tg}\,x\,\sec^2 x\,dx$

4. a. $\int_0^\pi 3\cos^2 x\,\text{sen}\,x\,dx$ b. $\int_{2\pi}^{3\pi} 3\cos^2 x\,\text{sen}\,x\,dx$

5. a. $\int_0^1 t^3(1+t^4)^3\,dt$ b. $\int_{-1}^1 t^3(1+t^4)^3\,dt$

6. a. $\int_0^{\sqrt{7}} t(t^2+1)^{1/3}\,dt$ b. $\int_{-\sqrt{7}}^0 t(t^2+1)^{1/3}\,dt$

7. a. $\int_{-1}^1 \frac{5r}{(4+r^2)^2}\,dr$ b. $\int_0^1 \frac{5r}{(4+r^2)^2}\,dr$

8. a. $\int_0^1 \frac{10\sqrt{v}}{(1+v^{3/2})^2}\,dv$ b. $\int_1^4 \frac{10\sqrt{v}}{(1+v^{3/2})^2}\,dv$

9. a. $\int_0^{\sqrt{3}} \frac{4x}{\sqrt{x^2+1}}\,dx$ b. $\int_{-\sqrt{3}}^{\sqrt{3}} \frac{4x}{\sqrt{x^2+1}}\,dx$

10. a. $\int_0^1 \frac{x^3}{\sqrt{x^4+9}}\,dx$ b. $\int_{-1}^0 \frac{x^3}{\sqrt{x^4+9}}\,dx$

11. a. $\int_0^{\pi/6} (1-\cos 3t)\,\text{sen}\,3t\,dt$ b. $\int_{\pi/6}^{\pi/3} (1-\cos 3t)\,\text{sen}\,3t\,dt$

12. a. $\int_{-\pi/2}^0 \left(2+\text{tg}\,\frac{t}{2}\right)\sec^2\frac{t}{2}\,dt$ b. $\int_{-\pi/2}^{\pi/2} \left(2+\text{tg}\,\frac{t}{2}\right)\sec^2\frac{t}{2}\,dt$

13. a. $\int_0^{2\pi} \frac{\cos z}{\sqrt{4+3\,\text{sen}\,z}}\,dz$ b. $\int_{-\pi}^\pi \frac{\cos z}{\sqrt{4+3\,\text{sen}\,z}}\,dz$

14. a. $\int_{-\pi/2}^0 \frac{\text{sen}\,w}{(3+2\cos w)^2}\,dw$ b. $\int_0^{\pi/2} \frac{\text{sen}\,w}{(3+2\cos w)^2}\,dw$

15. $\int_0^1 \sqrt{t^5+2t}\,(5t^4+2)\,dt$ 16. $\int_1^4 \frac{dy}{2\sqrt{y}(1+\sqrt{y})^2}$

17. $\int_0^{\pi/6} \cos^{-3} 2\theta\,\text{sen}\,2\theta\,d\theta$

18. $\int_\pi^{3\pi/2} \cot^5\left(\frac{\theta}{6}\right)\sec^2\left(\frac{\theta}{6}\right)d\theta$

19. $\int_0^\pi 5(5-4\cos t)^{1/4}\,\text{sen}\,t\,dt$

20. $\int_0^{\pi/4} (1-\text{sen}\,2t)^{3/2}\cos 2t\,dt$

21. $\int_0^1 (4y-y^2+4y^3+1)^{-2/3}(12y^2-2y+4)\,dy$

22. $\int_0^1 (y^3+6y^2-12y+9)^{-1/2}(y^2+4y-4)\,dy$

23. $\int_0^{\sqrt[3]{\pi^2}} \sqrt{\theta}\cos^2(\theta^{3/2})\,d\theta$

24. $\int_{-1}^{-1/2} t^{-2}\,\text{sen}^2\left(1+\frac{1}{t}\right)dt$

25. $\int_0^{\pi/4} (1+e^{\text{tg}\,\theta})\sec^2\theta\,d\theta$

26. $\int_{\pi/4}^{\pi/2} (1+e^{\cot\theta})\csc^2\theta\,d\theta$

27. $\int_0^\pi \frac{\text{sen}\,t}{2-\cos t}\,dt$

28. $\int_0^{\pi/3} \frac{4\,\text{sen}\,\theta}{1-4\cos\theta}\,d\theta$

29. $\int_1^2 \frac{2\ln x}{x}\,dx$

30. $\int_2^4 \frac{dx}{x\ln x}$

31. $\int_2^4 \frac{dx}{x(\ln x)^2}$

32. $\int_2^{16} \frac{dx}{2x\sqrt{\ln x}}$

33. $\int_0^{\pi/2} \text{tg}\,\frac{x}{2}\,dx$

34. $\int_{\pi/4}^{\pi/2} \cot g\,t\,dt$

35. $\int_{\pi/2}^\pi 2\cot g\,\frac{\theta}{3}\,d\theta$

36. $\int_0^{\pi/12} 6\,\text{tg}\,3x\,dx$

37. $\int_{-\pi/2}^{\pi/2} \frac{2\cos\theta\,d\theta}{1+(\text{sen}\,\theta)^2}$

38. $\int_{\pi/6}^{\pi/4} \frac{\csc^2 x\,dx}{1+(\cot g\,x)^2}$

39. $\int_0^{\ln\sqrt{3}} \frac{e^x\,dx}{1+e^{2x}}$

40. $\int_1^{e^{\pi/4}} \frac{4\,dt}{t(1+\ln^2 t)}$

41. $\int_0^1 \frac{4\,ds}{\sqrt{4-s^2}}$

42. $\int_0^{3\sqrt{2}/4} \frac{ds}{\sqrt{9-4s^2}}$

43. $\int_{\sqrt{2}}^2 \frac{\sec^2(\sec^{-1} x)\,dx}{x\sqrt{x^2-1}}$

44. $\int_{2/\sqrt{3}}^2 \frac{\cos(\sec^{-1} x)\,dx}{x\sqrt{x^2-1}}$

45. $\int_{-1}^{-\sqrt{2}/2} \frac{dy}{y\sqrt{4y^2-1}}$

46. $\int_{-2/3}^{-\sqrt{2}/3} \frac{dy}{y\sqrt{9y^2-1}}$

Área

Determine as áreas totais das regiões sombreadas nos Exercícios 47-62.

47. $y = x\sqrt{4 - x^2}$

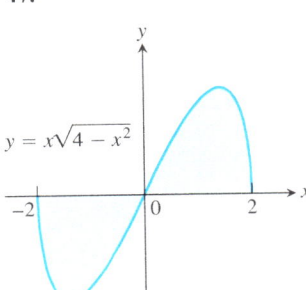

48. $y = (1 - \cos x)\,\text{sen}\, x$

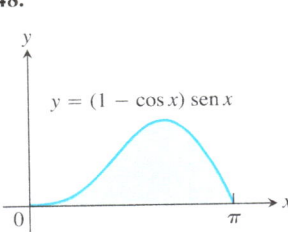

49. $y = 3(\text{sen}\, x)\sqrt{1 + \cos x}$

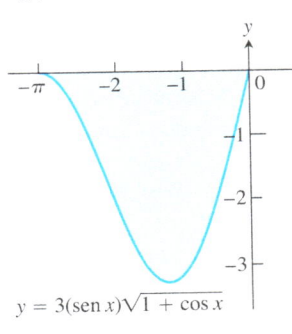

50. $y = \dfrac{\pi}{2}(\cos x)(\text{sen}(\pi + \pi \,\text{sen}\, x))$

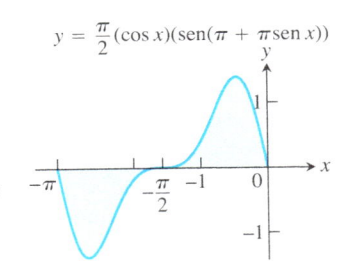

51. $y = 1$; $y = \cos^2 x$

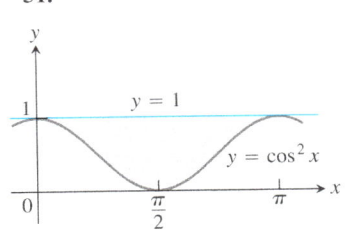

52. $y = \dfrac{1}{2}\sec^2 t$; $y = -4\,\text{sen}^2 t$

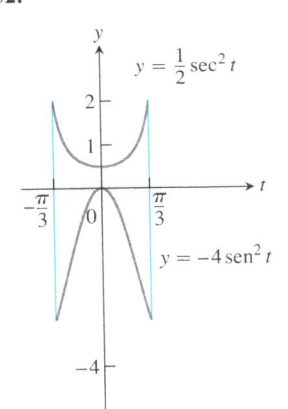

53. $y = 2x^2$; $y = x^4 - 2x^2$; $(-2, 8)$, $(2, 8)$; FORA DE ESCALA

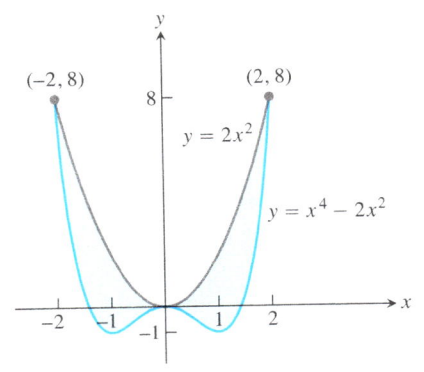

54. $x = y^3$; $x = y^2$; $(1, 1)$

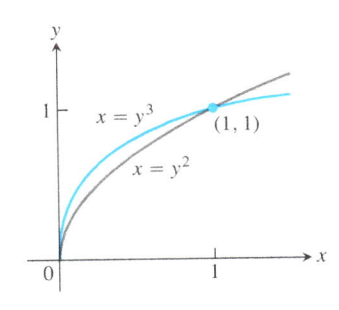

55. $x = 12y^2 - 12y^3$; $x = 2y^2 - 2y$

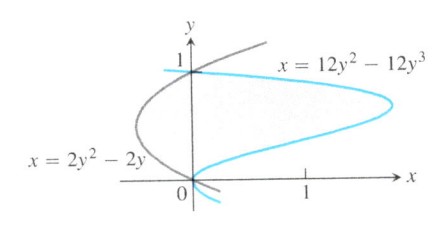

56. $y = x^2$; $y = -2x^4$

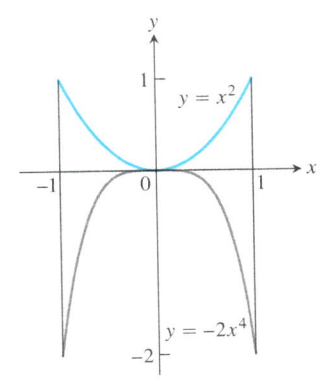

57. $y = x$; $y = 1$; $y = \dfrac{x^2}{4}$

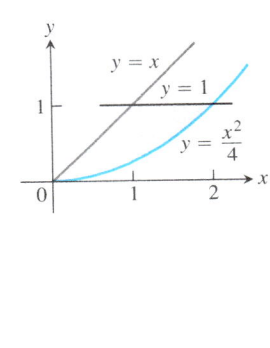

58. $y = x^2$; $x + y = 2$

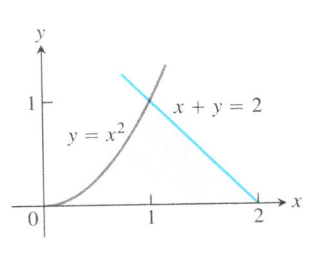

59. $y = x^2 - 4$; $y = -x^2 - 2x$; $(-3, 5)$, $(-3, -3)$, $(1, -3)$

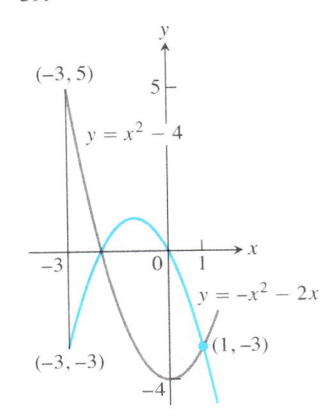

60. $y = -x^2 + 3x$; $y = 2x^3 - x^2 - 5x$; $(2, 2)$, $(-2, -10)$

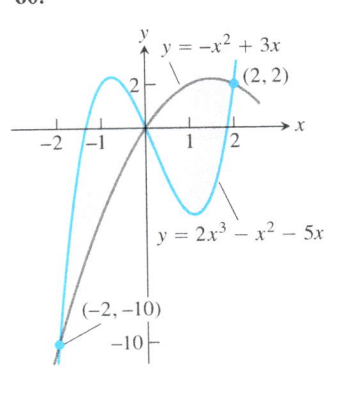

61.

(−2, 4), $y = 4 − x^2$, $y = −x + 2$, (3, −5)

62.

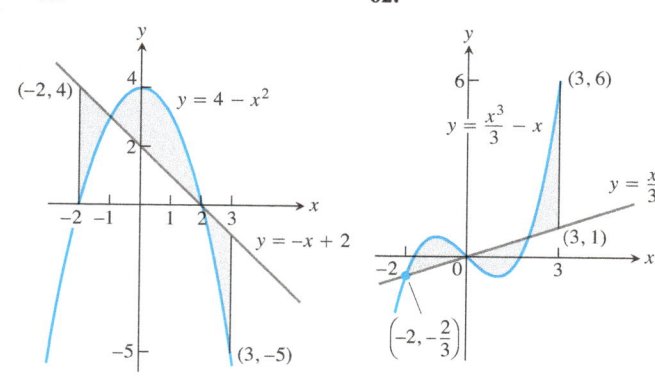

$y = \dfrac{x^3}{3} − x$, $y = \dfrac{x}{3}$, (3, 6), (3, 1), $\left(−2, −\dfrac{2}{3}\right)$

Determine as áreas das regiões compreendidas entre as retas e as curvas nos Exercícios 63-72.

63. $y = x^2 − 2$ e $y = 2$
64. $y = 2x − x^2$ e $y = −3$
65. $y = x^4$ e $y = 8x$
66. $y = x^2 − 2x$ e $y = x$
67. $y = x^2$ e $y = −x^2 + 4x$
68. $y = 7 − 2x^2$ e $y = x^2 + 4$
69. $y = x^4 − 4x^2 + 4$ e $y = x^2$
70. $y = x\sqrt{a^2 − x^2}$, $a > 0$ e $y = 0$
71. $y = \sqrt{|x|}$ e $5y = x + 6$ (Quantos pontos de interseção existem?)
72. $y = |x^2 − 4|$ e $y = (x^2/2) + 4$

Determine as áreas das regiões compreendidas entre as retas e as curvas nos Exercícios 73-80.

73. $x = 2y^2$, $x = 0$ e $y = 3$
74. $x = y^2$ e $x = y + 2$
75. $y^2 − 4x = 4$ e $4x − y = 16$
76. $x − y^2 = 0$ e $x + 2y^2 = 3$
77. $x + y^2 = 0$ e $x + 3y^2 = 2$
78. $x − y^{2/3} = 0$ e $x + y^4 = 2$
79. $x = y^2 − 1$ e $x = |y|\sqrt{1 − y^2}$
80. $x = y^3 − y^2$ e $x = 2y$

Determine as áreas das regiões compreendidas entre as curvas nos Exercícios 81-84.

81. $4x^2 + y = 4$ e $x^4 − y = 1$
82. $x^3 − y = 0$ e $3x^2 − y = 4$
83. $x + 4y^2 = 4$ e $x + y^4 = 1$, para $x \geq 0$
84. $x + y^2 = 3$ e $4x + y^2 = 0$

Determine as áreas das regiões compreendidas entre as retas e as curvas nos Exercícios 85-92.

85. $y = 2 \operatorname{sen} x$ e $y = \operatorname{sen} 2x$, $0 \leq x \leq \pi$
86. $y = 8 \cos x$ e $y = \sec^2 x$, $−\pi/3 \leq x \leq \pi/3$
87. $y = \cos(\pi x/2)$ e $y = 1 − x^2$
88. $y = \operatorname{sen}(\pi x/2)$ e $y = x$
89. $y = \sec^2 x$, $y = \operatorname{tg}^2 x$, $x = −\pi/4$ e $x = \pi/4$
90. $x = \operatorname{tg}^2 y$ e $x = −\operatorname{tg}^2 y$, $−\pi/4 \leq y \leq \pi/4$
91. $x = 3 \operatorname{sen} y \sqrt{\cos y}$ e $x = 0$, $0 \leq y \leq \pi/2$
92. $y = \sec^2(\pi x/3)$ e $y = x^{1/3}$, $−1 \leq x \leq 1$

Área entre curvas

93. Determine a área da região em forma de hélice compreendida entre a curva $x − y^3 = 0$ e a reta $x − y = 0$.

94. Determine a área da região em forma de hélice compreendida entre as curvas $x − y^{1/3} = 0$ e $x − y^{1/5} = 0$.

95. Determine a área da região, no primeiro quadrante, delimitada pelas retas $y = x$ e $x = 2$, a curva $y = 1/x^2$ e o eixo x.

96. Determine a área da região "triangular" no primeiro quadrante, limitada à esquerda pelo eixo y e à direita pelas curvas $y = \operatorname{sen} x$ e $y = \cos x$.

97. Determine a área entre as curvas $y = \ln x$ e $y = \ln 2x$ de $x = 1$ até $x = 5$.

98. Determine a área entre a curva $y = \operatorname{tg} x$ e o eixo x de $x = −\pi/4$ até $x = \pi/3$.

99. Determine a área da região "triangular" no primeiro quadrante, limitada acima pela curva $y = e^{2x}$, abaixo pela curva $y = e^x$ e à direita pela reta $x = \ln 3$.

100. Determine a área da região "triangular" no primeiro quadrante, limitada acima pela curva $y = e^{x/2}$, abaixo pela curva $y = e^{−x/2}$ e à direita pela reta $x = 2 \ln 2$.

101. Determine a área da região entre a curva $y = 2x/(1 + x^2)$ e o intervalo $−2 \leq x \leq 2$ do eixo x.

102. Determine a área da região entre a curva $y = 2^{1−x}$ e o intervalo $−1 \leq x \leq 1$ do eixo x.

103. A região limitada abaixo pela parábola $y = x^2$ e acima pela reta $y = 4$ será dividida em duas subseções de área igual, sendo cortada transversalmente pela reta horizontal $y = c$.
   a. Esboce a região e, através dela, trace a reta $y = c$, onde parecer certo. Em termos de c, quais são as coordenadas dos pontos em que a reta e a parábola se cruzam? Adicione-as à figura.
   b. Determine c integrando com relação a y. (Isso coloca c nos limites de integração.)
   c. Determine c integrando com relação a x. (Isso coloca c nos limites de integração.)

104. Determine a área da região entre a curva $y = 3 − x^2$ e a reta $y = −1$ integrando com relação a: **a.** x; **b.** y.

105. Determine a área da região no primeiro quadrante, limitada à esquerda pelo eixo y, abaixo pela reta $y = x/4$, acima à esquerda pela curva $y = 1 + \sqrt{x}$ e acima à direita pela curva $y = 2/\sqrt{x}$.

106. Determine a área da região no primeiro quadrante, limitada à esquerda pelo eixo y, abaixo pela curva $x = 2\sqrt{y}$, acima à esquerda pela curva $x = (y − 1)^2$ e acima à direita pela reta $x = 3 − y$.

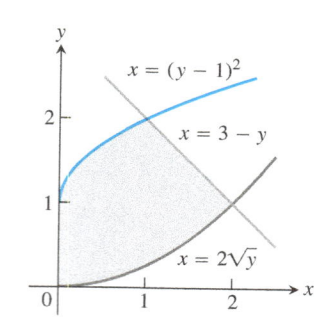

$x = (y − 1)^2$, $x = 3 − y$, $x = 2\sqrt{y}$

107. A figura abaixo mostra o triângulo AOC inscrito na região que vai da parábola $y = x^2$ até a reta $y = a^2$. Determine o limite da razão entre a área do triângulo e a área da região parabólica quando a tende a zero.

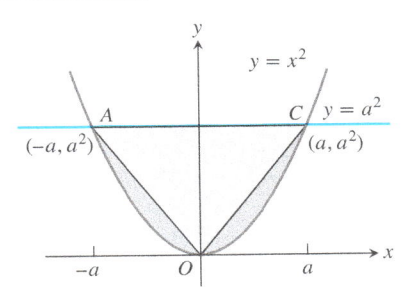

108. Suponha que a área da região entre o gráfico de uma função contínua positiva f e o eixo x de $x = a$ até $x = b$ seja 4 unidades quadradas. Determine a área entre as curvas $y = f(x)$ e $y = 2f(x)$ de $x = a$ até $x = b$.

109. Quais das integrais a seguir, se houver alguma, serve para calcular a área da região sombreada mostrada aqui? Justifique sua resposta.

a. $\int_{-1}^{1} (x - (-x)) \, dx = \int_{-1}^{1} 2x \, dx$

b. $\int_{-1}^{1} (-x - (x)) \, dx = \int_{-1}^{1} -2x \, dx$

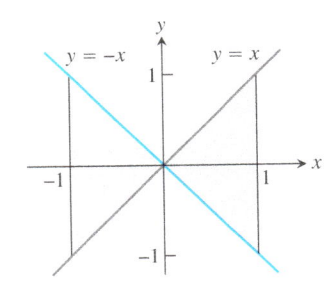

110. A afirmação a seguir é sempre, às vezes ou nunca verdadeira? A área da região entre os gráficos das funções contínuas $y = f(x)$ e $y = g(x)$ e as retas verticais $x = a$ e $x = b$ ($a < b$) é

$$\int_a^b [f(x) - g(x)] \, dx.$$

Justifique sua resposta.

Teoria e exemplos

111. Suponha que $F(x)$ seja uma primitiva de $f(x) = (\operatorname{sen} x)/x$, $x > 0$. Expresse

$$\int_1^3 \frac{\operatorname{sen} 2x}{x} \, dx$$

em termos de F.

112. Mostre que, se f é contínua, então

$$\int_0^1 f(x) \, dx = \int_0^1 f(1 - x) \, dx.$$

113. Suponha que

$$\int_0^1 f(x) \, dx = 3.$$

Determine

$$\int_{-1}^0 f(x) \, dx$$

se **a.** f é ímpar, **b.** f é par.

114. a. Demonstre que se f for ímpar em $[-a, a]$, então

$$\int_{-a}^a f(x) \, dx = 0.$$

b. Teste o resultado do item (a) com $f(x) = \operatorname{sen} x$ e $a = \pi/2$.

115. Se f é uma função contínua, determine o valor da integral

$$I = \int_0^a \frac{f(x) \, dx}{f(x) + f(a - x)}$$

fazendo a substituição $u = a - x$ e somando a integral resultante a I.

116. Usando substituição, prove que, para quaisquer números positivos x e y,

$$\int_x^{xy} \frac{1}{t} \, dt = \int_1^y \frac{1}{t} \, dt.$$

Propriedade de translação para integrais definidas Uma propriedade básica das integrais definidas é sua invariabilidade sob translação, como expresso pela equação

$$\int_a^b f(x) \, dx = \int_{a-c}^{b-c} f(x + c) \, dx. \quad (1)$$

A equação é válida sempre que f for integrável e definida para os valores necessários de x. Por exemplo, a figura a seguir mostra que

$$\int_{-2}^{-1} (x + 2)^3 \, dx = \int_0^1 x^3 \, dx$$

porque as áreas das regiões sombreadas são congruentes.

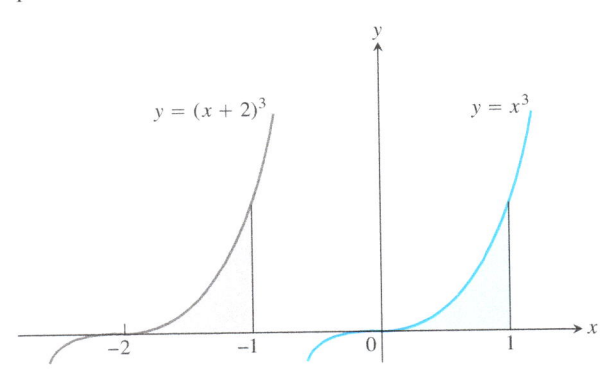

117. Use a substituição para verificar a Equação 1.

118. Para cada uma das seguintes funções, faça o gráfico $f(x)$ sobre $[a, b]$ e $f(x + c)$ sobre $[a - c, b - c]$ para se convencer de que a Equação 1 é razoável.

a. $f(x) = x^2$, $a = 0$, $b = 1$, $c = 1$
b. $f(x) = \operatorname{sen} x$, $a = 0$, $b = \pi$, $c = \pi/2$
c. $f(x) = \sqrt{x - 4}$, $a = 4$, $b = 8$, $c = 5$

342 Cálculo

USO DO COMPUTADOR

Nos Exercícios 119-122, você determinará a área entre as curvas no plano quando não puder determinar os pontos de interseção usando álgebra simples. Use um SAC para executar os seguintes passos:

a. Trace as curvas conjuntamente para verificar seus aspectos e quantos pontos de interseção elas possuem.

b. Use o comando para resolver equações numéricas no SAC a fim de determinar todos os pontos de interseção.

c. Integre $|f(x) - g(x)|$ sobre pares consecutivos de valores de interseção.

d. Some todas as integrais determinadas no item (c).

119. $f(x) = \dfrac{x^3}{3} - \dfrac{x^2}{2} - 2x + \dfrac{1}{3}, \quad g(x) = x - 1$

120. $f(x) = \dfrac{x^4}{2} - 3x^3 + 10, \quad g(x) = 8 - 12x$

121. $f(x) = x + \text{sen}(2x), \quad g(x) = x^3$

122. $f(x) = x^2 \cos x, \quad g(x) = x^3 - x$

Capítulo 5   Questões para guiar sua revisão

1. Como você poderia estimar, por vezes, grandezas como distância percorrida, área e valor médio com somas finitas? Por que você faria isso?

2. O que é a notação sigma? Que vantagens ela oferece? Dê exemplos.

3. O que é uma soma de Riemann? Por que você poderia considerar esse tipo de soma?

4. O que é a norma de uma partição de um intervalo fechado?

5. O que é a integral definida de uma função f ao longo de um intervalo fechado $[a, b]$? Quando você pode ter certeza de que ela existe?

6. Qual é a relação entre integrais definidas e área? Descreva algumas outras interpretações de integrais definidas.

7. O que é o valor médio de uma função integrável ao longo de um intervalo fechado? A função assume seu valor médio? Explique.

8. Descreva as regras para trabalhar com integrais definidas (Tabela 5.4). Exemplifique.

9. O que é o teorema fundamental do cálculo? Por que ele é tão importante? Ilustre cada parte do teorema com um exemplo.

10. O que é o teorema da variação líquida? O que ele afirma sobre a integral da velocidade? E sobre a integral do custo marginal?

11. Discuta como os processos de integração e derivação podem ser considerados como "inversos" um do outro.

12. Como o teorema fundamental fornece uma solução para o problema de valor inicial $dy/dx = f(x), y(x_0) = y_0$, quando f é contínua?

13. Como a integração por substituição está relacionada com a regra da cadeia?

14. Como eventualmente você poderia calcular integrais indefinidas por substituição? Exemplifique.

15. Como o método de substituição funciona para integrais definidas? Exemplifique.

16. Como você define e calcula a área da região entre os gráficos de duas funções contínuas? Dê um exemplo.

Capítulo 5   Exercícios práticos

Somas finitas e estimativas

1. A figura a seguir mostra o gráfico da velocidade (pés/s) de um foguete experimental nos primeiros 8 segundos após seu lançamento. O foguete acelera verticalmente nos 2 segundos iniciais e depois plana até alcançar sua altura máxima em $t = 8$ s.

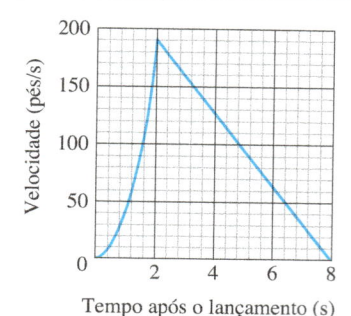

a. Supondo que o foguete tenha sido lançado a partir do solo, que altura ele atingiu aproximadamente? (Esse é o mesmo foguete do Exercício 17 da Seção 3.3, mas não é necessário saber a resposta dele para resolver este exercício.)

b. Esboce um gráfico da altura atingida pelo foguete em função do tempo para $0 \leq t \leq 8$.

2. **a.** A figura a seguir mostra a velocidade (m/s) de um corpo que se desloca ao longo do eixo s durante o intervalo de tempo de $t = 0$ até $t = 10$ s. Qual a distância aproximada que o corpo percorreu durante esses 10 segundos?

b. Esboce um gráfico de s como uma função de t para $0 \leq t \leq 10$, supondo que $s(0) = 0$.

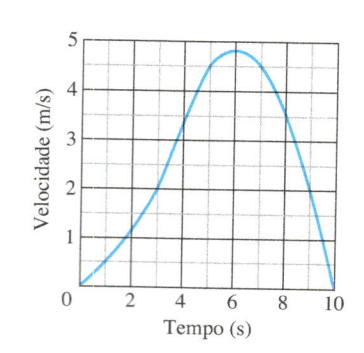

3. Suponha que $\sum_{k=1}^{10} a_k = -2$ e $\sum_{k=1}^{10} b_k = 25$. Determine o valor de

   a. $\sum_{k=1}^{10} \dfrac{a_k}{4}$
   c. $\sum_{k=1}^{10} (a_k + b_k - 1)$
   b. $\sum_{k=1}^{10} (b_k - 3a_k)$
   d. $\sum_{k=1}^{10} \left(\dfrac{5}{2} - b_k\right)$

4. Suponha que $\sum_{k=1}^{20} a_k = 0$ e $\sum_{k=1}^{20} b_k = 7$. Determine os valores de

   a. $\sum_{k=1}^{20} 3a_k$
   c. $\sum_{k=1}^{20} \left(\dfrac{1}{2} - \dfrac{2b_k}{7}\right)$
   b. $\sum_{k=1}^{20} (a_k + b_k)$
   d. $\sum_{k=1}^{20} (a_k - 2)$

Integrais definidas

Nos Exercícios 5-8, expresse cada limite como uma integral definida. Depois, calcule a integral para determinar o valor do limite. Em cada caso, P é uma partição do intervalo dado e os números c_k são escolhidos dentro dos subintervalos de P.

5. $\lim\limits_{\|P\|\to 0} \sum\limits_{k=1}^{n} (2c_k - 1)^{-1/2} \Delta x_k$, onde P é uma partição de $[1, 5]$

6. $\lim\limits_{\|P\|\to 0} \sum\limits_{k=1}^{n} c_k(c_k^2 - 1)^{1/3} \Delta x_k$, onde P é uma partição de $[1, 3]$

7. $\lim\limits_{\|P\|\to 0} \sum\limits_{k=1}^{n} \left(\cos\left(\dfrac{c_k}{2}\right)\right) \Delta x_k$, onde P é uma partição de $[-\pi, 0]$

8. $\lim\limits_{\|P\|\to 0} \sum\limits_{k=1}^{n} (\operatorname{sen} c_k)(\cos c_k) \Delta x_k$, onde P é uma partição de $[0, \pi/2]$

9. Se $\int_{-2}^{2} 3f(x)\,dx = 12$, $\int_{-2}^{5} f(x)\,dx = 6$ e $\int_{-2}^{5} g(x)\,dx = 2$, determine os valores a seguir.

   a. $\int_{-2}^{2} f(x)\,dx$
   d. $\int_{-2}^{5} (-\pi g(x))\,dx$
   b. $\int_{2}^{5} f(x)\,dx$
   e. $\int_{-2}^{5} \left(\dfrac{f(x) + g(x)}{5}\right) dx$
   c. $\int_{5}^{-2} g(x)\,dx$

10. Se $\int_{0}^{2} f(x)\,dx = \pi$, $\int_{0}^{2} 7g(x)\,dx = 7$ e $\int_{0}^{1} g(x)\,dx = 2$, determine os valores a seguir.

    a. $\int_{0}^{2} g(x)\,dx$
    d. $\int_{0}^{2} \sqrt{2}\,f(x)\,dx$
    b. $\int_{1}^{2} g(x)\,dx$
    e. $\int_{0}^{2} (g(x) - 3f(x))\,dx$
    c. $\int_{2}^{0} f(x)\,dx$

Área

Nos Exercícios 11-14, determine a área total da região compreendida entre o gráfico de f e o eixo x.

11. $f(x) = x^2 - 4x + 3$, $0 \leq x \leq 3$
12. $f(x) = 1 - (x^2/4)$, $-2 \leq x \leq 3$
13. $f(x) = 5 - 5x^{2/3}$, $-1 \leq x \leq 8$
14. $f(x) = 1 - \sqrt{x}$, $0 \leq x \leq 4$

Determine as áreas das regiões delimitadas pelas curvas e retas nos Exercícios 15-26.

15. $y = x$, $y = 1/x^2$, $x = 2$
16. $y = x$, $y = 1/\sqrt{x}$, $x = 2$
17. $\sqrt{x} + \sqrt{y} = 1$, $x = 0$, $y = 0$

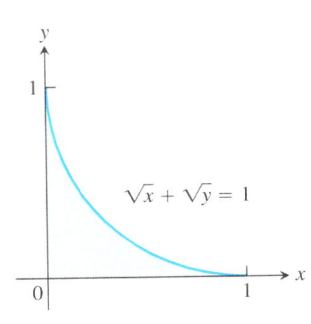

18. $x^3 + \sqrt{y} = 1$, $x = 0$, $y = 0$, para $0 \leq x \leq 1$

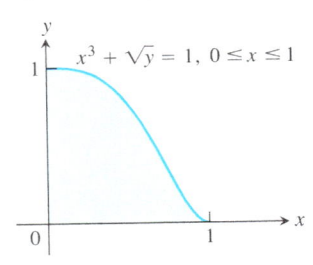

19. $x = 2y^2$, $x = 0$, $y = 3$
20. $x = 4 - y^2$, $x = 0$
21. $y^2 = 4x$, $y = 4x - 2$
22. $y^2 = 4x + 4$, $y = 4x - 16$
23. $y = \operatorname{sen} x$, $y = x$, $0 \leq x \leq \pi/4$
24. $y = |\operatorname{sen} x|$, $y = 1$, $-\pi/2 \leq x \leq \pi/2$
25. $y = 2 \operatorname{sen} x$, $y = \operatorname{sen} 2x$, $0 \leq x \leq \pi$
26. $y = 8 \cos x$, $y = \sec^2 x$, $-\pi/3 \leq x \leq \pi/3$

27. Determine a área da região "triangular" limitada à esquerda por $x + y = 2$, à direita por $y = x^2$ e acima por $y = 2$.

28. Determine a área da região "triangular" limitada à esquerda por $y = \sqrt{x}$, à direita por $y = 6 - x$ e abaixo por $y = 1$.

29. Determine os valores extremos de $f(x) = x^3 - 3x^2$ e a área da região delimitada pelo gráfico de f e pelo eixo x.

30. Determine a área da região cortada do primeiro quadrante pela curva $x^{1/2} + y^{1/2} = a^{1/2}$.

31. Determine a área total da região delimitada pela curva $x = y^{2/3}$ e pelas retas $x = y$ e $y = -1$.

32. Determine a área total da região entre as curvas $y = \operatorname{sen} x$ e $y = \cos x$ para $0 \leq x \leq 3\pi/2$.

33. **Área** Determine a área entre a curva $y = 2(\ln x)/x$ e o eixo x de $x = 1$ até $x = e$.

34. a. Demonstre que a área entre a curva $y = 1/x$ e o eixo x de $x = 10$ até $x = 20$ é a mesma área entre a curva e o eixo x de $x = 1$ até $x = 2$.

    b. Demonstre que a área entre a curva $y = 1/x$ e o eixo x de ka até kb é a mesma área entre a curva e o eixo x de $x = a$ até $x = b$ ($0 < a < b$, $k > 0$).

Problemas de valor inicial

35. Demonstre que $y = x^2 + \int_1^x \frac{1}{t} dt$ resolve o problema de valor inicial

$$\frac{d^2y}{dx^2} = 2 - \frac{1}{x^2}; \quad y'(1) = 3, \quad y(1) = 1.$$

36. Mostre que $y = \int_0^x \left(1 + 2\sqrt{\sec t}\right) dt$ resolve o problema de valor inicial

$$\frac{d^2y}{dx^2} = \sqrt{\sec x}\, \text{tg}\, x; \quad y'(0) = 3, \quad y(0) = 0.$$

Expresse as soluções dos problemas de valor inicial nos Exercícios 37 e 38 em termos de integrais.

37. $\dfrac{dy}{dx} = \dfrac{\text{sen}\, x}{x}, \quad y(5) = -3$

38. $\dfrac{dy}{dx} = \sqrt{2 - \text{sen}^2 x}, \quad y(-1) = 2$

Resolva os problemas de valor inicial nos Exercícios 39-42.

39. $\dfrac{dy}{dx} = \dfrac{1}{\sqrt{1-x^2}}, \quad y(0) = 0$

40. $\dfrac{dy}{dx} = \dfrac{1}{x^2+1} - 1, \quad y(0) = 1$

41. $\dfrac{dy}{dx} = \dfrac{1}{x\sqrt{x^2-1}}, \quad x > 1; \quad y(2) = \pi$

42. $\dfrac{dy}{dx} = \dfrac{1}{1+x^2} - \dfrac{2}{\sqrt{1-x^2}}, \quad y(0) = 2$

Cálculo de integrais indefinidas

Calcule as integrais nos Exercícios 43-72.

43. $\displaystyle\int 2(\cos x)^{-1/2}\, \text{sen}\, x\, dx$
44. $\displaystyle\int (\text{tg}\, x)^{-3/2} \sec^2 x\, dx$
45. $\displaystyle\int (2\theta + 1 + 2\cos(2\theta + 1))\, d\theta$
46. $\displaystyle\int \left(\dfrac{1}{\sqrt{2\theta - \pi}} + 2\sec^2(2\theta - \pi)\right) d\theta$
47. $\displaystyle\int \left(t - \dfrac{2}{t}\right)\left(t + \dfrac{2}{t}\right) dt$
48. $\displaystyle\int \dfrac{(t+1)^2 - 1}{t^4}\, dt$
49. $\displaystyle\int \sqrt{t}\, \text{sen}(2t^{3/2})\, dt$
50. $\displaystyle\int (\sec\theta\, \text{tg}\,\theta)\sqrt{1 + \sec\theta}\, d\theta$
51. $\displaystyle\int e^x \sec^2(e^x - 7)\, dx$
52. $\displaystyle\int e^y \text{cossec}(e^y + 1)\cot g(e^y + 1)\, dy$
53. $\displaystyle\int (\sec^2 x)\, e^{\text{tg}\, x}\, dx$
54. $\displaystyle\int (\text{cossec}^2 x)\, e^{\cot g\, x}\, dx$
55. $\displaystyle\int_{-1}^{1} \dfrac{dx}{3x-4}$
56. $\displaystyle\int_1^e \dfrac{\sqrt{\ln x}}{x}\, dx$
57. $\displaystyle\int_0^4 \dfrac{2t}{t^2 - 25}\, dt$
58. $\displaystyle\int \dfrac{\text{tg}(\ln v)}{v}\, dv$
59. $\displaystyle\int \dfrac{(\ln x)^{-3}}{x}\, dx$
60. $\displaystyle\int \dfrac{1}{r}\text{cossec}^2(1 + \ln r)\, dr$
61. $\displaystyle\int x 3^{x^2}\, dx$
62. $\displaystyle\int 2^{\text{tg}\, x} \sec^2 x\, dx$
63. $\displaystyle\int \dfrac{3\, dr}{\sqrt{1 - 4(r-1)^2}}$
64. $\displaystyle\int \dfrac{6\, dr}{\sqrt{4 - (r+1)^2}}$
65. $\displaystyle\int \dfrac{dx}{2 + (x-1)^2}$
66. $\displaystyle\int \dfrac{dx}{1 + (3x+1)^2}$
67. $\displaystyle\int \dfrac{dx}{(2x-1)\sqrt{(2x-1)^2 - 4}}$
68. $\displaystyle\int \dfrac{dx}{(x+3)\sqrt{(x+3)^2 - 25}}$
69. $\displaystyle\int \dfrac{e^{\text{sen}^{-1}\sqrt{x}}\, dx}{2\sqrt{x - x^2}}$
70. $\displaystyle\int \dfrac{\sqrt{\text{sen}^{-1} x}\, dx}{\sqrt{1 - x^2}}$
71. $\displaystyle\int \dfrac{dy}{\sqrt{\text{tg}^{-1} y}\,(1 + y^2)}$
72. $\displaystyle\int \dfrac{(\text{tg}^{-1} x)^2\, dx}{1 + x^2}$

Cálculo de integrais definidas

Calcule as integrais nos Exercícios 73-112.

73. $\displaystyle\int_{-1}^1 (3x^2 - 4x + 7)\, dx$
74. $\displaystyle\int_0^1 (8s^3 - 12s^2 + 5)\, ds$
75. $\displaystyle\int_1^2 \dfrac{4}{v^2}\, dv$
76. $\displaystyle\int_1^{27} x^{-4/3}\, dx$
77. $\displaystyle\int_1^4 \dfrac{dt}{t\sqrt{t}}$
78. $\displaystyle\int_1^4 \dfrac{(1 + \sqrt{u})^{1/2}}{\sqrt{u}}\, du$
79. $\displaystyle\int_0^1 \dfrac{36\, dx}{(2x+1)^3}$
80. $\displaystyle\int_0^1 \dfrac{dr}{\sqrt[3]{(7-5r)^2}}$
81. $\displaystyle\int_{1/8}^1 x^{-1/3}(1 - x^{2/3})^{3/2}\, dx$
82. $\displaystyle\int_0^{1/2} x^3(1 + 9x^4)^{-3/2}\, dx$
83. $\displaystyle\int_0^\pi \text{sen}^2 5r\, dr$
84. $\displaystyle\int_0^{\pi/4} \cos^2\left(4t - \dfrac{\pi}{4}\right) dt$
85. $\displaystyle\int_0^{\pi/3} \sec^2\theta\, d\theta$
86. $\displaystyle\int_{\pi/4}^{3\pi/4} \text{cossec}^2 x\, dx$
87. $\displaystyle\int_\pi^{3\pi} \cot g^2 \dfrac{x}{6}\, dx$
88. $\displaystyle\int_0^\pi \text{tg}^2 \dfrac{\theta}{3}\, d\theta$
89. $\displaystyle\int_{-\pi/3}^0 \sec x\, \text{tg}\, x\, dx$
90. $\displaystyle\int_{\pi/4}^{3\pi/4} \text{cossec}\, z \cot g\, z\, dz$
91. $\displaystyle\int_0^{\pi/2} 5(\text{sen}\, x)^{3/2} \cos x\, dx$
92. $\displaystyle\int_{-\pi/2}^{\pi/2} 15\, \text{sen}^4 3x \cos 3x\, dx$
93. $\displaystyle\int_0^{\pi/2} \dfrac{3\, \text{sen}\, x \cos x}{\sqrt{1 + 3\, \text{sen}^2 x}}\, dx$
94. $\displaystyle\int_0^{\pi/4} \dfrac{\sec^2 x}{(1 + 7\, \text{tg}\, x)^{2/3}}\, dx$
95. $\displaystyle\int_1^4 \left(\dfrac{x}{8} + \dfrac{1}{2x}\right) dx$
96. $\displaystyle\int_1^8 \left(\dfrac{2}{3x} - \dfrac{8}{x^2}\right) dx$
97. $\displaystyle\int_{-2}^{-1} e^{-(x+1)}\, dx$
98. $\displaystyle\int_{-\ln 2}^0 e^{2w}\, dw$
99. $\displaystyle\int_0^{\ln 5} e^r (3e^r + 1)^{-3/2}\, dr$
100. $\displaystyle\int_0^{\ln 9} e^\theta (e^\theta - 1)^{1/2}\, d\theta$
101. $\displaystyle\int_1^e \dfrac{1}{x}(1 + 7\ln x)^{-1/3}\, dx$
102. $\displaystyle\int_1^3 \dfrac{(\ln(v+1))^2}{v+1}\, dv$
103. $\displaystyle\int_1^8 \dfrac{\log_4 \theta}{\theta}\, d\theta$
104. $\displaystyle\int_1^e \dfrac{8\ln 3 \log_3 \theta}{\theta}\, d\theta$

105. $\int_{-3/4}^{3/4} \dfrac{6\,dx}{\sqrt{9-4x^2}}$

106. $\int_{-1/5}^{1/5} \dfrac{6\,dx}{\sqrt{4-25x^2}}$

107. $\int_{-2}^{2} \dfrac{3\,dt}{4+3t^2}$

108. $\int_{\sqrt{3}}^{3} \dfrac{dt}{3+t^2}$

109. $\int \dfrac{dy}{y\sqrt{4y^2-1}}$

110. $\int \dfrac{24\,dy}{y\sqrt{y^2-16}}$

111. $\int_{\sqrt{2}/3}^{2/3} \dfrac{dy}{|y|\sqrt{9y^2-1}}$

112. $\int_{-2/\sqrt{5}}^{-\sqrt{6}/\sqrt{5}} \dfrac{dy}{|y|\sqrt{5y^2-3}}$

Derivação de integrais

Nos Exercícios 121-128, determine dy/dx.

121. $y = \int_{2}^{x} \sqrt{2+\cos^3 t}\,dt$

122. $y = \int_{2}^{7x^2} \sqrt{2+\cos^3 t}\,dt$

123. $y = \int_{x}^{1} \dfrac{6}{3+t^4}\,dt$

124. $y = \int_{\sec x}^{2} \dfrac{1}{t^2+1}\,dt$

125. $y = \int_{\ln x^2}^{0} e^{\cos t}\,dt$

126. $y = \int_{1}^{e^{\sqrt{x}}} \ln(t^2+1)\,dt$

127. $y = \int_{0}^{\text{sen}^{-1} x} \dfrac{dt}{\sqrt{1-2t^2}}$

128. $y = \int_{\text{tg}^{-1} x}^{\pi/4} e^{\sqrt{t}}\,dt$

Valores médios

113. Determine o valor médio de $f(x) = mx + b$
   a. em $[-1, 1]$
   b. em $[-k, k]$

114. Determine o valor médio de
   a. $y = \sqrt{3x}$ em $[0, 3]$
   b. $y = \sqrt{ax}$ em $[0, a]$

115. Seja f uma função derivável em $[a, b]$. No Capítulo 2, definimos a taxa de variação média de f ao longo de $[a, b]$ como

$$\dfrac{f(b)-f(a)}{b-a}$$

e a taxa de variação instantânea de f em x como $f'(x)$. Neste capítulo, definimos o valor médio de uma função. Para que a nova definição de média seja coerente com a anterior, deveríamos ter

$$\dfrac{f(b)-f(a)}{b-a} = \text{valor médio de } f' \text{ em } [a, b].$$

Isso ocorre? Justifique sua resposta.

116. É verdade que o valor médio de uma função integrável em um intervalo de comprimento 2 é a metade da integral da função ao longo do intervalo? Justifique sua resposta.

117. a. Verifique que $\int \ln x\,dx = x \ln x - x + C$.
   b. Determine o valor médio de $\ln x$ em $[1, e]$.

118. Determine o valor médio de $f(x) = 1/x$ em $[1, 2]$.

T 119. Calcule o valor médio da função temperatura

$$f(x) = 37\,\text{sen}\left(\dfrac{2\pi}{365}(x-101)\right) + 25$$

para um ano de 365 dias. (Veja o Exercício 98 da Seção 3.6.) Essa é uma forma de estimar a temperatura média anual do ar em Fairbanks, Alasca. O Serviço Nacional de Meteorologia apresenta uma média numérica oficial da temperatura média normal diária para o ano de 25,7 °F, que é ligeiramente mais elevada do que o valor médio de $f(x)$.

T 120. **Calor específico de um gás** A capacidade térmica C_v é a quantidade de calor necessária para elevar a temperatura de determinada massa de gás a um volume constante de 1°C, medida em cal/°C.mol (calorias por grau centígrado, por mol). O calor específico do oxigênio depende de sua temperatura T e satisfaz a fórmula

$$C_v = 8{,}27 + 10^{-5}(26T - 1{,}87T^2).$$

Determine o valor médio de C_v, para $20°C \le T \le 675°C$, e a temperatura em que ele é atingido.

Teoria e exemplos

129. É verdade que qualquer função $y = f(x)$, derivável em $[a, b]$, é ela mesma a derivada de uma função em $[a, b]$? Justifique sua resposta.

130. Suponha que $F(x)$ seja uma primitiva de $f(x) = \sqrt{1+x^4}$. Expresse $\int_0^1 \sqrt{1+x^4}\,dx$ em termos de F e justifique sua resposta.

131. Determine dy/dx se $y = \int_x^1 \sqrt{1+t^2}\,dt$. Explique as principais etapas de seu cálculo.

132. Determine dy/dx se $y = \int_{\cos x}^{0} (1/(1-t^2))\,dt$. Explique as principais etapas de seu cálculo.

133. **Um novo estacionamento** Para atender à demanda por vagas, sua cidade destinou a área mostrada aqui a um estacionamento. Como você é o engenheiro da cidade, a câmara solicitou que você calculasse se o estacionamento poderia ser construído por $ 10.000. O custo para remover a terra será de $ 0,10 por pé quadrado, e custará $ 2,00 por pé quadrado para pavimentar o estacionamento. O trabalho pode ser feito com $ 10.000? Para verificar, use uma estimativa de soma inferior. (As respostas podem variar ligeiramente, dependendo da estimativa usada.)

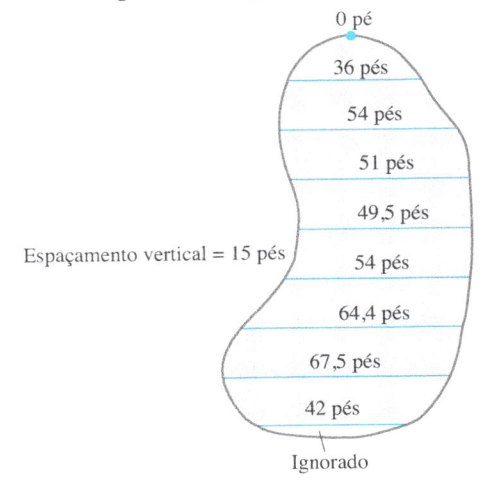

0 pé
36 pés
54 pés
51 pés
49,5 pés
Espaçamento vertical = 15 pés — 54 pés
64,4 pés
67,5 pés
42 pés
Ignorado

134. Os paraquedistas A e B estão em um helicóptero que paira a 6400 pés. O paraquedista A salta e, depois de 4 segundos, abre o paraquedas. Em seguida, o helicóptero sobe para 7000 pés e permanece nessa altura. Quarenta e cinco segundos depois que A deixou a aeronave, B salta e, 13 segundos mais tarde, também abre o paraquedas. Ambos os paraquedistas descem a 16 pés/s com os paraquedas abertos. Suponha que eles caiam livremente (sem resistência significativa do ar) antes que os paraquedas abram.

   a. A que altitude o paraquedas de A abre?
   b. A que altitude o paraquedas de B abre?
   c. Que paraquedista aterrissa primeiro?

Capítulo 5 Exercícios adicionais e avançados

Teoria e exemplos

1. **a.** Se $\int_0^1 7f(x)\,dx = 7$, é verdade que $\int_0^1 f(x)\,dx = 1$?

   b. Se $\int_0^1 f(x)\,dx = 4$ e $f(x) \geq 0$, é verdade que
   $$\int_0^1 \sqrt{f(x)}\,dx = \sqrt{4} = 2?$$

   Justifique suas respostas.

2. Suponha que $\int_{-2}^{2} f(x)\,dx = 4$, $\int_{2}^{5} f(x)\,dx = 3$, $\int_{-2}^{5} g(x)\,dx = 2$. Qual das seguintes afirmações é verdadeira?

   a. $\int_5^2 f(x)\,dx = -3$ **b.** $\int_{-2}^{5}(f(x) + g(x)) = 9$

   c. $f(x) \leq g(x)$ no intervalo $-2 \leq x \leq 5$

3. **Problema de valor inicial** Mostre que
   $$y = \frac{1}{a}\int_0^x f(t)\,\operatorname{sen} a(x - t)\,dt$$

   resolve o problema de valor inicial
   $$\frac{d^2y}{dx^2} + a^2 y = f(x), \quad \frac{dy}{dx} = 0 \text{ e } y = 0 \text{ quando } x = 0.$$

   (Dica: sen $(ax - at) = $ sen $ax \cos at - \cos ax$ sen at.)

4. **Proporcionalidade** Suponha que x e y estejam relacionados pela equação
   $$x = \int_0^y \frac{1}{\sqrt{1 + 4t^2}}\,dt.$$

   Mostre que d^2y/dx^2 é proporcional a y e determine a constante de proporcionalidade.

5. Determine $f(4)$ se

   a. $\int_0^{x^2} f(t)\,dt = x \cos \pi x$

   b. $\int_0^{f(x)} t^2\,dt = x \cos \pi x$.

6. Determine $f(\pi/2)$ a partir da seguinte informação.
   i) f é positiva e contínua.
   ii) A área sob a curva $y = f(x)$ de $x = 0$ até $x = a$ é
   $$\frac{a^2}{2} + \frac{a}{2}\operatorname{sen} a + \frac{\pi}{2}\cos a.$$

7. A área da região no plano xy delimitada pelo eixo x, a curva $y = f(x)$, $f(x) \geq 0$ e as retas $x = 1$ e $x = b$ é igual a $\sqrt{b^2 + 1} - \sqrt{2}$ para todo $b > 1$. Determine $f(x)$.

8. Prove que
   $$\int_0^x \left(\int_0^u f(t)\,dt\right) du = \int_0^x f(u)(x - u)\,du.$$

   (Dica: expresse a integral do lado direito como a diferença de duas integrais. Mostre então que os dois lados da equação têm a mesma derivada em relação a x.)

9. **Determinação de uma curva** Determine a equação para a curva, no plano xy, que passa pelo ponto $(1, -1)$ se o coeficiente angular em x é sempre $3x^2 + 2$.

10. **Removendo terra com uma pá** Você arremessa com uma pá a terra do fundo de um buraco com velocidade inicial de 32 pés/s. A terra deve ser atirada até 17 pés acima do ponto de descarga para cair fora do buraco. Essa velocidade é suficiente para retirar a terra, ou seria melhor abaixar?

Funções contínuas por partes

Apesar de estarmos principalmente interessados em funções contínuas, em aplicações práticas, muitas funções são contínuas por partes. Uma função $f(x)$ é **contínua por partes no intervalo fechado I** se f tem apenas um número finito de descontinuidades em I, os limites
$$\lim_{x \to c^-} f(x) \quad \text{e} \quad \lim_{x \to c^+} f(x)$$

existem e são finitos em todos os pontos interiores de I, e os limites laterais adequados existem e são finitos nas extremidades de I. Todas as funções contínuas por partes são integráveis. Os pontos de descontinuidade subdividem I em subintervalos abertos e semiabertos em que f é contínua e o critério de limite citado garante que f tenha uma extensão contínua para o fecho de cada subintervalo. Para integrar uma função contínua por partes, integramos as extensões individuais e somamos os resultados. A integral de
$$f(x) = \begin{cases} 1 - x, & -1 \leq x < 0 \\ x^2, & 0 \leq x < 2 \\ -1, & 2 \leq x \leq 3 \end{cases}$$

(Figura 5.32) em $[-1, 3]$ é
$$\int_{-1}^{3} f(x)\,dx = \int_{-1}^{0}(1 - x)\,dx + \int_{0}^{2} x^2\,dx + \int_{2}^{3}(-1)\,dx$$
$$= \left[x - \frac{x^2}{2}\right]_{-1}^{0} + \left[\frac{x^3}{3}\right]_{0}^{2} + \left[-x\right]_{2}^{3}$$
$$= \frac{3}{2} + \frac{8}{3} - 1 = \frac{19}{6}.$$

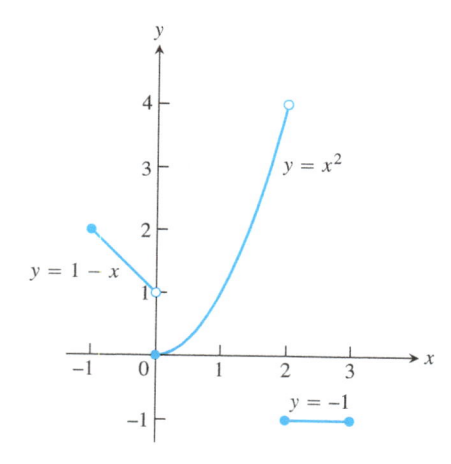

FIGURA 5.32 As funções contínuas por partes como esta são integradas parte por parte.

O teorema fundamental se aplica às funções contínuas por partes com a restrição esperada de que $(d/dx)\int_a^x f(t)\,dt$ seja igual a $f(x)$ somente nos valores de x em que f é contínua. Existe uma restrição semelhante na regra de Leibniz (veja os Exercícios 31-38).

Faça o gráfico das funções nos Exercícios 11-16 e integre-as ao longo de seus domínios.

11. $f(x) = \begin{cases} x^{2/3}, & -8 \leq x < 0 \\ -4, & 0 \leq x \leq 3 \end{cases}$

12. $f(x) = \begin{cases} \sqrt{-x}, & -4 \leq x < 0 \\ x^2 - 4, & 0 \leq x \leq 3 \end{cases}$

13. $g(t) = \begin{cases} t, & 0 \leq t < 1 \\ \operatorname{sen} \pi t, & 1 \leq t \leq 2 \end{cases}$

14. $h(z) = \begin{cases} \sqrt{1-z}, & 0 \leq z < 1 \\ (7z-6)^{-1/3}, & 1 \leq z \leq 2 \end{cases}$

15. $f(x) = \begin{cases} 1, & -2 \leq x < -1 \\ 1 - x^2, & -1 \leq x < 1 \\ 2, & 1 \leq x \leq 2 \end{cases}$

16. $h(r) = \begin{cases} r, & -1 \leq r < 0 \\ 1 - r^2, & 0 \leq r < 1 \\ 1, & 1 \leq r \leq 2 \end{cases}$

17. Determine o valor médio da função traçada na figura a seguir.

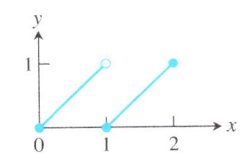

18. Determine o valor médio da função traçada na figura a seguir.

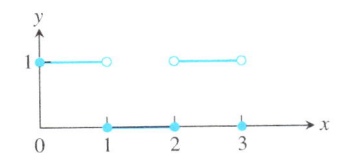

Limites

Determine os limites nos Exercícios 19-22.

19. $\lim_{b \to 1^-} \int_0^b \dfrac{dx}{\sqrt{1-x^2}}$

20. $\lim_{x \to \infty} \dfrac{1}{x} \int_0^x \operatorname{tg}^{-1} t\,dt$

21. $\lim_{n \to \infty} \left(\dfrac{1}{n+1} + \dfrac{1}{n+2} + \cdots + \dfrac{1}{2n} \right)$

22. $\lim_{n \to \infty} \dfrac{1}{n} \left(e^{1/n} + e^{2/n} + \cdots + e^{(n-1)/n} + e^{n/n} \right)$

Aproximação de somas finitas com integrais

Em muitas aplicações de cálculo, as integrais são usadas para aproximar somas finitas — o inverso do procedimento usual de usar somas finitas para aproximar integrais.

Por exemplo, estimemos a soma das raízes quadradas dos primeiros n inteiros positivos, $\sqrt{1} + \sqrt{2} + \cdots + \sqrt{n}$. A integral

$$\int_0^1 \sqrt{x}\,dx = \dfrac{2}{3} x^{3/2} \bigg]_0^1 = \dfrac{2}{3}$$

é o limite das somas superiores

$$S_n = \sqrt{\dfrac{1}{n}} \cdot \dfrac{1}{n} + \sqrt{\dfrac{2}{n}} \cdot \dfrac{1}{n} + \cdots + \sqrt{\dfrac{n}{n}} \cdot \dfrac{1}{n}$$

$$= \dfrac{\sqrt{1} + \sqrt{2} + \cdots + \sqrt{n}}{n^{3/2}}.$$

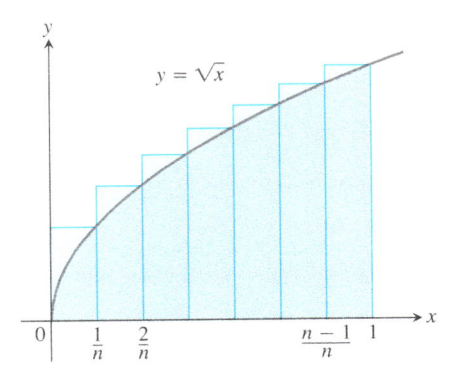

Portanto, quando n for grande, S_n ficará próximo de $2/3$ e teremos

Soma de raízes $= \sqrt{1} + \sqrt{2} + \cdots + \sqrt{n} = S_n \cdot n^{3/2} \approx \dfrac{2}{3} n^{3/2}$.

A tabela a seguir mostra a previsão que podemos esperar da aproximação.

n	Soma de raízes	$(2/3)n^{3/2}$	Erro relativo
10	22,468	21,082	1,386/22,468 ≈ 6%
50	239,04	235,70	1,4%
100	671,46	666,67	0,7%
1000	21.097	21.082	0,07%

23. Calcule

$$\lim_{n \to \infty} \dfrac{1^5 + 2^5 + 3^5 + \cdots + n^5}{n^6}$$

mostrando que o limite é

$$\int_0^1 x^5\,dx$$

e calculando a integral.

24. Veja o Exercício 23. Calcule

$$\lim_{n \to \infty} \dfrac{1}{n^4}(1^3 + 2^3 + 3^3 + \cdots + n^3).$$

25. Seja $f(x)$ uma função contínua. Expresse

$$\lim_{n \to \infty} \dfrac{1}{n} \left[f\left(\dfrac{1}{n}\right) + f\left(\dfrac{2}{n}\right) + \cdots + f\left(\dfrac{n}{n}\right) \right]$$

como uma integral definida.

26. Use o resultado do Exercício 25 para calcular

a. $\lim_{n\to\infty} \dfrac{1}{n^2}(2 + 4 + 6 + \cdots + 2n)$,

b. $\lim_{n\to\infty} \dfrac{1}{n^{16}}(1^{15} + 2^{15} + 3^{15} + \cdots + n^{15})$,

c. $\lim_{n\to\infty} \dfrac{1}{n}\left(\operatorname{sen}\dfrac{\pi}{n} + \operatorname{sen}\dfrac{2\pi}{n} + \operatorname{sen}\dfrac{3\pi}{n} + \cdots + \operatorname{sen}\dfrac{n\pi}{n}\right)$.

O que pode ser dito sobre os limites a seguir?

d. $\lim_{n\to\infty} \dfrac{1}{n^{17}}(1^{15} + 2^{15} + 3^{15} + \cdots + n^{15})$

e. $\lim_{n\to\infty} \dfrac{1}{n^{15}}(1^{15} + 2^{15} + 3^{15} + \cdots + n^{15})$

27. a. Demonstre que a área A_n de um polígono regular de n lados em um círculo de raio r é

$$A_n = \dfrac{nr^2}{2} \operatorname{sen}\dfrac{2\pi}{n}.$$

b. Determine o limite de A_n quando $n \to \infty$. Essa resposta é consistente com o que você conhece sobre a área de um círculo?

28. Seja

$$S_n = \dfrac{1^2}{n^3} + \dfrac{2^2}{n^3} + \cdots + \dfrac{(n-1)^2}{n^3}.$$

Para calcular $\lim_{n\to\infty} S_n$, demonstre que

$$S_n = \dfrac{1}{n}\left[\left(\dfrac{1}{n}\right)^2 + \left(\dfrac{2}{n}\right)^2 + \cdots + \left(\dfrac{n-1}{n}\right)^2\right]$$

e interprete S_n como uma soma que aproxima a integral

$$\int_0^1 x^2\, dx.$$

(Dica: divida [0, 1] em n intervalos de comprimentos iguais e escreva a soma de aproximação usando os retângulos inscritos.)

Definição de funções usando o teorema fundamental

29. Função definida por uma integral O gráfico de uma função f consiste em um semicírculo e dois segmentos de reta, conforme mostrado. Seja $g(x) = \int_1^x f(t)\, dt$.

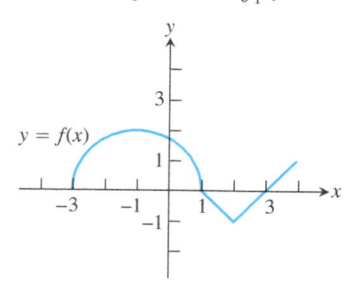

a. Determine $g(1)$.
b. Determine $g(3)$.
c. Determine $g(-1)$.
d. Determine todos os valores de x no intervalo aberto $(-3, 4)$ em que g tenha um máximo relativo.
e. Escreva uma equação para a reta tangente ao gráfico de g em $x = -1$.
f. Determine a coordenada x de cada ponto de inflexão do gráfico de g no intervalo aberto $(-3, 4)$.
g. Determine a imagem de g.

30. Equação diferencial Demonstre que as duas condições são satisfeitas por $y = \operatorname{sen} x + \int_x^\pi \cos 2t\, dt + 1$:

i) $y'' = -\operatorname{sen} x + 2 \operatorname{sen} 2x$
ii) $y = 1$ e $y' = -2$, quando $x = \pi$.

Regra de Leibniz Às vezes, em aplicações, encontramos funções como

$$f(x) = \int_{\operatorname{sen} x}^{x^2} (1 + t)\, dt \qquad \text{e} \qquad g(x) = \int_{\sqrt{x}}^{2\sqrt{x}} \operatorname{sen} t^2\, dt,$$

definidas por integrais que apresentam simultaneamente limites variáveis de integração superiores e inferiores. A primeira integral pode ser calculada diretamente, mas a segunda, não. Entretanto, podemos determinar a derivada de qualquer uma das integrais por meio da fórmula denominada **regra de Leibniz**.

> **Regra de Leibniz**
>
> Se f for contínua em $[a, b]$ e se $u(x)$ e $v(x)$ forem funções deriváveis de x, cujos valores situam-se em $[a, b]$, então
>
> $$\dfrac{d}{dx}\int_{u(x)}^{v(x)} f(t)\, dt = f(v(x))\dfrac{dv}{dx} - f(u(x))\dfrac{du}{dx}.$$

A Figura 5.33 fornece uma interpretação geométrica da regra de Leibniz. Ela mostra um tapete de largura variável $f(t)$ que é enrolado à esquerda no mesmo instante x em que é desenrolado à direita. (Nessa interpretação, o tempo é x, e não t.) No instante x, o chão está coberto de $u(x)$ até $v(x)$. A taxa du/dx na qual o tapete é enrolado não precisa ser a mesma taxa dv/dx na qual o carpete é desenrolado. Em qualquer instante dado x, a área coberta pelo tapete será

$$A(x) = \int_{u(x)}^{v(x)} f(t)\, dt.$$

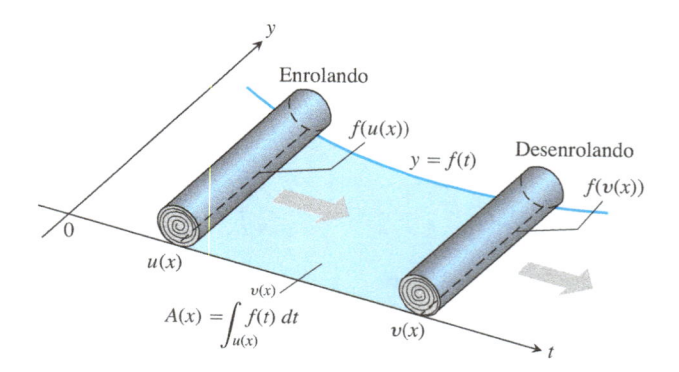

FIGURA 5.33 Enrolando e desenrolando um tapete: uma interpretação geométrica para a regra de Leibniz:

$$\dfrac{dA}{dx} = f(v(x))\dfrac{dv}{dx} - f(u(x))\dfrac{du}{dx}.$$

A que taxa a área coberta varia? No instante x, $A(x)$ cresce pela largura $f(v(x))$ do tapete sendo desenrolado vezes a taxa dv/dx do tapete sendo desenrolado. Ou seja, $A(x)$ aumenta à taxa

$$f(v(x))\frac{dv}{dx}.$$

Ao mesmo tempo, A diminui à taxa de

$$f(u(x))\frac{du}{dx},$$

a largura na ponta que é enrolada vezes a taxa du/dx. A taxa líquida de variação em A é

$$\frac{dA}{dx} = f(v(x))\frac{dv}{dx} - f(u(x))\frac{du}{dx},$$

que é precisamente a regra de Leibniz.

Para demonstrar a regra, seja F uma primitiva de f em $[a, b]$. Então,

$$\int_{u(x)}^{v(x)} f(t)\,dt = F(v(x)) - F(u(x)).$$

Derivar os dois lados dessa equação com relação a x resulta na equação que queremos:

$$\frac{d}{dx}\int_{u(x)}^{v(x)} f(t)\,dt = \frac{d}{dx}\left[F(v(x)) - F(u(x))\right]$$

$$= F'(v(x))\frac{dv}{dx} - F'(u(x))\frac{du}{dx} \qquad \text{Regra da cadeia}$$

$$= f(v(x))\frac{dv}{dx} - f(u(x))\frac{du}{dx}.$$

Use a regra de Leibniz para determinar as derivadas das funções nos Exercícios 31-38.

31. $f(x) = \int_{1/x}^{x} \frac{1}{t}\,dt$

32. $f(x) = \int_{\cos x}^{\sin x} \frac{1}{1-t^2}\,dt$

33. $g(y) = \int_{\sqrt{y}}^{2\sqrt{y}} \sin t^2\,dt$

34. $g(y) = \int_{\sqrt{y}}^{y^2} \frac{e^t}{t}\,dt$

35. $y = \int_{x^2/2}^{x^2} \ln\sqrt{t}\,dt$

36. $y = \int_{\sqrt{x}}^{\sqrt[3]{x}} \ln t\,dt$

37. $y = \int_{0}^{\ln x} \sin e^t\,dt$

38. $y = \int_{e^{4\sqrt{x}}}^{e^{2x}} \ln t\,dt$

Teoria e exemplos

39. Use a regra de Leibniz para determinar o valor de x que maximiza o valor da integral

$$\int_{x}^{x+3} t(5-t)\,dt.$$

40. Para quais $x > 0$ tem-se $x^{(x^x)} = (x^x)^x$? Justifique sua resposta.

41. Determine as áreas entre as curvas $y = 2(\log_2 x)/x$ e $y = 2(\log_4 x)/x$ e o eixo x de $x = 1$ até $x = e$. Qual é a proporção da área maior para a menor?

42. a. Determine df/dx se

$$f(x) = \int_{1}^{e^x} \frac{2\ln t}{t}\,dt.$$

  b. Determine $f(0)$.

  c. O que se pode concluir sobre o gráfico de f? Justifique sua resposta.

43. Determine $f'(2)$ se $f(x) = e^{g(x)}$ e $g(x) = \int_{2}^{x} \frac{t}{1+t^4}\,dt$.

44. Use a figura a seguir para demonstrar que

$$\int_{0}^{\pi/2} \sin x\,dx = \frac{\pi}{2} - \int_{0}^{1} \sin^{-1} x\,dx.$$

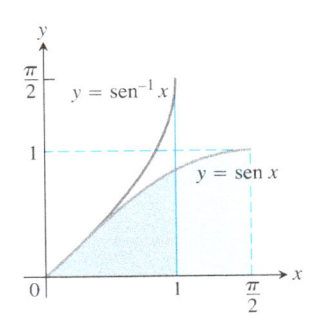

45. Desigualdade de Napier Eis duas provas pictóricas de que

$$b > a > 0 \implies \frac{1}{b} < \frac{\ln b - \ln a}{b - a} < \frac{1}{a}.$$

Explique o que ocorre em cada caso.

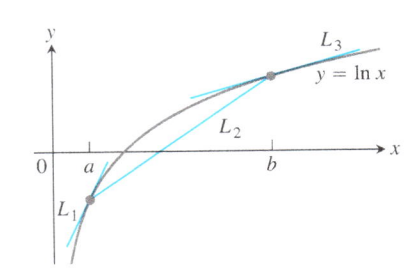

a.

b.

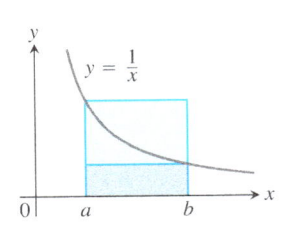

(Fonte: NELSON, Roger B. *College Mathematics Journal*, v. 24, n. 2, mar. 1993. p. 165.)

Capítulo 5 Projetos de aplicação de tecnologia

Módulos Mathematica/Maple

Uso de somas de Riemann para estimar áreas, volumes e comprimentos de curvas
Visualize e aproxime áreas e volumes na parte I.

Somas de Riemann, integrais definidas e o teorema fundamental do cálculo
As partes I, II e III apresentam somas de Riemann e integrais definidas. A parte IV dá continuidade ao desenvolvimento da soma de Riemann e integral definida usando o teorema fundamental para resolver os problemas anteriormente investigados.

Coletores de chuva, elevadores e foguetes
A parte I ilustra que a área sob a curva é a mesma que a de um retângulo apropriado para exemplos extraídos do capítulo. Você calculará a quantidade de água acumulada em bacias de formas diferentes à medida que a bacia é preenchida ou drenada.

Movimento ao longo de uma reta, parte II
Você observará o formato de um gráfico por meio de animações impressionantes das relações de derivação entre posição, velocidade e aceleração. As figuras do texto podem ser animadas usando esse software.

Curvamento de vigas
Estude formatos de vigas curvadas, determine suas deflexões máximas, concavidades e pontos de inflexão e interprete os resultados em termos de compressão e tensão da viga.

6
APLICAÇÕES DAS INTEGRAIS DEFINIDAS

VISÃO GERAL No Capítulo 5, vimos que uma função contínua em um intervalo fechado tem uma integral definida, que é o limite de qualquer soma de Riemann para a função. Demonstramos que podemos calcular integrais definidas usando o Teorema Fundamental do Cálculo. Descobrimos também que a área sob uma curva e a área entre duas curvas podem ser calculadas como integrais definidas.

Neste capítulo, ampliaremos as aplicações das integrais definidas para determinar volumes, comprimentos de curvas planas e áreas de superfícies de revolução. Usaremos também integrais para resolver problemas físicos que envolvem o trabalho realizado por uma força, a força de fluido contra uma parede bidimensional e a localização do centro de massa de um objeto.

6.1 Volumes por seções transversais

Nesta seção, definiremos volumes de sólidos utilizando as áreas de suas seções transversais. Uma **seção transversal** de um sólido S é a região plana formada pela interseção de S com um plano (Figura 6.1). Apresentaremos três métodos diferentes para a obtenção das seções transversais apropriadas para determinar o volume de um sólido em particular: o método do fatiamento, o método do disco e o método do anel.

Suponha que desejamos determinar o volume de um sólido S como o da Figura 6.1. Iniciaremos estendendo a definição de cilindro dada pela geometria clássica para sólidos cilíndricos com bases arbitrárias (Figura 6.2). Se o sólido cilíndrico tem uma área de base conhecida A e altura h, então o volume do sólido cilíndrico é

$$\text{Volume} = \text{área} \times \text{altura} = A \cdot h.$$

Essa equação constitui a base para a definição dos volumes de muitos sólidos que não são cilindros, como o da Figura 6.1. Se a seção transversal do sólido S em cada ponto x no intervalo $[a, b]$ é uma região $S(x)$ de área $A(x)$, e A é uma função contínua de x, podemos definir e calcular o volume do sólido S como a integral definida de $A(x)$. Agora mostraremos como essa integral é obtida por meio do **método do fatiamento**.

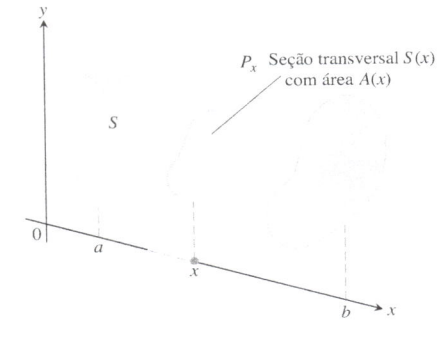

FIGURA 6.1 Seção transversal $S(x)$ do sólido S formado pela interseção de S com um plano P_x perpendicular ao eixo x através do ponto x no intervalo $[a, b]$.

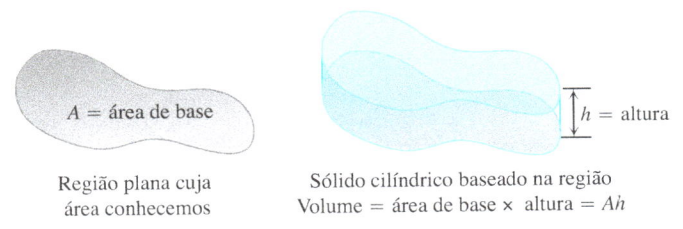

FIGURA 6.2 Sempre definimos o volume de um sólido cilíndrico como sua área de base vezes a sua altura.

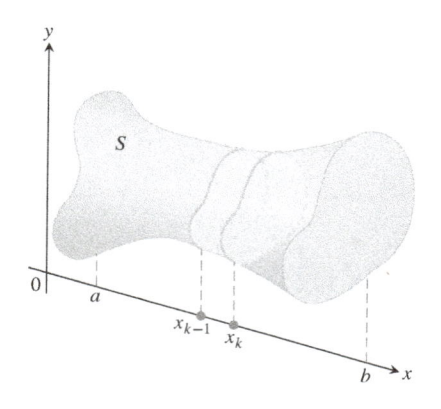

FIGURA 6.3 Fatia fina típica do sólido S.

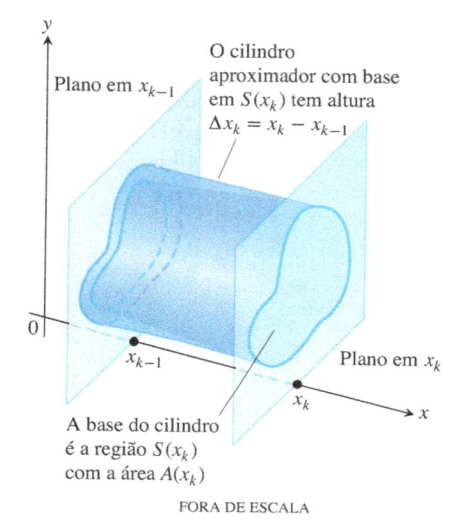

FIGURA 6.4 A fatia fina do sólido mostrada na Figura 6.3 é ampliada aqui e aproximada pelo sólido cilíndrico com base $S(x_k)$, que tem área $A(x_k)$ e altura $\Delta x_k = x_k - x_{k-1}$.

Fatiando por planos paralelos

Dividimos $[a, b]$ em subintervalos de largura (comprimento) Δx_k e fatiamos o sólido, como faríamos com um pedaço de pão, por planos perpendiculares ao eixo x nos pontos de partição $a = x_0 < x_1 < \cdots < x_n = b$. Os planos P_{x_k}, perpendiculares ao eixo x nos pontos de partição, dividem S em "fatias" (como as fatias de um pedaço de pão de forma). A Figura 6.3 mostra uma fatia típica. Aproximamos a fatia situada entre o plano em x_{k-1} e o plano em x_k usando um sólido cilíndrico com área de base $A(x_k)$ e altura $\Delta x_k = x_k - x_{k-1}$ (Figura 6.4). O volume V_k desse sólido cilíndrico é $A(x_k) \cdot \Delta x_k$, que é aproximadamente o mesmo volume da fatia:

Volume da k-ésima fatia $\approx V_k = A(x_k) \Delta x_k$.

O volume V do sólido inteiro S é, por conseguinte, aproximado pela soma desses volumes cilíndricos,

$$V \approx \sum_{k=1}^{n} V_k = \sum_{k=1}^{n} A(x_k) \Delta x_k.$$

Isso é uma soma de Riemann para a função $A(x)$ em $[a, b]$. Esperamos que as aproximações dessas somas melhorem à medida que a norma da partição de $[a, b]$ tenda a zero. Tomando uma partição de $[a, b]$ com n subintervalos e $\|P\| \to 0$, teremos

$$\lim_{n \to \infty} \sum_{k=1}^{n} A(x_k) \Delta x_k = \int_a^b A(x)\, dx.$$

Assim, determinamos a integral definida, que é o limite dessas somas de Riemann, como o volume do sólido S.

> **DEFINIÇÃO** O **volume** de um sólido de área de seção transversal integrável $A(x)$ de $x = a$ até $x = b$ é a integral de A de a até b,
>
> $$V = \int_a^b A(x)\, dx.$$

Essa definição se aplica sempre que $A(x)$ for integrável e, em particular, quando for contínua. Para aplicar a definição para o cálculo do volume de um sólido, siga os passos abaixo:

> **Cálculo do volume de um sólido**
>
> 1. *Esboce o sólido e uma seção transversal típica.*
> 2. *Determine uma fórmula para $A(x)$, a área de uma seção transversal típica.*
> 3. *Determine os limites de integração.*
> 4. *Integre $A(x)$ para determinar o volume.*

EXEMPLO 1 Uma pirâmide com 3 metros de altura tem uma base quadrada com 3 metros de lado. A seção transversal da pirâmide, perpendicular à altura e a x metros abaixo do vértice, é um quadrado com x metros de lado. Determine o volume da pirâmide.

Solução

1. *Um esboço.* Desenhamos a pirâmide com sua altura ao longo do eixo x e seu vértice na origem, e incluímos uma seção transversal típica (Figura 6.5).

2. *Uma fórmula para A(x).* A seção transversal em x é um quadrado com x metros de lado, portanto sua área será

$$A(x) = x^2.$$

3. *Os limites de integração.* Os quadrados estendem-se de $x = 0$ até $x = 3$.

4. *Integre para determinar o volume*:

$$V = \int_0^3 A(x)\,dx = \int_0^3 x^2\,dx = \left.\frac{x^3}{3}\right]_0^3 = 9 \text{ m}^3.$$

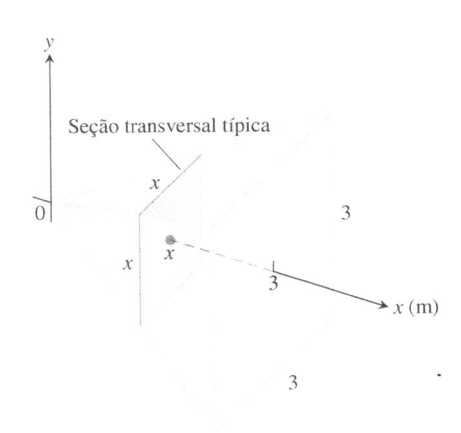

FIGURA 6.5 As seções transversais da pirâmide do Exemplo 1 são quadradas.

EXEMPLO 2 Uma cunha curva de um cilindro circular de raio 3 foi cortada por dois planos. Um plano é perpendicular ao eixo do cilindro. O segundo plano atravessa o primeiro plano a um ângulo de 45° no centro do cilindro. Determine o volume da cunha.

Solução Desenhamos a cunha e esboçamos uma seção transversal típica perpendicular ao eixo x (Figura 6.6). A base da cunha na figura é o semicírculo com $x \geq 0$ cortado do círculo $x^2 + y^2 = 9$ pelo plano de 45°, quando este cruza o eixo y. Para qualquer x no intervalo $[0, 3]$, os valores de y nessa base semicircular variam de $y = -\sqrt{9 - x^2}$ a $y = \sqrt{9 - x^2}$. Quando fatiamos a cunha por um plano perpendicular ao eixo x, obtemos uma seção transversal em x, que é um retângulo de altura x cuja largura se estende em toda a base semicircular. A área dessa seção transversal é

$$A(x) = (\text{altura})(\text{largura}) = (x)\left(2\sqrt{9 - x^2}\right)$$
$$= 2x\sqrt{9 - x^2}.$$

Os retângulos se estendem de $x = 0$ a $x = 3$, então obtemos

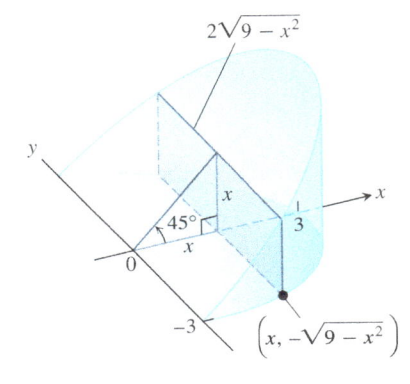

$$V = \int_a^b A(x)\,dx = \int_0^3 2x\sqrt{9 - x^2}\,dx$$
$$= \left.-\frac{2}{3}(9 - x^2)^{3/2}\right]_0^3 \quad \text{Seja } u = 9 - x^2,$$
$$\qquad\qquad\qquad\qquad\qquad du = -2x\,dx, \text{ integre e}$$
$$\qquad\qquad\qquad\qquad\qquad \text{substitua novamente.}$$
$$= 0 + \frac{2}{3}(9)^{3/2}$$
$$= 18.$$

FIGURA 6.6 Cunha do Exemplo 2, cortada perpendicularmente ao eixo x. As seções transversais são retângulos.

EXEMPLO 3 O princípio de Cavalieri diz que os sólidos com a mesma altura e com as áreas das seções transversais iguais em cada altura têm o mesmo volume (Figura 6.7). Isso se segue imediatamente à definição de volume, pois a função área de seção transversal $A(x)$ e o intervalo $[a, b]$ são os mesmos para ambos os sólidos.

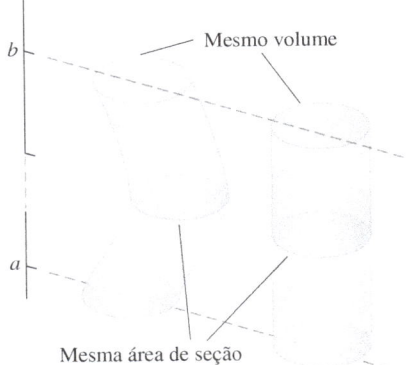

BIOGRAFIA HISTÓRICA

Bonaventura Cavalieri
(1598-1647)

FIGURA 6.7 *Princípio de Cavalieri*: esses sólidos têm o mesmo volume, o que pode ser ilustrado com pilhas de moedas.

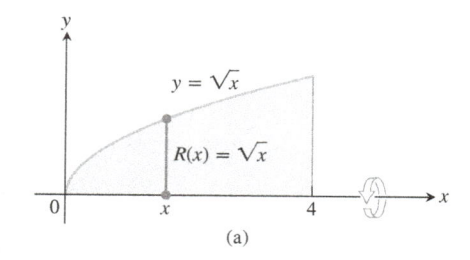

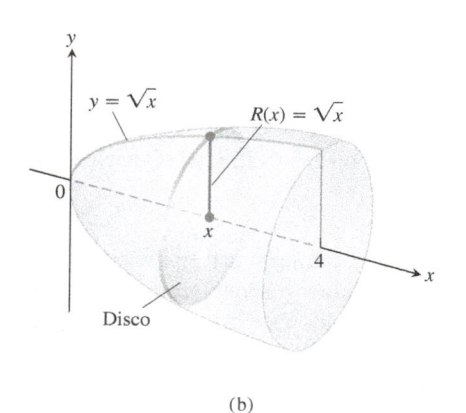

FIGURA 6.8 Região (a) e sólido de revolução (b) no Exemplo 4.

Sólidos de revolução: o método do disco

O sólido obtido com a rotação (ou revolução) de uma região plana em torno de um eixo em seu plano é chamado de **sólido de revolução**. Para determinar o volume de um sólido como o da Figura 6.8, é preciso observar que a área da seção transversal $A(x)$ é um disco de raio $R(x)$, a distância entre a fronteira da região bidimensional e o eixo de revolução. A área é, portanto,

$$A(x) = \pi(\text{raio})^2 = \pi[R(x)]^2.$$

Assim, obtém-se a definição do volume, nesse caso

> **Volume pelos discos de rotação em torno do eixo x**
>
> $$V = \int_a^b A(x)\, dx = \int_a^b \pi[R(x)]^2\, dx.$$

Esse método para calcular o volume de um sólido de revolução geralmente é denominado **método do disco**, pois uma seção transversal é um disco circular de raio $R(x)$.

EXEMPLO 4 A região entre a curva $y = \sqrt{x}$, $0 \leq x \leq 4$, e o eixo x gira em torno do eixo x para gerar um sólido. Determine seu volume.

Solução Desenhamos figuras que mostram a região, um raio típico e o sólido obtido (Figura 6.8). O volume é

$$V = \int_a^b \pi[R(x)]^2\, dx$$

$$= \int_0^4 \pi\left[\sqrt{x}\right]^2 dx \qquad \text{Raio } R(x) = \sqrt{x} \text{ para rotação em torno do eixo } x.$$

$$= \pi \int_0^4 x\, dx = \pi \frac{x^2}{2}\Big]_0^4 = \pi \frac{(4)^2}{2} = 8\pi.$$

EXEMPLO 5 O círculo

$$x^2 + y^2 = a^2$$

é girado em torno do eixo x para gerar uma esfera. Determine seu volume.

Solução Imaginamos a esfera cortada em fatias finas por planos perpendiculares ao eixo x (Figura 6.9). A área de seção transversal em um ponto típico x entre $-a$ e a é

$$A(x) = \pi y^2 = \pi(a^2 - x^2). \qquad \text{Raio } R(x) = \sqrt{a^2 - x^2} \text{ para rotação em torno do eixo } x.$$

Portanto, o volume é

$$V = \int_{-a}^{a} A(x)\, dx = \int_{-a}^{a} \pi(a^2 - x^2)\, dx = \pi\left[a^2 x - \frac{x^3}{3}\right]_{-a}^{a} = \frac{4}{3}\pi a^3.$$

O eixo de revolução no exemplo a seguir não é o eixo x, mas a regra de cálculo do volume é a mesma: integre $\pi(\text{raio})^2$ entre os limites apropriados.

EXEMPLO 6 Determine o volume do sólido obtido com a rotação da região limitada por $y = \sqrt{x}$ e as retas $y = 1$, $x = 4$ em torno da reta $y = 1$.

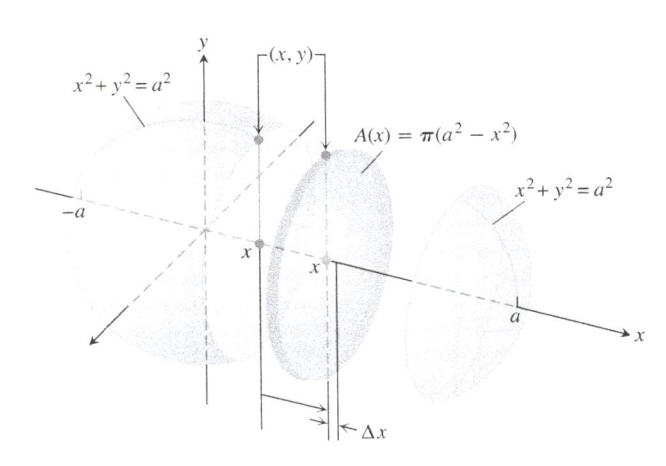

FIGURA 6.9 Esfera gerada pela rotação do círculo $x^2 + y^2 = a^2$ em torno do eixo x. O raio é $R(x) = y = \sqrt{a^2 - x^2}$ (Exemplo 5).

Solução Desenhamos figuras que mostram a região, um raio típico e o sólido obtido (Figura 6.10). O volume é

$$V = \int_1^4 \pi [R(x)]^2 \, dx$$

$$= \int_1^4 \pi \left[\sqrt{x} - 1\right]^2 dx \qquad \text{Raio } R(x) = \sqrt{x} - 1 \text{ para a rotação em torno de } y = 1$$

$$= \pi \int_1^4 \left[x - 2\sqrt{x} + 1\right] dx \qquad \text{Expandir integrando.}$$

$$= \pi \left[\frac{x^2}{2} - 2 \cdot \frac{2}{3} x^{3/2} + x\right]_1^4 = \frac{7\pi}{6}. \qquad \text{Integre.}$$

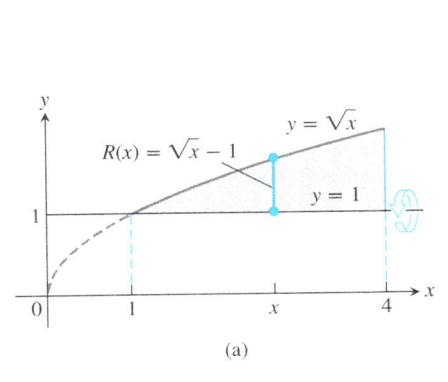

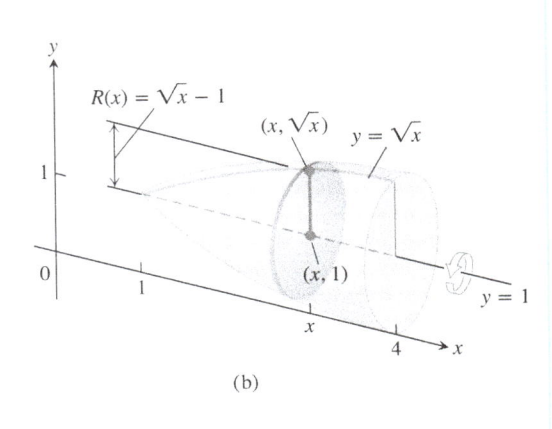

FIGURA 6.10 Região (a) e sólido de revolução (b) no Exemplo 6.

Para determinar o volume de um sólido obtido com a rotação de uma região entre o eixo y e a curva $x = R(y)$, $c \le y \le d$, em torno do eixo y, usamos o mesmo método com x trocado por y. Nesse caso, a seção transversal circular é

$$A(y) = \pi [\text{raio}]^2 = \pi [R(y)]^2,$$

e obtém-se a definição de volume

> **Volume pelos discos de rotação em torno do eixo y**
>
> $$V = \int_c^d A(y)\, dy = \int_c^d \pi[R(y)]^2\, dy.$$

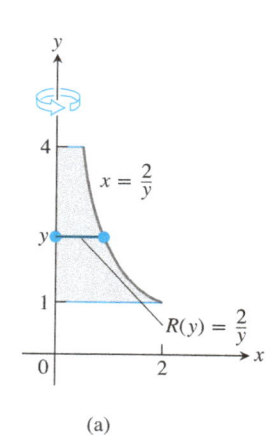

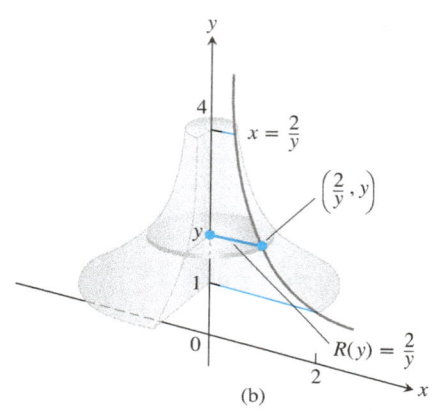

EXEMPLO 7 Determine o volume do sólido obtido com a rotação, em torno do eixo y, da região entre o eixo y e a curva $x = 2/y$, $1 \le y \le 4$.

Solução Desenhamos figuras que mostram a região, um raio típico e o sólido obtido (Figura 6.11). O volume é

$$V = \int_1^4 \pi[R(y)]^2\, dy$$

$$= \int_1^4 \pi\left(\frac{2}{y}\right)^2 dy \qquad \text{Raio } R(y) = \frac{2}{y} \text{ para rotação em torno do eixo } y$$

$$= \pi \int_1^4 \frac{4}{y^2}\, dy = 4\pi\left[-\frac{1}{y}\right]_1^4 = 4\pi\left[\frac{3}{4}\right] = 3\pi.$$

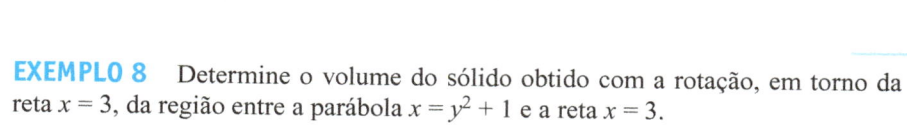

FIGURA 6.11 Região (a) e parte do sólido de revolução (b) no Exemplo 7.

EXEMPLO 8 Determine o volume do sólido obtido com a rotação, em torno da reta $x = 3$, da região entre a parábola $x = y^2 + 1$ e a reta $x = 3$.

Solução Desenhamos figuras que mostram a região, um raio típico e o sólido obtido (Figura 6.12). Observe que as seções transversais são perpendiculares à reta $x = 3$ e têm as coordenadas y de $y = -\sqrt{2}$ a $y = \sqrt{2}$. O volume é

$$V = \int_{-\sqrt{2}}^{\sqrt{2}} \pi[R(y)]^2\, dy \qquad y = \pm\sqrt{2} \text{ quando } x = 3$$

$$= \int_{-\sqrt{2}}^{\sqrt{2}} \pi[2 - y^2]^2\, dy \qquad \begin{array}{l}\text{Raio } R(y) = 3 - (y^2 + 1)\\ \text{para a rotação em torno do eixo } x = 3\end{array}$$

$$= \pi \int_{-\sqrt{2}}^{\sqrt{2}} [4 - 4y^2 + y^4]\, dy \qquad \text{Expandir integrando.}$$

$$= \pi\left[4y - \frac{4}{3}y^3 + \frac{y^5}{5}\right]_{-\sqrt{2}}^{\sqrt{2}} \qquad \text{Integre.}$$

$$= \frac{64\pi\sqrt{2}}{15}.$$

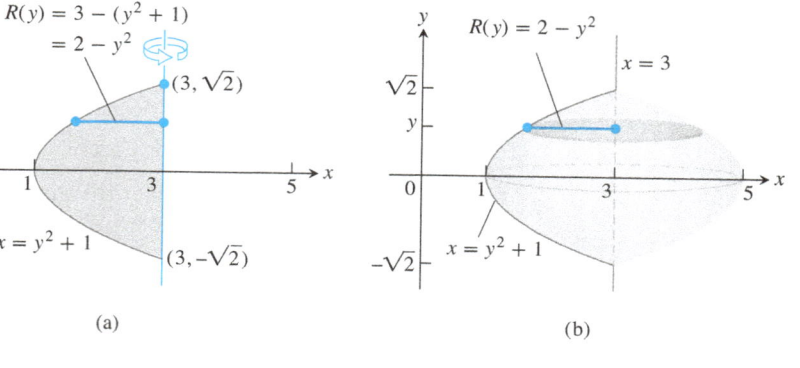

FIGURA 6.12 Região (a) e sólido de revolução (b) no Exemplo 8.

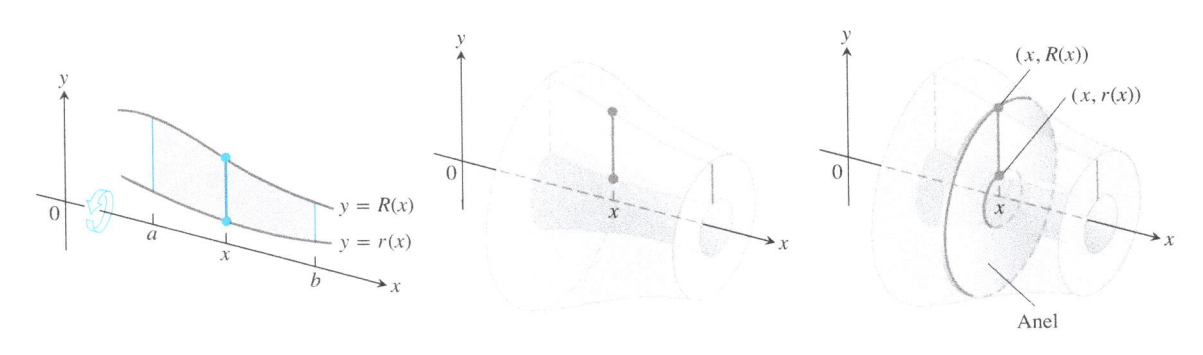

FIGURA 6.13 As seções transversais do sólido de revolução obtido aqui são anéis, e não discos, então a integral $\int_a^b A(x)\,dx$ conduz a uma fórmula ligeiramente diferente.

Sólidos de revolução: o método do anel

Se a região que giramos para gerar um sólido não atingir ou atravessar o eixo de revolução, o sólido resultante terá um orifício no meio (Figura 6.13). As seções transversais perpendiculares ao eixo de revolução são *anéis* (a superfície circular sombreada na Figura 6.13), e não discos. As dimensões de um anel típico são

$$\text{Raio externo: } R(x)$$
$$\text{Raio interno: } r(x)$$

A área do anel é

$$A(x) = \pi[R(x)]^2 - \pi[r(x)]^2 = \pi([R(x)]^2 - [r(x)]^2).$$

Por conseguinte, a definição do volume, neste caso, resulta em

Volume pelos anéis de rotação em torno do eixo x

$$V = \int_a^b A(x)\,dx = \int_a^b \pi([R(x)]^2 - [r(x)]^2)\,dx.$$

Esse método para calcular o volume de um sólido de revolução é chamado de **método do anel**, pois a fatia é um anel circular de raio exterior $R(x)$ e raio interior $r(x)$.

EXEMPLO 9 A região limitada pela curva $y = x^2 + 1$ e pela reta $y = -x + 3$ é girada em torno do eixo x para gerar um sólido. Determine o volume do sólido.

Solução Usamos os quatro passos para o cálculo do volume de um sólido tal como discutido no início dessa seção.

1. Desenhe a região e esboce um segmento de reta que a atravesse perpendicularmente ao eixo de revolução (o segmento em cinza na Figura 6.14a).
2. Determine os raios interno e externo do anel que seriam varridos pelo segmento de reta se ele girasse em torno do eixo x, juntamente com a região. Esses raios são as distâncias dos extremos dos segmentos de reta ao eixo de revolução (Figura 6.14).

$$\text{Raio externo: } R(x) = -x + 3$$
$$\text{Raio interno: } r(x) = x^2 + 1$$

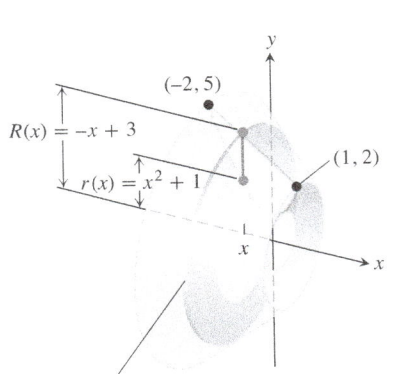

FIGURA 6.14 (a) Região do Exemplo 9 varrida por um segmento de reta perpendicular ao eixo de revolução. (b) Quando a região gira em torno do eixo x, o segmento de reta gera um anel.

3. Encontre os limites de integração, determinando as abscissas dos pontos de interseção da curva com a reta na Figura 6.14a.

$$x^2 + 1 = -x + 3$$
$$x^2 + x - 2 = 0$$
$$(x + 2)(x - 1) = 0$$
$$x = -2, \quad x = 1 \quad \text{Limites de integração}$$

4. Calcule a integral de volume.

$$V = \int_a^b \pi([R(x)]^2 - [r(x)]^2)\, dx \quad \text{Rotação em torno do eixo } x$$

$$= \int_{-2}^1 \pi((-x+3)^2 - (x^2+1)^2)\, dx \quad \text{Valores dos passos 2 e 3}$$

$$= \pi \int_{-2}^1 (8 - 6x - x^2 - x^4)\, dx \quad \text{Simplifique algebricamente.}$$

$$= \pi \left[8x - 3x^2 - \frac{x^3}{3} - \frac{x^5}{5} \right]_{-2}^1 = \frac{117\pi}{5}$$

Para determinar o volume de um sólido obtido com a rotação de uma região em torno do eixo y, usamos o mesmo procedimento do Exemplo 9, mas integramos em relação a y em vez de x. Nessa situação, o segmento de reta cuja rotação gera um anel típico é perpendicular ao eixo y (o eixo de revolução), e os raios interno e externo do anel são funções de y.

EXEMPLO 10 A região compreendida entre a parábola $y = x^2$ e a reta $y = 2x$ no primeiro quadrante gira em torno do eixo y para gerar um sólido. Determine o volume do sólido.

Solução Primeiro, esboçamos a região e traçamos um segmento de reta que cruze perpendicularmente o eixo de revolução (eixo y). Veja a Figura 6.15a.
Os raios do anel obtidos pelo segmento de reta são $R(y) = \sqrt{y}$, $r(y) = y/2$ (Figura 6.15).
A reta e a parábola se cruzam em $y = 0$ e $y = 4$, assim os limites de integração são $c = 0$ e $d = 4$. Integraremos para determinar o volume:

$$V = \int_c^d \pi([R(y)]^2 - [r(y)]^2)\, dy \quad \text{Rotação em torno do eixo } y$$

$$= \int_0^4 \pi\left(\left[\sqrt{y}\right]^2 - \left[\frac{y}{2}\right]^2 \right) dy \quad \text{Substitua pelos raios e pelo limite de integração.}$$

$$= \pi \int_0^4 \left(y - \frac{y^2}{4} \right) dy = \pi \left[\frac{y^2}{2} - \frac{y^3}{12} \right]_0^4 = \frac{8}{3}\pi.$$

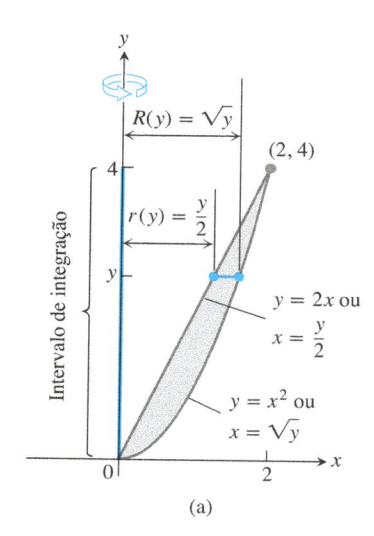

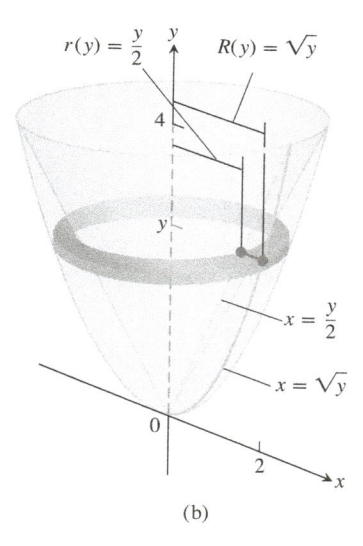

FIGURA 6.15 (a) Região sendo girada em torno do eixo y, raios do anel e limites de integração do Exemplo 10. (b) Anel obtido com a rotação do segmento de reta da parte (a).

Exercícios 6.1

Volumes por fatiamento

Nos Exercícios 1-10, determine os volumes dos sólidos.

1. O sólido está situado entre planos perpendiculares ao eixo x em $x = 0$ e $x = 4$. As seções transversais perpendiculares ao eixo no intervalo $0 \leq x \leq 4$ são quadrados cujas diagonais se estendem da parábola $y = -\sqrt{x}$ à parábola $y = \sqrt{x}$.

2. O sólido está situado entre planos perpendiculares ao eixo x em $x = -1$ e $x = 1$. As seções transversais perpendiculares ao eixo x são discos circulares cujos diâmetros se estendem da parábola $y = x^2$ à parábola $y = 2 - x^2$.

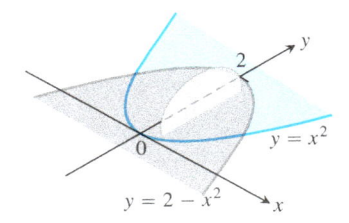

3. O sólido está situado entre planos perpendiculares ao eixo x em $x = -1$ e $x = 1$. As seções transversais perpendiculares ao eixo x entre esses planos são quadrados cujas bases se estendem do semicírculo $y = -\sqrt{1-x^2}$ ao semicírculo $y = \sqrt{1-x^2}$.

4. O sólido está situado entre os planos perpendiculares ao eixo x em $x = -1$ e $x = 1$. As seções transversais perpendiculares ao eixo x entre esses planos são quadrados cujas diagonais se estendem do semicírculo $y = -\sqrt{1-x^2}$ ao semicírculo $y = \sqrt{1-x^2}$.

5. A base de um sólido é a região entre a curva $y = 2\sqrt{\operatorname{sen} x}$ e o intervalo $[0, \pi]$ no eixo x. As seções transversais perpendiculares ao eixo x são
   a. triângulos equiláteros com bases que se estendem do eixo x à curva, como mostra a figura a seguir.

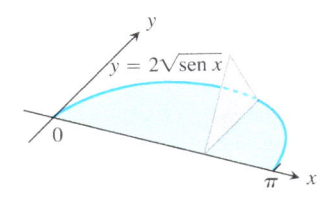

   b. quadrados com bases que se estendem do eixo x à curva.

6. O sólido está situado entre planos perpendiculares ao eixo x em $x = -\pi/3$ e $x = \pi/3$. As seções transversais perpendiculares ao eixo x são
   a. discos circulares com diâmetros que se estendem da curva $y = \operatorname{tg} x$ à curva $y = \sec x$.
   b. quadrados cujas bases se estendem da curva $y = \operatorname{tg} x$ à curva $y = \sec x$.

7. A base de um sólido é a região limitada pelos gráficos de $y = 3x$, $y = 6$ e $x = 0$. As seções transversais perpendiculares ao eixo x são
   a. retângulos de altura 10.
   b. retângulos de perímetro 20.

8. A base de um sólido é a região limitada pelos gráficos de $y = \sqrt{x}$ e $y = x/2$. As seções transversais perpendiculares ao eixo x são
   a. triângulos isósceles de altura 6.
   b. semicírculos com diâmetros que se estendem através da base do sólido.

9. O sólido está situado entre planos perpendiculares ao eixo y em $y = 0$ e $y = 2$. As seções transversais perpendiculares ao eixo y são discos circulares com diâmetros que se estendem do eixo y à parábola $x = \sqrt{5}y^2$.

10. A base do sólido é o disco $x^2 + y^2 \leq 1$. As seções transversais por planos perpendiculares ao eixo y entre $y = -1$ e $y = 1$ são triângulos retângulos isósceles com um cateto no disco.

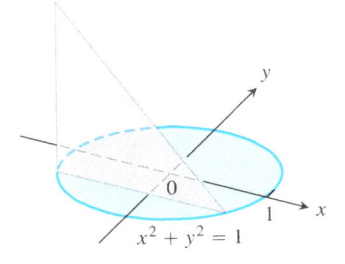

11. Determine o volume do tetraedro dado. (Sugestão: considere fatias perpendiculares às bordas rotuladas.)

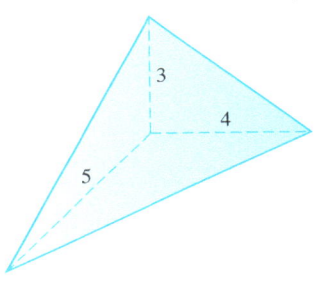

12. Determine o volume da pirâmide dada, que tem uma base quadrada de área 9 e altura 5.

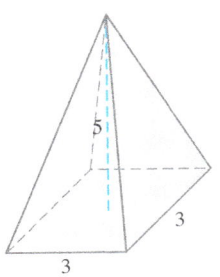

13. **Sólido torcido** Um quadrado de lado s está situado em um plano perpendicular à reta L. Um vértice do quadrado se encontra em L. À medida que esse quadrado se desloca uma distância h ao longo de L, ele faz uma revolução em torno de L para gerar uma coluna semelhante a um saca-rolhas com seções transversais quadradas.
    a. Determine o volume da coluna.
    b. Qual será o volume se o quadrado girar duas vezes em vez de uma? Justifique sua resposta.

14. **Princípio de Cavalieri** Um sólido está situado entre planos perpendiculares ao eixo x em $x = 0$ e $x = 12$. As seções transversais perpendiculares ao eixo x são discos circulares cujos diâmetros vão da reta $y = x/2$ à reta $y = x$, conforme mostra a figura a seguir. Explique por que o sólido tem o mesmo volume que um cone circular reto com raio de base 3 e altura 12.

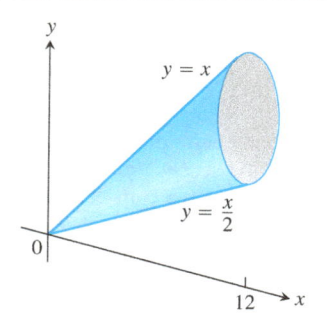

Volumes pelo método do disco

Nos Exercícios 15-18, determine o volume do sólido obtido com a rotação da região sombreada em torno do eixo dado.

15. Em torno do eixo x

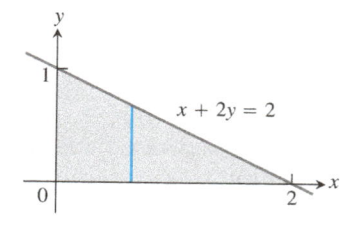

16. Em torno do eixo y

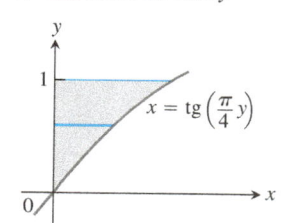

17. Em torno do eixo y

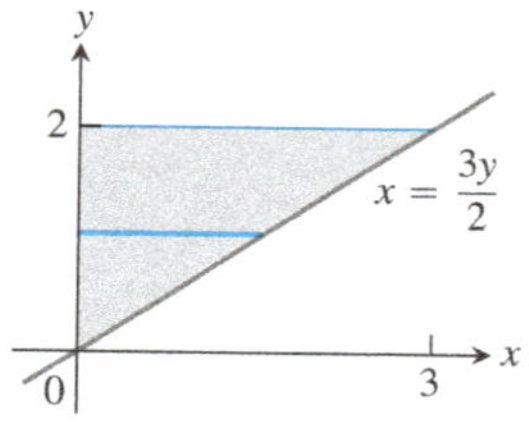

18. Em torno do eixo x

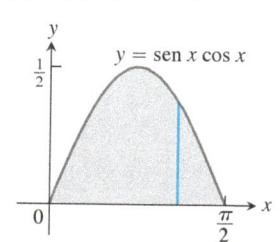

Determine os volumes dos sólidos obtidos com a rotação das regiões limitadas pelas retas e curvas nos Exercícios 19-28 em torno do eixo x.

19. $y = x^2$, $y = 0$, $x = 2$
20. $y = x^3$, $y = 0$, $x = 2$
21. $y = \sqrt{9 - x^2}$, $y = 0$
22. $y = x - x^2$, $y = 0$
23. $y = \sqrt{\cos x}$, $0 \le x \le \pi/2$, $y = 0$, $x = 0$
24. $y = \sec x$, $y = 0$, $x = -\pi/4$, $x = \pi/4$
25. $y = e^{-x}$, $y = 0$, $x = 0$, $x = 1$
26. A região entre a curva $y = \sqrt{\cotg x}$ e o eixo x de $x = \pi/6$ a $x = \pi/2$.
27. A região entre a curva $y = 1/(2\sqrt{x})$ e o eixo x de $x = 1/4$ a $x = 4$.
28. $y = e^{x-1}$, $y = 0$, $x = 1$, $x = 3$

Nos Exercícios 29 e 30, determine o volume do sólido obtido com a rotação da região em torno da reta dada.

29. A região, no primeiro quadrante, limitada acima pela reta $y = \sqrt{2}$, abaixo pela curva $y = \sec x \tg x$ e à esquerda pelo eixo y, em torno da reta $y = \sqrt{2}$.
30. A região, no primeiro quadrante, limitada acima pela reta $y = 2$, abaixo pela curva $y = 2 \sen x$, $0 \le x \le \pi/2$ e à esquerda pelo eixo y, em torno da reta $y = 2$.

Nos Exercícios 31-36, determine o volume dos sólidos obtidos com a rotação das regiões limitadas pelas retas e curvas em torno do eixo y.

31. A região limitada por $x = \sqrt{5}y^2$, $x = 0$, $y = -1$, $y = 1$
32. A região limitada por $x = y^{3/2}$, $x = 0$, $y = 2$
33. A região limitada por $x = \sqrt{2 \sen 2y}$, $0 \le y \le \pi/2$, $x = 0$
34. A região limitada por $\sqrt{\cos(\pi y/4)}$, $-2 \le y \le 0$, $x = 0$
35. $x = 2/\sqrt{y+1}$, $x = 0$, $y = 0$, $y = 3$
36. $x = \sqrt{2y}/(y^2 + 1)$, $x = 0$, $y = 1$

Volumes pelo método do anel

Nos Exercícios 37 e 38, determine o volume dos sólidos obtidos com a rotação das regiões sombreadas em torno dos eixos indicados.

37. O eixo x

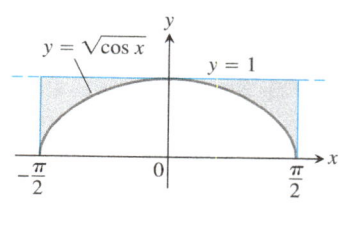

38. O eixo y

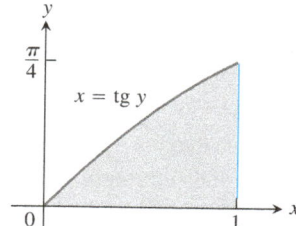

Nos Exercícios 39-44, determine o volume dos sólidos obtidos com a rotação das regiões limitadas pelas retas e curvas em torno do eixo x.

39. $y = x$, $y = 1$, $x = 0$
40. $y = 2\sqrt{x}$, $y = 2$, $x = 0$
41. $y = x^2 + 1$, $y = x + 3$
42. $y = 4 - x^2$, $y = 2 - x$
43. $y = \sec x$, $y = \sqrt{2}$, $-\pi/4 \le x \le \pi/4$
44. $y = \sec x$, $y = \tg x$, $x = 0$, $x = 1$

Nos Exercícios 45-48, determine o volume do sólido obtido com a rotação de cada região em torno do eixo y.

45. A região limitada pelo triângulo com vértices em (1, 0), (2, 1) e (1, 1).
46. A região limitada pelo triângulo com vértices (0, 1), (1, 0) e (1, 1).
47. A região, no primeiro quadrante, limitada acima pela parábola $y = x^2$, abaixo pelo eixo x e à direita pela reta $x = 2$.
48. A região, no primeiro quadrante, limitada à esquerda pelo círculo $x^2 + y^2 = 3$, à direita pela reta $x = \sqrt{3}$ e acima pela reta $y = \sqrt{3}$.

Nos Exercícios 49 e 50, determine o volume do sólido obtido com a rotação de cada região em torno do eixo dado.

49. A região, no primeiro quadrante, limitada acima pela curva $y = x^2$, abaixo pelo eixo x e à direita pela reta $x = 1$ em torno da reta $x = -1$.

50. A região, no segundo quadrante, limitada acima pela curva $y = -x^3$, abaixo pelo eixo x e à esquerda pela reta $x = -1$ em torno da reta $x = -2$.

Volumes de sólidos de revolução

51. Determine o volume do sólido obtido com a rotação da região limitada por $y = \sqrt{x}$ e pelas retas $y = 2$ e $x = 0$ em torno
    a. do eixo x.
    b. do eixo y.
    c. da reta $y = 2$.
    d. da reta $x = 4$.

52. Determine o volume do sólido obtido com a rotação da região triangular limitada pelas retas $y = 2x$, $y = 0$ e $x = 1$ em torno
    a. da reta $x = 1$.
    b. da reta $x = 2$.

53. Determine o volume do sólido obtido com a rotação da região limitada pela parábola $y = x^2$ e pela reta $y = 1$ em torno
    a. da reta $y = 1$.
    b. da reta $y = 2$.
    c. da reta $y = -1$.

54. Por integração, determine o volume do sólido obtido pela rotação da região triangular com os vértices $(0, 0)$, $(b, 0)$, $(0, h)$ em torno
    a. do eixo x.
    b. do eixo y.

Teoria e aplicações

55. **Volume de um toro** O disco $x^2 + y^2 \leq a^2$ gira em torno da reta $x = b$ $(b > a)$ para gerar um sólido em forma de rosquinha chamado *toro*. Determine seu volume. (Sugestão: $\int_{-a}^{a} \sqrt{a^2 - y^2}\, dy = \pi a^2/2$, uma vez que é a área de um semicírculo de raio a.)

56. **Volume de uma tigela** Uma tigela tem um formato que pode ser obtido pela revolução em torno do eixo y, do gráfico de $y = x^2/2$ entre $y = 0$ e $y = 5$.
    a. Determine o volume da tigela.
    b. **Taxas relacionadas** Se enchermos a tigela com água a uma taxa constante de 3 unidades cúbicas por segundo, a que taxa o nível da água na tigela aumentará quando a água estiver com 4 unidades de profundidade?

57. **Volume de uma tigela**
    a. Uma tigela hemisférica de raio a contém água a uma profundidade h. Determine o volume de água na tigela.
    b. **Taxas relacionadas** Água cai em um aquário hemisférico de raio 5 metros a uma taxa de 0,2 m³/s. A que taxa o nível no aquário aumentará quando a água alcançar 4 metros de profundidade?

58. Explique como se pode calcular o volume de um sólido de revolução por meio da medição da sombra sobre uma mesa em paralelo ao seu eixo de revolução produzida por uma luz que brilha diretamente acima dele.

59. **Volume do hemisfério** Deduza a fórmula $V = (2/3)\pi R^3$ para o volume de um hemisfério de raio R comparando suas seções transversais com as de um cilindro sólido circular reto de raio R e altura R, do qual foi removido um cone sólido circular reto, com raio de base R e altura R, como sugere a figura a seguir.

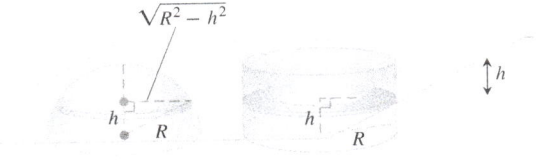

60. **Projeto de um peso para prumo** Você é o encarregado de projetar um peso de latão para prumo que pesará aproximadamente 190 g, e decide concebê-lo como o sólido de revolução mostrado aqui. Determine o volume do peso. Se você especificar um latão com densidade 8,5 g/cm³, qual será o peso em gramas do prumo (arredonde para o inteiro mais próximo)?

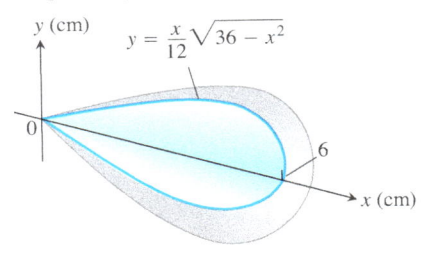

$$y = \frac{x}{12}\sqrt{36 - x^2}$$

61. **Projeto de uma frigideira** Você está projetando uma frigideira que terá o formato de uma tigela esférica com alças. Ao fazer uma experimentação em casa, percebe que conseguirá um modelo com cerca de 3 ℓ de capacidade, se a profundidade for de 9 cm e o raio da esfera, 16 cm. Para ter certeza, você desenha a frigideira como um sólido de revolução, como se vê na figura, e calcula seu volume com uma integral. Arredondando para o inteiro mais próximo, qual será o volume obtido em cm³? (1 ℓ = 1000 cm³.)

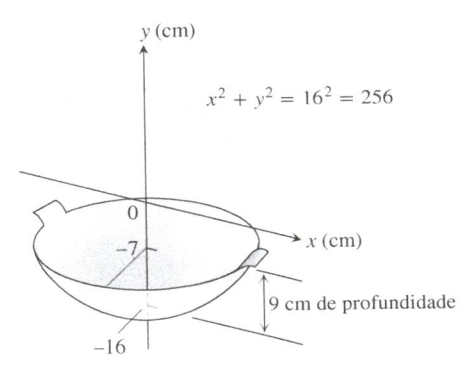

$$x^2 + y^2 = 16^2 = 256$$

62. **Max-min** O arco $y = \operatorname{sen} x$, $0 \leq x \leq \pi$ gira em torno da reta $y = c$, $0 \leq c \leq 1$, para gerar o sólido da figura a seguir.

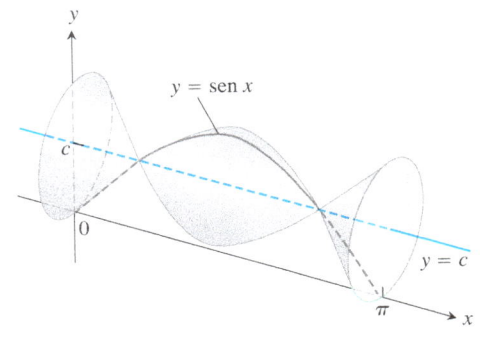

    a. Determine o valor de c que minimiza o volume do sólido. Qual é o volume mínimo?
    b. Que valor de c em [0, 1] maximiza o volume do sólido?
    T c. Desenhe o gráfico do volume do sólido em função de c, primeiro para $0 \leq c \leq 1$ e depois em um domínio maior. O que acontece com o volume do sólido quando c se afasta de [0, 1]? Isso faz sentido fisicamente? Justifique sua resposta.

63. Considere a região R limitada pelos gráficos de $y = f(x) > 0$, $x = a > 0$, $x = b > a$ e $y = 0$ (veja a figura a seguir). Se o volume do sólido formado pela revolução de R em torno do eixo x for 4π e o volume do sólido formado pela revolução de R em torno da reta $y = -1$ for 8π, determine a área de R.

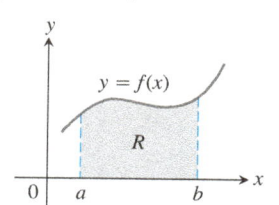

64. Considere a região R dada no Exercício 63. Se o volume do sólido formado pela revolução de R em torno do eixo x for 6π e o volume do sólido formado pela revolução de R em torno da reta $y = -2$ for 10π, determine a área de R.

6.2 Volumes por cascas cilíndricas

Na Seção 6.1, definimos o volume de um sólido como a integral definida $V = \int_a^b A(x)\,dx$, onde $A(x)$ é uma área da seção transversal integrável do sólido de $x = a$ a $x = b$. Obtivemos a área $A(x)$ ao fatiar o sólido com um plano perpendicular ao eixo x. No entanto, esse método de corte é por vezes complicado de aplicar, como ilustraremos em nosso primeiro exemplo. Para superar essa dificuldade, usamos a mesma definição de integral do volume, mas obtemos a área ao cortar o sólido de uma maneira diferente.

Fatiamento com cilindros

Suponha que fatiemos o sólido utilizando cilindros circulares de raios crescentes, como os cortadores de biscoitos. Fatiamos o sólido de cima para baixo, de modo que o eixo de cada cilindro seja paralelo ao eixo y. O eixo vertical de cada cilindro é a mesma reta, mas os raios dos cilindros aumentam em cada fatia. Desse modo, o sólido S é fatiado em cascas cilíndricas finas de espessura constante, que crescem de dentro para fora a partir de um eixo comum, como os anéis circulares das árvores. Se desenrolarmos uma casca cilíndrica, veremos que seu volume é aproximadamente o mesmo de uma fatia retangular com área $A(x)$ e espessura Δx. Isso nos permite aplicar, como anteriormente, a mesma definição de volume como uma integral. Antes de deduzir esse método geral, examinaremos o exemplo a seguir.

EXEMPLO 1 A região compreendida pelo eixo x e pela parábola $y = f(x) = 3x - x^2$ gira em torno da reta vertical $x = -1$ para gerar o formato de um sólido (Figura 6.16). Determine o volume do sólido.

Solução Seria complicado usar o método do anel da Seção 6.1, porque teríamos que expressar os valores de x nos braços esquerdo e direito da parábola da Figura 6.16a em termos de y. (Esses valores de x são os raios interno e externo de um anel típico que nos obrigam a resolver $y = 3x - x^2$ para x, o que leva a fórmulas complicadas.) Em vez de girar uma faixa horizontal de espessura Δy, giramos uma *faixa vertical* de espessura Δx. Essa rotação produz uma *casca cilíndrica* de altura y_k que se ergue acima de um ponto x_k no interior da base da faixa vertical e de espessura Δx. A região sombreada na Figura 6.17 representa um exemplo de casca cilíndrica. Podemos pensar na casca cilíndrica mostrada na figura aproximadamente como uma fatia do sólido que obteríamos cortando diretamente para baixo, paralelamente ao eixo de revolução, em toda a volta próximo à borda do orifício. Depois, cortaríamos outra fatia cilíndrica em torno do orifício aumentado, e então outra, e assim por diante, até que obtivéssemos n cilindros. Os raios dos cilindros aumentam gradualmente e as alturas dos cilindros seguem o contorno da parábola: do menor para o maior e novamente para o menor (Figura 6.16a).

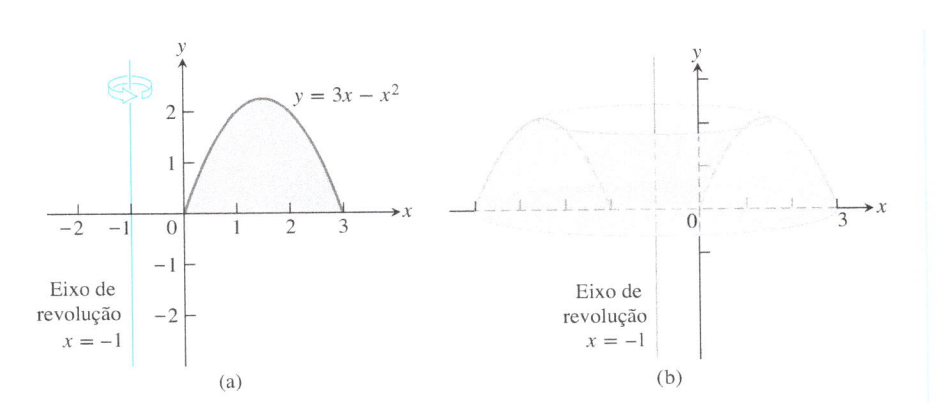

FIGURA 6.16 (a) Gráfico da região do Exemplo 1, antes da revolução. (b) Sólido formado quando a região da parte (a) gira em torno do eixo de revolução $x = -1$.

Cada fatia se situa ao longo de um subintervalo do eixo x de comprimento (largura) Δx_k. Seu raio é de aproximadamente $(1 + x_k)$ e sua altura, cerca de $3x_k - x_k^2$. Se desenrolarmos o cilindro em x_k e o achatarmos, ele se tornará (aproximadamente) uma fatia retangular com espessura Δx_k (Figura 6.18). A circunferência externa do k-ésimo cilindro é $2\pi \cdot$ raio $= 2\pi(1 + x_k)$, e esse é o comprimento da fatia retangular desenrolada. Seu volume é aproximado pelo volume de um sólido retangular,

$$\Delta V_k = \text{circunferência} \times \text{altura} \times \text{espessura}$$
$$= 2\pi(1 + x_k) \cdot (3x_k - x_k^2) \cdot \Delta x_k.$$

Em resumo, somando o volume ΔV_k das cascas cilíndricas individuais ao longo do intervalo $[0, 3]$, obtemos a soma de Riemann

$$\sum_{k=1}^{n} \Delta V_k = \sum_{k=1}^{n} 2\pi(x_k + 1)\left(3x_k - x_k^2\right) \Delta x_k.$$

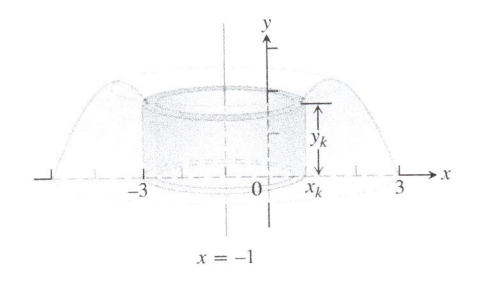

FIGURA 6.17 Casca cilíndrica de altura y_k obtida com a rotação de uma faixa vertical de espessura Δx_k em torno da reta $x = -1$. O raio externo do cilindro ocorre em x_k, onde a altura da parábola é $y_k = 3x_k - x_k^2$ (Exemplo 1).

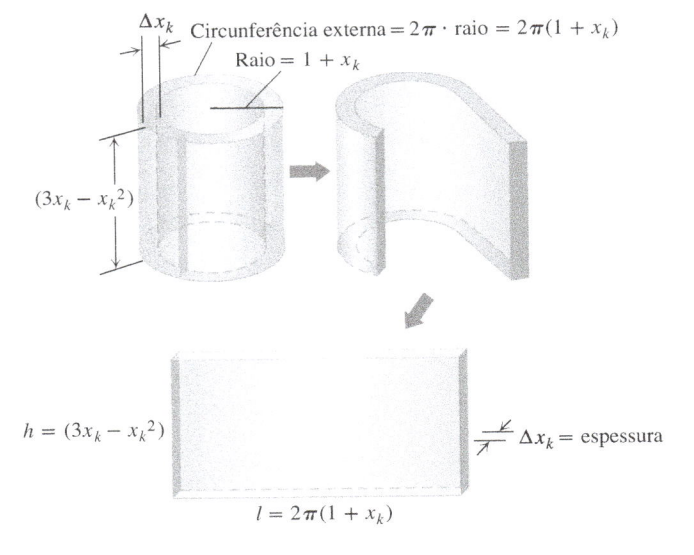

FIGURA 6.18 O corte e o desenrolar de uma casca cilíndrica resulta em um sólido quase retangular (Exemplo 1).

Considerando o limite à medida que a espessura $\Delta x_k \to 0$ e $n \to \infty$, obtemos a integral do volume

$$V = \lim_{n \to \infty} \sum_{k=1}^{n} 2\pi(x_k + 1)(3x_k - x_k^2)\Delta x_k$$

$$= \int_0^3 2\pi(x + 1)(3x - x^2)\,dx$$

$$= \int_0^3 2\pi(3x^2 + 3x - x^3 - x^2)\,dx$$

$$= 2\pi \int_0^3 (2x^2 + 3x - x^3)\,dx$$

$$= 2\pi \left[\frac{2}{3}x^3 + \frac{3}{2}x^2 - \frac{1}{4}x^4\right]_0^3 = \frac{45\pi}{2}.$$

Agora generalizaremos o procedimento utilizado no Exemplo 1.

Método da casca

Suponha que a região limitada pelo gráfico de uma função contínua não negativa $y = f(x)$ e pelo eixo x ao longo do intervalo fechado finito $[a, b]$ fique à direita da reta vertical $x = L$ (Figura 6.19a). Supomos que $a \geq L$, portanto a reta vertical pode tocar a região, mas não atravessá-la. Geramos um sólido S ao girar essa região em torno da reta vertical L.

Seja P uma partição do intervalo $[a, b]$ formada pelos seguintes pontos: $a = x_0 < x_1 < \cdots < x_n = b$, e seja c_k o ponto médio do k-ésimo subintervalo $[x_{k-1}, x_k]$. Aproximamos a região na Figura 6.19a, usando retângulos com base nessa partição de $[a, b]$. O retângulo típico para aproximação tem altura $f(c_k)$ e largura $\Delta x_k = x_k - x_{k-1}$. Se ele for girado em torno da reta vertical $x = L$, então será gerada uma casca, como na Figura 6.19b. Uma fórmula da geometria nos diz que o volume da casca gerada pelo retângulo é

$$\Delta V_k = 2\pi \times \text{raio médio da casca} \times \text{altura da casca} \times \text{espessura}$$

$$= 2\pi \cdot (c_k - L) \cdot f(c_k) \cdot \Delta x_k.$$

> O volume de uma casca cilíndrica de altura h com raio interno r e raio externo R é
>
> $\pi R^2 h - \pi r^2 h = 2\pi \left(\dfrac{R + r}{2}\right)(h)(R - r)$

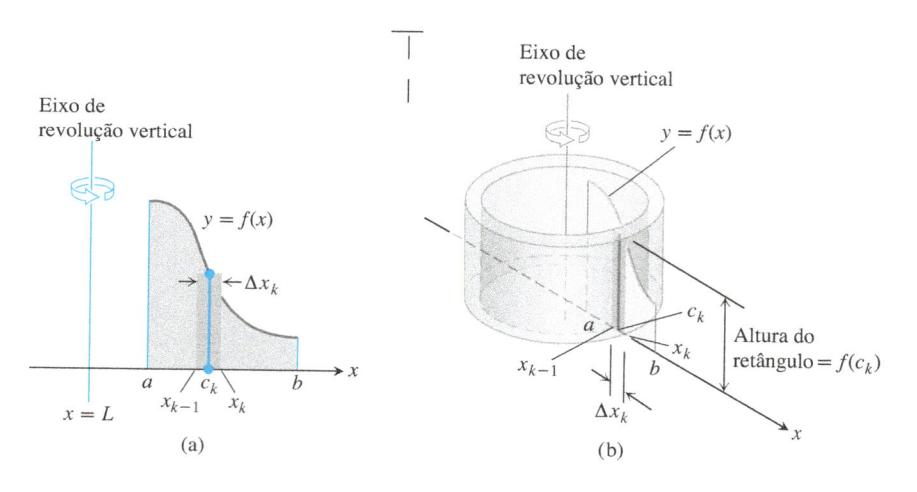

FIGURA 6.19 Quando a região mostrada em (a) é girada em torno da reta vertical $x = L$, o sólido produzido pode ser fatiado em cascas cilíndricas. Uma casca típica é mostrada em (b).

Aproximamos o volume do sólido S pela soma dos volumes das cascas geradas pelos n retângulos com base em P:

$$V \approx \sum_{k=1}^{n} \Delta V_k.$$

O limite dessa soma de Riemann quando $\Delta x_k \to 0$ e $n \to \infty$ fornece o volume do sólido como uma integral definida:

$$V = \lim_{n \to \infty} \sum_{k=1}^{n} \Delta V_k = \int_a^b 2\pi (\text{raio da casca})(\text{altura da casca})\, dx$$

$$= \int_a^b 2\pi (x - L) f(x)\, dx.$$

Nós nos referimos a essa variável de integração, nesse caso x, como a **variável de espessura**. Usamos a primeira integral em vez da segunda, que contém uma fórmula para o integrando, para enfatizar o *processo* do método da casca. Isso também permite rotações em torno de uma reta horizontal L.

Fórmula da casca para a revolução em torno de uma reta vertical

O volume do sólido obtido com a rotação da região entre o eixo x e o gráfico de uma função contínua $y = f(x) \geq 0$, $L \leq a \leq x \leq b$, em torno de uma reta vertical $x = L$ é

$$V = \int_a^b 2\pi \binom{\text{raio da}}{\text{casca}} \binom{\text{altura}}{\text{da casca}} dx.$$

EXEMPLO 2 A região limitada pela curva $y = \sqrt{x}$, pelo eixo x e pela reta $x = 4$ é girada em torno do eixo y gerando um sólido. Determine o volume do sólido.

Solução Esboce a região e desenhe um segmento de reta através dela que seja *paralelo* ao eixo de revolução (Figura 6.20a). Nomeie a altura do segmento (altura da casca) e a distância do eixo de rotação (raio da casca). (Desenhamos a casca na Figura 6.20b, mas fazer isso não é necessário.)

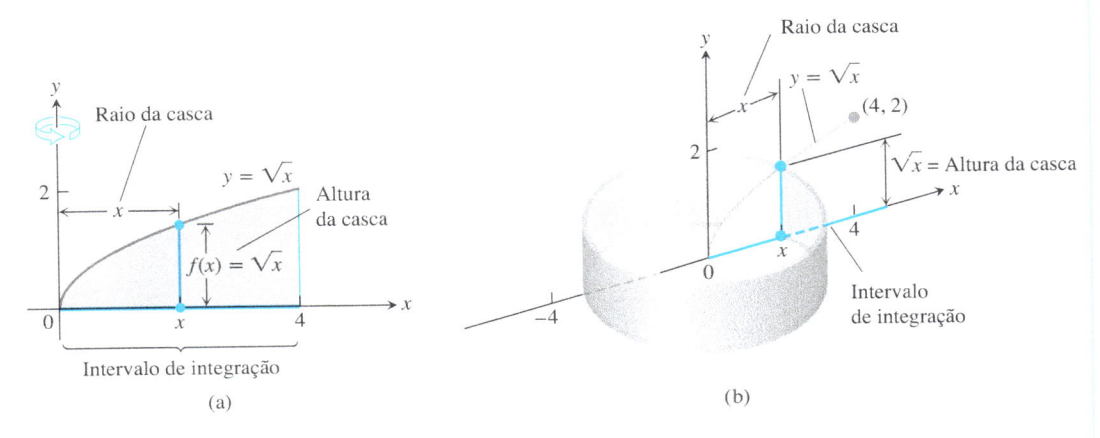

FIGURA 6.20 (a) Região, dimensões da casca e intervalo de integração do Exemplo 2. (b) Casca gerada pelo segmento vertical da parte (a) com largura Δx.

Como a variável de espessura da casca é x, os limites de integração para a fórmula da casca são $a = 0$ e $b = 4$ (Figura 6.20). O volume é, portanto,

$$V = \int_a^b 2\pi \binom{\text{raio da}}{\text{casca}} \binom{\text{altura}}{\text{da casca}} dx$$

$$= \int_0^4 2\pi (x)(\sqrt{x}) \, dx$$

$$= 2\pi \int_0^4 x^{3/2} \, dx = 2\pi \left[\frac{2}{5} x^{5/2} \right]_0^4 = \frac{128\pi}{5}.$$

Até agora, usamos eixos verticais de revolução. Para eixos horizontais, substituímos x por y.

EXEMPLO 3 A região limitada pela curva $y = \sqrt{x}$, pelo eixo x e pela reta $x = 4$ gira em torno do eixo x para gerar um sólido. Determine o volume do sólido pelo método da casca.

Solução Esse é o sólido cujo volume foi determinado pelo método do disco no Exemplo 4 da Seção 6.1. Agora determinaremos o seu volume pelo método da casca. Primeiro esboce a região e desenhe um segmento de reta através dela e *paralela* ao eixo de revolução (Figura 6.21a). Nomeie o comprimento do segmento (altura da casca) e a distância do eixo de revolução (raio da casca). (Desenhamos a casca na Figura 6.21b, mas não é necessário fazer isso.)

Nesse caso, a variável da espessura da casca é y, logo os limites de integração para o método da fórmula da casca são $a = 0$ e $b = 2$ (ao longo do eixo y na Figura 6.21). O volume do sólido é

$$V = \int_a^b 2\pi \binom{\text{raio da}}{\text{casca}} \binom{\text{altura}}{\text{da casca}} dy$$

$$= \int_0^2 2\pi (y)(4 - y^2) \, dy$$

$$= 2\pi \int_0^2 (4y - y^3) \, dy$$

$$= 2\pi \left[2y^2 - \frac{y^4}{4} \right]_0^2 = 8\pi.$$

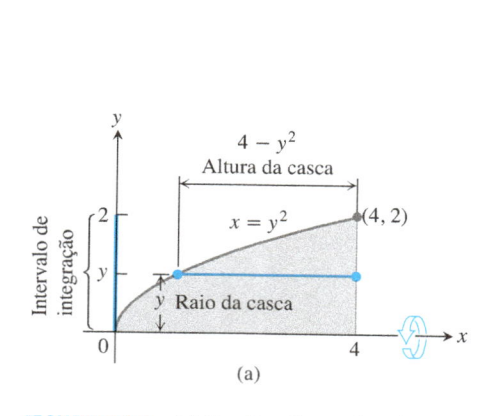

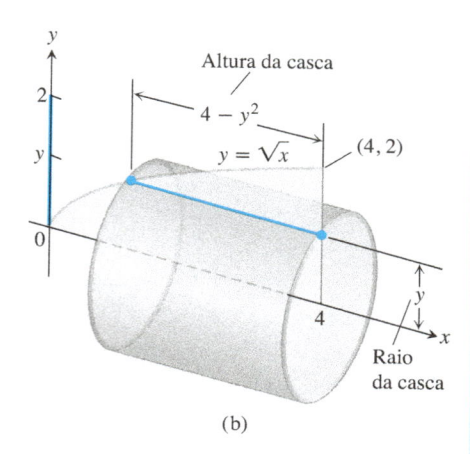

FIGURA 6.21 (a) Região, dimensões da casca e intervalo de integração no Exemplo 3. (b) Casca gerada pelo segmento horizontal da parte (a) com uma largura Δy.

> **Resumo do método da casca**
>
> Independentemente da posição do eixo de revolução (horizontal ou vertical), os passos para implementar o método da casca são os seguintes:
>
> 1. *Desenhe a região e esboce um segmento de reta* que a atravesse *paralelamente* ao eixo de revolução. *Nomeie* a altura ou o comprimento do segmento (altura da casca) e a distância do eixo de revolução (raio da casca).
> 2. *Determine os limites de integração* para a variável espessura.
> 3. *Integre* o produto 2π(raio da casca)(altura da casca) em relação à variável espessura (x ou y) para determinar o volume.

Os métodos da casca e do anel levam ao mesmo resultado quando são utilizados para calcular o volume de uma região. Isso não é demonstrado aqui, mas é ilustrado nos Exercícios 37 e 38 (o Exercício 45 esboça uma prova). As duas fórmulas de volume são realmente casos especiais de uma fórmula de volume geral que veremos ao estudar integrais duplas e triplas no Capítulo 15. Essa fórmula geral também permite calcular o volume de outros sólidos, com exceção dos que foram gerados por regiões de revolução.

Exercícios 6.2

Revolução em torno dos eixos

Nos Exercícios 1-6, use o método da casca para determinar os volumes dos sólidos obtidos com a rotação das regiões sombreadas em torno dos eixos indicados.

1. $y = 1 + \dfrac{x^2}{4}$

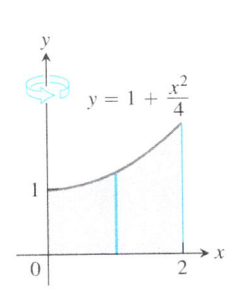

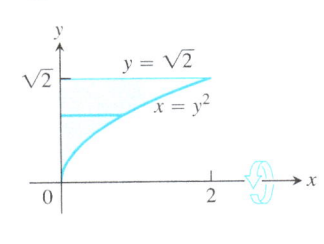

2. $y = 2 - \dfrac{x^2}{4}$

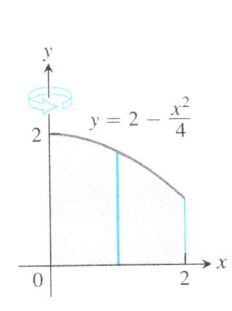

3. $y = \sqrt{2}$, $x = y^2$

4. $y = \sqrt{3}$, $x = 3 - y^2$

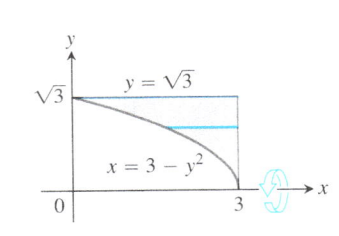

5. O eixo y; $y = \sqrt{x^2 + 1}$, $x = \sqrt{3}$

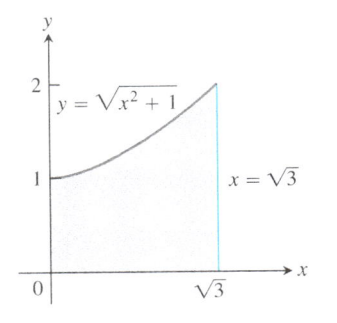

6. O eixo y; $y = \dfrac{9x}{\sqrt{x^3 + 9}}$

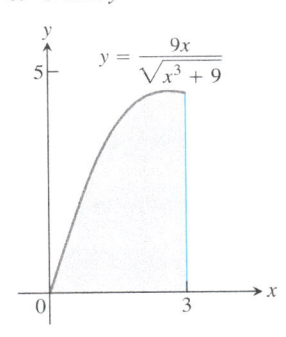

Revolução em torno do eixo y

Nos Exercícios 7-12, use o método da casca para determinar o volume do sólido obtido com a rotação em torno do eixo y das regiões limitadas pelas curvas e retas a seguir.

7. $y = x$, $y = -x/2$, $x = 2$

8. $y = 2x$, $y = x/2$, $x = 1$

9. $y = x^2$, $y = 2 - x$, $x = 0$, para $x \geq 0$

10. $y = 2 - x^2$, $y = x^2$, $x = 0$

11. $y = 2x - 1$, $y = \sqrt{x}$, $x = 0$

12. $y = 3/(2\sqrt{x})$, $y = 0$, $x = 1$, $x = 4$

13. Seja $f(x) = \begin{cases} (\operatorname{sen} x)/x, & 0 < x \leq \pi \\ 1, & x = 0 \end{cases}$

   a. Mostre que $xf(x) = \operatorname{sen} x$, $0 \leq x \leq \pi$.
   b. Determine o volume do sólido obtido com a rotação da região sombreada em torno do eixo y na figura a seguir.

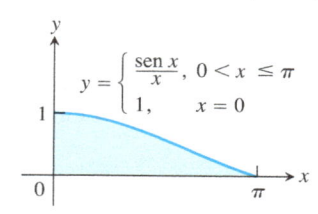

14. Seja $g(x) = \begin{cases} (\operatorname{tg} x)^2/x, & 0 < x \leq \pi/4 \\ 0, & x = 0 \end{cases}$

   a. Mostre que $xg(x) = (\operatorname{tg} x)^2$, $0 \leq x \leq \pi/4$.
   b. Determine o volume do sólido obtido com a rotação da região sombreada em torno do eixo y na figura a seguir.

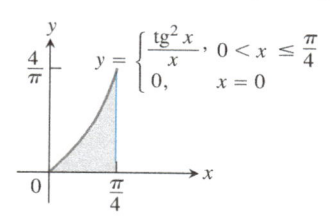

Revolução em torno do eixo x

Nos Exercícios 15-22, use o método da casca para determinar o volume dos sólidos obtidos com a rotação, em torno do eixo x, das regiões limitadas pelas curvas e retas a seguir.

15. $x = \sqrt{y}$, $x = -y$, $y = 2$
16. $x = y^2$, $x = -y$, $y = 2$, $y \geq 0$
17. $x = 2y - y^2$, $x = 0$
18. $x = 2y - y^2$, $x = y$
19. $y = |x|$, $y = 1$
20. $y = x$, $y = 2x$, $y = 2$
21. $y = \sqrt{x}$, $y = 0$, $y = x - 2$
22. $y = \sqrt{x}$, $y = 0$, $y = 2 - x$

Revolução em torno de retas horizontais e verticais

Nos Exercícios 23-26, use o método da casca para determinar o volume dos sólidos obtidos com a rotação das regiões delimitadas pelas curvas dadas em torno das retas dadas.

23. $y = 3x$, $y = 0$, $x = 2$
   a. O eixo y
   b. A reta $x = 4$
   c. A reta $x = -1$
   d. O eixo x
   e. A reta $y = 7$
   f. A reta $y = -2$

24. $y = x^3$, $y = 8$, $x = 0$
   a. O eixo y
   b. A reta $x = 3$
   c. A reta $x = -2$
   d. O eixo x
   e. A reta $y = 8$
   f. A reta $y = -1$

25. $y = x + 2$, $y = x^2$
   a. A reta $x = 2$
   b. A reta $x = -1$
   c. O eixo x
   d. A reta $y = 4$

26. $y = x^4$, $y = 4 - 3x^2$
   a. A reta $x = 1$
   b. O eixo x

Nos Exercícios 27 e 28, use o método da casca para determinar o volume dos sólidos obtidos com a rotação das regiões sombreadas em torno dos eixos indicados.

27. a. O eixo x
   b. A reta $y = 1$
   c. A reta $y = 8/5$
   d. A reta $y = -2/5$

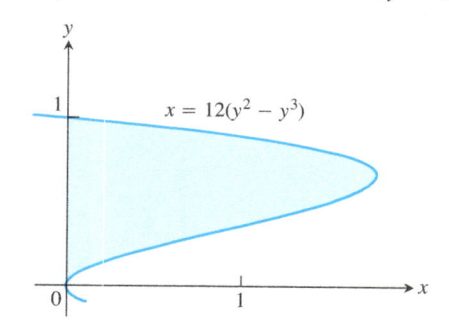

28. a. O eixo x
   b. A reta $y = 2$
   c. A reta $y = 5$
   d. A reta $y = -5/8$

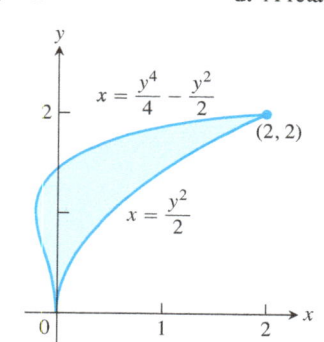

Escolha entre os métodos do anel e da casca

Para algumas regiões, os dois métodos funcionam bem para sólidos obtidos com a rotação da região em torno dos eixos das coordenadas, mas isso nem sempre ocorre. Por exemplo, quando uma região gira em torno do eixo y e anéis são usados, devemos integrar em relação a y. No entanto, pode não ser possível expressar o integrando em termos de y. Em tais casos, o método da casca permite integrar em relação a x em vez de y. Os Exercícios 29 e 30 fornecem uma compreensão clara disso.

29. Calcule o volume do sólido obtido com a rotação em torno de cada eixo coordenado da região limitada por $y = x$ e $y = x^2$ usando
   a. o método da casca.
   b. o método do anel.

30. Calcule o volume do sólido obtido com a rotação da região triangular limitada pelas retas $2y = x + 4$, $y = x$ e $x = 0$ em torno
   a. do eixo x, usando o método do anel.
   b. do eixo y, usando o método de casca.
   c. da reta $x = 4$, usando o método da casca.
   d. da reta $y = 8$, usando o método do anel.

Nos exercícios 31-36, determine os volumes dos sólidos obtidos com a rotação das regiões em torno dos eixos dados. Se preferir, você poderá usar anéis para resolvê-los.

31. O triângulo com vértices (1, 1), (1, 2) e (2, 2) em torno
   a. do eixo x
   b. do eixo y
   c. da reta $x = 10/3$
   d. da reta $y = 1$

32. A região limitada por $y = \sqrt{x}$, $y = 2$ e $x = 0$ em torno
   a. do eixo x
   b. do eixo y
   c. da reta $x = 4$
   d. da reta $y = 2$

33. A região no primeiro quadrante limitada pela curva $x = y - y^3$ e pelo eixo y em torno
   a. do eixo x
   b. da reta $y = 1$

34. A região no primeiro quadrante limitada por $x = y - y^3$, $x = 1$ e $y = 1$ em torno
   a. do eixo x
   b. do eixo y
   c. da reta $x = 1$
   d. da reta $y = 1$

35. A região limitada por $y = \sqrt{x}$ e $y = x^2/8$ em torno
   a. do eixo x
   b. do eixo y

36. A região limitada por $y = 2x - x^2$ e por $y = x$ em torno
   a. do eixo y
   b. da reta $x = 1$

37. A região no primeiro quadrante limitada em cima pela curva $y = 1/x^{1/4}$, à esquerda pela reta $x = 1/16$ e abaixo pela reta $y = 1$ é girada em torno do eixo x para gerar um sólido. Determine o volume do sólido pelo
   a. método do anel.
   b. método da casca.

38. A região no primeiro quadrante limitada em cima pela curva $y = 1/\sqrt{x}$, à esquerda pela reta $x = 1/4$ e abaixo pela reta $y = 1$ é girada em torno do eixo y para gerar um sólido. Determine o volume do sólido pelo
   a. método do anel.
   b. método da casca.

Teoria e exemplos

39. A região apresentada aqui gira em torno do eixo x para gerar um sólido. Qual método (do disco, do anel, da casca) você usaria para determinar o volume do sólido? Quantas integrais seriam necessárias em cada caso? Explique.

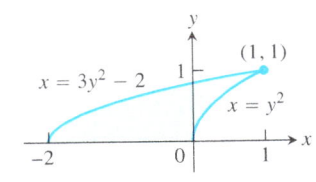

40. A região apresentada aqui gira em torno do eixo y para gerar um sólido. Qual método (do disco, do anel, da casca) você usaria para determinar o volume do sólido? Quantas integrais seriam necessárias em cada caso? Justifique sua resposta.

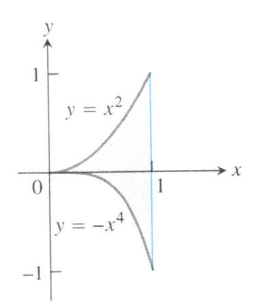

41. Uma conta (de um colar) é feita de uma esfera de raio 5, ao se perfurar diametralmente a esfera usando uma broca de raio 3.
   a. Determine o volume da conta.
   b. Determine o volume da porção removida da esfera.

42. Um bolo em forma de anel é formado pela rotação em torno do eixo y da região limitada pelo gráfico de $y = \text{sen}(x^2 - 1)$ e pelo eixo x ao longo do intervalo $1 \leq x \leq \sqrt{1 + \pi}$. Determine o volume do bolo.

43. Deduza a fórmula do volume de um cone circular reto de altura h e raio r usando um sólido de revolução adequado.

44. Deduza a equação do volume de uma esfera de raio r usando o método da casca.

45. Equivalência entre os métodos do anel e da casca para determinar o volume Seja f derivável e crescente no intervalo $a \leq x \leq b$, com $a > 0$, e suponha que f tenha uma inversa derivável f^{-1}. Gire em torno do eixo y a região limitada pelo gráfico de f e pelas retas $x = a$ e $y = f(b)$ para gerar um sólido. Assim, os valores das integrais resultantes do método do anel e da casca terão valores idênticos:

$$\int_{f(a)}^{f(b)} \pi((f^{-1}(y))^2 - a^2)\, dy = \int_a^b 2\pi x(f(b) - f(x))\, dx.$$

Para demonstrar essa igualdade, defina

$$W(t) = \int_{f(a)}^{f(t)} \pi((f^{-1}(y))^2 - a^2)\, dy$$

$$S(t) = \int_a^t 2\pi x(f(t) - f(x))\, dx.$$

Então, mostre que as funções W e S coincidem com um ponto de $[a, b]$ e possuem derivadas idênticas em $[a, b]$. Como você viu no Exercício 128 da Seção 4.8, isso garante que $W(t) = S(t)$ para todo t em $[a, b]$. Particularmente, $W(b) = S(b)$. (Fonte: CARLIP, Walter. Disks and shells revisited. *American Mathematical Monthly*, v. 98, n. 2, p. 154-156, fev. 1991.)

46. A região entre a curva $y = \sec^{-1} x$ e o eixo x de $x = 1$ até $x = 2$ (mostrada aqui) é girada em torno do eixo y para gerar um sólido. Determine o volume do sólido.

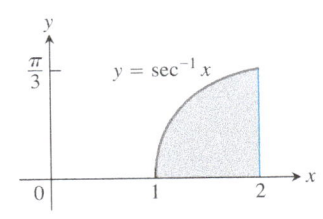

47. Determine o volume do sólido da região limitada pelos gráficos de $y = e^{-x^2}$, $y = 0$, $x = 0$ e $x = 1$ obtido com a rotação em torno do eixo y.

48. Determine o volume do sólido da região limitada pelos gráficos de $y = e^{x/2}$, $y = 1$ e $x = \ln 3$ obtido com a rotação em torno do eixo x.

6.3 Comprimento de arco

Sabemos o que significa o comprimento de um segmento de reta, mas, sem cálculo, não temos uma definição precisa do comprimento de uma curva ondulante. Se a curva for o gráfico de uma função contínua definida sobre um intervalo, então podemos determinar o comprimento da curva usando um procedimento semelhante ao que foi utilizado para definir a área entre a curva e o eixo x. Esse procedimento resulta em uma divisão da curva a partir do ponto A até o ponto B em muitas partes e na união dos pontos de divisão sucessivos com segmentos de reta. Então, os comprimentos de todos esses segmentos de reta são somados e definimos o comprimento da curva como o valor limite dessa soma à medida que o número de segmentos tende a infinito.

Comprimento de uma curva $y = f(x)$

Suponhamos que a curva cujo comprimento desejamos determinar seja o gráfico da função $y = f(x)$ de $x = a$ até $x = b$. A fim de deduzir uma fórmula integral para o comprimento da curva, supomos que f tenha uma derivada contínua em cada ponto de $[a, b]$. Tal função é chamada **lisa**, e seu gráfico é uma **curva lisa** porque não tem quebra, cantos ou cúspides.

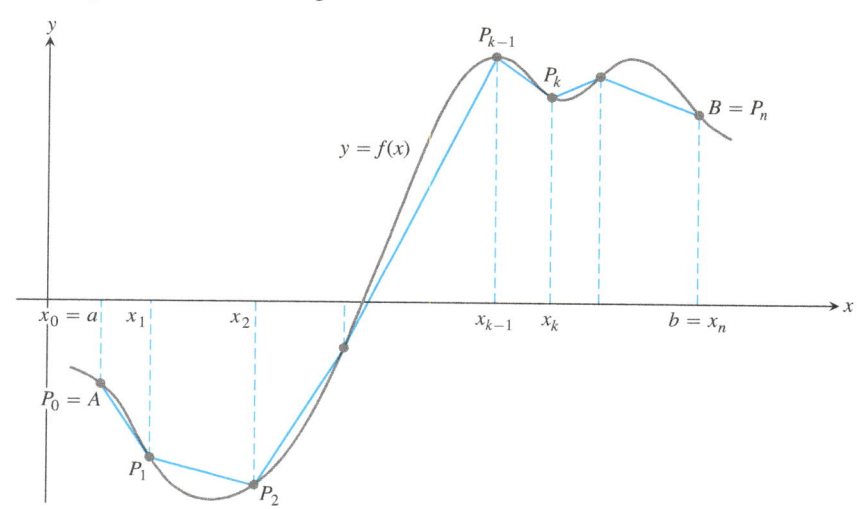

FIGURA 6.22 O comprimento do traçado poligonal $P_0 P_1 P_2 \cdots P_n$ aproxima o comprimento da curva $y = f(x)$ do ponto A ao ponto B.

Particionamos o intervalo $[a, b]$ em n subintervalos com $a = x_0 < x_1 < x_2 < \cdots < x_n = b$. Se $y_k = f(x_k)$, então o ponto correspondente $P_k(x_k, y_k)$ encontra-se na curva. Em seguida, unimos os pontos sucessivos P_{k-1} e P_k com segmentos de reta que, considerados em conjunto, formam um caminho poligonal cujo comprimento se aproxima do comprimento da curva (Figura 6.22). Se $\Delta x_k = x_k - x_{k-1}$ e $\Delta y_k = y_k - y_{k-1}$, então um segmento de reta representativo no caminho tem comprimento (veja a Figura 6.23)

$$L_k = \sqrt{(\Delta x_k)^2 + (\Delta y_k)^2},$$

de modo que o comprimento da curva é aproximado pela soma

$$\sum_{k=1}^{n} L_k = \sum_{k=1}^{n} \sqrt{(\Delta x_k)^2 + (\Delta y_k)^2}. \qquad (1)$$

Esperamos que a aproximação melhore à medida que a partição de $[a, b]$ se torna mais refinada. Agora, pelo teorema do valor médio, há um ponto c_k com $x_{k-1} < c_k < x_k$, tal que

$$\Delta y_k = f'(c_k)\, \Delta x_k.$$

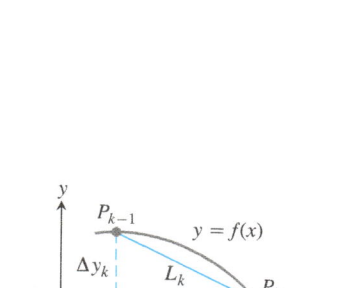

FIGURA 6.23 O arco $P_{k-1} P_k$ da curva $y = f(x)$ é aproximado pelo segmento de reta mostrado aqui, que tem comprimento $L_k = \sqrt{(\Delta x_k)^2 + (\Delta y_k)^2}$.

Com essa substituição de Δy_k, as somas da Equação 1 assumem a forma

$$\sum_{k=1}^{n} L_k = \sum_{k=1}^{n} \sqrt{(\Delta x_k)^2 + (f'(c_k)\Delta x_k)^2} = \sum_{k=1}^{n} \sqrt{1 + [f'(c_k)]^2}\, \Delta x_k. \qquad (2)$$

Como $\sqrt{1 + [f'(x)]^2}$ é contínua em $[a, b]$, o limite da soma de Riemann ao lado direito da Equação 2 existe quando a norma da partição tende a zero, o que resulta em

$$\lim_{n\to\infty} \sum_{k=1}^{n} L_k = \lim_{n\to\infty} \sum_{k=1}^{n} \sqrt{1 + [f'(c_k)]^2}\, \Delta x_k = \int_a^b \sqrt{1 + [f'(x)]^2}\, dx.$$

Definimos o valor dessa integral limite como o comprimento da curva.

> **DEFINIÇÃO** Se f' é contínua em $[a, b]$, então o **comprimento** (**comprimento do arco**) da curva $y = f(x)$ do ponto $A = (a, f(a))$ ao ponto $B = (b, f(b))$ é o valor da integral
>
> $$L = \int_a^b \sqrt{1 + [f'(x)]^2}\, dx = \int_a^b \sqrt{1 + \left(\frac{dy}{dx}\right)^2}\, dx. \qquad (3)$$

EXEMPLO 1 Determine o comprimento da curva (Figura 6.24)

$$y = \frac{4\sqrt{2}}{3} x^{3/2} - 1, \qquad 0 \le x \le 1.$$

Solução Usaremos a Equação 3 com $a = 0$, $b = 1$ e

$$y = \frac{4\sqrt{2}}{3} x^{3/2} - 1 \qquad \textcolor{blue}{x = 1, y \approx 0{,}89}$$

$$\frac{dy}{dx} = \frac{4\sqrt{2}}{3} \cdot \frac{3}{2} x^{1/2} = 2\sqrt{2}\, x^{1/2}$$

$$\left(\frac{dy}{dx}\right)^2 = \left(2\sqrt{2}\, x^{1/2}\right)^2 = 8x.$$

O comprimento da curva de $x = 0$ até $x = 1$ é

$$L = \int_0^1 \sqrt{1 + \left(\frac{dy}{dx}\right)^2}\, dx = \int_0^1 \sqrt{1 + 8x}\, dx \qquad \textcolor{blue}{\text{Equação 3 com } a = 0, b = 1}$$

$$= \frac{2}{3} \cdot \frac{1}{8} (1 + 8x)^{3/2} \Big]_0^1 = \frac{13}{6} \approx 2{,}17. \qquad \textcolor{blue}{\text{Seja } u = 1 + 8x, \text{ integre e substitua } u \text{ por } 1 + 8x.}$$

Observe que o comprimento da curva é ligeiramente maior que o comprimento do segmento de reta que une os pontos $A = (0, -1)$ e $B = \left(1, 4\sqrt{2}/3 - 1\right)$ sobre a curva (veja a Figura 6.24):

$$2{,}17 > \sqrt{1^2 + (1{,}89)^2} \approx 2{,}14 \qquad \textcolor{blue}{\text{Aproximações decimais}}$$

EXEMPLO 2 Determine o comprimento do gráfico de

$$f(x) = \frac{x^3}{12} + \frac{1}{x}, \qquad 1 \le x \le 4.$$

Solução O gráfico da função é mostrado na Figura 6.25. Usando a Equação 3, encontramos

$$f'(x) = \frac{x^2}{4} - \frac{1}{x^2}$$

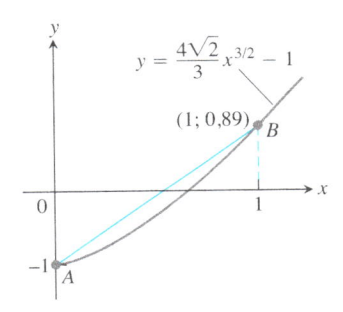

FIGURA 6.24 O comprimento da curva é ligeiramente maior que o comprimento do segmento de reta que une os pontos A e B (Exemplo 1).

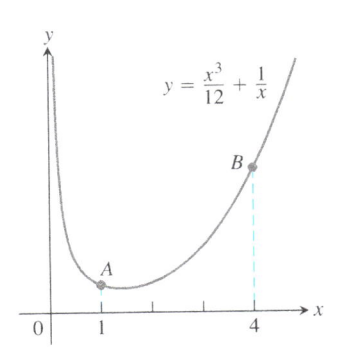

FIGURA 6.25 Curva no Exemplo 2, onde $A = (1, 13/12)$ e $B = (4, 67/12)$.

assim

$$1 + [f'(x)]^2 = 1 + \left(\frac{x^2}{4} - \frac{1}{x^2}\right)^2 = 1 + \left(\frac{x^4}{16} - \frac{1}{2} + \frac{1}{x^4}\right)$$

$$= \frac{x^4}{16} + \frac{1}{2} + \frac{1}{x^4} = \left(\frac{x^2}{4} + \frac{1}{x^2}\right)^2.$$

O comprimento do gráfico ao longo de [1, 4] é

$$L = \int_1^4 \sqrt{1 + [f'(x)]^2}\, dx = \int_1^4 \left(\frac{x^2}{4} + \frac{1}{x^2}\right) dx$$

$$= \left[\frac{x^3}{12} - \frac{1}{x}\right]_1^4 = \left(\frac{64}{12} - \frac{1}{4}\right) - \left(\frac{1}{12} - 1\right) = \frac{72}{12} = 6.$$

EXEMPLO 3 Determine o comprimento da curva

$$y = \frac{1}{2}(e^x + e^{-x}), \qquad 0 \leq x \leq 2.$$

Solução Usamos a Equação 3 com $a = 0$, $b = 2$ e

$$y = \frac{1}{2}(e^x + e^{-x})$$

$$\frac{dy}{dx} = \frac{1}{2}(e^x - e^{-x})$$

$$\left(\frac{dy}{dx}\right)^2 = \frac{1}{4}(e^{2x} - 2 + e^{-2x})$$

$$1 + \left(\frac{dy}{dx}\right)^2 = \frac{1}{4}(e^{2x} + 2 + e^{-2x}) = \left[\frac{1}{2}(e^x + e^{-x})\right]^2.$$

O comprimento da curva de $x = 0$ até $x = 2$ é

$$L = \int_0^2 \sqrt{1 + \left(\frac{dy}{dx}\right)^2}\, dx = \int_0^2 \frac{1}{2}(e^x + e^{-x})\, dx \qquad \text{Equação 3 com } a = 0, b = 2$$

$$= \frac{1}{2}\left[e^x - e^{-x}\right]_0^2 = \frac{1}{2}(e^2 - e^{-2}) \approx 3,63.$$

Lidando com descontinuidades em *dy/dx*

Em um ponto de uma curva onde *dy/dx* deixa de existir, *dx/dy* pode existir. Nesse caso, podemos determinar o comprimento da curva, expressando *x* em função de *y* e aplicando a equação a seguir, análoga à Equação 3:

Fórmula para o comprimento de $x = g(y)$, $c \leq y \leq d$

Se g' for contínua em $[c, d]$, o comprimento da curva $x = g(y)$ de $A = (g(c), c)$ até $B = (g(d), d)$ será

$$L = \int_c^d \sqrt{1 + \left(\frac{dx}{dy}\right)^2}\, dy = \int_c^d \sqrt{1 + [g'(y)]^2}\, dy. \qquad (4)$$

EXEMPLO 4 Determine o comprimento da curva $y = (x/2)^{2/3}$ de $x = 0$ até $x = 2$.

Solução A derivada

$$\frac{dy}{dx} = \frac{2}{3}\left(\frac{x}{2}\right)^{-1/3}\left(\frac{1}{2}\right) = \frac{1}{3}\left(\frac{2}{x}\right)^{1/3}$$

não é definida em $x = 0$, portanto não podemos determinar o comprimento da curva com a Equação 3.

Então, reescreveremos a equação para expressar x em termos de y:

$$y = \left(\frac{x}{2}\right)^{2/3}$$

$$y^{3/2} = \frac{x}{2} \quad \text{Eleve ambos os lados à potência 3/2.}$$

$$x = 2y^{3/2}. \quad \text{Determine } x.$$

Assim, podemos verificar que a curva, cujo comprimento procuramos, é também o gráfico de $x = 2y^{3/2}$, de $y = 0$ a $y = 1$ (Figura 6.26).

A derivada

$$\frac{dx}{dy} = 2\left(\frac{3}{2}\right)y^{1/2} = 3y^{1/2}$$

é contínua em $[0, 1]$. Podemos então usar a Equação 4 para determinar o comprimento da curva:

$$L = \int_c^d \sqrt{1 + \left(\frac{dx}{dy}\right)^2}\, dy = \int_0^1 \sqrt{1 + 9y}\, dy \quad \begin{array}{l}\text{Equação 4 com}\\ c = 0, d = 1\\ \text{Seja } u = 1 + 9y,\\ du/9 = dy,\\ \text{integre e}\\ \text{substitua novamente.}\end{array}$$

$$= \frac{1}{9} \cdot \frac{2}{3}(1 + 9y)^{3/2}\Big]_0^1$$

$$= \frac{2}{27}\left(10\sqrt{10} - 1\right) \approx 2{,}27.$$

FIGURA 6.26 O gráfico de $y = (x/2)^{2/3}$ de $x = 0$ até $x = 2$ é também o gráfico de $x = 2y^{3/2}$ de $y = 0$ até $y = 1$ (Exemplo 4).

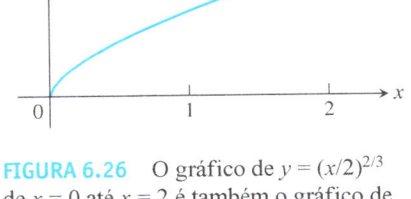

Fórmula diferencial para o comprimento de arco

Se $y = f(x)$ e se f' for contínua em $[a, b]$, então pelo Teorema Fundamental do Cálculo poderemos definir uma nova função

$$s(x) = \int_a^x \sqrt{1 + [f'(t)]^2}\, dt. \qquad (5)$$

A partir da Equação 3 e da Figura 6.22, vemos que essa função $s(x)$ é contínua e mede o comprimento ao longo da curva $y = f(x)$ desde o ponto inicial $P_0(a, f(a))$ até o ponto $Q(x, f(x))$ para cada $x \in [a, b]$. A função s é chamada de **função de comprimento de arco** para $y = f(x)$. O teorema fundamental diz que a função s é derivável em (a, b), e que

$$\frac{ds}{dx} = \sqrt{1 + [f'(x)]^2} = \sqrt{1 + \left(\frac{dy}{dx}\right)^2}.$$

Então, a diferencial do comprimento de arco é

$$ds = \sqrt{1 + \left(\frac{dy}{dx}\right)^2}\, dx. \qquad (6)$$

Uma forma útil de lembrar a Equação 6 é escrever

$$ds = \sqrt{dx^2 + dy^2}, \qquad (7)$$

que pode ser integrada entre os limites apropriados para dar o comprimento total de uma curva. Sob esse ponto de vista, todas as fórmulas de comprimento de arco são simplesmente expressões diferentes da equação $L = \int ds$. A Figura 6.27a fornece a interpretação exata de ds correspondente à Equação 7. A Figura 6.27b não é estritamente precisa, mas deve ser interpretada como uma aproximação simplificada da Figura 6.27a. Isto é, $ds \approx \Delta s$.

EXEMPLO 5 Determine a função de comprimento de arco para a curva no Exemplo 2 tomando $A = (1, 13/12)$ como ponto de partida (veja a Figura 6.25).

Solução Na solução do Exemplo 2, verificamos que

$$1 + [f'(x)]^2 = \left(\frac{x^2}{4} + \frac{1}{x^2}\right)^2.$$

Portanto, a função de comprimento de arco é dada por

$$s(x) = \int_1^x \sqrt{1 + [f'(t)]^2}\, dt = \int_1^x \left(\frac{t^2}{4} + \frac{1}{t^2}\right) dt$$

$$= \left[\frac{t^3}{12} - \frac{1}{t}\right]_1^x = \frac{x^3}{12} - \frac{1}{x} + \frac{11}{12}.$$

Por exemplo, para calcular o comprimento de arco ao longo da curva de $A = (1, 13/12)$ até $B = (4, 67/12)$, calculamos simplesmente

$$s(4) = \frac{4^3}{12} - \frac{1}{4} + \frac{11}{12} = 6.$$

Esse é o mesmo resultado obtido no Exemplo 2.

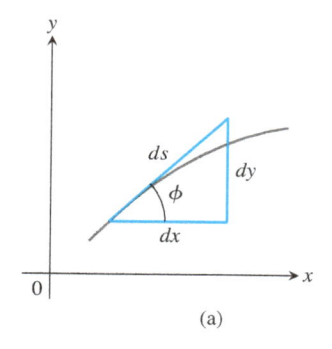

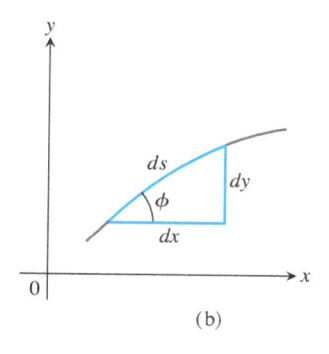

FIGURA 6.27 Diagramas para lembrar a equação $ds = \sqrt{dx^2 + dy^2}$.

Exercícios 6.3

Determinação do comprimento de curvas

Nos Exercícios 1-10, determine o comprimento das curvas. Se tiver um programa gráfico, talvez queira esboçar o gráfico dessas curvas para ver como elas são.

1. $y = (1/3)(x^2 + 2)^{3/2}$ de $x = 0$ a $x = 3$
2. $y = x^{3/2}$ de $x = 0$ a $x = 4$
3. $x = (y^3/3) + 1/(4y)$ de $y = 1$ a $y = 3$
4. $x = (y^{3/2}/3) - y^{1/2}$ de $y = 1$ a $y = 9$
5. $x = (y^4/4) + 1/(8y^2)$ de $y = 1$ a $y = 2$
6. $x = (y^3/6) + 1/(2y)$ de $y = 2$ a $y = 3$
7. $y = (3/4)x^{4/3} - (3/8)x^{2/3} + 5$, $1 \leq x \leq 8$
8. $y = (x^3/3) + x^2 + x + 1/(4x + 4)$, $0 \leq x \leq 2$
9. $x = \int_0^y \sqrt{\sec^4 t - 1}\, dt$, $-\pi/4 \leq y \leq \pi/4$
10. $y = \int_{-2}^x \sqrt{3t^4 - 1}\, dt$, $-2 \leq x \leq -1$

T Determinação de integrais para o comprimento de curvas

Nos Exercícios 11-18, faça o seguinte.
a. Estabeleça uma integral para o comprimento da curva.
b. Trace a curva para ver como ela é.
c. Use seu programa gráfico ou programa para calcular integrais e determine o comprimento da curva numericamente.

11. $y = x^2$, $-1 \leq x \leq 2$
12. $y = \tg x$, $-\pi/3 \leq x \leq 0$
13. $x = \sen y$, $0 \leq y \leq \pi$
14. $x = \sqrt{1 - y^2}$, $-1/2 \leq y \leq 1/2$
15. $y^2 + 2y = 2x + 1$ de $(-1, -1)$ a $(7, 3)$
16. $y = \sen x - x \cos x$, $0 \leq x \leq \pi$
17. $y = \int_0^x \tg t\, dt$, $0 \leq x \leq \pi/6$
18. $x = \int_0^y \sqrt{\sec^2 t - 1}\, dt$, $-\pi/3 \leq y \leq \pi/4$

Teoria e exemplos

19. a. Determine uma curva que passa pelo ponto $(1, 1)$, cuja integral do comprimento (Equação 3) seja

$$L = \int_1^4 \sqrt{1 + \frac{1}{4x}}\, dx.$$

b. Quantas curvas desse tipo existem? Justifique sua resposta.

20. a. Determine uma curva que passa pelo ponto $(0, 1)$, cuja integral do comprimento (Equação 4) seja

$$L = \int_1^2 \sqrt{1 + \frac{1}{y^4}}\, dy.$$

b. Quantas curvas desse tipo existem? Justifique sua resposta.

21. Determine o comprimento da curva
$$y = \int_0^x \sqrt{\cos 2t}\, dt$$
de $x = 0$ até $x = \pi/4$.

22. Comprimento de um astroide O gráfico da equação $x^{2/3} + y^{2/3} = 1$ faz parte de uma família de curvas chamadas *astroides* (e não asteroides) por causa de sua aparência de estrela (veja a figura abaixo). Determine o comprimento desse astroide em particular, determinando o comprimento de meio pedaço do primeiro quadrante, $y = (1 - x^{2/3})^{3/2}$, $\sqrt{2}/4 \leq x \leq 1$, e multiplique por 8.

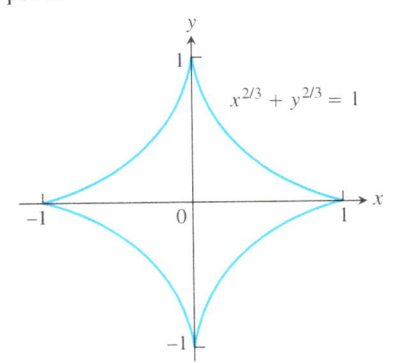

23. Comprimento de um segmento de reta Use a fórmula de comprimento de arco (Equação 3) para determinar o comprimento do segmento de reta $y = 3 - 2x$, $0 \leq x \leq 2$. Verifique sua resposta determinando o comprimento do segmento como sendo a hipotenusa de um triângulo retângulo.

24. Circunferência de um círculo Estabeleça uma integral para determinar a circunferência de um círculo de raio r centrado na origem. Você aprenderá a calcular a integral na Seção 8.3.

25. Se $9x^2 = y(y - 3)^2$, mostre que
$$ds^2 = \frac{(y + 1)^2}{4y}\, dy^2.$$

26. Se $4x^2 - y^2 = 64$, mostre que
$$ds^2 = \frac{4}{y^2}\left(5x^2 - 16\right) dx^2.$$

27. Existe uma curva lisa $y = f(x)$ (continuamente derivável) cujo comprimento ao longo do intervalo $0 \leq x \leq a$ seja sempre $\sqrt{2}a$? Justifique sua resposta.

28. Uso de segmentos tangentes para deduzir a fórmula de comprimento das curvas Suponha que f seja lisa em $[a, b]$ e divida o intervalo $[a, b]$ da maneira usual. Em cada subintervalo $[x_{k-1}, x_k]$, construa o *segmento tangente* no ponto $(x_{k-1}, f(x_{k-1}))$, como na figura a seguir.
  a. Mostre que o comprimento do k-ésimo segmento tangente ao longo do intervalo $[x_{k-1}, x_k]$ é igual a
  $$\sqrt{(\Delta x_k)^2 + (f'(x_{k-1})\, \Delta x_k)^2}.$$
  b. Mostre que
  $$\lim_{n \to \infty} \sum_{k=1}^n (\text{comprimento do } k\text{-ésimo segmento tangente})$$
  $$= \int_a^b \sqrt{1 + (f'(x))^2}\, dx,\text{ que é o comprimento } L \text{ da curva}$$
  $y = f(x)$ de a a b.

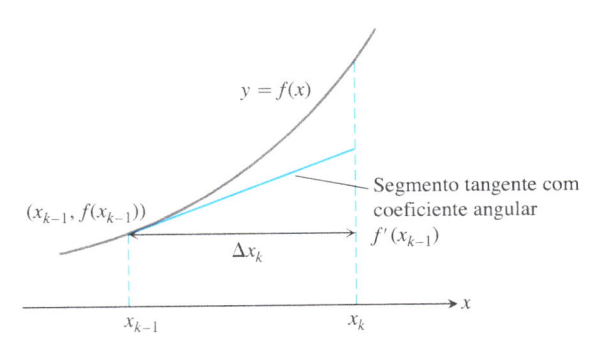

29. Aproxime o comprimento do arco de um quarto de círculo unitário (que é $\pi/2$) pelo cálculo do comprimento da aproximação poligonal com $n = 4$ segmentos (veja a figura a seguir).

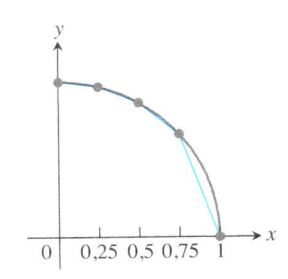

30. Distância entre dois pontos Suponha que os dois pontos (x_1, y_1) e (x_2, y_2) situem-se no gráfico da reta $y = mx + b$. Use a fórmula de comprimento de arco (Equação 3) para determinar a distância entre os dois pontos.

31. Determine a função comprimento de arco para o gráfico $f(x) = 2x^{3/2}$ usando $(0, 0)$ como ponto inicial. Qual é o comprimento da curva de $(0, 0)$ até $(1, 2)$?

32. Determine a função comprimento de arco para a curva do Exercício 8, usando $(0, 1/4)$ como ponto inicial. Qual é o comprimento da curva de $(0, 1/4)$ até $(1, 59/24)$?

USO DO COMPUTADOR

Nos Exercícios 33-38, use um SAC para executar os passos a seguir para o gráfico dado ao longo do intervalo fechado.
  a. Esboce a curva e as aproximações do traçado poligonal para $n = 2, 4, 8$ pontos de partição ao longo do intervalo. (Veja a Figura 6.22.)
  b. Determine a aproximação correspondente ao comprimento da curva pela soma dos comprimentos dos segmentos de reta.
  c. Calcule o comprimento da curva usando uma integral. Compare suas aproximações para $n = 2, 4, 8$ com o comprimento real dado pela integral. Como o comprimento real se compara com as aproximações quando n aumenta? Explique sua resposta.

33. $f(x) = \sqrt{1 - x^2},\quad -1 \leq x \leq 1$

34. $f(x) = x^{1/3} + x^{2/3},\quad 0 \leq x \leq 2$

35. $f(x) = \text{sen}\,(\pi x^2),\quad 0 \leq x \leq \sqrt{2}$

36. $f(x) = x^2 \cos x,\quad 0 \leq x \leq \pi$

37. $f(x) = \dfrac{x - 1}{4x^2 + 1},\quad -\dfrac{1}{2} \leq x \leq 1$

38. $f(x) = x^3 - x^2,\quad -1 \leq x \leq 1$

6.4 Áreas de superfícies de revolução

Quando você pula corda, a corda forma uma superfície no espaço em volta de seu corpo denominada *superfície de revolução*. A superfície circunda um volume de revolução, e muitas aplicações exigem que conheçamos a área da superfície em vez do volume que ela encerra. Nesta seção, definiremos as áreas de superfícies de revolução. As superfícies mais genéricas serão tratadas no Capítulo 16.

Definição da área de superfície

Se, em um plano, você girar uma região que seja limitada pelo gráfico de uma função ao longo de um intervalo, ela gerará um sólido de revolução, como vimos anteriormente neste capítulo. No entanto, se você girar apenas a curva delimitadora em si, ela não gerará nenhum volume interior, mas apenas uma superfície que circunda o sólido e forma parte de sua fronteira. Assim como na última seção estávamos interessados em definir e determinar o comprimento de uma curva, agora estamos interessados em definir e determinar a área de uma superfície gerada pela rotação de uma curva em torno de um eixo.

Antes de considerar as curvas gerais, começaremos girando segmentos de reta horizontais e inclinados em torno do eixo x. Se girarmos o segmento de reta horizontal AB, cujo comprimento é Δx, em torno desse eixo (Figura 6.28a), geraremos um cilindro com área de superfície $2\pi y \Delta x$. Essa área é a mesma que a de um retângulo com lados Δx e $2\pi y$ (Figura 6.28b). O comprimento $2\pi y$ é a circunferência do círculo de raio y gerada pela rotação do ponto (x, y) na reta AB em torno do eixo x.

Suponha que o segmento de reta AB tenha comprimento L e seja inclinado em vez de horizontal. Agora, quando AB é girado em torno do eixo x, ele gera um tronco de cone (Figura 6.29a). Segundo a geometria clássica, a área de superfície desse tronco é $2\pi y^* L$, onde $y^* = (y_1 + y_2)/2$ é a altura média do segmento inclinado AB acima do eixo x. Essa área de superfície é a mesma que a de um retângulo com lados L e $2\pi y^*$ (Figura 6.29b).

A partir desses princípios geométricos, definiremos a área de uma superfície gerada pela rotação de curvas mais gerais em torno do eixo x. Suponha que desejemos determinar a área da superfície gerada pela rotação do gráfico de uma função contínua não negativa $y = f(x)$, $a \leq x \leq b$, em torno do eixo x. Dividimos o intervalo fechado $[a, b]$ como de costume e usamos os pontos da partição para subdividir o gráfico em arcos curtos. A Figura 6.30 mostra um arco típico PQ e a faixa gerada por ele como parte do gráfico de f.

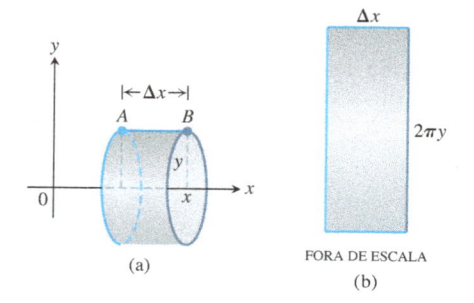

FIGURA 6.28 (a) A superfície cilíndrica gerada com a rotação em torno do eixo x do segmento de reta horizontal AB, cujo comprimento é Δx, tem área $2\pi y \Delta x$. (b) Cortada e desenrolada, a superfície cilíndrica forma um retângulo.

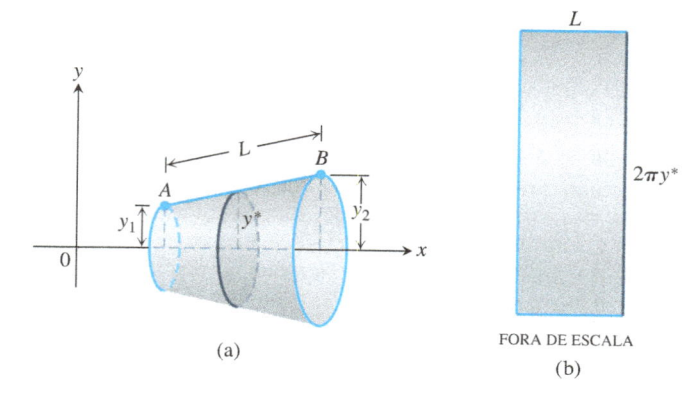

FIGURA 6.29 (a) O tronco de cone gerado pela rotação em torno do eixo x do segmento de reta inclinado AB, cujo comprimento é L, tem área de $2\pi y^* L$. (b) Área do retângulo para $y^* = \dfrac{y_1 + y_2}{2}$, a altura média de AB acima do eixo x.

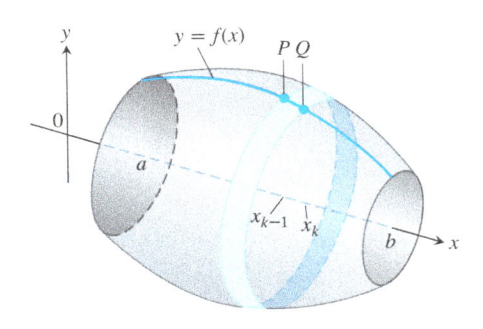

FIGURA 6.30 Superfície gerada pela rotação do gráfico de uma função não negativa $y = f(x)$, $a \leq x \leq b$ em torno do eixo x. A superfície é um conjunto de faixas como a gerada pelo arco PQ.

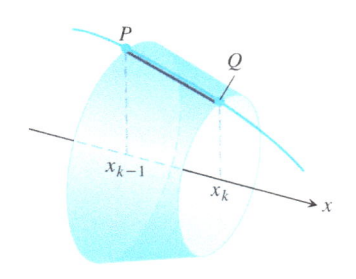

FIGURA 6.31 O segmento de reta que une P e Q gera um tronco de um cone.

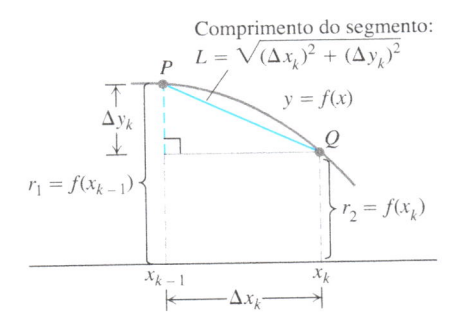

FIGURA 6.32 Dimensões associadas com o arco e o segmento de reta PQ.

À medida que o arco PQ gira em torno do eixo x, o segmento de reta que une P e Q gera um tronco de cone cujo eixo coincide com o eixo x (Figura 6.31). A área de superfície desse tronco serve para aproximar a área de superfície da faixa gerada pelo arco PQ. A área de superfície do tronco do cone mostrado na Figura 6.31 é $2\pi y^* L$, onde y^* é a altura média do segmento de reta que une P e Q, e L é seu comprimento (tal como antes). Como $f \geq 0$, a Figura 6.32 sugere que a altura média do segmento de reta seja $y^* = (f(x_{k-1}) + f(x_k))/2$ e que seu comprimento inclinado seja $L = \sqrt{(\Delta x_k)^2 + (\Delta y_k)^2}$. Portanto,

$$\text{Área da superfície do tronco} = 2\pi \cdot \frac{f(x_{k-1}) + f(x_k)}{2} \cdot \sqrt{(\Delta x_k)^2 + (\Delta y_k)^2}$$
$$= \pi(f(x_{k-1}) + f(x_k))\sqrt{(\Delta x_k)^2 + (\Delta y_k)^2}.$$

A área da superfície original, sendo a soma das áreas das faixas geradas por arcos como o arco PQ, é aproximada pela soma das áreas dos troncos

$$\sum_{k=1}^{n} \pi(f(x_{k-1}) + f(x_k))\sqrt{(\Delta x_k)^2 + (\Delta y_k)^2}. \quad (1)$$

Esperamos que a aproximação melhore à medida que a partição de $[a, b]$ se torne mais refinada. Além disso, se a função f for derivável, então pelo teorema de valor médio há um ponto $(c_k, f(c_k))$ na curva entre P e Q onde a tangente é paralela ao segmento PQ (Figura 6.33). Nesse ponto,

$$f'(c_k) = \frac{\Delta y_k}{\Delta x_k},$$
$$\Delta y_k = f'(c_k)\,\Delta x_k.$$

Com essa substituição para Δy_k, as somas da Equação 1 assumem a forma

$$\sum_{k=1}^{n} \pi(f(x_{k-1}) + f(x_k))\sqrt{(\Delta x_k)^2 + (f'(c_k)\,\Delta x_k)^2}$$
$$= \sum_{k=1}^{n} \pi(f(x_{k-1}) + f(x_k))\sqrt{1 + (f'(c_k))^2}\,\Delta x_k. \quad (2)$$

Essas somas não são as somas de Riemann de uma função, pois os pontos x_{k-1}, x_k e c_k não são os mesmos. No entanto, pode ser demonstrado que, como a norma da partição de $[a, b]$ tende a zero, as somas da Equação 2 convergem para a integral

$$\int_a^b 2\pi f(x)\sqrt{1 + (f'(x))^2}\,dx.$$

Podemos definir, portanto, que essa integral é a área da superfície gerada pelo gráfico de f de a a b.

> **DEFINIÇÃO** Se a função $f(x) \geq 0$ é continuamente derivável em $[a, b]$, a **área da superfície** gerada pela rotação da curva $y = f(x)$ em torno do eixo x é
>
> $$S = \int_a^b 2\pi y \sqrt{1 + \left(\frac{dy}{dx}\right)^2}\,dx = \int_a^b 2\pi f(x)\sqrt{1 + (f'(x))^2}\,dx. \quad (3)$$

A raiz quadrada da Equação 3 é a mesma que aparece na fórmula da diferencial do comprimento de arco da curva geratriz na Equação 6 da Seção 6.3.

EXEMPLO 1 Determine a área da superfície gerada com a rotação da curva $y = 2\sqrt{x}$, $1 \leq x \leq 2$, em torno do eixo x (Figura 6.34).

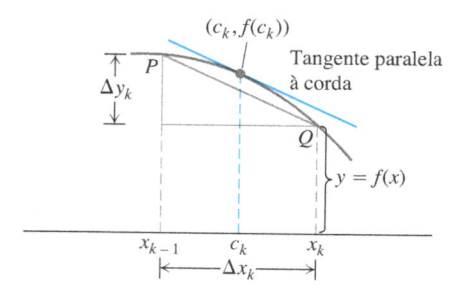

FIGURA 6.33 Se f for lisa, o Teorema do Valor Médio garante a existência de um ponto c_k em que a tangente seja paralela ao segmento PQ.

Solução Calculamos a fórmula

$$S = \int_a^b 2\pi y \sqrt{1 + \left(\frac{dy}{dx}\right)^2}\, dx \qquad \text{Equação 3}$$

com

$$a = 1, \quad b = 2, \quad y = 2\sqrt{x}, \quad \frac{dy}{dx} = \frac{1}{\sqrt{x}}.$$

Primeiro, executamos uma manipulação algébrica sobre o radical no integrando para transformá-lo em uma expressão que seja mais fácil de integrar.

$$\sqrt{1 + \left(\frac{dy}{dx}\right)^2} = \sqrt{1 + \left(\frac{1}{\sqrt{x}}\right)^2}$$

$$= \sqrt{1 + \frac{1}{x}} = \sqrt{\frac{x+1}{x}} = \frac{\sqrt{x+1}}{\sqrt{x}}.$$

Com essas substituições, temos

$$S = \int_1^2 2\pi \cdot 2\sqrt{x}\, \frac{\sqrt{x+1}}{\sqrt{x}}\, dx = 4\pi \int_1^2 \sqrt{x+1}\, dx$$

$$= 4\pi \cdot \frac{2}{3}(x+1)^{3/2}\Big]_1^2 = \frac{8\pi}{3}\left(3\sqrt{3} - 2\sqrt{2}\right).$$

Revolução em torno do eixo y

Caso a revolução ocorra em torno do eixo y, permutaremos x e y na Equação 3.

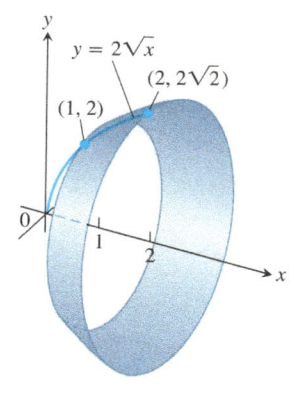

FIGURA 6.34 No Exemplo 1, calculamos a área dessa superfície.

Área da superfície em caso de revolução em torno do eixo y

Se $x = g(y) \geq 0$ for continuamente derivável em $[c, d]$, a área de superfície gerada pela rotação da curva $x = g(y)$ em torno do eixo y será

$$S = \int_c^d 2\pi x \sqrt{1 + \left(\frac{dx}{dy}\right)^2}\, dy = \int_c^d 2\pi g(y)\sqrt{1 + (g'(y))^2}\, dy. \quad (4)$$

EXEMPLO 2 O segmento de reta $x = 1 - y$, $0 \leq y \leq 1$, é girado em torno do eixo y, gerando o cone da Figura 6.35. Determine sua área de superfície lateral (o que exclui a área de base).

Solução Temos aqui um cálculo que podemos verificar com uma fórmula de geometria:

Área da superfície lateral $= \dfrac{\text{circunferência de base}}{2} \times \text{altura inclinada} = \pi\sqrt{2}$.

Para ver como a Equação 4 chega ao mesmo resultado, consideramos

$$c = 0, \quad d = 1, \quad x = 1 - y, \quad \frac{dx}{dy} = -1,$$

$$\sqrt{1 + \left(\frac{dx}{dy}\right)^2} = \sqrt{1 + (-1)^2} = \sqrt{2}$$

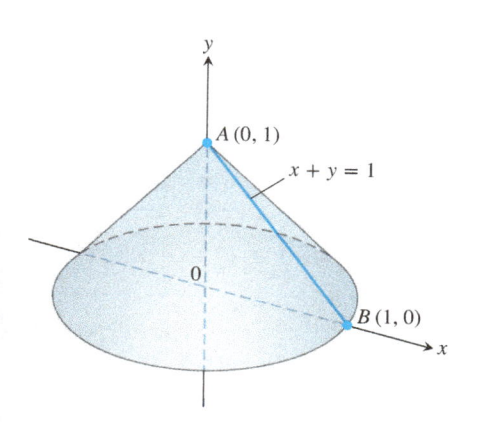

FIGURA 6.35 A rotação do segmento de reta AB em torno do eixo y gera um cone cuja área de superfície lateral podemos agora calcular de duas maneiras diferentes (Exemplo 2).

e calculamos

$$S = \int_c^d 2\pi x \sqrt{1 + \left(\frac{dx}{dy}\right)^2}\, dy = \int_0^1 2\pi(1-y)\sqrt{2}\, dy$$

$$= 2\pi\sqrt{2}\left[y - \frac{y^2}{2}\right]_0^1 = 2\pi\sqrt{2}\left(1 - \frac{1}{2}\right)$$

$$= \pi\sqrt{2}.$$

Os resultados coincidem, como deveriam.

Exercícios 6.4

Determinação de integrais para área de superfície

Nos Exercícios 1-8:
  a. Estabeleça uma integral para a área da superfície gerada pela rotação da curva dada em torno do eixo indicado.

  T b. Trace o gráfico da curva para ver como ela é. Se puder, faça também o gráfico da superfície.

  T c. Use seu programa gráfico ou programa para calcular integrais e determine a área da superfície numericamente.

1. $y = \text{tg}\, x$, $0 \leq x \leq \pi/4$; eixo x
2. $y = x^2$, $0 \leq x \leq 2$; eixo x
3. $xy = 1$, $1 \leq y \leq 2$; eixo y
4. $x = \text{sen}\, y$, $0 \leq y \leq \pi$; eixo y
5. $x^{1/2} + y^{1/2} = 3$ de (4, 1) a (1, 4); eixo x
6. $y + 2\sqrt{y} = x$, $1 \leq y \leq 2$; eixo y
7. $x = \int_0^y \text{tg}\, t\, dt$, $0 \leq y \leq \pi/3$; eixo y
8. $y = \int_1^x \sqrt{t^2 - 1}\, dt$, $1 \leq x \leq \sqrt{5}$; eixo x

Determinação de área de superfície

9. Determine a área da superfície lateral (lado) do cone gerado pela rotação do segmento de reta $y = x/2$, $0 \leq x \leq 4$, em torno do eixo x. Verifique se sua resposta coincide com a fórmula geométrica.

   Área de superfície lateral = $\frac{1}{2}$ × circunferência da base × altura inclinada.

10. Determine a área da superfície lateral do cone gerado pela rotação do segmento de reta $y = x/2$, $0 \leq x \leq 4$, em torno do eixo y. Verifique se seu resultado coincide com a fórmula geométrica

    Área de superfície lateral = $\frac{1}{2}$ × circunferência da base × altura inclinada.

11. Determine a área da superfície do tronco de cone gerado pela rotação do segmento de reta $y = (x/2) + (1/2)$, $1 \leq x \leq 3$, em torno do eixo x. Verifique o resultado com a fórmula geométrica

    Área de superfície do tronco = $\pi(r_1 + r_2)$ × altura inclinada.

12. Determine a área da superfície do tronco de cone gerado pela rotação do segmento de reta $y = (x/2) + (1/2)$, $1 \leq x \leq 3$, em torno do eixo y. Verifique se seu resultado coincide com a fórmula geométrica

    Área de superfície do tronco = $\pi(r_1 + r_2)$ × altura inclinada.

Determine as áreas das superfícies geradas pela rotação das curvas nos Exercícios 13-23 em torno dos eixos indicados. Se você tiver um programa gráfico, poderá traçar o gráfico dessas curvas para verificar a sua aparência.

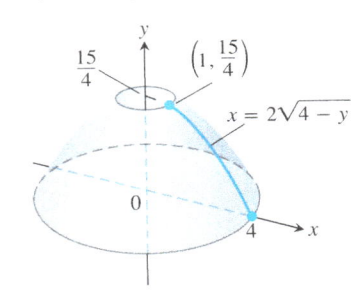

13. $y = x^3/9$, $0 \leq x \leq 2$; eixo x
14. $y = \sqrt{x}$, $3/4 \leq x \leq 15/4$; eixo x
15. $y = \sqrt{2x - x^2}$, $0,5 \leq x \leq 1,5$; eixo x
16. $y = \sqrt{x+1}$, $1 \leq x \leq 5$; eixo x
17. $x = y^3/3$, $0 \leq y \leq 1$; eixo y
18. $x = (1/3)y^{3/2} - y^{1/2}$, $1 \leq y \leq 3$; eixo y
19. $x = 2\sqrt{4 - y}$, $0 \leq y \leq 15/4$; eixo y

20. $x = \sqrt{2y - 1}$, $5/8 \leq y \leq 1$; eixo y

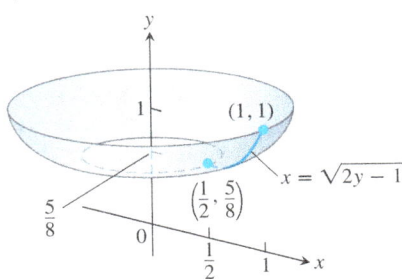

21. $x = (e^y + e^{-y})/2$, $0 \leq y \leq \ln 2$; eixo y

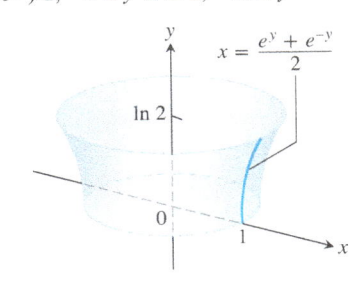

22. $y = (1/3)(x^2 + 2)^{3/2}$, $0 \le x \le \sqrt{2}$; eixo y (Sugestão: expresse $ds = \sqrt{dx^2 + dy^2}$ em termos de dx, e calcule a integral $S = \int 2\pi x\, ds$ com limites apropriados.)

23. $x = (y^4/4) + 1/(8y^2)$, $1 \le y \le 2$; eixo x (Sugestão: expresse $ds = \sqrt{dx^2 + dy^2}$ em termos de dy, e calcule a integral $S = \int 2\pi y\, ds$ com limites apropriados.)

24. Escreva uma integral para a área da superfície gerada pela rotação da curva $y = \cos x$, $-\pi/2 \le x \le \pi/2$, em torno do eixo x. Na Seção 8.4 veremos como calcular tais integrais.

25. **Teste da nova definição** Demonstre que a área de superfície de uma esfera de raio a ainda é $4\pi a^2$ usando a Equação 3 para determinar a área da superfície gerada pela rotação da curva $y = \sqrt{a^2 - x^2}$, $-a \le x \le a$, em torno do eixo x.

26. **Teste da nova definição** A área da superfície lateral (lado) de um cone de altura h e raio de base r deveria ser $\pi r \sqrt{r^2 + h^2}$, o semiperímetro da base vezes a altura inclinada. Demonstre que isso continua sendo verdade quando se determina a área da superfície gerada pela rotação do segmento de reta $y = (r/h)x$, $0 \le x \le h$, em torno do eixo x.

27. **Frigideira esmaltada** Sua empresa decidiu lançar uma versão de luxo da frigideira que você projetou. O plano é esmaltá-la de branco por dentro e de azul por fora. A camada de esmalte terá 0,5 mm de espessura antes de ir ao forno. (Veja o diagrama a seguir.) O departamento de produção quer saber a quantidade de esmalte que precisará dispor para produzir 5000 frigideiras. O que você diria a eles? (Ignore o desperdício e a matéria-prima não utilizada; dê a sua resposta em litros. Lembre-se de que 1 cm^3 = 1 mℓ, logo 1 ℓ = 1000 cm^3.)

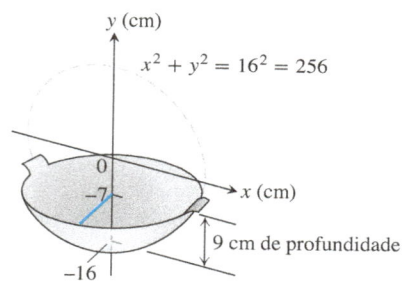

28. **Fatiamento de pão** Você sabia que se cortar um filão de pão esférico em fatias de igual largura cada fatia terá a mesma quantidade de casca? Para saber o porquê disso, suponha que o semicírculo $y = \sqrt{r^2 - x^2}$ mostrado a seguir seja girado em torno do eixo x para gerar uma esfera. Seja AB um arco desse semicírculo que se encontra acima de um intervalo de comprimento h no eixo x. Demonstre que a área gerada por AB não depende da localização do intervalo. (Depende apenas do comprimento do intervalo.)

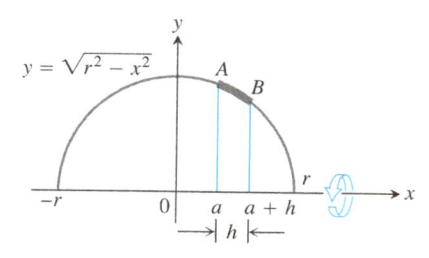

29. A faixa sombreada da figura a seguir foi cortada de uma esfera de raio R por planos paralelos separados por h unidades. Demonstre que a área de superfície da faixa é de $2\pi Rh$.

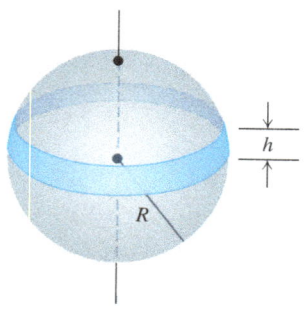

30. Eis um desenho esquemático da redoma de 90 pés usada pelo Serviço Nacional de Meteorologia dos Estados Unidos para abrigar um radar em Bozeman, Montana.
    a. Qual é a área da superfície externa a ser pintada (sem contar a base)?
    b. Arredonde a resposta para pé^2 mais próximo.

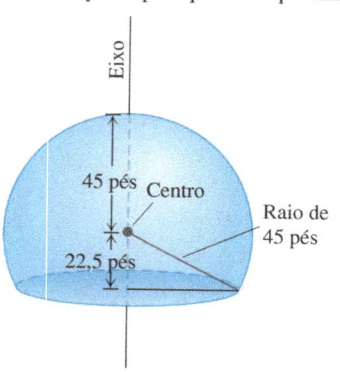

31. **Dedução alternativa da fórmula de área de superfície** Suponha que f seja lisa em $[a, b]$ e divida $[a, b]$ da maneira usual. No k-ésimo subintervalo $[x_{k-1}, x_k]$, construa a reta tangente à curva no ponto médio $m_k = (x_{k-1} + x_k)/2$, como mostra a figura a seguir.
    a. Demonstre que
    $$r_1 = f(m_k) - f'(m_k)\frac{\Delta x_k}{2} \quad \text{e} \quad r_2 = f(m_k) + f'(m_k)\frac{\Delta x_k}{2}.$$
    b. Mostre que o comprimento L_k do segmento de reta tangente no k-ésimo subintervalo é $L_k = \sqrt{(\Delta x_k)^2 + (f'(m_k)\Delta x_k)^2}$.

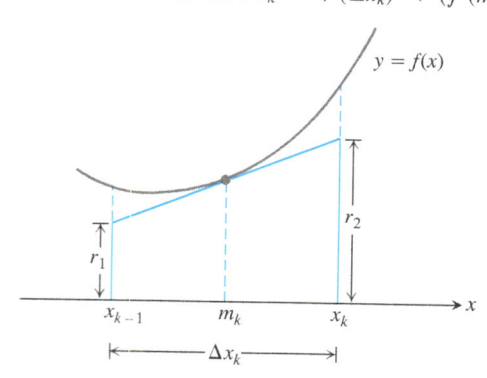

c. Demonstre que a área da superfície lateral do tronco de cone gerado pelo segmento de reta tangente, ao girar em torno do eixo x, é $2\pi f(m_k)\sqrt{1+(f'(m_k))^2}\,\Delta x_k$.

d. Demonstre que a área da superfície gerada pela rotação de $y = f(x)$ em torno do eixo x em $[a, b]$ é de

$$\lim_{n\to\infty}\sum_{k=1}^{n}\begin{pmatrix}\text{área da superfície}\\ \text{lateral do}\\ k\text{-ésimo tronco}\end{pmatrix} = \int_a^b 2\pi f(x)\sqrt{1+(f'(x))^2}\,dx.$$

32. Superfície de um astroide Determine a área da superfície gerada pela rotação em torno do eixo x do pedaço de astroide $x^{2/3} + y^{2/3} = 1$ mostrado na figura a seguir. (Sugestão: gire o pedaço do primeiro quadrante $y = (1 - x^{2/3})^{3/2}$, $0 \leq x \leq 1$, em torno do eixo x e dobre o resultado.)

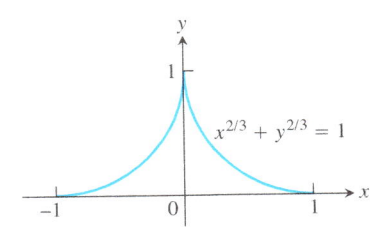

6.5 Trabalho e forças de fluidos

Na vida diária, *trabalho* significa uma atividade que exige um esforço muscular ou mental. Na ciência, o termo se refere especificamente a uma força que atua sobre um corpo (ou objeto) e ao deslocamento subsequente desse corpo. Esta seção mostrará como calcular o trabalho. As aplicações práticas vão desde comprimir molas de vagões de trem e esvaziar tanques subterrâneos até aproximar elétrons e lançar satélites em órbita.

Trabalho realizado por uma força constante

Quando um corpo percorre uma distância d ao longo de uma reta como resultado da aplicação de uma força de magnitude constante F na direção do movimento, calculamos o **trabalho** W realizado pela força sobre o corpo a partir da fórmula

$$W = Fd \quad \text{(Fórmula da força constante do trabalho).} \qquad (1)$$

A partir da Equação 1, vemos que em qualquer sistema a unidade de trabalho é a unidade de força multiplicada pela unidade de distância. Em unidades SI (SI significa *Système International* ou Sistema Internacional), a unidade de força é o newton, a unidade de distância é o metro e a unidade de trabalho é o newton-metro (N · m). Essa combinação é tão frequente que tem um nome especial, o **joule**. No sistema britânico, a unidade de trabalho é a pé-libra, uma unidade usada por engenheiros com frequência.

Joules
O joule, cuja abreviatura é J, recebeu esse nome em homenagem ao físico inglês James Prescott Joule (1818-1889). A equação que o define é

1 joule = (1 newton)(1 metro).

Em símbolos, 1 J = 1 N · m.

EXEMPLO 1 Suponha que você eleve a lateral de um carro de 2000 lb a 1,25 pé acima do solo para trocar um pneu. O macaco aplica uma força vertical constante de cerca de 1000 lb ao elevar a lateral do carro (mas levando em conta a vantagem mecânica do macaco, a força aplicada ao macaco em si é apenas de cerca de 30 lb). O trabalho total realizado pelo macaco no carro é $1000 \times 1{,}25 = 1250$ pé-libra. Em unidades SI, o macaco aplicou uma força de 4448 N a uma distância de 0,381 m para fazer $4448 \times 0{,}381 \approx 1695$ J de trabalho.

Trabalho realizado por uma força variável ao longo de uma reta

Se a força aplicada varia ao longo do trajeto, como se estivesse comprimindo uma mola, a fórmula $W = Fd$ deve ser substituída por uma fórmula integral que leve em consideração a variação de F.

Suponha que a força para realizar o trabalho atue em um objeto em movimento ao longo de uma reta, que podemos considerar que seja o eixo x. Supomos que a magnitude F da força seja uma função contínua da posição do objeto x. Queremos determinar o trabalho realizado ao longo do intervalo de $x = a$ a $x = b$. Dividimos $[a, b]$ da maneira usual e escolhemos um ponto arbitrário c_k em cada subintervalo $[x_{k-1}, x_k]$. Se o subintervalo for pequeno o suficiente, a função contínua F não variará muito de x_{k-1} a x_k. A quantidade de trabalho realizado ao longo do intervalo será de aproximadamente $F(c_k)$ vezes a distância Δx_k, a mesma que seria usada se F fosse constante e pudéssemos aplicar a Equação 1. Portanto, podemos fazer uma aproximação para o trabalho total realizado de a a b usando a soma de Riemann.

$$\text{Trabalho} \approx \sum_{k=1}^{n} F(c_k)\,\Delta x_k.$$

Esperamos que a aproximação melhore quando a norma da partição tender a zero, e, portanto, definimos o trabalho realizado pela força de a a b como a integral de F de a a b:

$$\lim_{n \to \infty} \sum_{k=1}^{n} F(c_k)\,\Delta x_k = \int_a^b F(x)\,dx.$$

DEFINIÇÃO O **trabalho** realizado por uma variável força $F(x)$ na direção do eixo x, de $x = a$ a $x = b$, é

$$W = \int_a^b F(x)\,dx. \tag{2}$$

A unidade da integral será o joule se F estiver em newtons, e x, em metros; e pé-libra se F estiver em libras, e x, em pés. Assim, o trabalho realizado por uma força de $F(x) = 1/x^2$ newtons ao deslocar um objeto ao longo do eixo x, de $x = 1$ m a $x = 10$ m, será

$$W = \int_1^{10} \frac{1}{x^2}\,dx = -\frac{1}{x}\bigg]_1^{10} = -\frac{1}{10} + 1 = 0{,}9 \text{ J}.$$

Lei de Hooke para molas: $F = kx$

A **lei de Hooke** diz que a força necessária para esticar ou comprimir uma mola com x unidades de comprimento de seu comprimento original (descomprimida) é proporcional a x. Em símbolos,

$$F = kx. \tag{3}$$

A constante k, medida em unidades de força por comprimento unitário, é uma característica da mola, denominada **constante de força** da mola (ou **constante da mola**). A Equação 3, ou lei de Hooke, apresenta bons resultados, desde que a força não distorça a estrutura da mola. Supomos que as forças nesta seção sejam pequenas demais para que isso seja feito.

EXEMPLO 2 Determine o trabalho necessário para comprimir uma mola de seu comprimento natural de 1 pé para um comprimento de 0,75 pé se a constante de força for $k = 16$ lb/pés.

Solução Imaginemos a mola não comprimida ao longo do eixo x com a sua extremidade móvel na origem e a sua extremidade fixa em $x = 1$ pé (Figura 6.36). Isso nos permite descrever a força necessária para comprimir a mola de 0 a x com a fórmula $F = 16x$. Para comprimir a mola de 0 a 0,25 pé, a força deve aumentar de

$$F(0) = 16 \cdot 0 = 0 \text{ lb} \quad \text{a} \quad F(0{,}25) = 16 \cdot 0{,}25 = 4 \text{ lb}.$$

O trabalho realizado por F ao longo desse intervalo é

$$W = \int_0^{0{,}25} 16x\,dx = 8x^2 \bigg]_0^{0{,}25} = 0{,}5 \text{ pé-lb}.$$

Equação 2 com $a = 0$, $b = 0{,}25$, $F(x) = 16x$

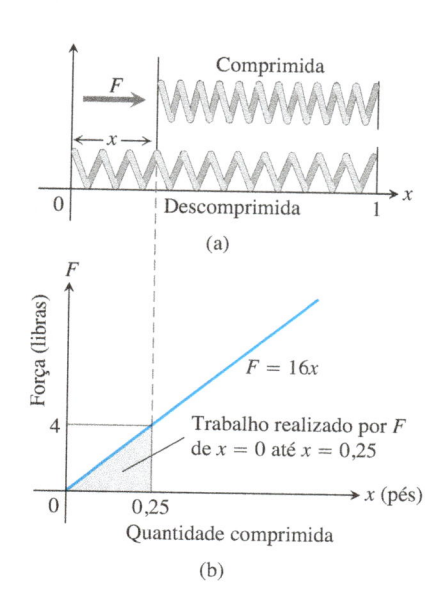

FIGURA 6.36 A força F necessária para manter a mola sob compressão aumenta linearmente à medida que a mola é comprimida (Exemplo 2).

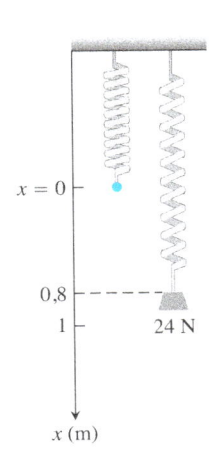

FIGURA 6.37 Um peso de 24 N estica esta mola 0,8 metro além de seu comprimento em repouso (Exemplo 3).

EXEMPLO 3 Uma mola tem um comprimento original de 1 m. Uma força de 24 N a estica até o comprimento total de 1,8 m.

(a) Determine a constante de força k.
(b) Quanto trabalho será necessário para esticar a mola 2 m além de seu comprimento original?
(c) Até que ponto uma força de 45 N estica a mola?

Solução

(a) *Constante de força*. Determinamos a constante de força a partir da Equação 3. Uma força de 24 N estica a mola até 0,8 m de seu comprimento original, de modo que

$$24 = k(0,8)$$
$$k = 24/0,8 = 30 \text{ N/m}.$$

Equação 3 com $F = 24$, $x = 0,8$

(b) *Trabalho para esticar a mola por 2 metros*. Imaginemos a mola em repouso, pendurada ao longo do eixo x, com sua extremidade livre em $x = 0$ (Figura 6.37). A força necessária para esticar a mola até x metros além de seu comprimento original é a força necessária para puxar a extremidade livre da mola até x unidades a partir da origem. A lei de Hooke com $k = 30$ diz que essa força é

$$F(x) = 30x.$$

O trabalho realizado por F sobre a mola de $x = 0$ m até $x = 2$ m é

$$W = \int_0^2 30x \, dx = 15x^2 \Big]_0^2 = 60 \text{ J}.$$

(c) *Até que ponto uma força de 45 N esticará a mola?* Substituímos $F = 45$ na equação $F = 30x$ para determinar

$$45 = 30x \quad \text{ou} \quad x = 1,5 \text{ m}.$$

Uma força de 45 N manterá a mola esticada 1,5 m além de seu comprimento original.

A integral do trabalho é útil para calcular o trabalho realizado ao se levantar objetos cujo peso varia com a elevação.

EXEMPLO 4 Um balde que pesa 5 lb é içado a partir do solo por uma corda com 20 pés de comprimento que é puxada a uma velocidade constante (Figura 6.38). A corda pesa 0,08 lb/pé. Quanto trabalho foi realizado para elevar o balde e a corda?

Solução O balde tem peso constante, e, portanto, o trabalho realizado quando apenas ele é içado é igual a peso × distância = 5 · 20 = 100 pés-lb.

O peso da corda varia com a elevação do balde, pois uma parte cada vez menor dela fica pendente. Quando o balde está a x pés do solo, o pedaço restante da corda ainda pendente pesa $(0,08) \cdot (20 - x)$ libras. Assim, o trabalho para erguer a corda é

$$\text{Trabalho na corda} = \int_0^{20} (0,08)(20 - x) \, dx = \int_0^{20} (1,6 - 0,08x) \, dx$$
$$= \Big[1,6x - 0,04x^2\Big]_0^{20} = 32 - 16 = 16 \text{ pés-lb}.$$

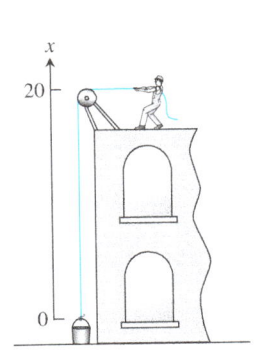

FIGURA 6.38 Içamento do balde no Exemplo 4.

O trabalho total para içar o balde e a corda juntos é

$$100 + 16 = 116 \text{ pés-lb}.$$

Bombeamento de líquidos para fora de recipientes

Quanto trabalho é realizado para bombear a totalidade ou parte do líquido de um recipiente? Muitas vezes, os engenheiros precisam saber a resposta para projetar ou escolher a bomba certa para transportar água ou líquido de um local ao outro. Para descobrir a resposta, imaginamos levantar uma fatia horizontal fina do líquido de cada vez, aplicando a equação $W = Fd$ a cada fatia. Depois, calculamos a integral resultante, quando as fatias se tornam mais finas e mais numerosas. A integral

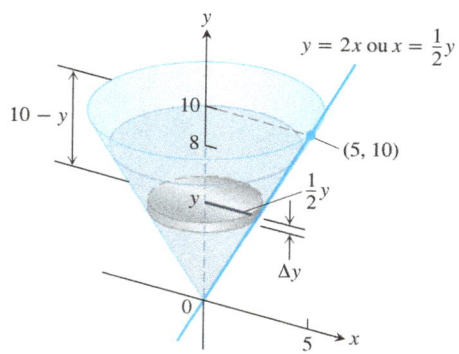

FIGURA 6.39 Azeite de oliva e tanque do Exemplo 5.

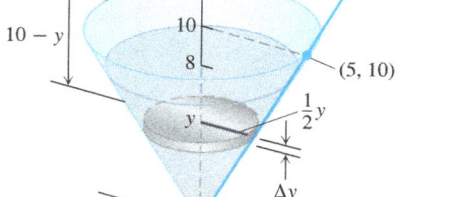

obtida a cada vez depende do peso do líquido e das dimensões do recipiente, mas o modo para determinar a integral é sempre o mesmo. O próximo exemplo mostra o que deve ser feito.

EXEMPLO 5 O tanque cônico da Figura 6.39 está ocupado até 2 pés do topo com azeite de oliva, que pesa 57 lb/pé^3. Quanto trabalho será necessário para bombear o óleo até a borda do tanque?

Solução Imaginamos o azeite dividido em fatias finas por planos perpendiculares ao eixo y nos pontos de uma partição do intervalo [0, 8].

A fatia típica entre os planos em y e $y + \Delta y$ tem um volume de cerca de

$$\Delta V = \pi(\text{raio})^2(\text{espessura}) = \pi\left(\frac{1}{2}y\right)^2 \Delta y = \frac{\pi}{4}y^2 \Delta y \text{ pés}^3.$$

A força $F(y)$ necessária para elevar essa fatia é igual ao seu peso,

$$F(y) = 57 \Delta V = \frac{57\pi}{4} y^2 \Delta y \text{ lb.} \quad \text{Peso = (Peso por unidade de volume)} \times \text{volume}$$

A distância pela qual $F(y)$ deve agir para elevar essa fatia ao nível da borda do cone é de aproximadamente $(10 - y)$ pés, e, portanto, o trabalho realizado para elevar a fatia é de aproximadamente

$$\Delta W = \frac{57\pi}{4}(10 - y)y^2 \Delta y \text{ pés-lb.}$$

Supondo que existam n fatias associadas à partição de [0, 8] e que $y = y_k$ indique o plano associado a k-ésima fatia de densidade Δy_k, podemos aproximar o trabalho realizado ao elevarmos todas as fatias com a soma de Riemann

$$W \approx \sum_{k=1}^{n} \frac{57\pi}{4}(10 - y_k)y_k^2 \Delta y_k \text{ pés-lb.}$$

O trabalho de bombear o azeite até a borda é o limite dessas somas quando a norma da partição tende a zero e o número de fatias tende a infinito:

$$W = \lim_{n \to \infty} \sum_{k=1}^{n} \frac{57\pi}{4}(10 - y_k)y_k^2 \Delta y_k = \int_0^8 \frac{57\pi}{4}(10 - y)y^2 \, dy$$

$$= \frac{57\pi}{4} \int_0^8 (10y^2 - y^3) \, dy$$

$$= \frac{57\pi}{4} \left[\frac{10y^3}{3} - \frac{y^4}{4}\right]_0^8 \approx 30{,}561 \text{ pés-lb.}$$

Forças e pressões de fluido

As barragens são projetadas com a parte inferior mais grossa do que a parte superior (Figura 6.40), pois a pressão aumenta com a profundidade. A pressão em qualquer ponto de uma barragem depende apenas da distância entre a superfície e esse ponto, e não de quanto a superfície da barragem está inclinada naquele ponto. A pressão em libras por pé quadrado em um ponto h pés abaixo da superfície é sempre $62{,}4h$. O número $62{,}4$ é o peso específico da água doce em libras por pé cúbico. A pressão h pés abaixo da superfície de qualquer fluido é o *peso específico* do fluido multiplicado por h.

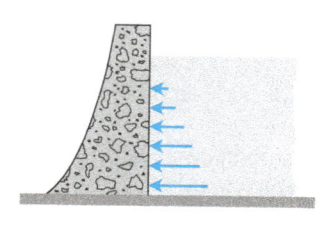

FIGURA 6.40 Para resistir ao aumento da pressão, as barragens são mais espessas na parte inferior.

Peso específico
O peso específico w de um fluido é o seu peso por unidade de volume. Os valores típicos (lb/pé^3) estão listados abaixo.

Gasolina	42
Mercúrio	849
Leite	64,5
Melaço	100
Azeite de oliva	57
Água do mar	64
Água doce	62,4

Equação pressão-profundidade

Em um fluido que se mantém parado, a pressão p à profundidade h é o peso específico do fluido w vezes h:

$$p = wh. \tag{4}$$

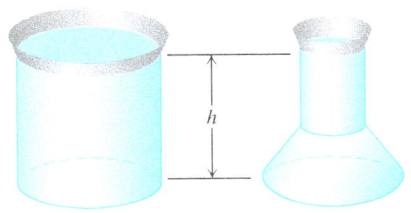

FIGURA 6.41 Esses recipientes têm a mesma profundidade de água e a mesma área de base. A força total é, portanto, a mesma no fundo de cada recipiente. A forma dos recipientes não importa.

Em um recipiente com fluido com uma base plana e horizontal, a força total exercida pelo fluido contra a base pode ser calculada pela multiplicação da área da base pela pressão na base. Podemos fazer isso porque a força total é igual à força por unidade de área (pressão) vezes a área (veja a Figura 6.41). Se F, p e A são a força total, a pressão e a área, respectivamente, então,

F = força total = força por unidade de área × área

= pressão × área = pA

= whA. $\qquad$ *p = wh* da Equação 4

Força do fluido em uma superfície com profundidade constante

$$F = pA = whA \qquad (5)$$

Por exemplo, o peso específico da água doce é 62,4 lb/pé³, logo a força do fluido no fundo de uma piscina retangular de 10 pés × 20 pés de profundidade será de

$$F = whA = (62,4 \text{ lb/pé}^3)(3 \text{ pé})(10 \cdot 20 \text{ pé}^2)$$

$$= 37.440 \text{ lb}.$$

Para uma placa plana submersa *horizontalmente*, como o fundo dessa piscina, a força descendente que age sobre ela devido à pressão do líquido é dada pela Equação 5. Se a placa estiver submersa na *vertical*, no entanto, a pressão sobre ela será diferente em diferentes profundidades, e a Equação 5 já não será mais útil dessa forma (porque h varia).

Suponha que desejamos conhecer a força exercida pelo fluido sobre um lado de uma placa vertical submersa em um fluido de peso específico w. Para determiná-la, modelamos a placa como uma região que se estende de $y = a$ a $y = b$ no plano xy (Figura 6.42). Dividimos [a, b] da maneira usual e imaginamos que a região é cortada em faixas finas na horizontal por planos perpendiculares ao eixo y nos pontos da partição. A faixa típica de y a $y + \Delta y$ tem Δy unidades de largura por $L(y)$ unidades de comprimento. Consideramos que $L(y)$ seja uma função contínua de y.

A pressão varia ao longo da faixa de cima para baixo. Se, entretanto, a faixa for estreita o suficiente, a pressão ficará próxima do seu valor de w × (profundidade da faixa) na borda inferior. A força exercida pelo fluido sobre um lado da faixa será aproximadamente

ΔF = (pressão ao longo da borda inferior) × (área)

= $w \cdot$ (profundidade da faixa) $\cdot L(y)\Delta y$.

Suponha que haja n faixas associadas à partição de $a \leq y \leq b$, e que y_k seja a borda inferior da k-ésima faixa, tendo comprimento de $L(y_k)$ e largura Δy_k. A força sobre a placa toda será aproximada pela soma das forças sobre cada faixa, dando a soma de Riemann

$$F \approx \sum_{k=1}^{n} (w \cdot (\text{profundidade da faixa})_k \cdot L(y_k))\Delta y_k. \qquad (6)$$

FIGURA 6.42 A força exercida pelo fluido sobre um lado de uma faixa estreita horizontal é aproximadamente ΔF = pressão × área = w × (profundidade da faixa) × $L(y)$ Δy.

A soma na Equação 6 é uma soma de Riemann para uma função contínua de [a, b], e esperamos que as aproximações melhorem conforme a norma da partição tende a zero. A força exercida sobre a placa é o limite dessas somas:

$$\lim_{n \to \infty} \sum_{k=1}^{n} (w \cdot (\text{profundidade da faixa})_k \cdot L(y_k))\Delta y_k =$$

$$\int_{a}^{b} w \cdot (\text{profundidade da faixa}) \cdot L(y)\, dy.$$

> **Integral para a força de um fluido contra uma placa plana vertical**
>
> Suponha que uma placa submersa verticalmente no fluido de peso específico w vá de $y = a$ a $y = b$ no eixo y. Seja $L(y)$ o comprimento da faixa horizontal medido da esquerda para a direita ao longo da superfície da placa no nível y. Então, a força exercida pelo fluido sobre um lado da placa é
>
> $$F = \int_a^b w \cdot (\text{profundidade da faixa}) \cdot L(y) \, dy. \qquad (7)$$

EXEMPLO 6 Uma placa plana triangular isósceles com base de 6 pés e altura de 3 pés está submersa verticalmente, com a base virada para cima a 2 pés abaixo da superfície de uma piscina. Determine a força exercida pela água contra um lado da placa.

Solução Estabelecemos um sistema de coordenadas para trabalhar colocando a origem no vértice inferior da placa e fazendo o eixo y superior ao longo do eixo de simetria da placa (Figura 6.43). A superfície da piscina está situada ao longo da reta $y = 5$, e o topo da borda da placa, ao longo da reta $y = 3$. A borda à direita da placa está situada ao longo da reta $y = x$, com o vértice superior direito em (3, 3). O comprimento de uma faixa fina ao nível y é

$$L(y) = 2x = 2y.$$

A profundidade da faixa abaixo da superfície é de $(5 - y)$. A força exercida pela água sobre um lado da placa será, portanto,

$$F = \int_a^b w \cdot \binom{\text{profundidade}}{\text{da faixa}} \cdot L(y) \, dy \quad \text{Equação 7}$$

$$= \int_0^3 62{,}4(5 - y)2y \, dy$$

$$= 124{,}8 \int_0^3 (5y - y^2) \, dy$$

$$= 124{,}8 \left[\frac{5}{2}y^2 - \frac{y^3}{3} \right]_0^3 = 1684{,}8 \text{ lb}.$$

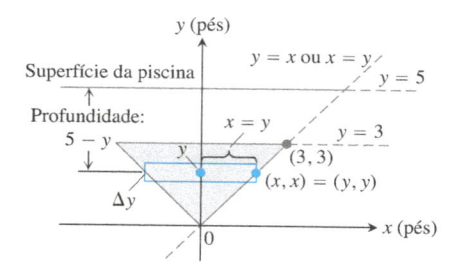

FIGURA 6.43 Para calcular a força sobre um lado da placa submersa do Exemplo 6, podemos usar um sistema de coordenadas como este.

Exercícios 6.5

Molas

1. **Constante da mola** Foram necessários 1.800 J de trabalho para esticar uma mola desde seu comprimento original de 2 m até 5 m. Determine a constante da força da mola.

2. **Esticando uma mola** Uma mola tem um comprimento original de 10 pol. Uma força de 800 lb a estica até 14 pol.
   a. Determine a constante de força.
   b. Quanto trabalho será necessário para esticar a mola de 10 para 12 pol.?
   c. Até onde, além de seu comprimento original, uma força de 1.600 lb esticará a mola?

3. **Esticando um elástico** Uma força de 2 N estica um elástico de 2 cm (0,02 m). Supondo que a lei de Hooke seja aplicável, quanto uma força de 4 N esticará o elástico? Quanto trabalho será necessário para esticar o elástico até esse ponto?

4. **Esticando uma mola** Se uma força de 90 N estica uma mola de 1 m além do seu comprimento original, quanto trabalho será necessário para esticar a mola 5 m além do seu comprimento original?

5. **Molas de vagões do metrô** É preciso aplicar uma força de 21.714 lb para comprimir um sistema de mola espiral dos vagões do sistema metroviário em Nova York, da altura livre de 8 pol. até sua altura totalmente comprimida de 5 pol.
   a. Qual é a constante de força do sistema?
   b. Quanto trabalho será necessário para comprimir a primeira meia polegada nesse sistema? E a segunda meia polegada? Aproxime a resposta para o inteiro mais próximo em pol.-lb.

6. **Balança para banheiro** Uma balança para banheiro sofre uma compressão de 1/16 pol. quando uma pessoa de 150 lb fica em pé sobre ela. Considerando que a balança se comporta como uma mola que obedece à lei de Hooke, quanto deve pesar alguém que comprime a balança em 1/8 pol. ao se pesar? Quanto trabalho será realizado nesse caso?

Trabalho realizado por uma força variável

7. **Puxando uma corda** Um alpinista está prestes a puxar cerca de 50 m de uma corda pendurada. Quanto trabalho será necessário se a corda pesa 0,624 N/m?

8. **Saco de areia furado** Um saco de areia que pesa originalmente 144 lb foi elevado a uma taxa constante. Ao subir, a areia também vazou a uma taxa constante. Metade da areia se foi quando o saco foi elevado 18 pés. Quanto trabalho foi realizado ao se elevar a areia até aqui? (Despreze o peso do saco e do equipamento de elevação.)

9. **Elevação de um cabo de elevador** Um elevador elétrico, com um motor no alto, tem um cabo trançado que pesa 4,5 lb/pés. Quando ele está no primeiro andar, 180 pés de cabo estão estendidos e, por outro lado, quando ele está no último andar, 0 pé está estendido. Quanto trabalho o motor realiza para elevar apenas o cabo ao transportar o elevador do primeiro ao último andar?

10. **Força de atração** Quando uma partícula de massa m está em $(x, 0)$, é atraída em direção à origem com uma força cuja magnitude é k/x^2. Determine o trabalho realizado sobre a partícula até o momento em que ela atinge $x = a$, $0 < a < b$, quando a partícula parte do repouso em $x = b$ e não há ação de outras forças.

11. **Balde furado** Suponha que o balde do Exemplo 4 esteja vazando. Ele inicia com 2 galões de água (16 lb) e vaza a uma taxa constante. Toda a água termina de sair quando o balde atinge a superfície. Quanto trabalho foi realizado para elevar apenas a água? (Sugestão: não inclua a corda e o balde; determine a proporção de água que restava quando o balde estava a x pés do chão.)

12. (*Continuação do Exercício 11.*) Os trabalhadores do Exemplo 4 e do Exercício 11 trocaram o balde por outro maior, que comporta 5 galões de água (40 lb), mas o vazamento é ainda maior, de modo que ele também chegará vazio ao topo. Considerando que a água vaze a uma taxa constante, quanto trabalho foi realizado para elevar apenas a água? (Não inclua a corda e o balde.)

Bombeamento de líquidos para fora de recipientes

13. **Bombeamento de água** O tanque retangular mostrado aqui, com o seu topo ao nível do solo, é usado para captar água pluvial. Considere que o peso específico da água seja 62,4 lb/pé³.

    a. Quando o tanque estiver cheio, quanto trabalho será necessário para esvaziá-lo bombeando a água de volta ao nível do solo?

    b. Se a água for bombeada para o nível do solo com motor de (5/11) HP (potência 250 pés-lb/s), quanto tempo levará para esvaziar o tanque cheio (arredonde para o minuto mais próximo)?

    c. Mostre que a bomba no item (b) reduzirá o nível de água em 10 pés (metade) durante os primeiros 25 min de bombeamento.

    d. **Peso da água** Quais são as respostas para os itens (a) e (b) em um local onde o peso específico da água seja 62,26 lb/pé³? E 62,59 lb/pé³?

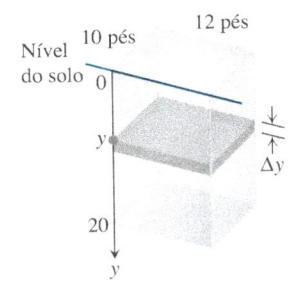

14. **Esvaziamento de uma cisterna** A cisterna retangular (tanque para armazenamento da água pluvial) apresentada tem seu topo a 10 pés abaixo do nível do solo. Atualmente cheia, deverá ser esvaziada para inspeção por bombeamento de seu conteúdo até o nível do solo.

    a. Quanto trabalho será necessário para esvaziar a cisterna?

    b. Quanto tempo levará para esvaziar o tanque usando uma bomba com potência de 1/2 HP, a uma taxa de 275 pés-lb/s?

    c. Quanto tempo a bomba do item (b) levará para esvaziar o tanque até a metade? (Será menos do que a metade do tempo necessário para esvaziar o tanque completamente.)

    d. **Peso da água** Quais são as respostas para os itens (a) a (c) em um local onde o peso específico da água é 62,26 lb/pé³? E 62,59 lb/pé³?

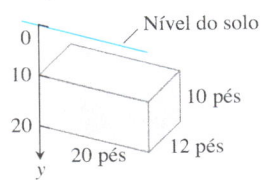

15. **Bombeamento de óleo** Quanto trabalho seria necessário para bombear óleo do tanque do Exemplo 5 até o topo do tanque se o tanque estivesse completamente cheio?

16. **Bombeamento de um tanque pela metade** Suponha que no Exemplo 5, em vez de o tanque estar cheio, ele esteja apenas pela metade. Quanto trabalho será necessário para bombear o óleo restante até o nível de 4 pés acima do topo?

17. **Esvaziamento de um tanque** Um tanque cilíndrico reto vertical mede 30 pés de altura e 20 pés de diâmetro. Está cheio de querosene, que pesa 51,2 lb/pé³. Quanto trabalho será necessário para bombear o querosene ao nível do topo do tanque?

18. a. **Bombeamento de leite** Suponha que o recipiente cônico do Exemplo 5 contenha leite (cujo peso específico é 64,5 lb/pé) em vez de azeite de oliva. Quanto trabalho será necessário para bombear o conteúdo até a borda?

    b. **Bombeamento de azeite** No Exemplo 5, quanto trabalho será necessário para bombear o azeite até 3 pés acima da borda do cone?

19. O gráfico de $y = x^2$ em $0 \leq x \leq 2$ é girado em torno do eixo y para formar um tanque que é então preenchido com água salgada do Mar Morto (que pesa cerca de 73 lb/pé³). Quanto trabalho será necessário para bombear toda a água até o topo do tanque?

20. Um tanque cilíndrico circular reto de 10 pés de altura e 5 pés de raio repousa horizontalmente e está cheio de diesel que pesa 53 lb/pé³. Quanto trabalho será necessário para bombear todo o combustível a um ponto 15 pés acima do topo do tanque?

21. **Esvaziamento de um reservatório de água** Modelamos o bombeamento do conteúdo de recipientes esféricos da forma como fizemos com outros recipientes, com o eixo de integração ao longo do eixo vertical da esfera. Use a figura a seguir e determine quanto trabalho será necessário para que um reservatório hemisférico de raio 5 m, cheio de água, seja esvaziado ao se bombear seu conteúdo até uma altura de 4 m acima do topo do reservatório. A água pesa 9.800 N/m³.

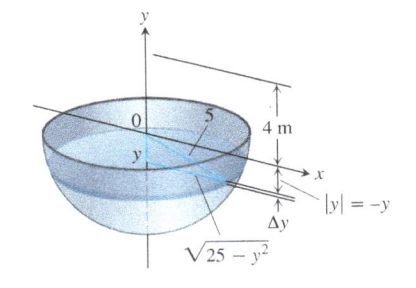

22. Você é o responsável pela drenagem e pelo reparo do tanque de armazenamento mostrado a seguir. O tanque é um hemisfério com raio de 10 pés, cheio de benzeno, cujo peso específico é 56 lb/pé³. Uma empresa que você contatou garante que pode esvaziar o tanque a um custo de 1/2 centavo por lb-pé de trabalho. Determine o trabalho necessário para esvaziar o tanque ao se bombear o benzeno até um tubo de saída localizado a 2 pés acima do tanque. Se você tiver $ 5000 calculado para o trabalho, poderá contratar a empresa?

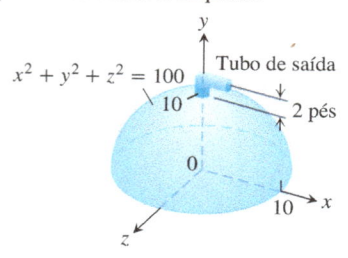

Trabalho e energia cinética

23. **Energia cinética** Se uma força variável de magnitude $F(x)$ desloca um corpo de massa m ao longo do eixo x de x_1 até x_2, a velocidade do corpo v pode ser escrita como dx/dt (onde t representa o tempo). Use a segunda lei do movimento de Newton $F = m(dv/dt)$ e a regra da cadeia

    $$\frac{dv}{dt} = \frac{dv}{dx}\frac{dx}{dt} = v\frac{dv}{dx}$$

    para mostrar que o trabalho líquido realizado pela força durante o deslocamento do corpo de x_1 até x_2 é de

    $$W = \int_{x_1}^{x_2} F(x)\, dx = \frac{1}{2}mv_2^2 - \frac{1}{2}mv_1^2,$$

    onde v_1 e v_2 são as velocidades do corpo em x_1 e x_2. Em física, a expressão $(1/2)mv^2$ é chamada de *energia cinética* de um corpo de massa m que se desloca com velocidade v. Portanto, *o trabalho realizado por uma força é igual à variação da energia cinética do corpo*, e podemos determinar o trabalho calculando essa variação.

Nos Exercícios 24-28, utilize o resultado do Exercício 23.

24. **Tênis** Uma bola de tênis com massa de 2 onças foi sacada a 160 pés/s (cerca de 109 mi/h). Qual o trabalho realizado sobre a bola para que ela atingisse essa velocidade? (Para calcular a massa da bola pelo seu peso, expresse o peso em libras e divida por 32 pés/s², a aceleração da gravidade.)

25. **Beisebol** Quantos pés-libras de trabalho são necessários para arremessar uma bola de beisebol a 90 mi/h? Uma bola de beisebol pesa 5 onças ou 0,3125 lb.

26. **Golfe** Uma bola de golfe de 1,6 onça é arremessada a uma velocidade de 280 pés/s (cerca de 191 mi/h). Quantos pés-libras de trabalho são necessários para arremessar a bola?

27. Em 11 de junho de 2004, em uma partida de tênis entre Andy Roddick e Paradorn Srichaphan no torneio Stella Artois em Londres, Inglaterra, Roddick rebateu um saque medido a 153 mi/h. Quanto trabalho foi necessário para que Andy arremessasse uma bola de tênis de 2 onças a essa velocidade?

28. **Softball** Quanto trabalho foi necessário realizar sobre uma bola de softball com massa de 6,5 onças para lançá-la a 132 pés/s (90 mi/h)?

29. **Tomando um milkshake** O recipiente cônico truncado mostrado na figura a seguir está cheio de milkshake de morango que pesa 4/9 onças/pol.³. Como podemos ver, ele tem 7 pol. de profundidade, 2,5 pol. de diâmetro na base e 3,5 no topo. O canudo se estende uma polegada acima do topo. Aproximadamente quanto trabalho é necessário para tomar o milkshake com o canudo (despreze o atrito)? Responda em polegadas.

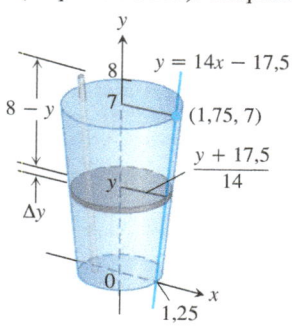

30. **Caixa-d'água** Sua cidade decidiu perfurar um poço para aumentar a capacidade de abastecimento de água. Como engenheiro da cidade, você determinou que é preciso uma caixa-d'água para fornecer a pressão necessária para a distribuição, e projetou o sistema mostrado a seguir. A água deverá ser bombeada de um poço com 300 pés de profundidade por um cano vertical de 4 pol. até a base de um tanque cilíndrico com 20 pés de diâmetro e 25 pés de altura. A base do tanque estará 60 pés acima do solo. A bomba é de 3 HP, classificada em 1650 pés · lb/s. Quanto tempo levará para encher o tanque pela primeira vez? (Inclua o tempo necessário para encher o cano.) Considere que o peso específico da água é 62,4 lb/pé³.

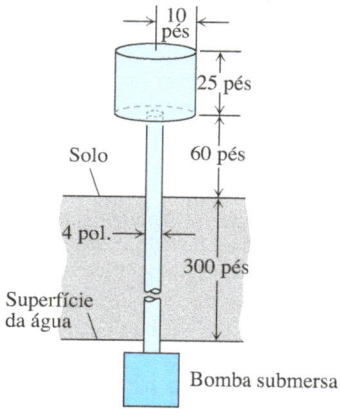

31. **Colocando um satélite em órbita** A força do campo gravitacional da Terra varia conforme a distância r do centro do planeta, e a magnitude da força gravitacional experimentada por um satélite de massa m, durante e após o lançamento, é

    $$F(r) = \frac{mMG}{r^2}.$$

    Aqui, $M = 5{,}975 \times 10^{24}$ kg é a massa da Terra, $G = 6{,}6720 \times 10^{-11}$ N · m² kg⁻² é a constante gravitacional universal, e r é medido em metros. O trabalho necessário para elevar um satélite de 1000 kg da superfície da Terra até uma órbita circular de 35.780 km acima da Terra é dada, portanto, pela integral

    $$\text{Trabalho} = \int_{6.370.000}^{35.780.000} \frac{1000 MG}{r^2}\, dr \text{ joules}.$$

    Calcule a integral. O limite inferior de integração é o raio da Terra em metros no local do lançamento. (Esse cálculo não leva em consideração a energia gasta durante a elevação do veículo de lançamento ou a energia gasta para levar o satélite à velocidade de órbita.)

32. Forçando um par de elétrons Dois elétrons a r metros de distância repelem-se com uma força de

$$F = \frac{23 \times 10^{-29}}{r^2} \text{ newtons.}$$

  a. Suponha que um elétron seja mantido fixo no ponto $(1, 0)$ do eixo x (unidades em metros). Quanto trabalho será necessário para deslocar um segundo elétron ao longo do eixo x do ponto $(-1, 0)$ à origem?

  b. Suponha que um elétron seja mantido fixo em cada um dos pontos $(-1, 0)$ e $(1, 0)$. Quanto trabalho será necessário para deslocar um terceiro elétron ao longo do eixo x de $(5, 0)$ para $(3, 0)$?

Determinação de forças de fluido

33. Placa triangular Calcule a força de fluido em um lado da placa do Exemplo 6 usando o sistema de coordenadas mostrado aqui.

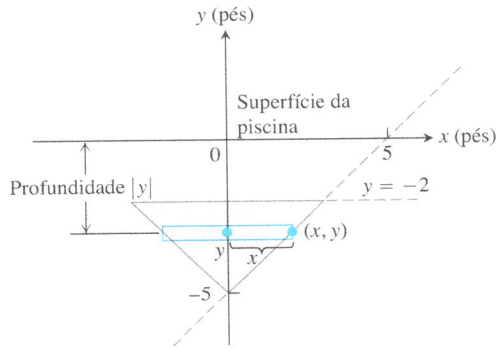

34. Placa triangular Calcule a força de fluido em um lado da placa do Exemplo 6 usando o sistema de coordenadas mostrado aqui.

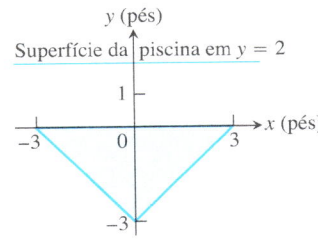

35. Placa retangular Em uma piscina com água a uma profundidade de 10 pés, calcule a força de fluido de um lado de uma placa retangular de 3 por 4 pés caso a placa repouse verticalmente no fundo da piscina

  a. em sua borda de 4 pés. **b.** em sua borda de 3 pés.

36. Placa semicircular Calcule a força do fluido em um lado de uma placa semicircular com raio de 5 pés que repousa verticalmente sobre o seu diâmetro no fundo de uma piscina cheia de água até a profundidade de 6 pés.

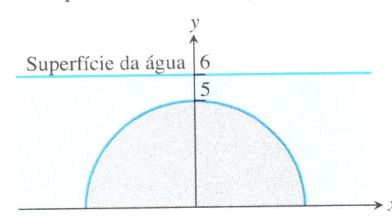

37. Placa triangular A placa triangular isósceles mostrada a seguir está submersa verticalmente a 1 pé abaixo da superfície de um lago de água doce.

  a. Determine a força exercida pelo fluido sobre um lado da placa.

  b. Qual seria a força exercida pelo fluido sobre um lado da placa caso a água fosse do mar em vez de doce?

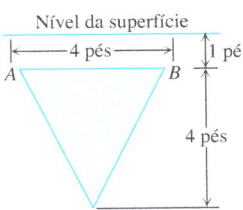

38. Placa triangular girada A placa do Exercício 37 é girada 180° em torno da reta AB, de modo que parte dela fica de fora do lago, como mostrado a seguir. Que força a água exerce agora sobre um lado da placa?

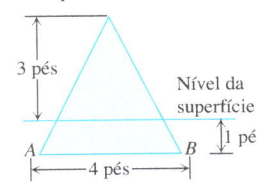

39. Aquário da Nova Inglaterra O vidro de exibição típico de um tanque de peixes no Aquário da Nova Inglaterra em Boston tem 63 pol. de largura, e vai de 0,5 pol. até 33,5 pol. abaixo da superfície da água. Determine a força de fluido contra esse vidro. O peso específico da água do mar é 64 lb/pé³. (Caso queira saber, o vidro tem 3/4 pol. de espessura, e a altura das paredes do tanque é de 4 pol. acima da superfície da água para evitar que os peixes pulem para fora dele.)

40. Placa semicircular Uma placa semicircular de 2 pés de diâmetro é colocada diretamente na água doce com o diâmetro ao longo da superfície. Determine a força exercida pela água em um lado da placa.

41. Placa inclinada Calcule a força do fluido em um lado de uma placa quadrada de 5 por 5 pés se a placa estiver no fundo de uma piscina cheia de água a uma profundidade de 8 pés e

  a. deitada com seu lado de 5 por 5 pés em uma superfície plana.

  b. em repouso vertical em uma borda de 5 pés.

  c. em repouso sobre uma borda de 5 pés com 45° de inclinação em relação ao fundo da piscina.

42. Placa inclinada Calcule a força do fluido em um lado de uma placa com a forma de um triângulo retângulo com lados de 3, 4 e 5 pés se a placa estiver no fundo de uma piscina cheia de água a uma profundidade de 6 pés em sua borda de 3 pés, e com uma inclinação de 60° em relação ao fundo da piscina.

43. O tanque de metal cúbico mostrado aqui tem uma portinhola parabólica que é mantida no lugar por meio de parafusos, e que foi projetado para suportar uma força de fluido de 160 lb sem se romper. O líquido que você planeja armazenar tem peso específico de 50 lb/pé³.

  a. Qual é a força que o fluido exerce sobre a portinhola quando o líquido está a 2 pés de profundidade?

  b. Qual é a altura máxima que se pode encher o tanque, sem ultrapassar a limitação de seu projeto?

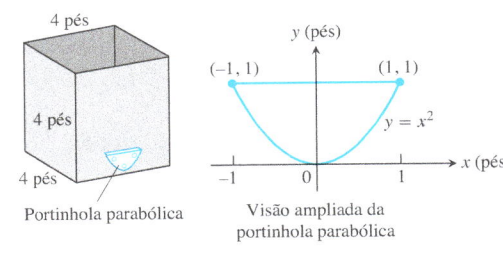

44. As placas nas extremidades do cocho mostrado aqui foram projetadas para suportar uma força de fluido de 6.667 libras. Quantos pés cúbicos de água o tanque pode conter sem ultrapassar essa limitação? Arredonde para o pé cúbico mais próximo. Qual é o valor de h?

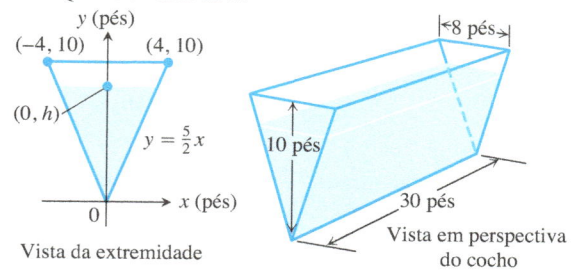

45. Uma placa retangular vertical com *a* unidades de comprimento por *b* unidades de largura é submersa em um fluido de peso específico *w* com suas bordas mais longas paralelas à superfície do fluido. Determine o valor médio da pressão ao longo das dimensões verticais da placa. Justifique sua resposta.

46. (*Continuação do Exercício 45.*) Mostre que a força exercida pelo fluido em um lado da placa é o valor médio da pressão (determinada no Exercício 45) vezes a área da placa.

47. Água é vertida a 4 pés³/min para o tanque mostrado a seguir. As seções transversais do tanque são semicírculos com 4 pés de diâmetro. Uma extremidade do tanque é móvel, mas movendo-a para aumentar o volume, comprime-se uma mola. A constante da mola é $k = 100$ lb/pés. Se a extremidade do tanque se deslocar 5 pés contra a mola, a água escoará por um orifício de segurança na parte inferior a 5 pés³/min. A extremidade móvel atingirá o orifício antes que o tanque transborde?

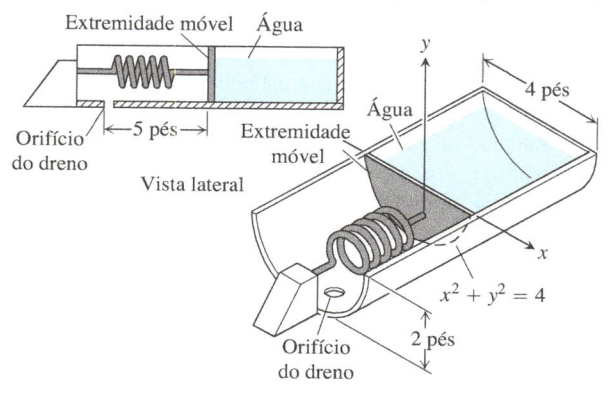

48. **Bebedouro** As extremidades verticais de um bebedouro são quadrados de 3 pés de lado.
    a. Determine a força do fluido contra as extremidades quando o bebedouro estiver cheio.
    b. Quantos centímetros você deve baixar o nível da água do bebedouro para reduzir a força do fluido em 25%?

6.6 Momentos e centros de massa

Muitas estruturas e sistemas mecânicos se comportam como se suas massas estivessem concentradas em um ponto único, chamado *centro de massa* (Figura 6.44). É importante saber como localizar esse ponto, e fazer isso implica basicamente uma operação matemática. No momento, lidamos com objetos de uma e duas dimensões. Objetos tridimensionais têm maior relação com as integrais múltiplas do Capítulo 15.

Massas ao longo de uma reta

Desenvolvemos nosso modelo matemático em estágios. O primeiro estágio é imaginar as massas m_1, m_2 e m_3 em um eixo *x* rígido mantido por um apoio na origem.

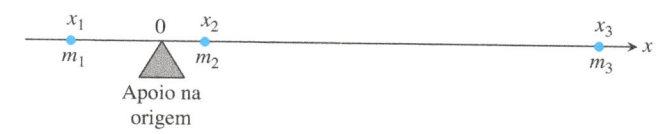

O sistema resultante pode ficar equilibrado ou não, dependendo do tamanho das massas e de como elas estão dispostas ao longo do eixo *x*.

Cada massa m_k exerce uma força descendente $m_k g$ (o peso de m_k) igual à magnitude da massa vezes a aceleração da gravidade. Cada uma dessas forças tende a provocar a rotação do eixo em torno da origem, como se fosse uma gangorra. Esse efeito de rotação, chamado **torque**, é medido pela multiplicação da força $m_k g$ pela distância com sinal x_k, do ponto de aplicação à origem. Massas à esquerda da origem exercem torque negativo (sentido anti-horário). Massas à direita da origem exercem torque positivo (sentido horário).

A soma dos torques mede a tendência de rotação de um sistema em torno da origem. Essa soma é chamada **torque do sistema**.

$$\text{Torque do sistema} = m_1 g x_1 + m_2 g x_2 + m_3 g x_3 \qquad (1)$$

O sistema ficará em equilíbrio se, e apenas se, o seu torque for zero.
Se fatorarmos g da Equação 1, veremos que o sistema de torque é

$$\underbrace{g}_{\text{uma característica do meio ambiente}} \cdot \underbrace{(m_1 x_1 + m_2 x_2 + m_3 x_3)}_{\text{uma característica do sistema}}.$$

Assim, o torque é o produto da aceleração gravitacional g, o qual é uma característica do meio ambiente em que o sistema existe, e o número $(m_1 x_1 + m_2 x_2 + m_3 x_3)$, que é uma característica do próprio sistema, é uma constante que permanece a mesma, independentemente de onde o sistema esteja localizado.

O número $(m_1 x_1 + m_2 x_2 + m_3 x_3)$ é chamado de **momento do sistema em torno da origem**. É a soma dos **momentos** $m_1 x_1, m_2 x_2, m_3 x_3$ das massas individuais.

$$M_0 = \text{Momento do sistema em torno da origem} = \sum m_k x_k$$

(Passamos aqui para a notação sigma para permitir somas com mais termos.)

Geralmente, queremos saber onde colocar o apoio para fazer o sistema ficar em equilíbrio, ou seja, em que ponto $\bar{x}$ colocá-lo para que a soma dos torques seja zero.

O torque de cada massa em torno do apoio nessa localização especial é

$$\text{Torque de } m_k \text{ sobre } \bar{x} = \begin{pmatrix} \text{distância com sinal} \\ \text{de } m_k \text{ em relação a } \bar{x} \end{pmatrix} \begin{pmatrix} \text{força} \\ \text{descendente} \end{pmatrix}$$
$$= (x_k - \bar{x}) m_k g.$$

Quando escrevemos a equação que diz que a soma desses torques é zero, obtemos uma equação que podemos resolver para $\bar{x}$:

$$\sum (x_k - \bar{x}) m_k g = 0 \quad \text{Soma dos torques iguais a zero.}$$

$$\bar{x} = \frac{\sum m_k x_k}{\sum m_k}. \quad \text{Resolvido para } \bar{x}$$

Essa última equação nos diz para determinar $\bar{x}$ dividindo o momento do sistema em torno da origem pela massa total do sistema:

$$\bar{x} = \frac{\sum m_k x_k}{\sum m_k} = \frac{\text{momento do sistema em torno da origem}}{\text{massa do sistema}}. \tag{2}$$

O ponto $\bar{x}$ é chamado de **centro de massa** do sistema.

Massas distribuídas em uma região plana

Suponha que tenhamos um conjunto finito de massas localizadas no plano, com massa m_k no ponto (x_k, y_k) (veja a Figura 6.45). A massa do sistema é

$$\text{Massa do sistema: } M = \sum m_k.$$

Cada massa m_k tem um momento em torno de cada eixo. Seu momento em torno do eixo x é $m_k y_k$, e em torno do eixo y é $m_k x_k$. Os momentos de todo o sistema em torno dos dois eixos são

$$\text{Momento em torno do eixo } x: M_x = \sum m_k y_k,$$

$$\text{Momento em torno do eixo } y: M_y = \sum m_k x_k.$$

FIGURA 6.44 Chave que desliza no gelo girando em torno de seu centro de massa conforme o centro desliza em uma reta vertical.

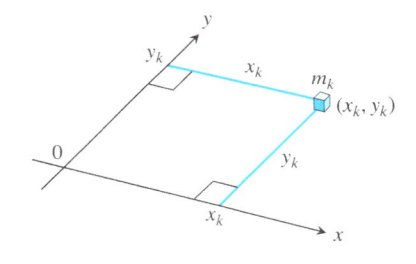

FIGURA 6.45 Cada massa m_k tem um momento em torno de cada eixo.

A abscissa do centro de massa do sistema é definida como

$$\bar{x} = \frac{M_y}{M} = \frac{\sum m_k x_k}{\sum m_k}. \tag{3}$$

Com essa escolha de $\bar{x}$, como no caso unidimensional, o sistema fica equilibrado em torno da reta $x = \bar{x}$ (Figura 6.46).

A ordenada do centro de massa do sistema é definida como

$$\bar{y} = \frac{M_x}{M} = \frac{\sum m_k y_k}{\sum m_k}. \tag{4}$$

Com essa escolha de $\bar{y}$, o sistema também fica equilibrado em torno da reta $y = \bar{y}$. Os torques exercidos pelas massas em torno da reta $y = \bar{y}$ se cancelam. Assim, do ponto de vista do equilíbrio, o sistema se comporta como se toda a sua massa estivesse no único ponto $(\bar{x}, \bar{y})$. Chamamos esse ponto de **centro de massa** do sistema.

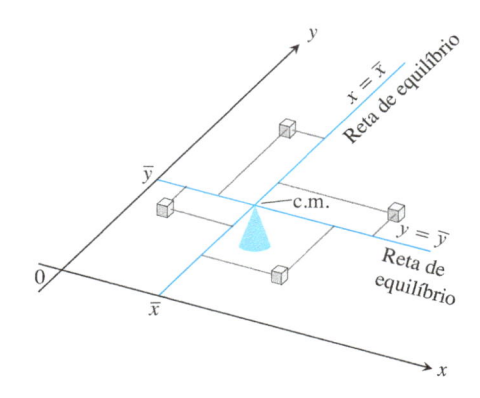

FIGURA 6.46 Arranjo bidimensional de massas equilibradas em seu centro de massa.

Placas finas e planas

Em muitas aplicações, precisamos determinar o centro de massa de uma placa fina e plana: um disco de alumínio ou uma folha de aço triangular. Em tais casos, presumimos que a distribuição de massa seja contínua e as fórmulas que usamos para calcular $\bar{x}$ e $\bar{y}$ contenham integrais em vez de somas finitas. As integrais surgem da seguinte maneira.

Imagine que a placa que ocupa uma região no plano xy seja cortada em faixas finas paralelas a um dos eixos (na Figura 6.47, o eixo y). O centro de massa de uma faixa típica é $(\tilde{x}, \tilde{y})$. Lidamos com a massa da faixa Δm como se ela estivesse concentrada em $(\tilde{x}, \tilde{y})$. O momento de uma faixa em torno do eixo y é, então, $\tilde{x} \Delta m$, e em torno do eixo x é $\tilde{y} \Delta m$. As Equações 3 e 4 se transformam em

$$\bar{x} = \frac{M_y}{M} = \frac{\sum \tilde{x} \Delta m}{\sum \Delta m}, \qquad \bar{y} = \frac{M_x}{M} = \frac{\sum \tilde{y} \Delta m}{\sum \Delta m}.$$

As somas são somas de Riemann para integrais e se aproximam dessas integrais como valores limites à medida que as faixas em que a placa é cortada se tornam cada vez mais estreitas. Escrevemos essas integrais simbolicamente como

$$\bar{x} = \frac{\int \tilde{x} \, dm}{\int dm} \qquad e \qquad \bar{y} = \frac{\int \tilde{y} \, dm}{\int dm}.$$

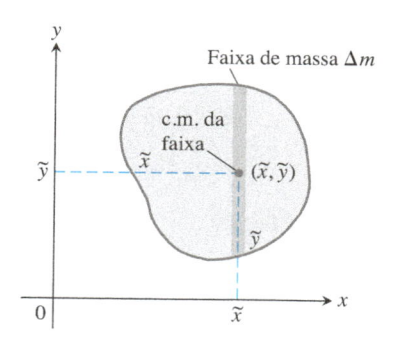

FIGURA 6.47 Placa cortada em faixas finas paralelas ao eixo y. O momento exercido por uma faixa típica em torno de cada eixo é o momento que sua massa Δm exerceria se estivesse concentrada no centro de massa $(\tilde{x}, \tilde{y})$ da faixa.

Momentos, massa e centro de massa de uma placa fina que cobre uma região no plano xy

$$\text{Momento em torno do eixo } x: \quad M_x = \int \tilde{y} \, dm$$

$$\text{Momento em torno do eixo } y: \quad M_y = \int \tilde{x} \, dm$$

$$\text{Massa}: \quad M = \int dm \tag{5}$$

$$\text{Centro de massa}: \quad \bar{x} = \frac{M_y}{M}, \quad \bar{y} = \frac{M_x}{M}$$

Densidade
A densidade de um material é a sua massa por unidade de área. Para fios, barras e faixas estreitas, usamos massa por unidade de comprimento.

A diferencial dm é a massa da faixa. Supondo que a densidade δ da placa seja uma função contínua, a diferencial da massa dm é igual ao produto $\delta\, dA$ (massa por unidade de área vezes área). Aqui, dA representa a área da faixa.

Para calcular essas integrais nas Equações 5, desenhamos a placa no plano coordenado e uma faixa de massa paralela a um dos eixos coordenados. Então, expressamos a massa da faixa dm e as coordenadas $(\tilde{x}, \tilde{y})$ do centro de massa da faixa em termos de x ou y. Finalmente, integramos $\tilde{x}\, dm$, $\tilde{y}\, dm$ e dm entre limites de integração determinados pela localização da placa no plano.

EXEMPLO 1 A placa triangular mostrada na Figura 6.48 tem uma densidade constante de $\delta = 3$ g/cm². Determine:

(a) o momento M_y da placa em torno do eixo y.

(b) a massa M da placa.

(c) a abscissa do centro de massa (c.m.) da placa.

Solução Método 1: faixas verticais   (Figura 6.49)

(a) O momento M_y: a faixa vertical típica tem os seguintes dados relevantes.

$$\text{centro de massa (c.m.): } (\tilde{x}, \tilde{y}) = (x, x)$$
$$\text{comprimento: } 2x$$
$$\text{largura: } dx$$
$$\text{área: } dA = 2x\, dx$$
$$\text{massa: } dm = \delta\, dA = 3 \cdot 2x\, dx = 6x\, dx$$
$$\text{distância entre c.m. e o eixo } y: \tilde{x} = x$$

O momento da faixa em torno do eixo y é

$$\tilde{x}\, dm = x \cdot 6x\, dx = 6x^2\, dx.$$

O momento da placa em torno do eixo y é, portanto,

$$M_y = \int \tilde{x}\, dm = \int_0^1 6x^2\, dx = 2x^3 \Big]_0^1 = 2 \text{ g} \cdot \text{cm}.$$

(b) A massa da placa:

$$M = \int dm = \int_0^1 6x\, dx = 3x^2 \Big]_0^1 = 3 \text{ g}.$$

(c) A abscissa do centro de massa da placa:

$$\bar{x} = \frac{M_y}{M} = \frac{2 \text{ g} \cdot \text{cm}}{3 \text{ g}} = \frac{2}{3} \text{ cm}.$$

Por um cálculo semelhante, poderíamos determinar M_x e $\bar{y} = M_x/M$.

Método 2: faixas horizontais   (Figura 6.50)

(a) O momento M_y: a ordenada do centro de massa de uma faixa horizontal típica é y (veja a figura), então

$$\tilde{y} = y.$$

A abscissa é a coordenada x do ponto médio no meio do triângulo. Isso a torna a média de $y/2$ (o valor x da faixa à esquerda) e 1 (o valor x da faixa à direita):

$$\tilde{x} = \frac{(y/2) + 1}{2} = \frac{y}{4} + \frac{1}{2} = \frac{y+2}{4}.$$

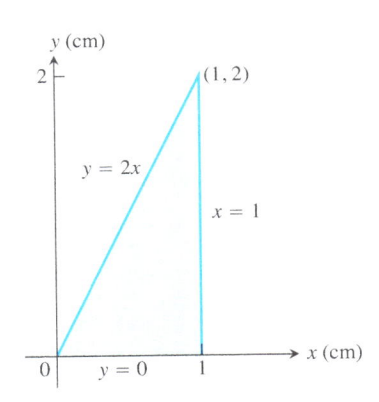

FIGURA 6.48 Placa no Exemplo 1.

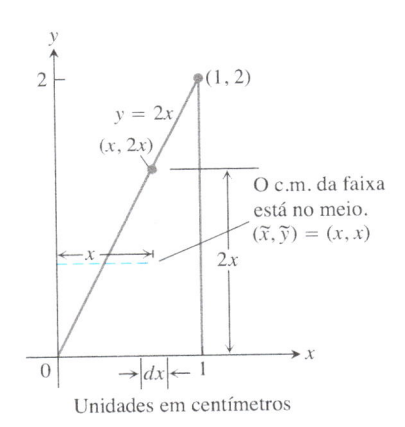

FIGURA 6.49 Modelando a placa do Exemplo 1 com faixas verticais.

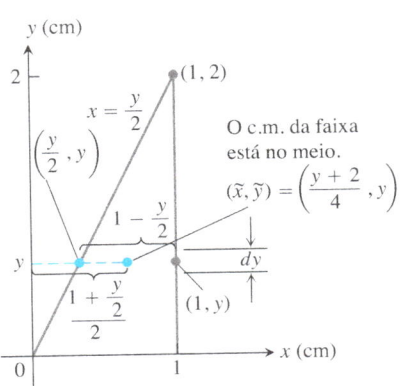

FIGURA 6.50 Modelando a placa do Exemplo 1 com faixas horizontais.

Temos também

$$\text{comprimento:} \quad 1 - \frac{y}{2} = \frac{2-y}{2}$$

$$\text{largura:} \quad dy$$

$$\text{área:} \quad dA = \frac{2-y}{2} dy$$

$$\text{massa:} \quad dm = \delta\, dA = 3 \cdot \frac{2-y}{2} dy$$

$$\text{distância de c.m. ao eixo } y: \quad \widetilde{x} = \frac{y+2}{4}.$$

O momento da faixa em torno do eixo y é

$$\widetilde{x}\, dm = \frac{y+2}{4} \cdot 3 \cdot \frac{2-y}{2} dy = \frac{3}{8}(4 - y^2)\, dy.$$

O momento da placa em torno do eixo y é

$$M_y = \int \widetilde{x}\, dm = \int_0^2 \frac{3}{8}(4 - y^2)\, dy = \frac{3}{8}\left[4y - \frac{y^3}{3}\right]_0^2 = \frac{3}{8}\left(\frac{16}{3}\right) = 2 \text{ g} \cdot \text{cm}.$$

(b) A massa da placa:

$$M = \int dm = \int_0^2 \frac{3}{2}(2-y)\, dy = \frac{3}{2}\left[2y - \frac{y^2}{2}\right]_0^2 = \frac{3}{2}(4-2) = 3 \text{ g}.$$

(c) A abscissa do centro de massa da placa:

$$\bar{x} = \frac{M_y}{M} = \frac{2 \text{ g} \cdot \text{cm}}{3 \text{ g}} = \frac{2}{3} \text{ cm}.$$

Por um cálculo semelhante, poderíamos determinar M_x e $\bar{y}$.

Se a distribuição da massa em uma placa fina e plana tiver um eixo de simetria, o centro de massa se situará nesse eixo. Se houver dois eixos, o centro de massa se situará em sua interseção. Esses fatos, muitas vezes, ajudam a simplificar nosso trabalho.

EXEMPLO 2 Determine o centro de massa de uma placa fina que abrange a região limitada acima pela parábola $y = 4 - x^2$ e abaixo pelo eixo x (Figura 6.51). Assuma que a densidade da placa no ponto (x, y) é $\delta = 2x^2$, que é duas vezes o quadrado da distância do ponto ao eixo y.

Solução A distribuição de massa é simétrica em torno do eixo y, então $\bar{x} = 0$. Visto que a densidade é dada como uma função da variável x, modelamos a distribuição de massa com faixas verticais. A faixa vertical típica (veja a Figura 6.51) tem os seguintes dados relevantes.

$$\text{centro de massa (c.m.):} \quad (\widetilde{x}, \widetilde{y}) = \left(x, \frac{4-x^2}{2}\right)$$

$$\text{comprimento:} \quad 4 - x^2$$

$$\text{largura:} \quad dx$$

$$\text{área:} \quad dA = (4 - x^2)\, dx$$

$$\text{massa:} \quad dm = \delta\, dA = \delta(4 - x^2)\, dx$$

$$\text{distância de c.m. ao eixo } x: \quad \widetilde{y} = \frac{4 - x^2}{2}$$

O momento da faixa em torno do eixo x é

$$\widetilde{y}\, dm = \frac{4 - x^2}{2} \cdot \delta(4 - x^2)\, dx = \frac{\delta}{2}(4 - x^2)^2\, dx.$$

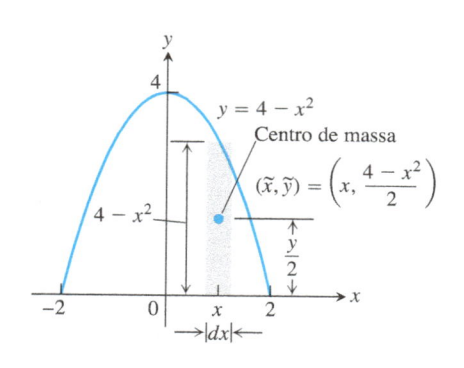

FIGURA 6.51 Modelagem da placa do Exemplo 2 com faixas verticais.

O momento da placa em torno do eixo x é

$$M_x = \int \widetilde{y}\, dm = \int_{-2}^{2} \frac{\delta}{2}(4-x^2)^2\, dx = \int_{-2}^{2} x^2(4-x^2)^2\, dx$$

$$= \int_{-2}^{2}(16x^2 - 8x^4 + x^6)\, dx = \frac{2048}{105}$$

$$M = \int dm = \int_{-2}^{2} \delta(4-x^2)\, dx = \int_{-2}^{2} 2x^2(4-x^2)\, dx$$

$$= \int_{-2}^{2}(8x^2 - 2x^4)\, dx = \frac{256}{15}.$$

Portanto,

$$\overline{y} = \frac{M_x}{M} = \frac{2048}{105} \cdot \frac{15}{256} = \frac{8}{7}.$$

O centro de massa da placa é

$$(\overline{x}, \overline{y}) = \left(0, \frac{8}{7}\right).$$

Placas limitadas por duas curvas

Suponha que uma placa abranja uma região que se encontra entre duas curvas $y = g(x)$ e $y = f(x)$ em que $f(x) \geq g(x)$ e $a \leq x \leq b$. A faixa vertical típica (veja a Figura 6.52) tem

centro de massa (c.m.): $(\widetilde{x}, \widetilde{y}) = (x, \tfrac{1}{2}[f(x) + g(x)])$
comprimento: $f(x) - g(x)$
largura: dx
área: $dA = [f(x) - g(x)]\, dx$
massa: $dm = \delta\, dA = \delta[f(x) - g(x)]\, dx.$

O momento da placa em torno do eixo y é

$$M_y = \int x\, dm = \int_a^b x\delta[f(x) - g(x)]\, dx,$$

e o momento em torno do eixo x é

$$M_x = \int y\, dm = \int_a^b \frac{1}{2}[f(x) + g(x)] \cdot \delta[f(x) - g(x)]\, dx$$

$$= \int_a^b \frac{\delta}{2}[f^2(x) - g^2(x)]\, dx.$$

Esses momentos fornecem as fórmulas

$$\overline{x} = \frac{1}{M}\int_a^b \delta x\,[f(x) - g(x)]\, dx \tag{6}$$

$$\overline{y} = \frac{1}{M}\int_a^b \frac{\delta}{2}[f^2(x) - g^2(x)]\, dx \tag{7}$$

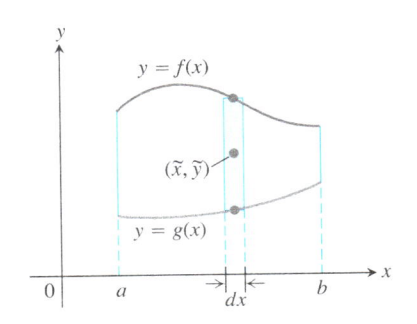

FIGURA 6.52 Modelagem da placa limitada por duas curvas com faixas verticais. O c.m. da faixa está no meio, então $\widetilde{y} = \frac{1}{2}[f(x) + g(x)]$.

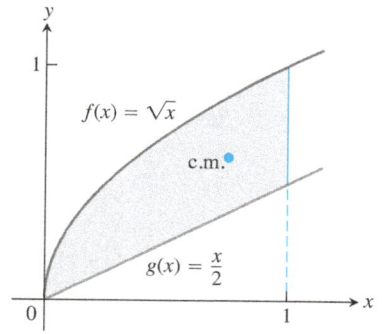

FIGURA 6.53 Região no Exemplo 3.

EXEMPLO 3 Determine o centro de massa de uma placa fina limitada pelas curvas $g(x) = x/2$ e $f(x) = \sqrt{x}$, $0 \leq x \leq 1$ (Figura 6.53) usando as Equações 6 e 7 com a função densidade $\delta(x) = x^2$.

Solução Primeiro, calculamos a massa da placa, onde $dm = \delta[f(x) - g(x)]\, dx$:

$$M = \int_0^1 x^2\left(\sqrt{x} - \frac{x}{2}\right) dx = \int_0^1 \left(x^{5/2} - \frac{x^3}{2}\right) dx = \left[\frac{2}{7}x^{7/2} - \frac{1}{8}x^4\right]_0^1 = \frac{9}{56}.$$

Em seguida, a partir das Equações 6 e 7, obtemos

$$\bar{x} = \frac{56}{9}\int_0^1 x^2 \cdot x\left(\sqrt{x} - \frac{x}{2}\right) dx$$

$$= \frac{56}{9}\int_0^1 \left(x^{7/2} - \frac{x^4}{2}\right) dx$$

$$= \frac{56}{9}\left[\frac{2}{9}x^{9/2} - \frac{1}{10}x^5\right]_0^1 = \frac{308}{405},$$

e

$$\bar{y} = \frac{56}{9}\int_0^1 \frac{x^2}{2}\left(x - \frac{x^2}{4}\right) dx$$

$$= \frac{28}{9}\int_0^1 \left(x^3 - \frac{x^4}{4}\right) dx$$

$$= \frac{28}{9}\left[\frac{1}{4}x^4 - \frac{1}{20}x^5\right]_0^1 = \frac{252}{405}.$$

O centro de massa é mostrado na Figura 6.53.

Centroides

Quando a função densidade é constante, ela se cancela no denominador e no numerador das fórmulas para $\bar{x}$ e $\bar{y}$. Assim, quando a densidade é constante, a localização do centro de massa é uma característica da geometria do objeto, e não do material de que é feito. Em tais casos, os engenheiros podem chamar o centro de massa de **centroide** do formato, como em "determine o centroide de um triângulo ou de um cone sólido". Para isso, basta igualar δ a 1 e avançar para determinar $\bar{x}$ e $\bar{y}$ como antes, dividindo momentos por massas.

EXEMPLO 4 Determine o centro de massa (centroide) de um fio fino de densidade constante δ com formato de semicírculo de raio a.

Solução Modelamos o fio com o semicírculo $y = \sqrt{a^2 - x^2}$ (Figura 6.54). A distribuição da massa é simétrica em torno do eixo y, assim $\bar{x} = 0$. Para determinar $(\bar{y})$, imaginamos o fio dividido em pequenos segmentos. Se $(\tilde{x}, \tilde{y})$ é o centro de massa de um subarco e θ é o ângulo entre o eixo x e a reta radial que junta a origem a $(\tilde{x}, \tilde{y})$, então $\tilde{y} = a\,\text{sen}\,\theta$ é uma função do ângulo θ medido em radianos (veja a Figura 6.54a). O comprimento ds do subarco que contém $(\tilde{x}, \tilde{y})$ subtende um ângulo de $d\theta$ radianos, de modo que $ds = a\,d\theta$. Assim, um segmento de subarco típico tem esses dados relevantes para calcular $\bar{y}$:

comprimento: $ds = a\,d\theta$

massa: $dm = \delta\,ds = \delta a\,d\theta$ Massa por comprimento unitário vezes o comprimento

distância do c.m. ao eixo x: $\tilde{y} = a\,\text{sen}\,\theta$.

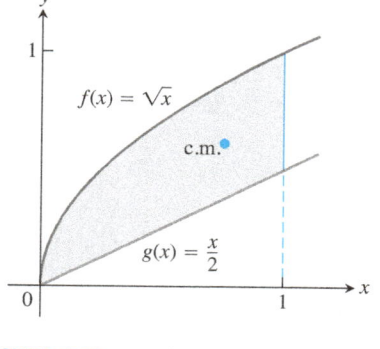

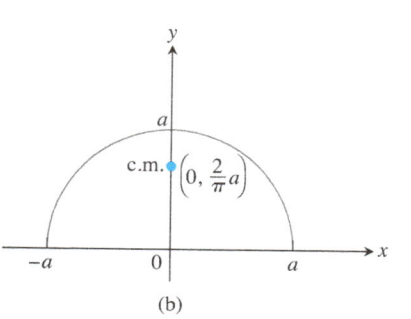

FIGURA 6.54 Fio semicircular do Exemplo 4. (a) Dimensões e variáveis usadas para determinar o centro de massa. (b) O centro de massa não se situa no fio.

Assim,

$$\bar{y} = \frac{\int \tilde{y}\, dm}{\int dm} = \frac{\int_0^\pi a\,\text{sen}\,\theta \cdot \delta a\, d\theta}{\int_0^\pi \delta a\, d\theta} = \frac{\delta a^2 \left[-\cos\theta\right]_0^\pi}{\delta a\pi} = \frac{2}{\pi}a.$$

O centro de massa se situa no eixo de simetria no ponto $(0, 2a/\pi)$, cerca de dois terços do caminho ascendente a partir da origem (Figura 6.54b). Observe como δ cancela na equação para $\bar{y}$, assim poderíamos ter definido $\delta = 1$ em todos os lugares e obtido o mesmo valor para $\bar{y}$.

No Exemplo 4, determinamos o centro de massa de um fio fino situado ao longo do gráfico de uma função derivável no plano xy. No Capítulo 16, aprenderemos como determinar o centro de massa de fios situados ao longo de curvas lisas mais gerais no plano (ou no espaço).

Forças de fluidos e centroides

Se soubermos a localização do centroide de uma placa vertical plana (Figura 6.55), poderemos pegar um atalho para determinar a força sobre um lado da placa. Da Equação 7 na Seção 6.5,

$$F = \int_a^b w \times (\text{profundidade da faixa}) \times L(y)\, dy$$

$$= w \int_a^b (\text{profundidade da faixa}) \times L(y)\, dy$$

$= w \times$ (momento da região ocupada pela placa em torno da reta que forma a superfície)

$= w \times$ (profundidade do centroide da placa) $\times$ área da placa.

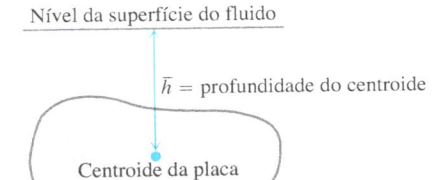

FIGURA 6.55 A força contra um lado da placa é $w \cdot \bar{h} \cdot$ área da placa.

Forças de fluidos e centroides

A força de um fluido de peso específico w contra um lado de uma placa vertical plana submersa é o produto entre w, a distância $\bar{h}$ do centroide da placa até a superfície do fluido e a área da placa:

$$F = w\bar{h}A. \qquad (8)$$

EXEMPLO 5 Uma placa plana triangular isósceles com base de 6 pés e altura de 3 pés está submersa verticalmente, com a base para cima e com o seu vértice na origem, de modo que a base está a 2 pés abaixo da superfície de uma piscina. (Esse é o Exemplo 6 da Seção 6.5.) Use a Equação 8 para determinar a força exercida pela água contra um lado da placa.

Solução O centroide do triângulo (Figura 6.43) encontra-se no eixo y, a um terço do caminho da base para o vértice, assim $\bar{h} = 3$ (onde $y = 2$) dado que a superfície da piscina é $y = 5$. A área do triângulo é

$$A = \frac{1}{2}(\text{base})(\text{altura}) = \frac{1}{2}(6)(3) = 9.$$

Assim,

$$F = w\bar{h}A = (62,4)(3)(9) = 1684,8 \text{ lb}.$$

Teoremas de Pappus

No século IV, um grego alexandrino chamado Pappus descobriu duas fórmulas que relacionam centroides a superfícies e sólidos de revolução. Essas fórmulas oferecem atalhos para uma série de cálculos que, sem eles, seriam muito longos.

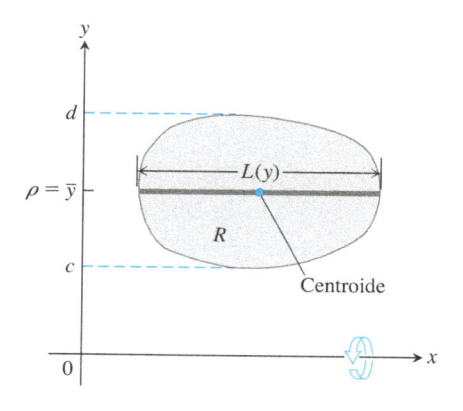

FIGURA 6.56 Gira-se a região R (uma vez) em torno do eixo x e obtém-se um sólido. Um teorema de 1700 anos atrás diz que o volume do sólido pode ser calculado multiplicando-se a área da região pela distância percorrida por seu centroide durante a revolução.

> **TEOREMA 1 — Teorema de Pappus para volumes**
>
> Se uma região plana é girada uma vez em torno de uma reta no plano que não atravessa o interior da região, então o volume do sólido gerado é igual à área da região vezes a distância percorrida pelo centroide da região durante a revolução. Se ρ é a distância entre o eixo de revolução e o centroide, então
> $$V = 2\pi\rho A. \qquad (9)$$

Prova Esboçamos o eixo de revolução como o eixo x com a região R no primeiro quadrante (Figura 6.56). Fazemos a função $L(y)$ indicar o comprimento da seção transversal de R perpendicular ao eixo y em y. Supomos que $L(y)$ seja contínua.

Pelo método das cascas cilíndricas, o volume do sólido gerado pela rotação da região em torno do eixo x é

$$V = \int_c^d 2\pi(\text{raio da casca})(\text{altura da casca})\, dy = 2\pi \int_c^d y\, L(y)\, dy. \qquad (10)$$

A ordenada y do centroide de R é

$$\bar{y} = \frac{\int_c^d \tilde{y}\, dA}{A} = \frac{\int_c^d y\, L(y)\, dy}{A}, \qquad \tilde{y} = y,\ dA = L(y)\, dy$$

de modo que

$$\int_c^d y\, L(y)\, dy = A\bar{y}.$$

Substituindo $A\bar{y}$ pela última integral na Equação 10 fornece $V = 2\pi\bar{y}A$. Com ρ igual a $\bar{y}$, temos $V = 2\pi\rho A$.

EXEMPLO 6 Determine o volume do toro (rosquinha) gerado pela rotação de um disco circular de raio a em torno de um eixo em seu plano a uma distância $b \geq a$ de seu centro (Figura 6.57).

Solução Aplicamos o teorema de Pappus para volumes. O centroide de um disco está localizado em seu centro, a área é $A = \pi a^2$ e $\rho = b$ é a distância do centroide ao eixo de revolução (veja a Figura 6.57). Substituindo esses valores na Equação 9, determinamos o volume do toro como

$$V = 2\pi(b)(\pi a^2) = 2\pi^2 b a^2.$$

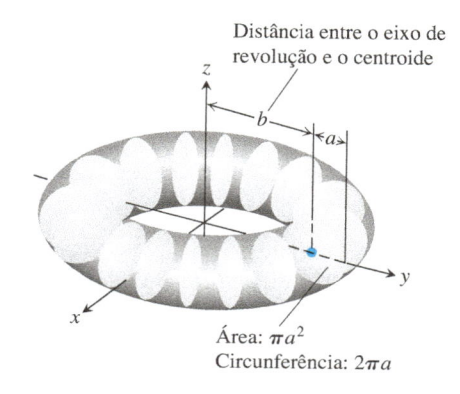

FIGURA 6.57 Com o primeiro teorema de Pappus, podemos determinar o volume de um toro sem a necessidade de integração (Exemplo 6).

O próximo exemplo mostra que podemos usar a Equação 9 no teorema de Pappus para determinar uma das coordenadas do centroide de uma região plana de área conhecida A quando também conhecemos o volume V do sólido gerado pela rotação da região em torno do eixo de outras coordenadas. Ou seja, se $\bar{y}$ é a coordenada que queremos determinar, giramos a região em torno do eixo x, de modo que $\bar{y} = \rho$ é a distância entre o centroide e o eixo de revolução. A ideia é que a rotação gere um sólido de revolução, cujo volume V é uma quantidade já conhecida. Então, podemos resolver a Equação 9 para ρ, que é o valor da coordenada $\bar{y}$ do centroide.

EXEMPLO 7 Localize o centroide de uma região semicircular de raio a.

Solução Consideremos a região entre o semicírculo $y = \sqrt{a^2 - x^2}$ (Figura 6.58) e o eixo x, e imaginemos girar a região em torno do eixo x para gerar uma esfera sólida. Por simetria, a abscissa do centroide é $\bar{x} = 0$. Com $\bar{y} = \rho$ na Equação 9, temos

$$\bar{y} = \frac{V}{2\pi A} = \frac{(4/3)\pi a^3}{2\pi(1/2)\pi a^2} = \frac{4}{3\pi}a.$$

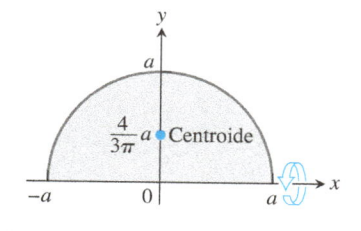

FIGURA 6.58 Com o primeiro teorema de Pappus, podemos localizar o centroide de uma região semicircular sem a necessidade de integração (Exemplo 7).

> **TEOREMA 2 — Teorema de Pappus para área de superfície**
>
> Se um arco de uma curva plana lisa é girado uma vez em torno de uma reta no plano que não atravessa o interior do arco, então a área da superfície gerada pelo arco é igual ao comprimento L do arco vezes a distância percorrida pelo centroide do arco durante a revolução. Se ρ é a distância entre o eixo de revolução e o centroide, então
>
> $$S = 2\pi\rho L. \qquad (11)$$

A prova que oferecemos pressupõe que podemos modelar o eixo de revolução como o eixo x e o arco como o gráfico de uma função de x continuamente derivável.

Prova Desenhamos o eixo de revolução como o eixo x, com o arco estendendo-se de $x = a$ até $x = b$ no primeiro quadrante (Figura 6.59). A área da superfície gerada pelo arco é

$$S = \int_{x=a}^{x=b} 2\pi y\, ds = 2\pi \int_{x=a}^{x=b} y\, ds. \qquad (12)$$

A ordenada do centroide do arco é

$$\bar{y} = \frac{\int_{x=a}^{x=b} \tilde{y}\, ds}{\int_{x=a}^{x=b} ds} = \frac{\int_{x=a}^{x=b} y\, ds}{L}. \qquad L = \int ds \text{ é o comprimento do arco e } \tilde{y} = y.$$

Portanto,

$$\int_{x=a}^{x=b} y\, ds = \bar{y} L.$$

Substituindo $\bar{y}L$ pela última integral na Equação 12, temos $S = 2\pi \bar{y} L$. Com ρ igual a $\bar{y}$, temos $2\pi\rho L$.

EXEMPLO 8 Use o teorema da área de Pappus para determinar a área de superfície do toro no Exemplo 6.

Solução Da Figura 6.57, a superfície do toro é gerada pela rotação de um círculo de raio a em torno do eixo z, e $b \geq a$ é a distância entre o centroide e o eixo de revolução. O comprimento de arco da curva lisa que gera essa superfície de revolução é a circunferência do círculo, então $L = 2\pi a$. Substituindo esses valores na Equação 11, determinamos a área de superfície do toro como

$$S = 2\pi(b)(2\pi a) = 4\pi^2 ba.$$

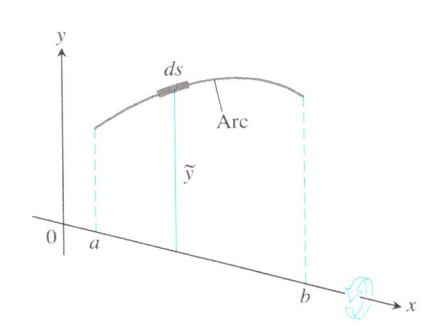

FIGURA 6.59 Figura usada para provar o teorema de Pappus para área de superfície. A diferencial do comprimento de arco ds é dado pela Equação 6 na Seção 6.3.

Exercícios 6.6

Placas finas com densidade constante

Nos Exercícios 1-14, determine o centro de massa de uma placa fina de densidade constante δ que abranja a região dada.

1. A região limitada pela parábola $y = x^2$ e pela reta $y = 4$.
2. A região limitada pela parábola $y = 25 - x^2$ e pelo eixo x.
3. A região limitada pela parábola $y = x - x^2$ e pela reta $y = -x$.
4. A região circundada pelas parábolas $y = x^2 - 3$ e $y = -2x^2$.
5. A região limitada pelo eixo y e pela curva $x = y - y^3$, $0 \leq y \leq 1$.
6. A região limitada pela parábola $x = y^2 - y$ e pela reta $y = x$.
7. A região limitada pelo eixo x e pela curva $y = \cos x$, $-\pi/2 \leq x \leq \pi/2$.
8. A região entre a curva $y = \sec^2 x$, $-\pi/4 \leq x \leq \pi/4$, e o eixo x.

T **9.** A região entre a curva $y = 1/x$ e o eixo x de $x = 1$ a $x = 2$. Dê as coordenadas com duas casas decimais.

10. a. A região cortada do primeiro quadrante pelo círculo $x^2 + y^2 = 9$.

b. A região limitada pelo eixo x e pelo semicírculo $y = \sqrt{9 - x^2}$.

Compare suas respostas para os itens (a) e (b).

11. A região no primeiro e no quarto quadrantes, delimitada pelas curvas $y = 1/(1 + x^2)$ e $y = -1/(1 + x^2)$ e pelas retas $x = 0$ e $x = 1$.

12. A região limitada pelas parábolas $y = 2x^2 - 4x$ e $y = 2x - x^2$.

13. A região entre a curva $y = 1/\sqrt{x}$ e o eixo x de $x = 1$ a $x = 16$.

14. A região limitada acima pela curva $y = 1/x^3$, abaixo pela curva $y = -1/x^3$ e à esquerda e à direita pelas retas $x = 1$ e $x = a > 1$. Determine também $\lim_{a \to \infty} \bar{x}$.

Placas finas com densidade variável

15. Determine o centro de massa de uma placa fina que abrange a região entre o eixo x e a curva $y = 2/x^2$, $1 \leq x \leq 2$, se a densidade da placa no ponto (x, y) for $\delta(x) = x^2$.

16. Determine o centro de massa de uma placa fina que abrange a região limitada abaixo pela parábola $y = x^2$ e acima pela reta $y = x$, se a densidade da placa no ponto (x, y) for $\delta(x) = 12x$.

17. A região limitada pelas curvas $y = \pm 4/\sqrt{x}$ e pelas retas $x = 1$ e $x = 4$ é girada em torno do eixo y para gerar um sólido.

a. Determine o volume do sólido.

b. Determine o centro de massa de uma placa fina que abrange a região, se a densidade da placa no ponto (x, y) for $\delta(x) = 1/x$.

c. Esboce a placa e mostre o centro de massa em seu desenho.

18. A região entre a curva $y = 2/x$ e o eixo x de $x = 1$ a $x = 4$ é girada em torno do eixo x para gerar um sólido.

a. Determine o volume do sólido.

b. Determine o centro de massa de uma placa fina que abrange a região, se a densidade da placa no ponto (x, y) for $\delta(x) = \sqrt{x}$.

c. Esboce a placa e mostre o centro de massa em seu desenho.

Centroides de triângulos

19. Centroide de um triângulo situa-se na interseção das medianas do triângulo Você deve recordar que o ponto dentro de um triângulo que se situe a um terço do caminho de cada lado em direção ao vértice oposto é o ponto onde as três medianas do triângulo se cruzam. Demonstre que o centroide está situado na interseção das medianas, mostrando que ele também está situado a um terço de distância de cada lado em direção ao vértice oposto. Para isso, siga os seguintes passos.

i) Coloque um lado do triângulo no eixo x como no item (b) da figura a seguir. Expresse dm em termos de L e dy.

ii) Use triângulos semelhantes para mostrar que $L = (b/h)(h - y)$. Substitua essa expressão por L em sua fórmula para dm.

iii) Mostre que $\bar{y} = h/3$.

iv) Faça o mesmo com os outros lados.

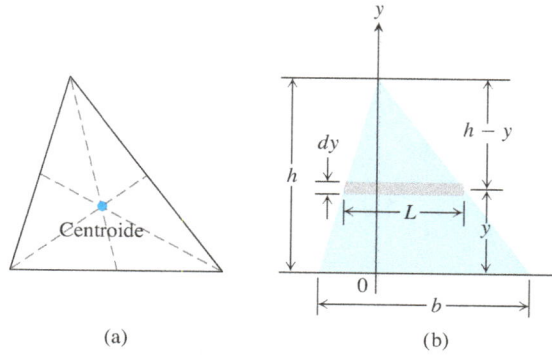

(a)   (b)

Use o resultado do Exercício 19 para determinar os centroides dos triângulos cujos vértices aparecem nos Exercícios 20-24. Considere $a, b > 0$.

20. $(-1, 0), (1, 0), (0, 3)$

21. $(0, 0), (1, 0), (0, 1)$

22. $(0, 0), (a, 0), (0, a)$

23. $(0, 0), (a, 0), (0, b)$

24. $(0, 0), (a, 0), (a/2, b)$

Fios finos

25. Densidade constante Determine o momento em torno do eixo x de um fio de densidade constante que se situe ao longo da curva $y = \sqrt{x}$ de $x = 0$ até $x = 2$.

26. Densidade constante Determine o momento em torno do eixo x de um fio de densidade constante que se situe ao longo da curva $y = x^3$ de $x = 0$ a $x = 1$.

27. Densidade variável Suponha que a densidade do fio do Exemplo 4 seja $\delta = k \operatorname{sen} \theta$ (k constante). Determine o centro de massa.

28. Densidade variável Suponha que a densidade do fio no Exemplo 4 seja $\delta = 1 + k|\cos \theta|$ (k constante). Determine o centro de massa.

Placas limitadas por duas curvas

Nos Exercícios 29-32, determine o centroide da placa fina limitada pelos gráficos das funções dadas. Use as Equações 6 e 7 com $\delta = 1$ e $M = $ área da região coberta pela placa.

29. $g(x) = x^2$ e $f(x) = x + 6$

30. $g(x) = x^2(x + 1)$, $f(x) = 2$ e $x = 0$

31. $g(x) = x^2(x - 1)$ e $f(x) = x^2$

32. $g(x) = 0$, $f(x) = 2 + \operatorname{sen} x$, $x = 0$ e $x = 2\pi$

(Sugestão: $\int x \operatorname{sen} x \, dx = \operatorname{sen} x - x \cos x + C$.)

Teoria e exemplos

Verifique as afirmações e fórmulas nos Exercícios 33 e 34.

33. As coordenadas do centroide de uma curva plana derivável são

$$\bar{x} = \frac{\int x \, ds}{\text{comprimento}}, \quad \bar{y} = \frac{\int y \, ds}{\text{comprimento}}.$$

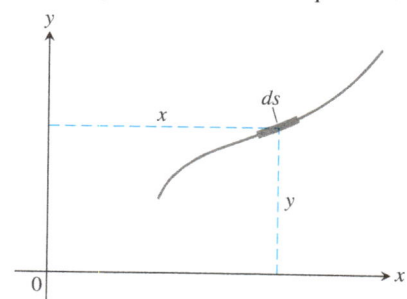

34. Seja qual for o valor de $p > 0$ na equação $y = x^2/(4p)$, a ordenada do centroide do segmento parabólico mostrado aqui é $\bar{y} = (3/5)a$.

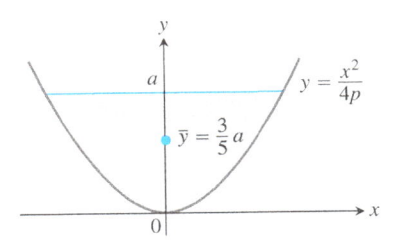

Teoremas de Pappus

35. A região quadrada com vértices $(0, 2)$, $(2, 0)$, $(4, 2)$ e $(2, 4)$ é girada em torno do eixo x para gerar um sólido. Determine o volume e a área de superfície do sólido.

36. Use um teorema de Pappus para determinar o volume gerado pela rotação em torno da reta $x = 5$ da região triangular delimitada pelos eixos coordenados e pela reta $2x + y = 6$ (veja o Exercício 19).

37. Determine o volume do toro gerado pela rotação do círculo $(x - 2)^2 + y^2 = 1$ em torno do eixo y.

38. Use os teoremas de Pappus para determinar a área de superfície lateral e o volume de um cone circular reto.

39. Use o teorema de Pappus para área de superfície e o fato de que a área de superfície de uma esfera de raio a é $4\pi a^2$ para determinar o centroide do semicírculo $y = \sqrt{a^2 - x^2}$.

40. Conforme visto no Exercício 39, o centroide do semicírculo $y = \sqrt{a^2 - x^2}$ está no ponto $(0, 2a/\pi)$. Determine a área de superfície gerada pela rotação do semicírculo em torno da reta $y = a$.

41. A área da região R delimitada pela semielipse $y = (b/a)\sqrt{a^2 - x^2}$ e pelo eixo x é $(1/2)\pi ab$, e o volume do elipsoide gerado pela rotação de R em torno do eixo x é $(4/3)\pi ab^2$. Determine o centroide de R. Observe que a localização independe de a.

42. Conforme visto no Exemplo 7, o centroide da região delimitada pelo eixo x e pelo semicírculo $y = \sqrt{a^2 - x^2}$ está no ponto $(0, 4a/3\pi)$. Determine o volume do sólido gerado pela rotação dessa região em torno da reta $y = -a$.

43. A região do Exercício 42 é girada em torno da reta $y = x - a$ para gerar um sólido. Determine o volume desse sólido.

44. Conforme visto no Exercício 39, o centroide do semicírculo $y = \sqrt{a^2 - x^2}$ fica no ponto $(0, 2a/\pi)$. Determine a área da superfície gerada pela rotação do semicírculo em torno da reta $y = x - a$.

Nos Exercícios 45 e 46, use um teorema de Pappus para determinar o centroide do triângulo dado. Use o fato de que o volume de um cone de raio r e altura h é $V = \frac{1}{3}\pi r^2 h$.

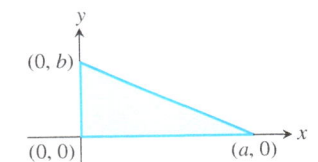

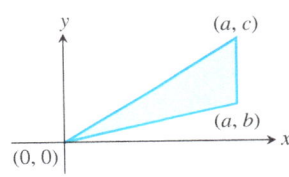

45. **46.**

Capítulo — Questões para guiar sua revisão

1. Como você define e calcula os volumes de sólidos pelo método do fatiamento? Dê um exemplo.
2. Como os métodos do disco e do anel são deduzidos do método do fatiamento para calcular volumes? Dê exemplos de cálculos de volume por esses métodos.
3. Descreva o método de cascas cilíndricas. Dê um exemplo.
4. Como você determina o comprimento do gráfico de uma função lisa ao longo de um intervalo fechado? Dê um exemplo. E no caso das funções que não têm primeiras derivadas contínuas?
5. Como você define e calcula a área da superfície gerada por rotação do gráfico de uma função lisa $y = f(x)$, $a \leq x \leq b$, em torno do eixo x? Dê um exemplo.
6. Como você define e calcula o trabalho exercido por uma força variável direcionada ao longo de uma parte do eixo x? Como você calcula o trabalho necessário para bombear líquido de um tanque? Dê exemplos.
7. Como você calcula a força exercida por um líquido contra uma parte de uma parede plana vertical? Dê um exemplo.
8. O que é um centro de massa? E um centroide?
9. Como você localiza o centro de massa de uma placa material fina e plana? Dê um exemplo.
10. Como localizar o centro de massa de uma placa fina limitada por duas curvas $y = f(x)$ e $y = g(x)$ ao longo de $a \leq x \leq b$?

Capítulo — Exercícios práticos

Volumes

Determine o volume dos sólidos nos Exercícios 1-16.

1. O sólido está situado entre os planos perpendiculares ao eixo x em $x = 0$ e $x = 1$. As seções transversais perpendiculares ao eixo x entre esses planos são discos circulares cujos diâmetros vão da parábola $y = x^2$ à parábola $y = \sqrt{x}$.

2. A base do sólido é a região no primeiro quadrante entre a reta $y = x$ e a parábola $y = 2\sqrt{x}$. As seções transversais do sólido perpendiculares ao eixo x são triângulos equiláteros cujas bases se estendem da reta até a curva.

3. O sólido está situado entre os planos perpendiculares ao eixo x em $x = \pi/4$ e $x = 5\pi/4$. As seções transversais entre esses

planos são discos circulares cujos diâmetros vão da curva $y = 2 \cos x$ à curva $y = 2 \sen x$.

4. O sólido está situado entre os planos perpendiculares ao eixo x em $x = 0$ e $x = 6$. As seções transversais entre esses planos são quadrados cujas bases vão do eixo x à curva $x^{1/2} + y^{1/2} = \sqrt{6}$.

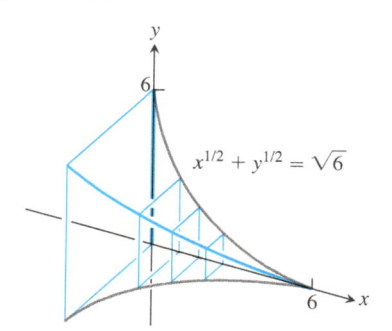

5. O sólido está situado entre os planos perpendiculares ao eixo x em $x = 0$ e $x = 4$. As seções transversais do sólido perpendiculares ao eixo x entre esses planos são discos circulares cujos diâmetros vão da curva $x^2 = 4y$ à curva $y^2 = 4x$.

6. A base do sólido é a região limitada pela parábola $y^2 = 4x$ e pela reta $x = 1$ no plano xy. Cada seção transversal perpendicular ao eixo x é um triângulo equilátero com um lado no plano. (Todos os triângulos estão situados no mesmo lado do plano.)

7. Determine o volume do sólido gerado pela rotação da região limitada pelo eixo x, pela curva $y = 3x^4$ e pelas retas $x = 1$ e $x = -1$ em torno (a) do eixo x; (b) do eixo y; (c) da reta $x = 1$; (d) da reta $y = 3$.

8. Determine o volume do sólido gerado pela rotação da região "triangular" limitada pela curva $y = 4/x^3$ e pelas retas $x = 1$ e $y = 1/2$ em torno (a) do eixo x; (b) do eixo y; (c) da reta $x = 2$; (d) da reta $y = 4$.

9. Determine o volume do sólido gerado pela rotação da região limitada à esquerda pela parábola $x = y^2 + 1$ e à direita pela reta $x = 5$ em torno (a) do eixo x; (b) do eixo y; (c) da reta $x = 5$.

10. Determine o volume do sólido gerado pela rotação da região limitada pela parábola $y^2 = 4x$ e pela reta $y = x$ em torno (a) do eixo x; (b) do eixo y; (c) da reta $x = 4$; (d) da reta $y = 4$.

11. Determine o volume do sólido gerado pela rotação da região "triangular" limitada pelo eixo x, pela reta $x = \pi/3$ e pela curva $y = \tg x$ no primeiro quadrante em torno do eixo x.

12. Determine o volume do sólido gerado pela rotação da região limitada pela curva $y = \sen x$ e pelas retas $x = 0$, $x = \pi$ e $y = 2$ em torno da reta $y = 2$.

13. Determine o volume do sólido gerado pela rotação da região limitada pela curva $x = e^{y^2}$ e pelas retas $y = 0$, $x = 0$ e $y = 1$ em torno do eixo x.

14. Determine o volume do sólido gerado pela rotação em torno do eixo x da região limitada por $y = 2 \tg x$, $y = 0$, $x = -\pi/4$ e $x = \pi/4$. (A região está situada nos primeiro e terceiro quadrantes, e assemelha-se a uma gravata-borboleta inclinada.)

15. **Volume de um orifício de uma esfera sólida** Um orifício redondo de raio $\sqrt{3}$ pés é furado através do centro de uma esfera sólida de raio 2 pés. Determine o volume de material removido da esfera.

16. **Volume de uma bola de futebol americano** O perfil de uma bola de futebol americano se assemelha à elipse mostrada aqui. Determine o volume aproximado da bola de futebol até a polegada cúbica mais próxima.

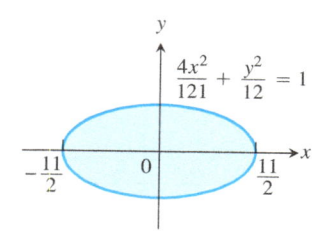

Comprimentos de curvas

Determine os comprimentos das curvas nos Exercícios 17-20.

17. $y = x^{1/2} - (1/3)x^{3/2}$, $1 \leq x \leq 4$
18. $x = y^{2/3}$, $1 \leq y \leq 8$
19. $y = x^2 - (\ln x)/8$, $1 \leq x \leq 2$
20. $x = (y^3/12) + (1/y)$, $1 \leq y \leq 2$

Áreas de superfícies de revolução

Nos Exercícios 21-24, determine as áreas de superfícies geradas pela rotação das curvas em torno dos eixos dados.

21. $y = \sqrt{2x + 1}$, $0 \leq x \leq 3$; eixo x
22. $y = x^3/3$, $0 \leq x \leq 1$; eixo x
23. $x = \sqrt{4y - y^2}$, $1 \leq y \leq 2$; eixo y
24. $x = \sqrt{y}$, $2 \leq y \leq 6$; eixo y

Trabalho

25. **Içamento de equipamento** Um alpinista está prestes a erguer 100 N (aproximadamente de 22,5 lb) de equipamento que está pendurado abaixo dele em 40 m de corda que pesa 0,8 newton por metro. Quanto trabalho será necessário? (Sugestão: calcule o trabalho para a corda e para o equipamento separadamente, e depois some os dois resultados.)

26. **Vazamento de caminhão-pipa** Você dirigiu um caminhão-pipa com 800 galões de água do sopé do Monte Washington até o topo, e, ao chegar lá em cima, descobriu que o tanque estava pela metade. Você começou com o tanque cheio, subiu a uma velocidade constante e chegou à elevação de 4750 pés em 50 minutos. Supondo que a água tenha vazado a uma velocidade constante, quanto trabalho foi realizado ao transportar a água até o topo? Despreze o trabalho realizado para carregar o caminhão e a si próprio para lá. A água pesa 8 lb/galão.

27. **Esticamento de uma mola** Se é necessário exercer uma força de 20 lb para manter uma mola distendida 1 pé além de seu comprimento original, quanto trabalho é necessário realizar para esticar a mola até esse ponto? E mais 1 pé adicional?

28. **Mola da porta da garagem** Uma força de 200 N esticará uma mola da porta da garagem 0,8 m além de seu comprimento não distendido. Quão esticada seria a mola a uma força de 300 N? Quanto trabalho é necessário para esticar a mola até essa distância, a partir de seu comprimento não distendido?

29. **Bombeamento de um reservatório** Um reservatório em forma de cone circular reto, apontando para baixo, com 20 pés medidos transversalmente no topo e com 8 metros de profundidade, está cheio de água. Quanto trabalho é necessário para bombear a água a um nível 6 pés acima do topo?

30. **Bombeamento de um reservatório** (*Continuação do Exercício 29.*) O reservatório contém 5 pés de profundidade de água, que está para ser bombeada para o nível do topo. Quanto trabalho será necessário?

31. **Bombeamento de um tanque cônico** Um tanque cônico circular reto, apontado para baixo, cuja boca tem 5 pés de raio e 10 pés de altura, está cheio com um líquido cujo peso específico é 60 lb/pé³. Quanto trabalho é necessário para bombear o líquido para um ponto 2 pés acima do tanque? Se a bomba é movida por um motor que trabalha a uma taxa de 275 pés-lb/s (1/2 HP), quanto tempo ela levará para esvaziar o tanque?

32. **Bombeamento de um tanque cilíndrico** Um tanque de armazenagem é um cilindro circular reto com 20 pés de comprimento e 8 pés de diâmetro, com eixo horizontal. Se o tanque está pela metade com azeite de oliva, que pesa 57 lb/pé³, determine o trabalho realizado para esvaziá-lo através de um cano que vai do fundo do tanque até uma saída 6 pés acima do topo.

Centros de massa e centroides

33. Determine o centroide de uma placa fina e plana que abrange a região compreendida pelas parábolas $y = 2x^2$ e $y = 3 - x^2$.

34. Determine o centroide de uma placa fina e plana que abrange a região compreendida pelo eixo x, as retas $x = 2$ e $x = -2$ e a parábola $y = x^2$.

35. Determine o centroide de uma placa fina e plana que abrange a região "triangular" no primeiro quadrante, limitada pelo eixo y, pela parábola $y = x^2/4$ e pela reta $y = 4$.

36. Determine o centroide de uma placa fina e plana que abrange a região compreendida pela parábola $y^2 = x$ e pela reta $x = 2y$.

37. Determine o centro de massa de uma placa fina e plana que abrange a região compreendida pela parábola $y^2 = x$ e pela reta $x = 2y$, se a função densidade for $\delta(y) = 1 + y$. (Use faixas horizontais.)

38. **a.** Determine o centro de massa de uma placa fina de densidade constante que cobre a região entre a curva $y = 3/x^{3/2}$ e o eixo x de $x = 1$ a $x = 9$.

    b. Determine centro de massa de uma placa se, em vez de ser constante, a densidade for $\delta(x) = x$. (Use faixas verticais.)

Força de fluido

39. **Cocho de água** A placa triangular vertical mostrada a seguir é a base de um cocho cheio de água ($w = 62,4$). Qual é a força do fluido contra a placa?

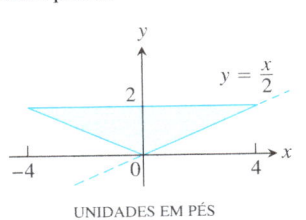

40. **Cocho de xarope de bordo** A placa trapezoidal vertical mostrada a seguir representa a extremidade de um cocho cheio de xarope de bordo que pesa 75 lb/pé³. Qual é a força exercida pelo xarope contra a placa da extremidade do cocho quando o xarope tiver 10 polegadas de profundidade?

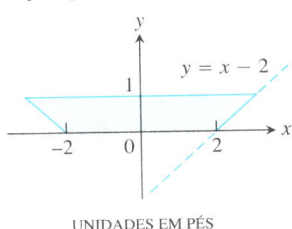

41. **Força sobre um portão parabólico** Um portão plano e vertical na parte frontal de uma barragem tem o mesmo formato de região parabólica entre a curva $y = 4x^2$ e a reta $y = 4$, com medidas em pés. O topo do portão fica 5 pés abaixo da superfície da água. Determine a força exercida pela água contra o portão ($w = 62,4$).

T 42. Você pretende armazenar mercúrio ($w = 849$ lb/pé³) em um tanque retangular vertical com uma base quadrada que mede 1 pé de lado. A parede interior do tanque pode suportar uma força de fluido total de 40.000 lb. Quantos pés cúbicos de mercúrio você pode armazenar no tanque de cada vez?

Capítulo — Exercícios adicionais e avançados

Volume e comprimento

1. Um sólido é gerado pela rotação em torno do eixo x, da região limitada pelo gráfico da função contínua positiva $y = f(x)$, pelo eixo x, pela reta fixa $x = a$ e pela reta variável $x = b$, $b > a$. Seu volume, para qualquer b, é $b^2 - ab$. Determine $f(x)$.

2. Um sólido é gerado pela rotação em torno do eixo x, da região limitada pelo gráfico da função contínua positiva $y = f(x)$, pelo eixo x e pelas retas $x = 0$ e $x = a$. Seu volume, para qualquer $a > 0$, é $a^2 + a$. Determine $f(x)$.

3. Suponha que a função crescente $f(x)$ seja lisa para $x \geq 0$, e que $f(0) = a$. Faça $s(x)$ indicar o comprimento do gráfico de f de $(0, a)$ até $(x, f(x))$, $x > 0$. Determine $f(x)$ se $s(x) = Cx$ para alguma constante C. Quais são os valores permitidos para C?

4. **a.** Mostre que, para $0 < \alpha \leq \pi/2$,
$$\int_0^\alpha \sqrt{1 + \cos^2 \theta}\, d\theta > \sqrt{\alpha^2 + \operatorname{sen}^2 \alpha}.$$

    b. Generalize o resultado do item (a).

5. Determine o volume do sólido formado pela rotação da região limitada pelos gráficos de $y = x$ e $y = x^2$ em torno da reta $y = x$.

6. Considere um cilindro circular reto de diâmetro 1. Forme uma cunha cortando uma fatia paralela à base e outra fatia a um ângulo de 45° em relação à primeira fatia através do cilindro e cruzando a primeira fatia no lado oposto à borda do cilindro (veja o diagrama a seguir). Determine o volume da cunha.

Área de superfície

7. Nos pontos da curva $y = 2\sqrt{x}$, segmentos de reta de comprimento $h = y$ são traçados perpendicularmente ao plano xy. (Veja a figura a seguir.) Determine a área da superfície formada por essas retas perpendiculares de $(0, 0)$ a $(3, 2\sqrt{3})$.

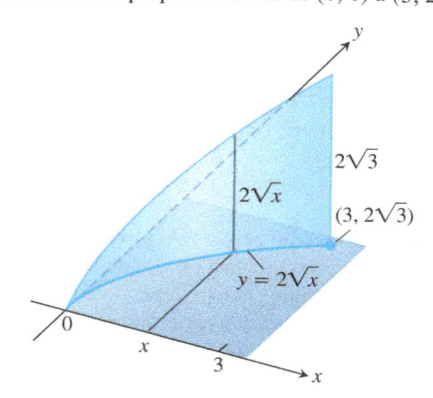

8. Nos pontos de um círculo de raio a, segmentos de reta são traçados perpendicularmente ao plano do círculo, sendo a perpendicular a cada ponto P de comprimento ks, onde s é o comprimento de arco do círculo no sentido anti-horário de $(a, 0)$ até P e k é uma constante positiva, como mostrado a seguir. Determine a área da superfície formada pelas perpendiculares ao longo do arco começando em $(a, 0)$ e se estendendo uma vez ao redor do círculo.

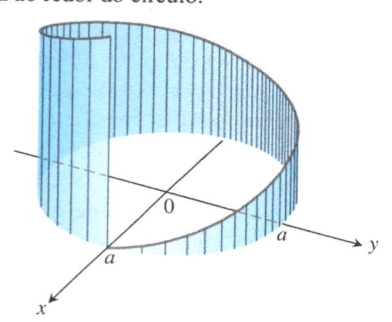

Trabalho

9. Uma partícula de massa m parte do repouso no instante $t = 0$ e se move ao longo do eixo x com aceleração constante a de $x = 0$ a $x = h$ contra uma força variável de magnitude $F(t) = t^2$. Determine o trabalho realizado.

10. **Trabalho e energia cinética** Suponha que uma bola de golfe de 1,6 onça seja colocada sobre uma mola vertical com força constante $k = 2$ lb/pol. A mola é comprimida 6 polegadas e liberada. Qual a altura aproximada atingida pela bola (medida a partir da posição de repouso da mola)?

Centros de massa

11. Determine o centroide da região limitada abaixo pelo eixo x e acima pela curva $y = 1 - x^n$, sendo n um número inteiro positivo par. Qual é a posição limite do centroide quando $n \to \infty$?

12. Se você transporta um poste de telefone em um reboque de duas rodas atrás de um caminhão, você quer que as rodas fiquem a mais ou menos 3 pés atrás do centro de massa do poste para fornecer uma carga adequada sobre o reboque. Os postes de telefone de madeira, usados pela Verizon, tem 27 pol. de circunferência na parte superior e 43,5 pol. de circunferência na base. O centro de massa está a que distância do topo?

13. Suponha que uma placa de metal fina de área A e densidade constante δ ocupe uma região R no plano xy, e seja M_y o momento da placa em torno do eixo y. Mostre que o momento da placa sobre a reta $x = b$ é:

    a. $M_y - b\delta A$ se a placa se encontra à direita da reta;
    b. $b\delta A - M_y$, se a placa se encontra à esquerda da reta.

14. Determine o centro de massa de uma placa fina que abrange a região limitada pela curva $y^2 = 4ax$ e a reta $x = a$, $a =$ constante positiva, se a densidade em (x, y) for diretamente proporcional a (**a**) x, (**b**) $|y|$.

15. **a.** Determine o centroide da região no primeiro quadrante limitada por dois círculos concêntricos e pelos eixos coordenados, se os círculos tiverem raios a e b, $0 < a < b$, e os seus centros estiverem na origem.

    b. Determine os limites das coordenadas do centroide quando a tende a b e discuta o significado do resultado.

16. Um canto triangular foi cortado de um quadrado de 1 pé de lado. A área removida do triângulo é de 36 pol.². Se o centroide da região restante está a 7 pol. de um lado do quadrado original, a que distância ele está dos lados restantes?

Força de fluido

17. Uma placa triangular ABC é submersa verticalmente em água. O lado AB, com 4 pés de extensão, está a 6 pés abaixo da superfície da água, enquanto o vértice C está a 2 pés abaixo da superfície. Determine a força exercida pela água em um lado da placa.

18. Uma placa retangular vertical é submersa em um fluido com seu lado superior paralelo à superfície do fluido. Mostre que a força exercida pelo fluido em um lado da placa é igual ao valor médio da pressão de cima para baixo da placa vezes a área da placa.

Capítulo 6 Projetos de aplicação de tecnologia

Módulos Mathematica/Maple

Uso de somas de Riemann para estimar áreas, volumes e comprimentos de curvas
Visualize e aproxime áreas e volumes nas **Partes I** e **II**: volumes de revolução; e na **Parte III**: comprimentos de curvas.
Modelando um salto de "bungee-jump"
Colete dados (ou use dados anteriormente coletados) para construir e refinar um modelo para a força exercida por uma corda de *bungee-jump*. Use o teorema do trabalho-energia para calcular a distância da queda sofrida por determinada pessoa ao usar um determinado comprimento de corda.

7
Funções transcendentes e integrais

VISÃO GERAL Até agora, abordamos as funções logarítmicas e exponenciais de forma bastante informal, apelando à intuição e aos gráficos para descrever o que elas significam e para explicar algumas de suas características. Neste capítulo, faremos uma abordagem rigorosa de definições e propriedades dessas funções e estudaremos uma ampla gama de problemas práticos nos quais elas desempenham um papel. Introduziremos também as funções hiperbólicas e suas inversas, com as aplicações em integração e cabos suspensos.

7.1 Logaritmo definido como uma integral

No Capítulo 1, apresentamos a função logaritmo natural ln x como o inverso da função exponencial e^x. A função e^x foi escolhida como a função da família das funções exponenciais gerais a^x, $a > 0$, cujo gráfico tem coeficiente angular 1 quando atravessa o eixo y. A função a^x, porém, foi apresentada intuitivamente, com base em seu gráfico de valores racionais de x.

Nesta seção, recriamos a teoria das funções logarítmicas e exponenciais a partir de um ponto de vista totalmente diferente. Definimos essas funções analiticamente e recuperamos seu comportamento. Para começar, usaremos o Teorema Fundamental do Cálculo para definir a função logaritmo natural ln x como uma integral. Depois, apresentaremos rapidamente suas propriedades, incluindo as propriedades algébricas, geométricas e analíticas como vimos anteriormente. Então, introduziremos a função e^x como a função inversa de ln x e determinaremos suas propriedades vistas anteriormente. Definir ln x como uma integral e e^x como sua inversa consiste em uma abordagem indireta. Embora possa parecer estranho à primeira vista, essa abordagem proporcionará uma maneira elegante e poderosa de obter com precisão as propriedades mais importantes das funções logarítmicas e exponenciais.

Definição da função logaritmo natural

O logaritmo natural de um número positivo x, escrito como ln x, é o valor de uma integral.

> **DEFINIÇÃO** O **logaritmo natural** é a função dada por
> $$\ln x = \int_1^x \frac{1}{t}\,dt, \quad x > 0.$$

A partir do Teorema Fundamental do Cálculo, ln x é uma função contínua. Geometricamente, se $x > 1$, então ln x é a área sob a curva $y = 1/t$ de $t = 1$ a $t = x$ (Figura 7.1). Para $0 < x < 1$, ln x dá o negativo da área sob a curva de x a 1.

A função não está definida para $x \leq 0$. Em consequência da Regra do Intervalo de Largura Zero para integrais definidas, também temos

$$\ln 1 = \int_1^1 \frac{1}{t} dt = 0.$$

Se $0 < x < 1$, então $\ln x = \int_1^x \frac{1}{t} dt = -\int_x^1 \frac{1}{t} dt$ fornece o oposto desta área.

Se $x > 1$, então $\ln x = \int_1^x \frac{1}{t} dt$ fornece esta área.

Se $x = 1$, então $\ln x = \int_1^1 \frac{1}{t} dt = 0$.

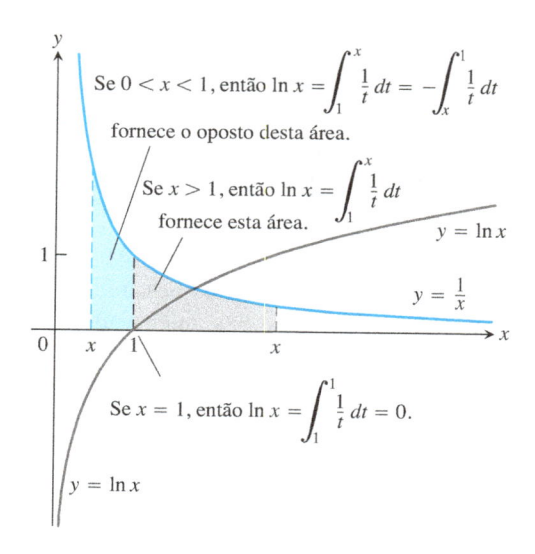

FIGURA 7.1 O gráfico de $y = \ln x$ e sua relação com a função $y = 1/x$, $x > 0$. O gráfico do logaritmo fica acima do eixo x, à medida que x se desloca de 1 para a direita, e muda para baixo do eixo x, à medida que se desloca de 1 para a esquerda.

Repare que apresentamos o gráfico de $y = 1/x$ na Figura 7.1, mas usamos $y = 1/t$ na integral. Utilizando x para todo os casos, escreveríamos

$$\ln x = \int_1^x \frac{1}{x} dx,$$

com x significando duas coisas diferentes. Então, mudamos a variável de integração para t.

Ao utilizar retângulos na obtenção de aproximações finitas da área sob o gráfico de $y = 1/t$ e ao longo do intervalo entre $t = 1$ e $t = x$, como vimos na Seção 5.1, podemos aproximar os valores da função $\ln x$. A Tabela 7.1 fornece vários desses valores. Existe um número importante entre $x = 2$ e $x = 3$, cujo logaritmo natural é 1. Esse número, que definiremos a seguir, existe porque $\ln x$ é uma função contínua e, portanto, satisfaz o teorema do valor intermediário em [2, 3].

TABELA 7.1 Valores típicos de $\ln x$ para duas casas decimais

x	$\ln x$
0	indefinido
0,05	−3,00
0,5	−0,69
1	0
2	0,69
3	1,10
4	1,39
10	2,30

DEFINIÇÃO O **número e** é o número no domínio do logaritmo natural que satisfaz

$$\ln(e) = \int_1^e \frac{1}{t} dt = 1.$$

Interpretado geometricamente, o número e corresponde ao ponto no eixo x onde a área sob o gráfico de $y = 1/t$ e acima do intervalo [1, e] equivale à área do quadrado unitário. Isto é, a área da região sombreada de azul na Figura 7.1 é 1 unidade quadrada quando $x = e$. Veremos adiante que esse é o mesmo número $e \approx 2,718281828$ que encontramos anteriormente.

Derivada de y = ln x

Pela primeira parte do Teorema Fundamental do Cálculo (Seção 5.4),

$$\frac{d}{dx}\ln x = \frac{d}{dx}\int_1^x \frac{1}{t}\,dt = \frac{1}{x}.$$

Para cada valor positivo de x, temos

$$\frac{d}{dx}\ln x = \frac{1}{x}. \tag{1}$$

Portanto, a função $y = \ln x$ é uma solução para o problema de valor inicial $dy/dx = 1/x$, $x > 0$, com $y(1) = 0$. Observe que a derivada é sempre positiva.

Se u é uma função derivável de x cujos valores são positivos, de modo que $\ln u$ seja definida, então, aplicando a regra da cadeia, obtemos

$$\boxed{\frac{d}{dx}\ln u = \frac{1}{u}\frac{du}{dx}, \qquad u > 0.} \tag{2}$$

Como foi visto na Seção 3.8, se a Equação 2 for aplicada à função $u = bx$, onde b é qualquer constante com $bx > 0$, obteremos

$$\frac{d}{dx}\ln bx = \frac{1}{bx}\cdot\frac{d}{dx}(bx) = \frac{1}{bx}(b) = \frac{1}{x}.$$

Em particular, se $b = -1$ e $x < 0$,

$$\frac{d}{dx}\ln(-x) = \frac{1}{x}.$$

Uma vez que $|x| = x$ quando $x > 0$ e $|x| = -x$ quando $x < 0$, a equação citada combinada com a Equação 1 nos leva ao seguinte resultado importante:

$$\boxed{\frac{d}{dx}\ln|x| = \frac{1}{x}, \qquad x \neq 0.} \tag{3}$$

Gráfico e imagem de ln x

A derivada $d(\ln x)/dx = 1/x$ é positiva para $x > 0$, logo $\ln x$ é uma função crescente de x. A segunda derivada, $-1/x^2$, é negativa, então o gráfico de $\ln x$ é côncavo para baixo.

A função $\ln x$ tem as propriedades algébricas familiares a seguir, que mencionamos na Seção 1.6. Na Seção 4.2, mostramos que essas propriedades são uma consequência do Corolário 2 do teorema do valor médio.

1. $\ln bx = \ln b + \ln x$
2. $\ln \frac{b}{x} = \ln b - \ln x$
3. $\ln \frac{1}{x} = -\ln x$
4. $\ln x^r = r \ln x$

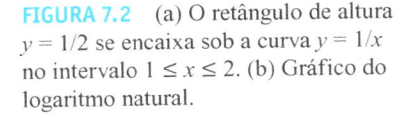

Podemos calcular o valor de ln 2 ao considerarmos a área sob o gráfico $y = 1/x$ e acima do intervalo $[1, 2]$. Na Figura 7.2a, um retângulo de altura 1/2 ao longo do

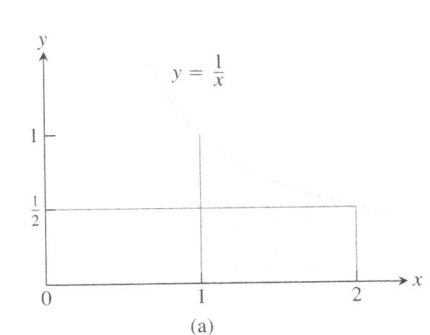

FIGURA 7.2 (a) O retângulo de altura $y = 1/2$ se encaixa sob a curva $y = 1/x$ no intervalo $1 \leq x \leq 2$. (b) Gráfico do logaritmo natural.

intervalo [1, 2] encaixa-se sob o gráfico. Portanto, a área sob o gráfico, que é ln 2, é maior que a área, 1/2, do retângulo. Então, ln 2 > 1/2. Sabendo disso, temos

$$\ln 2^n = n \ln 2 > n\left(\frac{1}{2}\right) = \frac{n}{2}.$$

Esse resultado mostra que $\ln(2^n) \to \infty$, quando $n \to \infty$. Como $\ln x$ é uma função crescente, temos que

$$\lim_{x \to \infty} \ln x = \infty.$$

Temos também

$$\lim_{x \to 0^+} \ln x = \lim_{t \to \infty} \ln t^{-1} = \lim_{t \to \infty} (-\ln t) = -\infty. \qquad x = 1/t = t^{-1}$$

Definimos $\ln x$ para $x > 0$, portanto o domínio de $\ln x$ é o conjunto de números reais positivos. A discussão anterior e o Teorema do Valor Intermediário mostram que sua imagem é a reta real toda, que resulta no gráfico de $y = \ln x$ mostrado na Figura 7.2b.

Integral $\int (1/u)\, du$

A Equação 3 conduz à seguinte fórmula integral.

Se u é uma função derivável que nunca se anula,

$$\int \frac{1}{u} du = \ln |u| + C. \qquad (4)$$

A Equação 4 se aplica a qualquer parte do domínio de $1/u$, os pontos onde $u \neq 0$. Ela diz que integrais de uma certa *forma* levam a logaritmos. Se $u = f(x)$, então $du = f'(x)\, dx$ e

$$\int \frac{f'(x)}{f(x)} dx = \ln |f(x)| + C$$

sempre que $f(x)$ for uma função derivável que não se anula.

EXEMPLO 1 Aqui, reconhecemos uma integral na forma $\int \frac{du}{u}$.

$$\int_{-\pi/2}^{\pi/2} \frac{4 \cos \theta}{3 + 2 \operatorname{sen} \theta} d\theta = \int_1^5 \frac{2}{u} du \qquad \begin{array}{l} u = 3 + 2 \operatorname{sen} \theta, \quad du = 2 \cos \theta\, d\theta, \\ u(-\pi/2) = 1, \quad u(\pi/2) = 5 \end{array}$$

$$= 2 \ln |u| \Big]_1^5$$

$$= 2 \ln |5| - 2 \ln |1| = 2 \ln 5$$

Observe que $u = 3 + 2 \operatorname{sen} \theta$ é sempre positivo em $[-\pi/2, \pi/2]$, assim a Equação 4 se aplica.

Integrais de tg x, cotg x, sec x e cossec x

A Equação 4 nos diz como integrar essas funções trigonométricas.

$$\int \operatorname{tg} x\, dx = \int \frac{\operatorname{sen} x}{\cos x} dx = \int \frac{-du}{u} \qquad \begin{array}{l} u = \cos x > 0 \text{ em } (-\pi/2, \pi/2), \\ du = -\operatorname{sen} x\, dx \end{array}$$

$$= -\ln |u| + C = -\ln |\cos x| + C$$

$$= \ln \frac{1}{|\cos x|} + C = \ln |\sec x| + C \qquad \text{Regra da recíproca}$$

Para a cotangente,

$$\int \cot g\, x\, dx = \int \frac{\cos x\, dx}{\sen x} = \int \frac{du}{u} \qquad \begin{aligned} u &= \sen x, \\ du &= \cos x\, dx \end{aligned}$$

$$= \ln|u| + C = \ln|\sen x| + C = -\ln|\cossec x| + C.$$

Para integrar sec x, multiplicamos e dividimos ambos os lados da equação por (sec x + tg x).

$$\int \sec x\, dx = \int \sec x\, \frac{(\sec x + \tg x)}{(\sec x + \tg x)}\, dx = \int \frac{\sec^2 x + \sec x\, \tg x}{\sec x + \tg x}\, dx$$

$$= \int \frac{du}{u} = \ln|u| + C = \ln|\sec x + \tg x| + C \qquad \begin{aligned} u &= \sec x + \tg x, \\ du &= (\sec x\, \tg x + \sec^2 x)\, dx \end{aligned}$$

Para cossec x, multiplicamos e dividimos os dois lados da equação por (cossec x + cotg x).

$$\int \cossec x\, dx = \int \cossec x\, \frac{(\cossec x + \cotg x)}{(\cossec x + \cotg x)}\, dx = \int \frac{\cossec^2 x + \cossec x\, \cotg x}{\cossec x + \cotg x}\, dx$$

$$= \int \frac{-du}{u} = -\ln|u| + C = -\ln|\cossec x + \cotg x| + C \qquad \begin{aligned} u &= \cossec x + \cotg x, \\ du &= (-\cossec x\, \cotg x - \cossec^2 x)\, dx \end{aligned}$$

Integrais das funções tangente, cotangente, secante e cossecante

$$\int \tg u\, du = \ln|\sec u| + C \qquad \int \sec u\, du = \ln|\sec u + \tg u| + C$$

$$\int \cotg u\, du = \ln|\sen u| + C \qquad \int \cossec u\, du = -\ln|\cossec u + \cotg u| + C$$

A inversa de ln x e o número e

A função ln x, sendo uma função crescente de x com domínio $(0, \infty)$ e imagem $(-\infty, \infty)$, possui uma inversa $\ln^{-1} x$ com domínio $(-\infty, \infty)$ e imagem $(0, \infty)$. O gráfico de $\ln^{-1} x$ é o gráfico de ln x refletido em torno da reta $y = x$. Como pode ser observado na Figura 7.3,

$$\lim_{x \to \infty} \ln^{-1} x = \infty \quad \text{e} \quad \lim_{x \to -\infty} \ln^{-1} x = 0.$$

A função $\ln^{-1} x$ também é indicada por exp x. Mostraremos agora que $\ln^{-1} x = \exp x$ é uma função exponencial de base e.

O número e satisfaz a equação $\ln(e) = 1$, logo $e = \exp(1)$. Podemos elevar o número e a uma potência racional r usando álgebra:

$$e^2 = e \cdot e, \qquad e^{-2} = \frac{1}{e^2}, \qquad e^{1/2} = \sqrt{e}, \qquad e^{2/3} = \sqrt[3]{e^2},$$

e assim por diante. Como e é positivo, e^r também é positivo. Assim, e^r possui um logaritmo. Quando consideramos o logaritmo, descobrimos que para r racional

$$\ln e^r = r \ln e = r \cdot 1 = r.$$

Então, aplicando a função $\ln^{-1}$ em ambos os lados da equação $\ln e^r = r$, descobrimos que

$$e^r = \exp r \quad \text{para } r \text{ racional} \qquad \text{exp é } \ln^{-1} \qquad (5)$$

Ainda não encontramos uma maneira de dar um significado exato a e^x para x irracional. Mas $\ln^{-1} x$ tem significado para qualquer valor de x, racional ou irracional. Então, a Equação 5 oferece um modo de estender a definição de e^x para valores irracionais de x. A função exp x é definida para qualquer x, de modo que podemos utilizá-la para atribuir um valor a e^x em cada ponto.

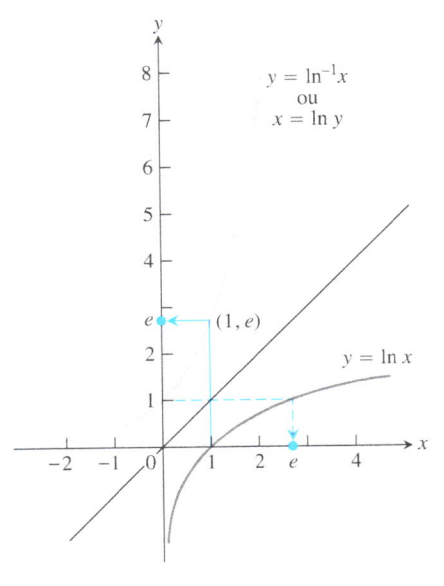

FIGURA 7.3 Gráficos de $y = \ln x$ e $y = \ln^{-1} x = \exp x$. O número e é $\ln^{-1} 1 = \exp(1)$.

Valores típicos de e^x

x	e^x (arredondado)
−1	0,37
0	1
1	2,72
2	7,39
10	22.026
100	$2,6881 \times 10^{43}$

DEFINIÇÃO Para qualquer número real x, definimos a **função exponencial natural** como $e^x = \exp x$.

Pela primeira vez, temos um significado preciso para um número elevado a uma potência irracional. Geralmente, a função exponencial é indicada por e^x em vez de $\exp x$. Como $\ln x$ e e^x são inversos um do outro, temos

Equações inversas para e^x e $\ln x$

$$e^{\ln x} = x \quad \text{(para qualquer } x > 0\text{)}$$
$$\ln(e^x) = x \quad \text{(para qualquer } x\text{)}$$

Números e funções transcendentes

Os números que são soluções de equações polinomiais com coeficientes racionais são denominados **algébricos**: −2 é algébrico porque satisfaz a equação $x + 2 = 0$, e $\sqrt{3}$ é algébrico porque satisfaz a equação $x^2 - 3 = 0$. Números que não são algébricos são denominados **transcendentes**, como e e π. Em 1873, Charles Hermite provou a transcendência de e no sentido que descrevemos. Em 1882, C.L.F. Lindemann provou a transcendência de π.
Hoje, chamamos uma função $y = f(x)$ de algébrica se ela satisfaz uma equação do tipo

$$P_n y^n + \cdots + P_1 y + P_0 = 0$$

em que os Ps são polinômios em x com coeficientes racionais. A função $y = 1/\sqrt{x+1}$ é algébrica porque satisfaz a equação $(x+1)y^2 - 1 = 0$. Aqui os polinômios são $P_2 = x + 1$, $P_1 = 0$ e $P_0 = -1$. Funções que não são algébricas são denominadas transcendentes.

A derivada e a integral de e^x

A função exponencial é derivável porque é a inversa de uma função derivável cuja derivada nunca é zero. Calcularemos sua derivada usando o Teorema 3 da Seção 3.8 e nosso conhecimento da derivada de $\ln x$. Sejam

$$f(x) = \ln x \quad \text{e} \quad y = e^x = \ln^{-1} x = f^{-1}(x).$$

Então,

$$\frac{dy}{dx} = \frac{d}{dx}(e^x) = \frac{d}{dx}\ln^{-1} x$$

$$= \frac{d}{dx} f^{-1}(x)$$

$$= \frac{1}{f'(f^{-1}(x))} \quad \text{Teorema 3, Seção 3.8}$$

$$= \frac{1}{f'(e^x)} \quad f^{-1}(x) = e^x$$

$$= \frac{1}{\left(\dfrac{1}{e^x}\right)} \quad f'(z) = \frac{1}{z} \text{ com } z = e^x$$

$$= e^x.$$

Isto é, para $y = e^x$, descobrimos que $dy/dx = e^x$, portanto a função exponencial natural e^x é sua própria derivada, assim como alegamos na Seção 3.3. Na próxima seção, veremos que as únicas funções que se comportam dessa forma são múltiplas constantes de e^x. A regra da cadeia amplia esse resultado da maneira usual para uma forma mais geral.

Se u é qualquer função derivável de x, então
$$\frac{d}{dx} e^u = e^u \frac{du}{dx}. \tag{6}$$

Uma vez que $e^x > 0$, sua derivada também é positiva, e, por isso, ela é uma função crescente e contínua para qualquer x, tendo limites

$$\lim_{x \to -\infty} e^x = 0 \quad \text{e} \quad \lim_{x \to \infty} e^x = \infty.$$

Resulta que o eixo x ($y = 0$) é uma assíntota horizontal do gráfico $y = e^x$ (veja a Figura 7.3).

A equivalente integral à Equação 6 é

$$\int e^u \, du = e^u + C.$$

Se $f(x) = e^x$, então, a partir da Equação 6, temos que $f'(0) = e^0 = 1$. Isto é, a função exponencial e^x tem coeficiente angular 1 quando cruza o eixo y em $x = 0$. Isso está de acordo com nossa afirmação sobre a exponencial natural na Seção 3.3.

Leis dos expoentes

Muito embora e^x seja definida como $\ln^{-1} x$ de uma forma aparentemente tortuosa, ela obedece às leis familiares dos expoentes da álgebra. O Teorema 1 nos mostra que essas leis são consequências das definições de $\ln x$ e e^x. Provamos as leis na Seção 4.2, e elas ainda são válidas devido à relação inversa entre $\ln x$ e e^x.

TEOREMA 1 — Leis dos expoentes para e^x

Para todos os números x, x_1 e x_2, a exponencial natural e^x obedece às seguintes leis:

1. $e^{x_1} \cdot e^{x_2} = e^{x_1 + x_2}$
2. $e^{-x} = \dfrac{1}{e^x}$
3. $\dfrac{e^{x_1}}{e^{x_2}} = e^{x_1 - x_2}$
4. $(e^{x_1})^{x_2} = e^{x_1 x_2} = (e^{x_2})^{x_1}$

Função exponencial geral a^x

Uma vez que $a = e^{\ln a}$ para qualquer número positivo a, podemos pensar em a^x como $(e^{\ln a})^x = e^{x \ln a}$. Estabelecemos, portanto, a seguinte definição em consonância com o que foi afirmado na Seção 1.6.

DEFINIÇÃO Para quaisquer números $a > 0$ e x, a função exponencial com base a é dada por

$$a^x = e^{x \ln a}.$$

Quando $a = e$, a definição resulta em $a^x = e^{x \ln a} = e^{x \ln e} = e^{x \cdot 1} = e^x$.

O Teorema 1 também é válido para a^x, a função exponencial de base a. Por exemplo,

$$\begin{aligned}
a^{x_1} \cdot a^{x_2} &= e^{x_1 \ln a} \cdot e^{x_2 \ln a} &&\text{Definição de } a^x \\
&= e^{x_1 \ln a + x_2 \ln a} &&\text{Lei 1} \\
&= e^{(x_1 + x_2) \ln a} &&\text{Fator } \ln a \\
&= a^{x_1 + x_2}. &&\text{Definição de } a^x
\end{aligned}$$

Começando com a definição $a^x = e^{x \ln a}$, $a > 0$, obtemos a derivada

$$\frac{d}{dx} a^x = \frac{d}{dx} e^{x \ln a} = (\ln a) e^{x \ln a} = (\ln a) a^x,$$

assim

$$\frac{d}{dx} a^x = a^x \ln a.$$

De modo alternativo, obtemos a mesma regra da derivada ao aplicar a derivação logarítmica:

$$y = a^x$$

$$\ln y = x \ln a \qquad \text{Obtendo os logaritmos}$$

$$\frac{1}{y}\frac{dy}{dx} = \ln a \qquad \text{Derivação em relação a } x$$

$$\frac{dy}{dx} = y \ln a = a^x \ln a.$$

Com a regra da cadeia, obtemos uma forma mais geral, como na Seção 3.8.

Se $a > 0$ e u é uma função derivável de x, então a^u é uma função derivável de x e

$$\frac{d}{dx}a^u = a^u \ln a \, \frac{du}{dx}.$$

A integral equivalente desse último resultado é

$$\int a^u \, du = \frac{a^u}{\ln a} + C.$$

Logaritmos com base a

Se a é qualquer número positivo diferente de 1, a função a^x é injetora e tem uma derivada não nula em qualquer ponto. Portanto, tem uma inversa derivável.

DEFINIÇÃO Para qualquer número positivo $a \neq 1$, o **logaritmo de x com base a**, indicado por $\log_a x$, é a função inversa de a^x.

O gráfico de $y = \log_a x$ pode ser obtido pela reflexão do gráfico de $y = a^x$ em torno da reta de 45° $y = x$ (Figura 7.4). Quando $a = e$, temos $\log_e x =$ inversa de $e^x = \ln x$. Como as funções a^x e $\log_a x$ são inversas uma da outra, compô-las em qualquer ordem resulta na função identidade.

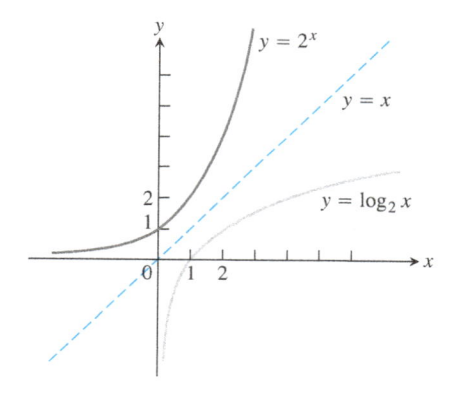

FIGURA 7.4 Gráfico de 2^x e sua inversa, $\log_2 x$.

Equações inversas para a^x e $\log_a x$

$$a^{\log_a x} = x \qquad (x > 0)$$
$$\log_a(a^x) = x \qquad (\text{qualquer } x)$$

Conforme apresentamos na Seção 1.6, a função $\log_a x$ é apenas um múltiplo numérico de $\ln x$. Concluímos isso a partir da seguinte dedução:

$$y = \log_a x \qquad \text{Definição da equação para } y$$
$$a^y = x \qquad \text{Equação equivalente}$$
$$\ln a^y = \ln x \qquad \text{log natural de ambos os lados}$$
$$y \ln a = \ln x \qquad \text{Regra 4 da álgebra para log natural}$$
$$y = \frac{\ln x}{\ln a} \qquad \text{Resolva para } y$$
$$\log_a x = \frac{\ln x}{\ln a} \qquad \text{Substitua para } y$$

TABELA 7.2 Regras para logaritmos de base a
Para quaisquer números $x > 0$ e $y > 0$,
1. *Regra do produto:* $\log_a xy = \log_a x + \log_a y$
2. *Regra do quociente:* $\log_a \frac{x}{y} = \log_a x - \log_a y$
3. *Regra da recíproca:* $\log_a \frac{1}{y} = -\log_a y$
4. *Regra da potenciação:* $\log_a x^y = y \log_a x$

Assim, percebemos facilmente que as regras aritméticas satisfeitas por $\log_a x$ são iguais às satisfeitas por $\ln x$. Tais regras, apresentadas na Tabela 7.2, podem ser provadas se dividirmos as regras correspondentes da função logaritmo natural por $\ln a$. Por exemplo,

$\ln xy = \ln x + \ln y$ Regra 1 para logaritmos naturais...

$\dfrac{\ln xy}{\ln a} = \dfrac{\ln x}{\ln a} + \dfrac{\ln y}{\ln a}$ ... dividida por $\ln a$ ...

$\log_a xy = \log_a x + \log_a y$. ... proporciona a regra 1 para logaritmos de base a.

Derivadas e integrais que envolvem $\log_a x$

Para determinar derivadas ou integrais que envolvem logaritmos de base a, temos de convertê-los em logaritmos naturais. Se u é uma função positiva derivável de x, então

$$\frac{d}{dx}(\log_a u) = \frac{d}{dx}\left(\frac{\ln u}{\ln a}\right) = \frac{1}{\ln a}\frac{d}{dx}(\ln u) = \frac{1}{\ln a} \cdot \frac{1}{u}\frac{du}{dx}.$$

$$\boxed{\frac{d}{dx}(\log_a u) = \frac{1}{\ln a} \cdot \frac{1}{u}\frac{du}{dx}}$$

EXEMPLO 2   Ilustraremos os resultados das derivadas e integrais.

(a) $\dfrac{d}{dx}\log_{10}(3x+1) = \dfrac{1}{\ln 10} \cdot \dfrac{1}{3x+1}\dfrac{d}{dx}(3x+1) = \dfrac{3}{(\ln 10)(3x+1)}$

(b) $\displaystyle\int \frac{\log_2 x}{x}dx = \frac{1}{\ln 2}\int \frac{\ln x}{x}dx$ $\log_2 x = \dfrac{\ln x}{\ln 2}$

$= \dfrac{1}{\ln 2}\displaystyle\int u\, du$ $u = \ln x, \quad du = \dfrac{1}{x}dx$

$= \dfrac{1}{\ln 2}\dfrac{u^2}{2} + C = \dfrac{1}{\ln 2}\dfrac{(\ln x)^2}{2} + C = \dfrac{(\ln x)^2}{2\ln 2} + C$

Resumo

Nesta seção, usamos o cálculo para definir com precisão as funções logarítmicas e exponenciais. Essa abordagem é um pouco diferente do tratamento que demos anteriormente às funções polinomiais, racionais e trigonométricas. Anteriormente, primeiro definimos a função e, então, estudamos suas derivadas e integrais. Aqui, começamos com uma integral, a partir da qual as funções de interesse foram obtidas. A intenção dessa abordagem é evitar dificuldades matemáticas que surgem quando tentamos definir funções do tipo a^x para qualquer número real x, racional ou irracional. Ao definir $\ln x$ como a integral da função $1/t$ de $t = 1$ a $t = x$, podemos seguir em frente e definir todas as funções exponenciais e logarítmicas e, então, deduzir suas principais propriedades algébricas e analíticas.

Exercícios 7.1

Integração

Calcule as integrais dos Exercícios 1-46.

1. $\displaystyle\int_{-3}^{-2} \frac{dx}{x}$

2. $\displaystyle\int_{-1}^{0} \frac{3\,dx}{3x-2}$

3. $\displaystyle\int \frac{2y\,dy}{y^2-25}$

4. $\displaystyle\int \frac{8r\,dr}{4r^2-5}$

5. $\displaystyle\int \frac{3\sec^2 t}{6+3\,\text{tg}\,t}dt$

6. $\displaystyle\int \frac{\sec y\,\text{tg}\,y}{2+\sec y}dy$

7. $\int \dfrac{dx}{2\sqrt{x} + 2x}$

8. $\int \dfrac{\sec x \, dx}{\sqrt{\ln(\sec x + \text{tg } x)}}$

9. $\int_{\ln 2}^{\ln 3} e^x \, dx$

10. $\int 8e^{(x+1)} \, dx$

11. $\int_{1}^{4} \dfrac{(\ln x)^3}{2x} \, dx$

12. $\int \dfrac{\ln(\ln x)}{x \ln x} \, dx$

13. $\int_{\ln 4}^{\ln 9} e^{x/2} \, dx$

14. $\int \text{tg } x \ln(\cos x) \, dx$

15. $\int \dfrac{e^{\sqrt{r}}}{\sqrt{r}} \, dr$

16. $\int \dfrac{e^{-\sqrt{r}}}{\sqrt{r}} \, dr$

17. $\int 2t \, e^{-t^2} \, dt$

18. $\int \dfrac{\ln x \, dx}{x\sqrt{\ln^2 x + 1}}$

19. $\int \dfrac{e^{1/x}}{x^2} \, dx$

20. $\int \dfrac{e^{-1/x^2}}{x^3} \, dx$

21. $\int e^{\sec \pi t} \sec \pi t \, \text{tg } \pi t \, dt$

22. $\int e^{\text{cossec}(\pi + t)} \text{cossec}(\pi + t) \cot(\pi + t) \, dt$

23. $\int_{\ln(\pi/6)}^{\ln(\pi/2)} 2e^v \cos e^v \, dv$

24. $\int_{0}^{\sqrt{\ln \pi}} 2xe^{x^2} \cos(e^{x^2}) \, dx$

25. $\int \dfrac{e^r}{1 + e^r} \, dr$

26. $\int \dfrac{dx}{1 + e^x}$

27. $\int_{0}^{1} 2^{-\theta} \, d\theta$

28. $\int_{-2}^{0} 5^{-\theta} \, d\theta$

29. $\int_{1}^{\sqrt{2}} x 2^{(x^2)} \, dx$

30. $\int_{1}^{4} \dfrac{2^{\sqrt{x}}}{\sqrt{x}} \, dx$

31. $\int_{0}^{\pi/2} 7^{\cos t} \text{sen } t \, dt$

32. $\int_{0}^{\pi/4} \left(\dfrac{1}{3}\right)^{\text{tg } t} \sec^2 t \, dt$

33. $\int_{2}^{4} x^{2x}(1 + \ln x) \, dx$

34. $\int_{1}^{2} \dfrac{2^{\ln x}}{x} \, dx$

35. $\int_{0}^{3} (\sqrt{2} + 1) x^{\sqrt{2}} \, dx$

36. $\int_{1}^{e} x^{(\ln 2) - 1} \, dx$

37. $\int \dfrac{\log_{10} x}{x} \, dx$

38. $\int_{1}^{4} \dfrac{\log_{2} x}{x} \, dx$

39. $\int_{1}^{4} \dfrac{\ln 2 \log_{2} x}{x} \, dx$

40. $\int_{1}^{e} \dfrac{2 \ln 10 \log_{10} x}{x} \, dx$

41. $\int_{0}^{2} \dfrac{\log_{2}(x + 2)}{x + 2} \, dx$

42. $\int_{1/10}^{10} \dfrac{\log_{10}(10x)}{x} \, dx$

43. $\int_{0}^{9} \dfrac{2 \log_{10}(x + 1)}{x + 1} \, dx$

44. $\int_{2}^{3} \dfrac{2 \log_{2}(x - 1)}{x - 1} \, dx$

45. $\int \dfrac{dx}{x \log_{10} x}$

46. $\int \dfrac{dx}{x(\log_{8} x)^2}$

49. $\dfrac{d^2 y}{dx^2} = 2e^{-x}, \quad y(0) = 1 \quad \text{e} \quad y'(0) = 0$

50. $\dfrac{d^2 y}{dt^2} = 1 - e^{2t}, \quad y(1) = -1 \quad \text{e} \quad y'(1) = 0$

51. $\dfrac{dy}{dx} = 1 + \dfrac{1}{x}, \quad y(1) = 3$

52. $\dfrac{d^2 y}{dx^2} = \sec^2 x, \quad y(0) = 0 \quad \text{e} \quad y'(0) = 1$

Teoria e aplicações

53. A região entre a curva $y = 1/x^2$ e o eixo x de $x = 1/2$ a $x = 2$ é girada em torno do eixo y, gerando um sólido. Determine o volume do sólido.

54. No Exercício 6 da Seção 6.2, giramos em torno do eixo y a região entre a curva $y = 9x/\sqrt{x^3 + 9}$ e o eixo x de $x = 0$ a $x = 3$ para gerar um sólido de volume 36π. Em vez disso, se girarmos a região em torno do eixo x, que volume obteremos? (Veja o gráfico no Exercício 6 da Seção 6.2.)

Determine os comprimentos das curvas nos Exercícios 55 e 56.

55. $y = (x^2/8) - \ln x, \quad 4 \leq x \leq 8$

56. $x = (y/4)^2 - 2 \ln(y/4), \quad 4 \leq y \leq 12$

T 57. **Linearização de $\ln(1 + x)$ em $x = 0$** Em vez de aproximar $\ln x$ em $x = 1$, aproximamos $\ln(1 + x)$ em $x = 0$. Dessa maneira, obtemos uma fórmula mais simples.

  a. Deduza a linearização $\ln(1 + x) \approx x$ em $x = 0$

  b. Calcule o erro envolvido na substituição de $\ln(1 + x)$ por x no intervalo $[0; 0,1]$. A resposta deve ter cinco casas decimais.

  c. Trace, em um mesmo gráfico, $\ln(1 + x)$ e x para $0 \leq x \leq 0,5$. Use cores diferentes, se possível. Em que pontos a aproximação de $\ln(1 + x)$ parece melhor? E pior? Ao ler as coordenadas do gráfico, determine o melhor limite superior para o erro que sua calculadora permitir.

58. **Linearização de e^x em $x = 0$**

  a. Derive a aproximação linear $e^x \approx 1 + x$ em $x = 0$.

  T b. Calcule a magnitude do erro envolvido na substituição de e^x por $1 + x$ no intervalo $[0; 0,2]$. A resposta deve ter cinco casas decimais.

  T c. Trace em um mesmo gráfico e^x e $1 + x$ para $-2 \leq x \leq 2$. Use cores diferentes, se possível. Em que intervalos a aproximação parece superestimar e^x? E subestimar e^x?

59. Demonstre que, para qualquer número $a > 1$,

$$\int_{1}^{a} \ln x \, dx + \int_{0}^{\ln a} e^y \, dy = a \ln a.$$

(Veja a figura a seguir.)

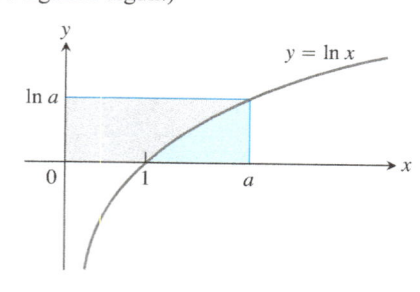

Problemas de valor inicial

Resolva os problemas de valor inicial nos Exercícios 47-52.

47. $\dfrac{dy}{dt} = e^t \text{sen}(e^t - 2), \quad y(\ln 2) = 0$

48. $\dfrac{dy}{dt} = e^{-t} \sec^2(\pi e^{-t}), \quad y(\ln 4) = 2/\pi$

60. Desigualdade satisfeita pelas médias geométrica, logarítmica e aritmética

a. Demonstre que o gráfico de e^x é côncavo para cima em qualquer intervalo de valores de x.

b. Demonstre, em relação à figura a seguir, que, se $0 < a < b$, então

$$e^{(\ln a + \ln b)/2} \cdot (\ln b - \ln a) < \int_{\ln a}^{\ln b} e^x\, dx < \frac{e^{\ln a} + e^{\ln b}}{2} \cdot (\ln b - \ln a).$$

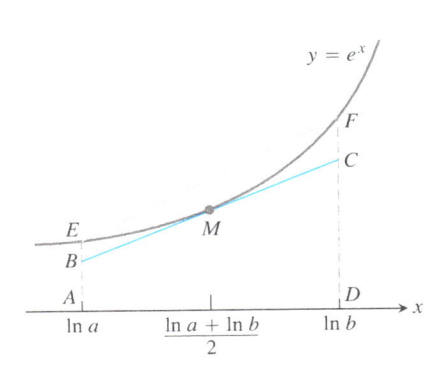

FORA DE ESCALA

c. Use a desigualdade do item (b) para concluir que

$$\sqrt{ab} < \frac{b-a}{\ln b - \ln a} < \frac{a+b}{2}.$$

Essa desigualdade diz que a média geométrica de dois números positivos é menor que a média logarítmica de ambos, que, por sua vez, é menor do que sua média aritmética.
(Para saber mais sobre essa desigualdade, consulte BURK, Frank. The geometric, logarithmic, and arithmetic mean inequality. *American Mathematical Monthly*, v. 94, n. 6, jun./jul. 1987. p. 527-528.)

Construção de gráficos

61. Trace em um mesmo gráfico $\ln x$, $\ln 2x$, $\ln 4x$, $\ln 8x$ e $\ln 16x$ (tantos quanto puder) para $0 < x \le 10$. O que acontece? Explique.

62. Trace o gráfico de $y = \ln |\text{sen } x|$ na janela $0 \le x \le 22$, $-2 \le y \le 0$. Explique o que vê. Como você alteraria a fórmula para que os arcos ficassem virados para baixo?

63. a. Trace em um mesmo gráfico $y = \text{sen } x$ e as curvas $y = \ln (a + \text{sen } x)$ para $a = 2, 4, 8, 20$ e 50 para $0 \le x \le 23$.

b. Por que as curvas se achatam à medida que a aumenta? (Dica: determine um limite superior dependente de a para $|y'|$.)

64. O gráfico de $y = \sqrt{x} - \ln x$, $x > 0$, tem um ponto de inflexão? Tente responder a essa questão (a) pela representação gráfica e (b) usando cálculo.

T 65. A equação $x^2 = 2^x$ apresenta três soluções: $x = 2$, $x = 4$ e outra. Calcule graficamente a terceira solução com a maior precisão possível.

T 66. Existe a possibilidade de $x^{\ln 2}$ ser igual a $2^{\ln x}$ para $x > 0$? Trace as duas funções e descreva o que você observa.

T 67. Qual dos dois é maior, π^e ou e^π? As calculadoras diminuíram o mistério dessa questão, que costumava ser desafiadora. (Verifique você mesmo; você verá que, surpreendentemente, eles estão quase empatados.) No entanto, a questão também pode ser respondida sem uma calculadora.

a. Determine uma equação para a reta que passa pela origem e é tangente ao gráfico $y = \ln x$.

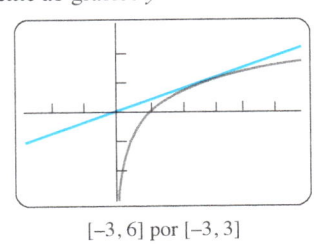

[−3, 6] por [−3, 3]

b. Ofereça um argumento baseado nos gráficos de $y = \ln x$ e da reta tangente para explicar por que $\ln x < x/e$ para qualquer x, positivo $x \ne e$.

c. Mostre que $(x^e) < x$ para qualquer positivo $x \ne e$.

d. Conclua que $x^e < e^x$ para qualquer positivo $x \ne e$.

e. Então, qual dos dois é maior, π^e ou e^π?

T 68. Representação decimal de e Determine e com o máximo de casas decimais que sua calculadora permitir, resolvendo a equação $\ln x = 1$ pelo método de Newton visto na Seção 4.7.

Cálculos com outras bases

T 69. A maioria das calculadoras científicas tem teclas para $\log_{10} x$ e $\ln x$. Para determinar logaritmos de outras bases, usamos a equação $\log_a x = (\ln x)/(\ln a)$.
Determine os seguintes logaritmos com cinco casas decimais.

a. $\log_3 8$
b. $\log_7 0{,}5$
c. $\log_{20} 17$
d. $\log_{0{,}5} 7$
e. $\ln x$, dado que $\log_{10} x = 2{,}3$
f. $\ln x$, dado que $\log_2 x = 1{,}4$
g. $\ln x$, dado que $\log_2 x = -1{,}5$
h. $\ln x$, dado que $\log_{10} x = -0{,}7$

70. Fatores de conversão

a. Mostre que a equação para converter logaritmos de base 10 em logaritmos de base 2 é

$$\log_2 x = \frac{\ln 10}{\ln 2} \log_{10} x.$$

b. Mostre que a equação para converter logaritmos de base a em logaritmos de base b é

$$\log_b x = \frac{\ln a}{\ln b} \log_a x.$$

7.2 Variação exponencial e equações diferenciais separáveis

Funções exponenciais crescem ou decrescem muito rapidamente com variações na variável independente. Elas descrevem o crescimento ou o decaimento em muitas situações naturais e industriais. Em parte, a importância de tais funções está na variedade de modelos que se baseiam nelas. Agora, investigaremos a suposição de proporcionalidade básica que leva a uma *variação exponencial*.

Variação exponencial

Ao apresentar muitas situações do mundo real, vemos que uma quantidade y cresce ou decresce a uma taxa proporcional ao seu tamanho em determinado momento t. Exemplos disso incluem a quantidade de um material radioativo em decaimento, o tamanho de uma população e a diferença de temperatura entre um objeto quente e seu meio circundante. Afirma-se que tais quantidades são submetidas à **variação exponencial**.

Se a quantidade presente no tempo $t = 0$ é chamada de y_0, então podemos determinar y em função de t pela solução do seguinte problema de valor inicial:

$$\text{Equação diferencial:} \quad \frac{dy}{dt} = ky \tag{1a}$$

$$\text{Condição inicial:} \quad y = y_0 \quad \text{quando } t = 0. \tag{1b}$$

Se y é positivo e crescente, então k é positivo, e usamos a Equação 1a para dizer que a taxa de crescimento é proporcional ao que já foi acumulado. Se y é positivo e decrescente, então k é negativo, e usamos a Equação 1a para dizer que a taxa de decaimento é proporcional à quantidade ainda restante.

Vemos imediatamente que a função constante $y = 0$ é a solução da Equação 1a se $y_0 = 0$. Para encontrar as soluções diferentes de zero, dividimos os lados da Equação 1a por y:

$$\frac{1}{y} \cdot \frac{dy}{dt} = k \qquad y \neq 0$$

$$\int \frac{1}{y} \frac{dy}{dt} dt = \int k\, dt \qquad \text{Integre em relação a } t;$$

$$\ln |y| = kt + C \qquad \int (1/u)\, du = \ln|u| + C.$$

$$|y| = e^{kt+C} \qquad \text{Faça a exponenciação.}$$

$$|y| = e^C \cdot e^{kt} \qquad e^{a+b} = e^a \cdot e^b$$

$$y = \pm e^C e^{kt} \qquad \text{Se } |y| = r, \text{ então } y = \pm r.$$

$$y = A e^{kt}. \qquad A \text{ é uma abreviatura para } \pm e^C.$$

Ao permitir que A assuma o valor 0, além de todos os valores possíveis $\pm e^C$, podemos incluir a solução $y = 0$ na fórmula.

Determinamos o valor de A para o problema de valor inicial calculando A quando $y = y_0$ e $t = 0$:

$$y_0 = A e^{k \cdot 0} = A.$$

A solução do problema de valor inicial é, portanto,

$$y = y_0 e^{kt}. \tag{2}$$

Quando as quantidades variam dessa maneira, dizemos que estão em processo de **crescimento exponencial**, se $k > 0$, e de **decaimento exponencial**, se $k < 0$. O número k é denominado **taxa constante** de variação.

O raciocínio que leva à Equação 2 mostra que apenas funções que são derivadas de si mesmas são múltiplos constantes da função exponencial.

Antes de apresentar inúmeros exemplos de variação exponencial, consideremos o processo utilizado para deduzi-los.

Equações diferenciais separáveis

A variação exponencial é modelada por uma equação diferencial da forma $dy/dx = ky$ para uma constante k não nula. De modo geral, suponha que tenhamos uma equação diferencial de forma

$$\frac{dy}{dx} = f(x, y), \tag{3}$$

onde f é uma função *tanto* de variáveis independentes *quanto* de variáveis dependentes. Uma **solução** da equação é uma função derivável $y = y(x)$ definida em um intervalo de valores de x (talvez infinito), de tal modo que

$$\frac{d}{dx} y(x) = f(x, y(x))$$

nesse intervalo. Isto é, quando $y(x)$ e sua derivada $y'(x)$ são substituídos na equação diferencial, a equação resultante é verdadeira para qualquer x no intervalo da solução. A **solução geral** é uma solução $y(x)$ que contém todas as soluções possíveis e que sempre apresenta uma constante arbitrária.

A Equação 3 é **separável** se f puder ser expresso como um produto de uma função de x e de uma função de y. A equação diferencial, então, tem a forma

$$\frac{dy}{dx} = g(x)H(y). \qquad \text{\color{teal}g é uma função de x; H é uma função de y.}$$

Ao reescrever essa equação na forma

$$\frac{dy}{dx} = \frac{g(x)}{h(y)}, \qquad \text{\color{teal}$H(y) = \frac{1}{h(y)}$}$$

sua forma diferencial nos permite coletar todos os termos em y com dy e todos os termos em x com dx:

$$h(y)\, dy = g(x)\, dx.$$

Agora, basta integrar ambos os lados dessa equação:

$$\int h(y)\, dy = \int g(x)\, dx. \tag{4}$$

Depois de completar as integrações, obtemos a solução y definida implicitamente como uma função de x.

A justificativa de que podemos simplesmente integrar ambos os lados na Equação 4 é baseada na regra de substituição (Seção 5.5):

$$\int h(y)\, dy = \int h(y(x)) \frac{dy}{dx} dx$$

$$= \int h(y(x)) \frac{g(x)}{h(y(x))} dx \qquad \text{\color{teal}$\frac{dy}{dx} = \frac{g(x)}{h(y)}$}$$

$$= \int g(x)\, dx$$

EXEMPLO 1 Resolva a equação diferencial

$$\frac{dy}{dx} = (1 + y)e^x, \quad y > -1.$$

Solução Como $1 + y$ nunca é zero para $y > -1$, resolvemos a equação separando as variáveis.

$$\frac{dy}{dx} = (1 + y)e^x \qquad \text{\color{teal}Trate dy/dx como um quociente das diferenciais e multiplique os dois lados por dx.}$$

$$dy = (1 + y)e^x\, dx$$

$$\frac{dy}{1 + y} = e^x\, dx \qquad \text{\color{teal}Divida por $(1 + y)$.}$$

$$\int \frac{dy}{1 + y} = \int e^x\, dx \qquad \text{\color{teal}Integre os dois lados.}$$

$$\ln(1 + y) = e^x + C \qquad \text{\color{teal}C representa as constantes de integração combinadas.}$$

A última equação resulta em y como uma função implícita de x.

EXEMPLO 2 Resolva a equação $y(x+1)\dfrac{dy}{dx} = x(y^2+1)$.

Solução Mudamos para a forma diferencial, separamos as variáveis e integramos:

$$y(x+1)\,dy = x(y^2+1)\,dx$$

$$\frac{y\,dy}{y^2+1} = \frac{x\,dx}{x+1} \qquad x \neq -1$$

$$\int \frac{y\,dy}{1+y^2} = \int \left(1 - \frac{1}{x+1}\right) dx \qquad \text{Divida } x \text{ por } x+1.$$

$$\tfrac{1}{2}\ln(1+y^2) = x - \ln|x+1| + C.$$

A última equação leva à solução y como função implícita de x.

O problema de valor inicial

$$\frac{dy}{dt} = ky, \qquad y(0) = y_0$$

envolve uma equação diferencial separável, e a solução $y = y_0 e^{kt}$ expressa a variação exponencial. Apresentaremos agora alguns exemplos de tais variações.

Crescimento populacional ilimitado

Estritamente falando, o número de indivíduos em uma população (de pessoas, plantas, animais ou bactérias, por exemplo) é uma função descontínua do tempo, pois assume valores discretos. No entanto, quando o número de indivíduos atinge determinado nível, a população pode ser aproximada por uma função contínua. A derivabilidade da função de aproximação é outra hipótese razoável em muitas situações e permite o uso de cálculo para exemplificar e prever o tamanho da população.

Se supusermos que a proporção de indivíduos em idade de reproduzir permanece constante e também assumirmos uma fertilidade constante, então em qualquer instante t a taxa de nascimento será proporcional ao número $y(t)$ de indivíduos. Suponhamos, também, que a taxa de mortalidade da população seja estável e proporcional a $y(t)$. Se, além disso, desconsiderarmos as saídas e chegadas de indivíduos, a taxa de crescimento dy/dt será a taxa de natalidade menos a taxa de mortalidade, que é a diferença entre as duas proporcionalidades que imaginamos. Em outras palavras, $dy/dt = ky$, de modo que $y = y_0 e^{kt}$, onde y_0 é o tamanho da população no instante $t = 0$. Tal como acontece com todos os tipos de crescimento, pode haver limitações impostas pelo ambiente, mas não trataremos disso agora. A proporcionalidade $dy/dt = ky$ modela o *crescimento populacional ilimitado*.

No exemplo a seguir, imaginamos esse modelo populacional para examinar como o número de indivíduos infectados por uma doença dentro de determinada população diminui à medida que a doença é tratada adequadamente.

EXEMPLO 3 Um modelo para a maneira como uma doença desaparece quando tratada adequadamente assume que a taxa dy/dt, a qual o número de pessoas infectadas varia, é proporcional ao número y. O número de pessoas curadas é proporcional ao número y de indivíduos infectados pela doença. Suponha que, no curso de um ano qualquer, o número de casos de uma doença seja reduzido em 20%. Se existem hoje 10.000 casos, quantos anos serão necessários para que esse número seja reduzido a 1000?

Solução Usaremos a equação $y = y_0 e^{kt}$. Temos de determinar três itens: o valor de y_0, o valor de k e o instante t em que $y = 1000$.

O valor de y_0. Temos a liberdade de contar o tempo a partir de onde quisermos. Se contarmos a partir de hoje, então $y = 10.000$ quando $t = 0$, logo $y_0 = 10.000$. Assim, nossa equação é

$$y = 10.000 e^{kt}. \tag{5}$$

O valor de k. Quando $t = 1$ ano, o número de casos será 80% de seu valor presente, ou 8000. Assim,

$$8.000 = 10.000 e^{k(1)} \quad \text{Equação 5 com } t = 1 \text{ e } y = 8000$$
$$e^k = 0,8$$
$$\ln(e^k) = \ln 0,8 \quad \text{Logaritmos de ambos os lados}$$
$$k = \ln 0,8 < 0.$$

Em qualquer instante t determinado,

$$y = 10.000 e^{(\ln 0,8)t}. \tag{6}$$

O valor de t que faz com que y = 1000. Fazemos y igual a 1000 na Equação 6 e determinamos t:

$$1.000 = 10.000 e^{(\ln 0,8)t}$$
$$e^{(\ln 0,8)t} = 0,1$$
$$(\ln 0,8)t = \ln 0,1 \quad \text{Logaritmos de ambos os lados}$$
$$t = \frac{\ln 0,1}{\ln 0,8} \approx 10,32 \text{ anos.}$$

Levará pouco mais de 10 anos para reduzir o número de casos até 1000.

Radioatividade

Alguns átomos são instáveis e podem emitir massa ou radiação para o ambiente espontaneamente. Esse processo é chamado de **decaimento radioativo**, e o elemento cujos átomos passam por esse processo espontaneamente é chamado de **radioativo**. Às vezes, quando um átomo emite parte de sua massa por meio desse processo de radiação, o restante do átomo passa a constituir um átomo de um elemento novo. Por exemplo, o carbono-14 decai para o nitrogênio; o rádio, após uma série de passos intermediários radioativos, decai para chumbo.

As experiências mostraram que, em determinado instante, a taxa à qual um elemento radioativo decai (medida pelo número de núcleos que mudam por unidade de tempo) é aproximadamente proporcional ao número de núcleos radioativos presentes. Assim, o decaimento de um elemento radioativo é descrito pela equação $dy/dt = -ky$, $k > 0$. É convencional usar $-k$, com $k > 0$, para enfatizar que y é decrescente. Se y_0 for o número de núcleos radioativos presentes no instante zero, o número remanescente em qualquer tempo t posterior será

$$y = y_0 e^{-kt}, \quad k > 0.$$

> No caso do gás radônio-222, t é medido em dias e $k = 0,18$. No caso do rádio-226, pintado nos mostradores dos relógios para fazê-los brilhar à noite (uma prática perigosa), t é medido em anos e $k = 4,3 \times 10^{-4}$.

Na Seção 1.6, definiu-se a **meia-vida** de um elemento radioativo como o tempo necessário para que metade dos núcleos radioativos presentes em uma amostra decaia. O fato interessante é que a meia-vida é uma constante que não depende do número de núcleos radioativos presentes inicialmente na amostra, mas apenas da substância radioativa. Determinamos que a meia-vida é dada por:

$$\boxed{\text{Meia-vida} = \frac{\ln 2}{k}} \tag{7}$$

Por exemplo, a meia-vida para o radônio-222 é

$$\text{meia-vida} = \frac{\ln 2}{0,18} \approx 3,9 \text{ dias.}$$

EXEMPLO 4 Às vezes, o decaimento de elementos radioativos pode ser usado para datar eventos do passado da Terra. Em um organismo vivo, a proporção entre o carbono radioativo, o carbono-14 e o carbono ordinário permanece bastante constante durante a sua vida, sendo aproximadamente igual à proporção na atmosfera do organismo à época. Após a morte do organismo, no entanto, nenhum carbono novo é ingerido, e a proporção de carbono-14 nos restos mortais diminui à medida que ele decai.

Os cientistas que fazem datação por carbono-14 consideram que 5700 seja o número de anos de sua meia-vida. Determine a idade de uma amostra na qual 10% dos núcleos radioativos originalmente presentes já decaíram.

Solução Usamos a equação de decaimento $y = y_0 e^{-kt}$. Há dois valores a serem determinados: k e t quando $y = 0{,}9 y_0$ (90% dos núcleos radioativos ainda estão presentes). Ou seja, determine t quando $y_0 e^{-kt} = 0{,}9 y_0$ ou $e^{-kt} = 0{,}9$.

O valor de k. Usamos a Equação 7 da meia-vida:

$$k = \frac{\ln 2}{\text{meia-vida}} = \frac{\ln 2}{5700} \quad (\text{cerca de } 1{,}2 \times 10^{-4})$$

O valor de t que faz com que $e^{-kt} = 0{,}9$.

$$e^{-kt} = 0{,}9$$

$$e^{-(\ln 2/5700)t} = 0{,}9$$

$$-\frac{\ln 2}{5700} t = \ln 0{,}9 \qquad \text{Logaritmos de ambos os lados}$$

$$t = -\frac{5700 \ln 0{,}9}{\ln 2} \approx 866 \text{ anos}$$

A amostra tem aproximadamente 866 anos.

Transferência de calor: a lei do resfriamento de Newton

Uma sopa quente dentro de uma caneca de metal esfria até alcançar a temperatura do ar circundante. Um lingote de prata quente imerso em uma grande banheira de água esfria até alcançar a temperatura da água. Em situações como essas, a taxa de variação da temperatura de um objeto em qualquer tempo dado é aproximadamente proporcional à diferença entre a própria temperatura e aquela do meio. Essa observação denomina-se *lei do resfriamento de Newton,* embora também se aplique ao aquecimento.

Se H for a temperatura do objeto no instante t, e H_S, a temperatura constante do ambiente, então a equação diferencial será

$$\frac{dH}{dt} = -k(H - H_S). \tag{8}$$

Se substituirmos y por $(H - H_S)$, então

$$\frac{dy}{dt} = \frac{d}{dt}(H - H_S) = \frac{dH}{dt} - \frac{d}{dt}(H_S)$$

$$= \frac{dH}{dt} - 0 \qquad H_S \text{ é uma constante.}$$

$$= \frac{dH}{dt}$$

$$= -k(H - H_S) \qquad \text{Equação 8}$$

$$= -ky. \qquad H - H_S = y$$

Agora sabemos que a solução de $dy/dt = -ky$ é $y = y_0 e^{-kt}$, onde $y(0) = y_0$. Substituindo $(H - H_S)$ por y, isso nos diz que

$$H - H_S = (H_0 - H_S)e^{-kt}, \qquad (9)$$

onde H_0 é a temperatura em $t = 0$. Essa equação é a solução para a lei do resfriamento de Newton.

EXEMPLO 5 Um ovo cozido a 98°C é colocado em uma pia com água a 18°C. Após 5 minutos, a temperatura do ovo é de 38°C. Supondo que, durante o experimento, a temperatura da água não tenha aumentado significativamente, quanto tempo mais será necessário para que a temperatura do ovo chegue a 20°C?

Solução Determinamos quanto tempo o ovo levaria para resfriar de 98°C para 20°C e subtraímos os 5 minutos decorridos. Usando a Equação 9 com $H_S = 18$ e $H_0 = 98$, a temperatura do ovo t minutos após ser colocado na pia será de

$$H = 18 + (98 - 18)e^{-kt} = 18 + 80e^{-kt}.$$

Para determinar k, usamos a informação de que $H = 38$ quando $t = 5$:

$$38 = 18 + 80e^{-5k}$$

$$e^{-5k} = \frac{1}{4}$$

$$-5k = \ln \frac{1}{4} = -\ln 4$$

$$k = \frac{1}{5} \ln 4 = 0{,}2 \ln 4 \qquad \text{(aproximadamente 0,28)}.$$

A temperatura do ovo no instante t será de $H = 18 + 80e^{-(0{,}2 \ln 4)t}$. Agora, determine o instante t em $H = 20$:

$$20 = 18 + 80e^{-(0{,}2 \ln 4)t}$$

$$80e^{-(0{,}2 \ln 4)t} = 2$$

$$e^{-(0{,}2 \ln 4)t} = \frac{1}{40}$$

$$-(0{,}2 \ln 4)t = \ln \frac{1}{40} = -\ln 40$$

$$t = \frac{\ln 40}{0{,}2 \ln 4} \approx 13 \text{ min}.$$

A temperatura do ovo chegará a 20°C aproximadamente 13 minutos depois de ele ter sido colocado na água para esfriar. Como levou 5 minutos para atingir 38°C, demorará cerca de mais 8 minutos para chegar a 20°C.

Exercícios 7.2

Verificação de soluções

Nos Exercícios 1-4, mostre que cada função $y = f(x)$ é uma solução da equação diferencial que a acompanha.

1. $2y' + 3y = e^{-x}$

   a. $y = e^{-x}$

   b. $y = e^{-x} + e^{-(3/2)x}$

   c. $y = e^{-x} + Ce^{-(3/2)x}$

2. $y' = y^2$

   a. $y = -\frac{1}{x}$ **b.** $y = -\frac{1}{x+3}$ **c.** $y = -\frac{1}{x+C}$

3. $y = \frac{1}{x} \int_1^x \frac{e^t}{t} dt, \quad x^2 y' + xy = e^x$

4. $y = \frac{1}{\sqrt{1+x^4}} \int_1^x \sqrt{1+t^4}\, dt, \quad y' + \frac{2x^3}{1+x^4} y = 1$

Problemas de valor inicial

Nos Exercícios 5-8, mostre que cada função é uma solução do problema de valor inicial dado.

Equação diferencial	Condição inicial	Candidata à solução
5. $y' + y = \dfrac{2}{1 + 4e^{2x}}$	$y(-\ln 2) = \dfrac{\pi}{2}$	$y = e^{-x}\,\text{tg}^{-1}(2e^x)$
6. $y' = e^{-x^2} - 2xy$	$y(2) = 0$	$y = (x - 2)e^{-x^2}$
7. $xy' + y = -\text{sen}\,x$, $x > 0$	$y\!\left(\dfrac{\pi}{2}\right) = 0$	$y = \dfrac{\cos x}{x}$
8. $x^2 y' = xy - y^2$, $x > 1$	$y(e) = e$	$y = \dfrac{x}{\ln x}$

Equações diferenciais separáveis

Resolva as equações diferenciais nos Exercícios 9-22.

9. $2\sqrt{xy}\,\dfrac{dy}{dx} = 1$, $x, y > 0$

10. $\dfrac{dy}{dx} = x^2\sqrt{y}$, $y > 0$

11. $\dfrac{dy}{dx} = e^{x-y}$

12. $\dfrac{dy}{dx} = 3x^2 e^{-y}$

13. $\dfrac{dy}{dx} = \sqrt{y}\cos^2\sqrt{y}$

14. $\sqrt{2xy}\,\dfrac{dy}{dx} = 1$

15. $\sqrt{x}\,\dfrac{dy}{dx} = e^{y+\sqrt{x}}$, $x > 0$

16. $(\sec x)\dfrac{dy}{dx} = e^{y+\text{sen}\,x}$

17. $\dfrac{dy}{dx} = 2x\sqrt{1 - y^2}$, $-1 < y < 1$

18. $\dfrac{dy}{dx} = \dfrac{e^{2x-y}}{e^{x+y}}$

19. $y^2 \dfrac{dy}{dx} = 3x^2 y^3 - 6x^2$

20. $\dfrac{dy}{dx} = xy + 3x - 2y - 6$

21. $\dfrac{1}{x}\dfrac{dy}{dx} = ye^{x^2} + 2\sqrt{y}\,e^{x^2}$

22. $\dfrac{dy}{dx} = e^{x-y} + e^x + e^{-y} + 1$

Aplicações e exemplos

As respostas da maioria dos exercícios a seguir são dadas em termos de logaritmos e exponenciais. A calculadora pode ser útil, permitindo-lhe expressar as respostas na forma decimal.

23. **Evolução humana continua** A análise da diminuição dos dentes feita por C. Loring Brace e colaboradores no Museu de Antropologia da Universidade de Michigan indica que o tamanho dos dentes humanos continua a diminuir e que o processo evolutivo não parou há 30.000 anos, como muitos cientistas acreditam. Por exemplo, para os europeus do norte, a redução no tamanho dos dentes ocorre a uma taxa de 1% a cada 1000 anos.

   a. Se t representa o tempo em anos e y o tamanho do dente, use a condição em que $y = 0{,}99 y_0$ quando $t = 1000$ para determinar o valor de k na equação $y = y_0 e^{kt}$. Depois, use esse valor de k para responder às perguntas a seguir.

   b. Em cerca de quantos anos os dentes humanos terão 90% do tamanho atual?

   c. Qual será o tamanho dos dentes de nossos descendentes daqui a 20.000 anos (em porcentagem do tamanho atual)?

24. **Pressão atmosférica** A pressão atmosférica p da Terra frequentemente é modelada pela suposição de que a taxa dp/dh à qual p varia com a altitude h acima do nível do mar é proporcional a p. Suponha que a pressão ao nível do mar seja de 1013 milibares (aproximadamente 14,7 libras por polegada quadrada) e que a pressão a uma altitude de 20 km seja de 90 milibares.

   a. Resolva esse problema de valor inicial

   Equação diferencial: $dp/dh = kp$ (sendo k uma constante)

   Condição inicial: $p = p_0$ quando $h = 0$

   para expressar p em termos de h. Determine os valores de p_0 e k a partir dos dados de altitude e pressão fornecidos.

   b. Qual é a pressão atmosférica em $h = 50$ km?

   c. A que altitude a pressão é igual a 900 milibares?

25. **Reações químicas de primeira ordem** Em algumas reações químicas, a taxa à qual a quantidade de uma substância varia em relação ao tempo é proporcional à quantidade presente. Para a transformação da glucona-delta-lactona em ácido glucônico, por exemplo,

    $$\dfrac{dy}{dt} = -0{,}6 y$$

    quando t é medido em horas. Se houver 100 g de glucona-delta-lactona presente quando $t = 0$, quantos gramas restarão após a primeira hora?

26. **A inversão do açúcar** O processo do açúcar não refinado tem um passo chamado "inversão", que altera a estrutura molecular do açúcar. Uma vez iniciado o processo, a taxa de variação da quantidade de açúcar não refinado é proporcional à quantidade de açúcar não refinado remanescente. Se 1000 kg de açúcar não refinado é reduzido a 800 kg durante as primeiras 10 horas, quanto restará após outras 14 horas?

27. **Trabalho sob a água** A intensidade $L(x)$ de luz x pés sob a superfície do oceano satisfaz a equação diferencial

    $$\dfrac{dL}{dx} = -kL.$$

    Como mergulhador, você sabe, por experiência, que um mergulho de 18 pés no mar do Caribe reduz a intensidade da luz pela metade. Você não consegue trabalhar sem luz artificial quando a intensidade da luz cai abaixo de um décimo do valor da superfície. Até que profundidade, aproximadamente, você pode trabalhar sem luz artificial?

28. **Voltagem em um capacitor sendo descarregado** Suponha que a eletricidade de um capacitor esteja escapando por seus terminais a uma taxa proporcional à voltagem V e que, se t for medido em segundos,

    $$\dfrac{dV}{dt} = -\dfrac{1}{40} V.$$

    Determine V nessa equação, usando V_0 para indicar o valor de V quando $t = 0$. Quanto tempo a voltagem levará para atingir 10% de seu valor inicial?

29. **Bactéria do cólera** Suponha que as bactérias em uma colônia possam crescer sem controle, segundo a lei de variação exponencial. A colônia começa com 1 bactéria e dobra de tamanho a cada meia hora. Quantas bactérias existirão ao final de 24 horas? (Sob condições favoráveis de laboratório, o número de bactérias do cólera pode dobrar a cada 30 minutos. Em uma pessoa infectada, muitas bactérias são destruídas, mas este exemplo ajuda a explicar por que alguém que se sente bem pela manhã pode estar gravemente enfermo à noite.)

30. **Crescimento de bactérias** Uma colônia de bactérias é cultivada sob condições ideais em laboratório, de modo que a população aumenta exponencialmente. Ao final de 3 horas existem 10.000 bactérias. Ao final de 5 horas, 40.000. Quantas bactérias havia inicialmente?

31. Incidência de uma doença (*Continuação do Exemplo 3.*) Suponha que em determinado ano o número de casos de uma doença seja reduzido em 25% em vez de 20%.
  a. Quanto tempo levará para reduzir o número de casos a 1000?
  b. Quanto tempo levará para erradicar a doença, isto é, reduzir o número de casos para menos de 1?

32. A população dos Estados Unidos O censo norte-americano mantém um painel que mostra a todo momento a população total dos Estados Unidos. Em 26 de março de 2008, ela crescia a uma taxa de 1 pessoa a cada 13 segundos. A população apresentada no painel às 14h31 naquele dia era de 303.714.725 pessoas.
  a. Considerando um crescimento exponencial a uma taxa constante, determine a constante da taxa para o crescimento da população (pessoas por ano de 365 dias).
  b. A essa taxa, qual será a população dos Estados Unidos às 14h31 de 26 de março de 2015?

33. Esgotamento de petróleo Suponha que a quantidade de petróleo bombeada de um dos poços do canyon em Whittier, na Califórnia, tenha diminuído a uma taxa contínua de 10% ao ano. Quando a produção do poço atingirá um quinto de seu valor atual?

34. Desconto contínuo no preço Para incentivar os compradores a fazer pedidos de 100 unidades, o departamento de vendas de sua empresa aplica um desconto contínuo que torna o preço por unidade uma função $p(x)$ do número de unidades x pedidas. O desconto diminui o preço a uma taxa de $ 0,01 por unidade pedida. O preço unitário para um pedido de 100 unidades é $p(100) = \$ 20{,}09$.
  a. Determine $p(x)$ resolvendo o seguinte problema de valor inicial:

  Equação diferencial: $\dfrac{dp}{dx} = -\dfrac{1}{100}p$

  Condição inicial: $p(100) = 20{,}09$.

  b. Determine os preços unitários $p(10)$ para um pedido de 10 unidades e $p(90)$ para um pedido de 90 unidades.
  c. O departamento de vendas pediu para que você descubra se o desconto oferecido é tal que a receita da empresa, $r(x) = x \cdot p(x)$, realmente será menor para um pedido de 100 unidades do que para um pedido de 90 unidades. Tranquilize-os, mostrando que r tem seu valor máximo em $x = 100$.
  d. Faça o gráfico da função receita $r(x) = xp(x)$ para $0 \le x \le 200$.

35. Plutônio-239 A meia-vida do isótopo plutônio é de 24.360 anos. Se 10 g de plutônio forem lançados na atmosfera por um acidente nuclear, quantos anos levará para que 80% do isótopo decaia?

36. Polônio-210 A meia-vida do polônio é de 139 dias, mas uma amostra que você recebeu não será mais útil quando 95% dos núcleos radioativos presentes no dia em que a amostra chegou tiverem se desintegrado. Por quantos dias após a chegada da amostra você conseguirá usar o polônio?

37. Vida média de um núcleo radioativo Usando a equação da radioatividade $y = y_0 e^{-kt}$, os físicos chamam o número $1/k$ de *vida média* de um núcleo radioativo. A vida média de um núcleo de radônio é de aproximadamente $1/0{,}18 = 5{,}6$ dias. A de um núcleo de carbono-14 é superior a 8000 anos. Mostre que 95% dos núcleos radioativos presentes inicialmente em uma amostra terão se desintegrado em um período equivalente a três vidas médias, isto é, no instante $t = 3/k$. Portanto, a vida média de um núcleo permite estimar rapidamente o tempo de duração da radioatividade de uma amostra.

38. Califórnio-252 O que custa $ 27 milhões por grama e pode ser usado para tratar o câncer cerebral, analisar o teor de enxofre do carvão e detectar explosivos em bagagens? A resposta é califórnio-252, um isótopo radioativo tão raro que apenas 8 g dele já foram produzidos no mundo ocidental desde sua descoberta por Glenn Seaborg em 1950. A meia-vida do isótopo é 2645 anos, longa o suficiente para prestar serviços úteis, mas curta o bastante para ter uma alta radioatividade por unidade de massa. Um micrograma desse isótopo libera 170 milhões de nêutrons por minuto.
  a. Qual é o valor de k na equação de decaimento para esse isótopo?
  b. Qual é a vida média do isótopo? (Veja o Exercício 37.)
  c. Quanto tempo levaria para que 95% dos núcleos radioativos de uma amostra se desintegrassem?

39. Esfriamento de sopa Suponha que, após 10 minutos em uma sala cuja temperatura seja 20°C, a temperatura de uma tigela com sopa tenha passado de 90°C para 60°C. Use a lei do resfriamento de Newton para responder às seguintes perguntas:
  a. Quanto tempo mais levará para que a sopa chegue a 35°C?
  b. Em vez de ser deixada na sala, a tigela com sopa de 90°C é colocada em um *freezer*, cuja temperatura é –15°C. Quanto tempo levará para a sopa esfriar de 90°C a 35°C?

40. Viga de temperatura desconhecida Uma viga de alumínio é levada do frio externo para uma loja de máquinas, onde a temperatura é mantida a 65°F. Após 10 minutos, a temperatura da viga chega a 35°F, e, em outros 10 minutos, a 50°F. Use a lei do resfriamento de Newton para estimar a temperatura inicial da viga.

41. Ambiente com temperatura desconhecida Uma panela de água morna (46°C) foi colocada em um refrigerador. Dez minutos mais tarde, a temperatura da água era de 39°C; em outros 10 minutos, já atingia 33°C. Use a lei do resfriamento de Newton para estimar a temperatura do refrigerador.

42. Esfriamento da prata em contato com o ar Neste momento, a temperatura de um lingote de prata é de 60°C acima da temperatura ambiente. Vinte minutos atrás, era de 70°C acima da temperatura ambiente. Quantos graus acima da temperatura ambiente o lingote estará
  a. daqui a 15 minutos? b. daqui a 2 horas?
  c. Quando o lingote estará 10°C acima da temperatura ambiente?

43. Idade do Lago da Cratera O carvão de uma árvore morta na erupção vulcânica que formou o Lago da Cratera, no Oregon, contínua 44,5% do carbono-14 que é encontrado em matéria viva. Qual é a idade aproximada do lago?

44. Sensibilidade do carbono-14 para datação de fósseis Para avaliar o efeito de um erro relativamente pequeno na estimativa da quantidade de carbono-14 sobre a datação de uma amostra, considere a seguinte situação hipotética:
  a. Um osso fossilizado encontrado no centro de Illinois, no ano 2000, tem 17% de seu teor de carbono-14 original. Estime o ano em que o animal morreu.
  b. Repita o item (a), considerando 18% em vez de 17%.
  c. Repita o item (a), considerando 16% em vez de 17%.

45. Carbono-14 A mais antiga múmia humana congelada conhecida, chamada *Otzi*, descoberta na geleira Schnalstal, nos Alpes italianos, em 1991, foi encontrada usando sapatos de palha e vestindo um casaco de couro com pele de cabra, e também segurando um machado de cobre e um punhal de pedra. Estima-se que Otzi tenha morrido 5000 anos antes de ser descoberto na geleira em processo de derretimento. Quanto de carbono-14 original restava em Otzi no momento em que ele foi encontrado?

46. Falsificação de obra de arte Uma pintura atribuída a Vermeer (1632-1675), que deveria conter não mais do que 96,2% de seu carbono-14 original, em vez disso continha 99,5%. Qual a idade aproximada dessa falsificação?

7.3 Funções hiperbólicas

As funções hiperbólicas são formadas por combinações de duas funções exponenciais e^x e e^{-x}. Elas simplificam muitas expressões matemáticas e são importantes em aplicações práticas. Nesta seção, faremos uma breve introdução dessas funções, de seus gráficos e suas derivadas.

Definições e identidades

As funções seno hiperbólico e cosseno hiperbólico são definidas pelas equações

$$\operatorname{senh} x = \frac{e^x - e^{-x}}{2} \quad \text{e} \quad \cosh x = \frac{e^x + e^{-x}}{2}$$

A partir do par básico, definimos as funções tangente, cotangente, secante e cossecante hiperbólicas. Veja na Tabela 7.3 as equações que definem e representam graficamente essas funções. Como veremos, as funções hiperbólicas possuem uma série de semelhanças com as funções trigonométricas, de onde seus nomes derivam.

TABELA 7.3 As seis funções hiperbólicas básicas

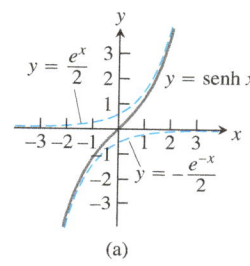

(a) **Seno hiperbólico:**
$$\operatorname{senh} x = \frac{e^x - e^{-x}}{2}$$

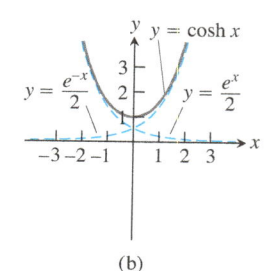

(b) **Cosseno hiperbólico:**
$$\cosh x = \frac{e^x + e^{-x}}{2}$$

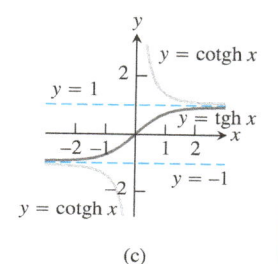

(c) **Tangente hiperbólica:**
$$\operatorname{tgh} x = \frac{\operatorname{senh} x}{\cosh x} = \frac{e^x - e^{-x}}{e^x + e^{-x}}$$

Cotangente hiperbólica:
$$\operatorname{cotgh} x = \frac{\cosh x}{\operatorname{senh} x} = \frac{e^x + e^{-x}}{e^x - e^{-x}}$$

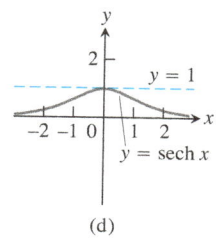

(d) **Secante hiperbólica:**
$$\operatorname{sech} x = \frac{1}{\cosh x} = \frac{2}{e^x + e^{-x}}$$

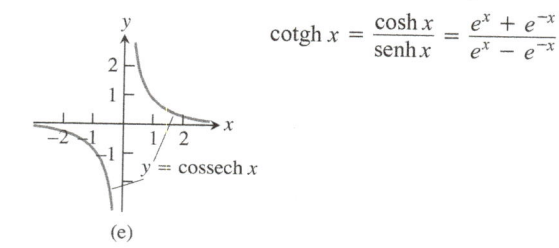

(e) **Cossecante hiperbólica:**
$$\operatorname{cossech} x = \frac{1}{\operatorname{senh} x} = \frac{2}{e^x - e^{-x}}$$

As funções hiperbólicas satisfazem as identidades da Tabela 7.4. Exceto pela diferença de sinal, são identidades que já conhecemos para as funções trigonométricas. São demonstradas diretamente das definições, como mostramos aqui para a segunda:

$$2 \operatorname{senh} x \cosh x = 2\left(\frac{e^x - e^{-x}}{2}\right)\left(\frac{e^x + e^{-x}}{2}\right)$$
$$= \frac{e^{2x} - e^{-2x}}{2}$$
$$= \operatorname{senh} 2x.$$

As outras identidades são obtidas de forma semelhante, por substituição nas definições das funções hiperbólicas e com o uso de álgebra. Como muitas funções padrão, as hiperbólicas e suas inversas são facilmente solucionadas com o emprego de calculadoras que possuam teclas ou sequências de teclas especiais para esse propósito.

Para qualquer número real u, sabemos que o ponto com coordenadas ($\cos u$, $\operatorname{sen} u$) situa-se no círculo unitário $x^2 + y^2 = 1$. Assim, as funções trigonométricas às vezes são chamadas de funções *circulares*. Por causa da primeira identidade

$$\cosh^2 u - \operatorname{senh}^2 u = 1,$$

com u substituído por x na Tabela 7.4, o ponto com as coordenadas ($\cosh u$, $\operatorname{senh} u$) situa-se no ramo direito da hipérbole $x^2 - y^2 = 1$. É de onde as funções *hiperbólicas* obtêm seus nomes (veja o Exercício 86).

Derivadas e integrais de funções hiperbólicas

Sendo as seis funções hiperbólicas combinações racionais das funções deriváveis e^x e e^{-x}, elas possuem derivadas em todos os pontos nos quais são definidas (Tabela 7.5). Mais uma vez, há semelhanças com as funções trigonométricas.

As fórmulas da derivada são oriundas de e^u:

$$\frac{d}{dx}(\operatorname{senh} u) = \frac{d}{dx}\left(\frac{e^u - e^{-u}}{2}\right) \quad \text{Definição de senh } u$$
$$= \frac{e^u \, du/dx + e^{-u} \, du/dx}{2} \quad \text{Derivada de } e^u$$
$$= \cosh u \, \frac{du}{dx}. \quad \text{Definição de cosh } u$$

Isso leva à fórmula da primeira derivada. A partir da definição, podemos calcular a derivada da função cossecante hiperbólica, como se segue:

$$\frac{d}{dx}(\operatorname{cossech} u) = \frac{d}{dx}\left(\frac{1}{\operatorname{senh} u}\right) \quad \text{Definição de cossech } u$$
$$= -\frac{\cosh u}{\operatorname{senh}^2 u} \frac{du}{dx} \quad \text{Regra do quociente}$$
$$= -\frac{1}{\operatorname{senh} u} \frac{\cosh u}{\operatorname{senh} u} \frac{du}{dx} \quad \text{Rearranjo de termos}$$
$$= -\operatorname{cossech} u \operatorname{cotgh} u \, \frac{du}{dx} \quad \text{Definições de cossech } u \text{ e cotgh } u$$

As outras fórmulas na Tabela 7.5 são obtidas de forma semelhante.
As fórmulas das derivadas conduzem às fórmulas integrais na Tabela 7.6.

TABELA 7.4 Identidades satisfeitas por funções hiperbólicas

$\cosh^2 x - \operatorname{senh}^2 x = 1$
$\operatorname{senh} 2x = 2 \operatorname{senh} x \cosh x$
$\cosh 2x = \cosh^2 x + \operatorname{senh}^2 x$
$\cosh^2 x = \dfrac{\cosh 2x + 1}{2}$
$\operatorname{senh}^2 x = \dfrac{\cosh 2x - 1}{2}$
$\operatorname{tgh}^2 x = 1 - \operatorname{sech}^2 x$
$\operatorname{cotgh}^2 x = 1 + \operatorname{cossech}^2 x$

TABELA 7.5 Derivadas das funções hiperbólicas

$\dfrac{d}{dx}(\operatorname{senh} u) = \cosh u \dfrac{du}{dx}$

$\dfrac{d}{dx}(\cosh u) = \operatorname{senh} u \dfrac{du}{dx}$

$\dfrac{d}{dx}(\operatorname{tgh} u) = \operatorname{sech}^2 u \dfrac{du}{dx}$

$\dfrac{d}{dx}(\operatorname{cotgh} u) = -\operatorname{cossech}^2 u \dfrac{du}{dx}$

$\dfrac{d}{dx}(\operatorname{sech} u) = -\operatorname{sech} u \operatorname{tgh} u \dfrac{du}{dx}$

$\dfrac{d}{dx}(\operatorname{cossech} u) = -\operatorname{cossech} u \operatorname{cotgh} u \dfrac{du}{dx}$

TABELA 7.6 Fórmulas das integrais das funções hiperbólicas

$\displaystyle\int \operatorname{senh} u \, du = \cosh u + C$

$\displaystyle\int \cosh u \, du = \operatorname{senh} u + C$

$\displaystyle\int \operatorname{sech}^2 u \, du = \operatorname{tgh} u + C$

$\displaystyle\int \operatorname{cossech}^2 u \, du = -\operatorname{cotgh} u + C$

$\displaystyle\int \operatorname{sech} u \operatorname{tgh} u \, du = -\operatorname{sech} u + C$

$\displaystyle\int \operatorname{cossech} u \operatorname{cotgh} u \, du = -\operatorname{cossech} u + C$

EXEMPLO 1

(a) $\dfrac{d}{dt}\left(\text{tgh}\,\sqrt{1+t^2}\right) = \text{sech}^2\sqrt{1+t^2}\cdot\dfrac{d}{dt}\left(\sqrt{1+t^2}\right)$

$\qquad\qquad\qquad\quad = \dfrac{t}{\sqrt{1+t^2}}\,\text{sech}^2\sqrt{1+t^2}$

(b) $\displaystyle\int \text{cotgh}\,5x\,dx = \int \dfrac{\cosh 5x}{\operatorname{senh} 5x}\,dx = \dfrac{1}{5}\int \dfrac{du}{u}$ $\qquad u = \operatorname{senh} 5x,$
$\qquad\qquad\qquad\qquad\qquad\qquad\qquad\qquad\qquad\qquad du = 5\cosh 5x\,dx$

$\qquad\qquad\quad\; = \dfrac{1}{5}\ln|u| + C = \dfrac{1}{5}\ln|\operatorname{senh} 5x| + C$

(c) $\displaystyle\int_0^1 \operatorname{senh}^2 x\,dx = \int_0^1 \dfrac{\cosh 2x - 1}{2}\,dx$ $\qquad$ Tabela 7.4

$\qquad\qquad\qquad\; = \dfrac{1}{2}\int_0^1 (\cosh 2x - 1)\,dx = \dfrac{1}{2}\left[\dfrac{\operatorname{senh} 2x}{2} - x\right]_0^1$

$\qquad\qquad\qquad\; = \dfrac{\operatorname{senh} 2}{4} - \dfrac{1}{2} \approx 0{,}40672$ $\qquad$ Use uma calculadora.

(d) $\displaystyle\int_0^{\ln 2} 4e^x\operatorname{senh} x\,dx = \int_0^{\ln 2} 4e^x\,\dfrac{e^x - e^{-x}}{2}\,dx = \int_0^{\ln 2}(2e^{2x} - 2)\,dx$

$\qquad\qquad\qquad\qquad\; = \left[e^{2x} - 2x\right]_0^{\ln 2} = (e^{2\ln 2} - 2\ln 2) - (1 - 0)$

$\qquad\qquad\qquad\qquad\; = 4 - 2\ln 2 - 1 \approx 1{,}6137$

Funções hiperbólicas inversas

As inversas das seis funções hiperbólicas básicas são muito úteis na integração (veja o Capítulo 8). Uma vez que $d(\operatorname{senh} x)/dx = \cosh x > 0$, o seno hiperbólico é uma função crescente de x. Sua inversa é representada por

$$y = \operatorname{senh}^{-1} x.$$

Para cada valor de x no intervalo $-\infty < x < \infty$, o valor de $y = \operatorname{senh}^{-1} x$ é o número cujo seno hiperbólico é x. Os gráficos de $y = \operatorname{senh} x$ e $y = \operatorname{senh}^{-1} x$ são mostrados na Figura 7.5a.

A função $y = \cosh x$ não é injetora porque seu gráfico na Tabela 7.3 não passa no teste da reta horizontal. A função restrita $y = \cosh x$, $x \geq 0$, entretanto, é injetora e tem uma inversa indicada por

$$y = \cosh^{-1} x.$$

Para cada valor de $x \geq 1$, $y = \cosh^{-1} x$ é o número no intervalo $0 \leq y < \infty$, cujo cosseno hiperbólico é x. Os gráficos de $y = \cosh x$, $x \geq 0$, e $y = \cosh^{-1} x$ são apresentados na Tabela 7.5b.

Como $y = \cosh x$, a função $y = \text{sech}\, x = 1/\cosh x$ não é injetora, mas sua restrição a valores não negativos de x tem uma inversa, indicada por

$$y = \text{sech}^{-1} x.$$

Para cada valor de x no intervalo $(0, 1]$, $y = \text{sech}^{-1} x$ é o número não negativo cuja secante hiperbólica é x. Os gráficos de $y = \text{sech}\, x$, $x \geq 0$ e $y = \text{sech}^{-1} x$ são mostrados na Figura 7.5c.

A tangente, a cotangente e a cossecante hiperbólicas são injetoras em seus domínios e, portanto, têm inversas indicadas por

$$y = \text{tgh}^{-1} x, \quad y = \text{cotgh}^{-1} x, \quad y = \text{cossech}^{-1} x.$$

Essas funções estão representadas graficamente na Figura 7.6.

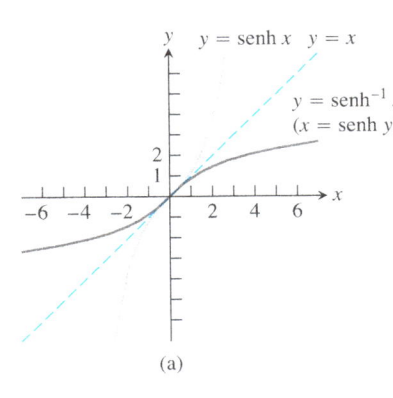

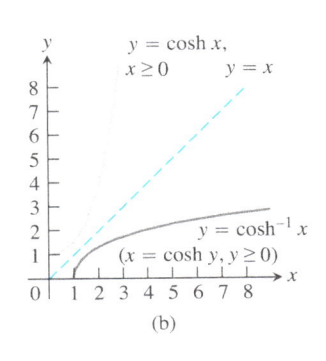

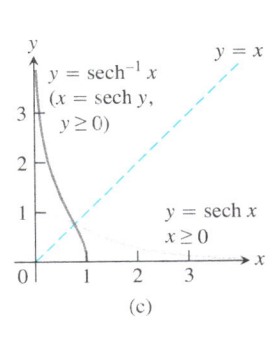

FIGURA 7.5 Gráficos das inversas de seno, cosseno e secante hiperbólicos de x. Observe as simetrias em torno da reta $y = x$.

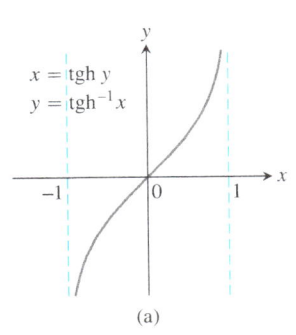

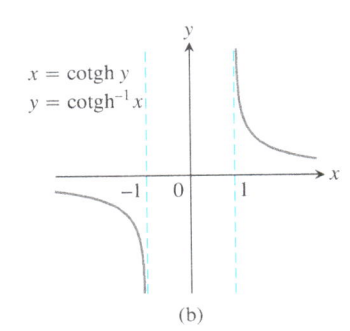

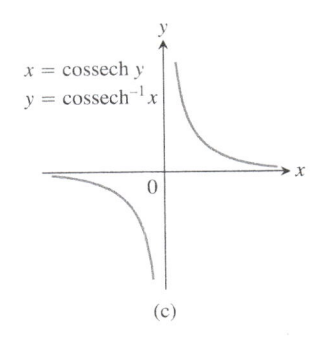

FIGURA 7.6 Gráficos das inversas de tangente, cotangente e cossecante hiperbólicas de x.

Identidades úteis

Usamos as identidades da Tabela 7.7 para calcular os valores de $\text{sech}^{-1} x$, $\text{cossech}^{-1} x$ e $\text{cotgh}^{-1} x$ com a ajuda de calculadoras que forneçam apenas $\cosh^{-1} x$, $\text{senh}^{-1} x$ e $\text{tgh}^{-1} x$. Essas identidades são consequências diretas das definições. Por exemplo, se $0 < x \leq 1$, então

$$\text{sech}\left(\cosh^{-1}\left(\frac{1}{x}\right)\right) = \frac{1}{\cosh\left(\cosh^{-1}\left(\frac{1}{x}\right)\right)} = \frac{1}{\left(\frac{1}{x}\right)} = x.$$

Sabemos também que $(\text{sech}^{-1} x) = x$, e, então, como a secante hiperbólica é injetora em $(0, 1]$, temos

$$\cosh^{-1}\left(\frac{1}{x}\right) = \text{sech}^{-1} x.$$

TABELA 7.7 Identidades das funções hiperbólicas inversas

$$\text{sech}^{-1} x = \cosh^{-1} \frac{1}{x}$$

$$\text{cossech}^{-1} x = \text{senh}^{-1} \frac{1}{x}$$

$$\text{cotgh}^{-1} x = \text{tgh}^{-1} \frac{1}{x}$$

Derivadas de funções hiperbólicas inversas

Um uso importante de funções hiperbólicas inversas reside nas primitivas que invertem as fórmulas das derivadas na Tabela 7.8.

As restrições $|u| < 1$ e $|u| > 1$ nas fórmulas derivadas de $\text{tgh}^{-1} u$ e $\text{cotgh}^{-1} u$ originam-se das restrições naturais aos valores dessas funções. (Veja as Figuras 7.6a e 7.6b. A distinção entre $|u| < 1$ e $|u| > 1$ se torna importante quando convertemos as fórmulas derivadas em integrais.

Ilustraremos como as derivadas das funções hiperbólicas inversas são determinadas no Exemplo 2, onde calcularemos $d(\cosh^{-1} u)/dx$. As outras derivadas são obtidas por cálculos similares.

> **TABELA 7.8** Derivadas das funções hiperbólicas inversas
>
> $$\frac{d(\operatorname{senh}^{-1} u)}{dx} = \frac{1}{\sqrt{1+u^2}} \frac{du}{dx}$$
>
> $$\frac{d(\cosh^{-1} u)}{dx} = \frac{1}{\sqrt{u^2-1}} \frac{du}{dx}, \qquad u > 1$$
>
> $$\frac{d(\operatorname{tgh}^{-1} u)}{dx} = \frac{1}{1-u^2} \frac{du}{dx}, \qquad |u| < 1$$
>
> $$\frac{d(\operatorname{cotgh}^{-1} u)}{dx} = \frac{1}{1-u^2} \frac{du}{dx}, \qquad |u| > 1$$
>
> $$\frac{d(\operatorname{sech}^{-1} u)}{dx} = -\frac{1}{u\sqrt{1-u^2}} \frac{du}{dx}, \qquad 0 < u < 1$$
>
> $$\frac{d(\operatorname{cossech}^{-1} u)}{dx} = -\frac{1}{|u|\sqrt{1+u^2}} \frac{du}{dx}, \qquad u \neq 0$$

EXEMPLO 2 Demonstre que, se u é uma função derivável de x cujos valores são maiores do que 1, então

$$\frac{d}{dx}(\cosh^{-1} u) = \frac{1}{\sqrt{u^2-1}} \frac{du}{dx}.$$

Solução Primeiro, determinamos a derivada de $y = \cosh^{-1} x$, para $x > 1$, aplicando o Teorema 3 da Seção 3.8 com $f(x) = \cosh x$ e $f^{-1}(x) = \cosh^{-1} x$. O Teorema 3 pode ser aplicado porque a derivada de $\cosh x$ é positiva para $0 < x$.

$$(f^{-1})'(x) = \frac{1}{f'(f^{-1}(x))} \qquad \text{Teorema 3, Seção 3.8}$$

$$= \frac{1}{\operatorname{senh}(\cosh^{-1} x)} \qquad f'(u) = \operatorname{senh} u$$

$$= \frac{1}{\sqrt{\cosh^2(\cosh^{-1} x) - 1}} \qquad \begin{array}{l}\cosh^2 u - \operatorname{senh}^2 u = 1, \\ \operatorname{senh} u = \sqrt{\cosh^2 u - 1}\end{array}$$

$$= \frac{1}{\sqrt{x^2-1}} \qquad \cosh(\cosh^{-1} x) = x$$

A regra da cadeia leva ao resultado final:

$$\frac{d}{dx}(\cosh^{-1} u) = \frac{1}{\sqrt{u^2-1}} \frac{du}{dx}.$$

Com as substituições apropriadas, as fórmulas das derivadas da Tabela 7.8 fornecem as fórmulas de integração da Tabela 7.9. Cada uma das fórmulas na Tabela 7.9 pode ser verificada pela derivação da expressão localizada no lado direito.

EXEMPLO 3 Calcule

$$\int_0^1 \frac{2\,dx}{\sqrt{3+4x^2}}.$$

Biografia histórica

Sonya Kovalevsky
(1850-1891)

TABELA 7.9 Integrais que conduzem a funções hiperbólicas inversas

1. $\displaystyle\int \frac{du}{\sqrt{a^2+u^2}} = \operatorname{senh}^{-1}\left(\frac{u}{a}\right) + C, \qquad a > 0$

2. $\displaystyle\int \frac{du}{\sqrt{u^2-a^2}} = \cosh^{-1}\left(\frac{u}{a}\right) + C, \qquad u > a > 0$

3. $\displaystyle\int \frac{du}{a^2-u^2} = \begin{cases} \dfrac{1}{a}\operatorname{tgh}^{-1}\left(\dfrac{u}{a}\right) + C, & u^2 < a^2 \\ \dfrac{1}{a}\operatorname{cotgh}^{-1}\left(\dfrac{u}{a}\right) + C, & u^2 > a^2 \end{cases}$

4. $\displaystyle\int \frac{du}{u\sqrt{a^2-u^2}} = -\frac{1}{a}\operatorname{sech}^{-1}\left(\frac{u}{a}\right) + C, \qquad 0 < u < a$

5. $\displaystyle\int \frac{du}{u\sqrt{a^2+u^2}} = -\frac{1}{a}\operatorname{cossech}^{-1}\left|\frac{u}{a}\right| + C, \qquad u \neq 0 \text{ e } a > 0$

Solução A integral indefinida é

$$\int \frac{2\,dx}{\sqrt{3+4x^2}} = \int \frac{du}{\sqrt{a^2+u^2}} \qquad u=2x,\ du=2\,dx,\ a=\sqrt{3}$$

$$= \operatorname{senh}^{-1}\left(\frac{u}{a}\right) + C \qquad \text{Fórmula da Tabela 7.9}$$

$$= \operatorname{senh}^{-1}\left(\frac{2x}{\sqrt{3}}\right) + C.$$

Portanto,

$$\int_0^1 \frac{2\,dx}{\sqrt{3+4x^2}} = \operatorname{senh}^{-1}\left(\frac{2x}{\sqrt{3}}\right)\bigg]_0^1 = \operatorname{senh}^{-1}\left(\frac{2}{\sqrt{3}}\right) - \operatorname{senh}^{-1}(0)$$

$$= \operatorname{senh}^{-1}\left(\frac{2}{\sqrt{3}}\right) - 0 \approx 0{,}98665.$$

Exercícios 7.3

Valores e identidades

Cada um dos Exercícios 1-4 fornece um valor de senh x ou cosh x. Utilize as definições e a identidade $\cosh^2 x - \operatorname{senh}^2 x = 1$ para determinar os valores das cinco funções hiperbólicas remanescentes.

1. $\operatorname{senh} x = -\dfrac{3}{4}$
2. $\operatorname{senh} x = \dfrac{4}{3}$
3. $\cosh x = \dfrac{17}{15}, \quad x > 0$
4. $\cosh x = \dfrac{13}{5}, \quad x > 0$

Reescreva as expressões dos Exercícios 5-10 em termos de exponenciais e simplifique os resultados tanto quanto for possível.

5. $2\cosh(\ln x)$
6. $\operatorname{senh}(2\ln x)$
7. $\cosh 5x + \operatorname{senh} 5x$
8. $\cosh 3x - \operatorname{senh} 3x$
9. $(\operatorname{senh} x + \cosh x)^4$
10. $\ln(\cosh x + \operatorname{senh} x) + \ln(\cosh x - \operatorname{senh} x)$

11. Prove as identidades

$$\operatorname{senh}(x+y) = \operatorname{senh} x \cosh y + \cosh x \operatorname{senh} y,$$
$$\cosh(x+y) = \cosh x \cosh y + \operatorname{senh} x \operatorname{senh} y.$$

para mostrar que
 a. $\operatorname{senh} 2x = 2\operatorname{senh} x \cosh x.$
 b. $\cosh 2x = \cosh^2 x + \operatorname{senh}^2 x.$

12. Use as definições de cosh x e senh x para demonstrar que

$$\cosh^2 x - \operatorname{senh}^2 x = 1.$$

Determinação de derivadas

Nos Exercícios 13-24, determine a derivada de y em função da variável adequada.

13. $y = 6\operatorname{senh}\dfrac{x}{3}$
14. $y = \dfrac{1}{2}\operatorname{senh}(2x+1)$

15. $y = 2\sqrt{t}\,\text{tgh}\,\sqrt{t}$
16. $y = t^2 \text{tgh}\,\dfrac{1}{t}$
17. $y = \ln(\text{senh}\,z)$
18. $y = \ln(\cosh z)$
19. $y = \text{sech}\,\theta\,(1 - \ln \text{sech}\,\theta)$
20. $y = \text{cossech}\,\theta(1 - \ln \text{cossech}\,\theta)$
21. $y = \ln \cosh v - \dfrac{1}{2}\text{tgh}^2 v$
22. $y = \ln \text{senh}\,v - \dfrac{1}{2}\text{cotgh}^2 v$
23. $y = (x^2 + 1)\,\text{sech}\,(\ln x)$

(Dica: antes de derivar a fórmula, expresse-a em termos de exponenciais e simplifique.)

24. $y = (4x^2 - 1)\,\text{cossech}\,(\ln 2x)$

Nos Exercícios 25-36, determine a derivada de y em relação à variável adequada.

25. $y = \text{senh}^{-1}\sqrt{x}$
26. $y = \cosh^{-1} 2\sqrt{x+1}$
27. $y = (1 - \theta)\,\text{tgh}^{-1}\,\theta$
28. $y = (\theta^2 + 2\theta)\,\text{tgh}^{-1}(\theta + 1)$
29. $y = (1 - t)\,\text{cotgh}^{-1}\sqrt{t}$
30. $y = (1 - t^2)\,\text{cotgh}^{-1}\,t$
31. $y = \cos^{-1} x - x\,\text{sech}^{-1} x$
32. $y = \ln x + \sqrt{1 - x^2}\,\text{sech}^{-1} x$
33. $y = \text{cossech}^{-1}\left(\dfrac{1}{2}\right)^\theta$
34. $y = \text{cossech}^{-1}\, 2^\theta$
35. $y = \text{senh}^{-1}(\text{tg}\,x)$
36. $y = \cosh^{-1}(\sec x),\quad 0 < x < \pi/2$

Fórmulas de integração

Verifique as fórmulas de integração nos Exercícios 37-40.

37. **a.** $\displaystyle\int \text{sech}\,x\,dx = \text{tg}^{-1}(\text{senh}\,x) + C$

   b. $\displaystyle\int \text{sech}\,x\,dx = \text{sen}^{-1}(\text{tgh}\,x) + C$

38. $\displaystyle\int x\,\text{sech}^{-1} x\,dx = \dfrac{x^2}{2}\text{sech}^{-1} x - \dfrac{1}{2}\sqrt{1 - x^2} + C$

39. $\displaystyle\int x\,\text{cotgh}^{-1} x\,dx = \dfrac{x^2 - 1}{2}\text{cotgh}^{-1} x + \dfrac{x}{2} + C$

40. $\displaystyle\int \text{tgh}^{-1} x\,dx = x\,\text{tgh}^{-1} x + \dfrac{1}{2}\ln(1 - x^2) + C$

Cálculo de integrais

Calcule as integrais nos Exercícios 41-60.

41. $\displaystyle\int \text{senh}\,2x\,dx$
42. $\displaystyle\int \text{senh}\,\dfrac{x}{5}\,dx$
43. $\displaystyle\int 6 \cosh\left(\dfrac{x}{2} - \ln 3\right) dx$
44. $\displaystyle\int 4 \cosh(3x - \ln 2)\,dx$
45. $\displaystyle\int \text{tgh}\,\dfrac{x}{7}\,dx$
46. $\displaystyle\int \text{cotgh}\,\dfrac{\theta}{\sqrt{3}}\,d\theta$
47. $\displaystyle\int \text{sech}^2\left(x - \dfrac{1}{2}\right) dx$
48. $\displaystyle\int \text{cossech}^2(5 - x)\,dx$
49. $\displaystyle\int \dfrac{\text{sech}\,\sqrt{t}\,\text{tgh}\,\sqrt{t}\,dt}{\sqrt{t}}$
50. $\displaystyle\int \dfrac{\text{cossech}(\ln t)\,\text{cotgh}(\ln t)\,dt}{t}$
51. $\displaystyle\int_{\ln 2}^{\ln 4} \text{cotgh}\,x\,dx$
52. $\displaystyle\int_0^{\ln 2} \text{tgh}\,2x\,dx$
53. $\displaystyle\int_{-\ln 4}^{-\ln 2} 2e^\theta \cosh \theta\,d\theta$
54. $\displaystyle\int_0^{\ln 2} 4e^{-\theta} \text{senh}\,\theta\,d\theta$
55. $\displaystyle\int_{-\pi/4}^{\pi/4} \cosh(\text{tg}\,\theta)\sec^2 \theta\,d\theta$
56. $\displaystyle\int_0^{\pi/2} 2\,\text{senh}(\text{sen}\,\theta)\cos\theta\,d\theta$
57. $\displaystyle\int_1^2 \dfrac{\cosh(\ln t)}{t}\,dt$
58. $\displaystyle\int_1^4 \dfrac{8\cosh\sqrt{x}}{\sqrt{x}}\,dx$
59. $\displaystyle\int_{-\ln 2}^0 \cosh^2\left(\dfrac{x}{2}\right) dx$
60. $\displaystyle\int_0^{\ln 10} 4\,\text{senh}^2\left(\dfrac{x}{2}\right) dx$

Inversas de funções hiperbólicas e integrais

Quando, em uma calculadora, as teclas das funções hiperbólicas não estão disponíveis, ainda será possível calcular funções hiperbólicas inversas expressando-as como logaritmos, como mostramos aqui.

$$\text{senh}^{-1} x = \ln\left(x + \sqrt{x^2 + 1}\right),\quad -\infty < x < \infty$$

$$\cosh^{-1} x = \ln\left(x + \sqrt{x^2 - 1}\right),\quad x \geq 1$$

$$\text{tgh}^{-1} x = \dfrac{1}{2}\ln\dfrac{1 + x}{1 - x},\quad |x| < 1$$

$$\text{sech}^{-1} x = \ln\left(\dfrac{1 + \sqrt{1 - x^2}}{x}\right),\quad 0 < x \leq 1$$

$$\text{cossec}^{-1} x = \ln\left(\dfrac{1}{x} + \dfrac{\sqrt{1 + x^2}}{|x|}\right),\quad x \neq 0$$

$$\text{cotgh}^{-1} x = \dfrac{1}{2}\ln\dfrac{x + 1}{x - 1},\quad |x| > 1$$

Use as fórmulas do quadro anterior para expressar os números nos Exercícios 61-66 em termos de logaritmos naturais.

61. $\text{senh}^{-1}(-5/12)$
62. $\cosh^{-1}(5/3)$
63. $\text{tgh}^{-1}(-1/2)$
64. $\text{cotgh}^{-1}(5/4)$
65. $\text{sech}^{-1}(3/5)$
66. $\text{cossech}^{-1}(-1/\sqrt{3})$

Calcule as integrais nos Exercícios 67-74 em termos de

a. funções hiperbólicas inversas.

b. logaritmos naturais.

67. $\displaystyle\int_0^{2\sqrt{3}} \dfrac{dx}{\sqrt{4 + x^2}}$
68. $\displaystyle\int_0^{1/3} \dfrac{6\,dx}{\sqrt{1 + 9x^2}}$
69. $\displaystyle\int_{5/4}^2 \dfrac{dx}{1 - x^2}$
70. $\displaystyle\int_0^{1/2} \dfrac{dx}{1 - x^2}$
71. $\displaystyle\int_{1/5}^{3/13} \dfrac{dx}{x\sqrt{1 - 16x^2}}$
72. $\displaystyle\int_1^2 \dfrac{dx}{x\sqrt{4 + x^2}}$
73. $\displaystyle\int_0^\pi \dfrac{\cos x\,dx}{\sqrt{1 + \text{sen}^2 x}}$
74. $\displaystyle\int_1^e \dfrac{dx}{x\sqrt{1 + (\ln x)^2}}$

Aplicações e exemplos

75. Mostre que, se uma função f é definida em um intervalo simétrico em relação à origem (de modo que f seja definida em $-x$ sempre que definida em x), então

$$f(x) = \dfrac{f(x) + f(-x)}{2} + \dfrac{f(x) - f(-x)}{2}. \quad (1)$$

Então, demonstre que $(f(x) + f(-x))/2$ é par e que $(f(x) - f(-x))/2$ é ímpar.

76. Deduza a fórmula senh$^{-1} x = \ln\left(x + \sqrt{x^2 + 1}\right)$ para qualquer x real. Explique em sua dedução por que na raiz quadrada é usado o sinal de mais, em vez do sinal de menos.

77. **Paraquedismo** Se um corpo de massa m cai do repouso sob ação da gravidade e encontra resistência ao ar proporcional ao quadrado da velocidade, então a velocidade do corpo t segundos após o início da queda satisfaz a equação diferencial

$$m\frac{dv}{dt} = mg - kv^2,$$

onde k é uma constante que depende das propriedades aerodinâmicas do corpo e da densidade do ar. (Supomos que a queda seja curta o suficiente para que as variações na densidade do ar não afetem o resultado final de forma significativa.)

   a. Demonstre que

$$v = \sqrt{\frac{mg}{k}} \, \text{tgh}\left(\sqrt{\frac{gk}{m}}\, t\right)$$

   satisfaz a equação diferencial e a condição inicial de que $v = 0$ quando $t = 0$.

   b. Determine a *velocidade terminal* do corpo, $\lim_{t\to\infty} v$.

   c. Para um paraquedista que pesa 160 libras ($mg = 160$), com o tempo medido em segundos e a distância em pés, um valor típico para k é 0,005. Qual é a velocidade terminal do paraquedista?

78. **Acelerações cujas magnitudes são proporcionais ao deslocamento** Suponha que a posição de um corpo que se desloca sobre um eixo coordenado no momento t seja

   a. $s = a \cos kt + b \operatorname{sen} kt$.

   b. $s = a \cosh kt + b \operatorname{senh} kt$.

   Demonstre que, em ambos os casos, a aceleração d^2s/dt^2 é proporcional a s, mas que, no primeiro caso, é direcionada para a origem, enquanto, no segundo caso, é direcionada para longe da origem.

79. **Volume** Uma região no primeiro quadrante é limitada acima pela curva $y = \cosh x$, abaixo pela curva $y = \operatorname{senh} x$ e à esquerda e à direita pelo eixo y e pela reta $x = 2$, respectivamente. Determine o volume do sólido gerado pela rotação dessa região em torno do eixo x.

80. **Volume** A região limitada pela curva $y = \operatorname{sech} x$, o eixo x e as retas $x = \pm \ln \sqrt{3}$ é girada em torno do eixo x para gerar um sólido. Determine o volume do sólido.

81. **Comprimento de arco** Determine o comprimento da curva $y = (1/2) \cosh 2x$ de $x = 0$ a $x = \ln \sqrt{5}$.

82. Use as definições das funções hiperbólicas para determinar cada um dos limites a seguir.

   (a) $\lim\limits_{x\to\infty} \text{tgh}\, x$
   (f) $\lim\limits_{x\to\infty} \text{cotgh}\, x$
   (b) $\lim\limits_{x\to-\infty} \text{tgh}\, x$
   (g) $\lim\limits_{x\to 0^+} \text{cotgh}\, x$
   (c) $\lim\limits_{x\to\infty} \operatorname{senh}\, x$
   (h) $\lim\limits_{x\to 0^-} \text{cotgh}\, x$
   (d) $\lim\limits_{x\to-\infty} \operatorname{senh}\, x$
   (i) $\lim\limits_{x\to-\infty} \operatorname{cossech}\, x$
   (e) $\lim\limits_{x\to\infty} \operatorname{sech}\, x$

83. **Cabos suspensos** Imagine um cabo, como de telefone ou de TV, preso por dois suportes e solto entre eles. O peso do cabo por unidade de comprimento é uma constante w, e a tensão horizontal em seu ponto mais baixo é um *vetor* de comprimento H. Se adotarmos um sistema cartesiano para o plano do cabo no qual o eixo x seja horizontal, a força da gravidade aponta para baixo, o eixo y positivo aponta para cima e o ponto mais baixo do cabo está em $y = H/w$ no eixo y (veja a figura a seguir), então é possível mostrar que o cabo acompanha o gráfico do cosseno hiperbólico

$$y = \frac{H}{w} \cosh \frac{w}{H} x.$$

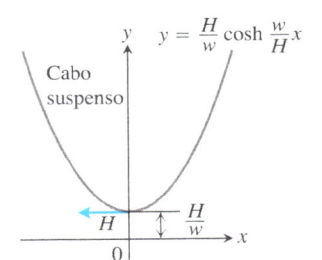

Às vezes, essa curva é denominada **curva da corrente** ou **catenária**; esse último termo vem do latim *catena*, que significa "corrente".

   a. Seja $P(x, y)$ um ponto arbitrário no cabo. A figura a seguir mostra a tensão em P como um vetor de comprimento (magnitude) T, bem como a tensão H em seu ponto mais baixo A. Demonstre que o coeficiente angular do cabo em P é

$$\operatorname{tg} \phi = \frac{dy}{dx} = \operatorname{senh} \frac{w}{H} x.$$

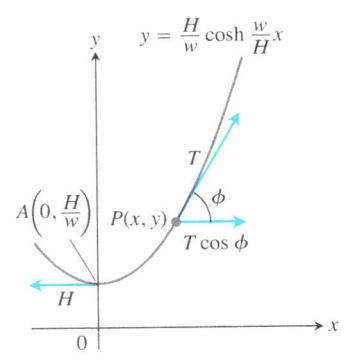

   b. Usando o resultado obtido no item (a) e o fato de que a tensão horizontal em P deve ser igual a H (o cabo não está em movimento), demonstre que $T = wy$. Isso significa que a magnitude da tensão em $P(x, y)$ é exatamente igual ao peso de y unidades do cabo.

84. (*Continuação do Exercício 83.*) O comprimento do arco AP na figura do Exercício 83 é $s = (1/a) \operatorname{senh} ax$, onde $a = w/H$. Demonstre que as coordenadas de P podem ser expressas em termos de s como

$$x = \frac{1}{a} \operatorname{senh}^{-1} as, \qquad y = \sqrt{s^2 + \frac{1}{a^2}}.$$

85. **Área** Mostre que a área da região no primeiro quadrante circundada pela curva $y = (1/a) \cosh ax$, os eixos coordenados e a reta $x = b$ é a mesma que a área de um retângulo de altura $1/a$ e comprimento s, onde s é o comprimento da curva de $x = 0$ até $x = b$. Ilustre esse resultado com uma figura.

86. **O que há de hiperbólico em funções hiperbólicas** Assim como $x = \cos u$ e $y = \operatorname{sen} u$ são identificados com pontos (x, y) no círculo unitário, as funções $x = \cosh u$ e $y = \operatorname{senh} u$ são

identificadas com pontos (x, y) no ramo direito da hipérbole unitária, $x^2 - y^2 = 1$.

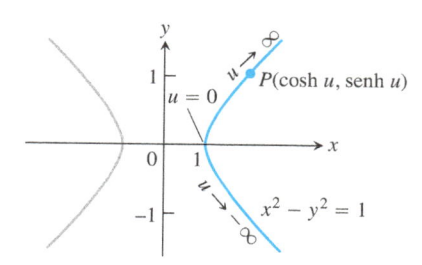

b. Derive os dois lados da equação no item (a) com relação a u para mostrar que
$$A'(u) = \frac{1}{2}.$$

c. Resolva essa última equação para $A(u)$. Qual é o valor de $A(0)$? Qual o valor da constante de integração C na sua solução? Com C determinado, o que a sua solução diz sobre a relação entre u e $A(u)$?

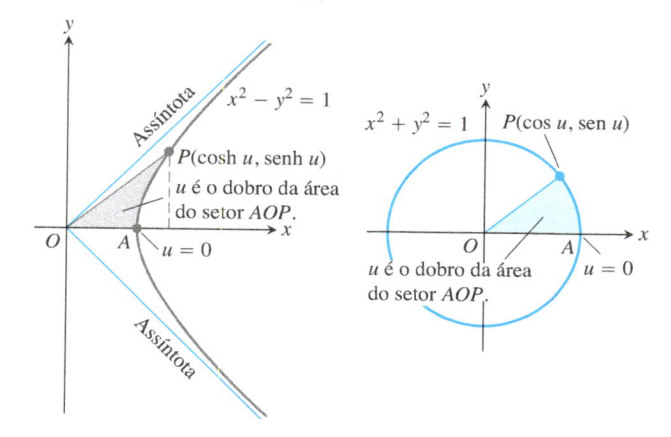

Uma vez que $\cosh^2 u - \text{senh}^2 u = 1$, o ponto $(\cosh u, \text{senh } u)$ situa-se no ramo direito da hipérbole $x^2 - y^2 = 1$ para qualquer valor de u (Exercício 86).

Outra analogia entre as funções hiperbólicas e circulares é que a variável u nas coordenadas $(\cosh u, \text{senh } u)$ dos pontos do ramo direito da hipérbole $x^2 - y^2 = 1$ é o dobro da área do setor AOP ilustrado na figura a seguir. Para verificar por que isso ocorre, siga os passos a seguir.

a. Mostre que a área $A(u)$ do setor AOP é
$$A(u) = \frac{1}{2} \cosh u \, \text{senh } u - \int_1^{\cosh u} \sqrt{x^2 - 1} \, dx.$$

Uma das analogias entre as funções hiperbólicas e circulares é revelada por esses dois diagramas (Exercício 86).

7.4 Taxas relativas de crescimento

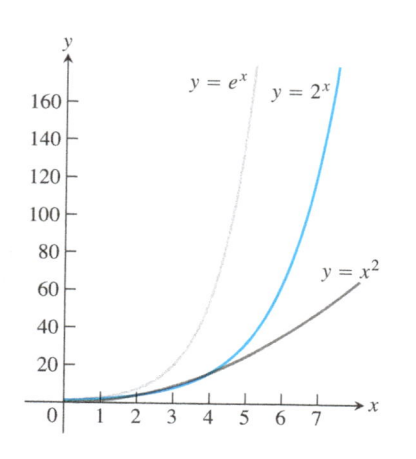

Às vezes, nas áreas de matemática, ciência da computação e engenharia, é importante comparar as taxas às quais as funções de x crescem à medida que x se torna grande. As funções exponenciais são importantes nessas comparações por causa de seu crescimento muito rápido, e as funções logarítmicas, por causa de seu crescimento muito lento. Nesta seção, introduziremos a notação do *ozinho* e do *ozão*, usada para descrever os resultados dessas comparações. Restringiremos nossa atenção às funções cujos valores acabam se tornando e permanecem positivos quando $x \to \infty$.

Taxas de crescimento de funções

Você deve ter notado que funções exponenciais como 2^x e e^x parecem crescer mais rapidamente à medida que x cresce do que as funções polinomiais e racionais. Essas exponenciais certamente crescem mais rapidamente do que o próprio x, e na Figura 7.7 podemos observar 2^x superar x^2 quando x aumenta. De fato, quando $x \to \infty$, as funções 2^x e e^x crescem mais rapidamente do que qualquer potência de x, mesmo $x^{1.000.000}$ (Exercício 19). Por outro lado, as funções logarítmicas como $y = \log_2 x$ e $y = \ln x$ crescem mais lentamente à medida que $x \to \infty$ do que qualquer potência positiva de x (Exercício 21).

Para se ter uma ideia da rapidez com que os valores de $y = e^x$ crescem quando x aumenta, faça o gráfico da função em um grande quadro-negro, com escala de centímetros nos eixos. Em $x = 1$ cm, a curva está $e^1 \approx 3$ cm acima do eixo x. Em $x = 6$ cm, a curva tem $e^6 \approx 403$ cm ≈ 4 m de altura (está prestes a atravessar o teto, se é que já não o fez). Em $x = 10$ cm, a curva tem $e^{10} \approx 22.026$ cm ≈ 220 m de altura, superior à maioria dos edifícios. Em $x = 24$ cm, a curva está a mais da metade do caminho da Lua e, em $x = 43$ cm da origem, estará alta o suficiente para alcançar o vizinho estelar mais próximo do Sol, a estrela anã vermelha Próxima Centauro.

FIGURA 7.7 Gráficos de e^x, 2^x e x^2.

Por outro lado, ao se tratar de eixos com escala em centímetros, deve-se se afastar cerca de 5 anos-luz no eixo x para determinar um ponto onde o gráfico de $y = \ln x$ tem altura $y = 43$ cm. Veja a Figura 7.8.

Essas comparações importantes de funções exponenciais, polinomiais e logarítmicas podem se tornar precisas por meio da definição do que significa para uma função $f(x)$ crescer mais rapidamente do que outra função $g(x)$ quando $x \to \infty$.

DEFINIÇÃO Taxas de crescimento quando $x \to \infty$

Sejam $f(x)$ e $g(x)$ positivas para um x suficientemente grande.

1. f **cresce mais rapidamente do que** g quando $x \to \infty$ se

$$\lim_{x \to \infty} \frac{f(x)}{g(x)} = \infty$$

ou, de modo equivalente, se

$$\lim_{x \to \infty} \frac{g(x)}{f(x)} = 0.$$

Dizemos também que g **cresce mais lentamente do que** f quando $x \to \infty$.

2. f e g **crescem à mesma taxa** quando $x \to \infty$ se

$$\lim_{x \to \infty} \frac{f(x)}{g(x)} = L$$

onde L é finito e positivo.

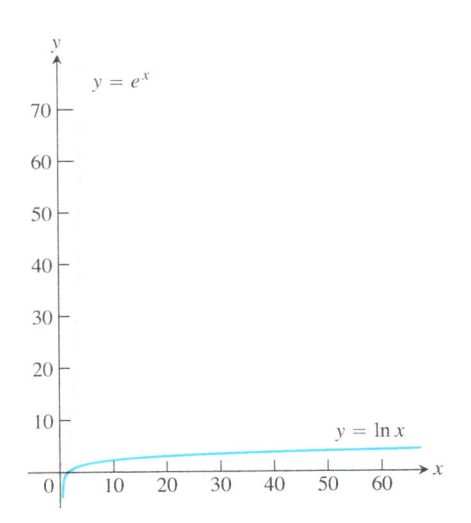

FIGURA 7.8 Traçados em escala dos gráficos de e^x e $\ln x$.

De acordo com essas definições, $y = 2x$ não cresce mais rapidamente do que $y = x$. As duas funções crescem à mesma taxa porque

$$\lim_{x \to \infty} \frac{2x}{x} = \lim_{x \to \infty} 2 = 2,$$

que é um limite finito e positivo. A razão para essa aparente desconsideração do senso comum é que queremos que "f cresça mais rapidamente do que g" signifique que, para valores grandes de x, g seja insignificante quando comparado a f.

EXEMPLO 1 Comparemos as taxas de crescimento de várias funções comuns.

(a) e^x cresce mais rapidamente do que x^2 quando $x \to \infty$ porque

$$\underbrace{\lim_{x \to \infty} \frac{e^x}{x^2}}_{\infty / \infty} = \underbrace{\lim_{x \to \infty} \frac{e^x}{2x}}_{\infty / \infty} = \lim_{x \to \infty} \frac{e^x}{2} = \infty. \qquad \text{Usando a regra de l'Hôpital duas vezes.}$$

(b) 3^x cresce mais rapidamente do que 2^x quando $x \to \infty$ porque

$$\lim_{x \to \infty} \frac{3^x}{2^x} = \lim_{x \to \infty} \left(\frac{3}{2}\right)^x = \infty.$$

(c) x^2 cresce mais rapidamente do que $\ln x$ quando $x \to \infty$ porque

$$\lim_{x \to \infty} \frac{x^2}{\ln x} = \lim_{x \to \infty} \frac{2x}{1/x} = \lim_{x \to \infty} 2x^2 = \infty. \qquad \text{Regra de l'Hôpital.}$$

(d) $\ln x$ cresce mais lentamente do que $x^{1/n}$ quando $x \to \infty$ para qualquer número n inteiro positivo porque

$$\lim_{x \to \infty} \frac{\ln x}{x^{1/n}} = \lim_{x \to \infty} \frac{1/x}{(1/n)x^{(1/n)-1}} \qquad \text{Regra de l'Hôpital.}$$

$$= \lim_{x \to \infty} \frac{n}{x^{1/n}} = 0. \qquad n \text{ é constante.}$$

(e) Como o item (b) sugere, funções exponenciais com bases diferentes nunca crescem à mesma taxa quando $x \to \infty$. Se $a > b > 0$, então a^x cresce mais rapidamente do que b^x. Como $(a/b) > 1$,

$$\lim_{x \to \infty} \frac{a^x}{b^x} = \lim_{x \to \infty} \left(\frac{a}{b}\right)^x = \infty.$$

(f) Em contraste com as funções exponenciais, as funções logarítmicas com bases diferentes $a > 1$ e $b > 1$ sempre crescem à mesma taxa quando $x \to \infty$:

$$\lim_{x \to \infty} \frac{\log_a x}{\log_b x} = \lim_{x \to \infty} \frac{\ln x/\ln a}{\ln x/\ln b} = \frac{\ln b}{\ln a}.$$

A razão limite é sempre finita e nunca é igual a zero.

Se f cresce à mesma taxa que g quando $x \to \infty$, e g cresce à mesma taxa que h quando $x \to \infty$, então f cresce à mesma taxa que h quando $x \to \infty$. Isso ocorre porque

$$\lim_{x \to \infty} \frac{f}{g} = L_1 \quad \text{e} \quad \lim_{x \to \infty} \frac{g}{h} = L_2$$

juntos implicam

$$\lim_{x \to \infty} \frac{f}{h} = \lim_{x \to \infty} \frac{f}{g} \cdot \frac{g}{h} = L_1 L_2.$$

Se L_1 e L_2 são finitos e diferentes de zero, $L_1 L_2$ também será.

EXEMPLO 2 Mostre que $\sqrt{x^2 + 5}$ e $(2\sqrt{x} - 1)^2$ crescem à mesma taxa quando $x \to \infty$.

Solução Mostraremos que as funções crescem à mesma taxa demonstrando que ambas crescem à mesma taxa que a função $g(x) = x$:

$$\lim_{x \to \infty} \frac{\sqrt{x^2 + 5}}{x} = \lim_{x \to \infty} \sqrt{1 + \frac{5}{x^2}} = 1,$$

$$\lim_{x \to \infty} \frac{(2\sqrt{x} - 1)^2}{x} = \lim_{x \to \infty} \left(\frac{2\sqrt{x} - 1}{\sqrt{x}}\right)^2 = \lim_{x \to \infty} \left(2 - \frac{1}{\sqrt{x}}\right)^2 = 4.$$

Ordem e notação "o"

A notação "ozinho" e "ozão" foi inventada por teóricos dos números cem anos atrás e hoje é comum em análise matemática e ciência da computação.

> **DEFINIÇÃO** Uma função f é **de ordem menor do que** g quando $x \to \infty$ se $\lim_{x \to \infty} \frac{f(x)}{g(x)} = 0$. Representamos essa situação ao escrever $f = o(g)$ ("f é ozinho de g").

Observe que dizer que $f = o(g)$ quando $x \to \infty$ é como dizer que f cresce mais lentamente do que g quando $x \to \infty$.

EXEMPLO 3 Aqui, usamos a notação ozinho.

(a) $\ln x = o(x)$ quando $x \to \infty$, porque $\lim_{x \to \infty} \dfrac{\ln x}{x} = 0$.

(b) $x^2 = o(x^3 + 1)$ quando $x \to \infty$, porque $\lim_{x \to \infty} \dfrac{x^2}{x^3 + 1} = 0$.

DEFINIÇÃO Sejam $f(x)$ e $g(x)$ positivas para um x suficientemente grande. Logo, f é **no máximo da ordem de** g quando $x \to \infty$, caso exista um inteiro positivo M para o qual

$$\frac{f(x)}{g(x)} \leq M,$$

para um x suficientemente grande. Representamos essa situação ao escrever $\boldsymbol{f = O(g)}$ ("f é ozão de g").

EXEMPLO 4 Aqui, usamos a notação ozão.

(a) $x + \text{sen } x = O(x)$ quando $x \to \infty$, porque $\dfrac{x + \text{sen } x}{x} \leq 2$ para um x suficientemente grande.

(b) $e^x + x^2 = O(e^x)$ quando $x \to \infty$, porque $\dfrac{e^x + x^2}{e^x} \to 1$ quando $x \to \infty$.

(c) $x = O(e^x)$ quando $x \to \infty$, porque $\dfrac{x}{e^x} \to 0$ quando $x \to \infty$.

Se verificarmos novamente as definições, perceberemos que $f = o(g)$ implica $f = O(g)$ para as funções que sejam positivas para um x suficientemente grande. Além disso, se f e g crescem à mesma taxa, então $f = O(g)$ e $g = O(f)$ (Exercício 11).

Busca sequencial *versus* busca binária

Muitas vezes, os cientistas da computação medem a eficiência de um algoritmo ao contar o número de passos que um computador precisa seguir para executá-lo. Pode haver diferenças significativas entre a eficiência dos algoritmos, mesmo quando eles são projetados para executar a mesma tarefa. Essas diferenças são descritas geralmente em notação ozão. Eis um exemplo.

O *Webster's International Dictionary* lista cerca de 26.000 palavras que começam com a letra "a". Uma forma de procurar uma palavra ou descobrir que ela não está nele é ler a lista palavra por palavra, até encontrá-la ou perceber que ela não consta nela. Esse método, denominado **busca sequencial**, não faz nenhum uso particular da ordem alfabética. Certamente você obterá uma resposta, mas isso poderá levar 26.000 passos.

Outra forma de achar a palavra ou descobrir que ela não está lá é ir diretamente ao meio da lista (acrescente ou subtraia algumas palavras). Se você não achar a palavra, então vá para o meio da metade que a contém e esqueça a outra metade. (Você sabe qual metade contém a palavra porque sabe que a lista é organizada por ordem alfabética.) Esse método, chamado de **busca binária**, elimina aproximadamente 13.000 palavras em um único passo. Se você não encontrar a palavra na segunda tentativa, então pule para o meio da metade que a contém. Continue dessa maneira até encontrar a palavra ou divida a lista pela metade um número de vezes o suficiente até não haver mais nenhuma palavra. Quantas vezes você terá de dividir a lista para encontrar a palavra ou descobrir que ela não está lá? No máximo 15, porque

$$(26.000/2^{15}) < 1.$$

Isso, sem dúvida, é melhor do que 26.000 tentativas.

Para uma lista de tamanho n, um algoritmo de busca sequencial necessita da ordem n passos para encontrar uma palavra ou determinar que ela não está na lista. Uma busca binária, como o segundo algoritmo é chamado, assume a ordem de $\log_2 n$ passos. A razão para isso é que, se $2^{m-1} < n \leq 2^m$, então $m - 1 < \log_2 n \leq m$, e o número de divisões necessárias para reduzir a lista a uma única palavra será, no máximo, $m = \lceil \log_2 n \rceil$, o menor inteiro maior que $\log_2 n$.

A notação ozão oferece uma maneira concisa de dizer tudo isso. O número de passos na busca sequencial de uma lista ordenada é $O(n)$; em uma busca binária, o número de passos é $O(\log_2 n)$. Em nosso exemplo, há uma grande diferença entre os dois (26.000 contra 15), e essa diferença pode apenas aumentar com n, pois n cresce mais rapidamente do que $\log_2 n$ quando $n \to \infty$.

Resumo

A definição integral da função logaritmo natural $\ln x$ na Seção 7.1 é a chave para a obtenção precisa das funções exponenciais e logarítmicas a^x e $\log_a x$ de qualquer base $a > 0$. A derivabilidade e o comportamento crescente de $\ln x$ permitem definir sua inversa derivável, a função exponencial natural e^x, por meio do Teorema 3 do Capítulo 3. Então, e^x oferece a definição da função derivável $a^x = e^{x \ln a}$, dando um significado simples e preciso a expoentes irracionais, onde podemos observar que *qualquer* função exponencial é apenas e^x elevada a uma potência adequada, $\ln a$. O comportamento crescente (ou decrescente) de a^x leva à sua inversa derivável $\log_a x$, novamente usando o Teorema 3. Além disso, vimos que $\log_a x = (\ln x)/(\ln a)$ é apenas um múltiplo da função logaritmo natural. Assim, e^x e $\ln x$ fornecem toda a gama de funções exponenciais e logarítmicas usando operações algébricas que consideram potências e múltiplos constantes. Além disso, a derivabilidade de e^x e a^x estabelecem a existência dos limites

$$\lim_{h \to 0} \frac{e^h - 1}{h} = 1 \quad \text{e} \quad \lim_{h \to 0} \frac{a^h - 1}{h} = \ln a$$

(mencionados na Seção 3.3) como coeficientes angulares das funções onde elas cruzam o eixo y. Esses limites foram fundamentais para definir informalmente a função exponencial natural e^x na Seção 3.3, o que, então, deu origem a $\ln x$ como sua inversa na Seção 3.8.

Neste capítulo, vimos o papel importante que as funções exponenciais e logarítmicas têm na análise de problemas associados ao crescimento e ao decaimento, na comparação de taxas de crescimento de várias funções e na medição da eficiência de um algoritmo de computador. Nos Capítulos 9 e 17, veremos que as funções exponenciais desempenham um papel importante na solução de equações diferenciais.

Exercícios 7.4

Comparações com a exponencial e^x

1. Qual das seguintes funções cresce mais rapidamente do que e^x quando $x \to \infty$? Qual cresce à mesma taxa que e^x? Qual cresce mais lentamente?

   a. $x - 3$
   b. $x^3 + \text{sen}^2 x$
   c. $\sqrt{x}$
   d. 4^x
   e. $(3/2)^x$
   f. $e^{x/2}$
   g. $e^x/2$
   h. $\log_{10} x$

2. Qual das seguintes funções cresce mais rapidamente do que e^x quando $x \to \infty$? Qual cresce à mesma taxa que e^x? Qual cresce mais lentamente?

   a. $10x^4 + 30x + 1$
   b. $x \ln x - x$
   c. $\sqrt{1 + x^4}$
   d. $(5/2)^x$
   e. e^{-x}
   f. xe^x
   g. $e^{\cos x}$
   h. e^{x-1}

Comparações com a potência x^2

3. Qual das seguintes funções cresce mais rapidamente do que x^2 quando $x \to \infty$? Qual cresce à mesma taxa que x^2? Qual cresce mais lentamente?

   a. $x^2 + 4x$
   b. $x^5 - x^2$
   c. $\sqrt{x^4 + x^3}$
   d. $(x + 3)^2$
   e. $x \ln x$
   f. 2^x
   g. $x^3 e^{-x}$
   h. $8x^2$

4. Qual das seguintes funções cresce mais rapidamente do que x^2 quando $x \to \infty$? Qual cresce à mesma taxa que x^2? Qual cresce mais lentamente?

   a. $x^2 + \sqrt{x}$
   b. $10x^2$
   c. $x^2 e^{-x}$
   d. $\log_{10}(x^2)$
   e. $x^3 - x^2$
   f. $(1/10)^x$
   g. $(1,1)^x$
   h. $x^2 + 100x$

Comparações com o logaritmo ln x

5. Qual das seguintes funções cresce mais rapidamente do que ln x quando $x \to \infty$? Qual cresce à mesma taxa que ln x? Qual cresce mais lentamente?

   a. $\log_3 x$
   b. $\ln 2x$
   c. $\ln \sqrt{x}$
   d. $\sqrt{x}$
   e. x
   f. $5 \ln x$
   g. $1/x$
   h. e^x

6. Qual das seguintes funções cresce mais rapidamente do que ln x quando $x \to \infty$? Qual cresce à mesma taxa que ln x? Qual cresce mais lentamente?

   a. $\log_2 (x^2)$
   b. $\log_{10} 10x$
   c. $1/\sqrt{x}$
   d. $1/x^2$
   e. $x - 2 \ln x$
   f. e^{-x}
   g. $\ln (\ln x)$
   h. $\ln (2x + 5)$

Ordenamento de funções segundo a taxa de crescimento

7. Ordene as seguintes funções, daquela com crescimento mais lento para aquela com crescimento mais rápido quando $x \to \infty$.

   a. e^x
   b. x^x
   c. $(\ln x)^x$
   d. $e^{x/2}$

8. Ordene as seguintes funções, daquela com crescimento mais lento para aquela com crescimento mais rápido quando $x \to \infty$.

   a. 2^x
   b. x^2
   c. $(\ln 2)^x$
   d. e^x

Ozão e ozinho; ordem

9. Verdadeiro ou falso? Quando $x \to \infty$,

   a. $x = o(x)$
   b. $x = o(x + 5)$
   c. $x = O(x + 5)$
   d. $x = O(2x)$
   e. $e^x = o(e^{2x})$
   f. $x + \ln x = O(x)$
   g. $\ln x = o(\ln 2x)$
   h. $\sqrt{x^2 + 5} = O(x)$

10. Verdadeiro ou falso? Quando $x \to \infty$,

    a. $\dfrac{1}{x + 3} = O\left(\dfrac{1}{x}\right)$
    b. $\dfrac{1}{x} + \dfrac{1}{x^2} = O\left(\dfrac{1}{x}\right)$
    c. $\dfrac{1}{x} - \dfrac{1}{x^2} = o\left(\dfrac{1}{x}\right)$
    d. $2 + \cos x = O(2)$
    e. $e^x + x = O(e^x)$
    f. $x \ln x = o(x^2)$
    g. $\ln (\ln x) = O(\ln x)$
    h. $\ln (x) = o(\ln (x^2 + 1))$

11. Demonstre que, se as funções positivas $f(x)$ e $g(x)$ crescem à mesma taxa quando $x \to \infty$, então $f = O(g)$ e $g = O(f)$.

12. Em que condições um polinômio $f(x)$ é de ordem menor do que um polinômio $g(x)$ quando $x \to \infty$? Justifique sua resposta.

13. Em que condições um polinômio $f(x)$ é no máximo da mesma ordem do que um polinômio $g(x)$ quando $x \to \infty$? Justifique sua resposta.

14. O que nos dizem as conclusões que extraímos da Seção 2.6 sobre os limites de funções racionais sobre o crescimento relativo de polinômios quando $x \to \infty$?

Outras comparações

15. Investigue
$$\lim_{x \to \infty} \frac{\ln (x + 1)}{\ln x} \quad \text{e} \quad \lim_{x \to \infty} \frac{\ln (x + 999)}{\ln x}.$$
A seguir, use a regra de L'Hôpital para explicar o que descobriu.

16. (*Continuação do Exercício 15.*) Mostre que o valor de
$$\lim_{x \to \infty} \frac{\ln (x + a)}{\ln x}$$
é o mesmo, não importando o valor que você atribui à constante a. O que isso nos diz sobre as taxas relativas às quais as funções $f(x) = \ln (x + a)$ e $g(x) = \ln x$ crescem?

17. Demonstre que $\sqrt{10x + 1}$ e $\sqrt{x + 1}$ crescem à mesma taxa quando $x \to \infty$ mostrando que ambas crescem à mesma taxa que $\sqrt{x}$ quando $x \to \infty$.

18. Demonstre que $\sqrt{x^4 + x}$ e $\sqrt{x^4 - x^3}$ crescem à mesma taxa quando $x \to \infty$ mostrando que ambas crescem à mesma taxa que x^2 quando $x \to \infty$.

19. Demonstre que quando $x \to \infty$, e^x cresce mais rapidamente que x^n para qualquer n inteiro positivo, até mesmo $x^{1.000.000}$. (Dica: qual é a n-ésima derivada de x^n?)

20. **A função e^x cresce mais rapidamente do que qualquer polinômio** Demonstre que, quando $x \to \infty$, e^x cresce mais rapidamente do que qualquer polinômio
$$a_n x^n + a_{n-1} x^{n-1} + \cdots + a_1 x + a_0.$$

21. a. Demonstre que, quando $x \to \infty$, ln x cresce mais lentamente do que $x^{1/n}$ para qualquer n inteiro positivo, até mesmo $x^{1/1.000.000}$.

    T b. Embora os valores de $x^{1/1.000.000}$ acabem ultrapassando os valores de ln x, isso acontece somente depois que avançamos bem longe no eixo x. Determine um valor de x que seja maior do que 1, para o qual $x^{1/1.000.000} > \ln x$. Comece observando que, quando $x > 1$, a equação $\ln x = x^{1/1.000.000}$ é equivalente a $\ln (\ln x) = (\ln x)/1.000.000$.

    T c. Até mesmo $x^{1/10}$ leva muito tempo para ultrapassar ln x. Com o auxílio de uma calculadora, tente calcular o valor de x no qual os gráficos de $x^{1/10}$ e ln x se cruzam ou, em outras palavras, em que ln $x = 10 \ln (\ln x)$. Inclua o ponto de interseção entre as potências de 10 e, em seguida, isole-o por meio de sucessivas divisões pela metade.

    T d. (*Continuação do item (c).*) O valor de x em que ln $x = 10 \ln (\ln x)$ é muito distante para algumas ferramentas gráficas ou de determinação de raízes identificar. Teste isso no equipamento de que dispõe e veja o que acontece.

22. **A função ln x cresce mais lentamente do que qualquer polinômio** Demonstre que quando $x \to \infty$, ln x cresce mais lentamente do que qualquer polinômio não constante.

Algoritmos e buscas

23. a. Suponha que você tenha três algoritmos diferentes para resolver o mesmo problema e que cada um deles dependa de uma série de passos que é da ordem de uma das funções listadas aqui:
$$n \log_2 n, \quad n^{3/2}, \quad n(\log_2 n)^2.$$
Qual dos algoritmos é mais eficiente a longo prazo? Justifique sua resposta.

    T b. Trace em um mesmo gráfico as funções do item (a) para obter uma noção da velocidade com que cada uma cresce.

24. Repita o Exercício 23 para as funções
$$n, \quad \sqrt{n} \log_2 n, \quad (\log_2 n)^2.$$

T 25. Suponha que você esteja procurando um item em uma lista ordenada composta por um milhão de itens. Quantos passos podem ser necessários para encontrar esse item por meio de uma busca sequencial? E por meio de uma busca binária?

T 26. Suponha que você esteja procurando um item em uma lista ordenada composta por 450 mil itens (extensão de todo o *Webster's Third New International Dictionary*). Quantos passos podem ser necessários para encontrar esse item por meio de uma busca sequencial? E por meio de uma busca binária?

Capítulo 7 Questões para guiar sua revisão

1. Como a função logaritmo natural é definida como uma integral? Quais são seus domínio, imagem e derivada? Que propriedades aritméticas ela possui? Comente seu gráfico.
2. Que integrais geram logaritmos? Exemplifique.
3. Quais são as integrais de tg x e cotg x? E de sec x e cossec x?
4. Como a função exponencial e^x é definida? Quais são os seus domínio, imagem e derivada? A quais leis de expoentes ela obedece? Comente seu gráfico.
5. Como as funções a^x e $\log_a x$ são definidas? Há alguma restrição em a? Como o gráfico de $\log_a x$ está relacionado com o de ln x? O que há de verdade na afirmação de que realmente há apenas uma função exponencial e uma função logarítmica?
6. Como você resolve equações diferenciais separáveis de primeira ordem?
7. O que é a lei da variação exponencial? Como ela pode ser deduzida a partir de um problema de valor inicial? Cite algumas das aplicações dessa lei.
8. Quais são as seis funções hiperbólicas básicas? Comente seus domínios, imagens e gráficos. Cite algumas das identidades que as relacionam.
9. Quais são as derivadas das seis funções hiperbólicas básicas? Quais são as fórmulas integrais correspondentes? Que analogias com as seis funções trigonométricas básicas você percebe aqui?
10. Como são definidas as funções hiperbólicas inversas? Comente seus domínios, intervalos e gráficos. Como você pode determinar valores para $\text{sech}^{-1} x$, $\text{cossech}^{-1} x$ e $\text{cotgh}^{-1} x$ utilizando as teclas de uma calculadora para $\cosh^{-1} x$, $\text{senh}^{-1} x$ e $\text{tgh}^{-1} x$?
11. Que integrais geram naturalmente funções hiperbólicas inversas?
12. Como podemos comparar as taxas de crescimento de funções positivas quando $x \to \infty$?
13. Que papéis desempenham as funções e^x e ln x em comparações de crescimento?
14. Descreva as notações ozinho e ozão. Dê exemplos.
15. O que é mais eficiente: uma busca sequencial ou uma busca binária? Explique.

Capítulo 7 Exercícios práticos

Integração

Calcule as integrais dos Exercícios 1-12.

1. $\int e^x \text{sen}(e^x)\, dx$
2. $\int e^t \cos(3e^t - 2)\, dt$
3. $\int_0^\pi \text{tg}\, \frac{x}{3}\, dx$
4. $\int_{1/6}^{1/4} 2\, \text{cotg}\, \pi x\, dx$
5. $\int_{-\pi/2}^{\pi/6} \frac{\cos t}{1 - \text{sen}\, t}\, dt$
6. $\int e^x \sec e^x\, dx$
7. $\int \frac{\ln(x-5)}{x-5}\, dx$
8. $\int \frac{\cos(1 - \ln v)}{v}\, dv$
9. $\int_1^7 \frac{3}{x}\, dx$
10. $\int_1^{32} \frac{1}{5x}\, dx$
11. $\int_e^{e^2} \frac{1}{x\sqrt{\ln x}}\, dx$
12. $\int_2^4 (1 + \ln t) t \ln t\, dt$

Resolução de equações com termos logarítmicos ou exponenciais

Nos Exercícios 13-18, determine y.

13. $3^y = 2^{y+1}$
14. $4^{-y} = 3^{y+2}$
15. $9e^{2y} = x^2$
16. $3^y = 3 \ln x$
17. $\ln(y - 1) = x + \ln y$
18. $\ln(10 \ln y) = \ln 5x$

Comparação de taxas de crescimento de funções

19. f cresce mais rapidamente, mais lentamente ou à mesma taxa que g quando $x \to \infty$? Justifique sua resposta.
    a. $f(x) = \log_2 x$, $g(x) = \log_3 x$
    b. $f(x) = x$, $g(x) = x + \frac{1}{x}$
    c. $f(x) = x/100$, $g(x) = xe^{-x}$
    d. $f(x) = x$, $g(x) = \text{tg}^{-1} x$
    e. $f(x) = \text{cossec}^{-1} x$, $g(x) = 1/x$
    f. $f(x) = \text{senh}\, x$, $g(x) = e^x$

20. f cresce mais rapidamente, mais lentamente ou à mesma taxa que g quando $x \to \infty$? Justifique sua resposta.
    a. $f(x) = 3^{-x}$, $g(x) = 2^{-x}$
    b. $f(x) = \ln 2x$, $g(x) = \ln x^2$
    c. $f(x) = 10x^3 + 2x^2$, $g(x) = e^x$
    d. $f(x) = \text{tg}^{-1}(1/x)$, $g(x) = 1/x$
    e. $f(x) = \text{sen}^{-1}(1/x)$, $g(x) = 1/x^2$
    f. $f(x) = \text{sech}\, x$, $g(x) = e^{-x}$

21. Verdadeiro ou falso? Justifique sua resposta.
    a. $\frac{1}{x^2} + \frac{1}{x^4} = O\left(\frac{1}{x^2}\right)$
    b. $\frac{1}{x^2} + \frac{1}{x^4} = O\left(\frac{1}{x^4}\right)$
    c. $x = o(x + \ln x)$
    d. $\ln(\ln x) = o(\ln x)$
    e. $\text{tg}^{-1} x = O(1)$
    f. $\cosh x = O(e^x)$

22. Verdadeiro ou falso? Justifique sua resposta.

    a. $\dfrac{1}{x^4} = O\left(\dfrac{1}{x^2} + \dfrac{1}{x^4}\right)$

    b. $\dfrac{1}{x^4} = o\left(\dfrac{1}{x^2} + \dfrac{1}{x^4}\right)$

    c. $\ln x = o(x + 1)$

    d. $\ln 2x = O(\ln x)$

    e. $\sec^{-1} x = O(1)$

    f. $\operatorname{senh} x = O(e^x)$

Teoria e aplicações

23. A função $f(x) = e^x + x$, sendo derivável e injetora, tem uma inversa derivável $f^{-1}(x)$. Determine o valor de df^{-1}/dx no ponto $f(\ln 2)$.

24. Determine a inversa da função $f(x) = 1 + (1/x)$, $x \neq 0$. Em seguida, mostre que $f^{-1}(f(x)) = f(f^{-1}(x)) = x$ e que
$$\left.\dfrac{df^{-1}}{dx}\right|_{f(x)} = \dfrac{1}{f'(x)}.$$

25. Uma partícula se desloca para cima e para a direita ao longo da curva $y = \ln x$. Sua abscissa aumenta à taxa $(dx/dt) = \sqrt{x}$ m/s. A que taxa a ordenada varia no ponto $(e^2, 2)$?

26. Uma menina brinca em um escorregador na forma da curva $y = 9e^{-x/3}$. Sua ordenada varia a uma taxa $dy/dt = (-1/4)\sqrt{9-y}$ pés/s. A que taxa aproximadamente sua abscissa variará quando ela atingir a parte inferior do escorregador em $x = 9$ pés? (Considere e^3 como 20 e arredonde sua resposta para um valor inteiro mais próximo em pés/s.)

27. As funções $f(x) = \ln 5x$ e $g(x) = \ln 3x$ diferem por uma constante. Que constante é essa? Justifique sua resposta.

28. a. Se $(\ln x)/x = (\ln 2)/2$, x deve ser igual a 2?
    b. Se $(\ln x)/x = -2 \ln 2$, x deve ser igual a $1/2$?
    Justifique suas respostas.

29. A razão $(\log_4 x)/(\log_2 x)$ tem um valor constante. Qual é esse valor? Justifique sua resposta.

30. $\log_x(2)$ **versus** $\log_2(x)$ Como $f(x) = \log_x(2)$ se compara com $g(x) = \log_2(x)$? Eis aqui uma forma de saber.
    a. Use a equação $\log_a b = (\ln b)/(\ln a)$ para expressar $f(x)$ e $g(x)$ em termos de logaritmos naturais.
    b. Trace, em um mesmo gráfico, f e g. Comente o comportamento de f em relação aos sinais e valores de g.

Nos Exercícios 31-34, resolva a equação diferencial.

31. $\dfrac{dy}{dx} = \sqrt{y}\cos^2\sqrt{y}$

32. $y' = \dfrac{3y(x+1)^2}{y-1}$

33. $yy' = \sec y^2 \sec^2 x$

34. $y\cos^2 x\, dy + \operatorname{sen} x\, dx = 0$

Nos Exercícios 35-38, resolva o problema de valor inicial.

35. $\dfrac{dy}{dx} = e^{-x-y-2}$, $y(0) = -2$

36. $\dfrac{dy}{dx} = \dfrac{y\ln y}{1+x^2}$, $y(0) = e^2$

37. $x\, dy - \left(y + \sqrt{y}\right)dx = 0$, $y(1) = 1$

38. $y^{-2}\dfrac{dx}{dy} = \dfrac{e^x}{e^{2x}+1}$, $y(0) = 1$

39. Qual é a idade de uma amostra de carvão na qual 90% do carbono-14 originalmente presente já decaiu?

40. **Esfriamento de uma torta** Uma torta de maçã, cuja temperatura interna era de 220°F ao ser retirada do forno, foi colocada em uma varanda em que a temperatura era de 40°F para esfriar. Quinze minutos depois, a temperatura interna da torta era de 180°F. Quanto tempo levou para a temperatura diminuir de 180°F para 70°F?

Capítulo Exercícios adicionais e avançados

1. Seja $A(t)$ a área da região no primeiro quadrante delimitada pelos eixos coordenados, pela curva $y = e^{-x}$ e pela reta vertical $x = t$, $t > 0$. Seja $V(t)$ o volume do sólido gerado pela rotação dessa região em torno do eixo x. Determine os seguintes limites.

    a. $\lim\limits_{t\to\infty} A(t)$
    b. $\lim\limits_{t\to\infty} V(t)/A(t)$
    c. $\lim\limits_{t\to 0^+} V(t)/A(t)$

2. **Mudança da base de um logaritmo**
    a. Determine $\lim \log_a 2$ quando $a \to 0^+$, 1^-, 1^+ e ∞.
    b. Faça o gráfico de $y = \log_a 2$ em função de a ao longo do intervalo $0 < a \leq 4$.

3. Faça o gráfico de $f(x) = \operatorname{tg}^{-1} x + \operatorname{tg}^{-1}(1/x)$ para $-5 \leq x \leq 5$. Então, use cálculo para explicar o que você observa. Como você esperaria que fosse o comportamento de f além do intervalo $[-5, 5]$? Justifique sua resposta.

4. Faça o gráfico de $f(x) = (\operatorname{sen} x)^{\operatorname{sen} x}$ em $[0, 3\pi]$. Explique o que você observa.

5. **Decomposições par/ímpar**
    a. Suponha que g seja uma função par de x e que h seja uma função ímpar de x. Mostre que, se $g(x) + h(x) = 0$ para qualquer x, então $g(x) = 0$ para qualquer x e $h(x) = 0$ para qualquer x.
    b. Use o resultado do item (a) para mostrar que, se $f(x) = f_P(x) + f_I(x)$ é a soma de uma função par $f_P(x)$ e de uma função ímpar $f_I(x)$, então $f_P(x) = (f(x) + f(-x))/2$ e $f_I(x) = (f(x) - f(-x))/2$.
    c. Qual o significado do resultado do item (b)?

6. Seja g uma função derivável ao longo de todo um intervalo aberto que contém a origem. Suponha que g apresente as seguintes propriedades:

    i. $g(x+y) = \dfrac{g(x) + g(y)}{1 - g(x)g(y)}$ para quaisquer números reais x, y e $x+y$ no domínio de g.

    ii. $\lim\limits_{h\to 0} g(h) = 0$

    iii. $\lim\limits_{h\to 0} \dfrac{g(h)}{h} = 1$

    a. Demonstre que $g(0) = 0$.
    b. Demonstre que $g'(x) = 1 + [g(x)]^2$.
    c. Determine $g(x)$ resolvendo a equação diferencial do item (b).

7. **Centro de massa** Determine o centro de massa de uma placa fina de densidade constante que cobre a região nos primeiro e quarto quadrantes delimitados pelas curvas $y = 1/(1+x^2)$ e $y = -1/(1+x^2)$ e pelas retas $x = 0$ e $x = 1$.

8. **Sólido de revolução** A região entre a curva $y = 1/(2\sqrt{x})$ e o eixo x de $x = 1/4$ até $x = 4$ é girada em torno do eixo x, gerando um sólido.
   a. Determine o volume do sólido.
   b. Determine o centroide da região.

9. **Regra dos 70** Se você usar a aproximação $\ln 2 \approx 0{,}70$ (em vez de 0,69314...), poderá deduzir uma regra que diz: "Para estimar quantos anos levará para dobrar um montante de dinheiro investindo-o a r por cento continuamente composto, divida 70 por r." Por exemplo, uma quantia investida a 5% dobrará em aproximadamente 70/5 = 14 anos. Para conseguir o mesmo em 10 anos, você terá de investir 70/10 = 7%. Mostre como a regra dos 70 é deduzida. (Uma regra semelhante, a "regra do 72", usa 72 em vez de 70, porque 72 possui mais fatores inteiros.)

10. **Jardinagem urbana** Entre dois prédios, separados por 500 pés ao longo de uma reta de leste para oeste, deverá ser cultivada uma horta com 50 pés de largura. Se as alturas dos edifícios são 200 pés e 350 pés, onde a horta deve ser colocada de forma a ter o máximo de horas de exposição à luz solar? (Dica: na figura a seguir, determine o valor de x que maximiza a exposição solar para a horta.)

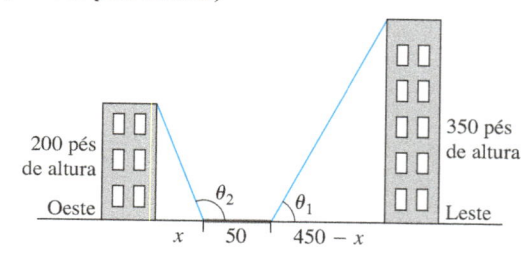

8
Técnicas de integração

VISÃO GERAL O teorema fundamental nos diz como calcular uma integral definida, uma vez que temos uma primitiva para a função integrando. A Tabela 8.1 resume as formas de primitivas para muitas das funções que foram estudadas até agora, e o método de substituição nos ajuda a usar a tabela para calcular funções mais complexas que envolvem as funções básicas. Neste capítulo, estudaremos uma série de técnicas importantes para determinar primitivas (ou integrais indefinidas) para muitas combinações de funções cujas primitivas não podem ser definidas pelos métodos apresentados anteriormente.

TABELA 8.1 Fórmulas de integração básicas

1. $\int k\,dx = kx + C$ (qualquer número k)
2. $\int x^n\,dx = \dfrac{x^{n+1}}{n+1} + C$ ($n \neq -1$)
3. $\int \dfrac{dx}{x} = \ln|x| + C$
4. $\int e^x\,dx = e^x + C$
5. $\int a^x\,dx = \dfrac{a^x}{\ln a} + C$ ($a > 0, a \neq 1$)
6. $\int \operatorname{sen} x\,dx = -\cos x + C$
7. $\int \cos x\,dx = \operatorname{sen} x + C$
8. $\int \sec^2 x\,dx = \operatorname{tg} x + C$
9. $\int \operatorname{cossec}^2 x\,dx = -\operatorname{cotg} x + C$
10. $\int \sec x\,\operatorname{tg} x\,dx = \sec x + C$
11. $\int \operatorname{cossec} x\,\operatorname{cotg} x\,dx = -\operatorname{cossec} x + C$
12. $\int \operatorname{tg} x\,dx = \ln|\sec x| + C$
13. $\int \operatorname{cotg} x\,dx = \ln|\operatorname{sen} x| + C$
14. $\int \sec x\,dx = \ln|\sec x + \operatorname{tg} x| + C$
15. $\int \operatorname{cossec} x\,dx = -\ln|\operatorname{cossec} x + \operatorname{cotg} x| + C$
16. $\int \operatorname{senh} x\,dx = \cosh x + C$
17. $\int \cosh x\,dx = \operatorname{senh} x + C$
18. $\int \dfrac{dx}{\sqrt{a^2 - x^2}} = \operatorname{sen}^{-1}\left(\dfrac{x}{a}\right) + C$
19. $\int \dfrac{dx}{a^2 + x^2} = \dfrac{1}{a}\operatorname{tg}^{-1}\left(\dfrac{x}{a}\right) + C$
20. $\int \dfrac{dx}{x\sqrt{x^2 - a^2}} = \dfrac{1}{a}\sec^{-1}\left|\dfrac{x}{a}\right| + C$
21. $\int \dfrac{dx}{\sqrt{a^2 + x^2}} = \operatorname{senh}^{-1}\left(\dfrac{x}{a}\right) + C$ ($a > 0$)
22. $\int \dfrac{dx}{\sqrt{x^2 - a^2}} = \cosh^{-1}\left(\dfrac{x}{a}\right) + C$ ($x > a > 0$)

8.1 Integração por partes

Integração por partes é uma técnica de simplificação de integrais de forma

$$\int f(x)g(x)\,dx.$$

Ela é útil quando f pode ser derivada repetidamente e g pode ser integrada repetidamente sem dificuldade. As integrais

$$\int x\cos x\,dx \quad \text{e} \quad \int x^2 e^x\,dx$$

são integrais desse tipo porque $f(x)=x$ ou $f(x)=x^2$ podem ser derivadas repetidamente para se tornarem zero, e $g(x)=\cos x$ ou $g(x)=e^x$ podem ser integradas repetidamente e sem dificuldade. A integração por partes também se aplica a integrais como

$$\int \ln x\,dx \quad \text{e} \quad \int e^x \cos x\,dx.$$

No primeiro caso, é fácil derivar $f(x)=\ln x$, e $g(x)=1$ se integra facilmente a x. No segundo caso, cada parte do integrando aparece novamente após derivação repetida ou integração.

Forma integral da regra do produto

Se f e g são funções deriváveis de x, a regra do produto diz que

$$\frac{d}{dx}[f(x)g(x)] = f'(x)g(x) + f(x)g'(x).$$

Em termos de integrais indefinidas, essa equação se transforma em

$$\int \frac{d}{dx}[f(x)g(x)]\,dx = \int [f'(x)g(x) + f(x)g'(x)]\,dx$$

ou

$$\int \frac{d}{dx}[f(x)g(x)]\,dx = \int f'(x)g(x)\,dx + \int f(x)g'(x)\,dx.$$

Reorganizando os termos da última equação, obtemos

$$\int f(x)g'(x)\,dx = \int \frac{d}{dx}[f(x)g(x)]\,dx - \int f'(x)g(x)\,dx,$$

que nos leva à fórmula da **integração por partes**

$$\int f(x)g'(x)\,dx = f(x)g(x) - \int f'(x)g(x)\,dx \qquad (1)$$

Às vezes, é mais fácil lembrar da fórmula se a escrevermos na forma diferencial. Seja $u=f(x)$ e $v=g(x)$. Então, $du=f'(x)\,dx$ e $dv=g'(x)\,dx$. Usando a regra da substituição, a fórmula da integração por partes se transforma em

> **Fórmula da integração por partes**
> $$\int u\,dv = uv - \int v\,du \tag{2}$$

Essa fórmula expressa uma integral, $\int u\,dv$, em termos de uma segunda integral, $\int v\,du$. Com a escolha apropriada de u e v, a segunda integral pode ser mais fácil de calcular do que a primeira. Ao usar a fórmula, várias opções podem estar disponíveis para u e dv. Os exemplos seguintes ilustram a técnica. Para evitar erros, sempre listamos as opções para u e dv, então adicionamos à nossa lista os novos termos du e v calculados, e finalmente aplicamos a fórmula na Equação 2.

EXEMPLO 1 Calcule
$$\int x \cos x\,dx.$$

Solução Usamos a fórmula $\int u\,dv = uv - \int v\,du$ com

$$u = x, \quad dv = \cos x\,dx,$$
$$du = dx, \quad v = \operatorname{sen} x. \qquad \text{Primitiva mais simples de } \cos x$$

Então,
$$\int x \cos x\,dx = x \operatorname{sen} x - \int \operatorname{sen} x\,dx = x \operatorname{sen} x + \cos x + C.$$

Existem quatro opções disponíveis para u e dv no Exemplo 1:

1. Seja $u = 1$ e $dv = x \cos x\,dx$.
2. Seja $u = x$ e $dv = \cos x\,dx$.
3. Seja $u = x \cos x$ e $dv = dx$.
4. Seja $u = \cos x$ e $dv = x\,dx$.

A Opção 2 foi utilizada no Exemplo 1. As outras três opções levam a integrais que não sabemos como integrar. Por exemplo, a Opção 3 conduz à integral

$$\int (x \cos x - x^2 \operatorname{sen} x)\,dx.$$

O objetivo da integração por partes é ir de uma integral $\int u\,dv$ que não imaginamos como calcular para uma integral $\int v\,du$ que podemos calcular. Geralmente, primeiro escolhemos dv com a maior parte do integrando, incluindo dx, que pode ser facilmente integrado; u é a parte restante. Ao determinarmos v a partir de dv, qualquer primitiva funcionará, e geralmente escolhemos a mais simples; não será necessária nenhuma constante de integração arbitrária em v porque ela simplesmente cancelaria do lado direito da Equação 2.

EXEMPLO 2 Calcule
$$\int \ln x\,dx.$$

Solução Como $\int \ln x\,dx$ pode ser escrito como $\int \ln x \cdot 1\,dx$, usamos a fórmula $\int u\,dv = uv - \int v\,du$ com

$u = \ln x$ *Simplifica quando derivada* $dv = dx$ *Fácil de integrar*

$du = \dfrac{1}{x}\,dx,$ $v = x.$ *Primitiva mais simples*

Então, a partir da Equação 2,

$$\int \ln x \, dx = x \ln x - \int x \cdot \frac{1}{x} \, dx = x \ln x - \int dx = x \ln x - x + C.$$

Às vezes, temos que usar a integração por partes mais de uma vez.

EXEMPLO 3   Calcule

$$\int x^2 e^x \, dx.$$

Solução   Com $u = x^2$, $dv = e^x \, dx$, $du = 2x \, dx$ e $v = e^x$, temos

$$\int x^2 e^x \, dx = x^2 e^x - 2 \int x e^x \, dx.$$

A nova integral é menos complicada do que a original, porque o expoente em x é reduzido em um. Para calcular a integral à direita, integramos por partes novamente com $u = x$, $dv = e^x \, dx$. Então, $du = dx$, $v = e^x$ e

$$\int x e^x \, dx = x e^x - \int e^x \, dx = x e^x - e^x + C.$$

Usando esse último cálculo, obtemos

$$\int x^2 e^x \, dx = x^2 e^x - 2 \int x e^x \, dx$$
$$= x^2 e^x - 2x e^x + 2 e^x + C.$$

A técnica do Exemplo 3 funciona para qualquer integral $\int x^n e^x \, dx$ em que n seja um inteiro positivo, porque derivar x^n acabará levando a zero, e integrar e^x é fácil.

Integrais como a do exemplo a seguir surgem em engenharia elétrica. Seu cálculo requer duas integrações por partes, seguido da solução para a integral desconhecida.

EXEMPLO 4   Calcule

$$\int e^x \cos x \, dx.$$

Solução   Seja $u = e^x$ e $dv = \cos x \, dx$. Então, $du = e^x \, dx$, $v = \text{sen } x$ e

$$\int e^x \cos x \, dx = e^x \text{sen } x - \int e^x \text{sen } x \, dx.$$

A segunda integral é como a primeira, exceto que tem sen x no lugar de cos x. Para calculá-la, usamos integração por partes com

$$u = e^x, \qquad dv = \text{sen } x \, dx, \qquad v = -\cos x, \qquad du = e^x \, dx.$$

Então,

$$\int e^x \cos x \, dx = e^x \text{sen } x - \left(-e^x \cos x - \int (-\cos x)(e^x \, dx) \right)$$
$$= e^x \text{sen } x + e^x \cos x - \int e^x \cos x \, dx.$$

Agora a integral desconhecida aparece em ambos os lados da equação. A adição da integral nos dois lados e a soma da constante de integração resulta em

$$2\int e^x \cos x\, dx = e^x \operatorname{sen} x + e^x \cos x + C_1.$$

A divisão por 2 e a renomeação da constante de integração resulta em

$$\int e^x \cos x\, dx = \frac{e^x \operatorname{sen} x + e^x \cos x}{2} + C.$$

EXEMPLO 5 Obtenha uma fórmula que expresse a integral

$$\int \cos^n x\, dx$$

em termos de uma integral de uma potência mais baixa de $\cos x$.

Solução Podemos pensar em $\cos^n x$ como $\cos^{n-1} x \cdot \cos x$. Então, seja

$$u = \cos^{n-1} x \quad \text{e} \quad dv = \cos x\, dx,$$

de modo que

$$du = (n-1)\cos^{n-2} x\,(-\operatorname{sen} x\, dx) \quad \text{e} \quad v = \operatorname{sen} x.$$

A integração por partes, então, resulta em

$$\int \cos^n x\, dx = \cos^{n-1} x \operatorname{sen} x + (n-1)\int \operatorname{sen}^2 x \cos^{n-2} x\, dx$$

$$= \cos^{n-1} x \operatorname{sen} x + (n-1)\int (1 - \cos^2 x)\cos^{n-2} x\, dx$$

$$= \cos^{n-1} x \operatorname{sen} x + (n-1)\int \cos^{n-2} x\, dx - (n-1)\int \cos^n x\, dx.$$

Se somamos

$$(n-1)\int \cos^n x\, dx$$

nos dois lados dessa equação, obtemos

$$n\int \cos^n x\, dx = \cos^{n-1} x \operatorname{sen} x + (n-1)\int \cos^{n-2} x\, dx.$$

Então, dividimos o resultado por n, e o resultado final é

$$\int \cos^n x\, dx = \frac{\cos^{n-1} x \operatorname{sen} x}{n} + \frac{n-1}{n}\int \cos^{n-2} x\, dx.$$

A fórmula encontrada no Exemplo 5 é chamada de **fórmula de redução**, porque substitui uma integral que contém certa potência de uma função por uma integral da mesma forma que tem a potência reduzida. Quando n é um número inteiro positivo, podemos aplicar a fórmula repetidamente até que a integral remanescente seja fácil de calcular. Por exemplo, o resultado no Exemplo 5 nos diz que

$$\int \cos^3 x\, dx = \frac{\cos^2 x \operatorname{sen} x}{3} + \frac{2}{3}\int \cos x\, dx$$

$$= \frac{1}{3}\cos^2 x \operatorname{sen} x + \frac{2}{3}\operatorname{sen} x + C.$$

Cálculo de integrais definidas por partes

A fórmula da integração por partes na Equação 1 pode ser combinada com a Parte 2 do teorema fundamental, de modo a permitir o cálculo por partes de integrais definidas. Supondo que tanto f' quanto g' sejam contínuas ao longo do intervalo $[a, b]$, a Parte 2 do teorema fundamental nos leva a

> **Fórmula de integração por partes para integrais definidas**
>
> $$\int_a^b f(x)g'(x)\,dx = f(x)g(x)\Big]_a^b - \int_a^b f'(x)g(x)\,dx \qquad (3)$$

Ao aplicar a Equação 3, normalmente usamos a notação u e v da Equação 2, pois ela é mais fácil de lembrar. Segue um exemplo.

EXEMPLO 6 Determine a área da região delimitada pela curva $y = xe^{-x}$ e pelo eixo das abscissas de $x = 0$ a $x = 4$.

Solução A região está sombreada na Figura 8.1. Sua área é

$$\int_0^4 xe^{-x}\,dx.$$

Seja $u = x$, $dv = e^{-x}\,dx$, $v = -e^{-x}$ e $du = dx$. Então,

$$\int_0^4 xe^{-x}\,dx = -xe^{-x}\Big]_0^4 - \int_0^4 (-e^{-x})\,dx$$

$$= [-4e^{-4} - (0)] + \int_0^4 e^{-x}\,dx$$

$$= -4e^{-4} - e^{-x}\Big]_0^4$$

$$= -4e^{-4} - e^{-4} - (-e^0) = 1 - 5e^{-4} \approx 0{,}91.$$

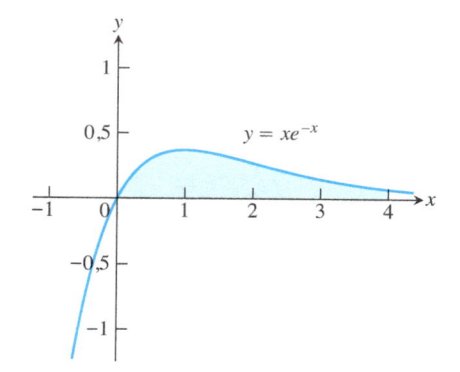

FIGURA 8.1 Região do Exemplo 6.

Integração tabular

Vimos que integrais da forma $\int f(x)g(x)\,dx$, nas quais f pode ser derivada repetidamente até se tornar zero e g pode ser integrada repetidamente sem dificuldade, são candidatas naturais à integração por partes. No entanto, se muitas repetições forem necessárias, os cálculos podem ficar complicados, ou você escolhe substituições para uma integração repetida por partes que acaba por devolver a integral original que você tentava determinar. Em situações como essas, há uma maneira de organizar os cálculos que poupa muito trabalho. É a chamada **integração tabular**, ilustrada nos exemplos seguintes.

EXEMPLO 7 Calcule

$$\int x^2 e^x\,dx.$$

Solução Com $f(x) = x^2$ e $g(x) = e^x$, relacionamos:

$f(x)$ e suas derivadas		$g(x)$ e suas integrais
x^2	$(+)$	e^x
$2x$	$(-)$	e^x
2	$(+)$	e^x
0		e^x

Combinamos os produtos das funções ligadas por setas de acordo com os sinais de operação indicados e obtemos

$$\int x^2 e^x \, dx = x^2 e^x - 2x e^x + 2 e^x + C.$$

Compare esse resultado com o do Exemplo 3.

EXEMPLO 8 Calcule

$$\int x^3 \operatorname{sen} x \, dx.$$

Solução Com $f(x) = x^3$ e $g(x) = \operatorname{sen} x$, relacionamos:

$f(x)$ e suas derivadas		$g(x)$ e suas integrais
x^3	$(+)$	$\operatorname{sen} x$
$3x^2$	$(-)$	$-\cos x$
$6x$	$(+)$	$-\operatorname{sen} x$
6	$(-)$	$\cos x$
0		$\operatorname{sen} x$

Novamente, combinamos os produtos das funções ligadas por setas de acordo com os sinais de operação indicados e obtemos

$$\int x^3 \operatorname{sen} x \, dx = -x^3 \cos x + 3x^2 \operatorname{sen} x + 6x \cos x - 6 \operatorname{sen} x + C.$$

Os exercícios adicionais ao final deste capítulo mostram como a integração tabular pode ser usada quando nem a função f nem a função g podem ser derivadas repetidamente até se tornar zero.

Exercícios 8.1

Integração por partes

Calcule as integrais nos Exercícios 1-24 usando integração por partes.

1. $\int x \operatorname{sen} \dfrac{x}{2} \, dx$
2. $\int \theta \cos \pi \theta \, d\theta$
3. $\int t^2 \cos t \, dt$
4. $\int x^2 \operatorname{sen} x \, dx$
5. $\int_1^2 x \ln x \, dx$
6. $\int_1^e x^3 \ln x \, dx$
7. $\int x e^x \, dx$
8. $\int x e^{3x} \, dx$
9. $\int x^2 e^{-x} \, dx$
10. $\int (x^2 - 2x + 1) e^{2x} \, dx$
11. $\int \operatorname{tg}^{-1} y \, dy$
12. $\int \operatorname{sen}^{-1} y \, dy$
13. $\int x \sec^2 x \, dx$
14. $\int 4x \sec^2 2x \, dx$
15. $\int x^3 e^x \, dx$
16. $\int p^4 e^{-p} \, dp$
17. $\int (x^2 - 5x) e^x \, dx$
18. $\int (r^2 + r + 1) e^r \, dr$
19. $\int x^5 e^x \, dx$
20. $\int t^2 e^{4t} \, dt$
21. $\int e^\theta \operatorname{sen} \theta \, d\theta$
22. $\int e^{-y} \cos y \, dy$
23. $\int e^{2x} \cos 3x \, dx$
24. $\int e^{-2x} \operatorname{sen} 2x \, dx$

Uso da substituição

Calcule as integrais nos Exercícios 25-30 usando uma substituição antes da integração por partes.

25. $\int e^{\sqrt{3s+9}} \, ds$
26. $\int_0^1 x \sqrt{1-x} \, dx$

27. $\displaystyle\int_0^{\pi/3} x\,\text{tg}^2 x\,dx$

28. $\displaystyle\int \ln(x+x^2)\,dx$

29. $\displaystyle\int \text{sen}(\ln x)\,dx$

30. $\displaystyle\int z(\ln z)^2\,dz$

Cálculo de integrais

Calcule as integrais nos Exercícios 31-50. Algumas integrais não requerem integração por partes.

31. $\displaystyle\int x \sec x^2\,dx$

32. $\displaystyle\int \dfrac{\cos\sqrt{x}}{\sqrt{x}}\,dx$

33. $\displaystyle\int x(\ln x)^2\,dx$

34. $\displaystyle\int \dfrac{1}{x(\ln x)^2}\,dx$

35. $\displaystyle\int \dfrac{\ln x}{x^2}\,dx$

36. $\displaystyle\int \dfrac{(\ln x)^3}{x}\,dx$

37. $\displaystyle\int x^3 e^{x^4}\,dx$

38. $\displaystyle\int x^5 e^{x^3}\,dx$

39. $\displaystyle\int x^3 \sqrt{x^2+1}\,dx$

40. $\displaystyle\int x^2 \text{sen}\, x^3\,dx$

41. $\displaystyle\int \text{sen}\,3x \cos 2x\,dx$

42. $\displaystyle\int \text{sen}\,2x \cos 4x\,dx$

43. $\displaystyle\int e^x \text{sen}\, e^x\,dx$

44. $\displaystyle\int \dfrac{e^{\sqrt{x}}}{\sqrt{x}}\,dx$

45. $\displaystyle\int \cos\sqrt{x}\,dx$

46. $\displaystyle\int \sqrt{x}\, e^{\sqrt{x}}\,dx$

47. $\displaystyle\int_0^{\pi/2} \theta^2 \text{sen}\,2\theta\,d\theta$

48. $\displaystyle\int_0^{\pi/2} x^3 \cos 2x\,dx$

49. $\displaystyle\int_{2/\sqrt{3}}^{2} t \sec^{-1} t\,dt$

50. $\displaystyle\int_0^{1/\sqrt{2}} 2x\, \text{sen}^{-1}(x^2)\,dx$

Teoria e exemplos

51. Determinação de área Determine a área da região delimitada pela curva $y = x\,\text{sen}\,x$ e pelo eixo das abscissas (veja a figura a seguir) para

a. $0 \le x \le \pi$.
b. $\pi \le x \le 2\pi$.
c. $2\pi \le x \le 3\pi$.
d. Que padrão pode ser reconhecido aqui? Qual é a área entre a curva e o eixo das abscissas para $n\pi \le x \le (n+1)\pi$, sendo n um inteiro arbitrário não negativo? Justifique sua resposta.

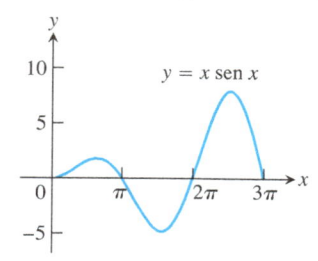

52. Determinação de área Determine a área da região delimitada pela curva $y = x \cos x$ e pelo eixo das abscissas (veja a figura a seguir) para

a. $\pi/2 \le x \le 3\pi/2$.
b. $3\pi/2 \le x \le 5\pi/2$.
c. $5\pi/2 \le x \le 7\pi/2$.
d. Que padrão pode ser reconhecido aqui? Qual é a área entre a curva e o eixo das abscissas para

$$\left(\dfrac{2n-1}{2}\right)\pi \le x \le \left(\dfrac{2n+1}{2}\right)\pi,$$

sendo n um inteiro positivo arbitrário? Justifique sua resposta.

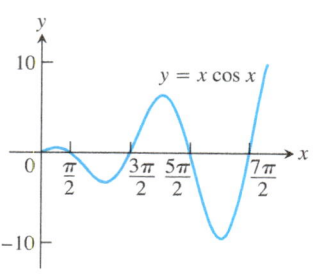

53. Determinação de volume Determine o volume do sólido gerado pela rotação da região do primeiro quadrante delimitada pelos eixos coordenados, pela curva $y = e^x$ e pela reta $x = \ln 2$ em torno da reta $x = \ln 2$.

54. Determinação de volume Determine o volume do sólido gerado pela rotação da região do primeiro quadrante delimitada pelos eixos coordenados, pela curva $y = e^{-x}$ e pela reta $x = 1$.

a. em torno do eixo das ordenadas.
b. em torno da reta $x = 1$.

55. Determinação de volume Determine o volume do sólido gerado pela rotação da região do primeiro quadrante delimitada pelos eixos coordenados e pela curva $y = \cos x$, $0 \le x \le \pi/2$, em torno

a. do eixo das ordenadas.
b. da reta $\pi/2$.

56. Determinação de volume Determine o volume do sólido gerado pela rotação da região delimitada pelo eixo das abscissas e pela curva $y = x\,\text{sen}\,x$, $0 \le x \le \pi$, em torno

a. do eixo das ordenadas.
b. da reta $x = \pi$.

(Veja o gráfico do Exercício 51.)

57. Considere a região delimitada pelos gráficos de $y = \ln x$, $y = 0$ e $x = e$.

a. Determine a área da região.
b. Determine o volume do sólido formado pela rotação dessa região em torno do eixo das abscissas.
c. Determine o volume do sólido formado pela rotação dessa região em torno da reta $x = -2$.
d. Determine o centroide da região.

58. Considere a região delimitada pelos gráficos de $y = \text{tg}^{-1} x$, $y = 0$ e $x = 1$.

a. Determine a área da região.
b. Determine o volume do sólido formado pela rotação dessa região em torno do eixo das ordenadas.

59. Valor médio Uma força de retardamento, simbolizada pelo amortecedor na figura a seguir, freia o movimento da massa presa à mola, de modo que a posição da massa no instante t é

$$y = 2e^{-t} \cos t, \quad t \ge 0.$$

Calcule o valor médio de y no intervalo $0 \leq t \leq 2\pi$.

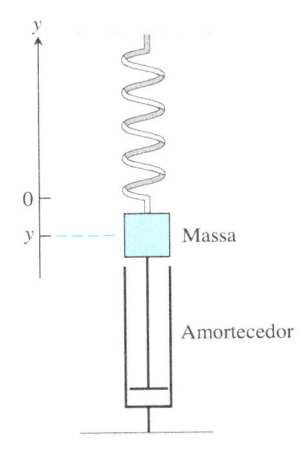

60. **Valor médio** Em um sistema massa-mola-amortecedor como o que vimos no Exercício 59, a posição da massa no instante t é

$$y = 4e^{-t}(\operatorname{sen} t - \cos t), \quad t \geq 0.$$

Determine o valor médio de y no intervalo $0 \leq t \leq 2\pi$.

Fórmulas de redução

Nos Exercícios 61-64, use a integração por partes para estabelecer a fórmula de redução.

61. $\displaystyle\int x^n \cos x \, dx = x^n \operatorname{sen} x - n\int x^{n-1} \operatorname{sen} x \, dx$

62. $\displaystyle\int x^n \operatorname{sen} x \, dx = -x^n \cos x + n\int x^{n-1} \cos x \, dx$

63. $\displaystyle\int x^n e^{ax} \, dx = \frac{x^n e^{ax}}{a} - \frac{n}{a}\int x^{n-1} e^{ax} \, dx, \quad a \neq 0$

64. $\displaystyle\int (\ln x)^n \, dx = x(\ln x)^n - n\int (\ln x)^{n-1} \, dx$

65. Mostre que

$$\int_a^b \left(\int_x^b f(t)\, dt\right) dx = \int_a^b (x - a) f(x)\, dx.$$

66. Use integração por partes para obter a fórmula

$$\int \sqrt{1 - x^2}\, dx = \frac{1}{2} x \sqrt{1 - x^2} + \frac{1}{2}\int \frac{1}{\sqrt{1 - x^2}}\, dx.$$

Integração de inversas de funções

A integração por partes leva a uma regra para integrar inversas que geralmente produz bons resultados:

$$\int f^{-1}(x)\, dx = \int y f'(y)\, dy \qquad \begin{aligned} y &= f^{-1}(x), \quad x = f(y) \\ dx &= f'(y)\, dy \end{aligned}$$

$$= y f(y) - \int f(y)\, dy \qquad \text{Integração por partes com } u = y,\ dv = f'(y)\, dy$$

$$= x f^{-1}(x) - \int f(y)\, dy$$

A ideia é simplificar primeiro a parte mais complicada da integral, nesse caso, $f^{-1}(x)$. Para a integral de $\ln x$, temos

$$\int \ln x \, dx = \int y e^y \, dy \qquad \begin{aligned} y &= \ln x, \quad x = e^y \\ dx &= e^y \, dy \end{aligned}$$

$$= y e^y - e^y + C$$

$$= x \ln x - x + C.$$

Para a integral de $\cos^{-1} x$, temos

$$\int \cos^{-1} x \, dx = x \cos^{-1} x - \int \cos y \, dy \qquad y = \cos^{-1} x$$

$$= x \cos^{-1} x - \operatorname{sen} y + C$$

$$= x \cos^{-1} x - \operatorname{sen}(\cos^{-1} x) + C.$$

Use a fórmula

$$\int f^{-1}(x)\, dx = x f^{-1}(x) - \int f(y)\, dy \qquad y = f^{-1}(x) \quad (4)$$

para calcular as integrais nos Exercícios 67-70. Expresse suas respostas em termos de x.

67. $\displaystyle\int \operatorname{sen}^{-1} x \, dx$
68. $\displaystyle\int \operatorname{tg}^{-1} x \, dx$
69. $\displaystyle\int \sec^{-1} x \, dx$
70. $\displaystyle\int \log_2 x \, dx$

Outra maneira de integrar $f^{-1}(x)$ (quando f^{-1} for integrável, é claro) é utilizar a integração por partes com $u = f^{-1}(x)$ e $dv = dx$ para reescrever a integral f^{-1} como

$$\int f^{-1}(x)\, dx = x f^{-1}(x) - \int x \left(\frac{d}{dx} f^{-1}(x)\right) dx. \quad (5)$$

Nos Exercícios 71 e 72, compare os resultados do uso das Equações 4 e 5.

71. As Equações 4 e 5 dão fórmulas diferentes para a integral de $\cos^{-1} x$:

    a. $\displaystyle\int \cos^{-1} x \, dx = x \cos^{-1} x - \operatorname{sen}(\cos^{-1} x) + C$ Equação 4

    b. $\displaystyle\int \cos^{-1} x \, dx = x \cos^{-1} x - \sqrt{1 - x^2} + C$ Equação 5

    As duas integrações podem estar corretas? Explique.

72. As Equações 4 e 5 conduzem a fórmulas diferentes para a integral de $\operatorname{tg}^{-1} x$:

    a. $\displaystyle\int \operatorname{tg}^{-1} x \, dx = x \operatorname{tg}^{-1} x - \ln \sec(\operatorname{tg}^{-1} x) + C$ Equação 4

    b. $\displaystyle\int \operatorname{tg}^{-1} x \, dx = x \operatorname{tg}^{-1} x - \ln \sqrt{1 + x^2} + C$ Equação 5

    As duas integrações podem estar corretas? Explique.

Calcule as integrais nos Exercícios 73 e 74 usando **(a)** a Equação 4 e **(b)** a Equação 5. Em cada caso, confira seu trabalho derivando sua resposta em relação a x.

73. $\displaystyle\int \operatorname{senh}^{-1} x \, dx$

74. $\displaystyle\int \operatorname{tgh}^{-1} x \, dx$

8.2 Integrais trigonométricas

As integrais trigonométricas envolvem combinações algébricas das seis funções trigonométricas básicas. Em princípio, podemos sempre expressar tais integrais em termos de senos e cossenos, mas muitas vezes é mais simples trabalhar com outras funções, como na integral

$$\int \sec^2 x \, dx = \operatorname{tg} x + C.$$

A ideia geral é usar identidades para transformar as integrais que temos de determinar em integrais que sejam mais fáceis de trabalhar.

Produtos de potências de senos e cossenos

Começamos com integrais de forma:

$$\int \operatorname{sen}^m x \cos^n x \, dx,$$

onde m e n são inteiros não negativos (positivos ou zero). Podemos dividir a tarefa em três casos dependendo se m e n forem pares ou ímpares.

Caso 1 Se m é ímpar, escrevemos m como $2k + 1$ e usamos a identidade $\operatorname{sen}^2 x = 1 - \cos^2 x$ para obter

$$\operatorname{sen}^m x = \operatorname{sen}^{2k+1} x = (\operatorname{sen}^2 x)^k \operatorname{sen} x = (1 - \cos^2 x)^k \operatorname{sen} x. \quad (1)$$

Então, combinamos o único sen x com dx na integral e igualamos sen $x \, dx$ com $-d(\cos x)$.

Caso 2 Se m é par e n é ímpar em $\int \operatorname{sen}^m x \cos^n x \, dx$, escrevemos n como $2k + 1$ e usamos a identidade $\cos^2 x = 1 - \operatorname{sen}^2 x$ para obter

$$\cos^n x = \cos^{2k+1} x = (\cos^2 x)^k \cos x = (1 - \operatorname{sen}^2 x)^k \cos x.$$

Em seguida, combinamos o único cos x com dx e igualamos cos $x \, dx$ a $d(\operatorname{sen} x)$.

Caso 3 Se **tanto m quanto n são pares** em $\int \operatorname{sen}^m x \cos^n x \, dx$, substituímos

$$\operatorname{sen}^2 x = \frac{1 - \cos 2x}{2}, \qquad \cos^2 x = \frac{1 + \cos 2x}{2} \quad (2)$$

para reduzir o integrando a outro que tenha potências mais baixas de cos $2x$.

Veja alguns exemplos que ilustram cada um dos casos.

EXEMPLO 1 Calcule

$$\int \operatorname{sen}^3 x \cos^2 x \, dx.$$

Solução Este é um exemplo do Caso 1.

$$\int \operatorname{sen}^3 x \cos^2 x \, dx = \int \operatorname{sen}^2 x \cos^2 x \operatorname{sen} x \, dx \qquad m \text{ é ímpar.}$$

$$= \int (1 - \cos^2 x) \cos^2 x \, (-d(\cos x)) \qquad \operatorname{sen} x \, dx = -d(\cos x)$$

$$= \int (1 - u^2)(u^2)(-du) \qquad u = \cos x$$

$$= \int (u^4 - u^2) \, du \qquad \text{Multiplique os termos.}$$

$$= \frac{u^5}{5} - \frac{u^3}{3} + C = \frac{\cos^5 x}{5} - \frac{\cos^3 x}{3} + C.$$

EXEMPLO 2 Calcule

$$\int \cos^5 x \, dx.$$

Solução Este é um exemplo do Caso 2, onde $m = 0$ é par e $n = 5$ é ímpar.

$$\int \cos^5 x \, dx = \int \cos^4 x \cos x \, dx = \int (1 - \operatorname{sen}^2 x)^2 \, d(\operatorname{sen} x) \qquad \cos x \, dx = d(\operatorname{sen} x)$$

$$= \int (1 - u^2)^2 \, du \qquad u = \operatorname{sen} x$$

$$= \int (1 - 2u^2 + u^4) \, du \qquad \text{Eleve } 1 - u^2 \text{ ao quadrado.}$$

$$= u - \frac{2}{3} u^3 + \frac{1}{5} u^5 + C = \operatorname{sen} x - \frac{2}{3} \operatorname{sen}^3 x + \frac{1}{5} \operatorname{sen}^5 x + C.$$

EXEMPLO 3 Calcule

$$\int \operatorname{sen}^2 x \cos^4 x \, dx.$$

Solução Este é um exemplo do Caso 3.

$$\int \operatorname{sen}^2 x \cos^4 x \, dx = \int \left(\frac{1 - \cos 2x}{2} \right) \left(\frac{1 + \cos 2x}{2} \right)^2 dx \qquad m \text{ e } n \text{ são ambos pares}$$

$$= \frac{1}{8} \int (1 - \cos 2x)(1 + 2 \cos 2x + \cos^2 2x) \, dx$$

$$= \frac{1}{8} \int (1 + \cos 2x - \cos^2 2x - \cos^3 2x) \, dx$$

$$= \frac{1}{8} \left[x + \frac{1}{2} \operatorname{sen} 2x - \int (\cos^2 2x + \cos^3 2x) \, dx \right].$$

Para o termo que envolve $\cos^2 2x$, usamos

$$\int \cos^2 2x \, dx = \frac{1}{2} \int (1 + \cos 4x) \, dx$$

$$= \frac{1}{2} \left(x + \frac{1}{4} \operatorname{sen} 4x \right). \qquad \text{Omissão da constante de integração até o resultado final.}$$

Para o termo $\cos^3 2x$, temos

$$\int \cos^3 2x\, dx = \int (1 - \operatorname{sen}^2 2x) \cos 2x\, dx \qquad \begin{array}{l} u = \operatorname{sen} 2x, \\ du = 2\cos 2x\, dx \end{array}$$

$$= \frac{1}{2}\int (1 - u^2)\, du = \frac{1}{2}\left(\operatorname{sen} 2x - \frac{1}{3}\operatorname{sen}^3 2x\right). \qquad \begin{array}{l}\text{Omitimos} \\ C \text{ de novo}\end{array}$$

Ao combinar as expressões e simplificar, temos

$$\int \operatorname{sen}^2 x \cos^4 x\, dx = \frac{1}{16}\left(x - \frac{1}{4}\operatorname{sen} 4x + \frac{1}{3}\operatorname{sen}^3 2x\right) + C$$

Eliminação de raízes quadradas

No próximo exemplo, usaremos a identidade $\cos^2 \theta = (1 + \cos 2\theta)/2$ para eliminar a raiz quadrada.

EXEMPLO 4 Calcule

$$\int_0^{\pi/4} \sqrt{1 + \cos 4x}\, dx.$$

Solução Para eliminar a raiz quadrada, usamos a identidade

$$\cos^2 \theta = \frac{1 + \cos 2\theta}{2} \quad \text{ou} \quad 1 + \cos 2\theta = 2\cos^2 \theta.$$

Com $\theta = 2x$, a fórmula se transforma em

$$1 + \cos 4x = 2\cos^2 2x.$$

Portanto,

$$\int_0^{\pi/4} \sqrt{1 + \cos 4x}\, dx = \int_0^{\pi/4} \sqrt{2\cos^2 2x}\, dx = \int_0^{\pi/4} \sqrt{2}\sqrt{\cos^2 2x}\, dx$$

$$= \sqrt{2}\int_0^{\pi/4} |\cos 2x|\, dx = \sqrt{2}\int_0^{\pi/4} \cos 2x\, dx \qquad \begin{array}{l}\cos 2x \geq 0 \\ \text{em } [0, \pi/4]\end{array}$$

$$= \sqrt{2}\left[\frac{\operatorname{sen} 2x}{2}\right]_0^{\pi/4} = \frac{\sqrt{2}}{2}[1 - 0] = \frac{\sqrt{2}}{2}.$$

Potências inteiras de tg x e sec x

Sabemos como integrar a tangente e a secante e seus quadrados. Para integrar potências maiores, usamos as identidades $\operatorname{tg}^2 x = \sec^2 x - 1$ e $\sec^2 x = \operatorname{tg}^2 x + 1$, e integramos por partes quando necessário para reduzir potências maiores a potências menores.

EXEMPLO 5 Calcule

$$\int \operatorname{tg}^4 x\, dx.$$

Solução

$$\int \operatorname{tg}^4 x\, dx = \int \operatorname{tg}^2 x \cdot \operatorname{tg}^2 x\, dx = \int \operatorname{tg}^2 x \cdot (\sec^2 x - 1)\, dx$$

$$= \int \operatorname{tg}^2 x \sec^2 x\, dx - \int \operatorname{tg}^2 x\, dx$$

$$= \int \operatorname{tg}^2 x \sec^2 x\, dx - \int (\sec^2 x - 1)\, dx$$

$$= \int \operatorname{tg}^2 x \sec^2 x\, dx - \int \sec^2 x\, dx + \int dx.$$

Na primeira integral, fazemos
$$u = \text{tg } x, \quad du = \sec^2 x \, dx$$
e obtemos
$$\int u^2 \, du = \frac{1}{3} u^3 + C_1.$$

As integrais restantes são formas padrão, de modo que
$$\int \text{tg}^4 x \, dx = \frac{1}{3} \text{tg}^3 x - \text{tg } x + x + C.$$

EXEMPLO 6 Calcule
$$\int \sec^3 x \, dx.$$

Solução Integramos por partes, usando
$$u = \sec x, \quad dv = \sec^2 x \, dx, \quad v = \text{tg } x, \quad du = \sec x \, \text{tg } x \, dx.$$

Então,
$$\int \sec^3 x \, dx = \sec x \, \text{tg } x - \int (\text{tg } x)(\sec x \, \text{tg } x \, dx)$$
$$= \sec x \, \text{tg } x - \int (\sec^2 x - 1) \sec x \, dx \quad \text{tg}^2 x = \sec^2 x - 1$$
$$= \sec x \, \text{tg } x + \int \sec x \, dx - \int \sec^3 x \, dx.$$

Ao combinar as duas integrais da secante ao cubo, temos
$$2 \int \sec^3 x \, dx = \sec x \, \text{tg } x + \int \sec x \, dx$$
e
$$\int \sec^3 x \, dx = \frac{1}{2} \sec x \, \text{tg } x + \frac{1}{2} \ln |\sec x + \text{tg } x| + C.$$

Produtos de senos e cossenos

As integrais
$$\int \text{sen } mx \, \text{sen } nx \, dx, \quad \int \text{sen } mx \cos nx \, dx \quad \text{e} \quad \int \cos mx \cos nx \, dx$$

surgem em muitas aplicações que envolvem funções periódicas. Podemos calcular essas integrais usando integração por partes, mas sempre serão necessárias duas integrações desse tipo em cada caso. É mais simples usar as identidades

$$\text{sen } mx \, \text{sen } nx = \frac{1}{2} [\cos (m - n)x - \cos (m + n)x], \tag{3}$$

$$\text{sen } mx \cos nx = \frac{1}{2} [\text{sen } (m - n)x + \text{sen } (m + n)x], \tag{4}$$

$$\cos mx \cos nx = \frac{1}{2} [\cos (m - n)x + \cos (m + n)x]. \tag{5}$$

Essas identidades são provenientes das fórmulas para soma dos ângulos nas funções seno e cosseno (Seção 1.3). Elas resultam em funções cujas primitivas são facilmente determinadas.

EXEMPLO 7 Calcule

$$\int \sen 3x \cos 5x \, dx.$$

Solução A partir da Equação 4 com $m = 3$ e $n = 5$, obtemos

$$\int \sen 3x \cos 5x \, dx = \frac{1}{2} \int [\sen(-2x) + \sen 8x] \, dx$$

$$= \frac{1}{2} \int (\sen 8x - \sen 2x) \, dx$$

$$= -\frac{\cos 8x}{16} + \frac{\cos 2x}{4} + C.$$

Exercícios 8.2

Potências de senos e cossenos

Calcule as integrais nos Exercícios 1-22.

1. $\int \cos 2x \, dx$
2. $\int_0^\pi 3 \sen \frac{x}{3} \, dx$
3. $\int \cos^3 x \sen x \, dx$
4. $\int \sen^4 2x \cos 2x \, dx$
5. $\int \sen^3 x \, dx$
6. $\int \cos^3 4x \, dx$
7. $\int \sen^5 x \, dx$
8. $\int_0^\pi \sen^5 \frac{x}{2} \, dx$
9. $\int \cos^3 x \, dx$
10. $\int_0^{\pi/6} 3 \cos^5 3x \, dx$
11. $\int \sen^3 x \cos^3 x \, dx$
12. $\int \cos^3 2x \sen^5 2x \, dx$
13. $\int \cos^2 x \, dx$
14. $\int_0^{\pi/2} \sen^2 x \, dx$
15. $\int_0^{\pi/2} \sen^7 y \, dy$
16. $\int 7 \cos^7 t \, dt$
17. $\int_0^\pi 8 \sen^4 x \, dx$
18. $\int 8 \cos^4 2\pi x \, dx$
19. $\int 16 \sen^2 x \cos^2 x \, dx$
20. $\int_0^\pi 8 \sen^4 y \cos^2 y \, dy$
21. $\int 8 \cos^3 2\theta \sen 2\theta \, d\theta$
22. $\int_0^{\pi/2} \sen^2 2\theta \cos^3 2\theta \, d\theta$

Integração de raízes quadradas

Calcule as integrais nos Exercícios 23-32.

23. $\int_0^{2\pi} \sqrt{\frac{1 - \cos x}{2}} \, dx$
24. $\int_0^\pi \sqrt{1 - \cos 2x} \, dx$
25. $\int_0^\pi \sqrt{1 - \sen^2 t} \, dt$
26. $\int_0^\pi \sqrt{1 - \cos^2 \theta} \, d\theta$
27. $\int_{\pi/3}^{\pi/2} \frac{\sen^2 x}{\sqrt{1 - \cos x}} \, dx$
28. $\int_0^{\pi/6} \sqrt{1 + \sen x} \, dx$

    $\left(\text{Dica: multiplique por } \sqrt{\frac{1 - \sen x}{1 - \sen x}}.\right)$

29. $\int_{5\pi/6}^\pi \frac{\cos^4 x}{\sqrt{1 - \sen x}} \, dx$
30. $\int_{\pi/2}^{3\pi/4} \sqrt{1 - \sen 2x} \, dx$
31. $\int_0^{\pi/2} \theta \sqrt{1 - \cos 2\theta} \, d\theta$
32. $\int_{-\pi}^\pi (1 - \cos^2 t)^{3/2} \, dt$

Potências de tangentes e secantes

Calcule as integrais nos Exercícios 33-50.

33. $\int \sec^2 x \tg x \, dx$
34. $\int \sec x \tg^2 x \, dx$
35. $\int \sec^3 x \tg x \, dx$
36. $\int \sec^3 x \tg^3 x \, dx$
37. $\int \sec^2 x \tg^2 x \, dx$
38. $\int \sec^4 x \tg^2 x \, dx$
39. $\int_{-\pi/3}^0 2 \sec^3 x \, dx$
40. $\int e^x \sec^3 e^x \, dx$
41. $\int \sec^4 \theta \, d\theta$
42. $\int 3 \sec^4 3x \, dx$
43. $\int_{\pi/4}^{\pi/2} \cossec^4 \theta \, d\theta$
44. $\int \sec^6 x \, dx$
45. $\int 4 \tg^3 x \, dx$
46. $\int_{-\pi/4}^{\pi/4} 6 \tg^4 x \, dx$
47. $\int \tg^5 x \, dx$
48. $\int \cotg^6 2x \, dx$
49. $\int_{\pi/6}^{\pi/3} \cotg^3 x \, dx$
50. $\int 8 \cotg^4 t \, dt$

Produtos de senos e cossenos

Calcule as integrais nos Exercícios 51-56.

51. $\int \operatorname{sen} 3x \cos 2x \, dx$

52. $\int \operatorname{sen} 2x \cos 3x \, dx$

53. $\int_{-\pi}^{\pi} \operatorname{sen} 3x \operatorname{sen} 3x \, dx$

54. $\int_{0}^{\pi/2} \operatorname{sen} x \cos x \, dx$

55. $\int \cos 3x \cos 4x \, dx$

56. $\int_{-\pi/2}^{\pi/2} \cos x \cos 7x \, dx$

Os Exercícios 57-62 requerem o uso de várias identidades trigonométricas antes que seja feito o cálculo das integrais.

57. $\int \operatorname{sen}^2 \theta \cos 3\theta \, d\theta$

58. $\int \cos^2 2\theta \operatorname{sen} \theta \, d\theta$

59. $\int \cos^3 \theta \operatorname{sen} 2\theta \, d\theta$

60. $\int \operatorname{sen}^3 \theta \cos 2\theta \, d\theta$

61. $\int \operatorname{sen} \theta \cos \theta \cos 3\theta \, d\theta$

62. $\int \operatorname{sen} \theta \operatorname{sen} 2\theta \operatorname{sen} 3\theta \, d\theta$

Integrações variadas

Use qualquer método para calcular as integrais nos Exercícios 63-68.

63. $\int \dfrac{\sec^3 x}{\operatorname{tg} x} \, dx$

64. $\int \dfrac{\operatorname{sen}^3 x}{\cos^4 x} \, dx$

65. $\int \dfrac{\operatorname{tg}^2 x}{\operatorname{cossec} x} \, dx$

66. $\int \dfrac{\operatorname{cotg} x}{\cos^2 x} \, dx$

67. $\int x \operatorname{sen}^2 x \, dx$

68. $\int x \cos^3 x \, dx$

Aplicações

69. Comprimento de arco Determine o comprimento da curva
$$y = \ln(\sec x), \quad 0 \leq x \leq \pi/4.$$

70. Centro de gravidade Determine o centro de gravidade da região delimitada pelo eixo das abscissas, pela curva $y = \sec x$ e pelas retas $x = -\pi/4$ e $x = \pi/4$.

71. Volume Determine o volume gerado pela rotação de um arco da curva $y = \operatorname{sen} x$ em torno do eixo das abscissas.

72. Área Determine a área entre o eixo das abscissas e a curva $\sqrt{1 + \cos 4x}, 0 \leq x \leq \pi$.

73. Centroide Determine o centroide da região delimitada pelos gráficos de $y = x + \cos x$ e $y = 0$ para $0 \leq x \leq 2\pi$.

74. Volume Determine o volume do sólido formado pela rotação da região delimitada pelos gráficos de $y = \operatorname{sen} x + \sec x$, $y = 0$, $x = 0$ e $x = \pi/3$ em torno do eixo x.

8.3 Substituições trigonométricas

As substituições trigonométricas ocorrem quando trocamos a variável de integração por uma função trigonométrica. As substituições mais comuns são $x = a \operatorname{tg} \theta$, $x = a \operatorname{sen} \theta$ e $x = a \sec \theta$. Essas substituições são eficazes na transformação de integrais que envolvem $\sqrt{a^2 + x^2}$, $\sqrt{a^2 - x^2}$, e $\sqrt{x^2 - a^2}$ em integrais que podemos calcular diretamente, uma vez que elas vêm dos triângulos retângulos de referência que vemos na Figura 8.2.

Com $x = a \operatorname{tg} \theta$,
$$a^2 + x^2 = a^2 + a^2 \operatorname{tg}^2 \theta = a^2(1 + \operatorname{tg}^2 \theta) = a^2 \sec^2 \theta.$$

Com $x = a \operatorname{sen} \theta$,
$$a^2 - x^2 = a^2 - a^2 \operatorname{sen}^2 \theta = a^2(1 - \operatorname{sen}^2 \theta) = a^2 \cos^2 \theta.$$

$x = a \operatorname{tg} \theta$
$\sqrt{a^2 + x^2} = a|\sec \theta|$

$x = a \operatorname{sen} \theta$
$\sqrt{a^2 - x^2} = a|\cos \theta|$

$x = a \sec \theta$
$\sqrt{x^2 - a^2} = a|\operatorname{tg} \theta|$

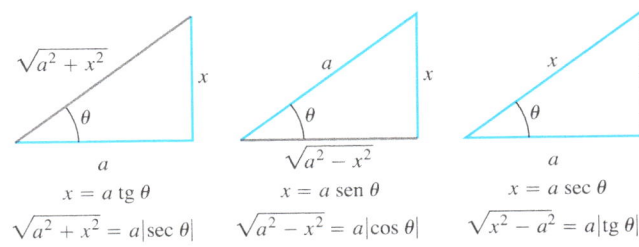

FIGURA 8.2 Triângulos de referência para as três substituições básicas identificando os lados x e a em cada substituição.

Com $x = a\sec\theta$,
$$x^2 - a^2 = a^2\sec^2\theta - a^2 = a^2(\sec^2\theta - 1) = a^2\text{tg}^2\theta.$$

Desejamos que todas as substituições usadas em uma integração sejam reversíveis para que possamos voltar à variável original posteriormente. Por exemplo, se $x = a\,\text{tg}\,\theta$, queremos poder estabelecer que $\theta = \text{tg}^{-1}(x/a)$ após a ocorrência da integração. Se $x = a\,\text{sen}\,\theta$, queremos poder estabelecer que $\theta = \text{sen}^{-1}(x/a)$ no final, e da mesma forma para $x = a\sec\theta$.

Como vimos na Seção 1.6, nessas substituições as funções têm inversas somente para valores selecionados de θ (Figura 8.3). Para reversibilidade,

$$x = a\,\text{tg}\,\theta \quad \text{exige} \quad \theta = \text{tg}^{-1}\left(\frac{x}{a}\right) \quad \text{com} \quad -\frac{\pi}{2} < \theta < \frac{\pi}{2},$$

$$x = a\,\text{sen}\,\theta \quad \text{exige} \quad \theta = \text{sen}^{-1}\left(\frac{x}{a}\right) \quad \text{com} \quad -\frac{\pi}{2} \leq \theta \leq \frac{\pi}{2},$$

$$x = a\sec\theta \quad \text{exige} \quad \theta = \sec^{-1}\left(\frac{x}{a}\right) \quad \text{com} \quad \begin{cases} 0 \leq \theta < \dfrac{\pi}{2} & \text{se } \dfrac{x}{a} \geq 1, \\ \dfrac{\pi}{2} < \theta \leq \pi & \text{se } \dfrac{x}{a} \leq -1. \end{cases}$$

Para simplificar os cálculos com a substituição $x = a\sec\theta$, restringiremos seu uso a integrais nas quais $x/a \geq 1$. Isso colocará θ em $[0, \pi/2)$ e fará com que $\text{tg}\,\theta \geq 0$. Teremos, então, $\sqrt{x^2 - a^2} = \sqrt{a^2\text{tg}^2\theta} = |a\,\text{tg}\,\theta| = a\,\text{tg}\,\theta$, livre de valores absolutos, desde que $a > 0$.

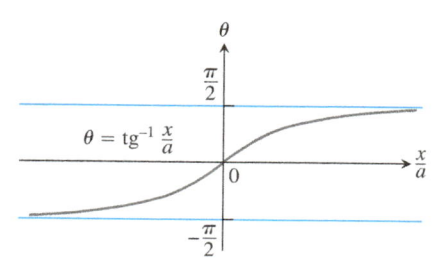

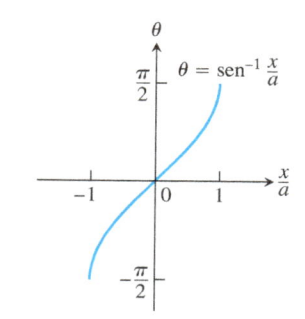

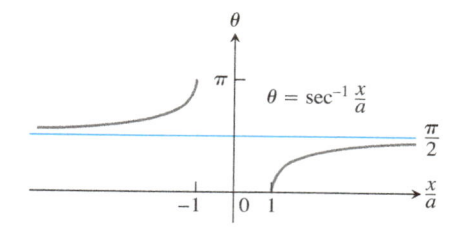

FIGURA 8.3 Arco tangente, arco seno e arco secante de x/a, representados graficamente como funções de x/a.

Procedimento para uma substituição trigonométrica

1. Anote a substituição de x, calcule a diferencial dx e especifique os valores selecionados de θ para a substituição.
2. Substitua a expressão trigonométrica e a diferencial calculada no integrando e, então, simplifique os resultados algebricamente.
3. Integre a integral trigonométrica, tendo em mente as restrições no ângulo θ para reversibilidade.
4. Desenhe um triângulo de referência adequado para inverter a substituição no resultado da integração e o converta de volta à variável original x.

EXEMPLO 1 Calcule

$$\int \frac{dx}{\sqrt{4 + x^2}}.$$

Solução Fazemos

$$x = 2\,\text{tg}\,\theta, \qquad dx = 2\sec^2\theta\,d\theta, \qquad -\frac{\pi}{2} < \theta < \frac{\pi}{2},$$

$$4 + x^2 = 4 + 4\,\text{tg}^2\theta = 4(1 + \text{tg}^2\theta) = 4\sec^2\theta.$$

FIGURA 8.4 Triângulo de referência para $x = 2\,\text{tg}\,\theta$ (Exemplo 1):

$$\text{tg}\,\theta = \frac{x}{2}$$

e

$$\sec\theta = \frac{\sqrt{4+x^2}}{2}.$$

Então,

$$\int \frac{dx}{\sqrt{4+x^2}} = \int \frac{2\sec^2\theta\, d\theta}{\sqrt{4\sec^2\theta}} = \int \frac{\sec^2\theta\, d\theta}{|\sec\theta|} \qquad \sqrt{\sec^2\theta} = |\sec\theta|$$

$$= \int \sec\theta\, d\theta \qquad \sec\theta > 0 \text{ para } -\frac{\pi}{2} < \theta < \frac{\pi}{2}$$

$$= \ln|\sec\theta + \text{tg}\,\theta| + C$$

$$= \ln\left|\frac{\sqrt{4+x^2}}{2} + \frac{x}{2}\right| + C. \qquad \text{Da Figura 8.4}$$

Observe como expressamos $\ln|\sec\theta + \text{tg}\,\theta|$ em termos de x: desenhamos um triângulo de referência para a substituição original $x = 2\,\text{tg}\,\theta$ (Figura 8.4) e lemos as proporções do triângulo.

EXEMPLO 2 Calcule

$$\int \frac{x^2\, dx}{\sqrt{9-x^2}}.$$

Solução Fazemos

$$x = 3\,\text{sen}\,\theta, \qquad dx = 3\cos\theta\, d\theta, \qquad -\frac{\pi}{2} < \theta < \frac{\pi}{2}$$

$$9 - x^2 = 9 - 9\,\text{sen}^2\,\theta = 9(1 - \text{sen}^2\,\theta) = 9\cos^2\theta.$$

Então,

$$\int \frac{x^2\, dx}{\sqrt{9-x^2}} = \int \frac{9\,\text{sen}^2\theta \cdot 3\cos\theta\, d\theta}{|3\cos\theta|}$$

$$= 9\int \text{sen}^2\theta\, d\theta \qquad \cos\theta > 0 \text{ para } -\frac{\pi}{2} < \theta < \frac{\pi}{2}$$

$$= 9\int \frac{1 - \cos 2\theta}{2}\, d\theta$$

$$= \frac{9}{2}\left(\theta - \frac{\text{sen}\,2\theta}{2}\right) + C$$

$$= \frac{9}{2}(\theta - \text{sen}\,\theta\cos\theta) + C \qquad \text{sen}\,2\theta = 2\,\text{sen}\,\theta\cos\theta$$

$$= \frac{9}{2}\left(\text{sen}^{-1}\frac{x}{3} - \frac{x}{3}\cdot\frac{\sqrt{9-x^2}}{3}\right) + C \qquad \text{Figura 8.5}$$

$$= \frac{9}{2}\text{sen}^{-1}\frac{x}{3} - \frac{x}{2}\sqrt{9-x^2} + C.$$

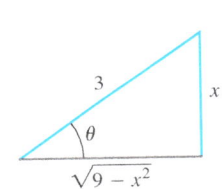

FIGURA 8.5 Triângulo de referência para $x = 3\,\text{sen}\,\theta$ (Exemplo 2):

$$\text{sen}\,\theta = \frac{x}{3}$$

e

$$\cos\theta = \frac{\sqrt{9-x^2}}{3}.$$

EXEMPLO 3 Calcule

$$\int \frac{dx}{\sqrt{25x^2-4}}, \qquad x > \frac{2}{5}.$$

Solução Primeiro reescrevemos o radical como

$$\sqrt{25x^2-4} = \sqrt{25\left(x^2 - \frac{4}{25}\right)}$$

$$= 5\sqrt{x^2 - \left(\frac{2}{5}\right)^2}$$

para colocar o radicando na forma $x^2 - a^2$. Então, substituímos

$$x = \frac{2}{5}\sec\theta, \qquad dx = \frac{2}{5}\sec\theta\,\mathrm{tg}\,\theta\,d\theta, \qquad 0 < \theta < \frac{\pi}{2}$$

$$x^2 - \left(\frac{2}{5}\right)^2 = \frac{4}{25}\sec^2\theta - \frac{4}{25}$$

$$= \frac{4}{25}(\sec^2\theta - 1) = \frac{4}{25}\mathrm{tg}^2\theta$$

$$\sqrt{x^2 - \left(\frac{2}{5}\right)^2} = \frac{2}{5}|\mathrm{tg}\,\theta| = \frac{2}{5}\mathrm{tg}\,\theta. \qquad \text{tg}\,\theta > 0 \text{ para } 0 < \theta < \pi/2$$

Com essas substituições, obtemos

$$\int \frac{dx}{\sqrt{25x^2-4}} = \int \frac{dx}{5\sqrt{x^2-(4/25)}} = \int \frac{(2/5)\sec\theta\,\mathrm{tg}\,\theta\,d\theta}{5\cdot(2/5)\mathrm{tg}\,\theta}$$

$$= \frac{1}{5}\int \sec\theta\,d\theta = \frac{1}{5}\ln|\sec\theta + \mathrm{tg}\,\theta| + C$$

$$= \frac{1}{5}\ln\left|\frac{5x}{2} + \frac{\sqrt{25x^2-4}}{2}\right| + C.$$

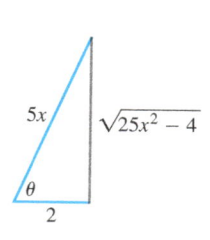

FIGURA 8.6 Se $x = (2/5)\sec\theta$, $0 < \theta < \pi/2$, então $\theta = \sec^{-1}(5x/2)$, e podemos ler os valores de outras funções trigonométricas de θ a partir desse triângulo retângulo (Exemplo 3).

Figura 8.6

Exercícios 8.3

Uso de substituições trigonométricas

Calcule as integrais nos Exercícios 1-14.

1. $\int \dfrac{dx}{\sqrt{9+x^2}}$

2. $\int \dfrac{3\,dx}{\sqrt{1+9x^2}}$

3. $\int_{-2}^{2} \dfrac{dx}{4+x^2}$

4. $\int_{0}^{2} \dfrac{dx}{8+2x^2}$

5. $\int_{0}^{3/2} \dfrac{dx}{\sqrt{9-x^2}}$

6. $\int_{0}^{1/2\sqrt{2}} \dfrac{2\,dx}{\sqrt{1-4x^2}}$

7. $\int \sqrt{25-t^2}\,dt$

8. $\int \sqrt{1-9t^2}\,dt$

9. $\int \dfrac{dx}{\sqrt{4x^2-49}}, \quad x > \dfrac{7}{2}$

10. $\int \dfrac{5\,dx}{\sqrt{25x^2-9}}, \quad x > \dfrac{3}{5}$

11. $\int \dfrac{\sqrt{y^2-49}}{y}\,dy, \quad y > 7$

12. $\int \dfrac{\sqrt{y^2-25}}{y^3}\,dy, \quad y > 5$

13. $\int \dfrac{dx}{x^2\sqrt{x^2-1}}, \quad x > 1$

14. $\int \dfrac{2\,dx}{x^3\sqrt{x^2-1}}, \quad x > 1$

Integrações variadas

Nos Exercícios 15-34, use qualquer método para calcular as integrais. A maioria exigirá substituições trigonométricas, mas algumas podem ser calculadas por outros métodos.

15. $\int \dfrac{x}{\sqrt{9-x^2}}\,dx$

16. $\int \dfrac{x^2}{4+x^2}\,dx$

17. $\int \dfrac{x^3\,dx}{\sqrt{x^2+4}}$

18. $\int \dfrac{dx}{x^2\sqrt{x^2+1}}$

19. $\int \dfrac{8\,dw}{w^2\sqrt{4-w^2}}$

20. $\int \dfrac{\sqrt{9-w^2}}{w^2}\,dw$

21. $\int \dfrac{100}{36+25x^2}\,dx$

22. $\int x\sqrt{x^2-4}\,dx$

23. $\int_{0}^{\sqrt{3}/2} \dfrac{4x^2\,dx}{(1-x^2)^{3/2}}$

24. $\int_{0}^{1} \dfrac{dx}{(4-x^2)^{3/2}}$

25. $\int \dfrac{dx}{(x^2-1)^{3/2}}, \quad x > 1$

26. $\int \dfrac{x^2\,dx}{(x^2-1)^{5/2}}, \quad x > 1$

27. $\int \dfrac{(1-x^2)^{3/2}}{x^6}\,dx$

28. $\int \dfrac{(1-x^2)^{1/2}}{x^4}\,dx$

29. $\int \dfrac{8\,dx}{(4x^2+1)^2}$

30. $\int \dfrac{6\,dt}{(9t^2+1)^2}$

31. $\int \dfrac{x^3\,dx}{x^2-1}$

32. $\int \dfrac{x\,dx}{25+4x^2}$

33. $\int \dfrac{v^2\,dv}{(1-v^2)^{5/2}}$

34. $\int \dfrac{(1-r^2)^{5/2}}{r^8}\,dr$

Nos Exercícios 35-48, utilize uma substituição apropriada e, em seguida, uma substituição trigonométrica para calcular as integrais.

35. $\int_{0}^{\ln 4} \dfrac{e^t\,dt}{\sqrt{e^{2t}+9}}$

36. $\int_{\ln(3/4)}^{\ln(4/3)} \dfrac{e^t\,dt}{(1+e^{2t})^{3/2}}$

37. $\int_{1/12}^{1/4} \dfrac{2\,dt}{\sqrt{t}+4t\sqrt{t}}$

38. $\int_{1}^{e} \dfrac{dy}{y\sqrt{1+(\ln y)^2}}$

39. $\displaystyle\int \frac{dx}{x\sqrt{x^2-1}}$

40. $\displaystyle\int \frac{dx}{1+x^2}$

41. $\displaystyle\int \frac{x\,dx}{\sqrt{x^2-1}}$

42. $\displaystyle\int \frac{dx}{\sqrt{1-x^2}}$

43. $\displaystyle\int \frac{x\,dx}{\sqrt{1+x^4}}$

44. $\displaystyle\int \frac{\sqrt{1-(\ln x)^2}}{x\ln x}\,dx$

45. $\displaystyle\int \sqrt{\frac{4-x}{x}}\,dx$

(Dica: seja $x = u^2$.)

46. $\displaystyle\int \sqrt{\frac{x}{1-x^3}}\,dx$

(Dica: seja $u = x^{3/2}$.)

47. $\displaystyle\int \sqrt{x}\sqrt{1-x}\,dx$

48. $\displaystyle\int \frac{\sqrt{x-2}}{\sqrt{x-1}}\,dx$

Problemas de valor inicial

Resolva os problemas de valor inicial nos Exercícios 49-52 para y como uma função de x.

49. $x\dfrac{dy}{dx} = \sqrt{x^2-4}, \quad x \geq 2, \quad y(2) = 0$

50. $\sqrt{x^2-9}\,\dfrac{dy}{dx} = 1, \quad x > 3, \quad y(5) = \ln 3$

51. $(x^2+4)\dfrac{dy}{dx} = 3, \quad y(2) = 0$

52. $(x^2+1)^2\,\dfrac{dy}{dx} = \sqrt{x^2+1}, \quad y(0) = 1$

Aplicações e exemplos

53. **Área** Determine a área da região no primeiro quadrante que é delimitada pelos eixos coordenados e pela curva $y = \sqrt{9-x^2}/3$.

54. **Área** Determine a área delimitada pela elipse
$$\frac{x^2}{a^2} + \frac{y^2}{b^2} = 1.$$

55. Considere a região delimitada pelos gráficos de $y = \operatorname{sen}^{-1} x$, $y = 0$ e $x = 1/2$.
   a. Determine a área da região.
   b. Determine o centroide da região.

56. Considere a região delimitada pelos gráficos de $y = \sqrt{x\operatorname{tg}^{-1} x}$ e $y = 0$ para $0 \leq x \leq 1$. Determine o volume do sólido formado pela rotação dessa região em torno do eixo das abscissas (veja a figura a seguir).

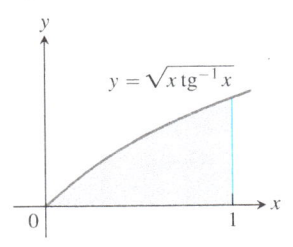

57. Calcule $\int x^3\sqrt{1-x^2}\,dx$ usando
   a. integração por partes.
   b. substituição por u.
   c. substituição trigonométrica.

58. **Rota de um esquiador aquático** Suponha que um barco tenha sido posicionado na origem com um esquiador amarrado ao barco no ponto $(30, 0)$ com uma corda de 30 pés de comprimento. À medida que o barco viaja ao longo do eixo das ordenadas positivo, o esquiador é puxado pelo barco ao longo de um caminho desconhecido $y = f(x)$, como mostra a figura a seguir.

   a. Mostre que $f'(x) = \dfrac{-\sqrt{900-x^2}}{x}$.

   (Dica: suponha que o esquiador esteja sempre voltado na direção do barco e que a corda esteja em uma reta tangente ao caminho $y = f(x)$.)

   b. Resolva a equação do item (a) para $f(x)$, usando $f(30) = 0$.

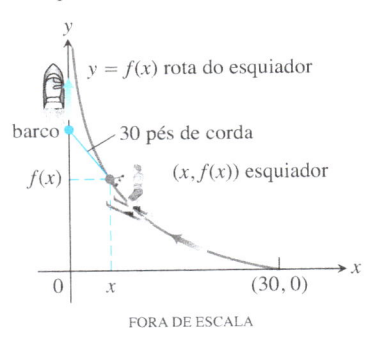

FORA DE ESCALA

8.4 Integração de funções racionais por frações parciais

Esta seção mostrará como expressar uma função racional (quociente de polinômios) como uma soma de frações mais simples, as chamadas *frações parciais*, que são fáceis de integrar. Por exemplo, a função racional $(5x-3)/(x^2-2x-3)$ pode ser reescrita como

$$\frac{5x-3}{x^2-2x-3} = \frac{2}{x+1} + \frac{3}{x-3}.$$

Essa equação pode ser verificada algebricamente ao colocarmos as frações do lado direito sobre um denominador comum $(x+1)(x-3)$. A habilidade de escrever funções racionais como uma soma desse tipo é útil também em outras situações (por exemplo, ao usar determinados métodos de transformação para resolver equações diferenciais). Para integrar a função racional $(5x - 3)/(x^2 - 2x - 3)$ do lado esquerdo de nossa expressão anterior, simplesmente somamos as integrais das frações do lado direito:

$$\int \frac{5x-3}{(x+1)(x-3)} dx = \int \frac{2}{x+1} dx + \int \frac{3}{x-3} dx$$
$$= 2\ln|x+1| + 3\ln|x-3| + C.$$

O método de reescrever funções racionais como uma soma de frações mais simples é chamado de **método de frações parciais**. No caso do exemplo anterior, o método consiste em determinar constantes A e B tais que

$$\frac{5x-3}{x^2-2x-3} = \frac{A}{x+1} + \frac{B}{x-3}. \tag{1}$$

(Imagine por um momento que não saibamos que $A = 2$ e $B = 3$ funcionarão.) Chamamos as frações $A/(x + 1)$ e $B/(x - 3)$ de **frações parciais** porque seus denominadores são apenas parte do denominador original $x^2 - 2x - 3$. Chamamos A e B de **coeficientes indeterminados** até que tenhamos encontrado valores adequados para eles.

Para determinar A e B, primeiro eliminamos todas as frações da Equação 1 e as reagrupamos em potências de x, obtendo

$$5x - 3 = A(x - 3) + B(x + 1) = (A + B)x - 3A + B.$$

Isso será uma identidade em x se, e somente se, os coeficientes de potências iguais de x nos dois lados também forem iguais:

$$A + B = 5, \quad -3A + B = -3.$$

Resolvendo essas equações simultaneamente, obtemos $A = 2$ e $B = 3$.

Descrição geral do método

O sucesso ao escrever uma função racional $f(x)/g(x)$ como a soma de frações parciais depende de duas coisas:
- *O grau de $f(x)$ deve ser menor do que o grau de $g(x)$*. Isto é, a fração deve ser própria. Se não for, divida $f(x)$ por $g(x)$ e trabalhe com o termo restante. Veja o Exemplo 3 desta seção.
- *Devemos conhecer os fatores de $g(x)$*. Na teoria, qualquer polinômio com coeficientes reais pode ser escrito como um produto de fatores reais lineares e fatores reais quadráticos. Na prática, pode ser difícil encontrar esses fatores.

Veja como determinamos as frações parciais de uma fração própria $f(x)/g(x)$ quando os fatores de g são conhecidos. Um polinômio quadrático (ou fator) é **irredutível** se não puder ser escrito como o produto de dois fatores lineares com coeficientes reais. Isto é, o polinômio não tem raízes reais.

Método de frações parciais ($f(x)/g(x)$ próprias)

1. Seja $x - r$ um fator linear de $g(x)$. Suponha que $(x - r)^m$ seja a maior potência de $x - r$ que divide $g(x)$. Então, associe a esse fator a soma de m frações parciais:

$$\frac{A_1}{(x-r)} + \frac{A_2}{(x-r)^2} + \cdots + \frac{A_m}{(x-r)^m}.$$

Faça isso para cada fator linear distinto de $g(x)$.

2. Seja $x^2 + px + q$ um fator irredutível quadrático de $g(x)$, de modo que $x^2 + px + q$ não tenha raízes reais. Suponha que $(x^2 + px + q)^n$ seja a maior potência desse fator que divide $g(x)$. Então, atribua a esse fator a soma de n frações parciais:

$$\frac{B_1 x + C_1}{(x^2 + px + q)} + \frac{B_2 x + C_2}{(x^2 + px + q)^2} + \cdots + \frac{B_n x + C_n}{(x^2 + px + q)^n}.$$

Faça isso para cada fator quadrático distinto de $g(x)$.

3. Iguale a fração original $f(x)/g(x)$ à soma de todas essas frações parciais. Elimine as frações da equação resultante e organize os termos em potências decrescentes de x.
4. Iguale os coeficientes das potências correspondentes de x e resolva o sistema de equações obtido desse modo para calcular os coeficientes indeterminados.

EXEMPLO 1 Use frações parciais para calcular

$$\int \frac{x^2 + 4x + 1}{(x-1)(x+1)(x+3)} \, dx.$$

Solução A decomposição em frações parciais assume a forma

$$\frac{x^2 + 4x + 1}{(x-1)(x+1)(x+3)} = \frac{A}{x-1} + \frac{B}{x+1} + \frac{C}{x+3}.$$

Para encontrar os valores dos coeficientes indeterminados A, B e C, eliminamos as frações e obtemos

$$\begin{aligned} x^2 + 4x + 1 &= A(x+1)(x+3) + B(x-1)(x+3) + C(x-1)(x+1) \\ &= A(x^2 + 4x + 3) + B(x^2 + 2x - 3) + C(x^2 - 1) \\ &= (A + B + C)x^2 + (4A + 2B)x + (3A - 3B - C). \end{aligned}$$

Os polinômios nos dois lados da equação anterior são idênticos, e assim igualamos os coeficientes de potências iguais de x, obtendo

$$\begin{aligned} \text{Coeficiente de } x^2: &\quad A + B + C = 1 \\ \text{Coeficiente de } x^1: &\quad 4A + 2B = 4 \\ \text{Coeficiente de } x^0: &\quad 3A - 3B - C = 1 \end{aligned}$$

Existem várias maneiras de determinar as variáveis desconhecidas A, B e C em um sistema de equações lineares como esse, incluindo a eliminação de variáveis ou a utilização de uma calculadora ou computador. Seja qual for o método, a solução será $A = 3/4$, $B = 1/2$ e $C = -1/4$. Teremos, então,

$$\int \frac{x^2 + 4x + 1}{(x-1)(x+1)(x+3)} \, dx = \int \left[\frac{3}{4} \frac{1}{x-1} + \frac{1}{2} \frac{1}{x+1} - \frac{1}{4} \frac{1}{x+3} \right] dx$$

$$= \frac{3}{4} \ln|x-1| + \frac{1}{2} \ln|x+1| - \frac{1}{4} \ln|x+3| + K,$$

onde K é a constante arbitrária de integração (para evitar confusão com o coeficiente indeterminado, que chamamos de C).

EXEMPLO 2 Use frações parciais para calcular

$$\int \frac{6x + 7}{(x+2)^2} \, dx.$$

Solução Primeiro, expressamos o integrando como uma soma de frações parciais com coeficientes indeterminados.

$$\frac{6x+7}{(x+2)^2} = \frac{A}{x+2} + \frac{B}{(x+2)^2}$$

$$6x + 7 = A(x+2) + B \qquad \text{Multiplique os dois lados por } (x+2)^2.$$

$$= Ax + (2A + B)$$

Ao igualarmos os coeficientes das potências correspondentes de x, obtemos

$A = 6$ e $2A + B = 12 + B = 7$, ou $A = 6$ e $B = -5$.

Portanto,

$$\int \frac{6x+7}{(x+2)^2} dx = \int \left(\frac{6}{x+2} - \frac{5}{(x+2)^2} \right) dx$$

$$= 6 \int \frac{dx}{x+2} - 5 \int (x+2)^{-2} dx$$

$$= 6 \ln |x+2| + 5(x+2)^{-1} + C.$$

EXEMPLO 3 Use frações parciais para calcular

$$\int \frac{2x^3 - 4x^2 - x - 3}{x^2 - 2x - 3} dx.$$

Solução Primeiro, dividimos o numerador pelo denominador para obtermos um polinômio e mais uma fração própria.

$$\begin{array}{r} 2x^3 - 4x^2 - x - 3 \\ \underline{-2x^3 - 4x^2 - 6x} \\ 5x - 3 \end{array} \quad \begin{array}{|l} \underline{x^2 - 2x - 3} \\ 2x \end{array}$$

Então, escrevemos a fração imprópria como um polinômio e mais uma fração própria.

$$\frac{2x^3 - 4x^2 - x - 3}{x^2 - 2x - 3} = 2x + \frac{5x - 3}{x^2 - 2x - 3}$$

Já descobrimos a decomposição em frações parciais da fração da direita no exemplo de abertura, e, portanto

$$\int \frac{2x^3 - 4x^2 - x - 3}{x^2 - 2x - 3} dx = \int 2x \, dx + \int \frac{5x - 3}{x^2 - 2x - 3} dx$$

$$= \int 2x \, dx + \int \frac{2}{x+1} dx + \int \frac{3}{x-3} dx$$

$$= x^2 + 2 \ln |x+1| + 3 \ln |x-3| + C.$$

EXEMPLO 4 Use frações parciais para calcular

$$\int \frac{-2x + 4}{(x^2 + 1)(x - 1)^2} dx.$$

Solução O denominador tem um fator quadrático irredutível, bem como um fator linear repetido, então, escrevemos

$$\frac{-2x + 4}{(x^2 + 1)(x - 1)^2} = \frac{Ax + B}{x^2 + 1} + \frac{C}{x - 1} + \frac{D}{(x - 1)^2}. \qquad (2)$$

Ao eliminarmos a equação de frações, temos

$$-2x + 4 = (Ax + B)(x - 1)^2 + C(x - 1)(x^2 + 1) + D(x^2 + 1)$$
$$= (A + C)x^3 + (-2A + B - C + D)x^2$$
$$+ (A - 2B + C)x + (B - C + D).$$

Ao igualarmos os coeficientes semelhantes, temos

Coeficientes de x^3:	$0 = A + C$
Coeficientes de x^2:	$0 = -2A + B - C + D$
Coeficientes de x^1:	$-2 = A - 2B + C$
Coeficientes de x^0:	$4 = B - C + D$

Resolvemos essas equações simultaneamente para determinar os valores de A, B, C e D:

$$-4 = -2A, \quad A = 2 \quad \text{Subtraia a quarta equação da segunda.}$$
$$C = -A = -2 \quad \text{Da primeira equação}$$
$$B = (A + C + 2)/2 = 1 \quad \text{Da terceira equação e } C = -A$$
$$D = 4 - B + C = 1. \quad \text{Da quarta equação}$$

Substituímos esses valores na Equação 2 e obtemos

$$\frac{-2x + 4}{(x^2 + 1)(x - 1)^2} = \frac{2x + 1}{x^2 + 1} - \frac{2}{x - 1} + \frac{1}{(x - 1)^2}.$$

Finalmente, usando a decomposição citada, podemos integrar:

$$\int \frac{-2x + 4}{(x^2 + 1)(x - 1)^2} \, dx = \int \left(\frac{2x + 1}{x^2 + 1} - \frac{2}{x - 1} + \frac{1}{(x - 1)^2} \right) dx$$
$$= \int \left(\frac{2x}{x^2 + 1} + \frac{1}{x^2 + 1} - \frac{2}{x - 1} + \frac{1}{(x - 1)^2} \right) dx$$
$$= \ln(x^2 + 1) + \text{tg}^{-1} x - 2 \ln|x - 1| - \frac{1}{x - 1} + C.$$

EXEMPLO 5 Use frações parciais para calcular

$$\int \frac{dx}{x(x^2 + 1)^2}.$$

Solução A forma da decomposição em frações parciais é

$$\frac{1}{x(x^2 + 1)^2} = \frac{A}{x} + \frac{Bx + C}{x^2 + 1} + \frac{Dx + E}{(x^2 + 1)^2}.$$

A multiplicação por $x(x^2 + 1)^2$ resulta em

$$1 = A(x^2 + 1)^2 + (Bx + C)x(x^2 + 1) + (Dx + E)x$$
$$= A(x^4 + 2x^2 + 1) + B(x^4 + x^2) + C(x^3 + x) + Dx^2 + Ex$$
$$= (A + B)x^4 + Cx^3 + (2A + B + D)x^2 + (C + E)x + A$$

Se igualarmos os coeficientes, obteremos o sistema

$$A + B = 0, \quad C = 0, \quad 2A + B + D = 0, \quad C + E = 0, \quad A = 1.$$

Ao resolvermos esse sistema, temos $A = 1$, $B = -1$, $C = 0$, $D = -1$ e $E = 0$. Logo,

$$\int \frac{dx}{x(x^2+1)^2} = \int \left[\frac{1}{x} + \frac{-x}{x^2+1} + \frac{-x}{(x^2+1)^2}\right] dx$$

$$= \int \frac{dx}{x} - \int \frac{x\,dx}{x^2+1} - \int \frac{x\,dx}{(x^2+1)^2}$$

$$= \int \frac{dx}{x} - \frac{1}{2}\int \frac{du}{u} - \frac{1}{2}\int \frac{du}{u^2} \qquad u = x^2 + 1,\ du = 2x\,dx$$

$$= \ln|x| - \frac{1}{2}\ln|u| + \frac{1}{2u} + K$$

$$= \ln|x| - \frac{1}{2}\ln(x^2+1) + \frac{1}{2(x^2+1)} + K$$

$$= \ln\frac{|x|}{\sqrt{x^2+1}} + \frac{1}{2(x^2+1)} + K.$$

Biografia histórica

Oliver Heaviside
(1850-1925)

Método de "ocultar" de Heaviside para fatores lineares

Quando o grau do polinômio $f(x)$ é menor do que o grau de $g(x)$ e

$$g(x) = (x - r_1)(x - r_2)\cdots(x - r_n)$$

é um produto de n fatores lineares distintos, cada um elevado à primeira potência, existe uma maneira rápida de decompor $f(x)/g(x)$ em frações parciais.

EXEMPLO 6 Determine A, B e C na decomposição de frações parciais

$$\frac{x^2+1}{(x-1)(x-2)(x-3)} = \frac{A}{x-1} + \frac{B}{x-2} + \frac{C}{x-3}. \qquad (3)$$

Solução Se multiplicarmos ambos os lados da Equação 3 por $(x - 1)$ para obter

$$\frac{x^2+1}{(x-2)(x-3)} = A + \frac{B(x-1)}{x-2} + \frac{C(x-1)}{x-3}$$

e fazermos $x = 1$, a equação resultante fornecerá o valor de A:

$$\frac{(1)^2+1}{(1-2)(1-3)} = A + 0 + 0,$$

$$A = 1.$$

Assim, o valor de A é o número que teríamos obtido se tivéssemos ocultado o fator $(x - 1)$ no denominador da fração original

$$\frac{x^2+1}{(x-1)(x-2)(x-3)} \qquad (4)$$

e calculado o restante em $x = 1$:

$$A = \frac{(1)^2+1}{\boxed{(x-1)}\,(1-2)(1-3)} = \frac{2}{(-1)(-2)} = 1.$$
⇑
Ocultar

Da mesma forma, encontramos o valor de B na Equação 3 ao ocultarmos o fator $(x-2)$ na Expressão 4 e calcularmos o resto em $x = 2$:

$$B = \frac{(2)^2 + 1}{(2-1)\;\boxed{(x-2)}\;(2-3)} = \frac{5}{(1)(-1)} = -5.$$

⇑ Ocultar

Finalmente, C é determinado ao ocultarmos $(x-3)$ na Expressão 4 e calcularmos o resto em $x = 3$:

$$C = \frac{(3)^2 + 1}{(3-1)(3-2)\;\boxed{(x-3)}} = \frac{10}{(2)(1)} = 5.$$

⇑ Ocultar

Método de Heaviside

1. *Escreva o quociente com $g(x)$ fatorado*:

$$\frac{f(x)}{g(x)} = \frac{f(x)}{(x-r_1)(x-r_2)\cdots(x-r_n)}.$$

2. *Oculte os fatores $(x - r_i)$ de $g(x)$ um por vez*, substituindo todos os x não ocultos por r_i. Isso dá um número A_i para cada raiz r_i.

$$A_1 = \frac{f(r_1)}{(r_1-r_2)\cdots(r_1-r_n)}$$

$$A_2 = \frac{f(r_2)}{(r_2-r_1)(r_2-r_3)\cdots(r_2-r_n)}$$

$$\vdots$$

$$A_n = \frac{f(r_n)}{(r_n-r_1)(r_n-r_2)\cdots(r_n-r_{n-1})}.$$

3. *Escreva a expansão em frações parciais de $f(x)/g(x)$* como

$$\frac{f(x)}{g(x)} = \frac{A_1}{(x-r_1)} + \frac{A_2}{(x-r_2)} + \cdots + \frac{A_n}{(x-r_n)}.$$

EXEMPLO 7 Utilize o método de Heaviside para calcular

$$\int \frac{x+4}{x^3 + 3x^2 - 10x}\,dx.$$

Solução O grau de $f(x) = x + 4$ é menor do que o grau do polinômio cúbico $g(x) = x^3 + 3x^2 - 10x$, e, com $g(x)$ fatorado,

$$\frac{x+4}{x^3 + 3x^2 - 10x} = \frac{x+4}{x(x-2)(x+5)}.$$

As raízes de $g(x)$ são $r_1 = 0$, $r_2 = 2$ e $r_3 = -5$. Determinamos

$$A_1 = \frac{0+4}{\boxed{x}\,(0-2)(0+5)} = \frac{4}{(-2)(5)} = -\frac{2}{5}$$
⇑
Ocultar

$$A_2 = \frac{2+4}{2\,\boxed{(x-2)}\,(2+5)} = \frac{6}{(2)(7)} = \frac{3}{7}$$
⇑
Ocultar

$$A_3 = \frac{-5+4}{(-5)(-5-2)\,\boxed{(x+5)}} = \frac{-1}{(-5)(-7)} = -\frac{1}{35}.$$
⇑
Ocultar

Portanto,

$$\frac{x+4}{x(x-2)(x+5)} = -\frac{2}{5x} + \frac{3}{7(x-2)} - \frac{1}{35(x+5)},$$

e

$$\int \frac{x+4}{x(x-2)(x+5)}\,dx = -\frac{2}{5}\ln|x| + \frac{3}{7}\ln|x-2| - \frac{1}{35}\ln|x+5| + C.$$

Outras maneiras de determinar os coeficientes

Outra maneira de determinar as constantes que aparecem nas frações parciais é derivar como no exemplo a seguir. Também é possível atribuir valores numéricos selecionados a x.

EXEMPLO 8 Determine A, B e C na equação

$$\frac{x-1}{(x+1)^3} = \frac{A}{x+1} + \frac{B}{(x+1)^2} + \frac{C}{(x+1)^3}$$

por eliminação de frações, derivando o resultado e substituindo $x = -1$.

Solução Primeiro, elimine as frações:

$$x - 1 = A(x+1)^2 + B(x+1) + C.$$

Ao substituirmos $x = -1$, temos $C = -2$. Então, derivamos os dois lados em relação a x e obtemos

$$1 = 2A(x+1) + B.$$

Ao substituirmos $x = -1$, temos $B = 1$. Derivamos novamente para obtermos $0 = 2A$, que fornece $A = 0$. Logo,

$$\frac{x-1}{(x+1)^3} = \frac{1}{(x+1)^2} - \frac{2}{(x+1)^3}.$$

Em alguns problemas, a atribuição de valores pequenos a x, como $x = 0$, ± 1, ± 2, para obter equações em A, B e C oferece uma alternativa mais rápida do que os outros métodos.

EXEMPLO 9 Determine A, B e C em

$$\frac{x^2+1}{(x-1)(x-2)(x-3)} = \frac{A}{x-1} + \frac{B}{x-2} + \frac{C}{x-3}$$

por meio da atribuição de valores numéricos para x.

Solução Elimine as frações para obter

$$x^2 + 1 = A(x-2)(x-3) + B(x-1)(x-3) + C(x-1)(x-2).$$

Depois, atribua $x = 1, 2, 3$ sucessivamente para determinar A, B e C:

$x = 1$: $(1)^2 + 1 = A(-1)(-2) + B(0) + C(0)$
 $2 = 2A$
 $A = 1$

$x = 2$: $(2)^2 + 1 = A(0) + B(1)(-1) + C(0)$
 $5 = -B$
 $B = -5$

$x = 3$: $(3)^2 + 1 = A(0) + B(0) + C(2)(1)$
 $10 = 2C$
 $C = 5$.

Conclusão:

$$\frac{x^2+1}{(x-1)(x-2)(x-3)} = \frac{1}{x-1} - \frac{5}{x-2} + \frac{5}{x-3}.$$

Exercícios 8.4

Decomposição de quocientes em frações parciais

Decomponha os quocientes dos Exercícios 1-8 em frações parciais.

1. $\dfrac{5x - 13}{(x-3)(x-2)}$
2. $\dfrac{5x - 7}{x^2 - 3x + 2}$
3. $\dfrac{x + 4}{(x+1)^2}$
4. $\dfrac{2x + 2}{x^2 - 2x + 1}$
5. $\dfrac{z + 1}{z^2(z-1)}$
6. $\dfrac{z}{z^3 - z^2 - 6z}$
7. $\dfrac{t^2 + 8}{t^2 - 5t + 6}$
8. $\dfrac{t^4 + 9}{t^4 + 9t^2}$

Fatores lineares não repetidos

Nos Exercícios 9-16, expresse os integrandos como soma de frações parciais e calcule as integrais.

9. $\displaystyle\int \frac{dx}{1 - x^2}$
10. $\displaystyle\int \frac{dx}{x^2 + 2x}$
11. $\displaystyle\int \frac{x + 4}{x^2 + 5x - 6} dx$
12. $\displaystyle\int \frac{2x + 1}{x^2 - 7x + 12} dx$
13. $\displaystyle\int_4^8 \frac{y \, dy}{y^2 - 2y - 3}$
14. $\displaystyle\int_{1/2}^1 \frac{y + 4}{y^2 + y} dy$
15. $\displaystyle\int \frac{dt}{t^3 + t^2 - 2t}$
16. $\displaystyle\int \frac{x + 3}{2x^3 - 8x} dx$

Fatores lineares repetidos

Nos Exercícios 17-20, expresse os integrandos como soma de frações parciais e calcule as integrais.

17. $\displaystyle\int_0^1 \frac{x^3 \, dx}{x^2 + 2x + 1}$
18. $\displaystyle\int_{-1}^0 \frac{x^3 \, dx}{x^2 - 2x + 1}$
19. $\displaystyle\int \frac{dx}{(x^2 - 1)^2}$
20. $\displaystyle\int \frac{x^2 \, dx}{(x-1)(x^2 + 2x + 1)}$

Fatores quadráticos irredutíveis

Nos Exercícios 21-32, expresse o integrando como soma de frações parciais e calcule as integrais.

21. $\displaystyle\int_0^1 \frac{dx}{(x+1)(x^2+1)}$
22. $\displaystyle\int_1^{\sqrt{3}} \frac{3t^2 + t + 4}{t^3 + t} dt$
23. $\displaystyle\int \frac{y^2 + 2y + 1}{(y^2 + 1)^2} dy$
24. $\displaystyle\int \frac{8x^2 + 8x + 2}{(4x^2 + 1)^2} dx$
25. $\displaystyle\int \frac{2s + 2}{(s^2 + 1)(s - 1)^3} ds$
26. $\displaystyle\int \frac{s^4 + 81}{s(s^2 + 9)^2} ds$
27. $\displaystyle\int \frac{x^2 - x + 2}{x^3 - 1} dx$
28. $\displaystyle\int \frac{1}{x^4 + x} dx$
29. $\displaystyle\int \frac{x^2}{x^4 - 1} dx$
30. $\displaystyle\int \frac{x^2 + x}{x^4 - 3x^2 - 4} dx$
31. $\displaystyle\int \frac{2\theta^3 + 5\theta^2 + 8\theta + 4}{(\theta^2 + 2\theta + 2)^2} d\theta$
32. $\displaystyle\int \frac{\theta^4 - 4\theta^3 + 2\theta^2 - 3\theta + 1}{(\theta^2 + 1)^3} d\theta$

Frações impróprias

Nos Exercícios 33-38, realize uma divisão longa no integrando, escreva a fração própria como soma de frações parciais e então calcule a integral.

33. $\displaystyle\int \frac{2x^3 - 2x^2 + 1}{x^2 - x} dx$
34. $\displaystyle\int \frac{x^4}{x^2 - 1} dx$

35. $\int \dfrac{9x^3 - 3x + 1}{x^3 - x^2}\, dx$

36. $\int \dfrac{16x^3}{4x^2 - 4x + 1}\, dx$

37. $\int \dfrac{y^4 + y^2 - 1}{y^3 + y}\, dy$

38. $\int \dfrac{2y^4}{y^3 - y^2 + y - 1}\, dy$

Cálculo de integrais

Calcule as integrais dos Exercícios 39-50.

39. $\int \dfrac{e^t\, dt}{e^{2t} + 3e^t + 2}$

40. $\int \dfrac{e^{4t} + 2e^{2t} - e^t}{e^{2t} + 1}\, dt$

41. $\int \dfrac{\cos y\, dy}{\operatorname{sen}^2 y + \operatorname{sen} y - 6}$

42. $\int \dfrac{\operatorname{sen} \theta\, d\theta}{\cos^2 \theta + \cos \theta - 2}$

43. $\int \dfrac{(x-2)^2 \operatorname{tg}^{-1}(2x) - 12x^3 - 3x}{(4x^2 + 1)(x - 2)^2}\, dx$

44. $\int \dfrac{(x+1)^2 \operatorname{tg}^{-1}(3x) + 9x^3 + x}{(9x^2 + 1)(x + 1)^2}\, dx$

45. $\int \dfrac{1}{x^{3/2} - \sqrt{x}}\, dx$

46. $\int \dfrac{1}{(x^{1/3} - 1)\sqrt{x}}\, dx$
(Dica: seja $x = u^6$.)

47. $\int \dfrac{\sqrt{x+1}}{x}\, dx$
(Dica: faça $x + 1 = u^2$.)

48. $\int \dfrac{1}{x\sqrt{x+9}}\, dx$

49. $\int \dfrac{1}{x(x^4 + 1)}\, dx$
(Dica: multiplique por $\dfrac{x^3}{x^3}$.)

50. $\int \dfrac{1}{x^6(x^5 + 4)}\, dx$

Problemas de valor inicial

Nos Exercícios 51-54, resolva os problemas de valor inicial determinando x em função de t.

51. $(t^2 - 3t + 2)\dfrac{dx}{dt} = 1$ $(t > 2)$, $x(3) = 0$

52. $(3t^4 + 4t^2 + 1)\dfrac{dx}{dt} = 2\sqrt{3}$, $x(1) = -\pi\sqrt{3}/4$

53. $(t^2 + 2t)\dfrac{dx}{dt} = 2x + 2$ $(t, x > 0)$, $x(1) = 1$

54. $(t + 1)\dfrac{dx}{dt} = x^2 + 1$ $(t > -1)$, $x(0) = 0$

Aplicações e exemplos

Nos Exercícios 55 e 56, determine o volume do sólido gerado pela rotação da região sombreada em torno do eixo indicado.

55. O eixo x

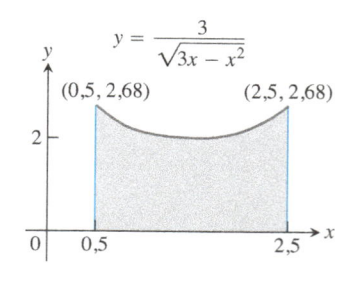

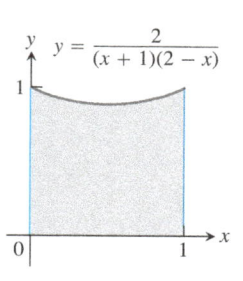

$y = \dfrac{3}{\sqrt{3x - x^2}}$

(0,5, 2,68)   (2,5, 2,68)

56. O eixo y

$y = \dfrac{2}{(x+1)(2-x)}$

T 57. Determine, com precisão de duas casas decimais, a abscissa do centroide da região no primeiro quadrante delimitada pelo eixo x, pela curva $y = \operatorname{tg}^{-1} x$ e pela reta $x = \sqrt{3}$.

T 58. Determine, com precisão de duas casas decimais, a abscissa do centroide dessa região.

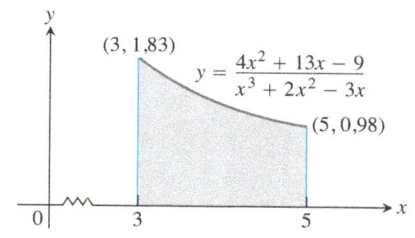

(3, 1,83)
$y = \dfrac{4x^2 + 13x - 9}{x^3 + 2x^2 - 3x}$
(5, 0,98)

T 59. **Difusão social** Às vezes, sociólogos usam a expressão "difusão social" para descrever o modo como a informação se espalha por uma população. A informação pode ser um boato, uma novidade cultural ou notícias sobre uma inovação técnica. Em uma população suficientemente grande, o número de pessoas x que têm a informação é tratado como uma função derivável do tempo t, e a taxa de difusão, dx/dt, é supostamente proporcional ao número de pessoas que têm a informação multiplicada pelo número de pessoas que não a têm. Isso leva à equação

$$\dfrac{dx}{dt} = kx(N - x),$$

onde N é o número de pessoas na população.

Suponha que t seja medido em dias, $k = 1/250$ e que duas pessoas deram início a um boato no momento $t = 0$ em uma população de $N = 1000$ pessoas.

a. Determine x como função de t.

b. Quando metade da população terá ouvido o boato? (Esse é o momento em que o boato se espalhará mais rapidamente.)

T 60. **Reações químicas de segunda ordem** Muitas reações químicas são o resultado da interação de duas moléculas que sofrem modificação para produzir um novo produto. A velocidade da reação depende, em geral, da concentração dos dois tipos de moléculas. Se a é a quantidade da substância A e b é a quantidade da substância B no tempo $t = 0$, sendo x a quantidade do produto no instante t, então a velocidade de formação de x pode ser dada pela equação diferencial

$$\dfrac{dx}{dt} = k(a - x)(b - x),$$

ou

$$\dfrac{1}{(a - x)(b - x)}\dfrac{dx}{dt} = k,$$

onde k é uma constante para a reação. Integre ambos os lados dessa equação para obter uma relação entre x e t **(a)** se $a = b$ e **(b)** se $a \neq b$. Em ambos os casos, considere que $x = 0$ quando $t = 0$.

8.5 Tabelas de integrais e sistemas de álgebra computacional

Nesta seção, discutiremos como usar as tabelas e os sistemas de álgebra computacional para calcular integrais.

Tabelas de integrais

Na parte final deste livro, após o índice, é fornecida uma "Breve tabela de integrais". (Tabelas mais extensas aparecem em compilações que contêm milhares de integrais, como a *CRC Mathematical Tables*.) As fórmulas de integração são expressas em termos das constantes *a, b, c, m, n* e assim por diante. Essas constantes normalmente podem assumir qualquer valor real e não precisam ser inteiras. Limitações ocasionais de seus valores são demonstradas com as fórmulas. Por exemplo, a Fórmula 21 exige $n \neq -1$, e a Fórmula 27 requer $n \neq -2$.

As fórmulas também pressupõem que as constantes não assumem valores que requeiram divisões por zero nem raízes pares de números negativos. Por exemplo, a Fórmula 24 assume $a \neq 0$, e as fórmulas 29a e 29b não podem ser usadas, a menos que *b* seja positivo.

EXEMPLO 1 Determine

$$\int x(2x + 5)^{-1} dx.$$

Solução Usamos a Fórmula 24 da parte final do livro (não a 22, que requer $n \neq -1$):

$$\int x(ax + b)^{-1} dx = \frac{x}{a} - \frac{b}{a^2} \ln |ax + b| + C.$$

Com $a = 2$ e $b = 5$, temos

$$\int x(2x + 5)^{-1} dx = \frac{x}{2} - \frac{5}{4} \ln |2x + 5| + C.$$

EXEMPLO 2 Determine

$$\int \frac{dx}{x\sqrt{2x - 4}}.$$

Solução Usamos a fórmula 29b:

$$\int \frac{dx}{x\sqrt{ax - b}} = \frac{2}{\sqrt{b}} \, \text{tg}^{-1} \sqrt{\frac{ax - b}{b}} + C.$$

Com $a = 2$ e $b = 4$, temos

$$\int \frac{dx}{x\sqrt{2x - 4}} = \frac{2}{\sqrt{4}} \, \text{tg}^{-1} \sqrt{\frac{2x - 4}{4}} + C = \text{tg}^{-1} \sqrt{\frac{x - 2}{2}} + C.$$

EXEMPLO 3 Determine

$$\int x \, \text{sen}^{-1} x \, dx.$$

Solução Começamos pela utilização da Fórmula 106:

$$\int x^n \, \text{sen}^{-1} ax \, dx = \frac{x^{n+1}}{n + 1} \text{sen}^{-1} ax - \frac{a}{n + 1} \int \frac{x^{n+1} dx}{\sqrt{1 - a^2 x^2}}, \qquad n \neq -1.$$

Com $n = 1$ e $a = 1$, temos

$$\int x\,\text{sen}^{-1} x\, dx = \frac{x^2}{2}\text{sen}^{-1} x - \frac{1}{2}\int \frac{x^2\, dx}{\sqrt{1-x^2}}.$$

Em seguida, usamos a Fórmula 49 para determinar a integral à direita:

$$\int \frac{x^2}{\sqrt{a^2-x^2}}\, dx = \frac{a^2}{2}\text{sen}^{-1}\left(\frac{x}{a}\right) - \frac{1}{2}x\sqrt{a^2-x^2} + C.$$

Com $a = 1$,

$$\int \frac{x^2\, dx}{\sqrt{1-x^2}} = \frac{1}{2}\text{sen}^{-1} x - \frac{1}{2}x\sqrt{1-x^2} + C.$$

O resultado combinado é

$$\int x\,\text{sen}^{-1} x\, dx = \frac{x^2}{2}\text{sen}^{-1} x - \frac{1}{2}\left(\frac{1}{2}\text{sen}^{-1} x - \frac{1}{2}x\sqrt{1-x^2} + C\right)$$

$$= \left(\frac{x^2}{2} - \frac{1}{4}\right)\text{sen}^{-1} x + \frac{1}{4}x\sqrt{1-x^2} + C'.$$

Fórmulas de redução

Às vezes, o tempo necessário para integrações repetidas por partes pode ser encurtado por meio da aplicação de fórmulas de redução como

$$\int \text{tg}^n x\, dx = \frac{1}{n-1}\text{tg}^{n-1} x - \int \text{tg}^{n-2} x\, dx \tag{1}$$

$$\int (\ln x)^n\, dx = x(\ln x)^n - n\int (\ln x)^{n-1}\, dx \tag{2}$$

$$\int \text{sen}^n x \cos^m x\, dx = -\frac{\text{sen}^{n-1} x \cos^{m+1} x}{m+n} +$$

$$+ \frac{n-1}{m+n}\int \text{sen}^{n-2} x \cos^m x\, dx \qquad (n \neq -m). \tag{3}$$

Por meio de repetidas aplicações de tal fórmula, podemos finalmente expressar a integral original em termos de uma potência baixa o suficiente para ser calculada diretamente. O exemplo a seguir ilustra esse procedimento.

EXEMPLO 4 Determine

$$\int \text{tg}^5 x\, dx.$$

Solução Aplicamos a Equação 1 com $n = 5$ para obter

$$\int \text{tg}^5 x\, dx = \frac{1}{4}\text{tg}^4 x - \int \text{tg}^3 x\, dx.$$

Em seguida, aplicamos a Equação 1 novamente, com $n = 3$, para calcular a integral restante:

$$\int \text{tg}^3 x\, dx = \frac{1}{2}\text{tg}^2 x - \int \text{tg}\, x\, dx = \frac{1}{2}\text{tg}^2 x + \ln|\cos x| + C.$$

O resultado combinado é

$$\int \text{tg}^5 x\, dx = \frac{1}{4}\text{tg}^4 x - \frac{1}{2}\text{tg}^2 x - \ln|\cos x| + C'.$$

Como sua forma sugere, as fórmulas de redução são derivadas por meio da integração por partes. (Veja o Exemplo 5 na Seção 8.1)

Integração com um SAC

Uma grande vantagem dos sistemas de álgebra computacional é sua capacidade de integrar simbolicamente. Isso é realizado pelo **comando integrar** específico de cada sistema (por exemplo, **int** no Maple, **Integrate** no Mathematica).

EXEMPLO 5 Suponha que você deseja calcular a integral indefinida da função

$$f(x) = x^2\sqrt{a^2 + x^2}.$$

Usando o Maple, você primeiro define ou nomeia a função:

$$> f := x^\wedge 2 * \text{sqrt}(a^\wedge 2 + x^\wedge 2);$$

Depois, você usa o comando integrar sobre f, identificando a variável de integração:

$$> \text{int}(f, x);$$

O Maple responde

$$\frac{1}{4}x(a^2 + x^2)^{3/2} - \frac{1}{8}a^2 x\sqrt{a^2 + x^2} - \frac{1}{8}a^4 \ln\left(x + \sqrt{a^2 + x^2}\right).$$

Se você quiser ver se a resposta pode ser simplificada, insira

$$> \text{simplify}(\%)$$

O Maple responde

$$\frac{1}{8}a^2 x\sqrt{a^2 + x^2} + \frac{1}{4}x^3\sqrt{a^2 + x^2} - \frac{1}{8}a^4 \ln\left(x + \sqrt{a^2 + x^2}\right).$$

Se você quer a integral definida para $0 \leq x \leq \pi/2$, pode usar o formato

$$> \text{int}(f, x = 0..\text{Pi}/2);$$

O Maple retornará a expressão

$$\frac{1}{64}\pi(4a^2 + \pi^2)^{(3/2)} - \frac{1}{32}a^2\pi\sqrt{4a^2 + \pi^2} + \frac{1}{8}a^4 \ln(2)$$
$$- \frac{1}{8}a^4 \ln\left(\pi + \sqrt{4a^2 + \pi^2}\right) + \frac{1}{16}a^4 \ln(a^2).$$

Você também pode encontrar a integral definida para um determinado valor da constante a:

$$> a := 1;$$
$$> \text{int}(f, x = 0..1);$$

O Maple retorna uma resposta numérica

$$\frac{3}{8}\sqrt{2} + \frac{1}{8}\ln\left(\sqrt{2} - 1\right).$$

EXEMPLO 6 Use um SAC para determinar

$$\int \text{sen}^2 x \cos^3 x \, dx.$$

Solução Com o Maple, temos a entrada

$$> \text{int}((\sin^\wedge 2)(x) * (\cos^\wedge 3)(x), x);$$

com o retorno imediato

$$-\frac{1}{5}\sin(x)\cos(x)^4 + \frac{1}{15}\cos(x)^2 \sin(x) + \frac{2}{15}\sin(x).$$

Sistemas de álgebra computacional variam na forma como processam integrações. Usamos o Maple nos Exemplos 5 e 6. Mathematica teria retornado resultados um pouco diferentes:

1. No Exemplo 5, se inserirmos
$$In\ [1]:=\ \text{Integrate}\ [x\hat{\ }2 * \text{Sqrt}\ [a\hat{\ }2\ +\ x\hat{\ }2], x]$$

Mathematica retorna
$$Out\ [1]=\ \sqrt{a^2+x^2}\left(\frac{a^2 x}{8}+\frac{x^3}{4}\right)-\frac{1}{8}a^4 \text{Log}\left[x+\sqrt{a^2+x^2}\right]$$

sem que um resultado intermediário tenha de ser simplificado. A resposta é semelhante à Fórmula 22 das tabelas de integrais.

2. A resposta do Mathematica para a integral
$$In\ [2]:=\ \text{Integrate}\ [\text{Sin}[x]\hat{\ }2 * \text{Cos}\ [x]\hat{\ }3, x]$$

do Exemplo 6 é
$$Out\ [2]=\ \frac{\text{Sin}[x]}{8}-\frac{1}{48}\text{Sin}[3\ x]-\frac{1}{80}\text{Sin}[5\ x]$$

o que difere da resposta do Maple. Ambas as respostas estão corretas.

Apesar de o SAC ser muito poderoso e nos ajudar a resolver problemas difíceis, cada um tem suas próprias limitações. Há situações em que o SAC pode até mesmo complicar ainda mais um problema (no sentido de produzir uma resposta extremamente difícil de utilizar ou interpretar). Observe também que nem o Maple nem o Mathematica retornam uma constante arbitrária +C. Por outro lado, um pouco de raciocínio matemático de sua parte pode reduzir esse problema a outro, um com o qual seja fácil de lidar. Oferecemos um exemplo no Exercício 67.

Integrais não elementares

O desenvolvimento de computadores e calculadoras que determinam primitivas pela manipulação simbólica levou a um renovado interesse na determinação de quais primitivas podem ser expressas como combinações finitas de funções elementares (as funções que estamos estudando) e as que não podem. Integrais de funções que não possuem primitivas elementares são chamadas de integrais **não elementares**. Elas exigem séries infinitas (Capítulo 10) ou métodos numéricos para o seu cálculo, que geram apenas uma aproximação. Exemplos de integrais não elementares incluem a função erro (que mede a probabilidade de erros aleatórios)

$$\text{erf}(x)=\frac{2}{\sqrt{\pi}}\int_0^x e^{-t^2}\,dt$$

e integrais como

$$\int \text{sen}\,x^2\,dx \quad \text{e} \quad \int \sqrt{1+x^4}\,dx$$

que surgem na engenharia e na física. Essas e algumas outras como

$$\int \frac{e^x}{x}\,dx, \quad \int e^{(e^x)}\,dx, \quad \int \frac{1}{\ln x}\,dx, \quad \int \ln(\ln x)\,dx, \quad \int \frac{\text{sen}\,x}{x}\,dx,$$

$$\int \sqrt{1-k^2\text{sen}^2 x}\,dx, \quad 0<k<1,$$

parecem tão fáceis que somos tentados a experimentá-las apenas para ver em que resultam. No entanto, pode ser provado que não há maneira de expressar essas integrais como combinações finitas de funções elementares. O mesmo se aplica a integrais que podem ser mudadas para esta por substituição. Todos os integrandos possuem primitivas, como consequência do Teorema Fundamental do Cálculo, Parte 1, porque são contínuas. Porém, nenhuma das primitivas é elementar.

Nenhuma das integrais a ser calculadas neste capítulo entra nessa categoria, mas as integrais não elementares podem ser encontradas em outros trabalhos.

Exercícios 8.5

Uso de tabelas de integrais

Use a tabela de integrais ao final do livro para calcular as integrais dos Exercícios 1-26.

1. $\int \dfrac{dx}{x\sqrt{x-3}}$
2. $\int \dfrac{dx}{x\sqrt{x+4}}$
3. $\int \dfrac{x\,dx}{\sqrt{x-2}}$
4. $\int \dfrac{x\,dx}{(2x+3)^{3/2}}$
5. $\int x\sqrt{2x-3}\,dx$
6. $\int x(7x+5)^{3/2}\,dx$
7. $\int \dfrac{\sqrt{9-4x}}{x^2}\,dx$
8. $\int \dfrac{dx}{x^2\sqrt{4x-9}}$
9. $\int x\sqrt{4x-x^2}\,dx$
10. $\int \dfrac{\sqrt{x-x^2}}{x}\,dx$
11. $\int \dfrac{dx}{x\sqrt{7+x^2}}$
12. $\int \dfrac{dx}{x\sqrt{7-x^2}}$
13. $\int \dfrac{\sqrt{4-x^2}}{x}\,dx$
14. $\int \dfrac{\sqrt{x^2-4}}{x}\,dx$
15. $\int e^{2t}\cos 3t\,dt$
16. $\int e^{-3t}\operatorname{sen} 4t\,dt$
17. $\int x\cos^{-1} x\,dx$
18. $\int x\operatorname{tg}^{-1} x\,dx$
19. $\int x^2 \operatorname{tg}^{-1} x\,dx$
20. $\int \dfrac{\operatorname{tg}^{-1} x}{x^2}\,dx$
21. $\int \operatorname{sen} 3x\cos 2x\,dx$
22. $\int \operatorname{sen} 2x\cos 3x\,dx$
23. $\int 8\operatorname{sen} 4t\operatorname{sen} \dfrac{t}{2}\,dt$
24. $\int \operatorname{sen} \dfrac{t}{3}\operatorname{sen} \dfrac{t}{6}\,dt$
25. $\int \cos \dfrac{\theta}{3}\cos \dfrac{\theta}{4}\,d\theta$
26. $\int \cos \dfrac{\theta}{2}\cos 7\theta\,d\theta$

Substituição e tabelas de integrais

Nos Exercícios 27-40, utilize uma substituição para transformar a integral em outra que você possa encontrar na tabela. Em seguida, calcule a integral.

27. $\int \dfrac{x^3+x+1}{(x^2+1)^2}\,dx$
28. $\int \dfrac{x^2+6x}{(x^2+3)^2}\,dx$
29. $\int \operatorname{sen}^{-1} \sqrt{x}\,dx$
30. $\int \dfrac{\cos^{-1} \sqrt{x}}{\sqrt{x}}\,dx$
31. $\int \dfrac{\sqrt{x}}{\sqrt{1-x}}\,dx$
32. $\int \dfrac{\sqrt{2-x}}{\sqrt{x}}\,dx$
33. $\int \operatorname{cotg} t\sqrt{1-\operatorname{sen}^2 t}\,dt,\quad 0<t<\pi/2$
34. $\int \dfrac{dt}{\operatorname{tg} t\sqrt{4-\operatorname{sen}^2 t}}$
35. $\int \dfrac{dy}{y\sqrt{3+(\ln y)^2}}$
36. $\int \operatorname{tg}^{-1} \sqrt{y}\,dy$
37. $\int \dfrac{1}{\sqrt{x^2+2x+5}}\,dx$ (Dica: complete o quadrado.)
38. $\int \dfrac{x^2}{\sqrt{x^2-4x+5}}\,dx$
39. $\int \sqrt{5-4x-x^2}\,dx$
40. $\int x^2\sqrt{2x-x^2}\,dx$

Uso de fórmulas de redução

Nos Exercícios 41-50, use fórmulas de redução para calcular as integrais.

41. $\int \operatorname{sen}^5 2x\,dx$
42. $\int 8\cos^4 2\pi t\,dt$
43. $\int \operatorname{sen}^2 2\theta \cos^3 2\theta\,d\theta$
44. $\int 2\operatorname{sen}^2 t\sec^4 t\,dt$
45. $\int 4\operatorname{tg}^3 2x\,dx$
46. $\int 8\operatorname{cotg}^4 t\,dt$
47. $\int 2\sec^3 \pi x\,dx$
48. $\int 3\sec^4 3x\,dx$
49. $\int \operatorname{cossec}^5 x\,dx$
50. $\int 16x^3(\ln x)^2\,dx$

Nos Exercícios 51-56, calcule as integrais fazendo uma substituição (possivelmente trigonométrica) e, em seguida, aplique uma fórmula de redução.

51. $\int e^t\sec^3(e^t-1)\,dt$
52. $\int \dfrac{\operatorname{cossec}^3 \sqrt{\theta}}{\sqrt{\theta}}\,d\theta$
53. $\int_0^1 2\sqrt{x^2+1}\,dx$
54. $\int_0^{\sqrt{3}/2} \dfrac{dy}{(1-y^2)^{5/2}}$
55. $\int_1^2 \dfrac{(r^2-1)^{3/2}}{r}\,dr$
56. $\int_0^{1/\sqrt{3}} \dfrac{dt}{(t^2+1)^{7/2}}$

Aplicações

57. **Área de superfície**   Determine a área da superfície gerada pela rotação da curva $y=\sqrt{x^2+2}$, $0\leq x\leq \sqrt{2}$, em torno do eixo x.

58. **Comprimento de arco**   Determine o comprimento da curva $y=x^2$, $0\leq x\leq \sqrt{3}/2$.

59. **Centroide**   Determine o centroide da região delimitada no primeiro quadrante pela curva $y=1/\sqrt{x+1}$ e pela reta $x=3$.

60. **Momento em torno do eixo y**   Uma placa fina de densidade constante $\delta=1$ ocupa a região delimitada pela curva $y=36/(2x+3)$ e pela reta $x=3$ no primeiro quadrante. Determine o momento da placa em torno do eixo y.

61. Use a tabela de integrais e uma calculadora para determinar, com precisão de duas casas decimais, a área da superfície gerada pela rotação da curva $y=x^2$, $-1\leq x\leq 1$, em torno do eixo x.

62. **Volume**   A supervisora do departamento de contabilidade de sua empresa pediu a você que encontrasse uma fórmula para o cálculo do estoque de gasolina nos tanques da empresa no fim do ano que pudesse ser utilizada por ela em um programa de computador. Um tanque típico tem a forma de um cilindro circular de raio r e comprimento L montado horizontalmente, como mostramos a seguir. Os dados chegam ao escritório de contabilidade como medidas de profundidade tiradas com uma vara de medição na vertical, marcada em centímetros.

a. Mostre, na notação da figura, que o volume de gasolina que enche o tanque a uma profundidade d é

$$V = 2L \int_{-r}^{-r+d} \sqrt{r^2 - y^2}\, dy.$$

b. Calcule a integral.

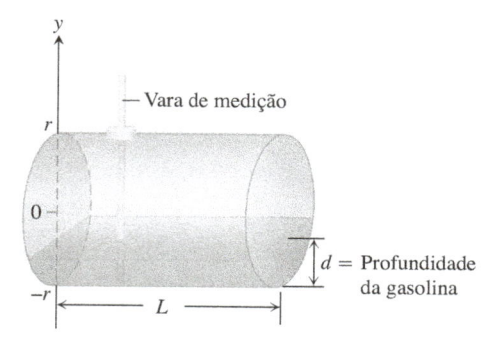

63. Qual é o maior valor que

$$\int_a^b \sqrt{x - x^2}\, dx$$

pode ter para quaisquer a e b? Justifique sua resposta.

64. Qual é o maior valor que

$$\int_a^b x\sqrt{2x - x^2}\, dx$$

pode ter para quaisquer a e b? Justifique sua resposta.

USO DO COMPUTADOR

Nos Exercícios 65 e 66, use um SAC para efetuar as integrações.

65. Calcule as integrais

a. $\int x \ln x\, dx$ b. $\int x^2 \ln x\, dx$ c. $\int x^3 \ln x\, dx$.

d. Que padrão você observa? Determine a fórmula para $\int x^4 \ln x\, dx$ e depois confira se ela está correta calculando-a com um SAC.

e. Qual é a fórmula para $\int x^n \ln x\, dx$, $n \geq 1$? Confira a resposta com um SAC.

66. Calcule as integrais

a. $\int \dfrac{\ln x}{x^2}\, dx$ b. $\int \dfrac{\ln x}{x^3}\, dx$ c. $\int \dfrac{\ln x}{x^4}\, dx$.

d. Que padrão você observa? Determine a fórmula para

$$\int \dfrac{\ln x}{x^5}\, dx$$

e depois confira se ela está correta calculando-a com um SAC.

e. Qual é a fórmula para

$$\int \dfrac{\ln x}{x^n}\, dx, \quad n \geq 2?$$

Verifique sua resposta usando um SAC.

67. a. Use um SAC para calcular

$$\int_0^{\pi/2} \dfrac{\operatorname{sen}^n x}{\operatorname{sen}^n x + \cos^n x}\, dx$$

onde n é um número inteiro positivo arbitrário. O seu SAC pode determinar o resultado?

b. Em seguida, defina a integral quando $n = 1, 2, 3, 5$ e 7. Comente a complexidade dos resultados.

c. Agora substitua $x = (\pi/2) - u$ e some a nova integral com a antiga. Qual será o valor de

$$\int_0^{\pi/2} \dfrac{\operatorname{sen}^n x}{\operatorname{sen}^n x + \cos^n x}\, dx?$$

Este exercício ilustra como uma pequena engenhosidade matemática resolve um problema que não pode ser solucionado imediatamente por um SAC.

8.6 Integração numérica

As primitivas de algumas funções, como $\operatorname{sen}(x^2)$, $1/\ln x$ e $\sqrt{1 + x^4}$, não têm fórmulas elementares. Quando não conseguimos determinar uma primitiva viável para a função f que precisamos integrar, dividimos o intervalo de integração, substituímos f por um polinômio ajustado bem próximo de f em cada subintervalo, integramos os polinômios e somamos os resultados para aproximar a integral de f. Esse procedimento é um exemplo de integração numérica. Nesta seção, estudaremos dois métodos, a *regra do trapézio* e a *regra de Simpson*. Em nossa apresentação, assumimos que f seja positiva, mas o único requisito é que seja contínua ao longo do intervalo de integração $[a, b]$.

Aproximações por trapézios

A regra do trapézio para o valor de uma integral definida se baseia na aproximação da região entre uma curva e o eixo x com trapézios em vez de retângulos, como vemos na Figura 8.7. Não é preciso que os pontos da subdivisão $x_0, x_1, x_2, \ldots,$

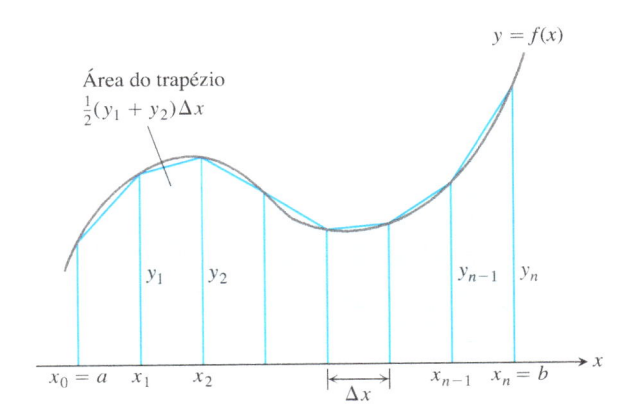

FIGURA 8.7 A regra do trapézio aproxima pequenos trechos da curva $y = f(x)$ por segmentos de reta. Para aproximar a integral de f de a até b, somamos as áreas dos trapézios obtidos ligando as extremidades dos segmentos com o eixo x.

x_n na figura estejam uniformemente espaçados, mas a fórmula resultante será mais simples se isso acontecer. Por isso, consideramos o comprimento de cada subintervalo como

$$\Delta x = \frac{b-a}{n}.$$

O comprimento $\Delta x = (b-a)/n$ recebe o nome de **tamanho do passo** ou **tamanho da malha**. A área do trapézio que fica acima do i-ésimo subintervalo é

$$\Delta x \left(\frac{y_{i-1} + y_i}{2} \right) = \frac{\Delta x}{2} (y_{i-1} + y_i),$$

onde $y_{i-1} = f(x_{i-1})$ e $y_i = f(x_i)$. Essa área é o comprimento Δx da "altura" horizontal do trapézio vezes a média de suas duas "bases" verticais. (Veja a Figura 8.7.) A área abaixo da curva $y = f(x)$ e acima do eixo x é, então, aproximada pela soma das áreas de todos os trapézios:

$$T = \frac{1}{2}(y_0 + y_1)\Delta x + \frac{1}{2}(y_1 + y_2)\Delta x + \cdots$$

$$+ \frac{1}{2}(y_{n-2} + y_{n-1})\Delta x + \frac{1}{2}(y_{n-1} + y_n)\Delta x$$

$$= \Delta x \left(\frac{1}{2}y_0 + y_1 + y_2 + \cdots + y_{n-1} + \frac{1}{2}y_n \right)$$

$$= \frac{\Delta x}{2}(y_0 + 2y_1 + 2y_2 + \cdots + 2y_{n-1} + y_n),$$

onde

$$y_0 = f(a), \qquad y_1 = f(x_1), \qquad \ldots, \qquad y_{n-1} = f(x_{n-1}), \qquad y_n = f(b).$$

A regra do trapézio diz: use T para estimar a integral de f, de a até b.

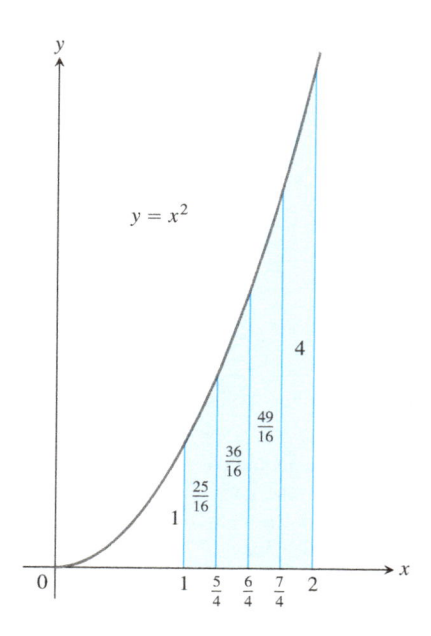

FIGURA 8.8 A aproximação por trapézios da área sob o gráfico de $y = x^2$, de $x = 1$ até $x = 2$, é ligeiramente superestimada (Exemplo 1).

TABELA 8.2

x	$y = x^2$
1	1
$\frac{5}{4}$	$\frac{25}{16}$
$\frac{6}{4}$	$\frac{36}{16}$
$\frac{7}{4}$	$\frac{49}{16}$
2	4

Regra do trapézio

Para aproximar $\int_a^b f(x)\,dx$, use

$$T = \frac{\Delta x}{2}\left(y_0 + 2y_1 + 2y_2 + \cdots + 2y_{n-1} + y_n\right).$$

Os y são os valores de f nos pontos da partição

$$x_0 = a, x_1 = a + \Delta x, x_2 = a + 2\Delta x, \ldots, x_{n-1} = a + (n-1)\Delta x, x_n = b,$$

onde $\Delta x = (b - a)/n$.

EXEMPLO 1 Use a regra do trapézio com $n = 4$ para estimar $\int_1^2 x^2\,dx$. Compare a estimativa com o valor exato.

Solução Divida [1, 2] em quatro subintervalos de comprimentos iguais (Figura 8.8). Depois, calcule $y = x^2$ em cada ponto da partição (Tabela 8.2).

Utilizando esses valores de y, $n = 4$ e $\Delta x = (2 - 1)/4 = 1/4$ na regra do trapézio, temos

$$T = \frac{\Delta x}{2}\left(y_0 + 2y_1 + 2y_2 + 2y_3 + y_4\right)$$

$$= \frac{1}{8}\left(1 + 2\left(\frac{25}{16}\right) + 2\left(\frac{36}{16}\right) + 2\left(\frac{49}{16}\right) + 4\right)$$

$$= \frac{75}{32} = 2{,}34375.$$

Como a parábola tem concavidade *para cima*, os segmentos de aproximação ficam acima da curva, dando a cada trapézio uma área um pouco maior do que a faixa correspondente sob a curva. O valor exato da integral é

$$\int_1^2 x^2\,dx = \frac{x^3}{3}\bigg]_1^2 = \frac{8}{3} - \frac{1}{3} = \frac{7}{3}.$$

A aproximação de T superestima a integral em cerca de meio por cento de seu valor real de 7/3. A porcentagem de erro é $(2{,}34375 - 7/3)/(7/3) \approx 0{,}00446$, ou 0,446%.

Regra de Simpson: aproximações com o uso de parábolas

Outra regra para aproximar a integral definida de uma função contínua consiste em usar parábolas em vez dos segmentos de reta que formam trapézios. Como anteriormente, dividimos o intervalo [a, b] em n subintervalos de mesmo comprimento $h = \Delta x = (b - a)/n$, mas dessa vez exigimos que n seja um número *par*. Em cada par consecutivo de intervalos, aproximaremos a curva $y = f(x) \geq 0$ por uma parábola, como mostra a Figura 8.9. Uma parábola típica passa por três pontos consecutivos (x_{i-1}, y_{i-1}), (x_i, y_i) e (x_{i+1}, y_{i+1}) na curva.

Calcularemos a área sombreada sob uma parábola que passa por três pontos consecutivos. Para simplificar nossos cálculos, primeiro consideraremos o caso em que $x_0 = -h$, $x_1 = 0$ e $x_2 = h$ (Figura 8.10), onde $h = \Delta x = (b - a)/n$. A área sob a

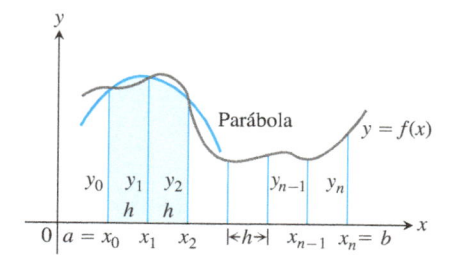

FIGURA 8.9 A regra de Simpson aproxima pequenos trechos da curva com parábolas.

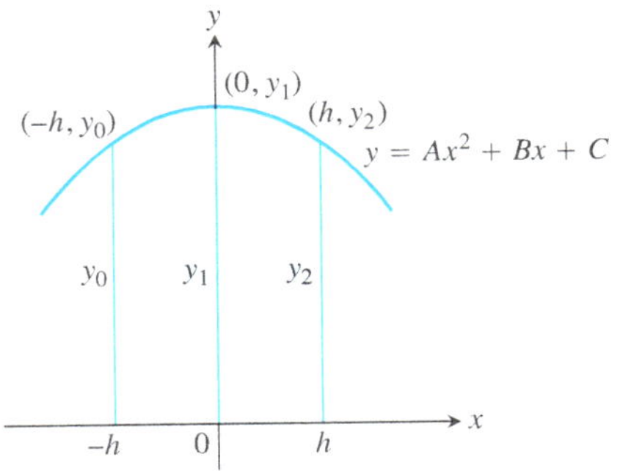

FIGURA 8.10 Ao integrar de $-h$ até h, descobrimos que a área sombreada é $\frac{h}{3}(y_0 + 4y_1 + y_2)$.

parábola será a mesma se deslocarmos o eixo y para a esquerda ou para a direita. A parábola tem uma equação de forma

$$y = Ax^2 + Bx + C,$$

portanto, a área sob ela de $x = -h$ até $x = h$ é

$$\begin{aligned} A_p &= \int_{-h}^{h} (Ax^2 + Bx + C)\,dx \\ &= \frac{Ax^3}{3} + \frac{Bx^2}{2} + Cx \Big]_{-h}^{h} \\ &= \frac{2Ah^3}{3} + 2Ch = \frac{h}{3}(2Ah^2 + 6C). \end{aligned}$$

Como a curva passa pelos três pontos $(-h, y_0)$, $(0, y_1)$ e (h, y_2), também temos

$$y_0 = Ah^2 - Bh + C, \qquad y_1 = C, \qquad y_2 = Ah^2 + Bh + C,$$

de onde obtemos

$$\begin{aligned} C &= y_1, \\ Ah^2 - Bh &= y_0 - y_1, \\ Ah^2 + Bh &= y_2 - y_1, \\ 2Ah^2 &= y_0 + y_2 - 2y_1. \end{aligned}$$

Assim, expressando a área A_p em termos das ordenadas y_0, y_1 e y_2, temos

$$A_p = \frac{h}{3}(2Ah^2 + 6C) = \frac{h}{3}((y_0 + y_2 - 2y_1) + 6y_1) = \frac{h}{3}(y_0 + 4y_1 + y_2).$$

Agora, se deslocarmos a parábola horizontalmente para a posição sombreada na Figura 8.9, a área sob ela permanecerá a mesma. Assim, a área sob a parábola que passa por (x_0, y_0), (x_1, y_1) e (x_2, y_2) na Figura 8.9 ainda é

$$\frac{h}{3}(y_0 + 4y_1 + y_2).$$

Da mesma forma, a área sob a parábola que passa pelos pontos (x_2, y_2), (x_3, y_3) e (x_4, y_4) é

$$\frac{h}{3}(y_2 + 4y_3 + y_4).$$

Calculando as áreas sob todas as parábolas e somando os resultados, temos a aproximação

$$\begin{aligned} \int_a^b f(x)\,dx &\approx \frac{h}{3}(y_0 + 4y_1 + y_2) + \frac{h}{3}(y_2 + 4y_3 + y_4) + \cdots \\ &\quad + \frac{h}{3}(y_{n-2} + 4y_{n-1} + y_n) \\ &= \frac{h}{3}(y_0 + 4y_1 + 2y_2 + 4y_3 + 2y_4 + \cdots + 2y_{n-2} + 4y_{n-1} + y_n). \end{aligned}$$

O resultado é conhecido como regra de Simpson. Não é preciso que a função seja positiva, como em nossa derivação, mas o número n de subintervalos deve ser par para que possamos aplicar a regra, pois cada arco parabólico usa dois subintervalos.

BIOGRAFIA HISTÓRICA

Thomas Simpson
(1720-1761)

Regra de Simpson

Para aproximar $\int_a^b f(x)\,dx$, use

$$S = \frac{\Delta x}{3}(y_0 + 4y_1 + 2y_2 + 4y_3 + \cdots + 2y_{n-2} + 4y_{n-1} + y_n).$$

Os y usados são valores de f nos pontos da partição

$$x_0 = a,\, x_1 = a + \Delta x,\, x_2 = a + 2\Delta x,\, \ldots,\, x_{n-1} = a + (n-1)\Delta x,\, x_n = b.$$

O número n é par e $\Delta x = (b-a)/n$.

Observe o padrão dos coeficientes na regra anterior: 1, 4, 2, 4, 2, 4, 2, ..., 4, 1.

EXEMPLO 2 Use a regra de Simpson com $n = 4$ para aproximar $\int_0^2 5x^4\,dx$.

Solução Divida [0, 2] em quatro subintervalos e calcule $y = 5x^4$ nos pontos da partição (Tabela 8.3). Em seguida, aplique a regra de Simpson com $n = 4$ e $\Delta x = 1/2$:

$$S = \frac{\Delta x}{3}\left(y_0 + 4y_1 + 2y_2 + 4y_3 + y_4\right)$$

$$= \frac{1}{6}\left(0 + 4\left(\frac{5}{16}\right) + 2(5) + 4\left(\frac{405}{16}\right) + 80\right)$$

$$= 32\frac{1}{12}.$$

Essa estimativa difere do valor exato (32) por apenas 1/12, um erro percentual de menos de três décimos de um por cento, e obtivemos isso com apenas quatro subintervalos.

TABELA 8.3

x	$y = 5x^4$
0	0
$\frac{1}{2}$	$\frac{5}{16}$
1	5
$\frac{3}{2}$	$\frac{405}{16}$
2	80

Análise de erro

Sempre que usamos uma técnica de aproximação, a questão que se coloca é o quanto a aproximação pode ser precisa. O teorema a seguir leva a fórmulas para estimar os erros quando se usa a regra dos trapézios e a regra de Simpson. O **erro** é a diferença entre a aproximação obtida pela regra e o valor real da integral definida $\int_a^b f(x)\,dx$.

TEOREMA 1 — Estimativas de erro na regra do trapézio e na regra de Simpson Se f'' for contínua e M for qualquer limitante superior para os valores de $|f''|$ em $[a, b]$, então o erro E_T na aproximação por trapézios da integral de f, de a até b para n passos, satisfaz a desigualdade

$$|E_T| \leq \frac{M(b-a)^3}{12n^2}. \quad \text{Regra do trapézio}$$

Se $f^{(4)}$ for contínua e M for qualquer limitante superior para os valores de $|f^{(4)}|$ em $[a, b]$, então o erro E_S na aproximação da regra de Simpson da integral de f, de a até b para n passos, satisfaz a desigualdade

$$|E_S| \leq \frac{M(b-a)^5}{180n^4}. \quad \text{Regra de Simpson}$$

Para sabermos por que o Teorema 1 é verdadeiro no caso da regra do trapézio, começamos com um resultado de cálculo avançado, que diz que se f'' for contínua no intervalo $[a, b]$, então

$$\int_a^b f(x)\,dx = T - \frac{b-a}{12}\cdot f''(c)(\Delta x)^2$$

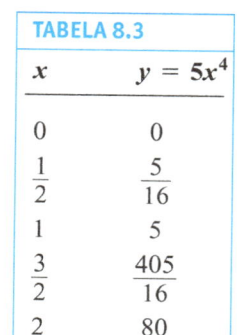

para um número c entre a e b. Assim, à medida que Δx se aproxima de zero, o erro definido por

$$E_T = -\frac{b-a}{12} \cdot f''(c)(\Delta x)^2$$

aproxima-se de zero como o *quadrado* de Δx

A desigualdade

$$|E_T| \leq \frac{b-a}{12} \max |f''(x)|(\Delta x)^2,$$

onde max se refere ao intervalo $[a, b]$, fornece um limitante superior para a magnitude do erro. Na prática, geralmente não se consegue determinar o valor exato de max $|f''(x)|$, e, em vez disso, temos que estimar um limitante superior ou um valor do "pior caso" para ele. Se M for qualquer limitante superior para os valores de $|f''(x)|$ em $[a, b]$, de modo que $|f''(x)| \leq M$ em $[a, b]$, então

$$|E_T| \leq \frac{b-a}{12} M(\Delta x)^2.$$

Se substituirmos $(b-a)/n$ para Δx, obtemos

$$|E_T| \leq \frac{M(b-a)^3}{12n^2}.$$

Para estimar o erro pela regra de Simpson, começamos com um resultado de cálculo avançado que diz que, se a quarta derivada $f^{(4)}$ for contínua, então

$$\int_a^b f(x)\,dx = S - \frac{b-a}{180} \cdot f^{(4)}(c)(\Delta x)^4$$

para um ponto c entre a e b. Assim, quando Δx se aproxima de zero, o erro,

$$E_S = -\frac{b-a}{180} \cdot f^{(4)}(c)(\Delta x)^4,$$

tende a zero como a *quarta potência* de Δx. (Isso ajuda a explicar por que a regra de Simpson é propensa a levar a melhores resultados do que a regra do trapézio.)

A desigualdade

$$|E_S| \leq \frac{b-a}{180} \max |f^{(4)}(x)|(\Delta x)^4,$$

onde max se refere ao intervalo $[a, b]$, fornece um limitante superior para a magnitude do erro. Tal como acontece com max $|f''|$ na fórmula do erro da regra do trapézio, normalmente não conseguimos determinar o valor exato de max $|f^{(4)}(x)|$, e temos que substituí-lo por um limitante superior. Se M for qualquer limitante superior para os valores de $|f^{(4)}|$ em $[a, b]$, então

$$|E_S| \leq \frac{b-a}{180} M(\Delta x)^4.$$

Substituindo $(b-a)/n$ por Δx nesta última expressão, temos

$$|E_S| \leq \frac{M(b-a)^5}{180n^4}.$$

EXEMPLO 3 Determine um limitante superior para o erro quando estimamos $\int_0^2 5x^4\,dx$ usando a regra de Simpson com $n = 4$ (Exemplo 2).

Solução Para estimar o erro, primeiro determinamos um limitante superior M para a magnitude da quarta derivada de $f(x) = 5x^4$ no intervalo $0 \leq x \leq 2$. Uma vez que a quarta derivada tem o valor constante $f^{(4)}(x) = 120$, consideramos que $M = 120$. Com $b - a = 2$ e $n = 4$, a estimativa de erro para a regra de Simpson resulta em

$$|E_S| \leq \frac{M(b-a)^5}{180n^4} = \frac{120(2)^5}{180 \cdot 4^4} = \frac{1}{12}.$$

Essa estimativa é consistente com o resultado do Exemplo 2.

O Teorema 1 também pode ser utilizado para estimar o número de subintervalos necessários quando se utiliza as regras do trapézio ou de Simpson se especificarmos certa tolerância de erro.

EXEMPLO 4 Estime o número mínimo de subintervalos necessários para aproximar a integral no Exemplo 3 usando a regra de Simpson com um erro de magnitude menor do que 10^{-4}.

Solução Utilizando a desigualdade no Teorema 1, se escolhermos o número de subintervalos n para satisfazer

$$\frac{M(b-a)^5}{180n^4} < 10^{-4},$$

então o erro E_S, na regra de Simpson, satisfaz $|E_S| < 10^{-4}$ como requerido.

A partir da solução do Exemplo 3, temos $M = 120$ e $b - a = 2$, por isso queremos n para satisfazer

$$\frac{120(2)^5}{180n^4} < \frac{1}{10^4}$$

ou, de forma equivalente,

$$n^4 > \frac{64 \cdot 10^4}{3}.$$

Resulta que

$$n > 10\left(\frac{64}{3}\right)^{1/4} \approx 21{,}5.$$

Uma vez que n deve ser par na regra de Simpson, estimamos que o número mínimo de subintervalos necessários para a tolerância de erro seja $n = 22$.

EXEMPLO 5 Como vimos no Capítulo 7, o valor de ln 2 pode ser calculado a partir da integral

$$\ln 2 = \int_1^2 \frac{1}{x}\, dx.$$

A Tabela 8.4 mostra valores de T e S para aproximações de $\int_1^2 (1/x)\, dx$ usando vários valores de n. Observe como as aproximações da regra de Simpson são nitidamente melhores do que as da regra do trapézio.

TABELA 8.4 Aproximações da regra do trapézio (T_n) e da regra de Simpson (S_n) de $\ln 2 = \int_1^2 (1/x)\, dx$

n	T_n	|Erro| menor que...	S_n	|Erro| menor que...
10	0,6937714032	0,0006242227	0,6931502307	0,0000030502
20	0,6933033818	0,0001562013	0,6931473747	0,0000001942
30	0,6932166154	0,0000694349	0,6931472190	0,0000000385
40	0,6931862400	0,0000390595	0,6931471927	0,0000000122
50	0,6931721793	0,0000249988	0,6931471856	0,0000000050
100	0,6931534305	0,0000062500	0,6931471809	0,0000000004

Em particular, observe que, quando dobramos o valor de *n* (assim reduzindo pela metade o valor de $h = \Delta x$), o erro *T* é dividido por 2 *ao quadrado*, enquanto o erro *S* é dividido por 2 elevado à *quarta potência*.

Isso tem um efeito dramático quando $\Delta x = (2 - 1)/n$ se torna muito pequeno. A aproximação de Simpson para $n = 50$ arredonda com precisão de sete casas, e, para $n = 100$, de nove casas decimais (bilionésimo)!

Se $f(x)$ for um polinômio de grau inferior a 4, então sua quarta derivada será zero e

$$E_S = -\frac{b-a}{180} f^{(4)}(c)(\Delta x)^4 = -\frac{b-a}{180}(0)(\Delta x)^4 = 0.$$

Assim, não haverá erro na aproximação de Simpson para qualquer integral de *f*. Em outras palavras, se *f* for uma constante, uma função linear ou um polinômio cúbico ou quadrático, a regra de Simpson fornecerá o valor exato de qualquer integral de *f*, seja qual for o número de subdivisões. Da mesma forma, se *f* for uma constante ou uma função linear, então sua segunda derivada será zero, e

$$E_T = -\frac{b-a}{12} f''(c)(\Delta x)^2 = -\frac{b-a}{12}(0)(\Delta x)^2 = 0.$$

A regra do trapézio fornecerá, portanto, o valor exato de qualquer integral de *f*. Isso não é surpresa, visto que os trapézios se encaixam na curva perfeitamente.

Embora a diminuição do tamanho do passo Δx reduza, teoricamente, o erro nas aproximações de Simpson e do trapézio, na prática isso pode falhar. Quando Δx é muito pequeno, por exemplo $\Delta x = 10^{-5}$, os erros acumulados pelo computador e pela calculadora na aritmética necessária para calcular *S* e *T* podem se acumular de tal forma que as fórmulas de erro não conseguirão descrever o que ocorre. Reduzir Δx abaixo de um determinado tamanho pode realmente piorar as coisas. Embora esse não seja um tópico a ser discutido neste livro, se você tiver problemas com arredondamento, consulte um texto sobre análise numérica para métodos alternativos.

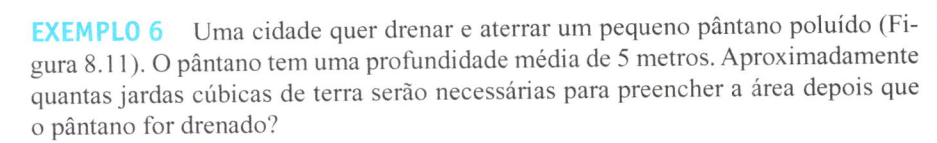

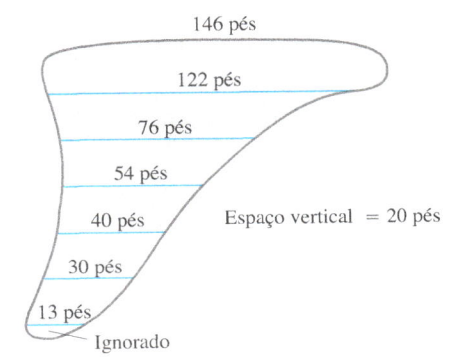

FIGURA 8.11 Dimensões do pântano do Exemplo 6.

EXEMPLO 6 Uma cidade quer drenar e aterrar um pequeno pântano poluído (Figura 8.11). O pântano tem uma profundidade média de 5 metros. Aproximadamente quantas jardas cúbicas de terra serão necessárias para preencher a área depois que o pântano for drenado?

Solução Para calcular o volume do pântano, estimamos a área da superfície e multiplicamos o resultado por 5. Para estimar a área, usamos a regra de Simpson com $\Delta x = 20$ pés e os *y* iguais às distâncias medidas longitudinalmente no pântano, como mostra a Figura 8.11.

$$S = \frac{\Delta x}{3}(y_0 + 4y_1 + 2y_2 + 4y_3 + 2y_4 + 4y_5 + y_6)$$

$$= \frac{20}{3}(146 + 488 + 152 + 216 + 80 + 120 + 13) = 8100$$

O volume é de aproximadamente $(8100)(5) = 40.500$ pés^3 ou 1.500 jardas^3.

Exercícios 8.6

Estimativa de integrais

As instruções para as integrais nos Exercícios 1-10 têm duas partes, uma para a regra do trapézio e uma para a regra de Simpson.

I. Uso da regra do trapézio
   a. Estime a integral com $n = 4$ passos e determine um limitante superior para $|E_T|$.
   b. Calcule a integral diretamente e determine $|E_T|$.
   c. Use a fórmula $(|E_T|/(\text{valor real})) \times 100$ para expressar $|E_T|$ como uma porcentagem do valor real da integral.

II. Uso da regra de Simpson
   a. Estime a integral com $n = 4$ passos e determine um limitante superior para $|E_S|$.
   b. Calcule a integral diretamente e determine $|E_S|$.
   c. Use a fórmula $(|E_S|/(\text{valor real})) \times 100$ para expressar $|E_S|$ como uma porcentagem do valor real da integral.

1. $\displaystyle\int_1^2 x\, dx$ **2.** $\displaystyle\int_1^3 (2x - 1)\, dx$

3. $\int_{-1}^{1} (x^2 + 1)\, dx$

4. $\int_{-2}^{0} (x^2 - 1)\, dx$

5. $\int_{0}^{2} (t^3 + t)\, dt$

6. $\int_{-1}^{1} (t^3 + 1)\, dt$

7. $\int_{1}^{2} \frac{1}{s^2}\, ds$

8. $\int_{2}^{4} \frac{1}{(s-1)^2}\, ds$

9. $\int_{0}^{\pi} \operatorname{sen} t\, dt$

10. $\int_{0}^{1} \operatorname{sen} \pi t\, dt$

Estimativa do número de subintervalos

Nos Exercícios 11-22, estime o número mínimo de subintervalos necessários para aproximar as integrais com um erro de magnitude inferior a 10^{-4} pela (a) regra do trapézio e (b) pela regra de Simpson. (As integrais dos Exercícios 11-18 são as mesmas dos Exercícios 1-8.)

11. $\int_{1}^{2} x\, dx$

12. $\int_{1}^{3} (2x - 1)\, dx$

13. $\int_{-1}^{1} (x^2 + 1)\, dx$

14. $\int_{-2}^{0} (x^2 - 1)\, dx$

15. $\int_{0}^{2} (t^3 + t)\, dt$

16. $\int_{-1}^{1} (t^3 + 1)\, dt$

17. $\int_{1}^{2} \frac{1}{s^2}\, ds$

18. $\int_{2}^{4} \frac{1}{(s-1)^2}\, ds$

19. $\int_{0}^{3} \sqrt{x+1}\, dx$

20. $\int_{0}^{3} \frac{1}{\sqrt{x+1}}\, dx$

21. $\int_{0}^{2} \operatorname{sen}(x + 1)\, dx$

22. $\int_{-1}^{1} \cos(x + \pi)\, dx$

Estimativas com dados numéricos

23. **Volume de água em uma piscina** Uma piscina retangular tem 30 pés de largura e 50 pés de comprimento. A tabela a seguir mostra a profundidade $h(x)$ da água em intervalos de 5 pés de uma extremidade da piscina até a outra. Estime o volume de água da piscina usando a regra do trapézio com $n = 10$ aplicada à integral

$$V = \int_{0}^{50} 30 \cdot h(x)\, dx.$$

Posição x (pés)	Profundidade $h(x)$ (pés)	Posição x (pés)	Profundidade $h(x)$ (pés)
0	6,0	30	11,5
5	8,2	35	11,9
10	9,1	40	12,3
15	9,9	45	12,7
20	10,5	50	13,0
25	11,0		

24. **Distância percorrida** A tabela a seguir mostra dados de velocidade e tempo de um carro esporte que acelera do repouso para 130 milhas/h. Qual a distância percorrida pelo carro ao atingir essa velocidade? (Use trapézios para estimar a área sob a curva da velocidade, mas cuidado: os intervalos de tempo variam com o comprimento.)

Variação de velocidade	Tempo (s)
Zero a 30 milhas/h	2,2
40 milhas/h	3,2
50 milhas/h	4,5
60 milhas/h	5,9
70 milhas/h	7,8
80 milhas/h	10,2
90 milhas/h	12,7
100 milhas/h	16,0
110 milhas/h	20,6
120 milhas/h	26,2
130 milhas/h	37,1

25. **Desenho da asa** O projeto de um novo avião requer um tanque de gasolina com área de seção transversal constante em cada asa. Apresentamos o desenho em escala de uma seção transversal. O tanque deve conter 5000 lb de gasolina, com uma densidade de 42 lb/pé³. Estime o comprimento do tanque pela regra de Simpson.

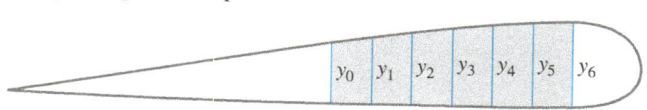

$y_0 = 1{,}5$ pé, $y_1 = 1{,}6$ pé, $y_2 = 1{,}8$ pé, $y_3 = 1{,}9$ pé, $y_4 = 2{,}0$ pés, $y_5 = y_6 = 2{,}1$ pés   Espaçamento horizontal = 1 pé

26. **Consumo de óleo na ilha de Pathfinder** Um gerador movido a diesel funciona continuamente e consome óleo a uma taxa que aumenta de maneira gradual até que seja temporariamente desligado para a troca dos filtros.

Use a regra do trapézio para estimar a quantidade de óleo consumida pelo gerador durante determinada semana.

Dia	Taxa de consumo de óleo (litros/h)
Dom.	0,019
Seg.	0,020
Ter.	0,021
Qua.	0,023
Qui.	0,025
Sex.	0,028
Sáb.	0,031
Dom.	0,035

Teoria e exemplos

27. **Valores úteis da função seno-integral** *A função seno-integral,*

$$\operatorname{Si}(x) = \int_{0}^{x} \frac{\operatorname{sen} t}{t}\, dt, \quad \text{"Seno integral de } x\text{"}$$

é uma das muitas funções em engenharia cujas fórmulas não podem ser simplificadas. Não existe uma fórmula elementar para a primitiva de $(\operatorname{sen} t)/t$. No entanto, os valores de $\operatorname{Si}(x)$ são facilmente estimados por integração numérica.

Embora a notação não mostre isso explicitamente, a função que está sendo integrada é

$$f(t) = \begin{cases} \dfrac{\operatorname{sen} t}{t}, & t \neq 0 \\ 1, & t = 0, \end{cases}$$

a extensão contínua de (sen t)/t para o intervalo [0, x]. A função tem derivadas de todas as ordens em cada ponto de seu domínio. Seu gráfico é suave, e podemos esperar bons resultados do uso da regra de Simpson.

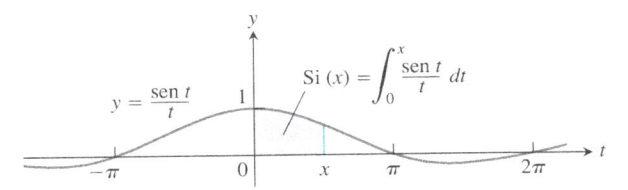

a. Use o fato de que $|f^{(4)}| \leq 1$ em $[0, \pi/2]$ para dar um limitante superior do erro que ocorrerá se

$$\text{Si}\left(\frac{\pi}{2}\right) = \int_0^{\pi/2} \frac{\operatorname{sen} t}{t} dt$$

for estimado pela regra de Simpson com $n = 4$.
b. Estime Si($\pi/2$) pela regra de Simpson com $n = 4$.
c. Expresse o limitante de erro que você encontrou no item (a) como uma porcentagem do valor obtido no item (b).

28. Função erro *A função erro*,

$$\operatorname{erf}(x) = \frac{2}{\sqrt{\pi}} \int_0^x e^{-t^2} dt,$$

importante em probabilidade e nas teorias de fluxo de calor e de transmissão de sinais, deve ser calculada numericamente porque não há uma expressão elementar para a primitiva de e^{-t^2}.

a. Use a regra de Simpson com $n = 10$ para estimar erf (1).
b. Em [0, 1],

$$\left| \frac{d^4}{dt^4}\left(e^{-t^2}\right) \right| \leq 12.$$

Dê um limitante superior para a magnitude do erro da estimativa no item (a).

29. Prove que a soma T na regra do trapézio para $\int_a^b f(x)\,dx$ é uma soma de Riemann para f contínua em $[a, b]$. (Dica: use o teorema do valor intermediário para mostrar a existência de c_k no subintervalo $[x_{k-1}, x_k]$ que satisfaz $f(c_k) = (f(x_{k-1}) + f(x_k))/2$.)

30. Prove que a soma S na regra de Simpson para $\int_a^b f(x)\,dx$ é uma soma de Riemann para f contínua em $[a, b]$. (Veja o Exercício 29.)

31. Integrais elípticas O comprimento da elipse

$$\frac{x^2}{a^2} + \frac{y^2}{b^2} = 1$$

vem a ser

$$\text{Comprimento} = 4a \int_0^{\pi/2} \sqrt{1 - e^2 \cos^2 t}\, dt,$$

onde $e = \sqrt{a^2 - b^2}/a$ é a excentricidade da elipse. A integral nessa fórmula, chamada *integral elíptica*, é não elementar, exceto quando $e = 0$ ou 1.

a. Use a regra do trapézio com $n = 10$ para estimar o comprimento da elipse quando $a = 1$ e $e = 1/2$.
b. Use o fato de que o valor absoluto da segunda derivada de $f(t) = \sqrt{1 - e^2 \cos^2 t}$ é inferior a 1 para determinar um limitante superior para o erro na estimativa obtida no item (a).

Aplicações

32. O comprimento de um arco da curva $y = \operatorname{sen} x$ é dado por

$$L = \int_0^\pi \sqrt{1 + \cos^2 x}\, dx.$$

Estime L pela regra de Simpson com $n = 8$.

33. Sua empresa de fabricação de metal está tentando fechar contrato para produzir folhas onduladas de metal para telhado, como mostramos a seguir. As seções transversais dessas folhas devem se ajustar à curva

$$y = \operatorname{sen} \frac{3\pi}{20} x, \quad 0 \leq x \leq 20 \text{ pol.}$$

Se as telhas devem ser moldadas a partir de folhas planas, por um processo que não deforme o material, qual deverá ser a largura da folha original? Para descobrir, use integração numérica para aproximar o comprimento da senoide com uma precisão de duas casas decimais.

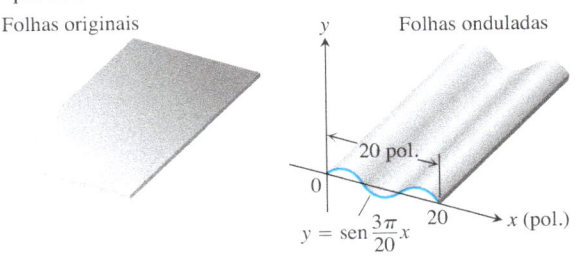

34. Sua empresa de engenharia está tentando fechar contrato para a construção de um túnel, como o que mostra a figura a seguir. O túnel tem 300 pés de comprimento por 50 pés de largura na base. Sua seção transversal tem a forma de um arco da curva $y = 25 \cos (\pi x/50)$. Após a conclusão, a superfície interna do túnel (excluindo a pista) será tratada com um selante impermeável cuja aplicação custa $\$ 1,75$ por pé quadrado. Quanto custará a aplicação do selante? (Dica: use integração numérica para calcular o comprimento da cossenoide.)

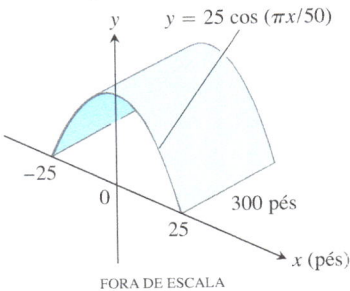

Determine, com precisão de duas casas decimais, as áreas das superfícies geradas pela rotação das curvas nos Exercícios 35 e 36 em torno do eixo x.

35. $y = \operatorname{sen} x, \quad 0 \leq x \leq \pi$
36. $y = x^2/4, \quad 0 \leq x \leq 2$
37. Use integração numérica para estimar o valor de

$$\operatorname{sen}^{-1} 0{,}6 = \int_0^{0,6} \frac{dx}{\sqrt{1 - x^2}}.$$

Para referência, $\operatorname{sen}^{-1} 0{,}6 = 0{,}64350$, com a precisão de cinco casas decimais.

38. Use integração numérica para estimar o valor de

$$\pi = 4 \int_0^1 \frac{1}{1 + x^2}\, dx.$$

8.7 Integrais impróprias

Até agora, as integrais definidas tiveram que exibir duas propriedades. A primeira, que o domínio de integração [a, b] seja finito. A segunda, que a imagem do integrando seja finita nesse domínio. Na prática, podem surgir problemas que impeçam o cumprimento de uma ou ambas as condições. A integral da área sob a curva $y = (\ln x)/x^2$ de $x = 1$ a $x = \infty$ é um exemplo de situação em que o domínio é infinito (Figura 8.12a). Já a integral para a área sob a curva de $y = 1/\sqrt{x}$ entre $x = 0$ e $x = 1$ é um exemplo de situação em que a imagem do integrando é infinita (Figura 8.12b). Em qualquer um dos casos, as integrais recebem o nome de *impróprias* e são calculadas como limites. No Capítulo 10, veremos que as integrais impróprias desempenham um papel importante na investigação da convergência de certas séries infinitas.

Limites infinitos de integração

Considere a região infinita situada sob a curva $y = e^{-x/2}$ no primeiro quadrante (Figura 8.13a). Você poderia pensar que essa região tem área infinita, mas veremos que o valor é finito. Atribuímos um valor a uma área da seguinte maneira: primeiro obtemos a área $A(b)$ da parte da região limitada à direita por $x = b$ (Figura 8.13b).

$$A(b) = \int_0^b e^{-x/2}\,dx = -2e^{-x/2}\Big]_0^b = -2e^{-b/2} + 2$$

Em seguida, determinamos o limite de $A(b)$ quando $b \to \infty$.

$$\lim_{b\to\infty} A(b) = \lim_{b\to\infty}(-2e^{-b/2} + 2) = 2.$$

O valor que atribuímos à área sob a curva de 0 a ∞ é

$$\int_0^\infty e^{-x/2}\,dx = \lim_{b\to\infty}\int_0^b e^{-x/2}\,dx = 2.$$

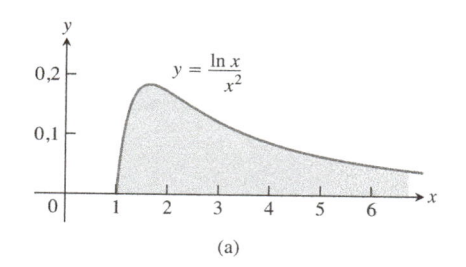

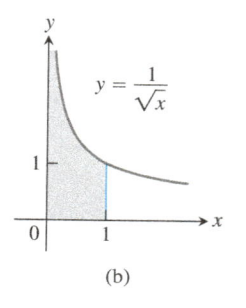

FIGURA 8.12 As áreas sob essas curvas são infinitas ou finitas? Veremos que a resposta será afirmativa no caso de ambas as curvas.

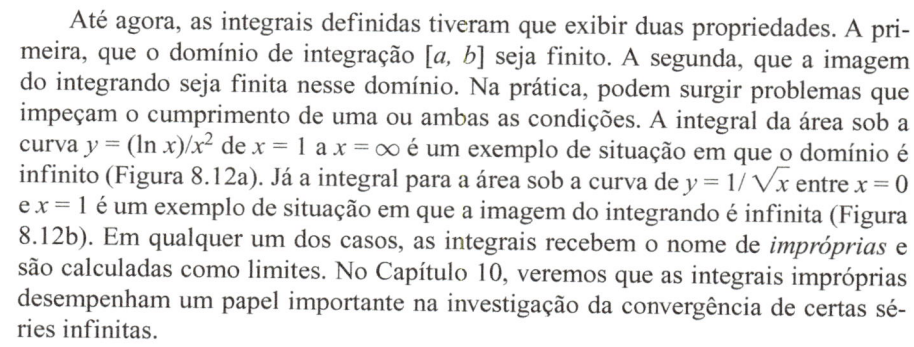

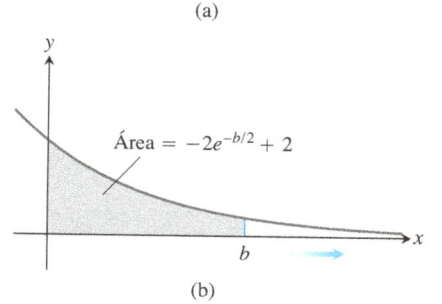

FIGURA 8.13 (a) Área sob a curva $y = e^{-x/2}$ no primeiro quadrante. (b) A área é uma integral imprópria do tipo I.

DEFINIÇÃO Integrais com limites infinitos de integração são **integrais impróprias do tipo I**.

1. Se $f(x)$ é contínua em $[a, \infty)$, então

$$\int_a^\infty f(x)\,dx = \lim_{b\to\infty}\int_a^b f(x)\,dx.$$

2. Se $f(x)$ é contínua em $(-\infty, b]$, então

$$\int_{-\infty}^b f(x)\,dx = \lim_{a\to -\infty}\int_a^b f(x)\,dx.$$

3. Se $f(x)$ é contínua em $(-\infty, \infty)$, então

$$\int_{-\infty}^\infty f(x)\,dx = \int_{-\infty}^c f(x)\,dx + \int_c^\infty f(x)\,dx,$$

onde c é qualquer número real.

Em todos os casos, se o limite for finito, dizemos que a integral imprópria **converge** e que o limite é o **valor** da integral imprópria. Se o limite não existe, dizemos que a integral imprópria **diverge**.

Podemos demonstrar que a escolha de c na Parte 3 da definição não é importante. Podemos calcular ou determinar a convergência ou divergência de $\int_{-\infty}^{\infty} f(x)\, dx$ com a escolha que for conveniente.

Se $f \geq 0$ no intervalo de integração, qualquer uma das integrais na definição dada anteriormente pode ser interpretada como uma área. Por exemplo, interpretamos a integral imprópria na Figura 8.13 como uma área. Nesse caso, a área tem o valor finito 2. Se $f \geq 0$ e a integral imprópria diverge, dizemos que a área sob a curva é **infinita**.

EXEMPLO 1 A área sob a curva $y = (\ln x)/x^2$ de $x = 1$ a $x = \infty$ é finita? Se sim, qual é o seu valor?

Solução Determinamos a área sob a curva de $x = 1$ a $x = b$ e examinamos o limite quando $b \to \infty$. Se o limite é finito, nós o interpretamos como a área sob a curva (Figura 8.14). A área de 1 a b é

$$\int_1^b \frac{\ln x}{x^2}\, dx = \left[(\ln x)\left(-\frac{1}{x}\right)\right]_1^b - \int_1^b \left(-\frac{1}{x}\right)\left(\frac{1}{x}\right) dx$$

Integração por partes com $u = \ln x$, $dv = dx/x^2$, $du = dx/x$, $v = -1/x$

$$= -\frac{\ln b}{b} - \left[\frac{1}{x}\right]_1^b$$

$$= -\frac{\ln b}{b} - \frac{1}{b} + 1.$$

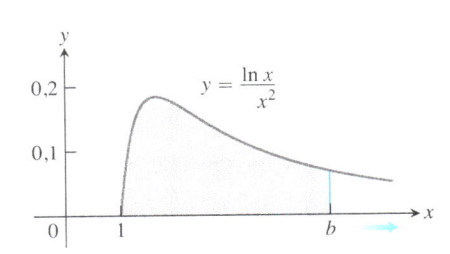

FIGURA 8.14 A área sob a curva é uma integral imprópria (Exemplo 1).

Quando $b \to \infty$, o limite da área é

$$\int_1^{\infty} \frac{\ln x}{x^2}\, dx = \lim_{b \to \infty} \int_1^b \frac{\ln x}{x^2}\, dx$$

$$= \lim_{b \to \infty} \left[-\frac{\ln b}{b} - \frac{1}{b} + 1\right]$$

$$= -\left[\lim_{b \to \infty} \frac{\ln b}{b}\right] - 0 + 1$$

$$= -\left[\lim_{b \to \infty} \frac{1/b}{1}\right] + 1 = 0 + 1 = 1. \quad \text{Regra de l'Hôpital}$$

Assim, a integral imprópria converge e a área tem o valor finito 1.

EXEMPLO 2 Calcule

$$\int_{-\infty}^{\infty} \frac{dx}{1 + x^2}.$$

Solução De acordo com a definição (Parte 3), podemos escolher $c = 0$ e escrever

$$\int_{-\infty}^{\infty} \frac{dx}{1 + x^2} = \int_{-\infty}^{0} \frac{dx}{1 + x^2} + \int_{0}^{\infty} \frac{dx}{1 + x^2}.$$

Em seguida, calculamos cada integral imprópria do lado direito da equação citada.

$$\int_{-\infty}^{0} \frac{dx}{1 + x^2} = \lim_{a \to -\infty} \int_a^0 \frac{dx}{1 + x^2}$$

$$= \lim_{a \to -\infty} \operatorname{tg}^{-1} x \Big]_a^0$$

$$= \lim_{a \to -\infty} (\operatorname{tg}^{-1} 0 - \operatorname{tg}^{-1} a) = 0 - \left(-\frac{\pi}{2}\right) = \frac{\pi}{2}$$

BIOGRAFIA HISTÓRICA

Lejeune Dirichlet
(1805-1859)

$$\int_0^\infty \frac{dx}{1+x^2} = \lim_{b\to\infty} \int_0^b \frac{dx}{1+x^2}$$

$$= \lim_{b\to\infty} \operatorname{tg}^{-1} x \Big]_0^b$$

$$= \lim_{b\to\infty} (\operatorname{tg}^{-1} b - \operatorname{tg}^{-1} 0) = \frac{\pi}{2} - 0 = \frac{\pi}{2}$$

Assim,

$$\int_{-\infty}^\infty \frac{dx}{1+x^2} = \frac{\pi}{2} + \frac{\pi}{2} = \pi.$$

Como $1/(1+x^2) > 0$, a integral imprópria pode ser interpretada como a área (finita) sob a curva e acima do eixo x (Figura 8.15).

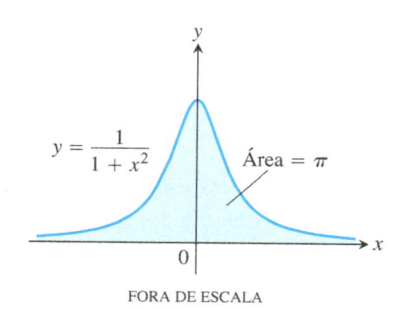

FIGURA 8.15 A área sob a curva é finita (Exemplo 2).

Integral $\int_1^\infty \frac{dx}{x^p}$

A função $y = 1/x$ é a fronteira entre as integrais impróprias convergentes e divergentes com integrandos de forma $y = 1/x^p$. Como mostra o exemplo a seguir, a integral imprópria converge se $p > 1$ e diverge se $p \leq 1$.

EXEMPLO 3 Para que valores de p a integral $\int_1^\infty dx/x^p$ converge? Quando a integral converge, qual é o seu valor?

Solução Se $p \neq 1$,

$$\int_1^b \frac{dx}{x^p} = \frac{x^{-p+1}}{-p+1}\Big]_1^b = \frac{1}{1-p}(b^{-p+1} - 1) = \frac{1}{1-p}\left(\frac{1}{b^{p-1}} - 1\right).$$

Assim,

$$\int_1^\infty \frac{dx}{x^p} = \lim_{b\to\infty} \int_1^b \frac{dx}{x^p}$$

$$= \lim_{b\to\infty} \left[\frac{1}{1-p}\left(\frac{1}{b^{p-1}} - 1\right)\right] = \begin{cases} \frac{1}{p-1}, & p > 1 \\ \infty, & p < 1 \end{cases}$$

porque

$$\lim_{b\to\infty} \frac{1}{b^{p-1}} = \begin{cases} 0, & p > 1 \\ \infty, & p < 1. \end{cases}$$

Portanto, a integral converge para o valor $1/(p-1)$ se $p > 1$ e diverge se $p < 1$.

Se $p = 1$, a integral também diverge:

$$\int_1^\infty \frac{dx}{x^p} = \int_1^\infty \frac{dx}{x}$$

$$= \lim_{b \to \infty} \int_1^b \frac{dx}{x}$$

$$= \lim_{b \to \infty} \ln x \Big]_1^b$$

$$= \lim_{b \to \infty} (\ln b - \ln 1) = \infty.$$

Integrandos com assíntotas verticais

Outro tipo de integral imprópria surge quando o integrando tem uma assíntota vertical – uma descontinuidade infinita – em um limite de integração ou em algum ponto entre os limites de integração. Se o integrando f for positivo ao longo do intervalo de integração, podemos interpretar novamente a integral imprópria como a área sob o gráfico de f e acima do eixo x entre os limites de integração.

Considere a região que está sob a curva $y = 1/\sqrt{x}$ de $x = 0$ a $x = 1$ (Figura 8.12b) no primeiro quadrante. Primeiro, determinamos a área da porção de a até 1 (Figura 8.16).

$$\int_a^1 \frac{dx}{\sqrt{x}} = 2\sqrt{x} \Big]_a^1 = 2 - 2\sqrt{a}.$$

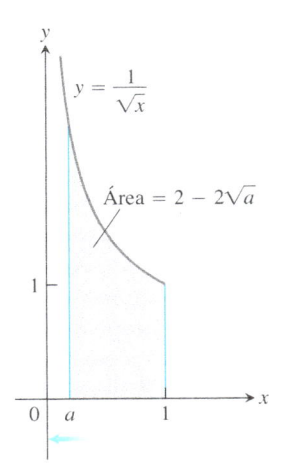

FIGURA 8.16 A área sob a curva é um exemplo de integral imprópria do tipo II.

Então, determinamos o limite dessa área quando $a \to 0^+$:

$$\lim_{a \to 0^+} \int_a^1 \frac{dx}{\sqrt{x}} = \lim_{a \to 0^+} \left(2 - 2\sqrt{a}\right) = 2.$$

Portanto, a área sob a curva de 0 a 1 é finita, e é definida como sendo

$$\int_0^1 \frac{dx}{\sqrt{x}} = \lim_{a \to 0^+} \int_a^1 \frac{dx}{\sqrt{x}} = 2.$$

DEFINIÇÃO Integrais de funções que se tornam infinitas em um ponto dentro do intervalo de integração são **integrais impróprias do tipo II.**

1. Se $f(x)$ é contínua em $(a, b]$ e descontínua em a, então

$$\int_a^b f(x)\, dx = \lim_{c \to a^+} \int_c^b f(x)\, dx.$$

2. Se $f(x)$ é contínua em $[a, b)$ e descontínua em b, então

$$\int_a^b f(x)\, dx = \lim_{c \to b^-} \int_a^c f(x)\, dx.$$

3. Se $f(x)$ é descontínua em c, onde $a < c < b$, e contínua em $[a, c) \cup (c, b]$, então

$$\int_a^b f(x)\, dx = \int_a^c f(x)\, dx + \int_c^b f(x)\, dx.$$

Em todos os casos, se o limite é finito, dizemos que a integral imprópria **converge** e que o limite é o **valor** da integral imprópria. Se o limite não existe, dizemos que a integral imprópria **diverge**.

Na Parte 3 da definição, a integral do lado esquerdo da equação converge se *ambas* as integrais do lado direito convergem; caso contrário, ela diverge.

EXEMPLO 4 Investigue a convergência de

$$\int_0^1 \frac{1}{1-x}\,dx.$$

O integrando $f(x) = 1/(1-x)$ é contínuo em [0, 1), mas descontínuo em $x = 1$ e se torna infinito quando $x \to 1^-$ (Figura 8.17). Calculamos a integral como sendo

$$\lim_{b \to 1^-} \int_0^b \frac{1}{1-x}\,dx = \lim_{b \to 1^-} \Big[-\ln|1-x|\Big]_0^b$$

$$= \lim_{b \to 1^-} [-\ln(1-b) + 0] = \infty.$$

O limite é infinito, então a integral diverge.

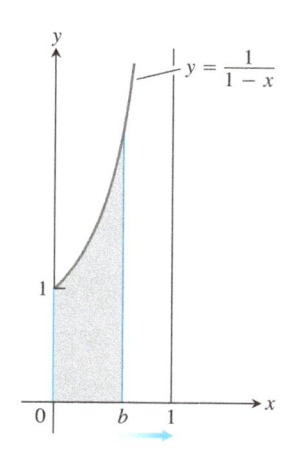

FIGURA 8.17 A área abaixo da curva e acima do eixo x para [0, 1) não é um número real (Exemplo 4).

EXEMPLO 5 Calcule

$$\int_0^3 \frac{dx}{(x-1)^{2/3}}.$$

Solução O integrando tem uma assíntota vertical em $x = 1$ e é contínuo em [0, 1) e (1, 3] (Figura 8.18). Assim, de acordo com a Parte 3 da definição dada anteriormente,

$$\int_0^3 \frac{dx}{(x-1)^{2/3}} = \int_0^1 \frac{dx}{(x-1)^{2/3}} + \int_1^3 \frac{dx}{(x-1)^{2/3}}.$$

Em seguida, calculamos cada integral imprópria do lado direito dessa equação.

$$\int_0^1 \frac{dx}{(x-1)^{2/3}} = \lim_{b \to 1^-} \int_0^b \frac{dx}{(x-1)^{2/3}}$$

$$= \lim_{b \to 1^-} 3(x-1)^{1/3}\Big]_0^b$$

$$= \lim_{b \to 1^-} [3(b-1)^{1/3} + 3] = 3$$

$$\int_1^3 \frac{dx}{(x-1)^{2/3}} = \lim_{c \to 1^+} \int_c^3 \frac{dx}{(x-1)^{2/3}}$$

$$= \lim_{c \to 1^+} 3(x-1)^{1/3}\Big]_c^3$$

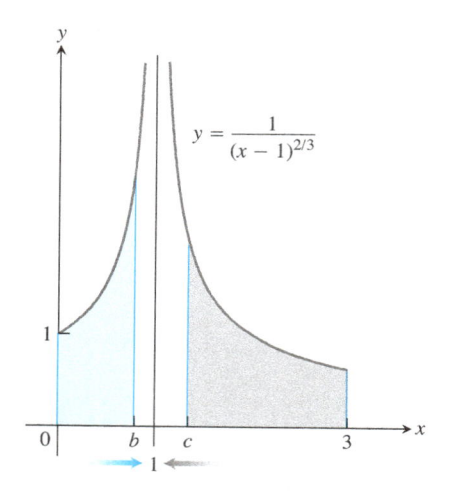

$$= \lim_{c \to 1^+} \Big[3(3-1)^{1/3} - 3(c-1)^{1/3}\Big] = 3\sqrt[3]{2}$$

FIGURA 8.18 O Exemplo 5 mostra que a área sob a curva existe (por isso, é um número real).

Concluímos que

$$\int_0^3 \frac{dx}{(x-1)^{2/3}} = 3 + 3\sqrt[3]{2}.$$

Integrais impróprias com um SAC

Os sistemas de álgebra computacional podem calcular muitas integrais impróprias convergentes. Para calcular a integral

$$\int_2^\infty \frac{x+3}{(x-1)(x^2+1)}\,dx$$

(que converge) usando Maple, insira

$$> f:= (x + 3)/((x - 1) * (x^\wedge 2 + 1));$$

Em seguida, use o comando de integração

$$> \text{int}(f, x = 2..\text{infinity});$$

O Maple retorna a resposta

$$-\frac{1}{2}\pi + \ln(5) + \arctan(2).$$

Para obter um resultado numérico, use o comando **evalf** e especifique o número de dígitos, como mostramos a seguir:

$$> \text{evalf}(\%, 6);$$

O símbolo % instrui o computador a calcular a última expressão na tela, nesse caso $(-1/2)\pi + \ln(5) + \arctan(2)$. O Maple retorna 1,14579.

Ao usar o Mathematica, insira

$$In\ [1]:= \text{Integrate}\ [(x + 3)/((x - 1)(x^\wedge 2 + 1)), \{x, 2, \text{Infinity}\}]$$

e obtenha

$$Out\ [1]= \frac{-\pi}{2} + \text{ArcTan}\ [2] + \text{Log}\ [5].$$

Para obter um resultado numérico com seis dígitos, use o comando "N[%, 6]"; ele também produz 1,14579.

Testes para convergência e divergência

Quando não podemos resolver uma integral imprópria diretamente, tentamos determinar se ela converge ou diverge. Se a integral diverge, é o fim da história. Se ela converge, podemos usar métodos numéricos para aproximar seu valor. Os principais testes para convergência e divergência são o teste da comparação direta e o teste da comparação no limite.

EXEMPLO 6 A integral $\int_1^\infty e^{-x^2}\,dx$ converge?

Solução Por definição,

$$\int_1^\infty e^{-x^2}\,dx = \lim_{b \to \infty} \int_1^b e^{-x^2}\,dx.$$

Não podemos calcular essa integral diretamente porque ela é não elementar. Mas *podemos* demonstrar que seu limite é finito quando $b \to \infty$. Sabemos que $\int_1^b e^{-x^2}\,dx$ é uma função crescente de b. Portanto, quando $b \to \infty$, ou ela se torna infinita ou tem um limite finito. Ela não se torna infinita: para cada valor de $x \geq 1$, temos $e^{-x^2} \leq e^{-x}$ (Figura 8.19), de modo que

$$\int_1^b e^{-x^2}\,dx \leq \int_1^b e^{-x}\,dx = -e^{-b} + e^{-1} < e^{-1} \approx 0{,}36788.$$

Assim,

$$\int_1^\infty e^{-x^2}\,dx = \lim_{b \to \infty} \int_1^b e^{-x^2}\,dx$$

converge para algum valor finito definido. Não sabemos exatamente qual é o valor, exceto que é positivo e menor do que 0,37. Aqui, contamos com a propriedade de completude dos números reais discutida no Apêndice 6.

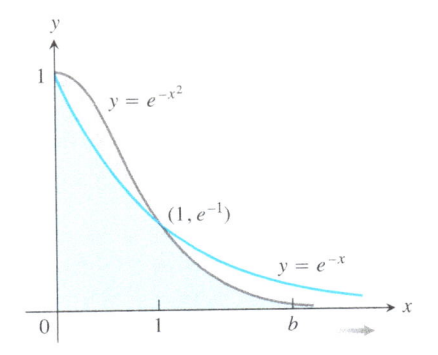

FIGURA 8.19 O gráfico de e^{-x^2} se situa abaixo do gráfico de e^{-x} para $x > 1$ (Exemplo 6).

Biografia histórica

Karl Weierstrass
(1815-1897)

A comparação de e^{-x^2} e e^{-x} no Exemplo 6 é um caso especial do teste a seguir.

> **TEOREMA 2 — Teste de comparação direta** Sejam f e g contínuas em $[a, \infty)$ com $0 \leq f(x) \leq g(x)$ para qualquer $x \geq a$. Então,
>
> 1. $\displaystyle\int_a^\infty f(x)\,dx$ converge se $\displaystyle\int_a^\infty g(x)\,dx$ converge.
>
> 2. $\displaystyle\int_a^\infty g(x)\,dx$ diverge se $\displaystyle\int_a^\infty f(x)\,dx$ diverge.

Prova O raciocínio por trás do argumento estabelecido no Teorema 2 é semelhante ao do Exemplo 6. Se $0 \leq f(x) \leq g(x)$ para $x \geq a$, então, da Regra 7 no Teorema 2 da Seção 5.3, temos

$$\int_a^b f(x)\,dx \leq \int_a^b g(x)\,dx, \qquad b > a.$$

A partir daí, podemos afirmar, como no Exemplo 6, que

$$\int_a^\infty f(x)\,dx \quad \text{converge se} \quad \int_a^\infty g(x)\,dx \quad \text{converge.}$$

E a contraposição disso diz que

$$\int_a^\infty g(x)\,dx \quad \text{diverge se} \quad \int_a^\infty f(x)\,dx \quad \text{diverge.}$$

EXEMPLO 7 Esses exemplos ilustram como podemos usar o Teorema 2.

(a) $\displaystyle\int_1^\infty \frac{\operatorname{sen}^2 x}{x^2}\,dx \quad$ converge porque

$$0 \leq \frac{\operatorname{sen}^2 x}{x^2} \leq \frac{1}{x^2} \quad \text{em } [1, \infty) \quad \text{e} \quad \int_1^\infty \frac{1}{x^2}\,dx \quad \text{converge.} \qquad \text{Exemplo 3}$$

(b) $\displaystyle\int_1^\infty \frac{1}{\sqrt{x^2 - 0{,}1}}\,dx \quad$ diverge porque

$$\frac{1}{\sqrt{x^2 - 0{,}1}} \geq \frac{1}{x} \quad \text{em } [1, \infty) \quad \text{e} \quad \int_1^\infty \frac{1}{x}\,dx \quad \text{diverge.} \qquad \text{Exemplo 3}$$

> **TEOREMA 3 — Teste de comparação no limite** Se as funções positivas f e g são contínuas em $[a, \infty)$, e se
>
> $$\lim_{x \to \infty} \frac{f(x)}{g(x)} = L, \qquad 0 < L < \infty,$$
>
> então
>
> $$\int_a^\infty f(x)\,dx \quad \text{e} \quad \int_a^\infty g(x)\,dx$$
>
> são ambas convergentes ou divergentes.

Omitimos a prova mais avançada do Teorema 3.

Embora as integrais impróprias das duas funções de a até ∞ possam ambas convergir, não significa que suas integrais tenham necessariamente o mesmo valor, como mostra o exemplo a seguir.

EXEMPLO 8 Mostre que

$$\int_1^\infty \frac{dx}{1+x^2}$$

converge por comparação com $\int_1^\infty (1/x^2)\, dx$. Calcule e compare os valores das duas integrais.

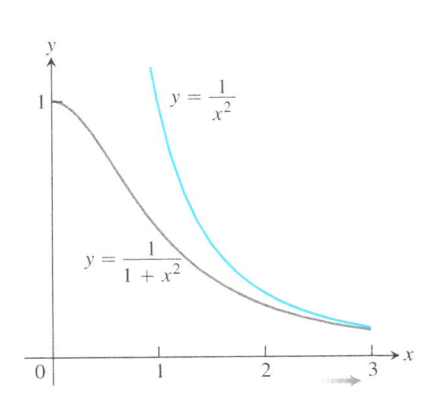

Solução As funções $f(x) = 1/x^2$ e $g(x) = 1/(1+x^2)$ são positivas e contínuas em $[1, \infty)$. Além disso,

$$\lim_{x \to \infty} \frac{f(x)}{g(x)} = \lim_{x \to \infty} \frac{1/x^2}{1/(1+x^2)} = \lim_{x \to \infty} \frac{1+x^2}{x^2}$$

$$= \lim_{x \to \infty} \left(\frac{1}{x^2} + 1\right) = 0 + 1 = 1,$$

um limite finito positivo (Figura 8.20). Portanto, $\int_1^\infty \frac{dx}{1+x^2}$ converge porque $\int_1^\infty \frac{dx}{x^2}$ converge.

As integrais convergem para valores diferentes, porém:

$$\int_1^\infty \frac{dx}{x^2} = \frac{1}{2-1} = 1 \qquad \text{Exemplo 3}$$

e

$$\int_1^\infty \frac{dx}{1+x^2} = \lim_{b \to \infty} \int_1^b \frac{dx}{1+x^2}$$

$$= \lim_{b \to \infty} [\operatorname{tg}^{-1} b - \operatorname{tg}^{-1} 1] = \frac{\pi}{2} - \frac{\pi}{4} = \frac{\pi}{4}.$$

FIGURA 8.20 Funções no Exemplo 8.

EXEMPLO 9 Investigue a convergência de $\int_1^\infty \frac{1-e^{-x}}{x}\, dx$.

Solução O integrando sugere uma comparação de $f(x) = (1-e^{-x})/x$ com $g(x) = 1/x$. No entanto, não podemos usar o teste da comparação direta porque $f(x) \leq g(x)$ e porque a integral de $g(x)$ *diverge*. Por outro lado, ao utilizarmos o teste da comparação no limite, descobrimos que

$$\lim_{x \to \infty} \frac{f(x)}{g(x)} = \lim_{x \to \infty} \left(\frac{1-e^{-x}}{x}\right)\left(\frac{x}{1}\right) = \lim_{x \to \infty} (1 - e^{-x}) = 1,$$

que é um limite finito positivo. Portanto, $\int_1^\infty \frac{1-e^{-x}}{x}\, dx$ diverge porque $\int_1^\infty \frac{dx}{x}$ diverge. Na Tabela 8.5 são apresentadas aproximações para a integral imprópria. Observe que não parece que os valores se aproximam de um valor limite fixado quando $b \to \infty$.

TABELA 8.5

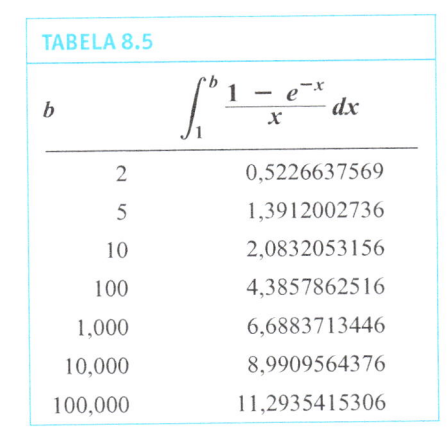

b	$\int_1^b \frac{1-e^{-x}}{x}\, dx$
2	0,5226637569
5	1,3912002736
10	2,0832053156
100	4,3857862516
1.000	6,6883713446
10.000	8,9909564376
100.000	11,2935415306

Tipos de integrais impróprias discutidos nesta seção

LIMITES INFINITOS DE INTEGRAÇÃO: TIPO I

1. Limite superior

$$\int_1^\infty \frac{\ln x}{x^2}\,dx = \lim_{b\to\infty}\int_1^b \frac{\ln x}{x^2}\,dx$$

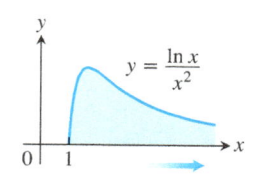

$y = \dfrac{\ln x}{x^2}$

2. Limite inferior

$$\int_{-\infty}^0 \frac{dx}{1+x^2} = \lim_{a\to-\infty}\int_a^0 \frac{dx}{1+x^2}$$

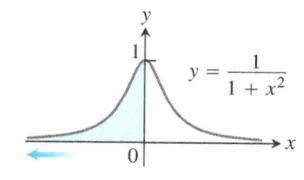

$y = \dfrac{1}{1+x^2}$

3. Ambos os limites

$$\int_{-\infty}^\infty \frac{dx}{1+x^2} = \lim_{b\to-\infty}\int_b^0 \frac{dx}{1+x^2} + \lim_{c\to\infty}\int_0^c \frac{dx}{1+x^2}$$

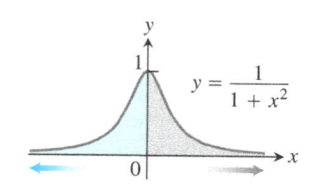

$y = \dfrac{1}{1+x^2}$

INTEGRANDO SE TORNA INFINITO: TIPO II

4. Extremidade superior

$$\int_0^1 \frac{dx}{(x-1)^{2/3}} = \lim_{b\to 1^-}\int_0^b \frac{dx}{(x-1)^{2/3}}$$

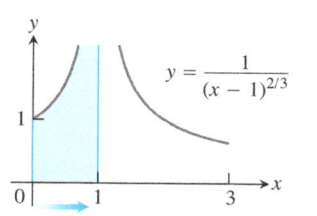

$y = \dfrac{1}{(x-1)^{2/3}}$

5. Extremidade inferior

$$\int_1^3 \frac{dx}{(x-1)^{2/3}} = \lim_{d\to 1^+}\int_d^3 \frac{dx}{(x-1)^{2/3}}$$

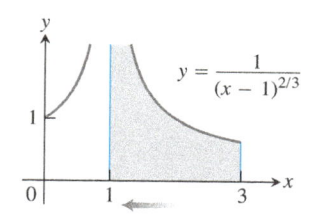

$y = \dfrac{1}{(x-1)^{2/3}}$

6. Ponto interior

$$\int_0^3 \frac{dx}{(x-1)^{2/3}} = \int_0^1 \frac{dx}{(x-1)^{2/3}} + \int_1^3 \frac{dx}{(x-1)^{2/3}}$$

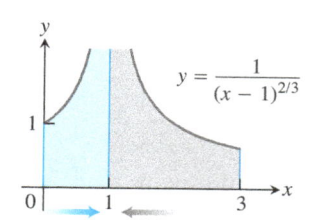

$y = \dfrac{1}{(x-1)^{2/3}}$

Exercícios 8.7

Identificação de integrais impróprias

Nos Exercícios 1-34, calcule as integrais sem usar tabelas.

1. $\int_0^\infty \dfrac{dx}{x^2 + 1}$
2. $\int_1^\infty \dfrac{dx}{x^{1,001}}$
3. $\int_0^1 \dfrac{dx}{\sqrt{x}}$
4. $\int_0^4 \dfrac{dx}{\sqrt{4-x}}$
5. $\int_{-1}^1 \dfrac{dx}{x^{2/3}}$
6. $\int_{-8}^1 \dfrac{dx}{x^{1/3}}$
7. $\int_0^1 \dfrac{dx}{\sqrt{1-x^2}}$
8. $\int_0^1 \dfrac{dr}{r^{0,999}}$
9. $\int_{-\infty}^{-2} \dfrac{2\,dx}{x^2 - 1}$
10. $\int_{-\infty}^2 \dfrac{2\,dx}{x^2 + 4}$
11. $\int_2^\infty \dfrac{2}{v^2 - v}\,dv$
12. $\int_2^\infty \dfrac{2\,dt}{t^2 - 1}$
13. $\int_{-\infty}^\infty \dfrac{2x\,dx}{(x^2+1)^2}$
14. $\int_{-\infty}^\infty \dfrac{x\,dx}{(x^2+4)^{3/2}}$
15. $\int_0^1 \dfrac{\theta + 1}{\sqrt{\theta^2 + 2\theta}}\,d\theta$
16. $\int_0^2 \dfrac{s+1}{\sqrt{4-s^2}}\,ds$
17. $\int_0^\infty \dfrac{dx}{(1+x)\sqrt{x}}$
18. $\int_1^\infty \dfrac{1}{x\sqrt{x^2 - 1}}\,dx$
19. $\int_0^\infty \dfrac{dv}{(1+v^2)(1 + \operatorname{tg}^{-1} v)}$
20. $\int_0^\infty \dfrac{16\,\operatorname{tg}^{-1} x}{1 + x^2}\,dx$
21. $\int_{-\infty}^0 \theta e^\theta\,d\theta$
22. $\int_0^\infty 2e^{-\theta} \operatorname{sen} \theta\,d\theta$
23. $\int_{-\infty}^0 e^{-|x|}\,dx$
24. $\int_{-\infty}^\infty 2xe^{-x^2}\,dx$
25. $\int_0^1 x \ln x\,dx$
26. $\int_0^1 (-\ln x)\,dx$
27. $\int_0^2 \dfrac{ds}{\sqrt{4-s^2}}$
28. $\int_0^1 \dfrac{4r\,dr}{\sqrt{1-r^4}}$
29. $\int_1^2 \dfrac{ds}{s\sqrt{s^2-1}}$
30. $\int_2^4 \dfrac{dt}{t\sqrt{t^2-4}}$
31. $\int_{-1}^4 \dfrac{dx}{\sqrt{|x|}}$
32. $\int_0^2 \dfrac{dx}{\sqrt{|x-1|}}$
33. $\int_{-1}^\infty \dfrac{d\theta}{\theta^2 + 5\theta + 6}$
34. $\int_0^\infty \dfrac{dx}{(x+1)(x^2+1)}$

Teste de convergência

Nos Exercícios 35-64, utilize a integração, o teste da comparação direta ou o teste da comparação no limite para testar as integrais quanto à convergência. Se mais de um método puder ser aplicado, use o de sua preferência.

35. $\int_0^{\pi/2} \operatorname{tg} \theta\,d\theta$
36. $\int_0^{\pi/2} \operatorname{cotg} \theta\,d\theta$
37. $\int_0^\pi \dfrac{\operatorname{sen}\theta\,d\theta}{\sqrt{\pi - \theta}}$
38. $\int_{-\pi/2}^{\pi/2} \dfrac{\cos\theta\,d\theta}{(\pi - 2\theta)^{1/3}}$
39. $\int_0^{\ln 2} x^{-2} e^{-1/x}\,dx$
40. $\int_0^1 \dfrac{e^{-\sqrt{x}}}{\sqrt{x}}\,dx$
41. $\int_0^\pi \dfrac{dt}{\sqrt{t} + \operatorname{sen} t}$
42. $\int_0^1 \dfrac{dt}{t - \operatorname{sen} t}$ (Dica: $t \geq \operatorname{sen} t$ para $t \geq 0$.)
43. $\int_0^2 \dfrac{dx}{1 - x^2}$
44. $\int_0^2 \dfrac{dx}{1 - x}$
45. $\int_{-1}^1 \ln|x|\,dx$
46. $\int_{-1}^1 -x \ln|x|\,dx$
47. $\int_1^\infty \dfrac{dx}{x^3 + 1}$
48. $\int_4^\infty \dfrac{dx}{\sqrt{x} - 1}$
49. $\int_2^\infty \dfrac{dv}{\sqrt{v - 1}}$
50. $\int_0^\infty \dfrac{d\theta}{1 + e^\theta}$
51. $\int_0^\infty \dfrac{dx}{\sqrt{x^6 + 1}}$
52. $\int_2^\infty \dfrac{dx}{\sqrt{x^2 - 1}}$
53. $\int_1^\infty \dfrac{\sqrt{x+1}}{x^2}\,dx$
54. $\int_2^\infty \dfrac{x\,dx}{\sqrt{x^4 - 1}}$
55. $\int_\pi^\infty \dfrac{2 + \cos x}{x}\,dx$
56. $\int_\pi^\infty \dfrac{1 + \operatorname{sen} x}{x^2}\,dx$
57. $\int_4^\infty \dfrac{2\,dt}{t^{3/2} - 1}$
58. $\int_2^\infty \dfrac{1}{\ln x}\,dx$
59. $\int_1^\infty \dfrac{e^x}{x}\,dx$
60. $\int_e^\infty \ln(\ln x)\,dx$
61. $\int_1^\infty \dfrac{1}{\sqrt{e^x - x}}\,dx$
62. $\int_1^\infty \dfrac{1}{e^x - 2^x}\,dx$
63. $\int_{-\infty}^\infty \dfrac{dx}{\sqrt{x^4 + 1}}$
64. $\int_{-\infty}^\infty \dfrac{dx}{e^x + e^{-x}}$

Teoria e exemplos

65. Calcule os valores de p para os quais cada integral converge.

    a. $\int_1^2 \dfrac{dx}{x(\ln x)^p}$ b. $\int_2^\infty \dfrac{dx}{x(\ln x)^p}$

66. $\int_{-\infty}^\infty f(x)\,dx$ pode não ser igual a $\lim\limits_{b \to \infty} \int_{-b}^b f(x)\,dx$. Mostre que

    $$\int_0^\infty \dfrac{2x\,dx}{x^2 + 1}$$

    diverge e, portanto,

    $$\int_{-\infty}^\infty \dfrac{2x\,dx}{x^2 + 1}$$

    diverge. Depois, mostre que

    $$\lim_{b \to \infty} \int_{-b}^b \dfrac{2x\,dx}{x^2 + 1} = 0.$$

Os Exercícios 67-70 referem-se à região infinita no primeiro quadrante entre a curva $y = e^{-x}$ e o eixo x.

67. Calcule a área da região.
68. Calcule o centroide da região.
69. Calcule o volume do sólido gerado pela rotação da região em torno do eixo y.

70. Calcule o volume do sólido gerado pela rotação da região em torno do eixo x.

71. Calcule a área da região que se encontra entre as curvas $y = \sec x$ e $y = \operatorname{tg} x$ de $x = 0$ a $x = \pi/2$.

72. A região do Exercício 71 é girada em torno do eixo x e gera um sólido.
  a. Determine o volume do sólido.
  b. Mostre que as superfícies interna e externa do sólido têm área infinita.

73. Estimativa do valor de uma integral imprópria convergente cujo domínio é infinito
  a. Mostre que
  $$\int_3^\infty e^{-3x}\,dx = \frac{1}{3}e^{-9} < 0{,}000042,$$
  e, portanto, que $\int_3^\infty e^{-x^2}\,dx < 0{,}000042$. Explique por que isso significa que podemos substituir $\int_0^\infty e^{-x^2}\,dx$ por $\int_0^3 e^{-x^2}\,dx$ sem introduzir um erro de magnitude maior do que 0,000042.
  T b. Calcule $\int_0^3 e^{-x^2}\,dx$ numericamente.

74. Lata de tinta infinita ou corneta de Gabriel Como mostra o Exemplo 3, a integral $\int_1^\infty (dx/x)$ diverge. Isso significa que a integral
$$\int_1^\infty 2\pi \frac{1}{x}\sqrt{1+\frac{1}{x^4}}\,dx,$$
que calcula a *área de superfície* do sólido de revolução gerada pela rotação da curva $y = 1/x$, $1 \leq x$, em torno do eixo x, também diverge. Ao comparar as duas integrais, vemos que, para qualquer valor finito $b > 1$,
$$\int_1^b 2\pi \frac{1}{x}\sqrt{1+\frac{1}{x^4}}\,dx > 2\pi \int_1^b \frac{1}{x}\,dx.$$

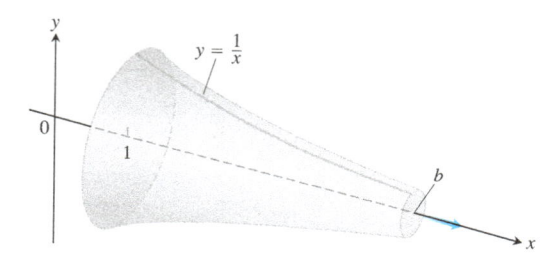

No entanto, a integral
$$\int_1^\infty \pi\left(\frac{1}{x}\right)^2 dx$$
relativa ao *volume* do sólido converge.
  a. Calcule-a.
  b. Esse sólido de revolução é, por vezes, descrito como uma lata que não tem tinta o bastante para cobrir o próprio interior. Pense nisso por um momento. O bom-senso nos diz que uma quantidade finita de tinta não pode cobrir uma superfície infinita. Mas, se enchermos a corneta de tinta (uma quantidade finita), então *teremos* coberto uma superfície infinita. Explique a aparente contradição.

75. Função seno-integral A integral
$$\operatorname{Si}(x) = \int_0^x \frac{\operatorname{sen} t}{t}\,dt,$$
chamada *função seno-integral*, tem aplicações importantes em óptica.

  T a. Trace o gráfico do integrando $(\operatorname{sen} t)/t$ para $t > 0$. A função seno-integral é sempre crescente ou decrescente? Você acha que $\operatorname{Si}(x) = 0$ para $x > 0$? Confira suas respostas fazendo o gráfico da função $\operatorname{Si}(x)$ para $0 \leq x \leq 25$.
  b. Verifique a convergência de
  $$\int_0^\infty \frac{\operatorname{sen} t}{t}\,dt.$$
  Se for convergente, qual será o valor?

76. Função erro A função
$$\operatorname{erf}(x) = \int_0^x \frac{2e^{-t^2}}{\sqrt{\pi}}\,dt,$$
chamada *função erro*, tem aplicações importantes em probabilidade e estatística.

  T a. Trace o gráfico da função de erro para $0 \leq x \leq 25$.
  b. Verifique a convergência de
  $$\int_0^\infty \frac{2e^{-t^2}}{\sqrt{\pi}}\,dt.$$
  Se ela for convergente, qual parece ser seu valor? Você verá como confirmar sua estimativa no Exercício 41 da Seção 15.4.

77. Distribuição normal de probabilidade A função
$$f(x) = \frac{1}{\sigma\sqrt{2\pi}}e^{-\frac{1}{2}\left(\frac{x-\mu}{\sigma}\right)^2}$$
é chamada de *função densidade de probabilidade normal*, com média μ e desvio padrão σ. O número μ indica onde a distribuição está centralizada e σ mede a "dispersão" em torno da média.

A partir da teoria da probabilidade, sabe-se que
$$\int_{-\infty}^\infty f(x)\,dx = 1.$$

Nos itens a seguir, considere que $\mu = 0$ e $\sigma = 1$.
  T a. Esboce o gráfico de f. Determine os intervalos em que f é crescente, decrescente e quaisquer valores extremos locais e onde eles ocorrem.
  b. Calcule
  $$\int_{-n}^n f(x)\,dx$$
  para $n = 1$, 2 e 3.
  c. Dê um argumento convincente de que
  $$\int_{-\infty}^\infty f(x)\,dx = 1.$$
  (Dica: mostre que $0 < f(x) < e^{-x/2}$, para $x > 1$, e, para $b > 1$,
  $$\int_b^\infty e^{-x/2}\,dx \to 0 \text{ quando } b \to \infty.)$$

78. Mostre que, se $f(x)$ é integrável em qualquer intervalo de números reais e a e b são números reais com $a < b$, então
  a. ambas $\int_{-\infty}^a f(x)\,dx$ e $\int_a^\infty f(x)\,dx$ convergem se, e somente se, $\int_{-\infty}^b f(x)\,dx$ e $\int_b^\infty f(x)\,dx$ convergem.
  b. $\int_{-\infty}^a f(x)\,dx + \int_a^\infty f(x)\,dx = \int_{-\infty}^b f(x)\,dx + \int_b^\infty f(x)\,dx$ quando as integrais envolvidas convergem.

USO DO COMPUTADOR

Nos Exercícios 79-82, utilize um SAC para explorar as integrais para vários valores de p (incluindo valores não inteiros). Para quais valores de p a integral converge? Qual é o valor da integral quando ela converge? Trace o gráfico do integrando para vários valores de p.

79. $\int_0^e x^p \ln x \, dx$

80. $\int_e^\infty x^p \ln x \, dx$

81. $\int_0^\infty x^p \ln x \, dx$

82. $\int_{-\infty}^\infty x^p \ln |x| \, dx$

Capítulo Questões para guiar sua revisão

1. Qual é a fórmula para a integração por partes? De onde ela é deduzida? Por que você poderá querer usá-la?

2. Ao aplicar a fórmula de integração por partes, como você escolhe u e dv? Como você pode aplicar a integração por partes a uma integral de forma $\int f(x) \, dx$?

3. Se um integrando é um produto de forma $\text{sen}^n x \cos^m x$, onde m e n são inteiros não negativos, como você resolve a integral? Dê um exemplo específico de cada caso.

4. Quais substituições são feitas para calcular integrais de sen mx sen nx, sen mx cos nx e cos mx cos nx? Dê um exemplo de cada caso.

5. Quais substituições são por vezes utilizadas para transformar integrais que envolvem $\sqrt{a^2 - x^2}$, $\sqrt{a^2 + x^2}$ e $\sqrt{x^2 - a^2}$ em integrais que podem ser calculadas diretamente? Dê um exemplo de cada caso.

6. Quais restrições podem ser colocadas sobre as variáveis envolvidas nas três substituições trigonométricas básicas para garantir que as substituições sejam reversíveis (tenham inversas)?

7. Qual é o objetivo do método de frações parciais?

8. Quando o grau de um polinômio $f(x)$ é menor do que o grau de um polinômio $g(x)$, como você escreve $f(x)/g(x)$ como uma soma de frações parciais se $g(x)$
   a. for um produto de fatores lineares distintos?
   b. consistir em um fator linear repetido?
   c. contiver um fator quadrático irredutível?
   O que você faz quando o grau de f não é menor do que o grau de g?

9. Como as tabelas de integrais são usadas normalmente? O que você faria se uma integral que deseja calcular não estivesse na tabela?

10. O que é uma fórmula de redução? Como as fórmulas de redução são usadas? Dê um exemplo.

11. Você está colaborando para produzir um pequeno manual do tipo "como fazer" sobre integração numérica e está escrevendo sobre a regra do trapézio. (a) O que você diria sobre a regra em si e como usá-la? Como obter precisão? (b) O que você diria se escrevesse sobre a regra de Simpson?

12. Como você compararia os méritos relativos da regra de Simpson e da regra do trapézio?

13. O que é uma integral imprópria do tipo I? E do tipo II? Como os valores dos vários tipos de integrais impróprias são definidos? Dê exemplos.

14. Quais testes estão disponíveis para determinar a convergência e a divergência de integrais impróprias que não podem ser resolvidas diretamente? Dê exemplos do seu uso.

Capítulo Exercícios práticos

Integração por partes

Nos Exercícios 1-8, calcule as integrais usando integração por partes.

1. $\int \ln(x+1) \, dx$

2. $\int x^2 \ln x \, dx$

3. $\int \text{tg}^{-1} 3x \, dx$

4. $\int \cos^{-1}\left(\dfrac{x}{2}\right) dx$

5. $\int (x+1)^2 e^x \, dx$

6. $\int x^2 \text{sen}(1-x) \, dx$

7. $\int e^x \cos 2x \, dx$

8. $\int e^{-2x} \text{sen } 3x \, dx$

Frações parciais

Calcule as integrais dos Exercícios 9-28. Talvez seja necessário utilizar uma substituição primeiro.

9. $\int \dfrac{x \, dx}{x^2 - 3x + 2}$

10. $\int \dfrac{x \, dx}{x^2 + 4x + 3}$

11. $\int \dfrac{dx}{x(x+1)^2}$

12. $\int \dfrac{x+1}{x^2(x-1)} dx$

13. $\int \dfrac{\text{sen } \theta \, d\theta}{\cos^2 \theta + \cos \theta - 2}$

14. $\int \dfrac{\cos \theta \, d\theta}{\text{sen}^2 \theta + \text{sen } \theta - 6}$

15. $\int \dfrac{3x^2 + 4x + 4}{x^3 + x} dx$

16. $\int \dfrac{4x \, dx}{x^3 + 4x}$

17. $\int \dfrac{v+3}{2v^3 - 8v} dv$

18. $\int \dfrac{(3v-7) \, dv}{(v-1)(v-2)(v-3)}$

19. $\int \dfrac{dt}{t^4 + 4t^2 + 3}$

20. $\int \dfrac{t \, dt}{t^4 - t^2 - 2}$

21. $\int \dfrac{x^3 + x^2}{x^2 + x - 2} dx$

22. $\int \dfrac{x^3 + 1}{x^3 - x} dx$

23. $\int \dfrac{x^3 + 4x^2}{x^2 + 4x + 3} dx$

24. $\int \dfrac{2x^3 + x^2 - 21x + 24}{x^2 + 2x - 8} dx$

25. $\int \dfrac{dx}{x(3\sqrt{x}+1)}$

26. $\int \dfrac{dx}{x(1+\sqrt[3]{x})}$

27. $\int \dfrac{ds}{e^s - 1}$

28. $\int \dfrac{ds}{\sqrt{e^s + 1}}$

Substituições trigonométricas

Calcule as integrais dos Exercícios 29-32 **(a)** sem usar uma substituição trigonométrica e **(b)** usando uma substituição trigonométrica.

29. $\displaystyle\int \frac{y\,dy}{\sqrt{16-y^2}}$

30. $\displaystyle\int \frac{x\,dx}{\sqrt{4+x^2}}$

31. $\displaystyle\int \frac{x\,dx}{4-x^2}$

32. $\displaystyle\int \frac{t\,dt}{\sqrt{4t^2-1}}$

Calcule as integrais dos Exercícios 33-36.

33. $\displaystyle\int \frac{x\,dx}{9-x^2}$

34. $\displaystyle\int \frac{dx}{x(9-x^2)}$

35. $\displaystyle\int \frac{dx}{9-x^2}$

36. $\displaystyle\int \frac{dx}{\sqrt{9-x^2}}$

Integrais trigonométricas

Calcule as integrais dos Exercícios 37-44.

37. $\displaystyle\int \text{sen}^3 x \cos^4 x \, dx$

38. $\displaystyle\int \cos^5 x \, \text{sen}^5 x \, dx$

39. $\displaystyle\int \text{tg}^4 x \sec^2 x \, dx$

40. $\displaystyle\int \text{tg}^3 x \sec^3 x \, dx$

41. $\displaystyle\int \text{sen}\,5\theta \cos 6\theta \, d\theta$

42. $\displaystyle\int \cos 3\theta \cos 3\theta \, d\theta$

43. $\displaystyle\int \sqrt{1+\cos(t/2)}\,dt$

44. $\displaystyle\int e^t \sqrt{\text{tg}^2 e^t + 1}\,dt$

Integração numérica

45. De acordo com a fórmula que limita o erro para a regra de Simpson, quantos subintervalos você deve usar para ter certeza de estimar o valor de

$$\ln 3 = \int_1^3 \frac{1}{x}\,dx$$

pela regra de Simpson com um erro de não mais que 10^{-4} em valor absoluto? (Lembre-se de que, na regra de Simpson, o número de subintervalos deve ser par.)

46. Um breve cálculo demonstra que, se $0 \le x \le 1$, então a segunda derivada de $f(x) = \sqrt{1+x^4}$ fica entre 0 e 8. Com base nisso, diga quantas subdivisões serão necessárias, aproximadamente, para estimar a integral de f de 0 até 1 com um erro não superior a 10^{-3} em valor absoluto usando a regra do trapézio?

47. Um cálculo direto mostra que

$$\int_0^\pi 2\,\text{sen}^2 x \, dx = \pi.$$

Quão próximo desse valor você chega usando a regra do trapézio com $n=6$? E a regra de Simpson com $n=6$? Experimente e descubra.

48. Você planeja usar a regra de Simpson para estimar o valor da integral

$$\int_1^2 f(x)\,dx$$

com uma magnitude de erro inferior a 10^{-5}. Você determinou que $|f^{(4)}(x)| \le 3$ ao longo do intervalo de integração. Quantos subintervalos você usaria para garantir a precisão exigida? (Lembre-se de que, na regra de Simpson, o número precisa ser par.)

T 49. Temperatura média Use a regra de Simpson para aproximar o valor médio de temperatura da função

$$f(x) = 37\,\text{sen}\left(\frac{2\pi}{365}(x-101)\right)+25$$

para um ano de 365 dias. Essa é uma forma de estimar a temperatura média anual do ar em Fairbanks, no Alaska. O Serviço Nacional de Meteorologia apresenta uma média numérica oficial da temperatura média diária do ar para o ano de 25,7°F, ligeiramente maior do que o valor médio de $f(x)$.

50. Calor específico de um gás O calor específico C_v é a quantidade de calor necessária para elevar a temperatura em 1°C de determinada massa de gás com volume constante, medida em cal/°C-mol (calorias por grau centígrado por mol). O calor específico do oxigênio depende de sua temperatura T e satisfaz a fórmula

$$C_v = 8{,}27 + 10^{-5}(26T - 1{,}87T^2).$$

Use a regra de Simpson para determinar o valor médio C_v para $20°\text{C} \le T \le 675°\text{C}$ e a temperatura em que ele é atingido.

51. Eficiência do combustível Um computador de bordo fornece uma leitura digital do consumo de combustível em galões por hora. Durante uma viagem, um passageiro registrou o consumo de combustível do veículo a cada 5 minutos durante uma hora.

Tempo	Gal/h	Tempo	Gal/h
0	2,5	35	2,5
5	2,4	40	2,4
10	2,3	45	2,3
15	2,4	50	2,4
20	2,4	55	2,4
25	2,5	60	2,3
30	2,6		

a. Use a regra do trapézio para fazer uma aproximação do consumo de combustível total durante aquela hora.

b. Se o automóvel fez 60 milhas nessa hora, qual foi a eficiência do combustível (em milhas por galão) para aquela parte da viagem?

52. Um novo estacionamento Para atender à demanda por vagas, sua cidade alocou a área mostrada a seguir. Como você é o engenheiro da cidade, a Câmara lhe pediu para determinar se é possível construir o estacionamento com $ 11.000. O custo para limpar a área será de $ 0,10 por pé quadrado, e o custo para pavimentar o estacionamento será de $ 2 por pé quadrado. Use a regra de Simpson para descobrir se o trabalho pode ser feito por $ 11.000.

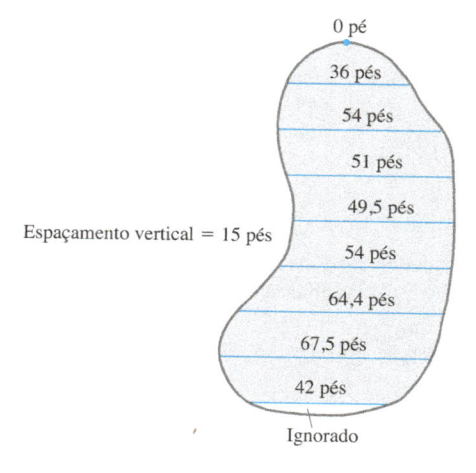

0 pé
36 pés
54 pés
51 pés
49,5 pés
Espaçamento vertical = 15 pés
54 pés
64,4 pés
67,5 pés
42 pés
Ignorado

Integrais impróprias

Calcule as integrais impróprias nos Exercícios 53-62.

53. $\int_0^3 \dfrac{dx}{\sqrt{9-x^2}}$

54. $\int_0^1 \ln x \, dx$

55. $\int_0^2 \dfrac{dy}{(y-1)^{2/3}}$

56. $\int_{-2}^0 \dfrac{d\theta}{(\theta+1)^{3/5}}$

57. $\int_3^\infty \dfrac{2\,du}{u^2-2u}$

58. $\int_1^\infty \dfrac{3v-1}{4v^3-v^2}\,dv$

59. $\int_0^\infty x^2 e^{-x}\,dx$

60. $\int_{-\infty}^0 xe^{3x}\,dx$

61. $\int_{-\infty}^\infty \dfrac{dx}{4x^2+9}$

62. $\int_{-\infty}^\infty \dfrac{4\,dx}{x^2+16}$

Quais das integrais impróprias nos Exercícios 63-68 convergem e quais divergem?

63. $\int_6^\infty \dfrac{d\theta}{\sqrt{\theta^2+1}}$

64. $\int_0^\infty e^{-u}\cos u\,du$

65. $\int_1^\infty \dfrac{\ln z}{z}\,dz$

66. $\int_1^\infty \dfrac{e^{-t}}{\sqrt{t}}\,dt$

67. $\int_{-\infty}^\infty \dfrac{2\,dx}{e^x+e^{-x}}$

68. $\int_{-\infty}^\infty \dfrac{dx}{x^2(1+e^x)}$

Integrações variadas

Calcule as integrais dos Exercícios 69-116. As integrais estão listadas de maneira aleatória.

69. $\int \dfrac{x\,dx}{1+\sqrt{x}}$

70. $\int \dfrac{x^3+2}{4-x^2}\,dx$

71. $\int \dfrac{dx}{x(x^2+1)^2}$

72. $\int \dfrac{dx}{\sqrt{-2x-x^2}}$

73. $\int \dfrac{2-\cos x+\operatorname{sen} x}{\operatorname{sen}^2 x}\,dx$

74. $\int \dfrac{\operatorname{sen}^2\theta}{\cos^2\theta}\,d\theta$

75. $\int \dfrac{9\,dv}{81-v^4}$

76. $\int_2^\infty \dfrac{dx}{(x-1)^2}$

77. $\int \theta\cos(2\theta+1)\,d\theta$

78. $\int \dfrac{x^3\,dx}{x^2-2x+1}$

79. $\int \dfrac{\operatorname{sen} 2\theta\,d\theta}{(1+\cos 2\theta)^2}$

80. $\int_{\pi/4}^{\pi/2} \sqrt{1+\cos 4x}\,dx$

81. $\int \dfrac{x\,dx}{\sqrt{2-x}}$

82. $\int \dfrac{\sqrt{1-v^2}}{v^2}\,dv$

83. $\int \dfrac{dy}{y^2-2y+2}$

84. $\int \dfrac{x\,dx}{\sqrt{8-2x^2-x^4}}$

85. $\int \dfrac{z+1}{z^2(z^2+4)}\,dz$

86. $\int x^3 e^{(x^2)}\,dx$

87. $\int \dfrac{t\,dt}{\sqrt{9-4t^2}}$

88. $\int \dfrac{\operatorname{tg}^{-1}x}{x^2}\,dx$

89. $\int \dfrac{e^t\,dt}{e^{2t}+3e^t+2}$

90. $\int \operatorname{tg}^3 t\,dt$

91. $\int_1^\infty \dfrac{\ln y}{y^3}\,dy$

92. $\int \dfrac{\operatorname{cotg} v\,dv}{\ln \operatorname{sen} v}$

93. $\int e^{\ln\sqrt{x}}\,dx$

94. $\int e^\theta \sqrt{3+4e^\theta}\,d\theta$

95. $\int \dfrac{\operatorname{sen} 5t\,dt}{1+(\cos 5t)^2}$

96. $\int \dfrac{dv}{\sqrt{e^{2v}-1}}$

97. $\int \dfrac{dr}{1+\sqrt{r}}$

98. $\int \dfrac{4x^3-20x}{x^4-10x^2+9}\,dx$

99. $\int \dfrac{x^3}{1+x^2}\,dx$

100. $\int \dfrac{x^2}{1+x^3}\,dx$

101. $\int \dfrac{1+x^2}{1+x^3}\,dx$

102. $\int \dfrac{1+x^2}{(1+x)^3}\,dx$

103. $\int \sqrt{x}\cdot\sqrt{1+\sqrt{x}}\,dx$

104. $\int \sqrt{1+\sqrt{1+x}}\,dx$

105. $\int \dfrac{1}{\sqrt{x}\sqrt{1+x}}\,dx$

106. $\int_0^{1/2} \sqrt{1+\sqrt{1-x^2}}\,dx$

107. $\int \dfrac{\ln x}{x+x\ln x}\,dx$

108. $\int \dfrac{1}{x\cdot\ln x\cdot\ln(\ln x)}\,dx$

109. $\int \dfrac{x^{\ln x}\ln x}{x}\,dx$

110. $\int (\ln x)^{\ln x}\left[\dfrac{1}{x}+\dfrac{\ln(\ln x)}{x}\right]dx$

111. $\int \dfrac{1}{x\sqrt{1-x^4}}\,dx$

112. $\int \dfrac{\sqrt{1-x}}{x}\,dx$

113. a. Mostre que $\int_0^a f(x)\,dx = \int_0^a f(a-x)\,dx$.

b. Use o item (a) para calcular

$$\int_0^{\pi/2} \dfrac{\operatorname{sen} x}{\operatorname{sen} x+\cos x}\,dx.$$

114. $\int \dfrac{\operatorname{sen} x}{\operatorname{sen} x+\cos x}\,dx$

115. $\int \dfrac{\operatorname{sen}^2 x}{1+\operatorname{sen}^2 x}\,dx$

116. $\int \dfrac{1-\cos x}{1+\cos x}\,dx$

Capítulo   Exercícios adicionais e avançados

Cálculo de integrais

Calcule as integrais nos Exercícios 1-6.

1. $\int (\operatorname{sen}^{-1}x)^2\,dx$

2. $\int \dfrac{dx}{x(x+1)(x+2)\cdots(x+m)}$

3. $\int x\operatorname{sen}^{-1}x\,dx$

4. $\int \operatorname{sen}^{-1}\sqrt{y}\,dy$

5. $\int \dfrac{dt}{t - \sqrt{1-t^2}}$

6. $\int \dfrac{dx}{x^4 + 4}$

Calcule os limites nos Exercícios 7 e 8.

7. $\displaystyle\lim_{x \to \infty} \int_{-x}^{x} \operatorname{sen} t\, dt$

8. $\displaystyle\lim_{x \to 0^+} x \int_x^1 \dfrac{\cos t}{t^2}\, dt$

Calcule os limites nos Exercícios 9 e 10, identificando-os com integrais definidas e calculando as integrais.

9. $\displaystyle\lim_{n \to \infty} \sum_{k=1}^{n} \ln \sqrt[n]{1 + \dfrac{k}{n}}$

10. $\displaystyle\lim_{n \to \infty} \sum_{k=0}^{n-1} \dfrac{1}{\sqrt{n^2 - k^2}}$

Aplicações

11. **Cálculo de comprimento de arco** Calcule o comprimento da curva
$$y = \int_0^x \sqrt{\cos 2t}\, dt, \quad 0 \le x \le \pi/4.$$

12. **Cálculo de comprimento de arco** Calcule o comprimento do gráfico da função $y = \ln(1 - x^2)$, $0 \le x \le 1/2$.

13. **Cálculo de volume** A região do primeiro quadrante, delimitada pelo eixo x e pela curva $y = 3x\sqrt{1-x}$, é girada em torno do eixo y para gerar um sólido. Calcule o volume do sólido.

14. **Cálculo de volume** A região do primeiro quadrante, delimitada pelo eixo x, pela curva $y = 5/\left(x\sqrt{5-x}\right)$ e pelas retas $x = 1$ e $x = 4$, é girada em torno do eixo x para gerar um sólido. Calcule o volume do sólido.

15. **Cálculo de volume** A região do primeiro quadrante, delimitada pelos eixos coordenados, pela curva $y = e^x$ e pela reta $x = 1$, é girada em torno do eixo y para gerar um sólido. Calcule o volume do sólido.

16. **Cálculo de volume** A região do primeiro quadrante, que é delimitada acima pela curva $y = e^x - 1$, abaixo pelo eixo x e à direita pela reta $x = \ln 2$, é girada em torno da reta $x = \ln 2$ para gerar um sólido. Calcule o volume do sólido.

17. **Cálculo de volume** Seja R uma região "triangular" no primeiro quadrante, limitada acima pela reta $y = 1$, abaixo pela curva $y = \ln x$ e à esquerda pela reta $x = 1$. Calcule o volume do sólido gerado pela rotação de R em torno
    a. do eixo x.   b. da reta $y = 1$.

18. **Cálculo de volume** (*Continuação do Exercício 17.*) Calcule o volume do sólido gerado pela rotação de R em torno
    a. do eixo y.   b. da reta $x = 1$.

19. **Cálculo de volume** A região entre o eixo x e a curva
$$y = f(x) = \begin{cases} 0, & x = 0 \\ x \ln x, & 0 < x \le 2 \end{cases}$$
é girada em torno do eixo x para gerar o sólido mostrado a seguir.
    a. Mostre que f é contínua em $x = 0$.
    b. Calcule o volume do sólido.

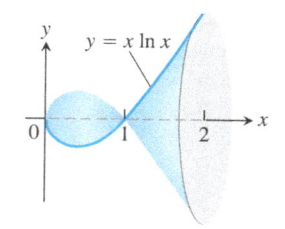

20. **Cálculo de volume** A região infinita delimitada pelos eixos coordenados e pela curva $y = -\ln x$ no primeiro quadrante é girada em torno do eixo x para gerar um sólido. Calcule o volume do sólido.

21. **Centroide de uma região** Determine o centroide da região no primeiro quadrante delimitado abaixo pelo eixo x, acima pela curva $y = \ln x$ e à direita pela reta $x = e$.

22. **Centroide de uma região** Determine o centroide da região no plano delimitada pelas curvas $y = \pm(1 - x^2)^{-1/2}$ e pelas retas $x = 0$ e $x = 1$.

23. **Comprimento de uma curva** Determine o comprimento da curva $y = \ln x$ de $x = 1$ a $x = e$.

24. **Determinação de área da superfície** Determine a área da superfície gerada pela rotação da curva do Exercício 23 em torno do eixo y.

25. **Superfície gerada por um astroide** O gráfico da equação $x^{2/3} + y^{2/3} = 1$ é um *astroide* (veja a figura a seguir). Determine a área da superfície gerada pela rotação da curva em torno do eixo x.

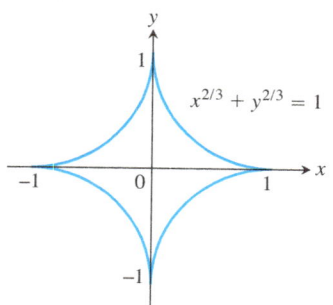

26. **Comprimento de uma curva** Calcule o comprimento da curva
$$y = \int_1^x \sqrt{\sqrt{t} - 1}\, dt, \qquad 1 \le x \le 16.$$

27. Para que valor ou valores de a
$$\int_1^{\infty} \left(\dfrac{ax}{x^2 + 1} - \dfrac{1}{2x} \right) dx$$
converge? Calcule a(s) integral(is) correspondente(s).

28. Para cada $x > 0$, seja $G(x) = \int_0^{\infty} e^{-xt}\, dt$. Prove que $xG(x) = 1$ para cada $x > 0$.

29. **Área infinita e volume finito** Quais valores de p têm a seguinte propriedade: a área da região entre a curva $y = x^{-p}$, $1 \le x < \infty$, e o eixo x é infinita, mas o volume do sólido gerado pela rotação da região em torno do eixo x é finito.

30. **Área infinita e volume finito** Que valores de p têm a seguinte propriedade: a área da região no primeiro quadrante delimitada pela curva $y = x^{-p}$, pelo eixo y, pela reta $x = 1$ e pelo intervalo $[0, 1]$ no eixo x é infinita, mas o volume do sólido gerado pela rotação dessa região em torno de um dos eixos coordenados é finito.

Função gama e fórmula de Stirling

A função gama de Euler $\Gamma(x)$ ("gama de x"; Γ é a letra grega g maiúscula) usa uma integral para estender a função fatorial de inteiros não negativos para outros valores reais. A fórmula é
$$\Gamma(x) = \int_0^{\infty} t^{x-1} e^{-t}\, dt, \quad x > 0.$$

Para cada x positivo, o número $\Gamma(x)$ é a integral de $t^{x-1} e^{-t}$ em relação a t, de 0 a ∞. A Figura 8.21 mostra o gráfico de Γ próximo à origem. Você verá como calcular $\Gamma(1/2)$ se fizer o exercício adicional 23 no Capítulo 14.

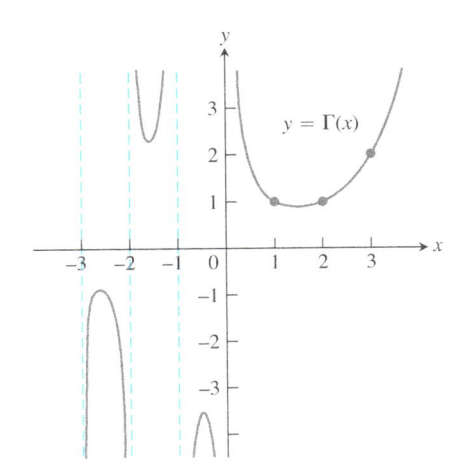

FIGURA 8.21 A função gama de Euler $\Gamma(x)$ é uma função contínua de x cujo valor em cada inteiro positivo $n + 1$ é $n!$. A fórmula de definição da integral para Γ é válida apenas para $x > 0$, mas podemos estender Γ para valores negativos não inteiros de x com a fórmula $\Gamma(x) = (\Gamma(x + 1))/x$, que é o assunto do Exercício 31.

31. Se n é um inteiro não negativo, $\Gamma(n + 1) = n!$
  a. Mostre que $\Gamma(1) = 1$.
  b. Em seguida, use integração por partes na integral para $\Gamma(x + 1)$ para mostrar que $\Gamma(x + 1) = x\Gamma(x)$. Isso resulta em
  $$\Gamma(2) = 1\Gamma(1) = 1$$
  $$\Gamma(3) = 2\Gamma(2) = 2$$
  $$\Gamma(4) = 3\Gamma(3) = 6$$
  $$\vdots$$
  $$\Gamma(n + 1) = n\Gamma(n) = n! \quad (1)$$
  c. Use indução matemática para verificar a Equação 1 para qualquer inteiro não negativo n.

32. Fórmula de Stirling O matemático escocês James Stirling (1692–1770) mostrou que
$$\lim_{x \to \infty} \left(\frac{e}{x}\right)^x \sqrt{\frac{x}{2\pi}} \, \Gamma(x) = 1,$$

assim, para x grande,
$$\Gamma(x) = \left(\frac{x}{e}\right)^x \sqrt{\frac{2\pi}{x}} (1 + \epsilon(x)), \quad \epsilon(x) \to 0 \text{ quando } x \to \infty. \quad (2)$$

Ao retirarmos $\epsilon(x)$, temos a aproximação
$$\Gamma(x) \approx \left(\frac{x}{e}\right)^x \sqrt{\frac{2\pi}{x}} \quad \text{(Fórmula de Stirling)} \quad (3)$$

  a. Aproximação de Stirling para $n!$ Use a Equação 3 e o fato de que $n! = n\Gamma(n)$ para mostrar que
  $$n! \approx \left(\frac{n}{e}\right)^n \sqrt{2n\pi} \quad \text{(Aproximação de Stirling)} \quad (4)$$

Como você verá se resolver o Exercício 104 da Seção 10.1, a Equação 4 conduz à aproximação
$$\sqrt[n]{n!} \approx \frac{n}{e}. \quad (5)$$

  b. Compare o valor de sua calculadora para $n!$ com o valor fornecido pela aproximação de Stirling para $n = 10, 20, 30, \ldots$, até onde a calculadora puder resolver.
  c. Um refinamento da Equação 2 fornece
  $$\Gamma(x) = \left(\frac{x}{e}\right)^x \sqrt{\frac{2\pi}{x}} \, e^{1/(12x)}(1 + \epsilon(x))$$
  ou
  $$\Gamma(x) \approx \left(\frac{x}{e}\right)^x \sqrt{\frac{2\pi}{x}} \, e^{1/(12x)},$$
  que nos diz que
  $$n! \approx \left(\frac{n}{e}\right)^n \sqrt{2n\pi} \, e^{1/(12n)}. \quad (6)$$

Compare os valores para 10! usando a calculadora, a aproximação de Stirling e a Equação 6.

Integração tabular

A técnica de integração tabular também se aplica a integrais da forma $\int f(x)g(x) \, dx$ quando nenhuma função pode ser diferenciada repetidamente para se tornar zero. Por exemplo, para calcular
$$\int e^{2x} \cos x \, dx$$

começamos como antes, com uma tabela que apresenta derivadas de e^{2x} sucessivas e integrais de $\cos x$:

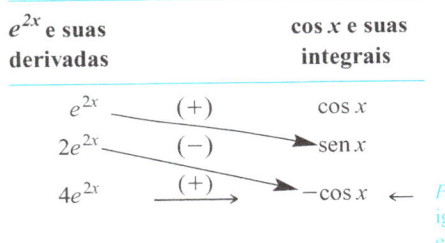

e^{2x} e suas derivadas		$\cos x$ e suas integrais
e^{2x}	(+)	$\cos x$
$2e^{2x}$	(−)	$\text{sen } x$
$4e^{2x}$	(+)	$-\cos x$

Pare aqui: a linha é igual à primeira linha, exceto por constantes multiplicativas (4 à esquerda, −1 à direita).

Paramos de derivar e integrar ao atingir a linha que seja igual à primeira linha, com exceção das constantes multiplicativas. Interpretamos a tabela como se estivéssemos dizendo
$$\int e^{2x} \cos x \, dx = +(e^{2x} \text{sen } x) - (2e^{2x}(-\cos x))$$
$$+ \int (4e^{2x})(-\cos x) \, dx.$$

Consideramos os produtos assinalados pelas setas diagonais e uma integral assinalada pela última seta horizontal. Passar a integral do lado direito para o esquerdo resulta em

$$5\int e^{2x}\cos x\, dx = e^{2x}\operatorname{sen} x + 2e^{2x}\cos x$$

ou

$$\int e^{2x}\cos x\, dx = \frac{e^{2x}\operatorname{sen} x + 2e^{2x}\cos x}{5} + C,$$

depois de dividi-la por 5 e adicionar a constante de integração.

Use a integração tabular para calcular as integrais nos Exercícios 33-40.

33. $\int e^{2x}\cos 3x\, dx$

34. $\int e^{3x}\operatorname{sen} 4x\, dx$

35. $\int \operatorname{sen} 3x\, \operatorname{sen} x\, dx$

36. $\int \cos 5x\, \operatorname{sen} 4x\, dx$

37. $\int e^{ax}\operatorname{sen} bx\, dx$

38. $\int e^{ax}\cos bx\, dx$

39. $\int \ln(ax)\, dx$

40. $\int x^2 \ln(ax)\, dx$

Substituição $z = \operatorname{tg}(x/2)$

A substituição

$$z = \operatorname{tg}\frac{x}{2} \qquad (7)$$

reduz o problema de integração de uma expressão racional em $\operatorname{sen} x$ e $\cos x$ para um problema de integração de uma função racional de z, que, por sua vez, pode ser integrada por frações parciais.

A partir da figura a seguir

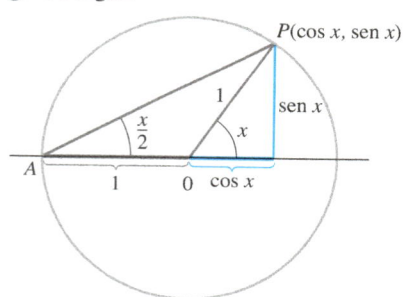

podemos ler a relação

$$\operatorname{tg}\frac{x}{2} = \frac{\operatorname{sen} x}{1 + \cos x}.$$

Para verificar o efeito da substituição, calculamos

$$\cos x = 2\cos^2\left(\frac{x}{2}\right) - 1 = \frac{2}{\sec^2(x/2)} - 1$$

$$= \frac{2}{1 + \operatorname{tg}^2(x/2)} - 1 = \frac{2}{1 + z^2} - 1$$

$$\cos x = \frac{1 - z^2}{1 + z^2}, \qquad (8)$$

e

$$\operatorname{sen} x = 2\operatorname{sen}\frac{x}{2}\cos\frac{x}{2} = 2\frac{\operatorname{sen}(x/2)}{\cos(x/2)}\cdot\cos^2\left(\frac{x}{2}\right)$$

$$= 2\operatorname{tg}\frac{x}{2}\cdot\frac{1}{\sec^2(x/2)} = \frac{2\operatorname{tg}(x/2)}{1 + \operatorname{tg}^2(x/2)}$$

$$\operatorname{sen} x = \frac{2z}{1 + z^2}. \qquad (9)$$

Finalmente, $x = \operatorname{tg}^{-1} z$, então

$$dx = \frac{2\, dz}{1 + z^2}. \qquad (10)$$

Exemplos

a. $\displaystyle\int \frac{1}{1 + \cos x}\, dx = \int \frac{1 + z^2}{2}\frac{2\, dz}{1 + z^2}$

$$= \int dz = z + C$$

$$= \operatorname{tg}\left(\frac{x}{2}\right) + C$$

b. $\displaystyle\int \frac{1}{2 + \operatorname{sen} x}\, dx = \int \frac{1 + z^2}{2 + 2z + 2z^2}\frac{2\, dz}{1 + z^2}$

$$= \int \frac{dz}{z^2 + z + 1} = \int \frac{dz}{(z + (1/2))^2 + 3/4}$$

$$= \int \frac{du}{u^2 + a^2}$$

$$= \frac{1}{a}\operatorname{tg}^{-1}\left(\frac{u}{a}\right) + C$$

$$= \frac{2}{\sqrt{3}}\operatorname{tg}^{-1}\frac{2z + 1}{\sqrt{3}} + C$$

$$= \frac{2}{\sqrt{3}}\operatorname{tg}^{-1}\frac{1 + 2\operatorname{tg}(x/2)}{\sqrt{3}} + C$$

Use as substituições nas Equações 7-10 para calcular as integrais nos Exercícios 41-48. Integrais como essas surgem no cálculo da velocidade angular média do eixo de ligação de saída de uma junta universal, quando os eixos de ligação de entrada e saída não estiverem alinhados.

41. $\displaystyle\int \frac{dx}{1 - \operatorname{sen} x}$

42. $\displaystyle\int \frac{dx}{1 + \operatorname{sen} x + \cos x}$

43. $\displaystyle\int_0^{\pi/2} \frac{dx}{1 + \operatorname{sen} x}$

44. $\displaystyle\int_{\pi/3}^{\pi/2} \frac{dx}{1 - \cos x}$

45. $\displaystyle\int_0^{\pi/2} \frac{d\theta}{2 + \cos\theta}$

46. $\displaystyle\int_{\pi/2}^{2\pi/3} \frac{\cos\theta\, d\theta}{\operatorname{sen}\theta\cos\theta + \operatorname{sen}\theta}$

47. $\displaystyle\int \frac{dt}{\operatorname{sen} t - \cos t}$

48. $\displaystyle\int \frac{\cos t\, dt}{1 - \cos t}$

Use a substituição $z = \operatorname{tg}(\theta/2)$ para calcular as integrais nos Exercícios 49 e 50.

49. $\displaystyle\int \sec\theta\, d\theta$

50. $\displaystyle\int \operatorname{cossec}\theta\, d\theta$

Capítulo   Projetos de aplicação de tecnologia

Módulos Mathematica/Maple

Aproximações por somas de Riemann e pelas regras do trapézio e de Simpson

Parte I: Visualize o erro incorrido ao usar as somas de Riemann para aproximar a área sob uma curva.
Parte II: Monte uma tabela de valores e calcule a magnitude relativa do erro em função do tamanho do passo Δx.
Parte III: Investigue o efeito da função derivada do erro.
Partes IV e V: Aproximações pela regra do trapézio.
Parte VI: Aproximações pela regra de Simpson.

Jogos de azar: exploração da técnica probabilística de Monte Carlo para a integração numérica

Explore graficamente o método de Monte Carlo para aproximar integrais definidas.

Cálculo de probabilidades com integrais impróprias

Mais explorações do método de Monte Carlo para aproximar integrais definidas.

9

Equações diferenciais de primeira ordem

VISÃO GERAL Na Seção 4.8, introduzimos as equações diferenciais da forma $dy/dx = f(x)$, onde f é dada e y é uma função de x desconhecida. Quando f é contínua ao longo de um intervalo, encontramos a solução geral $y(x)$ por integração, $y = \int f(x)\, dx$. Na Seção 7.2, resolvemos equações diferenciais separáveis. Tais equações surgem durante a investigação do crescimento e do decaimento exponencial, por exemplo. Neste capítulo, estudaremos alguns outros tipos de equações diferenciais de *primeira ordem*. Eles envolvem apenas primeiras derivadas de uma função desconhecida.

9.1 Soluções, campos de direção e método de Euler

Começaremos esta seção definindo equações diferenciais gerais que envolvem primeiras derivadas. A seguir, olharemos para os campos de direções, que fornecem uma imagem geométrica das soluções para tais equações. Muitas equações diferenciais não podem ser resolvidas mediante a obtenção de uma fórmula explícita para a solução. No entanto, muitas vezes, podemos encontrar aproximações numéricas de soluções. Apresentaremos, assim, o *método de Euler*, no qual outros métodos numéricos se baseiam.

Equações diferenciais gerais de primeira ordem e soluções

Uma **equação diferencial de primeira ordem** é uma equação

$$\frac{dy}{dx} = f(x, y) \tag{1}$$

na qual $f(x, y)$ é uma função de duas variáveis definida em uma região no plano xy. A equação é de *primeira ordem* porque envolve apenas a primeira derivada dy/dx (e não derivadas de ordens superiores). Ressaltamos que as equações

$$y' = f(x, y) \quad \text{e} \quad \frac{d}{dx}y = f(x, y)$$

são equivalentes à Equação 1, e as três formas serão utilizadas alternadamente ao longo do texto.

Uma **solução** da Equação 1 é uma função derivável $y = y(x)$ definida em um intervalo I de valores de x (talvez infinito), de modo que

$$\frac{d}{dx}y(x) = f(x, y(x))$$

nesse intervalo. Isto é, quando $y(x)$ e sua derivada $y'(x)$ são substituídas na Equação 1, a equação resultante é verdadeira para todo x no intervalo I. A **solução geral** para uma equação diferencial de primeira ordem é uma solução que contém todas as soluções possíveis. A solução geral sempre contém uma constante arbitrária, mas ter essa propriedade não significa ser a solução geral. Ou seja, uma solução pode conter uma constante arbitrária sem ser a solução geral. Estabelecer que uma solução é a solução geral pode exigir resultados mais profundos da teoria de equações diferenciais, que são melhor estudados em um curso mais avançado.

EXEMPLO 1 Mostre que todo membro da família de funções

$$y = \frac{C}{x} + 2$$

é uma solução da equação diferencial de primeira ordem

$$\frac{dy}{dx} = \frac{1}{x}(2 - y)$$

no intervalo $(0, \infty)$, onde C é uma constante qualquer.

Solução Derivando $y = C/x + 2$, obtemos

$$\frac{dy}{dx} = C\frac{d}{dx}\left(\frac{1}{x}\right) + 0 = -\frac{C}{x^2}.$$

É necessário mostrarmos que a equação diferencial é satisfeita quando substituímos nela as expressões $(C/x) + 2$ por y e $-C/x^2$ por dy/dx. Ou seja, precisamos verificar que para todo $x \in (0, \infty)$,

$$-\frac{C}{x^2} = \frac{1}{x}\left[2 - \left(\frac{C}{x} + 2\right)\right].$$

Essa última equação é diretamente obtida da expansão da expressão no lado direito:

$$\frac{1}{x}\left[2 - \left(\frac{C}{x} + 2\right)\right] = \frac{1}{x}\left(-\frac{C}{x}\right) = -\frac{C}{x^2}.$$

Portanto, para todo valor de C, a função $y = C/x + 2$ é uma solução da equação diferencial.

Como no caso de primitivas, muitas vezes precisamos de uma solução *particular* em vez de uma solução geral para uma equação diferencial de primeira ordem $y' = f(x, y)$. A **solução particular** que satisfaz a condição inicial $y(x_0) = y_0$ é a solução $y = y(x)$, cujo valor é y_0 quando $x = x_0$. Assim, o gráfico da solução particular passa pelo ponto (x_0, y_0) no plano xy. Um **problema de valor inicial de primeira ordem** é uma equação diferencial $y' = f(x, y)$, cuja solução deve satisfazer uma condição inicial $y(x_0) = y_0$.

EXEMPLO 2 Mostre que a função

$$y = (x + 1) - \frac{1}{3}e^x$$

é uma solução para o problema de valor inicial de primeira ordem

$$\frac{dy}{dx} = y - x, \qquad y(0) = \frac{2}{3}.$$

Solução A equação

$$\frac{dy}{dx} = y - x$$

é uma equação diferencial de primeira ordem com $f(x, y) = y - x$.

Ao lado esquerdo da equação:

$$\frac{dy}{dx} = \frac{d}{dx}\left(x + 1 - \frac{1}{3}e^x\right) = 1 - \frac{1}{3}e^x.$$

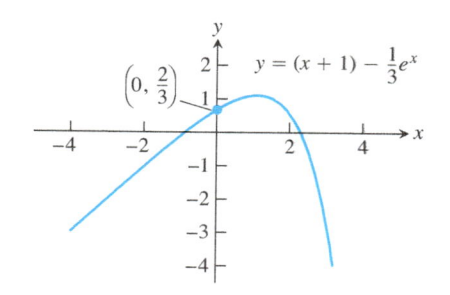

FIGURA 9.1 Gráfico da solução do problema de valor inicial no Exemplo 2.

Ao lado direito da equação:

$$y - x = (x + 1) - \frac{1}{3}e^x - x = 1 - \frac{1}{3}e^x.$$

A função satisfaz a condição inicial, pois

$$y(0) = \left[(x+1) - \frac{1}{3}e^x\right]_{x=0} = 1 - \frac{1}{3} = \frac{2}{3}.$$

O gráfico da função é exibido na Figura 9.1.

Campos de direção: visualização de curvas integrais

Cada vez que especificamos uma condição inicial $y(x_0) = y_0$ de uma equação diferencial $y' = f(x, y)$, a **curva integral** (gráfico da solução) tem de passar pelo ponto (x_0, y_0) e ter coeficiente angular $f(x_0, y_0)$ nesse mesmo ponto. Podemos imaginar esses coeficientes angulares graficamente, desenhando pequenos segmentos de reta de coeficiente angular $f(x, y)$ em pontos selecionados (x, y) na região do plano xy que constitui o domínio de f. Cada segmento tem o mesmo coeficiente angular que a curva integral que passa por (x, y), sendo também tangente à curva nesse mesmo ponto. A imagem resultante é chamada de **campo de direções** (ou **campo de inclinações**) e fornece uma visualização da forma geral das curvas integrais. A Figura 9.2a mostra um campo de direções com uma solução particular esboçada através dele na Figura 9.2b. Podemos ver como esses segmentos de reta indicam a direção que a curva integral toma em cada ponto pelo qual ela passa.

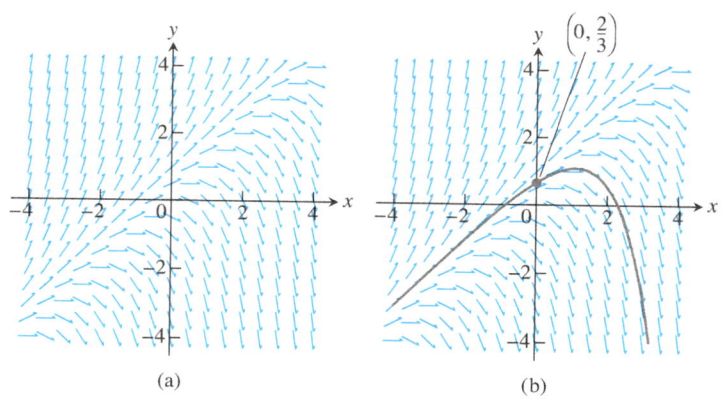

FIGURA 9.2 (a) Campo de direções para $\frac{dy}{dx} = y - x$. (b) Solução particular que passa pelo ponto $\left(0, \frac{2}{3}\right)$ (Exemplo 2).

A Figura 9.3 mostra três campos de direção, e podemos ver como as curvas integrais se comportam ao seguirmos os segmentos de reta tangentes nesses campos. Os campos de direção são úteis porque mostram o comportamento global da família de curvas integrais em uma equação diferencial dada. Por exemplo, o campo de direção na Figura 9.3b revela que toda solução $y(x)$ para a equação diferencial especificada na figura satisfaz $\lim_{x \to \pm\infty} y(x) = 0$. Veremos que conhecer o comportamento global das curvas integrais é, muitas vezes, fundamental para a compreensão e a previsão dos resultados em um sistema do mundo real modelado por uma equação diferencial.

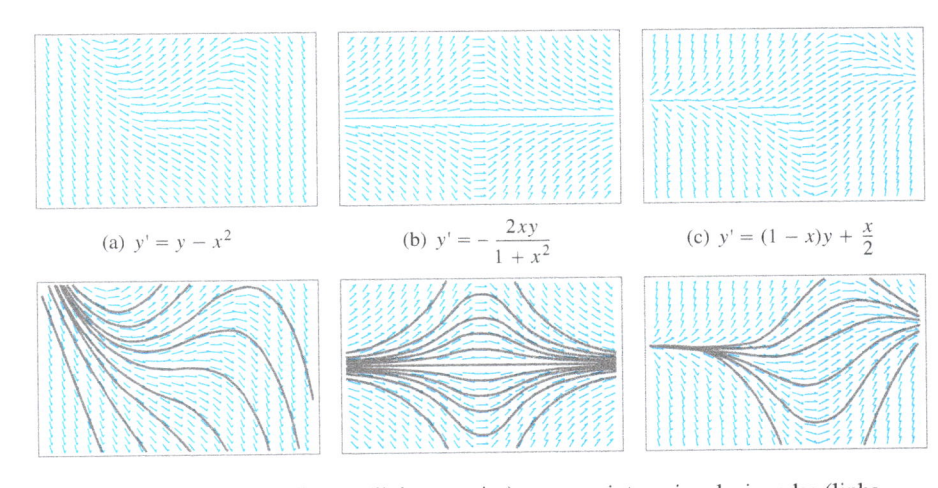

Capítulo 9 Equações diferenciais de primeira ordem **505**

(a) $y' = y - x^2$ (b) $y' = -\dfrac{2xy}{1 + x^2}$ (c) $y' = (1 - x)y + \dfrac{x}{2}$

FIGURA 9.3 Campos de direção (linha superior) e curvas integrais selecionadas (linha inferior). Em versões feitas por computador, muitas vezes os segmentos de reta são retratados como setas, como vemos aqui. No entanto, isso não deve ser tomado como uma indicação de que os coeficientes angulares tenham sentidos, porque eles não têm.

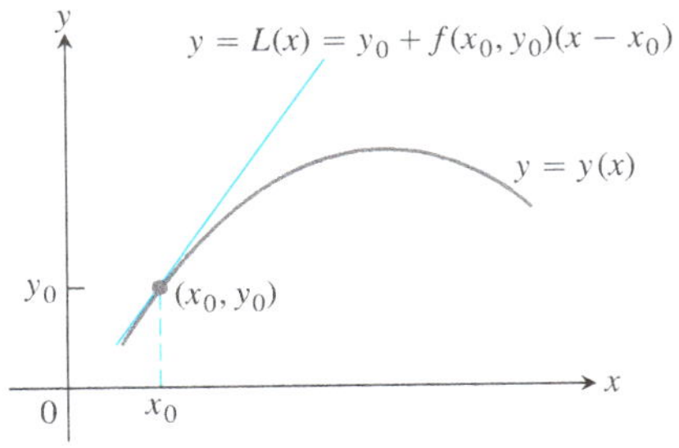

FIGURA 9.4 Linearização $L(x)$ de $y = y(x)$ em $x = x_0$.

A construção de campos de direção usando lápis e papel pode ser bastante tediosa. Todos os nossos exemplos foram gerados por computador.

Método de Euler

Quando não for necessário, ou não for possível, encontrar imediatamente uma solução *exata* dada uma fórmula explícita para um problema de valor inicial $y' = f(x, y)$, $y(x_0) = y_0$, podemos, muitas vezes, usar um computador para gerar uma tabela de valores numéricos aproximados de y para valores de x em um intervalo adequado. Tal tabela é chamada **solução numérica** do problema, e o método pelo qual a geramos é chamado de **método numérico**.

Dada uma equação diferencial $dy/dx = f(x, y)$ e uma condição inicial $y(x_0) = y_0$, podemos aproximar a solução $y = y(x)$ por sua linearização.

$$L(x) = y(x_0) + y'(x_0)(x - x_0) \quad \text{ou} \quad L(x) = y_0 + f(x_0, y_0)(x - x_0).$$

A função $L(x)$ fornece uma boa aproximação para a solução $y(x)$ em um pequeno intervalo em torno de x_0 (Figura 9.4). A base do método de Euler é o agrupamento de uma sequência de linearizações para aproximar a curva em um intervalo maior. Explicaremos a seguir como o método funciona.

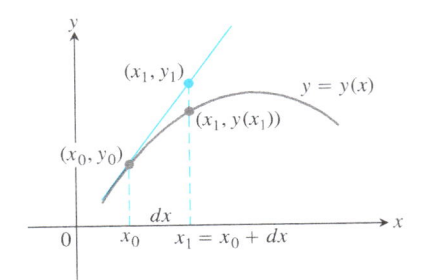

Sabemos que o ponto (x_0, y_0) situa-se na curva integral. Suponha que especifiquemos um novo valor para a variável independente $x_1 = x_0 + dx$. (Lembre-se de que $dx = \Delta x$ na definição de diferenciais.) Se o incremento dx for pequeno, então

FIGURA 9.5 O primeiro passo de Euler aproxima $y(x_1)$ com $y_1 = L(x_1)$.

$$y_1 = L(x_1) = y_0 + f(x_0, y_0)\, dx$$

é uma boa aproximação para o valor exato da solução $y = y(x_1)$. Assim, a partir do ponto (x_0, y_0), que se situa *exatamente* na curva integral, obtemos um ponto (x_1, y_1), que está muito próximo do ponto $(x_1, y(x_1))$ na curva integral (Figura 9.5).

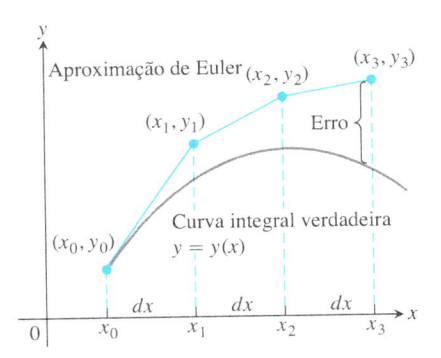

Usando o ponto (x_1, y_1) e o coeficiente angular $f(x_1, y_1)$ da curva integral que passa por (x_1, y_1), damos o segundo passo. Definindo $x_2 = x_1 + dx$, usamos a linearização da curva integral que passa por (x_1, y_1) para calcular

$$y_2 = y_1 + f(x_1, y_1)\, dx.$$

Isso fornece a aproximação seguinte (x_2, y_2) para valores ao longo da curva integral $y = y(x)$ (Figura 9.6). Continuando por esse caminho, damos o terceiro passo a partir do ponto (x_2, y_2) com o coeficiente angular $f(x_2, y_2)$ para obter a terceira aproximação

$$y_3 = y_2 + f(x_2, y_2)\, dx,$$

FIGURA 9.6 Os três passos da aproximação de Euler para a solução do problema de valor inicial $y' = f(x, y)$, $y(x_0) = y_0$. À medida que avançamos, os erros geralmente se acumulam, mas não de forma tão exagerada como vemos aqui.

e assim por diante. Construímos, literalmente, uma aproximação para uma das soluções ao seguir na direção do campo de direções da equação diferencial.

Os passos na Figura 9.6 são grandes para ilustrar o processo de construção, de modo que a aproximação parece ser ruim. Na prática, dx deveria ser suficientemente pequeno para fazer a curva azul seguir a curva preta e oferecer uma boa aproximação do começo ao fim.

EXEMPLO 3 Determine as três primeiras aproximações y_1, y_2, y_3 usando o método de Euler para o problema de valor inicial

$$y' = 1 + y, \quad y(0) = 1,$$

começando em $x_0 = 0$, com $dx = 0{,}1$.

Solução Temos os valores iniciais $x_0 = 0$ e $y_0 = 1$. A seguir, determinamos os valores de x em que as aproximações de Euler ocorrerão: $x_1 = x_0 + dx = 0{,}1$, $x_2 = x_0 + 2\,dx = 0{,}2$ e $x_3 = x_0 + 3\,dx = 0{,}3$. Então, calculamos

$$\begin{aligned}
\textit{Primeiro:} \quad y_1 &= y_0 + f(x_0, y_0)\,dx \\
&= y_0 + (1 + y_0)\,dx \\
&= 1 + (1 + 1)(0{,}1) = 1{,}2 \\
\textit{Segundo:} \quad y_2 &= y_1 + f(x_1, y_1)\,dx \\
&= y_1 + (1 + y_1)\,dx \\
&= 1{,}2 + (1 + 1{,}2)(0{,}1) = 1{,}42 \\
\textit{Terceiro:} \quad y_3 &= y_2 + f(x_2, y_2)\,dx \\
&= y_2 + (1 + y_2)\,dx \\
&= 1{,}42 + (1 + 1{,}42)(0{,}1) = 1{,}662
\end{aligned}$$

O processo passo a passo usado no Exemplo 3 pode ser facilmente estendido. Usando valores igualmente espaçados para a variável independente na tabela para a solução numérica e gerando n deles, seja

$$\begin{aligned}
x_1 &= x_0 + dx \\
x_2 &= x_1 + dx \\
&\vdots \\
x_n &= x_{n-1} + dx.
\end{aligned}$$

Calcule, então, a aproximação da solução

$$\begin{aligned}
y_1 &= y_0 + f(x_0, y_0)\,dx \\
y_2 &= y_1 + f(x_1, y_1)\,dx \\
&\vdots \\
y_n &= y_{n-1} + f(x_{n-1}, y_{n-1})\,dx.
\end{aligned}$$

O número n de passos pode ser tão grande como queiramos, mas os erros poderão se acumular se n for muito grande.

O método de Euler pode ser facilmente implementado em um computador ou em uma calculadora. Um programa de computador gera uma tabela de soluções numéricas para um problema de valor inicial, que nos permite inserir x_0 e y_0, o número n de passos e o tamanho do passo dx. O programa, então, calcula soluções aproximadas $y_1, y_2, \ldots, y_n$ de modo iterativo, como acabamos de descrever.

Ao resolvermos a equação separável do Exemplo 3, vemos que a solução exata para o problema de valor inicial é $y = 2e^x - 1$. Usaremos essa informação no Exemplo 4.

Biografia histórica

Leonhard Euler
(1703-1783)

EXEMPLO 4 Use o método de Euler para resolver

$$y' = 1 + y, \qquad y(0) = 1,$$

no intervalo $0 \leq x \leq 1$, começando em $x_0 = 0$ e considerando **(a)** $dx = 0{,}1$ e **(b)** $dx = 0{,}05$. Compare as aproximações com os valores da solução exata $y = 2e^x - 1$.

Solução

(a) Usamos um computador para gerar os valores aproximados da Tabela 9.1. A coluna "erro" é obtida ao subtrairmos os valores não arredondados fornecidos pelo método de Euler dos valores não arredondados determinados pela solução exata. Todas as entradas foram arredondadas até a quarta casa decimal.

TABELA 9.1 Solução de Euler para $y' = 1 + y$, $y(0) = 1$, dimensão $dx = 0{,}1$

x	y (Euler)	y (exato)	Erro
0	1	1	0
0,1	1,2	1,2103	0,0103
0,2	1,42	1,4428	0,0228
0,3	1,662	1,6997	0,0377
0,4	1,9282	1,9836	0,0554
0,5	2,2210	2,2974	0,0764
0,6	2,5431	2,6442	0,1011
0,7	2,8974	3,0275	0,1301
0,8	3,2872	3,4511	0,1639
0,9	3,7159	3,9192	0,2033
1,0	4,1875	4,4366	0,2491

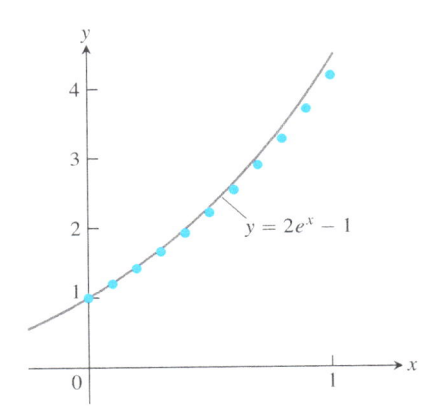

FIGURA 9.7 Gráfico de $y = 2e^x - 1$ superposto aos pontos obtidos com a aproximação de Euler na Tabela 9.1 (Exemplo 4).

No momento em que atingimos $x = 1$ (depois de 10 passos), o erro é de aproximadamente 5,6% da solução exata. A Figura 9.7 exibe um gráfico da solução exata com os pontos obtidos pela solução de Euler da Tabela 9.1.

(b) Uma forma de tentar reduzir o erro é diminuir o tamanho do passo. A Tabela 9.2 mostra os resultados e suas comparações com as soluções exatas quando o tamanho do passo diminui para 0,05, dobrando o número de passos para 20. Tal como na Tabela 9.1, todos os cálculos foram feitos antes do arredondamento. Dessa vez, quando atingimos $x = 1$, o erro relativo é apenas de aproximadamente 2,9%.

Pode ser tentador reduzir ainda mais o tamanho do passo no Exemplo 4 para obter uma precisão maior. Cada cálculo adicional, no entanto, não requer apenas tempo computacional extra, mas, ainda mais importante do que isso, acumula os erros de arredondamento por causa das representações aproximadas de números no computador.

A análise de erros e a investigação de métodos que reduzam a ocorrência de erros durante os cálculos numéricos são importantes, mas são mais apropriadas para um curso mais avançado. Há métodos numéricos mais precisos do que o de Euler, e eles são geralmente apresentados em estudos mais avançados de equações diferenciais.

TABELA 9.2	Solução de Euler para $y' = 1 + y$, $y(0) = 1$, passo $dx = 0{,}05$		
x	y (Euler)	y (exato)	Erro
0	1	1	0
0,05	1,1	1,1025	0,0025
0,10	1,205	1,2103	0,0053
0,15	1,3153	1,3237	0,0084
0,20	1,4310	1,4428	0,0118
0,25	1,5526	1,5681	0,0155
0,30	1,6802	1,6997	0,0195
0,35	1,8142	1,8381	0,0239
0,40	1,9549	1,9836	0,0287
0,45	2,1027	2,1366	0,0340
0,50	2,2578	2,2974	0,0397
0,55	2,4207	2,4665	0,0458
0,60	2,5917	2,6442	0,0525
0,65	2,7713	2,8311	0,0598
0,70	2,9599	3,0275	0,0676
0,75	3,1579	3,2340	0,0761
0,80	3,3657	3,4511	0,0853
0,85	3,5840	3,6793	0,0953
0,90	3,8132	3,9192	0,1060
0,95	4,0539	4,1714	0,1175
1,00	4,3066	4,4366	0,1300

Exercícios 9.1

Campos de direção

Nos Exercícios 1-4, associe as equações diferenciais a seus campos de direção, representados a seguir.

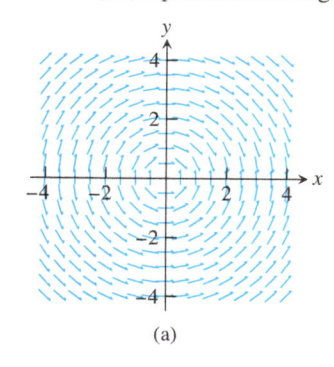

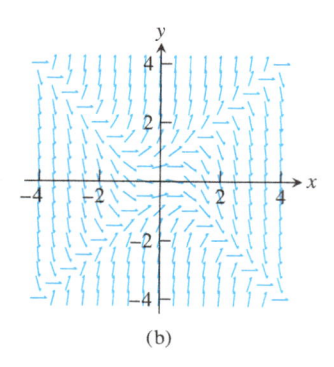

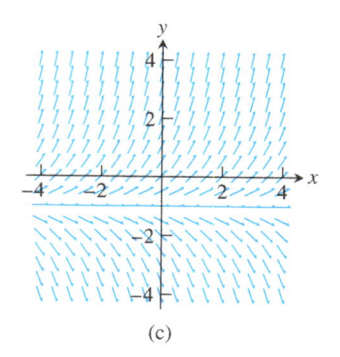

(a)

(b)

(c)

(d)

1. $y' = x + y$

2. $y' = y + 1$

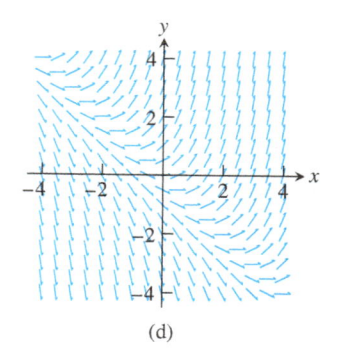

3. $y' = -\dfrac{x}{y}$

4. $y' = y^2 - x^2$

Nos Exercícios 5 e 6, copie os campos de direção e esboce algumas das curvas integrais.

5. $y' = (y + 2)(y - 2)$

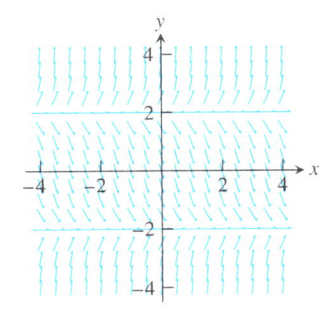

6. $y' = y(y + 1)(y - 1)$

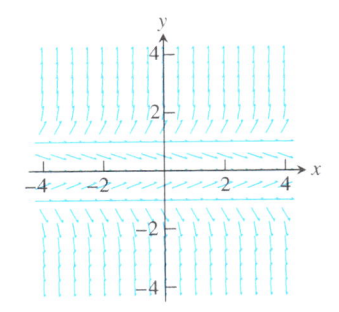

Equações integrais

Nos Exercícios 7-10, escreva uma equação diferencial equivalente de primeira ordem e condição inicial y.

7. $y = -1 + \int_1^x (t - y(t))\, dt$

8. $y = \int_1^x \frac{1}{t}\, dt$

9. $y = 2 - \int_0^x (1 + y(t))\, \text{sen}\, t\, dt$

10. $y = 1 + \int_0^x y(t)\, dt$

Uso do método de Euler

Nos Exercícios 11-16, utilize o método de Euler para calcular as três primeiras aproximações do problema de valor inicial dado para o tamanho do incremento especificado. Calcule a solução exata e estude a precisão de suas aproximações. Arredonde os resultados até a quarta casa decimal.

11. $y' = 1 - \frac{y}{x}$, $\quad y(2) = -1$, $\quad dx = 0{,}5$

12. $y' = x(1 - y)$, $\quad y(1) = 0$, $\quad dx = 0{,}2$

13. $y' = 2xy + 2y$, $\quad y(0) = 3$, $\quad dx = 0{,}2$

14. $y' = y^2(1 + 2x)$, $\quad y(-1) = 1$, $\quad dx = 0{,}5$

T 15. $y' = 2xe^{x^2}$, $\quad y(0) = 2$, $\quad dx = 0{,}1$

T 16. $y' = ye^x$, $\quad y(0) = 2$, $\quad dx = 0{,}5$

17. Use o método de Euler com $dx = 0{,}2$ para estimar $y(1)$ se $y' = y$ e $y(0) = 1$. Qual é o valor exato de $y(1)$?

18. Use o método de Euler com $dx = 0{,}2$ para estimar $y(2)$ se $y' = y/x$ e $y(1) = 2$. Qual é o valor exato de $y(2)$?

19. Use o método de Euler com $dx = 0{,}5$ para estimar $y(5)$ se $y' = y^2/\sqrt{x}$ e $y(1) = -1$. Qual é o valor exato de $y(5)$?

20. Use o método de Euler com $dx = 1/3$ para estimar $y(2)$ se $y' = x\,\text{sen}\,y$ e $y(0) = 1$. Qual é o valor exato de $y(2)$?

21. Mostre que a solução do problema de valor inicial

$$y' = x + y, \quad y(x_0) = y_0$$

é

$$y = -1 - x + (1 + x_0 + y_0)\, e^{x - x_0}.$$

22. Qual equação integral é equivalente ao problema de valor inicial $y' = f(x)$, $\quad y(x_0) = y_0$?

USO DO COMPUTADOR

Nos Exercícios 23-28, obtenha um campo de direção e o adicione aos gráficos das curvas integrais que passam pelos pontos dados.

23. $y' = y$ com
  a. $(0, 1)$ **b.** $(0, 2)$ **c.** $(0, -1)$

24. $y' = 2(y - 4)$ com
  a. $(0, 1)$ **b.** $(0, 4)$ **c.** $(0, 5)$

25. $y' = y(x + y)$ com
  a. $(0, 1)$ **c.** $(0, 1/4)$
  b. $(0, -2)$ **d.** $(-1, -1)$

26. $y' = y^2$ com
  a. $(0, 1)$ **c.** $(0, -1)$
  b. $(0, 2)$ **d.** $(0, 0)$

27. $y' = (y - 1)(x + 2)$ com
  a. $(0, -1)$ **c.** $(0, 3)$
  b. $(0, 1)$ **d.** $(1, -1)$

28. $y' = \dfrac{xy}{x^2 + 4}$ com
  a. $(0, 2)$ **b.** $(0, -6)$ **c.** $\left(-2\sqrt{3}, -4\right)$

Nos Exercícios 29 e 30, obtenha um campo de direção e trace o gráfico da solução particular ao longo do intervalo especificado. Use seu solucionador SAC para equações diferenciais para encontrar a solução geral da equação diferencial.

29. Equação logística $\quad y' = y(2 - y)$, $\quad y(0) = 1/2$;
  $0 \le x \le 4$, $\quad 0 \le y \le 3$

30. $y' = (\text{sen}\,x)(\text{sen}\,y)$, $\quad y(0) = 2$; $\quad -6 \le x \le 6$, $\quad -6 \le y \le 6$

Os Exercícios 31 e 32 não têm soluções explícitas em termos de funções elementares. Use um SAC para explorar graficamente cada uma das equações diferenciais.

31. $y' = \cos(2x - y)$, $\quad y(0) = 2$; $\quad 0 \le x \le 5$, $\quad 0 \le y \le 5$

32. Equação de Gompertz $\quad y' = y(1/2 - \ln y)$, $\quad y(0) = 1/3$;
  $0 \le x \le 4$, $\quad 0 \le y \le 3$

33. Use um SAC para encontrar as soluções de $y' + y = f(x)$, sujeita à condição inicial $y(0) = 0$, se $f(x)$ for
  a. $2x$ **c.** $3e^{x/2}$
  b. $\text{sen}\,2x$ **d.** $2e^{-x/2} \cos 2x$.

Trace os gráficos das quatro soluções ao longo do intervalo $-2 \le x \le 6$ para comparar os resultados.

34. a. Use um SAC para representar graficamente o campo de direções da equação diferencial

$$y' = \frac{3x^2 + 4x + 2}{2(y - 1)}$$

sobre a região $-3 \le x \le 3$ e $-3 \le y \le 3$.

b. Separe as variáveis e use um integrador SAC para encontrar a solução geral na forma implícita.

c. Usando um software gráfico SAC de função implícita, represente graficamente as curvas integrais para os valores arbitrários da constante $C = -6, -4, -2, 0, 2, 4, 6$.

d. Determine e trace o gráfico da solução que satisfaz a condição inicial $y(0) = -1$.

Nos Exercícios 35-38, use o método de Euler com o passo especificado para calcular o valor da solução no ponto dado x^*. Determine o valor da solução exata em x^*.

35. $y' = 2xe^{x^2}$, $y(0) = 2$, $dx = 0,1$, $x^* = 1$

36. $y' = 2y^2(x - 1)$, $y(2) = -1/2$, $dx = 0,1$, $x^* = 3$

37. $y' = \sqrt{x}/y$, $y > 0$, $y(0) = 1$, $dx = 0,1$, $x^* = 1$

38. $y' = 1 + y^2$, $y(0) = 0$, $dx = 0,1$, $x^* = 1$

Use um SAC para explorar graficamente cada uma das equações diferenciais nos Exercícios 39-42. A execução das etapas a seguir o ajudarão com suas explorações.

a. Trace um campo de direções da equação diferencial na janela xy dada.

b. Encontre a solução geral da equação diferencial usando seu software gráfico SAC para equações diferenciais.

c. Trace o gráfico das soluções para os valores arbitrários da constante $C = -2, -1, 0, 1, 2$ sobrepostas na representação gráfica de seu campo de direções.

d. Determine e esboce o gráfico da solução que satisfaz a condição inicial especificada no intervalo $[0, b]$.

e. Determine a aproximação numérica de Euler da solução do problema de valor inicial com quatro subintervalos do intervalo x e esboce a aproximação de Euler sobreposta no gráfico produzido no item (d).

f. Repita o item (e) para 8, 16 e 32 subintervalos. Esboce essas três aproximações de Euler sobrepostas no gráfico do item (e).

g. Determine o erro (y(exato) − y(Euler)) no ponto especificado $x = b$ para cada uma de suas quatro aproximações de Euler. Discuta a melhoria na porcentagem de erro.

39. $y' = x + y$, $y(0) = -7/10$; $-4 \leq x \leq 4$, $-4 \leq y \leq 4$; $b = 1$

40. $y' = -x/y$, $y(0) = 2$; $-3 \leq x \leq 3$, $-3 \leq y \leq 3$; $b = 2$

41. $y' = y(2 - y)$, $y(0) = 1/2$; $0 \leq x \leq 4$, $0 \leq y \leq 3$; $b = 3$

42. $y' = (\text{sen } x)(\text{sen } y)$, $y(0) = 2$; $-6 \leq x \leq 6$, $-6 \leq y \leq 6$; $b = 3\pi/2$

9.2 Equações lineares de primeira ordem

Uma equação **linear** de primeira ordem é aquela que pode ser escrita na forma

$$\frac{dy}{dx} + P(x)y = Q(x), \tag{1}$$

onde P e Q são funções contínuas de x. A Equação 1 é a **forma padrão** da equação linear. Como a equação de crescimento/decaimento exponencial $dy/dx = ky$ (Seção 7.2) pode ser apresentada sob a forma padrão

$$\frac{dy}{dx} - ky = 0,$$

vemos que ela é uma equação linear com $P(x) = -k$ e $Q(x) = 0$. A Equação 1 é *linear* (em y), pois y e sua derivada dy/dx ocorrem apenas com potência de primeiro grau, não são multiplicadas uma pela outra e não aparecem como argumentos de nenhuma função (tal como sen y, e^y ou $\sqrt{dy/dx}$).

EXEMPLO 1 Coloque a seguinte equação na forma padrão:

$$x\frac{dy}{dx} = x^2 + 3y, \quad x > 0.$$

Solução

$$x\frac{dy}{dx} = x^2 + 3y$$

$$\frac{dy}{dx} = x + \frac{3}{x}y \qquad \text{Divida por } x.$$

$$\frac{dy}{dx} - \frac{3}{x}y = x \qquad \text{Forma padrão com } P(x) = -3/x \text{ e } Q(x) = x$$

Observe que $P(x) = -3/x$, mas não $+3/x$. A forma padrão é $y' + P(x)y = Q(x)$, de modo que o sinal de menos faz parte da fórmula para $P(x)$.

Solução de equações lineares

Resolvemos a equação

$$\frac{dy}{dx} + P(x)y = Q(x)$$

pela multiplicação dos dois lados por uma função *positiva* $v(x)$ que transforma o lado esquerdo na derivada do produto $v(x) \cdot y$. Mostraremos como determinar v, mas, primeiro, queremos mostrar que, uma vez que v seja determinada, ela oferece a solução que buscamos.

Eis por que a multiplicação por $v(x)$ dá certo:

$\dfrac{dy}{dx} + P(x)y = Q(x)$ A equação original está na forma padrão.

$v(x)\dfrac{dy}{dx} + P(x)v(x)y = v(x)Q(x)$ Multiplique pela função positiva $v(x)$.

$\dfrac{d}{dx}(v(x) \cdot y) = v(x)Q(x)$ $v(x)$ é selecionada para $v\dfrac{dy}{dx} + Pvy = \dfrac{d}{dx}(v \cdot y)$.

$v(x) \cdot y = \displaystyle\int v(x)Q(x)\,dx$ Integre em relação a x.

$$y = \frac{1}{v(x)} \int v(x)Q(x)\,dx \tag{2}$$

A Equação 2 expressa a solução da Equação 1 em termos das funções $v(x)$ e $Q(x)$. Chamamos $v(x)$ de **fator integrante** da Equação 1, pois sua presença faz com que a equação seja integrável.

Por que a fórmula para $P(x)$ não aparece também na solução? Ela aparece, mas indiretamente, na construção da função positiva $v(x)$. Temos que

$\dfrac{d}{dx}(vy) = v\dfrac{dy}{dx} + Pvy$ Condição imposta sobre v

$v\dfrac{dy}{dx} + y\dfrac{dv}{dx} = v\dfrac{dy}{dx} + Pvy$ Regra do produto para derivadas

$y\dfrac{dv}{dx} = Pvy$ Os termos $v\dfrac{dy}{dx}$ se cancelam.

Essa última equação será verdadeira se

$\dfrac{dv}{dx} = Pv$

$\dfrac{dv}{v} = P\,dx$ Variáveis separadas, $v > 0$

$\displaystyle\int \dfrac{dv}{v} = \int P\,dx$ Integre os dois lados.

$\ln v = \displaystyle\int P\,dx$ Como $v > 0$, não precisamos do valor absoluto em $\ln v$.

$e^{\ln v} = e^{\int P\,dx}$ Exponencie os dois lados para obter v.

$$v = e^{\int P\,dx} \tag{3}$$

Assim, uma fórmula para a solução geral da Equação 1 é dada pela Equação 2, onde $v(x)$ é dada pela Equação 3. No entanto, em vez de memorizar a fórmula, basta que você se lembre de como encontrar o fator integrante, uma vez que você tem a forma padrão em que $P(x)$ é identificada corretamente. Qualquer primitiva de P funciona na Equação 3.

> Para resolver a equação linear $y' + P(x)y = Q(x)$, multiplique os dois lados pelo fator integrante $v(x) = e^{\int P(x)\,dx}$ e integre-os.

Nesse procedimento, ao integrar o produto do lado esquerdo, você sempre obterá o produto $v(x)y$ do fator integrante e a função solução y por causa da definição de v.

EXEMPLO 2   Resolva a equação

$$x\frac{dy}{dx} = x^2 + 3y, \qquad x > 0.$$

Solução   Primeiro colocamos a equação na forma padrão (Exemplo 1):

$$\frac{dy}{dx} - \frac{3}{x}y = x,$$

assim, $P(x) = -3/x$ é identificada.

O fator integrante

$$\begin{aligned}
v(x) &= e^{\int P(x)\,dx} = e^{\int(-3/x)\,dx} \\
&= e^{-3\ln|x|} \qquad \text{A constante de integração é 0,} \\
&\phantom{= e^{-3\ln|x|}} \qquad \text{assim } v \text{ é o mais simples possível.} \\
&= e^{-3\ln x} \qquad x > 0 \\
&= e^{\ln x^{-3}} = \frac{1}{x^3}.
\end{aligned}$$

Em seguida, multiplicamos os dois lados da forma padrão por $v(x)$ e integramos:

$$\frac{1}{x^3} \cdot \left(\frac{dy}{dx} - \frac{3}{x}y\right) = \frac{1}{x^3} \cdot x$$

$$\frac{1}{x^3}\frac{dy}{dx} - \frac{3}{x^4}y = \frac{1}{x^2}$$

$$\frac{d}{dx}\left(\frac{1}{x^3}y\right) = \frac{1}{x^2} \qquad \text{O lado esquerdo é } \frac{d}{dx}(v \cdot y).$$

$$\frac{1}{x^3}y = \int \frac{1}{x^2}\,dx \qquad \text{Integre os dois lados.}$$

$$\frac{1}{x^3}y = -\frac{1}{x} + C.$$

Ao isolarmos y nessa última equação, obtemos a solução geral:

$$y = x^3\left(-\frac{1}{x} + C\right) = -x^2 + Cx^3, \qquad x > 0.$$

EXEMPLO 3   Encontre a solução particular de

$$3xy' - y = \ln x + 1, \qquad x > 0,$$

que satisfaz $y(1) = -2$.

BIOGRAFIA HISTÓRICA

Adrien Marie Legendre
(1752-1833)

Solução Com $x > 0$, escrevemos a equação na forma padrão:

$$y' - \frac{1}{3x}y = \frac{\ln x + 1}{3x}.$$

Em seguida, o fator integrante é dado por

$$v = e^{\int -dx/3x} = e^{(-1/3)\ln x} = x^{-1/3}. \qquad x > 0$$

Assim,

$$x^{-1/3}y = \frac{1}{3}\int (\ln x + 1)x^{-4/3}\, dx. \qquad \text{O lado esquerdo é } vy.$$

Ao integrarmos o lado direito por partes, obtemos

$$x^{-1/3}y = -x^{-1/3}(\ln x + 1) + \int x^{-4/3}\, dx + C.$$

Portanto,

$$x^{-1/3}y = -x^{-1/3}(\ln x + 1) - 3x^{-1/3} + C$$

ou, resolvendo y,

$$y = -(\ln x + 4) + Cx^{1/3}.$$

Quando $x = 1$ e $y = -2$, essa última equação se transforma em

$$-2 = -(0 + 4) + C,$$

assim,

$$C = 2.$$

Ao substituirmos C por 2 na equação para y, obtemos a solução particular

$$y = 2x^{1/3} - \ln x - 4.$$

Para resolver a equação linear no Exemplo 2, integramos os dois lados da equação após multiplicarmos cada um pelo fator integrante. No entanto, podemos reduzir a quantidade de trabalho, como no Exemplo 3, lembrando que a integral do lado esquerdo *sempre* integra o produto $v(x) \cdot y$ do fator integrante vezes a função solução. Considerando a Equação 2, isso significa que

$$v(x)y = \int v(x)Q(x)\, dx. \tag{4}$$

Precisamos apenas integrar o produto do fator integrante $v(x)$ com o lado direito $Q(x)$ da Equação 1, e, em seguida, igualar o resultado a $v(x)y$ para obtermos a solução geral. No entanto, para enfatizar o papel de $v(x)$ no processo de solução, às vezes seguimos o procedimento completo, como ilustra o Exemplo 2.

Observe que, se a função $Q(x)$ for identicamente nula na forma padrão dada pela Equação 1, a equação linear é separável e pode ser resolvida pelo método mostrado na Seção 7.2:

$$\frac{dy}{dx} + P(x)y = Q(x)$$

$$\frac{dy}{dx} + P(x)y = 0 \qquad Q(x) \equiv 0$$

$$\frac{dy}{y} = -P(x)\, dx \qquad \text{Separação das variáveis}$$

Circuitos RL

O diagrama na Figura 9.8 representa um circuito elétrico cuja resistência total é uma constante R ohms e cuja autoindutância, mostrada como uma espiral, é L henries, também uma constante. Há um interruptor cujos terminais em a e b podem ser ligados para conectar uma fonte de eletricidade constante de V volts.

A lei de ohm, $V = RI$, tem que ser aumentada para esse circuito. A equação correta, que representa tanto a resistência como a indutância, é

$$L\frac{di}{dt} + Ri = V, \qquad (5)$$

onde i é a corrente em ampères e t é o tempo em segundos. Ao resolver essa equação, podemos prever como a corrente circulará após o interruptor ser desligado.

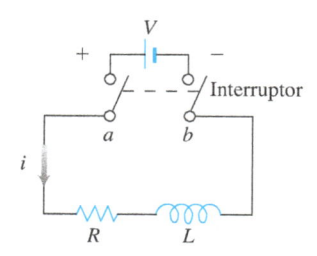

FIGURA 9.8 Circuito RL do Exemplo 4.

EXEMPLO 4 O interruptor no circuito RL na Figura 9.8 foi ligado no instante $t = 0$. Qual é o fluxo de corrente elétrica em função do tempo?

Solução A Equação 5 é diferencial linear de primeira ordem para i como função de t. Sua forma padrão é

$$\frac{di}{dt} + \frac{R}{L}i = \frac{V}{L}, \qquad (6)$$

e a solução correspondente, dado que $i = 0$, quando $t = 0$, é

$$i = \frac{V}{R} - \frac{V}{R}e^{-(R/L)t}. \qquad (7)$$

(Você pode calcular a resposta no Exercício 28.) Uma vez que R e L são positivas, $-(R/L)$ é negativa e $e^{-(R/L)t} \to 0$ quando $t \to \infty$. Assim,

$$\lim_{t\to\infty} i = \lim_{t\to\infty}\left(\frac{V}{R} - \frac{V}{R}e^{-(R/L)t}\right) = \frac{V}{R} - \frac{V}{R}\cdot 0 = \frac{V}{R}.$$

Em um determinado momento, a corrente é teoricamente menor do que V/R, mas, com o passar do tempo, a corrente se aproxima do **valor estacionário** V/R. De acordo com a equação

$$L\frac{di}{dt} + Ri = V,$$

$I = V/R$ é a corrente que circulará no circuito se $L = 0$ (sem indutância) ou se $di/dt = 0$ (corrente estacionária, i = constante) (Figura 9.9).

A Equação 7 expressa a solução da Equação 6 como a soma de dois termos: uma solução estacionária V/R e uma solução transiente $-(V/R)e^{-(R/L)t}$ que tende a zero quando $t \to \infty$.

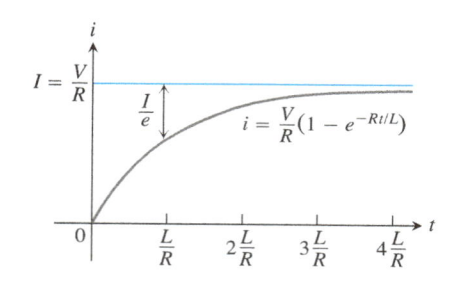

FIGURA 9.9 Crescimento da corrente no circuito RL do Exemplo 4. I é o valor estacionário da corrente. O número $t = L/R$ é a constante de tempo do circuito. A corrente atinge 5% de seu valor estacionário em 3 constantes de tempo (Exercício 27).

Exercícios 9.2

Equações lineares de primeira ordem

Resolva as equações diferenciais nos Exercícios 1-14.

1. $x\dfrac{dy}{dx} + y = e^x$, $x > 0$
2. $e^x\dfrac{dy}{dx} + 2e^x y = 1$
3. $xy' + 3y = \dfrac{\operatorname{sen} x}{x^2}$, $x > 0$
4. $y' + (\operatorname{tg} x)y = \cos^2 x$, $-\pi/2 < x < \pi/2$
5. $x\dfrac{dy}{dx} + 2y = 1 - \dfrac{1}{x}$, $x > 0$
6. $(1 + x)y' + y = \sqrt{x}$
7. $2y' = e^{x/2} + y$
8. $e^{2x}y' + 2e^{2x}y = 2x$
9. $xy' - y = 2x \ln x$
10. $x\dfrac{dy}{dx} = \dfrac{\cos x}{x} - 2y$, $x > 0$

11. $(t-1)^3 \dfrac{ds}{dt} + 4(t-1)^2 s = t+1, \quad t > 1$

12. $(t+1)\dfrac{ds}{dt} + 2s = 3(t+1) + \dfrac{1}{(t+1)^2}, \quad t > -1$

13. $\operatorname{sen}\theta \dfrac{dr}{d\theta} + (\cos\theta) r = \operatorname{tg}\theta, \quad 0 < \theta < \pi/2$

14. $\operatorname{tg}\theta \dfrac{dr}{d\theta} + r = \operatorname{sen}^2\theta, \quad 0 < \theta < \pi/2$

Solução de problemas de valor inicial

Resolva os problemas de valor inicial nos Exercícios 15-20.

15. $\dfrac{dy}{dt} + 2y = 3, \quad y(0) = 1$

16. $t\dfrac{dy}{dt} + 2y = t^3, \quad t > 0, \quad y(2) = 1$

17. $\theta\dfrac{dy}{d\theta} + y = \operatorname{sen}\theta, \quad \theta > 0, \quad y(\pi/2) = 1$

18. $\theta\dfrac{dy}{d\theta} - 2y = \theta^3 \sec\theta \operatorname{tg}\theta, \quad \theta > 0, \quad y(\pi/3) = 2$

19. $(x+1)\dfrac{dy}{dx} - 2(x^2+x)y = \dfrac{e^{x^2}}{x+1}, \quad x > -1, \quad y(0) = 5$

20. $\dfrac{dy}{dx} + xy = x, \quad y(0) = -6$

21. Resolva o problema de valor inicial de crescimento/decaimento exponencial para y como uma função de t considerando a equação diferencial como uma equação linear de primeira ordem com $P(x) = -k$ e $Q(x) = 0$:

$$\dfrac{dy}{dt} = ky \quad (k \text{ constante}), \quad y(0) = y_0$$

22. Resolva o seguinte problema de valor inicial para u como uma função de t:

$$\dfrac{du}{dt} + \dfrac{k}{m}u = 0 \quad (\text{sendo } k \text{ e } m \text{ constantes positivas}), \quad u(0) = u_0$$

  a. como uma equação linear de primeira ordem.
  b. como uma equação separável.

Teoria e exemplos

23. Qual das equações a seguir está correta? Justifique sua resposta.

  a. $x\displaystyle\int \dfrac{1}{x}dx = x\ln|x| + C$ **b.** $x\displaystyle\int \dfrac{1}{x}dx = x\ln|x| + Cx$

24. Qual das equações seguintes está correta? Justifique sua resposta.

  a. $\dfrac{1}{\cos x}\displaystyle\int \cos x\, dx = \operatorname{tg} x + C$

  b. $\dfrac{1}{\cos x}\displaystyle\int \cos x\, dx = \operatorname{tg} x + \dfrac{C}{\cos x}$

25. Corrente em um circuito RL ligado Quantos segundos após ligarmos o interruptor de um circuito RL a corrente i levará para atingir a metade do valor estacionário? Observe que o tempo depende de R e L, e não da voltagem aplicada.

26. Corrente em um circuito RL desligado Se o interruptor de um circuito RL for desligado depois de a corrente atingir o valor estacionário $I = V/R$, o decaimento da corrente (esboçado graficamente aqui) obedece à equação

$$L\dfrac{di}{dt} + Ri = 0,$$

que é a Equação 5 com $V = 0$.

  a. Resolva a equação para expressar i como uma função de t.
  b. Quanto tempo depois de o interruptor ser desligado a corrente levará para atingir metade de seu valor inicial?
  c. Mostre que o valor da corrente, quando $t = L/R$, é I/e. (O significado desse instante será explicado no exercício seguinte.)

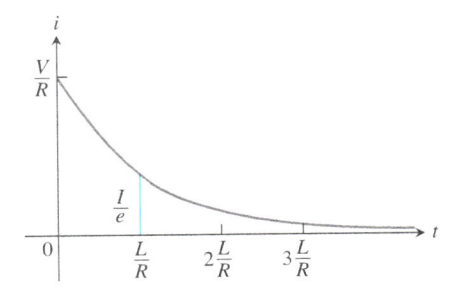

27. Constantes de tempo Os engenheiros chamam o número L/R de *constante de tempo* do circuito RL na Figura 9.9. O significado da constante de tempo é que a corrente atingirá 95% de seu valor final dentro de 3 constantes de tempo a partir do instante em que o circuito for ligado (Figura 9.9). Assim, a constante de tempo dará uma medida da rapidez com que um circuito individual alcançará o equilíbrio.

  a. Determine o valor de i na Equação 7 que corresponde a $t = 3L/R$ e mostre que ele é aproximadamente 95% do valor de equilíbrio $I = V/R$.
  b. Qual a porcentagem aproximada da corrente estacionária que circulará no circuito duas constantes de tempo após o interruptor ser ligado (ou seja, quando $t = 2L/R$)?

28. Dedução da Equação 7 no Exemplo 4

  a. Mostre que a solução da equação

$$\dfrac{di}{dt} + \dfrac{R}{L}i = \dfrac{V}{L}$$

é

$$i = \dfrac{V}{R} + Ce^{-(R/L)t}.$$

  b. Em seguida, use a condição inicial $i(0) = 0$ para determinar o valor de C. Isso completará a dedução da Equação 7.
  c. Mostre que $i = V/R$ é uma solução da Equação 6, e que $i = Ce^{-(R/L)t}$ satisfaz a equação

$$\dfrac{di}{dt} + \dfrac{R}{L}i = 0.$$

BIOGRAFIA HISTÓRICA

James Bernoulli
(1654-1705)

Uma **equação diferencial de Bernoulli** se apresenta na forma

$$\frac{dy}{dx} + P(x)y = Q(x)y^n.$$

Observe que, se $n = 0$ ou 1, a equação de Bernoulli é linear. Para outros valores de n, a substituição $u = y^{1-n}$ transforma a equação de Bernoulli na equação linear

$$\frac{du}{dx} + (1 - n)P(x)u = (1 - n)Q(x).$$

Por exemplo, na equação

$$\frac{dy}{dx} - y = e^{-x}y^2$$

temos $n = 2$, de modo que $u = y^{1-2} = y^{-1}$ e $du/dx = -y^{-2}\,dy/dx$. Então, $dy/dx = -y^2\,du/dx = -u^{-2}\,du/dx$. A substituição na equação original dá

$$-u^{-2}\frac{du}{dx} - u^{-1} = e^{-x}u^{-2}$$

ou, de forma equivalente,

$$\frac{du}{dx} + u = -e^{-x}.$$

A última equação é linear na variável dependente u (incógnita). Resolva as equações de Bernoulli nos Exercícios 29-32.

29. $y' - y = -y^2$
30. $y' - y = xy^2$
31. $xy' + y = y^{-2}$
32. $x^2y' + 2xy = y^3$

9.3 Aplicações

Vejamos agora quatro aplicações de equações diferenciais de primeira ordem. A primeira aplicação analisa um objeto em movimento ao longo de uma reta, sujeito a uma força oposta ao seu movimento. A segunda é um modelo de crescimento populacional. A terceira considera a curva ou curvas que intersectam *ortogonalmente* (ou seja, em ângulos retos) cada curva de uma segunda família de curvas. A última aplicação analisa concentrações químicas que entram e saem de um recipiente. Os vários modelos envolvem equações de primeira ordem separáveis ou lineares.

Movimento com resistência proporcional à velocidade

Em alguns casos, é razoável supor que a resistência encontrada por um objeto em movimento, como um carro que roda em ponto morto até parar, seja proporcional à sua velocidade. Quanto mais rápido o objeto se move, mais seu progresso para a frente sofre a resistência do ar por onde passa. Imagine o objeto como uma massa m que se move ao longo de uma reta coordenada com a função posição s e a velocidade v no instante t. Pela segunda lei do movimento de Newton, a força da resistência oposta ao movimento é

$$\text{Força} = \text{massa} \times \text{aceleração} = m\frac{dv}{dt}.$$

Se a força de resistência for proporcional à velocidade, temos

$$m\frac{dv}{dt} = -kv \quad \text{ou} \quad \frac{dv}{dt} = -\frac{k}{m}v \quad (k > 0).$$

Essa é uma equação diferencial separável que representa a variação exponencial. A solução da equação com a condição inicial $v = v_0$ em $t = 0$ é (Seção 7.2)

$$v = v_0 e^{-(k/m)t}. \tag{1}$$

O que podemos aprender com a Equação 1? Por um lado, podemos ver que, se m for bem grande, como a massa de um barco com 20.000 toneladas de minério no Lago Erie, será necessário um longo tempo para que a velocidade se aproxime de zero (pois t deve ser grande no expoente da equação para tornar kt/m grande o suficiente para que v seja pequena). Podemos aprender ainda mais se integrarmos a Equação 1 para determinar a posição s em função do instante t.

Suponha que o corpo deslize até parar, e que a única força atuante sobre ele seja a da resistência, proporcional à sua velocidade. Até onde ele deslizará? Para descobrir, começamos com a Equação 1 e resolvemos o problema de valor inicial

$$\frac{ds}{dt} = v_0 e^{-(k/m)t}, \qquad s(0) = 0.$$

Ao integrarmos em relação a t, obtemos

$$s = -\frac{v_0 m}{k} e^{-(k/m)t} + C.$$

Substituindo $s = 0$ quando $t = 0$, obtemos

$$0 = -\frac{v_0 m}{k} + C \quad \text{e} \quad C = \frac{v_0 m}{k}.$$

Portanto, a posição do corpo no instante t é

$$s(t) = -\frac{v_0 m}{k} e^{-(k/m)t} + \frac{v_0 m}{k} = \frac{v_0 m}{k}\left(1 - e^{-(k/m)t}\right). \tag{2}$$

Para calcular a distância percorrida pelo corpo, determinamos o limite de $s(t)$ quando $t \to \infty$. Como $-(k/m) < 0$, sabemos que $e^{-(k/m)t} \to 0$ quando $t \to \infty$, de modo que

$$\lim_{t \to \infty} s(t) = \lim_{t \to \infty} \frac{v_0 m}{k}\left(1 - e^{-(k/m)t}\right)$$

$$= \frac{v_0 m}{k}(1 - 0) = \frac{v_0 m}{k}.$$

Assim,

$$\text{Distância percorrida} = \frac{v_0 m}{k}. \tag{3}$$

O número $v_0 m/k$ é apenas um limitante superior (ainda que útil). Isso faz sentido em pelo menos um aspecto: se m for grande, o corpo percorrerá um longo caminho.

> No sistema inglês, onde o peso é medido em libras, a massa é medida em **slugs**. Assim,
>
> Libras = slugs × 32,
>
> supondo que a constante gravitacional seja 32 pés/s².

EXEMPLO 1 Para um esquiador com 192 libras de peso, o k na Equação 1 é de cerca de 1/3 slug/s e $m = 192/32 = 6$ slugs. Quanto tempo levará para que a velocidade do esquiador passe de 11 pés/s (7,5 milhas/h) para 1 pé/s? Que distância o esquiador percorrerá antes de parar completamente?

Solução Respondemos à primeira questão obtendo t a partir da Equação 1:

$$11 e^{-t/18} = 1 \qquad \text{Equação 1 com } k = 1/3,$$
$$e^{-t/18} = 1/11 \qquad m = 6, v_0 = 11, v = 1$$
$$-t/18 = \ln(1/11) = -\ln 11$$
$$t = 18 \ln 11 \approx 43 \text{ s}.$$

Respondemos à segunda questão com a Equação 3:

$$\text{Distância percorrida} = \frac{v_0 m}{k} = \frac{11 \cdot 6}{1/3}$$
$$= 198 \text{ pés}.$$

Imprecisão do modelo de crescimento populacional exponencial

Na Seção 7.2, modelamos o crescimento populacional com a lei da variação exponencial:

$$\frac{dP}{dt} = kP, \qquad P(0) = P_0$$

onde P é a população no instante t, $k > 0$ é uma taxa constante de crescimento e P_0 é o tamanho da população no instante $t = 0$. Na Seção 7.2 encontramos a solução $P = P_0 e^{kt}$ para esse modelo.

Para avaliar o modelo, observe que a equação diferencial de crescimento exponencial diz que

$$\frac{dP/dt}{P} = k \tag{4}$$

TABELA 9.3	População mundial (metade do ano)	
Ano	População (milhões)	$\Delta P/P$
1980	4454	$76/4454 \approx 0{,}0171$
1981	4530	$80/4530 \approx 0{,}0177$
1982	4610	$80/4610 \approx 0{,}0174$
1983	4690	$80/4690 \approx 0{,}0171$
1984	4770	$81/4770 \approx 0{,}0170$
1985	4851	$82/4851 \approx 0{,}0169$
1986	4933	$85/4933 \approx 0{,}0172$
1987	5018	$87/5018 \approx 0{,}0173$
1988	5105	$85/5105 \approx 0{,}0167$
1989	5190	

Fonte: U.S. Bureau of the Census (setembro de 2007). Disponível em: <www.census.gov/ipc/www/idb>.

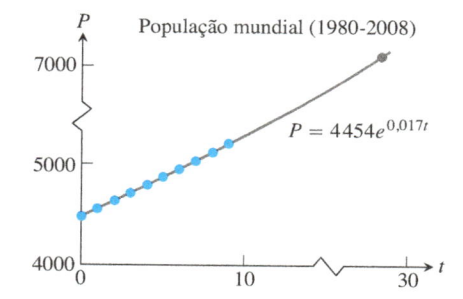

FIGURA 9.10 Observe que o valor da solução $P = 4454e^{0{,}017t}$ é 7169 quando $t = 28$, número que é quase 7% maior do que o da população real em 2008.

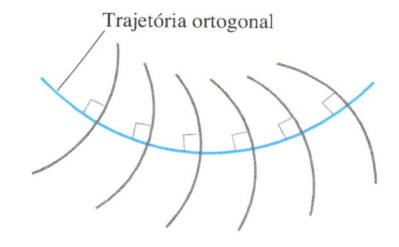

FIGURA 9.11 Trajetória ortogonal que intercepta a família de curvas em ângulos retos, ou ortogonalmente.

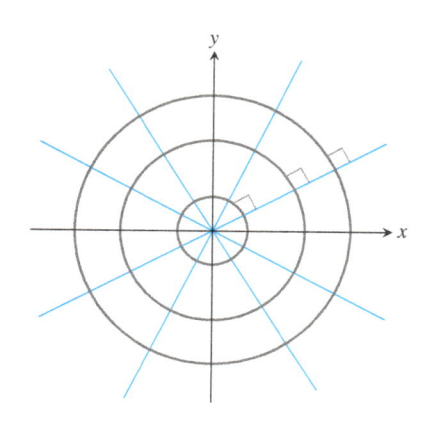

FIGURA 9.12 Cada reta que passa pela origem é ortogonal à família de círculos centralizados na origem.

é constante. Essa taxa é chamada **taxa de crescimento relativo**. Agora, a Tabela 9.3 fornece a população mundial na metade do ano para os anos de 1980 a 1989. Considerando que $dt = 1$ e $dP \approx \Delta P$, vemos pela tabela que a taxa de crescimento relativo na Equação 4 é aproximadamente a constante 0,017. Assim, com base nos dados tabulados com $t = 0$ representando 1980, $t = 1$ representando 1981, e assim por diante, a população mundial poderia ser modelada pelo problema de valor inicial,

$$\frac{dP}{dt} = 0{,}017P, \qquad P(0) = 4454.$$

A solução desse problema de valor inicial fornece a função população $P = 4454e^{0{,}017t}$. No ano de 2008 (então, $t = 28$), a solução prevê, na metade do ano, a população mundial no valor de aproximadamente 7169 milhões, ou 7,2 bilhões (Figura 9.10), que é maior do que a população real de 6707 milhões fornecida pelo U.S. Bureau of the Census. Um modelo mais realista consideraria fatores ambientais e outros que afetam a taxa de crescimento, que vem diminuindo firmemente em aproximadamente 0,012 desde 1987. Consideraremos tal modelo na Seção 9.4.

Trajetórias ortogonais

Uma **trajetória ortogonal** de uma família de curvas é uma curva que intersecta cada uma da família em ângulos retos, ou *ortogonalmente* (Figura 9.11). Por exemplo, cada reta que passa pela origem é uma trajetória ortogonal à família de círculos $x^2 + y^2 = a^2$, centrados na origem (Figura 9.12). Tais sistemas de curvas mutuamente ortogonais são de particular importância em problemas físicos relacionados a potencial elétrico, onde as curvas em uma família correspondem à força de um campo elétrico, e as de outra família correspondem ao potencial elétrico constante. Eles também estão presentes em problemas de hidrodinâmica e de fluxo de calor.

EXEMPLO 2 Determine as trajetórias ortogonais da família de curvas $xy = a$, onde $a \neq 0$ é uma constante arbitrária.

Solução As curvas $xy = a$ formam uma família de hipérboles com os eixos coordenados como assíntotas. Primeiro determinamos os coeficientes angulares de cada curva dessa família, ou seus valores dy/dx. Diferenciando $xy = a$ implicitamente, obtemos

$$x\frac{dy}{dx} + y = 0 \qquad \text{ou} \qquad \frac{dy}{dx} = -\frac{y}{x}.$$

Logo, o coeficiente angular da reta tangente a qualquer ponto (x, y) em uma das hipérboles $xy = a$ é $y' = -y/x$. Em uma trajetória ortogonal, o coeficiente angular da reta tangente a esse mesmo ponto deve ser a recíproca negativa, ou x/y. Portanto, as trajetórias ortogonais devem satisfazer a equação diferencial

$$\frac{dy}{dx} = \frac{x}{y}.$$

Essa equação diferencial é separável, e iremos resolvê-la como na Seção 7.2:

$$y\,dy = x\,dx \qquad \text{Separe as variáveis.}$$

$$\int y\,dy = \int x\,dx \qquad \text{Integre os dois lados.}$$

$$\frac{1}{2}y^2 = \frac{1}{2}x^2 + C$$

$$y^2 - x^2 = b, \qquad (5)$$

onde $b = 2C$ é uma constante arbitrária. As trajetórias ortogonais são a família de hipérboles dada pela Equação 5 e esboçada na Figura 9.13.

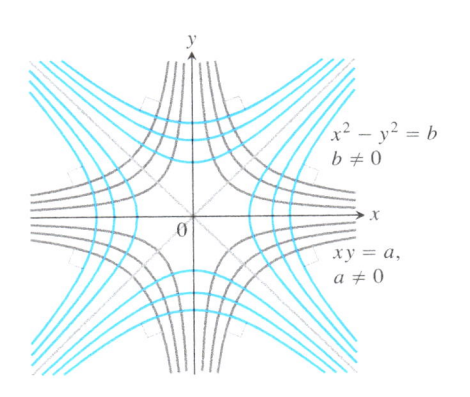

FIGURA 9.13 Toda curva é ortogonal a cada curva de outra família que ela encontra (Exemplo 2).

Problemas de mistura

Suponhamos que um produto químico em uma solução líquida (ou disperso em gás) seja colocado em um recipiente que comporte o líquido (ou o gás) com, possivelmente, uma quantidade especificada do produto químico também dissolvido. A mistura é mantida uniforme por agitação e flui para fora do recipiente a uma taxa conhecida. Nesse processo, é, em geral, importante conhecer a concentração do produto químico no recipiente em qualquer instante determinado. A equação diferencial que descreve o processo se baseia na fórmula

$$\begin{pmatrix}\text{Taxa de variação}\\ \text{da quantidade}\\ \text{no recipiente}\end{pmatrix} = \begin{pmatrix}\text{taxa na qual}\\ \text{o produto}\\ \text{químico entra}\end{pmatrix} - \begin{pmatrix}\text{taxa na qual}\\ \text{o produto}\\ \text{químico sai.}\end{pmatrix} \qquad (6)$$

Se $y(t)$ é a quantidade de produto químico no recipiente no instante t e $V(t)$ é o volume total do líquido no recipiente no instante t, então a taxa de saída do produto químico nesse mesmo instante é

$$\text{Taxa de saída} = \frac{y(t)}{V(t)} \cdot (\text{taxa de escoamento de saída})$$

$$= \begin{pmatrix}\text{concentração no}\\ \text{recipiente no instante } t\end{pmatrix} \cdot (\text{taxa de escoamento de saída}). \qquad (7)$$

Por conseguinte, a Equação 6 se transforma em

$$\frac{dy}{dt} = (\text{taxa de entrada do produto químico}) - \frac{y(t)}{V(t)} \cdot (\text{taxa de escoamento de saída}). \qquad (8)$$

Se, por exemplo, y for medido em libras, V em galões e t em minutos, as unidades na Equação 8 serão

$$\frac{\text{libras}}{\text{minutos}} = \frac{\text{libras}}{\text{minutos}} - \frac{\text{libras}}{\text{galões}} \cdot \frac{\text{galões}}{\text{minutos}}.$$

EXEMPLO 3 Em uma refinaria de petróleo, um reservatório de armazenamento com 2000 galões de gasolina, inicialmente, contém 100 libras de um aditivo dissolvido nele. Na preparação para o inverno, gasolina que contém 2 libras de aditivo por galão é bombeada para o reservatório a uma taxa de 40 gal/min.

A solução bem misturada é bombeada a uma taxa de 45 gal/min. Quanto de aditivo terá o reservatório 20 minutos após iniciado o processo de bombeamento (Figura 9.14)?

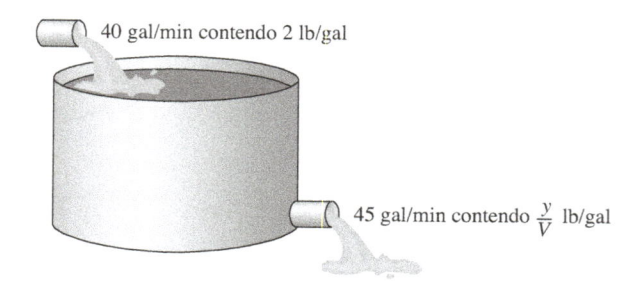

FIGURA 9.14 O reservatório no Exemplo 3 mistura o líquido colocado com o líquido armazenado para produzir um líquido de saída.

Solução Seja y a quantidade (em libras) de aditivo no reservatório no instante t. Sabemos que $y = 100$ quando $t = 0$. O número de galões de gasolina com aditivo em solução no reservatório em qualquer instante t é

$$V(t) = 2000 \text{ gal} + \left(40 \frac{\text{gal}}{\text{min}} - 45 \frac{\text{gal}}{\text{min}}\right)(t \text{ min})$$

$$= (2000 - 5t) \text{ gal}.$$

Portanto,

$$\text{Taxa de saída} = \frac{y(t)}{V(t)} \cdot \text{taxa de escoamento de saída} \quad \text{Equação 7}$$

$$= \left(\frac{y}{2000 - 5t}\right) 45 \quad \text{A taxa de fluxo de saída é 45 gal/min e } v = 2000 - 5t.$$

$$= \frac{45y}{2000 - 5t} \frac{\text{lb}}{\text{min}}.$$

Além disso,

$$\text{Taxa de entrada} = \left(2 \frac{\text{lb}}{\text{gal}}\right)\left(40 \frac{\text{gal}}{\text{min}}\right)$$

$$= 80 \frac{\text{lb}}{\text{min}}.$$

A equação diferencial que modela o processo de mistura é

$$\frac{dy}{dt} = 80 - \frac{45y}{2000 - 5t} \quad \text{Equação 8}$$

em libras por minuto.

Para resolver essa equação diferencial, primeiro a escrevemos na forma linear padrão:

$$\frac{dy}{dt} + \frac{45}{2000 - 5t} y = 80.$$

Assim, $P(t) = 45/(2000 - 5t)$ e $Q(t) = 80$. O fator integrante é

$$v(t) = e^{\int P\, dt} = e^{\int \frac{45}{2000 - 5t} dt}$$

$$= e^{-9 \ln(2000 - 5t)} \quad 2000 - 5t > 0$$

$$= (2000 - 5t)^{-9}.$$

Ao multiplicarmos os dois lados da equação padrão por $v(t)$ e os integrarmos, obtemos

$$(2000 - 5t)^{-9} \cdot \left(\frac{dy}{dt} + \frac{45}{2000 - 5t} y\right) = 80(2000 - 5t)^{-9}$$

$$(2000 - 5t)^{-9} \frac{dy}{dt} + 45(2000 - 5t)^{-10} y = 80(2000 - 5t)^{-9}$$

$$\frac{d}{dt}\left[(2000 - 5t)^{-9} y\right] = 80(2000 - 5t)^{-9}$$

$$(2000 - 5t)^{-9} y = \int 80(2000 - 5t)^{-9} \, dt$$

$$(2000 - 5t)^{-9} y = 80 \cdot \frac{(2000 - 5t)^{-8}}{(-8)(-5)} + C.$$

A solução geral é

$$y = 2(2000 - 5t) + C(2000 - 5t)^9.$$

Como $y = 100$ quando $t = 0$, podemos determinar o valor de C:

$$100 = 2(2000 - 0) + C(2000 - 0)^9$$

$$C = -\frac{3900}{(2000)^9}.$$

A solução particular do problema de valor inicial é

$$y = 2(2000 - 5t) - \frac{3900}{(2000)^9}(2000 - 5t)^9.$$

A quantidade de aditivo 20 minutos após o início do bombeamento é

$$y(20) = 2[2000 - 5(20)] - \frac{3900}{(2000)^9}[2000 - 5(20)]^9 \approx 1342 \text{ lb}.$$

Exercícios 9.3

Movimento ao longo de uma reta

1. **Percurso de uma bicicleta** Um ciclista de 66 kg em uma bicicleta de 7 kg inicia seu percurso no nível do solo a 9 m/s. O k na Equação 1 é de cerca de 3,9 kg/s.
   a. Que distância o ciclista irá percorrer antes de parar completamente?
   b. Quanto tempo levará para a velocidade do ciclista cair para 1 m/s?

2. **Percurso de um encouraçado** Suponha que um encouraçado de classe Iowa tenha massa em torno de 51.000 toneladas métricas (51.000.000 kg) e um valor k na Equação 1 de cerca de 59.000 kg/s. Suponha que o navio perca potência quando se move a uma velocidade de 9 m/s.
   a. Aproximadamente que distância o navio percorrerá antes de parar na água?
   b. Após quanto tempo, aproximadamente, a velocidade do navio cairá para 1 m/s?

3. Os dados na Tabela 9.4 foram coletados com um detector de movimento e um CBL™ (*computer based learning* — aprendizagem assistida por computador) por Valerie Sharritts, uma professora de matemática da St. Francis DeSales High School, em Columbus, Ohio. A tabela mostra a distância s (em metros) percorrida com patins em t segundos por sua filha Ashley,

quando esta tinha 10 anos. Determine um modelo para a posição de Ashley com base nos dados da Tabela 9.4 na forma da Equação 2. Sua velocidade inicial era $v_0 = 2{,}75$ m/s, sua massa, $m = 39{,}92$ kg (ela pesava 88 libras) e a distância total que ela percorreu, 4,91 m.

TABELA 9.4 Dados de patinação de Ashley Sharritts

t(s)	s(m)	t(s)	s(m)	t(s)	s(m)
0	0	2,24	3,05	4,48	4,77
0,16	0,31	2,40	3,22	4,64	4,82
0,32	0,57	2,56	3,38	4,80	4,84
0,48	0,80	2,72	3,52	4,96	4,86
0,64	1,05	2,88	3,67	5,12	4,88
0,80	1,28	3,04	3,82	5,28	4,89
0,96	1,50	3,20	3,96	5,44	4,90
1,12	1,72	3,36	4,08	5,60	4,90
1,28	1,93	3,52	4,18	5,76	4,91
1,44	2,09	3,68	4,31	5,92	4,90
1,60	2,30	3,84	4,41	6,08	4,91
1,76	2,53	4,00	4,52	6,24	4,90
1,92	2,73	4,16	4,63	6,40	4,91
2,08	2,89	4,32	4,69	6,56	4,91

4. **Deslizando até parar** A Tabela 9.5 mostra a distância s (em metros) em termos do instante t (em segundos) que Kelly Schmitzer percorreu de patins. Determine um modelo para a sua posição na forma da Equação 2. Sua velocidade inicial era $v_0 = 0{,}80$ m/s, sua massa, $m = 49{,}90$ kg (110 lb) e a distância total deslizada, 1,32 m.

TABELA 9.5 Dados de patinação de Kelly Schmitzer

t(s)	s(m)	t(s)	s(m)	t(s)	s(m)
0	0	1,5	0,89	3,1	1,30
0,1	0,07	1,7	0,97	3,3	1,31
0,3	0,22	1,9	1,05	3,5	1,32
0,5	0,36	2,1	1,11	3,7	1,32
0,7	0,49	2,3	1,17	3,9	1,32
0,9	0,60	2,5	1,22	4,1	1,32
1,1	0,71	2,7	1,25	4,3	1,32
1,3	0,81	2,9	1,28	4,5	1,32

Trajetórias ortogonais

Nos Exercícios 5-10, determine as trajetórias ortogonais da família de curvas. Esboce vários membros de cada família.

5. $y = mx$
6. $y = cx^2$
7. $kx^2 + y^2 = 1$
8. $2x^2 + y^2 = c^2$
9. $y = ce^{-x}$
10. $y = e^{kx}$

11. Mostre que as curvas $2x^2 + 3y^2 = 5$ e $y^2 = x^3$ são ortogonais.

12. Encontre a família de soluções de determinada equação diferencial e a família de trajetórias ortogonais. Esboce as duas famílias.
    a. $x\,dx + y\,dy = 0$
    b. $x\,dy - 2y\,dx = 0$

Problemas de mistura

13. **Mistura de sal** Um tanque contém inicialmente 100 galões de solução salina em que são dissolvidos 50 lb de sal. Uma solução salina que contém 2 lb/gal de sal é inserida em um tanque a uma taxa de 5 gal/min. A mistura é mantida uniforme por meio de agitação e flui para fora do tanque à taxa de 4 gal/min.
    a. A que taxa (libras por minuto) o sal entra no tanque no instante t?
    b. Qual é o volume da solução salina no tanque no instante t?
    c. A que taxa (libras por minuto) o sal sai do tanque no instante t?
    d. Anote e resolva o problema de valor inicial descrevendo o processo de mistura.
    e. Calcule a concentração de sal no tanque 25 minutos após o início do processo.

14. **Problema de mistura** Um reservatório de 200 galões está ocupado até a metade com água destilada. No instante $t = 0$, uma solução que contém 0,5 lb/gal de concentrado entra no reservatório a uma taxa de 5 gal/min, e a mistura bem agitada é extraída a uma taxa de 3 gal/min.
    a. Em que instante o reservatório estará cheio?
    b. No momento em que estiver cheio, quantas libras de concentrado conterá?

15. **Mistura de fertilizantes** Um tanque contém 100 galões de água doce. Uma solução que contém 1 lb/gal de fertilizante solúvel escoa para um tanque a uma taxa de 1 gal/min, e a mistura é bombeada para fora do tanque a uma taxa de 3 gal/min. Determine a quantidade máxima de fertilizantes no tanque e o tempo necessário para que ele atinja a capacidade máxima.

16. **Poluição por monóxido de carbono** Uma sala de conferências de uma corporação contém 4500 pés^3 de ar inicialmente isento de monóxido de carbono. A partir do tempo $t = 0$, fumaça de cigarro contendo 4% de monóxido de carbono é expelida para a sala à taxa de 0,3 pé^3/min. Um ventilador de teto mantém o ar da sala bem distribuído, e o ar sai da sala à mesma taxa de 0,3 pé^3/min. Determine o momento em que a concentração de monóxido de carbono na sala atinge 0,01%.

9.4 Soluções gráficas de equações autônomas

No Capítulo 4, vimos que o sinal da primeira derivada determina onde o gráfico de uma função é crescente e onde ele é decrescente. O sinal da segunda derivada determina a concavidade do gráfico. Podemos usar o nosso conhecimento de como as derivadas determinam a forma do gráfico para resolver equações diferenciais graficamente. Veremos que a capacidade de discernir o comportamento físico dos gráficos é uma ferramenta poderosa para a compreensão dos sistemas do mundo real. As ideias iniciais de uma solução gráfica são as noções de *reta de fase* e *valor de equilíbrio*. Chegamos a essas noções ao investigar, a partir de um ponto de vista bastante diferente daquele estudado no Capítulo 4, o que acontece quando a derivada de uma função derivável é zero.

Valores de equilíbrio e retas de fase

Quando derivamos implicitamente a equação

$$\frac{1}{5}\ln(5y - 15) = x + 1,$$

obtemos

$$\frac{1}{5}\left(\frac{5}{5y - 15}\right)\frac{dy}{dx} = 1.$$

Isolando $y' = dy/dx$, obtemos $y' = 5y - 15 = 5(y - 3)$. Nesse caso, a derivada y' é uma função apenas de y (da variável dependente) e é zero quando $y = 3$.

Uma equação diferencial para a qual a derivada dy/dx é uma função apenas de y é chamada de **autônoma**. Investigaremos o que acontece quando a derivada, em uma equação autônoma, é igual a zero. Supomos que todas as derivadas sejam contínuas.

> **DEFINIÇÃO** Se $dy/dx = g(y)$ é uma equação diferencial autônoma, então os valores de y para os quais $dy/dx = 0$ são chamados de **valores de equilíbrio** ou **pontos estacionários**.

Assim, os valores de equilíbrio são aqueles em que nenhuma alteração ocorre na variável dependente, de modo que y esteja em *repouso*. A ênfase é sobre o valor de y, onde $dy/dx = 0$, e não no valor de x, como estudamos no Capítulo 4. Por exemplo, os valores de equilíbrio para a equação diferencial autônoma

$$\frac{dy}{dx} = (y + 1)(y - 2)$$

são $y = -1$ e $y = 2$.

Para construir uma solução gráfica de uma equação diferencial autônoma, primeiro desenhamos uma **reta de fase** para a equação, que é uma representação gráfica sobre o eixo y que mostra os valores de equilíbrio da equação com os intervalos onde dy/dx e d^2y/dx^2 são positivas e negativas. Então, sabemos onde as soluções são crescentes e decrescentes, e qual é a concavidade da curva integral. Essas são as características essenciais que estudamos na Seção 4.4 e que nos permitem determinar as formas das curvas integrais sem ter que encontrar fórmulas para elas.

EXEMPLO 1 Desenhe uma reta de fase para a equação

$$\frac{dy}{dx} = (y + 1)(y - 2)$$

e use-a para esboçar as soluções da equação.

Solução

1. *Desenhe uma reta numérica para y e marque os valores de equilíbrio $y = -1$ e $y = 2$, onde $dy/dx = 0$.*

2. *Identifique e marque os intervalos onde $y' > 0$ e $y' < 0$.* Esse passo se assemelha ao que demos na Seção 4.3, mas agora está sendo feito no eixo y em vez de no eixo x.

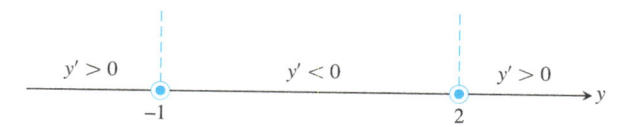

Podemos encapsular a informação sobre o sinal de y' na própria reta de fase. Como $y' > 0$ no intervalo à esquerda de $y = -1$, uma solução da equação diferencial com um valor de y menor que -1 crescerá a partir daí em direção a $y = -1$. Ilustramos essa informação com o esboço de uma seta no intervalo que aponta para -1.

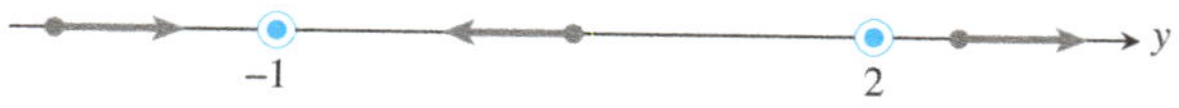

Do mesmo modo $y' < 0$ entre $y = -1$ e $y = 2$, portanto, qualquer solução com um valor nesse intervalo decresce em direção a $y = -1$.

Para $y > 2$, temos $y' > 0$, e, assim, uma solução com um valor de y maior do que 2 crescerá sem limitações a partir desse valor.

Em resumo, as curvas integrais abaixo da reta horizontal $y = -1$, no plano xy, crescem em direção a $y = -1$. As curvas integrais entre as retas $y = -1$ e $y = 2$ decrescem de $y = 2$ em direção a $y = -1$. As curvas integrais acima de $y = 2$ crescem e se distanciam de $y = 2$, e continuam crescendo.

3. *Calcule y'' e marque os intervalos onde $y'' > 0$ e $y'' < 0$.* Para encontrar y'', derivamos y' em relação a x, usando derivação implícita.

$$y' = (y + 1)(y - 2) = y^2 - y - 2 \quad \text{Fórmula para } y'\ldots$$

$$y'' = \frac{d}{dx}(y') = \frac{d}{dx}(y^2 - y - 2)$$

$$= 2yy' - y' \quad \text{diferenciada implicitamente em relação a } x$$

$$= (2y - 1)y'$$

$$= (2y - 1)(y + 1)(y - 2).$$

A partir dessa fórmula, vemos que y'' muda de sinal em $y = -1$, $y = 1/2$ e $y = 2$. Adicionaremos à reta de fase essa informação sobre o sinal de y''.

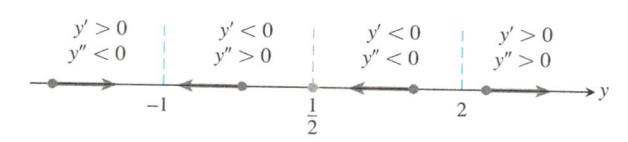

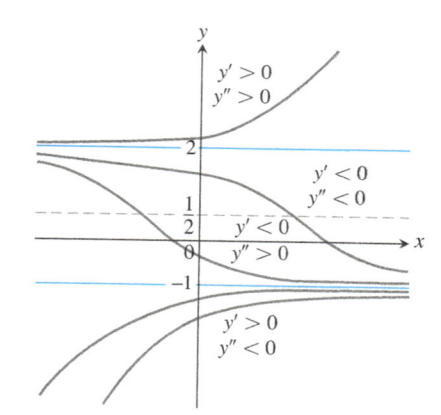

FIGURA 9.15 As soluções gráficas do Exemplo 1 incluem as retas horizontais $y = -1$ e $y = 2$, que passam pelos valores de equilíbrio. Duas curvas integrais jamais podem se cruzar ou tocar uma na outra.

4. *Esboce diversas curvas integrais no plano xy.* As retas horizontais $y = -1$, $y = 1/2$ e $y = 2$ dividem o plano em faixas horizontais nas quais conhecemos os sinais de y' e y''. Em cada faixa, essa informação nos diz se as curvas integrais sobem ou descem e como elas se curvam conforme x cresce (Figura 9.15).

As "retas de equilíbrio" $y = -1$ e $y = 2$ são também curvas integrais. (As funções constantes $y = -1$ e $y = 2$ satisfazem a equação diferencial.) As curvas integrais que cruzam a reta $y = 1/2$ têm um ponto de inflexão nela. A concavidade muda de côncava para baixo (acima da reta) para côncava para cima (abaixo da reta).

Como previsto no Passo 2, as soluções nas faixas do meio e inferiores se aproximam do valor de equilíbrio $y = -1$ à medida que x cresce. As soluções na faixa superior crescem continuamente a partir de $y = 2$.

Equilíbrio estável e equilíbrio instável

Observe a Figura 9.15 mais uma vez, em particular o comportamento das curvas integrais próximo aos valores de equilíbrio. Uma vez que uma curva integral tem um valor próximo a $y = -1$, ela tende continuamente em direção a esse valor; $y = -1$ é um **equilíbrio estável.** O comportamento próximo a $y = 2$ é exatamente o oposto: todas as soluções, exceto a solução de equilíbrio $y = 2$, *afastam-se* dela à medida que x cresce. Chamamos $y = 2$ de **equilíbrio instável**. Se a solução estiver *nesse* valor, ela permanece, mas se não estiver exatamente nele, mesmo estando muito próxima, ela se afasta. (Às vezes, um valor de equilíbrio é instável porque uma solução se afasta dele apenas de um lado do ponto.)

Agora que sabemos o que procuramos, já podemos ver esse comportamento na reta de fase inicial (o segundo diagrama no Passo 2 do Exemplo 1). As setas se afastam de $y = 2$ e, uma vez à esquerda de $y = 2$, vão em direção a $y = -1$.

Apresentaremos agora alguns exemplos aplicados em que podemos esboçar uma família de curvas integrais para os modelos de equações diferenciais usando o método do Exemplo 1.

Lei de resfriamento de Newton

Na Seção 7.2, resolvemos analiticamente a equação diferencial

$$\frac{dH}{dt} = -k(H - H_S), \quad k > 0$$

modelando a lei de resfriamento de Newton. Aqui, H é a temperatura de um objeto no instante t, e H_S é a temperatura constante do meio ambiente.

Suponha que o meio ambiente (digamos, uma sala em uma casa) tenha uma temperatura Celsius constante de 15°C. Podemos então expressar a diferença de temperatura como $H(t) - 15$. Considerando que H seja uma função derivável no instante t, pela lei de resfriamento de Newton, existe uma constante de proporcionalidade $k > 0$, tal que

$$\frac{dH}{dt} = -k(H - 15) \tag{1}$$

(*menos* k para dar uma derivada negativa quando $H > 15$).

Como $dH/dt = 0$ em $H = 15$, a temperatura de 15°C é um valor de equilíbrio. Se $H > 15$, a Equação 1 nos diz que $(H - 15) > 0$ e $dH/dt < 0$. Se o objeto for mais quente do que a sala, ele esfriará. Da mesma forma, se $H < 15$, então $(H - 15) < 0$ e $dH/dt > 0$. Um objeto mais frio do que a sala esquentará. Assim, o comportamento descrito pela Equação 1 está de acordo com nossa intuição de como a temperatura deve se comportar. Essas observações são capturadas na reta de fase inicial da Figura 9.16. O valor $H = 15$ é um equilíbrio estável.

Determinamos a concavidade das curvas integrais derivando os dois lados da Equação 1 em relação a t:

$$\frac{d}{dt}\left(\frac{dH}{dt}\right) = \frac{d}{dt}(-k(H - 15))$$

$$\frac{d^2H}{dt^2} = -k\frac{dH}{dt}.$$

Uma vez que $-k$ é negativa, vemos que d^2H/dt^2 é positiva quando $dH/dt < 0$ e negativa quando $dH/dt > 0$. A Figura 9.17 adiciona essa informação à reta de fase.

A reta de fase completa mostra que, se a temperatura do objeto estiver acima do valor de equilíbrio de 15°C, o gráfico de $H(t)$ será decrescente e côncavo para cima. Se a temperatura estiver abaixo de 15°C (a temperatura do meio ambiente), o gráfico de $H(t)$ será crescente e côncavo para baixo. Usamos essa informação para esboçar curvas integrais típicas (Figura 9.18).

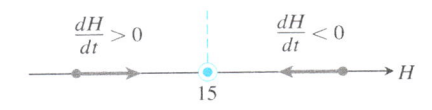

FIGURA 9.16 Primeiro passo para a construção da reta de fase da lei de resfriamento de Newton. A temperatura tende ao valor de equilíbrio (meio ambiente) a longo prazo.

FIGURA 9.17 Reta de fase completa para a lei de resfriamento de Newton.

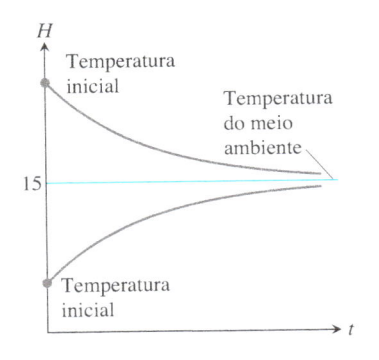

FIGURA 9.18 Temperatura *versus* tempo. Independentemente da temperatura inicial, a temperatura do objeto $H(t)$ tende a 15°C, a temperatura do meio ambiente.

A partir da curva integral superior na Figura 9.18, vemos que, à medida que o objeto esfria, a taxa à qual ele esfria diminui porque dH/dt se aproxima de zero. Essa observação está implícita na lei de resfriamento de Newton e contida na equação diferencial, mas o achatamento do gráfico enquanto o tempo avança dá uma representação visual imediata do fenômeno.

Queda de um corpo que encontra força de resistência

Newton observou que a taxa de variação da quantidade de movimento adquirida por um objeto em movimento é igual à força líquida aplicada a ele. Em termos matemáticos,

$$F = \frac{d}{dt}(mv), \qquad (2)$$

onde F é a força líquida que age sobre o objeto e m e v são a massa e a velocidade do objeto. Se m varia com o tempo, como por exemplo, se o objeto é um foguete que queima combustível, o lado direito da Equação 2 se expande para

$$m\frac{dv}{dt} + v\frac{dm}{dt}$$

utilizando a regra de derivação do produto. Em muitas situações, no entanto, m é constante, $dm/dt = 0$, e a Equação 2 toma a forma mais simples

$$F = m\frac{dv}{dt} \qquad \text{ou} \qquad F = ma, \qquad (3)$$

conhecida como a *segunda lei do movimento de Newton* (veja a Seção 9.3).

Em queda livre, a aceleração constante exercida pela gravidade é denotada por g, e a única força que age para baixo em um corpo em queda é

$$F_p = mg,$$

a força da gravidade. Se, no entanto, pensamos em um corpo de verdade que cai pelo ar — digamos, uma moeda de uma grande altura ou um paraquedista de uma altura ainda maior —, sabemos que, em algum ponto, a resistência do ar será um fator de interferência na velocidade da queda. Um modelo mais realista de queda livre incluiria a resistência do ar mostrada como uma força F_r no diagrama esquemático da Figura 9.19.

Para velocidades bem abaixo da velocidade do som, as experiências físicas demonstraram que F_r é aproximadamente proporcional à velocidade do corpo. Portanto, a força líquida de um corpo em queda é

$$F = F_p - F_r,$$

o que resulta em

$$m\frac{dv}{dt} = mg - kv$$

$$\frac{dv}{dt} = g - \frac{k}{m}v. \qquad (4)$$

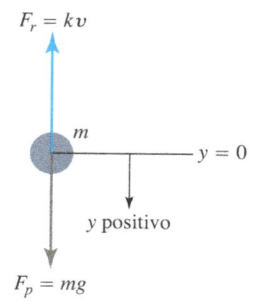

FIGURA 9.19 Objeto em queda sob a influência da gravidade, supondo-se uma força de resistência proporcional à velocidade.

Podemos usar uma reta de fase para analisar as funções velocidade que resolvem essa equação diferencial.

O ponto de equilíbrio, obtido ao estabelecermos que o lado direito da Equação 4 é igual a zero, é

$$v = \frac{mg}{k}.$$

Se inicialmente o corpo se move mais rápido do que isso, dv/dt é negativa e o corpo cai mais devagar. Se o corpo se move a uma velocidade inferior a mg/k, então $dv/dt > 0$ e a velocidade do corpo aumenta. Essas observações foram obtidas no diagrama da reta de fase inicial, na Figura 9.20.

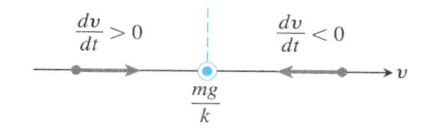

FIGURA 9.20 Reta de fase inicial para um corpo em queda que encontra resistência.

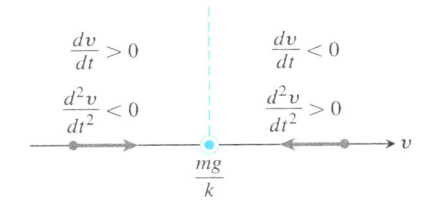

FIGURA 9.21 Reta de fase completa de um corpo em queda.

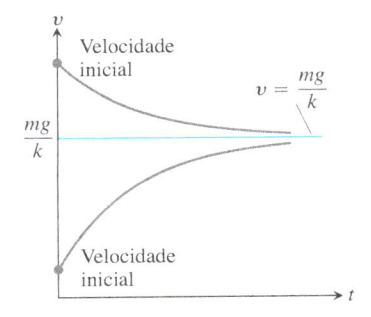

FIGURA 9.22 Curvas de velocidade típicas para um corpo em queda que encontra resistência. O valor $v = mg/k$ é a velocidade terminal.

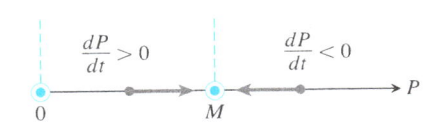

FIGURA 9.23 Reta de fase inicial para crescimento logístico (Equação 6).

Determinamos a concavidade das curvas integrais ao derivar os dois lados da Equação 4 em relação a t:

$$\frac{d^2v}{dt^2} = \frac{d}{dt}\left(g - \frac{k}{m}v\right) = -\frac{k}{m}\frac{dv}{dt}.$$

Vemos que $d^2v/dt^2 < 0$ quando $v < mg/k$ e $d^2v/dt^2 > 0$ quando $v > mg/k$. A Figura 9.21 adiciona essa informação à reta de fase. Observe a semelhança da reta de fase com a lei de resfriamento de Newton (Figura 9.17). As curvas integrais também são semelhantes (Figura 9.22).

A Figura 9.22 mostra duas curvas integrais típicas. Independentemente da velocidade inicial, vemos que a velocidade do corpo tende ao valor limite $v = mg/k$. Esse valor, um ponto de equilíbrio estável, é chamado de **velocidade terminal** do corpo. Os paraquedistas podem variar sua velocidade terminal de 95 milhas/h a 180 milhas/h ao alterarem a dimensão de área do corpo que se opõe à queda, o que afeta o valor de k.

Crescimento logístico da população

Na Seção 9.3, examinamos o crescimento da população usando o modelo de variação exponencial. Isto é, se P representa o número de indivíduos e se negligenciamos partidas e chegadas, então

$$\frac{dP}{dt} = kP, \quad (5)$$

onde $k > 0$ é a taxa de natalidade menos a taxa de mortalidade por indivíduo por unidade de tempo.

Como o ambiente natural tem apenas um número limitado de recursos para sustentar a vida, é razoável supor que apenas uma população máxima M pode ser acomodada. À medida que a população se aproxima dessa **população limite** ou **capacidade de carga**, os recursos se tornam menos abundantes, e a taxa de crescimento k decresce. Uma relação simples que exibe esse comportamento é

$$k = r(M - P),$$

onde $r > 0$ é uma constante. Observe que k decresce à medida que P aumenta em direção a M, e k é negativa se P é maior do que M. Substituindo $r(M - P)$ por k na Equação 5, obtemos a equação diferencial

$$\frac{dP}{dt} = r(M - P)P = rMP - rP^2. \quad (6)$$

O exemplo dado pela Equação 6 é chamado de **crescimento logístico.**

Podemos prever o comportamento da população com o tempo por meio da análise da reta de fase da Equação 6. Os valores de equilíbrio são $P = M$ e $P = 0$, e podemos verificar que $dP/dt > 0$ se $0 < P < M$ e $dP/dt < 0$ se $P > M$. Essas observações estão registradas na reta de fase na Figura 9.23.

Determinamos a concavidade das curvas de população derivando os dois lados da Equação 6 em relação ao t:

$$\frac{d^2P}{dt^2} = \frac{d}{dt}(rMP - rP^2)$$

$$= rM\frac{dP}{dt} - 2rP\frac{dP}{dt}$$

$$= r(M - 2P)\frac{dP}{dt}. \quad (7)$$

Se $P = M/2$, então $d^2P/dt^2 = 0$. Se $P < M/2$, então $(M - 2P)$ e dP/dt são positivos e $d^2P/dt^2 > 0$. Se $M/2 < P < M$, então $(M - 2P) < 0$, $dP/dt > 0$ e $d^2P/dt^2 < 0$.

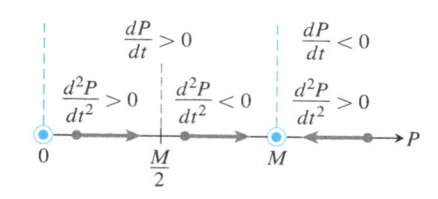

FIGURA 9.24 Reta de fase completa para o crescimento logístico (Equação 6).

Se $P > M$, então $(M - 2P)$ e dP/dt **são ambos negativos** e $d^2P/dt^2 > 0$. Adicionamos essa informação à reta de fase (Figura 9.24).

As retas $P = M/2$ e $P = M$ dividem o primeiro quadrante do plano tP em faixas horizontais nas quais conhecemos os sinais de dP/dt e d^2P/dt^2. Em cada faixa, sabemos como as curvas integrais sobem e descem e como elas se deformam à medida que o tempo passa. As retas de equilíbrio $P = 0$ e $P = M$ são curvas de população. As curvas de população que cruzam a reta $P = M/2$ têm nela um ponto de inflexão, o que lhes confere uma forma **sigmoide** (curvada em duas direções, como a letra S). A Figura 9.25 exibe curvas de população típicas. Observe que cada curva de população se aproxima da população limite M quando $t \to \infty$.

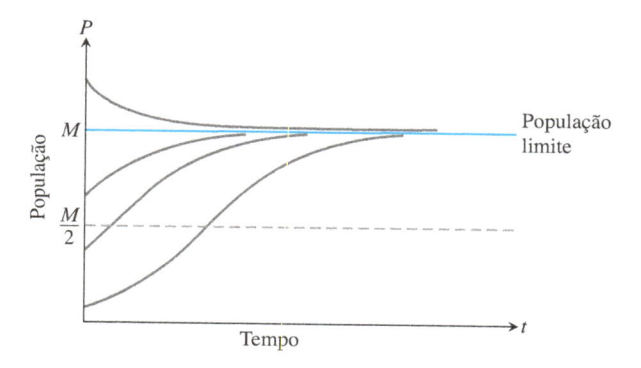

FIGURA 9.25 Curvas de população para crescimento logístico.

Exercícios 9.4

Retas de fase e curvas integrais

Nos Exercícios 1-8:
  a. Identifique os valores de equilíbrio. Quais são estáveis e quais são instáveis?
  b. Construa a reta de fase. Identifique os sinais de y' e y''.
  c. Esboce várias curvas integrais.

1. $\dfrac{dy}{dx} = (y + 2)(y - 3)$

2. $\dfrac{dy}{dx} = y^2 - 4$

3. $\dfrac{dy}{dx} = y^3 - y$

4. $\dfrac{dy}{dx} = y^2 - 2y$

5. $y' = \sqrt{y}, \quad y > 0$

6. $y' = y - \sqrt{y}, \quad y > 0$

7. $y' = (y - 1)(y - 2)(y - 3)$

8. $y' = y^3 - y^2$

Modelos de crescimento populacional

As equações diferenciais autônomas nos Exercícios 9-12 representam modelos de crescimento populacional. Em cada exercício, use a análise da reta de fase para esboçar curvas integrais $P(t)$, selecionando diferentes valores iniciais $P(0)$. Quais equilíbrios são estáveis e quais são instáveis?

9. $\dfrac{dP}{dt} = 1 - 2P$

10. $\dfrac{dP}{dt} = P(1 - 2P)$

11. $\dfrac{dP}{dt} = 2P(P - 3)$

12. $\dfrac{dP}{dt} = 3P(1 - P)\left(P - \dfrac{1}{2}\right)$

13. **Variação catastrófica no crescimento logístico** Suponha que uma população saudável de algumas espécies cresça em um ambiente limitado e que a população atual P_0 esteja bastante próxima da capacidade de carga M_0. Você pode imaginar uma população de peixes vivendo em um lago de água doce em uma área selvagem. De repente, uma catástrofe, tal como a erupção vulcânica do Monte St. Helens, contamina o lago e destrói uma parte significativa do alimento e do oxigênio dos quais os peixes dependem. O resultado é um novo ambiente com uma capacidade de carga M_1, consideravelmente menor do que M_0 e, de fato, menor do que a população atual P_0. Partindo de algum momento antes da catástrofe, esboce uma curva "antes e depois" que mostre como a população de peixes responde à mudança no ambiente.

14. **Controle de uma população** O departamento de caça e pesca de determinado estado planeja emitir licenças de caça para controlar a população de cervos (um cervo por licença). Sabe-se que, se a população de cervos cair abaixo de certo nível m, os cervos serão extintos. Sabe-se também que, se a população de cervos cresce acima da capacidade de carga M, então a população decrescerá de volta a M por doença e desnutrição.

  a. Discuta a razoabilidade do modelo a seguir em relação à taxa de crescimento da população de cervos em função do tempo:
  $$\frac{dP}{dt} = rP(M - P)(P - m),$$
  onde P é a população de cervos e r é uma constante positiva de proporcionalidade. Inclua uma reta de fase.

  b. Explique por que esse modelo difere do modelo logístico $dP/dt = rP(M - P)$. Esse modelo é melhor ou pior do que o modelo logístico?

  c. Mostre que se $P > M$ para todo t, então $\lim_{t \to \infty} P(t) = M$.

  d. O que acontece se $P < m$ para todo t?

  e. Discuta as soluções para a equação diferencial. Quais são os pontos de equilíbrio do modelo? Explique a dependência do valor de equilíbrio de P em relação aos valores iniciais de P. Quantas licenças devem ser emitidas?

Aplicações e exemplos

15. **Paraquedismo** Se um corpo de massa m que cai sob a ação da gravidade, desde o repouso, encontra uma força de resistência do ar proporcional ao quadrado da velocidade, então, a velocidade do corpo após t segundos em queda satisfaz a equação

$$m\frac{dv}{dt} = mg - kv^2, \quad k > 0$$

onde k é uma constante que depende das propriedades aerodinâmicas do corpo e da densidade do ar. (Supomos que a queda é muito breve para ser afetada por variações na densidade do ar.)

   a. Desenhe uma reta de fase para a equação.
   b. Esboce uma curva de velocidade típica.
   c. No caso de um paraquedista com 110 libras de peso ($mg = 110$) e com o tempo em segundos e a distância em pés, um valor típico de k é 0,005. Qual é a velocidade terminal do paraquedista? Repita o procedimento para um paraquedista com 200 libras de peso.

16. **Resistência proporcional a $\sqrt{v}$** Um corpo de massa m é disparado verticalmente para baixo com velocidade inicial v_0. Suponha que a força de resistência seja proporcional à raiz quadrada da velocidade e determine a velocidade terminal a partir de uma análise gráfica.

17. **Velejando** Um veleiro se move ao longo de uma reta, e o vento lhe fornece uma força constante de 50 libras na direção do movimento. A única outra força que age sobre o barco é a resistência à medida que o barco se move na água. A força de resistência é numericamente igual a cinco vezes a velocidade do barco, e a velocidade inicial é 1 pé/s. Qual é a velocidade máxima do barco em pés por segundo sob a ação desse vento?

18. **Difusão de informação** Os sociólogos reconhecem um fenômeno chamado *difusão social*, que é a propagação de uma informação, inovação tecnológica ou modismo cultural entre a população. Os membros da população podem ser divididos em duas classes: aqueles que têm a informação e aqueles que não a têm. Em uma população fixa com tamanho conhecido, é razoável supor que a taxa de difusão seja proporcional ao número dos que têm a informação vezes o número dos que ainda não a receberam. Se X denota a quantidade de indivíduos que têm a informação em uma população de N pessoas, então o modelo matemático para a difusão social é dado por

$$\frac{dX}{dt} = kX(N - X),$$

onde t representa o tempo em dias e k é uma constante positiva.

   a. Discuta se o modelo é razoável.
   b. Construa uma reta de fase e identifique os sinais de X' e X''.
   c. Esboce curvas integrais representativas.
   d. Preveja o valor de X com o qual a informação será disseminada mais rapidamente. Quantas pessoas, de fato, receberão a informação?

19. **Corrente em um circuito RL** O diagrama a seguir representa um circuito elétrico cuja resistência total é uma constante R ohms e cuja autoindutância, mostrada como uma espiral, é L henries, também constante. Há um interruptor cujos terminais em a e b podem ser ligados para se conectarem a uma fonte elétrica de V volts. Da Seção 9.2, temos

$$L\frac{di}{dt} + Ri = V,$$

onde i é a corrente em ampères e t é o tempo em segundos.

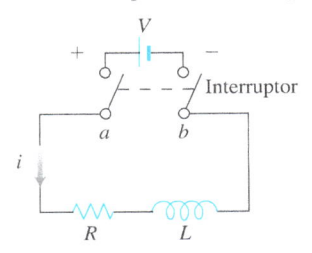

Use uma análise da reta de fase para esboçar a curva integral supondo que o interruptor no circuito RL tenha sido ligado no instante $t = 0$. O que acontece com a corrente quando $t \to \infty$? Esse valor é chamado de *solução de estado estacionário*.

20. **Uma pérola no xampu** Suponha que uma pérola esteja afundando em um líquido denso, como xampu, sujeita a uma força de atrito oposta à sua queda e proporcional à sua velocidade. Suponha que também exista uma força de empuxo exercida pelo xampu. De acordo com o *princípio de Arquimedes*, a força de empuxo é igual ao peso do líquido deslocado pela pérola. Usando m para a massa da pérola e P para a massa do xampu deslocada pela pérola enquanto ela afunda, execute as etapas a seguir.

   a. Faça um diagrama esquemático em que sejam mostradas as forças que agem sobre a pérola enquanto ela afunda, como o que vemos na Figura 9.19.
   b. Usando $v(t)$ para a velocidade da pérola em função do tempo t, escreva uma equação diferencial que modele a velocidade da pérola como a de um corpo em queda.
   c. Construa uma reta de fase em que sejam mostrados os sinais de v' e v''.
   d. Esboce curvas integrais típicas.
   e. Qual é a velocidade terminal da pérola?

9.5 Sistemas de equações e planos de fase

Em algumas situações, somos levados a considerar não apenas uma, mas várias equações diferenciais de primeira ordem. Tal coleção é chamada de **sistema** de equações diferenciais. Nesta seção, apresentamos uma abordagem para compreender os sistemas por meio de um procedimento gráfico conhecido como *análise do plano de fase*. Apresentamos essa análise no contexto da modelagem das populações de trutas e percas que vivem em uma lagoa comum.

Planos de fase

Um sistema geral de duas equações diferenciais de primeira ordem pode tomar a forma

$$\frac{dx}{dt} = F(x, y),$$

$$\frac{dy}{dt} = G(x, y).$$

Tal sistema de equações é chamado **autônomo** porque dx/dt e dy/dt não dependem da variável independente de tempo t, mas apenas das variáveis dependentes x e y. Uma **solução** para tal sistema consiste em um par de funções $x(t)$ e $y(t)$ que satisfaz as duas equações diferenciais simultaneamente para todo t em algum intervalo de tempo (finito ou infinito).

Não podemos olhar isoladamente apenas uma dessas equações para encontrar soluções $x(t)$ e $y(t)$, uma vez que cada derivada depende tanto de x como de y. Para termos alguma ideia de como chegar às soluções, voltamos nossa atenção para as duas variáveis dependentes ao traçarmos os pontos $(x(t), y(t))$ no plano xy, partindo de um ponto específico. Por conseguinte, as funções solução definem uma curva integral que passa pelo ponto especificado, chamada de **trajetória** do sistema. O plano xy, onde essas trajetórias residem, é chamado de **plano de fase.** Assim, consideramos as duas soluções em conjunto e estudamos o comportamento de todas as trajetórias de solução no plano de fase. Podemos provar que duas trajetórias nunca podem se cruzar ou tocar uma na outra. (Trajetórias de solução são exemplos de *curvas paramétricas*, que serão estudadas em detalhes no Capítulo 11.)

Modelo caçador competitivo

Imagine que duas espécies de peixes, digamos truta e perca, disputem os mesmos recursos limitados (alimento e oxigênio) em determinada lagoa. Seja $x(t)$ a representação do número de trutas e $y(t)$ o número de percas que vivem na lagoa no instante t. Na verdade, $x(t)$ e $y(t)$ são sempre inteiros, mas iremos aproximá-los com funções reais deriváveis. Isso nos permitirá aplicar os métodos de equações diferenciais.

Vários fatores afetam as taxas de variação dessas populações. Com o passar do tempo, as espécies procriam e, assim, supomos que suas populações aumentem proporcionalmente ao seu tamanho. Por si só, isso levaria a um crescimento exponencial em cada uma das duas populações. No entanto, existe um efeito de compensação a partir do fato de que as duas espécies competem entre si. Um grande número de percas tende a causar uma diminuição no número de trutas, e vice-versa. Nosso modelo considera o tamanho desse efeito proporcional à frequência com que as duas espécies interagem, o que por sua vez é proporcional à xy, o produto das duas populações. Essas considerações levam ao modelo seguinte para o crescimento de trutas e percas na lagoa:

$$\frac{dx}{dt} = (a - by)x, \tag{1a}$$

$$\frac{dy}{dt} = (m - nx)y. \tag{1b}$$

Aqui, $x(t)$ representa a população de trutas, $y(t)$ a população de percas e a, b, m, n são constantes positivas. A solução desse sistema consiste, então, em um par de funções $x(t)$ e $y(t)$ que fornecem a população de cada espécie de peixe no instante t. Cada equação em 1 contém ambas as funções desconhecidas x e y, e por isso não é possível resolvê-las individualmente. Em vez disso, usaremos uma análise gráfica para estudar as trajetórias de solução desse **modelo caçador competitivo**.

Agora examinaremos a natureza do plano de fase no modelo de população de trutas e percas. Estamos interessados no primeiro quadrante do plano xy, onde $x \geq 0$ e $y \geq 0$, pois as populações não podem ser negativas. Primeiro, determinamos onde as populações de trutas e percas são constantes. Observe que os valores de $(x(t), y(t))$ permanecem inalterados quando $dx/dt = 0$ e $dy/dt = 0$, então as Equações 1a e 1b se transformam em

$$(a - by)x = 0,$$

$$(m - nx)y = 0.$$

Esse par de equações simultâneas tem duas soluções: $(x, y) = (0, 0)$ e $(x, y) = (m/n, a/b)$. Nestes valores (x, y), chamados de **pontos de equilíbrio** ou **pontos de repouso**, as duas populações permanecem com valores constantes durante todo o tempo. O ponto $(0, 0)$ representa uma lagoa que não contém elementos de nenhuma das duas espécies de peixe; o ponto $(m/n, a/b)$ corresponde a uma lagoa com um número invariável de cada uma das espécies de peixes.

Em seguida, observamos que, se $y = a/b$, então a Equação 1a implica que $dx/dt = 0$ e que a população de trutas $x(t)$ é constante. Da mesma forma, se $x = m/n$, então a Equação 1b implica que $dy/dt = 0$ e que a população de percas $y(t)$ é constante. Essa informação está registrada na Figura 9.26.

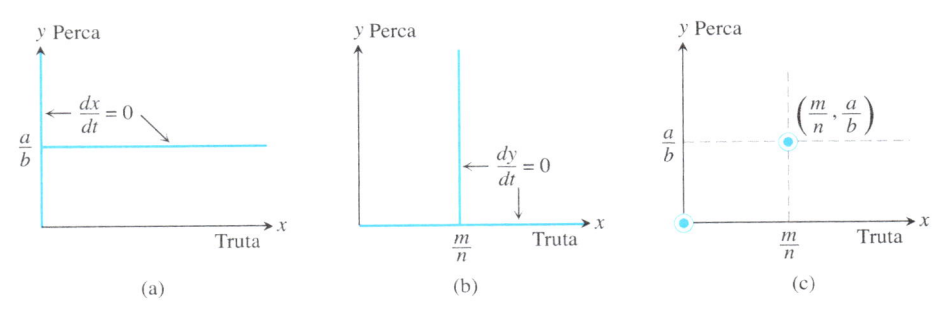

FIGURA 9.26 Pontos de repouso no modelo caçador competitivo determinados pelas Equações 1a e 1b.

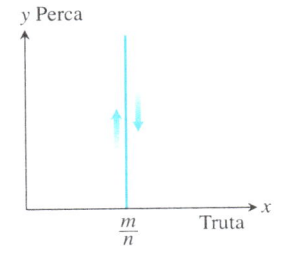

FIGURA 9.27 À esquerda da reta $x = m/n$, as trajetórias se movem para cima, e, à direita, para baixo.

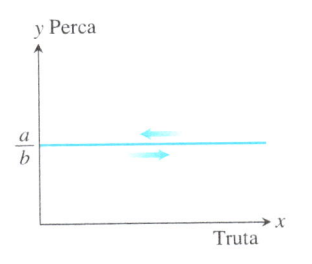

FIGURA 9.28 Acima da reta $y = a/b$, as trajetórias se movem para a esquerda, e, abaixo dela, movem-se para a direita.

Ao estabelecer o nosso modelo caçador competitivo, os valores exatos das constantes a, b, m, n em geral não serão conhecidos. No entanto, podemos analisar o sistema de Equações 1 para estudar a natureza da trajetória de soluções. Começamos por determinar os sinais de dx/dt e dy/dt ao longo do plano de fase. Embora $x(t)$ represente o número de trutas e $y(t)$ o número de percas no instante t, consideramos o par de valores $(x(t), y(t))$ como um ponto que traça uma trajetória curva no plano de fase. Quando dx/dt é positivo, $x(t)$ aumenta e o ponto se desloca para a direita no plano de fase. Se dx/dt é negativo, o ponto se desloca para a esquerda. Da mesma forma, o ponto se move para cima, onde dy/dt é positivo, e para baixo, onde dy/dt é negativo.

Vimos que $dy/dt = 0$ ao longo da reta vertical $x = m/n$. Para a esquerda dessa reta, dy/dt é positivo, pois $dy/dt = (m - nx)y$ e $x < m/n$. Assim, o sentido das trajetórias desse lado da reta é ascendente. Para a direita da reta, dy/dt é negativa e as trajetórias apontam para baixo. As direções das trajetórias associadas estão indicadas na Figura 9.27. Da mesma forma, acima da reta horizontal $y = a/b$, temos $dx/dt < 0$, e a trajetória segue para a esquerda; abaixo dessa reta, ela segue para a direita, como mostra a Figura 9.28. A combinação dessas informações fornece quatro regiões distintas no plano A, B, C, D, sendo as direções das respectivas trajetórias como mostra a Figura 9.29.

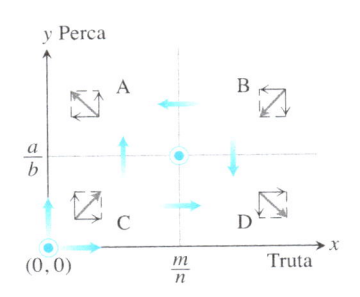

FIGURA 9.29 Análise gráfica composta das direções das trajetórias nas quatro regiões determinadas por $x = m/n$ e $y = a/b$.

Em seguida, examinamos o que acontece perto dos dois pontos de equilíbrio. As trajetórias próximas a $(0, 0)$ apontam para longe dele, para cima e para a direita. O comportamento perto do ponto de equilíbrio $(m/n, a/b)$ depende da região onde a trajetória começa. Por exemplo, se ela começa na região B, então se moverá para baixo e para a esquerda em direção ao ponto de equilíbrio. Dependendo de onde a trajetória

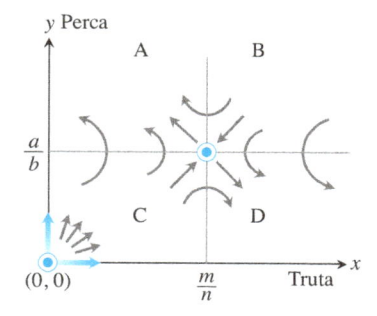

FIGURA 9.30 Movimento ao longo das trajetórias próximas aos pontos de repouso $(0, 0)$ e $(m/n, a/b)$.

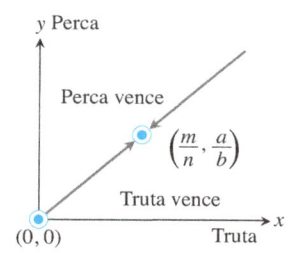

FIGURA 9.31 Resultados qualitativos da análise do modelo caçador competitivo. Há exatamente duas trajetórias se aproximando do ponto $(m/n, a/b)$.

FIGURA 9.32 Direção da trajetória próxima ao ponto de repouso $(0, 0)$.

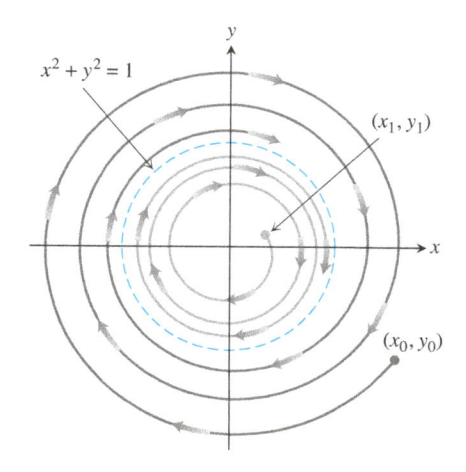

FIGURA 9.34 A solução $x^2 + y^2 = 1$ é um ciclo limite.

começa, ela poderá se mover para baixo até a região D, para a esquerda até a região A, ou talvez direto para o ponto de equilíbrio. Se ela entrar nas regiões A ou D, então continuará a se afastar do ponto de repouso. Dizemos que os dois pontos de repouso são **instáveis**, o que significa (nesse caso) que existem trajetórias perto de cada ponto que se dirigem para longe deles. Essas características estão indicadas na Figura 9.30.

Acontece que, em cada semiplano acima e abaixo da reta $y = a/b$, há exatamente uma trajetória que se aproxima do ponto de equilíbrio $(m/n, a/b)$ (veja o Exercício 7). Acima dessas duas trajetórias a população de percas cresce, e, abaixo delas, decresce. As duas trajetórias que se aproximam do ponto de equilíbrio estão na Figura 9.31.

Nossa análise gráfica nos leva a concluir que, sob os pressupostos do modelo caçador competitivo, é improvável que as duas espécies atinjam níveis de equilíbrio. Isso ocorre porque seria quase impossível para as populações de peixes se moverem exatamente ao longo de uma das duas trajetórias que se aproximam o tempo todo. Além disso, o ponto inicial das populações (x_0, y_0) determina qual das duas espécies é suscetível de sobreviver ao longo do tempo, e a coexistência das duas espécies é altamente improvável.

Limitações do método de análise do plano de fase

Ao contrário da situação no modelo caçador competitivo, nem sempre é possível determinar o comportamento das trajetórias perto de um ponto de repouso. Por exemplo, suponha que saibamos que as trajetórias próximas a um ponto de repouso, escolhido como origem $(0, 0)$, comportam-se como na Figura 9.32. A informação fornecida pela Figura 9.32 não é suficiente para distinguir entre as três trajetórias possíveis mostradas na Figura 9.33. Mesmo que pudéssemos determinar que uma trajetória próxima ao ponto de equilíbrio se assemelha à da Figura 9.33c, ainda não saberíamos como as outras trajetórias se comportam. Poderia acontecer de uma trajetória mais próxima da origem se comportar como mostram os movimentos exibidos na Figura 9.33a ou na Figura 9.33b. A trajetória espiral da Figura 9.33b nunca poderá realmente alcançar o ponto de repouso em um período de tempo finito.

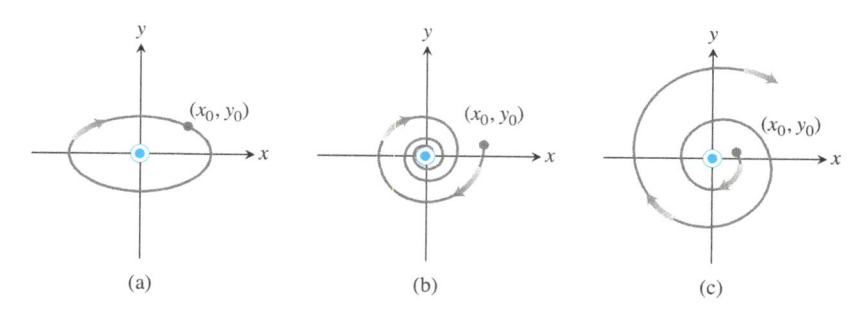

FIGURA 9.33 Três trajetórias possíveis: (a) movimento periódico, (b) movimento em direção a um ponto de repouso assintoticamente estável e (c) movimento próximo a um ponto de repouso instável.

Outro tipo de comportamento

Podemos mostrar que o sistema

$$\frac{dx}{dt} = y + x - x(x^2 + y^2), \tag{2a}$$

$$\frac{dy}{dt} = -x + y - y(x^2 + y^2) \tag{2b}$$

tem apenas um ponto de equilíbrio em $(0, 0)$. No entanto, qualquer trajetória iniciada no círculo unitário irá percorrê-lo no sentido horário porque, quando $x^2 + y^2 = 1$, temos $dy/dx = -x/y$ (veja o Exercício 2). Se a trajetória é iniciada dentro do círculo unitário, ela espirala para fora, aproximando-se do círculo assintoticamente à medida que $t \to \infty$. Se a trajetória é iniciada fora do círculo unitário, ela espirala para dentro, aproximando-se assintoticamente do círculo novamente à medida que $t \to \infty$. O círculo $x^2 + y^2 = 1$ é denominado **ciclo limite** do sistema (Figura 9.34). Nesse sistema, os valores de x e y acabam se tornando periódicos.

Exercícios 9.5

1. Liste três considerações importantes que são ignoradas no modelo caçador competitivo apresentado no texto.

2. Para o sistema 2a e 2b, mostre que qualquer trajetória iniciada no círculo unitário $x^2 + y^2 = 1$ percorre o círculo unitário em uma solução periódica. Primeiro, introduza as coordenadas polares e reescreva o sistema como $dr/dt = r(1 - r^2)$ e $-d\theta/dt = -1$.

3. Desenvolva um modelo para a criação de trutas e percas, supondo que, no isolamento, a truta demonstra decaimento exponencial [de modo que $a < 0$ nas Equações 1a e 1b] e que a população de percas cresce logisticamente com uma população limite M. Analise graficamente em seu modelo o movimento nas proximidades do ponto de repouso. A coexistência é possível?

4. Como o modelo caçador competitivo pode ser validado? Inclua uma discussão de como as várias constantes a, b, m e n podem ser estimadas. Como as autoridades estaduais para conservação poderiam utilizar o modelo para garantir a sobrevivência das duas espécies?

5. Considere outro modelo caçador competitivo definido por

$$\frac{dx}{dt} = a\left(1 - \frac{x}{k_1}\right)x - bxy,$$

$$\frac{dy}{dt} = m\left(1 - \frac{y}{k_2}\right)y - nxy,$$

onde x e y representam as populações de trutas e percas, respectivamente.

   a. Que suposições são feitas implicitamente sobre o crescimento das trutas e das percas na ausência de concorrência?
   b. Interprete as constantes a, b, m, n, k_1 e k_2 em termos do problema físico.
   c. Faça uma análise gráfica:
      i) Determine os níveis de equilíbrio possíveis.
      ii) Determine se a coexistência é possível.
      iii) Escolha vários pontos de partida típicos e esboce as trajetórias típicas no plano de fase.
      iv) Interprete os resultados previstos por sua análise gráfica em termos das constantes a, b, m, n, k_1 e k_2.

   Nota: ao chegar à parte (iii), você perceberá que existem cinco casos. Será necessário analisar todos eles.

6. **Modelo econômico** Considere o seguinte modelo econômico: seja P o preço de um único item no mercado. Seja Q a quantidade do item disponível no mercado. P e Q são funções do tempo. Se considerarmos o preço e a quantidade como duas espécies que interagem, poderíamos propor o modelo a seguir:

$$\frac{dP}{dt} = aP\left(\frac{b}{Q} - P\right),$$

$$\frac{dQ}{dt} = cQ(fP - Q),$$

onde a, b, c e f são constantes positivas. Justifique e discuta a adequação do modelo.

   a. Se $a = 1$, $b = 20.000$, $c = 1$ e $f = 30$, encontre os pontos de equilíbrio desse sistema. Se possível, classifique cada ponto de equilíbrio no que diz respeito à sua estabilidade. Se um ponto não puder ser classificado de imediato, dê uma explicação.
   b. Realize uma análise da estabilidade gráfica para determinar o que ocorrerá com os níveis de P e Q à medida que o tempo aumenta.
   c. Forneça uma interpretação econômica das curvas que determinam os pontos de equilíbrio.

7. **Aproximação do equilíbrio por duas trajetórias** Mostre que as duas trajetórias que conduzem a $(m/n, a/b)$ mostradas na Figura 9.31 são únicas por meio dos passos seguintes.

   a. A partir do sistema 1a e 1b, aplique a regra da cadeia para deduzir a seguinte equação:

$$\frac{dy}{dx} = \frac{(m - nx)y}{(a - by)x}.$$

   b. Separe as variáveis, integre e calcule a exponencial para obter

$$y^a e^{-by} = K x^m e^{-nx},$$

   onde K é uma constante de integração.

   c. Seja $f(y) = y^a/e^{by}$ e $g(x) = x^m/e^{nx}$. Mostre que $f(y)$ tem um único máximo $M_y = (a/eb)^a$ quando $y = a/b$, como mostra a Figura 9.35. Do mesmo modo, mostre que $g(x)$ tem um único máximo $M_x = (m/en)^m$ quando $x = m/n$, também mostrado na Figura 9.35.

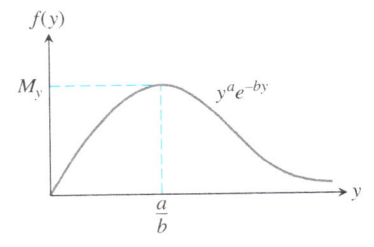

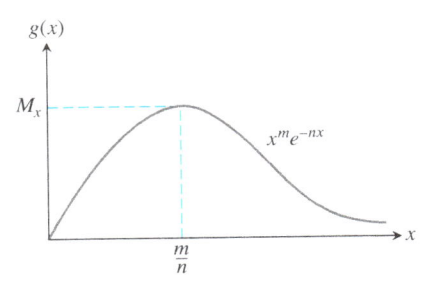

FIGURA 9.35 Gráficos das funções $f(y) = y^a/e^{by}$ e $g(x) = x^m/e^{nx}$.

   d. Considere o que acontece quando (x, y) se aproxima de $(m/n, a/b)$. Torne os limites no item (b) quando $x \to m/n$ e $y \to a/b$ para mostrar que

$$\lim_{\substack{x \to m/n \\ y \to a/b}} \left[\left(\frac{y^a}{e^{by}}\right)\left(\frac{e^{nx}}{x^m}\right)\right] = K$$

   ou que $M_y/M_x = K$. Assim, qualquer trajetória de solução que se aproxime de $(m/n, a/b)$ deve satisfazer

$$\frac{y^a}{e^{by}} = \left(\frac{M_y}{M_x}\right)\left(\frac{x^m}{e^{nx}}\right).$$

   e. Mostre que apenas uma trajetória pode aproximar $(m/n, a/b)$ por baixo da reta $y = a/b$. Pegue $y_0 < a/b$. A partir da Figura 9.35, podemos verificar que $f(y_0) < M_y$, o que implica em

$$\frac{M_y}{M_x}\left(\frac{x^m}{e^{nx}}\right) = y_0{}^a/e^{by_0} < M_y.$$

Isso, por sua vez, implica em

$$\frac{x^m}{e^{nx}} < M_x.$$

A Figura 9.35 mostra que para $g(x)$ existe um único valor $x_0 < m/n$ que satisfaz essa última desigualdade. Isto é, para cada $y < a/b$, existe um único valor de x que satisfaz a equação do item (d). Assim, pode existir apenas uma solução de trajetória que aproxima $(m/n, a/b)$ por baixo, como mostra a Figura 9.36.

f. Use um argumento semelhante para mostrar que a trajetória da solução que leva a $(m/n, a/b)$ é única se $y_0 > a/b$.

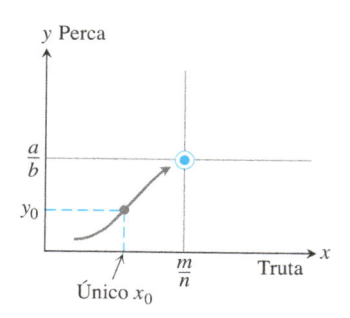

FIGURA 9.36 Para qualquer $y < a/b$, apenas uma trajetória de solução conduz ao ponto de repouso $(m/n, a/b)$.

8. Mostre que a equação diferencial de segunda ordem $y'' = F(x, y, y')$ pode ser reduzida a um sistema de duas equações diferenciais de primeira ordem

$$\frac{dy}{dx} = z,$$
$$\frac{dz}{dx} = F(x, y, z).$$

É possível fazer algo semelhante no caso da equação diferencial de ordem n, $y^{(n)} = F(x, y, y', y'', ..., y^{(n-1)})$?

Equações de Lotka-Volterra para o modelo de predador-presa

Em 1925, Lotka e Volterra apresentaram as equações *predador-presa*, um sistema de equações que simula as populações de duas espécies, uma que preda a outra. Suponha que $x(t)$ represente o número de coelhos vivos em uma região no instante t e $y(t)$, o número de raposas na mesma região. Com o passar do tempo, o número de coelhos aumenta a uma taxa proporcional à sua população, e diminui a uma taxa proporcional ao número de encontros entre coelhos e raposas. As raposas, que competem por alimento, aumentam em número, a uma taxa proporcional ao número de encontros com os coelhos, mas diminuem a uma taxa proporcional ao número de raposas. Suponha que o número de encontros entre coelhos e raposas seja proporcional ao produto das duas populações. Essas hipóteses levam ao sistema autônomo

$$\frac{dx}{dt} = (a - by)x$$
$$\frac{dy}{dt} = (-c + dx)y$$

onde a, b, c, d são constantes positivas. Os valores dessas constantes variam de acordo com a situação específica que está sendo modelada.

Podemos estudar a natureza da variação da população sem ajustar essas constantes a valores específicos.

9. O que acontecerá com a população de coelhos quando não houver raposas?

10. O que acontecerá com a população de raposas quando não houver coelhos?

11. Mostre que $(0, 0)$ e $(c/d, a/b)$ são pontos de equilíbrio. Explique o significado de cada um desses pontos.

12. Mostre, por meio de diferenciação, que a função
$$C(t) = a \ln y(t) - by(t) - dx(t) + c \ln x(t)$$
é constante quando $x(t)$ e $y(t)$ são positivos e satisfazem as equações presa-predador.

Enquanto x e y podem variar com o passar do tempo, $C(t)$ não pode. Assim, C é uma *quantidade conservada*, e sua existência fornece uma *lei de conservação*. Uma trajetória que começa em um ponto (x, y) no instante $t = 0$ fornece um valor de C que se mantém inalterado em tempos futuros. Cada valor da constante C fornece uma trajetória para o sistema autônomo, e essas trajetórias se fecham, em vez de espiralar para dentro e para fora. As populações de coelho e raposa oscilam através de ciclos repetidos ao longo de uma trajetória fixa. A Figura 9.37 mostra várias trajetórias para o sistema presa-predador.

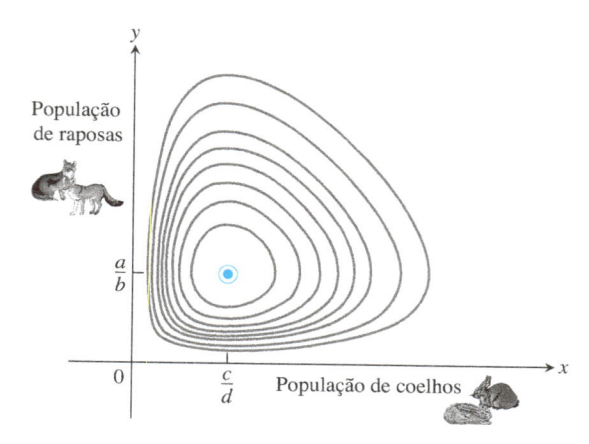

FIGURA 9.37 Algumas trajetórias ao longo das quais C é conservada.

13. Usando um procedimento semelhante ao que abordamos no texto sobre o modelo de caçador competitivo, mostre que, à medida que o tempo t aumenta, cada trajetória é percorrida em sentido anti-horário.

Ao longo de cada trajetória, tanto as populações de coelhos como as de raposas flutuam entre seus níveis máximos e mínimos. Os níveis máximo e mínimo da população de coelhos surgem onde a trajetória intercepta a reta horizontal $y = a/b$. No caso da população de raposas, manifestam-se onde a trajetória intercepta a reta vertical $x = c/d$. Quando a população de coelhos estiver em seu máximo, a população de raposas estará abaixo de seu valor máximo. À medida que a população de coelhos diminui nesse instante no tempo, passamos a nos mover no sentido anti-horário em torno da trajetória, e a população de raposas cresce até atingir seu valor máximo. Nesse ponto, a população de coelhos terá diminuído para $x = c/d$ e não estará mais em seu valor de pico. Vemos que a população de raposas atinge seu valor máximo em um instante posterior ao dos coelhos. A população do predador *fica para trás* para atingir seus valores máximos. Esse efeito de latência é mostrado na Figura 9.38, que representa graficamente tanto $x(t)$ como $y(t)$.

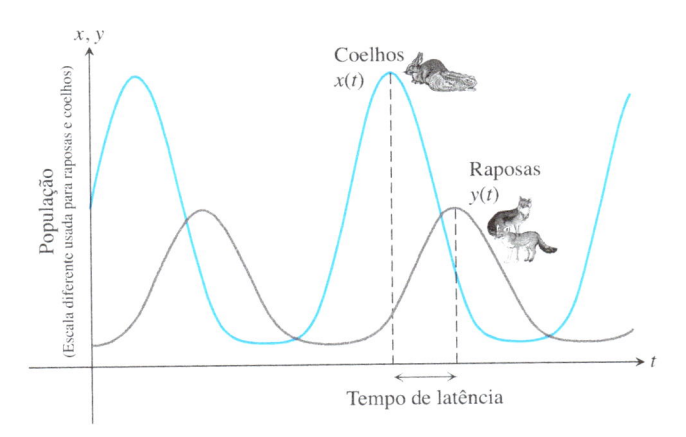

FIGURA 9.38 As populações de coelhos e raposas oscilam periodicamente, com a população máxima de raposas defasando a população máxima de coelhos.

14. Em um momento durante um ciclo de trajetória, um lobo invade o território de coelhos e raposas, come alguns coelhos e depois parte. Isso significa que a população de raposas terá, a partir de então, um valor máximo mais baixo? Justifique sua resposta.

Capítulo Questões para guiar sua revisão

1. O que é uma equação diferencial de primeira ordem? Quando uma função é a solução de tal equação?
2. O que é uma solução geral? E uma solução particular?
3. O que é o campo de direções de uma equação diferencial $y' = f(x, y)$? O que podemos aprender com esses campos?
4. Descreva o método de Euler para resolver o problema de valor inicial $y' = f(x, y)$, $y(x_0) = y_0$ numericamente. Dê um exemplo. Comente a precisão do método. Por que podemos querer resolver um problema de valor inicial numericamente?
5. Como você resolve equações lineares diferenciais de primeira ordem?
6. O que é uma trajetória ortogonal de uma família de curvas? Descreva como podemos determinar uma trajetória ortogonal para uma família de curvas dada.
7. O que é uma equação diferencial autônoma? Quais são seus valores de equilíbrio? Qual é a diferença entre eles e os pontos críticos? O que é um valor de equilíbrio estável? E um valor de equilíbrio instável?
8. Como você constrói uma reta de fase para uma equação diferencial autônoma? Como a reta de fase o ajuda a esboçar um gráfico que descreve qualitativamente uma solução da equação diferencial?
9. Por que o modelo exponencial não é realista em prever o crescimento populacional a longo prazo? Como o modelo logístico corrige essa deficiência do modelo exponencial para o crescimento populacional? O que é a equação diferencial logística? Que forma tem a sua solução? Descreva o gráfico da solução da equação logística.
10. O que é um sistema autônomo de equações diferenciais? Qual é a solução para tal sistema? O que é uma trajetória do sistema?

Capítulo Exercícios práticos

Nos Exercícios 1-16, resolva a equação diferencial.

1. $y' = xe^y \sqrt{x-2}$
2. $y' = xye^{x^2}$
3. $\sec x \, dy + x \cos^2 y \, dx = 0$
4. $2x^2 \, dx - 3\sqrt{y} \, \text{cossec } x \, dy = 0$
5. $y' = \dfrac{e^y}{xy}$
6. $y' = xe^{x-y} \text{cossec } y$
7. $x(x-1) \, dy - y \, dx = 0$
8. $y' = (y^2 - 1)x^{-1}$
9. $2y' - y = xe^{x/2}$
10. $\dfrac{y'}{2} + y = e^{-x} \text{sen } x$
11. $xy' + 2y = 1 - x^{-1}$
12. $xy' - y = 2x \ln x$
13. $(1 + e^x) \, dy + (ye^x + e^{-x}) \, dx = 0$
14. $e^{-x} \, dy + (e^{-x}y - 4x) \, dx = 0$
15. $(x + 3y^2) \, dy + y \, dx = 0$ (*Dica*: $d(xy) = y \, dx + x \, dy$)
16. $x \, dy + (3y - x^{-2} \cos x) \, dx = 0$, $x > 0$

Problemas de valor inicial

Nos Exercícios 17-22, resolva o problema de valor inicial.

17. $(x + 1)\dfrac{dy}{dx} + 2y = x$, $x > -1$, $y(0) = 1$
18. $x\dfrac{dy}{dx} + 2y = x^2 + 1$, $x > 0$, $y(1) = 1$
19. $\dfrac{dy}{dx} + 3x^2 y = x^2$, $y(0) = -1$
20. $x \, dy + (y - \cos x) \, dx = 0$, $y\left(\dfrac{\pi}{2}\right) = 0$
21. $xy' + (x - 2)y = 3x^3 e^{-x}$, $y(1) = 0$
22. $y \, dx + (3x - xy + 2) \, dy = 0$, $y(2) = -1$, $y < 0$

Método de Euler

Nos Exercícios 23 e 24, use o método de Euler para resolver o problema de valor inicial no intervalo dado, começando em x_0 com $dx = 0,1$.

T 23. $y' = y + \cos x$, $y(0) = 0$; $0 \leq x \leq 2$; $x_0 = 0$

T 24. $y' = (2 - y)(2x + 3)$, $y(-3) = 1$;
$-3 \leq x \leq -1$; $x_0 = -3$

Nos Exercícios 25 e 26, use o método de Euler com $dx = 0,05$ para estimar $y(c)$, onde y é a solução para o problema de valor inicial dado.

T 25. $c = 3$; $\dfrac{dy}{dx} = \dfrac{x - 2y}{x + 1}$, $y(0) = 1$

T 26. $c = 4$; $\dfrac{dy}{dx} = \dfrac{x^2 - 2y + 1}{x}$, $y(1) = 1$

Nos Exercícios 27 e 28, use o método de Euler para resolver graficamente o problema de valor inicial, começando em $x_0 = 0$ com

a. $dx = 0,1$. **b.** $dx = -0,1$.

T 27. $\dfrac{dy}{dx} = \dfrac{1}{e^{x+y+2}}$, $y(0) = -2$

T 28. $\dfrac{dy}{dx} = -\dfrac{x^2 + y}{e^y + x}$, $y(0) = 0$

Campos de direções

Nos Exercícios 29-32, esboce uma parte do campo de direções da equação. Em seguida, adicione ao seu desenho a curva integral que passa pelo ponto $P(1, -1)$. Use o método de Euler com $x_0 = 1$ e $dx = 0,2$ para estimar $y(2)$. Arredonde suas respostas até a quarta casa decimal. Determine o valor exato de $y(2)$ para comparação.

29. $y' = x$ **31.** $y' = xy$
30. $y' = 1/x$ **32.** $y' = 1/y$

Equações diferenciais autônomas e retas de fase

Nos Exercícios 33 e 34:
a. Identifique os valores de equilíbrio. Quais são estáveis e quais são instáveis?
b. Construa uma reta de fase. Identifique os sinais de y' e y''.
c. Esboce uma seleção representativa de curvas integrais.

33. $\dfrac{dy}{dx} = y^2 - 1$

34. $\dfrac{dy}{dx} = y - y^2$

Aplicações

35. Velocidade de escape A força de atração gravitacional F exercida pela Lua sem ar sobre um corpo de massa m a uma distância s do centro da Lua é dada pela equação $F = -mg R^2 s^{-2}$, onde g é a aceleração da gravidade na superfície da Lua e R é o raio da Lua (veja a figura a seguir). A força F é negativa, pois age no sentido em que s decresce.

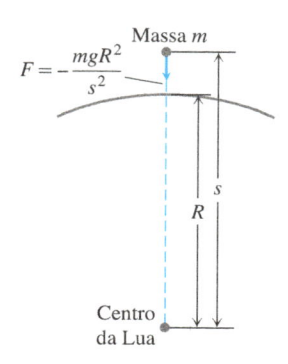

a. Suponha que o corpo seja lançado verticalmente para cima a partir da superfície da Lua com velocidade inicial v_0 em $t = 0$. Use a segunda lei de Newton, $F = ma$, para mostrar que a velocidade do corpo na posição s é dada pela equação

$$v^2 = \dfrac{2gR^2}{s} + v_0^2 - 2gR.$$

Logo, a velocidade se mantém positiva, desde que $v_0 \geq \sqrt{2gR}$. A velocidade $v_0 = \sqrt{2gR}$ é a **velocidade de escape** da Lua. Um corpo lançado para cima com essa velocidade ou com uma maior escapará da atração gravitacional da Lua.

b. Mostre que, se $v_0 = \sqrt{2gR}$, então

$$s = R\left(1 + \dfrac{3v_0}{2R}t\right)^{2/3}.$$

36. Deslizando até parar A Tabela 9.6 mostra a distância s (em metros) pela qual Johnathon Krueger deslizou sobre patins em t segundos. Determine um modelo para a posição dele na forma da Equação 2 da Seção 9.3. A velocidade inicial era $v_0 = 0,86$ m/s, sua massa, $m = 30,84$ kg (ele pesava 68 libras) e a distância total percorrida, $0,97$ m.

TABELA 9.6 Dados de patinação de Johnathon Krueger

t (s)	s(m)	t(s)	s(m)	t (s)	s(m)
0	0	0,93	0,61	1,86	0,93
0,13	0,08	1,06	0,68	2,00	0,94
0,27	0,19	1,20	0,74	2,13	0,95
0,40	0,28	1,33	0,79	2,26	0,96
0,53	0,36	1,46	0,83	2,39	0,96
0,67	0,45	1,60	0,87	2,53	0,97
0,80	0,53	1,73	0,90	2,66	0,97

Capítulo 9 Exercícios adicionais e avançados

Teoria e aplicações

1. Transporte por uma membrana celular Sob algumas condições, o resultado do movimento de uma substância dissolvida através de uma membrana celular é descrito pela equação

$$\dfrac{dy}{dt} = k\dfrac{A}{V}(c - y).$$

Nessa equação, y é a concentração da substância no interior da célula e dy/dt é a taxa à qual y varia com o tempo. As letras k, A,

V e c indicam constantes, sendo k o *coeficiente de permeabilidade* (uma propriedade da membrana); A, a área da superfície; V, o volume da célula; e c, a concentração da substância fora da célula. A equação diz que a taxa à qual a concentração varia dentro da célula é proporcional à diferença entre ela e a concentração fora da célula.

a. Resolva $y(t)$ na equação, usando y_0 para indicar $y(0)$.

b. Determine a concentração do estado estacionário $\lim_{t \to \infty} y(t)$.

2. Altura de um foguete Se uma força externa F age sobre um sistema cuja massa varia com o tempo, a lei do movimento de Newton é

$$\frac{d(mv)}{dt} = F + (v+u)\frac{dm}{dt}.$$

Nessa equação, m é a massa do sistema no instante t, v é a sua velocidade e $v + u$ é a velocidade da massa que entra (ou sai) do sistema à taxa dm/dt. Suponha que um foguete de massa inicial m_0 parte do repouso, mas é impulsionado para cima com a queima de parte da sua massa na direção contrária a uma taxa constante $dm/dt = -b$ unidades por segundo e a uma velocidade constante relativa ao foguete de $u = -c$. A única força externa que atua sobre o foguete é $F = -mg$, por causa da gravidade. Partindo dessas premissas, mostre que a altura do foguete acima do solo ao final de t segundos (t pequeno quando comparado com m_0/b) é

$$y = c\left[t + \frac{m_0 - bt}{b}\ln\frac{m_0 - bt}{m_0}\right] - \frac{1}{2}gt^2.$$

3. a. Suponha que $P(x)$ e $Q(x)$ sejam funções contínuas no intervalo $[a, b]$. Use o teorema fundamental do cálculo, parte 1, para mostrar que qualquer função y que satisfaz a equação

$$v(x)y = \int v(x)Q(x)\,dx + C$$

para $v(x) = e^{\int P(x)\,dx}$ é uma solução para a equação linear de primeira ordem

$$\frac{dy}{dx} + P(x)y = Q(x).$$

b. Se $C = y_0 v(x_0) - \int_{x_0}^{x} v(t)Q(t)\,dt$, então mostre que qualquer solução y para o item (a) satisfaz a condição inicial $y(x_0) = y_0$.

4. (*Continuação do Exercício 3.*) Considere as hipóteses do Exercício 3 e suponha que $y_1(x)$ e $y_2(x)$ sejam ambas soluções da equação linear de primeira ordem que satisfaz a condição inicial $y(x_0) = y_0$.

a. Certifique-se de que $y(x) = y_1(x) - y_2(x)$ satisfaz o problema de valor inicial

$$y' + P(x)y = 0, \qquad y(x_0) = 0.$$

b. Para o fator integrante $v(x) = e^{\int P(x)\,dx}$, mostre que

$$\frac{d}{dx}(v(x)[y_1(x) - y_2(x)]) = 0.$$

Conclua que $v(x)[y_1(x) - y_2(x)] \equiv$ constante.

c. Do item (a), temos $y_1(x_0) - y_2(x_0) = 0$. Como $v(x) > 0$ para $a < x < b$, use o item (b) para provar que $y_1(x) - y_2(x) \equiv 0$ no intervalo (a, b). Portanto, $y_1(x) = y_2(x)$ para todo $a < x < b$.

Equações homogêneas

Uma equação diferencial de primeira ordem da forma

$$\frac{dy}{dx} = F\left(\frac{y}{x}\right)$$

é chamada *homogênea*. Ela pode ser transformada em uma equação cujas variáveis são separáveis ao definirmos a nova variável $v = y/x$. Então, $y = vx$ e

$$\frac{dy}{dx} = v + x\frac{dv}{dx}.$$

Com a substituição na equação diferencial original e a coleção dos termos semelhantes, obtemos a equação separável

$$\frac{dx}{x} + \frac{dv}{v - F(v)} = 0.$$

Depois de resolvermos essa equação separável, a solução da equação original é obtida ao substituirmos v por y/x.

Resolva as equações homogêneas nos Exercícios 5-10. Primeiro, coloque a equação sob a forma de uma equação homogênea.

5. $(x^2 + y^2)\,dx + xy\,dy = 0$

6. $x^2\,dy + (y^2 - xy)\,dx = 0$

7. $(xe^{y/x} + y)\,dx - x\,dy = 0$

8. $(x + y)\,dy + (x - y)\,dx = 0$

9. $y' = \dfrac{y}{x} + \cos\dfrac{y - x}{x}$

10. $\left(x\operatorname{sen}\dfrac{y}{x} - y\cos\dfrac{y}{x}\right)dx + x\cos\dfrac{y}{x}\,dy = 0$

Capítulo Projetos de aplicação de tecnologia

Módulos Mathematica/Maple

Dosagens de medicamentos: são eficazes? São seguras?
Formule e resolva um modelo de valor inicial para a absorção de medicamentos pela corrente sanguínea.

Equações diferenciais de primeira ordem e campos de direção
Esboce campos de direção e curvas integrais com diversas condições iniciais para equações diferenciais de primeira ordem selecionadas.

Apêndices

A.1 Números reais e a reta real

Esta seção revisa números reais, desigualdades, intervalos e valores absolutos.

Números reais

Muito do cálculo é baseado nas propriedades do sistema de números reais. Os **números reais** são aqueles que podem ser expressos como decimais, como

$$-\frac{3}{4} = -0,75000\ldots$$

$$\frac{1}{3} = 0,33333\ldots$$

$$\sqrt{2} = 1,4142\ldots$$

Os pontos ... em cada um dos casos indicam que a sequência de dígitos decimais segue ao infinito. Cada expansão decimal concebível representa um número real, ainda que alguns números tenham duas representações. Por exemplo, os decimais infinitos 0,999... e 1,000... representam o mesmo número real 1. Uma afirmação semelhante é válida para qualquer número com uma sequência decimal infinita de noves.

Os números reais podem ser representados geometricamente como pontos em uma reta numerada denominada **reta real**.

$$\begin{array}{c|c|c|c|c|c|c|c} \hline -2 & -1\ -\frac{3}{4} & 0\ \frac{1}{3} & 1 & \sqrt{2} & 2 & 3\ \pi & 4 \\ \hline \end{array}$$

O símbolo $\mathbb{R}$ denota o sistema de números reais ou, de maneira equivalente, a reta real.

As propriedades do sistema de números reais se enquadram em três categorias: propriedades algébricas, propriedades de ordem e de completude. As **propriedades algébricas** dizem que os números reais podem ser somados, subtraídos, multiplicados e divididos (exceto por 0), resultando em outros números reais sob as regras usuais da aritmética. *Você nunca pode dividir por 0*.

As **propriedades de ordem** de números reais são fornecidas no Apêndice 6. As regras úteis à esquerda podem ser deduzidas a partir delas, onde o símbolo $\Rightarrow$ significa "implica".

Observe as regras para multiplicação de ambos os lados de uma desigualdade por um número. Se multiplicarmos por um número positivo, a desigualdade permanecerá a mesma; se multiplicarmos por um número negativo, a desigualdade será invertida. Da mesma forma, recíprocos invertem a desigualdade para números que tenham o mesmo sinal. Por exemplo, $2 < 5$, mas $-2 > -5$ e $1/2 > 1/5$.

A **propriedade de completude** do sistema de números reais é mais profunda e difícil de definir precisamente. No entanto, a propriedade é essencial à ideia de um limite (Capítulo 2). Grosso modo, ela diz que existem números reais suficientes para "completar" a reta de números reais, de maneira que não fiquem "buracos" ou "lacunas" nessa reta. Muitos teoremas de cálculo não funcionariam se o sistema de

---

Regras para desigualdades

Se a, b e c são números reais, então:
1. $a < b \Rightarrow a + c < b + c$
2. $a < b \Rightarrow a - c < b - c$
3. $a < b$ e $c > 0 \Rightarrow ac < bc$
4. $a < b$ e $c < 0 \Rightarrow bc < ac$
   Caso especial: $a < b \Rightarrow -b < -a$
5. $a > 0 \Rightarrow \dfrac{1}{a} > 0$
6. Se a e b são ambos positivos ou ambos negativos, então
   $a < b \Rightarrow \dfrac{1}{b} < \dfrac{1}{a}$

números reais não fosse completo. Esse tópico é deixado para um curso mais avançado, mas o Apêndice 6 dá alguma ideia do que está em jogo e como os números reais são construídos.

Distinguimos três subconjuntos especiais dos números reais.

1. Os **números naturais**, isto é: 1, 2, 3, 4,...
2. Os **inteiros**, isto é 0, ±1, ±2, ±3,...
3. Os **números racionais**, isto é, os números que podem ser expressos na forma de uma fração m/n, onde m e n são inteiros e $n \neq 0$. São exemplos desses números:

$$\frac{1}{3}, \quad -\frac{4}{9} = \frac{-4}{9} = \frac{4}{-9}, \quad \frac{200}{13} \quad \text{e} \quad 57 = \frac{57}{1}.$$

Os números racionais são justamente os números reais com expansões decimais que

(a) são finitas (terminam em uma sequência infinita de zeros), por exemplo,

$$\frac{3}{4} = 0{,}75000\ldots = 0{,}75 \quad \text{ou}$$

(b) que se repetem de tempos em tempos (terminando com um grupo de dígitos que se repete indefinidamente), por exemplo

$$\frac{23}{11} = 2{,}090909\ldots = 2{,}\overline{09} \qquad \text{A barra indica o grupo de dígitos que se repete.}$$

Uma expansão decimal finita é um tipo especial da expansão que se repete, uma vez que os zeros do final se repetem.

O conjunto de números racionais possui as mesmas propriedades algébricas e de ordem dos números reais, mas não apresenta a propriedade da completude. Por exemplo, não existe número racional cujo quadrado seja 2; existe um "buraco" na reta racional onde $\sqrt{2}$ deveria estar.

Números reais que não sejam racionais são chamados de **números irracionais**. Eles são caracterizados por terem expansões decimais que não são finitas e nem se repetem. São exemplos π, $\sqrt{2}$, $\sqrt[3]{5}$ e $\log_{10} 3$. Como toda expansão decimal representa um número real, obviamente existe uma quantidade infinita de números irracionais. Tanto os números racionais quanto os irracionais podem ser encontrados arbitrariamente próximos a algum ponto na reta real.

A notação de conjunto é muito útil para especificar um subconjunto de números reais. Um **conjunto** é um agrupamento de objetos, e esse objetos são os **elementos** do conjunto. Se S é um conjunto, a notação $a \in S$ significa que a é um elemento de S, e $a \notin S$ significa que a não é um elemento de S. Se S e T são conjuntos, então $S \cup T$ é a sua **união** e consiste em todos os elementos que pertencem a S ou a T (ou, ainda, a S e a T). A **interseção** $S \cap T$ consiste de todos os elementos que pertencem tanto a S quanto a T. O **conjunto vazio** $\emptyset$ é o conjunto que não contém nenhum elemento. Por exemplo, a interseção entre os números racionais e os irracionais é o conjunto vazio.

Alguns conjuntos podem ser descritos *listando* seus elementos entre chaves. Por exemplo, o conjunto A, consistindo de números naturais (ou inteiros positivos) menores que 6, pode ser expresso da seguinte forma:

$$A = \{1, 2, 3, 4, 5\}.$$

O conjunto de todos os inteiros é escrito como

$$\{0, \pm 1, \pm 2, \pm 3, \ldots\}.$$

Uma outra forma de descrever um conjunto é colocar dentro dos colchetes uma regra que gera todos os seus elementos. Por exemplo, o conjunto

$$A = \{x \mid x \text{ é um inteiro e } 0 < x < 6\}$$

é o conjunto de inteiros positivos menores que 6.

Intervalos

Um subconjunto da reta real é denominado um **intervalo** quando contém pelo menos dois números e todos os números reais que ficam entre qualquer par desses elementos. Por exemplo, o conjunto de todos os números reais x de modo que $x > 6$ é um intervalo, assim como o conjunto de todos os x, de modo que $-2 \leq x \leq 5$. O conjunto de todos os números reais diferentes de zero não é um intervalo; como 0 é ausente, o conjunto deixa de conter todo número real entre -1 e 1 (por exemplo).

Geometricamente, os intervalos correspondem a semirretas e segmentos de reta na reta real, assim como à reta real em si. Os intervalos de números correspondentes a segmentos de reta são **intervalos finitos**: intervalos correspondentes a semirretas e à à reta real são **intervalos infinitos**.

Dizemos que um intervalo finito é **fechado** quando contém seus dois extremos; **semiaberto** quando contém um extremo, mas não o outro; e **aberto** se não contém seus extremos. Os extremos também são chamados de **pontos de fronteira**; eles formam a **fronteira** do intervalo. Os pontos restantes do intervalo são os **pontos interiores** e, juntos, formam o **interior** do intervalo. Intervalos infinitos são fechados quando contêm um extremo finito; caso contrário, são abertos. A reta real inteira $\mathbb{R}$ é um intervalo infinito que é aberto e fechado ao mesmo tempo. A Tabela A.1 resume os diversos tipos de intervalo.

TABELA A.1 Tipos de intervalo

Notação	Descrição do conjunto	Tipo	Desenho
(a, b)	$\{x \mid a < x < b\}$	Aberto	
$[a, b]$	$\{x \mid a \leq x \leq b\}$	Fechado	
$[a, b)$	$\{x \mid a \leq x < b\}$	Semiaberto	
$(a, b]$	$\{x \mid a < x \leq b\}$	Semiaberto	
(a, ∞)	$\{x \mid x > a\}$	Aberto	
$[a, \infty)$	$\{x \mid x \geq a\}$	Fechado	
$(-\infty, b)$	$\{x \mid x < b\}$	Aberto	
$(-\infty, b]$	$\{x \mid x \leq b\}$	Fechado	
$(-\infty, \infty)$	$\mathbb{R}$ (conjunto de todos os números reais)	Tanto aberto como fechado	

Resolvendo desigualdades

O processo de encontrar o intervalo ou intervalos de números que satisfaçam uma desigualdade em x é chamado de **resolver** a desigualdade.

EXEMPLO 1 Resolva as desigualdades a seguir e mostre seus conjuntos solução na reta real.

(a) $2x - 1 < x + 3$ (b) $-\dfrac{x}{3} < 2x + 1$ (c) $\dfrac{6}{x - 1} \geq 5$

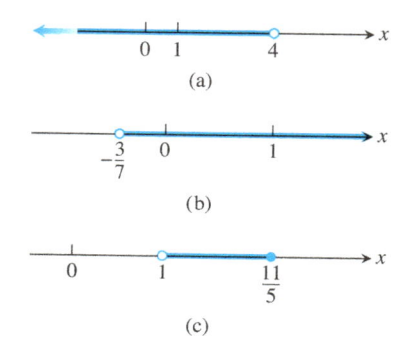

FIGURA A.1 Conjuntos-solução para as desigualdades no Exemplo 1.

Solução

(a) $2x - 1 < x + 3$

$\quad\quad 2x < x + 4 \quad$ Some 1 em ambos os lados.

$\quad\quad\quad x < 4 \quad$ Subtraia x de ambos os lados.

O conjunto-solução é o intervalo aberto $(-\infty, 4)$ (Figura A.1a).

(b) $-\dfrac{x}{3} < 2x + 1$

$\quad -x < 6x + 3 \quad$ Multiplique ambos os lados por 3.

$\quad\; 0 < 7x + 3 \quad$ Some x em ambos os lados.

$\quad -3 < 7x \quad$ Subtraia 3 de ambos os lados.

$\quad -\dfrac{3}{7} < x \quad$ Divida por 7.

O conjunto-solução é o intervalo aberto $(-3/7, \infty)$ (Figura A.1b).

(c) A desigualdade $6/(x-1) \geq 5$ é válida somente se $x > 1$, porque caso contrário $6/(x-1)$ é indefinido ou negativo. Assim, $(x-1)$ é positivo e a desigualdade será preservada se multiplicarmos ambos os lados por $(x-1)$; temos, então

$$\dfrac{6}{x-1} \geq 5$$

$\quad 6 \geq 5x - 5 \quad$ Multiplique ambos os lados por $(x-1)$.

$\quad 11 \geq 5x \quad$ Some 5 em ambos os lados.

$\quad \dfrac{11}{5} \geq x. \quad$ Ou $x \leq \dfrac{11}{5}$.

O conjunto-solução é o intervalo semiaberto $(1, 11/5]$ (Figura A.1c).

Valor absoluto

O **valor absoluto** de um número x, denotado por $|x|$, é definido pela fórmula

$$|x| = \begin{cases} x, & x \geq 0 \\ -x, & x < 0. \end{cases}$$

EXEMPLO 2 $\quad |3| = 3, \; |0| = 0, \; |-5| = -(-5) = 5, \; |-|a|| = |a|$

Geometricamente, o valor absoluto de x é a distância entre x e 0 na reta real. Como as distâncias são sempre positivas ou 0, vemos que $|x| \geq 0$ para todo número real x, e $|x| = 0$ se, e somente se, $x = 0$. Do mesmo modo,

$$|x - y| = \text{a distância entre } x \text{ e } y$$

na reta real (Figura A.2).

Uma vez que o símbolo $\sqrt{a}$ sempre denota a raiz quadrada *não negativa* de a, uma definição alternativa de $|x|$ é

$$|x| = \sqrt{x^2}.$$

É importante lembrar que $\sqrt{a^2} = |a|$. Não escreva $\sqrt{a^2} = a$, a menos que você já saiba que $a \geq 0$.

O valor absoluto tem as propriedades a seguir. (Nos exercícios, você terá de provar essas propriedades.)

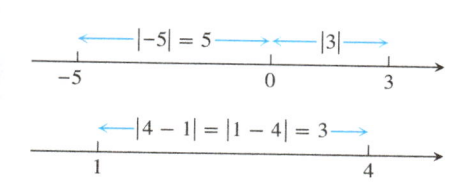

FIGURA A.2 Valores absolutos fornecem a distância entre pontos na reta real.

Propriedades dos valores absolutos

1. $|-a| = |a|$ — Um número e seu oposto, ou inverso aditivo, tem o mesmo valor absoluto.
2. $|ab| = |a||b|$ — O valor absoluto de um produto é o produto dos valores absolutos.
3. $\left|\dfrac{a}{b}\right| = \dfrac{|a|}{|b|}$ — O valor absoluto de um quociente é o quociente dos valores absolutos.
4. $|a + b| \leq |a| + |b|$ — A **desigualdade do triângulo**. O valor absoluto da soma de dois números é menor ou igual à soma de seus valores absolutos.

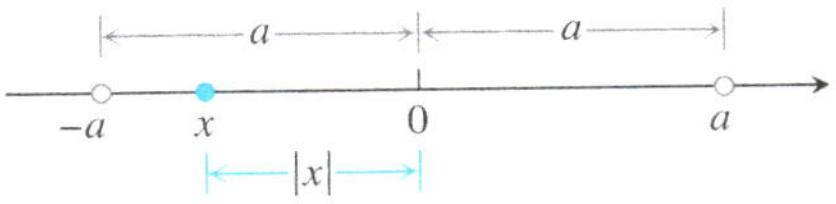

Observe que $|-a| \neq -|a|$. Por exemplo, $|-3| = 3$, enquanto $-|3| = -3$. Se a e b têm sinais diferentes, então $|a + b|$ é menor que $|a| + |b|$. Em todos os outros casos, $|a + b|$ é igual a $|a| + |b|$. As barras de valor absoluto em expressões como $|-3 + 5|$ funcionam como parênteses: fazemos os cálculos aritméticos dentro delas *antes* de tomar o valor absoluto.

FIGURA A.3 $|x| < a$ significa que x está entre $-a$ e a.

Valores absolutos e intervalos

Se a é qualquer número positivo, então

5. $|x| = a \iff x = \pm a$
6. $|x| < a \iff -a < x < a$
7. $|x| > a \iff x > a$ ou $x < -a$
8. $|x| \leq a \iff -a \leq x \leq a$
9. $|x| \geq a \iff x \geq a$ ou $x \leq -a$

EXEMPLO 3

$$|-3 + 5| = |2| = 2 < |-3| + |5| = 8$$
$$|3 + 5| = |8| = |3| + |5|$$
$$|-3 - 5| = |-8| = 8 = |-3| + |-5|$$

A desigualdade $|x| < a$ diz que a distância entre x e 0 é menor que o número positivo a. Isso significa que x deve estar entre $-a$ e a, como podemos ver na Figura A.3.

As sentenças na tabela são todas consequências da definição de valor absoluto e, muitas vezes, são úteis quando estamos solucionando equações ou desigualdades envolvendo valores absolutos.

Em geral, o símbolo $\iff$ é utilizado por matemáticos para denotar a relação lógica "se, e somente se". Ele também significa "implica e implicado por".

EXEMPLO 4 Resolva a equação $|2x - 3| = 7$.

Solução De acordo com a Propriedade 5, $2x - 3 = \pm 7$, de modo que existem duas possibilidades:

$2x - 3 = 7$	$2x - 3 = -7$	Equações equivalentes sem valores absolutos.
$2x = 10$	$2x = -4$	Resolva como de costume.
$x = 5$	$x = -2$	

As soluções de $|2x - 3| = 7$ são $x = 5$ e $x = -2$.

EXEMPLO 5 Resolva a desigualdade $\left|5 - \dfrac{2}{x}\right| < 1$.

Solução Temos

$$\left|5 - \frac{2}{x}\right| < 1 \iff -1 < 5 - \frac{2}{x} < 1 \quad \text{Propriedade 6}$$
$$\iff -6 < -\frac{2}{x} < -4 \quad \text{Subtraia 5.}$$
$$\iff 3 > \frac{1}{x} > 2 \quad \text{Multiplique por } -\frac{1}{2}.$$
$$\iff \frac{1}{3} < x < \frac{1}{2}. \quad \text{Tome os recíprocos.}$$

Observe como as diversas regras para desigualdades foram utilizadas aqui. A multiplicação por um número negativo inverte a desigualdade. O mesmo acontece quando se tomam os recíprocos em uma desigualdade na qual ambos os lados são positivos. A desigualdade original aplica-se se, e somente se, $(1/3) < x < (1/2)$. O conjunto-solução é o intervalo aberto $(1/3, 1/2)$.

Exercícios A.1

1. Expresse 1/9 como uma dízima periódica, utilizando uma barra para indicar os dígitos que se repetem. Quais são as representações decimais de 2/9? 3/9? 8/9? 9/9?
2. Se $2 < x < 6$, quais das seguintes declarações sobre x são necessariamente verdadeiras, e quais não são necessariamente verdadeiras?
   a. $0 < x < 4$
   b. $0 < x - 2 < 4$
   c. $1 < \frac{x}{2} < 3$
   d. $\frac{1}{6} < \frac{1}{x} < \frac{1}{2}$
   e. $1 < \frac{6}{x} < 3$
   f. $|x - 4| < 2$
   g. $-6 < -x < 2$
   h. $-6 < -x < -2$

Nos Exercícios 3-6, resolva as desigualdades e mostre os conjuntos-solução na reta real.

3. $-2x > 4$
4. $5x - 3 \leq 7 - 3x$
5. $2x - \frac{1}{2} \geq 7x + \frac{7}{6}$
6. $\frac{4}{5}(x - 2) < \frac{1}{3}(x - 6)$

Resolva as equações nos Exercícios 7-9.

7. $|y| = 3$
8. $|2t + 5| = 4$
9. $|8 - 3s| = \frac{9}{2}$

Resolva as desigualdades nos Exercícios 10-17, expressando os conjuntos-solução como intervalos ou uniões de intervalos. Além disso, mostre cada conjunto-solução na reta real.

10. $|x| < 2$
11. $|t - 1| \leq 3$
12. $|3y - 7| < 4$
13. $\left|\frac{z}{5} - 1\right| \leq 1$
14. $\left|3 - \frac{1}{x}\right| < \frac{1}{2}$
15. $|2s| \geq 4$
16. $|1 - x| > 1$
17. $\left|\frac{r + 1}{2}\right| \geq 1$

Resolva as desigualdades nos Exercícios 18-21. Expresse os conjuntos-solução como intervalos ou uniões de intervalos e mostre-os na reta real. Utilize o resultado $\sqrt{a^2} = |a|$ conforme apropriado.

18. $x^2 < 2$
19. $4 < x^2 < 9$
20. $(x - 1)^2 < 4$
21. $x^2 - x < 0$

22. Não caia na armadilha $|-a| = a$. Para quais números reais essa equação é realmente verdadeira? Para quais números reais ela é falsa?
23. Resolva a equação $|x - 1| = 1 - x$.
24. **Uma prova da desigualdade do triângulo** Justifique cada um dos passos enumerados na prova da desigualdade do triângulo a seguir.

$$|a + b|^2 = (a + b)^2 \quad (1)$$
$$= a^2 + 2ab + b^2$$
$$\leq a^2 + 2|a||b| + b^2 \quad (2)$$
$$= |a|^2 + 2|a||b| + |b|^2 \quad (3)$$
$$= (|a| + |b|)^2$$
$$|a + b| \leq |a| + |b| \quad (4)$$

25. Prove que $|ab| = |a||b|$ para quaisquer números a e b.
26. Se $|x| \leq 3$ e $x > -1/2$, o que se pode dizer a respeito de x?
27. Represente graficamente a desigualdade $|x| + |y| \leq 1$.
28. Para qualquer número a, prove que $|-a| = |a|$.
29. Seja a qualquer número positivo. Prove que $|x| > a$ se, e somente se, $x > a$ ou $x < -a$.
30. a. Se b for qualquer número diferente de zero, prove que $|1/b| = 1/|b|$.
    b. Prove que $\left|\frac{a}{b}\right| = \frac{|a|}{|b|}$ para quaisquer números a e $b \neq 0$.

A.2 | Indução matemática

Muitas fórmulas, como

$$1 + 2 + \cdots + n = \frac{n(n + 1)}{2},$$

podem ser demonstradas para todo n inteiro positivo ao se aplicar um axioma chamado *princípio da indução matemática*. Uma prova que utiliza esse axioma é denominada uma *prova por indução matemática* ou uma *prova por indução*.

Os passos envolvidos na demonstração de uma fórmula por indução são os seguintes:

1. Verifique que a fórmula é verdadeira para $n = 1$.
2. Prove que, se a fórmula é verdadeira para qualquer inteiro positivo $n = k$, então ela também é verdadeira para o próximo inteiro, $n = k + 1$.

O axioma da indução diz que uma vez que esses passos estiverem concluídos, a fórmula é válida para todos os inteiros positivos n. De acordo com o passo 1, ela é verdadeira para $n = 1$. De acordo com o passo 2, ela é verdadeira para $n = 2$ e, portanto, de acordo com o passo 2, também para $n = 3$ e, pelo passo 2 novamente, para $n = 4$, e assim por diante. Se a primeira peça de dominó cair e a k-ésima peça de dominó sempre tocar a $(k + 1)$-ésima quando cair, todas as peças de dominó cairão.

De outro ponto de vista, suponha que tenhamos uma sequência de sentenças S_1, $S_2,..., S_n,...$, uma para cada inteiro positivo. Suponha que possamos mostrar que a afirmação de que qualquer uma das sentenças seja verdadeira implica que a sentença seguinte também seja. Suponha que possamos também mostrar que S_1 seja verdadeira. Por fim, podemos concluir que as sentenças de S_1 em diante são verdadeiras.

EXEMPLO 1 Utilize a indução matemática para provar que, para cada inteiro positivo n,

$$1 + 2 + \cdots + n = \frac{n(n + 1)}{2}.$$

Solução Obtemos a prova seguindo os dois passos acima.

1. A fórmula é verdadeira para $n = 1$ porque

$$1 = \frac{1(1 + 1)}{2}.$$

2. Se a fórmula é verdadeira para $n = k$, ela também o é para $n = k + 1$? A resposta é sim, conforme mostraremos agora. Se

$$1 + 2 + \cdots + k = \frac{k(k + 1)}{2},$$

então

$$1 + 2 + \cdots + k + (k + 1) = \frac{k(k + 1)}{2} + (k + 1) = \frac{k^2 + k + 2k + 2}{2}$$

$$= \frac{(k + 1)(k + 2)}{2} = \frac{(k + 1)((k + 1) + 1)}{2}.$$

A última expressão nessa sequência de igualdades é $n(n + 1)/2$ para $n = (k + 1)$.

O princípio da indução matemática nos garante agora que a fórmula original é válida para todos os inteiros positivos n.

No Exemplo 4 da Seção 5.2, fornecemos outra prova de que a fórmula resulta na soma dos n primeiros inteiros. No entanto, a prova por indução matemática é mais geral. Ela pode ser utilizada para encontrar as somas dos quadrados e cubos dos n primeiros inteiros (Exercícios 9 e 10).

EXEMPLO 2 Demonstre pela indução matemática que, para todos os n inteiros positivos,

$$\frac{1}{2^1} + \frac{1}{2^2} + \cdots + \frac{1}{2^n} = 1 - \frac{1}{2^n}.$$

Solução Chegamos à demonstração executando os dois passos da indução matemática.

1. A fórmula é verdadeira para $n = 1$ porque

$$\frac{1}{2^1} = 1 - \frac{1}{2^1}.$$

2. Se

$$\frac{1}{2^1} + \frac{1}{2^2} + \cdots + \frac{1}{2^k} = 1 - \frac{1}{2^k},$$

então

$$\frac{1}{2^1} + \frac{1}{2^2} + \cdots + \frac{1}{2^k} + \frac{1}{2^{k+1}} = 1 - \frac{1}{2^k} + \frac{1}{2^{k+1}} = 1 - \frac{1 \cdot 2}{2^k \cdot 2} + \frac{1}{2^{k+1}}$$

$$= 1 - \frac{2}{2^{k+1}} + \frac{1}{2^{k+1}} = 1 - \frac{1}{2^{k+1}}.$$

Assim, a fórmula original é verdadeira para $n = (k + 1)$ sempre que for verdadeira para $n = k$.

Com esses passos verificados, o princípio da indução matemática garante agora que a fórmula é válida para todo inteiro positivo n.

Outros inteiros iniciais

Em vez de começar com $n = 1$, alguns argumentos de indução começam com um outro inteiro. Os passos para esses argumentos são os seguintes:

1. Verifique se a fórmula é verdadeira para $n = n_1$ (o primeiro inteiro apropriado).
2. Prove que, se a fórmula for verdadeira para qualquer inteiro $n = k \geq n_1$, então ela também é válida para $n = (k + 1)$.

Uma vez que esses passos tenham sido concluídos, o princípio da indução matemática garante a fórmula para todo $n \geq n_1$.

EXEMPLO 3 Mostre que $n! > 3^n$ se n for grande o suficiente.

Solução Quanto é "grande o suficiente"? Experimentemos:

n	1	2	3	4	5	6	7
$n!$	1	2	6	24	120	720	5040
3^n	3	9	27	81	243	729	2187

Parece que $n! > 3^n$ para $n \geq 7$. Para ter certeza, aplicaremos a indução matemática. Tomamos $n_1 = 7$ no Passo 1 e concluímos o Passo 2.

Suponha que $k! > 3^k$ para algum $k \geq 7$. Então

$$(k + 1)! = (k + 1)(k!) > (k + 1)3^k > 7 \cdot 3^k > 3^{k+1}.$$

Assim, para $k \geq 7$,

$$k! > 3^k \text{ implica que } (k + 1)! > 3^{k+1}.$$

O princípio da indução matemática agora garante que $n! \geq 3^n$ para todo $n \geq 7$.

Prova da regra da soma para derivadas para somas finitas de funções

Provamos a sentença

$$\frac{d}{dx}(u_1 + u_2 + \cdots + u_n) = \frac{du_1}{dx} + \frac{du_2}{dx} + \cdots + \frac{du_n}{dx}$$

por indução matemática. A sentença é verdadeira para $n = 2$, conforme provamos na Seção 3.3. Esse é o Passo 1 da prova de indução.

O Passo 2 serve para mostrar que, se a sentença for verdadeira para qualquer inteiro positivo $n = k$, onde $k \geq n_0 = 2$, então ela também é verdadeira para $n = k + 1$. Dessa forma, suponhamos que

$$\frac{d}{dx}(u_1 + u_2 + \cdots + u_k) = \frac{du_1}{dx} + \frac{du_2}{dx} + \cdots + \frac{du_k}{dx}. \quad (1)$$

Então

$$\frac{d}{dx}(\underbrace{u_1 + u_2 + \cdots + u_k}_{\text{Chame de } u \text{ a função definida por essa soma.}} + \underbrace{u_{k+1}}_{\text{Chame de } v \text{ essa função.}})$$

$$= \frac{d}{dx}(u_1 + u_2 + \cdots + u_k) + \frac{du_{k+1}}{dx} \quad \text{Regra da Soma para } \frac{d}{dx}(u + v)$$

$$= \frac{du_1}{dx} + \frac{du_2}{dx} + \cdots + \frac{du_k}{dx} + \frac{du_{k+1}}{dx}. \quad \text{Equação 1}$$

Com esses passos verificados, o princípio da indução matemática agora garante a Regra da Soma para todo inteiro $n \geq 2$.

Exercícios A.2

1. Assumindo que a desigualdade triangular $|a + b| \leq |a| + |b|$ seja válida para quaisquer dois números a e b, mostre que
$$|x_1 + x_2 + \cdots + x_n| \leq |x_1| + |x_2| + \cdots + |x_n|$$
para quaisquer n números.

2. Demonstre que, se $r \neq 1$, então
$$1 + r + r^2 + \cdots + r^n = \frac{1 - r^{n+1}}{1 - r}$$
para todo inteiro positivo n.

3. Utilize a Regra do Produto, $\frac{d}{dx}(uv) = u\frac{dv}{dx} + v\frac{du}{dx}$, e o fato de que $\frac{d}{dx}(x) = 1$ para mostrar que $\frac{d}{dx}(x^n) = nx^{n-1}$ para todo n inteiro positivo.

4. Suponha que uma função $f(x)$ tenha a propriedade de que $f(x_1 x_2) = f(x_1) + f(x_2)$ para quaisquer dois números positivos x_1 e x_2. Mostre que
$$f(x_1 x_2 \cdots x_n) = f(x_1) + f(x_2) + \cdots + f(x_n)$$
para o produto de quaisquer n números positivos $x_1, x_2, \ldots, x_n$.

5. Mostre que
$$\frac{2}{3^1} + \frac{2}{3^2} + \cdots + \frac{2}{3^n} = 1 - \frac{1}{3^n}$$
para qualquer n inteiro positivo.

6. Mostre que $n! > n^3$ se n for grande o suficiente.

7. Mostre que $2^n > n^2$ se n for grande o suficiente.

8. Mostre que $2^n \geq 1/8$ para $n \geq -3$.

9. **Soma de quadrados** Mostre que a soma dos quadrados dos n primeiros inteiros positivos é
$$\frac{n\left(n + \frac{1}{2}\right)(n + 1)}{3}.$$

10. **Soma de cubos** Mostre que a soma dos cubos dos n primeiros inteiros positivos é $(n(n + 1)/2)^2$.

11. **Regras para somas finitas** Mostre que as seguintes regras para somas finitas são válidas para todo inteiro positivo n. (Veja a Seção 5.2.)

    a. $\sum_{k=1}^{n}(a_k + b_k) = \sum_{k=1}^{n}a_k + \sum_{k=1}^{n}b_k$

    b. $\sum_{k=1}^{n}(a_k - b_k) = \sum_{k=1}^{n}a_k - \sum_{k=1}^{n}b_k$

    c. $\sum_{k=1}^{n}ca_k = c \cdot \sum_{k=1}^{n}a_k$ (qualquer número c)

    d. $\sum_{k=1}^{n}a_k = n \cdot c$ (se a_k tiver o valor constante c)

12. Mostre que $|x^n| = |x|^n$ para todo n inteiro positivo e todo número real x.

A.3 Retas, circunferências e parábolas

Esta seção aborda coordenadas, retas, distância, circunferências e parábolas no plano. A noção de incremento também é discutida.

Coordenadas cartesianas no plano

No Apêndice 1, identificamos os pontos na reta com números reais atribuindo coordenadas a eles. Pontos no plano podem ser identificados com pares ordenados de números reais. Para começar, traçamos duas retas coordenadas perpendiculares que apresentam interseção no ponto 0 de cada uma. Essas retas são denominadas **eixos coordenados** no plano. No eixo x, horizontal, os números são indicados por x e aumentam para a direita. No eixo y, vertical, os números são indicados por y e aumentam para cima (Figura A.4). Dessa forma, "para cima" e "para a direita" são direções positivas, enquanto "para baixo" e "para a esquerda" são consideradas negativas. A **origem** O, também chamada de 0, do sistema de coordenadas, é o ponto no plano onde x e y são ambos zero.

Se P for qualquer ponto no plano, ele pode ser localizado por exatamente um par ordenado de números reais da seguinte maneira. Trace retas por P perpendiculares aos dois eixos coordenados. Essas retas apresentam interseção com os eixos nos pontos com coordenadas a e b (Figura A.4). O par ordenado (a, b) é atribuído ao ponto P e é denominado **par coordenado**. O primeiro número a é a **coordenada x** (ou **abscissa**) de P; o segundo número, b, é a **coordenada y** (ou **ordenada**) de P. A coordenada x de qualquer ponto no eixo y é 0. A coordenada y de qualquer ponto no eixo x é 0. A origem é o ponto $(0, 0)$.

Começando com um par ordenado (a, b), podemos inverter o processo e chegar a um ponto correspondente P no plano. Em geral, identificamos P com o par ordenado e escrevemos $P(a, b)$. Algumas vezes ainda nos referimos ao "ponto (a, b)", e estará claro a partir do contexto quando (a, b) se refere a um ponto no plano e não a um intervalo aberto na reta real. A Figura A.5 apresenta diversos pontos identificados por suas coordenadas.

Esse sistema de coordenadas é chamado de **sistema de coordenadas retangular** ou **sistema de coordenadas cartesiano** (em homenagem ao matemático francês do século XVI, René Descartes). Os eixos coordenados do plano coordenado ou cartesiano dividem o plano em quatro regiões chamadas de **quadrantes**, enumeradas em sentido anti-horário, como mostra a Figura A.5.

O **gráfico** de uma equação ou desigualdade nas variáveis x e y é o conjunto de todos os pontos $P(x, y)$ no plano, cujas coordenadas satisfazem a equação ou desigualdade. Quando traçamos dados no plano coordenado ou representamos graficamente fórmulas cujas variáveis possuem diferentes unidades de medida, não precisamos utilizar a mesma escala nos dois eixos. Se traçarmos tempo contra empuxo de um motor de foguete, por exemplo, não existe motivo para posicionar a marca que mostra 1 segundo no eixo do tempo à mesma distância da origem que a marca que mostra 1 lb no eixo do empuxo.

Em geral, quando representamos graficamente funções cujas variáveis não representam grandezas físicas e quando desenhamos figuras no plano coordenado para estudar sua geometria e trigonometria, tentamos fazer que as escalas nos eixos sejam idênticas. Uma unidade vertical de distância parecerá, então, igual a uma unidade horizontal. Como em um mapa ou um desenho de escala, os segmentos de reta que supostamente têm o mesmo comprimento vão de fato parecer iguais, e os ângulos que supostamente são congruentes vão parecer congruentes.

As telas de computador e calculadoras são outro caso. As escalas vertical e horizontal dos gráficos gerados digitalmente são geralmente diferentes, e existem distorções correspondentes em distâncias, coeficientes angulares e ângulos. Circunferências podem parecer elipses, retângulos podem parecer quadrados, ângulos retos podem parecer agudos ou obtusos, e assim por diante. Discutiremos essas telas e distorções com mais detalhes na Seção 1.4.

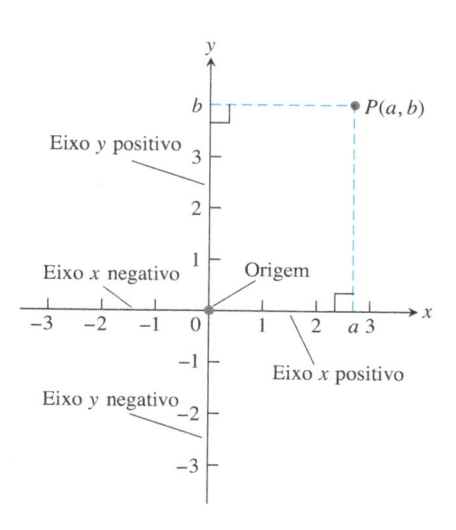

FIGURA A.4 As coordenadas cartesianas no plano são baseadas em dois eixos perpendiculares que apresentam interseção na origem.

Biografia histórica

René Descartes
(1596-1650)

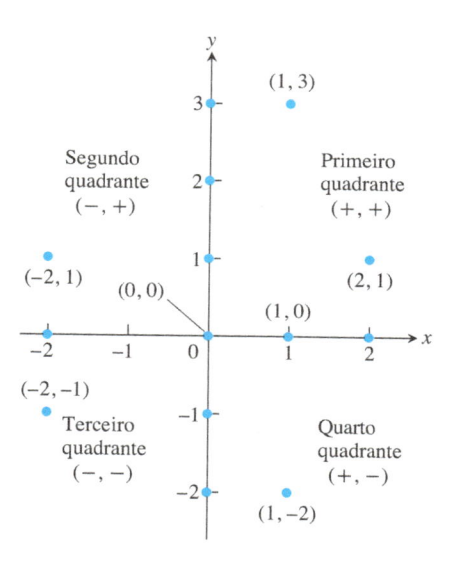

FIGURA A.5 Pontos identificados no plano coordenado xy ou plano cartesiano. Todos os pontos nos eixos possuem pares de coordenadas, mas geralmente são identificados com um número real apenas, (assim $(1, 0)$ no eixo x é identificado como 1). Observe os padrões de sinal das coordenadas em cada quadrante.

Incrementos e retas

Quando uma partícula se move de um ponto para outro em um plano, as variações líquidas em suas coordenadas são chamadas de *incrementos*. Eles são calculados subtraindo-se as coordenadas do ponto inicial daquelas do ponto final. Se x muda de x_1 para x_2, o **incremento** em x é

$$\Delta x = x_2 - x_1.$$

EXEMPLO 1 Indo do ponto $A(4, -3)$ ao ponto $B(2, 5)$, os incrementos das coordenadas x e y são

$$\Delta x = 2 - 4 = -2, \qquad \Delta y = 5 - (-3) = 8.$$

De $C(5, 6)$ a $D(5, 1)$ os incrementos coordenados são

$$\Delta x = 5 - 5 = 0, \qquad \Delta y = 1 - 6 = -5.$$

Veja a Figura A.6.

Dados dois pontos $P_1(x_1, y_1)$ e $P_2(x_2, y_2)$ no plano, chamamos os incrementos $\Delta x = x_2 - x_1$ e $\Delta y = y_2 - y_1$ de **variação horizontal** e **variação vertical**, respectivamente, entre P_1 e P_2. Esses dois pontos sempre determinam uma única linha reta (geralmente chamada simplesmente de reta) que passa por ambos. Ela é denominada reta P_1P_2.

Toda reta não vertical no plano tem a propriedade de que a razão

$$m = \frac{\text{variação vertical}}{\text{variação horizontal}} = \frac{\Delta y}{\Delta x} = \frac{y_2 - y_1}{x_2 - x_1}$$

tem o mesmo valor para qualquer escolha de dois pontos $P_1(x_1, y_1)$ e $P_2(x_2, y_2)$ na reta (Figura A.7). Isso porque, no caso de triângulos semelhantes, as razões dos lados correspondentes são iguais.

DEFINIÇÃO A razão constante

$$m = \frac{\text{variação vertical}}{\text{variação horizontal}} = \frac{\Delta y}{\Delta x} = \frac{y_2 - y_1}{x_2 - x_1}$$

é o **coeficiente angular** da reta não vertical P_1P_2.

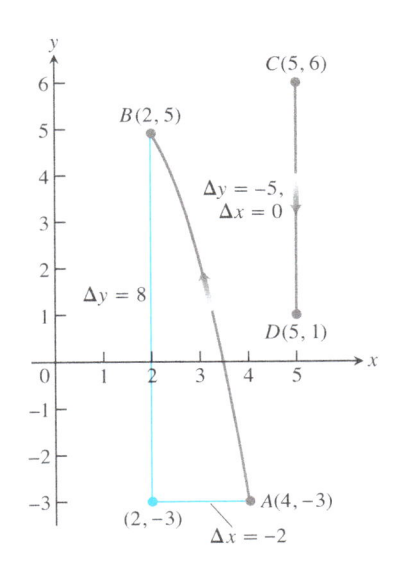

FIGURA A.6 Os incrementos coordenados podem ser positivos, negativos ou zero (Exemplo 1).

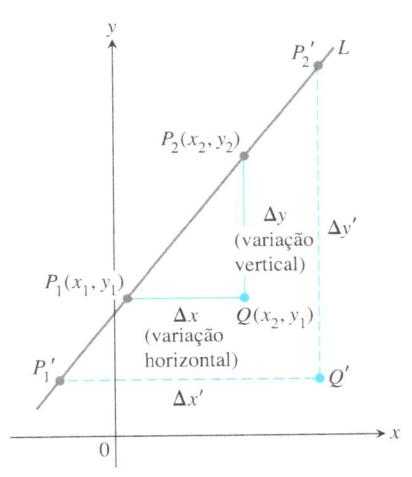

FIGURA A.7 Os triângulos P_1QP_2 e $P_1'Q'P_2'$ são semelhantes, de forma que a razão entre seus lados vertical e horizontal tem o mesmo valor para quaisquer dois pontos na reta. Esse valor comum é o coeficiente angular da reta.

O coeficiente angular informa a direção (para cima ou para baixo) e inclinação de uma reta. Uma reta com coeficiente angular positivo dirige-se para cima e para a direita; uma reta com coeficiente angular negativo dirige-se para baixo e para a direita (Figura A.8). Quanto maior o valor absoluto do coeficiente angular, mais rápida a subida ou a descida da reta. O coeficiente angular de uma reta vertical é *indefinido*. Como a variação horizontal Δx é zero para uma reta vertical, não podemos formar a razão do coeficiente angular m.

A direção e a inclinação de uma reta podem também ser medidas por meio de um ângulo. O ângulo de inclinação de uma reta que cruza o eixo x é o menor ângulo em sentido anti-horário entre o eixo x e a reta (Figura A.9). A inclinação de uma reta horizontal é 0°. A inclinação de uma reta vertical é 90°. Se ϕ (a letra grega fi) é a inclinação de uma reta, então $0 \leq \phi < 180°$.

A relação entre o coeficiente angular m de uma reta não vertical e o ângulo de inclinação da reta ϕ é mostrada na Figura A.10:

$$m = \text{tg}\,\phi.$$

Retas têm equações relativamente simples. Todos os pontos na *reta vertical* que passa pelo ponto a no eixo x têm coordenadas x iguais a a. Assim, $x = a$ é uma equação para a reta vertical. De forma semelhante, $y = b$ é uma equação para a *reta horizontal* encontrando o eixo y em b. (Veja a Figura A.11.)

Podemos escrever uma equação para uma reta não vertical L se soubermos seu coeficiente angular m e suas coordenadas de um ponto $P_1(x_1, y_1)$. Se $P(x, y)$

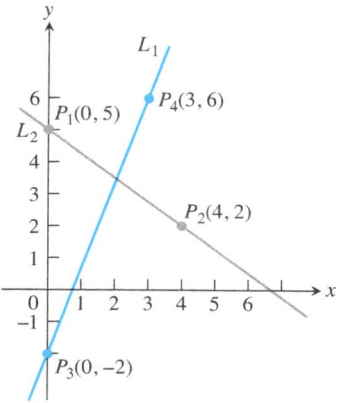

FIGURA A.8 O coeficiente angular de L_1 é

$$m = \frac{\Delta y}{\Delta x} = \frac{6-(-2)}{3-0} = \frac{8}{3}.$$

Ou seja, y aumenta 8 unidades toda vez que x aumenta 3 unidades. O coeficiente angular de L_2 é

$$m = \frac{\Delta y}{\Delta x} = \frac{2-5}{4-0} = \frac{-3}{4}.$$

Ou seja, y diminui 3 unidades toda vez que x aumenta 4 unidades.

for *qualquer* outro ponto em L, então podemos utilizar os dois pontos P_1 e P para calcular o coeficiente angular,

$$m = \frac{y-y_1}{x-x_1}$$

de forma que

$$y - y_1 = m(x-x_1), \quad \text{ou} \quad y = y_1 + m(x-x_1).$$

A equação

$$y = y_1 + m(x-x_1)$$

é a **equação fundamental** da reta que passa pelo ponto (x_1, y_1) e tem coeficiente angular m.

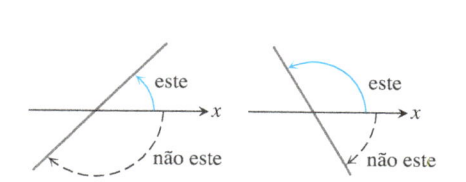

FIGURA A.9 Ângulos de inclinação são medidos em sentido anti-horário a partir do eixo x.

FIGURA A.10 O coeficiente angular de uma reta não vertical é a tangente do seu ângulo de inclinação.

EXEMPLO 2 Escreva uma equação para a reta passando pelo ponto $(2, 3)$ com coeficiente angular $-3/2$.

Solução Substituímos $x_1 = 2$, $y_1 = 3$ e $m = -3/2$ na equação fundamental da reta e obtemos

$$y = 3 - \frac{3}{2}(x-2), \quad \text{ou} \quad y = -\frac{3}{2}x + 6.$$

Quando $x = 0$, $y = 6$, de modo que a reta apresenta interseção com o eixo y em $y = 6$.

EXEMPLO 3 Escreva uma equação para a reta passando por $(-2, -1)$ e $(3, 4)$.

Solução O coeficiente angular da reta é

$$m = \frac{-1-4}{-2-3} = \frac{-5}{-5} = 1.$$

Podemos utilizar esse coeficiente angular com qualquer um dos pontos dados na equação fundamental da reta:

Com $(x_1, y_1) = (-2, -1)$

$y = -1 + 1 \cdot (x - (-2))$
$y = -1 + x + 2$
$y = x + 1$

Com $(x_1, y_1) = (3, 4)$

$y = 4 + 1 \cdot (x - 3)$
$y = 4 + x - 3$
$y = x + 1$

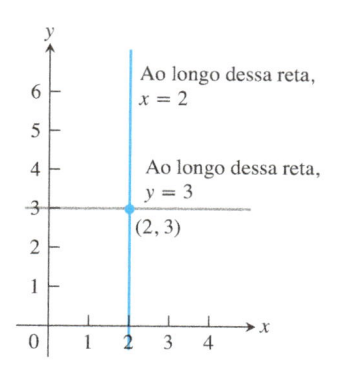

Mesmo resultado

FIGURA A.11 As equações padrão para as retas vertical e horizontal passando por $(2, 3)$ são $x = 2$ e $y = 3$.

De qualquer modo, $y = x + 1$ é uma equação para a reta (Figura A.12).

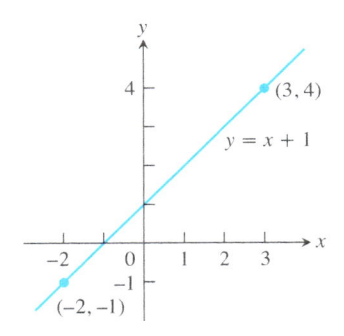

FIGURA A.12 Reta no Exemplo 3.

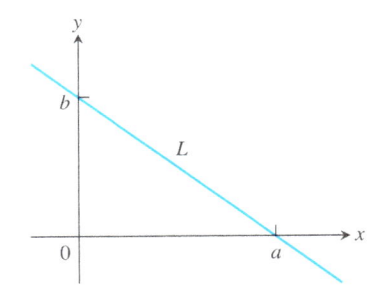

FIGURA A.13 A reta L tem a como intercepto o eixo de x, e b como intercepto do eixo y.

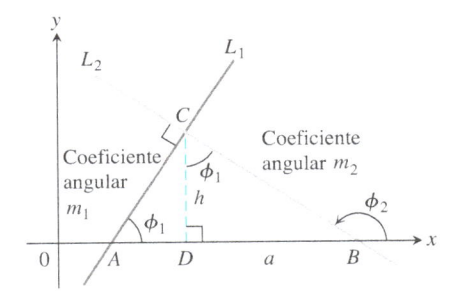

FIGURA A.14 ΔADC é semelhante a ΔCDB. Consequentemente, ϕ_1 é também o ângulo superior em ΔCDB. A partir dos catetos de ΔCDB, lemos tg $\phi_1 = a/h$.

A coordenada y do ponto onde uma reta não vertical apresenta interseção com o eixo y é chamada de **intercepto do eixo y** da reta. De maneira semelhante, o **intercepto do eixo x** de uma reta não horizontal é a coordenada x do ponto onde ela cruza o eixo x (Figura A.13). Uma reta com coeficiente angular m e cujo intercepto do eixo y é b passa pelo ponto $(0, b)$, de modo que a equação

$$y = b + m(x - 0), \quad \text{ou, simplificando,} \quad y = mx + b.$$

> A equação
> $$y = mx + b$$
> é chamada de **equação reduzida** da reta com coeficiente angular m e cujo intercepto do eixo y é b.

As retas com equações da forma $y = mx$ possuem intercepto do eixo y igual a 0 e passam pela origem. As equações de retas são chamadas de equações **lineares**.

A equação

$$Ax + By = C \quad (A \text{ e } B \text{ não simultaneamente } 0)$$

é chamada de **equação geral da reta** em x e y, porque seu gráfico sempre representa uma reta e toda reta tem uma equação nessa forma (incluindo retas com coeficiente angular indefinido).

Retas paralelas e perpendiculares

Retas paralelas têm ângulos de inclinação iguais, de modo que têm o mesmo coeficiente angular (se elas não forem verticais). Reciprocamente, retas com coeficientes angulares iguais têm ângulos de inclinação iguais e, portanto, são paralelas.

Se duas retas não verticais L_1 e L_2 são perpendiculares, seus coeficientes angulares m_1 e m_2 satisfazem $m_1 m_2 = -1$, de modo que cada coeficiente angular é o *recíproco negativo* do outro:

$$m_1 = -\frac{1}{m_2}, \quad m_2 = -\frac{1}{m_1}.$$

Para perceber isso, observe inspecionando triângulos semelhantes na Figura A.14 que $m_1 = a/h$, e $m_2 = -h/a$. Consequentemente, $m_1 m_2 = (a/h)(-h/a) = -1$.

Distância e circunferências no plano

A distância entre pontos no plano é calculada com uma fórmula que vem do teorema de Pitágoras (Figura A.15).

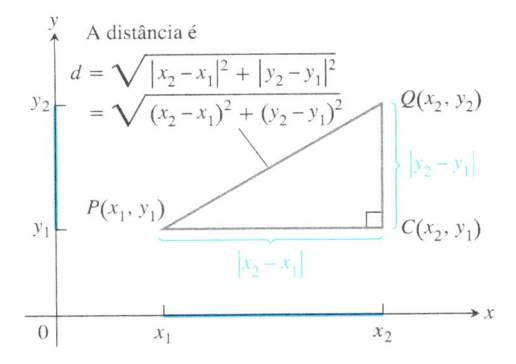

FIGURA A.15 Para calcular a distância entre $P(x_1, y_1)$ e $Q(x_2, y_2)$, aplicamos o Teorema de Pitágoras ao triângulo PCQ.

Fórmula de distância para pontos no plano

A distância entre $P(x_1, y_1)$ e $Q(x_2, y_2)$ é

$$d = \sqrt{(\Delta x)^2 + (\Delta y)^2} = \sqrt{(x_2 - x_1)^2 + (y_2 - y_1)^2}.$$

EXEMPLO 4

(a) A distância entre $P(-1, 2)$ e $Q(3, 4)$ é

$$\sqrt{(3 - (-1))^2 + (4 - 2)^2} = \sqrt{(4)^2 + (2)^2} = \sqrt{20} = \sqrt{4 \cdot 5} = 2\sqrt{5}.$$

(b) A distância entre a origem e $P(x, y)$ é

$$\sqrt{(x - 0)^2 + (y - 0)^2} = \sqrt{x^2 + y^2}.$$

Por definição, uma **circunferência** de raio a é o conjunto de todos os pontos $P(x, y)$ cuja distância entre algum centro $C(h, k)$ é igual a a (Figura A.16). A partir da fórmula da distância, P está na circunferência se, e somente se,

$$\sqrt{(x - h)^2 + (y - k)^2} = a,$$

portanto

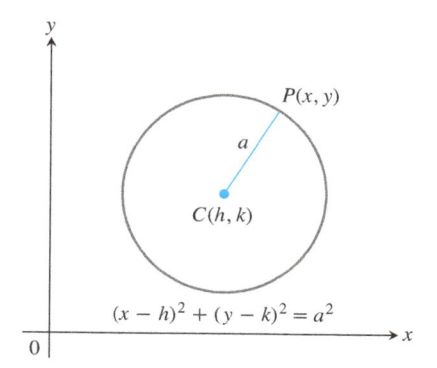

$$(x - h)^2 + (y - k)^2 = a^2. \tag{1}$$

FIGURA A.16 Circunferência de raio a no plano xy, com centro em (h, k).

A Equação 1 é a **equação padrão** de uma circunferência com centro (h, k) e raio a. A circunferência de raio $a = 1$ e centrada na origem é a **circunferência unitária**, com equação

$$x^2 + y^2 = 1.$$

EXEMPLO 5

(a) A equação padrão para a circunferência de raio 2 centrada em $(3, 4)$ é

$$(x - 3)^2 + (y - 4)^2 = 2^2 = 4.$$

(b) A circunferência

$$(x - 1)^2 + (y + 5)^2 = 3$$

tem $h = 1$, $k = -5$ e $a = \sqrt{3}$. O centro é o ponto $(h, k) = (1, -5)$ e o raio é $a = \sqrt{3}$.

Se uma equação para uma circunferência não estiver na forma padrão, podemos encontrar o centro e o raio da circunferência primeiramente convertendo a equação para a forma padrão. A técnica algébrica para fazer isso é chamada de *completar o quadrado*.

EXEMPLO 6
Encontre o centro e o raio da circunferência

$$x^2 + y^2 + 4x - 6y - 3 = 0.$$

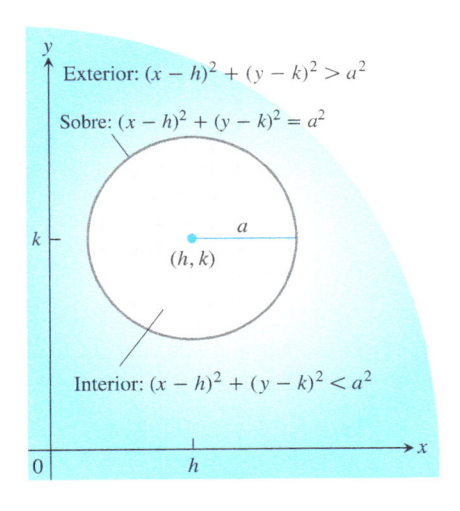

FIGURA A.17 Interior e o exterior da circunferência $(x - h)^2 + (y - k)^2 = a^2$.

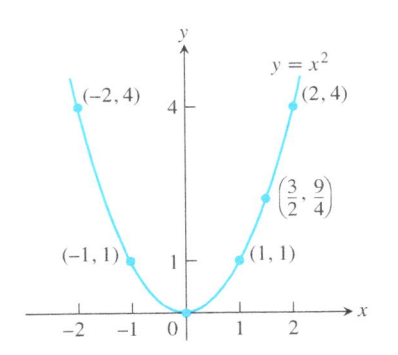

FIGURA A.18 Parábola $y = x^2$ (Exemplo 7).

Solução Convertemos a equação para a forma padrão completando os quadrados em x e y:

$$x^2 + y^2 + 4x - 6y - 3 = 0$$

$$(x^2 + 4x) + (y^2 - 6y) = 3$$

$$\left(x^2 + 4x + \left(\frac{4}{2}\right)^2\right) + \left(y^2 - 6y + \left(\frac{-6}{2}\right)^2\right) = 3 + \left(\frac{4}{2}\right)^2 + \left(\frac{-6}{2}\right)^2$$

$$(x^2 + 4x + 4) + (y^2 - 6y + 9) = 3 + 4 + 9$$

$$(x + 2)^2 + (y - 3)^2 = 16$$

Comece com a equação dada. Agrupe os termos. Passe a constante para o lado direito.

Adicione o quadrado da metade do coeficiente de x a cada lado da equação. Faça o mesmo em relação a y. As expressões entre parênteses do lado esquerdo agora são quadrados perfeitos.

Escreva cada termo quadrático como uma expressão linear ao quadrado.

O centro é (−2, 3) e o raio é $a = 4$.

Os pontos (x, y) que satisfazem a desigualdade

$$(x - h)^2 + (y - k)^2 < a^2$$

formam a região **interior** da circunferência com centro (h, k) e raio a (Figura A.17). O **exterior** da circunferência consiste nos pontos (x, y) satisfazendo

$$(x - h)^2 + (y - k)^2 > a^2.$$

Parábolas

A definição e as propriedades geométricas das parábolas gerais são abordadas na Seção 11.6. Aqui, vamos nos concentrar nas parábolas que surgem como gráficos de equações da forma $y = ax^2 + bx + c$.

EXEMPLO 7 Considere a equação $y = x^2$. Alguns pontos cujas coordenadas satisfazem essa equação são $(0, 0)$, $(1, 1)$, $\left(\frac{3}{2}, \frac{9}{4}\right)$, $(-1, 1)$, $(2, 4)$ e $(-2, 4)$. Esses pontos (e todos os outros satisfazendo a equação) formam uma curva lisa denominada parábola (Figura A.18).

O gráfico de uma equação da forma

$$y = ax^2$$

é uma **parábola** cujo **eixo** (eixo de simetria) é o eixo y. O **vértice** da parábola (ponto onde a parábola e o eixo se cruzam) está na origem. A parábola abre-se para cima se $a > 0$ e para baixo se $a < 0$. Quanto maior o valor de $|a|$, mais estreita a parábola (Figura A.19).

Geralmente, o gráfico de $y = ax^2 + bx + c$ é uma versão transladada e reescalonada da parábola $y = x^2$. Discutiremos com mais detalhes a translação e o reescalonamento de gráficos na Seção 1.2.

Gráfico de $y = ax^2 + bx + c$, $a \neq 0$

O gráfico da equação $y = ax^2 + bx + c$, $a \neq 0$, é uma parábola. A parábola abre-se para cima se $a > 0$ e para baixo se $a < 0$. O **eixo** é a reta

$$x = -\frac{b}{2a}. \tag{2}$$

O **vértice** da parábola é o ponto onde o eixo e a parábola apresentam interseção. Sua coordenada x é $x = -b/2a$; sua coordenada y é encontrada mediante a substituição de $x = -b/2a$ na equação da parábola.

Observe que se $a = 0$, então temos $y = bx + c$, que é uma equação para uma reta. O eixo, dado pela Equação 2, pode ser encontrado completando o quadrado.

EXEMPLO 8 Represente graficamente a equação $y = -\frac{1}{2}x^2 - x + 4$.

Solução Comparando a equação com $y = ax^2 + bx + c$, vemos que

$$a = -\frac{1}{2}, \quad b = -1, \quad c = 4.$$

Uma vez que $a < 0$, a parábola abre-se para baixo. Da Equação 2 o eixo é a reta vertical

$$x = -\frac{b}{2a} = -\frac{(-1)}{2(-1/2)} = -1.$$

Quando $x = -1$, temos

$$y = -\frac{1}{2}(-1)^2 - (-1) + 4 = \frac{9}{2}.$$

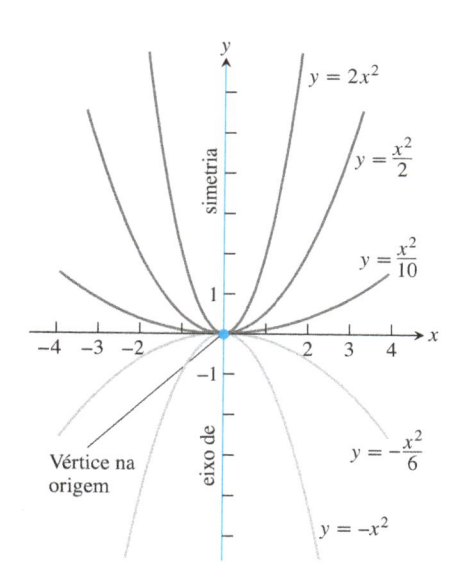

FIGURA A.19 Além de determinar a direção em que a parábola $y = ax^2$ se abre, o número a é um fator de escala. A parábola se alarga conforme a se aproxima de zero e se estreita conforme $|a|$ aumenta.

O vértice é $(-1, 9/2)$.

Os interceptos do eixo x estão onde $y = 0$:

$$-\frac{1}{2}x^2 - x + 4 = 0$$
$$x^2 + 2x - 8 = 0$$
$$(x - 2)(x + 4) = 0$$
$$x = 2, \quad x = -4$$

Na Figura A.20, traçamos alguns pontos, esboçamos o eixo e utilizamos a direção de abertura para completar o gráfico.

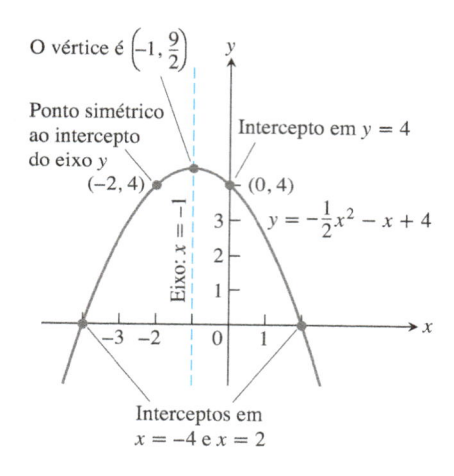

FIGURA A.20 Parábola no Exemplo 8.

Exercícios A.3

Distância, coeficientes angulares e retas

Nos Exercícios 1 e 2, uma partícula se desloca de A até B no plano coordenado. Encontre os incrementos Δx e Δy nas coordenadas da partícula. Determine também a distância entre A e B.

1. $A(-3, 2)$, $B(-1, -2)$.
2. $A(-3,2; -2))$, $B(-8,1; -2)$.

Descreva os gráficos das equações nos Exercícios 3 e 4.

3. $x^2 + y^2 = 1$.
4. $x^2 + y^2 \leq 3$.

Trace os pontos nos Exercícios 5 e 6 e encontre o coeficiente angular (se houver algum) da reta que eles determinam. Além disso, encontre o coeficiente angular comum (se houver algum) das retas perpendiculares à reta AB.

5. $A(-1, 2)$, $B(-2, -1)$.
6. $A(2, 3)$, $B(-1, 3)$.

Nos Exercícios 7 e 8, encontre uma equação para **(a)** a reta vertical e **(b)** a reta horizontal passando pelo ponto determinado.

7. $(-1, 4/3)$.
8. $\left(0, -\sqrt{2}\right)$

Nos Exercícios 9-15, escreva uma equação para cada reta descrita.

9. Passa por (−1, 1) com coeficiente angular −1.
10. Passa por (3, 4) e (−2, 5).
11. Tem coeficiente angular −5/4 e intercepto $y = 6$.
12. Passa por (−12, −9) e tem coeficiente angular 0.
13. Tem intercepto $y = 4$ e intercepto de $x = -1$.
14. Passa por (5, −1) e é paralela à reta $2x + 5y = 15$.
15. Passa por (4, 10) e é perpendicular à reta $6x - 3y = 5$.

Nos Exercícios 16 e 17, encontre os interceptos dos eixos x e y da reta e utilize essas informações para representar a reta graficamente.

16. $3x + 4y = 12$
17. $\sqrt{2}x - \sqrt{3}y = \sqrt{6}$
18. Existe algo em especial sobre a relação entre as retas $Ax + By = C_1$ e $Bx - Ay = C_2$ ($A \neq 0, B \neq 0$)? Justifique sua resposta.
19. Uma partícula começa em $A(-2, 3)$ e suas coordenadas variam pelos incrementos $\Delta x = 5$, $\Delta y = -6$. Encontre sua nova posição.
20. As coordenadas de uma partícula variam por $\Delta x = 5$, $\Delta y = 6$ à medida que ela se move de $A(x, y)$ para $B(3, -3)$. Encontre x e y.

Circunferências

Nos Exercícios 21-23, encontre uma equação para a circunferência com o centro $C(h, k)$ e raio a dados. Em seguida, esboce a circunferência no plano xy. Inclua o centro da circunferência em seu esboço. Além disso, identifique os interceptos dos eixos x e y da circunferência, se houver algum, com seus pares coordenados.

21. $C(0, 2)$, $a = 2$.
22. $C(-1, 5)$, $a = \sqrt{10}$
23. $C(-\sqrt{3}, -2)$, $a = 2$

Represente graficamente as circunferências cujas equações são fornecidas nos Exercícios 24-26. Identifique o centro e interceptos (se houver) de cada circunferência com seus pares coordenados.

24. $x^2 + y^2 + 4x - 4y + 4 = 0$
25. $x^2 + y^2 - 3y - 4 = 0$
26. $x^2 + y^2 - 4x + 4y = 0$

Parábolas

Represente graficamente as parábolas nos Exercícios 27-30. Identifique o vértice, o eixo e os interceptos em cada caso.

27. $y = x^2 - 2x - 3$
28. $y = -x^2 + 4x$
29. $y = -x^2 - 6x - 5$
30. $y = \frac{1}{2}x^2 + x + 4$

Desigualdades

Descreva as regiões definidas pelas desigualdades e pares de desigualdades nos Exercícios 31-34.

31. $x^2 + y^2 > 7$
32. $(x - 1)^2 + y^2 \leq 4$
33. $x^2 + y^2 > 1$, $x^2 + y^2 < 4$
34. $x^2 + y^2 + 6y < 0$, $y > -3$

35. Escreva uma desigualdade que descreva os pontos que estão dentro da circunferência com centro (−2, 1) e raio $\sqrt{6}$.
36. Escreva um par de desigualdades que descreva os pontos que estão dentro ou sobre a circunferência com centro (0, 0) e raio $\sqrt{2}$, e sobre ou à direita da reta vertical passando por (1, 0).

Teoria e exemplos

Nos Exercícios 37-40, represente graficamente as duas equações e encontre os pontos nos quais os gráficos apresentam interseção.

37. $y = 2x$, $x^2 + y^2 = 1$
38. $y - x = 1$, $y = x^2$
39. $y = -x^2$, $y = 2x^2 - 1$
40. $x^2 + y^2 = 1$, $(x - 1)^2 + y^2 = 1$

41. **Isolamento** Medindo os coeficientes angulares na figura, calcule a variação de temperatura, em graus por polegada, para **(a)** o revestimento de gesso; **(b)** o isolamento de fibra de vidro; **(c)** o revestimento de madeira.

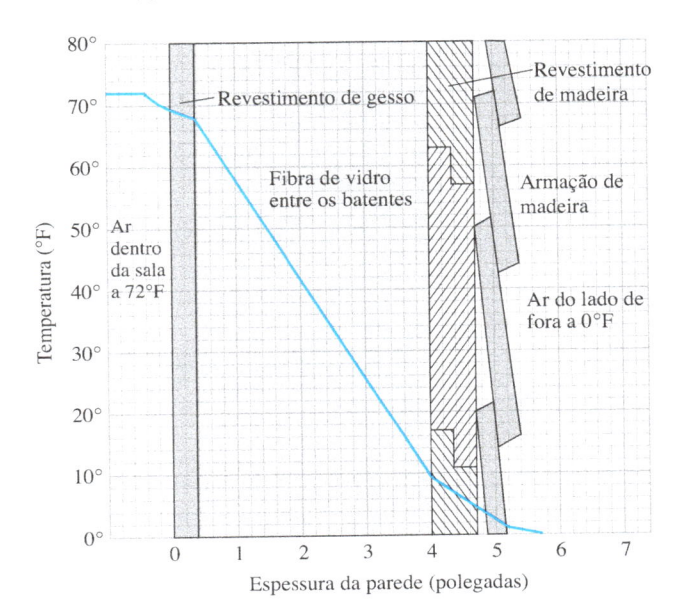

A variação de temperatura na parede nos Exercícios 41 e 42.

42. **Insulação** De acordo com a figura no Exercício 41, quais dos materiais é o melhor insulante? E o pior? Explique.

43. **Pressão debaixo d'água** A pressão p experimentada por um mergulhador debaixo d'água está relacionada com sua profundidade d por uma equação da forma $p = kd + 1$ (k é uma constante). Na superfície, a pressão é de 1 atmosfera. A pressão a 100 metros é de cerca de 10,94 atmosferas. Encontre a pressão a 50 metros.

44. **Luz refletida** Um raio de luz passa ao longo da reta $x + y = 1$ a partir do segundo quadrante, sendo refletido no eixo x (veja a figura a seguir). O ângulo de incidência é igual ao ângulo de reflexão. Escreva uma equação para a reta ao longo da qual a luz refletida se propaga.

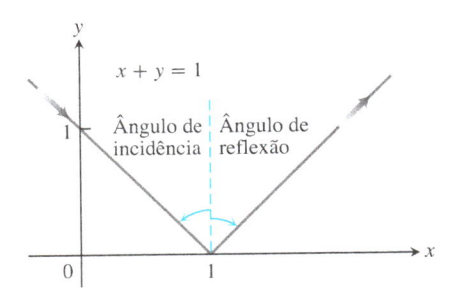

O caminho do raio de luz no Exercício 44. Os ângulos de incidência e de reflexão são medidos a partir da perpendicular.

45. Fahrenheit *versus* Celsius No plano *FC*, esboce o gráfico da equação

$$C = \frac{5}{9}(F - 32)$$

que relaciona as temperaturas em Fahrenheit e em Celsius. No mesmo gráfico, esboce a reta $C = F$. Existe uma temperatura na qual um termômetro em Celsius apresenta a mesma leitura numérica que um termômetro em Fahrenheit? Se existe, qual é?

46. Ferrovia *Mount Washington Cog Railway* Os engenheiros civis calculam o coeficiente angular do leito das estradas como a razão da distância que ela sobe ou desce verticalmente e a distância que ela corre horizontalmente. Eles chamam essa razão de **grau** do leito da estrada, em geral expresso como porcentagem. Ao longo da costa, os graus das estradas de ferro comerciais são geralmente menores que 2%. Nas montanhas, eles podem chegar a 4%. Os graus de rodovias são menores que 5%. A parte mais íngreme da ferrovia *Mount Washington Cog Railway* em New Hampshire apresenta um grau excepcional de 37,1%. Ao longo dessa parte do percurso, os assentos da frente do vagão estão 14 pés acima daqueles que estão no fundo. Qual é a distância aproximada que separa a primeira e a última fileira do vagão?

47. Calculando os comprimentos de seus lados, mostre que o triângulo com vértices nos pontos $A(1, 2)$, $B(5, 5)$ e $C(4, -2)$ é isósceles, e não equilátero.

48. Mostre que o triângulo com vértices $A(0, 0)$, $B(1, \sqrt{3})$ e $C(2, 0)$ é equilátero.

49. Mostre que os pontos $A(2, -1)$, $B(1, 3)$ e $C(-3, 2)$ são vértices de um quadrado, e encontre os quatro vértices.

50. Três paralelogramos diferentes possuem vértices em $(-1, 1)$, $(2, 0)$ e $(2, 3)$. Esboce-os e encontre as coordenadas dos quatro vértices de cada um.

51. Para qual valor de k a reta $2x + ky = 3$ é perpendicular à reta $4x + y = 1$? Para qual valor de k as retas estão paralelas?

52. Ponto médio de um segmento de reta Mostre que o ponto com coordenadas

$$\left(\frac{x_1 + x_2}{2}, \frac{y_1 + y_2}{2}\right)$$

é o ponto médio do segmento de reta que une $P(x_1, y_1)$ a $Q(x_2, y_2)$.

A.4 Provas dos teoremas dos limites

Este apêndice prova as partes 2-5 do Teorema 1 e o Teorema 4 da Seção 2.2.

TEOREMA 1 — Leis dos limites Se L, M, c e k são números reais e

$$\lim_{x \to c} f(x) = L \quad \text{e} \quad \lim_{x \to c} g(x) = M, \text{ então}$$

1. *Regra da soma:* $\quad \lim_{x \to c}(f(x) + g(x)) = L + M$

2. *Regra da diferença:* $\quad \lim_{x \to c}(f(x) - g(x)) = L - M$

3. *Regra da multiplicação por constante:* $\quad \lim_{x \to c}(k \cdot f(x)) = k \cdot L$

4. *Regra do produto:* $\quad \lim_{x \to c}(f(x) \cdot g(x)) = L \cdot M$

5. *Regra do quociente:* $\quad \lim_{x \to c}\frac{f(x)}{g(x)} = \frac{L}{M}, \quad M \neq 0$

6. *Regra da potenciação:* $\quad \lim_{x \to c}[f(x)]^n = L^n$, n é um inteiro positivo

7. *Regra da raiz:* $\quad \lim_{x \to c}\sqrt[n]{f(x)} = \sqrt[n]{L} = L^{1/n}$, n é um inteiro positivo

(Se n for par, presumimos que $\lim_{x \to c} f(x) = L > 0$.)

Provamos a regra da soma na Seção 2.3, e as regras da potenciação e da raiz são provadas em textos mais avançados. Obtemos a regra da diferenciação substituindo $g(x)$ por $-g(x)$ e M por $-M$ na regra da soma. A regra da multiplicação por constante é o caso especial $g(x) = k$ da regra do produto. Assim, sobram apenas as regras do produto e do quociente.

Prova da regra do produto de limites Demonstraremos que para qualquer $\epsilon > 0$ existe um $\delta > 0$, de modo que para todo x na interseção D dos domínios de f e g,

$$0 < |x - c| < \delta \quad \Rightarrow \quad |f(x)g(x) - LM| < \epsilon.$$

Suponha então que ϵ seja um número positivo e escreva $f(x)$ e $g(x)$ como

$$f(x) = L + (f(x) - L), \quad g(x) = M + (g(x) - M).$$

Multiplique essas expressões e subtraia LM:

$$\begin{aligned} f(x) \cdot g(x) - LM &= (L + (f(x) - L))(M + (g(x) - M)) - LM \\ &= LM + L(g(x) - M) + M(f(x) - L) \\ &\quad + (f(x) - L)(g(x) - M) - LM \\ &= L(g(x) - M) + M(f(x) - L) + (f(x) - L)(g(x) - M). \end{aligned} \quad (1)$$

Uma vez que f e g têm limites L e M conforme $x \to c$, existem números positivos $\delta_1, \delta_2, \delta_3$ e δ_4, de modo que para qualquer x em D

$$\begin{aligned} 0 < |x - c| < \delta_1 &\Rightarrow |f(x) - L| < \sqrt{\epsilon/3} \\ 0 < |x - c| < \delta_2 &\Rightarrow |g(x) - M| < \sqrt{\epsilon/3} \\ 0 < |x - c| < \delta_3 &\Rightarrow |f(x) - L| < \epsilon/(3(1 + |M|)) \\ 0 < |x - c| < \delta_4 &\Rightarrow |g(x) - M| < \epsilon/(3(1 + |L|)). \end{aligned} \quad (2)$$

Se tomarmos δ como sendo o menor dos números de δ_1 a δ_4, as desigualdades do lado direito de (2) valerão simultaneamente para $0 < |x - c| < \delta$. Portanto, para todo x em D, $0 < |x - c| < \delta$ implica

$$\begin{aligned} |f(x) \cdot g(x) - LM| \quad &\text{Desigualdade triangular aplicada à Equação 1} \\ &\leq |L||g(x) - M| + |M||f(x) - L| + |f(x) - L||g(x) - M| \\ &\leq (1 + |L|)|g(x) - M| + (1 + |M|)|f(x) - L| + |f(x) - L||g(x) - M| \\ &< \frac{\epsilon}{3} + \frac{\epsilon}{3} + \sqrt{\frac{\epsilon}{3}}\sqrt{\frac{\epsilon}{3}} = \epsilon. \quad \text{Valores de (2)} \end{aligned}$$

Isso conclui a prova da regra do produto de limites.

Prova da regra do quociente de limites Demonstraremos que $\lim_{x \to c}(1/g(x)) = 1/M$. Podemos então concluir que

$$\lim_{x \to c} \frac{f(x)}{g(x)} = \lim_{x \to c}\left(f(x) \cdot \frac{1}{g(x)}\right) = \lim_{x \to c} f(x) \cdot \lim_{x \to c} \frac{1}{g(x)} = L \cdot \frac{1}{M} = \frac{L}{M}$$

a partir da regra do produto de limites.

Seja $\epsilon > 0$. Para mostrar que $\lim_{x \to c}(1/g(x)) = 1/M$, precisamos mostrar que existe um $\delta > 0$, de forma que, para todo x,

$$0 < |x - c| < \delta \quad \Rightarrow \quad \left|\frac{1}{g(x)} - \frac{1}{M}\right| < \epsilon.$$

Uma vez que $|M| > 0$, existe um número positivo δ_1 de modo que, para todo x,

$$0 < |x - c| < \delta_1 \quad \Rightarrow \quad |g(x) - M| < \frac{M}{2}.$$

Para quaisquer números A e B, pode ser demonstrado que $|A| - |B| \leq |A - B|$ e $|B| - |A| \leq |A - B|$, a partir do que se segue que $||A| - |B|| \leq |A - B|$. Com $A = g(x)$ e $B = M$, temos

$$||g(x)| - |M|| \leq |g(x) - M|,$$

que pode ser combinada com a desigualdade à direita na Implicação (3) para obtermos, em ordem,

$$||g(x)| - |M|| < \frac{|M|}{2}$$

$$-\frac{|M|}{2} < |g(x)| - |M| < \frac{|M|}{2}$$

$$\frac{|M|}{2} < |g(x)| < \frac{3|M|}{2}$$

$$|M| < 2|g(x)| < 3|M|$$

$$\frac{1}{|g(x)|} < \frac{2}{|M|} < \frac{3}{|g(x)|}. \quad (4)$$

Portanto, $0 < |x - c| < \delta_1$ implica que

$$\left|\frac{1}{g(x)} - \frac{1}{M}\right| = \left|\frac{M - g(x)}{Mg(x)}\right| \leq \frac{1}{|M|} \cdot \frac{1}{|g(x)|} \cdot |M - g(x)|$$

$$< \frac{1}{|M|} \cdot \frac{2}{|M|} \cdot |M - g(x)|. \qquad \text{Desigualdade 4} \quad (5)$$

Uma vez que $(1/2)|M|^2 \epsilon > 0$, existe um número $\delta_2 > 0$ de tal forma que para todo x

$$0 < |x - c| < \delta_2 \implies |M - g(x)| < \frac{\epsilon}{2}|M|^2. \quad (6)$$

Se tomarmos δ como sendo o menor de δ_1 e δ_2, tanto a conclusão da Equação 5 como a da 6 são verdadeiras para qualquer x, de modo que $0 < |x - c| < \delta$. Combinando essas conclusões, temos

$$0 < |x - c| < \delta \implies \left|\frac{1}{g(x)} - \frac{1}{M}\right| < \epsilon.$$

Isso conclui a prova da regra do quociente de limites.

> **TEOREMA 4 — Teorema do confronto** Suponha que $g(x) \leq f(x) \leq h(x)$ para todo x em algum intervalo aberto I contendo c, exceto possivelmente em $x = c$. Suponha também que $\lim_{x \to c} g(x) = \lim_{x \to c} h(x) = L$. Então, $\lim_{x \to c} f(x) = L$.

Prova dos limites à direita Suponha que $\lim_{x \to c^+} g(x) = \lim_{x \to c^+} h(x) = L$. Então, para qualquer $\epsilon > 0$ existe um $\delta > 0$ de modo que para todo x o intervalo $c < x < c + \delta$ está contido em I e a desigualdade implica

$$L - \epsilon < g(x) < L + \epsilon \quad \text{e} \quad L - \epsilon < h(x) < L + \epsilon.$$

Essas desigualdades, combinadas com a desigualdade $g(x) \leq f(x) \leq h(x)$, fornecem

$$L - \epsilon < g(x) \leq f(x) \leq h(x) < L + \epsilon,$$
$$L - \epsilon < f(x) < L + \epsilon,$$
$$-\epsilon < f(x) - L < \epsilon.$$

Sendo assim, para todo x, a desigualdade $c < x < c + \delta$ implica $|f(x) - L| < \epsilon$.

Prova para limites à esquerda Suponha que $\lim_{x \to c^-} g(x) = \lim_{x \to c^-} h(x) = L$. Então, para qualquer $\epsilon > 0$ existe um $\delta > 0$, de modo que para todo x o intervalo $c - \delta < x < c$ está contido em I e a desigualdade implica

$$L - \epsilon < g(x) < L + \epsilon \quad \text{e} \quad L - \epsilon < h(x) < L + \epsilon.$$

Como antes, concluímos que, para todo x, $c - \delta < x < c$ implica $|f(x) - L| < \epsilon$.

Prova para limites bilaterais Se $\lim_{x \to c} g(x) = \lim_{x \to c} h(x) = L$, então tanto $g(x)$ quanto $h(x)$ tendem a L conforme $x \to c^+$ e como $x \to c^-$; portanto, $\lim_{x \to c^+} f(x) = L$ e $\lim_{x \to c^-} f(x) = L$. Consequentemente, $\lim_{x \to c} f(x)$ existe e é igual a L.

Exercícios A.4

1. Suponha que as funções $f_1(x)$, $f_2(x)$ e $f_3(x)$ tenham limites L_1, L_2 e L_3, respectivamente, conforme $x \to c$. Mostre que sua soma tem limite $L_1 + L_2 + L_3$. Utilize indução matemática (Apêndice 2) para generalizar esse resultado para a soma de qualquer número finito de funções.

2. Utilize indução matemática e a regra do produto de limites no Teorema 1 para mostrar que, se as funções $f_1(x), f_2(x), \ldots, f_n(x)$ têm limites $L_1, L_2, \ldots, L_n$ conforme $x \to c$, então
$$\lim_{x \to c} f_1(x) \cdot f_2(x) \cdot \cdots \cdot f_n(x) = L_1 \cdot L_2 \cdot \cdots \cdot L_n.$$

3. Utilize o fato de que $\lim_{x \to c} x = c$ e o resultado do Exercício 2 para mostrar que $\lim_{x \to c} x^n = c^n$ para qualquer inteiro $n > 1$.

4. **Limites de polinômios** Utilize o fato de que $\lim_{x \to c}(k) = k$ para qualquer número k juntamente com os resultados dos Exercícios 1 e 3, para mostrar que $\lim_{x \to c} f(x) = f(c)$ para qualquer função polinomial
$$f(x) = a_n x^n + a_{n-1} x^{n-1} + \cdots + a_1 x + a_0.$$

5. **Limites de funções racionais** Utilize o Teorema 1 e o resultado do Exercício 4 para mostrar que se $f(x)$ e $g(x)$ são funções polinomiais e $g(c) \neq 0$, então
$$\lim_{x \to c} \frac{f(x)}{g(x)} = \frac{f(c)}{g(c)}.$$

6. **Compostas de funções contínuas** A Figura A.21 fornece o diagrama para uma prova de que a composta de duas funções contínuas é contínua. Reconstrua a prova a partir do diagrama. A afirmação a ser demonstrada é: Se f é contínua em $x = c$ e g é contínua em $f(c)$, então $g \circ f$ é contínua em c.

Suponha que c seja um ponto interior do domínio de f e que $f(c)$ seja um ponto interior do domínio de g. Isso fará que os limites envolvidos sejam bilaterais. (Os argumentos para os casos que envolvem limites unilaterais são semelhantes.)

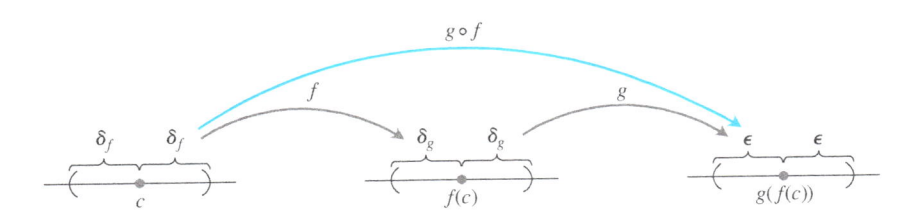

FIGURA A.21 Diagrama para uma prova de que a composta de duas funções contínuas é contínua.

A.5 Limites que ocorrem frequentemente

Neste apêndice, são verificados os limites 4-6 do Teorema 5 da Seção 10.1

Limite 4: Se $|x| < 1$, $\lim_{n \to \infty} x^n = 0$ Precisamos mostrar que a cada $\epsilon > 0$ corresponde um inteiro N tão grande que $|x^n| < \epsilon$ para todo n maior que N. Uma vez que $\epsilon^{1/n} \to 1$, enquanto $|x| < 1$, existe um inteiro N para o qual $\epsilon^{1/N} > |x|$. Em outras palavras,

$$|x^N| = |x|^N < \epsilon. \tag{1}$$

Este é o inteiro que buscamos porque, se $|x| < 1$, então

$$|x^n| < |x^N| \text{ para todo } n > N. \tag{2}$$

A combinação de (1) e (2) produz $|x^n| < \epsilon$ para todo $n > N$, concluindo a prova.

Limite 5: **Para qualquer número x, $\lim_{n\to\infty}\left(1 + \dfrac{x}{n}\right)^n = e^x$** Seja

$$a_n = \left(1 + \frac{x}{n}\right)^n.$$

Então,

$$\ln a_n = \ln\left(1 + \frac{x}{n}\right)^n = n\ln\left(1 + \frac{x}{n}\right) \to x,$$

como podemos ver com a seguinte aplicação da regra de L'Hôpital, na qual diferenciamos com relação a n:

$$\lim_{n\to\infty} n\ln\left(1 + \frac{x}{n}\right) = \lim_{n\to\infty} \frac{\ln(1 + x/n)}{1/n}$$

$$= \lim_{n\to\infty} \frac{\left(\dfrac{1}{1 + x/n}\right)\cdot\left(-\dfrac{x}{n^2}\right)}{-1/n^2} = \lim_{n\to\infty} \frac{x}{1 + x/n} = x.$$

Aplique o Teorema 3, Seção 10.1, com $f(x) = e^x$ para concluir que

$$\left(1 + \frac{x}{n}\right)^n = a_n = e^{\ln a_n} \to e^x.$$

Limite 6: **Para qualquer número x, $\lim_{n\to\infty} \dfrac{x^n}{n!} = 0$** Uma vez que

$$-\frac{|x|^n}{n!} \leq \frac{x^n}{n!} \leq \frac{|x|^n}{n!},$$

tudo o que precisamos mostrar é que $|x|^n/n! \to 0$. Então, podemos aplicar o teorema do confronto para sequências (Seção 10.1, Teorema 2) para concluir que $x^n/n! \to 0$.

O primeiro passo para mostrar que $|x|^n/n! \to 0$ é escolher um inteiro $M > |x|$, de modo que $(|x|/M) < 1$. Pelo limite 4, que acabamos de demonstrar, assim temos $(|x|/M)^n \to 0$. Voltamos nossa atenção aos valores de $n > M$. Para esses valores de n, podemos escrever

$$\frac{|x|^n}{n!} = \frac{|x|^n}{1\cdot 2 \cdot \cdots \cdot M \cdot \underbrace{(M+1)\cdot(M+2)\cdot\cdots\cdot n}_{(n-M) \text{ fatores}}}$$

$$\leq \frac{|x|^n}{M!M^{n-M}} = \frac{|x|^n M^M}{M!M^n} = \frac{M^M}{M!}\left(\frac{|x|}{M}\right)^n.$$

Dessa forma,

$$0 \leq \frac{|x|^n}{n!} \leq \frac{M^M}{M!}\left(\frac{|x|}{M}\right)^n.$$

Agora, a constante $M^M/M!$ não muda à medida que n aumenta. Dessa forma, o teorema do confronto nos diz que $|x|^n/n! \to 0$ porque $(|x|/M)^n \to 0$.

A.6 Teoria dos números reais

Um desenvolvimento rigoroso do cálculo se baseia nas propriedades dos números reais. Muitos resultados sobre funções, derivadas e integrais seriam falsos se estabelecidos para funções definidas somente nos números racionais. Neste apêndice, examinaremos brevemente alguns conceitos básicos da teoria dos números reais, o que nos dará uma ideia do que pode ser aprendido em um estudo mais profundo e teórico de cálculo.

Três tipos de propriedades fazem dos números reais o que eles são. Trata-se das propriedades **algébricas**, de **ordem**, e de **completude**. As propriedades algébricas envolvem adição e multiplicação, subtração e divisão. Elas se aplicam a números racionais ou complexos, bem como aos números reais.

A estrutura dos números é construída em torno de um conjunto com operações de adição e multiplicação. As propriedades a seguir são exigidas da adição e da multiplicação.

A1 $a + (b + c) = (a + b) + c$ para todo a, b, c.
A2 $a + b = b + a$ para todo a, b.
A3   Existe um número chamado "0", de modo que $a + 0 = a$ para todo a.
A4   Para cada número a existe um b, de modo que $a + b = 0$.
M1 $a(bc) = (ab)c$ para todo a, b, c.
M2 $ab = ba$ para todo a, b.
M3   Existe um número chamado "1", de modo que $a \cdot 1 = a$ para todo a.
M4   Para cada a diferente de zero existe um b, de modo que $ab = 1$.
D $a(b + c) = ab + bc$ para todo a, b, c.

A1 e M1 são *leis associativas*, A2 e M2 são *leis comutativas*, A3 e M3 são *leis de identidade*, e D é a *lei distributiva*. Conjuntos que apresentam essas propriedades algébricas são exemplos de **corpos**, e são estudados com profundidade na área da matemática teórica denominada Álgebra Abstrata.

As propriedades de **ordem** nos permitem comparar o tamanho de dois números. As propriedades de ordem são

O1   Para qualquer a e b, ou $a \leq b$ ou $b \leq a$, ou ambos.
O2   Se $a \leq b$ e $b \leq a$, então $a = b$.
O3   Se $a \leq b$ e $b \leq c$, então $a \leq c$.
O4   Se $a \leq b$, então $a + c \leq b + c$.
O5   Se $a \leq b$ e $0 \leq c$, então $ac \leq bc$.

O3 é a *lei da transitividade*, e O4 e O5 relacionam ordem a adição e multiplicação.

Podemos ordenar os números reais, os inteiros e os números racionais, mas não podemos ordenar os números complexos. Não existe uma maneira razoável de definir se um número como $i = \sqrt{-1}$ é maior ou menor que zero. Um corpo no qual o tamanho de quaisquer dois elementos possa ser comparado da maneira como acabamos de ver é denominado **corpo ordenado**. Tanto os números racionais quanto os reais são corpos ordenados, e existem muitos outros.

Podemos pensar nos números reais geometricamente, imaginando-os como pontos em uma reta. A **propriedade de completude** diz que os números reais correspondem a todos os pontos da reta, sem "buracos" ou "lacunas". Os racionais, em contraste, omitem pontos como $\sqrt{2}$ e π, e os inteiros deixam de fora até mesmo frações como 1/2. Os números reais, tendo a propriedade da completude, não omitem pontos.

O que queremos dizer exatamente com essa ideia vaga de "buracos" faltando? Para responder, precisamos dar uma descrição mais precisa de completude. Um número M é um **limitante superior** para um conjunto de números se todos os números no conjunto forem menores ou iguais a M. M é um **menor limitante superior** se for o limitante superior mais baixo. Por exemplo, $M = 2$ é um limitante superior para os números negativos. Assim também é o caso de $M = 1$, mostrando que 2 não é o menor limitante superior. O menor limitante superior para o conjunto de números negativos é $M = 0$. Definimos um corpo ordenado **completo** como sendo aquele em que qualquer conjunto não vazio limitado superiormente possui um menor limitante superior.

Se trabalharmos somente com os números racionais, o conjunto de números menores que $\sqrt{2}$ será limitado, mas não terá um menor limitante superior racional, uma vez que qualquer limitante superior racional M pode ser substituído por um número racional ligeiramente menor, que ainda assim será maior do que $\sqrt{2}$. Logo, os racionais não são completos. Nos números reais, um conjunto que é limitado superiormente sempre tem um menor limitante superior. Os reais são um corpo ordenado completo.

A propriedade da completude está no centro de muitos resultados em cálculo. Um exemplo ocorre quando estamos procurando um valor máximo para uma função em um intervalo fechado $[a, b]$, como na Seção 4.1. A função $y = x - x^3$ tem um valor máximo em $[0, 1]$ no ponto x satisfazendo $1 - 3x^2 = 0$, ou $x = \sqrt{1/3}$. Se estivéssemos considerando as funções definidas somente em números racionais, teríamos de concluir que a função não tem máximo, uma vez que $\sqrt{1/3}$ é irracional (Figura A.22). O Teorema do Valor Extremo (Seção 4.1), que implica que funções contínuas em intervalos fechados $[a, b]$ tenham um valor máximo, não é verdadeiro para funções definidas somente nos racionais.

O Teorema do Valor Intermediário implica que uma função contínua f em um intervalo $[a, b]$ com $f(a) < 0$ e $f(b) > 0$ deve ser zero em algum ponto em $[a, b]$. Os valores da função não podem saltar de negativos para positivos sem haver algum ponto x em $[a, b]$ onde $f(x) = 0$. O Teorema do Valor Intermediário também se apoia na completude dos números reais, e é falso para funções contínuas definidas somente nos racionais. A função $f(x) = 3x^2 - 1$ tem $f(0) = -1$ e $f(1) = 2$, mas se considerarmos f somente nos números racionais, ela nunca será igual a zero. O único valor de x para o qual $f(x) = 0$ é $x = \sqrt{1/3}$, um número irracional.

Já captamos as propriedades desejadas dos números reais, dizendo que eles são um corpo ordenado completo. Mas isso não é tudo. Os matemáticos gregos da escola de Pitágoras tentaram imputar outra propriedade aos números da reta real: a condição de que todos os números são razões de inteiros. Eles perceberam que seu esforço havia sido em vão quando descobriram números irracionais como $\sqrt{2}$. Como sabemos que nossa tentativa de especificar os números reais também não está incorreta, por algum motivo ainda não percebido? O artista gráfico Escher desenhou ilusões óticas de escadas em espiral que subiam mais e mais até se reencontrarem embaixo. Um engenheiro que tentasse construir uma escada desse tipo descobriria que nenhuma estrutura é capaz de concretizar o projeto que o arquiteto havia desenhado. Será que nosso projeto para os números reais também contém alguma contradição sutil, e que não é possível construir um sistema de números como este?

Resolvemos esse problema fornecendo uma descrição específica dos números reais e verificando que as propriedades algébricas, de ordem e de completude são satisfeitas nesse modelo. Esse processo é chamado de **construção** dos números reais, mas, assim como escadas podem ser construídas com madeira, pedra ou aço, existem diversas maneiras de construir os números reais. Uma delas os trata como o conjunto de todos os decimais infinitos,

$$a, d_1 d_2 d_3 d_4 \ldots$$

Nessa abordagem, um número real é um inteiro a seguido por uma sequência de dígitos decimais $d_1, d_2, d_3, \ldots$, cada um deles entre 0 e 9. Essa sequência pode parar, ou repetir-se em um padrão periódico, ou seguir indefinidamente sem padrão. Dessa forma, 2,00, 0,3333333... e 3,1415926535898... representam três números reais familiares. Para entender o verdadeiro significado das reticências ("...") após esses dígitos, é preciso estudar a teoria das sequências e séries, no Capítulo 10. Cada número real é construído como o limite de uma sequência de números racionais dada por suas aproximações decimais finitas. Um decimal infinito é, portanto, o mesmo que uma série

$$a + \frac{d_1}{10} + \frac{d_2}{100} + \cdots.$$

Essa construção decimal dos números reais não é inteiramente direta. É fácil verificar que ela dá números que satisfazem as propriedades de completude e de

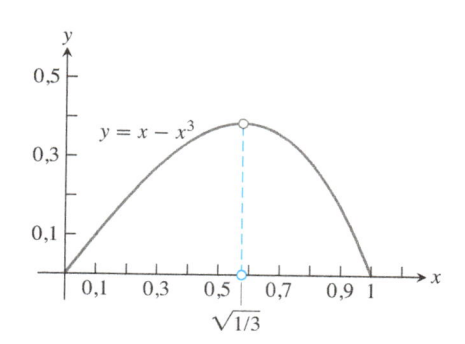

FIGURA A.22 O valor máximo de $y = x - x^3$ em $[0, 1]$ ocorre no número irracional $x = \sqrt{1/3}$.

ordem, mas verificar as propriedades algébricas é bastante complicado. Até mesmo a soma ou a multiplicação de dois números exige um número infinito de operações. Para fazer sentido, a divisão requer um cuidadoso argumento envolvendo limites de aproximações para decimais infinitos.

Uma abordagem diferente ao assunto foi dada pelo matemático alemão Richard Dedekind (1831-1916), que estabeleceu a primeira construção rigorosa dos números reais em 1872. Dado qualquer número real x, podemos dividir os números racionais em dois conjuntos: os menores ou iguais a x e os maiores. Dedekind inverteu sabiamente esse raciocínio e definiu um número real como a divisão dos números racionais em dois conjuntos como esses. A abordagem pode parecer estranha, mas métodos indiretos como esse, que constroem novas estruturas a partir de antigas, são comuns na matemática teórica.

Essas e outras abordagens podem ser utilizadas para construir um sistema de números que tenha as propriedades algébricas, de ordem e de completude. Surge então uma dúvida final; será que todas as construções resultam na mesma coisa? É possível que diferentes construções resultem em diferentes sistemas de números, todos eles capazes de satisfazer todas as propriedades exigidas? Em caso positivo, qual desses sistemas será o dos números reais? Felizmente, a resposta é não. Os números reais são o único sistema numérico que satisfaz as propriedades algébricas, de ordem e de completude.

A confusão sobre natureza dos números e sobre os limites causou considerável controvérsia nos primórdios do cálculo. Os pioneiros do cálculo, como Newton, Leibniz e seus sucessores, ao observar o que acontecia com a razão incremental

$$\frac{\Delta y}{\Delta x} = \frac{f(x + \Delta x) - f(x)}{\Delta x}$$

à medida que Δy e Δx tendiam a zero, diziam que a derivada resultante seria um quociente de duas quantidades infinitamente pequenas. Acreditava-se que esses "infinitésimos", indicados por dx e dy, seriam algum novo tipo de número, menor que qualquer número fixado, porém diferente de zero. De maneira semelhante, acreditava-se que uma integral definida era uma soma de um número infinito de infinitésimos

$$f(x) \cdot dx$$

à medida que x variava em um intervalo fechado. Embora as razões incrementais $\Delta y/\Delta x$ utilizadas para aproximação fossem tão bem compreendidas quanto hoje, acreditava-se que era o quociente de quantidades infinitesimais, e não um limite, que concentrava o significado da derivada. Essa linha de raciocínio acarretava dificuldades lógicas, à medida que as tentativas de definição e manipulação dos infinitésimos incorriam em contradições e inconsistências. Razões incrementais mais concretas e fáceis de calcular não causavam esse tipo de problema, mas elas eram vistas meramente como úteis ferramentas de cálculo. Eram utilizadas para se trabalhar com o valor numérico da derivada e para deduzir fórmulas gerais para o cálculo, mas ninguém considerava o cerne da questão – responder o que era exatamente uma derivada. Atualmente, percebemos que os problemas lógicos associados com infinitésimos podem ser evitados quando *definimos* a derivada como o limite das razões incrementais que servem para aproximá-la. As ambiguidades da antiga abordagem não estão mais presentes e, na teoria do cálculo padrão, infinitésimos já não são necessários nem utilizados.

A.7 Números complexos

Números complexos são expressões na forma $a + ib$, onde a e b são números reais, e i é um símbolo para $\sqrt{-1}$. Infelizmente, as palavras "real" e "imaginário" têm conotações que, de certa forma, colocam $\sqrt{-1}$ em uma posição menos favorável em nossas mentes do que $\sqrt{2}$. Na verdade, uma grande dose de imaginação, no sentido de *criatividade*, foi necessária para construir o sistema de números *reais*, que forma a base do cálculo (veja o Apêndice A.6). Nesse apêndice, iremos rever vários estágios dessa invenção. Apresentaremos, em seguida, a invenção posterior do sistema de números complexos.

Desenvolvimento dos números reais

O estágio mais antigo do desenvolvimento de números foi o reconhecimento dos **números de contagem** 1, 2, 3..., que agora chamamos de **números naturais** ou **inteiros positivos**. Certas operações aritméticas simples podem ser executadas com esses números sem que se saia do sistema. Isto é, o sistema dos inteiros positivos é **fechado** em relação às operações de adição e de multiplicação. Queremos dizer com isso que, se m e n são inteiros positivos, então

$$m + n = p \quad \text{e} \quad mn = q \tag{1}$$

também são números inteiros positivos. Dados os dois inteiros positivos do lado esquerdo de cada uma das equações em (1), podemos encontrar o inteiro positivo correspondente do lado direito. Mais do que isso, podemos algumas vezes especificar os inteiros positivos m e p e encontrar um inteiro positivo n de modo que $m + n = p$. Por exemplo, $3 + n = 7$ pode ser resolvido quando os únicos números que conhecemos são os inteiros positivos. No entanto, a Equação $7 + n = 3$ não pode ser resolvida sem que esse sistema numérico seja aumentado.

O número zero e os inteiros negativos foram inventados para resolver equações como $7 + n = 3$. Em uma civilização que reconhece todos os **inteiros**

$$..., -3, -2, -1, 0, 1, 2, 3, ..., \tag{2}$$

uma pessoa culta pode sempre determinar o inteiro que resolve a equação $m + n = p$, quando são fornecidos os outros dois inteiros na equação.

Suponha que as pessoas cultas também saibam multiplicar dois inteiros quaisquer da lista (2). Se, nas Equações (1), são dados m e q, elas descobrem que algumas vezes podem determinar n e outras vezes não. Usando a imaginação, essas pessoas podem ser estimuladas a inventar ainda mais números e introduzir frações, que são exatamente pares ordenados m/n de inteiros m e n. O número zero tem propriedades especiais que pode incomodá-las por um momento, mas elas descobrem por fim que é útil ter quocientes de inteiros m/n, excluindo apenas aqueles que têm zero no denominador. Esse sistema, denominado conjunto dos **números racionais**, é agora suficientemente rico para que elas possam executar as **operações racionais** da aritmética:

1. (a) adição
   (b) subtração
2. (a) multiplicação
   (b) divisão

em dois números quaisquer nesse sistema, *exceto que não se pode dividir por zero*, pois não tem sentido.

A geometria do quadrado de lado unitário (Figura A.23) e o Teorema de Pitágoras mostraram que elas poderiam construir um segmento geométrico que, em termos de alguma unidade básica de comprimento, tem comprimento igual a $\sqrt{2}$. Assim, elas poderiam resolver a equação

$$x^2 = 2$$

por meio de uma construção geométrica. Elas descobriram que o segmento de reta que representa $\sqrt{2}$ é uma quantidade incomensurável. Isso significa que $\sqrt{2}$ não pode ser expresso como o quociente de dois múltiplos *inteiros* de alguma unidade de comprimento. Isto é, nossas pessoas cultas não puderam encontrar uma solução racional para a equação $x^2 = 2$.

Não existe nenhum número racional cujo quadrado seja igual a 2. Para saber por quê, suponha que exista tal número racional. Poderíamos então encontrar inteiros positivos p e q sem nenhum fator comum, exceto 1, de modo que

$$p^2 = 2q^2. \tag{3}$$

Como p e q são inteiros, p deve ser par; caso contrário, o produto dele por ele mesmo seria ímpar. Em símbolos, $p = 2p_1$, onde p_1 é um inteiro. Isso nos leva a $2p_1^2 = q^2$, o que diz que q deve ser par, digamos, $q = 2q_1$, onde q_1 é um inteiro. Isso faz que 2 seja um fator comum a p e q, contrariando nossa escolha de p e q como inteiros sem nenhum fator comum, exceto 1. Consequentemente, não existe número racional cujo quadrado seja igual a 2.

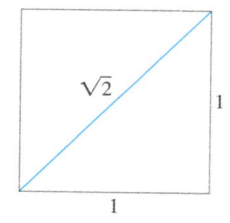

FIGURA A.23 É possível construir, com régua e compasso, um segmento de comprimento irracional.

Embora nossas pessoas cultas não pudessem encontrar uma solução racional para a equação $x^2 = 2$, elas obtiveram uma sequência de números racionais

$$\frac{1}{1}, \frac{7}{5}, \frac{41}{29}, \frac{239}{169}, \ldots, \qquad (4)$$

cujos quadrados formam a sequência

$$\frac{1}{1}, \frac{49}{25}, \frac{1681}{841}, \frac{57.121}{28.561}, \ldots, \qquad (5)$$

que converge para 2 como seu limite. Desta vez, a imaginação dessas pessoas sugeriu que elas precisavam do conceito de limite de uma sequência de números racionais. Se aceitarmos o fato de que uma sequência crescente de números racionais que é limitada superiormente sempre se aproxima de um limite (Teorema 6, Seção 11.1) e observarmos que a sequência em (4) tem essas propriedades, podemos então admitir que ela tenha um limite L. Isso também significa, a partir de (5), que $L^2 = 2$, e, consequentemente, L *não* é um de nossos números racionais. Se, aos números racionais, adicionarmos os limites de todas as sequências de números racionais crescentes e limitadas superiormente, chegaremos ao sistema de todos os números "reais". A palavra *real* foi colocada entre aspas porque não há nada que seja "mais real" ou "menos real" em relação a esse sistema do que existe em relação a qualquer outro sistema matemático.

Números complexos

A imaginação foi exigida em muitos estágios durante o desenvolvimento do sistema de números reais. Na verdade, a arte da invenção foi necessária pelo menos três vezes na construção dos sistemas que discutimos até agora:

1. O *primeiro sistema inventado*: o conjunto de *todos os inteiros*, construído a partir dos números naturais.

2. O *segundo sistema inventado*: o conjunto dos *números racionais m/n*, construído a partir dos inteiros.

3. O *terceiro sistema inventado*: o conjunto de todos os *números reais x*, construído a partir dos números racionais.

Esses sistemas inventados formam uma hierarquia na qual cada sistema contém o sistema precedente. Cada sistema é ainda mais rico que seu predecessor, no sentido de que permite que mais operações possam ser executadas sem ser necessária a saída do sistema:

1. No sistema de todos os inteiros, podemos resolver todas as equações da forma

$$x + a = 0, \qquad (6)$$

onde a pode ser um inteiro qualquer.

2. No sistema de todos os números racionais, podemos resolver todas as equações da forma

$$ax + b = 0, \qquad (7)$$

desde que a e b sejam números racionais e $a \neq 0$.

3. No sistema de todos os números reais, podemos resolver todas as Equações 6 e 7 e, além dessas, todas as equações quadráticas

$$ax^2 + bx + c = 0 \text{ com } a \neq 0 \text{ e } b^2 - 4ac \geq 0. \qquad (8)$$

Provavelmente, a fórmula que fornece as soluções da Equação 8 seja familiar a você, mais precisamente

$$x = \frac{-b \pm \sqrt{b^2 - 4ac}}{2a}, \qquad (9)$$

e talvez lhe seja familiar o fato de que, quando o discriminante, $b^2 - 4ac$, é negativo, as soluções da Equação 9 *não* pertencem a nenhum sistema considerado antes. Na verdade, a equação quadrática muito simples

$$x^2 + 1 = 0$$

é impossível de ser resolvida se os únicos sistemas numéricos que podem ser utilizados forem os três sistemas inventados mencionados até agora.

Vamos então ao *quarto sistema inventado*, o conjunto de *todos os números complexos $a + ib$*. Poderíamos dispensar inteiramente o símbolo i e utilizar a notação de par ordenado (a, b). Como, sob operações algébricas, os números a e b são tratados de forma diferente de certo modo, é essencial que se mantenha estritamente a *ordem*. Sendo assim, podemos dizer que o **sistema de números complexos** consiste no conjunto de todos os pares ordenados (a, b) de números reais, juntamente com as regras, listadas a seguir, segundo as quais eles serão igualados, somados, multiplicados e assim por diante. Iremos utilizar tanto a notação (a, b) quanto a notação $a + ib$ na discussão que se segue. Denominamos a a **parte real** e b a **parte imaginária** do número complexo (a, b).

Realizamos as seguintes definições:

Igualdade

$a + ib = c + id$ se, e somente se, $a = c$ e $b = d$

Dois números complexos (a, b) e (c, d) são *iguais* se, e somente se, $a = c$ e $b = d$.

Adição

$(a + ib) + (c + id)$
$= (a + c) + i(b + d)$

A *soma* dos dois números complexos (a, b) e (c, d) é o número complexo $(a + c, b + d)$.

Multiplicação

$(a + ib)(c + id)$
$= (ac - bd) + i(ad + bc)$

O *produto* de dois números complexos (a, b) e (c, d) é o número complexo $(ac - bd, ad + bc)$.

$c(a + ib) = ac + i(bc)$

O produto de um número real c e o número complexo (a, b) é o número complexo (ac, bc).

O conjunto de todos os números complexos (a, b) nos quais o segundo número b é 0 tem todas as propriedades do conjunto de todos os números reais a. Por exemplo, a adição e a multiplicação de $(a, 0)$ e $(c, 0)$ fornece

$$(a, 0) + (c, 0) = (a + c, 0)$$

$$(a, 0) + (c, 0) = (ac, 0),$$

que são números do mesmo tipo com parte imaginária igual a zero. Além disso, quando multiplicamos um "número real" $(a, 0)$ e o número complexo (c, d), obtemos

$$(a, 0) \cdot (c, d) = (ac, ad) = a(c, d).$$

Em particular, o número complexo $(0, 0)$ desempenha o papel do *zero* no sistema de números complexos, e o número complexo $(1, 0)$ desempenha o papel da *unidade* ou *um*.

O par ordenado $(0, 1)$, que tem a parte real igual a zero e a parte imaginária igual a um, tem a propriedade que seu quadrado,

$$(0, 1)(0, 1) = (-1, 0),$$

ter a parte real igual a menos um e a parte imaginária igual a zero. Portanto, no sistema dos números complexos (a, b), existe um número $x = (0, 1)$ cujo quadrado pode ser adicionado a uma unidade $= (1, 0)$ para produzir zero $= (0, 0)$, ou seja:

$$(0, 1)^2 + (1, 0) = (0, 0).$$

A equação

$$x^2 + 1 = 0$$

tem, portanto, uma solução $x = (0, 1)$ nesse novo sistema numérico.

Você está provavelmente mais familiarizado com a notação $a + ib$ do que com a notação (a, b). E como as propriedades algébricas para os pares ordenados nos permitem escrever

$$(a, b) = (a, 0) + (0, b) = a(1, 0) + b(0, 1),$$

embora $(1, 0)$ se comporte como unidade e $(0, 1)$ se comporte como a raiz quadrada de menos um, não precisamos hesitar em escrever $a + ib$ no lugar de (a, b). O i associado a b é como um elemento indicador da parte imaginária de $a + ib$. Podemos passar, conforme desejarmos, da notação de pares ordenados (a, b) para a notação $a + ib$ e vice-versa. No entanto, não há nada menos "real" em relação ao símbolo $(0, 1) = i$ do que há em relação ao símbolo $(1, 0) = 1$, uma vez que tenhamos aprendido as leis da álgebra do sistema de números complexos de pares ordenados (a, b).

Para reduzirmos qualquer expressão racional de números complexos a um único número complexo, aplicamos as leis da álgebra elementar, substituindo i^2, sempre que este aparecer, por -1. É claro que não podemos dividir pelo número complexo $(0, 0) = 0 + i0$. No entanto, se $a + ib \neq 0$, podemos efetuar a divisão da seguinte maneira:

$$\frac{c + id}{a + ib} = \frac{(c + id)(a - ib)}{(a + ib)(a - ib)} = \frac{(ac + bd) + i(ad - bc)}{a^2 + b^2}.$$

O resultado é um número complexo $x + iy$ com

$$x = \frac{ac + bd}{a^2 + b^2}, \quad y = \frac{ad - bc}{a^2 + b^2},$$

e $a^2 + b^2 \neq 0$, desde que $a + ib = (a, b) \neq (0, 0)$.

O número $a - ib$, que foi utilizado para eliminar o i do denominador, é chamado de **complexo conjugado** de $a + ib$. É comum utilizar $\bar{z}$ (leia-se "z barra") para denotar o complexo conjugado de z; sendo assim:

$$z = a + ib, \quad \bar{z} = a - ib.$$

Multiplicar o numerador e o denominador da fração $(c + id)/(a + ib)$ pelo complexo conjugado do denominador sempre substituirá o denominador por um número real.

EXEMPLO 1 Fornecemos algumas ilustrações das operações aritméticas com números complexos.

(a) $(2 + 3i) + (6 - 2i) = (2 + 6) + (3 - 2)i = 8 + i$

(b) $(2 + 3i) - (6 - 2i) = (2 - 6) + (3 - (-2))i = -4 + 5i$

(c) $(2 + 3i)(6 - 2i) = (2)(6) + (2)(-2i) + (3i)(6) + (3i)(-2i)$
$= 12 - 4i + 18i - 6i^2 = 12 + 14i + 6 = 18 + 14i$

(d) $\dfrac{2 + 3i}{6 - 2i} = \dfrac{2 + 3i}{6 - 2i} \dfrac{6 + 2i}{6 + 2i}$

$= \dfrac{12 + 4i + 18i + 6i^2}{36 + 12i - 12i - 4i^2}$

$= \dfrac{6 + 22i}{40} = \dfrac{3}{20} + \dfrac{11}{20}i$

Diagramas de Argand

Existem duas representações geométricas do número complexo $z = x + iy$:

1. como o ponto $P(x, y)$ no plano xy;
2. como o vetor $\overrightarrow{OP}$ da origem até P.

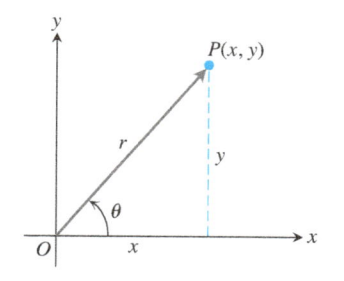

FIGURA A.24 O diagrama de Argand representa $z = x + iy$ tanto como um ponto $P(x, y)$ quanto como um vetor $\overrightarrow{OP}$.

Em cada uma das representações, o eixo x é denominado **eixo real** e o eixo y é o **eixo imaginário**. As duas representações são **diagramas de Argand** para $x + iy$ (Figura A.24).

Em termos das coordenadas polares de x e y, temos

$$x = r \cos \theta, \quad y = r \,\text{sen}\, \theta,$$

e

$$z = x + iy = r(\cos \theta + i \,\text{sen}\, \theta). \tag{10}$$

Definimos o **valor absoluto** de um número complexo $x + iy$ como o comprimento r de um vetor $\overrightarrow{OP}$ da origem até $P(x, y)$. Denotamos o valor absoluto por barras verticais; dessa forma,

$$|x + iy| = \sqrt{x^2 + y^2}.$$

Se escolhermos sempre as coordenadas polares r e θ, de modo que r não seja negativo, então

$$r = |x + iy|.$$

O ângulo polar θ é denominado o **argumento** de z e é escrito $\theta = \arg z$. É claro que qualquer múltiplo inteiro de 2π pode ser somado a θ para se produzir outro ângulo apropriado.

A equação a seguir fornece uma fórmula útil, que conecta um número complexo z, seu conjugado $\bar{z}$ e o seu valor absoluto $|z|$, mais precisamente,

$$z \cdot \bar{z} = |z|^2.$$

Fórmula de Euler

A identidade

$$e^{i\theta} = \cos \theta + i \,\text{sen}\, \theta,$$

chamada **fórmula de Euler**, nos permite reescrever a Equação 10 como

$$z = re^{i\theta}.$$

Esta fórmula, por sua vez, nos leva às regras a seguir para o cálculo de produtos, quocientes, potências e raízes de números complexos. Ela também nos leva aos diagramas de Argand para $e^{i\theta}$. Uma vez que $\cos \theta + i \,\text{sen}\, \theta$ é o que se obtém da Equação 10 considerando $r = 1$, podemos dizer que $e^{i\theta}$ é representado por um vetor unitário que forma um ângulo θ com o eixo x positivo, conforme mostra a Figura A.25.

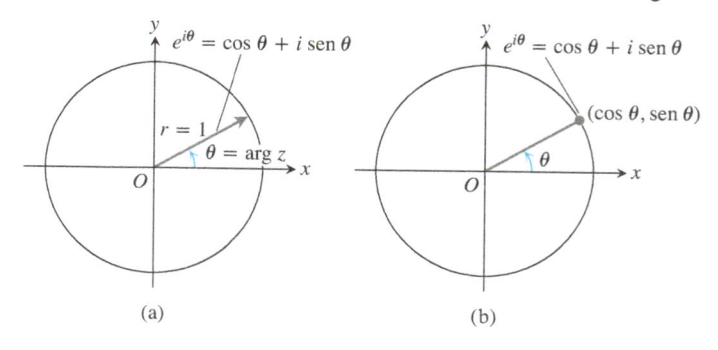

FIGURA A.25 Diagramas de Argand para $e^{i\theta} = \cos \theta + i \,\text{sen}\, \theta$ (a) como um vetor e (b) como um ponto.

Produtos

Para multiplicar dois números complexos, multiplicamos seus valores absolutos e somamos seus ângulos. Sejam

$$z_1 = r_1 e^{i\theta_1}, \quad z_2 = r_2 e^{i\theta_2}, \tag{11}$$

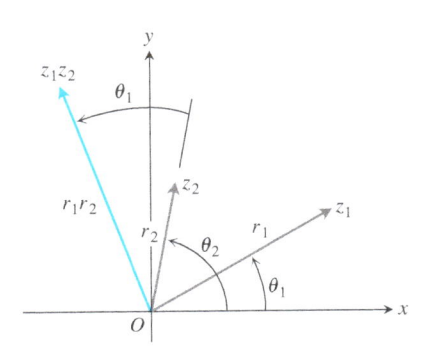

FIGURA A.26 Quando z_1 e z_2 são multiplicados, $|z_1 z_2| = r_1 \cdot r_2$ e $\arg(z_1 z_2) = \theta_1 + \theta_2$.

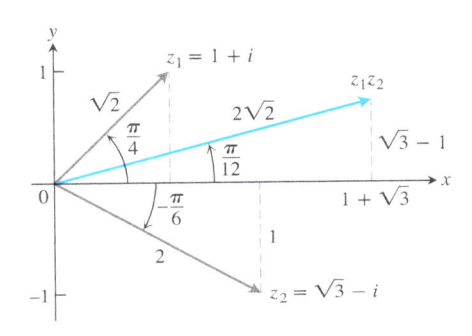

FIGURA A.27 Para multiplicar dois números complexos, multiplique seus valores absolutos e some seus argumentos.

de modo que

$$|z_1| = r_1, \quad \arg z_1 = \theta_1; \quad |z_2| = r_2, \quad \arg z_2 = \theta_2.$$

Então,

$$z_1 z_2 = r_1 e^{i\theta_1} \cdot r_2 e^{i\theta_2} = r_1 r_2 e^{i(\theta_1 + \theta_2)}$$

e, consequentemente,

$$|z_1 z_2| = r_1 r_2 = |z_1| \cdot |z_2|$$
$$\arg(z_1 z_2) = \theta_1 + \theta_2 = \arg z_1 + \arg z_2. \tag{12}$$

Dessa forma, o produto de dois números complexos é representado por um vetor cujo comprimento é o produto dos comprimentos dos dois fatores, e cujo argumento é a soma de seus argumentos (Figura A.26). Em particular, pela Equação 12, um vetor pode ser girado no sentido anti-horário de um ângulo θ multiplicando-o por $e^{i\theta}$. A multiplicação por i gira 90°, por -1, gira 180°, por $-i$, gira 270°, e assim por diante.

EXEMPLO 2 Sejam $z_1 = 1 + i$, $z_2 = \sqrt{3} - i$. Representamos esses números complexos em um diagrama de Argand (Figura A.27) a partir do qual podemos ler as representações polares

$$z_1 = \sqrt{2} e^{i\pi/4}, \quad z_2 = 2e^{-i\pi/6}.$$

Então

$$z_1 z_2 = 2\sqrt{2} \exp\left(\frac{i\pi}{4} - \frac{i\pi}{6}\right) = 2\sqrt{2} \exp\left(\frac{i\pi}{12}\right)$$

$$= 2\sqrt{2} \left(\cos \frac{\pi}{12} + i \operatorname{sen} \frac{\pi}{12}\right) \approx 2{,}73 + 0{,}73 i.$$

A notação $\exp(A)$ significa e^A.

Quocientes

Suponha que $r_2 \neq 0$ na Equação 11. Então

$$\frac{z_1}{z_2} = \frac{r_1 e^{i\theta_1}}{r_2 e^{i\theta_2}} = \frac{r_1}{r_2} e^{i(\theta_1 - \theta_2)}.$$

Consequentemente,

$$\left|\frac{z_1}{z_2}\right| = \frac{r_1}{r_2} = \frac{|z_1|}{|z_2|} \quad \text{e} \quad \arg\left(\frac{z_1}{z_2}\right) = \theta_1 - \theta_2 = \arg z_1 - \arg z_2.$$

Isto é, dividimos os comprimentos e subtraímos os ângulos para o quociente de números complexos.

EXEMPLO 3 Sejam $z_1 = 1 + i$ e $z_2 = \sqrt{3} - i$, como no Exemplo 2. Então

$$\frac{1 + i}{\sqrt{3} - i} = \frac{\sqrt{2} e^{i\pi/4}}{2 e^{-i\pi/6}} = \frac{\sqrt{2}}{2} e^{5\pi i/12} \approx 0{,}707 \left(\cos \frac{5\pi}{12} + i \operatorname{sen} \frac{5\pi}{12}\right)$$

$$\approx 0{,}183 + 0{,}683 i.$$

Potências

Se n é um inteiro positivo, podemos aplicar as fórmulas do produto da Equação 12 para encontrar

$$z^n = z \cdot z \cdot \ldots \cdot z. \qquad n \text{ fatores}$$

Com $z = re^{i\theta}$, obtemos

$$z^n = (re^{i\theta})^n = r^n e^{i(\theta + \theta + \cdots + \theta)} \qquad n \text{ parcelas}$$
$$= r^n e^{in\theta}. \qquad (13)$$

O comprimento $r = |z|$ é elevado à n-ésima potência, e o ângulo $\theta = \arg z$ é multiplicado por n.

Se considerarmos $r = 1$ na Equação 13, obtemos o Teorema de De Moivre.

> **Teorema de De Moivre**
>
> $$(\cos \theta + i \operatorname{sen} \theta)^n = \cos n\theta + i \operatorname{sen} n\theta. \qquad (14)$$

Se expandirmos o lado esquerdo da equação de De Moivre pelo binômio de Newton e o reduzirmos para a forma $a + ib$, obtemos fórmulas para $\cos n\theta$ e $\operatorname{sen} n\theta$ como polinômios de grau n em $\cos \theta$ e $\operatorname{sen} \theta$.

EXEMPLO 4 Se $n = 3$ na Equação 14, temos

$$(\cos \theta + i \operatorname{sen} \theta)^3 = \cos 3\theta + i \operatorname{sen} 3\theta.$$

O lado esquerdo dessa equação se expande para

$$\cos^3 \theta + 3i \cos^2 \theta \operatorname{sen} \theta - 3 \cos \theta \operatorname{sen}^2 \theta - i \operatorname{sen}^3 \theta.$$

A parte real desse número complexo deve ser igual a $\cos 3\theta$ e a parte imaginária deve ser igual a $\operatorname{sen} 3\theta$. Portanto,

$$\cos 3\theta = \cos^3 \theta - 3 \cos \theta \operatorname{sen}^2 \theta,$$
$$\operatorname{sen} 3\theta = 3 \cos^2 \theta \operatorname{sen} \theta - \operatorname{sen}^3 \theta.$$

Raízes

Se $z = re^{i\theta}$ é um número complexo diferente de zero e n é um inteiro positivo, então existem exatamente n números complexos distintos $w_0, w_1, \ldots, w_{n-1}$, que são as n-ésimas raízes de z. Para saber por quê, seja $w = \rho e^{i\alpha}$ uma n-ésima raiz de $z = re^{i\theta}$, de modo que

$$w^n = z$$

ou

$$\rho^n e^{in\alpha} = re^{i\theta}.$$

Então

$$\rho = \sqrt[n]{r}$$

é a n-ésima raiz real positiva de r. Para o argumento, embora não possamos dizer que $n\alpha$ e θ sejam iguais, podemos dizer que eles diferem somente por um múltiplo inteiro de 2π. Isto é,

$$n\alpha = \theta + 2k\pi, \quad k = 0, \pm 1, \pm 2, \ldots$$

Logo,

$$\alpha = \frac{\theta}{n} + k\frac{2\pi}{n}.$$

Assim, todas as n-ésimas raízes de $z = re^{i\theta}$ são dadas por

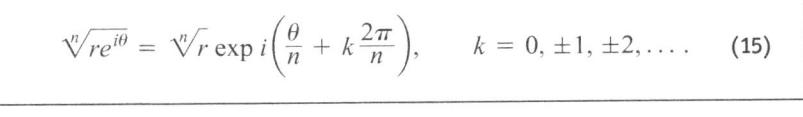

$$\sqrt[n]{re^{i\theta}} = \sqrt[n]{r} \exp i\left(\frac{\theta}{n} + k\frac{2\pi}{n}\right), \qquad k = 0, \pm 1, \pm 2, \ldots. \qquad (15)$$

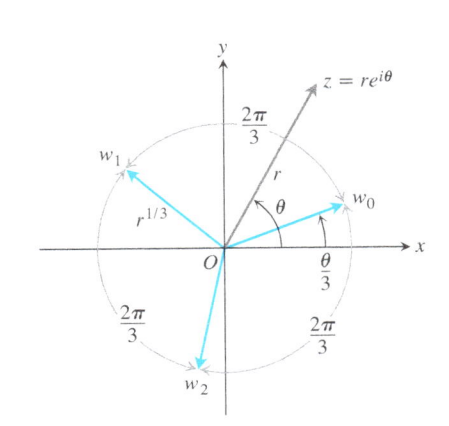

Pode parecer que existam infinitas respostas diferentes correspondentes aos infinitos valores possíveis de k, mas $k = n + m$ fornece a mesma resposta que $k = m$ na Equação 15. Logo, precisamos apenas de n valores consecutivos de k para obter todas as n-ésimas raízes diferentes de z. Por conveniência, tomamos

$$k = 0, 1, 2, \ldots, n - 1.$$

Todas as n-ésimas raízes de $re^{i\theta}$ estão em uma circunferência centrada na origem e com raio igual à n-ésima raiz real positiva de r. Uma delas tem argumento $\alpha = \theta/n$. As outras estão uniformemente espaçadas em torno da circunferência, cada uma delas separada de suas vizinhas por um ângulo igual a $2\pi/n$. A Figura A.28 ilustra a localização das três raízes cúbicas w_0, w_1 e w_2 do número complexo $z = re^{i\theta}$.

FIGURA A.28 Três raízes cúbicas de $z = re^{i\theta}$.

EXEMPLO 5 Determine as quatro raízes quartas de -16.

Solução Como nosso primeiro passo, representamos o número -16 em um diagrama de Argand (Figura A.29) e determinamos sua representação polar $re^{i\theta}$. Aqui, $z = -16$, $r = +16$ e $\theta = \pi$. Uma das raízes quartas de $16e^{i\pi}$ é $2e^{i\pi/4}$. Obtemos as outras adicionando sucessivamente $2\pi/4 = \pi/2$ ao argumento da primeira delas. Consequentemente,

$$\sqrt[4]{16 \exp i\pi} = 2 \exp i\left(\frac{\pi}{4}, \frac{3\pi}{4}, \frac{5\pi}{4}, \frac{7\pi}{4}\right),$$

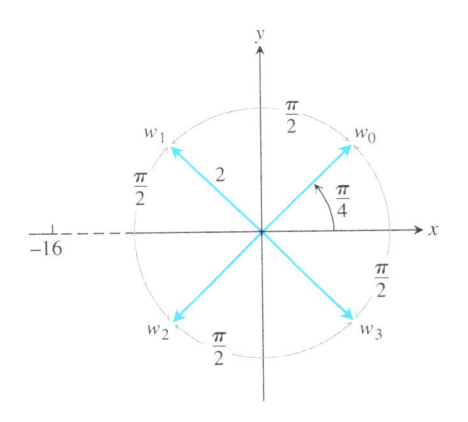

e as quatro raízes são

$$w_0 = 2\left[\cos\frac{\pi}{4} + i\,\text{sen}\frac{\pi}{4}\right] = \sqrt{2}(1 + i)$$

$$w_1 = 2\left[\cos\frac{3\pi}{4} + i\,\text{sen}\frac{3\pi}{4}\right] = \sqrt{2}(-1 + i)$$

$$w_2 = 2\left[\cos\frac{5\pi}{4} + i\,\text{sen}\frac{5\pi}{4}\right] = \sqrt{2}(-1 - i)$$

$$w_3 = 2\left[\cos\frac{7\pi}{4} + i\,\text{sen}\frac{7\pi}{4}\right] = \sqrt{2}(1 - i).$$

FIGURA A.29 Quatro raízes quartas de -16.

Teorema fundamental da álgebra

Pode-se dizer que a invenção de $\sqrt{-1}$ é excelente e leva a um sistema numérico que é mais rico que o sistema de números reais; entretanto, aonde esse processo levará? Vamos também inventar ainda mais sistemas de modo a obter $\sqrt[4]{-1}$, $\sqrt[6]{-1}$, e assim por diante? No entanto, isso não é necessário. Esses números já podem ser expressos em termos do sistema de número complexos $a + ib$. Na verdade, o Teorema Fundamental da Álgebra afirma que, com a introdução do sistema de números complexos, temos números suficientes para expressar qualquer polinômio como um produto de fatores lineares, portanto, números suficientes para resolver qualquer equação polinomial possível.

> **Teorema fundamental da álgebra**
>
> Toda equação polinomial da forma
>
> $$a_n z^n + a_{n-1} z^{n-1} + \ldots + a_1 z + a_0 = 0,$$
>
> na qual os coeficientes $a_0, a_1, \ldots, a_n$ são quaisquer números complexos, cujo grau n é maior ou igual a um, e cujo coeficiente dominante a_n não é zero, tem exatamente n raízes no sistema de números complexos, contanto que cada raiz de multiplicidade m seja contada como m raízes.

Uma prova deste teorema pode ser encontrada em qualquer texto sobre a teoria de funções de uma variável complexa.

Exercícios A.7

Operações com números complexos

1. **Como computadores multiplicam números complexos** Encontre $(a, b) \cdot (c, d) = (ac - bd, ac + bc)$.
   a. $(2, 3) \cdot (4, -2)$
   b. $(2, -1) \cdot (-2, 3)$
   c. $(-1, -2) \cdot (2, 1)$
   (Sugestão: essa é a forma como os computadores fazem a multiplicação de números complexos.)

2. Resolva as seguintes equações para encontrar os números reais x e y.
   a. $(3 + 4i)^2 - 2(x - iy) = x + iy$
   b. $\left(\dfrac{1+i}{1-i}\right)^2 + \dfrac{1}{x+iy} = 1 + i$
   c. $(3 - 2i)(x + iy) = 2(x - 2iy) + 2i - 1$

Diagramas e geometria

3. Como podem ser obtidos geometricamente os seguintes números complexos a partir de $z = x + iy$? Esboce.
   a. $\bar{z}$
   b. $\overline{(-z)}$
   c. $-z$
   d. $1/z$

4. Mostre que a distância entre os dois pontos z_1 e z_2 em um diagrama de Argand é $|z_1 - z_2|$.

Nos Exercícios 5-10, represente graficamente os pontos $z = x + iy$ que satisfazem as condições determinadas.

5. a. $|z| = 2$ b. $|z| < 2$ c. $|z| > 2$
6. $|z - 1| = 2$
7. $|z + 1| = 1$
8. $|z + 1| = |z - 1|$
9. $|z + i| = |z - 1|$
10. $|z + 1| \geq |z|$

Expresse os números complexos nos Exercícios 11-14 na forma $re^{i\theta}$, com $r \geq 0$ e $-\pi < \theta \leq \pi$. Esboce um diagrama de Argand para cada cálculo.

11. $\left(1 + \sqrt{-3}\right)^2$
12. $\dfrac{1+i}{1-i}$
13. $\dfrac{1 + i\sqrt{3}}{1 - i\sqrt{3}}$
14. $(2 + 3i)(1 - 2i)$

Potências e raízes

Utilize o teorema de De Moivre para expressar as funções trigonométricas nos Exercícios 15 e 16 em termos de $\cos \theta$ e $\sin \theta$.

15. $\cos 4\theta$
16. $\sin 4\theta$
17. Encontre as três raízes cúbicas de 1.
18. Encontre as duas raízes quadradas de i.
19. Encontre as três raízes cúbicas de $-8i$.
20. Encontre as seis raízes sextas de 64.
21. Encontre as quatro soluções da equação $z^4 - 2z^2 + 4 = 0$.
22. Encontre as seis soluções da equação $z^6 + 2z^3 + 2 = 0$.
23. Encontre todas as soluções da equação $x^4 + 4x^2 + 16 = 0$.
24. Resolva a equação $x^4 + 1 = 0$.

Teoria e exemplos

25. **Números complexos e vetores no plano** Mostre com um diagrama de Argand que a regra para somar números complexos é a mesma que a lei do paralelogramo para somar vetores.

26. **Aritmética com conjugados de números complexos** Mostre que o conjugado da soma (produto ou quociente) de dois números complexos, z_1 e z_2, é o mesmo que a soma (produto ou quociente) de seus conjugados.

27. **Raízes complexas de polinômios com coeficientes reais aparecem em pares de complexos conjugados**
    a. Estenda os resultados do Exercício 26 para mostrar que $f(\bar{z}) = \overline{f(z)}$ se
    $$f(z) = a_n z^n + a_{n-1} z^{n-1} + \cdots + a_1 z + a_0$$
    é um polinômio com coeficientes reais $a_0, \ldots, a_n$.
    b. Se z é uma raiz da equação $f(z) = 0$, onde $f(z)$ é um polinômio com coeficientes reais como no item (a), mostre que o conjugado $\bar{z}$ é também uma raiz da equação. (Sugestão: seja $f(z) = u + iv = 0$; então, tanto u quanto v são zero. Utilize o fato de que $f(\bar{z}) = \overline{f(z)} = u - iv$.)

28. **Valor absoluto de um conjugado** Mostre que $|\bar{z}| = |z|$.
29. **Quando $z = \bar{z}$** Se z e $\bar{z}$ são iguais, o que podemos dizer sobre a localização do ponto z no plano complexo?

30. **Partes real e imaginária** Denote por Re(z) a parte real de z e Im(z) a parte imaginária. Mostre que as seguintes relações são válidas para quaisquer números complexos z, z_1 e z_2.

   a. $z + \bar{z} = 2\text{Re}(z)$

   b. $z - \bar{z} = 2i\text{Im}(z)$

   c. $|\text{Re}(z)| \leq |z|$

   d. $|z_1 + z_2|^2 = |z_1|^2 + |z_2|^2 + 2\text{Re}(z_1 \bar{z}_2)$

   e. $|z_1 + z_2| \leq |z_1| + |z_2|$

A.8 Lei distributiva para produtos vetoriais

Neste apêndice, provaremos a lei distributiva

$$\mathbf{u} \times (\mathbf{v} + \mathbf{w}) = \mathbf{u} \times \mathbf{v} + \mathbf{u} \times \mathbf{w},$$

que é a Propriedade 2 na Seção 12.4.

Prova Para deduzir a Lei Distributiva, construímos $\mathbf{u} \times \mathbf{v}$ de um novo modo. Desenhamos $\mathbf{u}$ e $\mathbf{v}$ a partir de um ponto comum O e construímos um plano M perpendicular a $\mathbf{u}$ em O (Figura A.30). Em seguida, projetamos $\mathbf{v}$ ortogonalmente sobre M, gerando um vetor $\mathbf{v}'$ com comprimento $|\mathbf{v}|\,\text{sen}\,\theta$. Giramos $\mathbf{v}'$ de 90° em relação a $\mathbf{u}$ no sentido positivo para produzir um vetor $\mathbf{v}''$. Por fim, multiplicamos $\mathbf{v}''$ pelo comprimento de $\mathbf{u}$. O vetor resultante $|\mathbf{u}|\mathbf{v}''$ é igual a $\mathbf{u} \times \mathbf{v}$, pois $\mathbf{v}''$ tem a mesma direção que $\mathbf{u} \times \mathbf{v}$ por sua construção (Figura A.30) e

$$|\mathbf{u}||\mathbf{v}''| = |\mathbf{u}||\mathbf{v}'| = |\mathbf{u}||\mathbf{v}|\,\text{sen}\,\theta = |\mathbf{u} \times \mathbf{v}|.$$

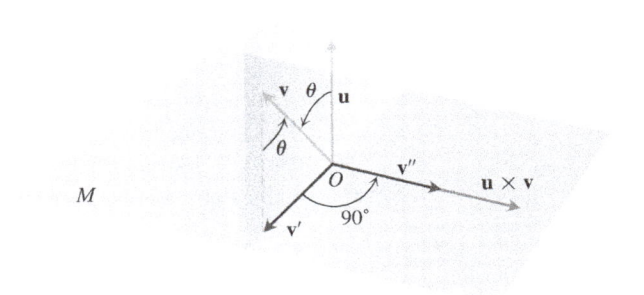

FIGURA A.30 Conforme explicado no texto, $\mathbf{u} \times \mathbf{v} = |\mathbf{u}|\mathbf{v}''$.

Agora, cada uma dessas três operações, sendo elas

1. projeção em M
2. rotação em torno de $\mathbf{u}$ em 90°
3. multiplicação pela grandeza escalar $|\mathbf{u}|$

quando aplicadas a um triângulo cujo plano não é paralelo a $\mathbf{u}$, produzirão um outro triângulo. Se começarmos com o triângulo cujos lados são $\mathbf{v}$, $\mathbf{w}$ e $\mathbf{v} + \mathbf{w}$ (Figura A.31) e aplicarmos esses três passos, obteremos, sucessivamente, o seguinte:

1. Um triângulo cujos lados são $\mathbf{v}'$, $\mathbf{w}'$ e $(\mathbf{v} + \mathbf{w})'$ satisfazendo a equação vetorial

$$\mathbf{v}' + \mathbf{w}' = (\mathbf{v} + \mathbf{w})'$$

2. Um triângulo cujos lados são $\mathbf{v}''$, $\mathbf{w}''$ e $(\mathbf{v} + \mathbf{w})''$ satisfazendo a equação vetorial

$$\mathbf{v}'' + \mathbf{w}'' = (\mathbf{v} + \mathbf{w})''$$

(a linha dupla em cada vetor tem o mesmo significado que na Figura A.30)

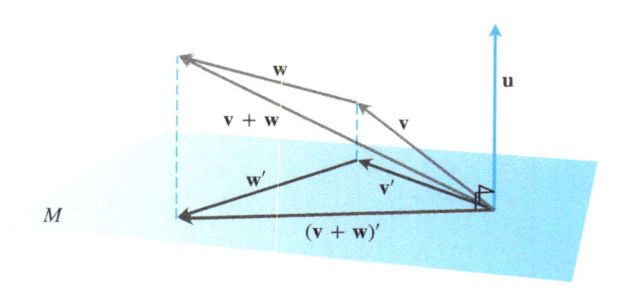

FIGURA A.31 Vetores **v**, **w**, **v** + **w** e suas projeções em um plano perpendicular a **u**.

3. Um triângulo cujos lados são $|\mathbf{u}|\mathbf{v}''$, $|\mathbf{u}|\mathbf{w}''$ e $|\mathbf{u}|(\mathbf{v} + \mathbf{w})''$ satisfazendo a equação vetorial

$$|\mathbf{u}|\mathbf{v}'' + |\mathbf{u}|\mathbf{w}'' = |\mathbf{u}|(\mathbf{v} + \mathbf{w})''.$$

Substituindo nessa última equação $|\mathbf{u}|\mathbf{v}'' = \mathbf{u} \times \mathbf{v}$, $|\mathbf{u}|\mathbf{w}'' = \mathbf{u} \times \mathbf{w}$ e $|\mathbf{u}|(\mathbf{v} + \mathbf{w})'' = \mathbf{u} \times (\mathbf{v} + \mathbf{w})$ da discussão anterior, temos

$$\mathbf{u} \times \mathbf{v} + \mathbf{u} \times \mathbf{w} = \mathbf{u} \times (\mathbf{v} + \mathbf{w}),$$

que é a lei que queríamos estabelecer.

A.9 Teorema da derivada mista e o teorema do incremento

Neste apêndice, deduziremos o teorema da derivada mista (Teorema 2, Seção 14.3) e o teorema do incremento para funções de duas variáveis (Teorema 3, Seção 14.3). Euler publicou seu teorema da derivada mista em 1734, em uma série de trabalhos que escreveu sobre a hidrodinâmica.

> **TEOREMA 2 — Teorema da derivada mista** Se $f(x, y)$ e suas derivadas parciais f_x, f_y, f_{xy} e f_{yx} são definidas ao longo de uma região aberta contendo um ponto (a, b) e são todas contínuas em (a, b), então
>
> $$f_{xy}(a, b) = f_{yx}(a, b).$$

Prova A igualdade de $f_{xy}(a, b)$ e $f_{yx}(a, b)$ pode ser estabelecida por quatro aplicações do teorema do valor médio (Teorema 4, Seção 4.2). Por hipótese, o ponto (a, b) situa-se no interior de um retângulo R no plano xy no qual f, f_x, f_y, f_{xy} e f_{yx} são todas definidas. Consideramos h e k os números necessários para que o ponto $(a + h, b + k)$ também esteja em R, e consideramos a diferença

$$\Delta = F(a + h) - F(a), \tag{1}$$

onde

$$F(x) = f(x, b + k) - f(x, b). \tag{2}$$

Aplicamos o teorema do valor médio a F, que é contínua porque é diferenciável. Então, a Equação 1 torna-se

$$\Delta = hF'(c_1), \qquad (3)$$

onde c_1 está entre a e $a + h$. A partir da Equação 2,

$$F'(x) = f_x(x, b + k) - f_x(x, b),$$

então a Equação 3 torna-se

$$\Delta = h[f_x(c_1, b + k) - f_x(c_1, b)]. \qquad (4)$$

Aplicamos agora o teorema do valor médio à função $g(y) = f_x(c_1, y)$ e temos

$$g(b + k) - g(b) = kg'(d_1),$$

ou

$$f_x(c_1, b + k) - f_x(c_1, b) = kf_{xy}(c_1, d_1)$$

para algum d_1 entre b e $b + k$. Substituindo isso na Equação 4, obtemos

$$\Delta = hkf_{xy}(c_1, d_1) \qquad (5)$$

para algum ponto (c_1, d_1) no retângulo R' cujos vértices são os quatro pontos (a, b), $(a + h, b)$, $(a + h, b + k)$ e $(a, b + k)$. (Veja a Figura A.32.)

Substituindo a Equação 2 pela Equação 1, podemos escrever também

$$\begin{aligned}\Delta &= f(a + h, b + k) - f(a + h, b) - f(a, b + k) + f(a, b) \\ &= [f(a + h, b + k) - f(a, b + k)] - [f(a + h, b) - f(a, b)] \\ &= \phi(b + k) - \phi(b),\end{aligned} \qquad (6)$$

onde

$$\phi(y) = f(a + h, y) - f(a, y). \qquad (7)$$

O teorema do valor médio aplicado à Equação 6 agora dá

$$\Delta = k\phi'(d_2) \qquad (8)$$

para algum d_2 entre b e $b + k$. Pela Equação 7,

$$\phi'(y) = f_y(a + h, y) - f_y(a, y). \qquad (9)$$

A substituição da Equação 9 na Equação 8 nos dá

$$\Delta = k[f_y(a + h, d_2) - f_y(a, d_2)].$$

Por fim, aplicamos o teorema do valor médio à expressão em colchetes e obtemos

$$\Delta = khf_{yx}(c_2, d_2) \qquad (10)$$

para algum c_2 entre a e $a + h$.

Juntas, as Equações 5 e 10 mostram que

$$f_{xy}(c_1, d_1) = f_{yx}(c_2, d_2), \qquad (11)$$

onde (c_1, d_1) e (c_2, d_2) situam-se no retângulo R' (Figura A.32). A Equação 11 não é bem o resultado que queremos, uma vez que ela diz somente que f_{xy} tem o mesmo valor em (c_1, d_1) e que f_{yx} tem o mesmo em (c_2, d_2). Os números h e k em nossa discussão, no entanto, podem ser tão pequenos quanto desejarmos. A hipótese de que f_{xy} e f_{yx} são ambas contínuas em (a, b) significa que $f_{xy}(c_1, d_1) = f_{xy}(a, b) + \epsilon_1$ e $f_{yx}(c_2, d_2) = f_{yx}(a, b) + \epsilon_2$, onde $\epsilon_1, \epsilon_2 \to 0$ à medida que ambos $h, k \to 0$. Consequentemente, se considerarmos h e $k \to 0$, teremos $f_{xy}(a, b) = f_{yx}(a, b)$.

A igualdade de $f_{xy}(a, b)$ e $f_{yx}(a, b)$ pode ser comprovada com hipóteses mais fracas do que as consideradas aqui. Por exemplo, basta que f, f_x e f_y existam em R e que f_{xy} seja contínua em (a, b). Então, f_{yx} irá existir em (a, b) e será igual a f_{xy} naquele ponto.

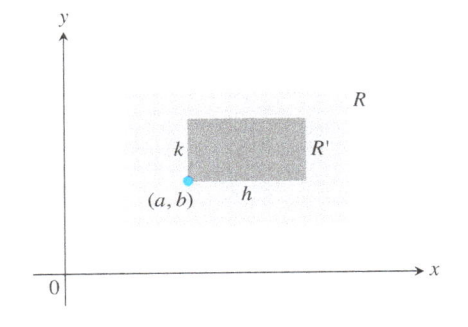

FIGURA A.32 A chave para provar $f_{xy}(a, b) = f_{yx}(a, b)$ é que não importa quão pequeno R' seja, f_{xy} e f_{yx} assumem valores iguais em algum lugar dentro de R' (embora não necessariamente no mesmo ponto).

> **TEOREMA 3 — Teorema do incremento para funções de duas variáveis**
> Suponha que as derivadas parciais de primeira ordem de $f(x, y)$ sejam definidas em uma região aberta R contendo o ponto (x_0, y_0) e que f_x e f_y sejam contínuas em (x_0, y_0). Portanto, a variação
>
> $$\Delta z = f(x_0 + \Delta x, y_0 + \Delta y) - f(x_0, y_0)$$
>
> no valor de f que resulta do movimento de (x_0, y_0) para outro ponto $(x_0 + \Delta x, y_0 + \Delta y)$ em R satisfaz uma equação da forma
>
> $$\Delta z = f_x(x_0, y_0)\, \Delta x + f_y(x_0, y_0)\, \Delta y + \epsilon_1 \Delta x + \epsilon_2 \Delta y$$
>
> na qual $\epsilon_1, \epsilon_2 \to 0$ à medida que $\Delta x, \Delta y \to 0$.

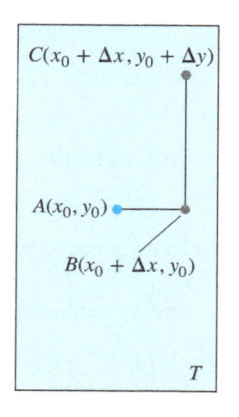

FIGURA A.33 Região retangular T na prova do teorema do incremento. A figura está desenhada para Δx e Δy positivos, mas o incremento pode ser zero ou negativo.

Prova Trabalhamos dentro de um retângulo T centrado em $A(x_0, y_0)$ e situado dentro de R, e consideramos que Δx e Δy já são tão pequenos que o segmento de reta unindo A a $B(x_0 + \Delta x, y_0)$ e o segmento de reta unindo B a $C(x_0 + \Delta x, y_0 + \Delta y)$ situam-se no interior de T (Figura A.33).

Podemos pensar em Δz como a soma $\Delta z = \Delta z_1 + \Delta z_2$ de dois incrementos, onde

$$\Delta z_1 = f(x_0 + \Delta x, y_0) - f(x_0, y_0)$$

é a variação do valor de f entre A e B e

$$\Delta z_2 = f(x_0 + \Delta x, y_0 + \Delta y) - f(x_0 + \Delta x, y_0)$$

é a variação no valor de f entre B e C (Figura A.34).

No intervalo fechado de valores x unindo x_0 a $x_0 + \Delta x$, a função $F(x) = f(x, y_0)$ é uma função de x diferenciável (e, portanto, contínua), com derivada

$$F'(x) = f_x(x, y_0).$$

Pelo teorema do valor médio (Teorema 4, Seção 4.2), existe c, um valor de x entre x_0 e $x_0 + \Delta x$ no qual

$$F(x_0 + \Delta x) - F(x_0) = F'(c)\, \Delta x$$

ou

$$f(x_0 + \Delta x, y_0) - f(x_0, y_0) = f_x(c, y_0)\, \Delta x$$

ou

$$\Delta z_1 = f_x(c, y_0)\, \Delta x. \tag{12}$$

De forma semelhante, $G(y) = f(x_0 + \Delta x, y)$ é uma função diferenciável (e, portanto, contínua) de y no intervalo fechado y unindo y_0 e $y_0 + \Delta y$, com derivada

$$G'(y) = f_y(x_0 + \Delta x, y).$$

Consequentemente, existe d, um valor de y entre $y_0 + \Delta y$ no qual

$$G(y_0 + \Delta y) - G(y_0) = G'(d)\, \Delta y$$

ou

$$f(x_0 + \Delta x, y_0 + \Delta y) - f(x_0 + \Delta x, y) = f_y(x_0 + \Delta x, d)\, \Delta y$$

ou

$$\Delta z_2 = f_y(x_0 + \Delta x, d)\, \Delta y. \tag{13}$$

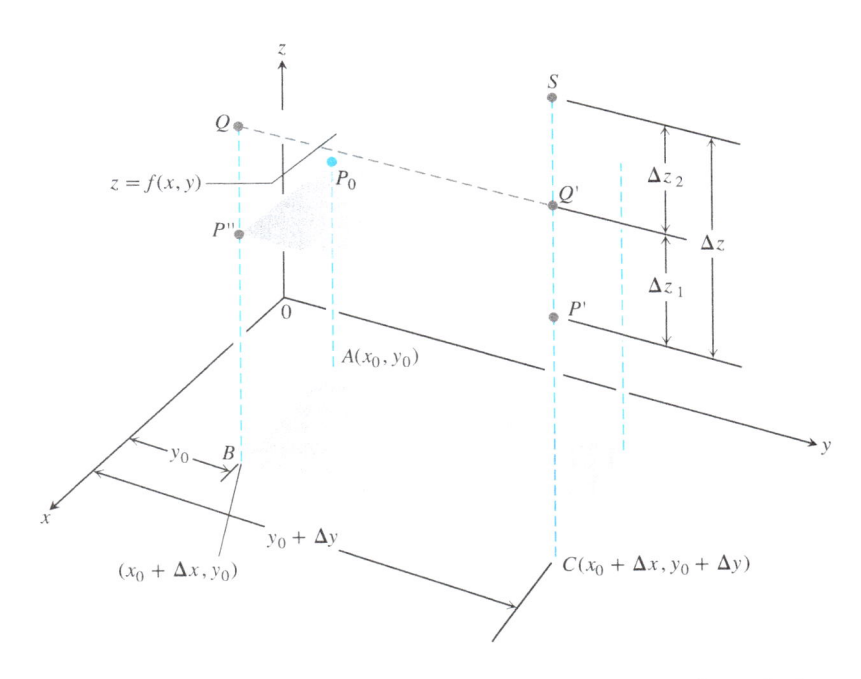

FIGURA A.34 Parte da superfície $z = f(x, y)$ próxima de $P_0(x_0, y_0, f(x_0, y_0))$. Os pontos P_0, P' e P'' têm o mesmo comprimento $z_0 = f(x_0, y_0)$ acima do plano xy. A variação em z é $\Delta z = P'S$. A variação

$$\Delta z_1 = f(x_0 + \Delta x, y_0) - f(x_0, y_0),$$

mostrada como $P''Q = P'Q'$, é causada pela variação x entre x_0 e $x_0 + \Delta x$ enquanto se mantém y igual a y_0. Então, com x mantido igual a $x_0 + \Delta x$,

$$\Delta z_2 = f(x_0 + \Delta x, y_0 + \Delta y) - f(x_0 + \Delta x, y_0)$$

é a variação em z causada ao se variar y_0 entre $y_0 + \Delta y$, que é representada por $Q'S$. A variação total em z é a soma de Δz_1 e Δz_2.

Agora, à medida que Δx e $\Delta y \to 0$, sabemos que $c \to x_0$ e $d \to y_0$. Sendo assim, como f_x e f_y são contínuas em (x_0, y_0), as quantidades

$$\epsilon_1 = f_x(c, y_0) - f_x(x_0, y_0),$$
$$\epsilon_2 = f_y(x_0 + \Delta x, d) - f_y(x_0, y_0) \tag{14}$$

aproximam-se de zero à medida que Δx e $\Delta y \to 0$.

Por fim,

$$\begin{aligned}\Delta z &= \Delta z_1 + \Delta z_2 \\ &= f_x(c, y_0)\Delta x + f_y(x_0 + \Delta x, d)\Delta y &&\text{Das Equações 12 e 13} \\ &= [f_x(x_0, y_0) + \epsilon_1]\Delta x + [f_y(x_0, y_0) + \epsilon_2]\Delta y &&\text{Da Equação 14} \\ &= f_x(x_0, y_0)\Delta x + f_y(x_0, y_0)\Delta y + \epsilon_1 \Delta x + \epsilon_2 \Delta y,\end{aligned}$$

onde tanto ϵ_1 quanto $\epsilon_2 \to 0$ à medida que Δx e $\Delta y \to 0$, é o que queríamos provar.

Resultados análogos são verdadeiros para funções de qualquer número de variáveis independentes. Suponha que as derivadas parciais de primeira ordem de $w = f(x, y, z)$ sejam definidas sobre uma região aberta contendo o ponto (x_0, y_0, z_0) e que f_x, f_y e f_z são contínuas em (x_0, y_0, z_0). Então

$$\begin{aligned}\Delta w &= f(x_0 + \Delta x, y_0 + \Delta y, z_0 + \Delta z) - f(x_0, y_0, z_0) \\ &= f_x \Delta x + f_y \Delta y + f_z \Delta z + \epsilon_1 \Delta x + \epsilon_2 \Delta y + \epsilon_3 \Delta z,\end{aligned} \tag{15}$$

onde $\epsilon_1, \epsilon_2, \epsilon_3 \to 0$ à medida que Δx, Δy e $\Delta z \to 0$.

As derivadas parciais f_x, f_y, f_z na Equação 15 serão calculadas no ponto (x_0, y_0, z_0).

A Equação 15 pode ser provada tratando-se Δw como a soma dos três incrementos,

$$\Delta w_1 = f(x_0 + \Delta x, y_0, z_0) - f(x_0, y_0, z_0) \tag{16}$$

$$\Delta w_2 = f(x_0 + \Delta x, y_0 + \Delta y, z_0) - f(x_0 + \Delta x, y_0, z_0) \tag{17}$$

$$\Delta w_3 = f(x_0 + \Delta x, y_0 + \Delta y, z_0 + \Delta z) - f(x_0 + \Delta x, y_0 + \Delta y, z_0), \tag{18}$$

e aplicando-se o teorema do valor médio a cada um deles separadamente. Duas coordenadas permanecem constantes e somente uma varia em cada um desses incrementos parciais Δw_1, Δw_2, Δw_3. Na Equação 17, por exemplo, somente y varia, uma vez que x é mantido igual a $x_0 + \Delta x$ e z é mantido igual a z_0. Uma vez que $f(x_0 + \Delta x, y, z_0)$ é uma função contínua de y com uma derivada f_y, ela está sujeita ao teorema do valor médio, e temos

$$\Delta w_2 = f_y(x_0 + \Delta x, y_1, z_0)\, \Delta y$$

para algum y_1 entre y_0 e $y_0 + \Delta y$.

RESPOSTAS SELECIONADAS

CAPÍTULO 1

Seção 1.1

1. $D: (-\infty, \infty)$, $R: [1, \infty)$. **3.** $D: [-2, \infty)$, $R: [0, \infty)$.
5. $D: (-\infty, 3) \cup (3, \infty)$, $R: [-\infty, 0) \cup (0, \infty)$.
7. a. Não é uma função de x, porque alguns valores de x têm dois valores de y.
b. Uma função de x, porque para todo x existe somente um possível y.
9. $A = \dfrac{\sqrt{3}}{4} x^2$, $p = 3x$ **11.** $x = \dfrac{d}{\sqrt{3}}$, $A = 2d^2$, $V = \dfrac{d^3}{3\sqrt{3}}$
13. $L = \dfrac{\sqrt{20x^2 - 20x + 25}}{4}$
15. $(-\infty, \infty)$. **17.** $(-\infty, \infty)$.

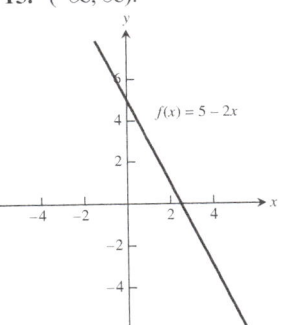

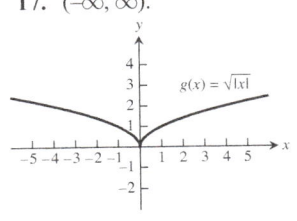

19. $(-\infty, 0) \cup (0, \infty)$.

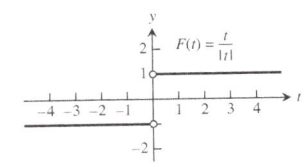

21. $(-\infty, -5) \cup (-5, -3] \cup [3, 5) \cup (5, \infty)$.
23. a. Para cada valor positivo de x, existem dois valores de y. 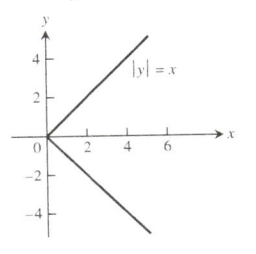
b. Para cada valor de $x \neq 0$, existem dois valores de y.

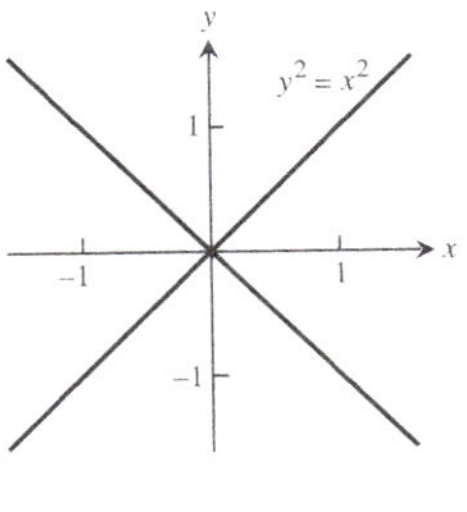

25. $f(x) = \begin{cases} x & 0 \leq x \leq 1 \\ 2 - x, & 1 < x \leq 2 \end{cases}$

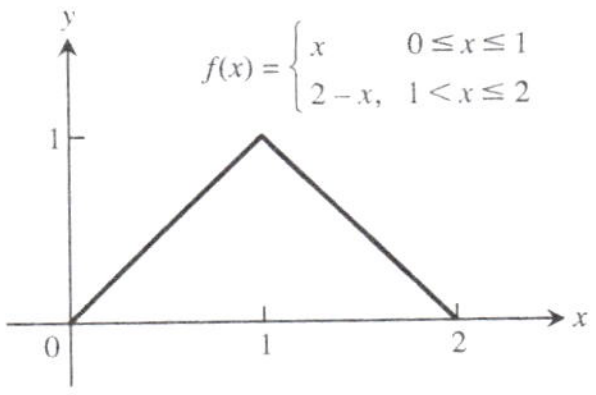

27. $y = x^2 + 2x$; $y = 4 - x^2$

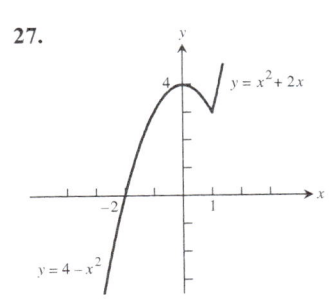

29. a. $f(x) = \begin{cases} x, & 0 \leq x \leq 1 \\ -x + 2, & 1 < x \leq 2 \end{cases}$

b. $f(x) = \begin{cases} 2, & 0 \leq x < 1 \\ 0, & 1 \leq x < 2 \\ 2, & 2 \leq x < 3 \\ 0, & 3 \leq x \leq 4 \end{cases}$

31. a. $f(x) = \begin{cases} -x, & -1 \leq x < 0 \\ 1, & 0 < x \leq 1 \\ -\tfrac{1}{2}x + \tfrac{3}{2}, & 1 < x < 3 \end{cases}$

b. $f(x) = \begin{cases} \tfrac{1}{2}x, & -2 \leq x \leq 0 \\ -2x + 2, & 0 < x \leq 1 \\ -1, & 1 < x \leq 3 \end{cases}$

33. a. $0 \leq x < 1$. **b.** $-1 < x \leq 0$. **35.** Sim.
37. Simétrico em relação à origem. 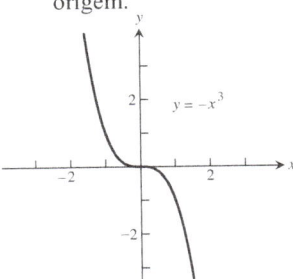
$y = -x^3$
Decresc. $-\infty < x < \infty$.
39. Simétrico em relação à origem. 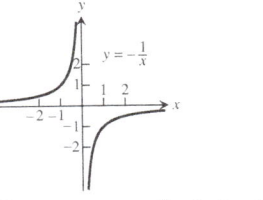
$y = -\dfrac{1}{x}$
Cresc. $-\infty < x < 0$ e $0 < x < \infty$.
41. Simétrico em relação ao eixo y. 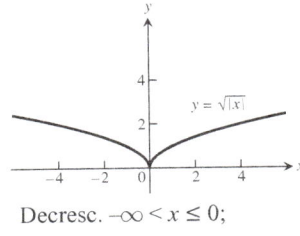
$y = \sqrt{|x|}$
Decresc. $-\infty < x \leq 0$;
Cresc. $0 \leq x < \infty$.
43. Simétrico em relação à origem 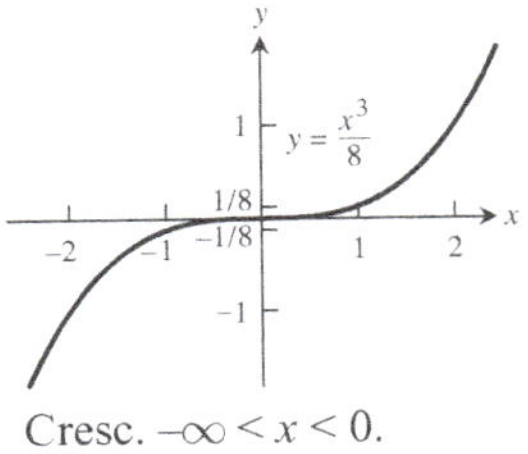
$y = \dfrac{x^3}{8}$
Cresc. $-\infty < x < 0$.

45. Nenhuma simetria

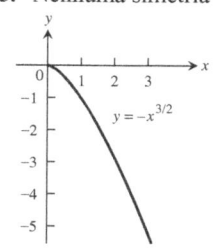

$y = -x^{3/2}$

Decresc. $0 \leq x < \infty$.

47. Par. **49.** Par. **51.** Ímpar. **53.** Par.
55. Nenhum dos dois. **63.** $V = x(14 - 2x)(22 - 2x)$.
57. Nenhum dos dois. **65. a.** h **b.** f **c.** g.
59. $t = 180$. **67. a.** $(-2, 0) \cup (4, \infty)$.
61. $s = 2,4$. **71.** $C = 5(2 + \sqrt{2})h$

Seção 1.2

1. $D_f: -\infty < x < \infty$, $D_g: x \geq 1$, $R_f: -\infty < y < \infty$,
$R_g: y \geq 0$, $D_{f+g} = D_{f\cdot g} = D_g$, $R_{f+g}: y \geq 1$, $R_{f\cdot g}: y \geq 0$

3. $D_f: -\infty < x < \infty$, $D_g: -\infty < x < \infty$, $R_f: y = 2$,
$R_g: y \geq 1$, $D_{f/g}: -\infty < x < \infty$, $R_{f/g}: 0 < y \leq 2$,
$D_{g/f}: -\infty < x < \infty$, $R_{g/f}: y \geq 1/2$

5. a. 2. **c.** $x^2 + 2$. **e.** 5. **g.** $x + 10$.
  b. 22. **d.** $x^2 + 10x + 22$. **f.** -2. **h.** $x^4 - 6x^2 + 6$.

7. $13 - 3x$ **9.** $\sqrt{\dfrac{5x+1}{4x+1}}$

11. a. $f(g(x))$. **c.** $g(g(x))$. **e.** $g(h(f(x)))$.
  b. $j(g(x))$. **d.** $j(j(x))$. **f.** $h(j(f(x)))$.

13.

	$g(x)$	$f(x)$	$(f \circ g)(x)$
a.	$x - 7$	$\sqrt{x}$	$\sqrt{x-7}$
b.	$x + 2$	$3x$	$3x + 6$
c.	x^2	$\sqrt{x-5}$	$\sqrt{x^2-5}$
d.	$\dfrac{x}{x-1}$	$\dfrac{x}{x-1}$	x
e.	$\dfrac{1}{x-1}$	$1 + \dfrac{1}{x}$	x
f.	$\dfrac{1}{x}$	$\dfrac{1}{x}$	x

15. a. 1. **b.** 2. **c.** -2. **d.** 0. **e.** -1. **f.** 0.

17. a. $f(g(x)) = \sqrt{\dfrac{1}{x} + 1}$, $g(f(x)) = \dfrac{1}{\sqrt{x+1}}$
  b. $D_{f \circ g} = (-\infty, -1] \cup (0, \infty)$, $D_{g \circ f} = (-1, \infty)$
  c. $R_{f \circ g} = [0, 1) \cup (1, \infty)$, $R_{g \circ f} = (0, \infty)$

19. $g(x) = \dfrac{2x}{x-1}$

21. a. $y = -(x+7)^2$ **b.** $y = -(x-4)^2$

23. a. Posição 4. **b.** Posição 1. **c.** Posição 2. **d.** Posição 3.
25. $(x+2)^2 + (y+3)^2 = 49$. **27.** $y + 1 = (x+1)^3$.

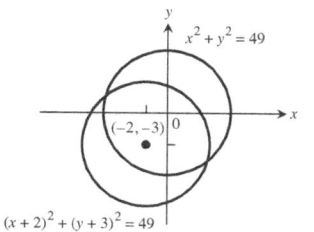

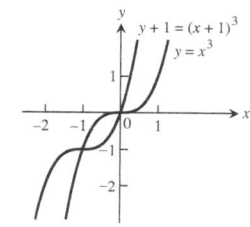

29. $y = \sqrt{x + 0,81}$

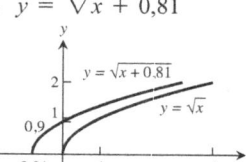

31. $y = 2x$.

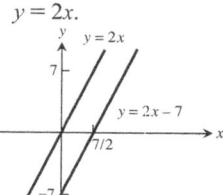

33. $y - 1 = \dfrac{1}{x-1}$

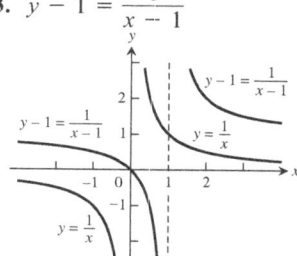

35.

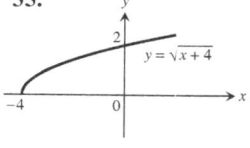

37.

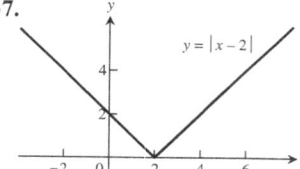

39.

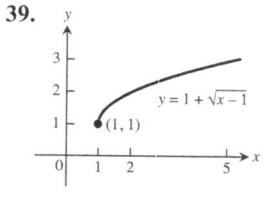

41.

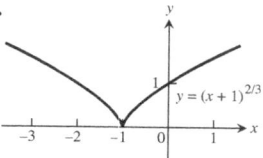

43.

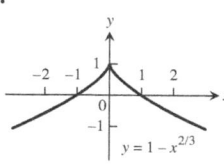

45.

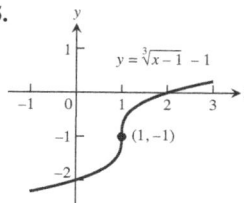

47.

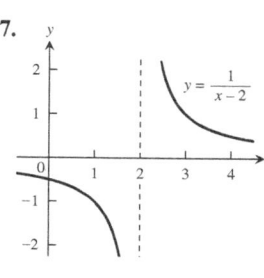

49.

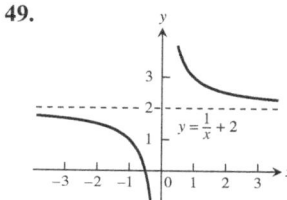

51.

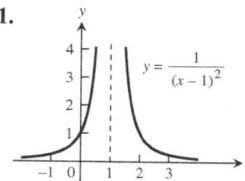

53.

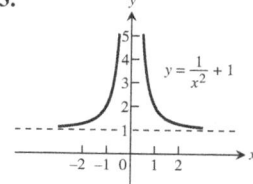

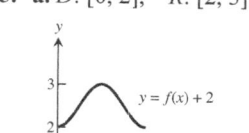

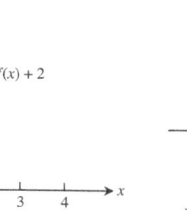

55. a. $D: [0, 2]$, $R: [2, 3]$. **b.** $D: [0, 2]$, $R: [-1, 0]$.

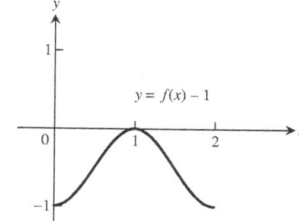

c. $D: [0, 2]$, $R: [0, 2]$.

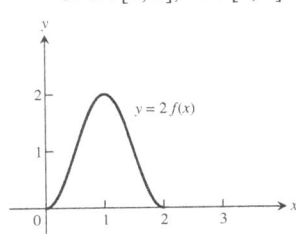

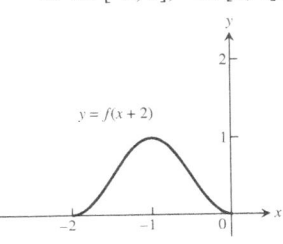

f. $D: [1, 3]$, $R: [0, 1]$.

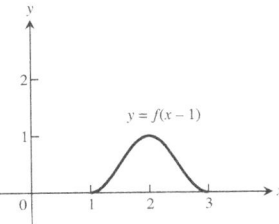

75.

79.

d. $D: [0, 2]$, $R: [-1, 0]$.

g. $D: [-2, 0]$, $R: [0, 1]$.

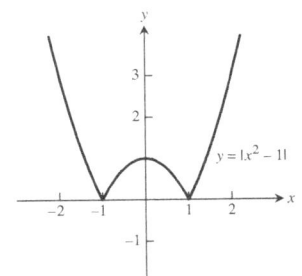

77.

81.

e. $D: [-2, 0]$, $R: [0, 1]$.

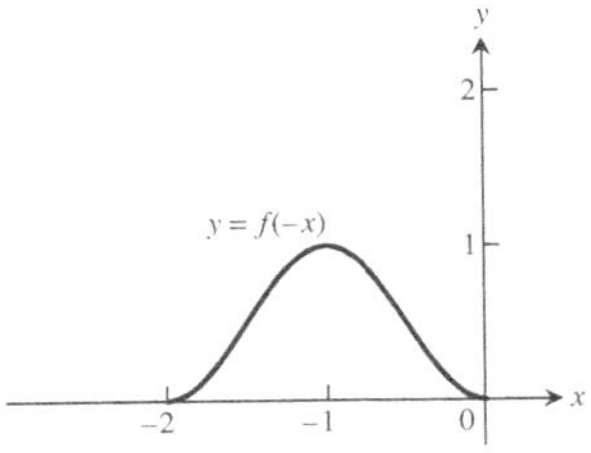

h. $D: [-1, 1]$, $R: [0, 1]$.

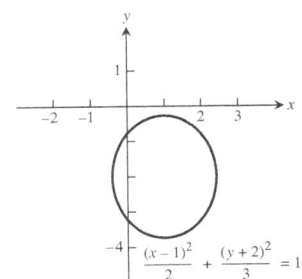

83. $\dfrac{(x+4)^2}{16} + \dfrac{(y-3)^2}{9} = 1$ Centro: $(-4, 3)$

O eixo maior é o segmento de reta entre $(-8, 3)$ e $(0, 3)$.

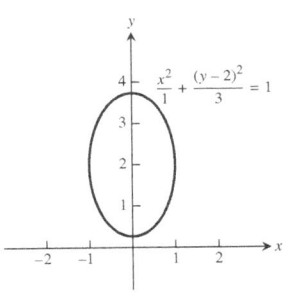

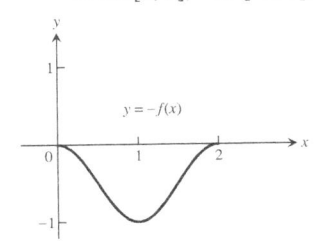

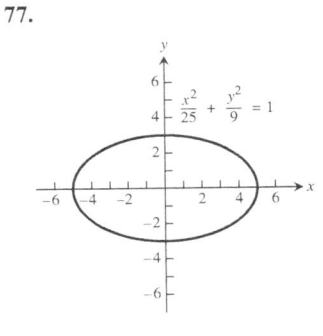

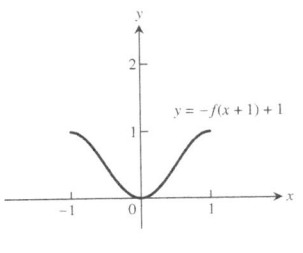

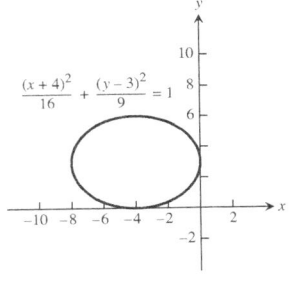

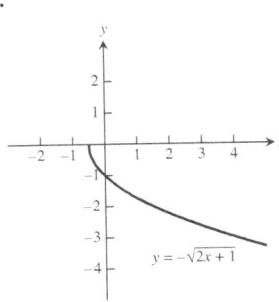

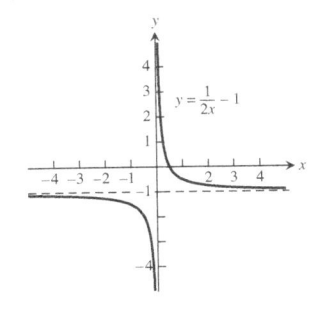

57. $y = 3x^2 - 3$

59. $y = \dfrac{1}{2} + \dfrac{1}{2x^2}$

61. $y = \sqrt{4x+1}$

63. $y = \sqrt{4 - \dfrac{x^2}{4}}$ **65.** $y = 1 - 27x^3$

85.
a. Ímpar.	**c.** Ímpar.	**e.** Par.	**g.** Par.	**i.** Ímpar.
b. Ímpar.	**d.** Par.	**f.** Par.	**h.** Par.	

Seção 1.3

1. a. 8π m   **b.** $\dfrac{55\pi}{9}$ m   **3.** 8,4 polegadas

67.

71.

69.

73.

5.

θ	$-\pi$	$-2\pi/3$	0	$\pi/2$	$3\pi/4$
sen θ	0	$-\dfrac{\sqrt{3}}{2}$	0	1	$\dfrac{1}{\sqrt{2}}$
cos θ	-1	$-\dfrac{1}{2}$	1	0	$-\dfrac{1}{\sqrt{2}}$
tg θ	0	$\sqrt{3}$	0	Indef	-1
cotg θ	Indef	$\dfrac{1}{\sqrt{3}}$	Indef	0	-1
sec θ	-1	-2	1	Indef	$-\sqrt{2}$
cossec θ	Indef	$-\dfrac{2}{\sqrt{3}}$	Indef	1	$\sqrt{2}$

7. $\cos x = -4/5$, tg $x = -3/4$

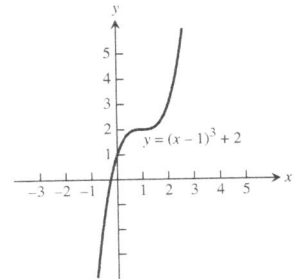

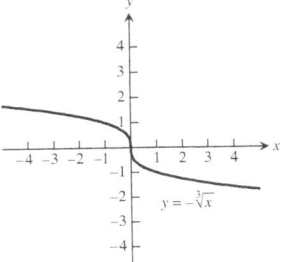

9. sen $x = -\dfrac{\sqrt{8}}{3}$, tg $x = -\sqrt{8}$

11. sen $x = -\dfrac{1}{\sqrt{5}}$, $\cos x = -\dfrac{2}{\sqrt{5}}$

13. Período π

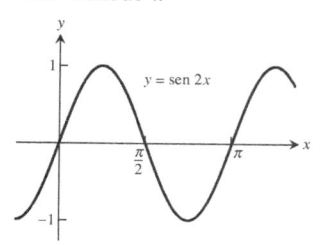

15. Período 2

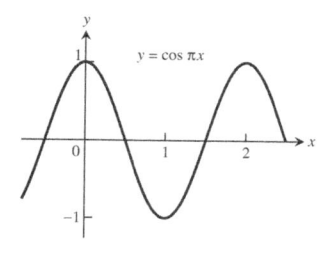

17. Período 6

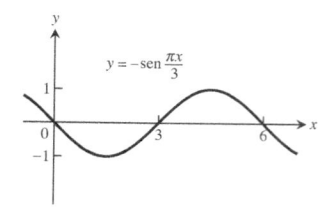

19. Período 2π

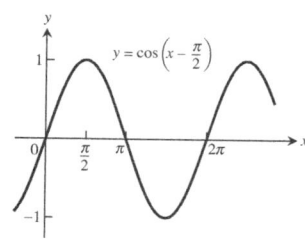

21. Período 2π

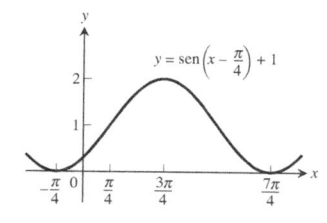

23. Período $\pi/2$, simétrico em relação à origem

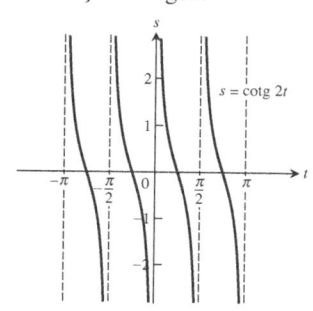

25. Período 4, simétrico em relação ao eixo y

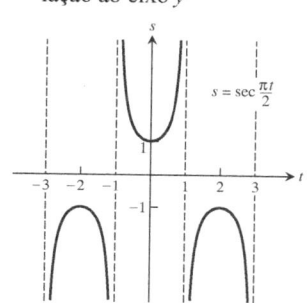

29. $D: (-\infty, \infty)$, $R: y = -1, 0, 1$.

39. $-\cos x$.

41. $-\cos x$.

43. $\dfrac{\sqrt{6}+\sqrt{2}}{4}$

45. $\dfrac{\sqrt{2}+\sqrt{6}}{4}$

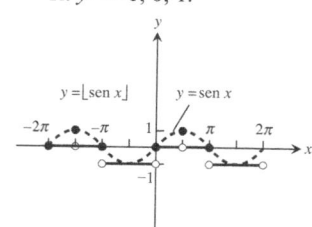

47. $\dfrac{2+\sqrt{2}}{4}$

49. $\dfrac{2-\sqrt{3}}{4}$

51. $\dfrac{\pi}{3}, \dfrac{2\pi}{3}, \dfrac{4\pi}{3}, \dfrac{5\pi}{3}$

53. $\dfrac{\pi}{6}, \dfrac{\pi}{2}, \dfrac{5\pi}{6}, \dfrac{3\pi}{2}$

59. $\sqrt{7} \approx 2{,}65$

63. $a = 1{,}464$

65. $A=2, B=2\pi$, $C=-\pi, D=-1$.

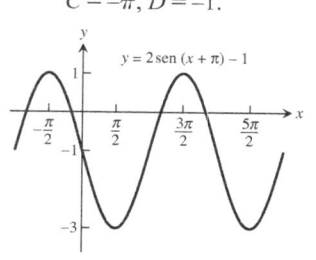

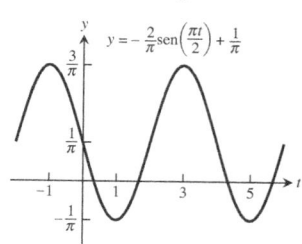

67. $A=-\dfrac{2}{\pi}, B=4$, $C=0, D=\dfrac{1}{\pi}$

Seção 1.4

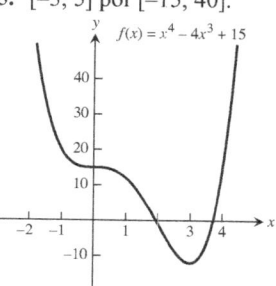

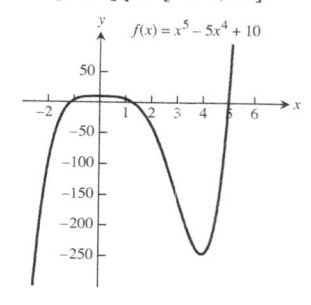

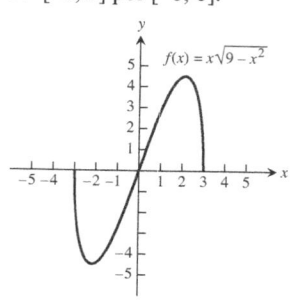

1. d.   **3.** d.

5. $[-3, 5]$ por $[-15, 40]$.

7. $[-3, 6]$ por $[-250, 50]$.

9. $[-3, 3]$ por $[-6, 6]$.

11. $[-2, 6]$ por $[-5, 4]$.

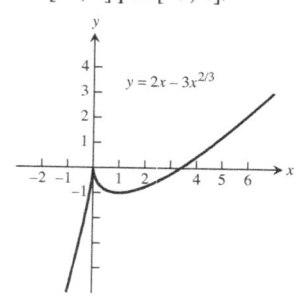

13. $[-2, 8]$ por $[-5, 10]$.

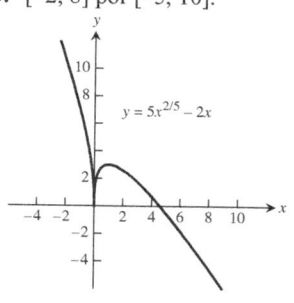

15. $[-3, 3]$ por $[0, 10]$.

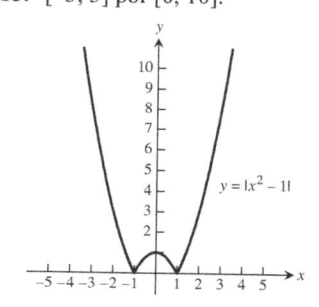

17. $[-10, 10]$ por $[-10, 10]$.

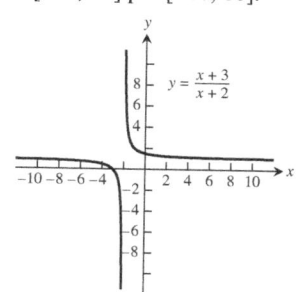

19. $[-4, 4]$ por $[0, 3]$.

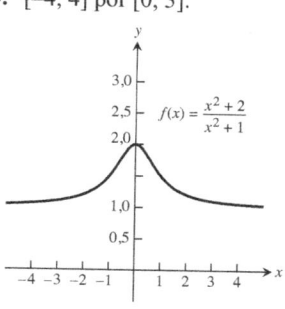

21. $[-10, 10]$ por $[-6, 6]$.

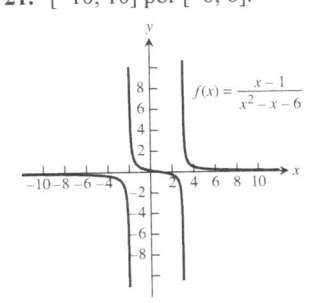

23. $[-6, 10]$ por $[-6, 6]$.

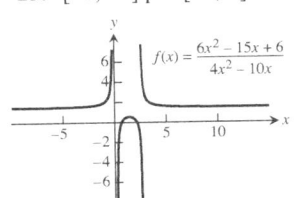

25. $\left[-\dfrac{\pi}{125}, \dfrac{\pi}{125}\right]$ por $[-1,25, 1,25]$

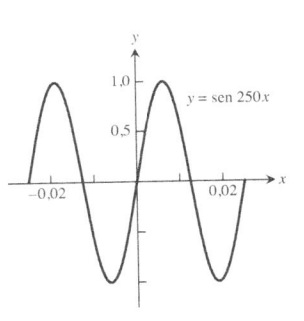

27. $[-100\pi, 100\pi]$ por $[-1,25, 1,25]$.

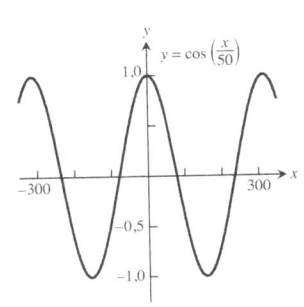

29. $\left[-\dfrac{\pi}{15}, \dfrac{\pi}{15}\right]$ por $[-0,25, 0,25]$

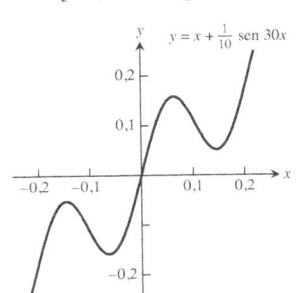

31.

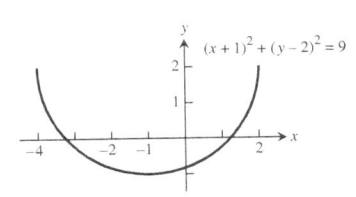

33.

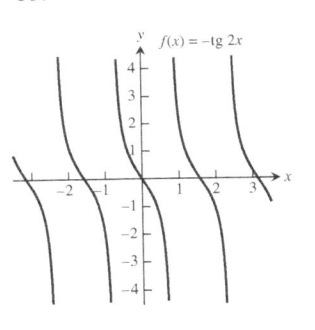

35.

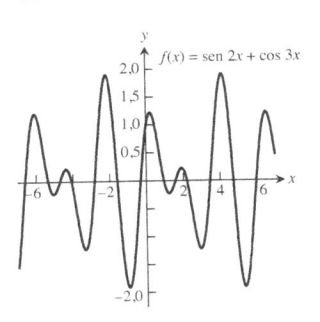

37.

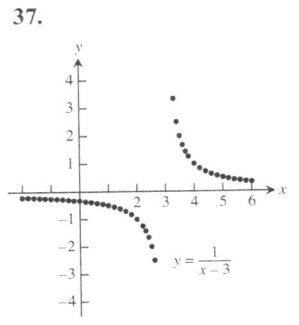

39.

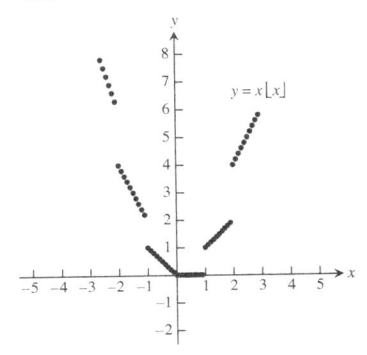

Seção 1.5

1.

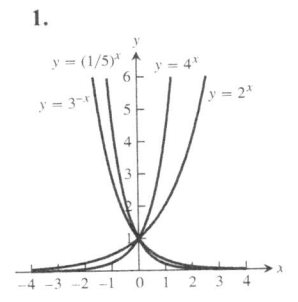

3.

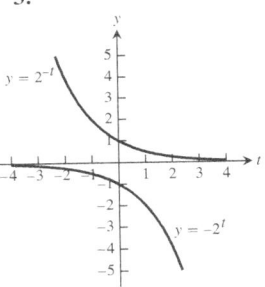

5.

7.

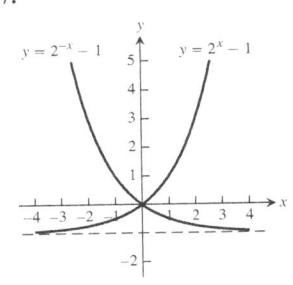

9.

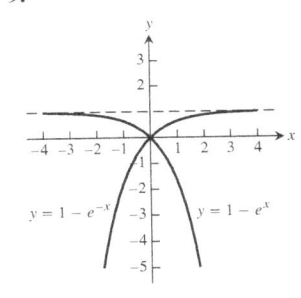

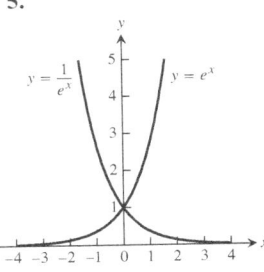

11. $16^{1/4} = 2$. **13.** $4^{1/2} = 2$. **15.** 5. **17.** $14^{\sqrt{3}}$ **19.** 4.

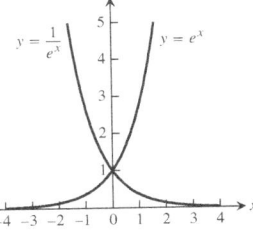

21. D: $-\infty < x < \infty$; R: $0 < y < 1/2$.

23. D: $-\infty < t < \infty$; R: $1 < y < \infty$.

25. $\approx 2,3219$. **27.** $\approx -0,6309$. **29.** Após 19 anos.

31. a. $A(t) = 6,6\left(\dfrac{1}{2}\right)^{t/14}$ **b.** Cerca de 38 dias depois.

33. $\approx 11,433$ anos, ou quando os juros forem pagos.

35. $2^{48} \approx 2,815 \times 10^{14}$.

Seção 1.6

1. Injetora.
3. Não injetora.
5. Injetora.
7. Não injetora.
9. Injetora.
11. $D: (0,1]$ $R: [0, \infty)$.
15. $D: [0, 6]$ $R: [0, 3]$. 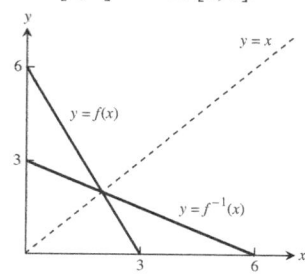
13. $D: [-1, 1]$
    $R: [-\pi/2, \pi/2]$. 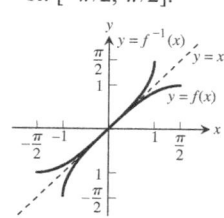
17. a. Simétrico em relação à reta $y = x$ 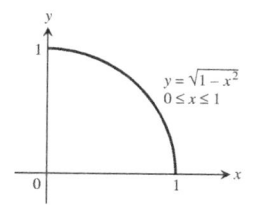
19. $f^{-1}(x) = \sqrt{x - 1}$
21. $f^{-1}(x) = \sqrt[3]{x + 1}$
23. $f^{-1}(x) = \sqrt{x} - 1$
25. $f^{-1}(x) = \sqrt[5]{x}$; $D: -\infty < x < \infty$; $R: -\infty < y < \infty$
27. $f^{-1}(x) = 5\sqrt{x - 1}$; $D: -\infty < x < \infty$; $R: -\infty < y < \infty$
29. $f^{-1}(x) = \dfrac{1}{\sqrt{x}}$; $D: x > 0$; $R: y > 0$
31. $f^{-1}(x) = \dfrac{2x + 3}{x - 1}$; $D: -\infty < x < \infty, x \neq 1$; $R: -\infty < y < \infty, y \neq 2$
33. $f^{-1}(x) = 1 - \sqrt{x + 1}$; $D: -1 \leq x < \infty$; $R: -\infty < y \leq 1$
35. a. $f^{-1}(x) = \dfrac{1}{m}x$
    b. O gráfico de f^{-1} é a reta passando pela origem com coeficiente angular $1/m$.
37. a. $f^{-1}(x) = x - 1$. 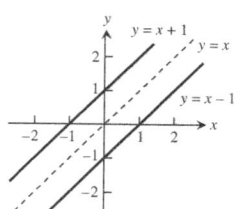
    b. $f^{-1}(x) = x - b$. O gráfico de f^{-1} é uma reta paralela ao gráfico de f. Os gráficos de f e f^{-1} estão em lados opostos da reta $y = x$ e estão equidistantes daquela reta.
    c. Seus gráficos serão paralelos e estarão em lados opostos da reta $y = x$ equidistante daquela reta.
39. a. $\ln 3 - 2\ln 2$.
    b. $2(\ln 2 - \ln 3)$.
    c. $-\ln 2$.
    d. $\dfrac{2}{3}\ln 3$
    e. $\ln 3 + \dfrac{1}{2}\ln 2$
    f. $\dfrac{1}{2}(3\ln 3 - \ln 2)$
41. a. $\ln 5$.
    b. $\ln(x - 3)$.
    c. $\ln(t^2)$.
43. a. $7,2$
    b. $\dfrac{1}{x^2}$
    c. $\dfrac{x}{y}$
45. a. 1.
    b. 1.
    c. $-x^2 - y^2$.
47. e^{2t+4}.
49. $e^{5t} + 40$.
51. $y = 2xe^x + 1$.
53. a. $k = \ln 2$.
    b. $k = (1/10)\ln 2$.
    c. $k = 1000 \ln a$.
55. a. $t = -10 \ln 3$.
    b. $t = -\dfrac{\ln 2}{k}$
    c. $t = \dfrac{\ln 0{,}4}{\ln 0{,}2}$
57. $4(\ln x)^2$.
59. a. 7.
    b. $\sqrt{2}$
    c. 75.
    d. 2.
    e. $0{,}5$.
    f. -1.
61. a. $\sqrt{x}$
    b. x^2
    c. $\operatorname{sen} x$
63. a. $\dfrac{\ln 3}{\ln 2}$
    b. 3.
    c. 2.
65. a. $-\pi/6$.
    b. $\pi/4$.
    c. $-\pi/3$.
67. a. π.
    b. $\pi/2$.
69. Sim, $g(x)$ também é injetora.
71. Sim, $f \circ g$ também é injetora.
73. a. $f^{-1}(x) = \log_2\left(\dfrac{x}{100 - x}\right)$
    b. $f^{-1}(x) = \log_{1{,}1}\left(\dfrac{x}{50 - x}\right)$
75. a. $y = \ln x - 3$.
    b. $y = \ln(x - 1)$.
    c. $y = 3 + \ln(x + 1)$.
    d. $y = \ln(x - 2) - 4$.
    e. $y = \ln(-x)$.
    f. $y = e^x$
79. a. Quantidade $= 8\left(\dfrac{1}{2}\right)^{t/12}$
    b. 36 horas.
81. $\approx 44{,}081$ anos.

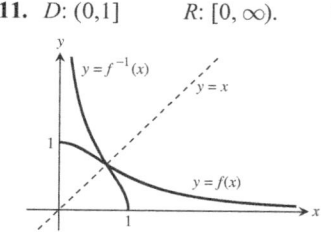

Exercícios práticos

1. $A = \pi r^2$, $C = 2\pi r$, $A = \dfrac{C^2}{4\pi}$.
3. $x = \operatorname{tg}\theta$, $y = \operatorname{tg}^2 \theta$.
5. Origem.
7. Nenhum.
9. Par.
11. Par.
13. Ímpar.
15. Nenhum.
17. a. Par. b. Ímpar. c. Ímpar. d. Par. e. Par.
19. a. Domínio: todos os reais. b. Imagem: $[-2, \infty)$.
21. a. Domínio: $[-4, 4]$. b. Imagem: $[0, 4]$.
23. a. Domínio: todos reais. b. Imagem: $[-3, \infty)$.
25. a. Domínio: todos reais. b. Imagem: $[-3, 1)$.
27. a. Domínio: $(3, \infty)$. b. Imagem: todos reais.
29. a. Crescente. c. Decrescente.
    b. Nenhum. d. Crescente.
31. a. Domínio: $[-4, 4]$. b. Imagem: $[0, 2]$.
33. $f(x) = \begin{cases} 1 - x, & 0 \leq x < 1 \\ 2 - x, & 1 \leq x \leq 2 \end{cases}$
35. a. 1
    b. $\dfrac{1}{\sqrt{2{,}5}} = \sqrt{\dfrac{2}{5}}$
    c. $x, x \neq 0$
    d. $\dfrac{1}{\sqrt{1/\sqrt{x+2}+2}}$
37. a. $(f \circ g)(x) = -x, x \geq -2$, $(g \circ f)(x) = \sqrt{4 - x^2}$.
    b. Domínio $(f \circ g)$: $[-2, \infty)$, domínio $(g \circ f)$: $[-2, 2]$.
    c. Imagem $(f \circ g)$: $(-\infty, 2]$, imagem $(g \circ f)$: $[0, 2]$.

39.

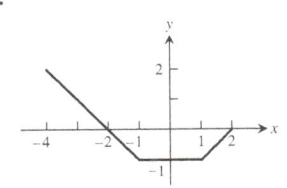

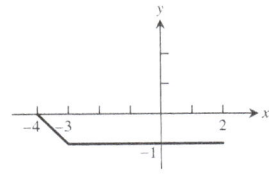

41. Substitua a porção para $x < 0$ com uma imagem espelhada da porção para $x > 0$, para fazer com que o novo gráfico seja simétrico em relação ao eixo y.

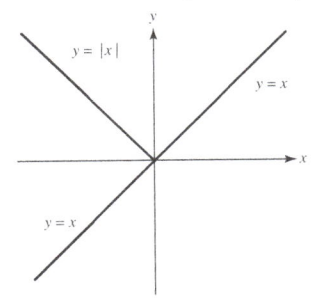

43. Reflete a porção para $y < 0$ através do eixo x.

45. Reflete a porção para $y < 0$ através do eixo x.

47. Adiciona a imagem espelhada da porção para $x > 0$, para fazer com que o novo gráfico seja simétrico com relação ao eixo y.

49. a. $y = g(x - 3) + \frac{1}{2}$.   **d.** $y = -g(x)$.
   b. $y = g\left(x + \frac{2}{3}\right) - 2$.   **e.** $y = 5g(x)$.
   c. $y = g(-x)$.   **f.** $y = g(5x)$.

51.

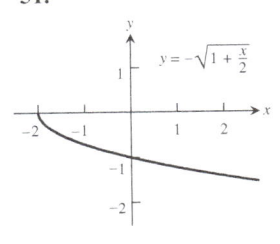

53.

55. Período π.

57. Período 2.

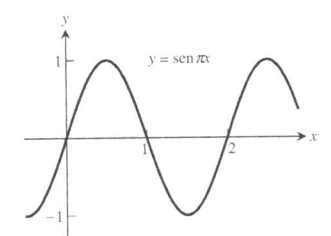

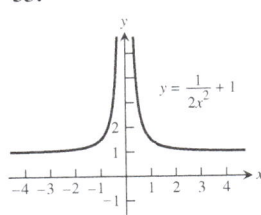

59.

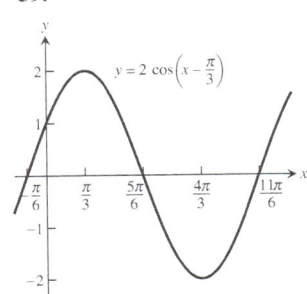

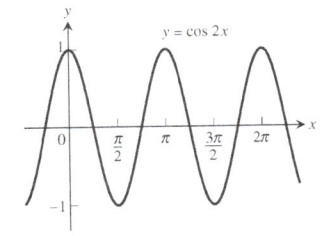

61. a. $a = 1$ $b = \sqrt{3}$ **b.** $a = 2\sqrt{3}/3$ $c = 4\sqrt{3}/3$

63. a. $a = \frac{b}{\operatorname{tg} B}$ **b.** $c = \frac{a}{\operatorname{sen} A}$.

65. $\approx 16{,}98$ m.   **67. b.** 4π.

69. a. Domínio: $-\infty < x < \infty$.   **b.** Domínio: $x > 0$.

71. a. Domínio: $-3 \leq x \leq 3$.   **b.** Domínio: $0 \leq x \leq 4$.

73. $(f \circ g)(x) = \ln(4 - x^2)$ e domínio: $-2 < x < 2$;
$(g \circ f)(x) = 4 - (\ln x)^2$ e domínio: $x > 0$;
$(f \circ f)(x) = \ln(\ln x)$ e domínio: $x > 1$;
$(g \circ g)(x) = -x^4 + 8x^2 - 12$ e domínio: $-\infty < x < \infty$.

79. a. $D: (-\infty, \infty)$ $I: \left[\frac{-\pi}{2}, \frac{\pi}{2}\right]$ **b.** $D: [-1, 1]$ $I: [-1, 1]$.

81. a. Não.   **b.** Sim.

83. a. $f(g(x)) = \left(\sqrt[3]{x}\right)^3 = x$, $g(f(x)) = \sqrt[3]{x^3} = x$.
b.

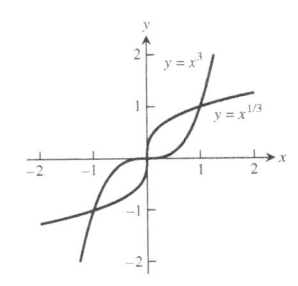

Exercícios adicionais e avançados

1. Sim. Por exemplo: $f(x) = 1/x$ e $g(x) = 1/x$, ou $f(x) = 2x$ e $g(x) = x/2$, ou $f(x) = e^x$ e $g(x) = \ln x$.

3. Se $f(x)$ é ímpar, então $g(x) = f(x) - 2$ não é ímpar. Nem $g(x)$ é par, a menos que $f(x) = 0$ para todo x. Se f é par, então $g(x) = f(x) - 2$ também é par.

5.

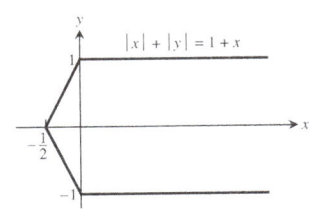

19. a. Domínio: todos os reais. Imagem: Se $a > 0$, então (d, ∞); se $a < 0$, então $(-\infty, d)$.
b. Domínio: (c, ∞), imagem: todos os reais.

21. a. $y = 100.000 - 10000x$, $0 \leq x \leq 10$.   **b.** Após 4,5 anos.

23. Após $\frac{\ln(10/3)}{\ln 1{,}08} \approx 15{,}6439$ anos. (Se o banco pagar somente juros no final do ano, levará 16 anos.)

25. $x = 2, x = 1$.   **27.** $1/2$.

CAPÍTULO 2

Seção 2.1

1. a. 19.   **b.** 1.
3. a. $-\frac{4}{\pi}$.   **b.** $-\frac{3\sqrt{3}}{\pi}$.   **5.** 1.
7. a. 4.   **b.** $y = 4x - 7$.
9. a. 2.   **b.** $y = 2x - 7$.
11. a. 12.   **b.** $y = 12x - 16$.
13. a. -9.   **b.** $y = -9x - 2$.

15. Suas estimativas podem não concordar completamente com estas.
a.

PQ_1	PQ_2	PQ_3	PQ_4
43	46	49	50

As unidades apropriadas são m/s.
b. ≈ 50 m/s ou 180 km/h.

17. a.

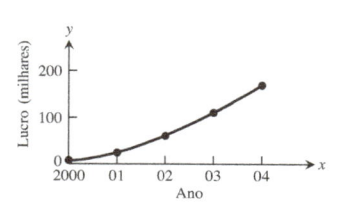

(gráfico: Lucro (milhares) vs Ano, pontos aproximadamente em 2000–04)

b. ≈ \$ 56.000/ano.   **c.** ≈ \$ 42.000/ano.

19. a. 0,414213; 0,449489, $(\sqrt{1+h}-1)/h$.   **b.** $g(x)=\sqrt{x}$.

$1+h$	1,1	1,01	1,001	1,0001
$\sqrt{1+h}$	1,04880	1,004987	1,0004998	1,0000499
$(\sqrt{1+h}-1)/h$	0,4880	0,4987	0,4998	0,499

1,00001	1,000001
1,000005	1,0000005
0,5	0,5

c. 0,5.   **d.** 0,5.

21. a. 15 milhas/h, 3,3 milhas/h, 10 milhas/h.
b. 10 milhas/h, 0 milhas/h, 4 milhas/h.
c. 20 milhas/h quando $t=3,5$ h.

Seção 2.2

1. a. Não existe. À medida que x se aproxima de 1 pela direita, $g(x)$ se aproxima de 0. À medida que x se aproxima de 1 pela esquerda, $g(x)$ se aproxima de 1. Não existe um único número L de que todos os valores $g(x)$ se aproximem arbitrariamente à medida que $x \to 1$.
b. 1.   **c.** 0.   **d.** 1/2.

3. a. Verdadeiro.   **d.** Falso.   **g.** Verdadeiro.
b. Verdadeiro.   **e.** Falso.
c. Falso.   **f.** Verdadeiro.

5. À medida que x se aproxima de 0 pela esquerda, $x/|x|$ se aproxima de -1. À medida que x se aproxima de 0 pela direita, $x/|x|$ se aproxima de 1. Não existe um único número L de que todos os valores de função se aproximem arbitrariamente à medida que $x \to 0$.

7. Nada pode ser dito.   **9.** Não; não; não.   **11.** -9.   **13.** -8.
15. 5/8.   **21.** 3/2.   **27.** 3/2.   **33.** 4/3.   **39.** 1/2.   **45.** 1.
17. 27.   **23.** 1/10.   **29.** $-1/2$.   **35.** 1/6.   **41.** 3/2.   **47.** 1/3.
19. 16.   **25.** -7.   **31.** -1.   **37.** 4.   **43.** -1.   **49.** $\sqrt{4-\pi}$.
51. a. Regra do quociente. **b.** Regras da diferença e da potência.
c. Regras da soma e do múltiplo constante.
53. a. -10.   **b.** -20.   **c.** -1.   **d.** 5/7.
55. a. 4.   **b.** -21.   **c.** -12.   **d.** $-7/3$.
57. 2.   **59.** 3.   **61.** $1/(2\sqrt{7})$.   **63.** $\sqrt{5}$.
65. a. O limite é 1.
67. a. $f(x)=(x^2-9)/(x+3)$.

x	$-3,1$	$-3,01$	$-3,001$	$-3,0001$	$-3,00001$	$-3,000001$
$f(x)$	$-6,1$	$-6,01$	$-6,001$	$-6,0001$	$-6,00001$	$-6,000001$

x	$-2,9$	$-2,99$	$-2,999$	$-2,9999$	$-2,99999$	$-2,999999$
$f(x)$	$-5,9$	$-5,99$	$-5,999$	$-5,9999$	$-5,99999$	$-5,999999$

c. $\lim_{x \to -3} f(x) = -6$.

69. a. $G(x)=(x+6)/(x^2+4x-12)$

x	$-5,9$	$-5,99$	$-5,999$	$-5,9999$
$G(x)$	$-0,126582$	$-0,1251564$	$-0,1250156$	$-0,1250015$

$-5,99999$	$-5,999999$
$-0,1250001$	$-0,1250000$

x	$-6,1$	$-6,01$	$-6,001$	$-6,0001$
$G(x)$	$-0,123456$	$-0,124843$	$-0,124984$	$-0,124998$

$-6,00001$	$-6,000001$
$-0,124999$	$-0,124999$

c. $\lim_{x \to -6} G(x) = -1/8 = -0,125$.

71. a. $f(x)=(x^2-1)/(|x|-1)$

x	$-1,1$	$-1,01$	$-1,001$	$-1,0001$	$-1,00001$	$-1,000001$
$f(x)$	2,1	2,01	2,001	2,0001	2,00001	2,000001

x	$-0,9$	$-0,99$	$-0,999$	$-0,9999$	$-0,99999$	$-0,999999$
$f(x)$	1,9	1,99	1,999	1,9999	1,99999	1,999999

c. $\lim_{x \to -1} f(x) = 2$.

73. a. $g(\theta)=(\operatorname{sen}\theta)/\theta$

θ	0,1	0,01	0,001	0,0001	0,00001	0,000001
$g(\theta)$	0,998334	0,999983	0,999999	0,999999	0,999999	0,999999

θ	$-0,1$	$-0,01$	$-0,001$	$-0,0001$	$-0,00001$	$-0,000001$
$g(\theta)$	0,998334	0,999983	0,999999	0,999999	0,999999	0,999999

$\lim_{\theta \to 0} g(\theta) = 1$

75. a. $f(x)=x^{1/(1-x)}$

x	0,9	0,99	0,999	0,9999	0,99999	0,999999
$f(x)$	0,348678	0,366032	0,367695	0,367861	0,367877	0,367879

x	1,1	1,01	1,001	1,0001	1,00001	1,000001
$f(x)$	0,385543	0,369711	0,368063	0,367897	0,367881	0,367878

$\lim_{x \to 1} f(x) \approx 0,36788$.

77. $c=0, 1, -1$; o limite é 0 em $c=0$ e 1 em $c=1, -1$.
79. 7.   **81. a.** 5.   **b.** 5.   **83. a.** 0.   **b.** 0.

Seção 2.3

1. $\delta=2$ (reta numérica com 1, 5, 7)

3. $\delta=1/2$ (reta numérica com $-7/2$, -3, $-1/2$)

5. $\delta=1/18$ (reta numérica com 4/9, 1/2, 4/7)

7. $\delta=0,1$.   **13.** $\delta=0,36$.   **19.** $(3, 15)$, $\delta=5$.
9. $\delta=7/16$.   **15.** $(3,99, 4,01)$, $\delta=0,01$.   **21.** $(10/3, 5)$, $\delta=2/3$.
11. $\delta=\sqrt{5}-2$.   **17.** $(-0,19, 0,21)$, $\delta=0,19$.
23. $(-\sqrt{4,5}, -\sqrt{3,5})$, $\delta=\sqrt{4,5}-2 \approx 0,12$.
25. $(\sqrt{15}, \sqrt{17})$, $\delta=\sqrt{17}-4 \approx 0,12$.
27. $\left(2-\dfrac{0,03}{m}, 2+\dfrac{0,03}{m}\right)$, $\delta=\dfrac{0,03}{m}$.
29. $\left(\dfrac{1}{2}-\dfrac{c}{m}, \dfrac{c}{m}+\dfrac{1}{2}\right)$, $\delta=\dfrac{c}{m}$.   **31.** $L=-3$, $\delta=0,01$

33. $L = 4$, $\delta = 0{,}05$. **35.** $L = 4$, $\delta = 0{,}75$.

55. [3,384, 3,387]. Para estar seguro, a extremidade esquerda foi arredondada para cima, e a extremidade direita foi arredondada para baixo.

59. O limite não existe à medida que x se aproxima de 3.

Seção 2.4

1. a. Verdadeiro. **d.** Verdadeiro. **g.** Falso. **j.** Falso.
   b. Verdadeiro. **e.** Verdadeiro. **h.** Falso. **k.** Verdadeiro.
   c. Falso. **f.** Verdadeiro. **i.** Falso. **l.** Falso.

3. a. 2, 1.   **c.** 3, 3.
   b. Não, $\lim_{x \to 2^+} f(x) \neq \lim_{x \to 2^-} f(x)$.   **d.** Sim, 3.

5. a. Não. **b.** Sim, 0. **c.** Não.

7. a.   **b.** 1, 1. **c.** Sim, 1.

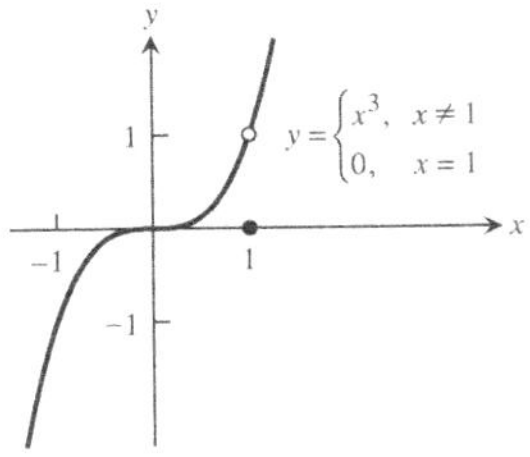

$y = \begin{cases} x^3, & x \neq 1 \\ 0, & x = 1 \end{cases}$

9. a. $D: 0 \le x \le 2$, $R: 0 < y \le 1$ e $y = 2$.
   b. $(0, 1) \cup (1, 2)$.   **c.** $x = 2$.   **d.** $x = 0$.

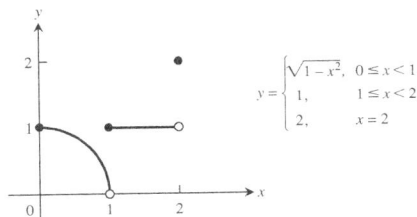

$y = \begin{cases} \sqrt{1 - x^2}, & 0 \le x < 1 \\ 1, & 1 \le x < 2 \\ 2, & x = 2 \end{cases}$

11. $\sqrt{3}$.   **21.** 1.   **31.** 0.
13. 1.   **23.** 3/4.   **33.** 1.
15. $2/\sqrt{5}$.   **25.** 2.   **35.** 1/2.
17. a. 1. **b.** -1.   **27.** 1/2.   **37.** 0.
19. a. 1. **b.** 2/3.   **29.** 2.   **39.** 3/8.
41. 3.   **47.** $\delta = \epsilon^2$, $\lim_{x \to 5^+} \sqrt{x - 5} = 0$.
51. a. 400. **b.** 399. **c.** O limite não existe.

Seção 2.5

1. Não; descontínua em $x = 2$; não definida em $x = 2$.
3. Contínua.   **5. a.** Sim. **b.** Sim. **c.** Sim. **d.** Sim.
7. a. Não. **b.** Não.   **9.** 0.   **11.** 1, não removível; 0, removível.
13. Todo x, exceto $x = 2$.   **15.** Todo x, exceto $x = 3$, $x = 1$.
17. Todo x.   **19.** Todo x, exceto $x = 0$.
21. Todo x, exceto $n\pi/2$, n qualquer inteiro.
23. Todo x, exceto $n\pi/2$, n um inteiro ímpar.
25. Todo $x \ge -3/2$.   **27.** Todo x.   **29.** Todo x.
31. 0; contínua em $x = \pi$.   **35.** $\sqrt{2}/2$; contínua em $t = 0$.
33. 1; contínua em $y = 1$.   **37.** 1; contínua em $x = 0$.
39. $g(3) = 6$.   **43.** $a = 4/3$.
41. $f(1) = 3/2$.   **45.** $a = -2, 3$.
47. $a = 5/2, b = -1/2$.   **71.** $x \approx 1{,}8794, -1{,}5321, -0{,}3473$.
73. $x \approx 1{,}7549$.   **75.** $x \approx 3{,}5156$.   **77.** $x \approx 0{,}7391$.

Seção 2.6

1. a. 0.   **d.** Não existe.   **g.** Não existe.
   b. -2.   **e.** -1.   **h.** 1.
   c. 2.   **f.** ∞.   **i.** 0.

3. a. -3. **b.** -3.   **21. a.** $-2/3$. **b.** $-2/3$.   **39.** $-\infty$.
5. a. 1/2. **b.** 1/2.   **23.** 2.   **41.** $-\infty$.
7. a. $-5/3$. **b.** $-5/3$.   **25.** ∞.   **43.** ∞.
9. 0.   **27.** 0.   **45. a.** ∞. **b.** $-\infty$.
11. -1.   **29.** 1.   **47.** ∞.
13. a. 2/5. **b.** 2/5.   **31.** ∞.   **49.** ∞.
15. a. 0. **b.** 0.   **33.** 1.   **51.** $-\infty$.
17. a. 7. **b.** 7.   **35.** 1/2.
19. a. 0. **b.** 0.   **37.** ∞.
53. a. ∞.   **b.** $-\infty$.   **c.** $-\infty$.   **d.** ∞.
55. a. $-\infty$.   **b.** ∞.   **c.** 0.   **d.** 3/2.
57. a. $-\infty$.   **b.** 1/4.   **c.** 1/4.   **d.** 1/4.   **e.** Será $-\infty$.
59. a. $-\infty$.   **b.** ∞.
61. a. ∞.   **b.** ∞.   **c.** ∞.   **d.** ∞.

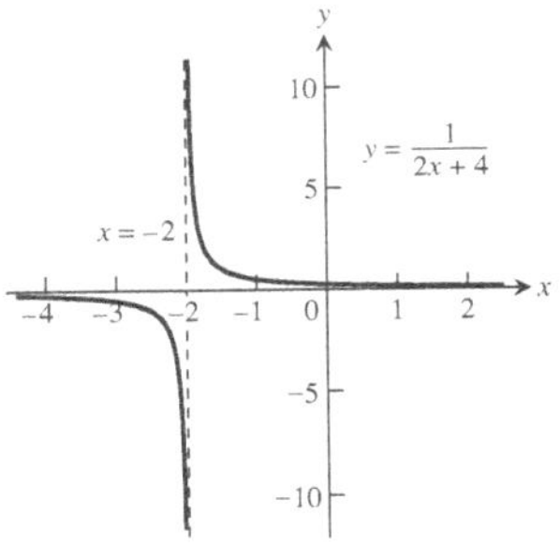

63.

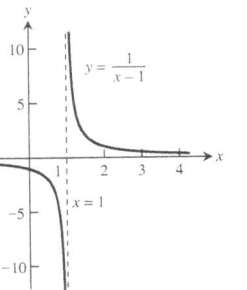

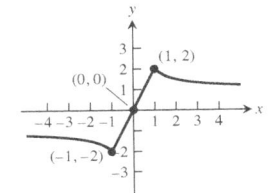

71. Esta é uma das possibilidades.

65.

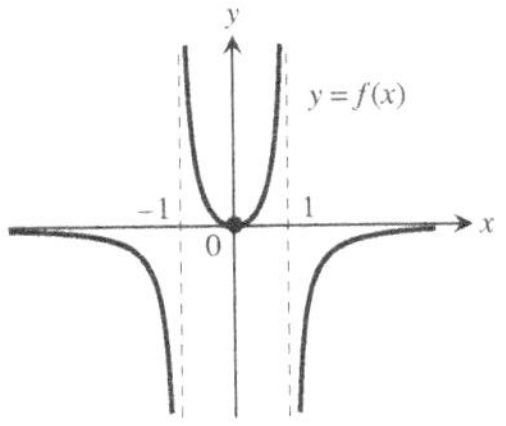

73. Esta é uma das possibilidades.

67.

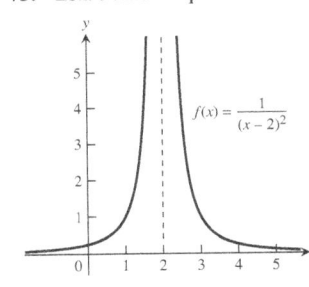

75. Esta é uma das possibilidades.

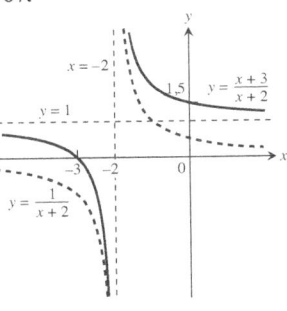

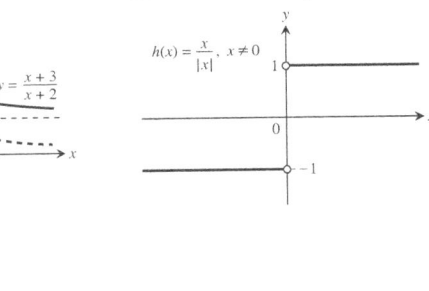

69. Esta é uma das possibilidades.   **79.** No máximo um.

81. 0.   **83.** $-3/4$.   **85.** 5/2.

93. a. Para cada número real positivo B existe um número correspondente $\delta > 0$ de modo que para todo x
$$x_0 - \delta < x < x_0 \Rightarrow f(x) > B.$$

b. Para cada número real negativo $-B$ existe um número correspondente $\delta > 0$ de modo que para todo x
$$x_0 < x < x_0 + \delta \implies f(x) < -B.$$
c. Para cada número real negativo $-B$ existe um número correspondente $\delta > 0$ de modo que para todo x
$$x_0 - \delta < x < x_0 \implies f(x) < -B.$$

99.

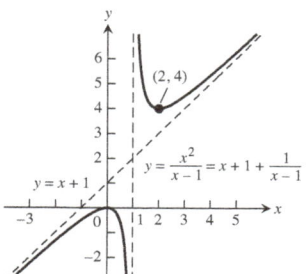

101.

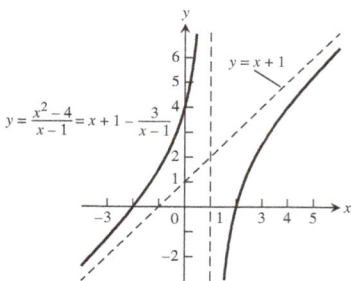

103.

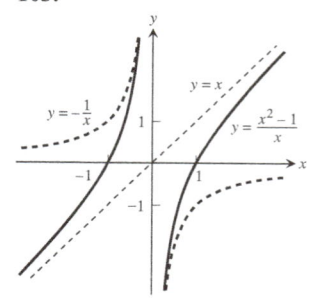

109. Em ∞: ∞, em $-\infty$: 0.

Exercícios práticos

1. Em $x = -1$: $\lim_{x \to -1^-} f(x) = \lim_{x \to -1^+} f(x) = 1$, portanto $\lim_{x \to -1} f(x) = 1 = f(-1)$; contínua em $x = -1$.

Em $x = 0$: $\lim_{x \to 0^-} f(x) = \lim_{x \to 0^+} f(x) = 0$, portanto $\lim_{x \to 0} f(x) = 0$. No entanto, $f(0) \neq 0$, portanto f é descontínua em $x = 0$. A descontinuidade pode ser removida redefinindo $f(0)$ como 0.

Em $x = 1$: $\lim_{x \to 1^-} f(x) = -1$ e $\lim_{x \to 1^+} f(x) = 1$, portanto $\lim_{x \to 1} f(x)$ não existe. A função é descontínua em $x = 1$, e a descontinuidade não é removível.

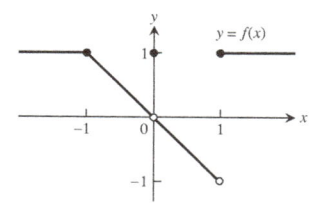

105.

107.

3. a. -21. **c.** 0. **e.** 1. **g.** -7.
   b. 49. **d.** 1. **f.** 7. **h.** $-\dfrac{1}{7}$.

5. 4.

7. a. $(-\infty, +\infty)$. **c.** $(-\infty, 0)$ e $(0, \infty)$.
   b. $[0, \infty)$. **d.** $(0, \infty)$.

9. a. Não existe. **b.** 0.

11. $\dfrac{1}{2}$. **15.** $-\dfrac{1}{4}$. **19.** $2/\pi$. **23.** 4. **27.** 0. **31.** 0.

13. $2x$. **17.** $2/3$. **21.** 1. **25.** $-\infty$. **29.** 2.

33. Não em ambos os casos, porque $\lim_{x \to 1} f(x)$ não existe, e $\lim_{x \to -1} f(x)$ não existe.

35. Sim, f tem uma extensão contínua, para $a = 1$ com $f(1) = 4/3$.

37. Não. **41.** $2/5$. **43.** 0. **45.** $-\infty$. **47.** 0. **49.** 1. **51.** 1.

53. $-\pi/2$. **55. a.** $x = 3$. **b.** $x = 1$. **c.** $x = -4$.

Exercícios adicionais e avançados

3. 0; o limite à esquerda foi necessário porque a função não é para $v > c$.

5. $65 < t < 75$; em 5°F.

13. a. B. **b.** A. **c.** A. **d.** A.

21. a. $\lim_{a \to 0^+} r_+(a) = 0{,}5$, $\lim_{a \to -1^+} r_+(a) = 1$.
   b. $\lim_{a \to 0^+} r_-(a)$ não existe, $\lim_{a \to -1^+} r_-(a) = 1$.

25. 0. **27.** 1. **29.** 4. **31.** $y = 2x$. **33.** $y = x, y = -x$.

CAPÍTULO 3

Seção 3.1

1. P_1: $m_1 = 1$, P_2: $m_2 = 5$. **3.** P_1: $m_1 = 5/2$, P_2: $m_2 = -1/2$.

5. $y = 2x + 5$. **9.** $y = 12x + 16$.

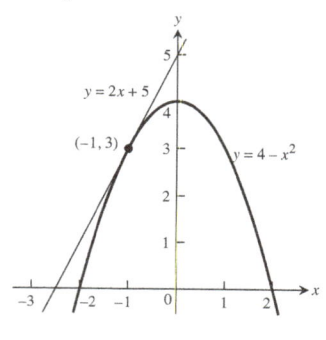

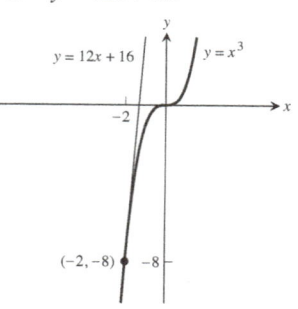

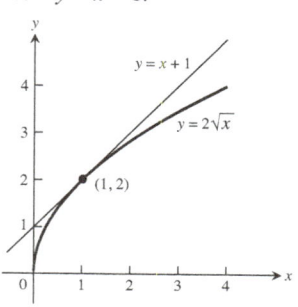

7. $y = x + 1$.

11. $m = 4$, $y - 5 = 4(x - 2)$.
13. $m = -2$, $y - 3 = -2(x - 3)$.

15. $m = 12, y - 8 = 12(t-2)$.

17. $m = \dfrac{1}{4}, y - 2 = \dfrac{1}{4}(x-4)$

19. $m = -10$. **21.** $m = -1/4$. **23.** $(-2, -5)$.

25. $y = -(x+1), y = -(x-3)$. **27.** 19,6 m/s.

29. 6π. **33.** Sim. **35.** Sim. **37. a.** Em nenhum lugar.

39. a. Em $x = 0$. **41. a.** Em nenhum lugar. **43. a.** Em $x = 1$.

45. a. Em $x = 0$.

Seção 3.2

1. $-2x, 6, 0, -2$ **3.** $-\dfrac{2}{t^3}, 2, -\dfrac{1}{4}, -\dfrac{2}{3\sqrt{3}}$

5. $\dfrac{3}{2\sqrt{3\theta}}, \dfrac{3}{2\sqrt{3}}, \dfrac{1}{2}, \dfrac{3}{2\sqrt{2}}$ **7.** $6x^2$ **9.** $\dfrac{1}{(2t+1)^2}$

11. $\dfrac{-1}{2(q+1)\sqrt{q+1}}$ **13.** $1 - \dfrac{9}{x^2}, 0$ **15.** $3t^2 - 2t, 5$

17. $\dfrac{-4}{(x-2)\sqrt{x-2}}, y - 4 = -\dfrac{1}{2}(x-6)$ **19.** 6

21. $1/8$ **23.** $\dfrac{-1}{(x+2)^2}$ **25.** $\dfrac{-1}{(x-1)^2}$ **27.** b **29.** d

31. a. $x = 0, 1, 4$.

b.

33.

35. a. **i)** 1,5 °F/h. **ii)** 2,9 °F/h.
   iii) 0 °F/h. **iv)** –3,7 °F/h.

b. 7,3 °F/h às 12 P.M., –11 °F/h às 6 P.M.

c.

37. Uma vez que $\lim\limits_{h \to 0^+} \dfrac{f(0+h) - f(0)}{h} = 1$ enquanto

$\lim\limits_{h \to 0^-} \dfrac{f(0+h) - f(0)}{h} = 0$, $f'(0) = \lim\limits_{h \to 0} \dfrac{f(0+h) - f(0)}{h}$

não existe e $f(x)$ não é diferenciável em $x = 0$.

39. Uma vez que $\lim\limits_{h \to 0^+} \dfrac{f(1+h) - f(1)}{h} = 2$ enquanto

$\lim\limits_{h \to 0^-} \dfrac{f(1+h) - f(1)}{h} = \dfrac{1}{2}$, $f'(1) = \lim\limits_{h \to 0} \dfrac{f(1+h) - f(1)}{h}$

não existe e $f(x)$ não é diferenciável em $x = 1$.

41. Uma vez que $f(x)$ não é contínua em $x = 0$, $f(x)$ não é diferenciável em $x = 0$.

43. a. $-3 \le x \le 2$. **b.** Nenhum. **c.** Nenhum.

45. a. $-3 \le x < 0, 0 < x \le 3$. **b.** Nenhum. **c.** $x = 0$.

47. a. $-1 \le x < 0, 0 < x \le 2$. **b.** $x = 0$. **c.** Nenhum.

Seção 3.3

1. $\dfrac{dy}{dx} = -2x, \dfrac{d^2y}{dx^2} = -2$.

3. $\dfrac{ds}{dt} = 15t^2 - 15t^4, \dfrac{d^2s}{dt^2} = 30t - 60t^3$.

5. $\dfrac{dy}{dx} = 4x^2 - 1 + 2e^x, \dfrac{d^2y}{dx^2} = 8x + 2e^x$.

7. $\dfrac{dw}{dz} = -\dfrac{6}{z^3} + \dfrac{1}{z^2}, \dfrac{d^2w}{dz^2} = \dfrac{18}{z^4} - \dfrac{2}{z^3}$.

9. $\dfrac{dy}{dx} = 12x - 10 + 10x^{-3}, \dfrac{d^2y}{dx^2} = 12 - 30x^{-4}$.

11. $\dfrac{dr}{ds} = \dfrac{-2}{3s^3} + \dfrac{5}{2s^2}, \dfrac{d^2r}{ds^2} = \dfrac{2}{s^4} - \dfrac{5}{s^3}$.

13. $y' = -5x^4 + 12x^2 - 2x - 3$.

15. $y' = 3x^2 + 10x + 2 - \dfrac{1}{x^2}$ **17.** $y' = \dfrac{-19}{(3x-2)^2}$

19. $g'(x) = \dfrac{x^2 + x + 4}{(x+0,5)^2}$ **21.** $\dfrac{dv}{dt} = \dfrac{t^2 - 2t - 1}{(1+t^2)^2}$

23. $f'(s) = \dfrac{1}{\sqrt{s}(\sqrt{s}+1)^2}$ **25.** $v' = -\dfrac{1}{x^2} + 2x^{-3/2}$

27. $y' = \dfrac{-4x^3 - 3x^2 + 1}{(x^2-1)^2(x^2+x+1)^2}$. **29.** $y' = -2e^{-x} + 3e^{3x}$.

31. $y' = 3x^2 e^x + x^3 e^x$. **33.** $y' = \dfrac{9}{4}x^{5/4} - 2e^{-2x}$.

35. $\dfrac{ds}{dt} = 3t^{1/2}$. **37.** $y' = \dfrac{2}{7x^{5/7}} - ex^{e-1}$.

39. $\dfrac{dr}{ds} = \dfrac{se^s - e^s}{s^2}$.

41. $y' = 2x^3 - 3x - 1, y'' = 6x^2 - 3, y''' = 12x, y^{(4)} = 12, y^{(n)} = 0$ para $n \ge 5$.

43. $y' = 3x^2 + 4x - 8, y'' = 6x + 4, y''' = 6, y^{(n)} = 0$ para $n \ge 4$.

45. $y' = 2x - 7x^{-2}, y'' = 2 + 14x^{-3}$

47. $\dfrac{dr}{d\theta} = 3\theta^{-4}, \dfrac{d^2r}{d\theta^2} = -12\theta^{-5}$

49. $\dfrac{dw}{dz} = -z^{-2} - 1, \dfrac{d^2w}{dz^2} = 2z^{-3}$

51. $\dfrac{dw}{dz} = 6ze^{2z}(1+z), \dfrac{d^2w}{dz^2} = 6e^{2z}(1 + 4z + 2z^2)$

53. a. 13. **b.** –7. **c.** 7/25. **d.** 20.

55. a. $y = -\dfrac{x}{8} + \dfrac{5}{4}$. **b.** $m = -4$ em $(0, 1)$.
c. $y = 8x - 15, y = 8x + 17$.

57. $y = 4x, y = 2$

59. $a = 1, b = 1, c = 0$.

61. $(2, 4)$. **63.** $(0, 0), (4, 2)$.

65. a. $y = 2x + 2$. **c.** $(2, 6)$.

67. 50. **69.** $a = -3$.

71. $P'(x) = na_n x^{n-1} + (n-1)a_{n-1}x^{n-2} + \cdots + 2a_2 x + a_1$.

73. A regra do produto é então a regra do múltiplo constante, de modo que a última é um caso especial da regra do produto.

75. a. $\frac{d}{dx}(uvw) = uvw' + uv'w + u'vw$.

b. $\frac{d}{dx}(u_1 u_2 u_3 u_4) = u_1 u_2 u_3 u_4' + u_1 u_2 u_3' u_4 + u_1 u_2' u_3 u_4 + u_1' u_2 u_3 u_4$

c. $\frac{d}{dx}(u_1 \cdots u_n) = u_1 u_2 \cdots u_{n-1} u_n' + u_1 u_2 \cdots u_{n-2} u_{n-1}' u_n + \cdots + u_1' u_2 \cdots u_n$.

77. $\frac{dP}{dV} = -\frac{nRT}{(V-nb)^2} + \frac{2an^2}{V^3}$

Seção 3.4

1. a. −2 m, −1 m/s.
b. 3 m/s, 1 m/s; 2 m/s², 2 m/s².
c. Muda o sentido em $t = 3/2$ s.

3. a. −9 m, −3 m/s.
b. 3 m/s, 12 m/s; 6 m/s², −12 m/s².
c. Nenhuma mudança de sentido.

5. a. −20 m, −5 m/s.
b. 45 m/s, (1/5) m/s; 140 m/s², (4/25) m/s².
c. Nenhuma mudança de sentido.

7. a. $a(1) = -6$ m/s², $a(3) = 6$ m/s²
b. $v(2) = 3$ m/s.
c. 6 m.

9. Marte: ≈ 7,5 s, Júpiter: ≈ 1,2 s.

11. $g_s = 0{,}75$ m/s².

13. a. $v = -32t$, $|v| = 32t$ pés/s, $a = -32$ pés/s².
b. $t \approx 3{,}3$ s.
c. $v \approx -107{,}0$ pés/s.

15. a. $t = 2$, $t = 7$
b. $3 \leq t \leq 6$
c. [gráfico de |v| (m/s) – Velocidade]
d. [gráfico de $a = \frac{dv}{dt}$]

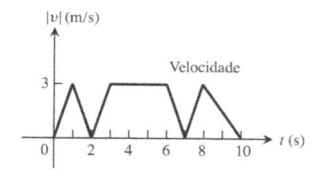

17. a. 190 pés/s.
c. 8 s, 0 pés/s.
e. 2,8 s.
b. 2 s.
d. 10,8 s, 90 pés/s.
f. A maior aceleração ocorre 2 segundos após o lançamento.
g. Aceleração constante entre 2 e 10,8 segundos, −32 pés/s².

19. a. $\frac{4}{7}$ s, 280 cm/s.
b. 560 cm/s, 980 cm/s².
c. 29,75 flashes/s.

21. C = posição, A = velocidade, B = aceleração.

23. a. $ 110/máquina.
b. $ 80.
c. $ 79,90.

25. a. $b'(0) = 10^4$ bactérias/h.
b. $b'(5) = 0$ bactérias/h.
c. $b'(10) = -10^4$ bactérias/h.

27. a. $\frac{dy}{dt} = \frac{t}{12} - 1$.
b. O maior valor de $\frac{dy}{dt}$ é 0 m/h quando $t = 12$, e o menor valor de $\frac{dy}{dt}$ é −1 m/h quando $t = 0$.

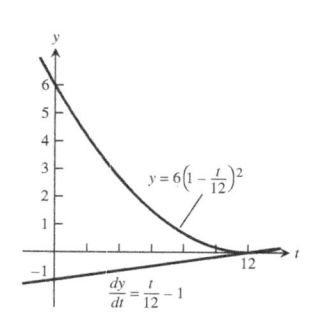

c. [gráfico de $y = 6\left(1 - \frac{t}{12}\right)^2$ e $\frac{dy}{dt} = \frac{t}{12} - 1$]

29. $t = 25$ s $D = \frac{6250}{9}$ m.

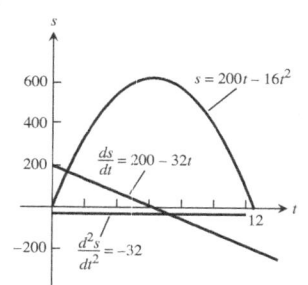

31. [gráfico de $s = 200t - 16t^2$, $\frac{ds}{dt} = 200 - 32t$, $\frac{d^2s}{dt^2} = -32$]

a. $v = 0$ quando $t = 6{,}25$ s.
b. $v > 0$ quando $0 \leq t < 6{,}25 \Rightarrow$ o objeto se move para cima; $v < 0$ quando $6{,}25 < t \leq 12{,}5 \Rightarrow$ o objeto se move para baixo.
c. O objeto muda de sentido em $t = 6{,}25$ s.
d. O objeto acelera sua velocidade em (6,25, 12,5] e reduz sua velocidade em [0, 6,25).
e. O objeto está se movendo mais rapidamente nas extremidades $t = 0$ e $t = 12{,}5$ quando está viajando a 200 pés/s. Ele está se movendo mais lentamente em $t = 6{,}25$ quando a velocidade é 0.
f. Quando $t = 6{,}25$, o objeto está $s = 625$ m da origem e o mais longe possível.

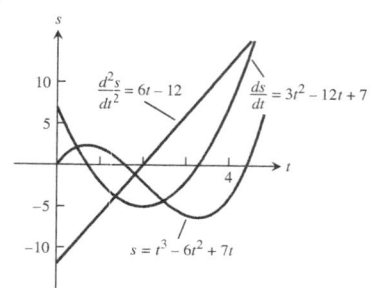

33. [gráfico de $s = t^3 - 6t^2 + 7t$, $\frac{ds}{dt} = 3t^2 - 12t + 7$, $\frac{d^2s}{dt^2} = 6t - 12$]

a. $v = 0$ quando $t = \frac{6 \pm \sqrt{15}}{3}$ s.
b. $v < 0$ quando $\frac{6 - \sqrt{15}}{3} < t < \frac{6 + \sqrt{15}}{3} \Rightarrow$ o objeto se move para a esquerda; $v > 0$ quando $0 \leq t < \frac{6 - \sqrt{15}}{3}$ ou $\frac{6 + \sqrt{15}}{3} < t \leq 4 \Rightarrow$ o objeto se move para a direita.
c. O objeto muda o sentido em $t = \frac{6 \pm \sqrt{15}}{3}$ s.
d. O objeto aumenta sua velocidade em $\left(\frac{6 - \sqrt{15}}{3}, 2\right) \cup \left(\frac{6 + \sqrt{15}}{3}, 4\right]$ e reduz sua velocidade em $\left[0, \frac{6 - \sqrt{15}}{3}\right) \cup \left(2, \frac{6 + \sqrt{15}}{3}\right)$.

e. O objeto está se movendo mais rapidamente em $t = 0$ e $t = 4$ quando ele se move 7 unidades/s e mais vagarosamente em $t = \dfrac{6 \pm \sqrt{15}}{3}$ s.

f. Quando $t = \dfrac{6 + \sqrt{15}}{3}$, o objeto está na posição $s \approx -6{,}303$ unidades e o mais longe da origem.

Seção 3.5

1. $-10 - 3\,\text{sen}\, x$.
3. $2x \cos x - x^2 \,\text{sen}\, x$.
5. $\text{cossec}\, x \cotg x - \dfrac{2}{\sqrt{x}}$.
7. $\text{sen}\, x \sec^2 x + \text{sen}\, x$.
9. 0
11. $\dfrac{-\text{cossec}^2 x}{(1 + \cotg x)^2}$.
13. $4\,\tg x \sec x - \text{cossec}^2 x$.
15. $x^2 \cos x$.
17. $3x^2 \,\text{sen}\, x \cos x + x^3 \cos^2 x - x^3 \,\text{sen}^2 x$.
19. $\sec^2 t + e^{-t}$.
21. $\dfrac{-2\,\text{cossec}\, t \cotg t}{(1 - \text{cossec}\, t)^2}$.
23. $-\theta\,(\theta \cos \theta + 2\,\text{sen}\, \theta)$.
25. $\sec \theta \,\text{cossec}\, \theta\, (\tg \theta - \cotg \theta) = \sec^2 \theta - \text{cossec}^2 \theta$.
27. $\sec^2 q$.
29. $\sec^2 q$.
31. $\dfrac{q^3 \cos q - q^2 \,\text{sen}\, q - q \cos q - \text{sen}\, q}{(q^2 - 1)^2}$.
33. a. $2\,\text{cossec}^3 x - \text{cossec}\, x$.
    b. $2\sec^3 x - \sec x$.

35.

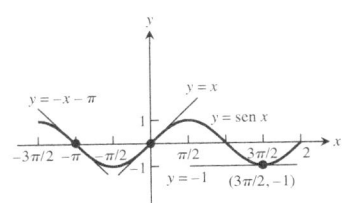

37.

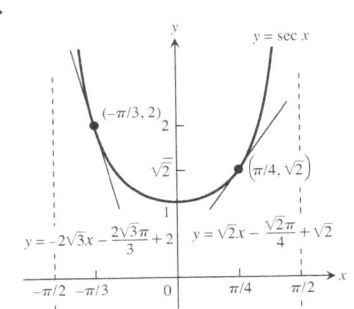

39. Sim, em $x = \pi$.   41. Não.
43. $\left(-\dfrac{\pi}{4}, -1\right); \left(\dfrac{\pi}{4}, 1\right)$.

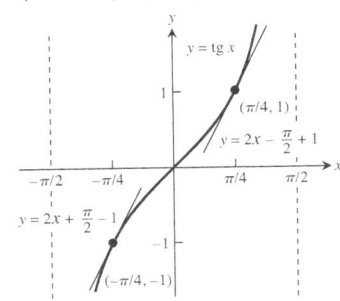

45. a. $y = -x + \pi/2 + 2$.   b. $y = 4 - \sqrt{3}$.
47. 0.   49. $\sqrt{3}/2$.   51. -1.   53. 0.

55. $-\sqrt{2}$ m/s, $\sqrt{2}$ m/s, $\sqrt{2}$ m/s², $\sqrt{2}$ m/s³.
57. $c = 9$.   59. $\text{sen}\, x$.
61. a. i) 10 cm.   ii) 5 cm.   iii) $-5\sqrt{2} \approx -7{,}1$ cm.
    b. i) 0 cm/s.   ii) $-5\sqrt{3} \approx -8{,}7$ cm/s.
       iii) $-5\sqrt{2} \approx -7{,}1$ cm/s.

Seção 3.6

1. $12x^3$.   3. $3\cos(3x + 1)$.   5. $-\text{sen}(\text{sen}\, x)\cos x$.
7. $10 \sec^2(10x - 5)$.
9. Com $u = (2x + 1), y = u^5$: $\dfrac{dy}{dx} = \dfrac{dy}{du}\dfrac{du}{dx} = 5u^4 \cdot 2 = 10(2x + 1)^4$.
11. Com $u = (1 - (x/7)), y = u^{-7}$: $\dfrac{dy}{dx} = \dfrac{dy}{du}\dfrac{du}{dx} = -7u^{-8}\cdot\left(-\dfrac{1}{7}\right) = \left(1 - \dfrac{x}{7}\right)^{-8}$.
13. Com $u = ((x^2/8) + x - (1/x)), y = u^4$: $\dfrac{dy}{dx} = \dfrac{dy}{du}\dfrac{du}{dx} = 4u^3 \cdot \left(\dfrac{x}{4} + 1 + \dfrac{1}{x^2}\right) = 4\left(\dfrac{x^2}{8} + x - \dfrac{1}{x}\right)^3\left(\dfrac{x}{4} + 1 + \dfrac{1}{x^2}\right)$.
15. Com $u = \tg x, y = \sec u$: $\dfrac{dy}{dx} = \dfrac{dy}{du}\dfrac{du}{dx} = (\sec u \tg u)(\sec^2 x) = \sec(\tg x)\tg(\tg x)\sec^2 x$.
17. Com $u = \text{sen}\, x, y = u^3$: $\dfrac{dy}{dx} = \dfrac{dy}{du}\dfrac{du}{dx} = 3u^2 \cos x = 3\,\text{sen}^2 x\,(\cos x)$.
19. $y = e^u, u = -5x, \dfrac{dy}{dx} = -5e^{-5x}$.
21. $y = e^u, u = 5 - 7x, \dfrac{dy}{dx} = -7e^{(5-7x)}$.
23. $-\dfrac{1}{2\sqrt{3 - t}}$.   25. $\dfrac{4}{\pi}(\cos 3t - \text{sen}\, 5t)$.   27. $\dfrac{\text{cossec}\, \theta}{\cotg \theta + \text{cossec}\, \theta}$.
29. $2x\,\text{sen}^4 x + 4x^2\,\text{sen}^3 x \cos x + \cos^{-2} x + 2x\cos^{-3} x\,\text{sen}\, x$.
31. $(3x - 2)^6 - \dfrac{1}{x^3\left(4 - \dfrac{1}{2x^2}\right)^2}$.   35. $(1 - x)e^{-x} + 3e^{3x}$.
33. $\dfrac{(4x + 3)^3(4x + 7)}{(x + 1)^4}$.   37. $\left(\dfrac{5}{2}x^2 - 3x + 3\right)e^{5x/2}$.
39. $\sqrt{x}\sec^2(2\sqrt{x}) + \tg(2\sqrt{x})$.
41. $\dfrac{x \sec x \tg x + \sec x}{2\sqrt{7 + x \sec x}}$.
43. $\dfrac{2\,\text{sen}\, \theta}{(1 + \cos \theta)^2}$.
45. $-2\,\text{sen}(\theta^2)\,\text{sen}\, 2\theta + 2\theta \cos(2\theta)\cos(\theta^2)$.
47. $\left(\dfrac{t + 2}{2(t + 1)^{3/2}}\right)\cos\left(\dfrac{t}{\sqrt{t + 1}}\right)$.   49. $2\theta e^{-\theta^2}\,\text{sen}(e^{-\theta^2})$.
51. $2\pi\,\text{sen}(\pi t - 2)\cos(\pi t - 2)$.
53. $\dfrac{8\,\text{sen}(2t)}{(1 + \cos 2t)^5}$.
55. $10t^{10}\tg^9 t \sec^2 t + 10t^9 \tg^{10} t$.
57. $\dfrac{dy}{dt} = -2\pi\,\text{sen}(\pi t - 1)\cdot\cos(\pi t - 1)\cdot e^{\cos^2(\pi t - 1)}$.
59. $\dfrac{-3t^6(t^2 + 4)}{(t^3 - 4t)^4}$.
61. $-2\cos(\cos(2t - 5))(\text{sen}(2t - 5))$.

63. $\left(1 + \text{tg}^4\left(\dfrac{t}{12}\right)\right)^2 \left(\text{tg}^3\left(\dfrac{t}{12}\right) s^2\left(\dfrac{t}{12}\right)\right)$.

65. $-\dfrac{t \operatorname{sen}(t^2)}{\sqrt{1 + \cos(t^2)}}$. **67.** $6 \text{ tg}(\operatorname{sen}^3 t) \sec^2(\operatorname{sen}^3 t) \operatorname{sen}^2 t \cos t$.

69. $3(2t^2 - 5)^3 (18t^2 - 5)$. **71.** $\dfrac{6}{x^3}\left(1 + \dfrac{1}{x}\right)\left(1 + \dfrac{2}{x}\right)$.

73. $2 \operatorname{cossec}^2 (3x - 1) \operatorname{cotg} (3x - 1)$. **75.** $16(2x + 1)^2 (5x + 1)$.

77. $2(2x^2 + 1)e^{x^2}$. **79.** $5/2$. **81.** $-\pi/4$. **83.** 0. **85.** -5.

87. a. $2/3$. **c.** $15 - 8\pi$. **e.** -1. **g.** $5/32$.
b. $2\pi + 5$. **d.** $37/6$. **f.** $\sqrt{2}/24$. **h.** $-5/(3\sqrt{17})$.

89. 5. **91. a.** 1. **b.** 1. **93.** $y = 1 - 4x$.

95. a. $y = \pi x + 2 - \pi$. **b.** $\pi/2$.

97. Multiplica a velocidade, aceleração e sobreaceleração por 2, 4 e 8, respectivamente.

99. $v(6) = \dfrac{2}{5}$ m/s, $a(6) = -\dfrac{4}{125}$ m/s².

Seção 3.7

1. $\dfrac{-2xy - y^2}{x^2 + 2xy}$. **3.** $\dfrac{1 - 2y}{2x + 2y - 1}$.

5. $\dfrac{-2x^3 + 3x^2y - xy^2 + x}{x^2y - x^3 + y}$. **7.** $\dfrac{1}{y(x + 1)^2}$. **9.** $\cos^2 y$.

11. $\dfrac{-\cos^2(xy) - y}{x}$. **13.** $\dfrac{-y^2}{y \operatorname{sen}\left(\dfrac{1}{y}\right) - \cos\left(\dfrac{1}{y}\right) + xy}$.

15. $\dfrac{2e^{2x} - \cos(x + 3y)}{3 \cos(x + 3y)}$. **17.** $-\dfrac{\sqrt{r}}{\sqrt{\theta}}$. **19.** $\dfrac{-r}{\theta}$.

21. $y' = -\dfrac{x}{y}, y'' = \dfrac{-y^2 - x^2}{y^3}$.

23. $\dfrac{dy}{dx} = \dfrac{xe^{x^2} + 1}{y}, \dfrac{d^2y}{dx^2} = \dfrac{(2x^2y^2 + y^2 - 2x)e^{x^2} - x^2e^{2x^2} - 1}{y^3}$.

25. $y' = \dfrac{\sqrt{y}}{\sqrt{y} + 1}, y'' = \dfrac{1}{2(\sqrt{y} + 1)^3}$.

27. -2. **29.** $(-2, 1): m = -1, (-2, -1): m = 1$.

31. a. $y = \dfrac{7}{4}x - \dfrac{1}{2}$. **b.** $y = -\dfrac{4}{7}x + \dfrac{29}{7}$.

33. a. $y = 3x + 6$. **b.** $y = -\dfrac{1}{3}x + \dfrac{8}{3}$.

35. a. $y = \dfrac{6}{7}x + \dfrac{6}{7}$. **b.** $y = -\dfrac{7}{6}x - \dfrac{7}{6}$.

37. a. $y = -\dfrac{\pi}{2}x + \pi$. **b.** $y = \dfrac{2}{\pi}x - \dfrac{2}{\pi} + \dfrac{\pi}{2}$.

39. a. $y = 2\pi x - 2\pi$. **b.** $y = -\dfrac{x}{2\pi} + \dfrac{1}{2\pi}$.

41. Pontos: $(-\sqrt{7}, 0)$ e $(\sqrt{7}, 0)$, Coeficiente angular: -2.

43. $m = -1$ em $\left(\dfrac{\sqrt{3}}{4}, \dfrac{\sqrt{3}}{2}\right)$, $m = \sqrt{3}$ em $\left(\dfrac{\sqrt{3}}{4}, \dfrac{1}{2}\right)$.

45. $(-3, 2): m = -\dfrac{27}{8}; (-3, -2): m = \dfrac{27}{8}; (3, 2): m = \dfrac{27}{8}$;

$(3, -2): m = -\dfrac{27}{8}$.

47. $(3, -1)$.

53. $\dfrac{dy}{dx} = -\dfrac{y^3 + 2xy}{x^2 + 3xy^2}, \dfrac{dx}{dy} = -\dfrac{x^2 + 3xy^2}{y^3 + 2xy}, \dfrac{dx}{dy} = \dfrac{1}{dy/dx}$.

Seção 3.8

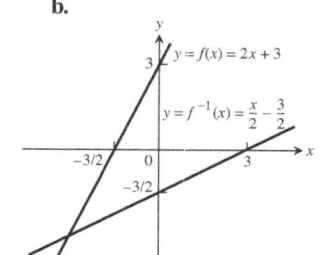

1. a. $f^{-1}(x) = \dfrac{x}{2} - \dfrac{3}{2}$ **3. a.** $f^{-1}(x) = -\dfrac{x}{4} + \dfrac{5}{4}$
b. **b.**

c. $1, 1/2$. **c.** $-4, -1/4$.

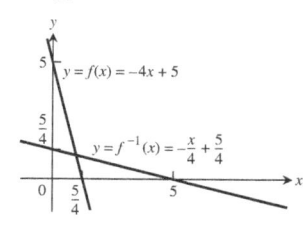

5. b.

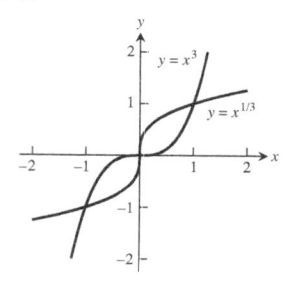

c. Coeficiente angular de f em $(1, 1) : 3$; coeficiente angular de g em $(1, 1) : 1/3$; coeficiente angular de f em $(-1, -1) : 3$; coeficiente angular de g em $(-1, -1) : 1/3$

d. $y = 0$ é tangente a $y = x^3$ em $x = 0$; $x = 0$ é tangente a $y = \sqrt[3]{x}$ em $x = 0$.

7. $1/9$. **9.** 3. **11.** $1/x$. **13.** $2/t$. **15.** $-1/x$. **17.** $\dfrac{1}{\theta + 1}$.

19. $3/x$. **21.** $2(\ln t) + (\ln t)^2$. **23.** $x^3 \ln x$. **25.** $\dfrac{1 - \ln t}{t^2}$.

27. $\dfrac{1}{x(1 + \ln x)^2}$ **29.** $\dfrac{1}{x \ln x}$ **31.** $2 \cos(\ln \theta)$.

33. $-\dfrac{3x + 2}{2x(x + 1)}$ **35.** $\dfrac{2}{t(1 - \ln t)^2}$ **37.** $\dfrac{\text{tg}(\ln \theta)}{\theta}$.

39. $\dfrac{10x}{x^2 + 1} + \dfrac{1}{2(1 - x)}$.

41. $\left(\dfrac{1}{2}\right)\sqrt{x(x + 1)}\left(\dfrac{1}{x} + \dfrac{1}{x + 1}\right) = \dfrac{2x + 1}{2\sqrt{x(x + 1)}}$.

43. $\left(\dfrac{1}{2}\right)\sqrt{\dfrac{t}{t + 1}}\left(\dfrac{1}{t} - \dfrac{1}{t + 1}\right) = \dfrac{1}{2\sqrt{t}(t + 1)^{3/2}}$.

45. $\sqrt{\theta + 3}(\operatorname{sen} \theta)\left(\dfrac{1}{2(\theta + 3)} + \operatorname{cotg} \theta\right)$.

47. $t(t + 1)(t + 2)\left[\dfrac{1}{t} + \dfrac{1}{t + 1} + \dfrac{1}{t + 2}\right] = 3t^2 + 6t + 2$.

49. $\dfrac{\theta + 5}{\theta \cos \theta}\left[\dfrac{1}{\theta + 5} - \dfrac{1}{\theta} + \text{tg } \theta\right]$.

51. $\dfrac{x\sqrt{x^2 + 1}}{(x + 1)^{2/3}}\left[\dfrac{1}{x} + \dfrac{x}{x^2 + 1} - \dfrac{2}{3(x + 1)}\right]$.

53. $\frac{1}{3}\sqrt[3]{\frac{x(x-2)}{x^2+1}}\left(\frac{1}{x}+\frac{1}{x-2}-\frac{2x}{x^2+1}\right).$ 55. $-2\,\text{tg}\,\theta.$

57. $\frac{1-t}{t}.$ 59. $1/(1+e^\theta).$ 61. $e^{\cos t}(1-t\,\text{sen}\,t).$

63. $\frac{ye^y\cos x}{1-ye^y\,\text{sen}\,x}.$ 65. $\frac{dy}{dx}=\frac{y^2-xy\ln y}{x^2-xy\ln x}.$ 67. $2^x\ln x.$

69. $\left(\frac{\ln 5}{2\sqrt{s}}\right)5^{\sqrt{s}}.$ 71. $\pi x^{(\pi-1)}.$ 73. $\frac{1}{\theta\ln 2}.$ 75. $\frac{3}{x\ln 4}.$

77. $\frac{2(\ln r)}{r(\ln 2)(\ln 4)}.$ 79. $\frac{-2}{(x+1)(x-1)}.$

81. $\text{sen}(\log_7\theta)+\frac{1}{\ln 7}\cos(\log_7\theta).$ 83. $\frac{1}{\ln 5}.$

85. $\frac{1}{t}(\log_2 3)3^{\log_2 t}.$ 87. $\frac{1}{t}.$ 89. $(x+1)^x\left(\frac{x}{x+1}+\ln(x+1)\right).$

91. $(\sqrt{t})^t\left(\frac{\ln t}{2}+\frac{1}{2}\right).$

93. $(\text{sen}\,x)^x(\ln\text{sen}\,x+x\,\text{cotg}\,x).$

95. $(x^{\ln x})\left(\frac{\ln x^2}{x}\right).$

Seção 3.9

1. **a.** $\pi/4.$ **b.** $-\pi/3.$ **c.** $\pi/6.$
3. **a.** $-\pi/6.$ **b.** $\pi/4.$ **c.** $-\pi/3.$
5. **a.** $\pi/3.$ **b.** $3\pi/4.$ **c.** $\pi/6.$
7. **a.** $3\pi/4.$ **b.** $\pi/6.$ **c.** $2\pi/3.$
9. $1/\sqrt{2}.$ 11. $-1/\sqrt{3}.$ 13. $\pi/2.$ 15. $\pi/2.$ 17. $\pi/2.$
19. $0.$ 21. $\frac{-2x}{\sqrt{1-x^4}}.$ 23. $\frac{\sqrt{2}}{\sqrt{1-2t^2}}.$
25. $\frac{1}{|2s+1|\sqrt{s^2+s}}.$ 27. $\frac{-2x}{(x^2+1)\sqrt{x^4+2x^2}}.$
29. $\frac{-1}{\sqrt{1-t^2}}.$ 31. $\frac{-1}{2\sqrt{t}(1+t)}.$ 33. $\frac{1}{(\text{tg}^{-1}x)(1+x^2)}.$
35. $\frac{-e^t}{|e^t|\sqrt{(e^t)^2-1}}=\frac{-1}{\sqrt{e^{2t}-1}}.$ 37. $\frac{-2s^2}{\sqrt{1-s^2}}.$ 39. $0.$

41. $\text{sen}^{-1}x.$

47. **a.** Definido; existe um ângulo cuja tangente é 2.
    b. Não definido; não existe um ângulo cujo cosseno é 2.
49. **a.** Não definido; nenhum ângulo tem secante 0.
    b. Não definido; nenhum ângulo tem seno $\sqrt{2}.$
59. **a.** Domínio: todos os números reais, exceto aqueles tendo a forma $\frac{\pi}{2}+k\pi$ onde k é um inteiro; imagem: $-\pi/2<y<\pi/2.$
    b. Domínio: $-\infty<x<\infty$; imagem: $-\infty<y<\infty.$
61. **a.** Domínio: $-\infty<x<\infty$; imagem: $0\le y\le\pi.$
    b. Domínio: $-1\le x\le 1$; imagem: $-1\le y\le 1.$
63. Os gráficos são idênticos.

Seção 3.10

1. $\frac{dA}{dt}=2\pi r\frac{dr}{dt}.$ 3. $10.$ 5. $-6.$ 7. $-3/2.$
9. $31/13.$ 11. **a.** $-180\,\text{m}^2/\text{min}.$ **b.** $-135\,\text{m}^3/\text{min}.$
13. **a.** $\frac{dV}{dt}=\pi r^2\frac{dh}{dt}.$ **b.** $\frac{dV}{dt}=2\pi hr\frac{dr}{dt}.$
    c. $\frac{dV}{dt}=\pi r^2\frac{dh}{dt}+2\pi hr\frac{dr}{dt}.$

15. **a.** 1 volt/s. **b.** $-\frac{1}{3}$ A/s.
    c. $\frac{dR}{dt}=\frac{1}{I}\left(\frac{dV}{dt}-\frac{V}{I}\frac{dI}{dt}\right).$
    d. 3/2 ohms/s, R é crescente.
17. **a.** $\frac{ds}{dt}=\frac{x}{\sqrt{x^2+y^2}}\frac{dx}{dt}.$
    b. $\frac{ds}{dt}=\frac{x}{\sqrt{x^2+y^2}}\frac{dx}{dt}+\frac{y}{\sqrt{x^2+y^2}}\frac{dy}{dt}.$ **c.** $\frac{dx}{dt}=-\frac{y}{x}\frac{dy}{dt}.$
19. **a.** $\frac{dA}{dt}=\frac{1}{2}ab\cos\theta\,\frac{d\theta}{dt}.$
    b. $\frac{dA}{dt}=\frac{1}{2}ab\cos\theta\,\frac{d\theta}{dt}+\frac{1}{2}b\,\text{sen}\,\theta\,\frac{da}{dt}.$
    c. $\frac{dA}{dt}=\frac{1}{2}ab\cos\theta\,\frac{d\theta}{dt}+\frac{1}{2}b\,\text{sen}\,\theta\,\frac{da}{dt}+\frac{1}{2}a\,\text{sen}\,\theta\,\frac{db}{dt}.$
21. **a.** $14\,\text{cm}^2/\text{s}$, crescente. **b.** $0\,\text{cm/s}$, constante.
    c. $-14/13\,\text{cm/s}$, decrescente.
23. **a.** -12 pés/s. **b.** $-59{,}5$ pés^2/s. **c.** -1 rad/s.
25. 20 pés/s.
27. **a.** $\frac{dh}{dt}=11{,}19\,\text{cm/min}.$ **b.** $\frac{dr}{dt}=14{,}92\,\text{cm/min}.$
29. **a.** $\frac{-1}{24\pi}\,\text{m/min}.$ **b.** $r=\sqrt{26y-y^2}\,\text{m}.$
    c. $\frac{dr}{dt}=-\frac{5}{288\pi}\,\text{m/min}.$
31. 1 pé/min, 40π pés^2/min.
33. 11 pés/s.
35. Crescente em $466/1681$ L/min^2.
37. -5 m/s.
39. -1.500 pés/s.
41. $\frac{5}{72\pi}$ pol./min, $\frac{10}{3}$ pol.^{2}/min.
43. **a.** $-32/\sqrt{13}\approx -8{,}875$ pés/s.
    b. $d\theta_1/dt=8/65$ rad/s, $d\theta_2/dt=-8/65$ rad/s.
    c. $d\theta_1/dt=1/6$ rad/s, $d\theta_2/dt=-1/6$ rad/s.

Seção 3.11

1. $L(x)=10x-13.$ 3. $L(x)=2.$ 5. $L(x)=x-\pi.$
7. $2x.$ 9. $-x-5.$ 11. $\frac{1}{12}x+\frac{4}{3}.$ 13. $1-x.$
15. $f(0)=1.$ Ainda, $f'(x)=k(1+x)^{k-1}$, portanto $f'(0)=k.$ Isso significa que a linearização em $x=0$ é $L(x)=1+kx.$
17. **a.** 1,01. **b.** 1,003.
19. $\left(3x^2-\frac{3}{2\sqrt{x}}\right)dx.$ 21. $\frac{2-2x^2}{(1+x^2)^2}dx.$
23. $\frac{1-y}{3\sqrt{y}+x}dx.$ 25. $\frac{5}{2\sqrt{x}}\cos(5\sqrt{x})\,dx.$
27. $(4x^2)\sec^2\left(\frac{x^3}{3}\right)dx.$
29. $\frac{3}{\sqrt{x}}(\text{cossec}(1-2\sqrt{x})\,\text{cotg}(1-2\sqrt{x}))\,dx.$
31. $\frac{1}{2\sqrt{x}}\cdot e^{\sqrt{x}}\,dx.$ 33. $\frac{2x}{1+x^2}dx.$ 35. $\frac{2xe^{x^2}}{1+e^{2x^2}}dx.$
37. $\frac{-1}{\sqrt{e^{-2x}-1}}dx.$ 39. **a.** 0,41. **b.** 0,4. **c.** 0,01.
41. **a.** 0,231. **b.** 0,2. **c.** 0,031.

43. a. −1/3. **b.** −2/5. **c.** 1/15. **45.** $dV = 4\pi r_0^2\, dr$.
47. $dS = 12x_0\, dx$. **49.** $dV = 2\pi r_0^2 h\, dr$.
51. a. $0{,}08\pi$ m². **b.** 2%. **53.** $dV \approx 565{,}5$ pol.³
55. a. 2%. **b.** 4%. **57.** $\frac{1}{3}$%. **59.** 3%.

61. A razão é igual a 37,87, de modo que uma variação na aceleração da gravidade da Lua tem cerca de 38 vezes o efeito de uma variação que a mesma magnitude tem sobre a Terra.

65. a. $L(x) = x \ln 2 + 1 \approx 0{,}69x + 1$.
   b.

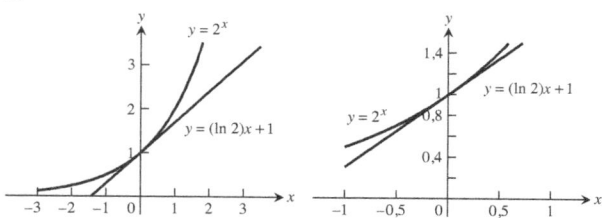

Exercícios práticos

1. $5x^4 − 0{,}25x + 0{,}25$. **3.** $3x(x − 2)$.
5. $2(x + 1)(2x^2 + 4x + 1)$.
7. $3(\theta^2 + \sec\theta + 1)^2\,(2\theta + \sec\theta\,\text{tg}\,\theta)$.
9. $\dfrac{1}{2\sqrt{t}\left(1 + \sqrt{t}\right)^2}$. **11.** $2\sec^2 x\,\text{tg}\,x$.
13. $8\cos^3(1 − 2t)\,\text{sen}\,(1 − 2t)$.
15. $5(\sec t)(\sec t + \text{tg}\,t)^5$.
17. $\dfrac{\theta\cos\theta + \text{sen}\,\theta}{\sqrt{2\theta\,\text{sen}\,\theta}}$. **19.** $\dfrac{\cos\sqrt{2\theta}}{\sqrt{2\theta}}$.
21. $x\,\text{cossec}\left(\dfrac{2}{x}\right) + \text{cossec}\left(\dfrac{2}{x}\right)\text{cotg}\left(\dfrac{2}{x}\right)$.
23. $\dfrac{1}{2}x^{1/2}\sec(2x)^2\left[16\,\text{tg}\,(2x)^2 − x^{-2}\right]$.
25. $−10x\,\text{cossec}^2(x^2)$. **27.** $8x^3\,\text{sen}\,(2x^2)\cos(2x^2) + 2x\,\text{sen}^2(2x^2)$.
29. $\dfrac{−(t + 1)}{8t^3}$. **37.** $3\sqrt{2x + 1}$. **45.** $\dfrac{2\,\text{sen}\,\theta\cos\theta}{\text{sen}^2\theta} = 2\,\text{cotg}\,\theta$.
31. $\dfrac{1 − x}{(x + 1)^3}$. **39.** $−9\left[\dfrac{5x + \cos 2x}{(5x^2 + \text{sen}\,2x)^{5/2}}\right]$. **47.** $\dfrac{2}{(\ln 2)x}$.
33. $\dfrac{−1}{2x^2\left(1 + \dfrac{1}{x}\right)^{1/2}}$. **41.** $−2e^{-x/5}$. **49.** $−8^{-t}(\ln 8)$.
35. $\dfrac{−2\,\text{sen}\,\theta}{(\cos\theta − 1)^2}$. **43.** xe^{4x}. **51.** $18x^{2,6}$.
53. $(x + 2)^{x+2}(\ln(x + 2) + 1)$. **55.** $-\dfrac{1}{\sqrt{1 − u^2}}$.
57. $\dfrac{−1}{\sqrt{1 − x^2}\cos^{-1} x}$. **59.** $\text{tg}^{-1}(t) + \dfrac{t}{1 + t^2} − \dfrac{1}{2t}$.
61. $\dfrac{1 − z}{\sqrt{z^2 − 1}} + \sec^{-1} z$. **63.** $−1$. **65.** $-\dfrac{y + 2}{x + 3}$.
67. $\dfrac{−3x^2 − 4y + 2}{4x − 4y^{1/3}}$. **69.** $-\dfrac{y}{x}$. **71.** $\dfrac{1}{2y(x + 1)^2}$.
73. $−1/2$. **75.** y/x. **77.** $-\dfrac{2e^{-\text{tg}^{-1}x}}{1 + x^2}$. **79.** $\dfrac{dp}{dq} = \dfrac{6q − 4p}{3p^2 + 4q}$.
81. $\dfrac{dr}{ds} = (2r − 1)(\text{tg}\,2s)$.

83. a. $\dfrac{d^2y}{dx^2} = \dfrac{−2xy^3 − 2x^4}{y^5}$. **b.** $\dfrac{d^2y}{dx^2} = \dfrac{−2xy^2 − 1}{x^4y^3}$.
85. a. 7. **c.** 5/12. **e.** 12. **g.** 3/4.
   b. −2. **d.** 1/4. **f.** 9/2.
87. 0. **89.** $\dfrac{3\sqrt{2e}^{\sqrt{3/2}}}{4}\cos\left(e^{\sqrt{3/2}}\right)$. **91.** $-\dfrac{1}{2}$. **93.** $\dfrac{−2}{(2t + 1)^2}$.
95. a.

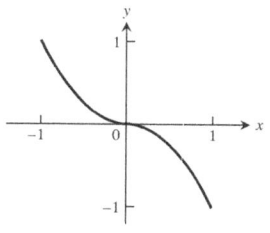

   b. Sim. **c.** Sim.

97. a.

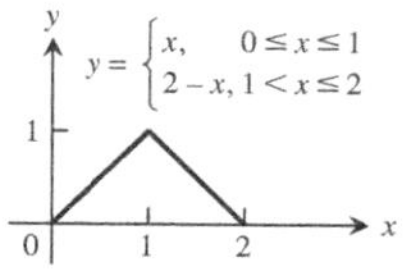

   b. Sim. **c.** Não.

99. $\left(\dfrac{5}{2}, \dfrac{9}{4}\right)$ e $\left(\dfrac{3}{2}, -\dfrac{1}{4}\right)$. **101.** $(−1, 27)$ e $(2, 0)$.
103. a. $(−2, 16), (3, 11)$. **b.** $(0, 20), (1, 7)$.
105.

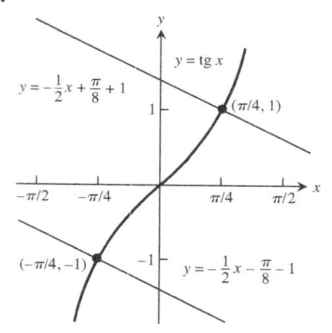

107. $\dfrac{1}{4}$. **109.** 4.
111. Tangente: $y = -\dfrac{1}{4}x + \dfrac{9}{4}$, normal: $y = 4x − 2$.
113. Tangente: $y = 2x − 4$, normal: $y = -\dfrac{1}{2}x + \dfrac{7}{2}$.
115. Tangente: $y = -\dfrac{5}{4}x + 6$, normal: $y = \dfrac{4}{5}x − \dfrac{11}{5}$.
117. $(1, 1): m = -\dfrac{1}{2}; (1, −1): m$ não definido.
119. $B = $ gráfico de f, $A = $ gráfico de f'.
121.

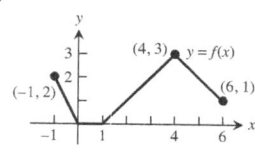

123. a. 0, 0. **b.** 1700 coelhos, ≈ 1400 coelhos.
125. −1. **127.** 1/2. **129.** 4. **131.** 1.
133. Para fazer com que g seja contínuo na origem, defina $g(0) = 1$.
135. $\dfrac{2(x^2 + 1)}{\sqrt{\cos 2x}}\left[\dfrac{2x}{x^2 + 1} + \text{tg}\,2x\right]$.
137. $5\left[\dfrac{(t + 1)(t − 1)}{(t − 2)(t + 3)}\right]^5\left[\dfrac{1}{t + 1} + \dfrac{1}{t − 1} − \dfrac{1}{t − 2} − \dfrac{1}{t + 3}\right]$.

139. $\dfrac{1}{\sqrt{\theta}}(\text{sen }\theta)^{\sqrt{\theta}}\left(\dfrac{\ln \text{sen }\theta}{2} + \theta \text{ cotg }\theta\right)$.

141. **a.** $\dfrac{dS}{dt} = (4\pi r + 2\pi h)\dfrac{dr}{dt}$. **b.** $\dfrac{dS}{dt} = 2\pi r\dfrac{dh}{dt}$.

   c. $\dfrac{dS}{dt} = (4\pi r + 2\pi h)\dfrac{dr}{dt} + 2\pi r\dfrac{dh}{dt}$.

   d. $\dfrac{dr}{dt} = -\dfrac{r}{2r + h}\dfrac{dh}{dt}$.

143. -40 m²/s.

145. $0{,}02$ ohm/s.

147. 22 m/s.

149. **a.** $r = \dfrac{2}{5}h$. **b.** $-\dfrac{125}{144\pi}$ pés/min.

151. **a.** $\dfrac{3}{5}$ km/s ou 600 m/s. **b.** $\dfrac{18}{\pi}$ rpm.

153. **a.** $L(x) = 2x + \dfrac{\pi - 2}{2}$.

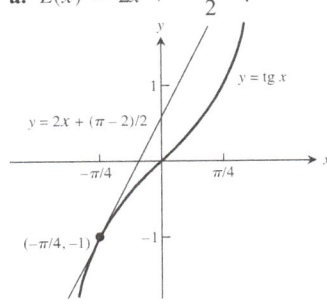

   b. $L(x) = -\sqrt{2}x + \dfrac{\sqrt{2}(4 - \pi)}{4}$.

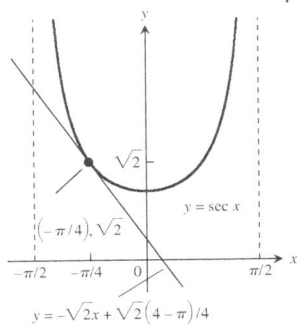

155. $L(x) = 1{,}5x + 0{,}5$.

157. $dS = \dfrac{\pi r h_0}{\sqrt{r^2 + h_0^2}}\,dh$.

159. **a.** 4%. **b.** 8%. **c.** 12%.

Exercícios adicionais e avançados

1. **a.** sen $2\theta = 2$ sen θ cos θ; 2 cos $2\theta = 2$ sen θ (–sen θ) + cos θ (2 cos θ); 2 cos $2\theta = -2$ sen² θ + 2 cos² θ; cos 2θ = cos² θ – sen² θ.

   b. cos 2θ = cos² θ – sen² θ; –2 sen 2θ = 2 cos θ (–sen θ) – 2 sen θ (cos θ); sen 2θ = cos θ + sen θ cos θ; sen 2θ = 2 sen θ cos θ.

3. **a.** $a = 1, b = 0, c = -\dfrac{1}{2}$. **b.** $b = \cos a, c = \text{sen } a$.

5. $h = -4, k = \dfrac{9}{2}, a = \dfrac{5\sqrt{5}}{2}$.

7. **a.** $0{,}09y$. **b.** Crescendo 1% ao ano.

9. As respostas irão variar. Esta é uma das possibilidades.

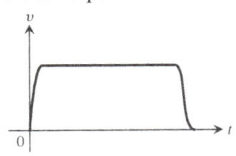

11. **a.** 2 s, 64 pés/s. **b.** 12,31 s, 393,85 pés.

15. **a.** $m = -\dfrac{b}{\pi}$. **b.** $m = -1, b = \pi$.

17. **a.** $a = \dfrac{3}{4}, b = \dfrac{9}{4}$. 19. f ímpar $\Rightarrow f'$ é par.

23. h' é definida, mas não contínua, em $x = 0$; k' é definida e contínua em $x = 0$.

27. **a.** $0{,}8156$ pé. **b.** $0{,}00613$ s.

   c. Perderá cerca de 8,83 min/dia.

CAPÍTULO 4

Seção 4.1

1. Mínimo absoluto em $x = c_2$; máximo absoluto em $x = b$.

3. Máximo absoluto em $x = c$; nenhum mínimo absoluto.

5. Mínimo absoluto em $x = a$; máximo absoluto em $x = c$.

7. Nenhum mínimo absoluto; nenhum máximo absoluto.

9. Máximo absoluto em $(0, 5)$. **11.** (c). **13.** (d).

15. Mínimo absoluto em $x = 0$; nenhum máximo absoluto.

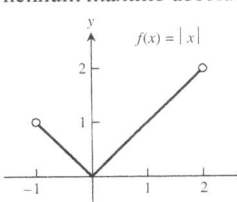

17. Máximo absoluto em $x = 2$; nenhum mínimo absoluto.

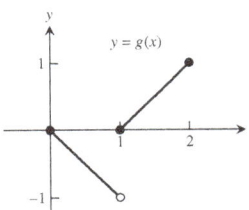

19. Máximo absoluto em $x = \pi/2$; mínimo absoluto em $x = 3\pi/2$.

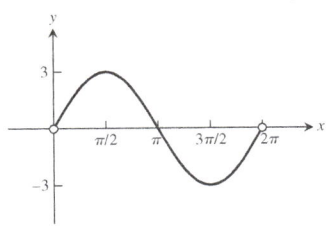

21. Máximo absoluto: -3; mínimo absoluto: $-19/3$.

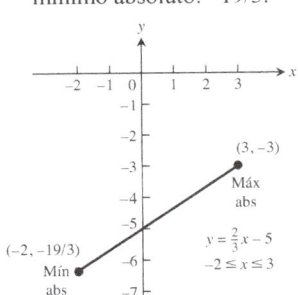

23. Máximo absoluto: 3; mínimo absoluto: -1.

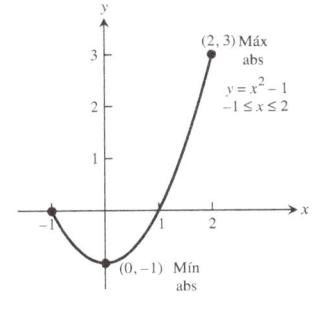

25. Máximo absoluto: −0,25; mínimo absoluto: −4.

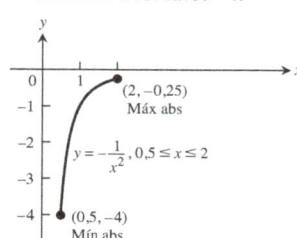

27. Máximo absoluto: 2; mínimo absoluto: −1.

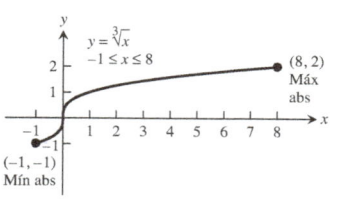

29. Máximo absoluto: 2; mínimo absoluto: 0.

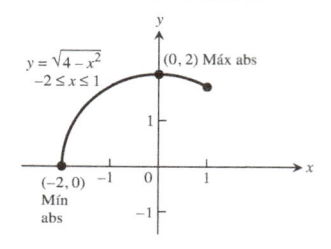

31. Máximo absoluto: 1; mínimo absoluto: −1.

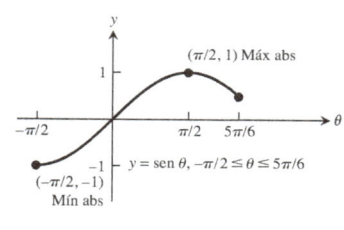

33. Máximo absoluto: $2/\sqrt{3}$; mínimo absoluto: 1.

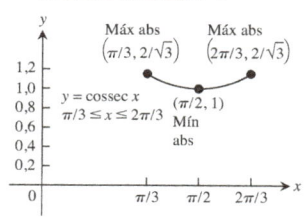

35. Máximo absoluto: 2; mínimo absoluto: −1.

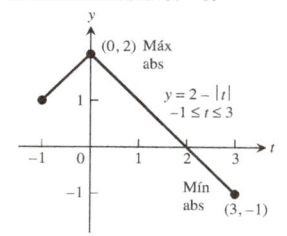

37. O máximo absoluto é $1/e$ em $x = 1$; o mínimo absoluto é $-e$ em $x = -1$.

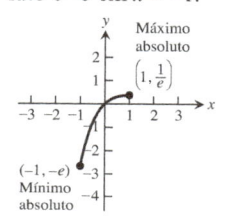

39. O valor máximo absoluto é $(1/4) + \ln 4$ em $x = 4$; o valor mínimo absoluto é 1 em $x = 1$; máximo local em $(1/2, 2 - \ln 2)$.

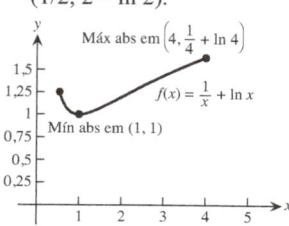

41. Crescente em $(0, 8)$, decrescente em $(-1, 0)$; máximo absoluto: 16 em $x = 8$; mínimo absoluto: 0 em $x = 0$.

43. Crescente em $(-32, 1)$; máximo absoluto: 1 em $\theta = 1$; mínimo absoluto: −8 em $\theta = -32$.

45. $x = 3$.

47. $x = 1, x = 4$.

49. $x = 1$.

51. $x = 0$ e $x = 4$.

53. O valor mínimo é 1 em $x = 2$.

55. Máximo local em $(-2, 17)$; mínimo local em $\left(\dfrac{4}{3}, -\dfrac{41}{27}\right)$.

57. O valor mínimo é 0 em $x = -1$ e $x = 1$.

59. Existe um mínimo local em $(0, 1)$.

61. O valor máximo é $\dfrac{1}{2}$ em $x = 1$; o valor mínimo é $-\dfrac{1}{2}$ em $x = -1$.

63. O valor mínimo é 2 em $x = 0$.

65. O valor mínimo é $-\dfrac{1}{e}$ em $x = \dfrac{1}{e}$.

67. O valor máximo é $\dfrac{\pi}{2}$ em $x = 0$; um valor mínimo absoluto é 0 em $x = 1$ e $x = -1$.

69.

Ponto crítico ou extremidade	Derivada	Extremo	Valor
$x = -\dfrac{4}{5}$	0	Máximo local	$\dfrac{12}{25} 10^{1/3} \approx 1{,}034$
$x = 0$	Indefinida	Mínimo local	0

71.

Ponto crítico ou extremidade	Derivada	Extremo	Valor
$x = -2$	Indefinida	Máximo local	0
$x = -\sqrt{2}$	0	Mínimo	−2
$x = \sqrt{2}$	0	Máximo	2
$x = 2$	Indefinida	Mínimo local	0

73.

Ponto crítico ou extremidade	Derivada	Extremo	Valor
$x = 1$	Indefinida	Mínimo	2

75.

Ponto crítico ou extremidade	Derivada	Extremo	Valor
$x = -1$	0	Máximo	5
$x = 1$	Indefinida	Mínimo local	1
$x = 3$	0	Máximo	5

77. **a.** Não.
   b. A derivada é definida e diferente de zero para $x \neq 2$. Ainda, $f(2) = 0$ e $f(x) > 0$ para todo $x \neq 2$.
   c. Não, porque $(-\infty, \infty)$ não é um intervalo fechado.
   d. As respostas são as mesmas dos itens (a) e (b), com 2 substituído por a.

79. Sim.

81. g assume um máximo local em $-c$.

83. **a.** O valor máximo é 144 em $x = 2$.
   b. O maior volume da caixa é 144 unidades cúbicas, e ocorre quando $x = 2$.

85. $\dfrac{v_0^2}{2g} + s_0$.

87. O valor máximo é 11 em $x = 5$; o valor mínimo é 5 no intervalo $[-3, 2]$; máximo local em $(-5, 9)$.

89. O valor máximo é 5 no intervalo $[3, \infty)$; o valor mínimo é −5 no intervalo $(-\infty, -2]$.

Seção 4.2

1. $1/2$ 3. 1   5. $\pm\sqrt{1 - \dfrac{4}{\pi^2}} \approx \pm 0{,}771$

7. $\dfrac{1}{3}(1 + \sqrt{7}) \approx 1{,}22, \dfrac{1}{3}(1 - \sqrt{7}) \approx -0{,}549$

9. Não; f não é diferenciável no ponto de domínio interior $x = 0$.

11. Sim.   13. Não; f não é diferenciável em $x = -1$.

17. a.
   i) [number line with points at –2, 0, 2]
   ii) [number line with points at –5, –4, –3]
   iii) [number line with points at –1, 0, 2]
   iv) [number line with points at 0, 4, 9, 18, 24]

29. Sim.   **31. a.** 4.   **b.** 3.   **c.** 3.

33. a. $\dfrac{x^2}{2} + C$.   **b.** $\dfrac{x^3}{3} + C$.   **c.** $\dfrac{x^4}{4} + C$.

35. a. $\dfrac{1}{x} + C$.   **b.** $x + \dfrac{1}{x} + C$.   **c.** $5x - \dfrac{1}{x} + C$.

37. a. $-\dfrac{1}{2}\cos 2t + C$.   **b.** $2\operatorname{sen}\dfrac{t}{2} + C$.

   c. $-\dfrac{1}{2}\cos 2t + 2\operatorname{sen}\dfrac{t}{2} + C$.

39. $f(x) = x^2 - x$.   **41.** $f(x) = 1 + \dfrac{e^{2x}}{2}$

43. $s = 4{,}9t^2 + 5t + 10$.   **45.** $s = \dfrac{1 - \cos(\pi t)}{\pi}$.

47. $s = e^t + 19t + 4$.   **49.** $s = \operatorname{sen}(2t) - 3$.

51. Se $T(t)$ é a temperatura do termômetro no tempo t, então $T(0) = -19\,°C$ e $T(14) = 100\,°C$. A partir do teorema do valor médio, existe um $0 < t_0 < 14$ de modo que $\dfrac{T(14) - T(0)}{14 - 0} = 8{,}5\,°C/s = T'(t_0)$, a taxa na qual a temperatura está variando em $t = t_0$ conforme medida pelo mercúrio ascendente do termômetro.

53. Porque sua velocidade média era de aproximadamente 7,667 nós, e, pelo teorema do valor médio, deve ter ido naquela velocidade ao menos uma vez durante a jornada.

57. A conclusão do teorema do valor médio proporciona
$$\dfrac{\dfrac{1}{b} - \dfrac{1}{a}}{b - a} = -\dfrac{1}{c^2} \Rightarrow c^2\left(\dfrac{a - b}{ab}\right) = a - b \Rightarrow c = \sqrt{ab}.$$

61. $f(x)$ deve ser zero ao menos uma vez entre a e b pelo teorema do valor intermediário. Agora, suponha que $f(x)$ seja zero duas vezes entre a e b. Então, pelo teorema do valor médio, $f'(x)$ teria de ser zero ao menos uma vez entre os dois zeros de $f(x)$, mas isso não pode ser verdadeiro, uma vez que é dado que $f'(x) \neq 0$ nesse intervalo. Portanto, $f(x)$ é zero uma vez, e somente uma vez, entre a e b.

71. $1{,}09999 \leq f(0{,}1) \leq 1{,}1$.

Seção 4.3

1. a. 0,1.
   b. Crescente em $(-\infty, 0)$ e $(1, \infty)$; decrescente em $(0, 1)$.
   c. Máximo local em $x = 0$; mínimo local em $x = 1$.

3. a. –2, 1.
   b. Crescente em $(-2, 1)$ e $(1, \infty)$; decrescente em $(-\infty, -2)$.
   c. Nenhum máximo local; mínimo local em $x = -2$.

5. a. Ponto crítico em $x = 1$.
   b. Decrescente em $(-\infty, 1)$, crescente em $(1, \infty)$.
   c. Mínimo local (e absoluto) em $x = 1$.

7. a. 0, 1.
   b. Crescente em $(-\infty, -2)$ e $(1, \infty)$; decrescente em $(-2, 0)$ e $(0, 1)$.
   c. Mínimo local em $x = 1$.

9. a. –2, 2.
   b. Crescente em $(-\infty, -2)$ e $(2, \infty)$; decrescente em $(-2, 0)$ e $(0, 2)$.
   c. Máximo local em $x = -2$; mínimo local em $x = 2$.

11. a. –2, 0.
   b. Crescente em $(-\infty, -2)$ e $(0, \infty)$; decrescente em $(-2, 0)$.
   c. Máximo local em $x = -2$; mínimo local em $x = 0$.

13. a. $\dfrac{\pi}{2}, \dfrac{2\pi}{3}, \dfrac{4\pi}{3}$.
   b. Crescente em $\left(\dfrac{2\pi}{3}, \dfrac{4\pi}{3}\right)$; decrescente em $\left(0, \dfrac{\pi}{2}\right), \left(\dfrac{\pi}{2}, \dfrac{2\pi}{3}\right)$ e $\left(\dfrac{4\pi}{3}, 2\pi\right)$.
   c. Máximo local em $x = 0$ e $x = \dfrac{4\pi}{3}$; mínimo local em $x = \dfrac{2\pi}{3}$ e $x = 2\pi$.

15. a. Crescente em $(-2, 0)$ e $(2, 4)$; decrescente em $(-4, -2)$ e $(0, 2)$.
   b. Máximo absoluto em $(-4, 2)$; máximo local em $(0, 1)$ e $(4, -1)$; mínimo absoluto em $(2, -3)$; mínimo local em $(-2, 0)$.

17. a. Crescente em $(-4, -1)$, $(1/2, 2)$ e $(2, 4)$; decrescente em $(-1, 1/2)$.
   b. Máximo absoluto em $(4, 3)$; máximo local em $(-1, 2)$ e $(2, 1)$; nenhum mínimo absoluto; mínimo local em $(-4, -1)$ e $(1/2, -1)$.

19. a. Crescente em $(-\infty, -1/5)$; decrescente em $(-1{,}5; \infty)$.
   b. Máximo local: 5,25 em $t = -1{,}5$; máximo absoluto: 5,25 em $t = -1{,}5$.

21. a. Decrescente em $(-\infty, 0)$; crescente em $(0, 4/3)$; decrescente em $(4/3, \infty)$.
   b. Mínimo local em $x = 0$ $(0, 0)$; máximo local em $x = 4/3$ $(4/3, 32/27)$; sem extremos absolutos.

23. a. Decrescente em $(-\infty, 0)$; crescente em $(0, 1/2)$; decrescente em $(1/2, \infty)$.
   b. Mínimo local em $\theta = 0$ $(0, 0)$; máximo local em $\theta = 1/2$ $(1/2, 1/4)$; sem extremos absolutos.

25. a. Crescente em $(-\infty, \infty)$; nunca decrescente.
   b. Sem extremos locais; sem extremos absolutos.

27. a. Crescente em $(-2, 0)$ e $(2, \infty)$; decrescente em $(-\infty, -2)$ e $(0, 2)$.
   b. Máximo local: 16 em $x = 0$; mínimo local: 0 em $x = \pm 2$; sem máximo absoluto; mínimo absoluto: 0 em $x = \pm 2$.

29. a. Crescente em $(-\infty, -1)$; decrescente em $(-1, 0)$; crescente em $(0, 1)$; decrescente em $(1, \infty)$.
   b. Máximo local: 0,5 em $x = \pm 1$; mínimo local: 0 em $x = 0$; máximo absoluto: 1/2 em $x = \pm 1$; sem mínimo absoluto.

31. a. Crescente em $(10, \infty)$; decrescente em $(1, 10)$.
   b. Máximo local: 1 em $x = 1$; mínimo local: –8 em $x = 10$; mínimo absoluto: –8 em $x = 10$.

33. a. Decrescente em $(-2\sqrt{2}, -2)$; crescente em $(-2, 2)$; decrescente em $(2, 2\sqrt{2})$.
   b. Mínimos locais: $g(-2) = -4$, $g(2\sqrt{2}) = 0$; máximos locais: $g(-2\sqrt{2}) = 0$, $g(2) = 4$; máximo absoluto: 4 em $x = 2$; mínimo absoluto: –4 em $x = -2$.

35. a. Crescente em (−∞, 1); decrescente quando 1 < x < 2, decrescente quando 2 < x < 3; descontínua em x = 2; crescente em (3, ∞).
   b. Mínimo local em x = 3 (3, 6); máximo local em x = 1 (1, 2); sem extremos absolutos.

37. a. Crescente em (−2, 0) e (0, ∞); decrescente em (−∞, −2).
   b. Mínimo local: $-6\sqrt[3]{2}$ em $x = -2$; sem máximo absoluto; mínimo absoluto: $-6\sqrt[3]{2}$ em $x = -2$.

39. a. Crescente em $(-\infty, -2/\sqrt{7})$ e $(2/\sqrt{7}, \infty)$; decrescente em $(-2/\sqrt{7}, 0)$ e $(0, 2/\sqrt{7})$.
   b. Máximo local: $24\sqrt[3]{2}/7^{7/6} \approx 3{,}12$ em $x = -2/\sqrt{7}$; mínimo local: $-24\sqrt[3]{2}/7^{7/6} \approx -3{,}12$ em $x = 2/\sqrt{7}x$; sem extremos absolutos.

41. a. Crescente em ((1/3) ln (1/2), ∞); decrescente em (−∞, (1/3) ln (1/2)).
   b. O mínimo local é $\dfrac{3}{2^{2/3}}$ em $x = (1/3)\ln(1/2)$; sem máximo local; o mínimo absoluto é $\dfrac{3}{2^{2/3}}$ em $x = (1/3)\ln(1/2)$; sem máximo absoluto.

43. a. Crescente em (e^{-1}, ∞), decrescente em $(0, e^{-1})$.
   b. Um mínimo local é $-e^{-1}$ em $x = e^{-1}$, sem máximo local; o mínimo absoluto é $-e^{-1}$ em $x = e^{-1}$, sem máximo absoluto.

45. a. Máximo local: 1 em x = 1; mínimo local: 0 em x = 2.
   b. Máximo absoluto: 1 em x = 1; sem mínimo absoluto.

47. a. Máximo local: 1 em x = 1; mínimo local: 0 em x = 2.
   b. Sem máximo absoluto; mínimo absoluto: 0 em x = 2.

49. a. Máximos absolutos: −9 em t = −3 e 16 em t = 2; mínimo local: −16 em t = −2.
   b. Máximo absoluto: 16 em t = 2; sem mínimo absoluto.

51. a. Mínimo local: 0 em x = 0.
   b. Sem máximo absoluto; mínimo absoluto: 0 em x = 0.

53. a. Máximo local: 5 em x = 0; mínimo local: 0 em x = −5 e x = 5.
   b. Máximo absoluto: 5 em x = 0; mínimo absoluto: 0 em x = −5 e x = 5.

55. a. Máximo local: 2 em x = 0; mínimo local: $\dfrac{\sqrt{3}}{4\sqrt{3}-6}$ em $x = 2 - \sqrt{3}$.
   b. Sem máximo absoluto: um mínimo absoluto em $x = 2 - \sqrt{3}$.

57. a. Máximo local: 1 em x = π/4; máximo local: 0 em x = π; mínimo local: 0 em x = 0; mínimo local: −1 em x = 3π/4.

59. Máximo local: 2 em x = π/6; máximo local: $\sqrt{3}$ em x = 2π; mínimo local: −2 em x = 7π/6; mínimo local: $\sqrt{3}$ em x = 0.

61. a. Mínimo local: $(\pi/3) - \sqrt{3}$ em $x = 2\pi/3$; máximo local: 0 em x = 0; máximo local: π em x = 2π.

63. a. Mínimo local: 0 em x = π/4.

65. Máximo local: 3 em θ = 0; mínimo local: −3 em θ = 2π.

67.

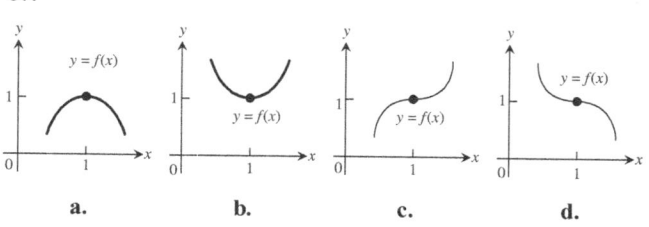

| a. | b. | c. | d. |

69. a. **b.**

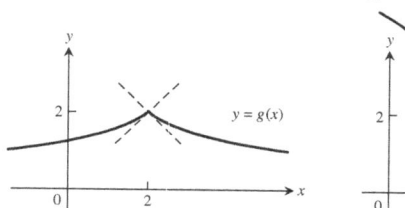

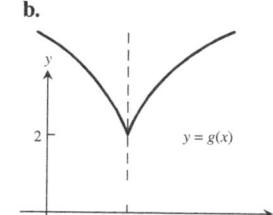

73. a = −2, b = 4

75. a. O mínimo absoluto ocorre em x = π/3 com f(π/3) = −ln 2, e o máximo absoluto ocorre em x = 0 com f(0) = 0.
   b. O mínimo absoluto ocorre em x = 1/2 e x = 2 com f(1/2) = f(2) = cos (ln 2), e o máximo absoluto ocorre em x = 1 com f(1) = 1.

77. Mínimo de 2 − 2 ln 2 ≈ 0,613706 em x = ln 2; máximo de 1 em x = 0.

79. Valor máximo absoluto de 1/2e presumido como $x = 1/\sqrt{e}$.

83. Crescente; $\dfrac{df^{-1}}{dx} = \dfrac{1}{9}x^{-2/3}$.

85. Decrescente; $\dfrac{df^{-1}}{dx} = -\dfrac{1}{3}x^{-2/3}$.

Seção 4.4

1. Máximo local: 3/2 em x = −1; mínimo local: −3 em x = 2; ponto de inflexão em (1/2, −3/4); ascendendo em (−∞, −1) e (2, ∞); caindo em (−1, 2); côncavo para cima em (1/2, ∞); côncavo para baixo em (−∞, 1/2).

3. Máximo local: 3/4 em x = 0; mínimo local: 0 em x ±1; pontos de inflexão em $\left(-\sqrt{3}, \dfrac{3\sqrt[3]{4}}{4}\right)$ e $\left(\sqrt{3}, \dfrac{3\sqrt[3]{4}}{4}\right)$; ascendendo em (−1, 0) e (1, ∞); caindo em (−∞, −1) e (0, 1); côncavo para cima em $(-\infty, -\sqrt{3})$ e $(\sqrt{3}, \infty)$; côncavo para baixo em $(-\sqrt{3}, \sqrt{3})$.

5. Máximos locais: $\dfrac{-2\pi}{3} + \dfrac{\sqrt{3}}{2}$ em $x = -2\pi/3$, $\dfrac{\pi}{3} + \dfrac{\sqrt{3}}{2}$, em $x = \pi/3$; mínimos locais: $-\dfrac{\pi}{3} - \dfrac{\sqrt{3}}{2}$ em $x = -\pi/3$, $\dfrac{2\pi}{3} - \dfrac{\sqrt{3}}{2}$ em $x = 2\pi/3$; pontos de inflexão em (−π/2, −π/2), (0, 0) e (π/2, π/2), ascendendo em (−π/3, π/3); caindo em (−2π/3, −π/3) e (π/3, 2π/3); côncavo para cima em (−π/2, 0) e (π/2, 2π/3); côncavo para baixo em (−2π/3, −π/2) e (0, π/2).

7. Máximos locais: 1 em x = −π/2 e x = π/2, 0 em x = −2π e x = 2π; mínimos locais: −1 em x = −3π/2 e x = 3π/2, 0 em x = 0; pontos de inflexão em (−π, 0) e (π, 0); ascendendo em (−3π/2), (−π/2, 0), (0, π/2) e (3π/2, 2π); caindo em (−2π, −3π/2), (−π/2, 0) e (π/2, 3π/2); côncavo para cima em (−2π, −π) e (π, 2π); côncavo para baixo em (−π, 0) e (0, π).

9. $y = x^2 - 4x + 3$; Mín abs $(2, -1)$

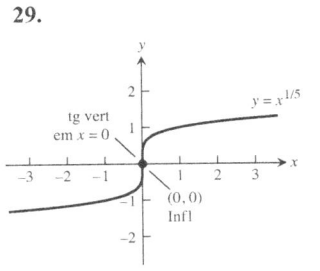

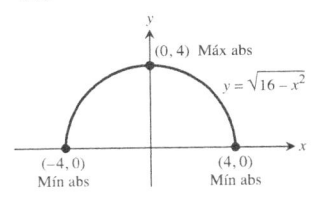

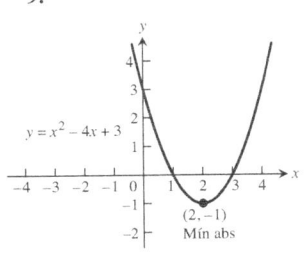

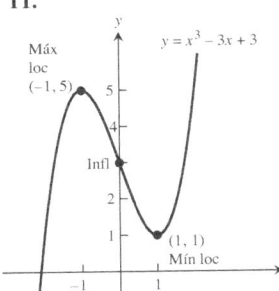

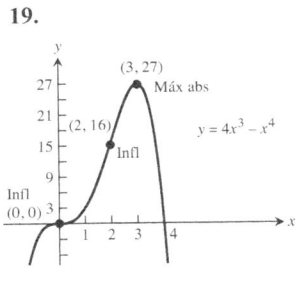

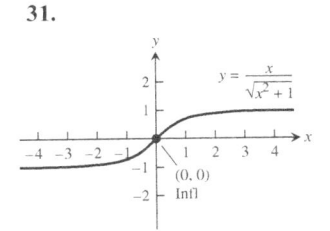

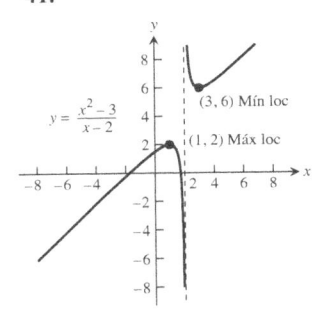

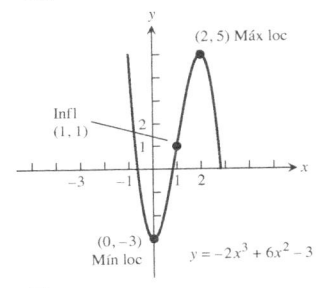

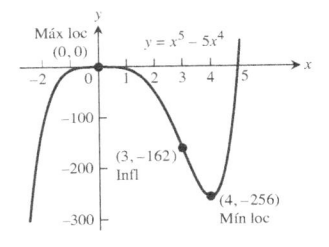

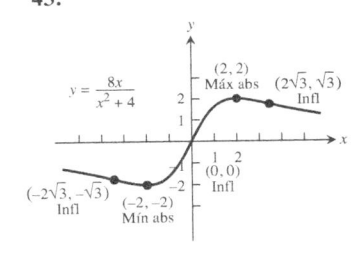

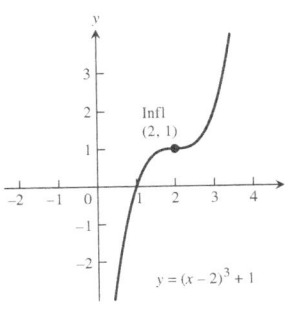

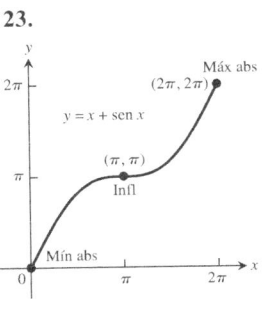

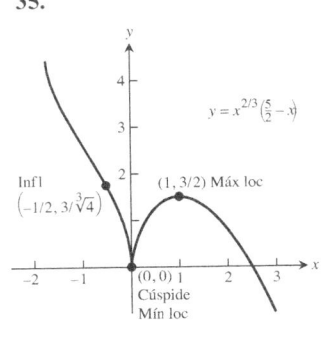

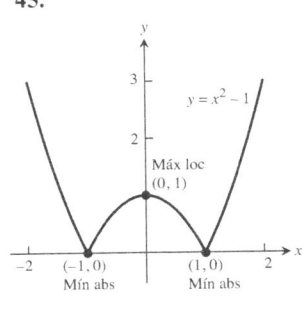

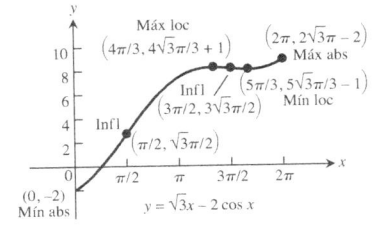

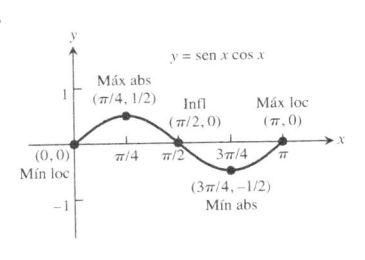

11. $y = x^3 - 3x + 3$; Máx loc $(-1, 5)$; Infl $(0, 3)$; Mín loc $(1, 1)$

13. $y = -2x^3 + 6x^2 - 3$; Mín loc $(0, -3)$; Infl $(1, 1)$; Máx loc $(2, 5)$

15. $y = (x-2)^3 + 1$; Infl $(2, 1)$

17. $y = x^4 - 2x^2$; Máx loc $(0, 0)$; Mín abs $(-1, -1)$, $(1, -1)$; Infl $(-1/\sqrt{3}, -5/9)$, $(1/\sqrt{3}, -5/9)$

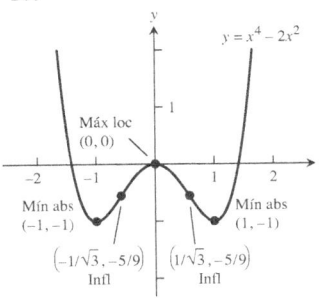

19. $y = 4x^3 - x^4$; Infl $(0, 0)$, $(2, 16)$; Máx abs $(3, 27)$

21. $y = x^5 - 5x^4$; Máx loc $(0, 0)$; Infl $(3, -162)$; Mín loc $(4, -256)$

23. $y = x + \operatorname{sen} x$; Mín abs $(0, 0)$; Infl (π, π); Máx abs $(2\pi, 2\pi)$

25. $y = \sqrt{3}x - 2\cos x$; Mín abs $(0, -2)$; Infl $(\pi/2, \sqrt{3}\pi/2)$, $(3\pi/2, 3\sqrt{3}\pi/2)$; Máx loc $(4\pi/3, 4\sqrt{3}\pi/3 + 1)$; Mín loc $(5\pi/3, 5\sqrt{3}\pi/3 - 1)$; Máx abs $(2\pi, 2\sqrt{3}\pi - 2)$

27. $y = \operatorname{sen} x \cos x$; Mín loc $(0, 0)$; Máx abs $(\pi/4, 1/2)$; Infl $(\pi/2, 0)$; Mín abs $(3\pi/4, -1/2)$; Máx loc $(\pi, 0)$

29. $y = x^{1/5}$; tg vert em $x = 0$; Infl $(0, 0)$

31. $y = \dfrac{x}{\sqrt{x^2 + 1}}$; Infl $(0, 0)$

33. $y = 2x - 3x^{2/3}$; Cúspide, Máx loc $(0, 0)$; Mín loc $(1, -1)$

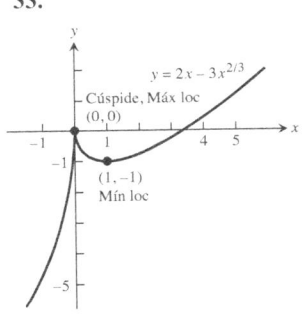

35. $y = x^{2/3}\left(\dfrac{5}{2} - x\right)$; Infl $\left(-1/2, 3/\sqrt[3]{4}\right)$; Cúspide Mín loc $(0, 0)$; Máx loc $(1, 3/2)$

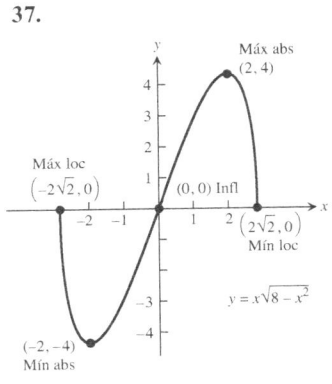

37. $y = x\sqrt{8 - x^2}$; Máx loc $(-2\sqrt{2}, 0)$; Mín abs $(-2, -4)$; Infl $(0, 0)$; Máx abs $(2, 4)$; Mín loc $(2\sqrt{2}, 0)$

39. $y = \sqrt{16 - x^2}$; Máx abs $(0, 4)$; Mín abs $(-4, 0)$, $(4, 0)$

41. $y = \dfrac{x^2 - 3}{x - 2}$; Máx loc $(1, 2)$; Mín loc $(3, 6)$

43. $y = \dfrac{8x}{x^2 + 4}$; Infl $(-2\sqrt{3}, -\sqrt{3})$; Mín abs $(-2, -2)$; Infl $(0, 0)$; Máx abs $(2, 2)$; Infl $(2\sqrt{3}, \sqrt{3})$

45. $y = x^2 - 1$; Mín abs $(-1, 0)$, $(1, 0)$; Máx loc $(0, 1)$

47. $y = \sqrt{|x|}$; Cúspide Mín abs $(0, 0)$

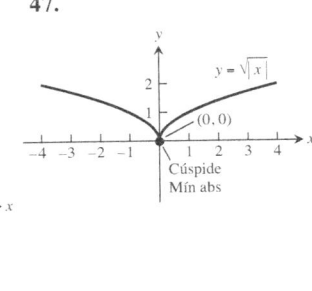

49.

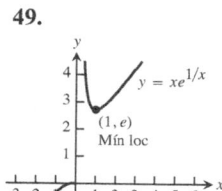

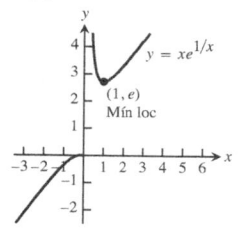

51.

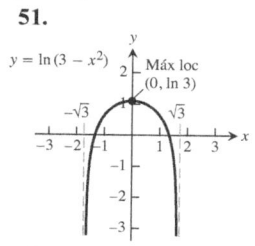

53.

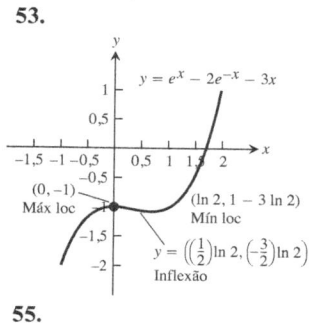

55.

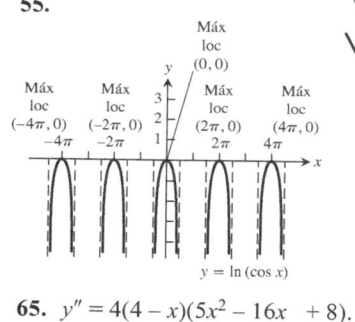

57.

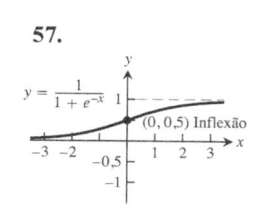

59. $y'' = 1 - 2x$

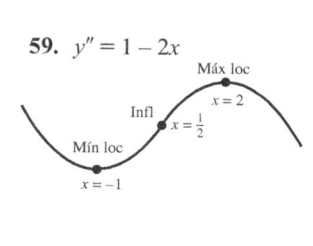

61. $y'' = 3(x-3)(x-1)$.

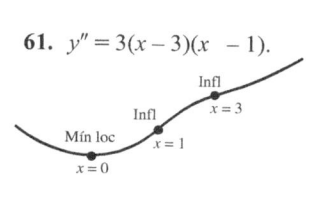

63. $y'' = 3(x-2)(x+2)$.

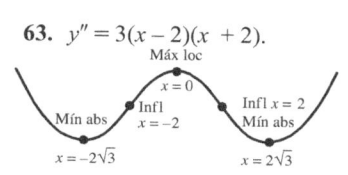

65. $y'' = 4(4-x)(5x^2 - 16x + 8)$.

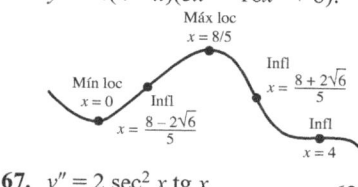

67. $y'' = 2\sec^2 x \,\text{tg}\, x$.

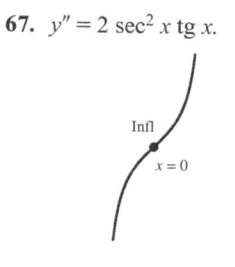

69. $y'' = -\dfrac{1}{2}\text{cossec}^2 \dfrac{\theta}{2}$, $0 < \theta < 2\pi$.

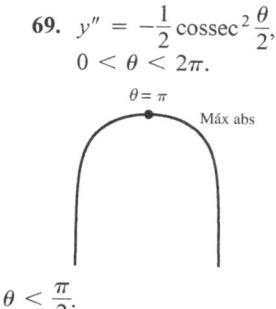

71. $y'' = 2\,\text{tg}\,\theta \sec^2\theta$, $-\dfrac{\pi}{2} < \theta < \dfrac{\pi}{2}$.

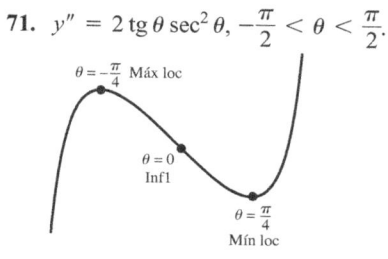

73. $y'' = -\text{sen}\, t$, $0 \le t \le 2\pi$.

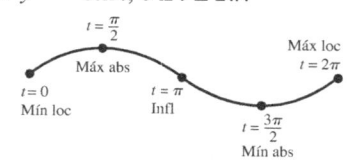

75. $y'' = -\dfrac{2}{3}(x+1)^{-5/3}$.

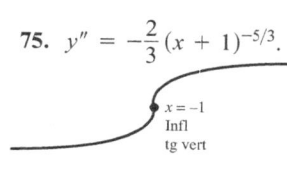

77. $y'' = \dfrac{1}{3}x^{-2/3} + \dfrac{2}{3}x^{-5/3}$

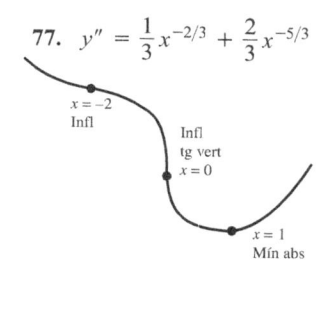

79. $y'' = \begin{cases} -2, & x < 0 \\ 2, & x > 0 \end{cases}$

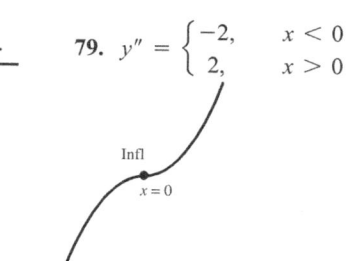

81.

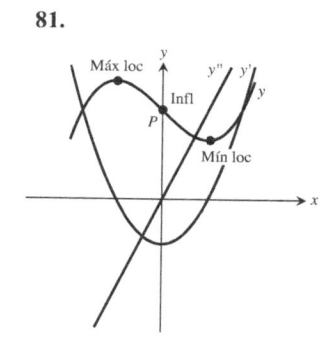

83.

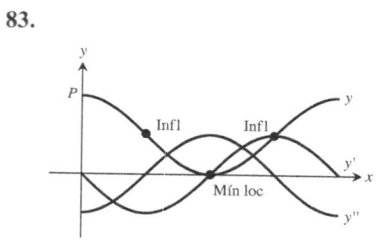

85.

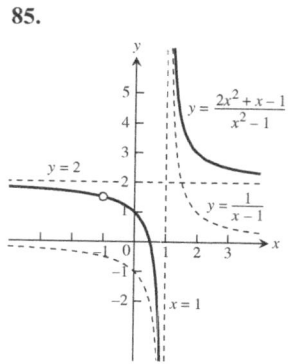

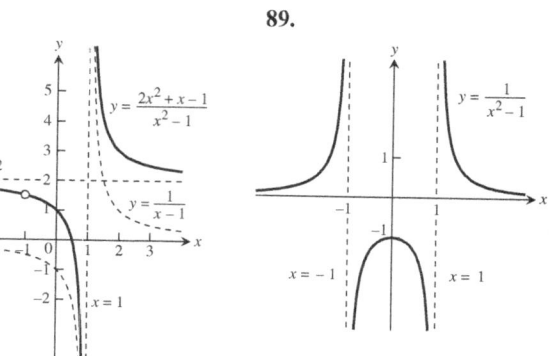

87.

89.

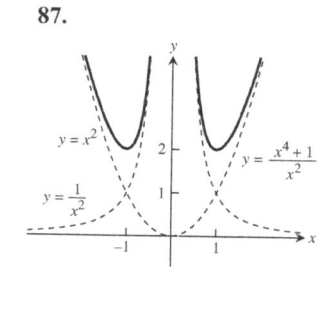

91.

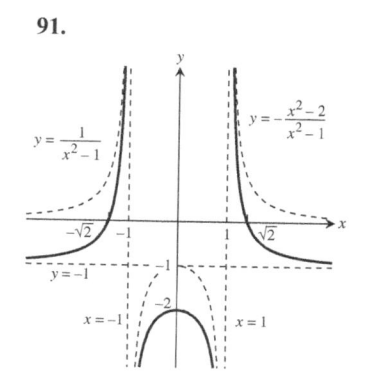

93.

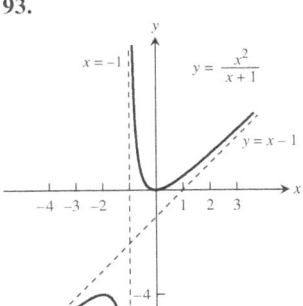

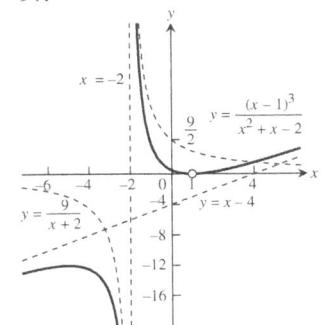

95.

97.

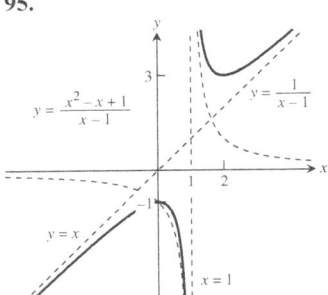

99.

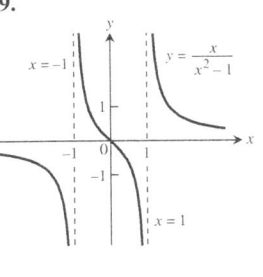

101.

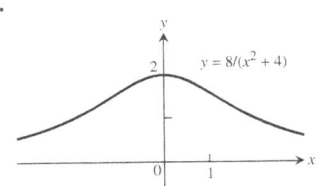

103.

Ponto	y'	y''
P	−	+
Q	+	0
R	+	−
S	0	−
T	−	−

105.

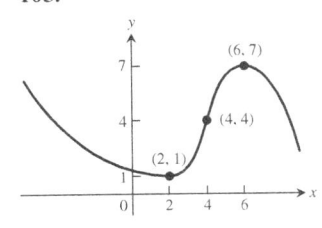

107. a. Em direção à origem: $0 \leq t < 2$ e $6 \leq t \leq 10$; em direção contrária à origem: $2 \leq t \leq 6$ e $10 \leq t \leq 15$.
  b. $t = 2, t = 6, t = 10$.   **c.** $t = 5, t = 7, t = 13$.
  d. Positivo: $5 \leq t \leq 7$, $13 \leq t \leq 15$;
  negativo: $0 \leq t \leq 5$, $7 \leq t \leq 13$.

109. ≈ 60 mil unidades.

111. Mínimo local em $x = 2$; pontos de inflexão em $x = 1$ e $x = 5/3$.

115. $b = -3$.

119. −1, 2.

121. $a = 1, b = 3, c = 9$.

123. Os zeros de $y' = 0$ e $y'' = 0$ são extremos e pontos de inflexão, respectivamente. Inflexão em $x = 3$, máximo local em $x = 0$, mínimo local em $x = 4$.

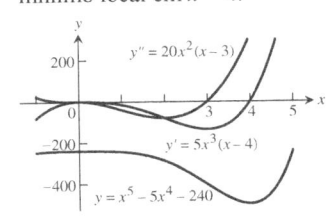

125. Os zeros de $y' = 0$ e $y'' = 0$ são extremos e pontos de inflexão, respectivamente. Inflexão em $x = -\sqrt[3]{2}$; máximo local em $x = -2$, mínimo local em $x = 0$.

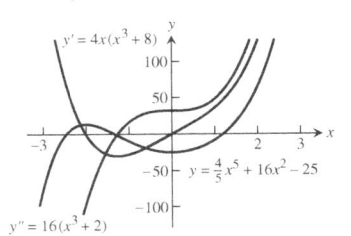

Seção 4.5

1.	−1/4.	**13.**	0.	**25.**	−1.	**37.**	ln 2.	**49.**	2.	**61.** e^3.
3.	5/7.	**15.**	−16.	**27.**	ln 3.	**39.**	−∞.	**51.**	$1/e$.	**63.** 0.
5.	1/2.	**17.**	−2.	**29.**	$\frac{1}{\ln 2}$.	**41.**	−1/2.	**53.**	1.	**65.** 1.
7.	1/4.	**19.**	1/4.	**31.**	ln 2.	**43.**	−1.	**55.**	$1/e$.	**67.** 3.
9.	−23/7.	**21.**	2.	**33.**	1.	**45.**	1.	**57.**	$e^{1/2}$.	**69.** 1.
11.	5/7.	**23.**	3	**35.**	1/2.	**47.**	0.	**59.**	1.	**71.** 0.

73. ∞.   **75.** (b) está correto.

77. (d) está correto.   **79.** $c = \frac{27}{10}$.

81. b. $\frac{-1}{2}$.   **83.** −1.

87. a. $y = 1$.   **b.** $y = 0, y = \frac{3}{2}$.

89. a. Devemos atribuir o valor de 1 para $f(x) = (\text{sen } x)^x$ para fazer com que ela seja contínua em $x = 0$.

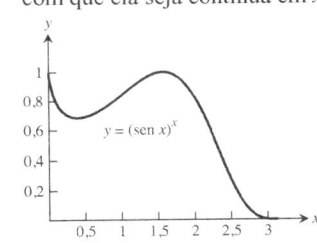

  c. O valor máximo de $f(x)$ é perto de 1 próximo do ponto $x \approx 1{,}55$ (veja o gráfico no item (a)).

Seção 4.6

1. 16 pol., 4 pol. por 4 pol.

3. a. $(x, 1-x)$.   **b.** $A(x) = 2x(1-x)$.
  c. $\frac{1}{2}$ unidade quadrada, 1 por $\frac{1}{2}$.

5. $\frac{14}{3} \times \frac{35}{3} \times \frac{5}{3}$ pol., $\frac{2450}{27}$ pol.^{3}.

7. 80.000 m²; 400 m por 200 m.

9. a. As dimensões ideais do tanque são 10 pés nas arestas da base e 5 pés de profundidade.
  b. Minimizar a área da superfície do tanque minimiza seu peso para uma determinada espessura da parede. A espessura das paredes de aço seria provavelmente determinada por outras considerações, como exigências estruturais.

11. 9 × 18 pol.   **13.** $\frac{\pi}{2}$.

15. $h : r = 8 : \pi$.

17. **a.** $V(x) = 2x(24 - 2x)(18 - 2x)$.   **b.** Domínio: $(0, 9)$.

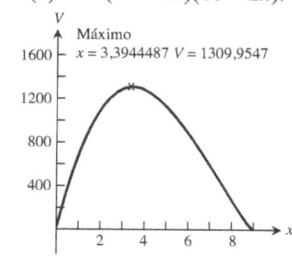

c. Volume máximo $\approx 1.309,95$ pol.^{3} quando $x \approx 3,39$ pol.
d. $V'(x) = 24x^2 - 336x + 864$, de modo que o ponto crítico é em $x = 7 - \sqrt{13}$, o que confirma o resultado no item (c).
e. $x = 2$ pol. ou $x = 5$ pol.

19. $\approx 2.418,40$ cm^3.
21. **a.** $h = 24$, $w = 18$.
    b.

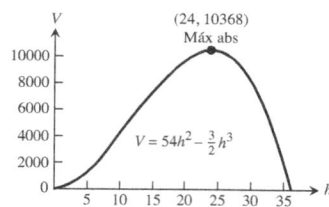

23. Se r for o raio do hemisfério, h a altura do cilindro e V o volume, então $r = \left(\dfrac{3V}{8\pi}\right)^{1/3}$ e $h = \left(\dfrac{3V}{\pi}\right)^{1/3}$.

25. **b.** $x = \dfrac{51}{8}$.   **c.** $L \approx 11$ pol.
27. Raio $= \sqrt{2}$ m, altura $= 1$ m, volume $= \dfrac{2\pi}{3}$ m^3.   **29.** 1.
31. $\dfrac{9b}{9 + \sqrt{3\pi}}$ m, triângulo, $\dfrac{b\sqrt{3\pi}}{9 + \sqrt{3\pi}}$ m, circunferência.
33. $\dfrac{3}{2} \times 2$.   **35. a.** 16.   **b.** -1.
37. **a.** $v(0) = 96$ pés/s.
    b. 256 pés em $t = 3$ s.
    c. Velocidade quando $s = 0$ é $v(7) = -128$ pés/s.
39. $\approx 46,87$ pés.   **41. a.** $6 \times 6\sqrt{3}$ pol.
43. **a.** $4\sqrt{3} \times 4\sqrt{6}$ pol.
45. **a.** $10\pi \approx 31,42$ cm/s; quando $t = 0,5$ s, 1,5 s, 2,5 s, 3,5 s; $s = 0$, a aceleração é 0.
    b. 10 cm a partir da posição de repouso; a velocidade é 0.
47. **a.** $x = ((12 - 12t)^2 + 64t^2)^{1/2}$.
    b. -12 nós, 8 nós.
    c. Não.
    e. $4\sqrt{13}$. Esse limite é a raiz quadrada das somas dos quadrados das velocidades individuais.
49. $x = \dfrac{a}{2}$, $v = \dfrac{ka^2}{4}$ **51.** $\dfrac{c}{2} + 50$
53. **a.** $\sqrt{\dfrac{2km}{h}}$ **b.** $\sqrt{\dfrac{2km}{h}}$
57. $4 \times 4 \times 3$ pés, \$ 288.   **59.** $M = \dfrac{C}{2}$.   **65. a.** $y = -1$.
67. **a.** A distância mínima é $\dfrac{\sqrt{5}}{2}$.

b. A distância mínima é entre o ponto $(3/2, 0)$ e o ponto $(1, 1)$ sobre o gráfico de $y = \sqrt{x}$, e isso ocorre no valor $x = 1$, onde $D(x)$, a distância ao quadrado, tem seu valor mínimo.

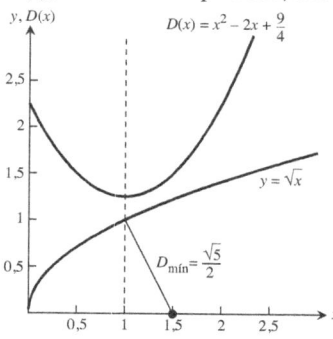

Seção 4.7

1. $x_2 = -\dfrac{5}{3}, \dfrac{13}{21}$ **3.** $x_2 = -\dfrac{51}{31}, \dfrac{5763}{4945}$ **5.** $x_2 = \dfrac{2387}{2000}$
7. x_1, e todas as aproximações posteriores serão iguais a x_0.
9.

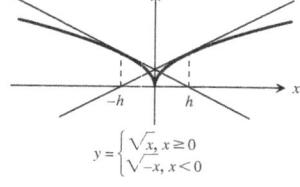

$y = \begin{cases} \sqrt{x}, & x \geq 0 \\ \sqrt{-x}, & x < 0 \end{cases}$

11. Os pontos de interseção de $y = x^3$ e $y = 3x + 1$ ou $y = x^3 - 3x$ e $y = 1$ têm os mesmos valores de x que as raízes do item (i) ou que as soluções do item (iv).
13. 1,165561185.
15. **a.** Dois.   **b.** 0,35003501505249 e $-1,0261731615301$.
17. $\pm 1,3065629648764$, $\pm 0,5411961001462$.
19. $x \approx 0,45$.
21. 0,8192.
23. 0, 0,53485.
25. A raiz é 1,17951.
27. **a.** Para $x_0 = -2$ ou $x_0 = -0,8$, $x_i \to -1$ à medida que i fica grande.
    b. Para $x_0 = -0,5$ ou $x_0 = 0,25$, $x_i \to 0$ à medida que i fica grande.
    c. Para $x_0 = 0,8$ ou $x_0 = 2$, $x_i \to 1$ à medida que i fica grande.
    d. Para $x_0 = -\sqrt{21}/7$ ou $x_0 = \sqrt{21}/7$, o método de Newton não converge. Os valores de x_i se alternam entre $-\sqrt{21}/7$ e $\sqrt{21}/7$ à medida que i aumenta.
29. As respostas irão variar com a velocidade da máquina.

Seção 4.8

1. **a.** x^2 **b.** $\dfrac{x^3}{3}$ **c.** $\dfrac{x^3}{3} - x^2 + x$
3. **a.** x^{-3} **b.** $-\dfrac{1}{3}x^{-3}$ **c.** $-\dfrac{1}{3}x^{-3} + x^2 + 3x$
5. **a.** $-\dfrac{1}{x}$ **b.** $-\dfrac{5}{x}$ **c.** $2x + \dfrac{5}{x}$
7. **a.** $\sqrt{x^3}$ **b.** $\sqrt{x}$ **c.** $\dfrac{2\sqrt{x^3}}{3} + 2\sqrt{x}$
9. **a.** $x^{2/3}$ **b.** $x^{1/3}$ **c.** $x^{-1/3}$
11. **a.** $\ln x$ **b.** $7 \ln x$ **c.** $x - 5 \ln x$

13. **a.** $\cos(\pi x)$. **b.** $-3\cos x$. **c.** $-\frac{1}{\pi}\cos(\pi x) + \cos(3x)$.

15. **a.** $\text{tg } x$ **b.** $2 \text{tg}\left(\frac{x}{3}\right)$ **c.** $-\frac{2}{3}\text{tg}\left(\frac{3x}{2}\right)$

17. **a.** $-\text{cossec } x$ **b.** $\frac{1}{5}\text{cossec}(5x)$ **c.** $2\text{cossec}\left(\frac{\pi x}{2}\right)$

19. **a.** $\frac{1}{3}e^{3x}$ **b.** $-e^{-x}$ **c.** $2e^{x/2}$

21. **a.** $\frac{1}{\ln 3}3^x$ **b.** $\frac{-1}{\ln 2}2^{-x}$ **c.** $\frac{1}{\ln(5/3)}\left(\frac{5}{3}\right)^x$

23. **a.** $2\text{ sen}^{-1} x$ **b.** $\frac{1}{2}\text{tg}^{-1} x$ **c.** $\frac{1}{2}\text{tg}^{-1} 2x$

25. $\frac{x^2}{2} + x + C$.

27. $t^3 + \frac{t^2}{4} + C$.

29. $\frac{x^4}{2} - \frac{5x^2}{2} + 7x + C$.

31. $-\frac{1}{x} - \frac{x^3}{3} - \frac{x}{3} + C$.

33. $\frac{3}{2}x^{2/3} + C$.

35. $\frac{2}{3}x^{3/2} + \frac{3}{4}x^{4/3} + C$.

37. $4y^2 - \frac{8}{3}y^{3/4} + C$.

39. $x^2 + \frac{2}{x} + C$.

41. $2\sqrt{t} - \frac{2}{\sqrt{t}} + C$.

43. $-2 \text{ sen } t + C$.

45. $-21\cos\frac{\theta}{3} + C$.

47. $3 \text{cotg } x + C$.

49. $-\frac{1}{2}\text{cossec }\theta + C$.

51. $\frac{1}{3}e^{3x} - 5e^{-x} + C$.

53. $-e^{-x} + \frac{4^x}{\ln 4} + C$.

55. $4 \sec x - 2 \text{ tg } x + C$.

57. $-\frac{1}{2}\cos 2x + \cot g x + C$.

59. $\frac{t}{2} + \frac{\text{sen } 4t}{8} + C$.

61. $\ln|x| - 5 \text{ tg}^{-1} x + C$.

63. $\frac{3x^{(\sqrt{3}+1)}}{\sqrt{3}+1} + C$.

65. $\text{tg }\theta + C$.

67. $-\cot g x - x + C$.

69. $-\cos\theta + \theta + C$.

83. **a.** Errado: $\frac{d}{dx}\left(\frac{x^2}{2}\text{ sen } x + C\right) = \frac{2x}{2}\text{ sen } x + \frac{x^2}{2}\cos x = x \text{ sen } x + \frac{x^2}{2}\cos x$.

    b. Errado: $\frac{d}{dx}(-x\cos x + C) = -\cos x + x \text{ sen } x$.

    c. Certo: $\frac{d}{dx}(-x\cos x + \text{sen } x + C) = -\cos x + x \text{ sen } x + \cos x = x \text{ sen } x$.

85. **a.** Errado: $\frac{d}{dx}\left(\frac{(2x+1)^3}{3} + C\right) = \frac{3(2x+1)^2(2)}{3} = 2(2x+1)^2$.

    b. Errado: $\frac{d}{dx}((2x+1)^3 + C) = 3(2x+1)^2(2) = 6(2x+1)^2$.

    c. Certo: $\frac{d}{dx}((2x+1)^3 + C) = 6(2x+1)^2$.

87. Certo. 89. b. 91. $y = x^2 - 7x + 10$.

93. $y = -\frac{1}{x} + \frac{x^2}{2} - \frac{1}{2}$

95. $y = 9x^{1/3} + 4$.

97. $s = t + \text{sen } t + 4$.

99. $r = \cos(\pi\theta) - 1$.

101. $v = \frac{1}{2}\sec t + \frac{1}{2}$.

103. $v = 3 \sec^{-1} t - \pi$.

105. $y = x^2 = x^3 + 4x + 1$.

107. $r = \frac{1}{t} + 2t - 2$.

109. $y = x^3 - 4x^2 + 5$.

111. $y = -\text{sen } t + \cos t + t^3 - 1$.

113. $y = 2x^{3/2} - 50$.

115. $y = x - x^{4/3} + \frac{1}{2}$.

117. $y = -\text{sen } x - \cos x - 2$.

119. **a. (i)** 33,2 unidades, **(ii)** 33,2 unidades, **(iii)** 33,2 unidades.
    b. Verdadeiro.

121. $t = 88/k$, $k = 16$.

123. **a.** $v = 10t^{3/2} - 6t^{1/2}$ **b.** $s = 4t^{5/2} - 4t^{3/2}$

127. **a.** $-\sqrt{x} + C$ **c.** $\sqrt{x} + C$ **e.** $x - \sqrt{x} + C$
    b. $x + C$ **d.** $-x + C$ **f.** $-x - \sqrt{x} + C$

Exercícios práticos

1. Não.

3. Nenhum mínimo; máximo absoluto: $f(1) = 16$; pontos críticos: $x = 1$ e $11/3$.

5. Mínimo absoluto: $g(0) = 1$; nenhum máximo absoluto; ponto crítico: $x = 0$.

7. Mínimo absoluto: $2 - 2\ln 2$ em $x = 2$; máximo absoluto: 1 em $x = 1$.

9. Sim, exceto em $x = 0$.

11. Não.

15. **b.** um.

17. **b.** 0,8555 99677 2.

23. Valor mínimo global de $\frac{1}{2}$ em $x = 2$.

25. **a.** $t = 0, 6, 12$. **b.** $t = 3, 9$. **c.** $6 < t < 12$.
    d. $0 < t < 6$, $12 < t < 14$.

27.

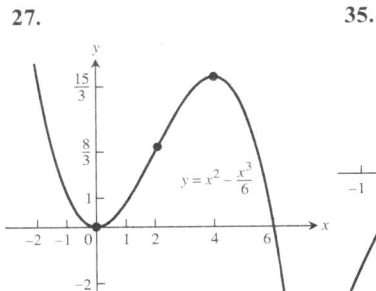

35.

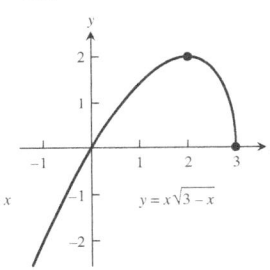

29.

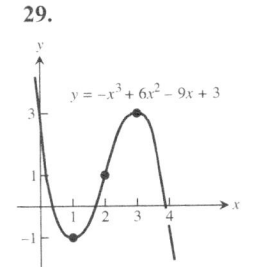

37.

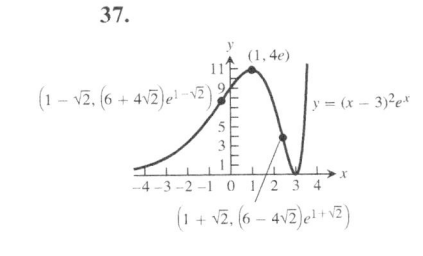

31.

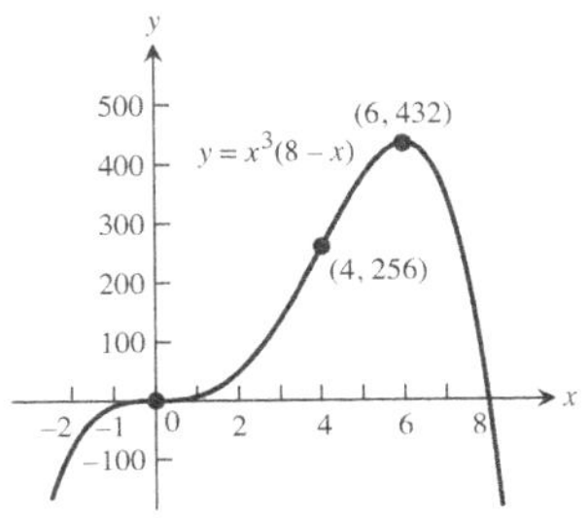

39.

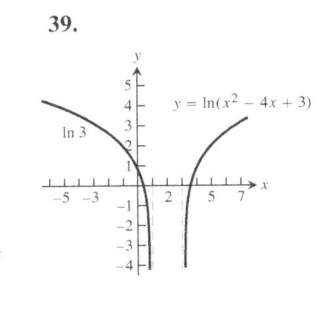

33.

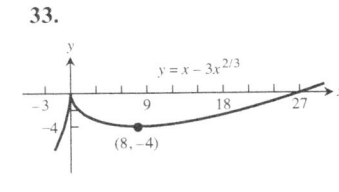

41.

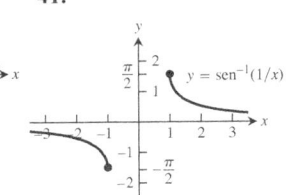

43. a. Máximo local em $x = 4$, mínimo local em $x = -4$, ponto de inflexão em $x = 0$.
   b.

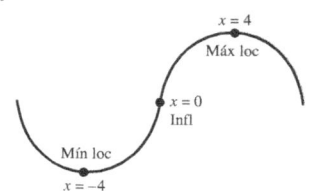

45. a. Máximo local em $x = 0$, mínimos locais em $x = -1$ e $x = 2$, pontos de inflexão em $x = (1 \pm \sqrt{7})/3$.
   b.

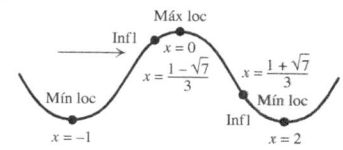

47. a. Máximo local em $x = -\sqrt{2}$, mínimo local em $x = \sqrt{2}$, pontos de inflexão em $x = \pm 1$ e 0.
   b.

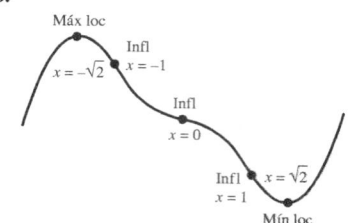

53.

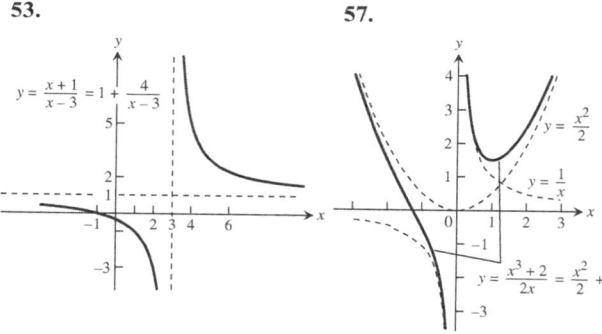

55.

57.

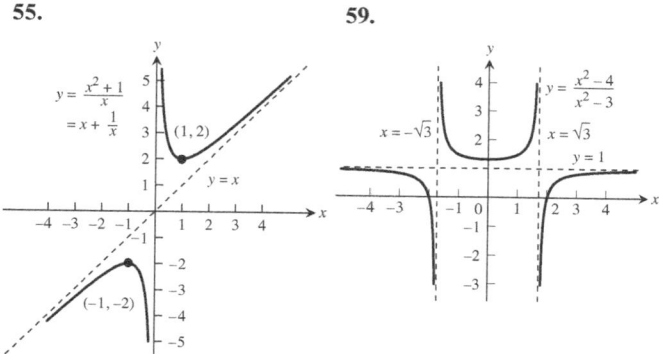

59.

61. 5. **65.** 1. **69.** 0. **73.** ln 10. **77.** 5. **81.** 1.
63. 0. **67.** 3/7. **71.** 1. **75.** ln 2. **79.** $-\infty$. **83.** e^{bk}.
85. a. 0,36. **b.** 18, 18.
87. 54 unidades quadradas.
89. altura $= 2$, raio $= \sqrt{2}$.

91. $x = 5 - \sqrt{5}$ cento ≈ 276 pneus,
$y = 2(5 - \sqrt{5})$ cento ≈ 553 pneus.

93. Dimensões: a base mede 6 pol. por 12 pol., altura = 2 pol.; volume máximo = 144 pol.^{3}.

95. $x_5 = 2{,}1958\ 23345$.

97. $\dfrac{x^4}{4} + \dfrac{5}{2}x^2 - 7x + C$.

99. $2t^{3/2} - \dfrac{4}{t} + C$.

101. $-\dfrac{1}{r+5} + C$.

103. $(\theta^2 + 1)^{3/2} + C$.

105. $\dfrac{1}{3}(1 + x^4)^{3/4} + C$.

107. $10 \operatorname{tg} \dfrac{s}{10} + C$.

109. $-\dfrac{1}{\sqrt{2}} \operatorname{cossec}\sqrt{2}\,\theta + C$.

111. $\dfrac{1}{2}x - \operatorname{sen}\dfrac{x}{2} + C$.

113. $3 \ln x - \dfrac{x^2}{2} + C$.

115. $\dfrac{1}{2}e^t + e^{-t} + C$.

117. $\dfrac{\theta^{2-\pi}}{2-\pi} + C$.

119. $\dfrac{3}{2}\sec^{-1}|x| + C$.

121. $y = x - \dfrac{1}{x} - 1$.

123. $r = 4t^{5/2} + 4t^{3/2} - 8t$.

125. Sim, $\operatorname{sen}^{-1}(x)$ e $-\cos^{-1}(x)$ diferem pela constante $\pi/2$.

127. $1/\sqrt{2}$ unidades de comprimento por $1/\sqrt{e}$ unidades de altura, $A = 1/\sqrt{2e} \approx 0{,}43$ unidade^2.

129. Máximo absoluto = 0 em $x = e/2$, mínimo absoluto = $-0{,}5$ em $x = 0{,}5$.

131. $x = \pm 1$ são os pontos críticos; $y = 1$ é uma assíntota horizontal em ambas as direções; o valor mínimo absoluto da função é $e^{-\sqrt{2}/2}$ em $x = -1$, e o valor máximo absoluto é $e^{\sqrt{2}/2}$ em $x = 1$.

133. a. Máximo absoluto de $2/e$ em $x = e^2$, ponto de inflexão $(e^{8/3}, (8/3)e^{-4/3})$, côncavo para cima em $(e^{8/3}, \infty)$, côncavo para baixo em $(0, e^{8/3})$
   b. Máximo absoluto de 1 em $x = 0$, pontos de inflexão $(\pm 1/\sqrt{2}, 1/\sqrt{e})$, côncavo para cima em $(-\infty, -1/\sqrt{2}) \cup (1/\sqrt{2}, \infty)$ côncavo para baixo em $(-1/\sqrt{2}, 1/\sqrt{2})$
   c. Máximo absoluto de 1 em $x = 0$, ponto de inflexão $(1, 2/e)$, côncavo para cima em $(1, \infty)$, côncavo para baixo em $(-\infty, 1)$

Exercícios adicionais e avançados

1. A função é constante no intervalo.

3. Os pontos extremos não estarão na extremidade de um intervalo aberto.

5. a. Um mínimo local em $x = -1$, pontos de inflexão em $x = 0$ e $x = 2$.
   b. Um máximo local em $x = 0$ e mínimos locais em $x = -1$ e $x = 2$, pontos de inflexão em $x = \dfrac{1 \pm \sqrt{7}}{3}$.

9. Não.

11. $a = 1, b = 0, c = 1$.

13. Sim.

15. Furar o buraco em $y = h/2$.

17. $r = \dfrac{RH}{2(H-R)}$ para $H > 2R$, $r = R$ se $H \leq 2R$.

19. a. $\dfrac{10}{3}$. **d.** 0. **g.** $\dfrac{1}{2}$.
   b. $\dfrac{5}{3}$. **e.** $-\dfrac{1}{2}$. **h.** 3.
   c. $\dfrac{1}{2}$. **f.** 1.

21. a. $\dfrac{c-b}{2e}$ **b.** $\dfrac{c+b}{2}$ **c.** $\dfrac{b^2 - 2bc + c^2 + 4ae}{4e}$
   d. $\dfrac{c+b+t}{2}$

23. $m_0 = 1 - \dfrac{1}{q}, m_1 = \dfrac{1}{q}$

25. $s = ce^{kt}$.

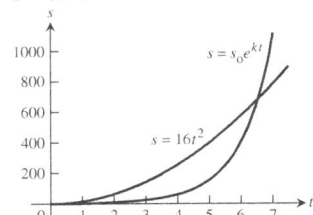

27. a. $k = -38{,}72$. **b.** 25 pés.

29. Sim, $y = x + C$. **31.** $v_0 = \dfrac{2\sqrt{2}}{3} b^{3/4}$.

CAPÍTULO 5

Seção 5.1

1. a. 0,125. **b.** 0,21875. **c.** 0,625. **d.** 0,46875.

3. a. 1,066667. **b.** 1,283333. **c.** 2,666667. **d.** 2,083333.

5. 0,3125, 0,328125. **7.** 1,5, 1,574603.

9. a. 87 pol. **b.** 87 pol. **11. a.** 3490 pés. **b.** 3840 pés.

13. a. 74,65 pés/s. **b.** 45,28 pés/s. **c.** 146,59 pés.

15. $\dfrac{31}{16}$. **17.** 1.

19. a. Superior = 758 gal., inferior = 543 gal.
  b. Superior = 2363 gal., inferior = 1693 gal.
  c. $\approx 31{,}4$ h, $\approx 32{,}4$ h.

21. a. 2. **b.** $2\sqrt{2} \approx 2{,}828$.
  c. $8 \operatorname{sen}\left(\dfrac{\pi}{8}\right) \approx 3{,}061$.
  d. Cada uma das áreas é menor do que a área da circunferência, π. À medida que n cresce, a área do polígono se aproxima de π.

Seção 5.2

1. $\dfrac{6(1)}{1+1} + \dfrac{6(2)}{2+1} = 7$.

3. $\cos(1)\pi + \cos(2)\pi + \cos(3)\pi + \cos(4)\pi = 0$.

5. $\operatorname{sen} \pi - \operatorname{sen}\dfrac{\pi}{2} + \operatorname{sen}\dfrac{\pi}{3} = \dfrac{\sqrt{3}-2}{2}$. **7.** Todos eles. **9.** b.

11. $\sum\limits_{k=1}^{6} k$. **13.** $\sum\limits_{k=1}^{4} \dfrac{1}{2^k}$. **15.** $\sum\limits_{k=1}^{5} (-1)^{k+1}\dfrac{1}{k}$.

17. a. -15. **b.** 1. **c.** 1. **d.** -11. **e.** 16.

19. a. 55. **b.** 385. **c.** 3.025.

21. -56. **23.** -73. **25.** 240. **27.** 3376.

29. a. 21. **b.** 3500. **c.** 2620.

31. a. $4n$. **b.** cn **c.** $(n^2 - n)/2$.

33. a. [gráfico] **b.** [gráfico] **c.** [gráfico]

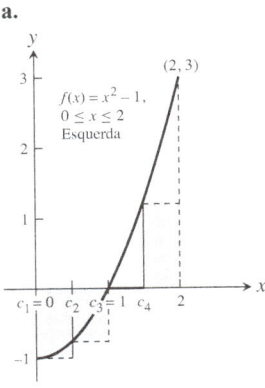

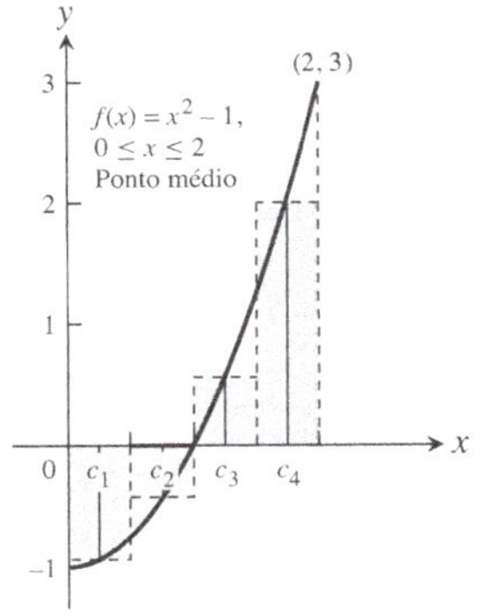

35. a. [gráfico] **b.** [gráfico] [gráfico ponto médio]

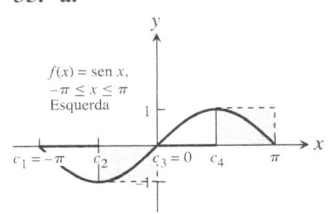

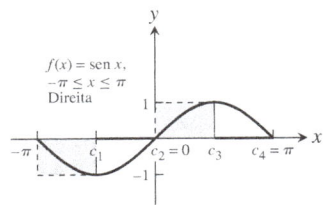

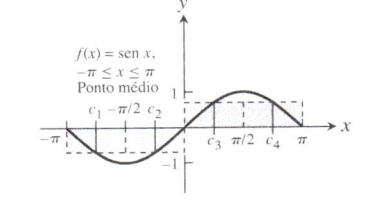

37. 1,2. **39.** $\dfrac{2}{3} - \dfrac{1}{2n} - \dfrac{1}{6n^2}$, $\dfrac{2}{3}$. **41.** $12 + \dfrac{27n+9}{2n^2}$, 12.

43. $\dfrac{5}{6} + \dfrac{6n+1}{6n^2}$, $\dfrac{5}{6}$. **45.** $\dfrac{1}{2} + \dfrac{1}{n} + \dfrac{1}{2n^2}$, $\dfrac{1}{2}$.

Seção 5.3

1. $\displaystyle\int_0^2 x^2\, dx$ **3.** $\displaystyle\int_{-7}^5 (x^2 - 3x)\, dx$ **5.** $\displaystyle\int_2^3 \dfrac{1}{1-x}\, dx$

7. $\displaystyle\int_{-\pi/4}^0 \sec x\, dx$

9. a. 0. **b.** -8. **c.** -12. **d.** 10. **e.** -2. **f.** 16.

11. a. 5. **b.** $5\sqrt{3}$. **c.** -5. **d.** -5.

13. a. 4. **b.** -4. **15.** Área = 21 unidades quadradas.

17. Área = $9\pi/2$ unidades quadradas.

19. Área = 2,5 unidades quadradas.

21. Área = 3 unidades quadradas. **23.** $b^2/4$. **25.** $b^2 - a^2$.

27. a. 2π. **b.** π. **29.** $1/2$. **31.** $3\pi^2/2$. **33.** $7/3$.

35. $1/24$. **37.** $3a^2/2$. **39.** $b/3$. **41.** -14. **43.** -2.

45. $-7/4$. **47.** 7. **49.** 0.

51. Utilizando n subintervalos de comprimento $\Delta x = b/n$ e valores de extremidade à direita:
$$\text{Área} = \int_0^b 3x^2\, dx = b^3$$

53. Utilizando n subintervalos de comprimento $\Delta x = b/n$ e valores de extremidade à direita:
$$\text{Área} = \int_0^b 2x\, dx = b^2$$

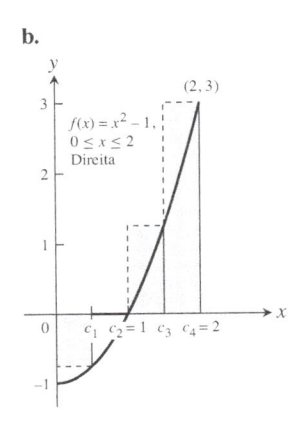

55. média $(f) = 0$.   57. média $(f) = -2$.   59. média $(f) = 1$.
61. a. média $(g) = -1/2$.   b. média $(g) = 1$.   c. média $(g) = 1/4$.
63. $c(b - a)$.   65. $b^3/3 - a^3/3$.   67. 9.   69. $b^4/4 - a^4/4$.
71. $a = 0$ e $b = 1$ maximizam a integral.
73. Limitante superior = 1, limitante inferior = 1/2.
75. Por exemplo, $\int_0^1 \text{sen}(x^2)\, dx \leq \int_0^1 dx = 1$.
77. $\int_a^b f(x)\, dx \geq \int_a^b 0\, dx = 0$
79. Limitante superior = 1/2.

Seção 5.4

1. 6.   17. $\dfrac{2 - \sqrt{2}}{4}$.   33. $\dfrac{1}{\pi}(4^\pi - 2^\pi)$.   49. 0.
3. $-10/3$.   19. $-8/3$.   35. $\dfrac{1}{2}(e - 1)$.   51. 1.
5. 8.   21. $-3/4$.   37. $\sqrt{26} - \sqrt{5}$.   53. $2xe^{(1/2)x^2}$.
7. 1.   23. $\sqrt{2} - \sqrt[4]{8} + 1$.   39. $(\cos\sqrt{x})\left(\dfrac{1}{2\sqrt{x}}\right)$.   55. 1.
9. $2\sqrt{3}$.   25. -1.   41. $4t^5$.   57. $28/3$.
11. 0.   27. 16.   43. $3x^2 e^{-x^3}$.   59. $1/2$.
13. $-\pi/4$.   29. $7/3$.   45. $\sqrt{1 + x^2}$.   61. π.
15. $1 - \dfrac{\pi}{4}$.   31. $2\pi/3$.   47. $-\dfrac{1}{2}x^{-1/2}\text{sen}\, x$.   63. $\dfrac{\sqrt{2\pi}}{2}$.
65. d, uma vez que $y' = \dfrac{1}{x}$ e $y(\pi) = \int_\pi^\pi \dfrac{1}{t}\, dt - 3 = -3$.
67. b, uma vez que $y' = \sec x$ e $y(0) = \int_0^0 \sec t\, dt + 4 = 4$.
69. $y = \int_2^x \sec t\, dt + 3$.   71. $\dfrac{2}{3}bh$.   73. \$ 9,00.
75. a. $T(0) = 70°F$, $T(16) = 76°F$.
    $T(25) = 85°F$.
    b. média $(T) = 75°F$.
77. $2x - 2$.   79. $-3x + 5$.
81. a. Verdadeiro. Um vez que f é contínua, g é diferenciável pela Parte 1 do teorema fundamental do cálculo.
    b. Verdadeiro: g é contínua porque é diferenciável.
    c. Verdadeiro, uma vez que $g'(1) = f(1) = 0$.
    d. Falso, uma vez que $g''(1) = f'(1) > 0$.
    e. Verdadeiro, uma vez que $g'(1) = 0$ e $g''(1) = f'(1) > 0$.
    f. Falso: $g''(x) = f'(x) > 0$, de modo que g'' nunca muda o sinal.
    g. Verdadeiro, uma vez que $g'(1) = f(1) = 0$ e $g'(x) = f(x)$ é uma função crescente de x (porque $f'(x) > 0$).
83. a. $v = \dfrac{ds}{dt} = \dfrac{d}{dt}\int_0^t f(x)\, dx = f(t) \Rightarrow v(5) = f(5) = 2$ m/s.
    b. $a = df/dt$ é negativo, uma vez que o coeficiente angular da reta tangente em $t = 5$ é negativo.
    c. $s = \int_0^3 f(x)\, dx = \dfrac{1}{2}(3)(3) = \dfrac{9}{2}$ m, uma vez que a integral é a área do triângulo formado por $y = f(x)$, o eixo x e $x = 3$.
    d. $t = 6$, uma vez que, após $t = 6$ a $t = 9$, a região está abaixo do eixo x.
    e. Em $t = 4$ e $t = 7$, uma vez que existem tangentes horizontais ali.
    f. Em sentido à origem entre $t = 6$ e $t = 9$, uma vez que a velocidade é negativa nesse intervalo. Em sentido oposto à origem entre $t = 0$ e $t = 6$, uma vez que a velocidade é positiva ali.
    g. Lado direito ou positivo, porque a integral de f entre 0 e 9 é positiva, havendo mais área acima do eixo x do que abaixo.

Seção 5.5

1. $\dfrac{1}{6}(2x + 4)^6 + C$.   7. $-\dfrac{1}{3}\cos 3x + C$.
3. $-\dfrac{1}{3}(x^2 + 5)^{-3} + C$.   9. $\dfrac{1}{2}\sec 2t + C$.
5. $\dfrac{1}{10}(3x^2 + 4x)^5 + C$.   11. $-6(1 - r^3)^{1/2} + C$.
13. $\dfrac{1}{3}(x^{3/2} - 1) - \dfrac{1}{6}\text{sen}(2x^{3/2} - 2) + C$.
15. a. $-\dfrac{1}{4}(\text{cotg}^2 2\theta) + C$.   b. $-\dfrac{1}{4}(\text{cossec}^2 2\theta) + C$.
17. $-\dfrac{1}{3}(3 - 2s)^{3/2} + C$.   29. $-\dfrac{2}{3}\cos(x^{3/2} + 1) + C$.
19. $-\dfrac{2}{5}(1 - \theta^2)^{5/4} + C$.   31. $\dfrac{1}{2\cos(2t + 1)} + C$.
21. $(-2/(1 + \sqrt{x})) + C$.   33. $-\text{sen}\left(\dfrac{1}{t} - 1\right) + C$.
23. $\dfrac{1}{3}\text{tg}(3x + 2) + C$.   35. $-\dfrac{\text{sen}^2(1/\theta)}{2} + C$.
25. $\dfrac{1}{2}\text{sen}^6\left(\dfrac{x}{3}\right) + C$.   37. $\dfrac{1}{16}(1 + t^4)^4 + C$.
27. $\left(\dfrac{r^3}{18} - 1\right)^6 + C$.   39. $\dfrac{2}{3}\left(2 - \dfrac{1}{x}\right)^{3/2} + C$.
41. $\dfrac{2}{27}\left(1 - \dfrac{3}{x^3}\right)^{3/2} + C$.
43. $\dfrac{1}{12}(x - 1)^{12} + \dfrac{1}{11}(x - 1)^{11} + C$.
45. $-\dfrac{1}{8}(1 - x)^8 + \dfrac{4}{7}(1 - x)^7 - \dfrac{2}{3}(1 - x)^6 + C$.
47. $\dfrac{1}{5}(x^2 + 1)^{5/2} - \dfrac{1}{3}(x^2 + 1)^{3/2} + C$.
49. $\dfrac{-1}{4(x^2 - 4)^2} + C$.   55. $\ln|\ln x| + C$.   61. $e^{\text{sen}^{-1} x} + C$.
51. $e^{\text{sen} x} + C$.   57. $z - \ln(1 + e^z) + C$.   63. $\dfrac{1}{3}(\text{sen}^{-1} x)^3 + C$.
53. $2\text{tg}\left(e^{\sqrt{x}} + 1\right) + C$.   59. $\dfrac{5}{6}\text{tg}^{-1}\left(\dfrac{2r}{3}\right) + C$.   65. $\ln|\text{tg}^{-1} y| + C$.
67. a. $-\dfrac{6}{2 + \text{tg}^3 x} + C$.
    b. $-\dfrac{6}{2 + \text{tg}^3 x} + C$.
    c. $-\dfrac{6}{2 + \text{tg}^3 x} + C$.
69. $\dfrac{1}{6}\text{sen}\sqrt{3(2r - 1)^2 + 6} + C$.
71. $s = \dfrac{1}{2}(3t^2 - 1)^4 - 5$.
73. $s = 4t - 2\text{sen}\left(2t + \dfrac{\pi}{6}\right) + 9$
75. $s = \text{sen}\left(2t - \dfrac{\pi}{2}\right) + 100t + 1$ 77. 6 m

Seção 5.6

1. a. 14/3.   b. 2/3.   3. a. 1/2.   b. −1/2.
5. a. 15/16.   b. 0.   7. a. 0.   b. 1/8.   9. a. 4.   b. 0.
11. a. 1/6.   b. 1/2.   13. a. 0.   b. 0.   15. $2\sqrt{3}$.
17. 3/4.   27. ln 3.   37. π.   47. 16/3.   57. 5/6.
19. $3^{5/2} - 1$.   29. $(\ln 2)^2$.   39. $\pi/12$.   49. $2^{5/2}$.   59. 38/3.
21. 3.   31. $\dfrac{1}{\ln 4}$.   41. $2\pi/3$.   51. $\pi/2$.   61. 49/6.
23. $\pi/3$.   33. ln 2.   43. $\sqrt{3} - 1$.   53. 128/15.   63. 32/3.
25. e.   35. ln 27.   45. $-\pi/12$.   55. 4/3.   65. 48/5.
67. 8/3.   69. 8.   71. 5/3 (Há três pontos de intersecção).
73. 18.   79. 2.   85. 4.   91. 2.   97. ln 16.
75. 243/8.   81. 104/15.   87. $\dfrac{4}{3} - \dfrac{4}{\pi}$.   93. 1/2.   99. 2.
77. 8/3.   83. 56/15.   89. $\pi/2$.   95. 1.   101. 2 ln 5.
103. a. $(\pm\sqrt{c}, c)$.   b. $c = 4^{2/3}$.   c. $c = 4^{2/3}$.
105. 11/3.   107. 3/4.   109. Nenhum.   111. $F(6) - F(2)$.
113. a. −3.   b. 3.   115. $I = a/2$.

Exercícios práticos

1. a. Cerca de 680 pés.
   b.

3. a. −1/2.   b. 31.   c. 13.   d. 0.
5. $\int_1^5 (2x-1)^{-1/2}\,dx = 2$ 7. $\int_{-\pi}^{0} \cos\dfrac{x}{2}\,dx = 2$
9. a. 4.   b. 2.   c. −2.   d. −2π.   e. 8/5.
11. 8/3.   13. 62.   15. 1.   17. 1/6.   19. 18.   21. 9/8.
23. $\dfrac{\pi^2}{32} + \dfrac{\sqrt{2}}{2} - 1$.   27. $\dfrac{8\sqrt{2}-7}{6}$.   31. 6/5.
25. 4.   29. Mín.: −4, máx.: 0, área: 27/4.   33. 1.
37. $y = \int_5^x \left(\dfrac{\operatorname{sen} t}{t}\right) dt - 3$ 43. $-4(\cos x)^{1/2} + C$.
39. $y = \operatorname{sen}^{-1} x$.   45. $\theta^2 + \theta + \operatorname{sen}(2\theta + 1) + C$.
41. $y = \sec^{-1} x + \dfrac{2\pi}{3}, x > 1$.   47. $\dfrac{t^3}{3} + \dfrac{4}{t} + C$.
49. $-\dfrac{1}{3}\cos(2t^{3/2}) + C$.   61. $\dfrac{1}{2\ln 3}\left(3^{x^2}\right) + C$.   73. 16.
51. $\operatorname{tg}(e^x - 7) + C$.   63. $\dfrac{3}{2}\operatorname{sen}^{-1} 2(r-1) + C$.   75. 2.
53. $e^{\operatorname{tg} x} + C$.   65. $\dfrac{\sqrt{2}}{2}\operatorname{tg}^{-1}\left(\dfrac{x-1}{\sqrt{2}}\right) + C$.   77. 1.
55. $\dfrac{-\ln 7}{3}$.   67. $\dfrac{1}{4}\sec^{-1}\left|\dfrac{2x-1}{2}\right| + C$.   79. 8.
57. ln (9/25).   69. $e^{\operatorname{sen}^{-1}\sqrt{x}} + C$.   81. $27\sqrt{3}/160$.
59. $-\dfrac{1}{2}(\ln x)^{-2} + C$.   71. $2\sqrt{\operatorname{tg}^{-1} y} + C$.   83. $\pi/2$.
85. $\sqrt{3}$.   91. 2.   97. $e - 1$.   103. $\dfrac{9\ln 2}{4}$.
87. $6\sqrt{3} - 2\pi$.   93. 1.   99. 1/6.   105. π.
89. −1.   95. 15/16 + ln 2.   101. 9/14.   107. $\pi/\sqrt{3}$.
109. $\sec^{-1}|2y| + C$.   111. $\pi/12$.   113. a. b.   b. b.

117. a. $\dfrac{d}{dx}(x\ln x - x + C) = x\cdot\dfrac{1}{x} + \ln x - 1 + 0 = \ln x$.
   b. $\dfrac{1}{e-1}$.
119. 25°F.   121. $\sqrt{2 + \cos^3 x}$.   123. $\dfrac{-6}{3 + x^4}$.
125. $\dfrac{dy}{dx} = \dfrac{-2}{x} e^{\cos(2\ln x)}$.
127. $\dfrac{dy}{dx} = \dfrac{1}{\sqrt{1-x^2}\sqrt{1 - 2(\operatorname{sen}^{-1} x)^2}}$.
129. Sim.   131. $-\sqrt{1 + x^2}$.
133. Custa ≈ $ 10.899 utilizando uma estimativa de soma inferior.

Exercícios adicionais e avançados

1. a. Sim.   b. Não.   5. a. 1/4.   b. $\sqrt[3]{12}$.
7. $f(x) = \dfrac{x}{\sqrt{x^2+1}}$.   9. $y = x^3 + 2x - 4$.
11. 36/5.   13. $\dfrac{1}{2} - \dfrac{2}{\pi}$.

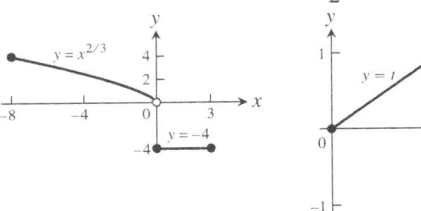

15. 13/3.

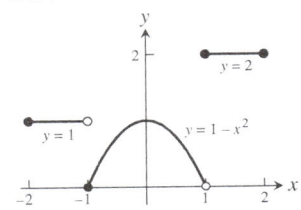

17. 1/2.   19. $\pi/2$.   21. ln 2.   23. 1/6.
25. $\int_0^1 f(x)\,dx$.   27. b. πr^2.
29. a. 0.   c. $-\pi$.   e. $y = 2x + 2 - \pi$.   g. $[-2\pi, 0]$.
    b. −1.   d. $x = 1$.   f. $x = -1, x = 2$.
31. 2/x.   33. $\dfrac{\operatorname{sen} 4y}{\sqrt{y}} - \dfrac{\operatorname{sen} y}{2\sqrt{y}}$.   35. $2x\ln|x| - x\ln\dfrac{|x|}{\sqrt{2}}$.
37. $(\operatorname{sen} x)/x$.   39. $x = 1$.   41. $\dfrac{1}{\ln 2}, \dfrac{1}{2\ln 2}, 2:1$.   43. 2/17.

CAPÍTULO 6

Seção 6.1

1. 16.   3. 16/3.   5. a. $2\sqrt{3}$.   b. 8.   7. a. 60.   b. 36.
9. 8π.   11. 10.   13. a. $s^2 h$.   b. $s^2 h$.   15. $\dfrac{2\pi}{3}$.
17. $4 - \pi$.   19. $\dfrac{32\pi}{5}$.   21. 36π.   23. π.   25. $\dfrac{\pi}{2}\left(1 - \dfrac{1}{e^2}\right)$.
27. $\dfrac{\pi}{2}\ln 4$.   29. $\pi\left(\dfrac{\pi}{2} + 2\sqrt{2} - \dfrac{11}{3}\right)$ 31. 2π.   33. 2π.
35. $4\pi\ln 4$.   39. $\dfrac{2\pi}{3}$.   43. $\pi(\pi - 2)$.   47. 8π.
37. $\pi^2 - 2\pi$.   41. $\dfrac{117\pi}{5}$.   45. $\dfrac{4\pi}{3}$.   49. $\dfrac{7\pi}{6}$.

608 Cálculo

51. a. 8π. **b.** $\dfrac{32\pi}{5}$. **c.** $\dfrac{8\pi}{3}$. **d.** $\dfrac{224\pi}{15}$.

53. a. $\dfrac{16\pi}{15}$. **b.** $\dfrac{56\pi}{15}$. **c.** $\dfrac{64\pi}{15}$. **55.** $V = 2a^2b\pi^2$.

57. a. $V = \dfrac{\pi h^2(3a - h)}{3}$. **b.** $\dfrac{1}{120\pi}$ m/s.

61. $V = 3308$ cm³. **63.** $\dfrac{4 - b + a}{2}$.

Seção 6.2

1. 6π. **3.** 2π. **5.** $14\pi/3$. **7.** 8π. **9.** $5\pi/6$.

11. $\dfrac{7\pi}{15}$. **15.** $\dfrac{16\pi}{15}(3\sqrt{2} + 5)$. **19.** $\dfrac{4\pi}{3}$.

13. b. 4π. **17.** $\dfrac{8\pi}{3}$. **21.** $\dfrac{16\pi}{3}$.

23. a. 16π. **c.** 28π. **e.** 60π.
  b. 32π. **d.** 24π. **f.** 48π.

25. a. $\dfrac{27\pi}{2}$. **b.** $\dfrac{27\pi}{2}$. **c.** $\dfrac{72\pi}{5}$. **d.** $\dfrac{108\pi}{5}$.

27. a. $\dfrac{6\pi}{5}$. **b.** $\dfrac{4\pi}{5}$. **c.** 2π. **d.** 2π.

29. a. Em torno do eixo x: $V = \dfrac{2\pi}{15}$; em torno do eixo y: $V = \dfrac{\pi}{6}$.
  b. Em torno do eixo x: $V = \dfrac{2\pi}{15}$; em torno do eixo y: $V = \dfrac{\pi}{6}$.

31. a. $\dfrac{5\pi}{3}$. **b.** $\dfrac{4\pi}{3}$. **c.** 2π. **d.** $\dfrac{2\pi}{3}$.

33. a. $\dfrac{4\pi}{15}$. **b.** $\dfrac{7\pi}{30}$.

35. a. $\dfrac{24\pi}{5}$. **b.** $\dfrac{48\pi}{5}$.

37. a. $\dfrac{9\pi}{16}$. **b.** $\dfrac{9\pi}{16}$.

39. Disco: 2 integrais; anel: 2 integrais; casca: 1 integral.

41. a. $\dfrac{256\pi}{3}$. **b.** $\dfrac{244\pi}{3}$. **47.** $\pi\left(1 - \dfrac{1}{e}\right)$.

Seção 6.3

1. 12. **3.** $\dfrac{53}{6}$. **5.** $\dfrac{123}{32}$. **7.** $\dfrac{99}{8}$. **9.** 2.

11. a. $\displaystyle\int_{-1}^{2} \sqrt{1 + 4x^2}\, dx$. **c.** $\approx 6{,}13$.

13. a. $\displaystyle\int_{0}^{\pi} \sqrt{1 + \cos^2 y}\, dy$. **c.** $\approx 3{,}82$.

15. a. $\displaystyle\int_{-1}^{3} \sqrt{1 + (y + 1)^2}\, dy$. **c.** $\approx 9{,}29$.

17. a. $\displaystyle\int_{0}^{\pi/6} \sec x\, dx$. **c.** $\approx 0{,}55$.

19. a. $y = \sqrt{x}$ entre $(1, 1)$ e $(4, 2)$.
  b. Somente uma. Conhecemos a derivada da função e o valor da função em um valor de x.

21. 1.

27. Sim, $f(x) = \pm x + C$, onde C é qualquer número real.

31. $\dfrac{2}{27}(10^{3/2} - 1)$.

Seção 6.4

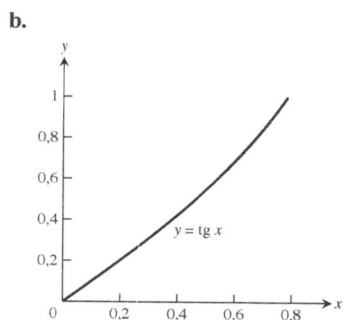

1. a. $2\pi\displaystyle\int_{0}^{\pi/4} (\text{tg } x)\sqrt{1 + \sec^4 x}\, dx$. **c.** $S \approx 3{,}84$.
  b.

3. a. $2\pi\displaystyle\int_{1}^{2} \dfrac{1}{y}\sqrt{1 + y^{-4}}\, dy$. **c.** $S \approx 5{,}02$.
  b.

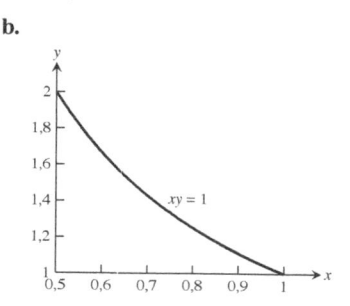

5. a. $2\pi\displaystyle\int_{1}^{4} (3 - x^{1/2})^2 \sqrt{1 + (1 - 3x^{-1/2})^2}\, dx$. **c.** $S \approx 63{,}37$.
  b.

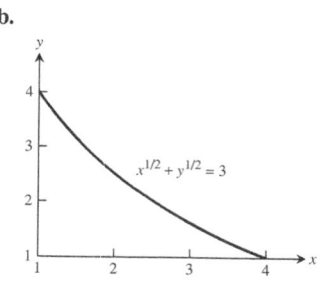

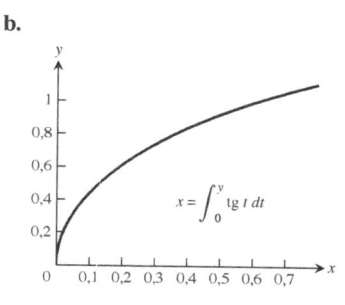

7. a. $2\pi\displaystyle\int_{0}^{\pi/3} \left(\displaystyle\int_{0}^{y} \text{tg } t\, dt\right) \sec y\, dy$. **c.** $S \approx 2{,}08$.
  b.

9. $4\pi\sqrt{5}$. **11.** $3\pi\sqrt{5}$. **13.** $98\pi/81$. **15.** 2π.

17. $\pi(\sqrt{8} - 1)/9$. **19.** $35\pi\sqrt{5}/3$. **21.** $\pi\left(\dfrac{15}{16} + \ln 2\right)$.

23. $253\pi/20$. **27.** Pedido de 226,2 litros de cada cor.

Seção 6.5

1. 400 N/m.   3. 4 cm, 0,08 J.
5. **a.** 7.238 lb/pol.   **b.** 905 pol.-lb, 2714 pol.-lb.
7. 780 J.   9. 72.900 pés-lb.   11. 160 pés-lb.
13. **a.** 1.497.600 pés-lb.   **b.** 1 hora, 40 min.
    d. Em 62,26 lb/pés^3: a) 1.494.240 pés-lb b) 1 hora, 40 min.
    Em 62,59 lb/pés^3: a) 1.502.160 pés-lb b) 1 hora, 40,1 min.
15. 37.306 pés-lb.   17. 7.238.299,47 pés-lb.
19. 2.446,25 pés-lb.   21. 15.073.099,75 J.
25. 85,1 pés-lb.   27. 98,35 pés-lb.   29. 91,32 pol.-oz.
31. $5,144 \times 10^{10}$ J.   33. 1.684,8 lb.
35. **a.** 6364,8 lb. **b.** 5990,4 lb.   37. 1164,8 lb.   39. 1309 lb.
41. **a.** 12.480 lb. **b.** 8580 lb. **c.** 9722,3 lb.
43. **a.** 93,33 lb. **b.** 3 pés.   45. $\frac{wb}{2}$.
47. Não. O tanque irá transbordar porque o fundo móvel terá se movido somente $3\frac{1}{3}$ pés quando o tanque estiver cheio.

Seção 6.6

1. $\bar{x} = 0, \bar{y} = 12/5$.   3. $\bar{x} = 1, \bar{y} = -3/5$.
5. $\bar{x} = 16/105, \bar{y} = 8/15$.   7. $\bar{x} = 0, \bar{y} = \pi/8$.
9. $\bar{x} \approx 1,44, \bar{y} \approx 0,36$.
11. $\bar{x} = \frac{\ln 4}{\pi}, \bar{y} = 0$.   13. $\bar{x} = 7, \bar{y} = \frac{\ln 16}{12}$.
15. $\bar{x} = 3/2, \bar{y} = 1/2$.
17. **a.** $\frac{224\pi}{3}$.   **b.** $\bar{x} = 2, \bar{y} = 0$.
    c.

21. $\bar{x} = \bar{y} = 1/3$.   23. $\bar{x} = a/3, \bar{y} = b/3$.   25. $13\delta/6$.
27. $\bar{x} = 0, \bar{y} = \frac{a\pi}{4}$.
29. $\bar{x} = 1/2, \bar{y} = 4$.   31. $\bar{x} = 6/5, \bar{y} = 8/7$.
35. $V = 32\pi, S = 32\sqrt{2}\pi$.
37. $4\pi^2$.   39. $\bar{x} = 0, \bar{y} = \frac{2a}{\pi}$.   41. $\bar{x} = 0, \bar{y} = \frac{4b}{3\pi}$.
43. $\sqrt{2}\pi a^3(4 + 3\pi)/6$.   45. $\bar{x} = \frac{a}{3}, \bar{y} = \frac{b}{3}$.

Exercícios práticos

1. $\frac{9\pi}{280}$.   3. π^2.   5. $\frac{72\pi}{35}$.
7. **a.** 2π. **b.** π. **c.** $12\pi/5$. **d.** $26\pi/5$.
9. **a.** 8π. **b.** $1088\pi/15$. **c.** $512\pi/15$.
11. $\pi(3\sqrt{3} - \pi)/3$.   13. π.
15. $\frac{28\pi}{3}$ pés^3.   17. $\frac{10}{3}$.   19. $3 + \frac{1}{8}\ln 2$.
21. $28\pi\sqrt{2}/3$.   23. 4π.   25. 4640 J.
27. 10 pés-lb, 30 pés-lb.   29. 418.208,81 pés-lb.
31. 22.500π pés-lb, 257 s.   33. $\bar{x} = 0, \bar{y} = 8/5$.
35. $\bar{x} = 3/2, \bar{y} = 12/5$.   37. $\bar{x} = 9/5, \bar{y} = 11/10$.
39. 332,8 lb.   41. 2.196,48 lb.

Exercícios adicionais e avançados

1. $f(x) = \sqrt{\frac{2x - a}{\pi}}$.   3. $f(x) = \sqrt{C^2 - 1}\, x + a$, onde $C \geq 1$.
5. $\frac{\pi}{30\sqrt{2}}$.   7. 28/3.   9. $\frac{4h\sqrt{3mh}}{3}$.
11. $\bar{x} = 0, \bar{y} = \frac{n}{2n + 1}$, $(0, 1/2)$.
15. **a.** $\bar{x} = \bar{y} = 4(a^2 + ab + b^2)/(3\pi(a + b))$.
    b. $(2a/\pi, 2a/\pi)$.
17. $\approx 2.329,6$ lb.

CAPÍTULO 7

Seção 7.1

1. $\ln\left(\frac{2}{3}\right)$.
3. $\ln|y^2 - 25| + C$.
5. $\ln|6 + 3\,\mathrm{tg}\,t| + C$.
7. $\ln(1 + \sqrt{x}) + C$.
9. 1.
11. $2(\ln 2)^4$.
13. 2.
15. $2e^{\sqrt{r}} + C$.
17. $-e^{-t^2} + C$.
19. $-e^{1/x} + C$.
21. $\frac{1}{\pi} e^{\sec \pi t} + C$.
23. 1.
25. $\ln(1 + e^r) + C$.
27. $\frac{1}{2\ln 2}$.
29. $\frac{1}{\ln 2}$.
31. $\frac{6}{\ln 7}$.
33. 32.760.
35. $3^{\sqrt{2}+1}$.
37. $\frac{1}{\ln 10}\left(\frac{(\ln x)^2}{2}\right) + C$.
39. $2(\ln 2)^2$.
41. $\frac{3\ln 2}{2}$.
43. $\ln 10$.
45. $(\ln 10) \ln|\ln x| + C$.
47. $y = 1 - \cos(e^t - 2)$.
49. $y = 2(e^{-x} + x) - 1$.
51. $y = x + \ln|x| + 2$.
53. $\pi \ln 16$.
55. $6 + \ln 2$.
57. **b.** 0,00469.
69. **a.** 1,89279   **c.** 0,94575.   **e.** 5,29595.   **g.** −1,03972.
    b. −0,35621.   **d.** −2,80735.   **f.** 0,97041.   **h.** −1,61181.

Seção 7.2

9. $\frac{2}{3}y^{3/2} - x^{1/2} = C$.   11. $e^y - e^x = C$.
13. $-x + 2\,\mathrm{tg}\,\sqrt{y} = C$.   15. $e^{-y} + 2e^{\sqrt{x}} = C$.
17. $y = \mathrm{sen}(x^2 + C)$.   19. $\frac{1}{3}\ln|y^3 - 2| = x^3 + C$.
21. $4\ln(\sqrt{y} + 2) = e^{x^2} + C$.
23. **a.** −0,00001.   **b.** 10.536 anos.   **c.** 82%.
25. 54,88 g.   27. 59,8 pés.   29. $2,8147498 \times 10^{14}$.
31. **a.** 8 anos.   **b.** 32,02 anos.
33. 15,28 anos.   35. 56.562 anos.
39. **a.** 17,5 min.   **b.** 13,26 min.
41. −3°C.   43. Cerca de 6.658 anos.   45. 54,44%.

Seção 7.3

1. $\cosh x = 5/4$, $\tgh x = -3/5$, $\cotgh x = -5/3$, $\sech x = 4/5$, $\cossech x = -4/3$.
3. $\senh x = 8/15$, $\tgh x = 8/17$, $\cotgh x = 17/8$, $\sech x = 15/17$, $\cossech x = 15/8$.
5. $x + \frac{1}{x}$.   7. e^{5x}.   9. e^{4x}.   13. $2\cosh \frac{x}{3}$.
15. $\sech^2\sqrt{t} + \frac{\tgh\sqrt{t}}{\sqrt{t}}$.   17. $\cotgh z$.
19. $(\ln \sech \theta)(\sech \theta \tgh \theta)$.   21. $\tgh^3 v$.   23. 2.
25. $\frac{1}{2\sqrt{x(1+x)}}$.   47. $\tgh\left(x - \frac{1}{2}\right) + C$.
27. $\frac{1}{1+\theta} - \tgh^{-1}\theta$.   49. $-2\sech\sqrt{t} + C$.
29. $\frac{1}{2\sqrt{t}} - \cotgh^{-1}\sqrt{t}$.   51. $\ln \frac{5}{2}$.
31. $-\sech^{-1} x$.   53. $\frac{3}{32} + \ln 2$.
33. $\frac{\ln 2}{\sqrt{1 + \left(\frac{1}{2}\right)^{2\theta}}}$.   55. $e - e^{-1}$.
57. $3/4$.
35. $|\sec x|$.   59. $\frac{3}{8} + \ln \sqrt{2}$.
41. $\frac{\cosh 2x}{2} + C$.   61. $\ln(2/3)$.
43. $12 \senh\left(\frac{x}{2} - \ln 3\right) + C$.   63. $\frac{-\ln 3}{2}$.
45. $7 \ln |e^{x/7} + e^{-x/7}| + C$.   65. $\ln 3$.
67. a. $\senh^{-1}(\sqrt{3})$.   b. $\ln(\sqrt{3} + 2)$.
69. a. $\cotgh^{-1}(2) - \cotgh^{-1}(5/4)$.   b. $\left(\frac{1}{2}\right)\ln\left(\frac{1}{3}\right)$.
71. a. $-\sech^{-1}\left(\frac{12}{13}\right) + \sech^{-1}\left(\frac{4}{5}\right)$.
    b. $-\ln\left(\frac{1 + \sqrt{1 - (12/13)^2}}{(12/13)}\right) + \ln\left(\frac{1 + \sqrt{1 - (4/5)^2}}{(4/5)}\right)$
       $= -\ln\left(\frac{3}{2}\right) + \ln(2) = \ln(4/3)$.
73. a. 0.   b. 0.
77. b. $\sqrt{\frac{mg}{k}}$.   c. $80\sqrt{5} \approx 178{,}89$ pés/s.
79. 2π.
81. $\frac{6}{5}$.

Seção 7.4

1. a. Mais lento.   c. Mais lento.   e. Mais lento.   g. O mesmo.
   b. Mais lento.   d. Mais rápido. f. Mais lento.   h. Mais lento.
3. a. O mesmo.   c. O mesmo.   e. Mais lento.   g. Mais lento.
   b. Mais rápido. d. O mesmo.   f. Mais rápido. h. O mesmo.
5. a. O mesmo.   c. O mesmo.   e. Mais rápido. g. Mais lento.
   b. O mesmo.   d. Mais rápido. f. O mesmo.   h. Mais rápido.
7. d, a, c, b.
9. a. Falso.   c. Verdadeiro.   e. Verdadeiro.   g. Falso.
   b. Falso.   d. Verdadeiro.   f. Verdadeiro.   h. Verdadeiro.
13. Quando o grau de f é menor que ou igual ao grau de g.
15. 1, 1.
21. b. $\ln(e^{17000000}) = 17.000.000 < (e^{17 \times 10^6})^{1/10^6}$.
        $= e^{17} \approx 24.154.952{,}75$.
    c. $x \approx 3{,}4306311 \times 10^{15}$.
    d. Cruzam em $x \approx 3{,}4306311 \times 10^{15}$.
23. a. O algoritmo que leva $O(n \log_2 n)$ passos.
    b.

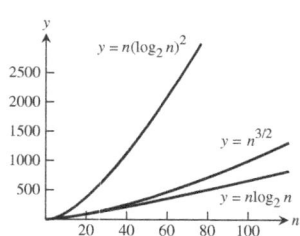

25. Poderia levar um milhão para uma busca sequencial; no máximo 20 passos para uma busca binária.

Exercícios práticos

1. $-\cos e^x + C$.   3. $\ln 8$.   5. $2\ln 2$.
7. $\frac{1}{2}(\ln(x-5))^2 + C$.
9. $3\ln 7$.   11. $2(\sqrt{2} - 1)$.
13. $y = \frac{\ln 2}{\ln(3/2)}$.
15. $y = \ln x - \ln 3$.
17. $y = \frac{1}{1 - e^x}$.
19. a. Mesma taxa.   c. Mais rápido.   e. Mesma taxa.
    b. Mesma taxa.   d. Mais rápido.   f. Mesma taxa.
21. a. Verdadeiro.   c. Falso.   e. Verdadeiro.
    b. Falso.   d. Verdadeiro.   f. Verdadeiro.
23. $1/3$.   25. $1/e$ m/s.
27. $\ln 5x - \ln 3x = \ln(5/3)$.
29. $1/2$.   31. $y = \left(\tg^{-1}\left(\frac{x+C}{2}\right)\right)^2$.
33. $y^2 = \sen^{-1}(2 \tg x + C)$.
35. $y = -2 + \ln(2 - e^{-x})$.
37. $y = 4x - 4\sqrt{x} + 1$.
39. 18.935 anos.

Exercícios adicionais e avançados

1. a. 1.   b. $\pi/2$.   c. π.
3. $\tg^{-1}x + \tg^{-1}\left(\frac{1}{x}\right)$ é uma constante e a constante é $\frac{\pi}{2}$ para $x > 0$; é $-\frac{\pi}{2}$ para $x < 0$.

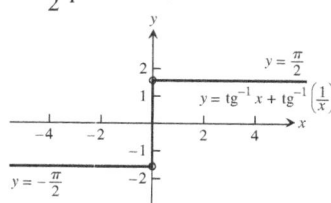

7. $\bar{x} = \frac{\ln 4}{\pi}$, $\bar{y} = 0$.

CAPÍTULO 8

Seção 8.1

1. $-2x\cos(x/2) + 4\operatorname{sen}(x/2) + C$
3. $t^2 \operatorname{sen} t + 2t\cos t - 2\operatorname{sen} t + C$
7. $xe^x - e^x + C$
5. $\ln 4 - \dfrac{3}{4}$
9. $-(x^2 + 2x + 2)e^{-x} + C$
11. $y\operatorname{tg}^{-1}(y) - \ln\sqrt{1 + y^2} + C$
13. $x\operatorname{tg} x + \ln|\cos x| + C$
15. $(x^3 - 3x^2 + 6x - 6)e^x + C$
17. $(x^2 - 7x + 7)e^x + C$
19. $(x^5 - 5x^4 + 20x^3 - 60x^2 + 120x - 120)e^x + C$
21. $\dfrac{1}{2}(-e^\theta \cos\theta + e^\theta \operatorname{sen}\theta) + C$
23. $\dfrac{e^{2x}}{13}(3\operatorname{sen} 3x + 2\cos 3x) + C$
25. $\dfrac{2}{3}\left(\sqrt{3s+9}\,e^{\sqrt{3s+9}} - e^{\sqrt{3s+9}}\right) + C$
27. $\dfrac{\pi\sqrt{3}}{3} - \ln(2) - \dfrac{\pi^2}{18}$
29. $\dfrac{1}{2}[-x\cos(\ln x) + x\operatorname{sen}(\ln x)] + C$
31. $\dfrac{1}{2}\ln|\sec x^2 + \operatorname{tg} x^2| + C$
33. $\dfrac{1}{2}x^2(\ln x)^2 - \dfrac{1}{2}x^2\ln x + \dfrac{1}{4}x^2 + C$
35. $-\dfrac{1}{x}\ln x - \dfrac{1}{x} + C$
37. $\dfrac{1}{4}e^{x^4} + C$
39. $\dfrac{1}{3}x^2(x^2+1)^{3/2} - \dfrac{2}{15}(x^2+1)^{5/2} + C$
41. $-\dfrac{2}{5}\operatorname{sen} 3x\operatorname{sen} 2x - \dfrac{3}{5}\cos 3x\cos 2x + C$
43. $-\cos e^x + C$
47. $\dfrac{\pi^2 - 4}{8}$
45. $2\sqrt{x}\operatorname{sen}\sqrt{x} + 2\cos\sqrt{x} + C$
49. $\dfrac{5\pi - 3\sqrt{3}}{9}$
51. a. π b. 3π c. 5π d. $(2n+1)\pi$
53. $2\pi(1 - \ln 2)$
55. a. $\pi(\pi - 2)$ b. 2π
57. a. 1 b. $(e-2)\pi$ c. $\dfrac{\pi}{2}(e^2 + 9)$
    d. $\bar{x} = \dfrac{1}{4}(e^2 + 1), \bar{y} = \dfrac{1}{2}(e - 2)$
59. $\dfrac{1}{2\pi}(1 - e^{-2\pi})$
61. $u = x^n, dv = \cos x\,dx$
63. $u = x^n, dv = e^{ax}\,dx$
67. $x\operatorname{sen}^{-1} x + \cos(\operatorname{sen}^{-1} x) + C$
69. $x\sec^{-1} x - \ln\left|x + \sqrt{x^2 - 1}\right| + C$
71. Sim
73. a. $x\operatorname{senh}^{-1} x - \cosh(\operatorname{senh}^{-1} x) + C$ b. $x\operatorname{senh}^{-1} x - (1+x^2)^{1/2} + C$

Seção 8.2

1. $\dfrac{1}{2}\operatorname{sen} 2x + C$
3. $-\dfrac{1}{4}\cos^4 x + C$
5. $\dfrac{1}{3}\cos^3 x - \cos x + C$
7. $-\cos x + \dfrac{2}{3}\cos^3 x - \dfrac{1}{5}\cos^5 x + C$
13. $\dfrac{1}{2}x + \dfrac{1}{4}\operatorname{sen} 2x + C$
9. $\operatorname{sen} x - \dfrac{1}{3}\operatorname{sen}^3 x + C$
15. $16/35$
11. $\dfrac{1}{4}\operatorname{sen}^4 x - \dfrac{1}{6}\operatorname{sen}^6 x + C$
17. 3π
19. $-4\operatorname{sen} x\cos^3 x + 2\cos x\operatorname{sen} x + 2x + C$
21. $-\cos^4 2\theta + C$
23. 4
25. 2
27. $\sqrt{\dfrac{3}{2}} - \dfrac{2}{3}$
29. $\dfrac{4}{5}\left(\dfrac{3}{2}\right)^{5/2} - \dfrac{18}{35} - \dfrac{2}{7}\left(\dfrac{3}{2}\right)^{7/2}$
31. $\sqrt{2}$
33. $\dfrac{1}{2}\operatorname{tg}^2 x + C$
37. $\dfrac{1}{3}\operatorname{tg}^3 x + C$
35. $\dfrac{1}{3}\sec^3 x + C$
39. $2\sqrt{3} + \ln(2 + \sqrt{3})$
41. $\dfrac{2}{3}\operatorname{tg}\theta + \dfrac{1}{3}\sec^2\theta\operatorname{tg}\theta + C$
43. $4/3$
45. $2\operatorname{tg}^2 x - 2\ln(1 + \operatorname{tg}^2 x) + C$
47. $\dfrac{1}{4}\operatorname{tg}^4 x - \dfrac{1}{2}\operatorname{tg}^2 x + \ln|\sec x| + C$
49. $\dfrac{4}{3} - \ln\sqrt{3}$
51. $-\dfrac{1}{10}\cos 5x - \dfrac{1}{2}\cos x + C$
53. π
55. $\dfrac{1}{2}\operatorname{sen} x + \dfrac{1}{14}\operatorname{sen} 7x + C$
57. $\dfrac{1}{6}\operatorname{sen} 3\theta - \dfrac{1}{4}\operatorname{sen}\theta - \dfrac{1}{20}\operatorname{sen} 5\theta + C$
59. $-\dfrac{2}{5}\cos^5\theta + C$
61. $\dfrac{1}{4}\cos\theta - \dfrac{1}{20}\cos 5\theta + C$
63. $\sec x - \ln|\operatorname{cossec} x + \operatorname{cotg} x| + C$
65. $\cos x + \sec x + C$
67. $\dfrac{1}{4}x^2 - \dfrac{1}{4}x\operatorname{sen} 2x - \dfrac{1}{8}\cos 2x + C$
69. $\ln(1 + \sqrt{2})$
71. $\pi^2/2$
73. $\bar{x} = \dfrac{4\pi}{3}, \bar{y} = \dfrac{8\pi^2 + 3}{12\pi}$

Seção 8.3

1. $\ln\left|\sqrt{9 + x^2} + x\right| + C$
3. $\pi/4$
5. $\pi/6$
7. $\dfrac{25}{2}\operatorname{sen}^{-1}\left(\dfrac{t}{5}\right) + \dfrac{t\sqrt{25 - t^2}}{2} + C$
9. $\dfrac{1}{2}\ln\left|\dfrac{2x}{7} + \dfrac{\sqrt{4x^2 - 49}}{7}\right| + C$
11. $7\left[\dfrac{\sqrt{y^2 - 49}}{7} - \sec^{-1}\left(\dfrac{y}{7}\right)\right]$
27. $-\dfrac{1}{5}\left(\dfrac{\sqrt{1 - x^2}}{x}\right)^5 + C$
13. $\dfrac{\sqrt{x^2 - 1}}{x} + C$
29. $2\operatorname{tg}^{-1} 2x + \dfrac{4x}{(4x^2 + 1)} + C$
15. $-\sqrt{9 - x^2} + C$
31. $\dfrac{1}{2}x^2 + \dfrac{1}{2}\ln|x^2 - 1| + C$
17. $\dfrac{1}{3}(x^2 + 4)^{3/2} - 4\sqrt{x^2 + 4} + C$
33. $\dfrac{1}{3}\left(\dfrac{v}{\sqrt{1 - v^2}}\right)^3 + C$
19. $\dfrac{-2\sqrt{4 - w^2}}{w} + C$
35. $\ln 9 - \ln(1 + \sqrt{10})$
21. $\dfrac{10}{3}\operatorname{tg}^{-1}\dfrac{5x}{6} + C$
37. $\pi/6$
23. $4\sqrt{3} - \dfrac{4\pi}{3}$
25. $-\dfrac{x}{\sqrt{x^2 - 1}} + C$
39. $\sec^{-1}|x| + C$
41. $\sqrt{x^2 - 1} + C$
43. $\dfrac{1}{2}\ln\left|\sqrt{1 + x^4} + x^2\right| + C$
45. $4\operatorname{sen}^{-1}\dfrac{\sqrt{x}}{2} + \sqrt{x}\sqrt{4 - x} + C$
47. $\dfrac{1}{4}\operatorname{sen}^{-1}\sqrt{x} - \dfrac{1}{4}\sqrt{x}\sqrt{1 - x}(1 - 2x) + C$
49. $y = 2\left[\dfrac{\sqrt{x^2 - 4}}{2} - \sec^{-1}\left(\dfrac{x}{2}\right)\right]$
51. $y = \dfrac{3}{2}\operatorname{tg}^{-1}\left(\dfrac{x}{2}\right) - \dfrac{3\pi}{8}$
53. $3\pi/4$

55. a. $\frac{1}{12}(\pi + 6\sqrt{3} - 12)$

b. $\bar{x} = \frac{3\sqrt{3} - \pi}{4(\pi + 6\sqrt{3} - 12)}$, $\bar{y} = \frac{\pi^2 + 12\sqrt{3}\pi - 72}{12(\pi + 6\sqrt{3} - 12)}$

57. a. $-\frac{1}{3}x^2(1-x^2)^{3/2} - \frac{2}{15}(1-x^2)^{5/2} + C$

b. $-\frac{1}{3}(1-x^2)^{3/2} + \frac{1}{5}(1-x^2)^{5/2} + C$

c. $\frac{1}{5}(1-x^2)^{5/2} - \frac{1}{3}(1-x^2)^{3/2} + C$

Seção 8.4

1. $\frac{2}{x-3} + \frac{3}{x-2}$ 5. $\frac{-2}{z} + \frac{-1}{z^2} + \frac{2}{z-1}$

3. $\frac{1}{x+1} + \frac{3}{(x+1)^2}$ 7. $1 + \frac{17}{t-3} + \frac{-12}{t-2}$

9. $\frac{1}{2}[\ln|1+x| - \ln|1-x|] + C$

11. $\frac{1}{7}\ln|(x+6)^2(x-1)^5| + C$ 13. $(\ln 15)/2$

15. $-\frac{1}{2}\ln|t| + \frac{1}{6}\ln|t+2| + \frac{1}{3}\ln|t-1| + C$ 17. $3\ln 2 - 2$

19. $\frac{1}{4}\ln\left|\frac{x+1}{x-1}\right| - \frac{x}{2(x^2-1)} + C$ 21. $(\pi + 2\ln 2)/8$

23. $\text{tg}^{-1} y - \frac{1}{y^2+1} + C$

25. $-(s-1)^{-2} + (s-1)^{-1} + \text{tg}^{-1} s + C$

27. $\frac{2}{3}\ln|x-1| + \frac{1}{6}\ln|x^2+x+1| - \sqrt{3}\,\text{tg}^{-1}\left(\frac{2x+1}{\sqrt{3}}\right) + C$

29. $\frac{1}{4}\ln\left|\frac{x-1}{x+1}\right| + \frac{1}{2}\text{tg}^{-1} x + C$

31. $\frac{-1}{\theta^2+2\theta+2} + \ln(\theta^2+2\theta+2) - \text{tg}^{-1}(\theta+1) + C$

33. $x^2 + \ln\left|\frac{x-1}{x}\right| + C$

35. $9x + 2\ln|x| + \frac{1}{x} + 7\ln|x-1| + C$

37. $\frac{y^2}{2} - \ln|y| + \frac{1}{2}\ln(1+y^2) + C$

39. $\ln\left(\frac{e^t+1}{e^t+2}\right) + C$

41. $\frac{1}{5}\ln\left|\frac{\text{sen } y - 2}{\text{sen } y + 3}\right| + C$

43. $\frac{(\text{tg}^{-1} 2x)^2}{4} - 3\ln|x-2| + \frac{6}{x-2} + C$

45. $\ln\left|\frac{\sqrt{x}-1}{\sqrt{x}+1}\right| + C$

47. $2\sqrt{1+x} + \ln\left|\frac{\sqrt{x+1}-1}{\sqrt{x+1}+1}\right| + C$

49. $\frac{1}{4}\ln\left|\frac{x^4}{x^4+1}\right| + C$

51. $x = \ln|t-2| - \ln|t-1| + \ln 2$ 55. $3\pi \ln 25$

53. $x = \frac{6t}{t+2} - 1$ 57. $1,10$

59. a. $x = \frac{1000e^{4t}}{499 + e^{4t}}$ b. $1,55$ dia

Seção 8.5

1. $\frac{2}{\sqrt{3}}\left(\text{tg}^{-1}\sqrt{\frac{x-3}{3}}\right) + C$

3. $\sqrt{x-2}\left(\frac{2(x-2)}{3} + 4\right) + C$

5. $\frac{(2x-3)^{3/2}(x+1)}{5} + C$

7. $\frac{-\sqrt{9-4x}}{x} - \frac{2}{3}\ln\left|\frac{\sqrt{9-4x}-3}{\sqrt{9-4x}+3}\right| + C$

9. $\frac{(x+2)(2x-6)\sqrt{4x-x^2}}{6} + 4\,\text{sen}^{-1}\left(\frac{x-2}{2}\right) + C$

11. $-\frac{1}{\sqrt{7}}\ln\left|\frac{\sqrt{7}+\sqrt{7+x^2}}{x}\right| + C$

13. $\sqrt{4-x^2} - 2\ln\left|\frac{2+\sqrt{4-x^2}}{x}\right| + C$

15. $\frac{e^{2t}}{13}(2\cos 3t + 3\,\text{sen } 3t) + C$

17. $\frac{x^2}{2}\cos^{-1} x + \frac{1}{4}\text{sen}^{-1} x - \frac{1}{4}x\sqrt{1-x^2} + C$

19. $\frac{x^3}{3}\text{tg}^{-1} x - \frac{x^2}{6} + \frac{1}{6}\ln(1+x^2) + C$

21. $-\frac{\cos 5x}{10} - \frac{\cos x}{2} + C$

23. $8\left[\frac{\text{sen}(7t/2)}{7} - \frac{\text{sen}(9t/2)}{9}\right] + C$

25. $6\,\text{sen}(\theta/12) + \frac{6}{7}\text{sen}(7\theta/12) + C$

27. $\frac{1}{2}\ln(x^2+1) + \frac{x}{2(1+x^2)} + \frac{1}{2}\text{tg}^{-1} x + C$

29. $\left(x - \frac{1}{2}\right)\text{sen}^{-1}\sqrt{x} + \frac{1}{2}\sqrt{x-x^2} + C$

31. $\text{sen}^{-1}\sqrt{x} - \sqrt{x-x^2} + C$

33. $\sqrt{1-\text{sen}^2 t} - \ln\left|\frac{1+\sqrt{1-\text{sen}^2 t}}{\text{sen } t}\right| + C$

35. $\ln\left|\ln y + \sqrt{3 + (\ln y)^2}\right| + C$

37. $\ln|x+1+\sqrt{x^2+2x+5}| + C$

39. $\frac{x+2}{2}\sqrt{5-4x-x^2} + \frac{9}{2}\text{sen}^{-1}\left(\frac{x+2}{3}\right) + C$

41. $-\frac{\text{sen}^4 2x \cos 2x}{10} - \frac{2\,\text{sen}^2 2x \cos 2x}{15} - \frac{4\cos 2x}{15} + C$

43. $\frac{\text{sen}^3 2\theta \cos^2 2\theta}{10} + \frac{\text{sen}^3 2\theta}{15} + C$

45. $\text{tg}^2 2x - 2\ln|\sec 2x| + C$

47. $\frac{(\sec \pi x)(\text{tg } \pi x)}{\pi} + \frac{1}{\pi}\ln|\sec \pi x + \text{tg } \pi x| + C$

49. $\frac{-\text{cossec}^3 x \cot g\, x}{4} - \frac{3\,\text{cossec } x \cot g\, x}{8} - \frac{3}{8}\ln|\text{cossec}\, x + \cot g\, x| + C$

51. $\frac{1}{2}[\sec(e^t - 1)\text{tg}(e^t - 1) +$
    $\ln|\sec(e^t - 1) + \text{tg}(e^t - 1)|] + C$

53. $\sqrt{2} + \ln(\sqrt{2} + 1)$ 55. $\pi/3$

57. $2\pi\sqrt{3} + \pi\sqrt{2}\ln(\sqrt{2} + \sqrt{3})$

59. $\bar{x} = 4/3$, $\bar{y} = \ln\sqrt{2}$ 61. $7,62$

63. $\pi/8$ 67. $\pi/4$

Seção 8.6

1. **I: a.** 1,5, 0   **b.** 1,5, 0   **c.** 0%
   II: a. 1,5, 0   **b.** 1,5, 0   **c.** 0%
3. **I: a.** 2,75, 0,08   **b.** 2,67, 0,08   **c.** 0,0312 ≈ 3%
   II: a. 2,67, 0   **b.** 2,67, 0   **c.** 0%
5. **I: a.** 6,25, 0,5   **b.** 6, 0,25   **c.** 0,417 ≈ 4%
   II: a. 6, 0   **b.** 6, 0   **c.** 0%
7. **I: a.** 0,509, 0,03125   **b.** 0,5, 0,009   **c.** 0,018 ≈ 2%
   II: a. 0,5, 0,002604   **b.** 0,5, 0,0004   **c.** 0%
9. **I: a.** 1,8961, 0,161   **b.** 2, 0,1039   **c.** 0,052 ≈ 5%
   II: a. 2,0045, 0,0066   **b.** 2, 0,00454   **c.** 0,2%
11. **a.** 1   **b.** 2   17. **a.** 71   **b.** 10
13. **a.** 116   **b.** 2   19. **a.** 76   **b.** 12
15. **a.** 283   **b.** 2   21. **a.** 82   **b.** 8
23. **a.** 15.990 pés³   25. ≈ 10,63 pés
27. **a.** ≈ 0,00021   **b.** ≈ 1,37079   **c.** ≈ 0,015%
31. **a.** ≈ 5,870   **b.** $|E_T| \le 0{,}0032$
33. 21,07 pol.   35. 14,4

Seção 8.7

1. $\pi/2$ 3. 2   5. 6   7. $\pi/2$ 9. ln 3   11. ln 4   13. 0
15. $\sqrt{3}$ 19. $\ln\left(1+\dfrac{\pi}{2}\right)$ 23. 1   27. $\pi/2$ 31. 6
17. π 21. -1 25. $-1/4$ 29. $\pi/3$ 33. ln 2
35. Diverge   43. Diverge   51. Converge   59. Diverge
37. Converge   45. Converge   53. Converge   61. Converge
39. Converge   47. Converge   55. Diverge   63. Converge
41. Converge   49. Diverge   57. Converge
65. **a.** Converge quando $p < 1$ **b.** Converge quando $p > 1$
67. 1   69. 2π 71. ln 2   73. **b.** ≈ 0,88621
75. **a.**

   b. $\pi/2$

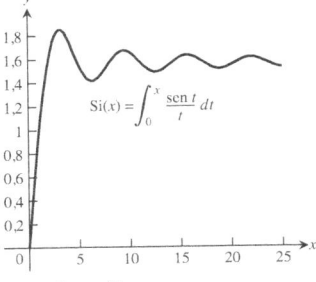

77. **a.**

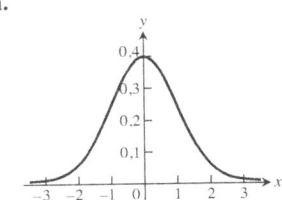

   b. ≈ 0,683, ≈ 0,954, ≈ 0,997

Exercícios práticos

1. $(x+1)(\ln(x+1)) - (x+1) + C$
3. $x\,\text{tg}^{-1}(3x) - \dfrac{1}{6}\ln(1+9x^2) + C$
5. $(x+1)^2 e^x - 2(x+1)e^x + 2e^x + C$

7. $\dfrac{2e^x \,\text{sen}\, 2x}{5} + \dfrac{e^x \cos 2x}{5} + C$
9. $2\ln|x-2| - \ln|x-1| + C$
11. $\ln|x| - \ln|x+1| + \dfrac{1}{x+1} + C$
13. $-\dfrac{1}{3}\ln\left|\dfrac{\cos\theta - 1}{\cos\theta + 2}\right| + C$
15. $4\ln|x| - \dfrac{1}{2}\ln(x^2+1) + 4\,\text{tg}^{-1} x + C$
17. $\dfrac{1}{16}\ln\left|\dfrac{(v-2)^5 (v+2)}{v^6}\right| + C$
19. $\dfrac{1}{2}\text{tg}^{-1} t - \dfrac{\sqrt{3}}{6}\text{tg}^{-1}\dfrac{t}{\sqrt{3}} + C$
21. $\dfrac{x^2}{2} + \dfrac{4}{3}\ln|x+2| + \dfrac{2}{3}\ln|x-1| + C$
23. $\dfrac{x^2}{2} - \dfrac{9}{2}\ln|x+3| + \dfrac{3}{2}\ln|x+1| + C$
25. $\dfrac{1}{3}\ln\left|\dfrac{\sqrt{x+1}-1}{\sqrt{x+1}+1}\right| + C$ 35. $\dfrac{1}{6}\ln\left|\dfrac{x+3}{x-3}\right| + C$
27. $\ln|1-e^{-s}| + C$ 37. $-\dfrac{\cos^5 x}{5} + \dfrac{\cos^7 x}{7} + C$
29. $-\sqrt{16-y^2} + C$ 39. $\dfrac{\text{tg}^5 x}{5} + C$
31. $-\dfrac{1}{2}\ln|4-x^2| + C$ 41. $\dfrac{\cos\theta}{2} - \dfrac{\cos 11\theta}{22} + C$
33. $\ln\dfrac{1}{\sqrt{9-x^2}} + C$ 43. $4\sqrt{1-\cos(t/2)} + C$
45. Ao menos 16   47. $T = \pi, S = \pi$ 49. 25°F
51. **a.** ≈ 2,42 gal.   **b.** ≈ 24,83 mi/gal.
53. $\pi/2$ 55. 6   57. ln 3   59. 2   61. $\pi/6$
63. Diverge   65. Diverge   67. Converge
69. $\dfrac{2x^{3/2}}{3} - x + 2\sqrt{x} - 2\ln(\sqrt{x}+1) + C$
71. $\ln\left|\dfrac{\sqrt{x}}{\sqrt{x^2+1}}\right| - \dfrac{1}{2}\left(\dfrac{x}{\sqrt{x^2+1}}\right)^2 + C$
73. $-2\cotg x - \ln|\cossec x + \cotg x| + \cossec x + C$
75. $\dfrac{1}{12}\ln\left|\dfrac{3+v}{3-v}\right| + \dfrac{1}{6}\text{tg}^{-1}\dfrac{v}{3} + C$
77. $\dfrac{\theta\,\text{sen}\,(2\theta+1)}{2} + \dfrac{\cos(2\theta+1)}{4} + C$ 79. $\dfrac{1}{4}\sec^2\theta + C$
81. $2\left(\dfrac{(\sqrt{2-x})^3}{3} - 2\sqrt{2-x}\right) + C$ 83. $\text{tg}^{-1}(y-1) + C$
85. $\dfrac{1}{4}\ln|z| - \dfrac{1}{4z} - \dfrac{1}{4}\left[\dfrac{1}{2}\ln(z^2+4) + \dfrac{1}{2}\text{tg}^{-1}\left(\dfrac{z}{2}\right)\right] + C$
87. $-\dfrac{1}{4}\sqrt{9-4t^2} + C$ 89. $\ln\left(\dfrac{e^t+1}{e^t+2}\right) + C$ 91. 1/4
93. $\dfrac{2}{3}x^{3/2} + C$ 95. $-\dfrac{1}{5}\text{tg}^{-1}(\cos 5t) + C$
97. $2\sqrt{r} - 2\ln(1+\sqrt{r}) + C$
99. $\dfrac{1}{2}x^2 - \dfrac{1}{2}\ln(x^2+1) + C$

101. $\frac{2}{3}\ln|x+1| + \frac{1}{6}\ln|x^2-x+1| + \frac{1}{\sqrt{3}}\text{tg}^{-1}\left(\frac{2x-1}{\sqrt{3}}\right) + C$

103. $\frac{4}{7}(1+\sqrt{x})^{7/2} - \frac{8}{5}(1+\sqrt{x})^{5/2} + \frac{4}{3}(1+\sqrt{x})^{3/2} + C$

105. $2\ln|\sqrt{x} + \sqrt{1+x}| + C$

107. $\ln x - \ln|1 + \ln x| + C$

109. $\frac{1}{2}x^{\ln x} + C$ **111.** $\frac{1}{2}\ln\left|\frac{1-\sqrt{1-x^4}}{x^2}\right| + C$

113. b. $\frac{\pi}{4}$ **115.** $x - \frac{1}{\sqrt{2}}\text{tg}^{-1}(\sqrt{2}\,\text{tg}\,x) + C$

Exercícios adicionais e avançados

1. $x(\text{sen}^{-1}x)^2 + 2(\text{sen}^{-1}x)\sqrt{1-x^2} - 2x + C$

3. $\frac{x^2\text{sen}^{-1}x}{2} + \frac{x\sqrt{1-x^2} - \text{sen}^{-1}x}{4} + C$

5. $\frac{1}{2}\left(\ln\left(t - \sqrt{1-t^2}\right) - \text{sen}^{-1}t\right) + C$

7. 0   **9.** $\ln(4) - 1$ **11.** 1   **13.** $32\pi/35$ **15.** 2π

17. a. π **b.** $\pi(2e-5)$

19. b. $\pi\left(\frac{8(\ln 2)^2}{3} - \frac{16(\ln 2)}{9} + \frac{16}{27}\right)$

21. $\left(\frac{e^2+1}{4}, \frac{e-2}{2}\right)$

23. $\sqrt{1+e^2} - \ln\left(\frac{\sqrt{1+e^2}}{e} + \frac{1}{e}\right) - \sqrt{2} + \ln(1+\sqrt{2})$

25. $\frac{12\pi}{5}$ **27.** $a = \frac{1}{2}, -\frac{\ln 2}{4}$ **29.** $\frac{1}{2} < p \leq 1$

33. $\frac{e^{2x}}{13}(3\,\text{sen}\,3x + 2\cos 3x) + C$

35. $\frac{\cos x\,\text{sen}\,3x - 3\,\text{sen}\,x\cos 3x}{8} + C$

37. $\frac{e^{ax}}{a^2+b^2}(a\,\text{sen}\,bx - b\cos bx) + C$

39. $x\ln(ax) - x + C$

41. $\frac{2}{1-\text{tg}(x/2)} + C$ **43.** 1   **45.** $\frac{\sqrt{3}\pi}{9}$

47. $\frac{1}{\sqrt{2}}\ln\left|\frac{\text{tg}(t/2) + 1 - \sqrt{2}}{\text{tg}(t/2) + 1 + \sqrt{2}}\right| + C$

49. $\ln\left|\frac{1+\text{tg}(\theta/2)}{1-\text{tg}(\theta/2)}\right| + C$

CAPÍTULO 9

Seção 9.1

1. (d)   **3.** (a)

5.

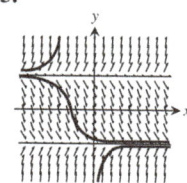

7. $y' = x - y;\ y(1) = -1$

9. $y' = -(1+y)\,\text{sen}\,x;\ y(0) = 2$

11. $y(\text{exato}) = \frac{x}{2} - \frac{4}{x},\ y_1 = -0{,}25,\ y_2 = 0{,}3,\ y_3 = 0{,}75$

13. $y(\text{exato}) = 3e^{x(x+2)},\ y_1 = 4{,}2,\ y_2 = 6{,}126,\ y_3 = 9{,}697$

15. $y(\text{exato}) = e^{x^2} + 1,\ y_1 = 2{,}0,\ y_2 = 2{,}0202,\ y_3 = 2{,}0618$

17. $y \approx 2{,}48832$, o valor exato é e.

19. $y \approx 0{,}2272$, o valor exato é $1/(1 - 2\sqrt{5}) \approx -0{,}2880$.

23.

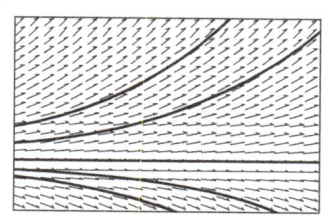

25. 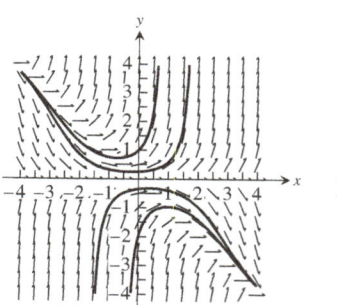   **27.**

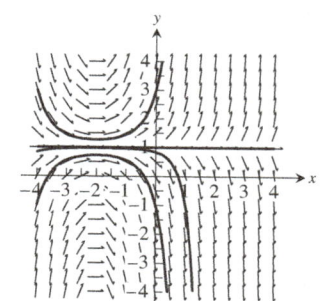

35. O método de Euler nos dá $y \approx 3{,}45835$; a solução exata é $y = 1 + e \approx 3{,}71828$.

37. $y \approx 1{,}5000$; o valor exato é $1{,}5275$.

Seção 9.2

1. $y = \frac{e^x + C}{x},\ x > 0$ **7.** $y = \frac{1}{2}xe^{x/2} + Ce^{x/2}$

3. $y = \frac{C - \cos x}{x^3},\ x > 0$ **9.** $y = x(\ln x)^2 + Cx$

5. $y = \frac{1}{2} - \frac{1}{x} + \frac{C}{x^2},\ x > 0$

11. $s = \frac{t^3}{3(t-1)^4} - \frac{t}{(t-1)^4} + \frac{C}{(t-1)^4}$

13. $r = (\text{cossec}\,\theta)(\ln|\sec\theta| + C),\ 0 < \theta < \pi/2$

15. $y = \frac{3}{2} - \frac{1}{2}e^{-2t}$ **21.** $y = y_0 e^{kt}$

17. $y = -\frac{1}{\theta}\cos\theta + \frac{\pi}{2\theta}$ **23.** (b) está correto, mas (a) não está.

19. $y = 6e^{x^2} - \frac{e^{x^2}}{x+1}$ **25.** $t = \frac{L}{R}\ln 2$ s

27. a. $i = \frac{V}{R} - \frac{V}{R}e^{-3} = \frac{V}{R}(1 - e^{-3}) \approx 0{,}95\frac{V}{R}$ A   **b.** 86%

29. $y = \frac{1}{1 + Ce^{-x}}$ **31.** $y^3 = 1 + Cx^{-3}$

Seção 9.3

1. a. 168,5 m   **b.** 41,13 s

3. $s(t) = 4{,}91(1 - e^{-(22{,}36/39{,}92)t})$

5. $x^2 + y^2 = C$

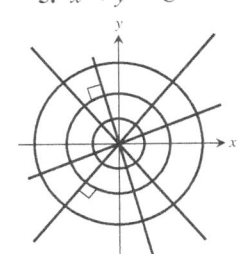

7. $\ln|y| - \dfrac{1}{2}y^2 = \dfrac{1}{2}x^2 + C$

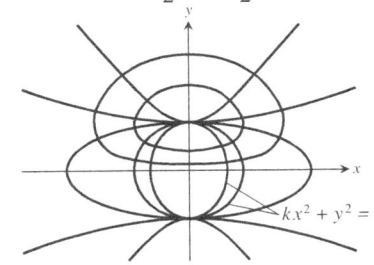

$kx^2 + y^2 = 1$

9. $y = \pm\sqrt{2x + C}$

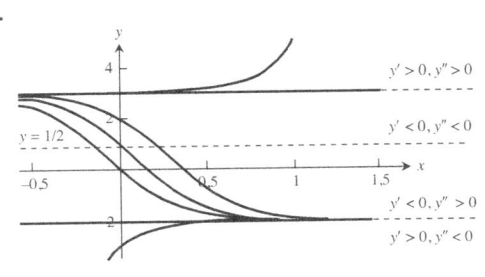

3. $y' = y^3 - y = (y+1)y(y-1)$

   a. $y = -1$ e $y = 1$ são equilíbrios instáveis e $y = 0$ é um equilíbrio estável.

   b. $y'' = (3y^2 - 1)y'$
   $= 3(y+1)\left(y + 1/\sqrt{3}\right)y\left(y - 1/\sqrt{3}\right)(y-1)$

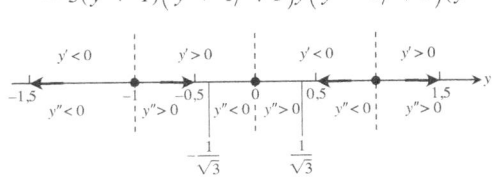

   c.

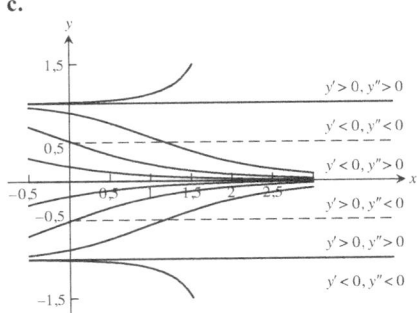

5. $y' = \sqrt{y}, y > 0$

   a. Não há valores de equilíbrio.

   b. $y' = \dfrac{1}{2}$

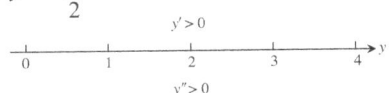

   c.

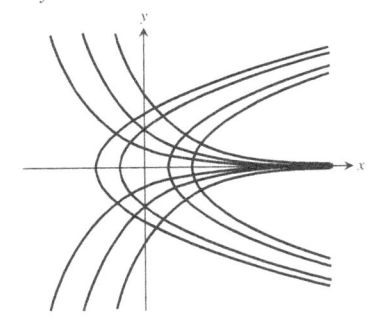

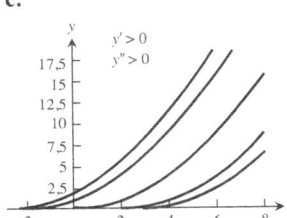

13. a. 10 lb/min   **b.** $(100 + t)$ gal.

   c. $4\left(\dfrac{y}{100 + t}\right)$ lb/min

   d. $\dfrac{dy}{dt} = 10 - \dfrac{4y}{100 + t}$, $y(0) = 50$,
   $y = 2(100 + t) - \dfrac{150}{\left(1 + \dfrac{t}{100}\right)^4}$

   e. Concentração $= \dfrac{y(25)}{\text{qtd. de salmoura no tanque}} = \dfrac{188,6}{125} \approx$ 1,5 lb/gal

15. $y(27,8) \approx 14,8$ lb, $t \approx 27,8$ min.

Seção 9.4

1. $y' = (y+2)(y-3)$

   a. $y = -2$ é um valor de equilíbrio estável e $y = 3$ é um equilíbrio instável.

   b. $y'' = 2(y+2)\left(y - \dfrac{1}{2}\right)(y-3)$

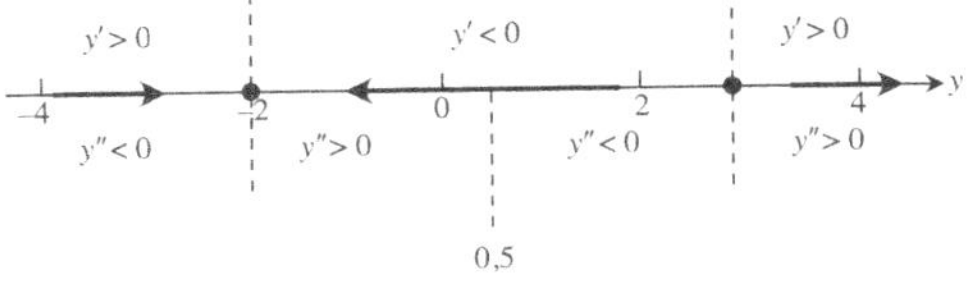

   c.

7. $y' = (y-1)(y-2)(y-3)$

   a. $y = 1$ e $y = 3$ são equilíbrios instáveis e $y = 2$ é um equilíbrio estável.

   b. $y'' = (3y^2 - 12y + 11)(y-1)(y-2)(y-3) =$
   $3(y-1)\left(y - \dfrac{6-\sqrt{3}}{3}\right)(y-2)\left(y - \dfrac{6+\sqrt{3}}{3}\right)(y-3)$

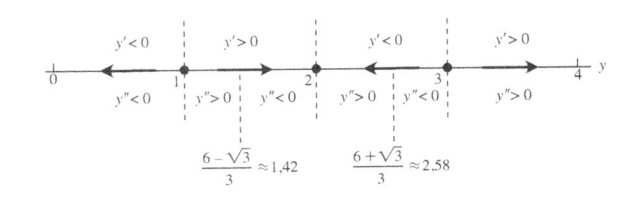

   $\dfrac{6-\sqrt{3}}{3} \approx 1,42 \qquad \dfrac{6+\sqrt{3}}{3} \approx 2,58$

c.

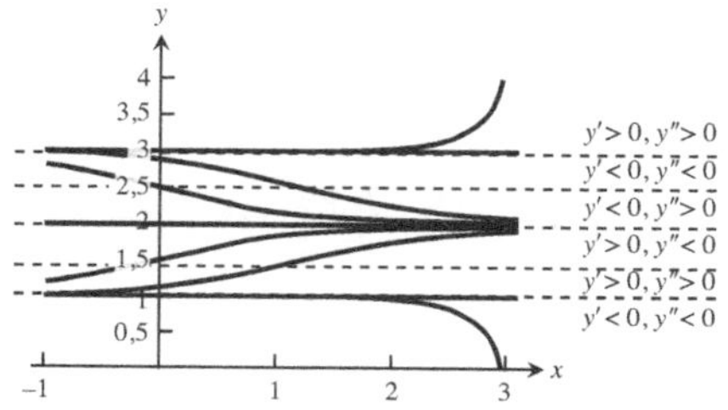

9. $\dfrac{dP}{dt} = 1 - 2P$ tem um equilíbrio estável em $P = \dfrac{1}{2}$;

$\dfrac{d^2P}{dt^2} = -2\dfrac{dP}{dt} = -2(1 - 2P)$.

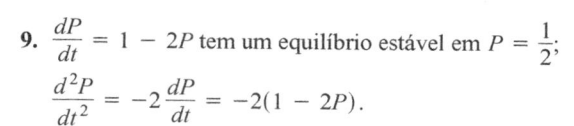

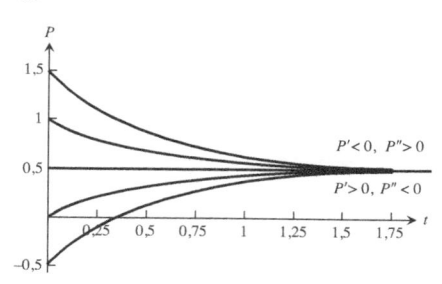

11. $\dfrac{dP}{dt} = 2P(P - 3)$ tem um equilíbrio estável em $P = 0$ e um equilíbrio instável em $P = 3$; $\dfrac{d^2P}{dt^2} = 2(2P - 3)\dfrac{dP}{dt} = 4P(2P - 3)(P - 3)$.

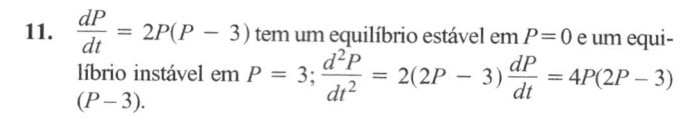

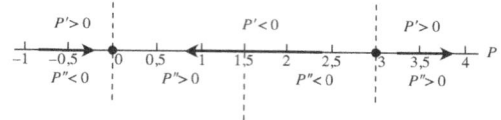

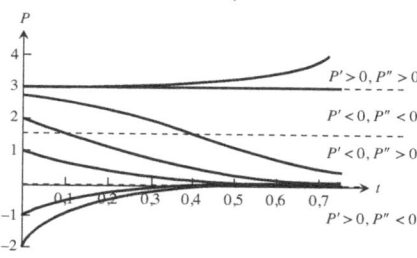

13. Antes da catástrofe, a população apresenta crescimento logístico e $P(t)$ aumenta para M_0, o equilíbrio estável. Após a catástrofe, a população declina logisticamente e $P(t)$ diminui para M_1, o novo equilíbrio estável.

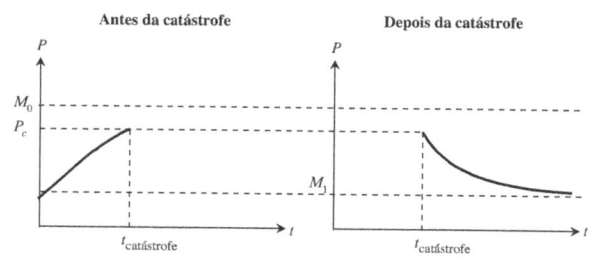

15. $\dfrac{dv}{dt} = g - \dfrac{k}{m}v^2$, $g, k, m > 0$ e $v(t) \geq 0$

Equilíbrio: $\dfrac{dv}{dt} = g - \dfrac{k}{m}v^2 = 0 \Rightarrow v = \sqrt{\dfrac{mg}{k}}$

Concavidade: $\dfrac{d^2v}{dt^2} = -2\left(\dfrac{k}{m}v\right)\dfrac{dv}{dt} = -2\left(\dfrac{k}{m}v\right)\left(g - \dfrac{k}{m}v^2\right)$

a.

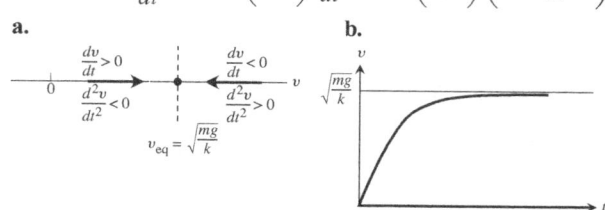

b.

c. $v_{\text{terminal}} = \sqrt{\dfrac{160}{0,005}} = 178,9$ pés/s $= 122$ milhas/h

17. $F = F_p - F_r$; $ma = 50 - 5|v|$; $\dfrac{dv}{dt} = \dfrac{1}{m}(50 - 5|v|)$. A velocidade máxima ocorre quando $\dfrac{dv}{dt} = 0$ ou $v = 10$ pés/s.

19. Reta de fase:

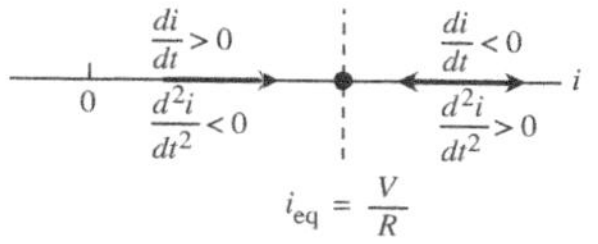

Se a chave é fechada em $t = 0$, então $i(0) = 0$, e o gráfico da solução tem a seguinte aparência:

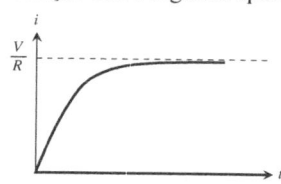

À medida que $t \to \infty$, $i(t) \to i_{\text{estado estacionário}} = \dfrac{V}{R}$.

Seção 9.5

1. Variações sazonais, não conformidades ambientais, efeitos de outras interações, desastres inesperados, etc.

3. Este modelo assume que o número de interações é proporcional ao produto de x e y:

$\dfrac{dx}{dt} = (a - by)x, \quad a < 0,$

$\dfrac{dy}{dt} = m\left(1 - \dfrac{y}{M}\right)y - nxy = y\left(m - \dfrac{m}{M}y - nx\right)$.

Os pontos de repouso são $(0, 0)$, instável e $(0, M)$, estável.

5. a. O crescimento logístico ocorre na ausência do competidor, e envolve uma simples interação entre as espécies: o crescimento domina a competição quando uma das duas populações é pequena, por isso é difícil conduzir uma das duas espécies à extinção.

b. a: taxa de crescimento *per capita* para a truta
   m: taxa de crescimento *per capita* para a perca
   b: intensidade de competição para a truta
   n: intensidade de competição para a perca
   k_1: capacidade de suporte ambiental para a truta
   k_2: capacidade de suporte ambiental para a perca
   $\dfrac{a}{b}$: crescimento *versus* concorrência ou crescimento líquido de trutas
   $\dfrac{m}{n}$: sobrevivência relativa da perca

c. $\frac{dx}{dt} = 0$ quando $x = 0$ ou $y = \frac{a}{b} - \frac{a}{bk_1}x$,

$\frac{dy}{dt} = 0$ quando $y = 0$ ou $y = k_2 - \frac{k_2 n}{m}x$.

Escolhendo $a/b > k_2$ e $m/n > k_1$, podemos garantir que um ponto de equilíbrio existe dentro do primeiro quadrante.

Exercícios práticos

1. $y = -\ln\left(C - \frac{2}{5}(x-2)^{5/2} - \frac{4}{3}(x-2)^{3/2}\right)$
3. tg $y = -x$ sen $x - \cos x + C$
5. $(y+1)e^{-y} = -\ln|x| + C$
7. $y = C\frac{x-1}{x}$
9. $y = \frac{x^2}{4}e^{x/2} + Ce^{x/2}$
11. $y = \frac{x^2 - 2x + C}{2x^2}$
13. $y = \frac{e^{-x} + C}{1 + e^x}$
15. $xy + y^3 = C$
17. $y = \frac{2x^3 + 3x^2 + 6}{6(x+1)^2}$
19. $y = \frac{1}{3}(1 - 4e^{-x^3})$
21. $y = e^{-x}(3x^3 - 3x^2)$

23.

x	y
0	0
0,1	0,1000
0,2	0,2095
0,3	0,3285
0,4	0,4568
0,5	0,5946
0,6	0,7418
0,7	0,8986
0,8	1,0649
0,9	1,2411
1,0	1,4273

x	y
1,1	1,6241
1,2	1,8319
1,3	2,0513
1,4	2,2832
1,5	2,5285
1,6	2,7884
1,7	3,0643
1,8	3,3579
1,9	3,6709
2,0	4,0057

25. $y(3) \approx 0{,}8981$

27. **a.**

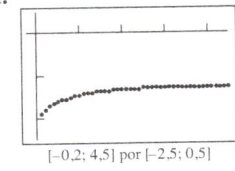

[−0,2; 4,5] por [−2,5; 0,5]

b. Note que escolhemos um pequeno intervalo de valores de x porque os valores de y diminuem muito rapidamente e nossa calculadora não consegue lidar com os cálculos para $x \leq -1$. (Isso ocorre porque a solução analítica é $y = -2 + \ln(2 - e^{-x})$, que tem uma assíntota em $x = -\ln 2 \approx -0{,}69$. Obviamente, as aproximações de Euler são enganosas para $x \leq -0{,}7$.)

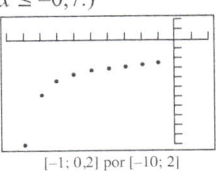

[−1; 0,2] por [−10; 2]

29. y(exato) $= \frac{1}{2}x^2 - \frac{3}{2}$; $y(2) \approx 0{,}4$; o valor exato é $\frac{1}{2}$.
31. y(exato) $= -e^{(x^2-1)/2}$; $y(2) \approx -3{,}4192$; o valor exato é $-e^{3/2} \approx -4{,}4817$.
33. **a.** $y = -1$ é estável e $y = 1$ é instável.

b. $\frac{d^2y}{dx^2} = 2y\frac{dy}{dx} = 2y(y^2 - 1)$

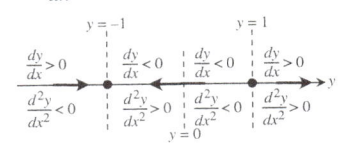

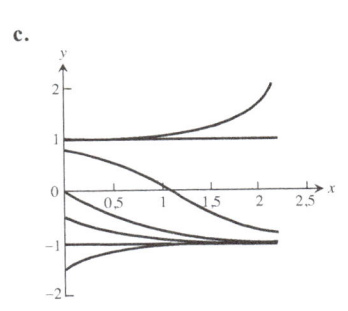

c.

Exercícios adicionais e avançados

1. **a.** $y = c + (y_0 - c)e^{-k(A/V)t}$
   b. Solução em estado estacionário: $y_\infty = c$
5. $x^2(x^2 + 2y^2) = C$
7. $\ln|x| + e^{-y/x} = C$
9. $\ln|x| - \ln|\sec(y/x - 1) + \text{tg}(y/x - 1)| = C$

Índice Remissivo

A

a, logaritmos com base, 412
Abcissa, 548
   do centro de massa, 404
Aceleração, 141-143
   como derivada da velocidade, 141, 142-143
   derivada da (sobreaceleração), 142, 143
   queda livre e, 143
   velocidade e posição a partir da, determinação da, 223-224
Adição, de funções, 13-14
Álgebra, Teorema fundamental da, 571-572
Alongando um gráfico, 16
Análise de erro, para integração numérica, 478-481
   em aproximação diferencial, 198-199
Análise do plano de fase, 529
   limitações da, 532
Ângulo de inclinação, 549
Ângulos, 21-22
   em posição padrão, 21
Aproximação, centro da, 194
   análise de erro de, 478-481
   com o uso de parábolas, 476-478
   da regra do trapézio, 480-481
   diferencial, erro na, 198
   linear padrão, 194
   Método de Newton para raízes, 263
   para raízes e potências, 195
   pela Regra de Simpson, 478-481
   pela reta tangente, 193
   por deriváveis, 193-194
   trapezoidais, 474-476
Arco
   secante, 179
   tangente, 179
Área de superfície, definição de, 376-378
   para rotação em torno do eixo y, 378-379
   Teorema de Pappus para, 399
Área, 285-287
   aproximações finitas para, 288
   como integral definida 285
   da superfícies, 389
   de seção transversal, 351, 352
   de superfícies de revolução, 376-379
   definição de, 308
   entre curvas, 335-337
      substituição e, 332-338
   estimativa da, soma inferior e, 287
      soma superior e, 286
   infinita, 485
   sob o gráfico de função não negativa, 307-308
   sob o gráfico ou curva, 307
   total, 286, 319-321
Argumento, 568
Assíntotas, 9
   de gráficos, 98-108
   horizontais, 98, 100-103, 107
   oblíquas ou inclinadas, 103
   verticais, 98, 106-107
      definição de, 106
      determinar a equação para, 106-107
      integrandos com, 487-488
a^x, definição de, 33, 411
   derivada de, 133, 173-174, 412
   equações inversas de, 412
   função exponencial geral, 411
   integral de, 412

B

Base, a, logaritmos com, 173-174, 412-413
   da função exponencial, 34-35, 134, 411
   de cilindro, 351
Bernoulli, Daniel, 213
Bernoulli, Johann, 159, 243
Bico (canto), 125
Birkhoff, George David, 327
Bolzano, Bernard, 142
Bombeamento de líquidos para fora de recipientes, 383-384
Busca
   binária, 435-436
   sequencial, 435-436

C

Cabo, pendente (catenária), 10, 431
Calculadoras, para estimar limites, 66-67
   gráficos usando, elaboração de, 28-31
Campos de direção (inclinação), 504-505
Capacidade de carga, 527
Cascas cilíndricas, 362-363
   volumes usando, 362-367
Catenária, 10, 431
Cauchy, Augustin-Louis, 248
Cauchy, Teorema do valor médio de, 248-249
Cavalieri, Bonaventura, 353
Cavalieri, Princípio de, 353
Centro de aproximação linear, 194
Centro de massa, 390-399
   abcissa de, 392
   centroide, 396-397
   de placas finas e planas, 392-395
   momentos e, 390-399
Centroides, 396-397
   forças do fluido e, 397
   Teorema de Pappus e, 398
Ciclo limite, 532
Cilindro (s)
   base de, 351
   fatiamento com, 362-364
   volume de, 351
Circuitos RL, 514
Círculo (s) (circunferência), 552
   equação padrão de, 18, 552
   no plano, 551-553
Circunferência unitária, 552
Coeficiente angular, da curva, 56-58, 117-118
   da reta não-vertical, 549
Coeficientes
   de polinômio, 8
   determinação de, para frações parciais, 466-467
   indeterminados, 460
Comando integrar (SAC), 471
Combinação de funções, 13-18
Completando o quadrado, 552-554
Complexo conjugado, 567
Comprimento de arco, 370-374
   fórmula diferencial para, 373-374
   função de, 373
Comprimento, de curvas, 370-371

Comprimir um gráfico, 15-16
Computador,
  para estimar limites, 66-67
  sistemas de álgebra por, *Ver* Sistemas de álgebra computacional (SAC)
Concavidade, 232-233
  teste da segunda derivada para, 233
Conexidade, 95
Conjunto, 540
  vazio, 540
Constante
  arbitrária, 268
  da mola, 382, 383
  diferente de zero, 269
  taxa, 416
Construção de números reais, 562-563
Continuidade, 54-108 *Ver também*
  Descontinuidade
  de função em um ponto, 88-89
  de funções inversas, 91
  diferenciabilidade (derivabilidade) e, 125
  em extremidade esquerda, 88
  em um intervalo, 89-90
  em um ponto interior, 88
Convenção para ângulo, 22
Convergência, 303
  de integrais impróprias, 484, 486-487
  de somas de Riemann, 303
  testes para, 489-491
Coordenada x, 548
Coordenada y, 548
Coordenadas cartesianas, no plano, 548
Corpo
  completo, 561-562
  ordenado, 561-562
Corpo em queda, encontrando resistência, 526-527
Cossecante, 22
Cosseno (s), 22
  integrais de produtos de potências de, 450-452
  integrais de produtos de, 453-454
  lei dos, 24-25
Courant, Richard, 130
Crescimento
logístico da população, 527-528
populacional ilimitado, 418-419
exponencial, 416
Curva (s)
  área entre, 335-337
    substituição e, 332-338
  área sob, 307, 485
  coeficiente angular da, definição de, 56-58, 117
    determinação de, 57, 118
  comprimento de, 370-374
  de forma sigmoide, 528
  esboços de, 232-240
  gráficos de, 335-336
  lisas (suaves), 3-4, 370-371

placas limitadas por duas, 395-396
pontos de inflexão de, 233-235, 238
reta tangente à, 117
secante em relação à, 56
tangentes à, 54-59
$y = f(x)$, comprimento de, 371
Crescimento exponencial, 35-36, 416
Cúspide, 125
Custos
  fixos, 145
  marginais, 144, 145, 255
  variáveis, 145

D

Dados do diapasão, 4
Dados genéticos e sensibilidade à variação, 146
Decaimento
  de carbono-14, 419-420
  exponencial, 35-36, 416
  radioativo, 32, 419
Dedekind, Richard, 336, 563
Denominadores nulos, eliminação algébrica de, 66
Densidade, 392
Derivabilidade, 123-124
Derivação
  implícita, 164-167
  logarítmica, 174-177
Derivada (s)
  aplicações de, 212-273
  cálculo de derivadas a partir da definição, 121-123
  como função, 117, 121-126
  como taxa de variação, 140-146
  como velocidade, 141
  da função cosseno, 150-151
  da função raiz quadrada, 122
  da função recíproca, 121
  da função seno, 150
  da função valor absoluto, 160
  de função composta, 156-161
  de função constante, 130
  de funções exponenciais, 133-134 e 410-411
  de funções hiperbólicas inversas, 427-429
  de funções hiperbólicas, 425-426
  de funções inversas, 169-177
  de funções trigonométricas inversas, 43-44, 182
  de funções trigonométricas, 150-153
  de integral, 319
  de logaritmos, 169-177
  de ordem superior, 137, 166
  de segunda ordem, 137
  de $y = \ln x$, 407
  de $y = \sec^{-1} u$, 181-182
  de $y = \text{sen}^{-1} u$, 180
  de $y = \text{tg}^{-1} u$, 180-181

  definição de, 121
  em economia, 144-146
  envolvendo $\log_a x$, 174, 413
  fórmula alternativa para, 121
  funções a partir de, comportamento dos gráficos de, 239-240
  gráfico de 123
  laterais, 123-124
    à direita, 123-124
    à esquerda, 123-124
  n-ésimo, 137
  no ponto, 117-119, 124-126
  notações para 123
  regra da diferença para, 132
  Regra de Leibniz, 348
  regra de múltiplo constante para, 130-131
  regra geral da potência para, 131, 175
  símbolos de, 137
  terceira, 137
Descartes, René, 548
Descontinuidade, 125
  de salto, 89
  em dy/dx, 372-373
  infinita, 89
  oscilante, 89
  ponto de, 88
  removível, 89
Desigualdade (s)
  do triângulo, 543
  max-min para integrais definidas, 305, 313-314
  regras de, 539
  resolvendo, 541-542
Deslocamento, 141
  definição de, 290
  versus distância percorrida, 290-291, 318
Determinação de raiz, 95
Diagrama de máquina da função, 2
Diagramas de Argand, 567-568
Diferenciação, 117-201
  de função, 121-122
  e integração, como processos inversos, 319
  implícita, 164-167
  logarítmica, 174-177
Diferenciais, 193, 196-197
  definição de, 196
  estimativa com, 197
Dirichlet, Lejeune, 485
Distância percorrida, 287-289
  estimativa com somas finitas, 289
  total, 290, 318
  versus deslocamento, 290-291, 318
Distância, no plano, 551-553
Divergência, de integrais impróprias, 484, 486-487
  testes para, 489-491
Domínio, de função, 1-3
  natural, 2

E

e, definição do número, 134, 406
   como limite, 176
   exponencial natural e, 34, 134, 409-410
Economia, derivadas em, 144-146
   exemplos de otimização aplicada do, 255-256
Einstein, Albert, 200
Eixo *y*, revolução em torno do, 378-379
Eixos coordenados, 548
   fatiar e girar em torno de, volumes por, 351-358
   Par ordenado, 548
Elementos do conjunto, 540
Elementos radioativos, meia-vida de, 42, 419-420
Elipses, centro das, 18
   eixo principal de, 34
   eixo secundário de, 34
   equação padrão de, 18
   gráficos de, 18
Energia
   cinética, 201
   conversão de massa em, 201
Equação (ões)
   autônomas, soluções gráficas de, 522-528
   diferenciais. *Ver* Equações diferenciais
   inversas, 412
   lineares, 551. *Ver* Equações lineares
   fundamental da reta, 550
   de pressão-profundidade, 384
   de taxas relacionadas, 184-185
   geral da reta, 551
Equações diferenciais
   autônomas, 523
   de primeira ordem, 502-532
      aplicações de, 516-521
      soluções de, 417, 502-504
   problemas de valor inicial e, 270
   separáveis, 416-417
   sistema (s) de, 529-532
   trajetória de, 530
Equações lineares, 551
   de primeira ordem, 510-514
      forma padrão, 510-511
      solução de, 511-513
Equilíbrio estável e instável, 525
Euler, Leonhard, 506, 574
e^x, derivada de, 134, 410
   integral de, 269, 410
e^x, equação inversa para, 409-410
   leis dos expoentes para, 225, 411
Expoentes racionais, 33
Expoentes, Leis dos, 224-225, 411
   regras para, 34
Extensão contínua, 93-94
Extremo(s), determinando, 215-217
   global (absoluto), 212-214, 216
   local (relativo), 214, 228-230, 235-239
Extremos absolutos, determinação, 216-217
Extremos locais (relativos), 214
   teste da primeira derivada para, 228-230
   teorema da primeira derivada para, 215
   teste da segunda derivada para, 235-239

F

Faixa vertical, 362, 393
Faixas horizontais, 393-394
Fatiamento, com cilindros, 362-364
   por planos paralelos 352-353
   volume por, 351-357
Fator integrante, 511-513
Fermat, Pierre de, 57
Física, exemplos de otimização aplicada de, 253-255
Fluido, peso específico de, 384
Força variável, ao longo da reta, 381-382
Força, constante, 381-383
   pressões do fluido e, 384-386
   variável ao longo da reta, 381-382
Forças do fluido, e centroides, 397
   em superfície de profundidade constante, 385
   integral para, contra placa plana vertical, 386
   trabalho e 381-386
Forma indeterminada 0/0, 243-245
Forma integral, regra do produto na, 442-445
Formas indeterminadas de limites, 243-249
Fórmula (s)
   da função senoide, 25
   de casca para revolução, 365
   de comprimento de arco, 372-373
   de distância, 552
   de erro, em aproximação diferencial, 198-199
   de Euler, 568
   de redução, 445, 470
   de substituição para integrais definidas, 332-334
   de translação para funções, 15
   diferencial curta, comprimento de arco, 373-374
   diferencial, para o comprimento do arco, 373-374
   para adição, trigonométrica, 24
   para arco duplo, trigonométricas, 24
   para arco metade, trigonométrica, 24
   para mudança de escala e para reflexão, 16
   para mudança de escala vertical e para reflexão, 16
Frações parciais, definição de, 460
   integração de funções racionais por, 459-467
   método das, 460-464
Função arco cosseno, 44-46
   identidades que envolvem, 46
Função arco seno, 44-46
   identidades envolvendo, 46
Função cossecante, integral de, 409
   inversa de, 179, 182
Função cosseno, derivada da, 150-151
   gráfico da, 10
   integral da, 269
   inverso da, 44, 182
Função cotangente, 22
   inverso da, 44, 182
   integral da, 409
Função escada de degrau unitário, limites e, 63
Função exponencial natural, 34, 410
   definição de, 34, 412
   derivada de, 134, 410
   gráfico de, 34, 134, 409
Função logaritmo com base 10 (comum), 41
Função logaritmo natural, propriedades algébricas de, 41, 407
   definição de, 40-41, 405-406
   derivada de, 171-173
   Logaritmos naturais, 41, 405-406
Função maior inteiro, 5
   como função definida por partes, 5
Função não diferenciável, 124, 125
Função posição, aceleração e, 223-224
Função raiz quadrada, 8
   derivada da, 122
Função recíproca, derivada da, 121
Função seno, derivada de, 150, 151
   gráfico de, 9-10
   integral de, 450
   inverso de, 44, 182
Função senoide, 25
Função valor absoluto, derivada da, 160
   como função definida por partes, 5-6
Função velocidade, 290
   aceleração e, 223-224
Função(ões), 1-46
   a valores reais, 2
   adição de, 13-14
   algébricas, 8-9
   arco seno e arco cosseno, 44-46
   área total sob o gráfico de, 320
   combinação de, 13-18
   comportamento gráfico de, a partir de derivadas, 238-240
   composta. *Ver* Funções compostas
   comum, 7-10
   constante, 7, 63, 130, 291
   contínua na extremidade esquerda, 88
   contínua no intervalo, 89
   continuamente diferenciável, 370, 378
   contínuas em extremidade, 88
   contínuas na extremidade direita, 88
   contínuas por partes, 303
   contínuas. *Ver* Funções contínuas
   continuidade de, 88
   contínuo no ponto, 93
   cosseno, 22, 150-151
   crescente, 6, 227-228
   cúbica, 8
   custo marginal, 144
   custo total, 145

de potência, 7-8, 175
decrescente, 6, 227-228
definição de, 1
definida por fórmulas, 14
definidas implicitamente, 164-166
definidas por partes, 5-6
degrau unitário, 63-64
derivada como, 117, 121-126
derivada da, recíproca, 121
derivada de, 118, 121-122, 124-125
deriváveis. *Ver* Funções deriváveis
descontinuidade de , 88-89
diagrama de máquina de, 2, 14
diagrama de seta de, 2
domínio de, 1-3, 13-14
exponencial natural, definição de, 34, 410
exponencial. *Ver* Funções exponenciais
extensão contínua de, 93
fórmulas para translação para, 15
gráfico de dispersão de, 4
gráficos de, 3-4, 15-17
  mudar a escala de, 16-17
hiperbólicas. *Ver* Funções hiperbólicas
identidade, 7, 23, 63
imagem de, 1-3
ímpar, 6-7
injetora, 37-38
integrável, 303-304
inversas. *Ver* Funções inversas
limite de, 61-68
lineares, 7
linearização de, 193-195
logarítmicas. *Ver* Funções logarítmicas
logaritmo natural, 41, 171-173, 405-406
maior inteiro, 5
menor inteiro, 6
monotônicas, 227-230
multiplicação de, 13
não derivável, 123-124, 125
não integrável, 303-304
não negativa, área sob o gráfico de, 307-308
  contínuas, 291-292
pares, 6-7
piso inteiro (maior inteiro), 5
polinomiais, 8, 9
ponto crítico de, 216
posição, 5
positivas, área sob o gráfico de, 292
quadrática, 8
racional. *Ver* Funções racionais
raiz cúbica, 8
raiz quadrada, 8
  derivada de, 122
representação numérica de, 4-5
seno, 22, 150
simétrico, 6-7, 334-335
taxas de crescimento de, 432-434
teste da reta vertical para, 5

teto inteiro (menor inteiro), 6
transcendentes, 10, 410, 416
trigonométricas. *Ver* Funções trigonométricas
valor absoluto, 5
valor de saída de, 1
valor de, 2
valores extremos de, 212-217
valores máximos e mínimos de, 212, 214, 230
variável de entrada de, 1
variável dependente de, 1
variável independente de, 1
velocidade, 290
Funções a valores reais, 2
Funções compostas, 14-15
  continuidade de, 91
  definição de, 14
  derivada de, 156-161
  limite de, 73
Funções comuns, 7-10
Funções constantes, definição de, 7
  derivada de, 130
  limite de, 63
Funções contínuas na extremidade direita, 88
Funções contínuas na extremidade esquerda, 8
Funções contínuas por partes, 303, 346-347
Funções contínuas, 89-91
  compostas de, 91
  definição de, 89
  diferenciabilidade e, 125
  extremos absolutos de, 216-217
  integrabilidade de, 303
  limites de, 87
  não negativas, valor médio de, 291-292
  propriedades de, 90
  Teorema do valor intermediário para, 94-96, 255
  valor médio de, 308-309
  valores extremos de, em intervalo fechado, 213
Funções deriváveis, 121
  contínuas, 125-126
  gráfico de, 196
  no intervalo, 123-124
  regra da multiplicação por, 131
  regras para, 130-137, 157
Funções exponenciais, 32-36 e 409-412
  comportamento de, 32-34, 411
  de base a, 32, 45, 411
  derivadas de, 133-134, 173-174 e 412-413
  descrição de, 10
  geral a^x, 33-34, 42, 411-412
  integral de, 269, 410
  natural e^x, 34-35, 410
Funções hiperbólicas, 424-429
  definições de, 424-425
  derivadas de, 425-426 e 427-429
  gráficos de, 427
  identidades para, 424-425, 427

  integrais de, 425-426
  inversa, 426, 427
  seis funções (hiperbólicas) básicas, 424
Funções injetoras, 37-38
  definição de, 37
Funções inversas, 10, 38-39
  determinação de, 171-172
  e derivadas, 169-177
  e logaritmos, 37-46
  hiperbólica, 426-429
  injetora, 38
  regra da derivada de, 170
  trigonométricas. *Ver* Funções trigonométricas inversas
Funções logarítmicas, 40-41, 405-406
  com base a, 40, 412-413
  comum, 41
  definição de, 8
  descrição de, 10
  domínio de, 8
  fórmula para mudança de base e, 42
Funções racionais
  integração de, por frações parciais, 459-467
  limites de, 65
    no infinito, 100
  natural, 41, 405-406
Funções simétricas, 6
  integrais definidas de, 334-335
  gráficos de, 6-7
Funções trigonométricas inversas, 43-44, 178-182
  definição de, 43-44, 179, 182
  derivadas de, 182
  identidades de cofunção, 182
Funções trigonométricas, 9-10
  ângulos, 21-22
  derivadas de, 150-153
  gráficos de, 23, 28-31
  integrais de, 450-454
  inversas, 43-44, 178-182
  periodicidade de, 23
  seis, básicas 22-23
  transformações de, 25, 44

G

Galileu Galilei, 54
  fórmula da queda-livre, 54, 142-143
  lei de, 54
Gauss, Carl Friedrich, 297
Gráfico da solução, 504
Gráfico de concavidade, para baixo, 232, 233
  para cima, 232, 233
Gráficos, assíntotas de, 98-108
  conexidade e, 95
  da equação, 548
  de computador, 28-31
  de derivadas, 123
  de dispersão, 4
  de funções comuns, 7-10

de funções trigonométricas, 23, 30-31
de funções, 3-4, 13-18
de $y = f(x)$, estratégia para, 237-239
simétrica em relação à origem, 6
simétrica em relação ao eixo x, 6
simétrica em relação ao eixo y, 6
trigonométricos, transformações de, 25
Grau, de polinômio, 8

H

Halley, Edmund, 228
Heaviside, Oliver, 464

I

Identidades de função inversa – cofunção inversa, 182
Identidades trigonométricas, 23-24
Imagem, da função, 18-20
Inclinação da secante, 57
Incrementos, 548-551
Índice do somatório, 295
Indução matemática, 544-547
Infinitésimos, 563
Infinito
  limites no, 98-108
    de funções racionais, 100
Inflexão, ponto de, 215, 233-235, 237
Integração definida, por partes, 446
  por substituição, 332
Integração, 285-338
  fórmulas básicas, 441
  com SAC, 471-472
  e derivação, relação entre, 319
  com relação à y, área entre curvas, 349-350
  de funções racionais por frações parciais, 459-467
  fórmula da, por partes, 442-443
  limites de. *Ver* Limites de integração
  numérica, 474-481
  por partes, 442-447
  por substituição trigonométrica, 455-458
  tabular, 446-447
  técnicas de, 441-492
  variável de, 272, 302
Integrais definidas, 301-309
  aplicações de, 351-401
  avaliação de, por partes, 446
  de funções simétricas, 334-335
  definição de, 285, 302-303, 324
  existência de, 302-303
  notação para, 302
  propriedades das, 304-306
  substituição em, 332-334
  Teorema do valor médio para, 313-316
Integrais impróprias, 484-492
  aproximações para, 491
  de Tipo I, 484, 492
  de Tipo II, 487, 492
Integrais indefinidas, 271-273. *Ver também* Primitivas

avaliação com regra da substituição, 324-330
  definição de, 272, 324
Integrais não elementares, 472
Integrais, aproximação de, por somas inferiores, 287
  pela Regra de Simpson, 476-478
  pela regra do ponto médio, 287, 475
  pela Regra dos Trapézios, 475-476
  pela soma de Riemann, 298-300
  por somas superiores, 287
  da taxa, 318-319
  de funções hiperbólicas, 425-426
  de potências de tg x e sec x, 452-453
  de sen^2 x e cos^2 x, 329-330
  de tg x, cotg x, sec x, e cossec x, 408-409
  de trabalho, 381-382
  definida. *Ver* Integrais definidas
  $\int (1/u)\, du$, 408
  envolvendo $\log_a x$, 413
  impróprias, 484-492
    aproximações para, 491
    do Tipo I, 484, 492
    do Tipo II, 487, 492
  indefinida, 271-273, 324-330
  logaritmo definido como, 405-413
  não elementar, 472
  para força do fluido contra placa plana vertical, 386
  Pequena tabela de, 441
  tabela de, 469-470
  trigonométrica, 450-454
Integrandos, 272
  com assíntotas verticais, 487-488
Inteiros positivos, 564
  regra da potência para, 130
Inteiros, 564
  iniciais, 546
  positivos, regra da potência para, 130
Intercepto do eixo x, 551
Intercepto do eixo y, 551
Interpretação "de fora para dentro" da regra da cadeia, 158
Interseção de conjuntos, 540
Intervalos finitos (limitados), 6, 541
Intervalos infinitos (ilimitados), 6, 541
Intervalos, 541
  derivável em, 123-124
  tipos de, 541
Inversa(s), definição de, 38
  de ln x e do número e, 409-410
  de tg x, cotg x, sec x, e cossec x, 179-182
  determinação de, 39-40
  operações de integração e derivação, 319

J

Janelas gráficas (de visualização), 28-30
Joule, James Prescott, 381
Joules, 381
Juros, compostos continuamente, 35

K

k-ésimo subintervalo da partição, 299, 302
Kovalevsky, Sonya, 428

L

Lagrange, Joseph-Louis, 221
Legendre, Adrien Marie, 512
Lei (s)
  associativas, 561
  comutativas, 561
  da elasticidade de Hooke, 382-383
  da refração de, 255
  da transitividade dos números reais, 561
  da variação exponencial, 517
  de Snell, 255
  distributiva, 561
    prova da, 573-574
  do limite, 61-68
    teorema, 64, 99
  do resfriamento de Newton, 420-421, 525-526
  dos cossenos, 24-25
  dos expoentes, 224-225, 411
  dos logaritmos, 41, 407
    provas das, 222-223
Leibniz, Gottfried, 325, 563
Lentes, entrada de luz em, 166-167
L'Hôpital, Guillaume de, 243
Limitante, inferior, 306
  superior, 306, 561
Limites à direita, 82
  definição de, 82
  prova de, 558
Limites à esquerda, 82
  definição informal de, 81
  precisa, 72-77, 82
  prova de, 559
Limites bilaterais, 81
  prova de, 559
Limites de integração (infinitos), 484-486
Limites laterais, 81-85, 123-124. *Ver também* Limites à esquerda; Limites à direita
  definição de, informal, 81
  precisa, 82-83
Limites, 54-108
  (o número) e como, 176-177
  à direita. *Ver* Limites à direita
  à esquerda. *Ver* Limites à esquerda
  bilaterais, 81
  de (sen θ)/θ, 83-85
  de funções contínuas, 92
  de funções racionais, 65, 100
  de integração, para integrais definidas, 332-333
  infinito, 484-486, 492
  de polinômios, 65
  de somas de Riemann, 301-303
  de somas finitas, 297-298
  de valores de função, 61-68

definição de, informal, 61-62
  precisa, 72-77
  prova de teoremas com, 76-77
  teste de, 73-75
deltas, determinar algebricamente, 75-76
do quociente da diferença, 118
estimativa de, calculadoras e computadores para, 66-67
finito, 98-108
formas indeterminadas de, 243-249
infinito, 103-105
  definições precisas de, 105-106
laterais. *Ver* Limites laterais
no infinito, 98-108
que ocorrem frequentemente, 559-560
regra da potenciação para, 64
regra da raiz para, 64
Teorema do confronto, 67-68
Linearização, 193-195
Líquidos, bombeamento de, para fora de recipientes, 383-384
ln bx, 41, 224
ln x, e mudança de base, 41, 42, 407-408
  derivada de, 171-173, 407
  e o número e, 41, 409-410
  equação inversa de, 41, 410, 562
  gráfico e imagem de, 41, 407-408
  integral de, 442-443
  inverso de, e o número e, 409-410, 561
ln x^r, 41, 224
  propriedades de, 41, 406
$\log_a u$, derivada de, 173-174, 413
$\log_a x$, derivadas e integrais que envolvam, 413
  equações inversas para, 41, 412
Logaritmos, propriedades algébricas, 41, 413
  aplicações de, 42-43
  com base a, 40, 412-413
  definida como integral, 405-413
  derivadas de, 169-177
  funções inversas e, 37-46, 409-410
  integral de, 443
  natural, 41, 405-406
  propriedades de, 41-42
  propriedades inversas de, 41, 412
  regras dos, provas das, 41, 224
Lucro, marginal, 255

M

Marginais, 144
Massa de repouso, 200
Massa *Ver também* Centro de massa
  ao longo da reta, 390-391
  conversão em energia, 201
  distribuídas em região plana, 391-392
  fórmulas para, 392, 395
  medida de, 517
  momentos de, 392
  valor de, 200

Máximo, absoluto (global), 212
  local (relativo), 214
Medida do radiano e derivadas, 161
Meia-vida, 36, 42, 419-420
Mendel, Gregor Johann, 146
Menor limitante superior, 561-562
Método de "ocultar" de Heaviside, para fatores lineares, 464-466
Método de Euler, para equações diferenciais, 505-508
Método de Newton, 262-265,
  aplicação do, 263-264
  convergência de aproximações do, 264-265
  procedimento para o, 262-263
Método de Newton-Raphson, 262-265
Método numérico, 505
Método, da casca, 364-367
  do anel, 357-358, 367
  do disco, 354-357
Mínimo, absoluto (global), 212
  local (relativo), 214
Modelo caçador competitivo 530-532
Modelo de crescimento populacional exponencial, 517-518
Módulo da velocidade, 141, 187
  instantânea, 54-56
  média, 54-56
    em intervalos curtos de tempo, 55
Molas, lei de Hooke para, 382-383
  trabalho para esticar, 383
Momentos, e centros de massa, 390-399
  do sistema em torno da origem, 391
Movimento
  ao longo da reta, 141-144
  com resistência proporcional à velocidade, 516-517
  harmônico simples, 151-152
  primitivas e, 270-271
  segunda lei de Newton, 200, 516, 526
Mudança de escala, de gráfico de função, 16-18
Mudança, de base em um logaritmo, 173, 412
Multiplicação, de funções, 13-14

N

Napier, John, 41
Newton, Sir Isaac, 313, 563
Norma da partição, 300
Notação "o", 434-435
Notação de Leibniz, 123, 157, 158, 193, 302
Notação sigma, 295-300
Notações, para derivada, 123
Números complexos, 563-572
  parte imaginária de, 566
  parte real de, 566
Números irracionais, 540
  como expoentes, 33-34
Números naturais, 540
Números racionais, 540, 564

Números reais, construção dos reais e, 562-563
  a reta real, 539
  desenvolvimento de, 564-565
  propriedades algébricas de, 539, 561
    completude, 33, 539, 561
    ordem, 539, 561
  teoria dos, 561-563
Números transcendentes, 410

O

Óptica, princípio de Fermat na, 254
  Lei de Snell de, 255
Ordem, comparação de funções, 434-435
Origem, de sistema de coordenadas, 548
  momento do sistema em torno da, 391
Otimização aplicada, 251-256
  da área do retângulo, 253-254
  exemplos da matemática e da física, 253-255
  exemplos em economia, 255-256
  utilizando o mínimo de material, 252-253
  volume da caixa, 252

P

Pappus (Grécia, 3º século), 397
Parábola(s), 553-554
  aproximações por, 476-478
  curva de, 39
  eixo da, 553
  semicúbica, 169
  vértice de, 553
Partes, integração por, 442-447
Partições, k-ésimo subintervalo de, 299
  norma de, 300
  por soma de Riemann, 300
Periodicidade, das funções trigonométricas, 23
Peso específico, do fluido, 384
Pirâmide, volume de, 352-353
Placa
  limitada por duas curvas, 395-396
  plana e fina, centro de massa de, 392-395
  plana vertical, força do fluido contra, 386
Plano xy, 530
  curvas integrais no, 524
Planos de fase, 530
Planos paralelos, fatiando por, 352-353
Planos, coordenadas cartesianas nos, 548
Poiseuille, Jean, 200
Polinômio quadrático, irredutível, 460-461
Polinômios, coeficientes de, 8-9
  derivada de, 133
  grau de, 8
  limites de, 65
  quadrático irredutível, 460-461
Ponto crítico, 215, 237
Ponto interior, 541
continuidade em, 88
Pontos de fronteira, 541

Pontos de repouso, 523, 531
  instáveis, 532
Pontos, de descontinuidade, definição de, 88
  de inflexão, 215, 233-235
População, limite, 527
Potências indeterminadas, 247-248
Potências, 570
  de senos e cossenos, produtos de, 450-452
  indeterminadas, 247-248
Pressões, e forças de fluido, 384-386
Primeiros momentos, 391
  sobre eixos coordenados, 391-392
Primitivação (antiderivação), 267
Primitivas, 267-273
  definição de 267
  e integrais indefinidas, 271-272
  movimento e, 270-271
Princípio de Fermat em ótica, 254
Problemas de valor inicial, 270, 418, 503
  e equações diferenciais, 270
Problemas mistos, 519-521
Produto vetorial, prova da lei distributiva para, 573-574
Produtos, de números complexos, 568-569
  de potências de senos e cossenos, 450-452
  e quocientes, derivadas de, 135-137
  de senos e cossenos, 453-454
Propriedade da completude dos números reais, 33, 561
Propriedade do valor intermediário, 94
Próxima Centauro, 432

Q

Quadrantes, de sistema de coordenadas, 548
Queda livre, lei de Galileu para, 54, 142-143
Quociente da diferença, 118, 122
  formas para , 122
  limite de, 119
Quocientes, 569
  produtos e, derivadas de, 135-137

R

Radianos, 21-22, 24
Radioatividade, 419-420
Raio, do círculo (circunferência), 552
Raiz da média quadrada (RMS), 330
Raízes quadradas, eliminação de, em integrais, 452
Raízes, 570-571
  determinação pelo método de Newton, 262-263
  e o Teorema do valor intermediário, 94-95
Reais, construção dos, 562-563
Receita, marginal, 255
Reflexão de gráfico, 16-17
Regiões planas, massas distribuídas sobre, 391-392
Regra
  do intervalo de largura zero, 305, 406
  do limite da raiz, 64
  do ponto médio, 287, 288
  do produto de limites, prova da, 556-557
Regra CTST, 22

Regra da aditividade, para integrais definidas, 305
Regra da cadeia da potência, 159-161, 165
Regra da cadeia, 156-161, 172, 173, 174, 180, 181, 182, 185, 186, 326, 410, 412, 428
  derivada de função composta, 156-161
  "prova" intuitiva de, 157-158
  Regra do "de fora para dentro", 158
  com potências de função, 159-161
  prova de 198-199
  uso repetido de, 159
  Regra da substituição e, 324-329
Regra da derivada, do produto, 134-135, 526
  do quociente, 136-137, 152-153
  para funções inversas, 170
Regra da oposta, para primitivas, 269
Regra da ordem de integração, 305
Regra da potência, para derivadas, versão geral de, 131, 175-176
  de números inteiros positivos, 130
  logaritmos naturais, 41, 407
  para limites, 64
  prova de, 175
Regra da raiz, para limites, 64
Regra da recíproca para logaritmos naturais, 41
Regra da soma, para primitivas, 269, 272
  derivada, 132
  para derivadas, 132-133, 546
  para integrais definidas, 305
  para limites, 64, 76
Regra da substituição, 326, 332
  avaliação de integrais indefinidas com, 324-330
Regra de dominação para integrais definidas, 305
Regra de Leibniz, 348
Regra de L'Hôpital, 244
  determinação de limites de sequências por, 244-245
  prova da, 248-249
Regra de Simpson, aproximações pelas, 476-478
  análise de erro e, 478-481
Regra do produto, da derivada, 135-136
  na forma integral, integração por partes, 442-445
  para limites, 64
  prova de, 135
  para logaritmos naturais, 41, 407
Regra do quociente de limites, prova da, 557-558
Regra do quociente, da derivadas, 136, 153
  para limites, 64
  prova de, 557-558
  para logaritmos naturais, 41, 407
Regra do Trapézio, 474-475
  análise de erro e, 478-481
Regras algébricas, para somas finitas, 296-297

  do logaritmo natural, 41
Regras da diferença, 129-137, 272
  para derivadas, 132-133
  para integrais, 305
  para limites, 64
Regras da multiplicação por constante,
  para primitivas, 269, 270, 272-273
  para derivadas, 131-132
  para integrais, 305
  para limites, 64
  para somas finitas, 296
Regras de diferenciação, 129-138
Regras de linearidade para primitivas, 269
Relação de proporcionalidade, 7
Rendimento de conta poupança, 32
Representação gráfica, com calculadoras e computadores, 28-31
Representação numérica de funções, 4-5
Resistência, queda de um corpo que encontra força de, 526-527
  proporcional à velocidade, movimento com, 516-517
Reta de fase, 523
Reta normal, 166
Retângulos, área de aproximação de, 285-287
  definição das somas de Riemann, 298-300
  otimização da área de dentro do círculo, 253-255
Retas paralelas, 551
Retas perpendiculares, 551
Retas secantes, 57
Retas tangentes, 58-59
  à curva, 117
Retas, massas ao longo de, 390-391
  movimento ao longo de, 141-144
  normal, 166-167
  paralelas, 551
  perpendiculares, 551
  secante, 56
  tangente, 58-59, 117
  trabalho feito por uma força variável ao longo de, 381-382
  vertical, fórmula da casca para rotação em torno de, 365
Revolução, em torno do eixo y, 378-379
  áreas de superfícies de, 376-379
  fórmula de casca para, 365
  sólidos de, método do disco, 354-357
  método do anel, 357-358
  superfície de, 376
Riemann, Georg Friedrich Bernhard, 298
Rolle, Michel, 220
Rotação, 354-357

S

SAC. *Ver* Sistemas de álgebra computacional (SAC)
sec x, integrais de potências de, 409, 452-453
  inverso de, 179-180

Secante, função trigonométrica, 22
Seções transversais, 351-358
Segunda lei do movimento de Newton, 200, 516, 526
Seno (s), 22
　integrais dos produtos de, 453-454
　integrais dos produtos de potências de, 450-452
Símbolo da integral, 271-272
Simpson, Thomas, 477
Sistemas de álgebra computacional (SAC)
　na avaliação de integrais impróprias, 488, 489
　tabelas de integral e, 469-470
　comando integrar, 471
　integração com 471-472
Slugs, 517
Snell van Royen, Willebrord, 254
Sobreaceleração, 142, 143
Sólido cilíndrico, volume de, 351-352
Sólidos de revolução, pelo método do disco, 354-357
　pelo método do anel, 357-358
Sólidos, o princípio de Cavalieri de, 353
　seção transversal de, 351
　volume de, cálculo de, 352
　　pelo método do anel, 357-358
　　pelo método do disco, 354-357
　　pelo método do fatiamento, 351-358
Solução geral da equação diferencial, 270, 416-417
Solução numérica, 505
Solução, da equação diferencial, 417
　geral, 417, 502-504
　particular, 503-504
Soma inferior, 287
Somas de Riemann, 298-300, 302, 303, 304, 319, 352, 363, 365, 382, 385, 392
　convergência de, 303
　limites de, 301-303
Somas finitas, regras de álgebra para, 296-297
　e notação sigma, 295-297
　estimar com, 295-300
　limites de, 297-298
Somas superiores, 286
Substituição, 324-329
　e área entre curvas, 332-338
　trigonométrica, 455-458
Substituições trigonométricas, 455-458
Superfície cilíndrica, 376
Superfície de profundidade constante, força do fluido em, 385
Superfície de revolução, 376
　profundidade constante, força do fluido em superfícies com, 385

T

Tabela de integrais, 441, 469-470
Tamanho da malha, 475
Tamanho do passo, 475
Tangente (s), às curvas, 17, 54-59
　ao gráfico da função, 117-118
　e normais, 166-167
　inclinação da, 56
　no ponto, 117-119
　valores da, 22-23
　vertical, 124
Tangentes verticais, 124-125
Taxa (s), média (s), 56
　de variação, 54-59
　instantânea, derivada como, 58-59
　integral de, 318-319
Taxa constante, variação exponencial, 416
Taxa de decaimento, radioativo, 36, 416
Taxas de crescimento, de funções, 416, 432-434
　relativo, 517-518
Taxas de variação instantâneas, 58-59
　derivada como, 140
Taxas de variação média, 56, 58
Taxas relacionadas, 184-189
Teorema (s),
　avaliação, 316-318
　De Moivre, 570
　de Pappus, 397-399
　de Rolle, 220-221
　derivada mista, 574
　do cálculo. Ver Teorema fundamental do confronto (sanduíche), 68, 83, 84, 102, 558
　do valor médio de Cauchy, 248-249
　dos limites, provas dos, 556-559
　fundamental, 313-321
　　da álgebra, 571-572
　　do Cálculo
　incremento, para funções de duas variáveis, 576-578
　integralidade de funções contínuas, 303
　leis de limite, 64, 100
　leis dos expoentes para e^x, 411
　número e como limite, 176
　propriedades algébricas do logaritmo natural, 41, 407
　Propriedades de funções contínuas, 90
　regra da Cadeia, 157
　regra da derivada para inversas, 170
　regra da substituição, 326
　regra de l'Hôpital, 244-245
　substituição em integrais definidas, 332
　teste da derivada segunda para extremo local, 235
　teste da primeira derivada para valores extremos locais, 215-216
　valor extremo, 213-214, 562
　valor intermediário, Ver Teorema do valor intermediário
　valor médio. Ver Teorema do valor médio
　variação líquida, 318
Teorema da primeira derivada para valores extremos locais, 215, 229
Teorema de Pappus para área de superfície, 399
Teorema de Pappus para volumes, 398
Teorema de Pitágoras, 23, 25, 26, 551, 564
Teorema de Rolle, 220-221
Teorema do confronto. Ver Teorema do sanduíche
Teorema do incremento para funções de duas variáveis, 576-578
Teorema do sanduíche, 67-68, 83, 84, 102
　prova do, 558
Teorema do valor intermediário, 228, 406, 562
　para funções contínuas, 94-96, 255
Teorema do valor médio, 219-225, 227, 268, 574-578
　consequências matemáticas dos, 222-223
　corolário 1, 222
　corolário 2, 223-224
　corolário 3, 227-228
　de Cauchy, 248-249
　interpretação dos, 222, 313
　para derivadas, 221
　para integrais definidas, 313-316
Teorema fundamental do Cálculo, 313-321, 405, 407, 441
　Parte 1 (derivada da integral), 314-316
　　prova do, 316
　Parte 2 (Teorema da avaliação), 316-318
　　prova de, 316-317
　Teorema da variação líquida, 318
Teoremas dos limite, provas dos, 556-559
Termos dominantes, 107-108
Teste (s)
　da comparação, do limite, 489, 490
　da primeira derivada, 227-230
　da segunda derivada, 233, 235-239
　de comparação direta, 489, 490
　de comparação, de convergência de integrais impróprias, 490-491
　de continuidade, 89
　de derivada, para valores extremos locais, 214
　de máx-mín, 228-229, 235
　de reta vertical, 5
tg x e cotg x, derivadas de, 153
　integrais de, 409
　inversas de, 182
　sec x, e cossec x, integrais de, 408-409
tg x e sec x, 408-409
　derivadas de, 153
　integrais de, potências de, 452-453
Torque do sistema, sistemas de massas, 390-391
Torque, 390-391
Trabalho, por força constante, 381
　e forças de fluidos, 381-386
　e energia cinética, 388
　em líquidos sendo bombeados, 383-384
　por uma força variável ao longo da reta, 381-382
Trajetórias ortogonais, 518-519
Transferência de calor, 420-421
Transformações, de gráficos trigonométricos, 25
Translação, horizontal da função, 15

vertical da função, 15
de gráfico de função, 16
Trapézio, área do, 308

U

União de conjunto, 540
Unidades SI, 381

V

Valor absoluto, 542-544, 568
   propriedades de, 543
Valor de entrada da função, 1
Valor estacionário, 514
Valor médio
   de função contínua, 308-309
      não negativa, 291-292
Valor(es), absoluto(s), 542-544, 568
   da função, 2-3
   de integral imprópria, 484, 487
   extremos, 212-217
   máximo local, 214
   médio, 308-309
   mínimo local, 214
Valores de equilíbrio, 523, 531-532
Valores extremos locais, definidos, 214
   primeiro teorema da derivada para, 215
   testes da derivada para, 215-216
Valores extremos, em extremidades, 215-216
de funções, 212-217
   local (relativo), testes de derivadas, 215, 228-229
   funções de uma variável, 214
Valores nas extremidades de um intervalo, da função, 88, 216
Variação
   absoluta, 199
   exponencial (crescimento ou decaimento), 415-416
   exponencial, 416
   horizontal, 549
   percentual, 199
   relativa, 199
   sensibilidade à, 146, 199-201
   taxas de, 54-59, 118-119 e 140-146
   vertical, 549
Variável
   artificial em integrais, 303
   de integração, 272, 303
   dependente da função, 1
   espessura, 365-366
   independente da função, 1, 303
   proporcional, 7
Velocidade, 141
   e posição, a partir da aceleração, 223-224
   instantânea, 141
   média, 54-56, 141
durante curtos intervalos de tempo, 55
   queda livre e, 142-143
   resistência proporcional à, movimento com, 516-517
   terminal, 527
Voltagem de pico, 329
Volume, do cilindro, 351
   da pirâmide, 352-353
   de sólido com seção transversal conhecida, 352
   por anéis de rotação em torno do eixo, 357
   por discos de rotação em torno do eixo, 354
   por fatiamento, 351-357
   Teorema de Pappus para, 398
   usando cascas cilíndricas, 362-367
   usando seção transversal, 351-358

W

Weierstrass, Karl, 490

Y

$y = f(x)$, gráficos de, 236-237
   comprimento de, 370-372
y, integração em relação a, 337-338

Breve tabela de integrais

Formas básicas

1. $\int k\,dx = kx + C$ (qualquer número k)
2. $\int x^n\,dx = \dfrac{x^{n+1}}{n+1} + C \quad (n \neq -1)$
3. $\int \dfrac{dx}{x} = \ln|x| + C$
4. $\int e^x\,dx = e^x + C$
5. $\int a^x\,dx = \dfrac{a^x}{\ln a} + C \quad (a > 0, a \neq 1)$
6. $\int \operatorname{sen} x\,dx = -\cos x + C$
7. $\int \cos x\,dx = \operatorname{sen} x + C$
8. $\int \sec^2 x\,dx = \operatorname{tg} x + C$
9. $\int \operatorname{cossec}^2 x\,dx = -\operatorname{cotg} x + C$
10. $\int \sec x\,\operatorname{tg} x\,dx = \sec x + C$
11. $\int \operatorname{cossec} x\,\operatorname{cotg} x\,dx = -\operatorname{cossec} x + C$
12. $\int \operatorname{tg} x\,dx = \ln|\sec x| + C$
13. $\int \operatorname{cotg} x\,dx = \ln|\operatorname{sen} x| + C$
14. $\int \operatorname{senh} x\,dx = \cosh x + C$
15. $\int \cosh x\,dx = \operatorname{senh} x + C$
16. $\int \dfrac{dx}{\sqrt{a^2 - x^2}} = \operatorname{sen}^{-1}\dfrac{x}{a} + C$
17. $\int \dfrac{dx}{a^2 + x^2} = \dfrac{1}{a}\operatorname{tg}^{-1}\dfrac{x}{a} + C$
18. $\int \dfrac{dx}{x\sqrt{x^2 - a^2}} = \dfrac{1}{a}\sec^{-1}\left|\dfrac{x}{a}\right| + C$
19. $\int \dfrac{dx}{\sqrt{a^2 + x^2}} = \operatorname{senh}^{-1}\dfrac{x}{a} + C \quad (a > 0)$
20. $\int \dfrac{dx}{\sqrt{x^2 - a^2}} = \cosh^{-1}\dfrac{x}{a} + C \quad (x > a > 0)$

Formas envolvendo $ax + b$

21. $\int (ax + b)^n\,dx = \dfrac{(ax+b)^{n+1}}{a(n+1)} + C, \quad n \neq -1$
22. $\int x(ax + b)^n\,dx = \dfrac{(ax+b)^{n+1}}{a^2}\left[\dfrac{ax+b}{n+2} - \dfrac{b}{n+1}\right] + C, \quad n \neq -1, -2$
23. $\int (ax + b)^{-1}\,dx = \dfrac{1}{a}\ln|ax + b| + C$
24. $\int x(ax + b)^{-1}\,dx = \dfrac{x}{a} - \dfrac{b}{a^2}\ln|ax + b| + C$
25. $\int x(ax + b)^{-2}\,dx = \dfrac{1}{a^2}\left[\ln|ax + b| + \dfrac{b}{ax+b}\right] + C$
26. $\int \dfrac{dx}{x(ax+b)} = \dfrac{1}{b}\ln\left|\dfrac{x}{ax+b}\right| + C$
27. $\int \left(\sqrt{ax+b}\right)^n dx = \dfrac{2}{a}\dfrac{\left(\sqrt{ax+b}\right)^{n+2}}{n+2} + C, \quad n \neq -2$
28. $\int \dfrac{\sqrt{ax+b}}{x}\,dx = 2\sqrt{ax+b} + b\int \dfrac{dx}{x\sqrt{ax+b}}$

29. a. $\displaystyle\int \frac{dx}{x\sqrt{ax+b}} = \frac{1}{\sqrt{b}} \ln \left| \frac{\sqrt{ax+b} - \sqrt{b}}{\sqrt{ax+b} + \sqrt{b}} \right| + C$ b. $\displaystyle\int \frac{dx}{x\sqrt{ax-b}} = \frac{2}{\sqrt{b}} \operatorname{tg}^{-1} \sqrt{\frac{ax-b}{b}} + C$

30. $\displaystyle\int \frac{\sqrt{ax+b}}{x^2} dx = -\frac{\sqrt{ax+b}}{x} + \frac{a}{2} \int \frac{dx}{x\sqrt{ax+b}} + C$ 31. $\displaystyle\int \frac{dx}{x^2\sqrt{ax+b}} = -\frac{\sqrt{ax+b}}{bx} - \frac{a}{2b} \int \frac{dx}{x\sqrt{ax+b}} + C$

Formas envolvendo $a^2 + x^2$

32. $\displaystyle\int \frac{dx}{a^2 + x^2} = \frac{1}{a} \operatorname{tg}^{-1} \frac{x}{a} + C$

33. $\displaystyle\int \frac{dx}{(a^2 + x^2)^2} = \frac{x}{2a^2(a^2 + x^2)} + \frac{1}{2a^3} \operatorname{tg}^{-1} \frac{x}{a} + C$

34. $\displaystyle\int \frac{dx}{\sqrt{a^2 + x^2}} = \operatorname{senh}^{-1} \frac{x}{a} + C = \ln\left(x + \sqrt{a^2 + x^2}\right) + C$

35. $\displaystyle\int \sqrt{a^2 + x^2}\, dx = \frac{x}{2}\sqrt{a^2 + x^2} + \frac{a^2}{2} \ln\left(x + \sqrt{a^2 + x^2}\right) + C$

36. $\displaystyle\int x^2 \sqrt{a^2 + x^2}\, dx = \frac{x}{8}(a^2 + 2x^2)\sqrt{a^2 + x^2} - \frac{a^4}{8} \ln\left(x + \sqrt{a^2 + x^2}\right) + C$

37. $\displaystyle\int \frac{\sqrt{a^2 + x^2}}{x}\, dx = \sqrt{a^2 + x^2} - a \ln \left| \frac{a + \sqrt{a^2 + x^2}}{x} \right| + C$

38. $\displaystyle\int \frac{\sqrt{a^2 + x^2}}{x^2}\, dx = \ln\left(x + \sqrt{a^2 + x^2}\right) - \frac{\sqrt{a^2 + x^2}}{x} + C$

39. $\displaystyle\int \frac{x^2}{\sqrt{a^2 + x^2}}\, dx = -\frac{a^2}{2} \ln\left(x + \sqrt{a^2 + x^2}\right) + \frac{x\sqrt{a^2 + x^2}}{2} + C$

40. $\displaystyle\int \frac{dx}{x\sqrt{a^2 + x^2}} = -\frac{1}{a} \ln \left| \frac{a + \sqrt{a^2 + x^2}}{x} \right| + C$ 41. $\displaystyle\int \frac{dx}{x^2\sqrt{a^2 + x^2}} = -\frac{\sqrt{a^2 + x^2}}{a^2 x} + C$

Formas envolvendo $a^2 - x^2$

42. $\displaystyle\int \frac{dx}{a^2 - x^2} = \frac{1}{2a} \ln \left| \frac{x + a}{x - a} \right| + C$

44. $\displaystyle\int \frac{dx}{\sqrt{a^2 - x^2}} = \operatorname{sen}^{-1} \frac{x}{a} + C$

43. $\displaystyle\int \frac{dx}{(a^2 - x^2)^2} = \frac{x}{2a^2(a^2 - x^2)} + \frac{1}{4a^3} \ln \left| \frac{x + a}{x - a} \right| + C$ 45. $\displaystyle\int \sqrt{a^2 - x^2}\, dx = \frac{x}{2}\sqrt{a^2 - x^2} + \frac{a^2}{2} \operatorname{sen}^{-1} \frac{x}{a} + C$

46. $\displaystyle\int x^2 \sqrt{a^2 - x^2}\, dx = \frac{a^4}{8} \operatorname{sen}^{-1} \frac{x}{a} - \frac{1}{8} x\sqrt{a^2 - x^2}\,(a^2 - 2x^2) + C$

47. $\displaystyle\int \frac{\sqrt{a^2 - x^2}}{x}\, dx = \sqrt{a^2 - x^2} - a \ln \left| \frac{a + \sqrt{a^2 - x^2}}{x} \right| + C$

48. $\displaystyle\int \frac{\sqrt{a^2 - x^2}}{x^2}\, dx = -\operatorname{sen}^{-1} \frac{x}{a} - \frac{\sqrt{a^2 - x^2}}{x} + C$

49. $\displaystyle\int \frac{x^2}{\sqrt{a^2 - x^2}}\, dx = \frac{a^2}{2} \operatorname{sen}^{-1} \frac{x}{a} - \frac{1}{2} x\sqrt{a^2 - x^2} + C$

50. $\displaystyle\int \frac{dx}{x\sqrt{a^2 - x^2}} = -\frac{1}{a} \ln \left| \frac{a + \sqrt{a^2 - x^2}}{x} \right| + C$

51. $\displaystyle\int \frac{dx}{x^2\sqrt{a^2 - x^2}} = -\frac{\sqrt{a^2 - x^2}}{a^2 x} + C$

Formas envolvendo $x^2 - a^2$

52. $\displaystyle\int \frac{dx}{\sqrt{x^2 - a^2}} = \ln \left| x + \sqrt{x^2 - a^2} \right| + C$

53. $\displaystyle\int \sqrt{x^2 - a^2}\, dx = \frac{x}{2}\sqrt{x^2 - a^2} - \frac{a^2}{2} \ln \left| x + \sqrt{x^2 - a^2} \right| + C$

54. $\int \left(\sqrt{x^2 - a^2}\right)^n dx = \dfrac{x\left(\sqrt{x^2 - a^2}\right)^n}{n+1} - \dfrac{na^2}{n+1} \int \left(\sqrt{x^2 - a^2}\right)^{n-2} dx, \quad n \neq -1$

55. $\int \dfrac{dx}{\left(\sqrt{x^2 - a^2}\right)^n} = \dfrac{x\left(\sqrt{x^2 - a^2}\right)^{2-n}}{(2-n)a^2} - \dfrac{n-3}{(n-2)a^2} \int \dfrac{dx}{\left(\sqrt{x^2 - a^2}\right)^{n-2}}, \quad n \neq 2$

56. $\int x\left(\sqrt{x^2 - a^2}\right)^n dx = \dfrac{\left(\sqrt{x^2 - a^2}\right)^{n+2}}{n+2} + C, \quad n \neq -2$

57. $\int x^2 \sqrt{x^2 - a^2}\, dx = \dfrac{x}{8}(2x^2 - a^2)\sqrt{x^2 - a^2} - \dfrac{a^4}{8} \ln\left|x + \sqrt{x^2 - a^2}\right| + C$

58. $\int \dfrac{\sqrt{x^2 - a^2}}{x}\, dx = \sqrt{x^2 - a^2} - a \sec^{-1}\left|\dfrac{x}{a}\right| + C$

59. $\int \dfrac{\sqrt{x^2 - a^2}}{x^2}\, dx = \ln\left|x + \sqrt{x^2 - a^2}\right| - \dfrac{\sqrt{x^2 - a^2}}{x} + C$

60. $\int \dfrac{x^2}{\sqrt{x^2 - a^2}}\, dx = \dfrac{a^2}{2} \ln\left|x + \sqrt{x^2 - a^2}\right| + \dfrac{x}{2}\sqrt{x^2 - a^2} + C$

61. $\int \dfrac{dx}{x\sqrt{x^2 - a^2}} = \dfrac{1}{a} \sec^{-1}\left|\dfrac{x}{a}\right| + C = \dfrac{1}{a} \cos^{-1}\left|\dfrac{a}{x}\right| + C$

62. $\int \dfrac{dx}{x^2\sqrt{x^2 - a^2}} = \dfrac{\sqrt{x^2 - a^2}}{a^2 x} + C$

Formas trigonométricas

63. $\int \operatorname{sen} ax\, dx = -\dfrac{1}{a} \cos ax + C$

64. $\int \cos ax\, dx = \dfrac{1}{a} \operatorname{sen} ax + C$

65. $\int \operatorname{sen}^2 ax\, dx = \dfrac{x}{2} - \dfrac{\operatorname{sen} 2ax}{4a} + C$

66. $\int \cos^2 ax\, dx = \dfrac{x}{2} + \dfrac{\operatorname{sen} 2ax}{4a} + C$

67. $\int \operatorname{sen}^n ax\, dx = -\dfrac{\operatorname{sen}^{n-1} ax \cos ax}{na} + \dfrac{n-1}{n} \int \operatorname{sen}^{n-2} ax\, dx$

68. $\int \cos^n ax\, dx = \dfrac{\cos^{n-1} ax \operatorname{sen} ax}{na} + \dfrac{n-1}{n} \int \cos^{n-2} ax\, dx$

69. a. $\int \operatorname{sen} ax \cos bx\, dx = -\dfrac{\cos(a+b)x}{2(a+b)} - \dfrac{\cos(a-b)x}{2(a-b)} + C, \quad a^2 \neq b^2$

   b. $\int \operatorname{sen} ax \operatorname{sen} bx\, dx = \dfrac{\operatorname{sen}(a-b)x}{2(a-b)} - \dfrac{\operatorname{sen}(a+b)x}{2(a+b)} + C, \quad a^2 \neq b^2$

   c. $\int \cos ax \cos bx\, dx = \dfrac{\operatorname{sen}(a-b)x}{2(a-b)} + \dfrac{\operatorname{sen}(a+b)x}{2(a+b)} + C, \quad a^2 \neq b^2$

70. $\int \operatorname{sen} ax \cos ax\, dx = -\dfrac{\cos 2ax}{4a} + C$

72. $\int \dfrac{\cos ax}{\operatorname{sen} ax}\, dx = \dfrac{1}{a} \ln|\operatorname{sen} ax| + C$

71. $\int \operatorname{sen}^n ax \cos ax\, dx = \dfrac{\operatorname{sen}^{n+1} ax}{(n+1)a} + C, \quad n \neq -1$

73. $\int \cos^n ax \operatorname{sen} ax\, dx = -\dfrac{\cos^{n+1} ax}{(n+1)a} + C, \quad n \neq -1$

74. $\int \dfrac{\operatorname{sen} ax}{\cos ax}\, dx = -\dfrac{1}{a} \ln|\cos ax| + C$

75. $\int \operatorname{sen}^n ax \cos^m ax\, dx = -\dfrac{\operatorname{sen}^{n-1} ax \cos^{m+1} ax}{a(m+n)} + \dfrac{n-1}{m+n} \int \operatorname{sen}^{n-2} ax \cos^m ax\, dx, \quad n \neq -m \quad (\text{reduz } \operatorname{sen}^n ax)$

76. $\int \operatorname{sen}^n ax \cos^m ax\, dx = \dfrac{\operatorname{sen}^{n+1} ax \cos^{m-1} ax}{a(m+n)} + \dfrac{m-1}{m+n} \int \operatorname{sen}^n ax \cos^{m-2} ax\, dx, \quad m \neq -n \quad (\text{reduz } \cos^m ax)$

77. $\displaystyle\int \frac{dx}{b + c \operatorname{sen} ax} = \frac{-2}{a\sqrt{b^2 - c^2}} \operatorname{tg}^{-1}\left[\sqrt{\frac{b-c}{b+c}} \operatorname{tg}\left(\frac{\pi}{4} - \frac{ax}{2}\right)\right] + C, \quad b^2 > c^2$

78. $\displaystyle\int \frac{dx}{b + c \operatorname{sen} ax} = \frac{-1}{a\sqrt{c^2 - b^2}} \ln\left|\frac{c + b \operatorname{sen} ax + \sqrt{c^2 - b^2} \cos ax}{b + c \operatorname{sen} ax}\right| + C, \quad b^2 < c^2$

79. $\displaystyle\int \frac{dx}{1 + \operatorname{sen} ax} = -\frac{1}{a} \operatorname{tg}\left(\frac{\pi}{4} - \frac{ax}{2}\right) + C$

80. $\displaystyle\int \frac{dx}{1 - \operatorname{sen} ax} = \frac{1}{a} \operatorname{tg}\left(\frac{\pi}{4} + \frac{ax}{2}\right) + C$

81. $\displaystyle\int \frac{dx}{b + c \cos ax} = \frac{2}{a\sqrt{b^2 - c^2}} \operatorname{tg}^{-1}\left[\sqrt{\frac{b-c}{b+c}} \operatorname{tg}\frac{ax}{2}\right] + C, \quad b^2 > c^2$

82. $\displaystyle\int \frac{dx}{b + c \cos ax} = \frac{1}{a\sqrt{c^2 - b^2}} \ln\left|\frac{c + b \cos ax + \sqrt{c^2 - b^2} \operatorname{sen} ax}{b + c \cos ax}\right| + C, \quad b^2 < c^2$

83. $\displaystyle\int \frac{dx}{1 + \cos ax} = \frac{1}{a} \operatorname{tg}\frac{ax}{2} + C$

84. $\displaystyle\int \frac{dx}{1 - \cos ax} = -\frac{1}{a} \operatorname{cotg}\frac{ax}{2} + C$

85. $\displaystyle\int x \operatorname{sen} ax \, dx = \frac{1}{a^2} \operatorname{sen} ax - \frac{x}{a} \cos ax + C$

86. $\displaystyle\int x \cos ax \, dx = \frac{1}{a^2} \cos ax + \frac{x}{a} \operatorname{sen} ax + C$

87. $\displaystyle\int x^n \operatorname{sen} ax \, dx = -\frac{x^n}{a} \cos ax + \frac{n}{a}\int x^{n-1} \cos ax \, dx$

88. $\displaystyle\int x^n \cos ax \, dx = \frac{x^n}{a} \operatorname{sen} ax - \frac{n}{a}\int x^{n-1} \operatorname{sen} ax \, dx$

89. $\displaystyle\int \operatorname{tg} ax \, dx = \frac{1}{a} \ln|\sec ax| + C$

90. $\displaystyle\int \operatorname{cotg} ax \, dx = \frac{1}{a} \ln|\operatorname{sen} ax| + C$

91. $\displaystyle\int \operatorname{tg}^2 ax \, dx = \frac{1}{a} \operatorname{tg} ax - x + C$

92. $\displaystyle\int \operatorname{cotg}^2 ax \, dx = -\frac{1}{a} \operatorname{cotg} ax - x + C$

93. $\displaystyle\int \operatorname{tg}^n ax \, dx = \frac{\operatorname{tg}^{n-1} ax}{a(n-1)} - \int \operatorname{tg}^{n-2} ax \, dx, \quad n \neq 1$

94. $\displaystyle\int \operatorname{cotg}^n ax \, dx = -\frac{\operatorname{cotg}^{n-1} ax}{a(n-1)} - \int \operatorname{cotg}^{n-2} ax \, dx, \quad n \neq 1$

95. $\displaystyle\int \sec ax \, dx = \frac{1}{a} \ln|\sec ax + \operatorname{tg} ax| + C$

96. $\displaystyle\int \operatorname{cossec} ax \, dx = -\frac{1}{a} \ln|\operatorname{cossec} ax + \operatorname{cotg} ax| + C$

97. $\displaystyle\int \sec^2 ax \, dx = \frac{1}{a} \operatorname{tg} ax + C$

98. $\displaystyle\int \operatorname{cossec}^2 ax \, dx = -\frac{1}{a} \operatorname{cotg} ax + C$

99. $\displaystyle\int \sec^n ax \, dx = \frac{\sec^{n-2} ax \operatorname{tg} ax}{a(n-1)} + \frac{n-2}{n-1}\int \sec^{n-2} ax \, dx, \quad n \neq 1$

100. $\displaystyle\int \operatorname{cossec}^n ax \, dx = -\frac{\operatorname{cossec}^{n-2} ax \operatorname{cotg} ax}{a(n-1)} + \frac{n-2}{n-1}\int \operatorname{cossec}^{n-2} ax \, dx, \quad n \neq 1$

101. $\displaystyle\int \sec^n ax \operatorname{tg} ax \, dx = \frac{\sec^n ax}{na} + C, \quad n \neq 0$

102. $\displaystyle\int \operatorname{cossec}^n ax \operatorname{cotg} ax \, dx = -\frac{\operatorname{cossec}^n ax}{na} + C, \quad n \neq 0$

Formas trigonométricas inversas

103. $\displaystyle\int \operatorname{sen}^{-1} ax \, dx = x \operatorname{sen}^{-1} ax + \frac{1}{a}\sqrt{1 - a^2 x^2} + C$

104. $\displaystyle\int \cos^{-1} ax \, dx = x \cos^{-1} ax - \frac{1}{a}\sqrt{1 - a^2 x^2} + C$

105. $\displaystyle\int \operatorname{tg}^{-1} ax \, dx = x \operatorname{tg}^{-1} ax - \frac{1}{2a} \ln(1 + a^2 x^2) + C$

106. $\displaystyle\int x^n \operatorname{sen}^{-1} ax \, dx = \frac{x^{n+1}}{n+1} \operatorname{sen}^{-1} ax - \frac{a}{n+1}\int \frac{x^{n+1} \, dx}{\sqrt{1 - a^2 x^2}}, \quad n \neq -1$

107. $\displaystyle\int x^n \cos^{-1} ax \, dx = \frac{x^{n+1}}{n+1} \cos^{-1} ax + \frac{a}{n+1}\int \frac{x^{n+1} \, dx}{\sqrt{1 - a^2 x^2}}, \quad n \neq -1$

108. $\displaystyle\int x^n \operatorname{tg}^{-1} ax \, dx = \frac{x^{n+1}}{n+1} \operatorname{tg}^{-1} ax - \frac{a}{n+1}\int \frac{x^{n+1} \, dx}{1 + a^2 x^2}, \quad n \neq -1$

Formas exponenciais e logarítmicas

109. $\int e^{ax} \, dx = \frac{1}{a} e^{ax} + C$

110. $\int b^{ax} \, dx = \frac{1}{a} \frac{b^{ax}}{\ln b} + C, \quad b > 0, b \neq 1$

111. $\int x e^{ax} \, dx = \frac{e^{ax}}{a^2}(ax - 1) + C$

112. $\int x^n e^{ax} \, dx = \frac{1}{a} x^n e^{ax} - \frac{n}{a} \int x^{n-1} e^{ax} \, dx$

113. $\int x^n b^{ax} \, dx = \frac{x^n b^{ax}}{a \ln b} - \frac{n}{a \ln b} \int x^{n-1} b^{ax} \, dx, \quad b > 0, b \neq 1$

114. $\int e^{ax} \operatorname{sen} bx \, dx = \frac{e^{ax}}{a^2 + b^2}(a \operatorname{sen} bx - b \cos bx) + C$

115. $\int e^{ax} \cos bx \, dx = \frac{e^{ax}}{a^2 + b^2}(a \cos bx + b \operatorname{sen} bx) + C$

116. $\int \ln ax \, dx = x \ln ax - x + C$

117. $\int x^n (\ln ax)^m \, dx = \frac{x^{n+1}(\ln ax)^m}{n+1} - \frac{m}{n+1} \int x^n (\ln ax)^{m-1} \, dx, \quad n \neq -1$

118. $\int x^{-1}(\ln ax)^m \, dx = \frac{(\ln ax)^{m+1}}{m+1} + C, \quad m \neq -1$

119. $\int \frac{dx}{x \ln ax} = \ln|\ln ax| + C$

Formas envolvendo $\sqrt{2ax - x^2}, a > 0$

120. $\int \frac{dx}{\sqrt{2ax - x^2}} = \operatorname{sen}^{-1}\left(\frac{x-a}{a}\right) + C$

121. $\int \sqrt{2ax - x^2} \, dx = \frac{x-a}{2} \sqrt{2ax - x^2} + \frac{a^2}{2} \operatorname{sen}^{-1}\left(\frac{x-a}{a}\right) + C$

122. $\int \left(\sqrt{2ax - x^2}\right)^n \, dx = \frac{(x-a)\left(\sqrt{2ax - x^2}\right)^n}{n+1} + \frac{na^2}{n+1} \int \left(\sqrt{2ax - x^2}\right)^{n-2} \, dx$

123. $\int \frac{dx}{\left(\sqrt{2ax - x^2}\right)^n} = \frac{(x-a)\left(\sqrt{2ax - x^2}\right)^{2-n}}{(n-2)a^2} + \frac{n-3}{(n-2)a^2} \int \frac{dx}{\left(\sqrt{2ax - x^2}\right)^{n-2}}$

124. $\int x \sqrt{2ax - x^2} \, dx = \frac{(x+a)(2x - 3a)\sqrt{2ax - x^2}}{6} + \frac{a^3}{2} \operatorname{sen}^{-1}\left(\frac{x-a}{a}\right) + C$

125. $\int \frac{\sqrt{2ax - x^2}}{x} \, dx = \sqrt{2ax - x^2} + a \operatorname{sen}^{-1}\left(\frac{x-a}{a}\right) + C$

126. $\int \frac{\sqrt{2ax - x^2}}{x^2} \, dx = -2\sqrt{\frac{2a - x}{x}} - \operatorname{sen}^{-1}\left(\frac{x-a}{a}\right) + C$

127. $\int \frac{x \, dx}{\sqrt{2ax - x^2}} = a \operatorname{sen}^{-1}\left(\frac{x-a}{a}\right) - \sqrt{2ax - x^2} + C$

128. $\int \frac{dx}{x\sqrt{2ax - x^2}} = -\frac{1}{a}\sqrt{\frac{2a - x}{x}} + C$

Formas hiperbólicas

129. $\int \operatorname{senh} ax \, dx = \frac{1}{a} \cosh ax + C$

130. $\int \cosh ax \, dx = \frac{1}{a} \operatorname{senh} ax + C$

131. $\int \operatorname{senh}^2 ax \, dx = \frac{\operatorname{senh} 2ax}{4a} - \frac{x}{2} + C$

132. $\int \cosh^2 ax \, dx = \frac{\operatorname{senh} 2ax}{4a} + \frac{x}{2} + C$

133. $\int \operatorname{senh}^n ax \, dx = \frac{\operatorname{senh}^{n-1} ax \cosh ax}{na} - \frac{n-1}{n} \int \operatorname{senh}^{n-2} ax \, dx, \quad n \neq 0$

134. $\int \cosh^n ax \, dx = \dfrac{\cosh^{n-1} ax \, \text{senh} \, ax}{na} + \dfrac{n-1}{n} \int \cosh^{n-2} ax \, dx, \quad n \neq 0$

135. $\int x \, \text{senh} \, ax \, dx = \dfrac{x}{a} \cosh ax - \dfrac{1}{a^2} \text{senh} \, ax + C$

139. $\int \text{tgh} \, ax \, dx = \dfrac{1}{a} \ln (\cosh ax) + C$

136. $\int x \cosh ax \, dx = \dfrac{x}{a} \text{senh} \, ax - \dfrac{1}{a^2} \cosh ax + C$

140. $\int \text{cotgh} \, ax \, dx = \dfrac{1}{a} \ln |\text{senh} \, ax| + C$

137. $\int x^n \, \text{senh} \, ax \, dx = \dfrac{x^n}{a} \cosh ax - \dfrac{n}{a} \int x^{n-1} \cosh ax \, dx$

141. $\int \text{tgh}^2 \, ax \, dx = x - \dfrac{1}{a} \text{tgh} \, ax + C$

138. $\int x^n \cosh ax \, dx = \dfrac{x^n}{a} \text{senh} \, ax - \dfrac{n}{a} \int x^{n-1} \text{senh} \, ax \, dx$

142. $\int \text{cotgh}^2 \, ax \, dx = x - \dfrac{1}{a} \text{cotgh} \, ax + C$

143. $\int \text{tgh}^n \, ax \, dx = -\dfrac{\text{tgh}^{n-1} ax}{(n-1)a} + \int \text{tgh}^{n-2} ax \, dx, \quad n \neq 1$

144. $\int \text{cotgh}^n \, ax \, dx = -\dfrac{\text{cotgh}^{n-1} ax}{(n-1)a} + \int \text{cotgh}^{n-2} ax \, dx, \quad n \neq 1$

145. $\int \text{sech} \, ax \, dx = \dfrac{1}{a} \text{sen}^{-1} (\text{tgh} \, ax) + C$

147. $\int \text{sech}^2 \, ax \, dx = \dfrac{1}{a} \text{tgh} \, ax + C$

146. $\int \text{cossech} \, ax \, dx = \dfrac{1}{a} \ln \left| \text{tgh} \dfrac{ax}{2} \right| + C$

148. $\int \text{cossech}^2 \, ax \, dx = -\dfrac{1}{a} \text{cotgh} \, ax + C$

149. $\int \text{sech}^n \, ax \, dx = \dfrac{\text{sech}^{n-2} ax \, \text{tgh} \, ax}{(n-1)a} + \dfrac{n-2}{n-1} \int \text{sech}^{n-2} ax \, dx, \quad n \neq 1$

150. $\int \text{cossech}^n \, ax \, dx = -\dfrac{\text{cossech}^{n-2} ax \, \text{cotgh} \, ax}{(n-1)a} - \dfrac{n-2}{n-1} \int \text{cossech}^{n-2} ax \, dx, \quad n \neq 1$

151. $\int \text{sech}^n ax \, \text{tgh} \, ax \, dx = -\dfrac{\text{sech}^n ax}{na} + C, \quad n \neq 0$

152. $\int \text{cossech}^n ax \, \text{cotgh} \, ax \, dx = -\dfrac{\text{cossech}^n ax}{na} + C, \quad n \neq 0$

153. $\int e^{ax} \, \text{senh} \, bx \, dx = \dfrac{e^{ax}}{2} \left[\dfrac{e^{bx}}{a+b} - \dfrac{e^{-bx}}{a-b} \right] + C, \quad a^2 \neq b^2$

154. $\int e^{ax} \cosh bx \, dx = \dfrac{e^{ax}}{2} \left[\dfrac{e^{bx}}{a+b} + \dfrac{e^{-bx}}{a-b} \right] + C, \quad a^2 \neq b^2$

Algumas integrais definidas

155. $\int_0^\infty x^{n-1} e^{-x} \, dx = \Gamma(n) = (n-1)!, \quad n > 0$

156. $\int_0^\infty e^{-ax^2} \, dx = \dfrac{1}{2} \sqrt{\dfrac{\pi}{a}}, \quad a > 0$

157. $\int_0^{\pi/2} \text{sen}^n x \, dx = \int_0^{\pi/2} \cos^n x \, dx = \begin{cases} \dfrac{1 \cdot 3 \cdot 5 \cdot \cdots \cdot (n-1)}{2 \cdot 4 \cdot 6 \cdot \cdots \cdot n} \cdot \dfrac{\pi}{2}, & \text{se } n \text{ for um inteiro par} \geq 2 \\ \dfrac{2 \cdot 4 \cdot 6 \cdot \cdots \cdot (n-1)}{3 \cdot 5 \cdot 7 \cdot \cdots \cdot n}, & \text{se } n \text{ for um inteiro ímpar} \geq 3 \end{cases}$

FÓRMULAS ALGÉBRICAS BÁSICAS

Operações aritméticas

$$a(b+c) = ab + ac, \qquad \frac{a}{b} \cdot \frac{c}{d} = \frac{ac}{bd}$$

$$\frac{a}{b} + \frac{c}{d} = \frac{ad + bc}{bd}, \qquad \frac{a/b}{c/d} = \frac{a}{b} \cdot \frac{d}{c}$$

Lei dos sinais

$$-(-a) = a, \qquad \frac{-a}{b} = -\frac{a}{b} = \frac{a}{-b}$$

Zero
A divisão por zero não é definida.

$$\text{Se } a \neq 0: \quad \frac{0}{a} = 0, \quad a^0 = 1, \quad 0^a = 0$$

Para qualquer número a: $a \cdot 0 = 0 \cdot a = 0$

Lei dos expoentes

$$a^m a^n = a^{m+n}, \qquad (ab)^m = a^m b^m, \qquad (a^m)^n = a^{mn}, \qquad a^{m/n} = \sqrt[n]{a^m} = \left(\sqrt[n]{a}\right)^m$$

Se $a \neq 0$,

$$\frac{a^m}{a^n} = a^{m-n}, \qquad a^0 = 1, \qquad a^{-m} = \frac{1}{a^m}.$$

Teorema binomial
Para qualquer inteiro positivo n,

$$(a+b)^n = a^n + na^{n-1}b + \frac{n(n-1)}{1 \cdot 2}a^{n-2}b^2$$
$$+ \frac{n(n-1)(n-2)}{1 \cdot 2 \cdot 3}a^{n-3}b^3 + \cdots + nab^{n-1} + b^n.$$

Por exemplo,

$$(a+b)^2 = a^2 + 2ab + b^2, \qquad (a-b)^2 = a^2 - 2ab + b^2$$
$$(a+b)^3 = a^3 + 3a^2b + 3ab^2 + b^3, \qquad (a-b)^3 = a^3 - 3a^2b + 3ab^2 - b^3.$$

Fatorando a diferença de potências semelhantes a inteiros, $n > 1$

$$a^n - b^n = (a-b)(a^{n-1} + a^{n-2}b + a^{n-3}b^2 + \cdots + ab^{n-2} + b^{n-1})$$

Por exemplo,

$$a^2 - b^2 = (a-b)(a+b),$$
$$a^3 - b^3 = (a-b)(a^2 + ab + b^2),$$
$$a^4 - b^4 = (a-b)(a^3 + a^2b + ab^2 + b^3).$$

Completando o quadrado
Se $a \neq 0$,

$$ax^2 + bx + c = au^2 + C \qquad \left(u = x + (b/2a), C = c - \frac{b^2}{4a}\right)$$

Fórmula quadrática
Se $a \neq 0$ e $ax^2 + bx + c = 0$, então

$$x = \frac{-b \pm \sqrt{b^2 - 4ac}}{2a}.$$

FÓRMULAS GEOMÉTRICAS

A = área, B = área da base, C = circunferência, S = área lateral ou área da superfície, V = volume

Triângulo

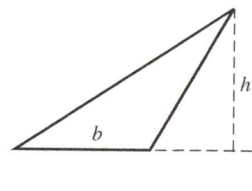

$A = \dfrac{1}{2}bh$

Triângulos similares

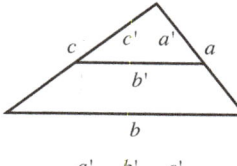

$\dfrac{a'}{a} = \dfrac{b'}{b} = \dfrac{c'}{c}$

Teorema de Pitágoras

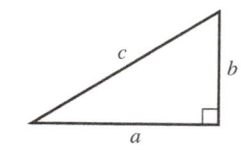

$a^2 + b^2 = c^2$

Paralelogramo

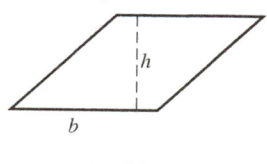

$A = bh$

Trapezoide

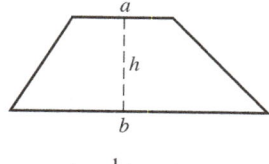

$A = \dfrac{1}{2}(a + b)h$

Círculo

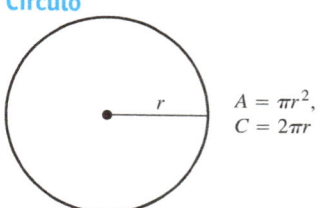

$A = \pi r^2$, $C = 2\pi r$

Qualquer cilindro ou prisma com bases paralelas

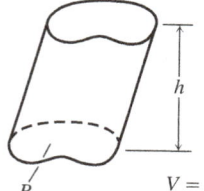

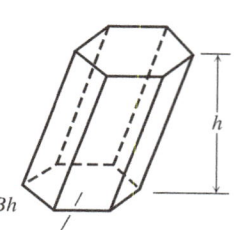

$V = Bh$

Cilindro circular reto

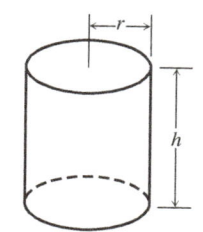

$V = \pi r^2 h$
$S = 2\pi rh =$ Área da lateral

Qualquer cone ou pirâmide

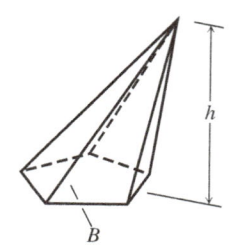

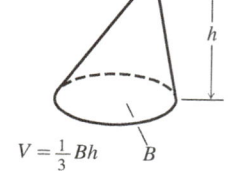

$V = \dfrac{1}{3}Bh$

Cone circular reto

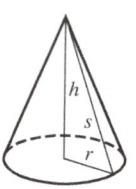

$V = \dfrac{1}{3}\pi r^2 h$
$S = \pi rs =$ Área da lateral

Esfera

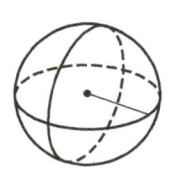

$V = \dfrac{4}{3}\pi r^3$, $S = 4\pi r^2$

LIMITES

Leis gerais

Se L, M, c e k forem números reais e

$$\lim_{x \to c} f(x) = L \quad \text{e} \quad \lim_{x \to c} g(x) = M, \quad \text{então}$$

Regra da soma: $\quad \lim_{x \to c}(f(x) + g(x)) = L + M$

Regra da diferença: $\quad \lim_{x \to c}(f(x) - g(x)) = L - M$

Regra do produto: $\quad \lim_{x \to c}(f(x) \cdot g(x)) = L \cdot M$

Regra do múltiplo constante: $\quad \lim_{x \to c}(k \cdot f(x)) = k \cdot L$

Regra do quociente: $\quad \lim_{x \to c} \dfrac{f(x)}{g(x)} = \dfrac{L}{M}, \quad M \neq 0$

Teorema do confronto

Se $g(x) \leq f(x) \leq h(x)$ em um intervalo aberto contendo c, exceto possivelmente em $x = c$, e se

$$\lim_{x \to c} g(x) = \lim_{x \to c} h(x) = L,$$

então $\lim_{x \to c} f(x) = L$.

Desigualdades

Se $f(x) \leq g(x)$ em um intervalo aberto contendo c, exceto possivelmente em $x = c$, e ambos os limites existem, então

$$\lim_{x \to c} f(x) \leq \lim_{x \to c} g(x).$$

Continuidade

Se g é contínuo em L e $\lim_{x \to c} f(x) = L$, então

$$\lim_{x \to c} g(f(x)) = g(L).$$

Fórmulas específicas

Se $P(x) = a_n x^n + a_{n-1} x^{n-1} + \cdots + a_0$, então

$$\lim_{x \to c} P(x) = P(c) = a_n c^n + a_{n-1} c^{n-1} + \cdots + a_0.$$

Se $P(x)$ e $Q(x)$ forem polinômios e $Q(c) \neq 0$, então

$$\lim_{x \to c} \dfrac{P(x)}{Q(x)} = \dfrac{P(c)}{Q(c)}.$$

Se $f(x)$ é contínuo em $x = c$, então

$$\lim_{x \to c} f(x) = f(c).$$

$$\lim_{x \to 0} \dfrac{\operatorname{sen} x}{x} = 1 \quad \text{e} \quad \lim_{x \to 0} \dfrac{1 - \cos x}{x} = 0$$

Regra de l'Hôpital

Se $f(a) = g(a) = 0$, tanto f' quanto g' existem em um intervalo aberto I contendo a e $g'(x) \neq 0$ em I se $x \neq a$, então

$$\lim_{x \to a} \dfrac{f(x)}{g(x)} = \lim_{x \to a} \dfrac{f'(x)}{g'(x)},$$

assumindo que o limite do lado direito existe.

REGRAS DA DIFERENCIAÇÃO

Fórmulas gerais

Considere que u e v sejam funções diferenciáveis de x.

Constante: $\dfrac{d}{dx}(c) = 0$

Soma: $\dfrac{d}{dx}(u + v) = \dfrac{du}{dx} + \dfrac{dv}{dx}$

Diferença: $\dfrac{d}{dx}(u - v) = \dfrac{du}{dx} - \dfrac{dv}{dx}$

Múltiplo constante: $\dfrac{d}{dx}(cu) = c\dfrac{du}{dx}$

Produto: $\dfrac{d}{dx}(uv) = u\dfrac{dv}{dx} + v\dfrac{du}{dx}$

Quociente: $\dfrac{d}{dx}\left(\dfrac{u}{v}\right) = \dfrac{v\dfrac{du}{dx} - u\dfrac{dv}{dx}}{v^2}$

Potência: $\dfrac{d}{dx}x^n = nx^{n-1}$

Regra da cadeia: $\dfrac{d}{dx}(f(g(x))) = f'(g(x)) \cdot g'(x)$

Funções trigonométricas

$\dfrac{d}{dx}(\operatorname{sen} x) = \cos x \qquad \dfrac{d}{dx}(\cos x) = -\operatorname{sen} x$

$\dfrac{d}{dx}(\operatorname{tg} x) = \sec^2 x \qquad \dfrac{d}{dx}(\sec x) = \sec x \operatorname{tg} x$

$\dfrac{d}{dx}(\operatorname{cotg} x) = -\operatorname{cossec}^2 x \qquad \dfrac{d}{dx}(\operatorname{cossec} x) = -\operatorname{cossec} x \operatorname{cotg} x$

Funções exponenciais e logarítmicas

$\dfrac{d}{dx}e^x = e^x \qquad \dfrac{d}{dx}\ln x = \dfrac{1}{x}$

$\dfrac{d}{dx}a^x = a^x \ln a \qquad \dfrac{d}{dx}(\log_a x) = \dfrac{1}{x \ln a}$

Funções trigonométricas inversas

$\dfrac{d}{dx}(\operatorname{sen}^{-1} x) = \dfrac{1}{\sqrt{1-x^2}} \qquad \dfrac{d}{dx}(\cos^{-1} x) = -\dfrac{1}{\sqrt{1-x^2}}$

$\dfrac{d}{dx}(\operatorname{tg}^{-1} x) = \dfrac{1}{1+x^2} \qquad \dfrac{d}{dx}(\sec^{-1} x) = \dfrac{1}{|x|\sqrt{x^2-1}}$

$\dfrac{d}{dx}(\operatorname{cotg}^{-1} x) = -\dfrac{1}{1+x^2} \qquad \dfrac{d}{dx}(\operatorname{cossec}^{-1} x) = -\dfrac{1}{|x|\sqrt{x^2-1}}$

Funções hiperbólicas

$\dfrac{d}{dx}(\operatorname{senh} x) = \cosh x \qquad \dfrac{d}{dx}(\cosh x) = \operatorname{senh} x$

$\dfrac{d}{dx}(\operatorname{tgh} x) = \operatorname{sech}^2 x \qquad \dfrac{d}{dx}(\operatorname{sech} x) = -\operatorname{sech} x \operatorname{tgh} x$

$\dfrac{d}{dx}(\operatorname{cotgh} x) = -\operatorname{cossech}^2 x \qquad \dfrac{d}{dx}(\operatorname{cossech} x) = -\operatorname{cossech} x \operatorname{cotgh} x$

Funções hiperbólicas inversas

$\dfrac{d}{dx}(\operatorname{senh}^{-1} x) = \dfrac{1}{\sqrt{1+x^2}} \qquad \dfrac{d}{dx}(\cosh^{-1} x) = \dfrac{1}{\sqrt{x^2-1}}$

$\dfrac{d}{dx}(\operatorname{tgh}^{-1} x) = \dfrac{1}{1-x^2} \qquad \dfrac{d}{dx}(\operatorname{sech}^{-1} x) = -\dfrac{1}{x\sqrt{1-x^2}}$

$\dfrac{d}{dx}(\operatorname{cotgh}^{-1} x) = \dfrac{1}{1-x^2} \qquad \dfrac{d}{dx}(\operatorname{cossech}^{-1} x) = -\dfrac{1}{|x|\sqrt{1+x^2}}$

Equações paramétricas

Se $x = f(t)$ e $y = g(t)$ forem diferenciáveis, então

$$y' = \dfrac{dy}{dx} = \dfrac{dy/dt}{dx/dt} \quad \text{e} \quad \dfrac{d^2y}{dx^2} = \dfrac{dy'/dt}{dx/dt}.$$

REGRAS DE INTEGRAÇÃO

Fórmulas gerais

Zero:
$$\int_a^a f(x)\,dx = 0$$

Ordem de integração:
$$\int_b^a f(x)\,dx = -\int_a^b f(x)\,dx$$

Múltiplos constantes:
$$\int_a^b kf(x)\,dx = k\int_a^b f(x)\,dx \qquad \text{(qualquer número } k\text{)}$$

$$\int_a^b -f(x)\,dx = -\int_a^b f(x)\,dx \qquad (k = -1)$$

Somas e diferenças:
$$\int_a^b (f(x) \pm g(x))\,dx = \int_a^b f(x)\,dx \pm \int_a^b g(x)\,dx$$

Aditividade:
$$\int_a^b f(x)\,dx + \int_b^c f(x)\,dx = \int_a^c f(x)\,dx$$

Desigualdade max.-min.: Se max. f e min. f são os valores máximo e mínimo de f em $[a, b]$, então

$$\min f \cdot (b - a) \le \int_a^b f(x)\,dx \le \max f \cdot (b - a).$$

Dominação: $f(x) \ge g(x)$ em $[a, b]$ implica em $\int_a^b f(x)\,dx \ge \int_a^b g(x)\,dx$

$f(x) \ge 0$ em $[a, b]$ implica em $\int_a^b f(x)\,dx \ge 0$

Teorema fundamental do cálculo

Parte 1 Se f for contínua em $[a, b]$, então $F(x) = \int_a^x f(t)$ é contínua em $[a, b]$ e diferenciável em (a, b), e sua derivada é $f(x)$;

$$F'(x) = \frac{d}{dx}\int_a^x f(t)\,dt = f(x).$$

Parte 2 Se f for contínua em todos os pontos de $[a, b]$ e F for qualquer antiderivada de f em $[a, b]$, então

$$\int_a^b f(x)\,dx = F(b) - F(a).$$

Substituição em integrais definidas

$$\int_a^b f(g(x)) \cdot g'(x)\,dx = \int_{g(a)}^{g(b)} f(u)\,du$$

Integração por partes

$$\int_a^b f(x)g'(x)\,dx = f(x)g(x)\Big]_a^b - \int_a^b f'(x)g(x)\,dx$$

FÓRMULAS TRIGONOMÉTRICAS

1. Definições e identidades fundamentais

Seno: $\operatorname{sen}\theta = \dfrac{y}{r} = \dfrac{1}{\operatorname{cossec}\theta}$

Cosseno: $\cos\theta = \dfrac{x}{r} = \dfrac{1}{\sec\theta}$

Tangente: $\operatorname{tg}\theta = \dfrac{y}{x} = \dfrac{1}{\operatorname{cotg}\theta}$

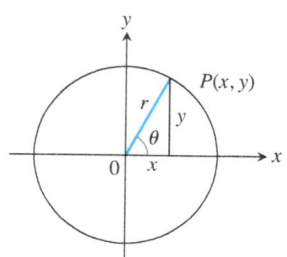

2. Identidades

$\operatorname{sen}(-\theta) = -\operatorname{sen}\theta, \quad \cos(-\theta) = \cos\theta$

$\operatorname{sen}^2\theta + \cos^2\theta = 1, \; \sec^2\theta = 1 + \operatorname{tg}^2\theta, \; \operatorname{cossec}^2\theta = 1 + \operatorname{cotg}^2\theta$

$\operatorname{sen} 2\theta = 2\operatorname{sen}\theta\cos\theta, \quad \cos 2\theta = \cos^2\theta - \operatorname{sen}^2\theta$

$\cos^2\theta = \dfrac{1+\cos 2\theta}{2}, \quad \operatorname{sen}^2\theta = \dfrac{1-\cos 2\theta}{2}$

$\operatorname{sen}(A+B) = \operatorname{sen} A \cos B + \cos A \operatorname{sen} B$

$\operatorname{sen}(A-B) = \operatorname{sen} A \cos B - \cos A \operatorname{sen} B$

$\cos(A+B) = \cos A \cos B - \operatorname{sen} A \operatorname{sen} B$

$\cos(A-B) = \cos A \cos B + \operatorname{sen} A \operatorname{sen} B$

$\operatorname{tg}(A+B) = \dfrac{\operatorname{tg} A + \operatorname{tg} B}{1 - \operatorname{tg} A \operatorname{tg} B}$

$\operatorname{tg}(A-B) = \dfrac{\operatorname{tg} A - \operatorname{tg} B}{1 + \operatorname{tg} A \operatorname{tg} B}$

$\operatorname{sen}\left(A - \dfrac{\pi}{2}\right) = -\cos A, \qquad \cos\left(A - \dfrac{\pi}{2}\right) = \operatorname{sen} A$

$\operatorname{sen}\left(A + \dfrac{\pi}{2}\right) = \cos A, \qquad \cos\left(A + \dfrac{\pi}{2}\right) = -\operatorname{sen} A$

$\operatorname{sen} A \operatorname{sen} B = \dfrac{1}{2}\cos(A-B) - \dfrac{1}{2}\cos(A+B)$

$\cos A \cos B = \dfrac{1}{2}\cos(A-B) + \dfrac{1}{2}\cos(A+B)$

$\operatorname{sen} A \cos B = \dfrac{1}{2}\operatorname{sen}(A-B) + \dfrac{1}{2}\operatorname{sen}(A+B)$

$\operatorname{sen} A + \operatorname{sen} B = 2\operatorname{sen}\dfrac{1}{2}(A+B)\cos\dfrac{1}{2}(A-B)$

$\operatorname{sen} A - \operatorname{sen} B = 2\cos\dfrac{1}{2}(A+B)\operatorname{sen}\dfrac{1}{2}(A-B)$

$\cos A + \cos B = 2\cos\dfrac{1}{2}(A+B)\cos\dfrac{1}{2}(A-B)$

$\cos A - \cos B = -2\operatorname{sen}\dfrac{1}{2}(A+B)\operatorname{sen}\dfrac{1}{2}(A-B)$

FUNÇÕES TRIGONOMÉTRICAS

Medida do radiano

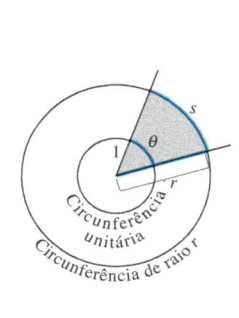

$\dfrac{s}{r} = \dfrac{\theta}{1} = \theta \quad \text{ou} \quad \theta = \dfrac{s}{r}$

$180° = \pi$ radianos.

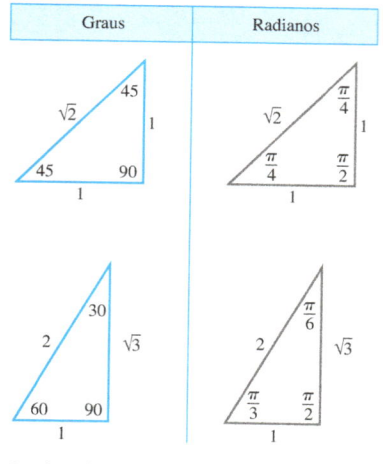

Os ângulos de dois triângulos comuns, em graus e radianos.

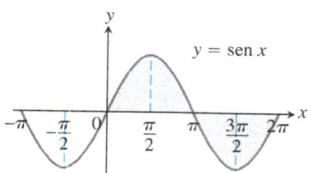

$y = \operatorname{sen} x$
Domínio: $(-\infty, \infty)$
Variação: $[-1, 1]$

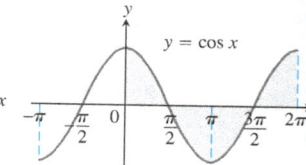

$y = \cos x$
Domínio: $(-\infty, \infty)$
Variação: $[-1, 1]$

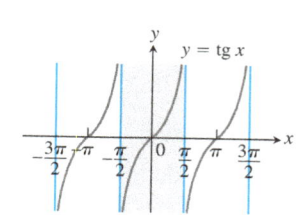

$y = \operatorname{tg} x$
Domínio: todos os números reais, exceto múltiplos inteiros ímpares de $\pi/2$
Variação: $(-\infty, \infty)$

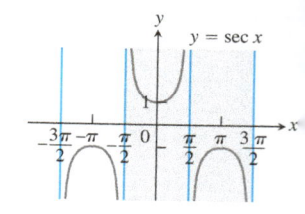

$y = \sec x$
Domínio: todos os números reais, exceto múltiplos inteiros ímpares de $\pi/2$
Variação: $(-\infty, -1] \cup [1, \infty)$

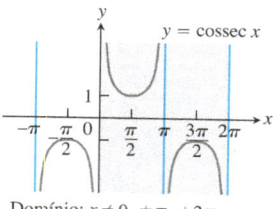

$y = \operatorname{cossec} x$
Domínio: $x \neq 0, \pm\pi, \pm 2\pi, \ldots$
Variação: $(-\infty, -1] \cup [1, \infty)$

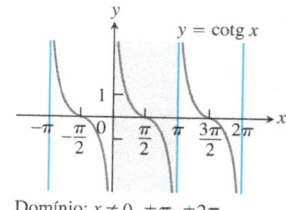

$y = \operatorname{cotg} x$
Domínio: $x \neq 0, \pm\pi, \pm 2\pi, \ldots$
Variação: $(-\infty, \infty)$

SÉRIES

Testes para convergência de séries infinitas

1. **Teste do *n*-ésimo termo:** A menos que $a_n \to 0$, a série diverge.
2. **Série geométrica:** $\sum ar^n$ converge se $|r| < 1$; caso contrário, ela diverge.
3. ***p*-série:** $\sum 1/n^p$ converge se $p > 1$; caso contrário, ela diverge.
4. **Série com termos não negativos:** tente o teste da integral, teste da razão ou teste da raiz. Tente compará-los a uma série conhecida com o teste da comparação ou o teste da comparação do limite.
5. **Série com alguns termos negativos:** $\sum |a_n|$ converge? Em caso positivo, também ocorre com $\sum a_n$, uma vez que a convergência absoluta implica convergência.
6. **Série alternada:** $\sum a_n$ converge se a série satisfaz as condições do teste da série alternada.

Séries de Taylor

$$\frac{1}{1-x} = 1 + x + x^2 + \cdots + x^n + \cdots = \sum_{n=0}^{\infty} x^n, \quad |x| < 1$$

$$\frac{1}{1+x} = 1 - x + x^2 - \cdots + (-x)^n + \cdots = \sum_{n=0}^{\infty} (-1)^n x^n, \quad |x| < 1$$

$$e^x = 1 + x + \frac{x^2}{2!} + \cdots + \frac{x^n}{n!} + \cdots = \sum_{n=0}^{\infty} \frac{x^n}{n!}, \quad |x| < \infty$$

$$\operatorname{sen} x = x - \frac{x^3}{3!} + \frac{x^5}{5!} - \cdots + (-1)^n \frac{x^{2n+1}}{(2n+1)!} + \cdots = \sum_{n=0}^{\infty} \frac{(-1)^n x^{2n+1}}{(2n+1)!}, \quad |x| < \infty$$

$$\cos x = 1 - \frac{x^2}{2!} + \frac{x^4}{4!} - \cdots + (-1)^n \frac{x^{2n}}{(2n)!} + \cdots = \sum_{n=0}^{\infty} \frac{(-1)^n x^{2n}}{(2n)!}, \quad |x| < \infty$$

$$\ln(1+x) = x - \frac{x^2}{2} + \frac{x^3}{3} - \cdots + (-1)^{n-1} \frac{x^n}{n} + \cdots = \sum_{n=1}^{\infty} \frac{(-1)^{n-1} x^n}{n}, \quad -1 < x \leq 1$$

$$\ln \frac{1+x}{1-x} = 2 \operatorname{tgh}^{-1} x = 2\left(x + \frac{x^3}{3} + \frac{x^5}{5} + \cdots + \frac{x^{2n+1}}{2n+1} + \cdots \right) = 2\sum_{n=0}^{\infty} \frac{x^{2n+1}}{2n+1}, \quad |x| < 1$$

$$\operatorname{tg}^{-1} x = x - \frac{x^3}{3} + \frac{x^5}{5} - \cdots + (-1)^n \frac{x^{2n+1}}{2n+1} + \cdots = \sum_{n=0}^{\infty} \frac{(-1)^n x^{2n+1}}{2n+1}, \quad |x| \leq 1$$

Séries binomiais

$$(1+x)^m = 1 + mx + \frac{m(m-1)x^2}{2!} + \frac{m(m-1)(m-2)x^3}{3!} + \cdots + \frac{m(m-1)(m-2)\cdots(m-k+1)x^k}{k!} + \cdots$$

$$= 1 + \sum_{k=1}^{\infty} \binom{m}{k} x^k, \quad |x| < 1,$$

onde

$$\binom{m}{1} = m, \quad \binom{m}{2} = \frac{m(m-1)}{2!}, \quad \binom{m}{k} = \frac{m(m-1)\cdots(m-k+1)}{k!} \quad \text{for } k \geq 3.$$

FÓRMULAS DO OPERADOR VETORIAL (FORMA CARTESIANA)

Fórmulas para gradiente, divergência, rotacional e laplaciano

	Cartesiano (x, y, z) $\mathbf{i}$, $\mathbf{j}$ e $\mathbf{k}$ são vetores unitários nas direções de x, y e z crescentes. M, N e P são os componentes escalares de $\mathbf{F}(x, y, z)$ nessas direções.
Gradiente	$\nabla f = \dfrac{\partial f}{\partial x}\mathbf{i} + \dfrac{\partial f}{\partial y}\mathbf{j} + \dfrac{\partial f}{\partial z}\mathbf{k}$
Divergência	$\nabla \cdot \mathbf{F} = \dfrac{\partial M}{\partial x} + \dfrac{\partial N}{\partial y} + \dfrac{\partial P}{\partial z}$
Rotacional	$\nabla \times \mathbf{F} = \begin{vmatrix} \mathbf{i} & \mathbf{j} & \mathbf{k} \\ \dfrac{\partial}{\partial x} & \dfrac{\partial}{\partial y} & \dfrac{\partial}{\partial z} \\ M & N & P \end{vmatrix}$
Laplaciano	$\nabla^2 f = \dfrac{\partial^2 f}{\partial x^2} + \dfrac{\partial^2 f}{\partial y^2} + \dfrac{\partial^2 f}{\partial z^2}$

Produtos triplos vetoriais

$(\mathbf{u} \times \mathbf{v}) \cdot \mathbf{w} = (\mathbf{v} \times \mathbf{w}) \cdot \mathbf{u} = (\mathbf{w} \times \mathbf{u}) \cdot \mathbf{v}$
$\mathbf{u} \times (\mathbf{v} \times \mathbf{w}) = (\mathbf{u} \cdot \mathbf{w})\mathbf{v} - (\mathbf{u} \cdot \mathbf{v})\mathbf{w}$

Teorema fundamental das integrais de linha

1. Seja $\mathbf{F} = M\mathbf{i} + N\mathbf{j} + P\mathbf{k}$ um vetor cujas componentes são contínuas passando por uma região D conectada aberta no espaço. Então, existe uma função diferenciável f de modo que

$$\mathbf{F} = \nabla f = \frac{\partial f}{\partial x}\mathbf{i} + \frac{\partial f}{\partial y}\mathbf{j} + \frac{\partial f}{\partial z}\mathbf{k}$$

se, e somente se, para todos os pontos A e B em D, o valor de $\int_A^B \mathbf{F} \cdot d\mathbf{r}$ for independente da trajetória unindo A e B em D.

2. Se a integral for independente da trajetória entre A e B, seu valor é

$$\int_A^B \mathbf{F} \cdot d\mathbf{r} = f(B) - f(A).$$

Teorema de Green e sua generalização para três dimensões

Forma normal do teorema de Green: $\quad \oint_C \mathbf{F} \cdot \mathbf{n}\, ds = \iint_R \nabla \cdot \mathbf{F}\, dA$

Teorema da divergência: $\quad \iint_S \mathbf{F} \cdot \mathbf{n}\, d\sigma = \iiint_D \nabla \cdot \mathbf{F}\, dV$

Forma tangencial do teorema de Green: $\quad \oint_C \mathbf{F} \cdot d\mathbf{r} = \iint_R \nabla \times \mathbf{F} \cdot \mathbf{k}\, dA$

Teorema de Stokes: $\quad \oint_C \mathbf{F} \cdot d\mathbf{r} = \iint_S \nabla \times \mathbf{F} \cdot \mathbf{n}\, d\sigma$

Identidades vetoriais

Nas identidades aqui, f e g são funções escalares diferenciáveis, $\mathbf{F}$, $\mathbf{F}_1$ e $\mathbf{F}_2$ são campos vetoriais diferenciáveis, e a e b são constantes reais.

$\nabla \times (\nabla f) = \mathbf{0}$

$\nabla(fg) = f\nabla g + g\nabla f$

$\nabla \cdot (g\mathbf{F}) = g\nabla \cdot \mathbf{F} + \nabla g \cdot \mathbf{F}$

$\nabla \times (g\mathbf{F}) = g\nabla \times \mathbf{F} + \nabla g \times \mathbf{F}$

$\nabla \cdot (a\mathbf{F}_1 + b\mathbf{F}_2) = a\nabla \cdot \mathbf{F}_1 + b\nabla \cdot \mathbf{F}_2$

$\nabla \times (a\mathbf{F}_1 + b\mathbf{F}_2) = a\nabla \times \mathbf{F}_1 + b\nabla \times \mathbf{F}_2$

$\nabla(\mathbf{F}_1 \cdot \mathbf{F}_2) = (\mathbf{F}_1 \cdot \nabla)\mathbf{F}_2 + (\mathbf{F}_2 \cdot \nabla)\mathbf{F}_1 + \mathbf{F}_1 \times (\nabla \times \mathbf{F}_2) + \mathbf{F}_2 \times (\nabla \times \mathbf{F}_1)$

$\nabla \cdot (\mathbf{F}_1 \times \mathbf{F}_2) = \mathbf{F}_2 \cdot \nabla \times \mathbf{F}_1 - \mathbf{F}_1 \cdot \nabla \times \mathbf{F}_2$

$\nabla \times (\mathbf{F}_1 \times \mathbf{F}_2) = (\mathbf{F}_2 \cdot \nabla)\mathbf{F}_1 - (\mathbf{F}_1 \cdot \nabla)\mathbf{F}_2 + (\nabla \cdot \mathbf{F}_2)\mathbf{F}_1 - (\nabla \cdot \mathbf{F}_1)\mathbf{F}_2$

$\nabla \times (\nabla \times \mathbf{F}) = \nabla(\nabla \cdot \mathbf{F}) - (\nabla \cdot \nabla)\mathbf{F} = \nabla(\nabla \cdot \mathbf{F}) - \nabla^2 \mathbf{F}$

$(\nabla \times \mathbf{F}) \times \mathbf{F} = (\mathbf{F} \cdot \nabla)\mathbf{F} - \dfrac{1}{2}\nabla(\mathbf{F} \cdot \mathbf{F})$

Créditos das imagens: Capa – Forest Edge, Hokuto, Hokkaido, Japan 2004 © Michael Kenna; Prefácio – Cozyta/Shutterstock; Cap. 1 – Ljupco Smokovski/Shutterstock; Cap. 2 – WDG Photo/Shutterstock; Cap. 3 – Eky Studio/Shutterstock; Cap. 4 – Snehit/Shutterstock; Cap. 5 – Ingram Publishing/Getty Images; Cap. 6 – Stillfx/Shutterstock; Cap. 7 – MikLav/Shutterstock; Cap. 8 – Snehit/Shutterstock; Cap. 9 – Hanka Steidle/Shutterstock; Apêndice – Tammy Venable/iStockphoto/Getty Images.